JN496541

경영전략과
경영경제학

MANAGERIAL ECONOMICS
AND BUSINESS STRATEGY

MANAGERIAL ECONOMICS AND BUSINESS STRATEGY

9th Edition

경영전략과 경영경제학

Michael R. Baye Jeffrey T. Prince 지음 정기웅 옮김

Managerial Economics and Business Strategy, 9th Edition

Korean Language Edition Copyright © 2017 by McGraw-Hill Education Korea, Ltd. and Jiphil Media. All rights reserved. No part of this publication may be reproduced or distributed in any form or by any means, or stored in a database or retrieval system, without prior written permission of the publisher.

1 2 3 4 5 6 7 8 9 10 JP 20 17

Original: Managerial Economics and Business Strategy, 9th Edition © 2017
By Michael Baye, Jeff Prince
ISBN 978-1-259-29061-9

This authorized Korean translation edition is jointly published by McGraw-Hill Education Korea, Ltd. and Jiphil Media. This edition is authorized for sale in the Republic of Korea.

This book is exclusively distributed by Jiphil Media.

When ordering this title, please use ISBN 979-11-86674-59-8

Printed in Korea

경영전략과 경영경제학

MANAGERIAL ECONOMICS AND BUSINESS STRATEGY

지은이 Michael R. Baye, Jeffrey T. Prince
옮긴이 정기웅
발행처 (주)지필미디어
주 소 경기도 파주시 문발로 132 402호
전 화 031) 957-4504
팩 스 031) 957-4503
이메일 book@jiphil.co.kr
홈페이지 www.jiphil.co.kr
발행인 김성남
발행일 2019년 8월 30일 초판 인쇄
등록번호 제 312-1997-000043호(1997년 7월 16일)
ISBN 979-11-86674-59-8 93320

가 격 34,000원

■ 이 책은 도서출판 지필이 McGraw-Hill사와의 한국어판에 대한 출판, 판매, 독점계약에 의해 발행한 것이므로 내용, 사진, 그림 등의 전부나 일부의 무단 복제 및 무단 전사를 일절 금합니다.
■ 잘못 만들어진 책은 구입하신 곳에서 교환해 드립니다.

저자 소개

마이클 베이(Michael Baye) 교수는

인디애나대학교 켈리경영대학의 경영경제학 및 공공정책학과 Bert Elwert Professor이다. 그는 텍사스A&M대학교에서 1980년에 경제학 학사학위를 받았으며, 퍼듀대학교에서 1983년에 경제학 박사학위를 받았다. 인디애나대학교 이전에는 펜실베이니아주립대학교, 텍사스A&M대학교, 켄터키대학교에서 학부 및 대학원 강의를 담당하였고, 2007년 7월에서 2008년 12월까지 미국 공정거래위원회(Federal Trade Commission)의 경제연구부서 책임자로 근무하였다.

베이 교수는 경영경제학과 산업조직론을 학부, MBA과정 및 박사학위과정에서 정기적으로 강의하며, 강의 및 연구와 관련한 다수의 상을 받았다. 그는 게임이론 및 산업조직론분야에서 다양한 공헌을 하였다. 합병, 경매 및 경합에 대한 다수의 논문을 「American Economic Review」, 「Review of Economic Studies」, 「Economic Journal」 등의 저널에 출간했으며, 소비자가 가격정보를 탐색하는 온라인 등에서의 가격전략에 대한 논문을 「American Economic Review」, 「Econometrica」, 「Journal of Political Economy」 등의 경제학 저널과 최고의 마케팅 저널에 출간하였다. 이들 논문 중 일부는 「Wall Street Journal」, 「Forbes」, 「New York Times」 등에 소개되었으며, National Science Foundation, Fullbright Commission 능의 단체에서 연구비를 지원받았다.

베이 교수는 케임브리지, 옥스퍼드, 에라스무스, 틸뷔르흐대학교, 러시아의 신경제학교(New Economic School) 등의 방문교수직을 역임하였으며, 「Economic Theory」, 「Journal of Public Policy and Marketing」 등 다수의 경제학 및 마케팅 저널의 편집위원으로 활동하고 있다. 연구나 강의를 하지 않을 때에는 캠핑이나 새로 나온 전자제품쇼핑 등을 즐긴다.

제프리 프린스(Jeffrey Prince) 교수는

인디애나대학교 켈리경영대학의 경영경제학 및 공공정책학과 부교수이며, 전략경영분야에서 Harold A. Poling Chair이다. 그는 마이애미대학교에서 경제학 학사학위, 1998년에 수학 및 통계학 석사학위를 받았으며, 2004년에 노스웨스턴대학교에서 경제학 박사학위를 받았다. 인디애나 대학교 이전에는 코넬대학교에서 학부 및 대학원 강의를 담당하였다.

프린스 교수는 인디애나대학교, 코넬대학교에서는 교수로, 노스웨스턴대학교에서는 대학원생으로서 최우수교수상(top teaching honors)을 받았다. 그는 응용경제학 분야에서 광범위한 주제를 연구하여, 다양한 분야(기술시장에서의 수요, 인터넷 확산, 건강보험에서의 규제, 보험시장에서의 위험회피, 그리고 항공사들 간의 질적 경쟁 등)의 논문을 출간하였다. 그는 경제학분야 최고저널 「Amercian Economic Review」과 경영분야 최고저널 「Academy of Management Journal」에 논문을 출간해온 소수의 경제학자 중의 한 사람으로 현재 「Journal of Economics and Management Strategy」의 공동편집위원장, 「Information Economics and Policy」의 편집위원장이다. 자유로운 시간에는 포커 및 브릿지게임부터 달리기 및 라켓볼에 이르기까지 다양한 여가활동을 즐긴다.

역자 소개

정기웅 교수는

연세대학교 경제학과를 졸업하고 미국의 뉴욕주립대학교(올바니)에서 경제학 박사학위를 받았다. 한국은행 자금부와 쌍용경제연구소를 거쳐 계명대학교 경영학과 교수로 재직 중이다. 전공분야는 재무관리이며 Advances in Applied Microeconomics, European Journal of Political Economy, Journal of Real Estate Research, Pacific Basin Finance Journal, Research in International Business and Finance Journal, Journal of Developing Areas, 재무연구, 재무관리연구, 증권학회지, 국제지역연구 등의 국내외 학술지에 다수의 논문을 출간하였다. 한국학술진흥재단 해외파견 연구교수로 선정된 바 있으며 국제지역학회장을 역임하였다.

저자 서문

전 세계의 이 책의 사용자들 덕택에, 이 책은 시장에서 가장 판매가 잘되는 경영경제학 교재가 되었다. 개정된 9판을 출판하도록 해주신데 대해 저자들은 모든 분들에게 감사를 드린다. 9판의 몇 가지 새로운 특징을 설명하기 전에, 이 책의 핵심적인 목표—합리적인 경영의사결정을 하기 위해 필요한 미시경제학, 게임이론, 그리고 산업조직론에서의 분석도구를 학생들에게 제공하는 것—는 변하지 않았다는 것을 저자들은 강조하고 싶다. 9판에서 변화된 것은 경영경제학이 현실감이 나도록 하기 위해 현재 세대의 학생들에게 현실적인 사례들을 제공했으며, 교수들 및 학생들의 교육 및 학습경험을 높이기 위해 (Connect와 같은) 새로운 기법들을 이용한 것이다.

이 책은 경영자들이 다음과 같은 기본적인(전통적인) 경제학 도구를 실제적으로 이용할 수 있도록 설명을 한다: 현재가치분석, 공급과 수요, 회귀분석, 무차별곡선, 등량곡선, 생산, 비용, 그리고 완전경쟁시장, 독점시장 및 독점적 경쟁시장의 기본적인 모형. 또한 이 책의 사용자들은 실제 세계에서 일어나는 사례를 제시한 점, 그리고 다른 경영경제학 교재에는 포함되지 않은 현대적인 주제들(과점, 침투가격설정, 순차적 게임 및 무한반복게임, 시장차단, 계약, 수직적 및 수평적 결합, 네트워크, 위협가격설정, 주인-대리인 문제, 경쟁자의 비용올리기, 역선택, 경매, 심사와 신호보내기, 탐색, 진입제한가격설정, 그리고 시장지배력을 누리고 있는 기업들의 수많은 기타 가격설정 전략들)을 포함시킨 것에 대해 칭찬해 주었다. 이와 같이 전통적인 그리고 현대적인 미시경제학 도구들을 균형있게 포함시킴으로써, 이 책은 광범위한 관리경제학 수업에서 적절한 교재가 될 것이다. 점점 더 많은 경영대학들이 기존의 경영전략교재—일반적인 사례만을 포함시키고, 주어진 상황에서 최적의 경영전략을 확인하고 실행하기 위해 필요한 미시경제학적 도구를 제시하지 못하고 있음—를 대체하기 위해 이 책을 사용하고 있다.

9판에서는 보다 더 최근의 사례와 현실적인 문제들이 포함되도록 수정되었다. 그러나 이 책을 성공적으로 만들었던 기본적인 내용은 그대로 두었다.

역자 서문

경영학 전공학생, 경제학 전공학생 혹은 다른 전공의 학생들에게 경제학을 가르칠 때 느끼는 어려움은 “수요 · 공급과 탄력성을 왜 배우며 현실에서 무슨 쓸모가 있는가?” 등의 의문에 대해 답을 주고 또한 현실적인 사례를 들어 납득시키는 것이었다. 그런데 Baye 교수의 이 책은 경제학 관련 주제별로 다양하게 그리고 현실과 밀접한 수많은 사례를 통하여 경제학의 유용성에 대한 의문을 해소시켜 주고 있다고 생각된다. 뿐만 아니라, 학생이나 경영현장의 직장인들이 경제학에 관심을 가질 수 있도록 상당한 흥미도 유발시키고 있다. 특히 경제학 관련 주제를 가지고 경영전략차원에서 문제제기를 하고 해답을 유도하는 시도는 경제학이 기업종사자들에게 매우 유용한 학문이라는 것을 일깨워 주고 있다. 현대 자본주의 사회는 기업사회라고 할 수 있을 만큼 기업의 사회적 역할이 갈수록 더욱 중요성이 커지고 있는 가운데, 경제학이 기업경영관점에서 어떻게 활용될 수 있는지를 이 책이 보여주고 있는 것이다. 책의 내용은 일반 기업은 물론이고 증권회사나 은행, 경제연구소 등에 근무하는 직원들이 기업평가를 할 때 중요한 기초지식으로 활용할 수도 있을 것이다. 또한 MBA 과정을 준비하는 학생들이 유학에 앞서 기초소양을 사전에 정리하는데 많은 도움이 될 것으로 생각한다.

역자는 Baye 교수가 편집한 책에 논문을 출간한 것을 계기로 오래 전부터 교류해 왔다. 2000년과 2001년에는 인디애나대학교를 연구차 방문하여 Baye 교수와 직접 교류하며 연구주제와 강의에 대해 의견을 교환하기도 하였다. 그와 함께 연구와 강의에 대한 여러 가지 얘기를 나누는 과정에서 교재문제도 거론되었고 그가 지은 이 책『Managerial Economics and Business Strategy』을 접하게 되었다. 당시 역자는 경영, 경제전공 또는 다른 전공의 학생들에게 경제학적 지식과 그 유용성을 쉽게 전달할 수 있는 책을 출판하고자 기획 중이었는데, 새로운 책을 저술하기 보다는 이 책을 번역하는 것이 더 효과적일 것이라고 생각하여 이 책을 번역하는데 이른 것이다.

이 책의 초판과 7판은 원래 3인의 공동번역으로 출간되었다. 그러나 9판이 새로 나와 수정해야할 부분이 많았다. 기존의 공동번역자인 국민대학교 이상학 교수님과 강재형 교수님은 개인적인 일정 때문에 아쉽게도 9판 번역에는 참여를 하지 못했다. 9판의 새로운 번역서를 출간에 맞추어 두 분 교수님께 매우 감사를 드린다. 그리고 이 책의 출판을 위해 힘써 준 (주)지필미디어 김성준 사장님과 박혜정 씨께도 감사드린다.

역자 정기웅

차례

CHAPTER 01 경영경제학이란 1

CHAPTER 02 시장요인: 수요와 공급 41

CHAPTER 03

계량적 수요분석 85

CHAPTER 04 개인(소비자, 근로자, 경영자) 행동 이론 131

CHAPTER 06 기업의 조직 223

CHAPTER 07 산업의 구조 259

CHAPTER 08 완전경쟁, 독점, 독점적 경쟁시장에서의 경영 289

CHAPTER 09 과점의 기본 모형 343

CHAPTER 10
게임 이론: 과점안에서 383

CHAPTER 12 정보경제학 477

CHAPTER 14 시장에서 정부규제에 대한 경영자의 가이드 565

CHAPTER 01

경영경제학이란

학습목표

LO1 목적, 제약조건, 인센티브, 시장의 경쟁이 어떻게 기업의 실질적 의사결정에 영향을 미치는가를 요약하시오.

LO2 이윤과 비용을 경제적(실질적) 관점과 회계적 관점에서 구별하시오.

LO3 시장경제에서 이윤의 역할을 설명하시오.

LO4 5요인 모형(five forces framework)을 이용하여 산업이윤의 지속가능성(sustainability)을 분석하시오.

LO5 현재가치분석을 이용하여 경영의사결정을 하고 자산가치를 평가하시오.

LO6 한계분석을 이용하여 생산량이나 가격과 같은 통제변수(managerial control variable)의 최적 수준을 결정하시오.

LO7 효율적인 경영의사결정을 위한 6가지 원칙에 대해 사례를 들어 설명하시오.

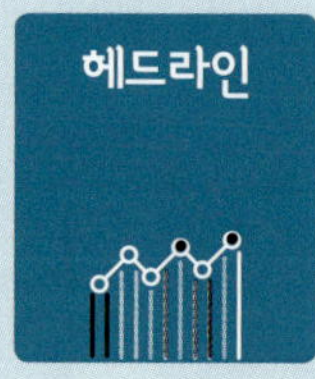

Amcott사는 $350만의 손실을 입고, 경영자는 해고됨.

이번 주 화요일 거대한 소프트웨어 회사 Amcott사는 1996년중 $350만의 영업손실을 발표했다. 이중 $170만의 손실이 외국어부문에서 발생한 것으로 보도되었다.

단기이자율이 7%일 때, Amcott사는 Magicword의 판권을 구입하기 위해 1992년 내부유보이익중에서 $2000만를 사용하였다. Magicword란 프랑스어로 저장된 파일을 영어로 전환시키는 소프트웨어 패키지이다. 그 소프트웨어의 판매수입은 1993년 $700만였고, 1994년에는 $710만로 증가하였다. 그러나, 1994년 Foreign사가 제소한 저작권위반소송에 따라 판매가 정지되었다. Amoctt사는 1995년 그 소송에서 패배하여 Foreign사에게 $170만의 손해배상금을 지급하였다. 산업분석전문가들은 저작권위반건이 Magicword의 매우 작은 부분이라고 보고 있다.

그 사건으로 해고된 Amoctt사의 경영자인 Ralph는 다음과 같이 말했다고 한다. "나는 Magicword 판권을 구입할 때 임무를 다하지 않은 Amoctt사 변호사들의 희생양이다. 나는 3년동안 판매수입이 매년 $700만가 될 것으로 예측했다. 1993년에는 나의 판매예측이 목표치에 정확하게 맞았다. 1994년의 판매액은 실제로 나의 예측치를 초과하였다. 그리고 나의 판매예측과 차세대 Magicword 소프트웨어를 1995년 후반에 출시할 계획이 그 소송에서 공표되지만 않았다면, 1994년 판매액은 훨씬 더 높았을 것이다."

여러분은 Ralph가 왜 해고되었다고 생각하는가?[1]

1.1 서론

경영경제학(관리경제학)을 수강하는 많은 학생들은 다음과 같은 질문을 한다. "왜 내가 경제학을 공부해야 하는가? 경제학은 내일 주식시장이 어떻게 될지를 나에게 말해줄 것인가? 내 돈을 어디에 투자할지 또는 어떻게 부자가 될 수 있는지를 나에게 말해줄 것인가?" 불행하게도 경영경제학은 이러한 질문들에 대해 분명한 답변을 줄 수는 없을 것 같다. 그 대답을 얻기 위해서는 점을 칠 때 사용되는 정확한 수정구슬 같은 것이 요구된다. 그럼에도 불구하고, 경영경제학은 각 장의 헤드라인에서 제기된 문제와 같은 영업상황을 분석하는 데 매우 유용한 도구이다.

사실, 여러분이 인터넷을 통해서 Business Week나 Wall Street Journal과 같은 영업관련 출판물을 보거나, 식당뉴스 또는 슈퍼마켓영업과 같은 생업관련 출판

1 각 장은 첫머리의 헤드라인에서 제기된 문제에 대해 답하는 것으로 결론을 맺는다. 여러분들은 각 장을 모두 읽은 후에, 여러분 스스로 첫머리의 헤드라인 문제를 해결하려고 시도해야 하며, 각 장의 끝에 제시된 해답과 비교해야 한다.

물을 보면, 경영경제학과 관련된 수많은 얘기들을 접하게 될 것이다. 다음은 최근 인터넷을 통해서 얻은 것들이다.

"iPhone에서 자동차까지: 소문에 의하면, 애플자동차가 2019년에 출시될 것이다"
"페라리의 분리(Ferrari Spinoff)는 피앗 크라이슬러(Fiat Chrysler)에 40억 달러의 횡재를 안기다"
"온라인 경쟁자들과 온라인 가격을 일치시키려는 목표"
"미국은 자동차부품 가격고정조사(price-fixing probe)에서 3명을 기소하다"
"미국 노스웨스트 와인 운송(Northwest Wine Shipping)에 대해 경쟁이 뜨겁게 달아오르다"
"미국 정부는 병원합병에 대한 도전(challenges)을 강화시키다"
"브랜드가 소셜미디어(social media) 전략에 대해 다시 생각하다"
"컴캐스트(Comcast; 미국의 다국적 미디어기업)는 타임워너케이블(Time Warner Cable) 합병에서 철수하다"

불행하게도 매년 수십억 달러가 다음과 같은 이유로 손실되고 있다. 가격과 생산량에 대한 의사결정을 할 때, 생산과정과 생산요소의 비율을 최적화하고자 할 때, 제품의 질을 선택할 때, 수평적 그리고 수직적 합병의사결정을 할 때, 또는 내부적 그리고 외부적 최적 인센티브제도를 구상할 때, 현재의 많은 경영자들은 경영경제학의 기본도구를 활용하지 못하기 때문이다. 다행스럽게도 여러분들이 경영경제학으로부터 몇 가지 기본원칙을 배운다면, 여러분들은 무능력한 경영자들을 해고시킬 수 있을 것이다! 여러분은 또한 최근의 경기침체가 왜 몇몇 기업에게는 주요 뉴스가 되었는지를, 그리고 몇몇 소프트웨어 회사들이 소프트웨어 개발에 수백만 달러를 지출하지만 소비자들이 그것을 무료로 다운로드할 수 있도록 왜 허용하는가를 이해하게 될 것이다.

경영경제학은 Fortune 500대기업의 경영자들뿐만 아니라, 비영리조직의 경영자들에게도 가치가 있다. 그것은 궁핍한 사람들에게 음식을 배분해주기 위한 최선의 방법을 결정해야만 하는 자선단체의 경영자에게도 유용하다. 그것은 예산이 매우 제약되어 있는 상황에서 가능한 가장 많은 수의 집 없는 사람들을 도와주는 것을 목적으로 하는 자선단체에도 유용하다. 사실, 경영경제학은 가계의사결정을 포함하여 우리가 살고 있는 모든 영업, 비영업세계에 대해 유용한 안목을 제공해 준다.

경영경제학은 여러 가지 다양한 그룹의 의사결정자에게 왜 그렇게 유용한가? 이 질문에 대한 해답은 경영경제학이라는 용어 자체의 의미에 담겨있다.

1.1.1 경영자

경영자
경영자는 하나의 정해진 목적을 달성하기 위해 자원을 관리하는 사람이다.

경영자는 하나의 정해진 목적을 달성하기 위해 자원을 관리하는 사람이다. 이 정의에는 다음의 모든 개인들이 포함된다. (1) 기업, 가족 또는 클럽과 같은 조직내에서 임무를 부여하는 사람들을 포함하여 다른 사람들의 노력을 끌어내려는 사람들; (2) 기업의 생산물, 궁핍한 사람들을 위한 음식, 또는 집 없는 사람들을 위한 거처 등과 같은 재화나 서비스의 생산에 사용될 생산요소를 구입하는 사람들; (3) 이 외에도 생산물 가격이나 품질에 대한 의사결정을 책임지고 있는 사람들.

경영자는 일반적으로 자기가 관할하고 있는 사람, 기계 및 기타 생산요소들 뿐만 아니라, 자기 자신의 행동에 대한 책임을 진다. 여기에는 다국적기업이나 한 가계의 자원에 대한 책임도 포함된다. 그러나, 모든 예에서 경영자는 어떤 임무를 달성할 목적으로 자원이나 개인의 행동을 지휘해야만 한다. 이 책의 많은 부분에서 경영자의 임무가 기업의 이윤을 극대화시키는 것이라고 가정하지만, 기본적인 원칙들은 실제로 어떠한 의사결정과정에도 유용하다.

1.1.2 경제학

경제학
경제학이란 자원이 희소할 때의 의사결정에 대한 과학이다.

이 책의 주요 초점은 경영경제학의 두 번째 단어, 즉 경제학에 대한 것이다. 경제학이란 자원이 희소할 때의 의사결정에 대한 과학이다. 자원이란 단순하게 말하면, 재화나 서비스를 생산하기 위해서, 더 일반적으로는 하나의 목적을 달성하기 위해서 사용되는 모든 것이라고 할 수 있다. 의사결정은 중요하다. 왜냐하면, 희소성이 있을 때 여러분이 하나의 선택을 하게 되면 다른 하나를 포기하는 것을 의미하기 때문이다. 광고에 집중적으로 자원을 사용하는 컴퓨터 기업은 연구개발에 투자할 자원이 적다. 수프에 집중적으로 자원을 사용하는 음식자선단체는 과일에 사용할 자원이 거의 없다. 그러므로 경제적 의사결정에는 희소한 자원을 배분하는 것이 포함된다. 그리고 경영자의 임무는 경영자의 목적들을 최선으로 달성하기 위해서 자원을 배분하는 것이다.

희소성의 포괄적인 성격을 이해하는 최선의 방법들 중 하나는 지니(아라비아 동화에 나오는 요정)가 나타나서 여러분이 원하는 세 가지를 주겠노라고 제안했다고 상상해 보는 것이다. 자원이 희소하지 않다면, 여러분은 원하는 것이 아무것도 없다고 지니에게 말할 것이다. 왜냐하면 여러분은 이미 여러분이 원하는 모든 것을 가지고 있기 때문이다. 여러분은 경영경제학 과목의 수강을 시작하면서, 시간이 가장 희소한 모든 자원중의 하나라는 것을 인식하게 될 것이다. 여러분의 기본적인 의사결정문제는 하나의 목적을 달성하기 위해서—예를 들어, 경영경제학수업에서 성적 A를 받기 위해서—희소한 자원—시간을 배분하는 것이다.

1.1.3 경영경제학의 정의

그러므로 경영경제학이란 경영목적을 가장 효율적으로 달성하기 위해 희소한 자원을 어떻게 관리할 것인가에 대한 학문이다. 그것은 매우 광범위한 정의라고 할 수 있다. 왜냐하면, 그것은 가계의 복지(welfare)를 극대화하기 위한 가계자원으로부터 이윤을 극대화하기 위한 기업자원에 이르기까지 모든 것을 관리하는 데 유용한 방법을 설명해주기 때문이다.

경영경제학
경영목적을 가장 효율적으로 달성하기 위해 희소한 자원을 어떻게 관리할 것인가에 대한 학문이다.

기업의 경영자가 직면한 의사결정의 성격을 이해하기 위해서, 여러분이 컴퓨터를 만드는 Fortune 500대기업의 경영자라고 상상해 보라. 여러분은 경영자로서 성공하기 위해서 다음과 같이 수많은 의사결정을 해야 한다; 디스크 드라이브와 칩과 같은 부품들을 다른 업체에서 구입할 것인가, 아니면 자체내에서 생산할 것인가? 한 종류의 컴퓨터생산에 특화할 것인가, 아니면 여러 종류의 컴퓨터를 생산할 것인가? 얼마나 많은 컴퓨터를 생산할 것이며, 어느 가격으로 그것들을 판매할 것인가? 얼마나 많은 직원을 고용하며, 임금은 얼마를 지급할 것인가? 직원들이 열심히 일하며, 질좋은 제품을 생산한다는 것을 어떻게 확신할 수가 있는가? 경쟁상대의 컴퓨터 기업들의 행동이 어떻게 여러분의 의사결정에 영향을 미치는가?

합리적인 의사결정을 위한 핵심사항은 정확한 의사결정에 어떠한 정보가 필요한지 파악하고 이를 수집하는 것이다. 여러분이 대기업에서 일한다면, 법률담당부서는 여러 가지 대안적인 의사결정의 법률적 분류자료를 제공할 수 있다; 회계담당부서는 세금자문과 기본적인 비용자료를 제공할 수 있다; 마케팅담당부서는 그 제품시장의 특성에 대한 자료를 제공할 수 있다; 그리고 기업의 재무분석가는 금융자본을 조달하기 위한 대안적인 방법들에 대한 요약자료를 제공할 수 있다. 그러나, 궁극적으로 경영자가 이러한 모든 정보를 통합하고 가공하여 결론을 도출해야만 한다. 이 책의 나머지 부분에서는 효율적인 경영에 부합되는 6가지 원칙을 활용하여 어떻게 이와 같이 중요한 경영관리기능을 달성할 것인가를 보여준다.

1.2 효율적인 경영을 위한 경제학

합리적인 경영의사결정은 경영자의 기본적인 목적에 따라 변한다. 이 책은 주로 기업의 경영자들을 위한 것이므로, 이윤 또는 더 일반적으로는 기업가치를 극대화하는 경영의사결정에 초점을 둔다. 이렇게 경영경제학을 특별하게 사용하기 전에, 효과적인 경영관리에 부합되는 기본적인 원칙들을 개괄적으로 살펴본다. 특히, 효과적인 경영자는 (1) 목적과 제약을 인식하며, (2) 이윤의 성격과 중요성을 인식하고, (3) 인센티브를 이해하며, (4) 시장을 이해하고, (5) 화폐의 시간가치를 인식하고 (6) 한계분석을 활용해야 한다.

1.2.1 목적과 제약을 인식하라

합리적인 의사결정의 첫 번째 단계는 잘 정의된 목적을 갖는 것이다. 왜냐하면, 다른 목적을 달성하는 데는 다른 의사결정이 필요하기 때문이다. 여러분의 목적이 여러분의 전체학점을 높이기보다 경영경제학 수업의 학점을 높이는 것이라면, 그에 따라 여러분의 공부습관은 달라질 것이다. 마찬가지로, 음식자선단체의 목적이 시골지역에 있는 궁핍한 사람들에게 식량을 배분하는 것이라면, 그에 따른 의사결정과 최적의 배분망은 궁핍한 도시주민들에게 식량을 배분해줄 때 사용하는 것들과 차이가 날 것이다. 이 두 가지의 예에서 의사결정자는 목적을 달성할 수 있는 능력에 영향을 주는 제약에 직면한다는 것을 주의하라. 하루 24시간은 여러분이 경영경제학 수업에서 성적 A를 받을 수 있는 능력에 영향을 준다; 예산은 음식자선단체가 궁핍한 사람들에게 식량을 배분해 줄 수 있는가에 영향을 준다. 제약은 희소성의 산물이다.

기업내의 부서마다 서로 다른 목적을 부여받을 수도 있다; 기업의 마케팅부서에 근무하는 사람들은 매출이나 시장점유율을 극대화하도록 지시받을 수 있는 반면, 재무부서에 근무하는 사람들은 이익성장이나 위험감소전략에 초점을 맞출 수 있다. 이 책의 후반부에서는 잠재적으로 서로 다른 목적을 달성할 수 있도록 기업내의 각 부서에 인센티브를 제공함으로써 기업의 전반적인 목적—이윤의 극대화—이 어떻게 달성될 수 있는가를 보여준다.

불행하게도 제약요인으로 인하여 경영자들이 이윤의 극대화, 또는 시장점유율의 증대와 같은 목적을 달성하기가 어렵다. 이러한 제약요인에는 기술의 가용성과 생산에 사용되는 요소가격과 같은 것들이 포함된다. 이윤을 극대화하는 목적을 달성하려면, 경영자는 제품의 최적 가격, 생산량, 사용할 기술, 각 생산요소의 사용량, 경쟁기업의 의사결정에 대한 대응방법 등을 결정해야 한다. 이 책은 이러한 종류의 질문에 대답하기 위한 도구들을 제공한다.

1.2.2 이윤의 성격과 중요성을 인식하라

대부분 기업의 전반적인 목적은 이윤 또는 기업가치를 극대화하는 것이다. 그러므로 이 책의 나머지 부분은 이러한 목적을 달성하기 위해 경영자가 사용할 수 있는 전략에 대해 구체적으로 설명할 것이다. 이들에 대해 설명하기 전에, 자유시장경제에서 이윤의 성격과 중요성을 검토해보자.

경제적 이윤과 회계적 이윤

대부분의 사람들이 이윤이라는 단어를 들을 때, 그들은 회계적 이윤에 대해서 생각한다. 회계적 이윤은 매출로부터 얻어진 수입의 총량(총수입 또는 가격×매출량)에서 재화나 서비스의 생산비용을 뺀 값이 된다. 회계적 이윤은 기업의 손익계산서에 나타난 것으로서, 일반적으로 기업의 회계부서에 의해 경영자에게 보고된다.

회계적 이윤
매출액(총수입 또는 가격×판매수량)−재화 또는 서비스의 생산비용

이윤을 정의하는 더 일반적인 방법은 경제학자들이 사용하는 경제적 이윤의 관점에서 보는 것이다. 경제적 이윤은 총수입에서 그 기업이 생산하는 재화나 서비스의 총기회비용을 뺀 값이다. 자원사용의 기회비용에는 자원의 명시적 비용과 그 자원을 최상의 차선책에 사용하는 것을 포기하는 묵시적 비용이 모두 포함된다. 재화 또는 서비스를 생산하는 기회비용은 일반적으로 회계적 비용보다 더 크다. 왜냐하면, 기회비용은 비용의 액면금액(명시적 또는 회계적 비용)과 모든 묵시적 비용을 포함하고 있기 때문이다.

경제적 이윤
총수입과 총기회비용 간의 차이

기회비용
자원의 명시적 비용+최상의 차선책을 포기하는 묵시적 비용

묵시적 비용을 측정하는 것은 매우 어려우므로 경영자는 종종 이를 간과한다. 그러나 효율적인 경영자는 묵시적 비용을 확인하고 계량화하기 위해 여러 다른 곳으로부터 자료를 지속적으로 찾는다. 대기업의 경영자들은 의사결정의 묵시적 비용에 대한 자료를 구하기 위해 기업의 재무, 마케팅 그리고 법률담당부서 등을 포함한 기업내의 여러 곳을 활용할 수 있다. 다른 예에서와 같이, 경영자는 그들 스스로 자료를 수집해야 한다. 예를 들면, 이 책을 읽는 데에 여러분은 얼마의 비용이 드는가? 여러분이 이 책값으로 서점에 지불한 가격은 명시적(또는 회계적) 비용이다. 반면, 묵시적 비용은 이 책을 읽음으로써 여러분이 포기하는 것의 값이다. 여러분은 다른 과목을 공부할 수 있고, 또는 텔레비전을 볼 수도 있을 것이다. 그리고 이와 같은 차선책(대안)들은 각각 여러분에게 가치가 있다. 이러한 대안들 중에서 최상의 것이 바로 여러분이 이 책을 읽는 묵시적 비용이 된다. 여러분은 이 책을 읽기 위해 이러한 대안을 포기하는 것이다. 마찬가지로 학교에 다니는 기회비용은 명시적 비용이라고 할 수 있는 수업료와 책값보다 훨씬 더 높다; 그 기회비용에는 여러분이 학교에 다니지 않고 직장에 나가기로 결정했을 경우 여러분이 벌 수 있는 돈도 포함된다.

사업세계에서 식당개업의 기회비용은 식당을 열기 위해 사용된 자원을 다음의 차선책으로 활용하는 것—예를 들면, 헤어샵을 개업하는 것—이다. 이러한 자원들에는 그 사업을 시작하는 데 필요한 명시적 금융자원뿐만 아니라, 모든 묵시적 비용까지 포함된다. 여러분이 조그마한 피자가게를 경영하기 위해 사용할

수 있는 빌딩을 뉴욕에 소유하고 있다고 가정하자. 원재료비용(회계장부에 기입된 비용)을 포함하여 연간 총비용이 $20,000라고 가정하자. 여러분의 수입이 $100,000라면, 여러분의 회계적 이윤은 $80,000가 될 것이다.

그러나, 이와 같은 회계적 이윤은 경제적 이윤을 과장하게 된다. 왜냐하면, 그 비용에는 회계적 비용만이 포함되기 때문이다. 첫째, 그 비용에는 여러분이 기업을 운영하는데 소비한 시간이 포함되지 않았다. 여러분이 그 기업을 운영하지 않았으면 여러분은 다른 무엇인가를 위해 일을 했을 것이며, 이러한 사실은 회계적 이윤의 계산에 포함되지 않은 경제적 비용을 반영해야 한다. 구체적으로 예를 들어 설명하자. 여러분이 누군가를 위해 일을 해서 일년에 $30,000를 벌었다고 가정해 보자. 여러분이 소비한 시간의 기회비용은 1년에 $30,000이었을 것이다. 그러므로 $30,000의 회계장부상 수입은 결코 이윤이 될 수 없고, 여러분이 피자가게를 운영하는데 따른 묵시적 비용의 하나가 된다. 둘째, 회계적 비용은 여러분이 피자가게를 경영하지 않았을 경우 그 빌딩을 누군가에게 임대를 주었을 것이라는 사실을 고려하지 않았다. 그 빌딩의 임대가치가 매년 $100,000라면, 여러분은 여러분 자신의 사업을 위해 이 돈을 포기한 것이나 다름없다. 그러므로 피자가게의 운영비용에는 원재료물품비용($20,000)뿐만 아니라, 여러분이 다른 사업에서 벌 수 있었던 $30,000, 그리고 그 빌딩을 임대하여 벌 수 있었던 $100,000가 포함되어야 한다. 피자가게를 경영하는데 소요되는 경제적 비용은 $150,000—여러분이 기업을 운영하기 위해 포기한 금액—가 된다. $100,000의 수입을 고려해도, 여러분은 실제로 피자가게를 운영하여 $50,000의 손실을 보게 된 것이다; 여러분의 경제적 이윤은 −50,000달러.

이 책의 전반부에 걸쳐서 비용이라는 말을 사용할 경우, 그것은 항상 경제적 비용을 의미한다. 경제적 비용은 기회비용을 말하며, 그 비용에는 명시적 비용(회계적 비용)뿐만 아니라, 생산에 사용된 자원의 묵시적 비용까지 포함된다.

이윤의 역할

이윤을 극대화하려는 기업의 목표가 반드시 사회에는 나쁘다고 개념적으로 보통 잘못 인식되고 있다. 이윤을 극대화하려는 개인들은 종종 자기이익에만 관심을 가지고 있어 바람직하지 못하다고 많은 사람들이 생각한다. 그러나, 아담 스미스의 《국부론》에서 다음의 고전 문구 하나를 생각해보자; "우리가 우리의 저녁식사를 기대하는 것은 정육점주인, 맥주양조업자, 또는 제빵업자의 자선에서 나오는 것이 아니라, 그들 자신이 그들의 이익을 중요시한 결과로부터 나온 것이다."[2]

---

2 Adam Smith, *An Inquiry into the Nature and Causes of the Wealth of Nations*, 1776.

인사이드 비즈니스 1-1 글로벌 경제에서의 기업의 목적

글로벌화의 최근 추세로 인하여 전 세계 기업들은 수익성에 더 민감하게 중점을 둘 수 밖에 없다. 이러한 추세는 은행과 기업 간의 과거 관계 때문에 전통적으로 기업의 목적이 애매했던 일본에서도 나타난다. 예를 들어, 일본의 엔지니어 회사인 Mitsui 사는 최근 그 회사를 일본의 선도적인 엔지니어그룹으로 태어나도록 돕는 계획인 "Challenge 21"을 시작하였다. 그 기업의 대변인에 의하면, "[이 계획을 통해] 경영조직을 새롭게 하고 자원을 전략분야로 우선적으로 배분하는 등의 조치를 취하여 새로운 가치를 창출하고 수익성을 극대화한다. 우리는 수익추구와 사회적으로 책임있는 행동을 균형적으로 조화시키는 기업 활동을 통해 주주가치를 극대화하려고 한다."

궁극적으로 계속기업의 목적은 기업가치를 극대화해야만 한다. 그 목적은 종종 비용최소화나 시장점유율의 증가와 같은 중간목적의 달성을 통해서도 이루어진다. 경영자로서 여러분이 당신 기업의 가치를 계속 극대화시키지 못한다면, 여러분은 (LBO에서와 같이) 다른 기업에 의해 적대적으로 인수되어 기업에서 퇴출되거나 아니면, 주주들이 당신과 다른 경영진들을 교체하기 위해 투표하도록 할 것이다.

출처: "Mitsui & Co., Ltd. UK Regulatory Announcement: Final Results," *Business Wire*, May 13, 2004.

기업은 자기자신의 목적—이윤을 극대화시키는 목표—을 추구함으로써 결국에는 사회의 필요성을 충족시켜준다고 아담 스미스는 말한다. 여러분이 가수로서 생활을 영위할 수 없다면, 그 이유는 아마도 사회가 여러분의 노래를 평가해주지 않기 때문이다; 사회는 다른 일에서 여러분의 재능을 더 높이 평가할 것이다. 만약 여러분이 식사후 접시를 닦을 때마다 5개의 접시를 깨트린다면, 여러분의 재주는 아마도 수표장을 대조하거나 잔디를 깎는 데에 더 적합할 것이다. 마찬가지로, 기업의 이윤은 사회의 희소한 자원이 어디에 가장 최선으로 배분되는가에 대한 신호를 보낸다. 어떤 산업의 기업들이 경제적 이윤을 실현할 때, 그 산업 밖의 자원 소유자들의 기회비용은 증가한다. 다른 자원의 소유자들은 곧 그들의 현재 영업을 계속하면 그들이 이윤을 포기하고 있다는 것을 알아차리게 된다. 이로 인하여 새로운 기업들이 경제적 이윤이 발생하는 시장으로 들어오게 된다. 그 산업으로 더 많은 기업들이 들어올수록, 시장가격은 떨어지고 경제적 이윤도 감소한다.

그러므로 이윤은 자원의 소유자들에게 그 자원이 어느 곳에서 사회에 의해 가장 높이 평가받는지에 대한 신호를 보낸다. 사회에 의해서 가장 높이 평가받는 재화의 생산으로 희소한 자원을 이동시키면, 사회의 총체적 부는 증대된다. 아담 스미스가 지적했듯이, 이러한 현상은 기업경영자들의 자선 역할에서 기인되는 것이 아니라, 기업의 이윤을 극대화시키려는 기업자신의 목적에서 기인된다.

이윤은 자원소유자들에게 어느 곳에서 그 자원이 사회에 의해서 가장 높이 평가받고 있는가에 대한 신호를 보낸다.

이윤은 신호다

1.2.3 5요인 모형과 산업의 수익성

이 교재의 주요 주제는 서로 연관된 많은 요인들과 의사결정들이 이윤의 수준, 성장성, 그리고 지속가능성에 영향을 준다는 점이다. 기업의 경영자들이 매우 똑똑하여 주주들에게 이번 분기에 행운의 큰 소득을 가져다주는 전략을 가졌더라도, 이러한 이윤이 장기적으로도 지속된다는 보장은 없다. 여러분은 이윤이 하나의 신호라는 것을 인식해야 한다—만약 당신의 기업이 큰 이윤을 번다면 기존의 경쟁자와 잠재적 경쟁자들은 최선을 다하여 그 이윤의 일부를 빼앗으려고 할 것이다. 다음의 여러 장에서 우리는 당신기업의 수익전망과 이윤의 지속가능성을 제고시키기 위한 여러 가지 전략을 조사할 것이다. 그러나 그 이전에 산업의 이윤지속성에 영향을 주는 몇 가지 요인들에 대해 종합적으로 생각해 볼 수 있는 모형을 제공한다.

〈그림 1-1〉은 포터의 5요인 모형을 그림으로 나타낸 것이다[3]. 이 모형은 매우 복잡한 경영자의 실제적 문제를 체계화하여 다음과 같이 산업이윤의 지속가능성에 영향을 미치는 5가지 요인으로 구분하였다: 1) 진입, 2) 생산요소 공급업자의 힘, 3) 구매자의 힘, 4) 산업의 경쟁강도, 5) 대체재와 보완재.

그림 1-1

5요인 모형

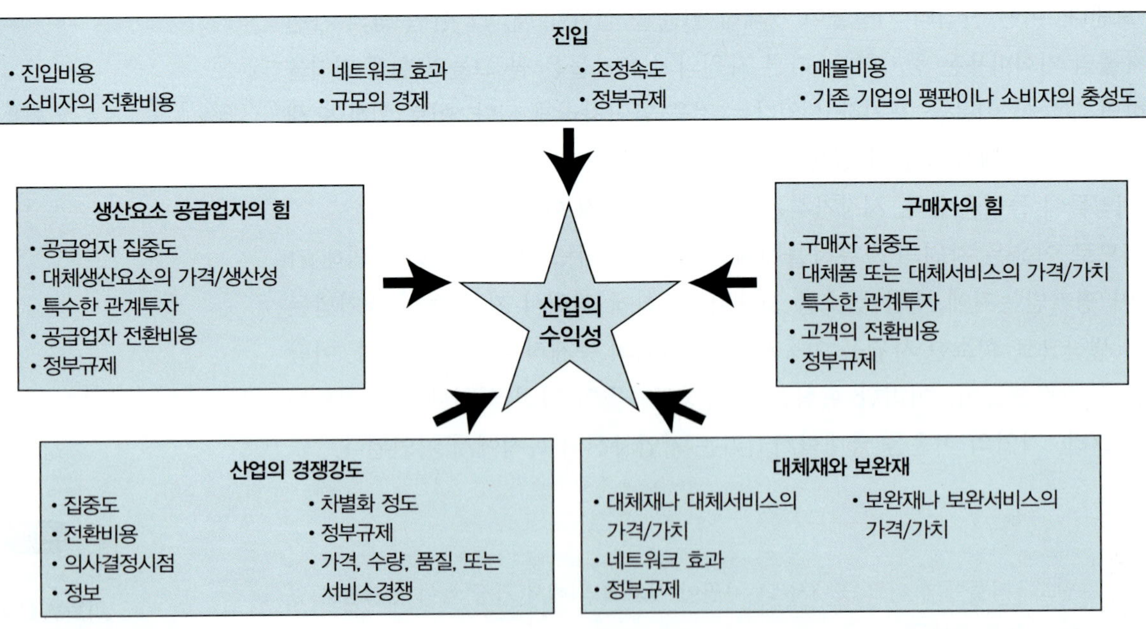

3 Michael Porter, *Competitive Strategy*(New York: Free Press, 1980).

진입 2장, 7장, 8장에서 보는 바와 같이, 진입은 경쟁을 높이게 되고 매우 다양한 산업환경에 있는 기존 기업들의 순이익을 줄이게 된다. 이러한 이유로 기존 기업들의 이윤지속능력은 진입장벽이 다른 기업들이 그 산업에 진입할 수 있는 용이성(ease)에 얼마나 영향을 주는가에 달려 있다. 진입은 다음과 같이 여러 측면에서 발생할 수 있다: 1) 새로운 기업의 탄생(창업자인 Dave Thomas가 KFC를 떠난 후, Wendy's는 1970년대 패스트푸드 산업에 진입하였다); 2) 외국기업들의 글로벌 전략(Toyota는 1930년대 이후 일본에서 자동차를 판매했으나 지난 20세기 중반이 되어서야 미국 자동차시장에 진입했다; 3) 기존 기업들의 신제품라인의 도입(또한 컴퓨터 제조업자인 애플은 현재 인기 있는 iPhone을 판매한다).

〈그림 1-1〉에서와 같이, 수많은 실질적 요인들이 기존의 산업이윤을 잠식할 수 있는 진입기업들의 능력에 영향을 준다. 여러분들은 앞으로 매몰비용이 클 경우(5장, 9장), 규모의 경제가 클 경우(5장, 8장), 또는 네트워크 효과가 클 경우(13장), 또는 기존기업들이 상당히 많은 충성스러운 소비자들에게 가치를 제공하거나(11장), 또는 진입기업들과 공격적으로 대항하기 위해(10장, 13장) 평판(브랜드)에 투자할 경우, 진입기업들은 진입비용을 커버할 만큼 충분히 빠르게 시장점유율을 차지하지 못할 것이다. 더욱이 여러분들은 특허와 면허(8장), 무역정책(5장과 14장), 그리고 환경규제(14장) 등을 통해 진입하고자 할 때 정부가 하는 역할에 대해 보다 더 잘 이해를 하게 될 것이다. 또한 진입예정 기업들에게 넘어갈 수 있는 소비자들의 전환비용(switching cost)을 높여서 진입기업들이 당신기업의 이윤을 잠식하게 될 위험을 낮추는 전략에 대해서도 여러분은 배우게 될 것이다.

생산요소 공급업자의 힘 생산요소들에 대해 유리한 조건을 확보할 수 있는 공급업자들의 협상력이 클수록 산업의 이윤은 낮아진다. 생산요소가 비교적 표준화되어 있고 관계특수적(relationship-specific) 투자가 최소일 경우(6장), 생산요소시장이 매우 집중되어 있지 않을 경우(7장), 또는 투자금액 1원당 한계생산성이 유사한 대체생산요소가 존재할 경우(5장)에는 공급업자의 힘이 낮아진다. 많은 나라에서 정부는 가격상한제와 기타의 규제(2장, 14장)를 통해 생산요소가격을 통제하여, 공급업자들이 그 산업의 기업들로부터 이윤을 독점할 수 있는 능력을 제한한다.

구매자의 힘 공급업자의 경우와 마찬가지로 한 산업에서 생산된 제품(또는 서비스)에 대한 유리한 조건을 확보할 수 있는 구매자의 힘이 커질수록 산업의 이윤은 낮아진다. 대부분의 소비자시장에서 구매자들은 분산되어 있어 구매자 집중도는 낮다. 구매자의 집중도와 그에 따른 고객의 힘은 대량으로 구입하는 고객이 상대적으로 거의 없는 산업에서 높은 편이다. 구매자의 힘은 다음과 같이 다른 제품으로 전환하려는 고객들의 비용이 클 경우 낮다: 관계특수적 투자와 버티기 문제(holdup problems)(6장), 비용이 큰 소비자 탐색을 초래하는 불완전한 정보(12장), 또는 그 제품의 대체재가 거의 없을 때(2장, 3장, 4장, 11장) 등. 기격하한제와 가격상한제와 같은 정부규제(2장, 14장)도 구매자들이 보다 더 유리한 조건을 확보할 수 있는 능력에 영향을 준다.

산업의 경쟁강도 산업이윤의 지속가능성은 그 산업에서 경쟁하는 기업들간의 경쟁성격과 경쟁강도에도 달려 있다. 경쟁강도는 집중도가 높은 산업, 즉 비교적 기업수가 매우 적은 산업에서 작은 편이다(따라서 이윤의 지속가능성은 높은 편이다). 7장에서 산업의 집중도를 측정할 수 있는 여러 가지 방법을 배울 것이다. 제품차별화의 수준과 게임의 성격, 즉 가격, 생산량, 생산능력, 제품의 질/서비스 속성 등에 대한 기업들의 전략들도 수익성(profitability)에 영향을 준다. 제품차별화가 거의 없어 기업들이 가격경쟁을 하는 산업에서(8장, 9장, 10장, 11장), 그리고 소비자의 전환비용이 낮은 산업에서(11장, 12장) 왜 경쟁강도가 더 높아지는가에 대해 여러분은 배우게 될 것이다. 또한 여러분은 불완전한 정보와 의사결정시점이 기업들간의 경쟁강도에 어떻게 영향을 주는가에 대해서도 배우게 될 것이다(10장, 12장, 13장).

대체재와 보완재 산업이윤의 수준과 지속가능성은 관련 재화들과 서비스의 가격과 가치에도 달려 있다. 포터의 5요인 모형에서는 원래 유사 대체재의 존재가 산업의 수익성(profitability)을 잠식한다고 강조하였다. 2장, 3장, 4장, 11장에서 탄력성 분석과 소비자 행동모형을 사용하여 대리 제품(surrogate products)이 유사한 대체재가 되는 정도를 계량화하는 방법에 대해 여러분은 배우게 될 것이다. 또한 정부정책들(처방약을 캐나다에서 미국으로 수입하는 것을 제한하는 규제와 같은 것들)이 대체재의 가용성(availability), 그에 따라 산업의 이윤에 직접적으로 영향을 준다는 것을 여러분은 배우게 될 것이다.

경제학자들과 경영전략가들의 최근 연구결과에 의하면, 보완재도 산업의 수익성에 영향을 미친다.[4] 예를 들어, 운영시스템 시장에서 마이크로소프트의 수익성이 비교적 저렴한 컴퓨터 하드웨어에서부터 수많은 윈도형(Window-compatible) 응용소프트웨어에 이르는 보완재들의 존재때문에 높아졌다. 마찬가지로 휴대폰 시장에서 애플의 수익성은 iPhone과 호환이 되는 수만 가지의 상호보완적인 앱(complementary applications)에 의해 증가된다. 3장, 5장, 10장,

4 See, for example, Barry J. Nalebuff and Adam M. Brandenburger, *Co-Opetition*(New York: Doubleday,1996) as well as R. Preston McAfee, *Competitive Solutions*(Princeton: Princeton University Press, 2002).

13장에서 여러분은 이러한 보완성(또는 시너지) 관계를 계량화하는 방법과 보완성 및 네트워크 효과를 창조하고 이용할 수 있는 전략들에 대해 배우게 될 것이다.

산업이윤의 수준과 지속가능성에 영향을 주는 많은 요인들은 서로 연관되어 있다. 예를 들어, 미국 자동차 산업의 경우 (자동차에 보완재가 되는) 휘발유가격의 급격한 상승으로 인하여 1970년대에 산업이윤의 급격한 하락으로 고통을 받았다. 이와 같은 보완재 제품의 가격변화로 인하여 일본 자동차 업체들이 그들의 연료절약형 자동차를 마케팅하는 차별화전략을 통해 미국시장에 진입하게 되었다. 미국자동차 업체들이 그 당시 생산한 연료고소비형 대형자동차에 비하면, 일본자동차는 핫케이크처럼 팔렸다. 이러한 사건들은 계속해서 미국뿐만 아니라 전세계적으로 자동차산업의 경쟁강도에 상당한 영향을 주었다.

또한 5요인 모형은 경영자들이 "커다란 그림(big picture)"을 보는데 도움을 주는 중요한 도구이다. 그것은 산업의 수익성에 영향을 주는 다양한 산업의 조건들을 조직화하고 또한 여러 경영전략들의 효율성을 평가하기 위해 여러분이 사용할 수 있는 그림이다. 그러나, 그것을 산업수익성에 영향을 주는 모든 요인들의 종합적인 목록이라고 간주해서는 안된다. 5요인 모형은 합리적인 경영의사결정에 근저하는(underlie) 경제원칙을 이해하기 위한 모형은 아니다.

1.2.3 인센티브를 이해하라

이윤의 역할에 대해서 얘기할 때, 이윤은 자원소유자들에게 특정의 산업에 언제 들어가고 나와야 할 것인가에 대한 신호를 보낸다는 것을 강조하였다. 실제로 이윤의 변화는 자원소유자들에게 가용자원의 사용을 바꾸게 할 수 있는 인센티브를 제공한다. 기업내에서 인센티브는 자원이 어떻게 활용되며 직원들이 얼마나 열심히 일하는가에 영향을 준다. 경영자로서 성공하기 위해서, 기업과 같은 조직내에서 인센티브의 역할과 여러분의 관리대상자들로부터 최대의 노력을 유도할 수 있도록 인센티브를 어떻게 구성할 것인가를 명확하게 이해하여야만 한다. 경영의사결정을 위한 이와 같은 특별한 측면이 6장에서 설명될 것이나, 우선 적절한 인센티브를 어떻게 구성할 것인가에 대한 개요를 설명할 필요가 있다.

기업내의 인센티브를 구성하는 첫 번째 단계는 현재의 사업세계와 여러분이 희망하는 사업세계사이를 구별하는 것이다. 많은 전문가들과 조그마한 조직의 소유자들이 어려움을 겪고 있는데, 그 이유는 그들이 다른 사람들의 의사결정을 유도할 때 인센티브 역할의 중요성을 완전하게 이해하지 못하기 때문이다.

나의 친구 A씨는 식당을 개업하고 이 사업을 운영하기 위해 경영자를 고용하였다. 따라서 그는 자기가 즐길 수 있는 데에 시간을 활용할 수 있었다. 최근 나

인사이드 비즈니스 1-2 이윤과 컴퓨터산업의 진화

한 산업의 이윤이 다른 산업에서보다 더 높을 때, 새로운 기업들이 그 산업에 진출하려고 시도할 것이다. 반대로 손실이 발생할 경우에는 몇몇 기업들은 아마 그 산업에서 떠나게 될 것이다. 이러한 종류의 진화는 PC(Personal Computer) 시장에서 글로벌 환경을 변화시켰다.

PC 시대 초기에 PC 제조업자들은 양의 경제적 이윤을 달성하였다. 이와 같이 이윤이 크기 때문에 새로운 진입기업이 출현했고 경쟁강도도 높아졌다. 지난 20년에 걸쳐서 진입으로 인하여 속도와 저장용량의 상당한 증가에도 불구하고 PC 가격과 산업의 수익성은 하락하였다. 효율성이 떨어지는 기업들은 시장에서 퇴출될 수밖에 없었다.

2000년대 초, IBM(1980년대 초 IBM PC를 도입하여 PC 시대를 열었던 회사)사는 PC 기업을 중국에 있는(China-based) Lenovo사에 매각하였다. Compaq(PC 시장의 초기 선두주자이었음)사는 Hewlett-Packard에 의해 인수 되었다. 소수의 PC 제조업자들은 Dell사와 Hewlett-Packard사를 포함한 나머지 전통적인 기업들과 경쟁하면서 성공을 하였다.

2000년대 말 Dell사의 전략은 컴퓨터를 소비자에게 직접 파는 것으로부터 BestBuy와 Staples와 같은 유통업자(retailers)와 관계를 형성하는 것으로 전환하였다. 이러한 전략들이 어떻게 전통적인 기업들의 장기 수익성에 영향을 줄 것인가는 시간만이 말해줄 것이지만, 경쟁압력으로 인하여 PC 가격과 산업의 이윤은 계속 하락할 것이다.

는 그에게 사업이 잘 되어가는가를 물어보았다. 그는 식당을 개업한 이후 계속 손실을 보아왔다고 대답했다. 그가 생각하기에 경영자가 일을 잘하고 있느냐는 질문을 받자, "내가 매년 그 경영자에게 지급하는 $75,000의 월급에 대한 보상으로 경영자가 일을 잘할 것이다."라고 말했다.

A씨는 그 경영자가 "일을 잘할 것이다."라고 믿는다. 이것은 세상일이 그렇게 되었으면 하고 희망하는 것이다. 그러나, 실제의 세계에서는 개인들이 종종 자기 자신의 이익에 의해 움직인다. 이것은 사람들이 친절이나 자선을 위해 결코 행동하지 않는다는 것을 말하는 것은 아니고, 오히려 사람들은 천성적으로 자기자신의 이익을 추구하는 경향이 있다는 것을 말해 준다. 만약 A씨가 경영경제학 과정을 이수했다면, 그는 그 경영자가 그의 이익을 위해 일할 수 있도록 하는 인센티브를 어떻게 경영자에게 주는가를 알게 될 것이다. 핵심사항은 경영자가 그 자신의 이익을 위해 일을 하면, 그것이 간접적으로 A씨를 위해 일을 하는 결과가 되도록 하는 구조를 디자인하는 것이다.

A씨가 그 경영자를 감시하기 위해 실제로 식당에 있는 것이 아니므로, 그는 경영자가 어떻게 하고 있는지를 알 방법이 없다. 사실, 그는 식당에서 시간을 소비하는 것을 원하지 않았기 때문에 우선적으로 경영자를 고용하게 된 것이다. 경영자에게 매년 $75,000를 지급함으로써 그는 어떠한 종류의 인센티브를 만들어낸 것인가? 그 경영자는 매일 12시간을 일하든 2시간을 일하든 관계없이 매년 $75,000를 받는다. 그 경영자에게 열심히 일한 것에 대한 보상도 없고 또한 적절치 못한 결정에 대한 벌칙도 없다. 그 경영자는 식당의 수익성에 관계없이 동일한 금액인 $75,000를 받는다.

다행스럽게도, 대부분의 사업주들은 방금 설명한 문제를 이해하고 있다. 대기업의 소유주들은 주주들이고 그들은 대부분 절대로 회사에 관여를 하지 않는다. 그들은 어떻게 CEO(최고경영자)들이 효율적인 경영자가 되도록 인센티브를 제공할 것인가? 아주 간단하게는 그들에게 보너스의 형태로 인센티브를 제공한다. 이러한 보너스는 기업의 수익성에 직접 비례한다. 기업이 잘되면 CEO들은 높은 보너스를 받는다. 기업이 잘 안되면, 그들은 보너스를 받지 못할 뿐만 아니라 주주에 의해 해고될 위험에 직면한다. 또한 이러한 종류의 인센티브는 기업내에서 상대적으로 보다 하위인 부서수준에서도 존재한다. 몇몇 개인들은 기업주에게 수입을 가져다 준 만큼에 비례해서 보상을 받는다. 그들이 노력을 덜하면, 그들은 보상을 덜 받게 된다; 그들이 노력을 더해서 많은 매출을 올린다면, 그들은 상당한 수수료를 받는다.

경영경제학의 목적은 조직내에서 여러분들이 합리적인 경제적 의사결정을 하고 적절한 인센티브를 구성할 수 있도록 광범위한 기술을 제공하는 것이다. 여러분이 만나는 모든 사람들은 욕심이 있다. 즉 자기자신의 사리사욕에만 집착한다는 가정하에서 출발한다. 이러한 경우 인센티브를 이해하는 것은 필수적이다. 물론, 이것은 최악의 시나리오이다; 좀 더 가능성이 있는 것으로서, 사업상 접촉하고 있는 사람 중 몇몇은 그렇게 이기적이지 않다. 운이 좋을 경우에는 사업이 훨씬 더 쉬울 것이다.

1.2.4 시장을 이해하라

일반적으로 미시경제학, 특히 경영경제학을 공부할 때, 시장의 모든 거래에는 양면이 있다는 사실을 명심하는 것이 중요하다: 재화를 구입하는 모든 사람 각각에 대해 재화를 판매하는 사람이 있다. 그러므로 시장형성의 최종 결과는 시장에서의 구매자와 판매자의 상대적인 힘에 달려 있다. 시장에서 소비자와 생산자간의 협상력(힘)은 경제적 거래에서 존재하는 다음의 세 종류의 경쟁에 의해 제약받는다; 소비자–생산자간의 경쟁, 소비자–소비자간의 경쟁, 그리고 생산자–생산자간의 경쟁. 각 형태의 경쟁은 시장형성을 유도하는 자율적인 도구로서 이바지하며, 서로 다른 정도로 시장에 각각 영향을 준다. 그러므로 경영자로서 목적하는 성과를 달성할 수 있는 능력은 여러분의 제품이 이러한 경쟁요인에 의해 어느 정도로 영향을 받는가에 달려 있다.

소비자–생산자간의 경쟁

소비자–생산자간의 경쟁은 소비자와 생산자간의 상충적인 이해관계때문에 발생한다. 소비자들은 낮은 가격을 지불하기 위해 협상을 시도하는 반면, 생산자들은 높은 가격을 받기 위해 협상을 시도한다. 아주 대략적인 의미로 볼 때, 소비자들은 생산자들에게 바가지를 씌우려고 하고, 생산자들은 소비자들에게 바가지를 씌우려고 시도한다. 물론 그들의 목적을 달성하려는 이해당사자들의 능력에는 제약이 있다. 한 소비자가 너무 낮은 가격을 제시하면, 생산자는 그 소비자에게 물건을 팔지 않을 것이다. 마찬가지로, 생산자가 어떤 물건에 대한 소비자의 평가가치를 넘는 가격을 요구하면, 소비자는 그 물건을 구매하지 않을 것이다. 이러한 두 가지의 힘은 제품이 한 개의 기업(독점기업)에 의해 제공되는 시장에서조차도 시장형성과정(market process)에 견제와 균형을 자연적으로 이루게 만든다. 이러한 유형의 경쟁에 대한 실례는 잠재적인 자동차 구매자와 판매원 사이 가격에 대해 흥정하는 것이다.

소비자–소비자간의 경쟁

시장형성과정을 유도하는 두 번째의 경쟁요인은 소비자들 사이에서 일어난다. 소비자–소비자간의 경쟁은 시장에서 소비자들의 협상력을 감소시킨다. 그것은 희소성의 경제적 논리때문에 발생한다. 재화의 양이 제한되어 있을 때, 소비자들은 그 재화를 구입할 권리를 차지하기 위해 서로 경쟁한다. 희소한 재화에 가장 높은 가격을 지불할 의사가 있는 소비자는 그 재화를 소비할 수 있는 권리를 차지하는 데 있어서 다른 소비자들보다 우위에 있을 것이다. 이러한 경쟁요인은 독점기업이 물건을 판매하는 시장에서 조차도 존재한다.

소비자–소비자간의 경쟁에 대한 좋은 예로서 12장에서 자세히 다루어질 주제인 경매를 들 수 있다.

생산자–생산자간의 경쟁

시장에서의 세 번째 경쟁요인은 생산자–생산자간의 경쟁이다. 다른 형태의 경쟁요인과는 달리, 이와 같은 규율장치는 다수의 제품 판매자들이 시장에서 경쟁할 때에만 작동을 한다. 고객들이 희소할 경우, 생산자들은 자기들의 고객들을 확보하기 위해 서로 경쟁한다. 최고품질의 제품을 가장 낮은 가격으로 제공하는 기업들이 고객을 확보할 수 있게 된다. 예를 들어, 서로 마주보고 있는 두 주유소가 가격에 대해 경쟁을 할 때, 그들은 생산자–생산자간의 경쟁을 하고 있는 것이다.

정부와 시장

시장의 양측 구성원들 자신들이 시장형성과정에서 불리하다는 것을 알게 될 때, 그들은 종종 정부로 하여금 그들을 위하여 개입하도록 유도한다. 예를 들면, 대부분의 도시에서 전기시장은 단일의 지역공급업체인 것이 특징이다. 그러므로 생산자–생산자간의 경쟁이 없다. 가격을 책정할 때 전기회사들의 힘을 제한하기 위해 소비자그룹은 공공기관이 개입하도록 요구할 수도 있다. 마찬가지로 생산자들은 소비자와 외국의 생산업체들에 비해 보다 나은 협상력을 갖기 위해 정부의 지원을 위해 로비할 수도 있다. 그러므로 현대 경제에서는 정부가 시장형성과정이 자율규제될 수 있도록 역할을 하기도 한다. 14장에서는 어떻게 정부가 경영의사결정에 영향을 미치는가를 설명한다.

1.2.5 화폐의 시간가치를 인식하라

많은 의사결정에서 프로젝트의 비용이 발생할 시점과 프로젝트의 수입이 발생할 시점사이에 시차가 존재한다. 이러한 경우, 현재의 $1가 미래에 얻어질 $1보다 더 가치가 있다는 것을 인식하는 것이 중요하다. 그 이유는 간단하다; 미래에 $1를 받는 기회비용은 현재 $1를 받을 경우 이로부터 얻게 될 이자를 포기하는 대가가 된다. 이러한 기회비용은 화폐의 시간가치를 반영한다. 적절하게 수입과 지출의 시점을 고려하기 위해서, 경영자는 현재가치분석에 대해 이해하여야만 한다.

화폐의 시간가치
현재의 $1는 미래의 $1보다 더 가치가 크다는 사실

현재가치분석

미래에 받을 금액의 현재가치(*PV*)는 특정의 미래가치를 발생시킬 수 있도록 현재의 이자율로 현재 투자되어야 하는 금액이다. 예를 들면, 어떤 사람이 현재부터 1년 후에 $1.10를 여러분에게 제공한다고 하자. 현재부터 1년 후에 받게 될 $1.10의 현재시점의 가치(현재가치)는 얼마인가? 여러분이 10%의 확정이자율로 현재 $1.00를 투자할 수 있다면, 현재부터 1년 후에 $1.00는 $1.10(= 1.00 × 1.1)가 될 것이다. 다시 말하면, 1년 동안에 걸쳐 여러분의 $1.00는 $0.10의 이자를 벌게 되는 것이다. 그러므로 이자율이 10%일 때, 1년 후에 받게 될 $1.10의 현재가치는 $1.00가 된다.

현재가치
특정의 미래가치를 가져올 수 있도록 현재의 이자율로 현재 투자되어야 하는 금액

보다 일반적인 식으로 표현하면 다음과 같다:

공식(현재가치) 미래 n년 후에 받을 미래가치(*FV*)의 현재가치(*PV*)는

$$PV = \frac{FV}{(1+i)^n} \tag{1–1}$$

여기에서 i는 확정(무위험) 이자율, 또는 자금의 기회비용이다.

예를 들어, 이자율이 7%일 때 10년 후의 $100.00에 대한 현재가치는 다음과

같이 \$50.83이 된다:

$$PV = \frac{\$100}{(1+.07)^{10}} = \frac{\$100}{1.9672} = \$50.83$$

이것은 여러분들이 7%의 이자율로 현재 \$50.83를 투자했을 경우 10년 후에는 여러분의 투자가치가 \$100가 된다는 것을 의미한다.

이자율이 공식 (1−1)의 분모에 있다는 것을 주의해야 한다. 이것은 이자율이 높을수록 미래금액의 현재가치는 낮아진다는 것을 의미하며, 그 반대도 성립된다. 미래금액의 현재가치는 미래가치(FV)와 기다림의 기회비용(OCW; opportunity cost of waiting)간의 차이를 반영한다: $PV = FV - OCW$. 직관적으로 보면, 이자율이 높을수록 미래금액을 받기까지 기다림의 기회비용은 더 높아지며, 따라서 미래금액의 현재가치는 더 낮아진다. 예를 들어, 이자율이 0이라면, 기다림의 기회비용은 0이 되며, 현재가치와 미래가치는 일치하게 된다. 이것은 이자율이 0일 때 $PV = FV$이기 때문에 공식 (1−1)과 일치한다.

미래금액의 현재가치에 대한 기본적인 개념은 일련의 미래금액의 경우로 확장될 수 있다. 예를 들면, 여러분이 미래 1년 후에 FV_1, 2년 후에 FV_2, n년 후에는 FV_n 등등을 약속 받으면, 이러한 미래금액들의 현재가치의 합은 다음과 같다:

$$PV = \frac{FV_1}{(1+i)^1} + \frac{FV_2}{(1+i)^2} + \frac{FV_3}{(1+i)^3} + \cdots + \frac{FV_n}{(1+i)^n}$$

공식(현금흐름의 현재가치) 이자율이 i일 때, 현금흐름 FV_1, FV_2, ⋯, FV_n에 대한 현재가치는 다음과 같다:

$$PV = \sum_{t=1}^{n} \frac{FV_t}{(1+i)^t}$$

순현재가치
프로젝트에서 발생하는 소득흐름의 현재가치–프로젝트의 현재비용

프로젝트에서 발생하는 소득흐름의 현재가치가 주어진다면, 그 프로젝트의 순현재가치를 쉽게 계산할 수 있다. 프로젝트의 **순현재가치**(NPV)는 단순히 그 프로젝트에서 발생된 소득흐름의 현재가치(PV)에서 그 프로젝트의 현재비용(C_0)을 차감한 것이 된다: $NPV=PV-C_0$. 프로젝트의 순현재가치가 양(+)이라면, 프로젝트수입의 현재가치가 프로젝트의 현재비용을 초과하기 때문에 그 프로젝트는 이익이 된다. 한편, 경영자는 순현재가치가 마이너스인 프로젝트를 기각해야 한다. 왜냐하면, 그러한 프로젝트의 비용은 그 프로젝트에서 발생하는 소득흐름의 현재가치를 초과하기 때문이다.

공식(순현재가치) 현재 C_0달러를 어느 프로젝트에 투입한 후, 어느 기업이 1년 후에는 FV_1의 현금흐름, 2년 후에는 FV_2의 현금흐름, 등등의 현금흐름을 얻게

된다고 하자. 이자율이 i라면, 그 프로젝트의 순현재가치는 다음과 같다:

$$NPV = \frac{FV_1}{(1+i)^1} + \frac{FV_2}{(1+i)^2} + \frac{FV_3}{(1+i)^3} + \cdots + \frac{FV_n}{(1+i)^n} - C_0$$

예시 문제 1-1

Automated Products의 경영자는 비용이 $300,000이고 사용수명이 5년인 새 기계를 구입할 것을 고려하고 있다. 그 기계는 연말기준으로 1년차에는 $50,000, 2년차에는 $60,000, 3년차에는 $75,000, 그리고 4, 5년차에는 $90,000의 비용감소를 회사에게 가져다준다. 이자율이 8%라면, 그 기계로 인하여 절약되는 비용의 현재가치는 얼마인가? 경영자는 그 기계를 구입하여야 하는가?

정답

현재 새 기계에 $300,000를 지출하여 그 기업은 5년에 걸쳐 $365,000의 비용을 감소시킬 것이다. 그러나, 절약되는 비용의 현재가치는 단지 다음과 같다:

$$PV = \frac{50{,}000}{1.08} + \frac{60{,}000}{1.08^2} + \frac{75{,}000}{1.08^3} + \frac{90{,}000}{1.08^4} + \frac{90{,}000}{1.08^5} = \$284{,}679$$

결론적으로 새 기계의 순현재가치는 다음과 같다:

$$NPV = PV - C_0 = \$284{,}679 - \$300{,}000 = -\$15{,}321$$

그 기계의 순현재가치는 음(−)이기 때문에 경영자는 그 기계를 구입해서는 안된다. 다시 말하면, 경영자는 비용절약기계(cost-saving technology)에 투자하기 보다는 8%의 이자율로 $300,000를 은행에 예금하면 더 많은 돈을 벌게 될 것이다.

무한수명을 갖는 자산의 현재가치

몇몇 의사결정은 무한적으로 지속되는 현금흐름을 발생시킨다. 예를 들어, 현재는 CF_0, 현재부터 1년 후는 CF_1, 현재부터 2년 후는 CF_2 식으로 무한기간동안 현금흐름을 발생시키는 자산을 고려하자. 이자율이 i라면 그 자산의 현재가치는 다음과 같이 이들 현금흐름의 현재가치가 된다:

$$PV_{자산} = CF_0 + \frac{CF_1}{(1+i)} + \frac{CF_2}{(1+i)^2} + \frac{CF_3}{(1+i)^3} + \cdots$$

이 공식은 무한적으로 지속되는 항목을 포함하고 있지만, 미래 현금흐름의 유형이 확실할 경우 우리는 그 자산의 현재가치를 쉽게 구할 수 있다. 예를 들어, 현재의 현금흐름이 0이고($CF_0 = 0$) 모든 미래의 현금흐름은 동일($CF_1 = CF_2 = \cdots$)하다고 하자. 이 경우 그 자산은 매 기말 동일한 현금흐름을 영구적으로 발생시킨다. 이들 미래 현금흐름 각각을 CF라고 하면 그 자산의 현재가치는 다음

과 같이 영구연금(perpetuity)의 현재가치가 된다:

$$PV_{\text{영구연금}} = \frac{CF}{(1+i)} + \frac{CF}{(1+i)^2} + \frac{CF}{(1+i)^3} + \cdots$$
$$= \frac{CF}{i}$$

그러한 자산의 예로서 영구채권(perpetual bond)과 우선주를 들 수 있다. 이들 자산은 소유자에게 매 기간말 일정한 금액을 영구적으로 지급한다. 위의 공식에 기초하여 이자율이 5%일 때 소유자에게 매년말 $100를 지급하는 영구채권의 가치는 다음과 같다:

$$PV_{\text{영구채권}} = \frac{CF}{i} = \frac{\$100}{.05} = \$2{,}000$$

기업가치는 기업의 실물자산, 인적자산 및 무형자산에 의해 발생되는 이윤의 흐름(현금흐름)의 현재가치이므로, 현재가치분석은 또한 기업의 가치를 결정할 때에도 유용하다. 특히, π_0가 기업의 현재이윤이라면 내년의 이윤은 π_1 등등이 된다. 그러므로 기업가치는 다음과 같다:

$$PV_{\text{기업}} = \pi_0 + \frac{\pi_1}{(1+i)} + \frac{\pi_2}{(1+i)^2} + \frac{\pi_3}{(1+i)^3} + \cdots$$

다시 말하면, 오늘의 기업가치는 현재 및 미래 이윤의 현재가치가 된다. 창업자가 죽은 후에도 기업이 영원히 존재하는 계속기업(going concern)이 되면, 기업의 소유권은 무한적으로 이윤흐름을 갖는 자산에 대한 청구권을 나타낸다. 기업가치는 경영의사결정이 이윤에 미치는 장기적 영향을 고려하고 있다는 것을 주목하라. 기업의 목표가 이윤을 극대화하는 것이라고 경제학자들이 말할 때, 이 말의 의미는 기업의 목적이 현재 및 미래 이윤의 현재가치인 기업가치를 극대화하는 것이라는 것을 이해해야 한다.

이윤극대화

이윤을 극대화하는 것은 현재 및 미래 이윤의 현재가치인 기업가치를 극대화하는 것을 의미한다.

기업가치를 추정하기 위해 증권분석가들이 사용하는 도구를 모두 제시하는 것은 이 책의 범위를 넘어서지만, 몇 가지 가정을 통해 관련된 문제에 대해 직관적으로 이해를 할 수도 있다. 한 기업의 현재 이윤이 π_0이고, 이들 이윤은 아직 주주들에게 배당으로 지급되지 않았다고 가정하자. 이들 이윤은 매년 g%라는 일정한 성장률로 증가하며, 이윤의 증가율은 이자율보다는 작다고 가정하자($g < i$). 이 경우 현재부터 1년 후 이윤은 $\pi_0(1 + g)$, 현재부터 2년 후 이윤은 $\pi_0((1+g)^2$ 등등이 될 것이다. 이러한 가정하에서 기업가치는 다음과 같이 된다:

$$\begin{aligned} PV_{\text{기업}} &= \pi_0 + \frac{\pi_0(1+g)}{(1+i)} + \frac{\pi_0(1+g)^2}{(1+i)^2} + \frac{\pi_0(1+g)^3}{(1+i)^3} + \cdots \\ &= \pi_0\left(\frac{1+i}{i-g}\right) \end{aligned}$$

이자율과 기업의 성장률이 주어질 경우 기업의 평생가치(lifetime value, 장기이윤)를 극대화하는 것은 기업의 현재(단기) 이윤(π_0)을 극대화하는 것과 같다.

만약 현재의 이윤이 이미 배당으로 지급되었을 경우 여러분은 이 공식이 어떻게 변할 것인가를 궁금해할 것이다. 이 경우 기업의 현재가치는 (현재의 이윤이 이미 지급되었기 때문에) 미래 이윤의 현재가치가 된다. 현재의 이윤이 배당으로 지급된 직후(배당락일이라고 함) 기업의 가치는 위의 공식에서 단순히 π_0를 빼면 된다.

$$PV_{\text{배당락기업}} = PV_{\text{기업}} - \pi_0$$

이것은 다음의 공식으로 단순화될 수 있다:

$$PV_{\text{배당락기업}} = \pi_0\left(\frac{1+g}{i-g}\right)$$

그러므로 이자율과 성장률이 일정하면 현재의 이윤을 극대화하는 전략은 또한 배당락일에 기업가치를 극대화시키는 것이 된다.

원리

이윤의 성장률이 이자율보다 작으며 이들 모두 다 일정하다면, 장기이윤을 극대화하는 것은 현재의(단기) 이윤을 극대화하는 것과 같다.

단기적 이윤을 극대화하는 것은 장기적 이윤을 극대화하는 것과 같을 수 있다

한 기업의 현재가치에 대한 개념은 매우 일반적이지만, 위에 제시된 단순한 공식은 기업이윤의 성장률이 일정하다고 가정한 것에 기초하고 있다. 그러나 실제로 기업의 투자 및 마케팅 전략들이 성장률에 영향을 줄 것이다. 더욱이 경쟁기업들이 사용한 전략들도 보통 그 기업의 성장률에 영향을 미칠 것이다. 그러한 상황에서 일반적인 현재가치공식을 사용하고, 시간에 따라 이윤에 미치는 서로

예시 문제

1-2

이자율이 10%이고, 기업은 예측가능한 기간동안 매년 5%로 성장할 것으로 기대된다고 하자. 기업의 현재 이윤은 $1억라고 하자.

(a) 그 기업의 가치(모든 현재 및 미래 이윤의 현재가치)는 얼마인가?
(b) 현재의 이윤을 모두 배당으로 지급한 직후 기업의 가치는 얼마인가?

정답

(a) 기업의 가치는

$$PV_{\text{기업}} = \pi_0 + \frac{\pi_0(1+g)}{(1+i)} + \frac{\pi_0(1+g)^2}{(1+i)^2} + \frac{\pi_0(1+g)^3}{(1+i)^3} + \cdots$$
$$= \pi_0\left(\frac{1+i}{i-g}\right)$$
$$= \$100\left(\frac{1+.1}{.1-.05}\right) = (\$100)(22) = \$2{,}200\text{백만}$$

(b) 배당락일의 기업가치는 이 금액($22억)에서 배당으로 지급된 현재의 이윤($1억) 만큼을 뺀 금액 또는 $21억이다. 다른 방법으로 이 금액을 계산하면 다음과 같다:

$$PV_{\text{배당락기업}} = \pi_0\left(\frac{1+g}{i-g}\right)$$
$$= (\$100)\left(\frac{1+.05}{.1-.05}\right) = (\$100)(21) = \$2{,}100\text{백만}$$

다른 영향을 주는 전략들을 이해하는 데 있어 다른 대안은 없다.

1.2.6 한계분석을 활용하라

한계분석은 가장 중요한 경영경제학 도구중의 하나로서, 이 책의 전반에 걸쳐 계속 반복될 도구다. 간단하게 표현하면, 한계분석이란 최적의 경영의사결정 시에 의사결정의 한계(증분)수입과 한계(증분)비용을 비교하는 것을 의미한다. 예를 들면, 경영경제학 과정을 공부하는 데 소요되는 최적의 양은 (1) 공부시간을 한 시간 더 추가하여 얻게 될 학점의 상승과 (2) 공부를 한 시간 더 하는데 소요되는 추가적인 비용을 비교함으로써 결정된다. 추가적으로 한 시간 더 공부하여 얻게 될 수입이 추가적으로 한 시간 더 공부하는데 소요되는 비용을 초과하는 한, 공부를 계속하게 되면 이익이 된다. 그러나, 추가적으로 한 시간 더 공부하는 것이 수입보다는 비용을 더 증가시키게 되면, 여러분은 공부를 중단해야 한다.

좀 더 일반적으로, $B(Q)$가 경영자가 관할하고 있는 Q단위의 어떤 변수로부터 얻어진 총수입을 나타낸다고 하자. 이것은 매우 일반적인 식이다; $B(Q)$는 기업이

인사이드 비즈니스 1-3 항공패키지에 가입하는 것

최근 어떤 항공사가 항공사클럽(Airline Club)의 1년짜리 표준회원권을 \$450에 제시하였다. 다른 방법으로는, 3개월짜리 회원권을 \$120에 구입할 수도 있다. 업무나 여행 중 휴식을 취하기에 회원권이 조용한 장소를 제공하여 생산성이 증대되기 때문에, 많은 경영진 및 임원들은 항공사클럽에 가입한다.

여러분이 1년 동안 그 클럽에 가입한다고 가정해 보자. 여러분은 1년짜리 회원권값으로 선불 \$450를 지불할 것인가, 아니면 3개월짜리 회원권 4장을 각각 \$120에 구입하여 총 \$480를 지불할 것인가? 단순화를 위해, 그 항공사는 다음 해에도 \$120의 3개월짜리 회원권값을 변경하지 않는다고 가정한다.

표면상으로는 1년짜리 회원비를 미리 지불하면 여러분은 \$30를 절약할 수 있는 것처럼 보인다. 그러나 이러한 접근방법은 화폐의 시간가치를 무시한 결과이다. 화폐의 시간가치를 고려할 때에도 1년짜리 회원비를 미리 지불하는 것인 이득인가?

여러분이 1년짜리 회원비를 미리 지불하면 회원권값의 현재가치는 그 돈 모두가 현재 지불되므로 \$450가 된다. 여러분이 3개월마다 지불할 경우에는 현재 \$120, 3개월 후 \$120, 6개월 후 \$120, 그리고 9개월 후 \$120를 지불하게 된다. 연 8%의 이자율이 주어질 경우(분기로는 2%), 이렇게 지불된 금액의 현재가치는 다음과 같다:

$$PV = \$120 + \frac{\$120}{1.02} + \frac{\$120}{(1.02)^2} + \frac{\$120}{(1.02)^3}$$

또는

$$PV = \$120 + \$117.65 + \$115.34 + \$113.08$$
$$= \$466.07$$

따라서 현재가치 기준으로 1년짜리 회원비를 미리 지불할 경우 여러분은 \$16.07를 절약하게 된다. 여러분이 1년짜리 회원에 가입하고자 하고 3개월짜리 회원비가 일정하거나 또는 다음 해에 상승할 것으로 예상할 경우, 미리 지불하는 것이 더 낫다(better). 현재 이자율이 주어질 경우, 그 항공사는 조건이 좋은 거래를 제시하고 있으나, 절약되는 현재가치는 \$30가 아니라 \$16.07가 된다.

Q단위의 생산을 하여 얻게 되는 수입일 수 있다; 그것은 궁핍한 사람들에게 Q단위의 음식을 배분해주는 것과 관련된 수입일 수 있다. $C(Q)$는 Q수준에 상응하는 총비용을 나타낸다고 하자. 의사결정문제의 성격에 따라 $C(Q)$는 Q단위의 생산을 하는 기업의 총비용, Q단위의 음식을 궁핍한 사람들에게 배분해주는 음식자선단체의 총비용, 또는 Q시간의 시험공부를 하는데 소요되는 비용일 수가 있다.

이산형 의사결정

우선 경영통제변수가 이산형인 경우를 고려한다. 이러한 경우, 경영자는 〈표 1-1〉의 1열에서 3열까지 요약된 것과 같은 상황에 직면한다. 경영자는 분수단위의 Q를 사용할 수가 없다는 것을 주의해라; 단지 정수단위만이 가능하다. 이것은 문제의 이산형 성격을 반영한다. 생산의사결정의 관점에서 볼 때, Q는 생산된 음료수의 숫자(갤런)가 될 수도 있다. 경영자는 몇 갤런의 음료수(예를 들어, 0, 1, 2, 등등)를 생산할 것인가를 결정해야 하지만, 분수단위로(예를 들어, 0.1갤런 등) 생산하는 것을 선택할 수는 없다. 〈표 1-1〉의 2열 총수입, 3열은 총비용에 대한 가상의 수치를 나타낸다.

경영자의 목적이 다음의 순이익을 극대화하는 것이라고 가정하자.

표 1–1 통제변수의 최적 수준 결정: 이산형 경우

(1) 통제변수 Q 주어짐	(2) 총수입 $B(Q)$ 주어짐	(3) 총비용 $C(Q)$ 주어짐	(4) 순이익 $N(Q)$ (2) – (3)	(5) 한계수입 $MB(Q)$ △(2)	(6) 한계비용 $MC(Q)$ △(3)	(7) 한계순이익 $MNB(Q)$ △(4) 또는 (5) – (6)
0	0	0	0	–	–	–
1	90	10	80	90	10	80
2	170	30	140	80	20	60
3	240	60	180	70	30	40
4	300	100	200	60	40	20
5	350	150	200	50	50	0
6	390	210	180	40	60	– 20
7	420	280	140	30	70	– 40
8	440	360	80	20	80	– 60
9	450	450	0	10	90	– 80
10	450	550	– 100	0	100	– 100

$$N(Q) = B(Q) - C(Q)$$

즉, 이것은 Q단위의 경영통제변수를 활용할 경우 총비용에 대한 총수입의 프리미엄을 나타낸다. 순이익—$N(Q)$—은 가정상의 보기에서와 같이 〈표 1–1〉의 4열에 있다. 4열의 순이익은 경영자가 5단위의 Q를 선택하여 순이익이 200이 발생할 때 극대값이 된다[5].

순이익을 극대화할 때 한계분석의 중요성을 예시하기 위하여, 몇 가지 용어에 대해 정의를 하도록 하자. **한계수입**이란 경영통제변수를 추가적으로 한 단위 더 사용하여 발생하는 추가적인 수입을 말한다. 예를 들어, 첫째 단위의 Q가 총수입을 0에서 90으로 증가시키기 때문에 첫째 단위의 Q로부터 얻어지는 한계수입은 90이 된다. Q가 1에서 2로 증가할 때 총수입은 90에서 170으로 증가하므로 두 번째 단위의 Q로부터의 한계수입은 80이 된다. 각 단위 Q로부터의 한계수입—$MB(Q)$—은 〈표 1–1〉의 5열에 나타나 있다. 한편, **한계비용**이란 경영통제변수를 추가적으로 한 단위 더 사용함으로써 발생되는 추가적인 비용을 말한다. 한계비용—$MC(Q)$—은 〈표 1–1〉의 6열에 있다. 예를 들어, 첫째 단위의 Q가 0에서

한계수입
경영통제변수를 추가적으로 한단위 더 사용하여 발생하는 추가적인 수입

한계비용
경영통제변수를 추가적으로 한 단위 더 사용함으로써 발생되는 추가적인 비용

5 실제로 순이익은 4단위 또는 5단위의 Q에서 200이된다. 이것은 표에서 자료의 이산형(discrete)성격 때문이다. 즉, 자료의 이산형 성격 때문에 Q는 1단위씩 증가하는 것으로 제한된다. 다음절에서는 Q가 임의의 작은 수의 증가 형태로 선택될 수 있을 때(예를들어, 기업이 소수점 갤런단위의 탄산음료수를 생산할 수 있을때), 순이익은 하나의 Q에서 최대화가 된다. 이와같은 Q수준에서는 한계순이익이 0이 되며, 그것은 〈표1–1〉에서 5단위의 Q에 해당한다.

10으로 총비용을 증가시키기 때문에 첫째 단위의 Q로부터 발생되는 한계비용은 10이 된다. 마찬가지로, Q가 1에서 2로 증가할 때 총비용은 10에서 30으로 20만큼 증가하므로, 두번째 단위의 Q로부터 발생되는 한계비용은 20이 된다.

마지막으로, Q의 한계순이익—$MNB(Q)$—이란 Q가 한 단위 변할 때 발생하는 순이익의 변화값이다. 예를 들어, Q를 0에서 1로 증가시킬 때 〈표 1-1〉의 4열에서와 같이 순이익이 0에서 80으로 증가하므로, 첫째 단위의 Q로부터의 한계순이익은 80이 된다. Q를 1에서 2로 증가시킬 경우, 순이익은 80에서 140으로 증가되므로 두번째 단위의 Q로 인한 한계순이익은 60이 된다. 〈표 1-1〉의 7열은 가상의 예에서 한계순이익을 나타낸다. 한계순이익은 또한 다음과 같이 한계수입과 한계비용간의 차이로서 얻어질 수도 있다.

$$MNB(Q) = MB(Q) - MC(Q)$$

〈표 1-1〉을 검토해 보면, 일정한 유형을 발견할 수 있다. 5단위의 Q를 사용하면 순이익이 극대가 된다고 경영자가 확신한다는 것에 주의해라. 순이익을 극대화해주는 Q수준(5단위)에서, Q의 한계순이익은 0이다. 더욱이 이와 같은 Q수준(5단위)에서는 한계수입과 한계비용이 같아진다(이 예에서 둘 다 50임). 순이익을 극대화하는 Q수준에서 $MB = MC$가 되는 중요한 이유가 있다; 한계수입이 한계비용을 초과하는 한, Q를 증가시키면 총비용보다는 총수입이 더 증가한다. 이 경우, 경영자는 경영통제변수의 사용을 증대시키는 것이 이익이 된다. 다시 표현하면, 한계수입이 한계비용을 초과할 때 Q의 사용을 증가시켜 얻게 되는 순이익이 양(+)이 된다; Q를 더 많이 사용하면, 순이익은 증가한다. 예를 들어, 〈표 1-1〉에서와 같이 1단위의 Q를 사용하는 것을 고려해 보자. Q를 2단위로 증가시키면 총수입은 80만큼 증가하고 총비용은 단지 20만큼 증가한다. Q의 사용을 1단위에서 2단위로 증가시키는 것은 이익이 된다. 왜냐하면, Q를 증가시킬 경우 총비용보다는 총수입이 더 증가되기 때문이다.

한계원리

순이익을 극대화하기 위해서. 경영자는 한계수입과 한계비용이 같아지는 수준까지 경영통제변수를 증가시켜야 한다. 이 경우 경영통제변수의 수준은 한계순이익이 0이 되는 수준에 해당한다; 즉, 그 통제변수를 더 변화시켜도 더 얻어지는 것이 전혀 없다.

〈표 1-1〉을 보면, 5단위의 Q에서 순이익이 극대가 되는 반면, 총수입은 극대가 되지 못한다는 것을 주의해라. 사실, 총수입은 한계수입이 0이 되는 10단위의 Q에서 극대가 된다. 순이익이 극대가 되는 Q수준이 총수입이 극대가 되는 Q수

준보다 작은 이유는 총수입을 더 증대시키는 데 소요되는 비용때문이다. 순이익을 극대화하는 목적은 비용을 고려한 반면, 총수입을 극대화하는 목적은 그렇지 않다. 기업의 관점에서 볼 때, 총수입을 극대화하는 것은 비용에 관계없이 수입을 극대화하는 것과 같다. 시험공부를 하는 관점에서 볼 때, 총수입을 극대화하려면 시험공부하는데 소요되는 비용이 얼마이든 상관없이 여러분의 학점(수입)을 극대화할 때까지 공부를 해야 한다.

연속형 의사결정

통제변수가 이산형일 때 의사결정을 위한 기본원칙은 연속적 통제변수인 경우에도 적용된다. 〈표 1-1〉의 기본적인 관계가 〈그림 1-2〉에 나타나 있다. 그림의 상단 부분은 Q가 무한하게 세분될 수 있다. 〈표 1-1〉에서와 같이 기업이 음료수를 갤런단위로만 생산할 수 있도록 허용하지 않고, 현재는 소량의 분수단위로도 생산할 수 있다는 가정하에 서로 다른 수준의 Q를 생산하는 데 따른 총수입과 총비용을 나타낸다. 그림의 중간부분은 순이익, $B(Q) - C(Q)$를 나타내며, 맨 위부분의 그림에서 B와 C의 수직거리를 나타낸다. 맨 위의 그림에서 $B(Q)$와 $C(Q)$의

그림 1-2
통제변수의 최적 수준을 결정하는 방법: 연속형의 경우

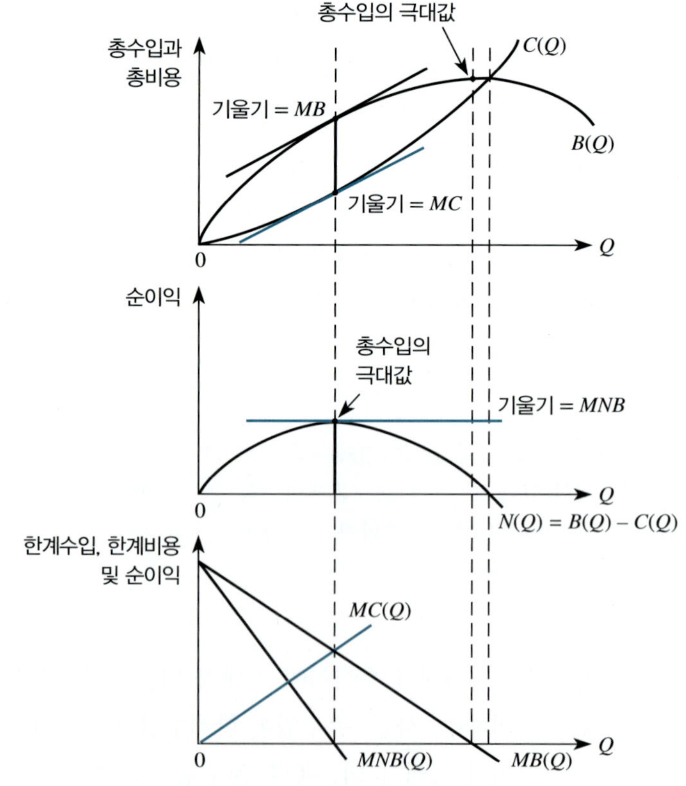

기울기는 $\Delta B/\Delta Q$ 또는 한계수입이고, $C(Q)$의 기울기는 $\Delta C/\Delta Q$ 또는 한계비용이다. 총수입곡선과 총비용곡선의 기울기는 순이익이 극대가 될 때 동일하다. 이것은 단지 순이익이 극대가 될 때 $MB = MC$라고 하는 것을 또 다르게 표현하는 것이다.

통제변수가 무한히 세분될 수 있을 때, 어느 한 점에서의 총가치곡선의 기울기는 그 점에서의 한계가치가 된다. 특히, 어느 한 점 Q에서의 총수입곡선의 기울기는 그 수준에서의 한계수입이 된다. 어느 한 점 Q에서의 총비용곡선의 기울기는 그 수준에서의 한계비용이 된다. 어느 한 점 Q에서의 순이익곡선의 기울기는 그 수준에서의 한계순이익이 된다.

한계가치곡선은 총가치곡선의 기울기가 된다

미분을 사용하면 다음과 같다;
함수의 기울기는 그 함수에 대한 도함수이므로, 앞에서 설명한 원리가 의미하는 것은 어느 함수의 미분값이 그 함수의 한계가치가 된다는 것이다. 예를 들어,

$$MB = \frac{dB(Q)}{dQ}$$
$$MC = \frac{dC(Q)}{dQ}$$
$$MNB = \frac{dN(Q)}{dQ}$$

〈그림 1-2〉의 맨 아래 부분은 한계수입, 한계비용, 그리고 한계순이익을 나타낸다. 한계수입곡선이 한계비용곡선과 만나는 Q수준에서, 한계순이익은 0이 된다. 이 수준의 Q에서 순이익이 극대가 된다.

예시 문제 1-3

어느 엔지니어링 회사는 최근 수입과 비용구조를 결정하기 위해 연구를 수행했다. 그 연구의 결과는 다음과 같다.

$$B(Y) = 300Y - 6Y^2$$
$$C(Y) = 4Y^2$$

그러므로 $MB = 300 - 12Y$ 그리고 $MC = 8Y$이다.

경영자는 순이익의 극대화를 가져오는 생산량 Y를 결정하도록 요구받았다.

정답

$MB = MC$로 놓으면 $300 - 12Y = 8Y$가 된다. Y에 대해 풀면, 순이익의 극대화를 달성시키는 Y의 최적수준은 $Y^* = 15$가 된다. $Y^* = 15$를 다음의 식에 삽입하면, 순이익의 극대수준은 다음과 같다:

$$NB = 300(15) - (6)(15)^2 - (4)(15)^2 = 2,250$$

증분의사결정

경영자는 가끔 간단하게 의사결정을 해야하는 상황에 직면한다. 한계분석은 그러한 의사결정을 하기 위해 적당한 도구가 된다. 마찬가지로 경영자는 어느 프로젝트가 채택되어 들어올 추가적인 수입이 그 프로젝트를 수행하는 데 소요된 추가비용을 초과한다면 그 프로젝트를 받아들일 것이다. 수용이냐 아니면 기각이냐의 의사결정의 경우, 이러한 의사결정으로부터 얻어지는 추가적인 수입은 **증분수입**이라고 한다. 그 의사결정 때문에 소요되는 추가적인 비용은 **증분비용**이 된다.

증분수입
수용 또는 기각의 의사결정으로부터 얻어지는 추가적인 수입

증분비용
수용 또는 기각의 의사결정으로부터 발생하는 추가적인 지출

예를 들면, 여러분이 Slick Drilling사—원유탐사 및 채취회사—의 최고경영자이며, Michigan주에 있는 Twin Lake지역 주변의 원유를 위해 땅을 팔 것인가의 여부를 결정해야 한다고 상상해 보라. 여러분은 이 지역에 10,000배럴의 원유가 있다고 비교적 확신한다. 여러분을 위해 일하는 회계사가 그 새로운 프로젝트를 받아들일 것인가의 여부에 대한 의사결정을 도와주기 위해 〈표 1–2〉에 있는 정보를 준비했다.

그 회계사가 여러분에게 〈표 1–2〉에서와 같이 많은 정보를 제공했지만, 여러분의 의사결정과 관련된 유일한 자료는 그 새로운 프로젝트를 수용할 경우의 증분수입과 증분비용이 된다. 특히, 직 · 간접적 고정비용은 여러분이 그 프로젝트를 수용할 것인가의 여부에 관계없으므로 여러분의 의사결정과 무관하다는 것에 주의해라. 이와는 대조적으로, 여러분이 그 프로젝트를 수용한다면, 여러분의 수입은 $183,200만큼 증가한다는 것을 주의해라. 그 프로젝트를 수용하므로써 얻어지는 수입의 변화값이 증분수입을 나타낸다.

그러나, 이와 같은 추가적인 수입을 벌기위해서, 여러분은 채공기계값으로 $90,000와 추가적인 임시근로자의 월급으로 $75,000를 지불해야 한다. 이들 비용의 합계—$165,000—가 그 새로운 프로젝트의 증분비용을 나타낸다. 여러분의 증분수입인 $183,200가 증분비용인 $165,000를 초과하므로, 여러분은 그 새

표 1-2 새로운 프로젝트의 증분비용과 증분수입

	현재 상황	새로운 Drilling 프로젝트 후	증분수입과 증분비용	
총수입	$1,740,400	$1,923,600		$183,200
변동비용				
Drill송곳	750,000	840,000		
임시근로자	500,000	575,000	90,000	
총변동비용	**1,250,000**	**1,415,000**	75,000	165,000
직접고정비용				
감가상각비-장비	120,000	120,000		
총직접고정비용	**120,000**	**120,000**	0	
간접고정비용				
감독관급여	240,000	240,000		
사무용품비	30,000	30,000		
총간접고정비용	**270,000**	**270,000**	0	
이윤	$100,400	$118,600		$18,200

로운 프로젝트를 간단히 수용하게 될 것이다. 그렇게 하면, 순이익이 $18,200만큼 추가된다.

또 다른 예로서, 첫 단위의 통제변수가 비용보다 수입을 더 많이 증가시키나 (MB > MC), 두 번째 단위는 수입보다 비용을 더 많이 증가시킨다고(MB < MC) 가정하자. 이 경우, 두 번째 단위는 수입보다 비용을 더 많이 증가시키기 때문에 경영자는 두 번째 단위를 포기해야 한다.

1.3 경영경제학 배우기

경영경제학에 대한 분석을 계속하기 전에, 어떻게 경제학을 공부할 것인가에 대한 힌트를 제공하고자 한다. 경제학을 배우는 것은 음악이나 자전거타기를 배우는 것과 같다: 즉, 경제학을 배우는 최선의 방법은 연습, 또 연습, 계속 더 많이 연습하는 것이다. 경영경제학을 연습한다는 것은 의사결정을 연습한다는 것을 의미하며, 이를 위한 최선의 방법은 교재와 각 장의 끝에 제시된 문제를 풀고 또 푸는 것이다. 그러나, 여러분이 효과적으로 연습을 하기 위해서는 경제학 언어를 이해하여야만 한다.

경제학에서의 용어는 두 가지 목적을 가지고 있다. 첫째, 경제학자들이 사용하는 정의와 공식은 정확성을 위해 요구된다. 경제학은 매우 복잡한 문제를 다룬다. 그리고 복잡한 문제를 간단한 문제로 바꾸기 위해서 경제학자들이 고안한 언어를 사용함으로써 많은 혼란을 피할 수가 있다. 둘째, 정확한 용어를 사용하면 경제학의 사용자들이 보다 더 효율적으로 의사소통을 할 수 있게 된다. Humpty Dumpty처럼 우리 각자가 말을 만들어 우리가 원하는 바대로 그 뜻을 정한다면 의사소통하는 것이 불가능할 것이다. 그러나, 용어자체는 중요한 것은 아니고, 더 쉽게 의사소통을 하며 서로 다른 경제적 상황을 분석하게 만드는 단순한 도구이다.

경제학에 사용된 용어를 이해하는 것은 음악에서 전체 악보와 부분적인 악보간의 차이를 이해하는 것과 같다. 그러한 악보를 이해하지 못하면, 매우 천재적인 음악가이외에 어느 누구도 악기를 연주하거나 새로운 노래를 하는 방법에 대해 다른 음악가와 의사소통하는 것이 매우 어려울 것이다. 음악언어를 이해하면, 연습을 열심히 하는 누구든지 아름다운 음악을 만들 수 있다. 경제학의 경우도 이와 똑같다: 경제학을 배울 의지가 있고, 의사결정하는 연습을 열심히 하는 사람이면 누구든지 효율적인 경영자가 될 수 있다.

왜 Ralph는 Amcott의 경영자 자리에서 해고되었는가? 외국어분과의 경영자인 그는 아마도 판매예측을 위해서는 마케팅부서, 그리고 계약 및 복제금지법에 대한 자문을 위해서는 법률부서에 의존했을 것이다. 미래의 판매예측에 대해 그가 얻은 정보는 실제로 정확했으나, 법률부서가 Magicword의 배분과 관련된 모든 법적문제를 완전하게 예상하지는 못한 것이 명백하다. 가끔 경영자들은 그릇된 정보를 얻게 된다.

그러나 이 경우 실제적인 문제는 Ralph 자신이 가지고 있는 정보에 기초하여 적절하게 의사결정을 하지 못한 점이다. Ralph의 계획은 $2,000만를 Magicword에 투자하여 매 년 판매수입으로서 $700만를 벌어들이는 것이었다. 그 프로젝트와 관련된 다른 비용은 없다고 가정하면, Amcott의 Magicword 구입에 대한 순현재가치(NPV)의 예상치는 다음과 같다 :

$$NPV = \frac{\$7,000,000}{(1+0.07)^1} + \frac{\$7,000,000}{(1+0.07)^2} + \frac{\$7,000,000}{(1+0.07)^3} - \$20,000,000$$
$$= -\$1,629,788$$

이것은 Ralph가 Amcott사의 경우 Magicword를 구입하므로써 약 $160만의 손실을 입을 것으로 예상했을 것이라는 것을 의미한다.

Ralph는 법률부서의 실수 때문이 아니라 그의 경영상의 둔감함 때문에 해고되었던 것이다. Amcott의 주주들에게 공표된 소송내용을 보면, Ralph는 그에게 주어진 정보를 적절하게 처리하지를 못했다: 즉, 그는 화폐의 시간가치를 인식하지 못했던 것이다.

주요 용어 및 개념

경영경제학(Managerial Economics)
경영자(Manager)
경제적 이윤(Economic Profit)
기업가치(Value of a Firm)
기회비용(Opportunity Cost)
명시적 비용(Explicit Cost)
묵시적 비용(Implicit Cost)
미래가치(Future Value)
배당락일(ex-dividend date)
생산자–생산자간의 경쟁(producer-producer rivalry)
소비자–생산자간의 경쟁(consumer-producer rivalry)
소비자–소비자간의 경쟁(consumer-consumer rivalry)
순현재가치(Net Present Value)
영구연금(Perpetuity)
증분비용(Incremental Cost)
증분수입(Incremental Revenue)
한계비용(Marginal Cost)
한계수입(Marginal Benefit)
한계순이익(Marginal Net Benefit)
화폐의 시간가치(time value of money)
회계적 비용(Accounting Cost)
회계적 이윤(Accounting Profit)

개념 및 계산 문제

1. Southwest 항공사는 첫째와 둘째 위탁수하물에 대해 요금을 부과하지 않는 "수하물 무료 비행" 캠페인을 시작한다. 이러한 상황은 생산자–생산자 경쟁, 소비자–소비자 경쟁, 또는 소비자–생산자 경쟁 중 어느 경쟁을 가장 잘 나타내는가? (LO1, LO7)

2. 앞으로 5년간 매년 말에 $25만의 수입을 가져오는 자산에 대하여, 여러분이 지불할 의사가 있는 최대 액수는 얼마가 될까? 자금에 대한 기회비용은 8%로 계산하라. (LO5, LO7)

3. 어떤 계속된 행위로 인한 총수입과 총비용이 각각 다음과 같을 때: $B(Q) = 100 + 36Q - 4Q^2$ 그리고 $C(Q) = 80 + 12Q$. (참고: $MB(Q) = 36 - 8Q$ 그리고 $MC(Q) = 12$.)

a. 순이익에 대한 수식을 쓰시오.
b. $Q = 1$, 그리고 $Q = 5$일 때 각각의 순이익은 얼마인가?
c. 한계순이익의 크기는 어떻게 표시되는가?
d. 한계순이익은 $Q = 1$, $Q = 5$일 때 각각 얼마로 나타나는가?
e. 어느 수준의 Q가 순이익을 극대화 하는가?
f. 순이익을 최대로 만드는 생산량 Q에서 한계순이익의 가치는 얼마인가?

4. 한 기업의 현재이윤이 $40만이다. 이 이윤의 증가는 연 고정증가율 4%로 무한히 커질 것으로 예상된다. 만일 기업 자금의 기회비용이 6%라면 이 기업의 가치는 얼마인가? (LO5, LO7)

a. 현재의 이윤을 배당으로 지급하기 직전의 가치는?
b. 현재의 이윤을 배당으로 지급한 후의 가치는?

5. 이자율이 5%일 때, 매년 말 $125의 배당금을 영원히 지급하는 우선주의 가치는 얼마가 될 것인가? (LO5, LO7)

6. 다음의 표를 완성시키고 여기에 연관된 질문들에 대하여 답하라.(LO1, LO5, LO7)

a. 통제변수가 얼마가 될 때 순이익이 최대가 되는가?

b. 통제변수가 위 수준이 될 때 한계수입과 한계비용의 관계는 어떻게 나타나는가?

통제변수 *Q*	총수입 *B(Q)*	총비용 *C(Q)*	순이익 *N(Q)*	한계수입 *MB(Q)*	한계비용 *MC(Q)*	한계순이익 *MNB(Q)*
100	1200	950		210	60	
101	1400				70	
102	1590				80	
103	1770				90	
104	1940				100	
105	2100				110	
106	2250				120	
107	2390				130	
108	2520				140	
109	2640				150	
110	2750				160	

7. 올 해 미국의 상위 30개의 MBA프로그램에 10만 명의 학생들이 지원할 것이라고 예상된다.(LO1, LO3, LO5, LO7)

a. 순현재가치와 기회비용의 개념을 이용하여 언제 MBA학위를 갖는 것이 각 개인의 입장에서 합리적인지를 설명하여라.

b. 만일 MBA학위를 가진 사람의 초봉은 변함이 없고 학위가 없는 경영자들의 봉급은 20%씩 감소한다면, 지원자의 수가 어떻게 될 것인가를 예측해 보아라. 그리고 왜 그렇게 되는지 설명하여라.

8. 제이넷(Jaynet)은 미술용품과 저장창고에 대한 비용으로 매년 $3만을 쓰고 있다. 그녀는 최근 유명한 마케팅 기업으로부터 두 가지의 일을 제안 받았다—한 가지는 매년 $11만을 받는 것이며, 나머지 하나는 매년 $8만을 받는 것. 그러나 그녀는 두 가지의 제안을 모두 거절했으며 계속해서 미술(painting) 일을 하기로 했다. 만일 제이넷이 매년 25개의 그림을 각각 $8천에 판다면?(LO1, LO2, LO3, LO7)

a. 그녀의 회계적 이윤은?

b. 그녀의 경제적 이윤은?

9. 연속형 의사결정변수 Q로부터 얻어지는 총수입은 다음과 같다. $B(Q) = 20Q - 2Q^2$, 그리고 그에 상응하는 총비용은 $C(Q) = 4 + 2Q^2$, 따라서 $MB(Q) = 20 - 4Q$이며, $MC(Q) = 4Q$이다.(LO1, LO6, LO7)

a. $Q = 2$, $Q = 10$일 때, 총수입은 각각 얼마인가?

b. $Q = 2$, $Q = 10$일 때, 한계수입은 각각 얼마인가?

c. Q가 얼마일 때 총수입이 최대가 되는가?

d. $Q = 2$, $Q = 10$일 때, 각각 총 비용은 얼마인가?

e. $Q = 2$, $Q = 10$일 때, 각각의 한계비용은 얼마인가?

f. Q가 얼마일 때 총비용이 최소가 되는가?

g. Q가 얼마일 때 순이익이 최대가 되는가?

10. 어떤 임대사업가가 3년 동안 매년 $12만으로 건물을 임대할 수 있다. 건물을 관리하는데 드는 명시적 비용은 $4만이며, 묵시적 비용이 $5만5천이다. 모든 수입과 비용은 연말에 일어난다. 만일 이자율이 5%라면 각각의 현재가치는 얼마가 되는가?(LO2, LO5, LO7)

a. 회계적 이윤은?

b. 경제적 이윤은?

응용 문제

11. 당신이 일하고 있는 회사가 $30만에 팔렸다. 그 회사의 손익계산서에 의하면, 현재 $1만1천의 이윤을 내고 있으며 이제 배당으로 지급되어야 한다. 회사가 영원히 유지되고 이자율이 9%로 고정된다고 가정한다면, 이윤이 매년 고정적으로 몇 %씩 증가할 것이라고 소유주는 믿는가? 이것은 합리적인 추론인가?(LO5, LO7)

12. 회사 휴게실에 사용할 새 냉장고를 물색하고 있으며, 두 개 모델로 압축되었다. 에너지 효율적인 모델은 $1,700이며 이것은 향후 5년간 연말기준으로 매년 $45의 전기료를 줄여준다. 일반 모델은 에너지 효율적 모델과 유사한 특징을 갖지만, 향후 전기료의 절약이 없다. 일반 모델의 가격은 단지 $1,500이다. 자금의 기회비용이 5%라고 가정하면, 여러분은 어떤 냉장고를 선택해야 하는가?(LO1, LO5, LO7)

13. 당신은 유명한 회사의 인사담당자이며, 사장에게 종업원들의 보수구조를 변경하도록 설득하고 있다. 현재 회사의 영업사원(sales staff)은 8시간 교대근무에 대해 고정적으로 시간당 $20를 받고 있다. 당신은 새로운 급여구조를 제시하는데, 거기에선 한 가게의 각 영업사원이 시간당 $10와 그 가게의 하루 이윤의 1%를 받는다. 효율적으로 운영되면 각 매점에서 하루의 최대 이윤은 $2만5천이라고 가정하자. 제시된 당신의 계획을 옹호할 수 있는 논거를 설명하라.(LO1, LO7)

14. 제이미(Jamie)는 연봉 $7만5천을 받는 현재의 직장을 그만두고 스마트폰 앱(appilications)을 개발하는 새로운 사업을 시작하려 한다. 시장 조사에 의하면 첫해에 단위당 $4의 가격으로 역 5만 단위를 팔 수 있다. 매년 간접비용과 영업비용이 $14만5천일 경우, 제이미는 20%의 순이익마진(순이익/매출액)을 기대하고 있다. 이러한 순이익마진은 최대경쟁자인 Apps주식회사보다 5% 더 크다.(LO2, LO3, LO7)

a. 만일 제이미가 그녀의 새 사업을 하기로 결정한다면, 첫 해에 그녀의 회계적 비용은 어떻게 될 것인가? 그녀의 묵시적(implicit) 비용은? 그녀의 기회비용은?

b. 제이미의 판매가격 예측치가 첫 해의 처음에 예상됐던 가격보다 낮다고 가정하자. 정(+)의 회계적 이윤을 얻으려면 총수입이 얼마가 되어야 할까? 정(+)의 경제적 이윤을 얻기 위해서는?

15. 약 1,400만 미국인이 마약과 알코올에 중독되어 있다. 연방정부가 추정해본 결과, 이 중독자들이 미국 경제에 $3,000억의 의료비용과 생산성 손실로 피해를 입힌다. 이렇게 잠재적으로 큰 시장임에도 불구하고, 많은 바이오테크회사들은 이러한 마약과 알코올중독 치료제를 개발하는데 필요한 연구개발에 투자하는 것을 꺼리고 있다. 당신의 회사—Drug Abuse Sciences DAS—는 예외적인 경우이다. 그 회사는 치료제의 개발에 $2억을 현재까지 투자하였으나, 현재는 기로에 서있다. 이 회사는 프로젝트를 포기하거나, 아니면 현재 $6천만을 더 투자해야만 한다. 불행히도 이 기업자금의 기회비용은 5%이며 미정부식약청(Food and Drug Administration; FDA)으로부터 제품승인을 받고, 제품을 판매하는 데까지 5년을 더 기다려야 한다. 약의 판매로 인한 (연말기준) 예상수입은 아래의 표에 나타나 있다. DAS사는 이 약을 시장에 내놓기 위하여 계속 투자해야 하는가? 아니면 이 프로젝트를 포기해야 하는가? 설명하라.(LO1, LO5, LO6, LO7)

(단위: 달러)

1년	2년	3년	4년	5년	6년	7년	8년	9년
0	0	0	0	12백만	13.4백만	17.2백만	20.7백만	22.45백만

16. 세계적인 최대 자동차회사의 마케팅매니저인 당신은 에너지효율적인 다목적 스포츠 차량의 광고캠페인에 대한 책임을 지고 있다. 당신의 팀원들이 다음과 같은 표를 준비했는데, 거기에는 광고수준에 따른, (연말기준) 수익성, 예상된 차량판매대수, 그리고 여러 광고수준별 평균예상판매가격이 각각 나타나 있다. 회계부서의 추정에 의하면, 광고캠페인에 사용된 자금의 기회비용은 9%이다. 천문학적인 광고비용(높은 수준과 중간 수준의 광고인 경우 1년차와 2년차에 더 낮은 예상이윤)을 고려할 때 기업가치를 극대화하기 위해서 팀리더는 낮은 수준의 광고를 추천하였다. 이 결정에 동의하는가? 설명하시오.(LO1, LO5, LO6, LO7)

광고수준별 수익성

	이윤(백만 달러)			판매단위(천 대)			평균판매가격		
	1년	2년	3년	1년	2년	3년	1년	2년	3년
광고수준									
높음	20	80	300	10	60	120	35,000	36,500	38,000
중간	40	80	135	5	12.5	25	35,800	36,100	36,300
낮음	75	110	118	4	6	7.2	35,900	36,250	36,000

17. 주요 소프트웨어 제조기업의 회계부서 관리자는 여러 가지 가능한 성장률의 시나리오와 기업의 많은 부서들이 영원히 하나로 남는다는 가정하에서 기업의 가치에 대한 추정 설명서를 하나로 묶도록 여러분이 요구 받았다. 그 관리자는 경쟁기업들의 규모가 상대적으로 작음에도 불구하고 그 경쟁자들의 지난 5년 동안 매년 매출액성장률은 전체적으로 50%를 넘는 것을 걱정했다. 그 관리자는 기업의 현재 이윤 $32억(그것은 주주들에게 배당되어야 한다)과 다음의 이윤증가율 시나리오하에서 지난 20년간 평균이자율(6%)에 기초하여 기업가치 추정이 이루어져야 한다고 주장했다.(LO5, LO7)

a. 이윤이 매년 9%로 증가할 때(이것은 매우 드문 경우이다.)

b. 이윤이 매년 2%로 증가할 때

c. 이윤이 매년 0%로 증가할 때

d. 이윤이 매년 4%로 감소할 때

18. 당신 고객 중 한 사람이 은퇴를 4년 앞두고 있으며, 그의 세전 수입에서 단지 $2,500를 Roth IRA나 혹은 전통적 IRA에 투자할 수 있다. 전통적 IRA는 이들 계정의 분담금이 세금혜택을 받을 수 있으므로 투자자들이 $2,500 전체를 투자할 수 있지만 미래의 분담금에 대해서는 세금을 지불해야만 한다. 이와는 대조적으로, Roth IRA의 분담금은 세금공제혜택이 없다. 예를 들어, 개인세율이 25%라면, 투자자는 단지 세후 $1,875를 가져갈 수 있다; 그러나 Roth IRA의 수익에 대해서는 세금이 붙지 않는다. 당신의 회사는 Roth IRA 계좌를 오픈할 때(open) 1회성 개설수수료 $50를 감면해 주고 있다; 그러나 전통적 IRA의 계좌를 열 경우에 투자자는 $50의 개설수수료를 지불해야 한다. 당신 고객의 세율이 퇴직시 19%이고, 그녀의 투자수익률이 안정적으로 7%라고 가정하면, 그녀는 전통적 IRA 또는 Roth IRA중 어느 것을 선호할 것인가?(LO1, LO5, LO7)

19. 당신이 뱅크글로벌(BankGlobal)—전 세계 많은 나라에서 영업을 하는 거대한 상업은행—의 총영업을 책임지고 있는 경영자이다. 당신은 미국시장에서 새로운 광고캠페인을 할 것인가에 대한 결정을 내려야 한다. 당신의 회계부서는 광고캠페인의 미국영업에 대한 재무적 영향을 요약한 다음의 보고서를 준비하였다. 뿐만 아니라, 당신은 해외영업을 책임지고 있는 동료로부터 최근 다음과 같은 전화보고를 받았는데, 만일 미국내 광고캠페인이 실시되면 그녀의 부서는 $800만의 손실을 보게 될 것이라는 것이다. 당신의 목표는 뱅크글로벌의 가치를 극대화 하는 것이다. 당신은 새로운 캠페인을 실시해야 하는가?(LO1, LO6, LO7)

미국영업에 대한 재무적 영향

	광고캠페인 전	광고캠페인 후
총수입	$18,610,900	$31,980,200
변동비용		
TV방송	5,750,350	8,610,400
광고개발인건비	1,960,580	3,102,450
총변동비용	**7,710,930**	**11,712,850**
직접고정비용		
감가상각비–컴퓨터장비	1,500,000	1,500,000
총직접고정비	**1,500,000**	**1,500,000**
간접고정비용		
관리자급여	8,458,100	8,458,100
사무용품	2,003,500	2,003,500
총간접고정비용	**10,461,600**	**10,461,600**

20. 「월스트리트 저널」에 의하면, 인수합병거래는 첫 분기에 $53억으로 증가했다. 첫 분기에 일어난 78건의 거래 중 약 3/4이 정보통신(IT) 기업간에 발생했다. 그 분기의 최대 IT거래는 EMC가 $625백만로 VMWare를 인수한 것이었다. VMWare를 인수하여 EMC의 핵심 데이터 저장장치사업이 확대되어, 동일한 인텔기반 서버(server)나 워크스테이션(workstation)에서 동시적으로 그리고 독립적으로 운영할 수 있는 다중운용시스템—마이크로소프트의 윈도우, 리눅스 그리고 OS X 등—을 가능케 하는 소프트웨어 기술을 포함시켰다. 인수시점에 경기가 침체하였으므로 VMWare의 이윤이 가까운 장래에 2%의 고정성장률을 기록할 것이며, 그 회사의 연간 순이익은 $39.60백만일 것으로 많은 분석가들이 예측했다. 만약 EMC 자금의 추정 기회비용이 9%라면, 분석가로서 당신은 이러한 인수합병을 어떻게 보는가? 만약 경제가 VMWare의 연 예상성장률이 가까운 장래에 4%로 증가시키는 확장기에 진입했다는 신뢰있는 정보를 EMC가 가지고 있다는 것을 여러분이 알게 되었다면, 여러분의 결론은 변할 것인가?(LO1, LO5, LO6, LO7)

21. 최근 EU(유럽연합) 정부는 러시아, 일본, 중국, 한국과 미국으로부터 방향성 전기강판(grain-oriented electrical steel; GOES)에 대해 5년간 EU 무역보호법안을 승인했다. 그 보호내용은 위의 5개국으로부터의 GOES 수송품에 대해 최저 수입가격으로 구성된다. 이러한 법안은 유럽시장에 그 제품을 이른바 덤핑하는(즉, 원가이하로 판매하는) 것에 대해 이들 나라의 수출업자들에 대한 처벌책으로서 제정되었다. 유럽철강협회는 그 법안이 철강산업의 중요한 부분을 보호하는 데에 도움을 줄 것이라고 언급하면서, 그 계획을 칭찬했다. 그러나 생산요소로서 GOES를 사용하는 변압기 제조업자가 최저가격에 대해 이의를 제기했다. 그들은 최저가격이 너무 높은 GOES 가격을 야기시키고, 이들 제조업자들 중 일부는 규모를 축소하거나 또는 생산시설을 EU 밖으로 이전시켜야 할 것이라고 주장한다. 이러한 시나리오로 설명된 여러 가지 경쟁에 대해 설명하고 5요인 모형을 이용하여 그 산업을 분석하시오.(LO1, LO3, LO4, LO7)

22. 당신은 전통적인 작은 규모의 카메라 및 전자제품 소매가게인 지역 전자제품 판매점(Local Electronics Shop; LES)의 매니저이다. 당신 직원 중 한 명이 LES가 그의 제품을 프라이스서치 닷컴(Pricesearch.com)—소비자들이 동일한 제품을 판매하는 수십개의 소매업자들의 가격을 볼 수 있도록 하는 가격비교 웨사이트—에 올려놓는 새로운 온라인 전략을 제안하였다. 당신은 이러한 전략을 통해 LES가 지속가능한 경제적 이윤을 얻을 수 있다고 예상하는가? 설명하시오.(LO1, LO4, LO7)

23. 두 달 전, 자동차 딜러상의 소유자(그는 현재 유명한 미식축구 선수이다)가 판매관리자의 보상 계획을 크게 변경하였다. 과거 계획하에서는 그 관리자가 매달 $6,000의 월급을 받았다; 새로운 계획하에서 그 매니저는 판매된 각 자동차 판매가격의 2%를 받는다. 지난 두 달간 판매된 차량의 대수는 40%가 증가하였으나, 딜러상의 마진(이윤)은 상당히 감소하였다. 판매관리자에 따르면, "소비자들이 더 강하게 나옴으로써 경쟁력을 유지하기 위하여 더 싼 가격을 제시할 수밖에 없다." 이 딜러상의 소유주에게 당신은 어떤 충고를 할 수 있을까?(LO1, LO7)

24. 의료장비의 국영 공급업체인 MedSupplies사는 지난해 6년만에 처음으로 적자를 기록했다. 그 손실은 그 산업이 전체적으로는 성장기였기 때문에 투자자들에게 놀라움이었다. 분석가들은 그 손실이 최소한 부분적으로 MedSupplies사의 전국적인 판매원인 하이디 스티븐스 때문이라는 의견일치에 도달했다. 스티븐스양은 그 기업 매출조직의 규모를 결정하는 책임을 지고 있으며, 지난해에는 그녀가 상당히 확대를 했다. 이러한 산업에서 판매조직이 커지면 보통 매출액도 증가할 것이라고 충분히 이해가 된다. 그러나 최상의 판매기회가 이미 소진되었기 때문에 새로운 직원 각자는 지난 직원보다도 보통 더 작은 매출을 일으킨다. 동시에 의료장비 판매원들의 급여는 근본적으로 정체되어 왔다. 분석가들은 다음의 그림으로 그 문제를 요약한다.

그들은 스티븐스양이 점 A까지 판매조직을 확대시킨 것처럼 보인다고 지적하고 그녀의 판매조직이 너무 크다고 주장한다. 그러한 지적에 대해, 스티븐스양은 "물론 나는 그래프에서 점 A를 선택할 것이다! 그 보다 더 작다는 것은 회사가 실적을 못내고 있다는 것을 의미한다." 분석가들과 스트븐스양은 모두 그녀가 그래프에서 판매조직의 규모로서 점 A를 선택했다는 것에 대해서는 동의하지만, 이러한 결정이 지혜로왔는가에 대해서는 동의하지 않는다. 누가 맞는가? (LO6, LO7)

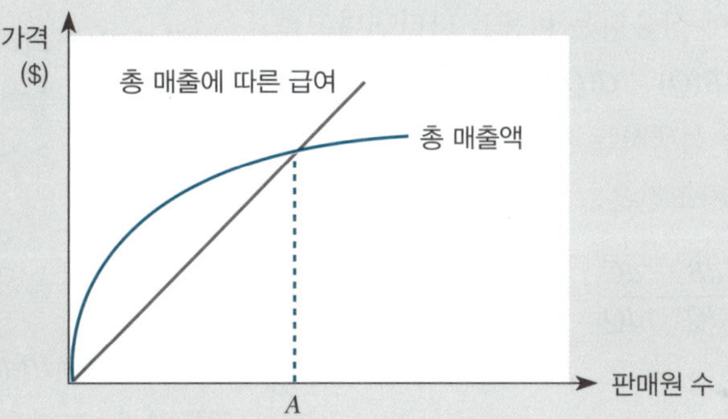

참고 문헌

Anders, Gary C.; Ohta, Hiroshi; and Sailors, Joel, "A Note on the Marginal Efficiency of Investment and Related Concepts." *Journal of Economic Studies* 17(2), 1990, pp. 50-57.

Clark, Gregory, "Factory Discipline." *Journal of Economic History* 54(1), March 1994, pp. 128-63.

Fizel, John L., and Nunnikhoven, Thomas S., "Technical Efficiency of For-Profit and Nonprofit Nursing Homes." *Managerial and Decision Economics* 13(5), September—October 1992, pp. 429-39.

Gifford, Sharon, "Allocation of Entrepreneurial Attention." *Journal of Economic Behavior and Organization* 19(3), December 1992, pp. 265-84.

McNamar, John R., "The Economics of Decision Making in the New Manufacturing Firm." *Managerial and Decision Economics* 13(4), July—August 1992, pp. 287-93.

Mercuro, Nicholas; Sourbis, Haralambos; and Whitney, Gerald, "Ownership Structure, Value of the Firm and the Bargaining Power of the Manager." *Southern Economic Journal* 59(2), October 1992, pp. 273-83.

Parsons, George R., and Wu, Yangru, "The Opportunity Cost of Coastal Land-Use Controls: An Empirical Analysis." *Land Economics* 67, August 1991, pp. 308-16.

Phillips, Owen R.; Battalio, Raymond C.; and Kogut, Carl A., "Sunk Costs and Opportunity Costs in Valuation and Bidding." *Southern Economic Journal* 58, July 1991, pp. 112-28.

Pindyck, Robert S., "Irreversibility, Uncertainty, and Investment." *Journal of Economic Literature* 29, September 1991, pp. 1110-48

부록 / 미분을 활용한 순이익의 극대화

이 부록에서는 순이익을 극대화하기 위해 경영자가 한계수입과 한계비용을 동일하게 해야만 하는 중요한 원리에 대해 미분을 활용하여 도출하는 과정을 보여준다.

$B(Q)$는 Q단위의 경영통제변수를 사용하여 얻는 수입을 나타내고, $C(Q)$는 그에 상응하는 비용을 나타낸다고 하자. 순이익은 $N(Q) = B(Q) - C(Q)$이다. 목적은 다음을 극대화하기 위한 Q를 선택하는 것이다;

극대값을 구하기 위한 1차조건은;

$$\frac{dN}{dQ} = \frac{dB}{dQ} - \frac{dC}{dQ} = 0$$

그러나

$$\frac{dB}{dQ} = MB$$

는 한계수입이며, 반면

$$\frac{dC}{dQ} = MC$$

는 단순히 한계비용이다. 따라서 극대값을 위한 1차조건은 다음을 의미한다.

$$\frac{dB}{dQ} = \frac{dC}{dQ}$$

또는 $MB = MC$.

2차조건에 의하면, 함수 $N(Q)$가 Q에 대해 볼록함수이거나 또는 수학적 용어로는 순이익함수의 2차미분이 다음과 같이 음수가 되어야 한다;

$$\frac{d^2N}{dQ^2} = \frac{d^2B}{dQ^2} - \frac{d^2C}{dQ^2} < 0$$

$d^2/dQ^2 = d(MB)/dQ$인 반면 $d^2C/dQ^2 = d(MC)/dQ$임을 주목하라. 그러므로 2차조건은 다음과 같이 된다:

$$\frac{d^2N}{dQ^2} = \frac{d(MB)}{dQ} - \frac{d(MC)}{dQ} < 0$$

다시 말하면, 한계수입곡선의 기울기는 한계비용곡선의 기울기보다 작아야 한다.

예시 문제 **1-4**

$B(Q) = 10Q - 2Q^2$ 그리고 $C(Q) = 2 + Q^2$이라고 하자. 경영통제변수인 Q의 어떤 값에서 순이익이 극대가 되는가?

정답

순이익은

$$N(Q) = B(Q) - C(Q) = 10Q - 2Q^2 - 2 - Q^2$$

$N(Q)$를 미분하여 0으로 놓으면,

$$\frac{dN}{dQ} = 10 - 4Q - 2Q = 0$$

위의 식을 Q에 대해 풀면, $Q = 10/6$. 이것이 실제로 극대값이 되는가를 증명하기 위해 $N(Q)$에 대한 2차미분값이 다음과 같이 음수라는 것을 검사해야 한다:

$$\frac{d^2N}{dQ^2} = -4 - 2 = -6 < 0$$

따라서 $Q = 10/6$은 실제로 극대값이다.

CHAPTER 02

시장요인: 수요와 공급

학습목표

LO1 수요와 공급의 법칙에 대해 설명하고, 수요와 공급의 이동요인을 확인하시오.

LO2 소비자잉여와 생산자잉여를 계산하고 그것들이 무엇을 의미하는가를 설명하시오.

LO3 경쟁시장에서의 가격결정과정에 대해 설명하고, 수요와 공급의 결정요인의 변화에 따라 어떻게 균형이 변하는가를 보여주시오.

LO4 종량세(소비세 등), 종가세, 가격하한제, 그리고 가격상한제가 시장의 기능에 어떻게 영향을 주는가를 설명하고 그림으로 나타내시오.

LO5 정성적 예측도구로서 공급 및 수요분석을 적용하여 경쟁시장에서 "큰 그림(big picture)"을 보시오.

헤드라인

삼성전자와 현대전자 칩생산 축소

PC Solutions의 소유주 및 CEO인 샘 Robbins는 사무실에 도착하여 책상위에 놓여 있는 「월스트리트 저널」의 첫 페이지를 살펴보았다. 기사중의 하나는 한국의 양대 반도체회사인 삼성전자와 현대전자의 최고경영자들이 언급한 내용, 즉 일주일동안 모든 메모리칩 생산을 중단할 것 같다는 것이다. 그리고 또다른 반도체생산 대기업은 소송을 당할 것 같다는 것이다. 전체적으로 합하면, 이들 3개의 반도체회사는 세계의 기본적인 반도체 칩의 약 30%를 생산한다.

PC Solutions은 매우 경쟁적인 조립시장에서 PC를 조립하여 판매하는 규모가 작지만 성장하는 회사이다. 그 회사는 지난해 100% 성장을 했고, 인력을 두배로 증가시키기 위해 최근 졸업생들을 대상으로 인터뷰하고 있다.

그 기사를 읽은 후 샘은 그 신문에 난 정보를 확인하기 위해 전화로 동료 몇 사람을 불렀다. 그 기사가 사실이라는 것에 만족한 그는 인사담당부장인 Jane Remak을 불렀다. 여러분은 그들이 무엇에 대해 토론을 했다고 생각하는가?

2.1 서론

이 장에서는 미국과 전세계에서 시장경제의 배후에 있는 주요요소들(driving factors)인 수요와 공급에 관해 설명한다.

헤드라인에서 제시된 바와 같이, 수요와 공급분석은 "커다란 그림(big picture)"을 그리기 위해 경영자들이 사용할 수 있는 도구이다. 경영자들이 시장추세와 곧 일어날듯한 변화에 대한 명확한 이해(picture)없이 기업의 일상적인 의사결정에 함몰되어 있기 때문에 많은 기업들이 도산한다.

예를 들어, 여러분이 PC를 판매하는 소규모 소매점을 경영한다고 하자. 마술요정 지니가 나타나서 말하기를, "다음 달까지 PC의 시장가격이 하락하고 소비자들은 PC 구매를 거의 하지 않을 것이다"라고 한다. 그 요정은 큰 그림을 표현했다: PC 가격과 매출은 하락할 것이다. 여러분이 만약 가격과 매출에 대한 이러한 미래의 추세를 모른 채 여러분 기업의 세부사항에 대해 걱정한다면, 여러분은 경쟁에서 상당히 불리한 위치에 있게 될 것이다. 큰 그림을 그리지 않게 되면, 여러분은 공급업자 및 소비자들과 잘못된 가격에 대해 협상하고, 너무 많은 재고를 보유하게 되며, 너무 많은 사람을 고용하게 될 것이며, —만약 여러분의 기업이 정보형 광고를 위해 자금을 지출하면—, 여러분은 그 광고가 활자화되어 나올 때쯤에는 여러분의 가격이 더 이상 경쟁적이지 못한 상황에서 광고를 구입하게 될 것이다.

공급과 수요분석은 위에서 언급한 요정 지니처럼 경영자들이 "큰 그림"을 그릴 수 있도록 해주는 정성적 도구이다. 그것은 경쟁시장에서 추세를 예측하기 위해 여러분이 사용할 수 있는 정성적 예측도구이다. 그러한 추세에는 여러분 기업의 제품, 관련제품(대체재와 보완재 모두)의 가격변화, 그리고 여러분의 기업운영에 필요한 (노동 서비스같은) 생산요소의 가격변화추세가 포함된다. 다음 장에서 보는 바와 같이, 여러분은 공급과 수요분석을 사용하여 큰 그림을 살펴본 후, 추가적인 도구가 필요하게 된다—즉, 가격이 얼마나 변할 것이며, 매출수량과 매출액은 얼마나 변할 것인가 등등을 결정할 수 있는 도구가 필요하다.

2.2 수요

어느 의류제조회사는 가격설정정책이 소규모 해외시장에서 청바지 수요에 미치는 영향에 관한 정보를 원한다고 가정하자. 이 정보를 얻기 위해서는, 시장조사를 통해 소비자들이 여러 종류의 가격하에서 각각 몇 벌의 청바지를 구매하고자 하는가를 알아내야 한다. 그러한 시장조사로부터 얻은 숫자가 〈표 2-1〉에 나타나 있다. 시장조사에 의하면, 한 벌에 $10로 청바지를 구입할 수 있다면, 매년 60,000벌의 청바지가 판매될 것이며, 한 벌에 $30면, 매년 20,000벌의 청바지가 판매될 것이다.

애매모호한 점이 없을 경우에는 "한 벌당 가격" 또는 "단위당 가격"보다는 단순히 가격이라고 부르는 것이 가끔 더 편리하다. 예를 들어, 여러분의 친구 한 명이 인디애나폴리스에서 휘발유값이 $3.99라고 말하면, 여러분은 휘발유값이 1갤런당 $3.99라고 이해한다.

〈표 2-1〉의 세로줄을 살펴 보면, 유일한 차이는 청바지 가격과 청바지 판매량

표 2-1 소규모 해외시장에서 청바지의 수요계획

청바지 가격	청바지 판매량	평균소비자 소득	평균 광고비	평균 셔츠가격
$0	80,000	$25,000	$50,000	$20
5	70,000	25,000	50,000	20
10	60,000	25,000	50,000	20
15	50,000	25,000	50,000	20
20	40,000	25,000	50,000	20
25	30,000	25,000	50,000	20
30	20,000	25,000	50,000	20
35	10,000	25,000	50,000	20
40	0	25,000	50,000	20

그림 2-1
수요곡선

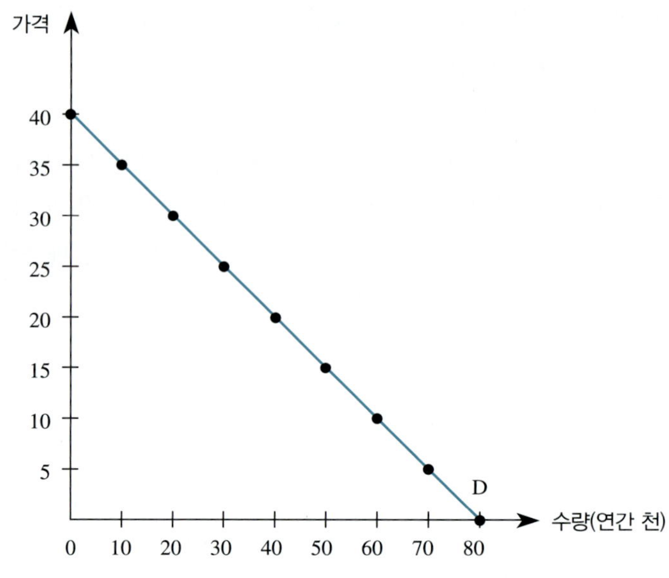

의 변화임을 주시하라. 구매자 의사결정에 영향을 줄 수 있는 소비자소득, 광고, 셔츠와 같은 다른 재화의 가격 등 다른 모든 것들은 일정하다. 실제로 시장조사에서도 소비자들이 여러 종류의 소득이나 광고수준에서 얼마나 소비하는가를 그들에게 질문하지 않는다; 단순히 여러 가격수준에서 얼마나 구입하는가를 조사한다. 시장조사에 의하면, 다른 조건이 일정할 때 가격이 상승함에 따라 소비자들이 구입할 의사와 능력이 되는 진의 양은 하락한다. 이러한 기본적인 경제원리는 **수요의 법칙**이라고 불려진다: 가격과 수요량은 서로 역의 관계에 있다. 즉, 다른 조건이 일정할 경우, 한 재화의 가격이 상승(하락)하면 그 재화의 수요량은 하락(증가)한다.

수요의 법칙
다른 조건이 일정할 경우, 한 재화의 가격이 상승(하락)하면 그 재화의 수요량은 하락(증가)

시장수요곡선
관련재화의 가격, 소득, 광고비, 그리고 기타 변수들을 고정시킨채 모든 소비자들이 각 가격대에서 구입할 의사와 능력이 있는 한 재화의 총수량을 나타내는 곡선

〈그림 2-1〉은 〈표 2-1〉의 자료를 그림으로 나타낸 것이다. **시장수요곡선**이라고 불리는 직선은 시장조사에서는 명시적으로 취급하지 않는 가격에서 소비자들이 구입할 의사가 있고 능력이 있는 양을 끼워 넣은 것이다. 예를 들어, 이와 같은 시장수요곡선을 사용하여, 가격이 $22.50이고 (다른 모든 변수들은 동일하다고) 할 때 소비자들은 35,000벌의 청바지를 구입할 의사와 능력이 있다고 우리는 결론을 내린다. 수요의 법칙을 반영하듯이 그 직선은 우하향의 기울기를 나타내고, 그 수요에 영향을 주는 다른 요인들은 그 선의 각 점에서 일정하다는 것을 주시하라.

2.1.1 수요의 이동요인

경제학자들은 가격이외의 변수들이 수요에 영향을 준다는 것을 알고 있다. 예를

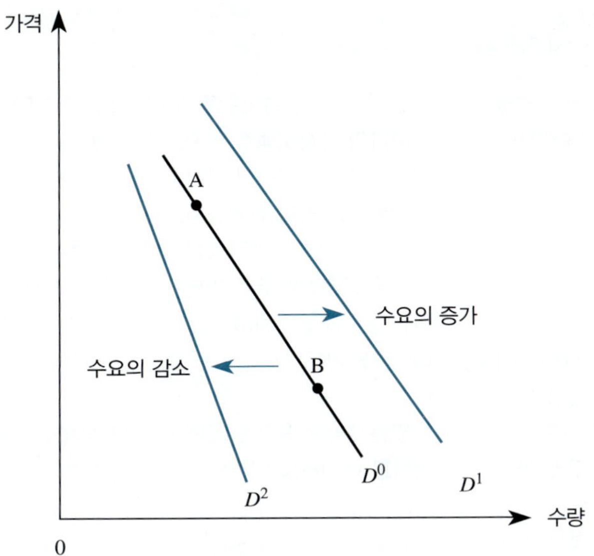

그림 2-2
수요의 변화

들면, 개인들이 구입할 의사와 능력이 있는 청바지의 숫자는 셔츠의 가격, 소비자소득, 광고비 등에도 달려 있다. 수요에 영향을 주는 가격이외의 변수들은 수요의 이동요인이라고 불린다.

재화 X에 대한 수요곡선을 그릴 때, X재 가격이외의 모든 것은 일정하다고 가정한다. 대표적인 수요곡선은 〈그림 2–2〉에서와 같이 D^0로 주어진다. *A*에서 *B*로 움직이는 것과 같이 수요곡선을 따라 움직이는 것은 **수요량의 변화**라고 불린다. 그러나 광고, 소득, 또는 관련된 재화의 가격이 변할 때마다 그것은 **수요의 변화**를 초래한다: 전체 수요곡선의 위치가 이동된다. 수요곡선의 오른쪽 이동은 더 많은 재화가 각 가격대에서 수요되고 있으므로 수요의 증가라고 불린다. 수요곡선의 왼쪽이동은 수요의 감소라고 불린다.

수요량의 변화
한 재화의 가격변화는 그 재화의 수요량의 변화를 초래한다. 이것은 주어진 수요곡선상의 이동에 해당된다.

수요의 변화
소득이나 관련재화의 가격 같은 한 재화 가격이외의 변수의 변화는 수요의 변화를 초래한다. 이것은 전체 수요곡선의 이동에 해당한다.

수요의 이동과 수요곡선상의 이동사이의 일반적인 차이에 대해 이해했으므로, 다섯가지 수요의 이동요인들—소비자소득, 관련된 재화의 가격, 광고와 소비자 기호, 인구 및 소비자의 기대—이 어떻게 수요에 영향을 주는가를 설명하는 것이 필요하다.

소득

소득은 소비자가 재화를 구입할 수 있는 능력에 영향을 주기 때문에, 소득의 변화는 소비자가 모든 가격대에서 얼마만큼 구매할 수 있는가에 영향을 준다. 그림으로 설명하면, 소득의 변화는 전체 수요곡선을 이동시킨다. 소득의 증가가 수요곡선을 오른쪽으로 또는 왼쪽으로 이동시키는가는 소비자의 소비패턴에 달려 있

인사이드 비즈니스 2-1 아사히 맥주회사와 아시아 경기침체

1990년대 말 경기침체로 몸살을 앓은 일본에서 수많은 기업들이 파산했다. 맥주제조산업과 같이 경기하강기에도 전통적으로 잘나간다는 기업마저도 상당한 타격을 받았다. 분석가들은 맥주시장의 침체를 다음의 두 가지 요인으로 돌린다: (1) 일본의 소득(GDP)이 경기침체 결과 상당히 감소하였고, (2) 일본정부가 세수입을 증대시키기 위해 맥주세를 부과하였다.

그 결과로 기린맥주회사와 삿포로맥주회사와 같은 일본 최고의 맥주회사들은 국내의 맥주매출이 급격히 감소하였다. 반면, 그들의 경쟁자인 아사히맥주회사는 두 자리수의 성장을 자랑했으며 시장점유율도 증가하였다. 아사히맥주회사는 판매증가의 원인으로서 우수한 판매망과 가장 잘 팔리는 맥주인 아사히 슈퍼드라이에 대한 강력한 광고캠패인을 들고 있다.

아사히 맥주회사의 성장과 성공이 부분적으로 그 회사의 우수한 판매망과 광고활동때문이기도 하지만—이들 두 요인은 소비자의 아사히맥주 인지도를 크게 증가시켰다—이것이 아사히맥주회사가 최근의 아시아 경기침체기에도 특히 영업을 잘한 이유를 완전하게 설명하지는 못한다.

또 다른 한 가지 가능성은 아사히맥주가 열등재라는 것이다. 이것은 아사히맥주가 "나쁜 냄새가 난다(skunky)"거나 질이 떨어진다는 것을 의미하지는 않는다; 실제로 이 회사의 슈퍼드라이맥주는 맥주를 마시는 많은 일본사람들이 좋아하는 맥주이다.

열등재라는 용어는 단순히 경기침체로 인해 일본의 소득이 하락할 때 아사히맥주의 수요가 증가한다는 것을 의미한다.

출처: Annual Reports for Asahi Breweries Ltd., Sapporo Breweries Ltd., and Kirin Brewery Company, Ltd.

다. 경제학자들은 두가지 유형의 재화; 정상재와 열등재를 구별한다.

정상재
소득의 증가(감소)가 그 재화 수요의 증가(감소)를 초래하는 재화

소비자소득이 증가할 때 수요가 증가(오른쪽으로 이동)하는 재화는 정상재라고 불려진다. **정상재**에는 스테이크, 비행기여행, 디자이너 청바지와 같은 재화가 포함된다; 소득이 증가하면 소비자들은 보통 모든 가격대에서 이들 재화를 더 많이 구매한다. 반대로, 소비자들의 소득이 감소하면 정상재의 수요는 하락(왼쪽으로 이동)할 것이다.

소득의 변화는 내구재 수요에 상당한 영향을 주는 경향이 있으며, 이들 효과는 보통 개발도상국가와 시골지역에서 더욱 두드러진다. 예를 들어, 2004년 인도농부들은 몬순계절풍이 농작물에 유리하게 영향을 주어 소득의 증가를 누렸다. 그 결과 인도시골지역에서 트랙터와 오토바이의 수요가 급증하여 전년에 비해 거의 세 배가 되었다. 2009년경 글로벌 경기침체로 인한 소비자소득의 상당한 감소로 인하여 이러한 수요의 급증현상은 반대로 나타났다. 개발도상국가에서 내구재 수요도 급격하게 하락하였고, 자동차회사들이 특히 어려움을 더 겪게 되었다.

열등재
소득의 증가(감소)가 그 재화 수요의 감소(증가)를 초래하는 재화

반면, 몇몇 경우에는 소득의 증가가 어떤 재화의 수요를 감소시킨다. 경제학자들은 그러한 재화를 **열등재**라고 부른다. 볼로냐소세지, 버스여행, 기성(generic) 진바지는 열등재의 예들이다. 소득이 증가하면 소비자들은 보통 모든 가격대에서 이들 재화를 덜 소비하게 된다. 그러한 재화를 열등하다고 부른다고 해서 그것들의 질이 나쁘다는 것을 의미하지는 않는다는 것을 주의해야 한다. 소득이 증가할 때 소비자들이 덜 구입하고, 소득이 감소할 때 소비자들이 더 구입하는 재화를 단순히 열등재라고 부른다.

관련된 재화의 가격

관련된 재화가격의 변화는 일반적으로 재화의 수요곡선을 이동시킨다. 예를 들어, 코카콜라 가격이 상승할 때 코카콜라의 상대가격이 전보다 더 높으므로 대부분의 소비자들은 펩시콜라로 대체한다. 코카콜라 대신에 펩시콜라로 대체하는 소비자들이 많아질수록, 모든 가격대에서 펩시콜라의 수요량은 증가하는 경향이 있다. 실제로 코카콜라 가격의 상승은 펩시콜라의 수요를 증가시킨다. 이것은 그림에서 펩시콜라 수요의 오른쪽 이동으로 나타난다. 이러한 식으로 상호작용하는 재화는 **대체재**라고 불린다.

대체재
어떤 재화가격의 상승(하락)이 다른 재화의 수요를 증가(감소)시킬 때 그 재화

대체재를 생각할 때 많은 재화의 쌍(pairs)이 떠오른다; 닭고기와 쇠고기, 승용차와 트럭, 우비와 우산. 이러한 재화의 쌍은 대부분의 소비자들에게 대체재가 된다. 그러나, 대체재가 동일한 기능을 할 필요는 없다; TV와 테라스 가구(patio furniture)는 대체재이다; TV 가격이 상승하면 여러분들은 TV보다는 테라스 가구를 추가로 구입하기를 선택할 것이다. 어떤 재화가격의 상승이 다른 재화의 수요를 증가시킬 때 그 재화들은 대체재가 된다.

모든 재화가 모두 대체재는 아니다; 사실, 컴퓨터소프트웨어와 같은 어떤 재화가격의 상승이 소비자들로 하여금 모든 가격대에서 컴퓨터를 덜 소비하게 할 수도 있다. 이와 같은 식으로 상호작용하는 재화는 **보완재**라고 불린다. 맥주와 땅콩은 보완재의 또 다른 예이다. 맥주가격이 상승하면, 대부분의 맥주소비자들은 땅콩을 덜 먹게 된다. 재화 X가 재화 Y의 보완재일 때 Y가격의 하락은 실제로 X수요를 증가(오른쪽으로 이동)시킨다는 것을 주목하라. 보완재인 Y가격의 하락 때문에 모든 가격대에서 재화 X가 더 많이 구입된다.

보완재
어떤 재화가격의 상승(하락)이 다른 재화의 수요를 감소(증가)시킬 때 그 재화

광고와 소비자기호

수요곡선을 그릴 때 고정되어 있다고 가정한 또다른 변수가 광고수준이다. 〈그림 2-3〉에서와 같이 광고의 증가는 수요곡선을 오른쪽으로(D^1에서 D^2로) 이동시킨다. 광고가 수요에 미치는 영향은 두가지 방법으로 설명될 수 있다는 것을 주목하라. 처음의 수요곡선 D^1하에서 가격이 $40일 때 소비자들은 매달 50,000단위의 고급옷을 구매한다. 광고후에는, 가격이 $40일 때 소비자들은 60,000단위를 구매한다. 이를 달리 표현하면, 수요가 D^1일 경우 50,000단위가 구매가능할 때 소비자들은 $40의 가격을 지불하게 된다. 광고로 인하여 수요가 D^2로 이동하게 되므로 소비자들은 50,000단위에 대해서도 더 높은 가격인 $50를 지불할 의사가 있게 된다.

광고가 수요를 오른쪽으로 왜 이동시키는가? 광고는 소비자들에게 종종 상품의 존재나 질에 대한 정보를 제공해주어 더 많은 소비자들로 하여금 그 상품을

그림 2-3
광고와 의류수요

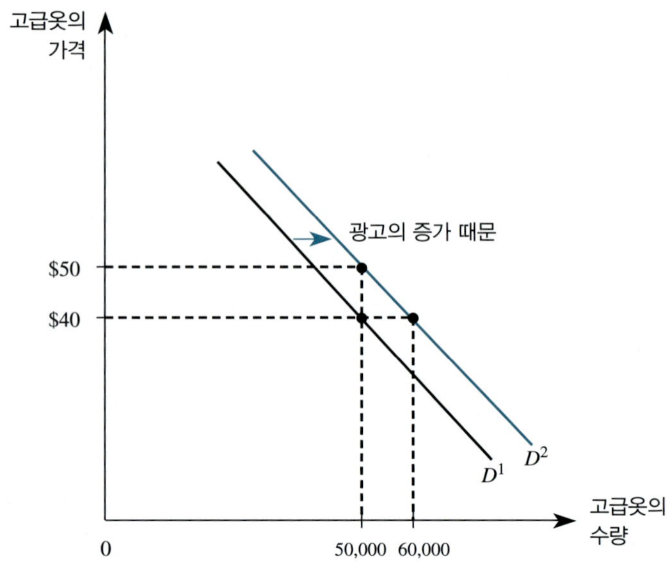

구매하도록 유도한다. 이러한 종류의 광고메시지는 정보형 광고라고 불린다.

광고는 또한 소비자들의 기호를 변화시켜 수요에 영향을 줄 수 있다. 예를 들어, 옷의 최근 유행을 촉진시키는 광고는 소비자들에게 구매해야 할 것으로 인식시켜 특정유행상품의 수요를 증대시킨다. 이러한 유형의 광고메시지는 설득형 광고라고 불린다.

인구

상품의 시장수요는 또한 인구의 규모나 구성에 의해 영향을 받는다. 일반적으로 인구가 증가하면 더 많은 개인들이 어떤 상품을 구매하기를 원하고, 이것이 수요곡선을 오른쪽으로 이동시킨다. 20세기에는 식량의 수요곡선이 인구의 증가에 따라 상당히 오른쪽으로 이동했다.

인구구성의 변화도 어떤 상품의 수요에 영향을 줄 수 있다는 것을 주목해야 한다. 중년의 소비자들이 퇴직자들에 비해 다른 유형의 상품을 희망하는 정도만큼, 30~40대 소비자층 숫자의 증대는 부동산과 같은 상품들의 수요를 증대시킨다. 마찬가지로 노년층의 비중이 커질수록 의료서비스에 대한 수요가 증대될 것이다.

소비자기대

소비자기대 또한 어떤 상품의 수요곡선에 영향을 줄 수 있다. 예를 들어, 자동차 가격이 갑자기 내년에 상당히 높아질 것으로 소비자들이 예상한다면, 현재의 자동차수요는 증가할 것이다. 실제로, 현재 자동차를 구입하는 것은 내년에 자동차를 구입하는 것에 대한 대체재가 된다. 미래가격이 높아질 것으로 소비자들이 예상한다면, 그들은 미래에 구입하지 않고 현재 구입하게 된다. 이러한 유형의 소비자 행동은 종종 비축(stockpiling)이라고 불리며, 일반적으로 내구재의 경우에 발생한다. 우리는 종종 덜 비싼 내구재들에 대해서도 이러한 행동을 본다; 소비자들은 슈퍼마켓에서 일시적으로 저렴하게 판매를 할 때 세탁용 세제를 비축해 놓기도 한다. 바나나와 같이 내구성이 없는 상품의 수요는 보통 미래가격 상승의 예상에 의해 영향을 받지 않는다.

기타 요인

특정의 상품을 소비자가 구입할 의사나 능력에 영향을 주는 모든 변수는 잠재적으로 수요의 이동요인이 된다. 건강에 대한 염려는 담배수요에 영향을 준다. 아기의 탄생은 기저귀수요에 영향을 준다.

2.2.2 수요함수

여러분은 이제 수요에 영향을 주는 요인들과 그래프를 사용하여 그들의 영향을 어떻게 나타내는가에 대해 이해할 수 있다. 시장의 수요측면을 분석할 때 마지막 단계는 수요에 영향을 미치는 모든 요인들은 경제학자들이 **수요함수**라고 부른 것에 요약될 수 있다는 것을 보여주는 것이다.

수요함수
수요에 영향을 미치는 변수들과 수요량간의 관계를 나타내는 함수

재화 X의 수요함수는 X 관련 재화의 모든 가격, 모든 수준의 소득, 수요에 영향을 주는 모든 변수들의 값에서 재화 X가 얼마만큼 구입될 것인가를 설명한다. 식으로 표현하면, Q_x^d는 재화 X의 소비량, P_x는 재화 X의 가격, P_y는 관련 재화의 가격, M은 소득, H는 광고, 인구규모, 소비자기대 등과 같이 수요에 영향을 주는 모든 변수값을 나타낸다. 그러면 재화 X의 수요함수는 다음과 같이 쓸 수 있다:

$$Q_x^d = f(P_x, P_y, M, H)$$

그러므로 수요함수는 어떤 재화의 소비량이 그 가격과 수요이동요인들에 달려 있다는 것을 명시적으로 나타내 준다. 서로 다른 제품들은 서로 다른 형태의 수요함수를 가지고 있다. 하나의 단순하면서도 유용한 형태는 수요함수를 선형으로 나타내는 것이다. Q_x^d가 가격, 소득, 그리고 수요에 영향을 미치는 다른 변수들의 선형함수라면 수요는 선형이 된다. 다음의 방정식은 **선형수요함수**의 예이다.

선형수요함수
어느 주어진 재화의 수요가 가격, 소득수준, 그리고 수요에 영향을 주는 기타변수들의 선형함수가 되는 수요함수의 형태

$$Q_x^d = \alpha_0 + \alpha_x P_x + \alpha_y P_y + \alpha_M M + \alpha_H H$$

α_i는 고정된 숫자로서 기업의 연구부서나 경제컨설턴트에 의해 경영자에게 제공된다. (3장에서는 이러한 값을 얻기 위해 사용된 통계기법을 설명해 준다).

수요법칙에 의해, P_x의 상승은 재화 X수요량의 감소를 초래한다. 이것은 α_x가 0보다 작다는 것을 의미한다. α_y의 기호는 재화 X와 Y가 서로 대체재 또는 보완재인가에 따라 (+)가 되거나 (−)가 된다. α_y가 (+)라면, 재화 Y가격의 상승은 재화 X의 소비의 증가를 초래한다; 따라서 재화 X는 재화 Y의 대체재가 된다. α_y가 (−)라면, 재화 Y가격의 상승은 재화 X의 소비의 감소를 초래한다; 따라서 재화 X는 재화 Y의 보완재가 된다. α_M의 기호는 재화 X가 정상재이냐 열등재이냐에 따라 (+)가 되거나 (−)가 된다. α_M이 (+)라면, 소득 X의 증가는 재화 X의 소비의 상승을 초래한다; 따라서 재화 X는 정상재이다. α_M이 (−)라면, 소득의 증가는 재화 X소비의 감소를 초래한다; 따라서 재화 X는 열등재이다.

예시 문제

2-1

X회사의 경제컨설턴트는 최근 마케팅경영자에게 그 기업제품에 대한 수요함수 추정치를 다음과 같이 제공하였다:

$$Q_x^d = 12{,}000 - 3P_x + 4P_y - 1M + 2A_x$$

단, Q_x^d는 재화 X의 소비량, P_x는 재화 X의 가격, P_y는 재화 Y의 가격, M은 소득, A_x는 재화 X에 대한 광고비를 나타낸다. 재화 X의 가격이 200단위, 재화 Y의 가격은 15단위, 그 회사는 2,000단위의 광고를 이용하며 소비자소득은 $10,000라고 가정하자. 소비자들은 얼마만큼의 재화 X를 구입할 것인가? 재화 X와 재화 Y는 대체재인가 보완재인가? 재화 X는 정상재인가 열등재인가?

정답

소비자들이 구입할 재화 X의 양을 알아보기 위해, 선형수요방정식에 가격, 소득 및 광고비에 대해 주어진 값을 삽입하면 다음의 방정식을 얻게 된다:

$$Q_x^d = 12{,}000 - 3(200) + 4(15) - 1(10{,}000) + 2(2{,}000)$$

이 숫자들을 합하면 X의 총소비량은 5,460단위가 된다. 수요함수에서 P_y의 계수가 4이기 때문에, 재화 Y가격의 $1 상승은 재화 X소비를 4단위 증가시킨다. 그러므로 재화 X와 재화 Y는 대체재이다. M의 계수가 0보다 작은 −1이기 때문에 소득의 $1 증가는 재화 X소비를 1단위 감소시킨다. 따라서 재화 X는 열등재가 된다.

수요함수에 요약된 정보는 수요곡선을 그릴 때에 활용될 수 있다. 수요곡선은 가격과 수량간의 관계이기 때문에, 일반적인 수요곡선은 가격이외의 모든 것을 일정하다고 가정한다. 이것은 수요함수에다가 주어진 수요이동요인들의 값을 삽입하고 P_x는 여러 값을 갖도록 그대로 두면 수요곡선의 식을 얻게 된다는 것을

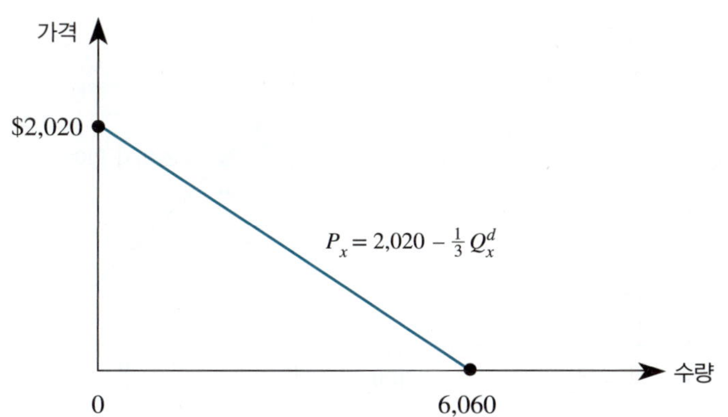

그림 2-4
역수요함수의 그래프

의미한다. 〈예시문제 2−1〉의 수요함수(여기에서는 $P_y = \$15$, $M = \$10,000$, 그리고 $A_x = 2,000$)에 대해 적용하면, 다음의 식을 얻게 된다:

$$Q_x^d = 12,000 - 3P_x + 4(15) - 1(10,000) + 2(2,000)$$

즉,

$$Q_x^d = 6,060 - 3P_x \tag{2-1}$$

이러한 관계를 그래프로 나타낼 때 보통 세로축에 재화의 가격을 표시하기 때문에, 왼쪽에는 가격, 오른쪽에는 나머지 모든 것을 표시한다. 이러한 관계식은 역수요함수라고 불린다. 이 예에서 역수요함수는 다음과 같다:

$$P_x = 2,020 - \frac{1}{3}Q_x^d$$

이것은 소비자들이 재화 X 한 단위를 추가적으로 얻기 위해 얼마만큼 지불할 의사와 능력이 있는가를 나타내 준다. 이 수요곡선이 〈그림 2−4〉에 그래프로 나타나 있다.

2.2.3 소비자잉여

이제 우리는 경영자가 수요곡선을 활용하여 한 소비자나 소비자그룹이 한 제품으로부터 받는 가치를 어떻게 구별할 수 있는가를 보여준다. 여기에서 설명된 개념들은 특히 가치가격결정(value pricing)과 가격차별과 같은 전략들을 강조하는 마케팅 및 기타전략들에서 유용하다. 수요의 법칙에 의해, 소비자가 한 단위의 재화를 추가적으로 얻기 위해 지불할 의사가 있는 금액은 그 재화를 더 많이 소비할수록 작아진다.

그림 2-5
소비자잉여

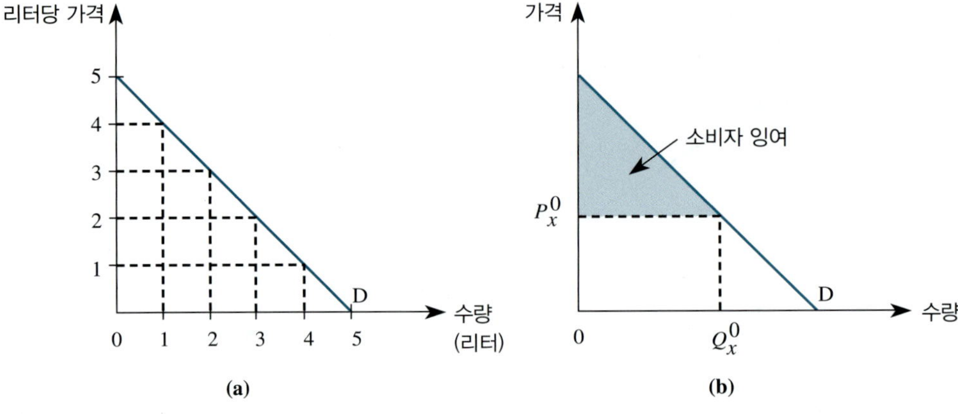

예를 들어, 〈그림 2-5 (a)〉에서 수요곡선은 10키로미터 달리기 경주에 참가한 직후 여러분의 물에 대한 수요를 나타낸다고 하자. 처음에는 여러분이 매우 높은 가격을 지불할 의사가 있다—이 경우 리터당 $5—첫번째 물에 대해 여러분이 물을 더 소비할수록 추가적인 물에 대해 여러분이 지급할 의사가 있는 가격은 $5.00에서 $4.99 등등으로 수요곡선을 따라 하락한다. 여러분이 첫 1리터의 물을 소비한 후, 또다른 물에 대해서는 여러분이 리터당 $4만을 지불하고자 한다. 여러분이 2리터의 물을 소비한 후에는 또다른 물에 대해서 여러분은 $3만을 지불하고자 한다.

2리터 물의 총가치(또는 총혜택)를 구하기 위해서, 우리는 단순히 0리터와 2리터사이의 물소비 각각에 대해 여러분이 지불하고자 하는 최대금액을 더한다. 이 금액은 〈그림 2-5 (a)〉에서 2리터의 양까지 수요곡선 아래의 면적에 해당한다. 이 부분의 면적은 $8이므로 여러분이 2리터의 물에서 받는 총가치는 $8이다. 다행스럽게도 여러분은 여러분이 소비하는 서로 다른 물의 양에 대해 서로 다른 가격을 지불할 필요가 없다. 그 대신에 여러분은 단위당 가격, 즉 리터당 $3를 지불해야 하며, 여러분은 그 가격으로 원하는 만큼의 물을 구입할 수 있게 된다.

〈그림 2-5 (a)〉의 수요곡선이 주어졌을 때, 가격이 $3이면 여러분은 2리터의 물을 구입한다. 이 경우 2리터의 물구입에 대한 여러분의 실제비용은 $6가 된다. 여러분이 2리터의 물가치를 $8로 평가하지만, 여러분은 단지 $6만을 지불하기 때문에 여러분은 물에 대해 지불해야만 하는 금액보다 $2만큼 더 많은 가치를 얻게 된다.

소비자잉여
소비자가 어떤 재화로부터 얻지만 그에 상응하는 값을 지불할 필요가 없는 가치

이러한 여분의 가치는 **소비자잉여**—소비자가 어떤 재화로부터 얻지만 그에 상응하는 값을 지불할 필요가 없는 가치—라고 알려져 있다. 이러한 개념은 경영자에게 중요하다. 왜냐하면, 그것은 어떤 주어진 양의 구입상품에 대해 소비자가 추가적으로 얼마 정도 지불할 의사가 있는가를 말해주기 때문이다.

더 일반적으로 표현하면, 소비자잉여는 어떤 재화에 대해 지불한 가격이상, 수요곡선 아래의 면적이 된다. 예를 들어, 〈그림 2-5 (b)〉의 검은부분인 삼각형이 P_x^0가격으로 Q_x^0단위를 구입하는 소비자의 소비자잉여를 나타낸다. 그 이유를 알아보기 위해서, 수요곡선의 각 점은 추가적으로 한단위 재화를 소비하는 소비자에 대한 가치가 된다는 것을 상기하라. 수요곡선의 각 점과 지불가격 P_x^0간의 차이가 잉여(소비자가 받게 되나 그에 상응하는 값을 지불할 필요가 없는 가치)를 나타낸다. 0와 Q_x^0사이의 각 단위에 대해 얻어진 잉여를 더하게 되면(이 합은 검은 부분과 같다), Q_x^0단위를 P_x^0가격으로 각각 구입할 때의 소비자잉여를 얻게 된다.

소비자잉여를 알게 되면, 경영자는 소비자가 한 묶음의 재화에 대해 지불하고자 하는 총액을 결정할 수 있게 된다. 이러한 주제는 가격전략을 취급하는 11장에서 자세히 설명되므로, 여기서는 다음 문제에서 기본적인 것만을 설명한다.

예시 문제 2-2

Happy Beverage 회사의 제품에 대한 일반(typical) 소비자의 수요는 〈그림 2-5(a)〉의 그림에서와 같다. 그 회사가 리터당 $2의 가격을 부과하면 그 회사의 수입은 얼마가 되며 일반소비자가 누리게 되는 소비자잉여는 얼마가 될 것인가? 정확하게 그 회사의 3리터들이 음료수 한 병에 소비자가 지불하고자 하는 최댓값은 얼만인가?

정답

리터 당 $2의 가격에서 일반소비자는 3리터의 음료수를 구입할 것이다. 그러므로 회사의 수입은 $6이며, 소비자의 잉여는 $4.5[(소비자잉여 삼각형의 면적은 밑변 × 높이 × 1/2, 또는 (3)($5 − $2)(1/2) = $4.5)]이다. 그러므로 일반소비자에게 판매한 3리터들이 음료수 한 병의 총가치는 $10.5(= $6 + $4.5)이다. 또한 이것은 정확하게 3리터들이 음료수 한 병에 대해 소비자가 지불하고자 하는 최댓값이 된다. 다시 말하면, 회사가 리터단위로 판매하는 것보다는 3리터들이 한 병으로 핀매하면, 회사의 수입은 3리터들이 한 병당 $10.5로 증가하게 되며 이것은 소비자잉여를 모두 빼앗은 결과가 된다.

2.3 공급

지금까지 시장에서 가격을 결정하는 요인들의 절반을 차지하는 수요에 초점을 두었다. 또 다른 절반의 결정요인은 시장공급이다. 완전경쟁시장에서는 많은 생산자들이 있으며, 각각 유사한 상품을 생산한다. **시장공급곡선**은 공급에 영향을 주는 다은 요인들은 일정하다고 가정하고 모든 생산자가 여러 가격대에서 생산할 의지와 능력이 되는 총량을 요약한 것이다.

시장공급곡선
공급에 영향을 주는 생산요소가격, 기술 및 기타 다른 요인들은 일정하다고 가정하고 완전경쟁시장에서 모든 생산자가 여러 가격대에서 생산할 의지와 능력이 되는 한 재화의 총 생산량을 나타내는 곡선 어떤 재화의 시장공급이 보통 많은 요인에 달려있지만, 공급곡선을 그릴 때에는 그 재화의 가격이외에는 모든 것을 일정하다고 가정한다. 〈그림 2-6〉에서 A에서 B까지 공급곡선상의 이동을 **공급량의 변화**라고 불린다. 시장공급곡선이 우상향하다는 사실은 공급법칙을 반영한다: 다른 조건이 일정하다고 가정할 때 어떤 재화의 가격이 상승(하락)함에 따라 그 재화의 공급량은 증가(감소)한다. 가격이 낮을 때보다 높을 때, 생산자들은 더 많은 산출물을 생산할 의지가 있다.

공급량의 변화
한 재화가격의 변화는 그 재화 공급량의 변화를 초래한다. 이것은 주어진 공급곡선상의 이동에 해당한다.

2.3.1 공급의 이동요인

공급곡선의 위치에 영향을 미치는 변수들은 공급이동요인이라고 불리며, 여기에는 생산요소들의 가격, 기술수준, 시장에서의 기업수, 세금, 생산자 기대 등이 포함된다. 이들 변수중 한 개 또는 그 이상이 변할 때, 전체 공급곡선의 위치는 이동한다. 이러한 이동은 **공급의 변화**라고 불려진다. 〈그림 2-6〉에서 S^0로부터 S^2로의 이동은 생산자가 각 가격대에서 더 많은 산출물을 팔기 때문에 공급의 증가라고 불린다. 〈그림 2-6〉에서 S^0로부터 S^1으로의 이동은 생산자들이 각 가격대에서 더 적은 산출물을 팔기 때문에 공급의 감소라고 불린다.

공급의 변화
생산요소가격이나 기술진보와 같은 어느 재화가격 이외의 변수들의 변화는 공급의 변화를 초래한다. 이것은 전체공급곡선의 이동에 해당한다.

생산요소 가격

공급곡선은 생산자가 여러 가격대에서 얼마만큼 생산할 의지가 있는지를 보여준다. 생산비용이 변함에 따라 생산자가 주어진 가격에서 산출물을 생산할 의지가 변하게 된다. 특히, 생산요소의 가격이 상승하면 생산자는 주어진 가격에서 산출물을 덜 생산할 것이다. 이러한 공급의 감소는 공급곡선의 왼쪽이동으로 나타난다.

그림 2-6
공급의 변화

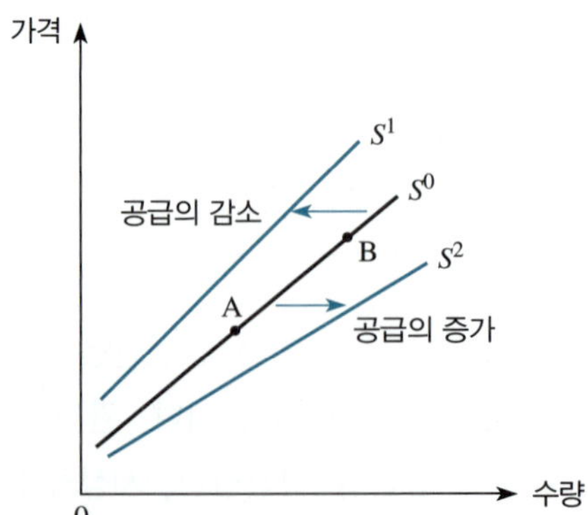

인사이드 비즈니스 **2-2** **2002년 무역법 NAFTA와 공급곡선**

과거 20년에 걸쳐 양당 출신의 대통령들은 국내외에서 재화를 생산하는 비용을 축소시키기 위한 규정을 포함하는 무역협정 및 법안에 서명하였다. 이러한 생산비용축소는 미국 소비자에게 재화(및 서비스)의 증가로 나타난다.

미국, 캐나다, 그리고 멕시코간의 북미자유무역협정(The North American Free Trade Agreement; NAFTA)은 클린턴 대통령에 의해 법제화되었으며(signed into law), 그 협정에는 (직물 및 의류와 같은) 공산품과 농산품에 대한 관세와 기타 장벽을 한번에 폐지하거나 단계적으로 폐지하는 규정이 포함되었다. 또한 그 협정에는 멕시코의 석유화학제품과 금융서비스 분야에 대한 투자장벽을 축소하기 위한 규정도 포함되었다.

2002년 무역법은 부시 대통령 시절에 발효되었으며 (enacted) 그로 인해 대통령은 (의회의 부동표에 달려 있음) 추가적으로 국제협정에 협상할 수 있게 되었다.

오바마 대통령은 그의 (대통령 선거)캠페인 동안과 대통령 임기 초에 NAFTA에 대해 재협상할 것을 약속했다. 그러나 그 기간동안 경기가 너무 침체되어 그러한 노력을 연기할 수밖에 없었다. 오바마 대통령이 클린턴과 부시 대통령이 정한 노선(course)을 계속 이어갈 것인가는 시간이 지난야만 알 것이다.

출처: "NAFTA Renegotiation Must Wait, Obama says," Washington Post, February 20, 2009; *Economic Report of the President*, Washington D.C.: U.S. Government Printing Office, February 2007, p. 60; *Economic Report of the President*, Washington D.C.: U.S. Government Printing Office, February 2006, p. 153; *Economic Report of the President*, Washington D.C.: U.S. Government Printing Office, February 1995, pp. 220–21

기술 또는 정부규제

기술의 변화 또는 정부규제의 변화도 공급곡선의 위치에 영향을 줄 수 있다. 〈인사이드 비즈니스 2–2〉에 제시된 바와 같이 보다 저렴한 비용으로 주어진 산출물을 생산하는 것이 가능하도록 만든 변화는 공급의 증가를 가져온다. 역으로, 현재의 기술을 파괴하거나 영업에 악영향을 주는 (이산화탄소) 방출기준치와 같은 정부규제는 공급곡선을 왼쪽으로 이동시킨다.

기업수

한 산업의 기업수는 공급곡선의 위치에 영향을 준다. 추가적으로 기업들이 산업에 진입할수록 주어진 가격대에서 더 많은 산출물이 구입가능하다. 이것은 공급곡선의 오른쪽 이동으로 나타난다. 마찬가지로 기업들이 산업에서 퇴출될수록 각 가격대에서 보다 적은 단위가 판매되며 공급은 감소한다.(왼쪽으로 이동한다).

생산에서의 대체품

많은 기업들은 여러 가지 생산물에 적합한 기술을 보유하고 있다. 예를 들어, 자동차회사들은 생산시설을 변경하여 트럭조립공장을 승용차조립공장으로 전환할 수 있다. 승용차 가격이 상승하면, 그들은 승용차 공급량을 증가시키기 위해 일부의 트럭조립공정을 승용차조립공정으로 전환할 수 있다. 이것은 트럭공급곡선을 왼쪽으로 이동시키는 효과를 초래한다.

그림 2-7
단위당 세금(종량세)

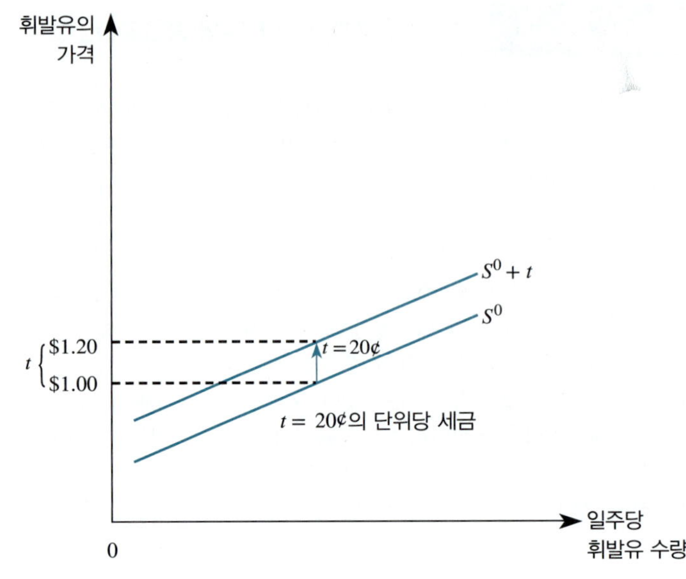

세금

공급곡선의 위치는 또한 세금에 의해서도 영향을 받는다. 종량세(excise tax)는 판매된 물건 각 단위에 대해 부과되는 세금으로서, 세금은 생산자가 납부한다. 예를 들어, 정부가 휘발유에 대해 갤런당 20센트의 세금을 부과한다고 가정하자. 각 생산자는 판매된 휘발유에 대해 갤런당 20센트를 정부에 지급해야 하므로, 각 생산자는 세금지급전과 똑같은 양의 휘발유를 공급하기 위해 갤런당 추가적으로 20센트를 더 받아야 한다. 종량세는 〈그림 2-7〉에서와 같이 세금액수 만큼 공급곡선을 위로 이동시킨다.

모든 가격대에서 생산자들은 세전보다 세후에 덜 팔려고 한다는 것을 주목하라. 그러므로 종량세는 어떤 재화의 공급을 축소시키는 효과를 초래한다.

정부에 의해서 활용되는 또 다른 형태의 세금은 종가세(ad valorem tax)이다. 종가세는 말 그대로 "가치에 따라" 세금을 부과하는 것을 의미한다. 종가세는 비례세이다; 판매세가 잘 알려진 예가 된다. 어떤 재화의 가격이 $1이고 10%의 종가세가 그 재화에 부과된다면, 세후가격은 $1.1가 된다. 종가세는 비례세이므로 가격이 높은 물건에 대해서는 더 많은 세금이 부과된다.

〈그림 2-8〉에서, S^0는 20%의 종가세 부과전 등산용가방의 공급곡선을 나타낸다. 가격이 $10일 때 1,100개의 등산용가방이 판매,공급되며, 가격이 $20일 때에는 2,450개의 가방이 공급된다는 것을 주목하라. 일단 20%의 세금이 부과되면, 각 단위를 생산하기 위해 요구되는 가격은 모든 생산수준에서 20%만큼 상승한다. 그러므로 가격은 1,100개의 수량에서는 $2, 2,450개의 수량에서는 $4만

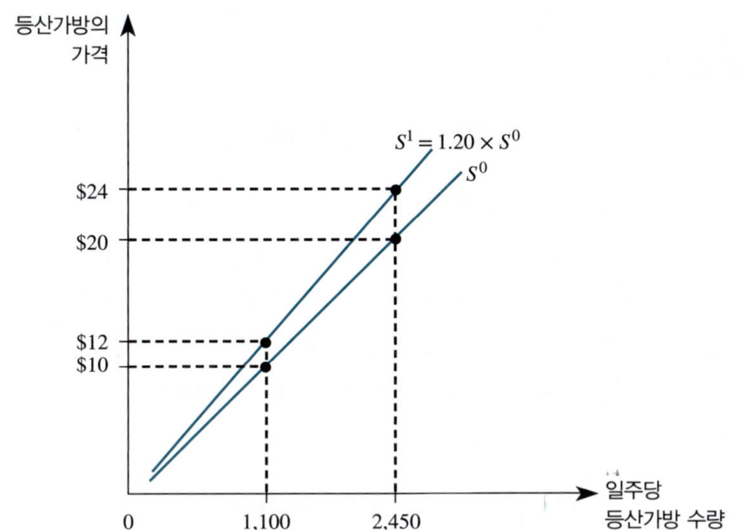

그림 2-8
종가세

큼 상승한다. 종가세는 공급곡선을 시계반대방향으로 회전시켜 새로운 공급곡선은 가격이 상승함에 따라 원래의 공급곡선에서 더 멀리 이동한다. 이것은 〈그림 2-8〉에서 S^1이 왜 S^0보다 더 기울기가 급경사를 이루고 있는가를 설명한다.

생산자 기대

미래가격에 대한 생산자의 기대는 공급곡선의 위치에 영향을 준다. 실제로 한 단위의 산출물을 오늘 파는 것과 내일 파는 것은 생산에서의 대체재가 된다. 만약 기업이 미래에 제품가격이 갑자기 더 상승할 것으로 예상하며 그 상품이 내구성이 있다면, 생산자는 오늘 그 상품을 보유하고 있다가 후에 더 높은 가격으로 팔 것이다. 이것은 현재의 공급곡선을 왼쪽으로 이동시키는 효과를 낳는다.

2.3.2 공급함수

여러분들은 이제 공급과 공급량간의 차이점을 이해하였고, 공급곡선의 위치에 영향을 주는 요인들을 확인했을 것이다. 다음으로는 어떤 재화의 공급에 영향을 주는 모든 요인들이 공급함수에 요약될 수 있다는 것을 보여주고자 한다.

어떤 재화의 **공급함수**는 그 재화의 여러 가격, 생산요소의 여러 가격, 그리고 공급에 영향을 주는 다른 변수들의 여러 값에서 그 재화가 얼마 만큼 생산될 것인가를 설명한다. 공식으로 표현하면, Q_x^s는 어떤 재화의 공급량, P_x는 그 재화의 가격, W는 생산요소의 가격(노동에 대한 임금 등), P_r은 기술적으로 관련된 재화의 가격, 그리고 H는 공급에 영향을 주는 다른 변수들의 값(현재의 기술, 시장에

공급함수
어느 재화가 공급에 영향을 주는 그 재화의 여러 가격, 생산요소의 여러 가격, 그리고 기타변수의 여러 값에서 얼마나 생산될 것인가를 나타내는 함수

서의 기업수, 세금, 생산자기대 등)을 나타낸다. 그러면 재화 X에 대한 공급함수는 다음과 같이 쓰여진다:

$$Q_x^s = f(P_x, P_r, W, H)$$

그러므로 공급함수는 시장에 생산된 산출량이 그 재화의 가격뿐만 아니라, 잠재적으로 공급이동요인이 되는 모든 요인들에 달려 있다는 것을 명확하게 인식해야 한다. 여러 유형의 생산물에 대해 서로 다른 많은 함수형태가 있는데, 공급함수를 특별하게 나타내는 유용한 형태는 선형함수가 된다. Q_x^s가 공급에 영향을 주는 변수들의 선형함수이면 공급은 선형이 된다. 다음의 방정식은 **선형공급함수**를 나타낸다:

선형공급함수
어느 주어진 재화의 공급이 공급에 영향을 미치는 가격과 기타변수들의 선형함수가 되는 공급함수의 형태

$$Q_x^s = \beta_0 + \beta_x P_x + \beta_r P_r + \beta_w W + \beta_H H$$

계수들(β_i)은 그 기업의 연구부서나 경제컨설턴트에 의해 추정된 숫자를 나타낸다.

공급함수에 요약된 정보는 공급곡선을 그릴 때에 활용될 수 있다. 공급곡선은 가격과 수량간의 관계이므로, 대표적인 공급곡선은 가격이외의 모든 것을 일정한 것으로 가정한다. 이것은 주어진 공급이동요인들의 값을 공급함수에 삽입하고 P_x가 여러 가지 값을 갖도록 그대로 두면 공급곡선을 얻을 수 있게 된다.

예시 문제 2-3

여러분 회사의 연구부서에 의해 추정된 TV세트의 공급함수가 다음과 같이 주어져 있다고 가정하자:

$$Q_x^s = 2{,}000 + 3P_x - 4P_t - P_w$$

여기에서 P_x는 TV세트의 가격, P_t는 태블릿의 가격, 그리고 P_w는 사용된 생산요소의 가격을 나타낸다. TV는 단위당 \$400, 태블릿은 단위당 \$250에 판매된다고 가정하고, 생산요소의 가격은 \$1,400라고 가정한다. TV세트가 얼마나 생산되겠는가?

정답

몇 대의 TV세트가 생산될 것인가를 알아보기 위해, 주어진 가격들을 공급방정식에 삽입하면 다음을 얻게 된다:

$$Q_x^s = 2{,}000 + 3(400) - 4(250) - 1(1{,}400)$$

이 숫자들을 합하면 생산된 TV세트의 총수량은 800이 된다.

이것을 예시문제 2-3(여기에서 $P_t = \$250$, $P_w = 1{,}400$)에 적용해 보면, 다음의 식이 된다;

그림 2-9
생산자잉여

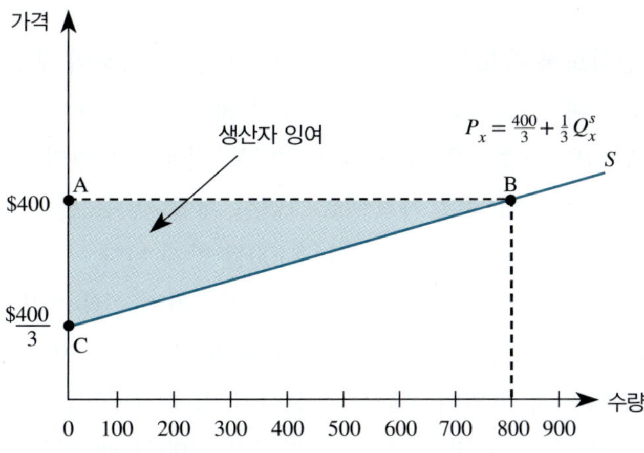

$$Q_x^s = 2{,}000 + 3P_x - 4(250) - 1(1{,}400)$$

즉

$$Q_x^s = 3P_x - 400 \qquad (2-2)$$

이러한 관계를 그래프로 나타낼 때, 보통 세로축에 재화의 가격을 나타내므로 위의 방정식 (2-2)는 왼쪽에 가격, 오른쪽에 다른 모든 것을 나타낸다. 이것은 역공급함수로 불려진다. 이 예에서 역공급함수는 다음과 같다:

$$P_x = \frac{400}{3} + \frac{1}{3}Q_x^s$$

이 방정식은 〈그림 2-9〉에서의 공급곡선으로 나타난다. 이 곡선은 재화 X를 한 단위 더 추가적으로 생산하도록 하려면 생산자가 얼마를 받아야 하는가를 보여 준다.

2.3.3 생산자잉여

소비자들이 가능한 한 가격이 낮은 것을 원하는 것과 같이, 생산자들은 가능한 한 가격이 높은 것을 원한다. 공급곡선은 주어진 가격에서 생산자가 생산할 의사가 있는 양을 표현한다. 다른 말로 표현하면, 기업이 추가적으로 한 단위 더 생산할 의사가 있기 위해서 받아야하는 가격을 말한다. 예를 들어, 〈그림 2-9〉의 공급곡선은 가격이 $400일 때 총 800단위가 생산된다는 것을 의미한다. 다른 말로 표현하면, 만약 800단위가 생산되고 있을 때, 또 한 단위의 재화를 생산하도록 유인하기 위해서는 생산자가 $400를 받아야만 할 것이다.

생산자잉여
생산자들로 하여금 재화를 생산하도록 유도하는데 필요한 금액을 초과하여 생산자들이 받게되는 금액

생산자잉여는 소비자잉여와 유사한 생산자의 몫이다. 그것은 생산자로 하여금 그 재화를 생산하도록 유도하기 위해 필요한 금액을 초과하여 생산자가 받는 값이 된다. 더욱 구체적으로 말하면, 생산자들은 800단위 미만에서는 $400미만의 가격으로 매 단위의 산출물을 팔 의사가 있다는 것에 주목하라. 그러나 가격이 $400이면, 생산자들은 더 낮은 가격으로 그러한 개별단위를 팔 의사가 있을지라도 800미만 각 단위의 산출물에 대해서는 $400를 받게 된다.

기하학적으로 생산자잉여는 공급곡선의 위, 시장가격 아래의 면적이 된다. 그러므로 〈그림 2-9〉의 검은 부분의 면적은 $400의 가격으로 800단위를 팔 때 생산자가 받는 잉여—각 단위의 재화를 생산하기 위해 요구되는 것 이상의 양—를 나타낸다. 검은 부분의 면적, ABC는 가격이 $400일 때 생산자잉여가 된다. 수학적으로는 이 면적이(800 × 266.67)달러의 1/2, 또는 $106,668가 된다.

생산자잉여는 경영자에게 유용한 도구가 될 수 있다. 예를 들어, 거대한 패스트푸드(fast food) 식당의 경영자가 현재 공급업자로부터 파운드 당 $1.25의 가격으로 매주 갈아진 쇠고기를 10,000파운드 구입한다고 가정하자. 파운드 당 $1.25의 가격으로 10,000파운드를 팔아서 고기공급업자가 벌게 되는 생산자 잉여는 식당경영자에게서 공급업자가 받고자 하는 것을 초과하여 받는 값을 말해준다. 다른 말로 표현하면, 고기공급업자의 생산자잉여는 10,000파운드의 고기를 한 묶음으로 하여 공급업자와 거래를 협상하면 식당이 고기구입비용에서 절약할 수 있는 최대의 양이 된다. 6장과 10장에서는 경영자가 어떻게 그러한 거래를 협상하는가에 대해 자세히 설명한다.

2.4 시장균형

경쟁시장에서의 가격은 시장에서의 모든 구매자와 판매자의 상호작용에 의해 결정된다. 시장수요와 시장공급의 개념은 이러한 상호작용에 대한 이해를 더욱 명확하게 해 준다: 경쟁시장에서 어떤 재화의 가격은 그 재화의 시장공급과 시장수요의 상호작용에 의해 결정된다.

여기서는 단일 재화의 시장에 초점을 두기 때문에, 아래 첨자를 뺀 P는 이 재화의 가격, Q는 그 재화의 수량을 나타낸다고 할 수 있다. 〈그림 2-10〉은 그러한 재화의 시장공급과 시장수요를 나타낸다. 경쟁시장가격이 어떻게 결정되는가를 이해하기 위해, 그 재화의 가격을 P^L이라고 하자. 이 가격은 시장수요곡선의 점 B에 해당된다; 소비자들은 Q^1단위의 재화를 구입하기를 원한다. 마찬가지로 P^L가격은 시장공급곡선의 점 A에 해당된다; 생산자들은 이 가격에서 단지 Q^0를

시장 균형

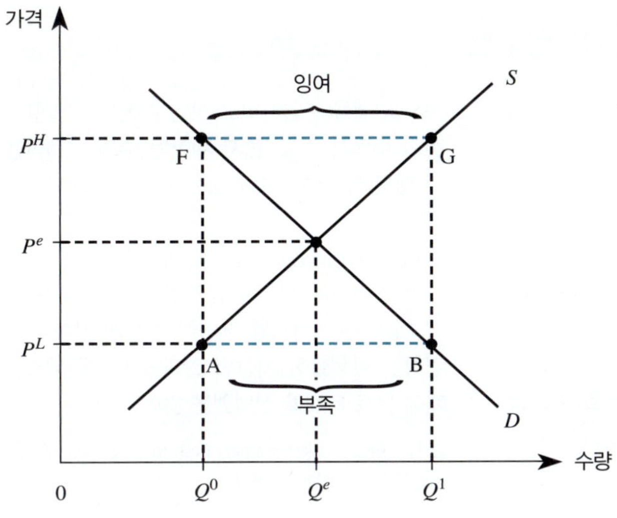

생산할 의사가 있다. 그러므로 가격이 P^L일 때 재화가 부족하게 된다, 즉, 그 가격으로 그것을 구입할 의사가 있는 모든 소비자들을 만족시켜줄 만큼의 재화가 없는 것이다.

재화의 부족이 발생할 경우, 가격은 자연적으로 상승하게 된다. 그 재화를 구입할 수 없는 소비자들은 그 재화를 얻기 위한 시도로서 생산자들에게 더 높은 가격을 제시할 수도 있다. 〈그림 2-10〉에서 가격이 P^L에서 P^e로 상승함에 따라, 생산자들은 Q^0에서 Q^e로 생산량을 확대할 인센티브를 갖는다. 마찬가지로 가격이 상승함에 따라 소비자들은 그 재화를 덜 구입하려고 한다. 가격이 P^e로 상승할 때, 수요량은 Q^e가 된다. 이 가격에서는 그 가격으로 구입할 의사와 능력이 있는 모든 소비자들을 만족시켜줄 만큼의 충분한 재화가 생산된다; 수요량은 공급량과 같게 된다.

가격이 더 높은 수준, P^H로 가정하자. 이 가격은 시장수요곡선의 점 F에 해당되며, 이는 소비자들이 Q^0단위를 소비할 것을 희망한다는 것을 의미한다. 가격 P^H는 시장공급곡선의 점 G에 해당된다; 생산자들은 이 가격에서 Q^1단위를 생산하고자 한다. 그러므로 가격이 P^H일 때 재화가 남는다; 즉, 기업들은 P^H가격에서 그들이 팔 수 있는 이상으로 생산하고 있다.

잉여(공급초과)가 발생하면, 수요량과 공급량을 일치시키기 위해 가격이 자연적으로 하락하게 된다. 그들의 제품을 판매할 수 없는 생산자들은 판매되지 않은 재고를 줄이기 위한 시도로서 더 낮은 가격을 제시할 수도 있다. 가격이 P^H에서 P^e로 하락함에 따라 생산자들은 Q^e로 공급량을 축소할 인센티브를 갖는다. 마찬가지로 가격이 하락함에 따라 소비자들은 더 많은 재화를 소비할 의사를 가지게

인사이드 비즈니스 2-3 인기없는 균형가격들

최근 대학졸업 기간 동안, 졸업하는 학생 각자가 4월 9일과 4월 20일 사이 아무 때나 3장의 무료 티켓을 가져가도록 안내되었다. 4월 20일 이후, 나머지 티켓들은 추가로 티켓을 희망하는 학생들에게 선착순으로 배부되었다. 무료 티켓이 완전하게 배분된 이후에는, 티켓 보유자와 티켓 수요자간의 어떠한 거래도 시장의 힘—그것은 매우 인기없는 균형가격을 초래했다—에 맡겨졌다.

이 기간 동안 학생들의 주목을 받기 위해 여러 가지의 동시적 이벤트들이 경쟁적으로 이루어졌지만, 많은 학생들은 마감 시간까지 3장의 무료티켓을 요구하지 않았다. 졸업이 다가오자, 티켓을 요구하지 않았던 학생들이 가족과 친구를 방문하기 위해 티켓을 구입하려고 상당한 돈을 지불할 의사가 있었다. 티켓의 수요가 컸고, 단지 제한된 수의 티켓만을 구입할 수 있었기 때문에, 일부 판매자들은 티켓 1장에 대해 $400나 요구하였다.

여러 학생들은 높은 가격에 대해 분노를 표시했다. 그러나, 높은 가격들은 제한된 공급과 더불어 많은 학생들이 졸업티켓에 대해 높은 가치를 부여한 증상에 불과했다. 티켓이 없는 졸업하는 학생들이 시장의 결과를 더 잘 예측했다면, 그들은 제때에 무료 티켓을 선택했을 것이다.

출처: "$400? Ticket Scalpers Cash in on IU Kelley's Commencement," The Herald Times, May 3, 2012.

된다. 가격이 P^e로 하락하면, 수요량은 Q^e가 된다; 즉, 수요량과 공급량이 같게 된다.

그러므로 공급과 수요의 상호작용은 궁극적으로 완전경쟁가격, P^e를 결정하게 되며, 그 재화가 부족하지도, 남지도 않게 된다. 이러한 가격은 균형가격이라고 불리며, 그에 상응하는 수량, Q^e는 완전경쟁시장에서의 균형수량이라고 불린다. 이러한 가격과 수량이 일단 결정되면, 공급과 수요에 대한 시장의 힘이 균형을 이루게 되며, 가격이 상승하거나 하락하지 않는다.

완전경쟁시장균형

완전경쟁시장에서의 균형은 시장수요곡선과 시장공급곡선의 상호작용에 의해 결정된다. 균형가격은 수요량과 공급량을 일치시키는 가격이다. 수학적으로는 가격이 P일 때 $Q^d(P)$와 $Q^s(P)$가 수요량과 공급량을 나타낸다면, 균형가격 P^e는 다음 식이 성립할 때 가격이 된다.

$$Q^d(P^e) = Q^s(P^e)$$

균형수량은 단순히 $Q^d(P^e)$ 또는 $Q^s(P^e)$이다.

예시 문제 2-4

China Daily의 기사에 의하면, 중국은 최근 수만개의 국영기업에 대한 민영화 계획을 가속화시켰다. 여러분이 미상원 외무위원회 소속 상원의원의 보좌관이라고 가정하자. 그리고 경쟁요인들이 시장을 균형시키도록 허용될 때 나타나게 될 가격과 수량에 대해 그 위원회가 결정하는 것을 도와주도록 요청받았다고 하자. 그 재화의 시장수요와 시장공급에 대한 최상의 추정치(미 달러화에 상응하는 가격으로)는 각각 $Q^d = 10 - 2P$와 $Q^s = 2 + 2P$로 주어져 있다. 경쟁균형가격과 수량을 결정하라.

정답

경쟁균형은 시장수요와 시장공급곡선의 상호작용에 의해 결정된다. 수학적으로 이것은 단순히 $Q^d = Q^s$임을 의미한다. 수요와 공급을 일치시키면,

$$10 - 2P = 2 + 2P$$

또는

$$8 = 4P$$

이 방정식을 P에 대해서 풀면, 균형가격, $P^e = 2$이다. 균형수량을 결정하기 위해 이 가격을 수요 또는 공급함수에 삽입한다(균형에서는 공급량과 수요량이 일치하기 때문에). 예를 들어, 공급함수를 사용하여 다음의 값을 얻게 된다:

$$Q^e = 2 + 2(2) = 6$$

2.5 가격규제와 시장균형

지금까지 완전경쟁시장에서 가격과 수량이 어떻게 결정되는가를 살펴보았다. 그러나, 가끔 정부는 가격이 얼마만큼 오르고 내리는 지에 대해 제한을 두며, 이러한 규제는 시장균형에 영향을 줄 수 있다. 여기에서는 가격상한제와 가격하한제가 시장에서의 자원배분에 미치는 영향을 살펴본다.

2.5.1 가격상한제

희소성의 경제적 이론이 기본적으로 의미하는 것은 가격이 0일 때 모든 소비자의 희망을 만족시켜줄 만큼 재화가 충분하지는 않다는 것이다. 따라서 누가 재화를 소비하게 되고 누구는 소비하지 못하게 되는가를 결정하기 위해서 어떤 기법이 사용되어야 한다. 재화를 소비하지 못하게 되는 사람들은 필연적으로 차별받게 되는 것이다. 재화를 누구는 얻고 누구는 얻지 못하는가를 결정하는 한가지 방법으로서 머리색깔에 따라 재화를 배분할 수 있다: 예를 들어, 빨간 머리면 재화를 얻고, 빨간머리가 아니면 재화를 얻지 못한다.

가격시스템은 가격을 사용하여 누가 재화를 얻을 것인가에 대해 결정한다. 가격시스템은 그 재화에 대해 가장 높은 값을 지불할 의사가 있으며 능력이 되는

소비자에게 재화를 배분한다. 한 벌의 청바지 경쟁균형가격이 $40이면, $40를 지불할 의사가 있고 능력이 되는 소비자들이 그 청바지를 구입하게 될 것이다; 한 벌의 청바지에 대해 그만큼 지불할 의사나 능력이 없는 소비자들은 그 청바지를 구입하지 않을 것이다.

어떤 재화에 대한 시장가격을 지불할 능력이 없을 경우 정당하지 못한 것은 가격시스템이 아니라는 것을 명심해야 한다; 오히려 희소성의 세계에 살고 있다는 것이 부당한 것이다. 자원을 배분하는 어떠한 방법도 누군가에게는 부당한 것처럼 보일 것이다. 왜냐하면, 모든 사람의 욕구를 만족시켜줄 만큼의 충분한 자원이 없기 때문이다. 예를 들어, 청바지가 가격시스템 대신에 머리색깔에 따라 사람들에게 배분된다면, 빨간 머리색깔을 갖지 못하고 태어난 사람은 모두 이러한 배분규칙이 부당하다고 생각할 것이다.

가격시스템에 의해 차별받는 사람들은 종종 생산자들이 더 낮은 가격으로 재화를 판매할 것을 요구하는 등 정부가 시장에 개입하도록 설득하려고 시도한다. 이것은 어떤 경우에는 당연하다. 왜냐하면, 만약 우리의 머리색깔이 달라서 집을 가질 수 없다면 우리들 대부분은 정부로 하여금 우리의 머리색깔을 가진 사람들도 집을 가질 수 있는 법을 통과시키도록 분명히 시도하려 할 것이다. 그러나 그렇게 되면 집이 너무 부족할 것이며, 사람들에게 집을 배분하기 위한 또 다른 수단이 사용되어야만 할 것이다.

상한가격
시장에서 부과될 수 있는 법적 최대가격

어떤 이유로 정부가 〈그림 2-11〉에서의 균형가격 P^e를 너무 높다고 보고 있어 기업들이 P^c이상의 가격을 부과하지 못하도록 하는 법을 통과시킨다고 가정하자. 그러한 가격은 **상한가격**이라고 불린다.

그림 2-11
상한가격

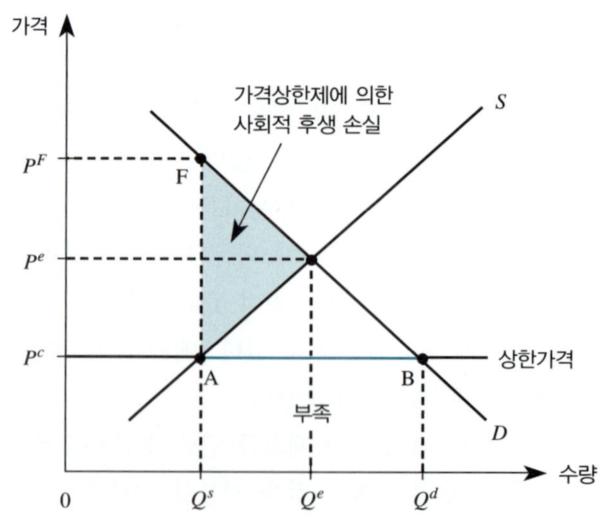

상한가격이 처음의 균형가격보다 아래에 있다는 사실에 혼동하지 말아라; 상한이라는 용어는 그 가격이 시장에서 허용가능한 가장 높은 가격임을 말한다. 그것은 균형가격보다 높게 책정된 가격을 의미하지 않는다. 사실, 상한가격이 균형가격이상에서 책정되면, 아무런 효과가 없게 된다; 균형가격은 최대 법정가격 위에 있게 된다.

규제가격 P^c가 주어진다면, 〈그림 2–11〉에서와 같이 A에서 B까지의 거리만큼 수요량이 공급량을 초과한다; 즉, $Q^d - Q^s$만큼 공급부족이 발생한다. 그렇게 공급부족이 발생하는 이유는 두 가지이다. 첫째, 생산자들이 보다 낮은 가격에서는 덜 생산하려 할 것이므로 공급량이 Q^e에서 Q^s로 축소된다. 둘째, 소비자들은 보다 낮은 가격에서는 더 많이 구입하려 하므로 수요량은 Q^e에서 Q^d로 증가한다. 그 결과, 상한가격에서는 구입할 의사와 능력이 있는 모든 소비자들을 만족시켜줄 만큼 재화가 충분하지 못하다.

그러면 가격에 의해 재화를 배분하는 것이 더 이상 법적으로 타당하지 않을 경우 어떻게 재화가 배분되어야 하는가? 대부분의 경우, 재화는 빨리 오는 순서대로 배분된다("first come, first served"). 결과적으로 가격상한제는 1970년대 휘발유가격상한제가 시행되었을 때 초래된 것처럼 보통 사람들이 길게 줄서도록 만드는 상황을 초래한다. 따라서 가격상한제는 시간의 기회비용이 커서 줄을 서서 기다리기를 싫어하는 사람들을 차별하게 된다. 만약 어느 소비자가 10갤런의 휘발유를 사기 위해 2시간동안 줄을 서서 기다렸을 때, 시간의 기회비용이 시간당 $5라면 그 소비자가 줄을 서는 데 소요되는 비용은 2 × $5 = $10가 될 것이다. 10갤런의 휘발유가 구입되었으므로 그 휘발유를 구입하기 위해 줄을 서서 기다리는 데 소요된 비용은 갤런당 $1가 된다.

이러한 기본적인 아이디어를 그림으로 나타낼 수 있다. P^c의 가격상한제하에서는 단지 Q^S만큼의 재화가 구입가능하다. 이 수량은 〈그림 2–11〉 수요곡선상의 점 F에 해당되므로, 소비자들은 추가적인 한 단위의 재화에 대해 P^F를 지불할 의사가 있다는 것을 알게 된다.

그러나, 법에 의해 소비자들은 P^c이상의 값을 기업에게 지불할 수 없다. 그 차이, $(P^F - P^c)$는 소비자들이 줄을 서 기다려서 지불할 의사가 있는 단위당 가격을 반영한다. 그러므로 소비자가 지불한 **총 경제적가격**(full economic price), P^F는 기업에 실제로 지불한 가격(P^c)에다가 줄을 서 기다려서 묵시적으로 지불하게 된 가격 $(P^F - P^c)$을 더한 값이 된다. 후자의 가격은 현금으로 지불된 것은 아니나, 기회비용에 해당되므로 비금전적 가격(nonpecuniary price)이라 불린다.

총 경제적가격
가격 상한제하에서 기업에게 지불된 가격에 비금전적가격을 더한 값

$$\underset{\text{총 경제적가격}}{P^F} = \underset{\text{현금지불가격}}{P^c} + \underset{\text{비금전적가격}}{(P^F - P^c)}$$

〈그림 2-11〉에서와 같이, P^F는 처음의 균형가격 P^e보다 크다. 기회비용을 고려하면, 어떤 재화의 값으로 지불된 총 경제적가격은 상한가격이 부과되면 실제로 더 높아진다.

가격상한제는 시장에서 거래가능한 수량을 감소시키기 때문에, 그러한 규제는 길게 줄서는 상황을 초래하지 않더라도 사회적 후생을 축소시킨다. 상실된 사회적 후생의 금액은 〈그림 2-11〉에서 검은 부분인 삼각형이 된다. 직관적으로 볼 때, 수요곡선상의 각 점은 소비자들이 추가적으로 한 단위에 대해 지불하고자 하는 금액을 나타내는 반면, 공급곡선상의 각 점은 추가적으로 한 단위를 팔도록 하기 위해 생산자가 받아야만 하는 금액을 나타낸다. 그러므로 각 수량에서 수요곡선과 공급곡선간의 수직적 차이는 생산물의 추가적인 한 단위 증가와 연관된 사회적 후생의 변화(소비자가치−관련생산비용)를 나타낸다. Q^e와 Q^s사이의 모든 단위에 대해 이러한 수직적 차이를 합하면 〈그림 2-11〉에서 검은 부분 삼각형이 되며, 가격상한제에 의해 상실된 사회적 후생의 총금액을 나타낸다. 〈그림 2-11〉에서 삼각형은 가끔 "사중손실"로 불려진다.

예시 문제

2-5

상원외무원회에 대한 여러분의 답변(예시문제 2-4)을 기초로, 상원의원중의 한 사람이 완전경쟁시장가격은 보통의 중국 시민이 지불하기에는 너무 높다고 문제를 제기하였다. 따라서 중국 정부가 국영기업을 민영화하였으나, $1.5에 해당하는 중국화폐 단위로 가격상한제를 실시한다면 어떻게 되는가를 설명하도록 여러분이 요구받았을 때, 어떻게 대답하겠는가? 시장수요와 공급곡선(미 달러화 기준으로)은 다음과 같이 주어져 있다고 가정한다:

$$Q^d = 10 - 2P \quad \text{그리고} \quad Q^s = 2 + 2P$$

정답

상한가격이 균형가격인 $2보다 아래에 있으므로, 공급부족이 발생한다. 더 구체적으로 말하면, 상한가격이 $1.5일 때 수요량은

$$Q^d = 10 - 2(1.50) = 7$$

그리고 공급량은

$$Q^s = 2 + 2(1.50) = 5$$

그러므로 2(= 7 − 5)단위의 공급부족이 발생한다.

총 경제적가격을 결정하기 위해 여기서는 공급된 5단위에 대해 소비자가 지불할 의사가 있는 최대가격을 단순하게 결정하고자 한다. 이를 위해, 먼저 수요방정식에서 수요량을 5로 놓는다:

$$5 = 10 - 2P^F$$

또는

$$2P^F = 5$$

이 방정식을 풀면, 총 경제적가격(P^F)이 \$2.50가 된다. 따라서 소비자들은 단위당 \$2.50의 총 경제적가격을 지불한다; 이 가격중 \$1.50는 현금이며, 나머지 \$1는 그 재화의 비금전적 가격을 나타낸다.

마지막으로, 우리는 상한가격에 의해 야기된 사중손실을 구할 수 있다. 이것은 $(P^F - P^C)(Q^e - Q^s) = (2.50 - 1.50)(6 - 5) = 1$.

위의 분석을 기초로 정부가 왜 상한가격을 부과하는지에 대해 의문을 가질 수 있다. 하나의 대답으로서 정치가들은 공급과 수요의 기본을 모르기 때문이다. 그러나 이러한 것은 적절한 답변이 아니다.

거기에 대한 답은 누가 가격상한제에 의해 혜택을 보고 누가 해를 입는가에 있다. 가격상한제에 따른 공급부족으로 줄서는 것이 심화될 때, 높은 기회비용을 가진 사람들은 해를 입게 된 반면, 낮은 기회비용을 가진 사람들은 실제로 혜택을 보게 된다. 예를 들어, 여러분이 줄을 서서 기다리는 것보다 더 값진 일이 없다면, 여러분은 보다 낮은 현금가격 때문에 혜택을 보게 될 것이다; 즉, 여러분의

인사이드 비즈니스 2-4 세계의 가격하한제와 가격상한제

미국의 연방정부, 주정부, 그리고 지방정부 당국은 전세계적으로 기업들이 법적으로 고객들에게 부과할 수 있는 가격을 제한하는 법을 제정하도록 종종 요구받고 있다. 미국의 많은 주에는 은행과 기타 대부업자들이 법적으로 고객들에게 부과할 수 있는 이자율을 제한하는 고리금지법(usury laws)–이자율에 대한 가격상한제–이 있다. 2005년, 폴란드는 고리대금 금지법안을 통과시켰다. 그리하여 소비자 이자율이 폴란드 중앙은행 금리(security rate)의 4배까지로 제한되었다; 그 법을 위반한 사람들은 벌금을 내거나 최대 2년까지 구속될 수 있다.

태국의 경우 1990년대에 휘발유가격이 시장요인(수요와 공급)에 의해 결정되었으나, 2000년대 초에는 급격히 상승하는 휘발유가격을 억제할 목적으로 상공부장관에 의해 가격상한제가 실시되었다.

미국에서는 5개주 이외의 모든 주들이 최저임금법안—즉, 기업들이 근로자들에게 법적으로 지급할 수 있는 시간당 임금에 대한 가격하한제—을 제정하였다. 이러한 규제는 연방정부의 최저임금제에 추가된 사항이며 그 규제의 효과는 노동의 "잉여"라는 실업으로 나타나게 된다. 십 여개 이상의 캐나다 주에서도 최저임금법안을 제정하였다. 뿐만 아니라, 온타리오, 브리티시 콜롬비아, 퀘백주들도 알코올 소비를 위축시키고 저렴한 미국브랜드로부터 캐나다 맥주업자들을 보호할 목적으로 가격을 인위적으로 높게 유지시키기 위해 맥주에 대한 (최저 소매가격이라고 하는) 가격하한제를 실시하였다.

출처: "Oil Sales: Ceiling Set on Retail Margin, "*The Nation*, June 15, 2002; "An Oil Shock of Our Own Making," *The Nation*, May 20, 2004; "Italian Usury Laws: Mercy Strain'd" *The Economist*, November 23, 2000; "Democrats Look to Keep Minimum Wage on Table," *The Wall Street Journal*, June 20, 2006; "Beer Price War Punishes Mom–and Pop Shops," The Gazette, November 4, 2005. "EU Lawmakers Pass Credit Directive," *Krakow Post*, May 15, 2012; and U.S. Department of Labor, www.dol.gov/whd/minwage/america.htm, accessed May 15, 2012.

비금전적가격은 거의 0에 가깝다. 반면, 여러분의 시간이 매우 값어치가 있어서 기회비용이 매우 높으면, 여러분은 가격상한제에 의해 손실을 보게 된다. 특정의 정치가에 속한 주민들이 평균보다 낮은 시간의 기회비용을 갖고 있다면, 그 정치가는 자연적으로 가격상한제를 도입하려고 시도할 것이다.

가격상한제에 의해 공급부족이 발생되는 몇몇 경우, 재화가 줄을 서는 기준에 의해 배분되지 않을 수도 있다. 생산자들은 다른 요인들, 예를 들어 소비자들이 단골손님인지의 여부 등에 의해 소비자들을 차별할 수도 있다. 1970년대 휘발유 부족사태 발생시 많은 주유소들이 단골 고객들에게만 휘발유를 팔았다. 1990년대말 동안 캘리포니아에서 은행들이 현금자동인출기(ATM)를 사용하는 것에 대해 비예금자들에게 부과한 수수료에 대해 가격상한제가 실시되었다. 은행들은 비예금자들이 현금자동인출기를 사용하지 못하도록 대응을 했다. 이자율상한제와 같은 또다른 상황에서는 은행들이 상대적으로 부유한 고객들에게 자금을 배분한다.

핵심적인 사항은 가격상한제에 의해 발생되는 공급부족시에, 경영자들은 재화를 배분하기 위해서 가격이외의 다른 방법을 사용하여야 한다. 어느 방법이 사용되는가에 따라, 어느 소비자는 혜택을 보고 다른 소비자는 손실을 보게될 것이다.

2.5.2 가격하한제

하한가격
한 시장에서 부과될 수 있는 법적 최저가격

가격상한제와는 대조적으로, 가끔 완전경쟁균형가격이 생산자들에게 너무 낮다고 볼 수 있다. 이러한 상황에서, 개인들은 정부로 하여금 어떤 재화의 최저법정가격을 입법화하도록 로비할 수도 있다. 그러한 가격은 하한가격이라고 불린다. 아마도 가장 많이 알려진 하한가격은 근로자에게 지불되어야 하는 가장 낮은 법정임금, 즉 최저임금이다.

균형가격이 하한가격보다 높다면, 하한가격은 시장에 전혀 영향을 주지 못한다. 그러나 하한가격이 〈그림 2-12〉에서 P^f와 같이 완전경쟁균형가격보다 높으면, 영향이 있게 된다. 구체적으로 보면, 하한가격이 P^f일 때 공급량은 Q^s이고 수요량은 Q^d가 된다. 이 경우 소비자가 그 가격으로 구입할 의사가 있는 것보다 더 많이 공급되어 공급과잉이 발생한다. 노동시장의 예를 들어 보면, 그 임금수준에서는 주어진 일자리보다 일자리를 찾는 사람들이 더 많아서 실업이 발생하게 된다. 생산물시장의 경우에는 공급과잉이 판매되지 않는 과잉재고로 쌓인다. 완전경쟁시장에서는 실업이나 과잉재고를 완화시키기 위해 가격이 하락하게 되나, 가격하한제는 이러한 매커니즘이 작동할 수 없게 만든다. 소비자들은 상대적으로 보다 높은 가격을 지불하면서도 거의 물건을 구입하지 못하게 된다.

하한가격이 균형가격 위에 있을 때, 생산비용보다는 더 크지만 하한가격보다

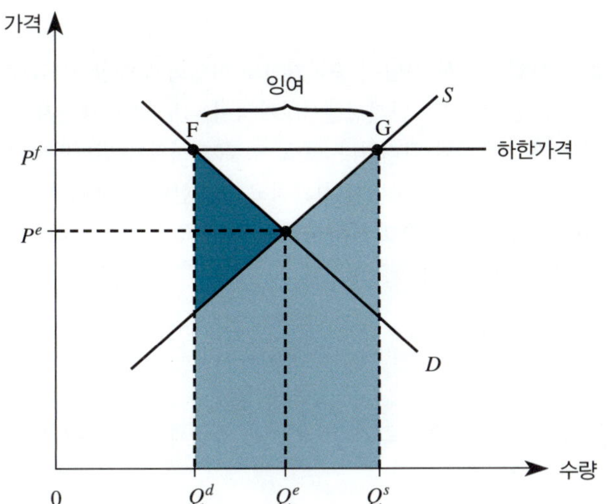

그림 2-12
하한가격

는 더 작은 금액을 지불할 의사가 있는 소비자들이 있을 것이다. 이러한 소비자들은 사회적 후생의 손실을 야기하는 하한가격이 작동할 때 구매할 수 없을 것이다. 사회적 후생의 금액은 〈그림 2-12〉의 푸른색 삼각형으로 표시된다. 가격상한의 경우와 마찬가지로, 사회적 후생의 손실은 Q^d와 Q^e사이의 모든 단위에 대해 수요곡선과 공급공선 사이의 수직적 차이가 된다. 그 차이는 하한가격으로 구입된 단위에 대한 제한이 제한된 수요량에서 온다–P^e보다 더 높은 하한가격에 반응하여–통제된 공급량보다는 오히려–P^e보다 더 낮은 상한가격에 반응하여. 〈그림 2-12〉의 푸른색 삼각형 면적이 사중손실이다.

하한가격이 최저임금일 때, 야기되는 사중손실은 〈그림 2-12〉의 푸른 삼각형에 의해 완전하게 포착된다. 그러나 하한가격이 제품에 적용될 경우에는, 사중손실이 훨씬 더 클 수가 있다. 추가로 얼마나 더 사중손실이 커지는 가는 판매되지 않은 재고가 얼마인가에 달려 있다. 한 가지 가능성은 정부가 그 잉여를 구매하여 버리는 것이다. 이것은 치즈와 같은 많은 농산물에 대한 하한가격의 경우이다. 정부가 잉여를 구매하는 이러한 유형의 하한가격은 가격유지(price support)라고 부른다. 〈그림 2-12〉를 다시 보면, 판매되지 않은 제품의 수량은 G에서 F까지의 거리로 주어지며, 이러한 잉여는 정부가 하한가격으로 구매하는 양이 된다. 이 때 정부의 총비용은 $P^f(Q^s - Q^d)$. 정부가 구매하는 잉여를 버리면, 이것은 붉은 사다리꼴 형태로 나타나는 바와 같이, 추가적인 사중손실을 야기한다. 이와 같은 추가적인 사중손실은 버려진 제품을 생산하는 비용이 된다. 즉, 생산자들이 가격지지를 받는다면, 이와 같은 추가적인 사중손실은 정부가 구입하여 버린 치즈의 생산비용이 된다.

예시 문제

2-6

상원외무위원회 소속 상원의원 한 사람이 중국기업의 민영화에 대한 여러분의 분석(예시문제 2-4와 2-5)에 대해 연구한 결과 완전경쟁시장가격이 너무 낮아 생산자들이 공정한(fair) 투자수익률을 올릴 수가 없을까봐 염려한다. 중국 정부가 시장을 민영화하되 $3.50의 하한가격으로 판매되지 않은 그 재화를 구입한다(그리고 폐기한다)면 어떻게 되는가를 여러분들이 설명하도록 요구받았을 때 어떻게 대답하겠는가? 시장수요와 공급곡선(미 달러화 기준으로)은 다음과 같이 주어져 있다고 가정한다:

$$Q^d = 10 - 2P \text{ 그리고 } Q^s = 2 + 2P$$

정답

하한가격이 균형가격 $2보다 더 크므로 가격하한제는 공급과잉을 초래한다. 더 구체적으로는 가격이 $3.50일 때 수요량은

$$Q^d = 10 - 2(3.5) = 3$$

그리고 공급량은

$$Q^s = 2 + 2(3.5) = 9$$

그러므로 6(= 9 − 3)단위의 공급과잉이 발생한다. 소비자들은 더 높은 가격($3.50)을 지불하게 되고, 생산자들은 6단위의 팔리지 않은 재고를 가지게 된다. 그러나, 중국 정부가 소비자들이 $3.50의 가격으로 구입할 의사가 없는 양만큼을 구입해야 한다. 따라서 6단위의 공급과잉부분을 중국 정부가 구입하는데 소요되는 비용은 $21(= 3.50 × 6)가 된다.

마지막으로, 사중손실은 〈그림 2-12〉에서 예시된 두 개의 색칠된 영역으로 구성되어 있다. 푸른 삼각형에 해당되는 첫 번째 부분은 (3.50 − 0.50)(6 − 3) = 9이다. 이 공식에서 숫자 0.5는 생산자들이 3단위(하한가격에서의 수요량이 된다)를 공급하는 가격이다. 붉은 색 마름모꼴에 해당되는 사중손실의 두 번째 부분은 21 − (1/2)(3.50 − 0.50) = 12이다. 따라서 우리는 정부지출($21)을 받고 생산자잉여(즉, 하한가격 이하와 잉여단위에 대한 공급곡선 이상의 면적)를 증가시키는 정부지출 부분을 빼면 마름모꼴 면적을 구할 수 있게 된다.

2.6 비교정태분석

여러분은 이제 균형이 완전경쟁시장에서 어떻게 결정되며 가격상한제와 가격하한제와 같은 정부정책이 어떻게 시장에 영향을 주는가를 이해하였다. 다음으로는 시장여건의 변화가 완전경쟁가격과 수량에 미치는 영향을 분석하기 위해 경영자들이 공급과 수요를 어떻게 활용하는가를 알아보고자 한다. 한 균형점에서 또 다른 균형점으로의 이동에 대한 연구는 비교정태분석이라고 불린다. 이러한 분석에서 가격상한제나 가격하한제와 같은 법적 규제는 없으며 가격시스템이 소비자들간에 재화를 자유롭게 배분한다고 가정한다.

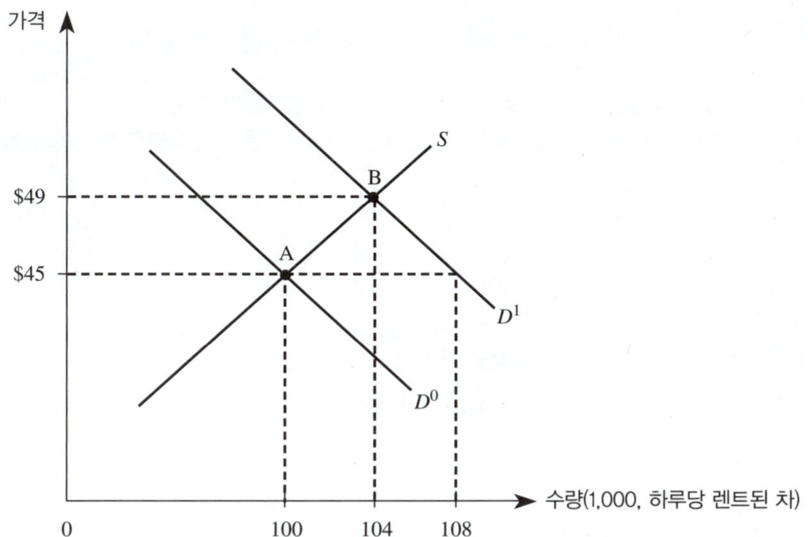

그림 2-13
렌트카 수요변화의 효과

2.6.1 수요의 변화

「월스트리트 저널」은 최근 소비자소득이 내년에 약 2.5%만큼 상승할 것으로 예상되며, 16세이상의 인구가 연말에 최고에 달할 것이라고 보도하였다. 공급과 수요 도구를 활용하여 이러한 시장여건의 변화가 어떻게 Avis, Hertz, Budget과 같은 렌터카 회사에 영향을 줄 것인가를 분석할 수 있다. 렌터카는 정상재라고 가정하는 것이 합리적이다: 즉, 소비자소득의 증가는 대체로 렌터카수요를 증가시킨다. 승용차를 렌트하려면 최저 16세 이상이 되어야 하므로, 연령이 16세 이상되는 소비자의 숫자가 증가한 것도 수요를 증가시킨다.

〈그림 2-13〉에서는 이러한 렌터카 수요의 증가에 따른 최종 결과를 나타낸다. 렌터카 시장에서 처음의 균형은 점 A에서 이루어지는데, 여기에서 시장수요곡선 D^0는 시장공급곡선 S와 교차한다. 「월스트리트 저널」에 보도된 변화는 렌터카 수요가 내년에 D^0에서 D^1과 같은 수요곡선으로 증가할 것이라는 것을 암시한다. 균형은 점 B로 이동하는데, 여기에서는 렌터카 회사가 더 많은 승용차를 렌트했고 수요가 증가하기 전보다 더 높은 가격을 받은 것이다.

렌터카 가격이 상승한 이유는 다음과 같다. 소비자소득의 증가와 더불어 16세 이상 소비자 숫자의 증가가 렌터카 수요를 증대시킨다. 하루당 이전의 $45 가격으로 렌트가능한 승용차가 단지 100,000대가 있다. 이것은 소비자들이 그 가격에서 렌트하기를 원하는 렌터카의 수량인 108,000대보다 작다. 따라서 렌터카 회사들은 가격을 올리게 되고, 이전 보다 더 높은 새로운 균형가격 $49에서는 정확하게 수요량과 일치할 만큼 충분하게 렌터카의 공급량을 증가시킨다.

인사이드 비즈니스 2-5 세계화(Globalization)와 자동차 공급

오늘날과 같은 글로벌 경제에서는, 시장에 있는 기업들의 수는 외국 기업들의 진입과 퇴출 의사결정에 상당히 달려 있다. 최근, 중국의 여러 자동차 제조회사들—중국의 최대 브랜드인 체리(Chery)자동차 회사를 포함하여—은 해외로 확대하기 위한 야심적인 계획을 발표했다. 체리는 이미 아시아, 중동, 그리고 라틴아메리카에 있는 70개의 개발도상국가들(developing countries)에게 수출하고 있으며, 보다 더 선진시장(developed markets)으로의 추가확대를 바라보고 있다.

체리와 기타 중국제조업체들이 미국 자동차시장과 같은 선진시장에 진입하면, 공급곡선은 오른쪽으로 이동하게 될 것이다. 다른 조건이 일정할 경우, 이것은 이들 시장에서 현재 판매되는 기업들의 순이익에 부정적으로 영향을 미칠 것이다: 공급이 증가되면 자동차의 균형가격과 기존 미국자동차 업체들의 이익이 감소할 것이다.

출처: "Chinese Automakers Aim for Global Expansion," Manufacturing.net, April 23, 2010.

예시 문제 2-7

현재 많은 차를 소유하고 있는 경영자가 하루당 $49의 시장가격으로 차를 렌트해 주는데, 렌트해가는 사람이 휘발유값을 지불한다. 신문기사의 첫 면에서 경영자는 중동지역의 긴장 사태로 내년에 휘발유값이 크게 상승할 것으로 경제학자들이 예상한다는 것을 알게 된다. 그 경영자는 내년에 그 회사의 렌터카 가격과 렌터카 숫자가 어떻게 될 것으로 예상하는가?

정답

휘발유와 렌터카는 서로 보완재이므로 휘발유가격의 상승은 렌터카 수요를 감소시킨다. 렌터카의 시장가격과 수량에 미치는 영향을 알아보기 위해, 〈그림 2-13〉에서 D^1이 렌터카의 최초 수요를 나타내며, 따라서 최초 균형은 점 B에서 이루어진다고 가정하자. 휘발유가격의 상승은 렌터카 수요곡선을 왼쪽으로(D^0로) 이동시켜 점 A에서 새로운 균형이 이루어진다. 따라서 경영자는 내년에 렌터카 가격은 하락하게 되고 렌터카 숫자는 감소할 것으로 예측한다.

2.6.2 공급의 변화

한 개 또는 그 이상의 공급이동요인의 변화가 어떻게 균형가격과 수량에 영향을 주는가를 예측하는 데 공급과 수요도구를 활용할 수 있다. 예를 들어, 기업이 작든 크든 똑같이 모든 고용주가 근로자에게 의료보험을 제공하도록 요구하는 법안이 국회에 제출되었다고 하자. 이 법안은 소매점(retailing outlets)의 재화가격에 어떠한 영향을 주겠는가?

이러한 건강보험 법안은 근로자를 고용하는 소매업자나 기업의 비용을 증가시킬 것이다. 많은 소매업자들은 상대적으로 낮은 임금을 받는 중간기술자들을 고용하며, 이들에게 의료보험을 지급하는 비용이 연 임금소득에 비해 상대적으로 크다. 기업들이 법정 건강보험을 상쇄할 수 있을 정도로 임금을 낮출 수 있다 하

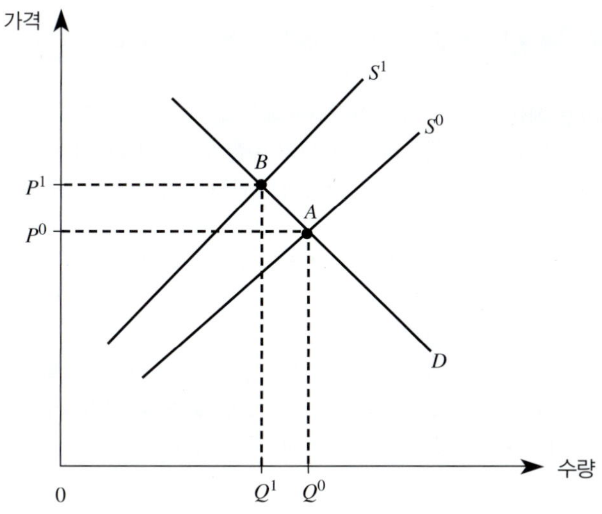

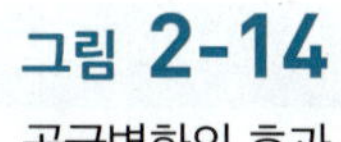
그림 2-14
공급변화의 효과

더라도, 근로자를 고용하는 것에 대한 순효과는 기업의 총비용을 증가시키게 될 것이다. 이와 같은 노동비용의 증가는 소매점의 재화공급을 감소시키게 된다. 그러한 법안의 최종 결과는 소매점이 부과하는 가격을 증가시키고, 판매량을 축소시키게 될 것이다.

우리는 이러한 결과를 〈그림 2-14〉에서 분명하게 알 수 있다. 시장은 처음에 점 A에서 균형을 이루어, 시장수요곡선 D가 시장공급곡선 S^0와 교차한다. 생산요소가격이 상승하면 공급은 S^0에서 S^1으로 감소하고 새로운 완전경쟁균형은 점 B로 이동한다. 이 경우 시장가격은 P^0에서 P^1으로 상승하고 균형수량은 Q^0에서 Q^1으로 감소한다.

2.6.3 공급과 수요의 동시 변화

개인이나 공공부문에서의 경영자들은 가끔 수요와 공급이 둘다 함께 변하는 사태에 직면하게 된다. 비극적인 예로서 1995년 일본의 고베지역에 지진이 일어났을 때이다. 그 지진은 일본의 전통술인 청주(sake wine)산업에 상당한 피해를 입힌 결과 청주의 공급이 감소하였다. 불행하게도 지진에 의한 스트레스 때문에 많은 사람들이 청주와 다른 종류의 술을 더 찾게 되었다. 이 장에서의 도구를 활용하여, 이와 같은 공급과 수요의 동시적 변화가 청주의 균형가격과 수량에 어떻게 영향을 주었는가를 분석할 수 있다.

〈그림 2-15〉에서 시장은 처음에 점 A에서 균형을 이루어 시장수요곡선 D^0가 시장공급곡선 S^0와 교차한다. 지진으로 인하여 청주의 공급이 감소됨과 동시에 수요가 증가하여, 공급이 S^0에서 S^1으로 감소하고, 수요는 D^0에서 D^1으로 증가였

인사이드 비즈니스 2-6 스프레드시트를 사용하여 공급과 수요 모형의 균형값 계산하기

이 책에 제시된 웹사이트(www.mhhe.com/baye9e)에는 SupplyandDemandsolver.xls라는 파일이 있다. 이 도구를 이용하여 그 파일의 여러 가지 식별표(tab)에 접촉함으로써 여러 가지 시나리오 하에서 선형의 공급모형 및 수요모형에서 균형값을 결정할 수 있다. 또한 이 프로그램을 이용하여 실시간(real-time) 비교정태분석 연습을 통해 어떻게 균형가격과 균형수량이 변하는가를 알 수 있다.

그리고 이 도구를 사용하여 생산자잉여와 소비자잉여를 계산할 수 있고, 수요와 공급 요인들이 변할 때 이들의 크기가 어떻게 변하는가를 알 수 있다. 또한, 이 도구를 사용하여 가격상한제와 가격하한제와 같은 가격규제의 계량적 영향과 그에 따른 사회적 후생의 손실 (또는 사중손실)—즉, 균형가격 이상이나 이하의 수준에서 규제된 가격과 연관된 손실—을 조사할 수 있다.

이러한 도구는 그 도구의 도움없이 이러한 작업을 수행할 수 없는 것에 대한 대용물은 아니다. 그러나 그 도구는 수요와 공급의 여러 요인들이 어떻게 서로 다른 균형효과를 가져오는가를 시각적으로 보여줄 것이다. 마찬가지로 여러분은 수많은 연습문제를 만들어 정답을 찾은 후 이 도구를 이용하여 여러분이 찾아낸 정답과 대조할 수 있다.

다고 하자. 이 경우 새로운 완전경쟁균형은 점 B에서 이루어진다; 즉, 청주의 가격은 P^0에서 P^1으로 상승하고, 소비량은 Q^0에서 Q^1으로 증가한다.

〈그림 2-15〉에서와 같이, 공급감소와 동시에 수요증가의 결과 가격과 수량이 증가하였다. 그러나 공급곡선이 S^0에서 S^1으로 이동하는 대신 S^2처럼 왼쪽으로 더욱 멀리 이동하여, 점 B대신에 점 C에서 수요곡선과 교차한다면 어떻게 되겠는가? 이 경우 가격은 최초의 균형가격 P^0보다 더 높게 될 것이다. 그러나 수량은 최초의 균형수량보다 작을 것이다(점 C는 점 A보다 낮은 수량을 의미한다). 따라서 수요증가와 더불어 공급감소가 되면 시장가격은 상승하나, 수량은 이동요인의 상대적 크기에 따라 상승 또는 하락한다.

그림 2-15

수요증가와 동시에 공급감소는 균형가격을 상승시킨다.

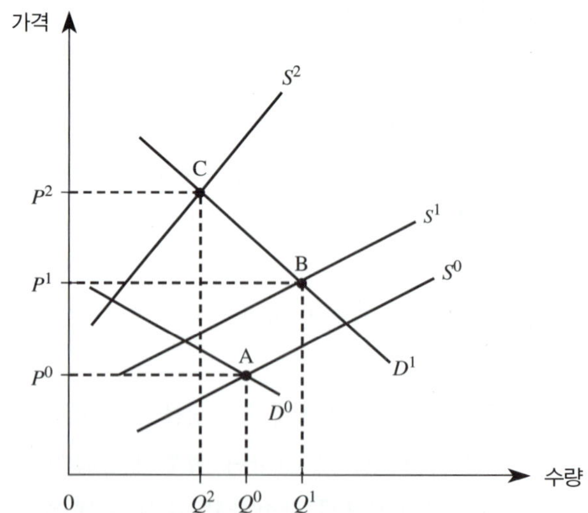

표 2–2 균형가격과 균형수량: 수요와 공급의 동시 변화에 대한 효과

변화요인	수요의 증가	수요의 감소
공급의 증가	가격: 불확실 수량: 증가	가격: 하락 수량: 불확실
공급의 감소	가격: 상승 수량: 불확실	가격: 불확실 수량: 감소

수요와 공급의 동시변화의 효과를 예측하기 위해 공급과 수요분석을 활용할 때, 그것은 그 곡선이동의 크기가 얼마인가를 예측하는 것이 아니라는 것을 주의해야 한다. 〈표 2–2〉에서 보는 바와 같이, 일반적으로 수요와 공급의 동시변화는 균형가격이나 수량이 상승할 것인가 하락할 것인가에 대해 모호한 결과를 초래한다. 가치있는 연습을 하려면, 공급과 수요의 다양한 동시적 이동을 그려서 〈표 2–2〉에 요약된 결과들을 검증해 보는 것이다.

예시 문제 2-8

여러분이 컴퓨터 체인점의 경영자라고 하자. 여러분은 정확하게 컴퓨터산업의 발전상황을 추적해 왔으며, 의회가 글로벌 경제에서 미국 컴퓨터산업의 위상을 더욱 향상시키기 위해 고안된 2가지 프로그램을 통과시켰다는 것을 방금 알게 되었다. 의회는 컴퓨터소프트웨어를 개발하는 회사에 대한 세금우대와 더불어, 초 · 중 · 고등학교의 컴퓨터교육을 위한 기금을 증가시킨다. 이러한 법안이 통과된 결과, 소프트웨어의 가격과 수량은 어떻게 될 것이라고 여러분은 예측하는가?

정답

균형수량은 분명히 증가할 것이나 시장가격은 수요와 공급의 상대적인 변화정도에 따라 상승, 동일, 또는 하락힐 수 있다. 이를 알아보기 위해, 컴퓨터소프트웨어는 정상재이기 때문에 초 · 중 · 고등학교의 컴퓨터 교육기금의 증가는 컴퓨터소프트웨어의 수요를 증가시킬 것이라는 것에 주목하라. 소프트웨어 제조업자에 대한 세금감면은 소프트웨어 공급의 증가를 초래할 것이다. 첫째, 만약 공급의 오른쪽 이동(공급의 증가)크기가 수요의 오른쪽 이동(수요의 증가)크기보다 작다면, 균형가격과 균형수량은 모두 증가할 것이다. 둘째, 공급이 수요와 동일한 양만큼 증가한다면, 가격은 변하지 않고 균형수량만 증가할 것이다. 셋째, 공급이 수요의 증가보다 더 많이 증가하면, 균형가격은 더 낮아지는 반면 균형수량은 증가하게 된다. 모든 경우에 균형수량은 증가한다. 그러나 시장가격에 미치는 영향은 수요와 공급의 상대적증가 크기에 달려 있다. (그림을 그려 확인하기를 바란다.)

이제 시장이 어떻게 작동하는가에 대해 이해할 수 있는 도구를 개발했으므로, 이 장의 헤드라인에서 제기된 문제를 풀어 보자.

샘은 칩생산의 감소가 결국에는 칩가격의 상승을 가져올 것이라고 인식하게 되었다. 칩은 PC 생산에서 핵심생산요소이므로 칩가격의 상승은 〈그림 2-16〉에서 공급이 S^0에서 S^1으로 이동하는 것처럼 PC 시장공급의 감소를 초래한다. 시장에서 팔린 PC의 총량은 균형이 점 A에서 점 B로 이동함에 따라 하락한다. 이처럼 PC판매의 감소예상에 따라 샘과 Jane은 현재시점에서 PC Solutions 인력을 배로 증가시키려는 계획을 계속 추진할 것인가에 대해 토론했다.

그림 2-16
칩가격의 상승은 PC 공급을 감소시킨다.

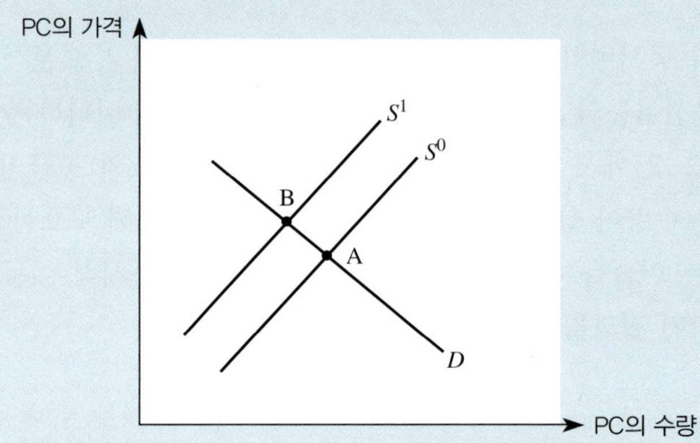

요약

이 장에서는 수요와 공급, 그리고 이들 요인들의 상호작용에 대해 개괄적으로 설명하였다. 수요, 공급, 가격상한제, 가격하한제, 그리고 비교정태분석 등에 대해서도 살펴보았다. 여기에서 여러분은 완전경쟁시장이 어떻게 작동하는가를 이해하였을 것이다.

수요와 공급모형은 이 책의 출발점이다. 다음 장부터는 여러분들이 여기에서 제시된 개념을 완전하게 이해한다고 가정한다. 다음 장에서는 탄력성의 개념에 대해 알아보고, 경영의사결정을 할 때 어떻게 그것을 활용하는가를 보고자 한다. 또한 경영자들이 의사결정을 더 잘 할수 있도록 도와주기 위해 추가적으로 계량적인 기법을 제시한다.

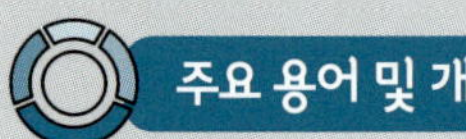

주요 용어 및 개념

가격상한제(price ceiling)
가격하한제(price floor)
공급(supply)
공급량의 변화(change in quantity supplied)
공급부족(supply shortage)
공급의 법칙(law of supply)
공급의 변화(change in supply)
공급초과(supply surplus)
공급함수(supply function)
대체재(substitutes)

종량세(excise tax)
보완재(complements)
비교정태분석(comparative static analysis)
비금전적가격(nonpecuniary price)
생산자잉여(producer surplus)
선형수요함수(linear demand function)
소비자잉여(consumer surplus)
수요(demand)
수요량의 변화(change in quantity demanded)
수요의 법칙(law of demand)
수요의 변화(change in demand)
수요함수(demand function)
열등재(inferior good)
정상재(normal good)
종가세(ad valorem tax)
총 경제적가격(full economic price)

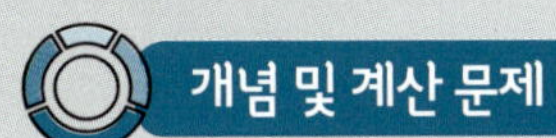

개념 및 계산 문제

1. X주식회사는 (*X*라 불리는) 제품을 생산하는데 이것은 정상재이다. 그 회사의 경쟁자 Y주식회사는 *Y*라는 이름의 대체재를 만든다. Y재화는 열등재이다.(LO1)

a. 소비자의 소득이 올라가면 *X*재의 수요는 어떻게 될까?
b. 소비자의 소득이 감소하면 *Y*재의 수요는 어떻게 될까?
c. *Y*재의 가격이 하락하면 *X*재의 수요는 어떻게 될까?
d. *Y*재는 *X*재에 비하여 낮은 품질(low-quality)의 생산물인가? 설명하시오.

2. *X*재화는 경쟁시장에서 A라는 생산요소를 사용하여 만들어진다. 다음 각 상황하에서 *X*재화의 공급이 어떻게 될 것인가를 설명하시오.(LO1, LO4)

a. 생산요소 A의 가격이 하락할 경우
b. $3의 종량세가 *X*재화에 부과될 경우
c. *X*재화에 7%의 종가세가 부과될 경우
d. 기술의 발전에 의해서 *X*재화 단위당 추가생산비용이 감소하였을 경우

3. *X*재화의 공급함수가 다음과 같이 주어졌다고 가정하자:

$$Q_x^s = -30 + 2\text{Px} - 4\text{Pz}.\text{(LO1)}$$

a. P_x가 $600이고, P_z가 $60일 때, *X*재화의 생산량의 크기는?
b. P_x가 $80이고, P_z가 $60일 때, *X*재화의 생산량은?
c. P_z가 $60라고 가정하자. *X*재의 공급함수와 역공급함수를 결정하고 역공급함수의 그래프를 그려라.

4. *X*재화의 수요가 다음과 같이 주어졌다.

$$Q_x^d = 6{,}000 - \frac{1}{2}P_x - P_y + 9P_z + \frac{1}{10}M$$

연구조사에 의하면, 관련재화의 가격 $P_y = \$6,500$ 그리고 $P_z = \$100$, 이 재화를 소비하는 개인들의 평균소득은 $M = \$70,000$.(LO1)

a. Y재화와 Z재화가 X재화에 대하여 대체재인가 혹은 보완재인가를 보여라.

b. X는 열등재인가 혹은 정상재인가?

c. $P_x = \$5,230$일 때, 몇 단위의 X재화가 구매될 것인가?

d. X재화의 수요곡선과 역수요곡선을 구하라. 그리고 X재화의 수요곡선의 그래프를 그려라.

5. X재화의 수요곡선은 다음과 같이 주어져 있다:

$$Q_x^d = 300 - 2P_x.\text{(LO2)}$$

a. 역수요곡선을 구하여라.

b. $P_x = \$45$일 때, 소비자들은 얼마의 소비자잉여를 갖게 되는가?

c. $P_x = \$30$일 때, 소비자들은 얼마의 소비자잉여를 갖게 되는가?

d. 일반적으로 재화의 가격이 하락하면 소비자잉여의 크기는 어떻게 되는가?

6. 수요와 공급이 다음과 같다고 하자:

$$Q^d = 60 - P \text{ 그리고 } Q^s = P - 20.\text{(LO3, LO4)}$$

a. 이 시장의 균형수량과 균형가격은 얼마인가?

b. 이 시장에서 가격하한제로 하한가격이 \$50일 때, 수요량, 공급량, 그리고 잉여의 양이 얼마가 되는가?

c. 이 시장에 가격상한제로 상한가격이 \$32일 때, 수요량, 공급량 그리고 부족 량이 얼마나 되는가? 또한 소비자들이 지불하는 경제적 가격은 얼마인가?

7. 수요와 공급이 다음과 같다:(LO3, LO4)

$$Q_x^d = 14 - \frac{1}{2}P_x \text{ 그리고 } Q_x^s = \frac{1}{4}P_x - 1$$

a. 균형가격과 균형수량을 결정하여라. 균형을 그래프로 나타내어라.

b. \$12의 종량세가 재화에 부과되면, 새로운 균형수량과 균형가격은?

c. 정부는 \$12의 세금을 통하여 얼마만큼의 세수입을 올릴 수 있는가?

8. 아래의 그래프를 통하여 다음의 질문에 답하시오.(LO2, LO3, LO4)

a. 수요는 D이며, 공급은 S^0이다. 상한가격이 \$6로 부과 되었을 때, 그 결과로 부족량은 얼마이며, 총 경제적가격은 얼마인가?

b. 수요는 D이며, 공급은 S^0이다. 하한가격(지지가격)이 \$12로 주어져 있다면, 그 결과로 잉여는 얼마인가? 팔리지 않은 양을 구입하는 정부의 비용은 얼마인가?

c. 수요가 D이며, 공급은 S^0일 때, 균형가격은 \$10이다. 종량세 \$6가 이 제품에 부과된다면 소비자들이 지불하는 균형가격은? 공급자가 받게 되는 가격은? 판매단위 수는?

d. 수요와 공급이 각각 D와 S^0로 주어졌을 때, 소비자잉여와 생산자잉여의 크기를 구하여라.

e. 수요가 D이며, 공급이 S^0일 때, 상한가격 \$2는 소비자들에게 이득이 될까? 설명하시오.

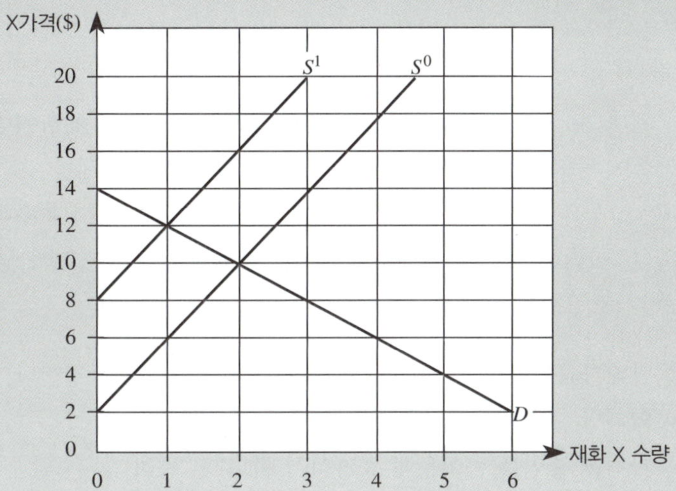

9. X재의 공급곡선이 다음과 같다:

$$Q_x^s = -520 + 20P_x.$$ (LO2)

a. 역공급곡선을 구하여라.

b. $Q_x = \$400$일 때, 생산자들은 얼마의 잉여를 얻을 수 있는가? 또한 $Q_x = \$1,200$일 때는?

10. 공급과 수요가 다음과 같다고 하자:

$$Q_x^s = -16 + 4P_x \text{ 그리고 } Q_x^d = 92 - 2P_x$$

그리고 정부가 하한가격을 \$40로 책정하고, 단위당 \$40에 소비자들이 구입하지 않는 모든 수량을 정부가 구입하기로 약속하였다.(LO3, LO4, LO5)

a. 기업이 팔지 못한 수량을 정부가 구매하는데 드는 비용을 계산하시오.

b. \$40의 하한가격 때문에 발생되는 사회적 후생의 손실(사중손실)을 계산하시오.

응용 문제

11. 당신은 PC를 조립하는 중소기업의 경영자이다. 당신은 대부분의 부품—RAM 같은 것—을 경쟁시장에서 구입한다. 마케팅조사 결과, \$80,000이상의 소득이 있는 구매자는 그 이하의 소득을 가진 구매자들보다 1.5배 만큼 램을 더 많이 구매하는 것으로 나타났다. 어느 날 아침, 당신이 「월스트리트 저널」을 읽어보니, RAM 생산요소부품의 가격이 상승할 것으로 예상되어 제조업자들이 RAM을 더 비싼 비용으로 생산할 수 밖에 없다. 이 정보에 의거하여 당신이 RAM에 대하여 지불하는 가격에 어떤 변화가 있을까? 이와 같은 RAM 생산요소가격의 변화뿐만 아니라, 경제가 침체되어 소비자소득이 다음 2년

에 걸쳐 하락할 것으로 신문기사에 나왔다면 당신의 대답은 바뀔 수 있을까? 설명하시오.(LO1, LO3, LO5)

12. 당신은 경쟁적 시장에서 비브랜드(generic type)의 음료를 만들고 마케팅을 하는 회사의 경영자이다. 시장에서 비브랜드 제품의 수가 많은 것 이외에도 당신은 코카콜라나 펩시 같은 유명업체와도 경쟁을 해야 된다. 미국에서 설탕생산자의 성공적 로비활동으로 인하여 의회는 모든 원당(raw sugar)—당신의 제품에 중요한 원료—의 수입에 파운드 당 $0.5의 관세를 부과하기로 하였다. 게다가 코카콜라와 펩시는 그들의 브랜드 제품이 이런 비브랜드의 음료보다 더 우수하다고 소비자들에 알리는 광고를 하려 한다. 이러한 사건들(events)은 비브랜드 음료의 균형가격과 균형수량에 어떤 영향을 미칠 것인가 분석하시오.(LO1, LO3, LO5)

13. 높은 담배가격이 금연을 하는데 효과가 없다고 일부는 주장한다. 이러한 견해에 대하여 많은 찬반논쟁이 있지만, 우리는 아래의 주장이 가장 설득력 있다고 생각 한다: "수요와 공급의 법칙에 의하면, 높은 가격은 흡연을 줄이는데 효과적이 아니다. 특히, 높은 담배가격은 담배의 수요를 줄인다. 이러한 수요의 감소는 균형가격을 원래의 상태로 하락시킨다. 균형가격은 변함이 없으므로 흡연자들은 같은 양의 담배를 소비할 것이다." 당신은 이러한 견해에 동의하는가? 혹은 동의하지 않는가? 설명하시오.(LO1, LO3, LO5)

14. 당신은 미국의 모든 주와 컬럼비아 지역의 병원에 혈액을 공급하는 어떤 단체의 경영자이다. 최근의 조사에 의하면, 수혈을 통하여 거의 50명의 미국사람이 매년 HIV에 감염된다. 미국에서 헌혈되는 모든 피는 아홉 가지의 테스트를 하는데, 현재의 선별작업을 통해 신체의 면역기관—혈액속의 외부 물질—에 의해 생성되는 항체만을 색출해낼 수 있다. 이러한 항체가 핏속에서 형성되는 데는 몇 주, 혹은 심지어 몇 달이 걸릴 수도 있으므로, HIV에 새로 감염된 헌혈자가 기존의 선별작업을 통과하여 이 바이러스를 전파할 수 있다. 다행히도 이 혈액이 수혈되기 전에 기증된 혈액으로부터 감염을 확인하고 제거할 수 있는 새로운 테스트방법이 개발되었다. 테스트의 분명한 이점은 수혈을 통한 감염을 감소시키는데 있다. 이 보고서에 의하면, 1핀트(pint) 당 정제된 혈액의 현재가격이 $60이다. 그러나 새로운 선별방식들이 채택되면, 정제된 혈액의 수요와 공급은 다음과 같이 변할 것이다: $Q^d = 210 - 1.5P$ 그리고 $Q^s = 2.5P - 150$. 새로운 선별방식이 채택되면, 가격은 얼마로 예상될 것인가? 미국내에서 얼마나 많은 양의 혈액이 사용될 것인가? 소비자잉여와 생산자잉여의 크기가 어떻게 될 것인가? 결과를 그래프에 표시하여라.(LO2, LO3)

15. 중동에서의 긴장증대로 인하여, 오일생산이 하루 1.21백만 배럴이 감소하였다—세계 원유 공급량의 5% 감소. 이러한 사건이 휘발유 시장과 소형차 시장에 미치는 영향에 대하여 설명하시오.(LO1, LO3, LO5)

16. 전기통신(telecommunication; 텔레콤) 서비스에 대한 세제를 개혁하는데 대한 상원임시위원회 의장의 보좌관이 당신이라고 생각해보자. 당신의 연구조사에 의하면, AT&T는 관련된 서류작업과 준수(compliance)비용에 대하여 $1,500만 이상을 지출했다. 게다가 현황에 따라, 소비자 전화요금의 25%

씩이나 전기통신세금이 부과된다. 텔레콤 산업의 규제완화가 시장을 상당히 경쟁적인 것으로 만들었다는 사실덕분에, 텔레콤 서비스에 대한 이러한 높은 세율은 많은 논쟁을 초래하였다. 현재의 세율을 바탕으로 추정해보면, 텔레콤 서비스의 월(monthly) 시장수요는 $Q^d = 300 - 4P$이며, (세금을 포함한) 시장공급은 $Q^s = 3P - 120$(단위는 모두 백만), 여기에서 P는 텔레콤 서비스의 월간가격이다. 이 상원의원은 세율을 획기적으로 인하하는 세제개혁을 생각하고 있는데, 새로운 세제하에서는 새로운 공급곡선이 $Q^s = 3.2P - 120$이다. 이 제안된 법안의 결과 보통의 소비자는 매달 단위당 얼마의 비용을 줄일 수 있는가?(LO2, LO3)

17. G.R.건조식량물류회사(Dry Food Distributors)는 쌀과 건조콩과 같은 건조재화(dry goods)에 대한 도매회사이다. 이 기업의 경영자는 오늘 아침 「월스트리트 저널」에서 제공된 기사에 주목했다: "최저임금수준을 받는 사람들의 소득이 내년에 10% 더 늘어날 것이다." 이 경영자가 이러한 그룹의 개인들이 잘될 것이라는 것에 기뻐하면서도, 이러한 사실이 자신의 회사에 미칠 영향을 생각해 보았다. G.R.사가 판매하는 제품의 가격에 어떤 영향을 미칠까? 그 이유는?(LO1, LO3, LO5)

18. 캘리포니아부터 뉴욕까지 걸쳐있는 미국의 입법기관은 은행들이 비고객들(noncustomers)—그들은 다른 은행들의 ATM기로부터 $12백만을 인출한다—에 대하여 부과하는 부담금을 제거하거나 축소시키는 것을 고려하고 있다. 평균적으로, 비고객들은 시간당 $24의 임금을 받으며, 거래당 $3의 ATM수수료를 지급한다. 추정에 의하면, 은행들은 5백만 거래에 대해 거래 당 $1.25가격으로 유지할 것인 반면, 비고객들은 그 가격으로 19백만 거래를 하려고 시도할 것이다. 자신의 거래은행이 아닌 ATM기에서 이용함으로 $10백만의 이득을 얻었다. 비가입자는 평균적으로 시간당 $20의 임금, 그리고 거래 당 $2.75의 ATM비용을 지불한다. 추정에 의하면, 요구되는 거래와 가능한 거래의 양 사이의 1백만 번의 차이에 대해, 보통의 소비자는 현금을 인출하기 위해 또 다른 기계로 가는데 추가로 1분을 사용해야 할 것이다. 이 정보를 바탕으로 그래프를 이용하여, 비고객들의 거래에 대해 은행이 최대 $1.25의 수수료를 받을 수 있다는 법의 영향을 나타내라.(LO3, LO4)

19. 칠레의 Rapel Valley(RV)사는 전세계 다른 포도밭에 비해 적은 비용으로 높은 품질의 와인(wine)을 만들 수 있는 능력으로 잘 알려져 있다. RV사는 매년 2천만 병의 와인을 생산하는데, 이중 5백만 병이 미국으로 수출된다. 미국에 수출되는 각 병마다 $0.5의 종량세(excise tax)가 부과되어, 약 $2백5십만의 세수입을 만들어낸다. 강력한 라니뇨 기후패턴으로 인해 비정상적으로 기온이 낮아져, 칠레 지역에서의 많은 와인생산업자들을 완전히 파괴시켰다. 이 라니뇨 현상이 칠레와인의 가격에 어떤 영향을 미칠까? 라니뇨 현상이 캘리포니아 와인생산지역에 영향을 미치지 않는다고 가정하고, 이러한 라니뇨 현상이 캘리포니아 와인시장에 어떤 영향을 미칠까?(LO1, LO3, LO5)

20. VIW(Viking InterWorks)사는 데스크탑 시스템의 OEM생산자(original equipment manufacturers)에게 메모리 제품을 공급하는 많은 제조업체 중의 하나이다. 이 기업의 최고경영자(CEO)는 업계전문잡지의 기사에서 최근 데스크탑 시스템에 대한 예상수요가 다음과 같다는 것을 알았다:

$Q^d_{데스크탑} = 1{,}600 - 2P_{데스크탑} + 0.6M$ (단위: 백만개), 여기에서 $P_{데스크탑}$은 데스크탑 시스템의 가격, M은 소비자의 소득이다. 잡지기사에 의하면, 데스크탑 시스템 주요 소비자의 소득은 올해 4.2% 증가

하여 $61,300이 되고, 데스크탑의 판매가격은 $980로 하락할 것이며, 그 CEO는 이러한 사실을 VIW사에 유리하게 보았다. 관련된 기사에서, 그 CEO는 512MB 데스크탑 메모리 모듈에 대한 예상되는 다음 해의 수요는:

$Q^d_{메모리} = 11,200 - 100P_{메모리} - 2P_{데스크탑}$(단위: 천개), 여기에서 $P_{메모리}$는 512MB 메모리 모듈의 시장가격, $P_{데스크탑}$은 데스크탑 시스템의 판매가격이다. 또한, 이 기사에 의하면, 다섯 개의 새로운 창업기업이 512MB 메모리 모듈시장에 진입하여 경쟁자의 총수는 100개의 기업이 되었다. 더욱이 VIW사의 CEO는 산업절반에 걸친 연구조사를 주문하여, 512MB 메모리 모듈에 대한 산업용량을 예측해 보았다. 이 결과에 의하면, 이 산업이 최대의 효율로 운영된다면 이 경쟁적 산업은 다음의 함수에 따라 모듈을 공급한다:

$Q^S_{메모리} = 1,000 + 25P_{메모리} + N$(천개), 여기에서 $P_{메모리}$는 512MB 메모리 모듈의 가격이며, N은 시장에서 메모리 모듈 제조업체의 숫자이다. VIW사의 CEO는 당신에게(생산책임자) 위의 정보를 제공하고, 메모리 모듈의 시장가격과 512MB 모듈을 생산하는 모든 기업들이 (시장을 분할하여) 시장에 동일한 양을 공급한다는 가정하에 다음 해 제조할 단위수에 대한 보고서를 요청하였다. 만일 데스크탑의 가격이 $1,080이라면 당신의 보고서는 어떻게 바뀔 것인가? 이것은 메모리 모듈과 데스크탑 시스템의 관계에 대하여 무엇을 시사하는 것인가?(LO1, LO3)

21. 식량 및 상업 노동자 지역 655의 회원 72%가 세인트루이스 지역의 Stop'n Shop 에 대항하여 파업하기로 투표를 하였다. 비슷한 노조의 반응을 두려워하여, 세인트루이스 시장에서 그 회사의 두 거대한 경쟁사—Dierberg's 그리고 Schnuck's—는 그들의 직원 중 노조가입 직원을 내쫓기로 하였다. 이들 슈퍼마켓들의 행동–놀랄일은 아니지만–으로 인해 지역 655 회원들이 슈퍼마켓 점포들 앞에서 피켓 및 보이콧 시위를 하게되었다. Mid Towne IGA사—더 작은 많은 경쟁 슈퍼마켓 중의 하나—의 경영자는 그 파업을 양측 모두에게 불행한 것으로 생각하여, 이 파업이 그 회사의 시장점유율을 올릴 수 있는 기회로 그는 재빠르게 삼으려 했다. 그 파업을 이용하기 위해, Mid Towne IGA사의 경영자는 다음과 같은 신문광고를 더 싣게 하였다: "우리 회사는 지역 655노조를 고용하고 있으며 지역의 '다른' 슈퍼마켓과는 다른 조건으로 운영되고 있다". 광고가 Mid Towne IGA에 미치는 기대효과(균형가격과 균형수량이 어떻게 변하는가)를 그래프를 사용하여 나타내어라. Mid Towne IGA사가 시도한 광고의 유형이 무엇인가를 규명하라. 당신이 생각하기에 광고의 효과가 영구적인가? 설명하시오.(LO1, LO3, LO5)

22. 미국내 여러 다른 주와 같이, 플로리다는 주의 비상사태 선포 바로 직전, 도중, 혹은 후에 "바가지가격책정"을 금지하는 법을 통과시켰다. 바가지가격이란 다음과 같이 정의된다: 비상사태 이전 30일 동안의 평균판매가격을 크게 상회하는 가격으로 음식, 가스, 얼음, 휘발유, 목재와 같은 생필품들을 판매하는 것. 허리케인이나 다른 자연재해가 그 지역을 강타하기 바로 직전이나, 직후에 많은 소비자들은 물병과 같이 비상사태 시에 사용되는 물품을 사재기하려고 한다. 또한 자연재해 기간 동안에는 많은 품목이 소매상에게 전달되는 것이 제약을 받는다. 이 법이 엄격하게 시행된다는 가정하에, 바가지가격 금지법의 경제적 효과는 무엇인가? 설명하시오.(LO1, LO3, LO5)

23. 주지사가 최근의 담화에서 다음과 같이 발표하였다: “우리 주에서 청소년 범죄의 가장 큰 원인은 16세부터 19세 사이의 높은 실업률이다. 우리 주에서 고용주들이 제시하는 낮은 임금은 여름철 아르바이트를 찾는 청소년들의 동기를 약하게 만들었다. 여름 내내 일하는 것보다 우리가 익숙한 바와 같이 청소년들이 태만(탈선)하여 문제를 가져온다. 이 문제를 해결하기 위해, 나는 우리 주의 최저임금을 시간당 $1.5만큼 올리는 것을 제안한다. 이것은 청소년들에게 방학동안 의미있는 일자리를 찾을 적절한 동기를 줄 것이다”. 청소년 범죄를 줄이려는 주지사의 계획에 대해 평가하시오.(LO3, LO4, LO5)

참고 문헌

Ault, Richard W.: Jackson. John D.; and Saba, Richard P., “The Effect of Long-Term Rent Control on Tenant Mobility.” *Journal of Urban Economics* 35(2), March 1994, pp. 140-58.

Espana, Juan R., “Impact of the North American Free Trade Agreement (NAFTA) on U.S.-Mexican Trade and Investment Flows.” *Business Economics* 28(3), July 1993, pp. 41-47.

Friedman, Milton, *Capitalism and Freedom*. Chicago: University of Chicago Press, 1962.

Katz, Lawrence F., and Murphy, Kevin M., “Changes in Relative Wages, 1963-1987: Supply and Demand Factors.” *Quarterly Journal of Economics* 107(1), February 1992, pp. 35-78.

Olson. Josephine E., and Frieze. Irene Hanson, “Job Interruptions and Part-Time Work: Their Effect on MBAs’ Income.” *Industrial Relations* 28(3), Fall 1989, pp. 373-86.

O’Neill, June, and Polachek. Solomon, “Why the Gender Gap in Wages Narrowed in the 1980s.” *Journal of Labor Economics* 11(1), January 1993, pp. 205-28.

Simon, Herbert A., “Organizations and Markets.” *Journal of Economic Perspectives* 5(2), Spring 1991, pp. 25-44.

Smith, Vernon L., “An Experimental Study of Competitive Market Behavior.” *Journal of Political Economy* 70(2), April 1962, pp. 111-39.

Williamson, Oliver, *The Economic Institutions of Capitalism*. New York: Free Press, 1985.

CHAPTER 03

계량적 수요분석

학습목표

LO1 계량적 도구로서 다양한 수요탄력성을 적용하여 수입(매출액), 가격, 그리고/또는 판매수량의 변화를 예측해 보시오.

LO2 수요의 탄력성과 총수입간의 관계를 그림으로 나타내 보시오.

LO3 한 제품의 수요가 상대적으로 탄력적인가 아니면 비탄력적인가에 영향을 주는 세 가지 요인에 대해 토론하시오.

LO4 한계수입과 수요의 자체가격탄력성간의 관계를 설명하시오.

LO5 선형수요함수와 비선형수요함수로부터 탄력성을 도출하는 방법을 보여 주시오.

LO6 회귀분석이 어떻게 수요함수를 추정하는데 사용되는가를 설명하고, 회귀분석결과를 해석하고 사용하는 방법에 대해 설명하시오.

헤드라인

월마트는 또 다른 큰 휴일의 실적을 기대함

매년 10월이 되면, 월마트의 판매이사는 휴일 예측에 대한 결과가 나올 것이라는 것을 안다. 올해, 그 기업의 휴일 성과는 현재까지의 실망스러운 매출 이후 특히 중요하다.

그 이사는 강력한 휴일매출을 기대하는 것에 문제가 없는 반면, 지역의 관리자뿐만 아니라 투자자들과 기자들은 그러한 매출을 지지할 근거가 있는 예측을 추구하고 있다. 따라서 그는 미국의 381개 대도시 통계대상 지역(metropolitan statistical areas; MSAs)에 걸쳐 수년 동안 월마트에 대해 광범위한 자료를 수집해왔던 그의 분석부서에 의지한다. 특별하게 관심있는 일부 변수에는 휴일판매량, 평균가격, 소비자 신뢰도가 포함된다. 이러한 자료를 사용하여, 분석가는 휴일매출액을 예측하기 위해 고안된 다음의 방정식을 도출한다:

$$\ln(\text{휴일매출액}) = 25.8 - 0.8\ln(\text{가격}) + 0.9\ln(\text{소비자 신뢰도})$$

그 이사는 대부분의 MSAs에서 소비자 신뢰도가 약 4% 감소했다는 것을 주목한다. 이러한 정보에 기초하여, 그 증거가 가격이 변하지 않을 경우 휴일매출액에 대한 낙관론을 지지하는가? 가격의 변화는 매출액을 강화시키는데 도움이 될 수 있는가?

3.1 서론

2장에서 기업 생산물의 수요(Q_x^d)는 그 생산물의 가격(P_x), 대체재나 보완재의 가격(P_y), 소비자소득(M), 그리고 광고, 인구규모, 또는 소비자기대와 같은 다른 변수들(H)에 달려 있다는 것을 보았다:

$$Q_x^d = f(P_x, P_y, M, H)$$

지금까지 가격 및 소득의 변화가 소비자수요에 미치는 영향에 대한 분석은 계량적이기보다는 정성적이었다; 즉, 변화의 방향만을 확인하는 "큰 그림(big picture)"에 대해서만 집중하였고, 그 크기에 대해서는 거의 알지 못했다.

그와 같은 큰 그림을 보는 것이 합리적인 경영의사결정에 있어서 중요한 첫단계가 되지만, 성공적인 경영자는 다음과 같은 질문들에 대해서도 능숙하게 구체적이면서 정량적으로 대답을 해주어야 한다:

- 3.2%의 매출증가를 달성하기 위해 가격을 얼마나 낮추어야 하는가?
- 가격을 6.5%인하하면 얼마만큼 더 판매할 수 있는가? 이와 같은 매출증가를 수용할 수 있을 만큼 충분한 재고를 보유하고 있는가? 그렇지 않다면 생산을 증가시킬 수 있을 만큼 충분한 인적자원을 보유하고 있는가? 가격인하로 인하여 매출액과 현금흐름은 얼마나 변하는가?

• 만약 경쟁자가 가격을 2% 인하하거나 또는 경기침체와 가계소득이 2.5% 하락한다면, 매출이 얼마나 변할 것인가?

이 장의 전반부는 경영자가 이러한 질문과 (가격책정, 재고관리, 수익률이나 매출액관리, 생산량결정, 전략적 또는 경쟁자 분석, 그리고 인적자원관리를 포함한 기타 기업운영을 책임지고 있는) 경영자들이 매일 요구받고 있는 수백가지의 질문에 답하기 위해서 정량적 예측도구로서 수요의 탄력성을 어떻게 활용할 수 있는가를 보여준다.

이 장의 후반부는 수요함수의 모수를 추정하기 위해 경제학자들이 사용하는 회귀분석기법에 대해 설명한다. 도서관에서 이용가능한 정보나 기업의 연구부서에서 제공된 정보를 평가하기 위해 경영자가 어떻게 경영경제학을 활용하는가에 초점을 둔다. 따라서 회귀분석 결과를 해석하는 방법과 경영자들이 실제로 단순한 수요함수를 추정하기 위해 엑셀과 같은 스프레드시트 프로그램에 포함된 회귀분석도구를 어떻게 활용하는가를 설명할 것이다.

3.2 탄력성 개념

어떤 재화의 가격과 같은 변수가 10% 증가했다고 가정하자. 그러면 그 재화의 수요량은 어떻게 되겠는가? 2장의 분석과 수요법칙을 토대로, 우리는 수요량이 하락할 것이라는 것을 안다. 그러나 수요량이 5%, 10%, 또는 얼마 만큼 하락할 것인지를 경영자가 안다면 매우 유용할 것이다.

그러한 변화의 크기를 결정하기 위해 사용된 주요 도구가 탄력성분석이나. 사실 이 장에서 설명된 가장 중요한 개념은 탄력성이다. **탄력성**은 매우 일반적인 개념이다. 탄력성은 어떤 변수가 또 다른 변수의 변화에 따른 반응정도를 측정하는 것이다. 예를 들어, 공부에 대한 여러분 점수의 탄력성($E_{G,S}$)은 여러분이 공부하는데 소요된 시간의 퍼센티지변화($\%\Delta S$)의 결과로 나타나는 점수의 퍼센티지변화($\%\Delta G$)이다. 다른 말로 표현하면,

탄력성
어떤 변수가 또 다른 변수의 변화에 따른 반응정도를 측정하는 것; 또 다른 변수의 퍼센티지변화에 따른 한 변수의 퍼센티지변화

$$E_{G,S} = \frac{\%\Delta G}{\%\Delta S}$$

$\%\Delta G = \Delta G/G$, 그리고 $\%\Delta S = \Delta S/S$가 되므로, 위의 식은 $E_{G,S} = (\Delta G/\Delta S)(S/G)$로 표현될 수 있다. $\Delta G/\Delta S$는 G와 S간 함수관계의 기울기를 나타낸다는 것을 주목하라; 즉, 그것은 주어진 S의 변화에 의해 야기되는 G의 변화를 말한다. 여기에다 S/G를 곱해주면 이들 변화값이 비율로 전환되는데 이것은 탄력성측정치가 변

수 G와 S를 측정할 때의 단위에 달려있지 않다는 것을 의미한다.

변수 G는 함수관계식 $G = f(S)$에 의하여 S에 달려 있다면, S에 대한 G의 탄력성은 미분을 활용하여 다음과 같이 표현된다:

$$E_{G,S} = \frac{dG}{dS}\frac{S}{G}$$

탄력성의 두가지 측면이 중요하다: (1) 그것이 (+)이냐 (−)이냐의 여부와 (2) 그의 절댓값이 1보다 크냐 아니면 1보다 작으냐의 여부이다. 탄력성의 부호는 G와 S간의 관계를 결정한다. 탄력성이 (+)이면, S의 증가는 G의 증가를 초래한다. 탄력성이 (−)이면, S의 증가는 G의 감소를 초래한다.

탄력성의 절댓값이 1보다 크냐 작으냐의 여부는 G가 S의 변화에 어느 정도로 반응을 나타내는가를 결정한다. 탄력성의 절댓값이 1보다 크면, 탄력성 공식에서 분자는 분모보다 더 크므로 S의 소량 비율변화는 상대적으로 더 큰 G의 비율변화를 초래한다. 탄력성의 절댓값이 1보다 작으면, 탄력성 공식에서 분자가 분모보다 작다. 이 경우 주어진 S의 비율변화는 상대적으로 더 작은 G의 비율변화를 초래한다. 몇가지 탄력성을 정의할 때 이러한 점을 기억해 두면 유용하다.

3.3 수요의 자체가격탄력성

자체가격탄력성
어떤 재화의 가격변화가 그 재화의 수요량에 미치는 반응도의 측정값; 수요량의 퍼센티지변화를 그 재화 가격의 퍼센티지변화로 나눈 값

수요의 **자체가격탄력성**은 가격의 변화에 대한 수요량의 변화를 측정한다. 이를 이용하여 경영자들은 가격인상이나 인하가 기업의 매출수량이나 매출액에 미치는 영향을 계량적으로 측정할 수 있다. 어떤 재화에 대한 수요의 자체가격탄력성 (E_{Q_x, P_x})은 다음과 같이 정의된다:

$$E_{Q_x, P_x} = \frac{\%\Delta Q_x^d}{\%\Delta P_x}$$

예를 들어, 어떤 재화에 대한 수요의 자체가격탄력성이 −2라면, 그 재화가격의 10% 상승은 그 재화 수요량의 20% 감소를 초래한다. 왜냐하면 −20%/10%이기 때문이다.

수요함수가 $Q_x^d = f(P_x, P_y, M, H)$일 때, 어떤 재화에 대한 수요의 자체가격탄력성은 미분을 사용하면 다음과 같이 구해진다.

$$E_{Q_x, P_x} = \frac{\partial Q_x^d}{\partial P_x}\frac{P_x}{Q_x}$$

탄력성의 두가지 사항이 중요하다는 것을 상기하라: (1) 부호 그리고 (2) 절댓값이 1보다 크냐 작으냐의 여부. 수요의 법칙에 의해 가격과 수요량간에 역의 관계가 있으므로 수요의 자체가격탄력성은 (−)이다. 수요의 자체가격탄력성의 절댓값은 다음에 설명할 여러 가지 요인들에 따라 1보다 크거나 작다. 그러나 이러한 설명을 위해서는 몇가지 용어에 대해 정의하는 것이 필요하다.

첫째, 자체가격탄력성의 절댓값이 1보다 크면, 수요는 **탄력적**이라고 한다:

탄력적 수요
자체가격탄력성의 절댓값이 1보다 크면 수요는 탄력적이다.

$$|E_{Q_x, P_x}| > 1$$

둘째, 자체가격탄력성의 절댓값이 1보다 작으면, 수요는 **비탄력적**이라고 한다:

비탄력적 수요
자체가격탄력성의 절댓값이 1보다 작으면 수요는 비탄력적이다.

$$|E_{Q_x, P_x}| < 1$$

마지막으로, 자체가격탄력성의 절댓값이 1과 같으면, 수요는 **단위탄력적**이라고 한다:

단위탄력적 수요
자체가격탄력성의 절댓값이 1과 같으면 수요는 단위탄력적이다.

$$|E_{Q_x, P_x}| = 1$$

개념적으로 볼 때, 한 재화의 소비량은 수요가 탄력적일 때 그 재화의 가격변화에 더 큰 반응을 보이며, 수요가 비탄력적일 때에는 상대적으로 가격변화에 더 작은 반응을 보인다. 이것은 수요가 비탄력적이면 가격상승이 소비를 거의 감소시키지 않는다는 것을 의미한다. 그러나 수요가 탄력적일 경우에는 가격상승이 소비를 상당히 감소시킬 것이다.

3.3.1 탄력성과 총수입

〈표 3−1〉에서는 선형수요함수 $Q_x^d = 80 - 2P_x$가 주어졌을 때, 가상의 소프트웨어가격, 수요량, 자체가격탄력성, 그리고 총수입($TR = P_xQ_x$)을 나타낸다. 가격이 상승함에 따라 자체가격탄력성의 절댓값이 커지는 것을 주목하라. 특히, 선형수요함수의 기울기가 일정한 데($\Delta Q_x^d / \Delta P_x = -2$), 이것은 P_x가 증가함에 따라

표 3-1 총수입과 탄력성($Q_x^d = 80 - 2P_x$)

	소프트웨어 가격 (P_x)	소프트웨어 판매량 (Q_x)	자체가격탄력도 (E_{Q_x,P_x})	총수입 (P_xQ_x)
A	$ 0	80	0.00	$ 0
B	5	70	−0.14	350
C	10	60	−0.33	600
D	15	50	−0.60	750
E	20	40	−1.00	800
F	25	30	−1.67	750
G	30	20	−3.00	600
H	35	10	−7.00	350
I	40	0	−∞	0

$E_{Q_x,\ P_x} = (\Delta Q_x^d / \Delta P_x)(P_x / Q_x)$의 절댓값이 증가한다는 것을 의미한다. 따라서 수요의 자체가격탄력성은 선형수요함수를 따라 변한다.

자체가격탄력성의 절댓값이 1보다 작을 때(〈표 3-1〉에서 점 A에서 D까지), 가격상승은 총수입을 증가시킨다. 예를 들어, 단위당 $5에서 $10로 가격이 상승하면 총수입은 $250만큼 상승한다. 이들 두 가격에 해당하는 수요탄력성의 절댓값은 1보다 작다는 것을 주목하라.

자체가격탄력성의 절댓값이 1보다 클 경우(〈표 3-1〉에서 점 F에서 I까지), 가격상승은 총수입의 감소를 초래한다. 예를 들어, 가격이 $25(여기에서는 자체가격탄력성이 −1.67)에서 $30(여기에서는 자체가격탄력성이 −3)로 상승할 때 총수입은 $150만큼 감소한다. 〈표 3-1〉에서 총수입을 극대화시키는 가격-수량 조합은 점 E에서 이루어지며, 거기에서는 자체가격탄력성이 −1이 된다.

〈표 3-1〉의 자료에 해당되는 수요곡선은 〈그림 3-1〉의 위 부분에 제시되고, 수요곡선상의 가격-수량조합과 관련된 총수입은 아래 부분에 제시되어 있다. 점 A에서 I로 수요곡선을 따라 이동하면, 수요는 점점 더 탄력적이 된다. 수요가 단위탄력적인 점 E에서 총수입이 극대화된다. 점 E의 북서쪽 방향에서는 수요가 탄력적이므로 가격이 상승할 때 총수입은 감소한다. 점 E의 남동쪽 방향에서는 수요가 비탄력적이므로 가격이 상승할 때 총수입은 상승한다. 가격의 변화, 탄력성 그리고 총수입사이의 이러한 관계는 총수입검정(total revenue test)이라고 불린다.

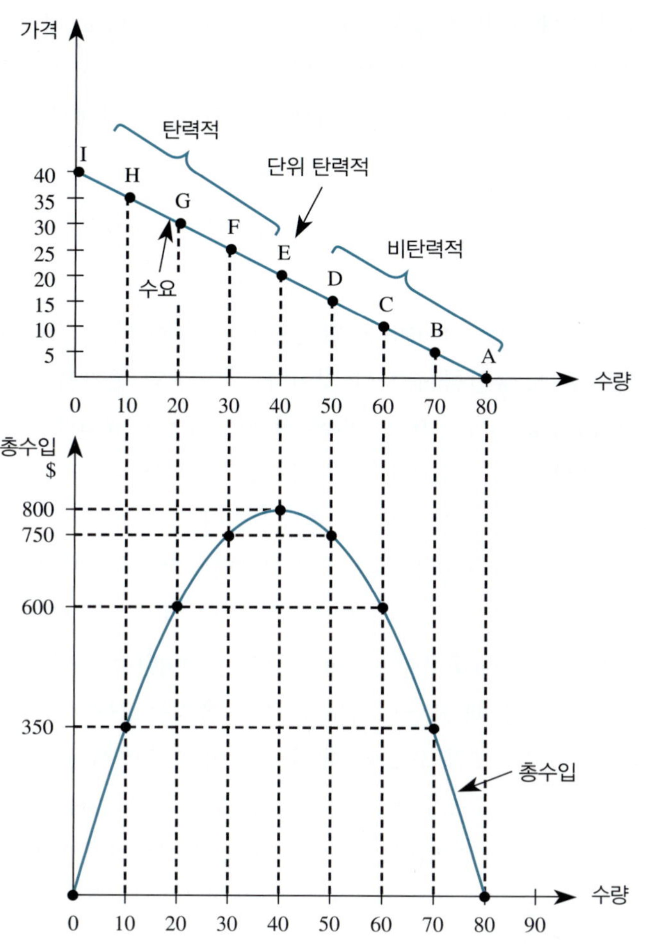

그림 3-1

수요, 탄력성, 그리고 총수입

총수입검정

수요가 탄력적이면 가격상승(하락)은 총수입의 감소(증가)를 초래한다. 수요가 비탄력적이면 가격상승(하락)은 총수입의 증가(감소)를 초래한다. 마지막으로 수요가 단위탄력적인 점에서 총수입이 극대화된다.

전세계의 기업들은 총수입검정을 활용하여 현금흐름을 관리한다. 예를 들어, 델(Dell)은 최근 그의 컴퓨터 가격책정전략에 대한 딜레마에 직면하였다: 현금흐름을 증대시키기 위해 가격을 인상해야 하는가, 아니면 "가격을 인하하여 수량으로 보충하는" 전략을 택할 것인가? 수요분석을 토대로 하여 그 회사는 후자의 전략을 택하기로 결정하였으며, 수입(매출액)을 증대시키기 위해 가격을 인하하였다.

그 이유를 알아보기 위해, 컴퓨터회사의 연구부서가 특정의 데스크탑 컴퓨터에 대한 수요의 자체가격탄력성이 −1.7이라고 추정하였다고 하자. 회사가 가격을 5%만큼 내리면 총수입을 증가시킬 만큼 충분하게 컴퓨터 매출수량이 증가할 것인가? 이 질문에 대한 답은 수요의 자체가격탄력성 공식에서 $-1.7 = E_{Q_x, P_x}$ 그리고 $-5 = \%\Delta P$라고 놓으면,

$$-1.7 = \frac{\%\Delta Q_x^d}{-5}$$

이 방정식을 풀면 $\%\Delta Q_x^d = 8.5$이다. 다른 말로 표현하면, 가격을 5% 내리면 컴퓨터의 판매수량은 8.5%만큼 증가할 것이다. 수요량의 증가율이 가격의 하락률보다 더 크다면($|E_{Q_x,P_x}| > 1$), 가격하락은 실제로 기업의 매출액을 증가시킬 것이다. 다른 말로 표현하면, 수요가 탄력적이므로 가격하락은 더 큰 비율의 매출수량증가를 초래하여 기업의 총매출액을 증가시킨다.

완전탄력수요
자체가격탄력성의 절댓값이 무한대이면 수요는 완전탄력적이다. 이 경우 수요곡선은 수평하다

완전비탄력수요
자체가격탄력성이 0이면 수요는 완전비탄력적이다. 이 경우 수요곡선은 수직이다.

극단적인 경우, 어떤 재화의 수요가 완전탄력적이거나 완전비탄력적일 수가 있다. 수요의 자체가격탄력성의 절댓값이 무한대라면 수요는 **완전탄력적**이다. 수요의 자체가격탄력성의 절댓값이 0이면 수요는 **완전비탄력적**이다.

수요가 완전탄력적일 때 조금이라도 가격을 올리는 경영자는 아무것도 팔지 못할 것이다. 이 경우 〈그림 3−2(a)〉에서와 같이 수요곡선은 수평하다. 아스피린과 같은 일반(또는 브랜드가 없는; generic) 제품의 생산자들은 완전하게 탄력적인 수요곡선에 직면할 수 있다; 그 제품과 경쟁되는 다른 일반제품을 선호하여 가격이 조금만 상승해도 소비자들이 그 제품의 구매를 중단한다. 이와는 대조적으로 수요가 완전비탄력적일 때 소비자들은 가격변화에 전혀 반응을 나타내지

그림 3-2
완전탄력적 수요와 완전비탄력적 수요

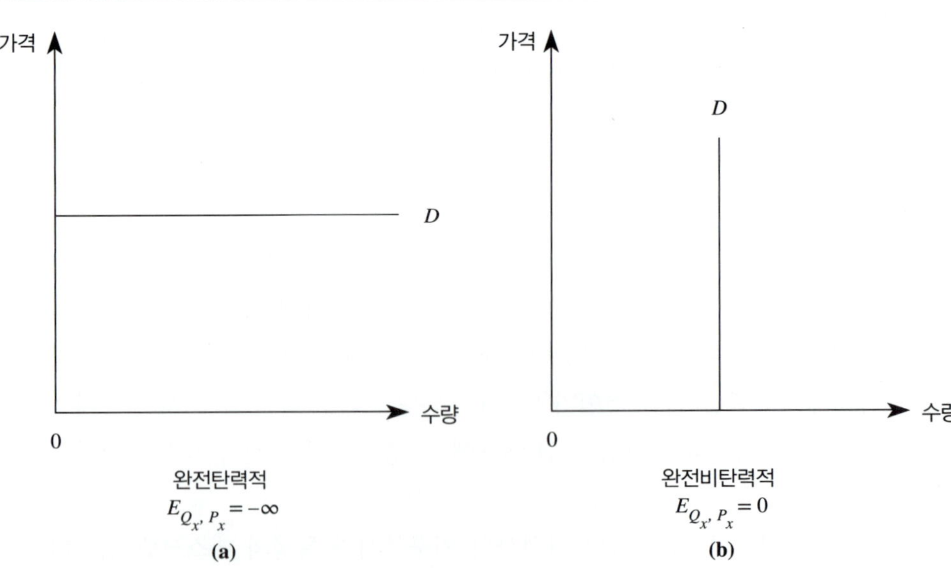

인사이드 비즈니스 3-1 호탄력성의 계산과 활용: 주택시장에서의 적용

많은 경우 경영자들은 도서관이나 기업의 연구담당자로부터 탄력성에 대한 추정값을 얻는 반면, 가끔 경영자들은 탄력성에 대한 추정값을 바로 얻을 수 없는 상황에 직면하기도 한다. 다행히도 수요의 호탄력성이라 부르는 개념 덕택에 이러한 상황에서 아무일도 못하는 것은 아니다.

구체적으로 어떤 경영자가 어떤 재화의 가격이 P_1일때 소비자들은 그 재화를 Q_1단위만큼 구입하고, 가격이 P_2로 변하면 소비자들은 Q_2단위를 구입하는 상황을 나타내는 자료를 가지고 있다고 가정하자. 다른 조건이 일정하다고 가정하면, 이들 자료는 호탄력성 공식을 사용하여 그 재화수요의 자체가격탄력성에 대한 근사값을 구하는데 활용될 수 있다:

$$E(\text{호탄력성}) = \frac{\Delta Q^d}{\Delta P} \times \frac{\text{평균 } P}{\text{평균 } Q}$$

이 공식에서 평균 Q는 $(Q_1 + Q_2)/2$이며, 평균 P는 $(P_1 + P_2)/2$가된다.

이 공식이 실제의 현실자료를 토대로 탄력성을 계산하는데 활용될 수 있다는 것을 보여주기 위해, 우리는 미국의 현재 단일가구 주택에 대한 매출액 및 가격 자료를 분석할 수 있다. 전미(全美) 부동산업자협회에 의하면, 10월 그러한 가구의 중간(median) 판매가격은 $160,800이었으며, 그 가격으로 343,3000채의 주택이 판매되었다. 따라서 P_1 = $160,800와 Q_1 = $343,000은 수요곡선상의 한 점 –10월 기준 기존 현재 단일가구주택의 가격과 수량–을 나타낸다.

마찬가지로 P_2 = $164,000와 Q_2 = $335,000은 한 달 후인 11월 기준 현재 단일가구주택 가격과 수량을 나타낸다. 주택수요의 두 가지 주요한 결정요소인 이자율과 소득이 10월과 11월 사이에 대략 일정하였다. 따라서 수요가 이 한 달 동안에 안정적(이동하지 않음)이었으며, 이와 같은 가격과 수량조합은 미국 단일가구주택에 대한 수요곡선상의 또 다른 한 점을 나타낸다.

이와 같이 수요곡선상의 두 점을 토대로 호탄력성 공식을 활용하여 미국에서 기존 단일가구주택에 대한 자체가격탄력성의 근사값을 구할 수 있다.

$$E(\text{호탄력성}) = \frac{(Q_1 - Q_2)(P_1 + P_2)/2}{(P_1 - P_2)(Q_1 + Q_2)/2}$$

$$= \frac{343{,}000 - 335{,}000}{160{,}800 - 164{,}000} \times \frac{(160{,}800 - 164{,}000)/2}{(343{,}000 + 335{,}000)/2}$$

$$= -1.2$$

수요의 자체가격탄력성은 절댓값 기준으로 1보다 더 크므로, 총수입검정에 의하면 그 기간동안 주택가격의 상승은 주택에 대한 총지출액을 감소시켰다는 것을 안다. 또한 이와 같이 주택에 대한 지출액이 감소하여 부동산 거래수수료의 수입이 낮아졌으므로 이 기간동안 부동산 대리점의 소득이 하락했다고 추정할 수 있다.

여기에서 설명된 호탄력성 기법은 주택수요에 대한 실제 탄력성의 근사값이 된다. 그 근사값의 정확도는 분명히 수요곡선이 3월과 4월 사이에 이동하지 않았다는 가정에 달려 있다. 미국에서 단일가구주택에 대한 수요가 비정상적으로 주택을 구하기에 좋은 분위기 덕택에 그 기간 중 이동했다면, 수요의 실제 탄력성은 여기에서 구한 근사값과 차이가 날 것이다.

출처: www.realtor.org/topics/existing-home-sales/data

않는다. 이 경우 〈그림 3-2(b)〉에서와 같이 수요곡선은 수직이다. 많은 사람들은 (생명을 구하는 약과 같은) 의료서비스 산업의 제품과 서비스에 대한 수요곡선이 완전하게(perfectly) 비탄력적이라고 여긴다. 많은 제품이나 서비스가 매우 비탄력적인 수요곡선을 가질 수 있지만, 그것들은 보통 완전하게 비탄력적인 것은 아니다(보다 더 철저한 분석을 위해 인사이드 비즈니스 3-2 참조).

수요는 보통 완전탄력적이지도 않고 완전비탄력적이지도 않다. 이러한 경우에는 탄력성의 값을 아는 것이 경영자에게 유용하다. 대기업, 정부, 그리고 대학은 생산물에 대한 수요를 추정하기 위해 보통 경제학자나 통계학자를 고용한다. 경영자가 할 일은 그러한 추정치를 해석하고 활용하는 법을 아는 것이다.

3.3.2 자체가격탄력성에 영향을 주는 요인들

여러분은 자체가격탄력성이 무엇이고 가격변화가 매출수량이나 매출액에 미치는 영향을 파악하기 위해 그것이 어떻게 활용될 수 있는가를 이해하였으므로, 어떤 재화의 자체가격탄력성 크기에 영향을 주는 3가지 요인(가용대체재, 시간, 지출비중)에 대해 설명하고자 한다.

가용대체재

어떤 재화의 수요탄력성을 결정하는 핵심요소는 그 재화와 유사한 대체재의 수가 된다. 직관적으로 말하면, 그 재화에 대한 가용대체재가 많으면 많을수록, 그 재화의 수요는 더 탄력적이 된다. 이러한 경우 가격상승은 소비자들로 하여금 다른 재화로 대체하게 하여 그 재화의 수요량을 상당히 감소시킨다. 어떤 재화의 대체재가 거의 없을 때에는 수요가 매우 비탄력적이 된다. 그 이유는 가격이 상승할 때 소비자가 유사한 대체재로 쉽게 바꿀 수가 없기 때문이다.

유사한 대체재의 수가 수요탄력성에 영향을 주기 때문에 넓게 정의된 상품의 수요는 특정의 상품에 대한 수요보다 더 비탄력적이 되는 경향이 있다. 예를 들어, 식량(넓은 의미의 상품)수요는 쇠고기수요보다 더욱 비탄력적이 된다. 굶는 것 이외에는 식량에 대한 유사한 대체재가 없으므로 식량의 수요량은 쇠고기와 같이 특정유형의 식량보다 가격변화에 훨씬 덜 민감하다. 쇠고기가격이 상승할 때 소비자는 닭고기, 돼지고기, 그리고 생선을 포함한 다른 형태의 식량으로 대체할 수 있다. 따라서 쇠고기수요는 식량수요보다 더욱 탄력적이 된다.

〈표 3-2〉는 미국 시장에 대한 연구결과 몇 가지 자체가격탄력성을 보여 준다. 이러한 연구결과에 의하면, 보다 넓은 범위의 재화는 실제로 보다 특정하게 정의

표 3-2 몇 가지 자체가격탄력성

시장	자체가격탄력도
교통수단	−0.6
자동차류	−1.4
오토바이 및 자전거	−2.3
식량	−0.7
시리얼	−1.5
옷	−0.9
부인옷	−1.2

출처: M.R. Baye, D.W. Jansen and J.W. Lee, "Advertising Effects in Complete Demand Systems," *Applied Economics* 24(1992), pp. 1087-96; W.S. Commanor and T.A. Wilson, *Advertising and Market Power*(Cambridge, MA: Harvard University Press, 1974).

한 재화보다 더욱 더 비탄력적인 수요를 나타낸다. 식량의 자체가격탄력성은 약간 비탄력적인 반면, 보다 특정한 유형의 식량인 시리얼의 자체가격탄력성은 탄력적이다. 시리얼의 대체재는 많으나 식량의 대체재는 거의 없기 때문에 이러한 결과가 예상된다. 〈표 3-2〉는 또한 부인옷의 수요가 일반적인 옷(보다 넓은 범위)의 수요보다 더 탄력적이라는 것을 보여준다.

마지막으로 오토바이 및 자전거, 자동차류, 그리고 교통수단에 대한 자체가격탄력성의 추정치를 고려해 보자. 교통수단이 가장 넓게 정의된 그룹이며, 다음으로 자동차류, 그 다음으로는 오토바이 및 자전거가 된다. 따라서 오토바이 및 자전거 수요가 자동차류의 수요보다 더 탄력적이 되고, 자동차류의 수요는 교통수단의 수요보다 더 탄력적이 될 것이라는 것을 예상할 수가 있다. 〈표 3-2〉의 숫자는 이러한 예상과 일치한다; 즉, 어떤 상품과 유사한 대체재가 많을수록 수요가 더 탄력적이 된다는 것을 시장조사결과가 뒷받침해준다.

시간

수요는 장기보다 단기에 더 비탄력적이 되는 경향이 있다. 소비자가 가격변화에 반응을 보여야만 하는 시간이 길수록 그 재화의 수요는 더 탄력적이 된다. 개념적으로 설명하면, 시간은 소비자들이 가용대체재를 찾을 수 있도록 해주기 때문이다. 예를 들어, 어떤 소비자가 비행기를 타야할 시간이 30분 남았다면, 7~8시간 남았을 경우보다 공항까지 가는 데에 그 소비자는 택시요금에 훨씬 덜 민감하게 된다. 충분한 시간이 주어지면 소비자는 버스, 친구의 차, 심지어는 걷기와 같은 다른 교통수단을 찾을 수 있게 된다.

그러나 단기에는 소비자가 가용대체제를 찾을 시간이 없으므로 택시수요는 더욱 더 비탄력적이 된다.

〈표 3-3〉은 교통수단, 식량, 술 및 담배, 오락 그리고 옷에 대한 단기와 장기의 자체가격탄력성을 보여준다. 모든 단기탄력성이 그에 상응하는 장기탄력성보

표 3-3 몇 가지 단기탄력성과 장기탄력성

시장	단기탄력성	장기탄력성
교통수단	−0.6	−1.9
식량	−0.7	−2.3
술과 담배	−0.3	−0.9
오락	−1.1	−3.5
옷	−0.9	−2.9

출처: M. R. Baye. D. W. Jansen, and J. W. Lee, "Advertising Effects in Complete Demand Systems," *Applied Economics* 24(1992), pp. 1087–96

다 (절댓값 기준으로) 더 작다는 것에 주목하라. 단기에는 오락의 자체가격탄력성을 제외하고는 모든 자체가격탄력성이 절댓값 기준으로 1보다 작다. 장기 자체가격탄력성의 절댓값은 술 및 담배를 제외하면 모두 1보다 크다.

지출비중

소비자예산 중에서 상대적으로 적은 비중을 차지하는 재화는 상당한 비중을 차지하는 재화보다 더 비탄력적이 되는 경향이 있다. 소비자가 어떤 재화에 소득을 모두 쓰는 극단적인 경우 가격이 상승할 때 소비를 줄여야만 한다. 즉, 그 재화 자체 이외에 포기해야 할 것이 아무 것도 없다. 어떤 재화가 예산 중에서 적은 비중을 차지할 때 그 재화의 가격이 상승하면 그 소비자는 다른 재화의 소비를 줄일 수가 있다. 예를 들어, 대부분의 소비자는 소금에 예산을 거의 쓰지 않는다; 소금은 소비자예산 중에서 적은 비중을 차지하므로 소금가격이 조금 상승해도 수요량은 거의 줄어들지 않는다. 여러분은 식량수요의 자체가격탄력성이 교통수단보다 더 또는 덜 탄력적일 것으로 예상하는가? 식량은 교통수단보다 훨씬 더 중요한 필수품으로서 (결국 식량이 없으면 살수가 없으므로), 식량수요가 교통수단수요보다 더 비탄력적일 것으로 예상할 것이다. 그러나, 〈표 3-3〉은 교통수단수요가 식량수요보다 (단기와 장기 모두)더 비탄력적이라는 것을 나타낸다. 이것이 사실이 될 수 있는가?

그에 대한 답은 미국사람들이 식량과 교통수단에 지출하는 소득비중에 있다. 대통령 경제보고서에 의하면, 1998년 미국 소비자들은 소득중에서 식량에 14%, 교통수단에는 단지 4%만을 소비했다. 그러므로 소비자는 평균적으로 교통수단에 비해 식량에 거의 4배나 지출했다. 이는 평균적으로 식량의 경우 가격변화에 대해 소비자가 더 민감하다는 것을 의미한다. 식량이 생물학적으로 교통수단보다 더욱 중요할지라도, 사람들은 예산을 식량에 훨씬 더 많이 지출하므로 식량이 보다 더 탄력적이 된다.

3.3.3 한계수입과 수요의 자체가격탄력성

한계수입(*MR*)은 생산물 한 단위 변화에 따른 총수입의 변화이며, 이윤을 극대화하기 위해 기업은 한계수입과 한계비용이 같을 때까지 생산을 해야한다는 것을 우리는 1장에서 배웠다. 이윤극대화 생산수준과 가격의사결정에 대해 나중에 자세히 검토할 것이나, 현재시점에서는 기업의 한계수입이 그 기업 생산물의 자체가격탄력성과 어떻게 연결되어 있는가를 보여줄 필요가 있다.

〈그림 3-3〉의 *MR*선은 수요곡선상에서 각각의 가격-생산물 조합과 관련된 한계수입이 된다. 선형수요함수의 경우 한계수입곡선은 정확하게 수요곡선과 종

인사이드 비즈니스 3-2 처방약의 비탄력적 수요

많은 사람들은 처방약과 기타 의약품에 대한 수요가 완전히 비탄력적이라고 생각한다. 어쨌든 고가의 심혈관 약을 필요로 하는 환자는 치료하지 않을 경우 죽을 수도 있다. 더욱이, 많은 경우 의료비용은 환자가 아니라 보험회사에 의해 지불된다. 이러한 두 가지 요인 때문에 많은 의약품에 대한 수요는 비교적 비탄력적이 되는 경향이 있다. 그러나 수술과 라이프 스타일의 변화가 생명을 구하는 많은 약들의 대용물이 되기 때문에, 경제이론은 그러한 제품에 대한 수요는 완전히 비탄력적이지는 않을 것이라고 예측한다.

다음의 표에는 이러한 예측을 확인해주는 최근의 두 가지 연구결과가 요약되어 있다: 의약품에 대한 수요는 비탄력적이기는 하지만 완전하게 비탄력적이지는 않다. 예를 들어, 항궤양(anti-ulcer) 약에 대한 수요의 자체가격탄력성은 −0.7인 반면, 심혈관 약에 대한 수요의 자체가격탄력성은 −0.4로서 약간 더 비탄력적이다. 따라서 항궤양 약의 가격이 10% 상승하면 그 사용량(수요량)은 7% 감소한다. 심혈관 약의 가격이 10% 상승하면 그 수요량은 단지 4%만 감소한다.

여기에서 제시된 수요의 자체가격탄력성은 각 유형의 약에 대한 산업수요에 기초하고 있다. 각 산업내의 특정 브랜드 약에 대한 수요는 가격변화에 훨씬 더 민감하다(탄력적이다).

약의 유형	자체가격탄력성
심혈관약	−0.4
항감염약	−0.9
정신치료약	−0.3
항궤양약	−0.7

출처: M. Baye, R. Maness, and S. Wiggins, "Demand Systems and the True Subindex of the Cost of Living for Pharmaceuticals," *Applied Economics* 29(1997), pp. 1179-89; and E. Berndt, L. Bui, D. Reiley, and G. Urban, "Information, Marketing, and Pricing in the U.S. Anti-ulcer Drug Market," *American Economic Review* 85, no. 2(May 1995), pp. 100-5.

축사이의 중간이라는 것에 주목하라. 더욱이 한계수입은 판매된 각 단위별 가격보다 낮다.

한계수입이 그 재화가격보다 왜 더 낮은가? 소비자로 하여금 어떤 재화를 더 많이 구입하도록 유도하기 위해서는, 기업이 가격을 내려야만 한다. 기업이 판매단위별로 똑같은 가격을 부과할 때 이와 같이 낮은 가격은 판매된 마지막 단위

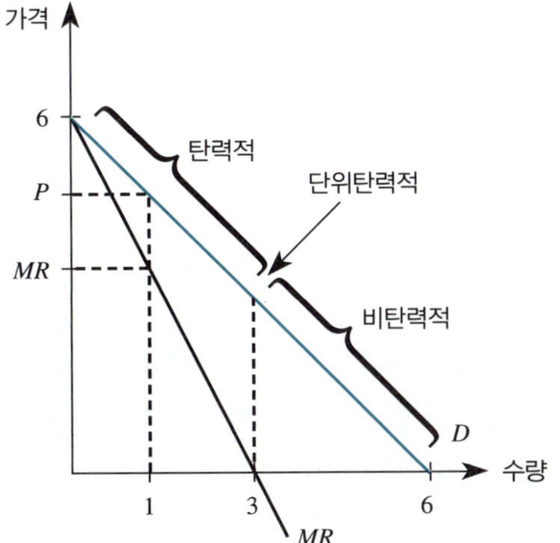

그림 3-3
수요와 한계수입

에 대해서 뿐만 아니라 기업이 가격을 내리지 않았을 경우 더 높은 가격으로 팔릴 수 있었던 단위에 대해서도 적용된다. 좀 더 구체적으로 보기 위해, 소비자가 단위당 $5로 1단위 생산물을 구입한다고 가정하면, 총지출(생산자에게는 수입)은 $5(= $5 × 1)가 된다. 예를 들어 가격이 $5에서 $4로 하락할 경우에만 소비자는 그 재화를 추가적으로 구입할 것이다. 이제 기업이 판매된 첫 단위에 대해 $4를 받고, 판매된 둘째 단위에 대해서 $4를 받는다. 첫 단위 판매가 $5대신에 $4를 가져오므로 기업은 실제로 $1의 수입을 잃게 된다. 생산을 한 단위 더하면 총수입은 $5에서 $8로 증가하므로 한계수입은 가격($4)보다 작은 $3(= 8 − 5)가 된다.

이 예에서 가격을 $5에서 $4로 내리면 수요량은 1단위에서 2단위로 증가하여 총수입은 $5에서 $8로 증가하게 된다. 총수입검정에 의하면, 이것은 수요가 이 영역에서 탄력적이라는 것을 의미한다. 이와는 대조적으로, 가격하락이 수요량을 증가시켰으나 총수입을 감소시켰다면, 수요는 그 영역에서 비탄력적이고 한계수입은 (−)가 된다. 사실, 어떤 상품의 수요가 비탄력적일수록 가격하락에 따른 수요량증가로부터 발생되는 수입의 하락이 더 크다.

이와 같이 직관적으로 보면, 한계수입과 수요탄력성 사이의 다음과 같은 일반적인 관계를 가져온다:

$$MR = P\left[\frac{1+E}{E}\right]$$

정식으로 8장에서 도출될 이 공식은 아래 첨자를 생략하여 단순화시킨 것이다: P는 재화의 가격, E는 그 재화에 대한 수요의 자체가격탄력성을 나타낸다. E가 −1보다 작을 때 수요가 탄력적이며 한계수입이 (+)라는 것을 의미함을 주목하라. E가 −1과 같을 때 수요는 단위탄력적이고 한계수입은 0이 된다. 1장에서 배운 것처럼 한계수입이 0이 되는 점은 총수입이 극대화되는 생산수준에 해당된다. 마지막으로 E가 −1보다 클 경우 수요는 비탄력적이고 한계수입은 (−)가 된다. 이러한 일반적인 결과는 선형수요함수의 경우 〈표 3−1〉에서 본 것과 일치한다.

3.4 교차가격탄력성

교차가격탄력성
어떤 재화의 수요가 그와 관련된 재화가격의 변화에 반응하는 정도를 측정한 값; 어떤 재화의 수요량 퍼센티지변화를 관련재화 가격의 퍼센티지변화로 나눈 값

또 하나의 중요한 탄력성은 수요의 **교차가격탄력성**이며, 그것은 어떤 재화의 수요가 그와 관련된 재화가격의 변화에 반응하는 정도를 나타낸다. 이 탄력성은 경영자로 하여금 또 다른 기업 생산물가격의 변화에 따라 그 회사 상품의 수요가 얼마 만큼 증가할 것인지 또는 감소할 것인지를 파악하도록 도와준다. 재화 X와

Y사이의 수요의 교차가격탄력성은 수학적으로 다음과 같이 정의된다.

$$E_{Q_x, P_y} = \frac{\%\Delta Q_x^d}{\%\Delta P_y}$$

예를 들어, 코렐 워드퍼펙트와 마이크로소프트 워드프로세서 사이의 교차가격탄력성이 3이라면, 마이크로소프트 워드가격의 10% 상승은 30%/10% = 3이므로 워드퍼펙트 수요를 30% 증가시킬 것이다. 이와같은 워드퍼펙트 수요의 증가는 마이크로소프트 워드의 가격상승에 의해 소비자들이 마이크로소프트 워드에서 워드퍼펙트로 대체하기 때문에 발생한다.

미분의 활용

수요함수가 $Q_x^d = f(P_x,\ P_y,\ M,\ H)$일 때, 재화 X와 Y 교차가격탄력성은 미분을 활용하면 다음과 같다:

$$E_{Q_x, P_y} = \frac{\partial Q_x^d}{\partial P_y}\frac{P_y}{Q_x}$$

더 일반적으로 말하면, 재화 X와 Y가 대체재일 경우 Y가격의 상승은 X소비의 증가를 가져온다. 따라서 재화 X와 Y가 대체재이면 가 0보다 크다. 재화 X와 Y가 보완재일 경우 Y가격의 상승은 X소비의 감소를 가져온다. 따라서 재화 X와 Y보완재이면 가 0보다 작다.

〈표 3-4〉는 몇 가지 대표적인 교차가격탄력성을 나타낸다. 예를 들어, 옷과 식량의 교차가격탄력성은 −0.18이다. 이것은 식량가격이 10% 상승하면 옷수요는 1.8% 감소하며, 식량과 옷은 보완재라는 것을 의미한다. 더욱 중요한 것은 이러한 자료를 통해 식량가격의 변화가 옷소비에 주는 영향을 계량적으로 측정할 수 있다.

〈표 3-4〉에 요약된 자료에 의하면, 식량과 오락은 보완재인가 아니면 대체재

표 3-4 몇 가지 교차가격탄력성

	교차가격탄력도
교통수단과 오락	−0.05
식량과 오락	0.15
옷과 식량	−0.18

출처: M. R. Baye. D. W. Jansen, and J. W. Lee, "Advertising Effects in Complete Demand Systems," *Applied Economics* 24(1992), pp. 1087–96

인가? 오락가격이 15%상승하면 식량수요는 어떻게 되겠는가? 이러한 질문은 다음의 문제에 포함되어 있다.

예시 문제

3-1

여러분이 방금 새 식료품점을 열었다고 하자. 여러분이 취급하는 모든 물품은 일반적인(상표가 없는) 것(맥주, 빵, 닭고기 등)이다. 최근 오락가격이 15% 상승할 것으로 예상된다는 기사를 여러분이「월스트리트 저널」에서 읽었다. 이것이 여러분 가게의 식료품 매출에 어떠한 영향을 주겠는가?

정답

〈표 3-4〉는 식량과 오락수요의 교차가격탄력성이 0.15라는 것을 보여 준다. 이 정보를 교차가격탄력성 공식에 삽입하면 다음과 같다.

$$0.15 = \frac{\%\Delta Q_x^d}{15}$$

이것을 풀면,

$$\%\Delta Q_x^d = 2.25$$

따라서 식량과 오락은 대체재가 된다. 오락가격이 15% 상승하면, 일반식품의 수요는 2.25% 증가할 것으로 예측된다.

교차가격탄력성은 여러 가지 물건을 파는 기업의 가격의사결정에서 중요한 역할을 한다. 실제로 많은 패스트푸드 식당은 $1이하로 햄버거를 판다. 그 이유는 햄버거와 음료수가 보완재이기 때문이다: 즉, 소비자가 햄버거를 살 때 보통 음료수도 함께산다. 따라서 햄버거가격을 내리면 식당은 햄버거와 음료수 판매수입에 영향을 받는다. 그 영향의 크기는 수요의 자체가격탄력성과 교차가격탄력성에 달려 있다.

구체적으로는 총수입검정을 통해 햄버거수요의 자체가격탄력성이 탄력적(비탄력적)일 때 햄버거가격의 하락은 햄버거매출수입의 증가(감소)를 초래한다. 뿐만 아니라, 햄버거와 음료수는 보완재이므로 햄버거가격의 하락은 음료수 수요량을 증가시킴에 따라 음료수 수입을 증대시킨다. 음료수 수입증가의 크기는 햄버거와 음료수 수요의 교차가격탄력성에 달려 있을 것이다.

더 일반적으로 살펴보면, 기업의 수입이 두가지 상품 X와 Y의 판매로부터 발생한다고 하자. 기업수입을 $R = R_x + R_y$로 표현하며, 여기에서 $R_x = P_xQ_x$는 X상품매출수입, $R_y = P_yQ_y$는 Y상품매출수입을 나타낸다. 상품 X가격의 비율변화가 인사이드 비즈니스 **3-3** **휘발유가격 상승 후에 새로운 차의 판매를 증가시키기 위해 교차탄력성을 활용**

1970년대와 1980년대 기간동안 휘발유가격의 상승으로 인하여 자동차처럼 휘발유와 보완재가 되는 상품들의 수요가 감소하였다. 그 이유는 휘발유가격이 상승하여 소비자들이 대중교통 수단, 자전거 그리고 도보 등으로 대체하였기 때문이다. Patrick McCarthy의 최근 연구는 연료비용이 자동차수요에 미치는 영향에 대한 수치화된 정보를 제공한다. 자동차수요의 보다 더 중요한 결정요인중의 하나는 1마일당 연료비이다. 그 연구에 의하면 연료비용의 1%증가에 대해 자동차수요는 0.214% 만큼 감소한다.

휘발유가격의 상승이 새로운 자동차수요에 미치는 부정적 영향을 완화하기 위해 이 기간중 자동차회사들은 무엇을 했는가? 그들은 연료효율이 보다 더 높은 자동차를 만들었다. 방금 설명한 결과는(갤론당 운전가능마일의 증가로 측정되는) 연료효율성 10% 증가에 대해 자동차수요가 2.14% 만큼 증가한다는 것을 의미한다. 휘발유가격의 상승비율 만큼 새로운 자동차의 연료효율성을 증가시킴으로써 자동차회사들은 휘발유가격의 상승에 따른 부정적 영향을 완전히 상쇄시킬 수 있었다. 실제로 휘발유가격의 상승보다 더 높은 비율로 연료효율성을 증가시켜 자동차회사들은 실제로 새로운 자동차의 수요를 증가시킨 것이다.

출처: Patrick McCarthy, "Consumer Demand for Vehicle Safety: An Empirical Study." *Economic Inquiry* 28(July 1990), pp. 530–543.

기업의 총수입에 주는 영향은 다음의 공식과 같다[1];

$$\Delta R = [R_x(1 + E_{Q_x, P_x}) + R_y E_{Q_y, P_x}] \times \%\Delta P_x$$

이 공식을 사용하는 방법에 대해 예를 들어 보자. 어느 식당은 매주 햄버거(상품 X)판매에서 \$4,000, 그리고 음료수(상품 Y)판매에서 \$2,000의 수입을 올린다고 가정하자. 따라서 $R_x = \$4,000$이며 $R_y = \$2,000$이다. 햄버거수요의 자체가격탄력성이 $E_{Q_x,P_x} = -1.5$이고, 음료수수요와 햄버거가격의 교차가격탄력성이 $E_{Q_y,P_x} = -4.0$이다. 햄버거가격을 1% 내릴 때 기업의 총수입은 어떻게 되겠는가? 위의 공식에 다음과 같이 숫자를 넣으면,

$$\begin{aligned}\Delta R &= [\$4,000(1 - 1.5) + \$2,000(-4.0)](-1\%)\\ &= \$20 + \$80\\ &= \$100\end{aligned}$$

다시 말하면, 햄버거가격을 1% 내리면 총수입이 \$100 증가한다. 이중 \$20는 햄버거수입의 증가에서 비롯된 것이며(햄버거수요는 탄력적이므로 햄버거가격의 하락은 햄버거수입을 증가시킨다), \$80는 추가적인 음료수판매에서 비롯된 것이다(음료수의 수요가 4% 증가하여 음료수판매로부터 추가적으로 \$80의 수입 초래).

1 이 공식은 커다란 가격변화의 근사값이다.

3.5 소득탄력성

소득탄력성
어떤 재화의 수요가 소비자소득의 변화에 반응하는 정도를 측정한값; 수요량의 퍼센티지변화를 소득의 퍼센티지변화로 나눈 값

소득탄력성은 소비자수요가 소득변화에 반응하는 정도를 측정하는 것이다. 수학적으로 수요의 소득탄력성은 다음과 같이 정의된다:

$$E_{Q_x, M} = \frac{\%\Delta Q_x^d}{\%\Delta M}$$

수요함수가 $Q_x^d = f(P_x, P_y, M, H)$일 때, 어떤 재화의 소득탄력성은 미분을 활용하면 다음과 w.

$$E_{Q_x, M} = \frac{\partial Q_x^d}{\partial M}\frac{M}{Q_x}$$

재화 X가 정상재이면 소득의 증가는 X소비의 증가를 가져온다. 따라서 X가 정상재일 때 $E_{Q_x, M}$은 0보다 크다. X가 열등재이면 소득의 증가는 X소비의 감소를 초래한다. 따라서 X가 열등재일 때 $E_{Q_x, M}$은 0보다 작다.

〈표 3-5〉는 여러 가지 상품에 대한 몇 가지 소득탄력성을 나타낸다. 예를 들어, 교통수단의 소득탄력성 1.80을 고려해 보자. 이 숫자는 소득과 교통수단수요 사이의 관계에 대한 두가지 중요한 정보를 제공한다. 첫째, 소득탄력성이 (+)이기 때문에 소득이 증가하면 소비자는 교통수단에 사용하는 소득비중을 증가시킨다. 따라서 교통수단은 정상재이다.

둘째, 교통수단의 소득탄력성이 1보다 크므로 교통수단에 대한 지출액이 소득보다 더 빨리 증가한다.

〈표 3-5〉의 둘째 열은 식량의 소득탄력성이 0.80이기 때문에 식량도 정상재라

표 3-5 몇 가지 소득탄력성

	소득탄력도
교통수단	1.80
식량	0.80
비육이 아닌 쇠고기	−1.94

출처: M. R. Baye, D. W. Jansen, and J. W. Lee, "Advertising Effects in Complete Demand Systems," *Applied Economics* 24(1992), pp. 1087–96; G. W. Brester and M. K. Wohlsenant, "Estimating Lnterrelated Demands for Meats Using New Measuresfor Ground and Table Cut Beef." *American Journal of AgriculturalEconomics* 73 (Nov.1991), p. 21.

는 것을 보여 준다. 소득탄력성이 1보다 작으므로 소득이 증가하면 소득의 증가 비율보다 더 낮은 비율만큼 식량에 대한 지출액이 증가할 것이다. 소득이 감소하면 식량에 대한 지출액은 소득보다 덜 빠르게 감소한다.

〈표 3–5〉의 세 번째 열은 비육이 아닌 쇠고기의 소득탄력성을 나타낸다. 비육이 아닌 쇠고기는 특별한 사료를 먹이지 않은 소로부터 나온다. 대부분의 소는 시장에 나오기 전 90일내지 120일 동안 옥수수를 먹이기 때문에 비육소보다 더 부드러운 고기를 생산한다. 비육이 아닌 쇠고기의 소득탄력성은 (–)이므로 그것은 열등재이다. 소비자소득이 1% 상승할 경우 그 소비는 1.94% 감소한다. 그러므로 식료품점 경영자는 경제호황기에는 비육이 아닌 쇠고기의 주문을 줄이고 경제침체기에는 주문을 늘린다.

예시 문제 3-2

여러분 기업의 연구부서가 비육이 아닌 쇠고기(nonfed ground beef) 수요의 소득탄력성이 −1.94라고 추정하였다. 경기호황 덕택으로 소비자소득이 다음 3년에 걸쳐 10% 상승할 것으로 예상된다는 기사를 「월스트리트 저널」에서 여러분이 방금 읽었다. 고기가공 공장의 경영자로서 이러한 예측이 비육이 아닌 소의 구입에 어떠한 영향을 줄 것인가?

정답

수요의 소득탄력성 공식에 $E_{Q_x,M} = -1.94$, 그리고 $\%\Delta M = 10$이라고 놓으면,

$$-1.94 = \frac{\%\Delta Q_x^d}{10}$$

이 방정식을 풀면, $\%\Delta Q_x^d$는 −19.4가 된다. 비육이 아닌 쇠고기의 탄력성이 −1.94이며 소비자소득은 10% 상승할 것으로 예상되므로 다음 3년에 걸쳐 비육이 아닌 쇠고기를 19.4% 만큼 덜 판매하게 될 것으로 예상된다. 그러므로 다른 조건이 변하지 않는 한 여러분은 비육이 아닌 소의 구입을 19.4% 만큼 줄이게 될 것이다.

3.6 기타탄력성

탄력성의 개념은 일반적이므로 광고와 같은 다른 변수들의 변화영향을 탄력성 개념으로 개념화하는 것이 어렵지 않다. 예를 들어, 재화 X에 대한 자체광고탄력성은 재화 X에 지출된 광고비의 비율변화로부터 발생되는 재화 X소비의 비율변화로 정의된다. 재화 X와 Y사이의 교차광고탄력성은 Y에 대한 광고비지출의 비율변화로 인하여 발생되는 X소비의 비율변화를 측정한다.

표 3-6 몇가지 장기 광고탄력성

	광고탄력성
옷	0.04
오락	0.25

출처: M. R. Baye, D. W. Jansen, and J. W. Lee, "Advertising Effects in Complete Demand Systems," *Applied Economics* 24(1992), pp. 1087–96

〈표 3-6〉은 옷과 오락에 대한 광고탄력성 추정치를 나타낸다. 두 추정치는 (+)이고 1보다 작다. 그 탄력성이 (+)라는 사실은 광고의 증가가 그 제품의 수요 증가를 가져온다; 즉, 옷제조업자가 광고비를 증가시키면 그들은 모든 주어진 가격대에서 더 많은 옷을 팔수 있을 것으로 예상된다. 그러나 옷의 광고탄력성이 0.04라는 사실은 광고비의 10% 증가가 옷수요를 단지 0.4% 만큼만 증가시킬 것이라는 것을 의미한다. 넓은 의미에서 보면, 옷은 광고에 대해 그다지 탄력적이지 않다.

이러한 추정치가 경영자에 의해 어떻게 활용되는가를 보여주기 위해, 여러분이 미국의 관광산업을 지도하도록 미상무성에 방금 고용되었다고 하자. 여러분 책임자는 여러분이 최근 경영경제학 과목을 수강했다는 것을 알아서, 미국의 오락수요를 15% 증가시키려면 광고를 얼마 만큼 증가시켜야 하는지를 여러분에게 질문하였다고 가정하자.

〈표 3-6〉에 의하면, $E_{Qx,Ax} = 0.25$이다. A_x에 대한 Q_x^d 탄력성의 일반적인 공식에 이것과 $\%\Delta Q_x^d = 15$를 삽입하면,

$$0.25 = \frac{\%\Delta Q_x^d}{\%\Delta A_x} = \frac{15}{\%\Delta A_x}$$

광고비의 비율변화에 대해서 이 식을 풀면, 오락수요를 15% 증가시키려면 광고는 60%씩이나 증가되어야 한다.

3.7 수요함수로부터 탄력성을 구하기

여러분은 이제 탄력성이 무엇이고 경영의사결정을 위해 그것들을 어떻게 사용하는가를 이해했으므로, 수요함수로부터 탄력성을 구하는 방법을 알아보자. 첫째, 선형수요함수를 토대로 한 탄력성을 고려하자. 둘째, 비선형수요함수에서 탄력성을 구하는 방법을 알아보자.

3.7.1 선형수요함수의 탄력성

선형수요함수의 추정치가 주어지면, 수요의 여러 가지 탄력성을 구하는 것은 매우 쉽다.

공식: 선형수요의 탄력성 수요함수가 선형으로서 다음과 같이 주어지면,

$$Q_x^d = \alpha_0 + \alpha_x P_x + \alpha_y P_y + \alpha_M M + \alpha_H H$$

탄력성은

자체가격탄력성: $E_{Q_x, P_x} = \alpha_x \dfrac{P_x}{Q_x}$

교차가격탄력성: $E_{Q_x, P_y} = \alpha_y \dfrac{P_y}{Q_x}$

소득탄력성: $E_{Q_x, M} = \alpha_M \dfrac{M}{Q_x}$

미분의 활용

선형수요곡선의 탄력성은 미분을 사용하여 다음과 같이 구할 수 있다.

$$E_{Q_x, P_x} = \frac{\partial Q_x^d}{\partial P_x}\frac{P_x}{Q_x} = \alpha_x \frac{P_x}{Q_x}$$

교차가격탄력성과 소득탄력성에 대해서도 마찬가지로 구할 수 있다.

따라서 선형수요곡선의 경우 어떤 주어진 변수에 대한 수요탄력성은 단순히 그 변수의 계수에다가 수요량에 대한 그 변수의 비율을 곱한 값이 된다. 예를 들어, 수요의 자체가격탄력성은 단순히 P_x의 계수(이것은 수요함수에서 α_x임)에다가 X소비량에 대한 X가격의 비율을 곱한 값이다.

선형수요곡선의 경우 탄력성 값은 그 값을 계산할 때 사용되는 특정의 가격과 수량에 달려 있다. 이것은 자체가격탄력성이 수요곡선의 기울기와 같지 않다는 것을 의미한다. 실제로 선형수요함수의 경우 수요는 높은 가격대에서는 탄력적이고, 낮은 가격대에서는 비탄력적이다. 이를 보기 위해 $P_x = 0$일 때 $|E_{Q_x, P_x}| = |\alpha_x \frac{0}{Q_x}| = 0$이므로 1보다 작다는 것을 주목하라. 다시 말하면, 가격이 0에 가까운 경우에는 수요가 비탄력적이다. 한편, 가격이 상승하면 Q_x는 감소하고 탄력성의 절댓값은 증가한다.

예시 문제

3-3

Invigorated PED신발의 일별수요가 다음과 같이 추정되었다:

$$Q_x^d = 100 - 3P_x + 4P_y - 0.01M + 2A_x$$

단, A_x는 신발(X)에 지출된 광고비, P_x는 재화 X의 가격, P_y는 재화 Y의 가격, 그리고 M은 평균소득이라고 하자. 재화 X가 한 짝에 \$25, 재화 Y는 \$35에 팔리며, 회사는 50단위의 광고비를 사용하고 평균소비자소득은 \$20,000라고 가정한다. 수요의 자체가격, 교차가격 및 소득탄력성을 계산하고 해석하라.

정답

선형수요의 자체가격탄력성을 계산하려면 다음의 공식을 사용한다:

$$E_{Q_x, P_x} = \alpha_x \frac{P_x}{Q_x}$$

여기에서 $\alpha_x = -3$, $P_x = 25$이다. 탄력성을 계산하기 위해 더 필요한 유일한 정보는 X소비량이다. Q_x를 찾기 위해 주어진 가격, 소득, 광고비를 수요방정식에 넣어 다음을 얻는다:

$$Q_x^d = 100 - 3(25) + 4(35) - 0.01(20{,}000) + 2(50) = 65\text{단위}$$

여기에서 수요의 자체가격탄력성은 다음과 같이 주어진다:

$$E_{Q_x, P_x} = -3\left(\frac{25}{65}\right) = -1.15$$

Invigorated PED가 신발값을 올리면 신발수요량의 감소비율이 가격상승비율보다 절댓값 기준으로 더 클 것이다. 결론적으로 수요는 탄력적이다: 즉, 그 회사가 신발값을 올리면 총수입은 감소할 것이다.

마찬가지로 수요의 교차가격탄력성은:

$$E_{Q_x, P_y} = 4\left(\frac{35}{65}\right) = 2.15$$

이것이 (+)이므로 재화 Y는 Invigorated PED 신발의 대체재가 된다. Invigorated PED 신발 수요의 소득탄력성은:

$$E_{Q_x, M} = -0.01\left(\frac{20{,}000}{65}\right) = -3.08$$

이 값이 (−)이므로 Invigorated PED 신발은 열등재가 된다.

3.7.2 비선형수요함수의 탄력성

경영자들은 종종 상품수요가 가격, 소득, 광고 및 기타 수요이동요인들의 선형함수가 아닌 상황에 직면하게 된다. 여기에서는 지금까지 설명한 기법이 이처럼 보다 복잡한 환경에도 잘 적용될 수 있다는 것을 보여주고자 한다.

수요함수가 선형이 아니고 다음과 같이 주어져 있다고 하자:

$$Q_x^d = cP_x^{\beta_x}P_y^{\beta_y}M^{\beta_M}H^{\beta_H}$$

단, c는 상수이다. 이 경우 재화 X의 수요량은 가격과 소득의 선형함수가 아니라 비선형함수가 된다. 이 방정식에 자연대수를 취하면[2],

$$\ln Q_x^d = \beta_0 + \beta_x \ln P_x + \beta_y \ln P_y + \beta_M \ln M + \beta_H \ln H$$

단, $\beta_0 = \ln(c)$이며 β_i값들은 임의의 실수이다. 이러한 관계는 **로그선형수요** 함수라고 불린다.

로그선형수요
로그수요가 로그가격, 로그소득, 그리고 로그기타변수의 선형함수이면 수요는 로그선형이 된다.

선형수요의 경우와 같이 P_y계수의 부호는 재화 X와 Y가 서로 대체재인지 또는 보완재인지를, 그리고 M계수의 부호는 Y가 정상재인지 또는 열등재인지를 각각 결정한다. 예를 들어, β_y가 (+)이면 재화 Y가격의 상승은 재화 X소비의 감소를 가져온다; 이 경우 재화 X와 Y는 보완재이다. 마찬가지로 β_M이 (+)이면 소득의 증가는 재화 X소비의 증가를 가져오므로 X는 정상재이다. 만약 β_M이 (−)라면 소득의 증가는 재와 X소비의 감소를 가져오므로 X는 열등재가 된다.

공식: 로그선형수요의 탄력성 재화 X의 수요함수가 로그선형으로서 다음과 같이 주어져 있을 때,

$$\ln Q_x^d = \beta_0 + \beta_x \ln P_x + \beta_y \ln P_y + \beta_M \ln M + \beta_H \ln H$$

탄력성은

자체가격탄력성: $E_{Q_x, P_x} = \beta_x$
교차가격탄력성: $E_{Q_x, Py} = \beta_y$
소득탄력성: $E_{Q_x, M} = \beta_M$

미분의 활용

위의 결과는 또한 미분을 사용하여 구할 수 있다. 로그선형수요 방정식에 대해 역자연대수(antilogarithm)를 취하면,

$$Q_x^d = c\,P_x^{\beta_x}P_y^{\beta_y}M^{\beta_M}H^{\beta_H}$$

단, c는 상수이다. 자체가격탄력성을 구하기 위해 미분공식을 사용하면,

$$E_{Q_x,P_x} = \frac{\partial Q_x^d}{\partial P_x}\left(\frac{P_x}{Q_x}\right) = \beta_x c\,P_x^{\beta_x-1}P_y^{\beta_y}M^{\beta_M}H^{\beta_H}\left(\frac{P_x}{c\,P_x^{\beta_x}P_y^{\beta_y}M^{\beta_M}H^{\beta_H}}\right) = \beta_x$$

그리고 교차가격 및 소득탄력성에 대해서도 마찬가지로 구할 수 있다.

2 여기에서 ln은 자연로그를 나타낸다. (엑셀과 같은) 스프레드시트에서는 이 함수가 LN으로 표시된다.

표 3-7 미국 소매휘발유에 대한 로그선형 수요

$\ln(Q_G) = -1.697 - 0.042 \ln(P_G) + 0.53 \ln(Y)$
Q_G = 휘발유의 1인당 소비량(갤론)
P_G = 휘발유의 실제 소매가격
Y = 실질 1인당 가처분소득

출처: J. Hughes, C. Knittel, and D. Sperling, "Evidence of a Shift in the Short-Run Price Elasticity of Gasoline Demand," *The Energy Journal* 29, no.1(2008), pp. 93–114에서 인용.

수요가 로그선형이면 어떤 주어진 변수에 대한 탄력성은 단순히 그 로그변수의 계수가 된다는 것을 주목하라. 수요의 자체가격탄력성은 $\ln(P_x)$의 계수이다 그리고 로그선형함수의 오른쪽에 있는 다른 로그변수의 계수들도 그 변수(수요이동요인)에 대한 수요탄력성을 나타낸다. 이러한 계수 모두가 상수이므로 탄력성 중 어느 것도 가격, 소득 또는 광고와 같은 변수의 값에 달려 있지 않다.

〈표 3-7〉은 소매 휘발유의 수요가 로그선형이라는 것을 발견한 통계적 연구의 결과를 보여 준다. 이것은 로그선형 수요관계이므로, 계수값이 탄력성으로 해석될 수 있다는 것을 우리는 알고 있다.

그 연구는 2000년대 초 휘발유에 대한 수요의 가격탄력성에 초점을 맞춘 〈표 3-7〉에 요약되었다. 로그가격에 대한 계수는 −0.042이다. 이것은 휘발유 수요가 매우 비탄력적이며 수요곡선이 우하향한다는 것을 나타낸다. 또한 소매 휘발유가격이 10% 상승하면 소매 휘발유수요량은 단지 0.4% 감소하므로, 소매 휘발유주유소들의 매출액은 증가할 것이다. 로그소득에 대한 계수는 0.53이고, 이것은 소매 휘발유가 정상재라는 것을 나타낸다. 소비자의 1인당 소득이 10% 증가하면, 소매 휘발유수요는 5.3% 증가할 것이다. 탄력성을 이용할 수 있는 여러분들의 능력을 최종적으로 점검하려면, 다음의 문제를 풀어보도록 노력하시오.

탄력성을 활용할 수 있는 여러분의 능력을 마지막으로 점검하기 위해 다음의 문제를 해결해보시오.

예시 문제

3-4

대형의류 회사의 분석가는 우비의 수요를 다음과 같이 추정하였다:

$$\ln Q_x^d = 10 - 1.2 \ln P_x + 3 \ln R - 2 \ln A_y$$

단, R은 매일의 강우량, A_y는 재화 Y에 대한 광고수준을 나타낸다. 일별 강우량의 10% 증가가 수요에 미치는 영향은 얼마인가? 재화 Y에 대한 광고비의 10% 감소가 수요에 미치는 영향은 얼마인가? 이 예에서 재화 Y가 될 수 있는 예를 생각해 보라.

정답

선형로그 수요함수의 경우 어떤 변수에 대한 로그의 계수는 그 변수에 대한 수요탄력성을 나타낸다. 따라서 강우량에 대한 우비의 수요탄력성은:

$$E_{Q_x, R} = \beta_R = 3$$

더욱이,

$$E_{Q_x, R} = \beta_R = \frac{\%\Delta Q_x^d}{\%\Delta R}$$

그러므로

$$3 = \frac{\%\Delta Q_x^d}{10}$$

이 방정식을 풀면, $\%\Delta Q_x^d = 30$. 다시 말하면 강우량 10% 증가는 우비수요의 30% 증가를 초래한다.

재화 Y에 지출된 광고의 10% 감소가 우비수요에 미치는 영향을 알아보기 위해, 선형로그수요함수의 경우 각 계수가 그 변수에 대한 수요탄력성을 나타낸다는 것을 다시 주목하라. 따라서 재화 Y에 대한 광고의 우비수요탄력성은

$$E_{Q_x, A_y} = \beta_{A_y} = -2$$

더욱이,

$$E_{Q_x, A_y} = \beta_{A_y} = \frac{\%\Delta Q_x^d}{\%\Delta A_y}$$

그러므로,

$$-2 = \frac{\%\Delta Q_x^d}{-10}$$

이 방정식을 풀면 $\%\Delta Q_x^d = 20$. 다시 말하면 재화 Y에 대한 광고의 10% 감소는 우비수요의 20% 증가를 가져온다. 아마도 재화 Y는 우산일 것이다. 왜냐하면 우산에 대한 광고가 적어질수록 우비수요가 증가할 것이라고 예상할 수 있기 때문이다.

3.8 회귀분석

이전의 분석은 경영자가 기업의 제품에 대한 수요를 알고 있다고 가정하였다. 여기서는 수요탄력성의 추정치와 수요함수의 형태를 보여주는 여러 가지 연구에 대해 살펴본다. 경영자로서 여러분은 도서관에 있는 기존의 연구로부터, 또는 여러분 제품의 특성에 기초한 수요함수를 추정하기 위해 고용된 컨설턴트로부터,

수요와 탄력성 추정치를 얻을 수 있다. 또는 여러분은 자료를 스프레드시트 프로그램에 입력하여 회귀분석도구를 클릭하면 회귀분석 검정값(diagnostics)과 더불어 수요함수추정치를 얻을 수 있다. 경영자가 추정치를 어떻게 얻는가에 관계없이 수요함수가 어떻게 추정되고 그 추정결과에 수반되는 여러 가지 검정통계량(diagnostic statistics)이 무엇을 의미하는가를 일반적으로 이해할 필요가 있다. 이를 위해서는 계량경제학이라는 경제학의 한 분야를 이해해야 한다.

계량경제학은 간단히 말해 경제현상을 통계적으로 분석하는 것이다. 여러분에게 수요함수를 추정하는 방법을 가르치는 것은 이 책의 범위를 훨씬 넘어서는 것이다. 그러나 그러한 정보를 얻기 위해 계량경제학자들이 사용하는 기본적인 방법을 전달할 필요는 있다. 경영자로서 여러분들이 할 일은 이 장의 앞에서 설명한 예와 유사한 의사결정을 하는 데에 그 정보를 활용하는 것이다.

어떤 제품의 수요함수추정에 대한 기본적인 방법을 간단히 살펴보자. 피설명변수 Y와 설명변수 X간의 관계에 대한 기본자료가 주어져 있다고 가정하자. X와 Y값들을 그림에 옮기면 〈그림 3-4〉의 점 A, B, C, D, E, 그리고 F가 된다. 분명히 그 점들은 한 직선위에 있지 않으며, 심지어는 한 개의 매끄러운(smooth) 곡선상에 있지도 않다.

계량경제학자가 하는 일은 그 점들에 가장 가까운 하나의 매끄러운 곡선이나 직선을 찾아내는 것이다. 예를 들어, 평균적으로 Y와 X사이에는 선형관계가 있고 또한 그 관계속에는 확률변동치가 존재한다고 계량경제학자가 믿는다고 하자. 수학적으로 이것은 Y와 X사이의 실제적 관계가 다음과 같음을 의미한다.

그림 3-4

회귀선

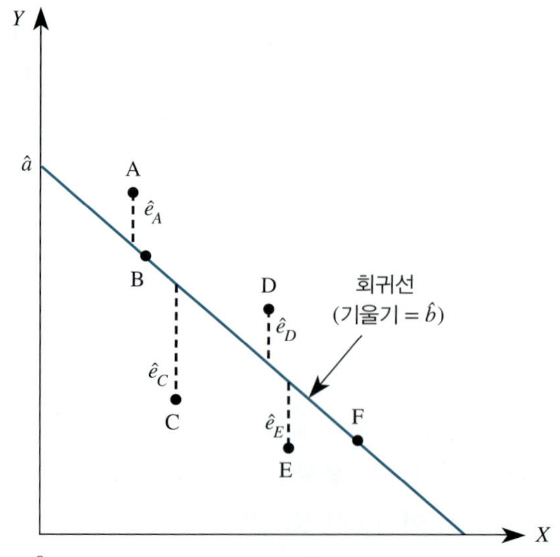

$$Y = a + bX + e$$

여기에서 a와 b는 미지의 모수이며, e는 평균이 0이 되는 확률변수(오차항)이다. Y와 X사이에 예상되는 관계를 결정하는 모수가 미지수이므로 계량경제학자는 모수 a와 b값을 찾아야만 한다.

그 점들을 통과하는 어떤 선이라도 실제의 점들과 그 선 사이에는 약간의 편차가 있다는 것을 주목하라. 예를 들어, 〈그림 3–4〉에서와 같이 그 자료들에 가장 적합한 선을 고려하자. 경영자가 그 선을 실제의 관계에 가장 근접하는 것으로 사용한다면 실제의 자료와 그 선 사이에는 편차가 존재하게 된다. 예를 들어, 점 A와 D는 실제로 그 선 위에 있는 반면, 점 C와 E는 그 아래에 있다. 실제의 점과 그 선 사이의 편차는 〈그림 3–4〉의 점선의 거리로서, 즉, $\hat{e}_A$, $\hat{e}_C$, $\hat{e}_D$ 그리고 $\hat{e}_E$으로 나타나 있다. 그 선은 Y와 X사이의 기대관계 또는 평균관계를 나타내므로 이러한 편차는 확률변수의 분산을 계산하기 위해 사용된 평균으로부터의 편차와 유사하다.

계량경제학자는 회귀분석 소프트웨어패키지를 사용하여 실제의 점과 그 선사이의 편차제곱의 합을 최소화시키는 a와 b값을 구한다. 핵심적으로 말하면, 회귀선은 그 선(기대관계)과 실제자료의 점사이의 편차제곱을 최소화시키는 선이다. 종종 a와 b로 불리는 이들 $\hat{a}$와 $\hat{b}$의 값은 모수추정치가 되며, 거기에 해당되는 선은 **최소자승회귀선**이라고 불린다.

최소자승회귀선
회귀선과 실제자료 사이의 오차의 제곱의 합을 최소화 하는 선

$Y = a + bX + e$ 방정식에 대한 최소자승회귀선은 다음과 같다:

$$Y = \hat{a} + \hat{b}X$$

모수의 추정치 $\hat{a}$와 $\hat{b}$는 회귀선과 실제자료사이의 오차제곱에 대한 최소합을 가져오는 a와 b의 값이다.

Excel이나 Lotus같은 스프레드시트 소프트웨어패키지를 사용하면 수요함수를 추정하기 위한 회귀분석은 쉽다. 예를 들어, TV제조업자가 피츠버그에 있는 10개의 상점에서 지난달에 팔린 TV의 가격과 수량에 대한 자료를 가지고 있다고 하자. 여기에서 가격과 수량을 각각 설명변수와 피설명변수로 사용한다. 자료가 스프레드시트에 입력되면 〈표 3–8〉의 처음 11줄과 같이 된다. 마우스를 몇 번 클릭하면 스프레드시트는 12열에서와 같이 평균가격과 수량을 계산해 준다. 더욱이, 회귀분석도구를 클릭하면 16에서 33열사이에 보고된 바와 같이 회귀분석결과가 나온다. 32-B항은 TV 추정수요함수의 절편값이 1631.47이며 33-B항은 가격의 추정계수가 –2.60임을 보여 준다. 따라서 실제자료의 점과 그 점을 통과하는 선사이의 오차제곱의 합을 최소화시키는 TV에 대한 선형수요함수는

$$Q = 1631.47 - 2.60P$$

표 3-8 스프레드시트를 사용하여 회귀분석을 실행하기

	A	B	C	D	E	F	G
1	관찰값	수량	가격				
2	1	180	475				
3	2	590	400				
4	3	430	450				
5	4	250	550				
6	5	275	575				
7	6	720	375				
8	7	660	375				
9	8	490	450				
10	9	700	400				
11	10	210	500				
12	평균	450.50	455.00				
13							
14							
15							
16	회귀통계량						
17							
18	다중 *R*	0.87					
19	R^2	0.75					
20	조정 R^2	0.72					
21	표준오차	112.22					
22	관찰수	10.00					
23							
24	분산분석						
25		자유도	제곱합	제곱의 평균	*F*	유의수준 *F*	
26	회귀식	1.00	301470.89	301470.89	23.94	0.0012	
27	잔차	8.00	100751.61	12593.95			
28	총계	9.00	402222.50				
29							
30		회귀계수	표준오차	t-통계량	P값	하한95%	상한95%
31							
32	절편	1631.47	243.97	6.69	0.0002	1068.87	2194.07
33	가격	−2.60	0.53	4.89	0.0012	−3.82	−1.37

스프레드시트 프로그램은 또한 회귀분석의 부산물로서 회귀분석과 추정계수에 관한 자세한 정보를 제공한다는 것에 주목하라. 다음에 토론하는 바와 같이, 이들 통계량은 경영자가 추정계수의 통계적 유의수준을 검정하고 전반적인 회귀분석결과를 평가할 수 있도록 해준다.

3.8.1 추정계수의 통계적 유의수준 평가하기

〈표 3–8〉의 회귀분석결과에서 30열부터 33열은 수요함수의 모수가 얼마만큼 정확하게 추정되는가에 대한 정보를 제공한다. 32-B와 33-B항의 계수는 단지 모수추정치—미지의(unknown) 실제계수의 추정치—이다. 동일한 실제의 수요함수로부터 나온 서로 다른 자료가 주어지면, 실제 계수의 서로 다른 추정치를 얻을 수 있게 된다. 각 추정계수의 표준오차는 실제의 수요함수는 동일하지만 관찰자료가 다른 회귀분석에서 각 추정계수가 얼마나 달라지는가를 측정하는 것이다. 추정계수의 표준오차가 작을수록, 표본자료가 서로 다르게 주어진다면 그 추정치의 변동성은 작아진다.

최소자승 모수추정치는 실제 수요함수에서 오차(e_i값)의 평균이 0이면 실제수요함수 모수의 불편추정치가 된다. 뿐만 아니라 e_i값이 독립적이고 동일하게 정규분포하는 확률변수(간단히, iid 정규분포 독립변수)라면, 추정계수의 표준오차는 신뢰수준을 설정하고 유의수준검정을 실행하는 데에 사용될 수 있다. 이러한 기법은 다음에 다루어진다.

신뢰수준

모수추정치, 그의 표준오차, 그리고 iid 정규분포가정이 주어졌을 경우, 기업경영자는 95%신뢰수준을 설정하여 추정계수의 실제값에 대한 상하한값을 설정할 수 있다. 대략적인 기준은 아래의 원리에서 제시되고 있으나, 다행스럽게도 회귀분석패키지를 이용하면 회귀분석에서 추정된 각 계수에 대한 정확한 신뢰수준을 구할 수 있다. 예를 들어, 〈표 3–8〉의 마지막 두 항 33-F와 33-G가 의미하는 것은 가격계수에 대한 95% 신뢰수준의 상하한 범위가 −3.82와 −1.37이라는 것이다. 가격계수의 모수추정치는 −2.60이고 95% 신뢰수준에서 실제값은 −3.82와 −1.37 사이에 있다는 것을 알 수 있다.

원리

95% 신뢰수준의 대략적인 기준

회귀방정식의 모수추정치가 $\hat{a}$와 $\hat{b}$라면, a와 b의 실제값에 대한 95% 신뢰수준은 대략 다음과 같다:

$$\hat{a} \pm 2\sigma_a$$

그리고

$$\hat{b} \pm 2\sigma_b$$

여기에서 σ_a와 σ_b는 각각 $\hat{a}$와 $\hat{b}$의 표준오차이다.

t-통계량

t-통계량
모수추정치의 표준오차에 대한 모수추정치의 비율

t-통계량은 모수추정치의 표준오차에 대한 모수추정치의 비율이다. 예를 들어, 모수추정치가 $\hat{a}$와 $\hat{b}$이고, 그에 상응하는 표준오차가 $\sigma_{\hat{a}}$와 $\sigma_{\hat{b}}$라면, $\hat{a}$의 t-통계량은

$$t_{\hat{a}} = \frac{\hat{a}}{\sigma_{\hat{a}}}$$

이며, $\hat{b}$의 t-통계량은

$$t_{\hat{b}} = \frac{b}{\sigma_{\hat{b}}}$$

모수추정치의 t-통계량이 절댓값 기준으로 클 경우, 실제의 모수값은 0이 아니라는 것을 확신할 수 있다. 이 이유는 t-통계량의 절댓값이 클 때 모수추정치의 표준오차는 모수추정치의 절댓값에 비해 작기 때문이다. 그러므로 실제모형으로부터 추출된 서로 다른 표본자료가 주어지면 새로운 모수추정치는 동일한 범위에 있을 것이라는 것을 더욱 더 확신할 수 있다.

대략적인 기준으로서 t-통계량의 절댓값이 2보다 크거나 같으면 그에 상응하는 모수추정치는 통계적으로 0과 다르다. 회귀분석패키지에는 P값이 나오는데, 그것은 통계적 유의수준에 대한 훨씬 더 정확한 측정치이다. 예를 들어, 〈표 3−8〉의 33-E항에서 가격추정계수의 P값이 0.0012라는 것을 알 수 있다. 이것은 실제의 가격계수가 실제로 0이 될 가능성이 10,000번중에서 단지 12번 밖에 안 된다는 것을 의미한다. 추정계수의 P값이 낮을수록 그 추정치는 더욱 더 확실하다는 것을 주목하라.

보통 0.05이하의 P값은 추정계수가 통계적으로 유의하다고 연구자가 확신할 수 있을만큼 낮은 값으로 간주된다. P값이 0.05라면 추정계수가 5% 수준에서 통계적으로 유의하다라고 한다. 〈표 3−8〉에서 가격계수의 P값은 0.12% 수준에서 통계적으로 유의하다는 것을 의미한다: 즉, 추정계수가 상당히 유의적(significant)이다. 신뢰수준처럼 P값은 실제 회귀방정식의 오차가 iid 정규분포한다는 것을 전제로 하고 있다.

t-통계량을 사용하는 대략적인 기준

t-통계량의 절댓값이 2보다 클 때 경영자는 회귀식의 실제 모수값이 0이 아니라고 95% 확신할 수가 있다.

3.8.2 회귀선의 전반적인 적합도를 평가하기

한 개 또는 그 이상의 계수에 대한 통계적 유의수준을 평가할 뿐만 아니라, 전반적인 회귀선이 실제 자료에 어느 정도 적합한지에 대한 정확도를 측정할 수 있다. 회귀선의 전반적인 적합도를 측정하기 위해 종종 사용되는 두 가지 기준—R^2통계량과 F-통계량—이 다음에 설명된다.

R^2통계량

〈표 3–8〉의 18열에서 20열은 회귀선이 피설명변수(예를 들어, 수량이 피설명변수이고 가격은 설명변수이다)의 표본관찰값을 어느 정도 잘 설명하는가를 나타내는 검정값을 제공한다. R^2통계량(또한, 결정계수라고도 불림)은 피설명변수의 총변동성중에서 회귀선에 의해 설명되는 부분을 나타낸다. 그것은 오차제곱항의 총합계($SS_{총}$)에 대한 회귀결과로부터 발생된 오차제곱합계($SS_{회귀}$)의 비율로서 계산된다:

$$R^2 = \frac{\text{설명된 변동성}}{\text{총변동성}} = \frac{\text{SS}_{\text{회귀}}}{\text{SS}_{\text{총}}}$$

예를 들어, 〈표 3–8〉의 26-C항에는 회귀결과로부터 나온 오차제곱합이 301470.89인 반면, 28-C항에는 오차제곱의 총합계가 402222.50임을 보여주고 있다. 따라서 R^2통계량은 0.75(= 301470.89/402222.50)가 된다. 이것은 추정수요방정식(회귀선)이 10개의 표본매장에서의 TV매출에 대한 총변동성중 75%를 설명한다는 것을 의미한다. 대부분의 스프레드시트 회귀패키지는 〈표 3–8〉의 19-B항에서 보여지는 바와 같이 자동적으로 R^2통계량을 계산한다.(〈표 3–8〉의 18-B항에는 다변량 R을 나타내는 R^2통계량의 세곱근이 나와 있다.[3]

R^2통계량 값의 범위는 0에서 1이다:

$$0 \le R^2 \le 1$$

R^2통계량이 1에 가까울수록 전반적으로 추정회귀방정식이 실제자료에 더 적합하다. 불행하게도 R^2통계량이 높은 적합도를 나타낼 만큼 충분히 1에 가까운지의 여부를 결정하는 데 사용될 수 있는 단순한 기준이 없다. R^2통계량이 시계열자료를 이용할 경우에는 0.9이상, 횡단면자료를 이용할 경우에는 0.5이상되면 적합도가 상당히 높은 것으로 생각할 수가 있다. R^2통계량의 주요 단점은 그것이

3 다중 R이라고 불리는 R^2의 제곱근이 또한 대부분의 스프레드시트 회귀분석 프로그램에 의해 보고된다. 그것은 〈표 3–8〉의 18–B에 주어져 있다.

적합도의 주관적인 측정치라는 것이다.

R^2통계량의 또 하나의 문제로서 회귀식에 추가적인 설명변수가 포함될 때에 R^2통계량은 감소하지 않는다는 것이다. 따라서 다른 조건은 일정하게 놓고 회귀식에 소득, 광고 및 다른 설명변수를 포함시킨다면 거의 확실히 더 높은 R^2통계량을 얻게 된다. 결국에는 추정계수의 수가 표본관찰값의 수까지 증가하면 R^2통계량이 1로 끝나게 될 것이다. 단순히 표본관찰값의 수가 추정계수의 수에 비해 작기 때문에 가끔 R^2통계량은 거의 1에 가깝다. 이러한 상황은 통계적 관점으로 보면 바람직하지 못하다. 왜냐하면 그것은 회귀선의 적합도를 매우 그릇되게 나타내기 때문이다. 이러한 이유로 많은 연구자들은 적합도의 측정치로서 〈표 3−8〉의 20-B항에 있는 조정된 R^2통계량을 사용한다.

조정된 R^2통계량은 다음과 같이 주어진다:

$$\overline{R^2} = 1 - (1 - R^2)\,\frac{(n-1)}{(n-k)}$$

여기에서 n은 표본관찰값의 총수, k는 추정계수의 수이다. 회귀분석을 실행할 때 추정되어야 할 모수의 수는 표본관찰값의 수를 초과할 수 없다. 그 차이 $(n-k)$는 회귀분석을 실행한 후의 잔여 자유도를 나타낸다. 조정된 R^2통계량은 자유도가 매우 작을 경우 회귀분석을 실행하는 것(즉, 상대적으로 표본관찰값의 수가 작을 경우 많은 계수를 추정하는 것)에 대해 연구자에게 벌칙을 준다는 것을 주목하라. 사실, 그 벌칙은 매우 커서 몇몇 경우에 조정된 R^2통계량은 실제 (−)가 될 수 있다.

앞의 예에서 〈표 3−8〉의 22-B항에는 $n = 10$인 경우이다. 32-B항과 33-B항은 2개의 모수를 추정했으며, $k = 2$가 됨을 보여준다. 그 회귀분석에서 8개의 잔여 자유도로 조정된 R^2통계량은 0.72[= 1 − (1 − 0.75)(9/8)]이다. 이 숫자는 20-B항에 있다. R^2통계량과 조정된 R^2통계량 사이에는 거의 차이가 없으므로 "높은" R^2통계량은 표본크기에 비해 추정계수가 과도하게 큰 것처럼 보이지 않는다.

F-통계량

회귀분석에서 R^2통계량과 조정된 R^2통계량은 둘다 모두 전반적인 적합도를 나타내는 반면, 높은 적합도를 가지기 위해 그것이 얼마나 높아야 하는지를 결정할 일반적인 기준이 없다는 것을 지적하였다. 또 다른 적합도의 측정치로서 F-통계량은 이러한 단점이 없다. F-통계량은 설명되지 않은 총변동성에 대한 회귀분석에 의해 설명되는 총변동성의 측정치를 나타낸다. F-통계량이 더 커질수록 실제 자료를 통과하는 회귀선의 전반적인 적합도가 더 높아진다. 앞의 예에서 F-통계량은 〈표 3−8〉의 26-E항에 23.94로 나타나 있다.

F-통계량의 주요 장점은 그의 통계적 속성이 알려져 있다는 사실에 기인한다. 따라서 어떠한 F값에 대한 통계적 유의성도 객관적으로 결정할 수 있다. 앞의 회귀분석에서 유의수준 값은 〈표 3–8〉의 26-F항에 0.0012로 나와 있다. 이렇게 작은 숫자는 추정회귀모형이 순전히 우연하게 실제자료에 적합하게 될 가능성이 단지 0.12%라는 것을 의미한다.

P값의 경우와 같이, F-통계량의 유의수준 값이 낮을수록 회귀방정식의 전반적인 적합도를 더욱 더 확신할 수 있다. 유의수준 값이 5%미만인 F-통계량을 나타낸 회귀분석결과는 대체로 유의하다고 간주된다. 〈표 3–8〉의 26-F항에 있는 유의수준 값에 기초하여 보면, 앞의 회귀분석은 0.12% 수준에서 유의하다. 그러므로 그 회귀분석은 상당히 유의성이 높다.

3.8.3 비선형 및 다변량 회귀분석

한 개의 설명변수를 가지고 있는 선형수요함수를 추정하기 위해 앞에서 설명한 기법은 또한 비선형수요함수를 추정할 때에도 사용될 수 있다. 그리고 이러한 기법은 수요량이 가격, 소득, 광고 등과 같은 여러 개의 설명변수에 달려 있는 수요함수를 추정할 때에도 활용될 수 있다. 이러한 문제는 다음에 설명된다.

비선형 회귀분석

가끔 자료를 그래프로 나타내면 〈그림 3–5〉에서와 같이 그 자료가 비선형성을 나타낸다. 즉, 가격과 수량이 선형관계를 나타내지 않는다; 그 수요함수는 하나

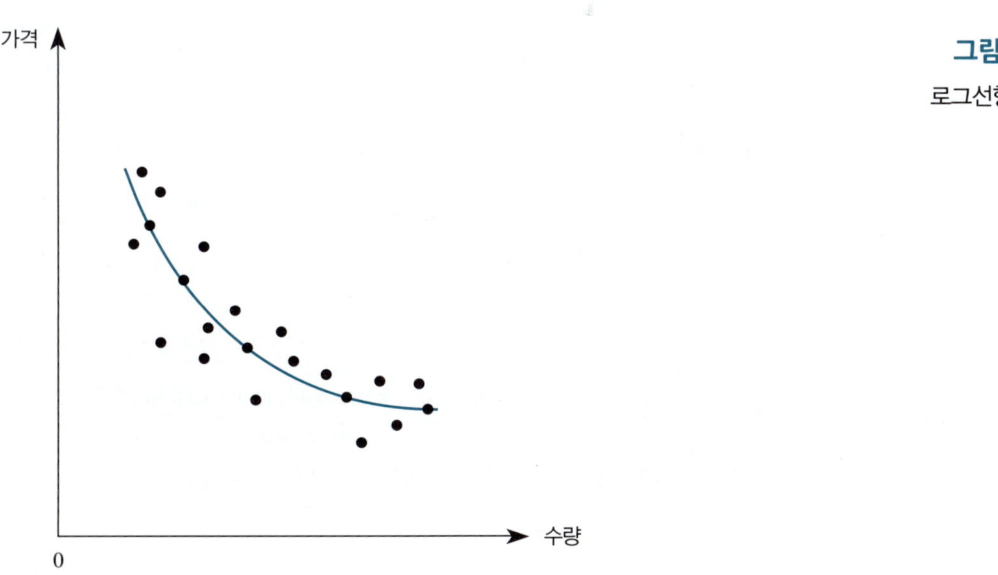

그림 3-5
로그선형 회귀선

의 곡선이 된다. 이 장의 앞에서 설명한 로그선형 수요곡선은 그와 같은 곡선의 형태를 가진다.

로그선형 수요함수를 측정하기 위해 계량경제학자는 오차(e)제곱합을 최소화시키는 회귀분석을 실행하기 전에 가격과 수량에 대해 자연로그를 취한다:

$$\ln Q = \beta_0 + \beta_p \ln P + e$$

다시 말하면 스프레드시트를 활용하여 $Q' = \ln Q$와 $P' = \ln P$를 계산하면 수요방정식은 다음과 같이 동일하게 된다:

$$Q' = \beta_0 + \beta_p P' + e$$

이것은 Q'와 P'에 대해 선형이 된다. 그러므로 앞에서 설명한 것들과 동일한 절차를 활용하여, 모수추정치를 구하기 위해 변형된 Q'을 P'에 대해 회귀분석을 실행할 수 있다. 이 경우 로그선형 수요함수이므로 β_P에 대한 모수추정치는 수요의 자체가격탄력성이 된다는 것을 주목하라.

예시 문제

3-5

지난 3월 31일동안 온라인 티켓판매업자는 티켓수요의 추정에 필요한 정보를 수집하기 위해 브로드웨이의 티켓에 대한 다양한 가격할인제도를 제시하였다. Demo_3_5.xls라는 파일은 www.mhhe.com/baye9e에서 온라인상으로 얻을 수 있다. 여러분이 이 파일을 열어 Data라는 색인표(tab)를 보면, 여러분은 그 회사(티켓판매업자)가 3월에 다양한 가격으로 팔았던 브로드웨이 티켓 수량에 대한 정보를 발견하게 될 것이다. 이러한 자료를 사용하여 비선형수요함수를 추정하라. 방정식을 사용하여 여러분이 발견한 것을 요약하라.

정답

첫번째 단계는 관련 스프레드시트 명령문을 사용하여 가격과 수량 자료를 자연로그로 전환하는 것이다. 여러분은 Demo_3_5.xls 파일의 Transformed라는 색인표(tab)를 보면 첫단계를 실행하는 방법을 알게 될 것이다. 이러한 회귀분석결과는 그 파일의 색인표 Results에 나타나 있다. 최종 단계는 회귀분석결과를 수요방정식으로 요약하는 것이다. 이 경우 Results에 있는 추정치는 다음과 같이 로그선형 수요함수를 나타낸다:

$$\ln Q^d = 8.44 - 1.58 \ln P$$

이러한 식으로 표현하면, 로그수요량은 로그가격의 선형함수가 되며, 그 회사의 경우 티켓에 대한 수요탄력성은 −1.58이 된다. 그 대신에 우리는 위의 방정식 양변에 지수(exponential)를 취하여 실제수요량을 가격의 비선형함수로서 다음과 같이 나타낼 수 있다:

$$\exp[\ln Q^d] = \exp[8.44] \exp[-1.58 \ln P]$$
$$Q^d = \exp[8.44] P^{-1.58}$$
$$Q^d = 4629 P^{-1.58}$$

다변량 회귀분석

일반적으로 어떤 재화의 수요함수는 그 재화가격뿐만 아니라 수요이동요인들에 달려 있다. 회귀분석기법은 또한 다변량 회귀분석—하나의 피설명변수에 대해 여러 개의 설명변수로 회귀분석—을 실행하는 데에도 활용될 수 있다. 선형수요함수의 경우 수요함수는 다음과 같다:

$$Q_x^d = \alpha_0 + \alpha_x P_x + \alpha_y P_y + \alpha_M M + \alpha_H H + e$$

여기에서 α값은 추정되어야 할 모수, P_y, M 및 H는 수요이동요인들, 그리고 e는 평균이 0인 확률변수 오차항이다. 수요량이 설명변수와 선형관계가 아닐 경우 다른 대안으로서 로그선형 수요함수로 표시할 수 있다:

$$\ln Q_x^d = \beta_0 + \beta_x \ln P_x + \beta_y \ln P_y + \beta_M \ln M + \beta_H \ln H + e$$

표본관찰값의 수가 추정되어야 할 모수의 수보다 크다면 회귀식의 오차제곱합을 최소화시키는 모수값을 구하기 위해 스프레드시트 프로그램에 포함된 표준회귀분석 패키지를 활용할 수 있다. 다변량 회귀분석을 위한 R^2통계량, F-통계량, t-통계량 및 신뢰구간은 설명변수가 하나인 단순회귀분석의 경우와 똑같이 활용하고 해석할 수 있다. 다음의 예시문제에서 이러한 사실을 보여준다.

예시 문제 3-6

FCI는 대학촌에 10개의 아파트 빌딩을 소유하여 학생들에게만 임대해주고 있다. 각 아파트 빌딩에는 100개의 임대아파트가 있으나 주인은 평균 거의 50%에 달하는 공실률(vacancy rate) 때문에 현금흐름에 문제가 있다. FCI 주인은 임대아파트 수, 임대가격(달러 기준), 10개 아파트 각각에 대해 지출된 광고비 등에 관한 지난해의 자료를 가지고 있다. 각 아파트 빌딩에서 캠퍼스까지의 거리(마일기준)와 함께 이러한 자료가 〈표 3–9〉의 1열에서 11열까지 주어져 있다. 주인은 아파트수요량을 가격, 광고 및 거리에 대해 회귀분석을 실시하였다. 회귀분석결과는 〈표 3–9〉의 16열에서 35열에 제시되어 있다. FCI 임대단위의 추정수요함수는 무엇인가? FCI가 한 빌딩의 임대가격을 $100 인상하면 임대아파트의 수는 얼마가 될 것으로 예상되는가? FCI가 아파트 빌딩에 대한 평균임대료를 인상하면 FCI의 총수입은 어떻게 되겠는가? 이러한 분석으로부터 어떠한 결론을 얻을 수 있는가?

정답

P, A, D를 가격, 광고, 캠퍼스로부터의 거리라고 놓고, 추정계수는 다음과 같이 아파트 빌딩의 임대아파트수요를 의미한다고 하자:

$$Q_x^d = 135.15 - 0.14P + 0.54A - 5.78D$$

가격계수가 −0.14이므로 가격 $100상승은 아파트 수요량 14단위를 감소시킨다. 평균가격과 수량을 이용하여 계산한 FCI 아파트 수요의 자체가격탄력성은 −1.11[= (−0.14)(420/53.10)]이다. 수요가 탄력적이므로 아파트 빌딩의 평균임대료를 인상하면 임대호수뿐만 아니라 총수입도 감소할 것이다.

R^2통계량 0.79는 회귀선이 10개빌딩에 대한 임대아파트 수량의 변동성 중 79%를 설명한다는 것을 의미한다. F-통계량은 회귀분석결과가 1.82% 수준에서 유의하므로 경영자는 회귀식의 적합도가 우연한 결과가 아니라고 매우 확신할 수 있다는 것을 말해준다. 광고계수 이외에 추정된 모수 모두가 5% 수준에서 통계적으로 유의하다는 것을 주목하라. 그러므로 광고는 임대아파트 수요에 대해 통계적으로 유의한 영향을 주는 것처럼 보이지 않는다. 캠퍼스로부터의 거리는 임대아파트 수요의 매우 중요한 결정요인인 것처럼 보인다. 이 계수의 t-통계량은 절댓값 기준으로 4이상이며 P값은 0.37%이다. 신뢰구간의 상하한값을 토대로 보면, 주인은 캠퍼스에서 아파트까지의 거리 1마일당 FCI는 2.71내지 8.86명의 세입자들을 잃게된다는 것을 95%확신할 수 있다.

FCI는 임대아파트를 캠퍼스에 더 가깝게 다시 배치할 수 없으며 광고는 임대아파트 수요에 통계적으로 유의한 영향을 주지 못하기 때문에, FCI가 현금흐름 문제를 감소시키기 위해 할 수 있는 유일한 것은 수요가 탄력적인 아파트의 임대료를 낮추는 수밖에 없는 것처럼 보인다.

표 3-9 다변량 회귀분석의 입력자료와 출력자료

	A	B	C	D	E	F	G
1	관찰값	수량	가격	광고	거리		
2	1	28	250	11	12		
3	2	69	400	24	6		
4	3	43	450	15	5		
5	4	32	550	31	7		
6	5	42	575	34	4		
7	6	72	375	22	2		
8	7	66	375	12	5		
9	8	49	450	24	7		
10	9	70	400	22	4		
11	10	60	375	10	5		
12	평균	53.10	420.00	20.50	5.70		
13							
14							
15							
16	회귀통계량						
17							
18	다중 R	0.89					
19	R^2	0.79					
20	조정 R^2	0.69					
21	표준오차	9.18					
22	관찰수	10.00					
23							
24	분산분석						
25		자유도	제곱합	제곱의 평균	F	유의수준 F	
26	회귀식	3.00	1920.99	640.33	7.59	0.0182	
27	잔차	6.00	505.91	84.32			
28	총계	9.00	2426.90				
29							
30		회귀계수	표준오차	t-통계량	P값	하한 95%	상한 95%
31							
32	절편	135.15	20.65	6.54	0.0006	84.61	185.68
33	가격	−0.14	0.06	−2.41	0.0500	−0.29	0.00
34	광고	0.54	0.64	0.85	0.4296	−1.02	2.09
35	거리	−5.78	1.26	−4.61	0.0037	−8.86	−2.71

인사이드 비즈니스 3-4 유럽에서의 온라인 쇼핑: 회귀기법을 기초로 개인휴대정보단말기의 수요탄력성

인터넷 덕분에, 소비자들은 재래식 가게를 방문하기 위해 버스 요금을 지불하거나 자동차에 휘발유를 넣는 대신에 (컴퓨터) 마우스로 쇼핑을 할 수 있다. 온라인 쇼핑객들은 온라인 소매업자들이 부과한 가격에 얼마나 민감한가? 최근 버클리대 Haas 경영대학, 캠브리지 대학, 그리고 인디애나대 Kelley 경영대학에 근무하는 경제학자들이 이러한 의문에 대답하기 위해 회귀기법과 유럽의 온라인 자료를 사용하였다.

주요 유럽의 쇼핑 사이트인 Kelkoo.com에서 서로 다른 온라인 소매업자들에 의해 판매되는 다양한 서로 다른 브랜드와 모델의 개인휴대정보단말기(personal digital assistants; PDAs)에 대한 수요함수를 경제학자들은 추정했다. 이 사이트에서 유럽의 쇼핑객들은 온라인으로 다양한 제품—전기제품에서부터 진공청소기와 세탁기까지—을 구매할 수 있다. Kelkoo.com은 미국의 쇼핑객들에게는 낯설지만, 그의 모회사인 야후는 세계적으로 누구나 아는 이름이다.

다음의 표에는 여섯 개 서로 다른 PDAs 모델을 판매하는 기업들이 직면하는 수요탄력성의 계량경제학적 추정치가 요약되어 있다. IPAQ 1940 모델을 판매하는 온라인 소매업자는 가장 탄력적인 수요(−14.7)에 직면하는 반면, Clie SJ22 모델을 판매하는 기업은 가장 탄력성이 작은 수요(−3.3)에 직면한다. 브랜드와 모델에 따라, 가격을 10% 인하한 소매업자는 33%에서 147%까지 온라인 판매를 증가시킬 수 있게 된다. t-통계량이 모두 절댓값으로 2를 초과하여 추정치가 5% 수준에서 통계적으로 유의하다.

브랜드/모델	탄력성	t-통계량
HP Compaq IPAQ 1940	−14.7	−20.39
HP Compaq IPAQ 2210	−11.7	−10.54
Palm Tungsten T2	−6.1	−11.90
Palm Zire 71	−11.1	−11.47
Sony Clie NX73V	−5.9	−10.82
Sony Clie SJ22	−3.3	−8.65

출처: Michael R. Baye, J. Rupert J. Gatti, Paul Kattman, and John Morgan, "Clicks, Discontinues, and Firm Demand Online," *Journal of Economics and Management Strategy* 18, no.4 (2009), pp. 935–75.

3.8.4 주의할 점

여러분은 이제 회귀분석결과를 해석하는 방법과 그 결과를 사용하여 한 제품에 대한 수요를 단순한 방정식으로 요약할 수 있는 방법을 알 것이다. 수요함수는 책에만 있는 허구의 구조가 아니다—그것들은 적당한 계량경제학 도구와 자료를 사용하여 경영자들이 실제로 얻을 수 있는 방정식이다.

그러나 계량경제학은 완전하게 숙달하려면 수년이 걸리는 경제학의 특수한 분야이다. 이러한 이유 때문에 현명한 경영자들은 수요함수의 추정값을 얻기 위해 "전문가들"(경제전문가들이나 컨설턴트들)의 전문성에 의존한다. 여러분이 만약 본서나 스프레드시트 프로그램의 범위를 넘어서는 수많은 계량경제학적 문제들[예를 들면, 변수와 오차의 상관관계가 존재하는 내생성(endogeneity), 표본추출, 이분산성, 자기상관관계, 그리고 예측불가능 효과(unobserved effects) 등]을 숙달하기 위해 필요한 과정(수업)에 투자하지 않는다면, 여러분은 아마도 우선 계량경제 전문가들과 소통하고 (그들에 의해 제공된 결과를 해석하기 위한) 수단으로서 계량경제학적 지식을 활용하는 것이 최선책일 것이다.

이 장의 처음에, 월마트가 가격변화가 없을 경우 상당한 휴일시즌을 기대할 것인가의 여부, 그리고 가격변화가 매출액을 개선시킬 수 있을 것인가의 여부를 물어보았다. 그 기업의 분석가들이 매출액을 가격 및 소비자 신뢰도를 연결시키는 다음의 회귀결과를 제시하였다는 것을 상기하자.

$$\ln(\text{휴일매출액}) = 25.8 - 0.8\ln(\text{가격}) + 0.9\ln(\text{소비자 신뢰도})$$

이것은 로그선형 방정식이므로, 계수값들은 탄력도가 된다. 특히, 로그(소비자 신뢰도)의 계수값 0.9는 소비자 신뢰도 각 1%의 변화로부터 발생되는 휴일매출액(HS)의 %변화를 말한다. 따라서 소비자 신뢰도가 4% 감소할 때, 이것은 $0.9 = \%\Delta HS/(-4)$, 또는 $\%\Delta HS = -3.6$을 의미한다. 다시 말하면, 그 이사는 소비자 신뢰도가 4% 하락한 MSAs에서는 휴일매출액이 3.6% 감소할 것으로 예상해야 할 것이므로 특히 올해의 휴일매출액에 대해서 낙관적이어서는 안된다. 그 결과는 그 이사가 가격을 낮추어 매출액감소를 완화할 수 있을 것이라는 것을 시사한다. 예를 들어, 그 이사는 일률적으로 3% 가격인하를 추천할 수 있을 것이다. 이것은 회귀분석의 결과를 이용하면 2.4%의 휴일매출액 증가를 초래할 것이다[$-0.8 = \%\Delta HS/(-3)$, 또는 $\%\Delta HS = 2.4$]. 그러나 그 이사는 가격변화가 매출액과는 반대로 이익에 미치는 효과를 간과해서는 안된다.

이러한 매출액 추정치를 얻기 위해서 전문가들에게 남겨진 일반적인 주의사항 이외에도, 그 이사는 또한 이러한 의사결정들을 하기 위해 수요곡선을 대상으로 해서는 안된다는 것을 주목하라. 종속변수로서 매출액은 수량이 아니므로, 가격에 대한 회귀계수의 부호는 수요가 탄력적인가 또는 비탄력적인가를 우리에 말해 준다. 이 경우, 가격에 대한 음(−)의 계수는–가격이 상승하면 매출액이 감소하는 것을 의미함–탄력적인 수요곡선을 의미한다.

이 장에서는 수요의 자체가격탄력성, 수요탄력성 및 교차가격탄력성을 포함하여 수요분석의 계량적 측면에 대해 설명하였다. 선형 및 로그선형함수를 포함하여 여러 가지 형태의 수요함수를 다루었고, 수요함수를 추정하기 위해 사용된 회귀분석절차에 대해서 설명하였다. 이러한 기법으로 무장한 경영자는 수요변화의 방향뿐만 아니라 수요결정요인중의 하나가 변할 때 수요가 얼마 만큼 움직이는지를 예측할 수 있다. 탄력성의 개념, t-통계량 및 신뢰구간의 활용에 대해 이해를 하면, 재고를 얼마 만큼 보유할 것인지, 얼마나 고용할 계획인지, 그리고 수요의 여러 요인들이 변할 때 몇 단위의 제품을 생산할 것인지에 대한 의사결정을 할 때 매우 중요하다.

이 장에서 가격상승이 항상 수입을 증대시키지는 않는다는 것을 보았다. 자체가격탄력성의 절댓값이 1보다 크면 가격상승은 총수입을 감소시킨다. 또한 대체재 또는 보완재가격의 변화에 의해 야기된 변화크기에 대해서도 설명하였다.

마지막으로 회귀분석과 신뢰구간 개념에 대해서 설명하였다. 추정수요함수에 기초한 탄력성을 이용하여 신뢰구간을 설정하면 경영자는 소득 또는 광고와 같은 어떤 변수가 변할 경우 수요가 변하는 양에 대해 95% 확신할 수 있다.

주요 용어 및 개념

F-통계량(*F*-statistic)
iid 정규분포 가정(iid normal assumption)
*P*값(*P*-value)
R^2통계량(R^2statistic)
t-통계량(*t*-statistic)
계량경제학(econometrics)
교차가격탄력성(cross-price elasticity)
교차광고탄력성(cross-advertising elasticity)
다변량회귀분석(multiple regression)
단위탄력수요(unitary elastic demand)
로그선형수요(log-linear demand)
비선형회귀분석(nonlinear regression)
비탄력적 수요(inelastic demand)
선형수요(linear demand)
소득탄력성(income elasticity)
수요의 자체가격탄력성(own price elasticity of demand)
신뢰구간(confidence level)
완전히 비탄력적인 수요(perfectly inelastic demand)
완전히 탄력적인 수요(perfectly elastic demand)
자체광고탄력성(own advertising elasticity)
잔여 자유도(residual degrees of freedom)
조정된 R^2(adjusted R^2)
총수입검정(total revenue test)
최소자승회귀선(least squares regression)
탄력성(elasticity)
탄력적 수요(elastic demand)
회귀분석(regression analysis)

개념 및 계산 문제

1. 아래의 그림에 의거하여 다음 문제에 답하시오.(LO1, LO2, LO4)

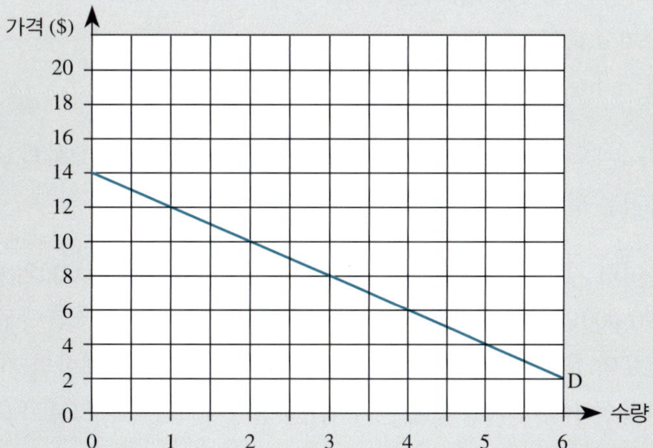

a. 기업이 가격을 $12에서 $10으로 내릴 경우, 수입의 변화는 얼마나 되는가? 이 구간에서 수요는 탄력적인가 혹은 비탄력적인가?

b. 기업이 가격을 $4에서 $2로 내릴 경우, 수입의 변화는 얼마나 되는가? 이 구간에서 수요는 탄력적인가 혹은 비탄력적인가?

c. 기업의 총수입을 극대화하는 가격은? 수요곡선상의 이 점에서 수요의 가격탄력도는 얼마인가?

2. 어떤 제품의 수요곡선은 $Q_x^d = 1{,}200 - 3P_x - 0.1P_z$이고, 단, $P_z = \$300$.(LO1, LO4, LO5)

a. $P_x = \$140$일 때, 수요의 자체가격탄력성은 얼마인가? 이 가격에서 수요는 탄력적인가 혹은 비탄력적인가? 만약 $140이하로 가격을 내리면 이 기업의 총수입은 어떻게 변하는가?

b. $P_x = \$240$일 때, 수요의 자체가격탄력성은 얼마인가? 이 가격에서 수요는 탄력적인가 혹은 비탄력적인가? 만약 가격을 $240이상으로 인상할 경우 이 기업의 총수입은 어떻게 변하는가?

c. $P_x = \$140$일 때, *X*재화와 *Z*재화 사이의 수요의 교차가격탄력성은 얼마인가? *X*재와 *Z*재화의 관계는 대체재인가 혹은 보완재인가?

3. 어떤 기업의 제품에 대한 수요곡선이 다음과 같다:

$$\ln Q_x^d = 7 - 1.5 \ln P_x + 2 \ln P_y - 0.5 \ln M + \ln A$$

단, $P_x = \$15$, $P_y = \$6$, $M = \$40{,}000$ 그리고 $A = \$350$이다.(LO1, LO5)

a. 수요의 자체가격탄력성을 구하고, 수요가 탄력적, 비탄력적, 단위탄력적인가를 설명하시오.

b. *X*재화와 *Y*재화의 수요의 교차가격탄력성을 결정하고, 이 두 재화의 관계가 대체재인가 보완재인가를 설명하시오.

c. 수요의 소득탄력성을 구하고, *X*재가 정상재인가 혹은 열등재인가를 설명하시오.

d. 수요의 광고탄력성을 결정하시오.

4. *X*재화의 수요의 자체가격탄력성이 −3이고, 소득탄력성은 1, 광고탄력성은 2이며 또한 *X*재화와 *Y*재화 사이의 수요의 교차가격탄력성은 −4이다. 다음의 경우 이 재화의 소비가 얼마큼 변할 것인가를 결정하시오.(LO1)

a. *X*재화의 가격이 5% 하락할 때

b. *Y*재화의 가격이 8% 증가할 때

c. 광고가 4% 감소할 때

d. 소득이 4% 증가할 때

5. *X*재화와 *Y*재화 사이의 수요의 교차가격탄력성이 4이다. *X*재화의 소비를 20% 증가시키기 위해서 *Y*재화의 가격은 얼마나 변해야 될까?(LO1)

6. 당신은 어떤 기업의 경영자이다. *X*재화에 대하여 연간 $40,000의 매출수입이 생기며 *Y*재화에 대해선 연간 $90,000의 매출수입이 생긴다. *X*재화 수요의 자체가격탄력성은 현재 −1.5이며, *X*재화와 *Y*재화 사이 수요의 교차가격탄력성은 −1.8이다. 만일 당신이 *X*재화의 가격을 2% 증가시킨다면, 당신 기업의 총매출수입(양쪽 제품을 합한 수입)은 얼마나 변할까?(LO1, LO2)

7. 당신 기업의 분석가가 선형수요함수를 사용하여 기업의 제품에 대한 수요를 추정하여, 그 결과에 대한 출력자료를 당신에게 보내주었다. 프린터의 잉크가 모자라서 불행히도 몇몇 데이터를 읽을 수 없었다. 아래에 나와 있는 정보를 이용하여 1~7로 표기된 없어진 값을 찾아내시오(답을 소수점 둘째 자리까지 반올림 하시오). 그리고 다음의 문제에 답하시오.(LO6)

	A	B	C	D	E	F	G
1	결과요약						
2							
3	회귀분석 통계자료						
4	다중 R	0.38					
5	R^2	'1'					
6	조정 R^2	'2'					
7	표준오차	20.77					
8	관찰수	150					
9							
10	분산분석						
11		자유도	스퀘어의 합	평균스퀘어	F	유의수준 F	
12	회귀분석	2	'3'	5199.43	12.05	0.00	
13	잔차	147	63,408.62	431.35			
14	총계	'4'	73,807.49				
15							
16		회귀계수	표준오차	t-통계량	P-값	하위 95%	상위 95%
17	절편	58.87	'5'	3.84	0.00	28.59	89.15
18	X 가격	−1.64	0.85	'6'	0.06	−3.31	0.04
19	소득	'7'	0.24	4.64	0.00	0.63	1.56

a. 이러한 추정값에 의거하여 이 기업제품의 수요함수를 구하시오.

b. 어느 회귀계수가 5%의 수준에서 통계적으로 유의한가?

c. 회귀선이 얼마나 데이터를 잘 설명하는가에 대해 답하시오.

8. X재화에 대한 진정한 역수요함수는 $Q_x^d = a + bP_x + cM + e$이며, 당신이 모수에 대해 각각 $\hat{a} = 22$, $\hat{b} = -1.8$, $\sigma_{\hat{a}} = 2.5$ 그리고 $\sigma_{\hat{b}} = 0.7$로 추정하였다고 가정하자. 진정한 a값과 b값에 대하여 95%의 신뢰구간을 추정하여 보시오.(LO6)

9. X재화에 대한 수요함수는 $Q_x^d = a + bP_x + cM + e$이며, 여기서 P_x는 X재화의 가격이며 M은 수입을 나타낸다. 최소자승법에 의한 회귀분석결과는 $\hat{a} = 8.27$, $\hat{b} = -2.14$, $\hat{c} = 0.36$, $\sigma_{\hat{a}} = 5.32$, $\sigma_{\hat{b}} = 0.41$, 그리고 $\sigma_{\hat{c}} = 0.22$로 나타났다. $R^2 = 0.35$이다.(LO6)

a. 각각의 추정된 계수에 대한 t값을 계산하시오.

b. 추정된 계수값 중 어느 것이 통계적으로 0이 아닌가를 구별해 내시오.

c. 이 회귀분석에서 R^2이 무엇을 의미하는지 쉬운 말로 설명하시오.

10. X재화의 수요곡선은 $\ln Q_x^d = a + b \ln P_x + c \ln M + e$이고, P_x는 X재화의 가격 M은 소득이다. 최소자승법에 의한 회귀분석은 $\hat{a} = 7.42$, $\hat{b} = -2.18$, 그리고 $\hat{c} = 0.34$로 나타났다.(LO5, LO6)

a. 만약 $M = 55,000$이고 $P_x = 4.39$라면 이 추정값에 의거한 수요의 자체가격탄력성은 얼마인가? 수요가 탄력적인지 비탄력적인지 결정하시오.

b. 만일 $M = 55,000$이고 $P_x = 4.39$라면 이 추정값에 의거한 수요의 소득탄력성은 얼마인가? X재화가 정상재인지 혹은 열등재인지를 결정하시오.

응용 문제

11. 주요 스마트폰 생산기업의 3월 2일 기준 9개월간의 매출액이 $23억 이었다. 이것은 작년 같은 기간에 비해 85%가 증가한 액수이다. 이러한 매출액 증가는 그 회사 전체 스마트폰 평균판매가격의 21% 하락에도 불구하고 108% 늘어난 판매량에 기인한다고 경영진은 생각한다. 이 정보를 토대로 이 기업 스마트폰의 평균가격을 인하시켜 매출액을 증가시킬 수 있을까? 설명하시오.(LO1, LO4)

12. 당신이 주요 브랜드 제품인 알카라인 건전지를 생산하는 기업의 경영자이다. Q12.xls라는 파일에서 당신회사 제품의 수요에 대한 데이터를 온라인의 www.mhhe.com/baye9e에서 찾을 수 있다. 특히, 그 파일에는 판매량, 가격, 그리고 전세계 각 지역별 소비자의 평균소득에 대한 자연대수 값들이 들어있다. 이 정보를 이용하여 로그선형 회귀분석을 해서, 세계적인 3%의 소득감소가 당신회사 제품의 전체적인 수요에 얼마큼 영향을 미칠지 결정하시오.(LO1, LO5, LO6)

13. 2년 만에 처음으로 Big G사(General Mills사의 시리얼자회사)는 시리얼 가격을 4% 인상했다. 이러한 가격인상으로 만일 Big G사의 시리얼 판매량이 5% 떨어졌다면, Big G사 시리얼 수요의 자체가격탄력성은 얼마이겠는가? 당신은 그 회사 Lucky Charms 브랜드 제품의 매출액이 증가했는지 또는 하락했는지를 예측할 수 있는가?(LO1, LO3)

14. 스타벅스의 마케팅부서가 자신의 커피제품 수요에 대한 소득탄력성이 2.6이라고 추정하였다면, 경제호황 전망(소비자의 소득이 다음 해에 6% 정도 증가할 것으로 예상)이 스타벅스의 예상 커피판매량에 어떤 영향을 미칠까?(LO1)

15. 당신은 도요타의 지역판매담당 경영자이다. 만일 마케팅부서가 하이랜더(Highlander)에 대한 반년간의 수요곡선이 $Q = 150,000 - 1.5P$라 추정했을 때, 이 차종의 매출액을 극대화 하기해 당신이 부과해야 하는 가격은 얼마인가?(LO1, LO2, LO4, LO5)

16. 당신은 주요 출판사의 현금흐름을 관리하는 경영자이다. 종이책(paper book)이 당신 매출액의 40%를 차지하며, 그것은 매년 약 2%씩 증가한다. 최근 당신은 전자책 독서의 증가율이 변동하지 않았으며 종이책과 전자책 간의 수요의 교체탄력성이 −0.3이라고 나타내는 예비보고서를 받았다. 2016년 당신

의 회사는 전자책 판매에서 약 6억 달러를 벌었고, 종이책 판매에서 약 4억 달러를 벌었다. 종이책에 대한 수요의 자체가격탄력성이 −2라면, 종이책 가격의 4% 인하는 종이책과 전자책 모두로부터 전체 매출액에 어떻게 영향을 줄 것인가? (LO1, LO2)

17. 새로 임명된 "에너지책임자"로서 당신의 목표는 당신 주(state)의 주거용 난방연료의 총수요를 줄이는 데 있다. 당신은 이 목표를 달성하기 위하여 다음의 세 가지 법률안 중 하나를 선택하여야만 한다: (a) 주거용 난방연료의 가격을 효과적으로 $1만큼 올리는 세금부과, (b) 천연가스 가격을 $3만큼 효과적으로 내릴 수 있도록 보조금을 지불하는 것, 또는 (c) 전기(수력발전시설로 생산된)가격을 $4만큼 효과적으로 인상시키는 세금부과. 당신의 결정을 돕기 위하여 부서의 한 경제학자가 선형수요함수를 이용하여 주거용 난방연료의 수요를 예측하였다. 회귀분석의 결과는 아래와 같다. 이 정보에 의하면 어떤 방법이 가장 유리한 선택이 될 수 있을까? 설명하시오.(LO6)

	A	B	C	D	E	F	G
1	결과요약						
2							
3	회귀분석 통계자료						
4	다중 R	0.76					
5	R^2	0.57					
6	조정 R^2	0.49					
7	표준오차	47.13					
8	관찰수	25					
9							
10	분산분석						
11		자유도	스퀘어의 합	평균스퀘어	F	유의수준 F	
12	회귀분석	4	60936.56	15234.14	6.86	.03	
13	잔차	20	44431.27	2221.56			
14	총계	24	105367.84				
15							
16		회귀계수	표준오차	t-통계량	P-값	하위 95%	상위 95%
17	절편	136.96	43.46	3.15	0.01	50.60	223.32
18	주택 난방연료 가격	−91.69	29.09	−3.15	0.01	−149.49	−33.89
19	천연가스 가격	43.88	9.17	4.79	0.00	25.66	62.10
20	전기 가격	−11.92	8.35	−1.43	0.17	−28.51	4.67
21	소득	−0.050	0.3500	−0.14	0.90	-0.75	0.65

18. BB(Barney's Broilers)사(패스트푸드 체인점)의 소유자로서 당신은 소비자들이 건강을 더 의식하며 쇠고기와 튀김 음식에 대한 소비를 줄이기 때문에, 구운 닭고기 수요 증가를 목격하고 있다. 그 결과, 증가된 수요를 충족시키기 위하여 오븐을 하나 더 구입하는 것이 필요하다고 당신은 생각한다. 오븐의 구입자금을 위해, 대출을 하러 은행에 간다. 은행지점장은 $75만의 매출액은 추가의 돈을 빌리는데 충분하지 않다고 말한다. 돈을 빌리기 위해서는 BB사의 매출액이 $5만 더 증가하는 것이 필요하다. 매출액을 추가로 늘리기 위한 전략을 개발하기 위해, 당신은 소비자에게 부과하는 파운드 당 가격(센트 단위)과 관련된 연간 닭고기 소비량(파운드 단위)에 대한 데이터를 구하였다. 이 정보는 Q18.xls라는 파일에 있으며, 온라인으로 www.mhhe.com/baye9e에서 사용가능하다. 이 데이터와 로그선형 수요함수를 이용하여 구운 닭고기 수요의 최소자승 추정값을 구하시오. 구운 닭고기의 수요를 요약하는 방정식을 쓰고, 매출액을 $5만 더 늘리기 위하여 가격을 몇% 인상 혹은 인하해야 되는지 결정하시오.(LO1, LO4, LO5, LO6)

19. KBC(Kalamazoo Brewing Company)사(양조회사)가 현재 7개 주—일리노이, 인디아나, 미시간, 미네소타, 미시시피, 오하이오, 위스콘신—에서 맥주를 판매하고 있다. 이 회사의 마케팅부서는 각 주의 공급자들로부터 데이터를 모았다. 이 데이터는 각 주의 판매된 맥주의 수량과 가격(상자 당)으로 구성되어 있다. 또한 각 주의 여러 지역에서 살고 있는 소비자들의 평균소득($1,000단위)도 포함되어 있다. 각 주의 데이터는 온라인 상으로www.mhhe.com/baye9e에서 Q19.xls라는 파일이름으로 사용가능하다. 여기에서 스프레드시트의 맨 아래에 다중 탭(tabs)이 있는데, 각각은 KBC사 맥주를 판매하는 7개 주 중의 하나를 의미한다. 가격과 소득의 관계는 선형수요함수라고 가정하고, 스프레드시트 프로그램을 이용하여 KBC사 맥주에 대한 각 주(state) 수요의 최소자승 추정치를 구하시오. 회귀분석의 결과를 프린트하여 이것을 경제적으로 해석하시오.(LO6)

20. 우유매출이 최근 하락하면서, 우유 가공처리기 교육 프로그램(The Milk Processor Education Program; MPEP)은 유명한 "Got Milk" 광고 슬로건에서 새로운 슬로건인 "Milk Life"로 옮기기로 결정했다. 새로운 슬로건은 단백질 요소를 포함하여 우유의 영양학적인 장점을 강조한다. MPEP는 새로운 캠페인이 시작된 이후의 기간동안 가구들이 매주 소비한 우유수량(백만 갤런), 갤런당 주별가격, 그리고 주별 우유광고지출액(수백 달러)에 대한 자료를 수집하기 시작했다. 선형모형과 로그선형모형을 추정하기 위한 형태로 이러한 자료들은 Q20.xls라는 이름의 파일로 www.mhhe.com/baye9e에서 온라인으로 얻을 수 있다. 이러한 자료를 사용하여 두 가지 회귀분석: 선형 회귀분석과 로그선형 회귀분석을 하시오. 두 모형의 회귀분석 결과를 비교 분석하시오. 어느 모형이 그 자료를 더 잘 설명하는가에 대해 논평하시오. 주별 우유가격은 갤런당 $3.40이고 MPEP는 주별 광고지출비를 35% 증가한 $150(백 달러)로 증가시키기로 결정했다고 가정하자. 최적의 회귀분석모형을 사용하여 이러한 광고지출비가 증가한 이후 주별 우유소비량을 추정하시오. (LO6)

21. 미국 최대의 위성 TV방송사를 조절하는 뉴스코퍼레인션(News Corporation)은 고속의 인터넷 서비스를 공급할 수 있는 스페이스웨이(Spaceway) 위성을 출시할 것을 고려하고 있다고 하자. 스페이스웨이 위성을 출시하기 이전, 뉴스코퍼레이션은 최소자승법을 사용하여 위성인터넷 서비스에 대한 수요 회

귀선을 추정했다고 가정하자. 수요에 대한 최적 회귀결과는 다음과 같다.

$$Q^{수요}_{위성} = 152.5 - 0.8P_{위성} + 1.2P_{DSL} + 0.5P_{케이블}(단위: 천)$$

단, $P_{위성}$ = 위성인터넷 서비스가격, P_{DSL} = DSL인터넷 서비스가격, 그리고 $P_{케이블}$ = 고속케이블 인터넷 서비스가격

FCC가 DSL가격을 지배한 이후 P_{DSL}은 매달 $25이며, 고속케이블 인터넷의 월별 가격인 $P_{케이블}$은 $50이다. 더욱이 뉴스코퍼레이션은 월 매출액이 월비용을 커버하기 위해서는 최소한 1,500만 달러가 되어야 한다고 확인했다. 뉴스코퍼레이션이 위성인터넷 서비스에 대한 월 시청료를 $55로 정하면, 매출액이 비용을 커버할 만큼 충분히 높을 것인가? 현재의 수요함수가 주어졌을 경우 뉴스코퍼레이션이 비용을 커버할 수 있는가? 어러분의 대답에 대해 확인하시오. (LO1, LO2, LO4, LO5)

22. 최근 Verizon Wireless(VW)사(이동통신회사)는 자신의 서비스에 대한 수요탄력성을 추정하기 위하여 가격책정시도를 하였다. 이 회사의 경영자는 이 회사 전체 서비스 지역의 대표적인 지역이라고 생각되는 세 개의 주를 선택하여, 그 지역에 있는 고객들에게 가격을 5% 만큼 인상했다. 일주일 후, VW사 무선전화계획에 등록된 고객 수가 그 주들에서 4% 줄어들은 반면, 가격이 인상되지 않은 주들에서의 가입자 수는 변함이 없었다. 경영자는 이 정보를 이용하여, 수요의 자체가격탄력성을 추정하였고, 그 결과에 근거하여 2012년 회사의 연매출액을 늘리기 위하여 모든 지역에서 가격을 5% 만큼 인상하였다. 1년 후, 경영자는 VW사 2012년 매출액이 전년도 2011년에 비해 10% 감소한 것에 대하여 당혹스러움을 느꼈다—가격인상은 회사의 매출액을 명백하게 감소시킨 것이다. 경영자가 실책을 범한 것일까? 설명하시오.(LO1, LO3, LO4)

23. 중서부 대도시에서 작은 주유소 체인점 소유자가 업계잡지에서 어떤 기사를 읽었다. 그 기사의 내용에 의하면, 미국에서 휘발유 수요의 자체가격탄력성은 −0.2라는 것이다. 미국에서 수요가 매우 비탄력적이므로, 그 소유주는 매출액과 이윤을 증가시키기 위하여 가격을 올려야겠다는 생각을 하게 하였다. 당신은 이 정보에 의거해서 이러한 전략을 추천할 수 있을까? 설명하시오.(LO1, LO3, LO4)

참고 문헌

Chiles, Ted W., Jr., and Sollars, David L., "Estimating Cigarette Tac Revenue." *Journal of Economics and Finance* 17(3), fall 1993,pp.1-15

Crandall, R., "Import Quotas and the Automobile Industry: the cost of protectionism." *Brooking Review*2(4), summer 1984, pp.8-16.

Houthakker, h., and Taylor, L., *Consumer Demand in the United States: Analyses and Projection*, 2nd ed. Cambridge, MA: Harvard University Press, 1970.

Maxwell, Nam l., and Lopus, Jane S., "The Lake Wobegon Effect in Student Self-Reported Data." *American Economic Review* 84(2), May 1994, pp.201-205

Pratt, Robert W., Jr., "Forecasting New Product Sales from Likelihood of Purchase Rating: Commentary." *Marketing Science* 5(4), fall 1986, pp. 387-88

Sawtelle, Barbara A., "Income Elasticities of household

Expenditure: A U.S. Cross Section Perspective." *Applied Economics* 25(5), May 1993, pp. 635-44

Stano, Miron, and Hotelling, Harold, "Regression Analysis in Litigation: Some Overlooked Consideration." *Journal of Legal Economics* 1(3), December 1991, PP. 68-78.

Williams, Harold R., and Mount, Randall I., "OECD Gasoline Demand Elasticities: An Analysis of Consumer Behavior with Implications for U.S. Energy Policy." *Journal of Behavioral Economics* 16(1), Spring, pp. 69-79

CHAPTER 04

개인(소비자, 근로자, 경영자) 행동 이론

학습목표

LO1 소비자의 선호순서에 대한 네 가지 기본속성에 대해 설명하고, 그것들이 소비자의 무차별곡선에 미치는 영향에 설명하시오.

LO2 가격과 소득의 변화가 어떻게 개인의 기회집합에 영향을 주는가를 그림으로 나타내시오.

LO3 소비자의 균형선택과, 그 균형이 가격과 소득의 변화에 따라 어떻게 변하는가를 그림으로 나타내시오.

LO4 가격변화의 영향을 대체효과와 소득효과로 구분하시오.

LO5 무차별곡선의 분석에서 개인수요곡선을 도출하고, 개인수요함수의 집단으로부터 시장수요함수를 도출하는 방법을 보여 주시오.

LO6 "buy one, get one free"거래와 상품권이 어떻게 소비자의 구매의사결정에 영향을 미치는가를 그림으로 설명하시오.

LO7 소득-여가 선택모형을 적용하여 기회집합, 인센티브, 그리고 근로자와 경영자의 선택에 대해 그림으로 설명하시오.

헤드라인

포장회사는 노동력부족을 극복하기 위해 초과수당 지급하다

Boxes주식회사는 텍사스 Sunrise Beach의 소규모 공장에서 골판용지를 생산한다. Sunrise Beach는 노령인구로 구성된 퇴직자촌이며, 지난 10년간에 걸쳐 근로인구 규모가 축소되었다. 1990년대 말 경 이러한 노동력부족 때문에 Boxes주식회사는 증가하는 수요 및 생산목표를 충족시킬 만큼 충분한 근로자를 고용할 수 없었다. 이러한 현상은 근로자에게 지역평균 임금의 거의 배에 달하는 시간당 $10를 지급하고 있음에도 불구하고 발생하였다.

지난해 Boxes주식회사는 새로운 경영자를 고용하여 초과시간 임금계획을 제도화시켰다. 그 경영자의 계획하에서 근로자들은 매일 첫 8시간의 근로시간에 대해서는 시간당 $10를 받고 8시간을 초과하는 매일의 근로시간에 대해서는 시간당 $15를 받는다. 이 계획은 기업의 문제를 제거하게 되어 기업의 생산수준과 이윤이 올해 20% 상승했다.

새로운 경영자가 기업에 더 많은 근로자를 유인하기 위해 단순히 임금을 인상하지 않고 왜 초과시간수당 계획을 제도화했는가?

4.1 서론

이 장에서는 경영자가 소비자와 근로자 같은 개인의 행동, 그리고 여러 가지 인센티브가 그들의 의사결정에 미치는 영향을 이해하도록 도와주는 도구들에 대해 설명한다. 이것은 여러분들이 생각하는 것 만큼 쉬운 일은 아니다. 인간이 의사결정을 하는데 복잡한 사고과정을 사용하며, 인간의 두뇌는 방대한 양의 정보를 처리할 능력이 있다. 바로 이 순간에도 여러분의 심장은 몸전체로 피를 보내고 있으며, 허파는 산소를 공급하고 이산화탄소를 내보내며, 그리고 눈은 현재의 책 페이지를 살펴보는 동안 뇌는 그 위에 있는 정보를 처리한다. 인간두뇌는 심지어 슈퍼컴퓨터와 최신 인공정보기술이 할 수 없는 것을 할 수 있다.

인간사고과정의 복잡성에도 불구하고 경영자는 개인들이 시장과 작업장에서 어떻게 행동하는가를 설명하는 모형을 필요로 한다. 물론, 개인행동을 모형화하려는 시도가 실제 전체세계의 행동을 포착할 수는 없다. 개인행동이 그렇게 복잡하지 않다면 기업경영자의 인생은 더 단순할 것이다. 한편, 기업경영자가 되는 것에 대한 보상은 훨씬 더 낮을 것이다. 여러분들이 개인행동에 대한 이해를 달성한다면, 여러분들이 영업세계에서 성공하도록 도와줄 시장성있는 기술을 얻게 될 것이다.

여기서의 행동모형은 개인들이 실제로 의사결정을 하는 방식을 추상화한 것이 될 것이다. 그러나 이해를 높이는 데 거의 도움이 되지 않는 행동적 특징을 강조하는 대신 본질적인 문제에 중점을 두는 단순모형부터 설명하겠다. 소비자행동에 관한 경제적 모형을 연구할 때 이런 생각을 명심하라.

4.2 소비자행동

개인행동에 관한 어떠한 이론도 현실을 추상화한 것이어야 한다는 것을 여러분들이 알고 있으므로 소비자들이 직면하고 있는 여러 가지 대안에 어떻게 반응하는가를 이해 할 수 있도록 도와주는 모형을 개발하기로 하자. 소비자는 소비목적으로 기업으로부터 재화나 서비스를 구입하는 개인이다. 기업의 경영자로서, 당신은 그 재화를 누가 소비하는지 뿐만 아니라, 그 재화를 누가 구입하는가에도 관심을 갖는다. 6개월된 아기가 그 재화를 소비하지만, 구매의사결정은 하지 않는다. 여러분들이 아기용 음식의 제조업자에 의해 고용된다면, 여러분들이 이해할 것은 아기의 행동이 아니라 부모의 행동이 된다.

소비자행동을 특징지울 때 고려해야 할 두 가지 중요하지만 서로 다른 요인이 있다: 소비자기회와 소비자선호. 소비자기회는 소비자가 소비할 능력이 있는 가능한 재화와 서비스를 나타낸다. 소비자선호는 이들 재화중 어는 것이 소비될 것인가를 결정한다. 그 구별은 매우 중요하다; 내가 매주 한 파운드의 쇠고기를 살 능력이 있는(그러므로 소비할 기회를 갖는) 반면, 내가 선호하는 바에 의하면 쇠고기소비를 전혀 선택할 것 같지않다. 이러한 소비자선호를 모형화하자.

현재와 같은 글로벌 경제에서는 문자그대로 수백만 종류의 재화가 판매를 위해 생산된다. 그러나 개인행동의 본질적인 면에 초점을 맞추고 분석이 가능하도록 하기 위해, 경제내에 단지 두 재화가 존재한다고 가정하자. 이 가정은 단순히 분석을 단순화시키기 위한 것이다: 이와 같은 두 재화 경제로부터 얻는 모든 결론은 많은 재화가 있을 때에도 유효하다. X는 한 재화의 양, Y는 다른 재화의 양을 나타낸다고 하자. 이와 같은 기호를 사용하여 X재와 Y재가 쇠고기와 돼지고기로 제한되기 보다는 어느 재화도 될 수 있는 매우 일반적인 모형이다.

어떠한 소비자가 최선에서 최악까지 여러 묶음 또는 재화의 조합에 대한 선호를 순서화 할 수 있다고 하자. 이러한 순서매김을 $\succ$라고 표기하고, 소비자가 묶음 B보다 묶음 A를 더 선호한다고 할 때마다 $A \succ B$표시한다. 소비자가 두 묶음을 똑같이 만족시키는 것으로 본 다면 그 소비자는 두 묶음사이에 무차별하고 간단히 $A \sim B$로 표기한다. 만약 $A \succ B$이면 묶음 A와 묶음 B사이의 선택이 주어졌을 경우 그 소비자는 묶음 A를 선택할 것이다. 만약 $A \sim B$이면 묶음 A와 묶음 B 사이의 선택이 주어졌을 경우 그 소비자는 어느 묶음을 얻게 되든지 상관하지 않을 것이다. 선호의 순서매김은 4가지 기본적인 속성을 만족시킨다고 가정한다: 완전성, 강단조성, 한계대체율의 체감, 그리고 이전성. 이들의 속성과 의미를 좀 더 자세히 살펴보자.

속성 4.1 완전성

모든 두 묶음, 예를 들어 A와 B에 대해, $A \succ B$, $B \succ A$, $A \sim B$ 중 하나가 성립된다.

선호가 완전하다고 가정하면 소비자는 모든 묶음에 대한 선호, 또는 그 묶음 간의 무차별을 표시할 수 있다고 가정하는 것이다. 선호가 완전하지 않으면 소비자가 묶음 B보다 A를 더 선호하는지, A보다 B를 더 선호하는지 또는 그 두 묶음 간에 무차별한지를 모른다고 주장할 경우가 있다. 소비자가 재화간의 선호나 무차별을 표시할 수 없다면 경영자는 그 개인의 소비유형을 정확하게 예측하기 어렵다.

속성 4.2 강단조성

묶음 A가 어떤 재화든지 최소한 묶음 B만큼 가지고 있으며 동시에 어떤 재화를 더 많이 가지고 있으면, 묶음 A는 묶음 B보다 더 선호된다.

많을수록 더 좋다면 소비자는 고려하고 있는 상품을 비재화(bads)대신에 재화(goods)로 본다. 그림으로 표현하면, 이것은 〈그림 4–1〉에서 북동방향으로 움직임에 따라 소비자는 남서쪽 방향에 있는 묶음보다 더 좋다고 보는 묶음으로 이동한다. 예를 들어, 〈그림 4–1〉에서 묶음 A는 똑같은 양의 재화 X를 가지고 있는 동시에 재화 Y를 더 많이 가지고 있기 때문에, 묶음 A는 묶음 D보다 더 선호된다. 또한 묶음 C도 두 재화 모두 더 가지고 있기 때문에 묶음 D보다 더 선호된다. 마찬가지로 묶음 B는 묶음 D보다 더 선호된다.

많을수록 더 좋다는 가정이 소비자선호에 대해 중요한 정보를 제공하는 반면, 그것이 가능한 모든 묶음에 대한 소비자선호를 결정하는 데에는 도움이 되지 않

그림 4-1
무차별곡선

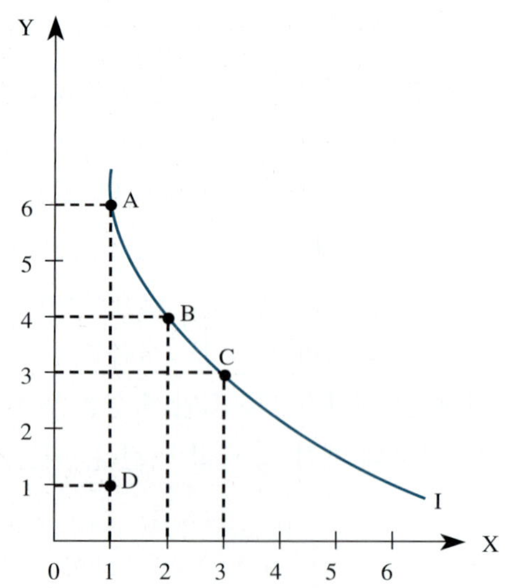

는다. 예를 들어, 〈그림 4−1〉에서 "많을수록 더 좋다"는 속성이 묶음 *B*가 묶음 *A*보다 더 선호된다든지 또는 묶음 *A*가 묶음 *B*보다 더 선호되는지를 나타내지 못한다는 것을 주목하라. 그러한 비교가 가능하기 위해서는 추가적으로 몇 가지 가정이 더 필요하다.

무차별곡선은 소비자에게 동일한 수준의 만족을 주는 재화 *X*와 *Y*의 조합으로 정의 된다; 즉, 소비자는 무차별곡선을 따라 재화를 어떻게 조합하든지 무차별하게 된다. 보통의 무차별곡선이 〈그림 4−1〉에 나타나 있다. 정의에 의해 무차별곡선상의 *X*와 *Y*의 모든 조합은 소비자에게 동일한 수준의 만족을 준다. 예를 들어, 여러분이 소비자에게 "묶음 *A*, 묶음 *B*, 또는 묶음 *C*중에서 어느 것을 더 선호하는지"를 질문한다면, 그 소비자는 "나는 상관없다"라고 대답할 것이다. 왜냐하면 묶음 *A*, *B*, 그리고 *C*는 모두 동일한 무차별곡선상에 있기 때문이다. 다시 말하면, 그 소비자는 세 묶음간에 무차별한 것이다.

무차별곡선
소비자에게 동일한 만족을 주는 재화 묶음의 조합을 나타내는 곡선

무차별곡선의 형태는 소비자선호에 달려 있다. 서로 다른 소비자는 보통 서로 다른 형태의 무차별곡선을 가지게 된다. 소비자선호에 대한 정보를 요약하는 하나의 중요한 방법은 한계대체율 개념을 활용하는 것이다. **한계대체율**(*MRS*)은 무차별곡선 기울기의 절댓값이 된다. 두 재화사이의 한계대체율은 소비자가 동일한 수준의 만족을 유지한 상태에서 다른 재화대신에 어느 한 재화로 대체하려는 비율이다.

한계대체율
소비자가 동일한 수준의 만족을 유지한 상태에서 두 재화를 대체하고자 하는 비율

한계대체율 개념은 실제로 매우 단순하다. 〈그림 4−1〉에서 소비자는 묶음 *A*와 B사이에 무차별하다. *A*에서 *B*로 움직일 때 소비자는 1단위의 재화 *X*를 더 얻게 된다. 동일한 무차별곡선상에 있기 위해서 그 소비자는 2단위의 재화 *Y*를 포기한다. 따라서 점 *A*에서 점 *B*로 움직일 때 재화 *X*와 *Y*사이의 한계대체율은 2가 된다.

사려깊은 독자는 〈그림 4−1〉에서 *A*에서 *B*로 움직일 때의 한계대체율이 *B*에서 *C*로 움직일 때 소비자가 두 재화사이에 대체하려는 비율과 다르다는 것을 주목할 것이다. 특히, *B*에서 *C*로 움직일 때 그 소비자는 1단위의 재화 *X*를 더 얻는다. 그러나 현재는 그 소비자가 추가적으로 한 단위 재화 *X*를 더 얻기 위해 단지 한 단위의 재화 *Y*를 포기하려고 한다. 그 이유는 무차별곡선이 한계대체율체감법칙의 속성을 만족시키기 때문이다.

속성 4.3 한계대체율의 체감

소비자가 재화 *X*를 더 많이 얻을수록 그 소비자가 재화 *Y*대신에 재화 *X*로 대체하려는 비율은 감소한다.

이 가정은 무차별곡선이 원점에 대해 볼록하다는 것을 의미한다; 즉, 〈그림

4–1〉의 무차별곡선처럼 보인다. 여러 무차별곡선의 위치가 어떻게 서로 다른 수준의 소비자만족을 나타내기 위해 사용될 수 있는가를 이해하기 위해, 추가적으로 한 가지 가정을 더 해야 한다: 즉, 선호가 이전성을 갖는다.

속성 4.4 이전성

어느 세 묶음 *A*, *B*, 그리고 *C*에 대해, 만약 $A > B$이고 $B > C$이면, $A > C$가 된다. 만약 $A \sim B$이고 $B \sim C$이면, $A \sim C$이다.

많을수록 더 좋다는 가정과 더불어 이전적 선호의 가정은 무차별곡선이 또 다른 것과 교차하지 않는다는 것을 의미한다. 그것은 또한 소비자가 전혀 선택을 하지 않는 교착상태(perpetual cycle)에 영원히 빠질 가능성을 제거시켜 준다.

이를 알아보기 위해 Billy의 선호에 따라 그가 감초사탕보다는 젤리콩을, 초콜릿보다는 감초사탕을, 그리고 젤리콩보다는 초콜릿을 더 좋아 한다고 가정하자. 그는 감초사탕보다 젤리콩을 더 좋아하기 때문에 그가 점원에게 봉지에다 젤리콩으로 채워줄 것을 요구한다. 점원이 그에게 한 봉지의 젤리콩을 전해줄 때 Billy는 그 점원에게 초콜릿을 젤리콩보다 훨씬 더 좋아한다고 말한다. 점원이 그에게 한 봉지의 초콜릿을 전해줄 때 그는 점원에게 초콜릿보다 감초사탕을 훨씬 더 좋아한다고 말한다. 점원이 그에게 한 봉지의 감초사탕을 전해줄 때 Billy는 점원에게 감초사탕보다 젤리콩을 훨씬 더 좋아한다고 말한다. 점원은 감초사탕을 가져가고 한 봉지의 젤리콩을 Billy에게 준다. 이제 Billy는 출발했던 곳으로 되돌아 왔다! 여러 가지 종류의 사탕에 대한 그의 선호가 이전적이지 않기 때문에 그는 가장 좋아하는 종류의 사탕을 선택할 수 없다.

이와 같은 네 가지 속성의 의미가 세가지 무차별곡선을 보여주는 〈그림 4–2〉에 간단하게 요약되어 있다. 무차별곡선 Ⅲ상의 모든 묶음은 곡선 Ⅱ상의 것들보다 더 선호가 되며, 무차별곡선 Ⅱ상의 모든 묶음은 곡선 Ⅰ상의 것들보다 더 선호

그림 4-2
무차별곡선의 집합

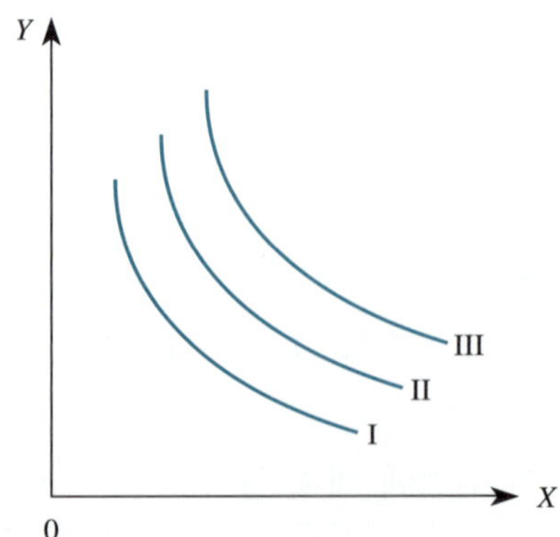

인사이드 비즈니스 4-1 무차별곡선과 위험선호

여러분들은 왜 몇몇 사람들이 스카이다이빙이나 위험한 금융자산에의 투자 등과 같은 위험한 행위를 선택하는 반면, 다른 사람들은 보다 더 안전한 활동들을 선택하는가를 의문삼아 본 적이 있는가? 무차별곡선 분석은 이 질문에 대한 답을 제공한다.

다음의 표는 수수료가 없는 주요 뮤추얼펀드인 T. Rowe Price가 제시한 3가지 펀드투자의 5년기간 연평균수익률과 질적 등급을 나타낸다. 뮤추얼펀드는 금융자산(표에 제시된 자산은 시(市) 채권의 포트폴리오로서, 시정부가 발행한 부채이다)의 포트폴리오에 투자하는 투자회사이다. 수수료가 없다는 것은 단순히 투자자가 그 펀드의 주식을 사고 팔 때 수수료를 지급하지 않는다는 것을 의미한다.

T. Rowe Price 뮤추얼펀드의 5년기간 연평균수익률과 질적 등급

	펀드명	5년간 연평균수익률	질적등급
A	세금면제 머니펀드	2.89%	2.0
B	세금면제 소득펀드	6.59%	2.6
C	세금면제 고수익펀드	7.29%	3.8

*T. Rowe Price 질적등급은 가장 높은 1부터 가장 낮은 10까지로 되어 있다.

출처: T. Rowe Price, Returns as March 31, 1998

3가지 투자안은 위험정도가 서로 다른 세금면제 펀드투자상품이다. 세금이 면제되므로 수취한 이자소득은 연방소득세가 면제된다. 이 때문에 이러한 투자상품은 고율의 세금을 내는 사람들에게 매력적이다.

T. Rowe Price가 사용한 질적등급은 보다 덜 위험한 펀드에 보다 낮은 숫자를 할당한다: 1은 가장 위험이 낮은 펀드에, 10은 가장 위험이 높은 펀드에 할당된다. 따라서 펀드 A는 가장 안전한 투자상품이나 가장 낮은 기대수익을 제공한다; 펀드B는 중간정도로 안전하며 기대수익도 중간정도이다; 그리고 펀드 C는 가장 덜 안전하나 가장 높은 기대수익을 제공한다. 〈그림〉의 점 A, B, C는 이들 3가지 펀드투자의 특징을 나타내고 있다.

투자자들은 안전성과 투자수익률수준을 "재화"로 간주한다; 즉, 보다 수익률이 높고 안전성이 높은 투자상품은 보다 수익률이 낮고 안전성이 낮은 투자상품보다 더 선호된다. 투자자들은 수익률수준과 안전성수준간에 서로 대체하고자 한다. 3가지 투자상품이 주어지면, 투자자의 관점에서 볼 때 보다 높은 수익과 투자의 안전성수준간에 교환관계가 있다.

〈그림 (a)〉와 같이 보다 경사가 급한 기울기의 무차별곡선은 기대수익과 안전성간에 높은 한계대체율을 가지고 있는 투자자를 나타낸다; 이 투자자는 안전성을 조금 포기하는 대가로 큰 기대수익을 받아야 한다. 〈그림 (b)〉와 같이 보다 평평한 기울기의 무차별곡선은 기대수익과 안전성간에 낮은 한계대체율을 가지고 있는 투자자를 나타낸다. 이 투자자는 조금이라도 기대수익을 높이기 위해 많은 안전성을 포기할 의향이 있다. (a)와 같은 무차별곡선을 나타내는 투자자에게는 투자안 A가 가장 매력적이다. 왜냐하면 그것은 가장 높은 무차별곡선과 관계되기 때문이다. 이와는 대조적으로 (b)와 같은 무차별곡선을 나타내는 투자자는 투자안 C에서 가장 높은 무차별곡선을 달성한다. 두 형태의 투자자들은 합리적이나, 그 중 한 투자자는 보다 더 큰 안전을 위해 추가적인 수익률을 포기하자고 한다.

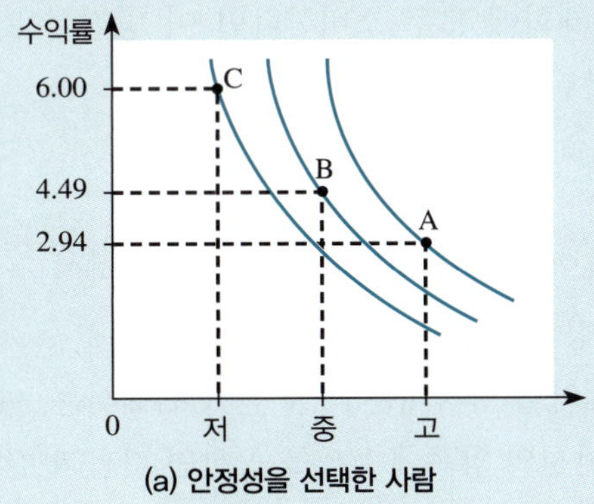

(a) 안정성을 선택한 사람

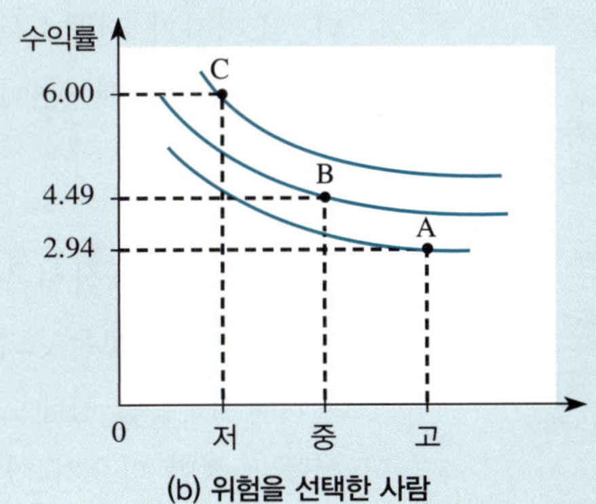

(b) 위험을 선택한 사람

된다. 세 무차별곡선은 볼록하며 서로 교차하지 않는다. 원점에서 멀리 떨어진 곡선은 원점에 보다 가까운 곡선보다 더 높은 수준의 만족을 준다는 것을 의미한다.

4.3 소비자 제약

의사결정을 할 때 개인들은 여러 가지 제약에 직면한다. 법적 제약, 시간제약, 물리적 제약, 그리고 예산제약이 있다. 이 과정의 범위를 넘어서는 문제는 제외하고 경영경제학의 본질적 문제에 중점을 두기 위해서, 가격과 소득이 소비자행동을 제약할 때의 역할을 검토하기로 한다.

4.3.1 예산제약

간단히 얘기하면, 예산제약은 소비자가 구입할 능력이 되는 상품의 묶음을 선택하도록 강요하므로써 소비자행동을 제약하게 된다. 어떤 소비자가 슈퍼마켓에서 계산을 위해 줄을 서고 있을 때 주머니에 단지 $30가 있다면, 그 소비자가 계산대에 제시할 수 있는 재화의 총가치는 $30를 넘을 수가 없다.

예산제약의 존재가 어떻게 소비자선택을 제한하는가를 보여주기 위해, 추가적으로 간단한 기호를 사용할 필요가 있다. M은 소비자소득을 나타내며 어떤 금액이든 관계없다. 특정의 소득금액대신에 M을 사용하므로써, 어떤 소비수준을 가지고 있는 소비자에 대해서도 이론이 성립된다는 점에서 일반화된다. P_x와 P_y는 각각 재화 X와 Y의 가격을 나타낸다고 하자. 이러한 기호가 주어졌을 경우 기회집합(또는 **예산집합**이라고 불림)은 수학적으로 다음과 같이 표현된다:

예산집합
소비자가 선택할 수 있는 상품묶음의 집합

$$P_x X + P_y Y \leq M$$

말로 표현하면, 예산집합은 소비자가 구입가능한 재화 X와 Y의 조합으로 정의된다: 즉 재화 X와 Y에 대한 소비자의 지출이 소비자의 소득을 초과하지는 못한다. 소비자가 전체소득을 두 재화에 모두 소비한다면 이 방정식은 등식으로 된다. 이 관계는 **예산선**이라고 불린다:

예산선
소비자의 소득을 모두 써서 구입할 수 있는 재화의 묶음을 나타내는 선

$$P_x X + P_y Y = M$$

다시 말하면, 예산선은 소비자의 소득을 정확하게 모두 사용하여 구입할 수 있는 재화 X와 Y의 모든 조합으로 정의된다.

기울기–절편 형태로 예산제약을 나타내는 식을 얻기 위해서는, 예산선의 방정식을 조정할 필요가 있다. 예산선의 양쪽에 $1/P_y$를 곱하면 다음과 같이 된다.

$$\frac{P_x}{P_y} X + Y = \frac{M}{P_y}$$

이것을 Y에 대해서 풀면,

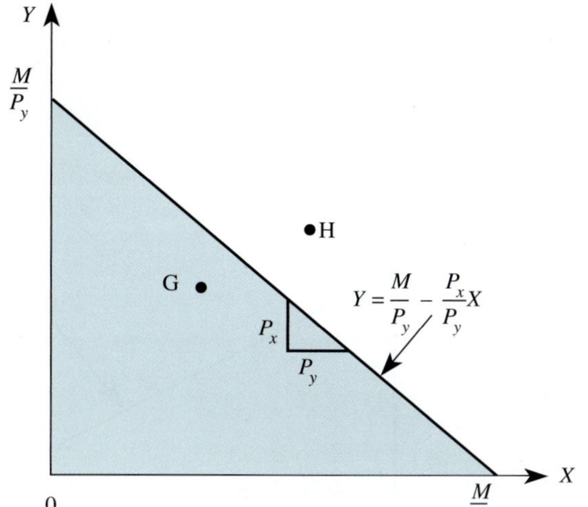

그림 4-3
예산집합

$$Y = \frac{M}{P_y} - \frac{P_x}{P_y}X$$

Y는 종축의 절편이 M/P_y이고 기울기가 $-P_x/P_y$인 X의 함수임에 주목하라.

소비자의 예산제약이 〈그림 4-3〉에 그래프로 나타나 있다. 색칠된 부분은 소비자의 예산집합 또는 기회집합을 나타낸다. 특히, 점 G와 같이 색칠된 부분내의 재화 X와 Y의 모든 조합은 구입가능한 X와 Y의 조합을 나타낸다. 점 H와 같은 색칠된 부분위의 모든 점은 구입이 불가능한 재화의 묶음을 나타낸다.

〈그림 4-3〉의 예산집합 위쪽 경계선이 예산선이다. 어떤 소비자가 전체소득을 재화 X에 사용한다면, 재화 X의 지출액은 소비자의 소득과 정확하게 일치한다:

$$P_x X = M$$

이 방정식을 조정하면 재화 X의 소비가능한 최대양은

$$X = \frac{M}{P_x}$$

이것이 예산선의 횡축절편값이

$$\frac{M}{P_x}$$

마찬가지로 그 소비자가 전체소득을 재화 Y에 사용한다면, 재화 Y의 지출액은 소비자의 소득과 정확하게 일치한다:

그림 4-4
예산선

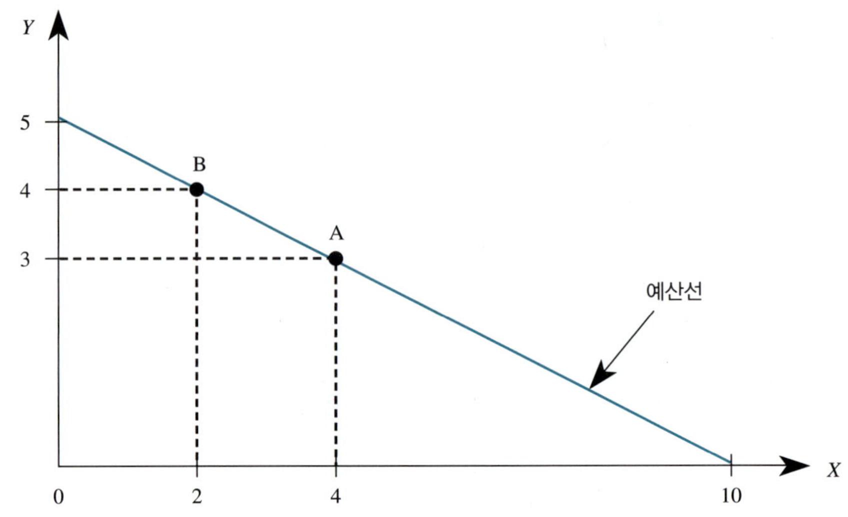

$$P_y Y = M$$

결과적으로 재화 Y의 소비가능한 최대양은

$$Y = \frac{M}{P_y}$$

시장대체율
어느 한 재화가 시장에서 또 다른 재화와 교환될 수 있는 비율; 예산선의 기울기

예산선의 기울기는 $-(P_x / P_y)$로 주어지며 재화 X와 Y사이의 **시장대체율**을 나타낸다. 재화 X와 Y사이의 시장대체율을 더 잘 이해하기 위해서 〈그림 4−4〉를 고려하자. 이 그림은 소비자의 소득이 \$10이고 재화 X의 가격이 \$1, 재화 Y의 가격이 \$2인 상황에서의 예산선을 나타낸다. 예산선 공식에 이러한 P_x, P_y, M값을 대입하면, 예산선의 종축절편값(구입가능한 재화 Y의 최대양)은 $M/P_y = 10/2 = 5$, 횡축절편값은 $M/P_x = 10/1 = 10$이며, 구입가능한 재화 X의 최대양을 나타낸다. 예산선의 기울기는 $-(P_x / P_y) = -(1/2)$.

예산선의 기울기가 두 재화사이의 시장대체율을 나타내는 이유는 다음과 같다. 소비자가 〈그림 4−4〉에서 묶음 A를 구입했다고 하자. 그것은 소비자가 3단위의 재화 Y와 4단위의 재화 X를 구입한 상황을 나타낸다. 소비자가 묶음 A대신에 묶음 B를 구입한다면 그 소비자는 추가적으로 재화 Y를 한 단위 더 얻게 될 것이다. 그러나 이를 위해서 그 소비자는 2(= 4 − 2)단위의 재화 X를 포기해야만 한다. 소비자가 구입하는 재화 Y의 매 단위에 대해, 즉, 추가적으로 Y 재화 한 단위를 더 얻기 위해서 그 소비자는 2단위의 재화 X를 포기해야 한다. 따라서 시장대체율은 $\Delta Y/\Delta X = (4 - 3)/(2 - 4) = -1/2$, 이것은 바로 예산선의 기울기이다.

인사이드 비즈니스 **4-2** **예산제약과 신용카드**

현대 경제에서 많은 소비자들은 현금보다 신용카드를 사용하여 구매하는 것을 선택한다. 신용카드에의 접근성이 소비자의 예산제약에 어떻게 영향을 미치는가? 신용카드의 핵심측면은 그것들 덕분에 우리는 현재 소비를 하고 나중에 지불을 한다. 우리는 제품을 구매하는 의사결정을 고려함으로써—예를 들어 서로 다른 시점에 음악 내려받기—우리의 틀속내에서 이러한 신용카드의 특징을 포착할 수 있다.

X를 오늘(시점 1) 음악내려받기라고 하고, Y를 1시점 후(시점 2) 음악내려받기라고 하자. 단순화를 위해, 음악내려받기의 가격이 두 시점에 $1라고 하자. 시점 1에 케이트는 몇 가지 음악내려받기 구매를 고려하고 있으나, 수중에 현금이 없다. 그러나 그녀는 시점 2에 지불해야만 하는 $100를 신용카드로 사용할 수 있다. 그녀의 카드 이자율이 25%이다. 구매 시점에 상관없이 그녀는 시점 2까지 지불하지 않아도 되므로, 우리는 시점 2에 소득과 가격의 관점에서 그녀의 예산선을 나타낼 수 있다. 시점 2의 음악내려받기 가격은 $1이다; 그러나 그녀는 25%의 이자율로 $1를 차입해야 하므로, 시점 1의 음악내려받기 가격은 시점 2의 금액으로는 $1.25가 될 것이다.

이상의 토론에서 보면, 시점 2의 금액 관점에서 케이트의 예산선은 다음의 특징을 갖는다: $M = \$125$, $P_x = \$1.25$, 그리고 $P_y = \$1$. 이와 같은 예산선은 다음의 그림과 같이 된다. 기울기 −1.25는 시점 1에 하나를 더 구매하기 위해 그녀가 시점 2에서 포기해야만 하는 음악내려받기의 금액을 나타낸다.

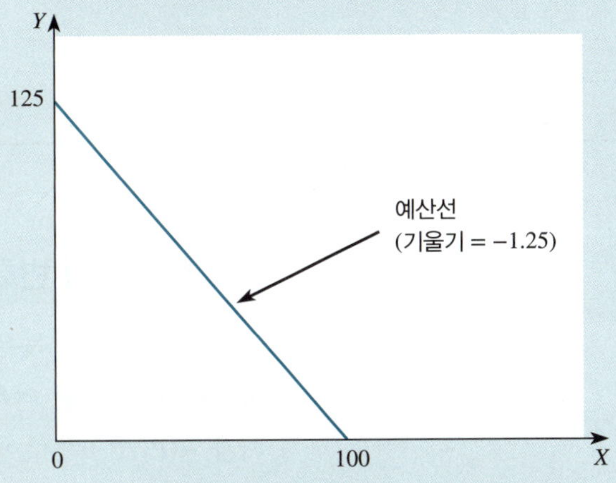

4.3.2 소득의 변화

소비자의 기회집합은 시장가격과 소비자의 소득에 달려 있다. 이들 변수값이 변함에 따라 소비자의 기회도 변할 것이다. 이제 가격이 일정하다고 가정하고 소득의 변화가 기회집합에 미치는 영향을 검토해 보자.

〈그림 4-5〉에서와 같이 소비자의 최초소득이 M^0라고 하자. 가격은 변하지 않은 상황에서 M^0가 M^1으로 증가하면 어떻게 되겠는가? 예산선의 기울기가 $-(P_x/P_y)$로 주어졌다는 것을 주목하라. 가격이 변하지 않는다는 가정하에서 소득의 증가는 예산선의 기울기에 영향을 미치지 못한다. 그러나 더 높은 소득에서는 각 재화를 더 많이 구입할 수 있으므로 소비자소득이 증가함에 따라 예산선의 종축 및 횡축 절편값이 모두 증가한다. 따라서 소득이 M^0에서 M^1으로 증가할 때 예산선은 오른쪽으로 평행이동한다. 전보다 소득이 증간한 이후에는 더 많은 재화를 구입할 수 있으므로, 이것은 소비자 기회집합의 증가를 반영한다. 마찬가지로 소득이 M^0에서 M^1로 감소하면 예산선은 원점방향으로 이동하며 예산선의 기울기는 변하지 않는다.

그림 4-5

소득의 변화는 기회집합을 축소시키거나 확대시킨다.

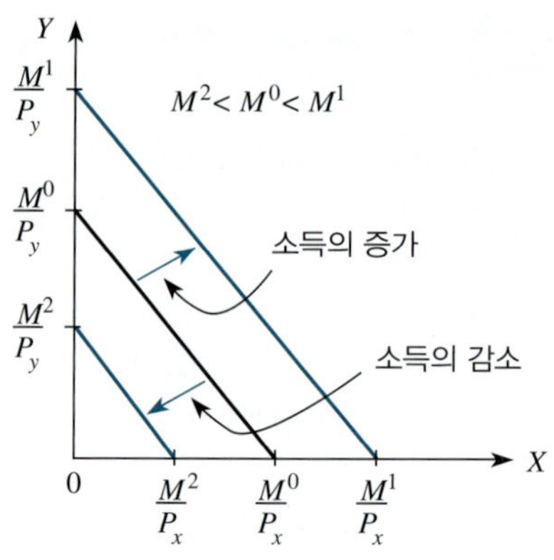

4.3.3 가격의 변화

이제 소비자의 소득은 M으로 고정되어 있으나 재화 X의 가격은 P^0에서 P^1으로 하락한다고 하자. 더욱이 재화 Y의 가격은 변하지 않았다고 하자. 예산선의 기울기가 $-(P_x/P_y)$로 주어졌으므로 재화 X가격의 하락은 기울기를 변화시켜 전보다 더 평평하게 만든다. 구입가능한 재화 Y의 최대수량은 M/P_y이므로, 재화 X가격의 하락은 예산선의 Y절편을 변화시키지 못한다. 그러나 보다 낮은 가격으로 구입가능한 재화 X의 최대수량(예산선의 X절편)은 M/P_x^0보다 더 큰 M/P_x^1이다. 따라서 재화 X가격 하락의 결과는 〈그림 4-6〉에서와 같이 예산선을 시계반대방향으로 회전시키는 것이다.

마찬가지로 재화 X가격의 상승은 다음의 예시문제에서와 같이 예산선을 시계방향으로 회전시킨다.

그림 4-6

재화 X가격의 하락

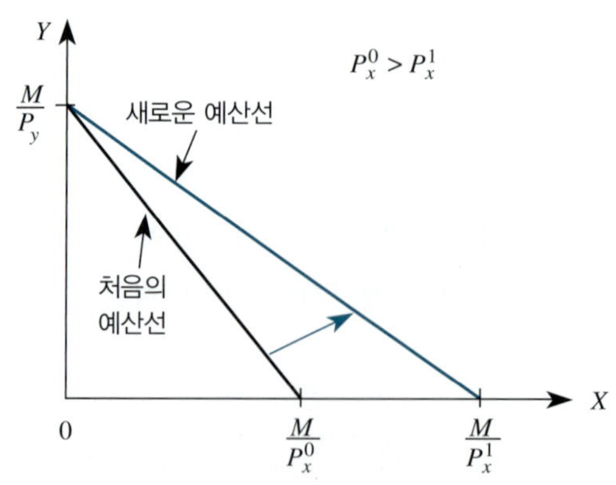

예시 문제
4-1

어떤 소비자가 \$100의 최초소득을 가지고 있으며 $P_x = 1$과 $P_y = 5$이다. 우선 예산선을 그래프로 나타내고, 재화 X가격이 $P_x^1 = 5$로 상승할 경우 예산선이 어떻게 변하는가를 보이시오.

정답

처음에 소비자가 재화 X에 전체소득을 사용하면 그 소비자는 100(= M/P_x = 100/1)단위의 X를 구입할 수 있다. 이것은 〈그림 4-7〉에 있는 처음의 예산선 횡축절편이다. 만약 그 소비자가 재화 Y에 전체소득을 사용하면 그 소비자는 20(= M/P_y = 100/5)단위의 Y를 구입할 수 있다. 이것은 최초예산선의 종축절편이다. 최초예산선의 기울기는 $-(P_x/P_y) = -1/5$.

재화 X가격이 5로 상승하면 소비자가 구입할 수 있는 X의 최대수량은 20(= M/P_x = 100/5)단위로 감소한다. 이것은 〈그림 4-7〉에 있는 새로운 예산선의 횡축절편이다. 만약 그 소비자가 재화 Y에 전체소득을 사용하면 그 소비자는 20(= M/P_y = 100/5)단위의 Y를 구입할 수 있다. 따라서 예산선의 종축절편은 변하지 않은 상태이다: 반면 기울기는 −1(= $-P_x^1/P_y = -5/5$)로 변한다.

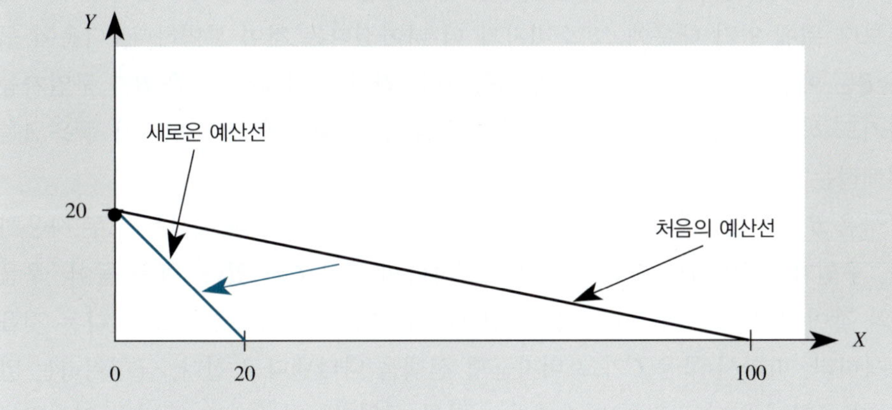

그림 4-7
재화 X가격의 상승

4.4 소비자균형

소비자의 목적은 효용 또는 만족을 극대화시키는 소비묶음을 선택하는 것이다. "많을수록 좋다"는 속성은 희소성이 없다면 그 소비자가 무한대의 재화 묶음을 소비하기를 원한다는 것이다. 그러나 희소성이 의미하는 것은 그 소비자가 예산집합내에 있는 한 개의 묶음, 즉 구입가능한 묶음을 선택해야 한다는 것이다. 소비자가 구입가능한 최선의 묶음을 어떻게 선택하는가를 보기 위해서 소비자선호이론과 소비자제약을 결합하여 보자.

〈그림 4-8〉의 A와 같은 묶음 하나를 고려하자. 이러한 재화 X와 Y의 묶음은 예산선상에 있으므로 묶음 A의 비용은 완전하게 소비자소득을 써버리게 된다. 그 예산선에 해당하는 소득과 가격이 주어졌을 경우, 소비자가 더 잘 소비할 수

그림 4-8

소비자균형

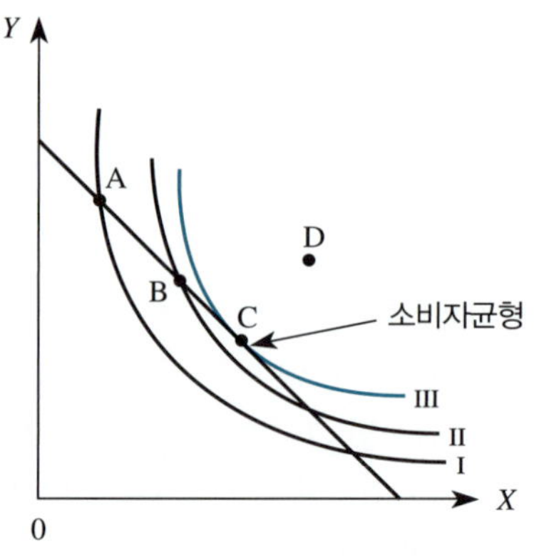

있을까—즉, 소비자가 더 높은 무차별곡선에 도달할 수 있을까? 그 소비자가 묶음 *A*대신에 묶음 *B*를 소비한다면, *B*를 통과하는 무차별곡선이 A점을 통과하는 것보다 위에 있기 때문에 그 소비자가 더 나아졌다는 것이 분명하다. 더욱이 묶음 *B*는 예산선상에 있으므로 구입가능하다. 간단히 말해서, 묶음 *B*가 구입가능하기도 하고 동시에 더 높은 수준의 이득을 주기 때문에 그 소비자가 묶음 *A*를 선택하는 것은 비효율적이다.

묶음 *B*는 최적인가? 그 답은 아니다이다. 묶음 *B*는 소비자예산을 모두 사용하나, 구입가능하면서도 훨씬 더 나은 또 하나의 묶음 *C*가 있다. 예를 들어, 묶음 *D*와 같이 소비자가 묶음 *C*보다 더 선호하나 구입이 불가능한 것도 있다는 것을 주목하라. 따라서 묶음 *C*가 소비자균형 선택을 나타낸다고 한다. 균형이라는 말은 이 균형에 일단 도달하면 소비자는 다른 구입가능한 묶음으로 바꿀 인센티브가 없음을 말한다.

소비자균형
균형소비묶음은 소비자에게 가장 큰 만족을 주는 구입 가능한 상품 묶음이다.

소비자균형의 중요한 속성은 그 균형점에서 무차별곡선의 기울기가 예산선의 기울기와 같다는 것이다. 무차별곡선 기울기의 절댓값이 한계대체율로 불리고 예산선의 기울기는 $-P_x/P_y$로 주어졌음을 상기하면, 소비자균형점에서는 다음이 성립함을 알게된다:

$$MRS = \frac{P_x}{P_y}$$

이 조건이 성립하지 않으면 소비자가 재화 *X*와 *Y*사이에 대체하고자 하는 개인적인 비율(한계대체율)이 그 소비자가 두 재화간에 대체할 수 있는 시장비율과 다르게 된다. 예를 들어, 〈그림 4-9〉의 점 A에서 무차별곡선의 기울기는 예산선의 기울기보다 더 크다. 이것이 의미하는 것은, 시장가격에 기초하여 소비자가 실제로 포기해야만 하는 것보다 추가적으로 재화 *X*를 한 단위 더 얻기 위해서는

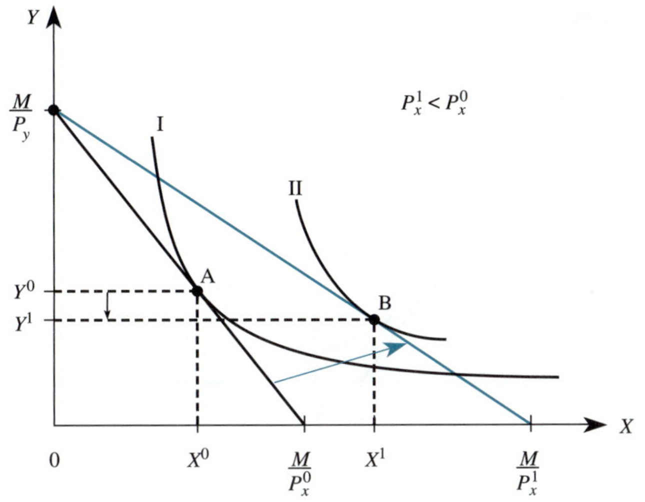

그림 4-9

재화 X가격의 하락에 따른 소비자균형의 변화(재화 Y가 재화 X의 대체재임을 주목하라)

그 소비자가 재화 *Y*를 더 많이 포기할 의사가 있다는 것이다. 결과적으로 소비자가 원하는 것은 재화 *Y*를 덜 소비하고 재화 *X*를 더 많이 소비하는 것이다. 이러한 대체는 최종적으로 소비자가 *MRS*와 가격비율이 같은 〈그림 4-9〉의 C와 같은 점에 있을 때까지 지속된다.

4.5 비교정태분석

4.5.1 가격변화와 소비자행태

어떤 재화가격의 변화는 균형소비묶음의 변화를 초래할 것이다. 이것을 이해하려면, 재화 *X*가격의 하락은 예산선을 시계반대방향으로 회전시킨다는 것을 상기하자. 따라서 소비자가 처음에 〈그림 4-9〉의 점 A에서 균형상태에 있을 경우, 재화 *X*가격이 P_x^1으로 하락할 때 그 소비자의 예산집합은 확대된다. 이와 같은 새로운 기회집합이 주어졌을 경우, 그 소비자는 더 높은 수준의 만족을 얻을 수 있다. 이것은 〈그림 4-9〉에서 새로운 균형점 B로의 이동으로서 나타난다.

새로운 균형점이 가격변화후 새로운 예산선의 어디에 위치하는가는 분명히 소비자선호에 달려 있다. 따라서 2장에서 설명된 대체재와 보완재에 대한 정의를 상기할 필요가 있다.

첫째, *X*가격의 상승(하락)이 *Y*소비의 증가(감소)를 가져올 경우 재화 *X*와 *Y*는 대체재라고 불린다. 대부분의 소비자들은 코카콜라와 펩시콜라를 대체재로 본

그림 4-10

재화 X가격이 하락할 때,
보완재 Y소비는 증가한다.

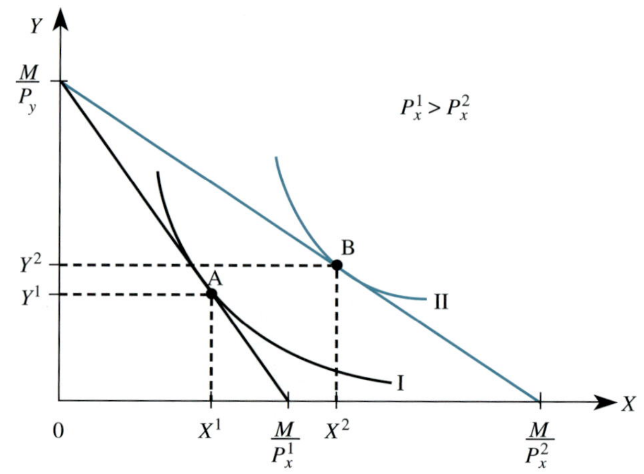

다. 펩시콜라가격이 상승하면 대부분의 사람들은 코카콜라를 더 많이 소비하는 경향이 있다. 재화 X와 Y가 대체재일 경우, X가격이 하락하면 소비자는 〈그림 4-9〉의 점 A에서 이전보다 Y재화가 덜 소비되는 점 B로 이동하게 된다.

둘째, X가격의 상승(하락)이 Y소비의 감소(증가)를 가져올 경우 재화 X와 Y는 보완재라고 불린다. 맥주와 땅콩은 보완재의 예가 된다. 맥주가격이 상승하면 맥주를 마시는 대부분의 사람들은 땅콩의 소비를 줄이는 경향이 있다. 재화 X와 Y가 보완재일 경우, X가격이 하락하면 소비자는 〈그림 4-10〉의 점 A에서 이전보다 Y재화가 더 많이 소비되는 점 B로 이동하게 된다.

경영상의 관점에서 볼 때, 주목해야할 핵심사항으로서 가격변화는 어떤 소비자가 여러 재화간에 대체할 수 있는 시장비율에 영향을 줌으로써 소비자행동을 변화시킨다는 것이다. 가격변화는 여러분 회사의 최근 가격전략 때문에 생길 수 있다. 또는 경쟁회사나 다른 산업의 기업들이 가격을 변화시켜서 가격변화가 일어날 수 있다. 궁극적으로 가격변화는 여러 재화를 구입하고자 하는 소비자의 인센티브를 바꿈으로써 소비자가 균형상태에서 구입하는 재화 묶음에 영향을 준다. 무차별곡선분석의 주요 장점으로서, 그 분석을 통하여 경영자는 가격변화로 인해 소비자가 균형에서 구입하는 재화묶음에 어떻게 영향을 주는가를 알 수 있게 된다. 다음에 보는 바와 같이 무차별곡석분석은 또한 소득변화가 소비자들이 구입하는 재화묶음에 어떻게 영향을 주는가를 알 수 있게 해준다.

4.5.2 소득변화와 소비자행태

소득의 변화는 또한 소비자들의 소비유형의 변화를 초래하게 된다. 그 이유는 소득의 변화가 소비자의 예산제약을 확대시키거나 축소시킴으로써 그 소비자는 새

인사이드 비즈니스 **4-3** **다품목 생산기업의 가격변화와 재고관리**

경영자가 해야하는 보다 중요한 의사결정중의 하나가 얼마나 많은 재고를 보유하고 있어야 하는가에 대한 결정이다. 재고를 너무 적게 보유하면 소비자들의 수요를 충족시키지 못하게 된다. 이 경우 여러분의 고객들은 다른 가게로 이탈하게 된다. 재고의 기회비용은 재고에 묶인 자금으로부터 벌 수 있는 잃어버린 이자가 된다. 재고관리를 수행할 때 효율적인 경영자는 가게 안의 상품간에 존재하는 관계와 한 상품가격의 변화가 다른 상품의 필수재고에 미치는 영향을 인식해야 한다. 예를 들어, 비디오게임기(consoles)의 가격하락은 게임기의 수요량 증가를 초래할 뿐만 아니라, (게임기의) 보완재에 해당하는 비디오게임에 대한 수요의 증가도 가져온다. 이러한 결과는 재고관리에 대해 명백한 시사점을 제시하고 있다.

어떤 한 제품의 가격하락 결과에 대해 살펴보면, 대체재의 수요와 대체재의 재고량에 대한 영향이다. 어떤 가게(retailer)가 많은 상품을 팔고 그 상품 중 일부가 대체재라면, 한 제품 가격의 하락은 그 가게에 있는 이들 다른 대체재의 매출감소를 초래할 것이다. 예를 들어, Xbox 360게임 가격이 하락하면 가격하락의 직접적인 결과로서 Xbox 360게임기에 대한 소비가 증가한다. 그러나 PlayStation3 게임기와 같은 대체재의 소비는 Xbox 360게임기의 가격하락 결과 감소하게 될 것이라는 것을 주목하라. 만약 그 경영자가 가격하락이 대체재의 소비에 미치는 영향을 고려하지 않는다면, 그 경영자는 Xbox 360게임기 가격이 하락할 때 PlayStation3 게임기의 재고가 쌓이게 되는 상황에 직면할 것이다.

로운 균형묶음을 찾아내는 것이 최적이라는 것을 알게 되기 때문이다. 예를 들어, 소비자가 처음에 〈그림 4-11〉의 점 A에서 균형상태에 있다고 가정하자. 이제 소비자소득이 M^1으로 증가하여 예산선이 원점밖으로 이동한다고 하자. 소비자가 이전보다 더 높은 수준의 만족에 도달할 수 있는 것은 분명하다. 이와 같은 특정의 소비자는 점 B를 통과하는 무차별곡선이 새로운 예산선에 접하는 〈그림 4-11〉의 묶음 *B*를 선택하는 것이 최적이라는 것을 알게 된다.

가격변화의 경우에서처럼, 새로운 균형점의 정확한 위치는 소비자선호에 달려 있다. 이제 정상재와 열등재에 대한 정의를 다시 살펴봅시다.

소득의 증가(감소)가 재화 *X*소비의 증가(감소)를 초래하면 재화 *X*는 정상재임을 상기하라. 정상재에는 스테이크, 항공여행 및 맞춤바지 등과 같은 재화가 포

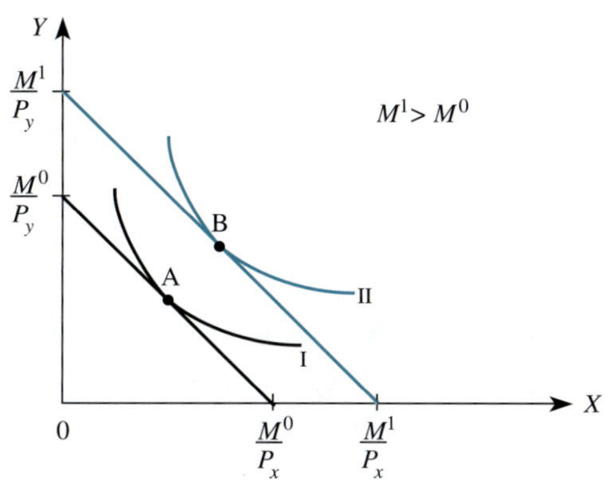

그림 4-11
소득의 증가는 정상재의 소비를 증가시킨다.

인사이드 비즈니스 4-4 소득효과와 경기변동

기업을 경영할 때 한 가지 중요하게 고려할 사항은 가격의 변화가 기업의 상품수요에 미치는 영향이다. 여러분이 정상재인 제품을 판매하는 기업의 경영자이며 또 다른 재화를 생산할 것을 고려하고 있다고 가정하자. 여러분이 의사결정을 할 때에 여러분이 고려하는 요소들이 여러 가지가 있다. 여러분의 제품이 정상재이므로 경제가 불황(소득이 낮음)일 때보다 경제가 호황(소득이 높음)일 때 그 제품을 더 많이 판매할 것이다. 여러분의 제품이 경기와 관련있는 제품이다, 즉 매출이 직접적으로 경제상황에 따라 변한다. 이러한 정보는 여러분의 가게에서 여러 가지 제품중 어느 것을 선택할 것인가를 결정할 때 여러분에게 유용할 수 있다.

여러분이 정상재를 더 많이 선택하는 것으로 결정을 한다면, 여러분은 계속 경기침체기보다 경기호황기에 더 많은 제품을 판매하는 영업을 하게될 것이다. 그러나 여러분이 몇 가지 열등재를 판매할 것을 결정한다면, 이들 제품에 대한 수요는 경기가 좋지 않을 때(소득이 낮을 때)에 증가할 것이며, 아마도 정상재에 대한 수요를 상쇄시킬 것이다. 이것은 제품의 최적 배합이 정상재와 열등재간에 50대 50이라고 말하는 것은 아니다; 사실 최적 배합은 여러분 자신의 위험선호도에 달려 있다. 그 분석이 의미하는 것은 고급식료품가게를 운영하는 경우가 슈퍼마켓을 운영하는 경우보다 더 높은 수준의 위험을 내포할 가능성이 높다는 것이다. 특히, 고급상점은 거의 정상재만을 판매하는 반면, 슈퍼마켓은 정상재와 열등재를 보다 더 "균형있게 조합하여(balanced portfolio)" 판매한다. 이것이 경기침체기동안 왜 많은 고급상점들이 문을 닫는 반면, 슈퍼마켓은 그렇지 않는가에 대한 이유를 설명해 준다. 또한 마케팅 캠페인을 구상할 때 소득효과의 크기를 알아야 할 필요가 있다. 제품이 정상재라면 그 기업은 소득이 높은 개인들에 대해 광고캠페인을 가장 중점적으로 할 것이다. 이러한 요인들은 어느 잡지와 TV쇼가 광고메시지를 전달하는 데 가장 좋은 수단인가를 결정할 때 고려되어야 한다.

함된다. 소득이 증가하면 소비자들은 보통 이들 재화를 더 많이 구입한다. 〈그림 4-11〉에서 소비자소득의 증가 때문에 재화 X와 Y소비가 증가했음을 주목하시오. 따라서 그 소비자는 재화 X와 Y를 정상재로 본다.

소득의 증가(감소)가 재화 X소비의 감소(증가)를 초래하면 재화 X는 열등재임을 상기하시오. 돼지고기, 버스여행, 기성복바지 등이 열등재의 예가 된다. 소득

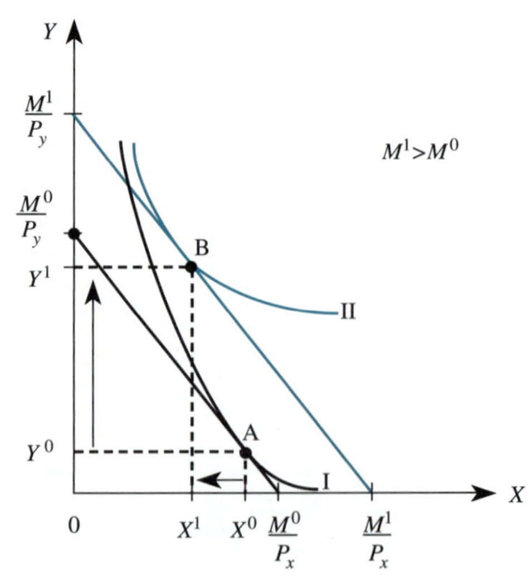

그림 4-12

소득의 증가는 재화 X의 균형소비량을 감소시킨다–열등재

이 증가하면 소비자들은 보통 이들 재화 및 서비스를 덜 구입한다. 그 재화를 열등재라고 부른다고 해서 그것들의 품질이 나쁘다는 것을 의미하지는 않는다는 것을 반복해서 강조한다; 그것은 단순히 소득이 증가할 경우 소비자가 덜 구입하게 되는 상품들을 정의하기 위해 사용된 용어이다.

〈그림 4-12〉는 재화 X가 열등재일 경우 소득의 증가영향을 나타낸다. 소득이 증가하면 그 소득수준에서 만족을 극대화하기 위해 소비자는 점 A에서 B로 이동한다. 점 B에서 소비자는 점 A보다 Y를 더 많이 소비하므로 재화 Y는 정상재라는 것을 안다. 그러나 점 B에서 X재화는 점 A보다 덜 소비되므로 이 소비자는 X를 열등재로 본다는 것을 주목하시오.

4.5.3 가격변화효과: 대체효과와 소득효과

가격변화가 소비자행동에 미치는 효과를 더 잘 이해하기 위해서 가격과 소득의 변화에 대한 분석을 결합할 수 있다. 어떤 소비자가 처음에 점 F와 G를 연결하는 예산선을 따라 〈그림 4-13〉의 점 A에서 균형상태에 있다고 하자. 재화 X가격이 상승하여 예산선은 시계방향으로 이동하고 점 F와 H를 연결하는 예산선으로 변한다고 하자. 이러한 변화에 대해 주목할 것이 두가지가 있다. 첫째, 예산집합이 가격상승으로 인하여 더 작아졌으므로 그 소비자는 가격상승이후 더 열악해질 것이다. 가격상승 후 도달할 수 있는 무차별곡선이 낮아졌으므로 실질소득이 보다 낮아진 것이다. 둘째, 재화 X가격이 상승하면 예산선의 기울기가 더 커지는데, 이것은 두 재화사이의 시장대체율이 커지는 것을 의미한다. 이들 두가지 요

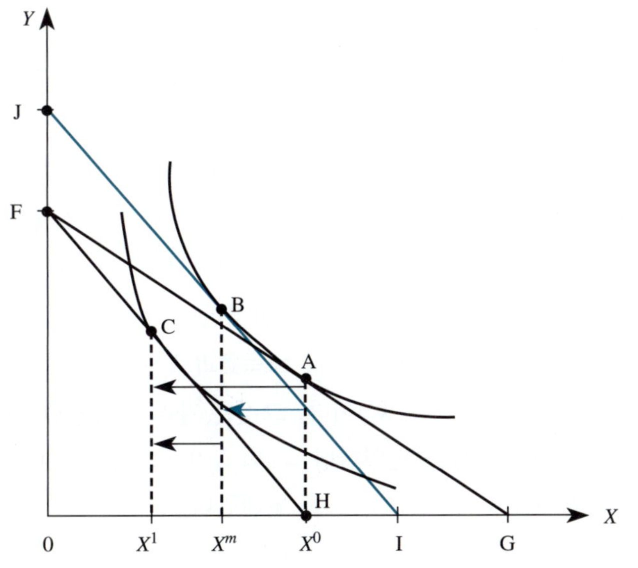

그림 4-13
재화 X가격의 상승은 대체효과(A에서 B)와 소득효과(B에서 C)를 초래한다.

그림 4-14
"하나 사면 하나를 무료로 줌" 피자거래

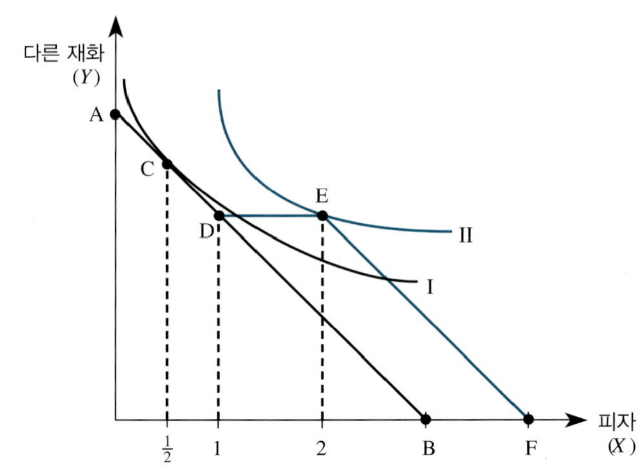

인 때문에 소비자는 〈그림 4−13〉에서와 같이 처음의 균형점(점 A)에서 새로운 균형점(점 C)으로 이동한다.

각 효과가 개별적으로 소비자선택을 어떻게 변화시키는가를 알아보기 위해서는 가격변화의 두 효과를 분리할 필요가 있다. 특히, 가격이 상승하면 무차별곡선이 더 낮아진다는 사실을 잠시 고려하지 말도록 하자. 가격상승 후 그 소비자는 〈그림 4−14〉의 점 J와 I를 연결하는 예산선에 도달할 수 있을 만큼 충분한 소득을 받았다고 하자. 이 예산선은 예산선 FH와 똑같은 기울기를 가지고 있으나, 예산선 FH보다는 소득이 더 높음을 의미한다. 이 예산선이 주어졌을 경우, 그 소비자는 처음보다 재화 X가 덜 소비되는 점 B에서 균형에 도달할 것이다. A에서 B로의 이동은 **대체효과**라고 불린다; 그것은 소비자가 여러 시장대체율에 어떻게 반응하는가를 반영한다. 대체효과는 〈그림 4−14〉에서 X^0와 X^m의 차이$(X^0 - X^m)$이다. 중요한 것은 소비자가 똑같은 무차별곡선상에서 A에서 B로 이동하므로, 그 이동에 따른 재화 X소비의 감소는 그 소비자의 실질소득의 감소가 아니라 시장대체율의 증가를 반영한다.

대체효과
동일한 무차별곡선상에서(동일한 실질 소득하에) 상대가격변화에 따른 수요량의 변화

그 소비자는 가격이 상승할 때 실제로 예산선 JI에 직면하지 않고 예산선 FH에 직면한다. 이제 가격상승을 보상하기 위해 그 소비자에게 준 소득을 되돌려 받는다고 하자. 이 소득을 되돌려받으면, 예산선은 JI에서 FH로 이동한다. 예산선에서의 이러한 이동은 단순히 소득의 감소를 반영한다; 예산선 JI와 FH의 기울기는 동일하다. 따라서 B에서 C로의 이동은 **소득효과**로 불린다. 소득효과는 〈그림 4−14〉에서 X^m과 X^1의 차이$(X^m - X^1)$이다; 그것은 가격이 상승할 때 그 소비자의 실질소득은 감소한다는 사실을 반영한다. 재화 X가 〈그림 4−14〉에서 정상재이므로 소득의 감소는 X소비의 더 큰 감소를 초래한다.

소득효과
실질소득의 변화에 따라(상태가격은 일정할 때) 발생하는 수요량의 변화

따라서 가격상승의 총효과는 대체효과와 소득효과로 구성된다. 대체효과는 무차별곡선상의 이동을 반영하여 상대적인 가격변화가 소비에 미치는 효과를 나타낸다. 소득효과는 예산선의 평행이동으로 나타난다; 따라서 그것은 실질소득감소가 소비에 미치는 효과를 나타내며 B에서 C로의 이동으로 나타난다. 시장에서 관측되는 가격상승의 총효과는 A에서 C로의 이동으로 나타난다. 소비자행동 변화의 총효과는 재화 X가격의 상대적인 상승(A에서 B로의 이동)에서 기인될 뿐만 아니라, 그 소비자의 실질소득감소(B에서 C로의 이동)에서도 기인한다.

4.6 무차별곡선 분석의 응용

4.6.1 소비자 선택

하나 사면 하나 공짜

피자식당에서 매우 인기있는 판매기법은 다음과 같은 거래기법을 사용하는 것이다:

"큰 피자를 한 판 사면 큰 피자 한 판을 무료로 줌"(한 고객당 무료피자 한 판으로 제한).

이것은 단순히 피자가격이 50% 하락하여 모든 가격하락의 경우에서처럼 예산선이 회전한다고 결론짓기 쉽다. 그러나 이러한 결론은 타당하지 못하다. 가격하락은 구입하게 되는 각 단위의 가격을 감소시킨다. 위에 요약된 거래유형은 단지 구입하게 되는 두 번째 단위의 가격만을 감소시킨다(사실, 그 거래는 두 번째 큰 피자가격을 0으로 감소시킨다). 그 거래는 한 개 미만이나 두 개 이상의 피자단위 가격을 변화시키지 못한다.

"큰 피자를 한 판 사면 큰 피자 한 판을 무료로 줌" 마케팅기법은 무차별곡선을 활용하면 분석하기에 매우 쉽다. 〈그림 4-14〉에서 어떤 소비자가 처음에 점 A와 B를 연결하는 예산선에 직면하고 점 C에서 균형상태에 있다. 점 C는 큰 피자의 반(예를 들어, 작은 피자 한 판)을 나타내므로 그 소비자는 큰 피자 한 판 대신에 작은 피자 한 판을 구입하는 것이 최선이라고 결정한다. 점 D는 큰 피자 한 판을 구입하는 점을 나타내나, 점 C가 더 높은 무차별곡선상에 있으므로 그 소비자는 묶음 *D*보다는 묶음 *C*를 더 선호한다.

그 소비자가 "하나 사면 하나를 무료로 줌" 거래를 제안받으면 그 소비자의 예산선은 ADEF가 된다. 그 이유는 다음과 같다. 소비자가 피자를 한 판보다 적게 구입하면 그 거래가 성립이 안되며 피자 한 판 미만의 예산선은 그 거래전과 같이 그대로, 즉 AD와 같다. 그러나 큰 피자 하나를 사면 두 번째 피자 하나를 공짜로 얻는다. 이 경우 피자 하나를 사는 즉시 예산선이 DEF로 된다. 다시 말하면, 큰 피자 한 개와 두 개 사이에는 피자가격이 0이 된다. 이것은 피자의 예산성이 한 단위와 두 단위 사이에는 수평하다는 것을 의미한다(예산선의 기울기가 $-(P_x/P_y)$이며 이들 단위에 대해서는 P_x가 0이 됨을 상기하시오.) 만약 그 소비자가 두 판 보다 더 많이 큰 피자를 소비하기를 원하면 그 소비자는 그 피자를 정상가격으로 사야만 한다. 그러나 그 소비자가 전체소득을 피자에 사용한다면 그 소비자는 이전보다 피자를 한 개 더 구입할 수 있을 것이다(그 피자중의 하나는 공짜이므로). 따라서 두 개 이상의 피자에 대해서는, 예산제약선이 점 E와 F를 연결하는 선으로 된다. 그 거래가 성립된 이후 기회집합이 확대된다. 사실 묶음 *E*는 현재 구입가능한 묶음이다. 더욱이 묶음 *E*가 묶음 *C*보다 더 선호되며 그 소비자의 최적선택은 〈그림 4-14〉에서와 같이 묶음 *E*를 소비하는 것이다. 그 판매기법이 소비자로 하여금 피자를 더 구입하도록 유도하게 된 것이다.

선물의 유형: 현금, 현물, 상품권

죽는 것, 세금, 그리고 크리스마스 후 환불을 위해 줄을 서는 것은 생활에서 필요하지만 불유쾌한 것처럼 보인다. 줄을 서는 이유를 알아 보고 그 문제에 대한 잠재적인 답을 제시하기 위해 다음의 이야기를 생각해 보자.

어느 크리스마스날 아침, 샘(Sam)이라고 하는 소비자가 〈그림 4-15〉에서와 같이 묶음 *A*를 소비할 때 균형상태에 있게 된다. 그가 상자를 열자 놀랍게도 과

그림 4-15

현금선물은 현물선물보다 더 높은 효용을 준다.

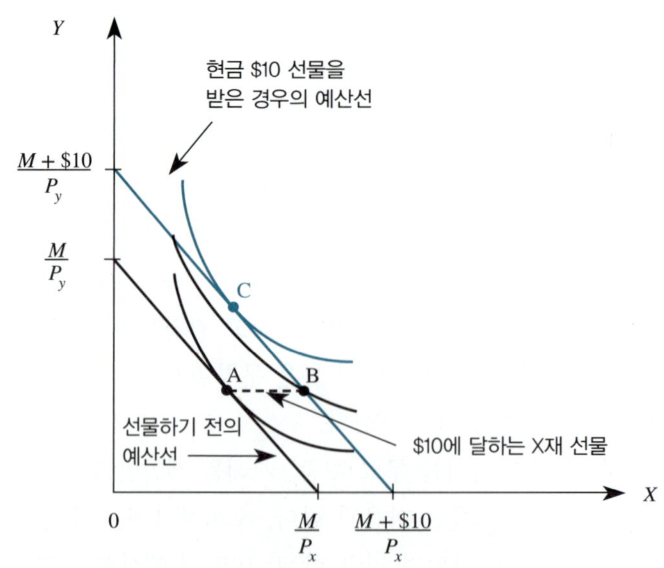

일케이크가 들어 있었다. 그는 웃는 척하면서 그가 항상 과일케이크를 원했다고 사라(Sarah) 아줌마에게 얘기한다.

그림표에서, 샘이 선물을 받을 때 〈그림 4–15〉에서 그의 기회집합은 확대되어 점 B를 포함하게 된다. 묶음 *B*는 묶음 *A*보다 과일케이크 하나를 더 가지고 있는 것이외에는 단지 묶음 *A*와 똑같다는 것을 주목하시오. 이와 같은 새로운 기회집합이 주어졌을 경우, 샘은 선물을 받은 후 점 B를 통과하는 보다 높은 무차별 곡선으로 이동한다.

샘은 이전보다 선물을 받은 후 더 나아졌지만, 사라 아줌마가 과일케이크를 사는데 든 현금을 그에게 주었다면 그 선물은 그가 구입하지 않았을 것이다. 구체적으로 보기 위해 그 과일케이크 가격을 $10라고 하자. 샘이 $10를 현금으로 받았다면 그의 예산선은 이전의 예산선밖으로 평행이동하여 〈그림 4–15〉에서와 같이 점 B를 통과했을 것이다. 샘이 추가적인 소득을 얻게 될 때 가격은 변하지 않으므로 예산선의 기울기는 변하지 않는다. 또한 샘이 과일케이크 하나를 더 사기 위해 그 돈을 사용한다면 그는 그 소득을 정확하게 모두 소비할 것이라는 것을 주목하시오. 따라서 현금선물을 받은 후 예산선은 점 B를 통과해야만 한다. 그리고 현금선물을 받을 경우 과일선물을 받았을 경우(점 B)와 비교하여 점 C에서 보다 더 높은 수준의 만족을 얻게 될 것이다.

그러므로 현금선물은 현물선물이 정확하게 그 소비자가 개인적으로 구입하고자 했던 것이 아니면 보통 동일한 가치의 현물선물보다 더 선호된다. 이것은 왜 환불담당부서가 크리스마스휴일 이후에 매우 바쁜지를 설명해 준다; 즉, 소비자들은 그들이 더 선호하는 묶음을 사기 위해 현물선물을 현금으로 바꾸고자 한다.

가게가 반품되는 선물의 수를 줄이기 위한 하나의 방법은 선물상품권을 판매하는 것이다. 그 이유를 알아보기 위해, $10의 과일케이크 대신에 *X*재화를 파는 X가게에서 $10의 상품을 살 수 있는 선물상품권을 샘이 받았다고 하자. 그러나 그 상품권은 *Y*재화를 파는 Y가게에는 해당되지 않는다. 선물상품권을 받으면, 샘은 그 상품권을 받기이전보다 *Y*재화를 조금도 더 살 수 없다. 그러나 만약 그가 모든 소득을 *X*재화에 사용한다면, X가게에서 $10의 상품을 살 수 있는 상품권을 가지고 있으므로 그는 $10의 *X*재화를 구입할 수 있다. 그리고 만약 그가 *X*재화에 그의 모든 소득을 사용한다면 선물상품권 때문에 이전보다 $10만큼 더 구입할 수 있다. 실제로 선물상품권은 X가게에만 해당되는 현금과 같다.

그림에서 보면, X가게에서 사용할 수 있는 선물상품권을 받은 효과는 〈그림 4–16〉에 나타나 있다. 샘이 선물상품권을 받기 전의 예산선은 왼쪽의 직선이다. $10의 선물상품권을 받을때에는 예산제약이 오른쪽의 직선이 된다. 실제로 선물상품권은 소비자로 하여금 추가적으로 자신의 돈을 사용하지 않고서도 $10의 *X*재화를 구입할 수 있게 해준다.

그림 4-16

X가게에서만 사용할 수 있는 선물상품권

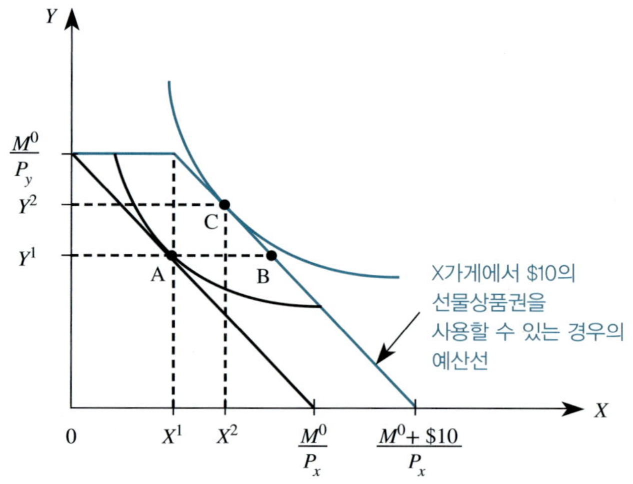

선물상품권이 소비자행동에 미치는 효과는 무엇보다도 *X*재화가 정상재이냐 아니면 열등재이냐에 달려 있다. 어떤 소비자가 선물상품권을 받을 때 어떻게 행동하는가를 조사하기 위해, 어떤 소비자가 처음에 〈그림 4-16〉에서와 같이 점 A에서 균형상태에 있으며 *X*재화에 $10를 사용한다고 하자. 어떤 소비자가 X가게의 상품에만 사용할 수 있는 선물상품권을 받았다면 어떻게 되겠는가? X와 Y가 모두 정상재라면 그 소비자는 소득이 증가함에 따라 두 재화를 더 많이 소비하기를 원할 것이다. 따라서 두 재화가 모두 정상재라면 그 소비자는 〈그림 4-16〉에서와 같이 A에서 C로 이동한다. 이 경우 그 소비자는 동일한 가치의 현금상품권에 반응을 보인 것과 똑같이 선물상품권에 반응을 한다.

예시 문제

4-2

*X*재화가 열등재라면 위에서 설명한 선물상품권에 대한 분석이 어떻게 되는가?

정답

이 경우 X가 열등재이므로 $10의 현금상품권을 받으면 〈그림 4-17〉의 점 A에서 점 D로 이동할 것이다. 그러나 $10의 선물상품권을 받으면 묶음 *D*는 구입이 불가능하며, 그 소비자가 할 수 있는 최선의 것은 묶음 *E*를 소비하는 것이다. 다시 말해서, 그 소비자가 현금을 받았다면 그 소비자의 예산선은 점선을 따라 확대되어 점 D도 구입가능한 묶음이 되었을 것이다. 현금을 받았다면 그 소비자는 선물상품권을 받았을 경우보다 *X*재화를 덜 구입했을 것이다. 또한 그 소비자는 선물상품권을 받았을 경우보다 현금상품권을 받았을 때 더 높은 무차별곡선에 도달했을 것이다.(이 장의 끝에 있는 개념 및 계산문제 4에서, 그 재화가 열등재일 때 선물상품권이 항상 현금상품권보다 더 낮은 무차별곡선과 더 높은 매출을 초래하는가에 대한 문제가 제시되어 있다.)

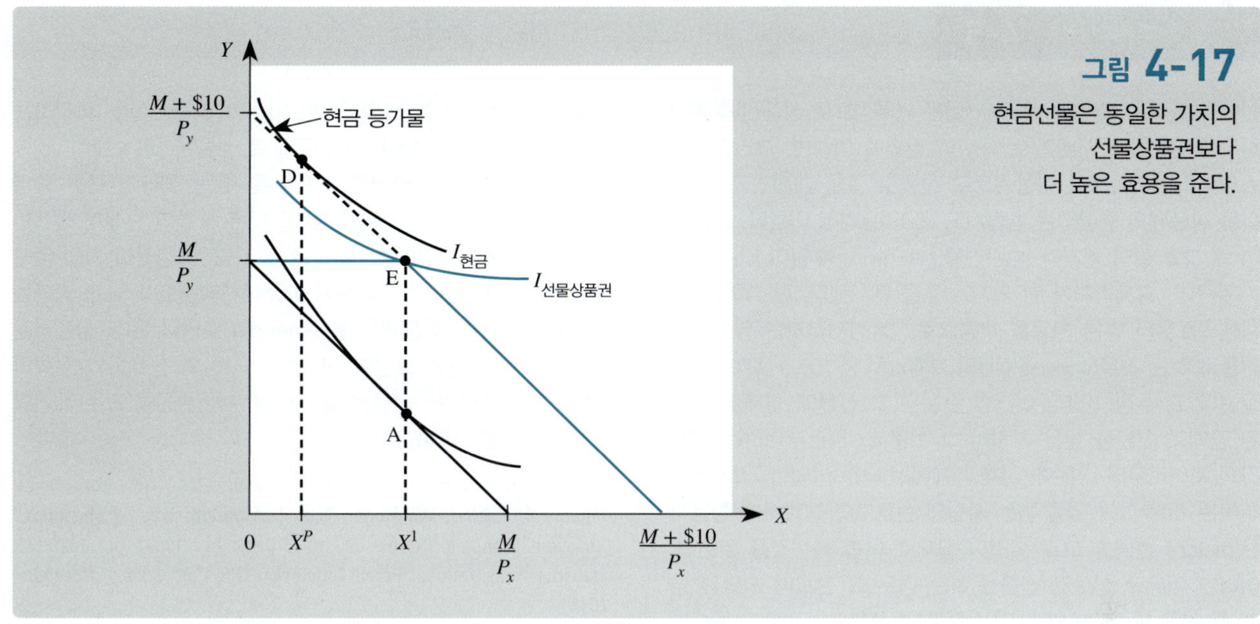

그림 4-17
현금선물은 동일한 가치의 선물상품권보다 더 높은 효용을 준다.

이러한 분석을 통해 선물상품권을 판매하는 기업에서 두 가지 중요한 혜택이 있음을 알 수 있다. 첫째, 경영자로서 여러분들은 선물을 찾는 고객에게 선물상품권을 제공하여 환불부서의 스트레스를 줄일 수 있다. 이것은 정상재와 열등재 모두에게 해당된다. 둘째, 열등재를 판매할 경우, 선물을 찾는 고객에게 선물상품권을 파는 것은 고객이 현금상품권에 의지하는 경우보다 판매량의 증가를 가져올 수 있다(소비자들이 선물상품권을 현금으로 바꾸는 것을 허용하지 않는다고 가정한다.)

4.6.2 근로자와 경영자의 선택

지금까지 무차별곡선에 대한 분석은 재화와 서비스에 대한 소비자의사결정에 초점을 맞추었다. 경영자와 근로자들 또한 개인들이므로 그들이 직면하고 있는 여러 가지의 대안들에 대한 선호를 갖고 있다. 여기에서는 소비자들에 대한 이전의 무차별곡선분석이 기업에 의해 고용된 경영자와 다른 개인들의 행동을 분석할 수 있도록 쉽게 변형될 수 있다는 것을 알게 될 것이다. 6장에서는 이와 같은 근로자와 경영자의 행동에 대한 분석이 효율적인 고용계약을 맺는 데에 어떻게 활용되는가를 보여준다.

소득-여가 선택의 단순모형

대부분의 근로자들은 여가와 소득을 모두 재화로 간주하며 무차별곡선을 따라

인사이드 비즈니스 4-5 현물(in-kind)로 하는 선물(gift)의 사중손실(deadweight loss)

선물을 하려는 사람들(gift-givers)은 기록적으로 상품권에 의지하고 있다. 최근 서베이(survey)의 결과에 의하면, 크리스마스 쇼핑객의 2/3이상이 상품권으로 선물할 것을 계획하고 있다. 이들 상품권의 총금액은 놀랍게도 250억달러에 이른다. 상품권이 왜 그와 같이 인기가 높은 선물(gift-giving)수단이 되는가?

최근 한 경제학자가 한 가지 설명을 제시했다. 한 그룹의 대학생으로부터 얻은 자료를 바탕으로, 그 경제학자는 일반적인 현물로 하는 선물(in-kind gift)의 화폐가치 중 10%~30%가 "손실된다"고 추정하였다. 이러한 손실은 그 선물에 실제로 지불된 금액과 선물을 받은 사람이 그 선물에 대해 부여하는 가치 간의 차이로부터 나온다. 실제 세계에서 나온 이러한 자료가 의미하는 것은 그 선물을 받는 사람의 선호도와 정확하게 상응하는(match) 선물을 고르는 것이 실제로 어렵다는 것을 말한다. 이러한 이유로 현물로 선물을 하는 경우 그 선물에 지불된 금액 중 평균 10~30%의 "사중손실"이 발생한다.

이 책에서 설명한 바와 같이, 이러한 사중손실을 회피하는 한 가지 방법은 현물보다는 현금으로 선물을 하는 것이다. 그러나 불행하게도 현금선물도 현금을 주는 것과 연관된 오명(stigma)이 다음과 같이 있을 때 또 다른 종류의 손실이 발생한다: 현금선물은 그것에 (선물을 주는 사람의) 생각이 거의 없다고 선물을 받는 사람이 느끼기 때문에 "액면보다 낮게 평가된다(discounted)". 상품권은 좋은(happy) 수단이 된다. 상품권은 현금선물과 연관된 오명과 선물받는 사람의 선호도와 정확하게는 상응하지 않는 선물을 줄 경우의 사중손실을 모두 제거할 수 있다는 점에서 이상적이다.

출처: "Harried Shoppers Turn to Gift Certificates," New York Times, January 4, 1997; J. Waldfogel, "The Deadweight Loss of Christmas," American Economic Review 83, no. 5(December 1993), pp. 1328-36; Statistics from National Retail Federation Gift Card Survey, November 2014.

체감비율로 그 두 재화를 대체한다. 따라서 보통 근로자의 무차별곡선은 〈그림 4-18〉에서와 같이 일반적인 형태를 취하며, 횡축에는 피고용자가 사용한 여가량, 종축에는 근로자소득을 나타낸다. 근로자는 여가를 즐기기도 하고 또한 소득도 좋아한다는 것을 주목하라.

그림 4-18
노동-여가 선택

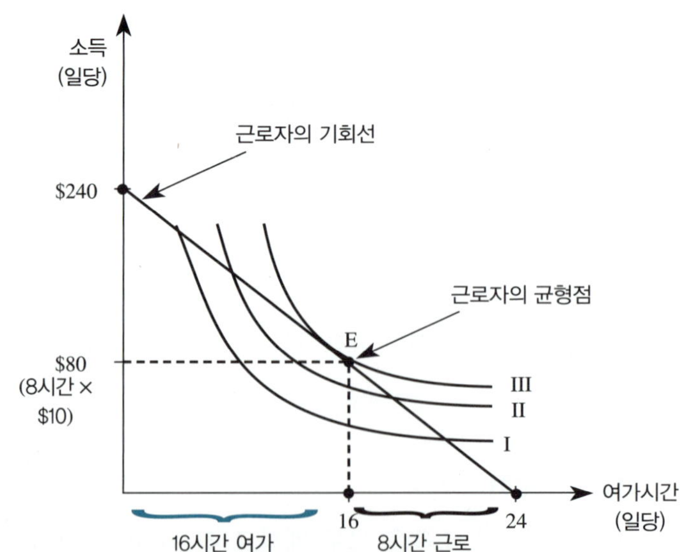

예시 문제 **4-3**

어떤 근로자가 시간당 $5의 고정임금과 $40의 고정급여를 받는다고 하자. 하루 24시간이 주어질 경우 그 근로자의 기회집합에 대한 방정식은? 그 근로자가 하루에 벌 수 있는 총수입의 최댓값은? 최저값은? 추가적으로 한시간의 여가를 소비할 경우 근로자의 가격은?

정답

하루 24시간중 L시간의 여가를 소비하는 어떤 근로자의 총수입(E)은 다음과 같이 주어진다:

$$E = \$40 + \$5(24 - L)$$

따라서 수입 (E)과 여가(L)의 조합은 다음을 만족시킨다:

$$E = \$160 - \$5L$$

그러므로 어떤 근로자가 하루 24시간중에서 벌 수 있는 최대수입은 $160(전혀 여가를 사용하지 않음) ; 벌 수 있는 최저수입은 $40(전혀 일하지 않음). 여가의 시간당 기회비용이 1시간의 일이 되므로, 단위당 여가가격은 $5이다.

근로자가 여가를 포기하도록 유도하기 위해서 기업은 그에 대해 보상해야 한다. 어떤 기업이 근로자가 포기하는(즉, 일을 하는) 여가시간당 근로자에게 $10를 제공한다고 하자. 이 경우 근로자나 경영자가 직면하는 기회집합은 〈그림 4−18〉의 직선으로 주어져 있다. 근로자가 매일 24시간 일할 것을 선택하면 그 근로자는 여가는 없으나 매일 $240(= $10 × 24)를 벌게 되며 그 직선의 종축절편이 된다. 그 근로자가 일하지 않는 것을 선택하면 그 근로자는 24시간의 여가를 가지게 되나 전혀 소득이 없게 된다. 이것은 〈그림 4−18〉에 있는 직선의 횡축절편이 된다.

따라서 근로자행동은 소비자행동을 분석한 경우와 똑같이 분석될 수 있다. 그 근로자가 〈그림 4−18〉의 점 E에서 기회집합에 접할 때까지 더 높은 무차별곡선에 도달하려고 시도한다. 이 경우 그 근로자는 하루에 총 $80를 벌기 위해 16시간의 여가를 사용하며 8시간 일을 한다.

경영자의 의사결정

경제학자 William Baumol[1]의 주장에 의하면, 많은 경영자들은 자기들 기업의 생산량(매출액)과 이윤으로부터 만족을 얻는다. 그에 의하면, 이윤과 매출액이 커질수록 기업규모가 더 크게 되고, 기업규모가 클수록 넓은 사무실, 경영자 헬스

1 William J. Baumol, *Business Behavior, Value, and Growth*, rev. ed. (New York: Harcourt, Braceand World, 1967).

클럽, 기업전용비행기 등과 같은 경영자특권이 더 많아지게 된다.

어떤 경영자는 기업의 이윤과 매출액(판매량)을 재화로 보고 많은 것이 적은 것보다 더 선호된다고 하자. 경영자로서 여러분들이 이러한 유형의 선호를 갖는 것이 최적이라고 주장하는 것은 아니다. 그러나 여러분의 선호도는 그러한 예가 될 수 있다. 예를 들어, 많은 판매직업에서 개인들은 기업의 전반적인 이윤성과에 따라 보너스를 받는다. 그러나 특정의 영업과 관련된 비용에 대한 보상을 받을 수 있는 판매원의 능력은 그 개인의 총생산량(즉, 판매된 차의 수)에 달려 있을 수 있다. 이 경우, 그 개인은 총생산량과 이윤의 가치를 모두 평가할 수 있다. 다시 말하면, 회사비행기, 승용차 등과 같은 경영자특권은 기업판매량에 기초하여 개인에게 할당될 수 있다. 그 경우 경영자의 선호도는 총생산물(판매량)뿐만 아니라 기업의 이윤에도 달려 있다.

〈그림 4-19〉의 a,b,c는 기업이윤을 나타내는 곡선상에서 한 기업의 이윤과 생산량사이의 관계를 보여준다. 이 곡선은 원점에서부터 점 C,A,B를 통과하며, 기업이윤이 생산량의 함수임을 나타낸다. 기업이 생산물을 전혀 판매하지 않으면 이윤은 0이 된다. 기업이 생산량을 확대함에 따라 이윤은 증가하여, Q_m에서 최댓값에 도달한 후 점 Q_0에서 다시 0이 될 때까지 감소하기 시작한다.

생산량과 이윤사이의 이러한 관계가 주어질 경우, 생산량과 이윤을 재화로 간주하는(Baumol의 가설) 경영자는 〈그림 4-19 (a)〉와 같은 무차별곡선을 갖는다. 그 경영자는 점점 더 높은 무차별곡선에 도달하려고 하며 최종적으로 점 A에서 균형에 도달한다. 이러한 수준의 생산량(Q_u)은 이윤극대화 수준의 생산량(Q_m)보다 더 크다는 것을 주목하시오. 따라서 그 경영자가 이윤과 생산량을 모두 재화로 간주하면 그 경영자는 이윤극대화 수준의 생산량보다 더 많이 생산한다.

그림 4-19

경영자의 선호도는 (a) 이윤과 산출물, (b) 산출물에만, 또는 (c) 이윤에만 달려 있다.

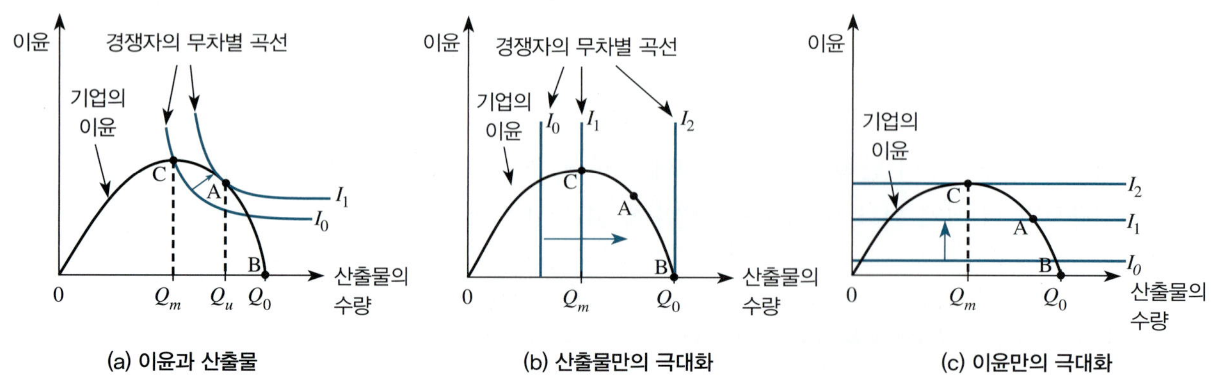

(a) 이윤과 산출물 (b) 산출물만의 극대화 (c) 이윤만의 극대화

이와는 대조적으로, 그 경영자의 선호도가 생산량에만 달려 있을 경우 무차별곡선은 수직선인 〈그림 4-19 (b)〉처럼 된다. 이러한 상황의 한 가지 예는 자동차 딜러의 소유주가 판매된 차의 수량만을 토대로 경영자에게 급여를 줄 때 일어난다(회사가 파산하면 그 경영자는 아무것도 받지 못함). 그 경영자는 이윤을 고려하지 않기 때문에 그의 무차별곡선은 수직선이 되며 원점에서 멀어질수록 만족은 증가한다. 그러한 선호도를 갖는 경영자는 무차별곡선 I_2에 도달할 때까지 오른 쪽으로 점점 더 멀리 떨어진 무차별곡선을 얻으려고 할 것이다. 점 B는 이 경영자의 균형값을 나타내며, 그 점에서 Q_0단위의 산출물이 생성된다. 이 경우에도 그 경영자는 이윤극대화 수준보다 더 많이 생산한다.

마지막으로 그 경영자가 기업이윤에만 관심을 가지고 있다고 하자. 이 경우 그 경영자의 무차별곡선은 〈그림 4-19 (c)〉처럼 수평선이 된다. 그 경영자는 점 C에서 만족을 극대화하는데, 가능한 기회집합이 주어질 경우 그 점에서 무차별곡선 I_2가 가장 높다. 이 경우 이윤은 더 커지고 생산량은 다른 두 경우에서보다 더 작다.

기업소유주의 중요한 문제는 경영자로 하여금 이윤에만 관심을 갖도록하여 〈그림 4-19 (c)〉에서와 같이 결과적으로 기업의 가치를 극대화시키는 것이다. 이 문제를 6장에서 더 자세히 검토할 것이다.

4.7 무차별곡선과 수요곡선간의 관계

지금까지 우리는 개인소비자의 소비유형이 어떻게 대체재가격, 보완재가격, 기호(즉, 무차별곡선의 형태), 소득을 포함한 변수에 달려있는지를 검토하였다. 사실, 이 장에서 설명된 무차별곡선 접근방법은 2장에서 설명된 수요함수를 기반으로 한다. 여기서는 무차별곡선과 수요곡선간의 연결관계를 검토하는 것으로 결론을 맺는다.

4.7.1 개인수요

정상재의 수요곡선이 어디에서 도출되는가를 알아보기 위해 〈그림 4-20 (a)〉를 고려하자. 그 소비자는 처음에 소득이 M으로 고정되고 가격이 P_x^0와 P_y가 되는 점 A에서 균형을 이루고 있다. 그러나 X재화 가격이 P_x^1과 같이 더 낮은 수준으로 하락할 때, 기회집합은 확대되고 점 B에서 새로운 균형에 도달하게 된다.

주목해야 할 중요한 것으로서, 소비자가 A에서 B로 움직이게 만든 유일한 변

그림 4-20
개인수요곡선의 도출

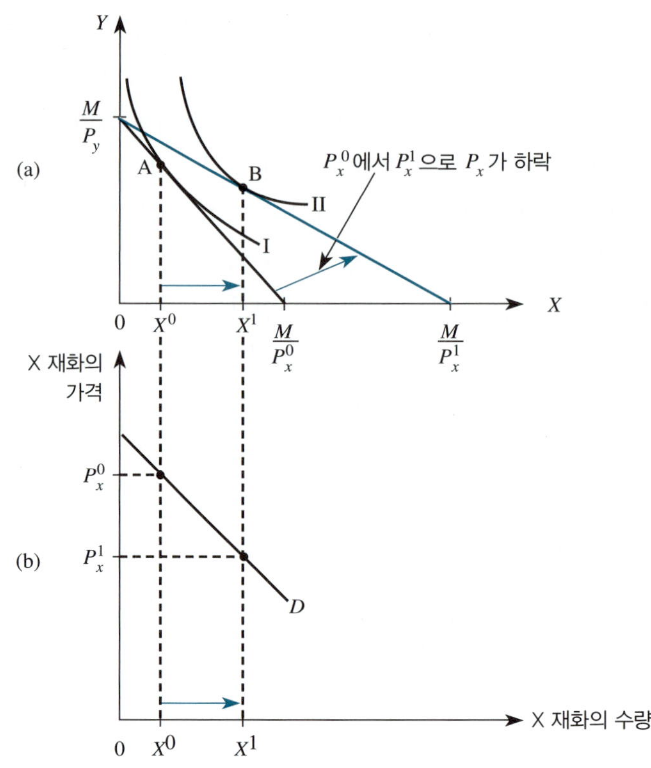

화요인은 X재화 가격의 변화이었다; 소득과 Y재화 가격은 그 그림에서 상수로 간주된다. X재화 가격이 P_x^0일 때 그 소비자는 X^0단위의 X재화를 소비한다; 그 가격이 P_x^1으로 하락하면 X소비는 X^1으로 증가한다.

X재 가격과 X재 소비량간의 이러한 관계는 〈그림 4-20 (b)〉의 그래프로 나타내며, X재화에 대한 개인소비자의 수요곡선이 된다. X재화에 대한 이 소비자의 수요곡선은 다른 조건이 일정할 경우 X재 가격이 P_x^0일 때 그 소비자는 X^0단위의 X를 구입하며; X재 가격이 P_x^1일 때 그 소비자는 X^1단위의 X를 구입한다.

4.7.2 시장수요

경영자로서 여러분들은 여러분 기업의 상품에 대한 모든 소비자들의 총수요를 결정하는데 관심을 가질 것이다. 이러한 정보는 시장수요곡선에 요약되어 있다. 그 시장수요곡선은 개인수요곡선의 수평적 합이며 시장에 있는 모든 소비자가 가능한 각각의 가격대에서 구입하게 되는 총수량을 의미한다.

이러한 개념은 〈그림 4-21 (a)〉와 〈그림 4-21 (b)〉에 그래프로 나타나 있다. 곡선 D_A와 D_B는 가상의 두 소비자(A와 B)의 개인수요곡선을 각각 나타낸다. 가

인사이드 비즈니스 4-6 보건소와 산출물지향적인 인센티브

대부분의 사기업과는 달리, 국영기관들과 비영리 조직들은 보통 이윤극대화에 중점을 두지 않는다; 대신 그들은 다른 목적들, 종종 생산량 극대화라는 목적을 가지고 있다. 가능한 한 많은 시민들에게 의료서비스를 제공할 것을 추구하는 보건소의 경우가 주로 그렇다. 그러나 보건소의 직원들은 산출물 생산에 대해 정부의 선호를 공유하지 않을 수도 있다.

최근 르완다에서는 그 나라의 보건소들이 수년간의 저성과로 고통을 받았다. 이에 대응하여 르완다 보건성은 국제 HealthNet과 함께 르완다 보건소들에 대한 지원전략을 바꾸기로 결정했다. 특히, 직원들의 급여뿐만 아니라, 직원들은 산출물에 기초한 보너스로 보상받았다. 간단히 말해, 더 많은 서비스가 제공되면 직원들은 더 많은 돈을 받았다.

이러한 생산량 지향적인 인센티브 계획은 직원들의 선호와 정부의 선호를 일치시키는데 도움이 되었다. 실제로 지급계획에서 이러한 변화를 경험했던 보건소들의 생산성은 50% 이상의 증가를 나타냈다.

출처: B. Meesen, J.P. Kashala, and L. Musango, "Output–Based Payment to Boost Staff Productivity in Public Health Centers: Contracting in Kabutare District, Rwanda," *Bulletin of the World Health Organization* 85(2007), pp. 108–15.

격이 $60일 때에는 시장수준에서 0단위가 판매되며, 이것은 시장수요곡선상의 한 점이 된다(〈그림 4–21 (b)〉의 D_M으로 표시됨). 가격이 $40일 때 *A*는 10단위를 구입하고(점 A), *B*는 20단위를 구입한다(점 B). 그러므로 시장수준에서(〈그림 4–21(b)〉 참조), 가격이 $40이면 30단위가 팔리고 이것은 시장수요곡선상의 또 다른 점(점 A + B)이 된다. *X*재 가격이 0이면 90단위가 팔린다. 0과 $60 사이의 모든 가격에 대해 분석을 반복하면 〈그림 4–21 (b)〉에서 D_M으로 표시된 곡선을 얻게 된다.

그러므로 2장과 3장에서 설명한 수요곡선은 무차별곡선을 토대로 하고 있다.

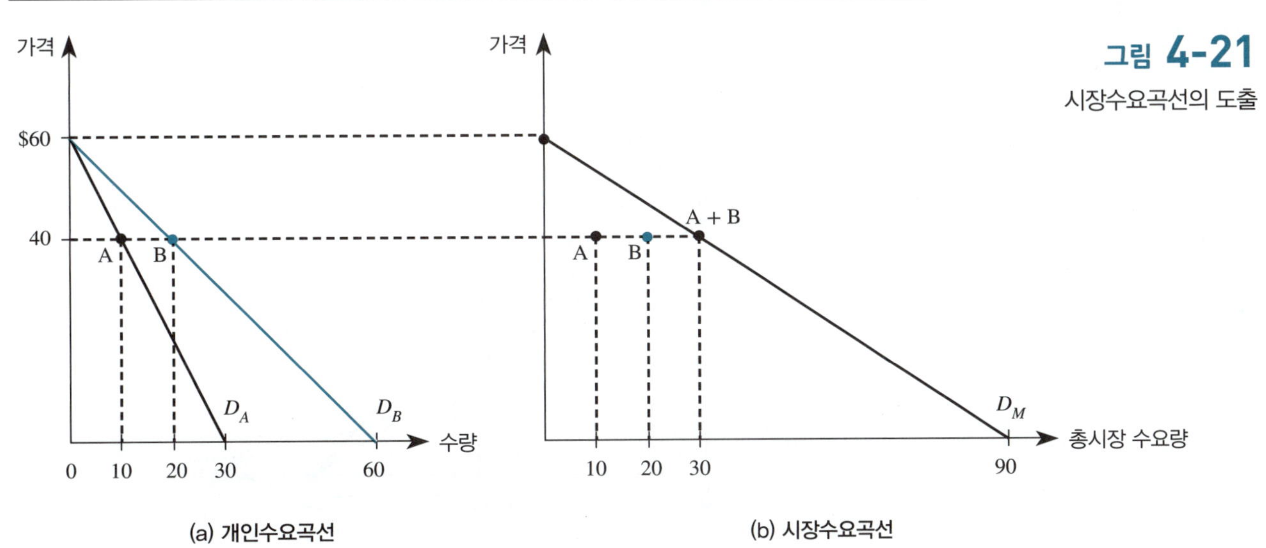

그림 4-21
시장수요곡선의 도출

이 장의 처음에 제기된 문제는 왜 Boxes회사가 어느 주어진 날의 매 근로시간에 대해 더 높은 임금을 근로자에게 지급하는 대신, 매일 8시간을 초과하는 시간에 대해서만 더 높은 초과임금을 지급하는가 였다. Boxes회사는 이미 근로자들에게 지역시장 임금의 두 배를 지급하므로 임금을 올린다고 해서 더 많은 근로자가 기업에 들어올 것 같지는 않다. 따라서 생산량을 확대하기 위한 열쇠는 현재의 근로자들이 더 많은 시간을 일하도록 하는 것이다. 여기서는 초과임금계획이 단순히 임금을 올리는 것보다 근로자의 근로시간을 증대시킬 수 있는 더 효과적인 수단이 된다.

〈그림 4-22〉는 가상의 근로자에 대해 소득-여가선택 분석을 보여준다. 임금이 시간당 $10이면 근로자의 기회집합은 DF선으로 주어진다. 근로자가 여가를 전혀 사용하지 않으면 그의 수입은 $240($10×24)가 된다. 그러나 $10의 임금이 주어지면 이 근로자는 점 A에서 만족을 극대화시키는 데, 거기에서 그는 임금소득으로 $80를 벌기 위해 16시간의 여가(매일 8시간 일한다)를 사용한다.

8시간을 초과하는 매 근로시간마다 $15의 초과임금을 지급하면 기회집합은 EAF가 된다. 그 이유는 간단하다. 근로자가 8시간 미만 일하면 그는 초과임금을 받지 못하며 여기에 해당하는 그의 예산선(AF)은 동일하다. 그러나 그가 16시간 미만의 여가를 사용하면 그는 이들 근로시간에 대해서 $10 대신에 $15를 받게 되므로 예산선의 경사는 더 급해진다(EA). 여가가 전혀 사용되지 않을 경우(점 E), 포기된 처음의 8시간의 여가는 $80(=$10×8)의 수입을 발생시키는 반면, 포기된 마지막 16시간의 여가는 $240(=$15×16시간)의 수입을 발생시킨다. 따라서 초과시간 예산선상의 점 E는 $320(=$80+$240)에 해당된다. 초과시간 옵션이 주어지면 이 근로자는 점 B에서 만족을 극대화시키며, 거기에서 그는 13시간을 일하여 $155를 벌게 된다. 초과시간 임금은 근로시간의 양을 8시간에서 13시간으로 증가시킨다.

그 기업은 보다 복잡한 초과시간 시스템을 도입하는 대신에 왜 단순히 임금을 상승시키지 않는가? 이 근로자가 매 근로시간에 대해 $15의 임금을 받는다면 그의 예산선은 HF가 된다.

그림 4-22
초과임금은 근로시간을 증가시킨다.

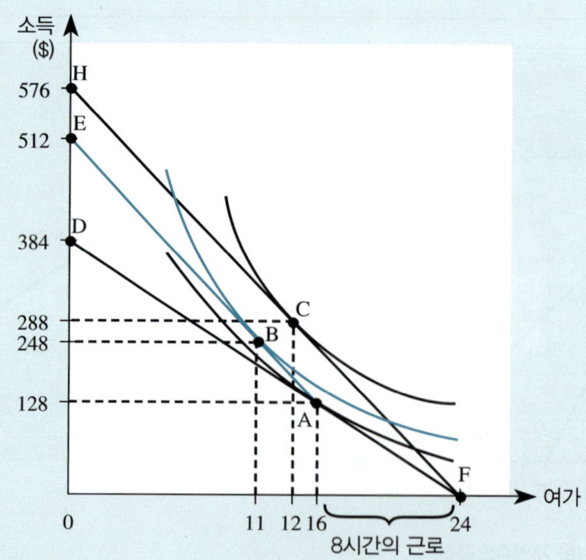

이 근로자는 보다 더 높은 무차별곡선상의 점 C를 얻게 되며, 거기에서 12시간의 여가가 사용된다(12시간의 근로). 여가가 정상재일 때 $15의 임금은 초과시간 시스템의 경우보다 각 근로자로부터 더 적게 일하도록 한다. 요약하면, 경영자는 모든 근로시간에 대해 단순히 더 높은 임금을 지급하는 것보다는 초과시간에 대한 임금지급을 하면 여가를 정상재로 간주하는 근로자들이 더 많은 시간을 일하도록 할 수 있을 것이라는 것을 보여 주었다.

요약

이 장에서는 여러 가지 경영의사결정이 소비자 및 근로자의 행동에 미치는 효과를 경영자가 이해할 수 있는 개인행동의 기본모형을 제공하였다.

이 장에서는 예시 문제를 철저히 검토하면 여러분은 예산선이 무엇이며 가격이나 소득이 변할 때 그것이 어떻게 변하는가를 이해할 것이다. 또한 어떤 재화의 가격이 변할 때 소비자들은 가격비율의 변화(대체효과를 초래함)와 실질소득의 변화(소득효과를 초래함)때문에 그들의 행동을 변화시킨다. 소비자행동 모형은 또한 수요곡선이 근거한 가정을 분명하게 말해준다.

균형에서 소비자들은 그들이 구매행위를 조절하여 그들이 지급하는 가격비율이 그들의 한계대체율과 정확하게 같아진다. 소비자행동에 대한 관찰과 더불어 이러한 정보는 경영자가 반값으로 판매하는 전략보다는 "하나 사면 공짜로 하나 준다"는 가격전략을 언제 사용할 것인가를 결정하는 데 도움을 준다. 명절기간동안 동일한 경영자는 선물상품권을 제공하는 것이 현명한 전략인지의 여부를 결정하기 위한 기초지식을 갖게 될 것이다.

효율적인 경영자는 또한 피고용자의 행동을 지도하기 위해 소비자행동 이론을 사용한다. 이장에서 우리는 초과시간 임금을 지급하는 기업의 이점을 검토하였다; 이에 대한 추가적인 문제가 6장에서 설명될 것이다.

결론적으로 이 장에서 설명된 개인행동모형이 여러분의 소비자와 피고용자의 행동을 분석하기 위한 기본적인 도구라는 것을 기억하자. 그 모형을 이해하고 예시 문제와 이 장의 끝에 있는 문제를 잘 검토하면 여러분은 여러분 기업의 가치를 극대화시켜주는 의사결정을 보다 더 잘 할 수 있게 될 것이다.

주요 용어 및 개념

강단조성(more is better)
대체효과(substitution effect)
무차별곡선(indifference curve)
선물상품권(gift certificate)
소득-여가선택(income-leisure choice)
소득효과(income effect)
소비자균형(consumer equilibrium)
시장대체율(market rate of substitution)
예산선(budget line)
예산집합(budget set)
완전성(completeness)
이전성(transivity)
"하나 사면 하나 공짜" 거래("buy one get one free" deals)
한계대체율(MRS)
한계대체율의 체감(diminishing marginal rate of substitution)

개념 및 계산 문제

1. 어떤 소비자가 *X*재와 *Y*재에 지출할 $300를 가지고 있다. 이 두 재화의 가격은 $P_x = \$15$, $P_y = \$5$이다.(LO2)

a. *X*재와 *Y*재간의 시장대체율은 얼마인가?

b. 그래프를 이용하여 소비자의 기회집합을 상세하게 설명하시오.

c. 만일 소득이 $300만큼 증가한다면, 소비자의 기회집합이 어떻게 변하는지 보여주시오. $300 소득의 증가는 *X*재와 *Y*재의 시장대체율에 어떻게 변화를 가져오는가?

2. 아래 그림의 A점에서 어떤 소비자가 균형에 있다. *X*재의 가격은 $5이다. (LO2, LO3)

a. *Y*재의 가격은 얼마인가?

b. 소비자의 소득은 얼마인가?

c. A점에서 소비자는 몇 개의 *X*재화를 구입하는가?

d. 예산선이 변해서 소비자는 B점에서 새로운 균형에 도달했다. 경제환경의 어떠한 변화가 이러한 새로운 균형을 초래했는가? 이 가격변화에 의하여 소비자는 전보다 더 나아졌는가 또는 더 나빠졌는가?

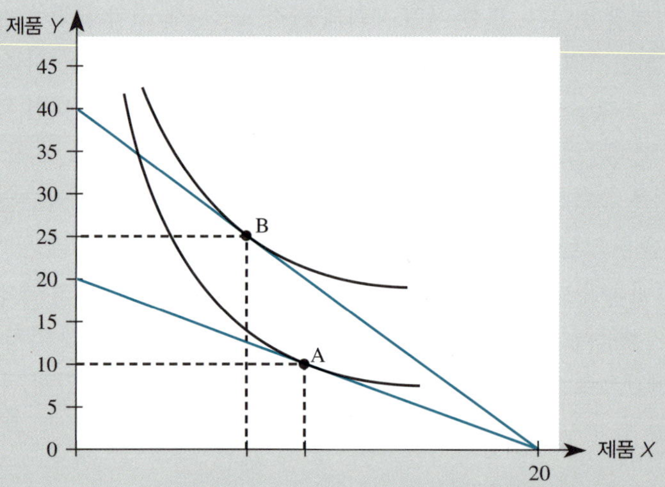

3. 소비자는 $600를 나누어 *X*재와 *Y*재에 소비해야 한다. 관련 시장가격은 $P_x = \$10$, $P_y = \$40$이다.(LO2)

a. 소비자 예산선에 대한 방정식을 표시하시오.

b. 그래프를 이용하여 소비자의 기회집합을 상세하게 설명하시오.

c. *X*재의 가격이 $20로 상승하였을 때, 소비자의 기회집합이 어떻게 변하는지 보이시오. 이러한 변화가 *X*재와 *Y*재의 시장대체율을 어떻게 변화시키는가?

4. 〈예제 문제 4–2〉의 정답에서 본 바와 같이, 선물상품권(gift certificate)이 동일한 가치의 현금선물(cash gift)보다 소비자로 하여금 더 많은 열등재를 구입하게 한다. 이것이 항상 성립하는가에 대하여 설명하시오.(LO6)

5. “하나를 사면 하나를 공짜로 더 준다”는 거래가 “반값에 판매하는 것”과 동일하지 않은가를 직관적으로 설명하시오.(LO6)

6. 아래의 그림에서 처음에 소비자는 C점에서 균형에 있었다. 소비자의 소득은 $400이고 C점을 통과하는 예산선은 $\$400 = \$100X + \$200Y$로 표시된다. 소비자가 X가게에서만 구입할 수 있는 $100가치의 선물상품권을 받았을 때, 그녀는 새로운 균형점 D로 옮겨갔다.

a. X재와 Y재의 가격을 결정하시오.

b. A점에서 몇 단위의 Y재화가 구입될 수 있는가?

c. E점에서 몇 단위의 X재화가 구입될 수 있는가?

d. B점에서는 몇 단위의 X재화가 구입될 수 있는가?

e. F점에서는 몇 단위의 X재화가 구입될 수 있는가?

f. 소비자의 선호도에 의거하여 A, B, C, D 상품묶음에 대해 선호도가 큰 것에서부터 작은 순서로 나열해 보시오.

g. X재는 정상재인가? 혹은 열등재인가?

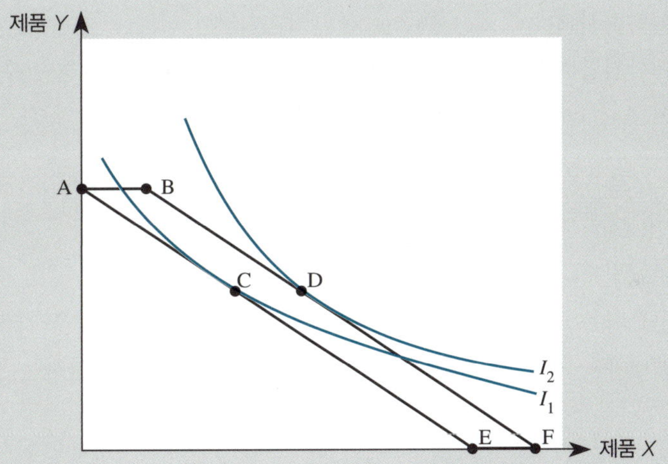

7. 어떤 소비자가 X재와 Y재에 모든 소득을 지출해야만 한다. 다음의 각 시나리오에서 X재와 Y재의 균형소비가 증가하는지, 또는 감소하는지를 밝히시오. X재는 정상재이며, Y재는 열등재라고 가정하시오.(LO3)

a. 소득이 두 배로 됐을 때

b. 소득이 네 배이고, 모든 가격이 두 배로 됐을 때

c. 소득과 모든 가격이 네 배로 됐을 때

d. 소득이 반으로 줄고, 모든 가격이 두 배로 됐을 때

8. 앞에서의 〈속성 4-1〉부터 〈속성 4-4〉까지의 경우를 생각해 보자. 아래의 무차별곡선에 의해 위반되었는가를 밝히시오.(LO1)

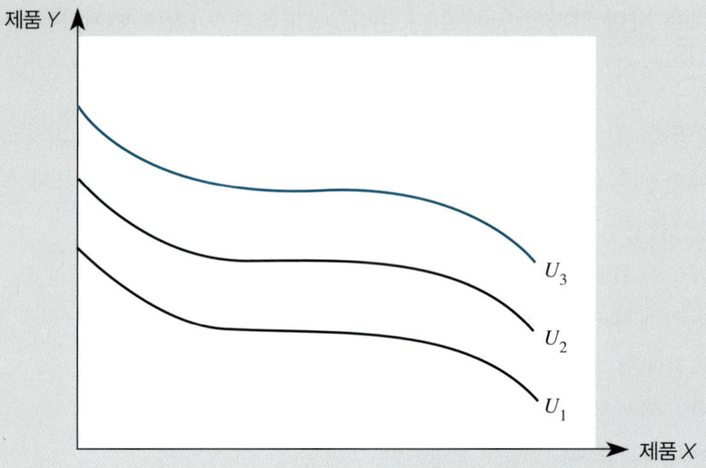

9. 두 재화(X와 Y)에 대한 어느 소비자의 예산집합은 $600 \geq 3X + 6Y$이다.(LO2)

a. 예산집합을 그래프로 표시하시오.

b. 두 재화의 가격이 두 배가 되고, 소비자의 소득도 역시 두 배가 된다면 예산집합이 변할 것인가? 설명하시오.

c. 예산집합의 방정식이 주어진다면, 두 재화의 가격을 결정할 수 있는가? 소비자의 소득은? 설명하시오.

10. 어느 근로자가 여가와 소득을 재화로 간주하며, 시간당 $15의 임금으로 일할 수 있는 기회를 가지고 있다.(LO7)

a. 주어진 24시간에서 근로자의 기회집합을 설명하시오.

b. 근로자는 언제나 각 여가 1시간을 위하여 $11의 소득을 포기할 용의가 있다. 그녀의 선호도는 한계대체율 체감을 보여주는가? 그녀는 하루에 몇 시간 일하는 것을 선택할까?

응용 문제

11. 슈퍼마켓에서는 자체브랜드(가게 상표)와 유명브랜드(생산자 상표)의 다양한 설탕과 기타 제품을 보통 함께 취급한다. 많은 소비자들은 이러한 제품들을 완전대체재라고 생각하는데, 이것은 그들이 항상 자체브랜드와 유명브랜드를 일정한 비율로 바꿀 의사가 있음을 의미한다. 어떤 소비자를 생각해 보자. 그는 4파운드의 자체브랜드 설탕을 2파운드의 유명브랜드 설탕과 바꿀 의사가 항상 있다. 이러한 선호도는 자체브랜드와 유명브랜드설탕간의 한계대체율체감을 나타내는가? 이 소비자가 설탕에 지출할 $24의 소득을 가지고 있으며, 자체상표 설탕은 파운드당 $1, 유명브랜드의 설탕은 파운드당 $3라고 가정하자. 각 유형의 설탕이 얼마만큼 구매될 것인가? 당신의 대답은 자체브랜드의 설탕 가격이 파운드당 $2이며 유명브랜드의 설탕 가격이 파운드당 $3일 때, 당신의 대답은 어떻게 변할것인가?(LO1, LO2, LO3)

12. 미국 정부는 수백만 명의 미국인들에게 식량구입수단을 제공하기 위해 추가적인 영양보조프로그램(Supplemental Nutrition Assistance Program; SNAP)에 740억 달러 이상을 지출한다. 수혜자들은 복지혜택전자이체(Electronic Benefits Transfer; EBT) 카드를 사용하여 연방정부계정에서 소매업자계정으로 정부의 복지혜택(benefits)을 이전받는다. EBT카드의 기금은 현금으로 판매될 수 없으며 또는 비식량 항목을 구매하는데 사용될 수 없다. SNAP 평균복지혜택은 매월 약 $284이다. SNAP이 없을 경우, 평균소비자는 식량과 다른 모든 재화간에 $600의 월 소득을 나누어야 한다고 가정하자. 따라서 다음의 예산제약이 성립한다: $600 = $12*A* + $4*F*. 여기에서 *A*는 모든 다른 재화의 수량, 그리고 *F*는 식량 구입량이다. 종축에 모든 다른 재화를 표시하여 SNAP이 없을 경우 그 소비자의 예산선을 그리시오. 식량과 다른 모든 재화간의 시장대체율은 얼마인가? 동일한 그림에 SNAP이 평균소비자의 예산선을 어떻게 변화시키는가를 나타내시오. SNAP 복지혜택을 불법적으로 현금과 교환할 경우 이러한 소비자는 혜택을 받게 되는가? (LO2, LO6)

13. 최근 신문의 광고면에 다음과 같은 타이어 특별광고가 실렸다; "세 개를 사면 네번째는 무료—한 고객당 무료타이어 한 개로 제한." 만일 소비자가 타이어와 다른 재화에 사용할 수 있는 $500를 가지고 있으며, 각 타이어는 보통 $40에 판매된다면, 위의 광고에 나온 내용으로 거래를 한다면 소비자의 기회집합에 어떤 영향을 미칠까?(LO6)

14. 지난 주요 경기침체기 중에, 미국내의 유명호텔들이 최근 그들의 숙박료를 25% 내렸다. 이것은 사업상 여행하는 사람들의 숙박비율이 점점 하락하는 것을 만회하기 위한 노력이다. 주요 연구기관의 조사결과에 의하면 기업들은 나쁜 경제여건에 대하여 걱정하고 있으며, 기업거래를 위해 인터넷이나 전화 같은 전자적 수단에 의존하기 시작했다. 기업이 거래를 하는데 사업여행이나 전자적 수단에 예산상으로 매월 $6,000를 지출할 수 있다고 가정하자. 사업여행 가격의 25% 감소가 이 기업의 예산집합에 어떤 영향을 미치는가를 그래프로 나타내시오. 단, 사업여행 가격은 처음에 여행건당 $1,200이었으며, 전자적 수단의 가격은 시간당 $600이었다. 사업여행 가격이 감소한 후 이 기업은 전자적 수단과 사업여행 간의 한계대체율이 −1이 되는 것을 알았다. 이 기업은 자원을 효율적으로 배분한 것인가? 설명하시오.(LO1, LO2, LO3)

15. 고용주 기반 건강보험을 제공받지 못하며, 주당 세후 $1,000의 소득을 건강보험과 "다른 재화" 사이에 분배해야 하는 한 피고용자를 생각해 보자. 단, 건강보험의 가격은 주당 $200이며 "다른 재화"의 가격은 주당 $100일 경우, 이 근로자의 기회집합을 그리시오. 만일 고용주가 이 근로자에게 매주 $200 상당의 건강보험을 제공하기로 했다면(현재의 세법 하에서는 이런 종류의 혜택은 비과세임), 기회집합이 어떻게 변하는가를 이와 동일한 그래프에 나타내시오. 이것과 비교하여 만일 고용주가 건강보험 대신에 매주 $200 급여인상를 해준다면(이에 대한 세율은 25%) 이 고용자는 더 나아진 것일까 아니면 더 악화된 것일까? 설명하시오.(LO6)

16. MC(Mimeo Corporation)사—저가(low-end) 복사기 제조업체—의 자체조사에 따르면, 각 근로자는 시간당 세 개의 복사기를 조립하며, 조립된 복사기당 $6의 임금을 받는다. 기업이 근로자들을 관리할 자원이 없는 상태일지라도, 근로자가 그들의 생산품에 대하여 보상을 받기 전에 그가 조립한 복사기

의 품질을 정규직(full-time) 감독관이 조사한다. 만일 당신이 비용을 삭감하기 위한 다음의 제안을 평가하라고 요구받았다. 새로운 계획하에서 근로자들은 시간당 $16의 고정 임금을 받을 것이다. 당신은 그 계획을 찬성하는가?(LO7)

17. EB(Einstein Bagel Corp.)사는 단골고객 우대프로그램을 내놓았다. 고객이 12개의 베이글을 $6에 구입할 때마다 스탬프를 한 번씩 찍어주는 것이다. 고객이 10번의 스탬프를 받으면, 그 고객은 12개의 베이글을 공짜로 받는다. 이것은 1년 동안 유효하며 아무런 제한이 없다. 이 관리자는 자신의 제품이 정상재인 것을 안다. 이 정보를 토대로, 베이글과 다른 재화에 1년에 $200를 지출할 수 있는 고객의 예산집합을 구하시오. 이 회사의 단골고객 우대프로그램은 만일 이 회사가 12개짜리 베이글 가격을 단순히 3%인하 하였을 때의 경우와 비교하여 베이글 소비에 동일한 효과를 갖는가? 설명하시오.(LO6)

18. 평균 15세 청소년은 보통 연간 iTunes으로부터 100개의 음악내려받기를 구입하고, 20개의 치즈피자를 구매한다. 만일 치즈피자가 열등재라면, 15세 청소년이 iTunes에 대한 $50 상당의 선물상품권과 $50 상당의 현금을 받는 것 사이에 무차별할 것인가? 설명하시오.(LO6)

19. 많은 주류 판매가게의 일반적인 마케팅전략은 수량할인(여러 개를 사면 싸게 해주는 것)을 제공한다. 예를 들면, 칠레에서 수출된 두번째 주요 브랜드 와인은 소비자가 최대 8병을 구입할 경우 병당 $15로 미국내에서 판매된다. 거기에 추가로 한 병을 더 살 때 가격은 단지 $8이다. 소비자가 이 칠레와인과 다른 재화들을 구입하는데 $200를 사용해야 한다면, 이러한 마케팅전략이 소비자의 예산집합에 어떻게 영향을 주는가? 단, 다른 재화의 가격은 $1이다. 소비자가 일반적인 무차별곡선(즉, 〈그림 4-2〉의 무차별곡선들과 유사함)을 가지고 있다 가정하면, 그 소비자는 와인을 매번 정확히 8병씩 구입는가? 설명하시오.(LO6)

20. 어떤 최고경영자의 목표는 판매력을 향상시켜서 회사의 수익성과 생산량을 높이는 것이며, 이윤은 생산량의 함수로 표시된다: $\pi = 40q - 2q^2$(단위: 100백만 미국달러). 기업의 이윤함수를 그래프로 나타내시오. 판매관리자가 생산량과 이윤을 "재화"로 간주한다는 가정하에 다음의 보상계획을 사용하여 생산량과 이윤을 비교검토하시오:

(a) 기업은 생산량만을 토대로 하여 판매관리자에게 보상한다,

(b) 기업은 이윤만을 토대로 하여 판매관리자에게 보상한다,

(c) 기업은 생산량과 이윤의 혼합을 토대로 하여 판매관리자에게 보상한다,

21. BY(Boyer Construction)건설의 소유주는 근로자의 보상과 관련된 부대비용 증가의 압박을 받고 있어, 두 근로자(앨버트와 씨드)의 시간당 임금을 $25에서 $22로 낮추기로 결정하였다. 앨버트와 씨드는 소득과 여가를 "재화"로 생각하며, 둘 다 소득과 여가 사이의 한계대체율 체감을 경험하고, 그 근로자들은 각 임금에서 세전과 세후 동일한 예산제약을 가지고 있다고 가정하자. 각 시간당 임금에 대한 각 근로자의 기회집합을 그리시오. 시간당 임금이 $25일 때, 두 사람은 모두 12시간의 여가(그리고 똑같이 12시간의 노동을 공급한다)를 소비하는 것으로 관측된다. 임금이 $22로 내려갔을 때, 앨버트는 10시간의 여가, 그리고 씨드는 14시간의 여가를 소비한다. 임금이 시간당 $22일 때, 각 근로자가 공급하

는 노동시간을 결정하시오. 두 근로자가 서로 다른 노동시간을 공급한다는 얼핏 보기에 모순된 결과를 당신은 어떻게 설명하겠는가?(LO2, LO3, LO7)

22. 지난 10년 동안 휴일 기프트 카드는 온라인 소매상에서 인기가 점점 증가되어 왔다. 얼마 전에 온라인 쇼핑객들은 상품권을 구매하기 위해 대부분의 전자 소매상의 사이트를 실제로 사냥해야만 했다. 그러나 현재는 전통적인 소매상보다는 온라인으로 기프트 카드를 구매하는 것이 더 쉽다. 온라인 기프트 카드가 단순히 유행이라고 여러분은 생각하는가? 주의 깊게 설명하시오. (LO6)

23. 최근 영국에서 한 인터넷서비스 공급자(ISP)가 "아무런 부대조건이 없는(no-strings)" 미국식 정액제도를 시행하였다. 거기에는 상업용 가입자가 월 399.99파운드의 고정요금으로 광역인터넷 서비스를 통해 (매월) 최대 10,000기가바이트까지 무제한 량(기가바이트로 측정됨)을 보내고 받을 수 있다 예전의 "시간제 요금(metered plan)"에서는 Alistair Willoughby Cook은 광대역 연결망을 통해 총 3,500기가바이트를 보내고 받았는데, 보통 30일 기준으로 399.99파운드의 사용료를 지불하였다. 모든 고객들이 Alistair와 똑같은 행태를 보인다면, 이러한 정액제도는 소비자의 후생과 기업의 이윤에 어떻게 영향을 주는가? 설명하시오. (LO2, LO3)

24. 대규모 코카콜라 판매회사는 몇 명의 경제분석가들을 고용하여 16온스병 가격을 $1에서 $2로 인상한 효과를 측정하였다. 그 회사의 고객들은 평균적으로 소다음료수(콜라 및 모든 기타 브랜드)에 매주 약 $15를 지출하고, 다른 16온스 소다음료수 병의 평균가격은 $1라고 분석가들은 결정했다. 또한 분석가들은 포커스 그룹(focus group; 여론조사 그룹)을 활용하여 회사 고객들의 선호도를 결정했다. 그들은 이러한 분석을 사용하여 다음의 그래프를 구축했다:

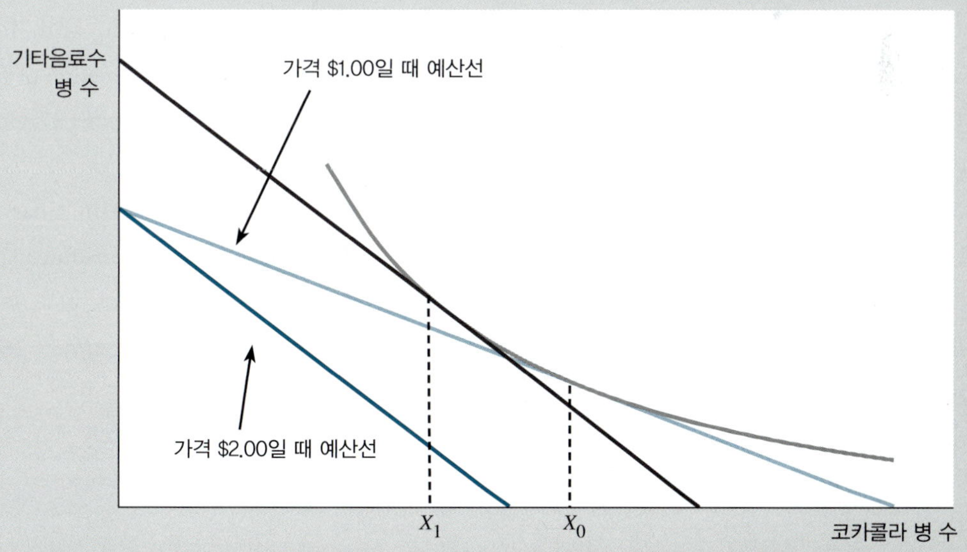

$X_0 = 9$, 그리고 $X_1 = 7$이라고 하자. 그 회사는 콜라가 정상재인 경우 가격을 $2로 인상한 후 7개, 7개보다 많은, 또는 7개 보다 더 작은 수의 콜라병을 팔 것을 예상하는가? (LO4)

25. 고객들의 차이를 평가하고자 할 때, Claire's Rose Boutique(클레어의 장미상점)의 소유주인 클레어는 여성고객과 남성고객의 전형적인 수요간의 차이를 발견했다. 특히, 여성고객들이 일반적으로 가격에 더 민감하다는 것을 그녀는 발견했다. 매출분석을 실행한 후, 그녀는 여성고객들이 다음과 같은 장미에 대한 수요곡선을 가지고 있다고 판단했다:

$$Q^F = 24 - 2P.$$

여기에서 Q^F는 여성고객의 장미 수요량, 그리고 P는 장미당 가격이다. 그녀는 남성고객들은 다음과 같은 장미에 대한 수요곡선을 가지고 있다고 결정했다:

$$Q_M = 27 - P.$$

여기에서 Q_M은 남성고객의 장미 수요량이다. 한 명의 남성과 한 명의 여성인 두 독립적인 고객이 그녀의 상점으로 온다면, 이들 두명을 합한 고객들의 수요곡선을 결정하시오(즉, 총수요는 얼마인가?). (LO5)

참고 문헌

Battalio, Raymond C.; Kagel, John H.; and Kogut, Carl A., "Experimental Confirmation of Existence of a Giffen Good." *American Economic Review* 81(4), September 1991, pp.961-70

Baumol, William J., *Business Behavior, Value and Growth*. New York: Macmillan, 1959.

Davis, J., "Transitivity of Preference." *Behavioral Science*, Fall 1958, pp. 26-33.

Evans, William N., and Viscusi, W. Kip, "Income Effects and the Value of Health." *Journal of Human Resources* 28(3), Summer 1993, pp. 497-518.

Gilad, Benjamin; Kaish, Stanley; and Loeb, Peter D., "Cognitive Dissonance and Utility Maximization: A General Framework." *Journal of Economic Behavior and Organization* 8(1), March 1987, pp. 61-73.

Lancaster, Kelvin, *Consumer Demand: A New Approach*. New York: Columbia University Press, 1971.

MacKrimmon, Kenneth, and Toda, Maseo, "The Experimental Determination of Indifference Curves." *Review of Economic Studies* 37, October 1969, pp. 433-51.

Smart, Denise T., and Martin, Charles L., "Manufacturer Responsiveness to Consumer Correspondence: An Empirical Investigation of Consumer Perception." *Journal of Consumer Affairs* 26(1), Summer 1992, pp.104-28.

부록 / 미분을 활용한 개인행동에 대한 분석

효용함수

소비자의 선호도가 효용함수 $U(X,Y)$로 표시된다고 가정하자. $A = (X^A,\ Y^A)$는 X^A단위의 X재화와 Y^A단위의 Y재화로 구성된 묶음이라고 하고, $B = (X^B,\ Y^B)$는 두 재화의 또 다른 묶음이라고 하자. 묶음 A가 묶음 B보다 더 선호되면 $U(A) > U(B)$; 이 경우 소비자는 묶음 B에서보다 묶음 A로부터 더 많은 양의 효용을 얻는다. 마찬가지로, 만약 $U(A) = U(B)$이면 소비자는 두 묶음을 똑같이 만족하는 것으로 본다; 즉, 그 소비자는 묶음 A와 B 사이에 무차별하다.

효용극대화

가격 P_x, P_y, 그리고 소득수준 M이 주어졌 있을 경우 소비자는 예산제약하에서 효용을 극대화하려고 노력한다. 공식적으로 이 문제에 대한 해는 다음과 같이 Lagrangian 함수를 만들어서 구해질 수 있다:

$$\mathscr{L} \equiv U(X, Y) + \lambda(M - P_x X - P_y Y)$$

여기에서 λ는 Lagrange 승수이다. 이 문제를 풀기 위한 1차조건은 다음과 같다:

$$\frac{\partial \mathscr{L}}{\partial X} = \frac{\partial U}{\partial X} - \lambda P_x = 0 \qquad \text{(A-1)}$$

$$\frac{\partial \mathscr{L}}{\partial Y} = \frac{\partial U}{\partial Y} - \lambda P_y = 0 \qquad \text{(A-2)}$$

$$\frac{\partial \mathscr{L}}{\partial \lambda} = M - P_x X - P_y Y = 0$$

방정식 (A–1)과 (A–2)는 다음을 의미한다:

$$\frac{\partial U/\partial X}{\partial U/\partial Y} = \frac{P_x}{P_y} \qquad \text{(A-3)}$$

경제적인 용어로 표현하면 한계효용의 비율은 가격의 비율과 같아진다는 것이다.

한계대체율

하나의 무차별곡선에 걸쳐서 효용은 일정하다:

$$U(X,\ Y) = \text{일정}$$

이 방정식에 전미분(total derivative)을 취하면 다음과 같다:

$$\frac{\partial U}{\partial X}dX + \frac{\partial U}{\partial Y}dY = 0$$

하나의 무차별곡선에 걸쳐서 dY/dX에 대해서 풀면 다음과 같이 된다:

$$\left.\frac{dY}{dX}\right|_{\text{효용일정}} = -\frac{\partial U/\partial X}{\partial U/\partial Y}$$

따라서 무차별곡선의 기울기는 다음과 같다:

$$-\frac{\partial U/\partial X}{\partial U/\partial Y}$$

무차별곡선 기울기의 절댓값은 한계대체율(MRS)이 된다. 따라서

$$MRS = \frac{\partial U/\partial X}{\partial U/\partial Y} \qquad \text{(A-4)}$$

$MRS = Px/Py$ 규칙

방정식 (A–4)를 (A–3)에 대입하면 효용을 극대화하기 위해 소비자는 다음의 조건에서 균형을 이룬다:

$$MRS = \frac{P_x}{P_y}$$

CHAPTER 05

생산과정과 비용

학습목표

LO1 생산요소의 생산성을 측정하는 여러 가지 다른 방법과 생산과정에서 경영자의 역할에 대해 설명하시오.

LO2 생산요소의 수요와 비용최소화를 가져오는 생산요소의 조합(단기적 생산요소의 균형수량 결정)을 계산하고, 등량곡선기법을 사용하여 최적의 생산요소 대체관계(비교정태분석)를 그림으로 설명하시오.

LO3 생산함수로부터 비용함수를 도출하고 경제적 비용(실질적 비용)이 회계적 비용과 어떻게 차이가 나는가를 설명하시오.

LO4 고정비용, 매몰비용, 가변비용, 그리고 한계비용간의 차이에 대해 설명하시오.

LO5 대수학적 비용자료나 표로 나타낸 비용자료로부터 평균비용과 한계비용을 계산하고 평균비용과 한계비용간의 관계를 그림으로 설명하시오.

LO6 단기생산의사결정과 장기생산의사결정간의 차이를 구분하고 그것들이 비용과 규모의 경제에 미치는 영향을 그림으로 설명하시오.

LO7 다품목(multiple-output) 생산과정이 범위의 경제 또는 비용보완성을 나타내는가를 확인하고 경영의사결정에 대한 그것들의 의미를 설명하시오.

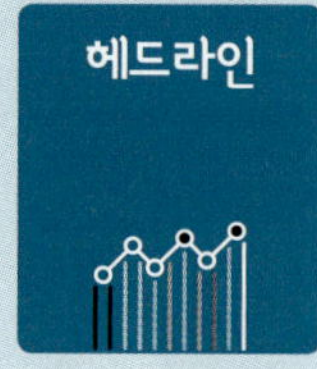

보잉사가 전투(the Battle)에서는 졌으나 전쟁(the War)에서는 이기다.

거의 8주가 지나서야 보잉사와 기계 및 우주항공 노동조합의 국제협회(IAM; International Association of Machinists and Aerospace Workers Union)는 27,000명이 포함된 파업을 끝낸다는 합의에 도달하였다. 경영진과 노조 협상자들이 보상과 일자리보호문제에 대해 합의를 하지 못했을 때부터 시작하여 7일간 24시간내내 마지막 순간까지 협상이 지속된 파업이었다.

그 협의 결과로 IAM 노동자들은 의료서비스, 연금, 임금, 그리고 재고관리 및 배달 범주에 속한 2,900명의 근로자들에 대한 일자리보장 등의 분야에서 이득을 얻었다. 보잉사도 해고되거나 교체된 근로자들을 재교육시키기로 합의하였다. 이러한 양보에도 불구하고 보잉사의 대변인은 그 합의가 "회사를 운영하기 위해 우리가 필요한 탄력성을 우리에게 제공했다"고 말한 것으로 인용되었다. 이러한 합의덕분에 보잉사는 과거 노조와의 협상에서 그 회사가 얻었던 매우 중요한 하도급규정을 4년간 보유하게 되었다.

한 분석결과에 의하면, 이러한 모든 것을 감안할 때 "노조는 아마 전투에서 승리했고, 보잉사는 아마 전쟁에서 승리했다"고 결론지었다.

출처: C. Isidore, "Union Strikes Boeing," *CNNMoney.com*, September 6, 2008; S. Freeman, "Boeing Contract Offers Pay Raise, Job Protections," *The Washington Post*, October 29, 2008.

5.1 서론

비영리기관 뿐만 아니라 회사는 재화를 생산하거나 서비스를 제공하는 영업을 담당하고 있으며, 성공적인 기업운영을 위해서 경영자들은 생산과정(production process)에서 사용할 생산요소(inputs)의 양과 유형을 최적으로 선택해야 한다. 예를 들어, 컨설팅 회사를 성공적으로 운영하려면 적절한 직원의 수와 조합(mix)을 선택하고, 임금과 다른 생산요소의 가격이 변할 때 이들 직원(employees)과 다른 생산요소간에 최적으로 대체를 해야 한다.

이 장에서는 생산관리와 가격결정관리 같은 경영자적 위치에서 성공하기 위해 필요한 경제학적 토대가 제시된다. 다음에 제시되는 생산과 비용의 개념들은 그 자체로서도 중요하다. 왜냐하면 그것들은 인적자원, 기업운영, 관리회계, 그리고 전략적 경영을 포함한 경영영역(business areas)의 기본적인 구성요소이기 때문이다.

5.2 생산함수

우선 산출물을 생산할 수 있는 기술을 설명할 것이다. 기술은 철강, 노동 및 기계 등과 같은 기초생산요소(raw inputs)를 자동차와 같은 산출물로 전환시킬 수 있는 수단을 요약한다. 기술은 효과적인 공학적 기법(know-how)을 포함한다. 연구개발비 지출과 같은 경영의사결정은 가용기술에 영향을 줄 수 있다. 이 장에서는 경영자가 어떻게 현재의 기술을 최대한 활용할 수 있는가를 보여준다. 다음 장에서는 기술을 개선하기 위한 의사결정을 분석할 것이다.

분석을 위해, 산출물을 생산하는 데 두 가지 생산요소, 자본과 노동을 활용하는 생산과정을 고려하자. K는 자본의 양, L은 노동의 양 그리고 Q는 생산과정에서 생산된 산출물의 양을 나타낸다고 하자. 여기에서는 생산요소로서 자본과 노동을 고려하지만 여기에서 제시된 일반적인 아이디어는 어떠한 생산요소에 대해서도 성립된다. 그러나 대부분의 생산과정에는 특정 종류의 기계들(경제학자들에 의해 자본이라고 불려짐)과 사람들(노동)이 포함되며, 이러한 용어는 기본적인 아이디어를 확실하게 할 것이다.

자본과 노동을 산출물로 전환시킬 수 있는 가용기술은 생산함수에 요약된다. **생산함수**는 생산요소가 주어질 경우 생산가능한 최대의 산출물수준을 나타내주는 기술적 관계이다. 수학적으로 생산함수는 다음과 같이 표시된다.

생산함수
주어진 투입물의 조합과 최대 생산량간의 기술적 관계를 나타내는 함수

$$Q = F(K, L)$$

즉, K단위의 자본과 L단위의 노동으로 생산될 수 있는 최대의 산출물수준을 나타낸다.

5.2.1 단기와 장기의사결정

경영자로서 여러분의 일은 가용생산함수를 효율적으로 활용하는 것이다. 여기서 효율적이라는 말은 여러분들이 어떤 상품을 생산하기 위해 각 생산요소를 얼마만큼 사용할 것인가를 결정해야 한다는 것을 의미한다. 단기에는 몇몇 생산요소가 고정되어 있고 이로 인해 생산요소에 대한 의사결정을 할 때 여러분의 선택은 제약을 받는다. 예를 들어, 자동차회사들이 차세대 환경자동차(hybrid cars)를 생산하기 위해 새로운 생산라인을 개발하고 만드는데 수년이 걸린다. 자본의 양은 보통 단기적으로 고정되어 있다. 그러나 단기적으로 자동차회사들은 노동과 철강 같은 생산요소의 사용량을 조절할 수 있다; 그러한 생산요소는 **가변생산요소**라고 불린다.

가변생산요소
가변생산요소는 경영자가 생산량을 변경하기 위해 조정할 수 있는 투입요소이다.

고정생산요소
고정생산요소는 경영자가 단기적으로 조정할 수 없는 투입요소이다.

단기는 **고정생산요소**가 존재할 경우의 시간대로 정의된다. 예를 들어, 자본과 노동이 생산에 있어 유일한 두가지 생산요소이며, 자본의 양이 단기적으로 고정되어 있다고 하자. 이 경우 생산요소에 대해 경영자가 취해야 할 유일한 단기의 사결정은 노동을 얼마만큼 사용해야 하는가이다. 자본은 가변적이 아니고 고정적이므로, 단기생산함수는 본질적으로 단지 노동의 함수가 된다. K^*가 고정된 양의 자본이라면 단기생산함수는 다음과 같이 표시될 수 있다:

$$Q = f(L) = F(K^*, L)$$

〈표 5–1〉의 1, 2, 4 번째 세로줄은 자본이 $K^* = 2$로 고정되어 있을 때 단기생산함수 구성 요소의 값을 나타낸다. 이 생산함수의 경우, 5단위의 노동이 1,100 단위의 상품을 생산하기 위해 필요하다. 가용기술과 고정량의 자본이 주어질 경우, 경영자가 1,952단위의 산출물을 생산하려면 8단위의 노동을 사용해야만 한다. 단기적으로 자본의 증가가 불가능하므로 더 많은 산출물을 생산하기 위해서는 더 많은 노동이 필요하다.

장기는 경영자가 모든 생산요소를 조절할 수 있는 시간대로 정의된다. 어느 회사가 추가적인 자본기계를 구입하는 데 3년이 소요된다면, 경영자의 관점에서 장기는 3년이 되며, 단기는 3년 미만이 된다.

표 5–1 생산함수

(1) K^* 고정생산요소(자본) [주어짐]	(2) L 가변생산요소(노동) [주어짐]	(3) ΔL 노동의 변화 [Δ(2)]	(4) Q 생산량 [주어짐]	(5) $\Delta Q/\Delta L = MP_L$ 노동의 한계생산물 [Δ(4)/Δ(2)]	(6) $Q/L = AP_L$ 노동의 평균생산물 [(4)/(2)]
2	0	–	0	–	–
2	1	1	76	76	76
2	2	1	248	172	124
2	3	1	492	244	164
2	4	1	784	292	196
2	5	1	1,100	316	220
2	6	1	1,416	316	236
2	7	1	1,708	292	244
2	8	1	1,952	244	244
2	9	1	2,124	172	236
2	10	1	2,200	76	220
2	11	1	2,156	–44	196

5.2.2 생산성의 측정

경영의사결정의 중요한 요소는 생산과정에서 사용된 생산요소의 생산성을 결정하는 것이다. 아는 바와 같이, 이러한 측정치는 생산과정의 효율성을 평가하고 이윤을 극대화하는 생산요소에 대한 의사결정을 하는 데 필요하다. 생산성의 세 가지 중요한 측정치는 총생산물, 평균생산물, 그리고 한계생산물이다.

총생산물

총생산물(TP)은 단순히 생산요소의 양이 주어졌을 경우 생산될 수 있는 최대의 산출물수준이 된다. 예를 들어, 5단위의 노동이 사용될 때 〈표 5-1〉에서 제시된 생산과정의 총생산물은 1,100이다. 생산함수는 생산요소의 양이 주어질 경우 생산될 수 있는 산출물의 최댓값으로 정의되므로, 이것은 5단위의 노동이 최대한의 노력을 다할 경우 생산될 수 있는 양이 된다. 물론 근로자가 최대의 노력을 다하지 않는다면 산출물은 작아지게 된다. 적어도 이러한 생산함수가 주어질 경우, 하루 종일 커피를 마시는 5명의 근로자는 어떠한 산출물도 생산할 수가 없다.

총생산물
주어진 투입물로 생산할 수 있는 최대의 산출량

평균생산물

많은 경우, 경영의사결정자들은 생산요소의 평균산출물에 관심을 둔다. 예를 들어, 경영자는 각 노동자가 평균적으로 기업의 총생산물에 어느 정도 기여하는가를 알고 싶어 한다. 이러한 정보는 평균산출물의 경제적 개념에 요약되어 있다. 생산요소의 **평균산출물**(AP)은 총생산물을 사용된 생산요소의 양으로 나눈 값으로 정의된다. 특히 노동의 평균생산물 (AP_L)은,

평균생산물
투입물 1단위당 생산된 산출량의 측정값

$$AP_L = \frac{Q}{L}$$

그리고 자본의 평균생산물 (AP_K)은,

$$AP_K = \frac{Q}{K}$$

따라서 평균생산물은 생산요소 각 단위당 생산된 산출물의 측정값이 된다. 예를 들어, 〈표 5-1〉에서 5명의 근로자는 1,100단위의 산출물을 생산할 수 있다; 이것은 근로자 한 사람당 220단위의 산출물에 해당된다.

한계생산물

생산요소의 **한계생산물**(MP)은 생산요소가 마지막에 기여하는 총생산물의 변화이다. 그러므로 자본의 한계생산물(MP_K)은 총생산물의 변화값을 자본의 변화값으

한계생산물
마지막 단위의 투입물에 의한 총생산물의 변화

로 나눈 값이 된다:

$$MP_K = \frac{\Delta Q}{\Delta K}$$

노동의 한계생산물은 총생산물의 변화값을 노동의 변화값으로 나눈 값이 된다:

$$MP_L = \frac{\Delta Q}{\Delta L}$$

예를 들어, 〈표 5-1〉에서 두 번째 단위의 노동은 산출물을 172단위 증가시키므로 두 번째 단위 노동의 한계생산물은 172가 된다.

〈표 5-1〉은 생산요소에 대한 한계생산물의 중요한 특징을 나타낸다. 노동단위가 두번째 세로줄에서와 같이 0에서 5로 증가함에 따라, 노동의 한계생산물은 다섯째 세로줄에서와 같이 증가한다. 이는 매우 많은 생산과정에서 왜 생산라인이 사용되는가를 설명할 수 있다: 각각 잠재적으로 서로 다른 임무를 수행하는 여러 명의 근로자를 사용함으로써, 경영자는 하나의 일을 그만두고 또 하나의 일을 시작하는 것과 관련된 비효율성을 피할 수 있다. 그러나 〈표 5-1〉에서 5단위의 노동 이후에는, 각 추가적인 단위의 노동에 대한 한계생산물은 감소하고 결국에는 음수가 된다는 것을 주목하라. 음수의 한계생산물이 의미하는 것은 그 생산요소의 마지막 단위가 실제로 총생산물을 감소시켰다는 것이다. 이것은 상식과 일치한다. 경영자가 생산라인에서 근로자의 수를 계속 확대하면, 근로자들이 생산라인에 꽉꽉 채워져 서로가 방해가 됨으로써 결국에는 이전보다 생산량이 감소되는 수준에 이르게 될 것이다.

〈그림 5-1〉은 총생산물, 한계생산물 그리고 평균생산물간의 관계를 도표로

그림 5-1
한계수확의 증가, 감소 그리고 음수(−)

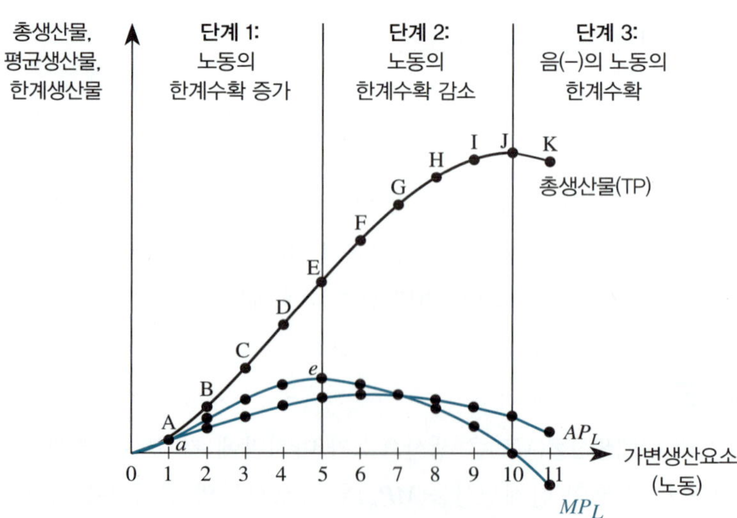

보여준다. 그 곡선에 대해서 첫 번째 주목할 것은 총생산물곡선을 따라 점 A에서 점 E로 이동함에 따라 총생산물은 증가하고 기울기는 급격해진다는 것이다. 점 A와 E사이에서 노동의 사용이 증가함에 따라 총생산물곡선의 기울기는 증가한다(기울기가 급격해진다); 따라서 점 A에서 E로 이동함에 따라 한계생산물은 증가한다. 한계생산물이 증가하는 범위는 **한계수확의 증가**(increasing marginal returns)의 범위로 알려져 있다.

한계수확의 증가
한계생산물이 증가하는 생산요소의 사용범위

〈그림 5-1〉에서 5단위의 노동이 사용되는 점 E에서 한계생산물은 최대가 된다. 노동의 사용이 다섯번째에서 열번째 단위까지 증가함에 따라 총생산물은 증가하지만 체감하는(at a decreasing rate) 비율로 증가한다. 이 이유는 5와 10단위 노동사이에서 한계생산물이 감소하기는 하나 아직도 양수이기 때문이다. 한계생산물이 양수가 되나 감소하는 범위는 가변생산요소에 대한 **한계수확의 감소(또는 체감)**(decreasing or diminishing marginal returns)의 범위로 알려져 있다.

한계수확의 감소(또는 체감)
한계생산물이 감소하는 생산요소 사용의 범위

〈그림 5-1〉에서 한계생산물은 10단위이상의 노동이 사용될 때 음수가 된다. 어느 수준 이후에는 추가적인 단위의 생산요소를 사용하면 실제로 총생산물은 감소하는 데, 그것은 한계생산물이 음수가 된다는 것을 의미한다. 한계생산물이 음수가 되는 범위는 **음의 한계수확** 범위로 알려져 있다.

음의 한계수확
한계생산물이 음수인 생산요소 사용의 범위

한계수확의 단계

생산요소의 사용이 증가함에 따라 한계생산물은 처음에는 증가하고(한계수확의 증가), 다음에는 감소하기 시작하며(한계수확의 감소), 그리고 결국에는 음수가 된다(음의 한계수입).

시험공부를 할 때 여러분들은 여러 단계의 한계수확을 경험했을 것이다. 처음 몇 시간의 공부는 마지막 몇 시간의 공부보다 훨씬 더 여러분의 점수를 증가시킨다. 예를 들어, 여러분이 공부를 전혀 하지 않으면 0점을 받으나 10시간 공부하면 75점을 받는다고 하자. 따라서 처음 10시간의 한계생산물은 75점이 된다. 시험에서 100점을 받기 위해 20시간을 공부하면 두 번째 10시간의 한계생산물은 단지 25점이 된다. 그러므로 여러분의 한계점수의 증가는 공부시간을 추가적으로 증가시킴에 따라 감소한다. 만약 (시험보기 전날까지) 여러분이 밤을 세워서 시험기간동안 내내 잠을 잤다거나 수면부족으로 인해 시험성적이 좋지 않았다면, 여러분은 음의 한계수확 범위에서 공부한 것이다. 분명한 것은 어떠한 학생이나 기업들도 이 범위에서는 자원을 전혀 사용하지 않을 것이다.

5.2.3 생산과정에서 경영자의 역할

이전에 설명한 생산과정을 유도할 때 경영자의 역할은 다음과 같이 두 가지가 있다: (1) 기업이 생산함수상에서 생산한다는 것을 확신하는 것, 그리고 (2) 기업이 정확한 수준의 생산요소를 사용하고 있다는 것을 확신하는 것. 이들 두 가지는 기업이 생산함수상의 적절한 점에서 운영된다는 것을 확신시켜 준다. 생산효율성에 대한 이들 두 가지가 다음에 설명된다.

생산함수상에서 생산하라

경영자의 첫 번째 역할을 설명하는 것은 비교적 간단하지만, 그것은 경영자가 달성하기에 가장 어려운 것 중 하나가 된다. 생산함수는 주어진 생산요소로 생산할 수 있는 최대 산출물의 양을 나타낸다. 노동의 경우, 이것은 근로자들이 최대의 노력을 다하고 있다는 것을 의미한다. 근로자들이 실제로 잠재적인 노력을 다하고 있다는 것을 확신하기 위해서 경영자는 근로자들이 바람직한 수준의 노력을 다하도록 유인하는 인센티브제를 구축해야 한다. 예를 들어, 식당경영자는 웨이터들(food servers)이 손님접대를 잘 하도록 인센티브제를 구축해야 한다. 대부분의 식당은 근로자에게 낮은 임금을 지급하지만 그들에게 팁을 갖도록 허용해 주는 데, 그 팁은 근로자에게 일을 잘 수행할 수 있도록 인센티브를 제공한다. 보통 많은 기업들은 생산함수상에서 생산할 수 있도록 인센티브를 근로자에게 주기 위해 이윤공유프로그램(profit-sharing plans)을 구축한다. 경영자의 이러한 역할에 대한 더 자세한 설명은 6장에서 제시된다.

적절한 수준의 생산요소를 사용하라

경영자의 두 번째 역할은 기업이 생산함수상의 적절한 점에서 운영된다는 것을 확신하는 것이다. 식당경영자에게 이것은 "정확한" 수의 웨이터를 고용하는 것을 의미한다. 이것이 어떻게 달성되는가를 알아보기 위해, 어느 기업에서 생산되는 상품이 \$3의 가격으로 시장에서 판매되고 있다 하자. 또한 각 단위의 노동비용이 \$400라고 가정하자. 이윤을 극대화하려면 경영자는 몇 단위의 노동을 고용해야 하는가? 이 질문에 답하기 위해, 먼저 근로자 한 명을 추가적으로 고용하는 경우의 수입을 결정해야 한다. 각 근로자는 한계생산물(MP_L)만큼 기업의 산출물을 증가시키며, 이렇게 증가한 산출물은 \$3의 가격으로 시장에 판매된다. 따라서 각 단위의 노동으로부터 얻게 되는 기업의 수입은 $\$3 \times MP_L$이 된다. 이 값은 노동의 한계생산물 가치라고 불린다. 그러므로 어떤 생산요소의 **한계생산물 가치**는 그 생산요소의 마지막 단위에 의해 생산된 산출물의 가치가 된다. 예를 들어, 각 단위의 산출물이 P의 가격으로 판매될 수 있다면 노동의 한계생산물 가치는

한계생산물 가치
마지막 단위의 투입물에 의해 생산된 산출물의 가치

표 5-2 노동의 한계생산물 가치

(1) 11*L* 가변요소(노동) [주어짐]	(2) *P* 산출물의 가격 [주어짐]	(3) $\Delta Q/\Delta L = MP_L$ 노동의 한계생산물 [〈표 5-1〉의 5열]	(4) $VMP_L = P \times MP_L$ 노동의 한계생산물 가치 [(2) × (3)]	(5) *W* 노동의 단위비용 [주어짐]
0	$3	–	–	$400
1	3	76	$228	400
2	3	172	516	400
3	3	244	732	400
4	3	292	876	400
5	3	316	948	400
6	3	316	948	400
7	3	292	876	400
8	3	244	732	400
9	3	172	516	400
10	3	76	228	400
11	3	–44	–132	400

$$VMP_L = P \times MP_L$$

그리고 자본의 한계생산물 가치는

$$VMP_K = P \times MP_K$$

앞의 예에서 기업에 대한 추가적인 한 단위의 노동비용은 $400이다. 〈표 5-2〉가 보여 주듯이, 첫 단위의 노동은 VMP_L = $228를 발생시키며, 두 번째 단위의 VMP_L은 $516가 된다. 만약 경영자가 첫 단위의 노동과 그에 해당하는 VMP_L만을 고려한다면, 노동은 전혀 고용되지 않을 것이다. 그러나 이 표를 주의깊게 살펴보면, 두 번째 근로자는 비용을 빼고도 $116의 산출물을 추가로 생산할 것이다. 첫 근로자가 고용되지 않으면 두 번째 근로자도 고용되지 않을 것이다.

사실, 두 번째와 아홉 번째 사이에서 한계생산물 가치가 고용비용을 초과하여, 각 근로자는 산출물을 추가적으로 생산하게 된다. VMP_L이 $400보다 크게 되면 노동을 고용하는 것이 이윤이 된다. 10번째 단위의 노동에 대한 VMP_L은 $228이며, 그것은 10번째 단위의 노동비용보다 작다는 것을 주목하라. 기업은 10번째 단위의 노동을 고용하지 않는다. 왜냐하면, 고용비용이 수입을 초과하기 때문이다. 이 이상 노동을 추가적으로 고용하는 경우에도 마찬가지가 된다. 따라서 〈표 5-2〉에서 경영자는 이윤을 극대화하기 위해 9명의 근로자를 고용해야 한다.

인사이드 비즈니스 5-1 기술은 어디에서 오는가?

이 장에서는 단순히 경영자가 재화를 생산하는 데 필요한 기본 기술을 알고 있다고 가정한다. 경영자는 기술에 대한 정보를 어떻게 얻는가?

Richard Levin의 연구에 의하면 일곱 가지 방법이 있다.

독립적인 연구기술개발(R&D)

상품과 생산과정의 혁신을 획득하는 가장 중요한 수단은 독립적인 기술개발(R&D)이다. 여기에는 반드시 새로운 생산과정이나 상품을 고안하기 위해 회사가 고용한 엔지니어들이 포함된다. 대부분의 대기업들은 엔지니어 관점에서 상품과 생산과정의 혁신을 위임받은 연구개발부서를 두고 있다.

기술면허의 획득

최초로 기술개발에 책임을 지고 따라서 그 기술에 대한 권리를 소유하고 있는 기업은 면허수수료를 받고 다른 기업에게 생산기술을 종종 판매한다. 그 면허수수료는 고정적인 경우가 있는데, 이 경우 기술획득비용은 고정생산비용이 된다. 그 면허수수료는 생산량이 얼마나 되는가에 기초하여 부과될 수도 있다. 이 경우 그 기술비용은 가변생산비용이 된다.

출판물 또는 기술적 모임

거래출판물과 모임은 생산과정에 대한 정보를 확산시키는 토론의 장을 제공한다.

역 엔지니어링

용어자체가 암시해주듯이, 여기에는 거꾸로 작업을 하는 것이 포함된다: 즉, 경쟁자가 생산한 상품을 가져와서 그와 유사한 상품을 생산하는 방법을 고안하는 것. 일반적인 결과는 현재의 상품과 약간 차이가 나는 상품이 생산되며, 최초의 개발자가 사용한 것과는 약간 다른 생산기술이 사용된다.

혁신기업의 직원을 고용하는 것

전에 다른 기업에 종사했던 직원들은 종종 생산과정에 대한 정보를 가지고 있다.

공개된 특허

특허는 일정기간—대부분의 나라에서 17년 내지 20년—동안 발명에 대한 독점권을 특허보유자에게 준다. 그러나 특허를 획득하려면 발명가는 발명품에 대한 자세한 정보를 파일로 만들어야 하는데, 이 파일이 공개된다. 실제로 경쟁자들을 포함하여 누구든지 파일로 된 그 정보를 볼 수 있다. 많은 경우 이 정보를 이용하여 경쟁자는 그 특허를 침해하지 않는 선에서 그 상품을 복사할 수 있게 된다. 흥미로운 것은 특허가 결재중에 있는 동안에는 이 정보를 공개적으로 획득할 수 없다. 이런 이유로 특허가 미결재상태로 되어 있는 기간을 확장하면 그 특허를 획득하는 것보다 발명가는 종종 실제로 더 많은 보호를 받게 된다.

혁신기업직원과의 대화

거래비밀을 비밀로 지키는 경우의 확실한 장점에도 불구하고, 직원들은 무심코 경쟁자들에게 생산 과정에 대한 정보를 흘리는 경우가 있다. 이것은 특히 기업들이 지리적으로 같은 지역 내에 집중되어 있고 다른 기업에서 온 직원들이 비영업 지역에서 서로 섞이게 되는 산업에서 보통 일어나는 일이다.

Source: Richard C. Levin, "Appropriability, R&D Spending, and Technological Performance," *American Economic Review* 78(May 1988), pp. 424–28.

이윤극대화를 위한 생산요소의 사용

이윤을 극대화하기 위해서 경영자는 한계수입과 한계비용이 같아지는 수준까지 생산요소를 사용해야 한다. 더 구체적으로 말하면, 추가적인 각 단위의 노동비용이 w일 때, 경영자는 한계생산물의 체감범위 내에서 $VMP_L = w$이 되는 수준까지 노동을 계속 고용해야 한다.

이윤극대화를 위한 생산요소의 사용원리는 이윤극대화 기업의 생산요소에 대한 수요로 정의된다. 예를 들어, 〈그림 5-2〉에서 노동의 한계생산물 가치는 사용된 노동량의 함수로서 나타나 있다. 임금이 w^0일 때 이윤극대화 노동량은 한계

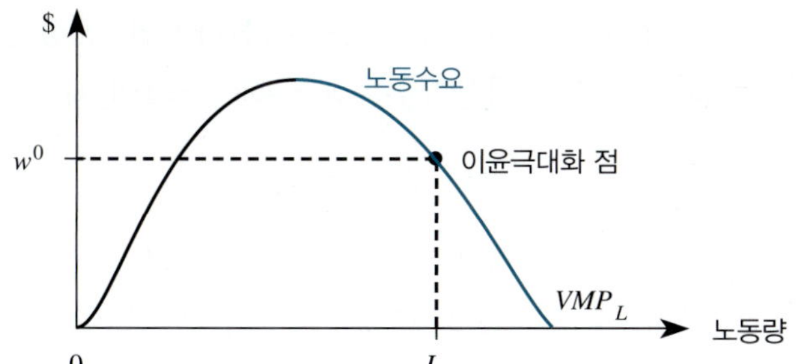

그림 5-2
노동의 수요

수확체감범위 내에서 $VMP_L = w^0$을 충족시키는 양이 된다. 그림에서 이윤극대화 노동량은 L_0단위가 된다.

VMP_L 곡선에서 우하향의 기울기를 나타내는 부분은 이윤극대화 기업의 노동에 대한 수요로 정의된다; 그것은 임금율과 그 임금율에서 기업이 고용하고자 하는 노동량 사이의 관계를 보여 준다. 생산요소에 대한 수요는 한계수확체감의 법칙 때문에 우하향의 기울기를 갖는다는 것을 우리는 알고 있다. **한계수확체감의 법칙**이란 생산요소 추가 한 단위의 한계생산물이 어느 점에서 이전 한 단위의 한계생산물보다 더 작다는 것을 말한다. 어떤 생산요소의 한계생산물은 그 생산요소가 더 많이 사용될수록 하락하기 때문에 한계생산물 가치도 그 생산요소가 더 많이 사용될수록 감소한다. 어떤 생산요소의 수요는 한계수확체감 범위내에서 그 생산요소의 한계생산물 가치가 되므로, 어떤 생산요소의 수요는 우하향의 기울기를 갖는다. 실제로 어떤 생산요소를 추가적으로 사용하면 이전 단위의 생산요소를 사용할 때보다 이윤의 증가는 감소한다. 따라서 이윤극대화 기업은 추가적인 각 단위의 생산요소에 대해 비용을 덜 지급하고자 한다.

한계수확체감의 법칙
생산요소 추가 한 단위의 한계생산물이 어느 점에서 이전 한 단위의 한계생산물보다 더 작다는 것

5.2.4 생산함수의 대수적 형태

지금까지 생산에 대한 개념을 설명하기 위해 표와 그래프를 사용하였다. 생산함수의 기본형태는 수학적으로 표현될 수 있으며, 실제로 생산함수에 대한 특정의 함수적 형태를 추정하기 위해서 3장에서 설명한 것과 같은 통계적 기법을 활용할 수 있다. 이 절에서는 자주 사용되는 생산함수의 대수적 형태에 대해 설명한다. 우선 가장 단순한 생산함수인 생산요소의 선형함수부터 설명한다.

선형생산함수는

$$Q = F(K, L) = aK + bL$$

선형생산함수
모든 생산요소와 산출물간의 관계가 선형으로 주어지는 생산함수

여기에서 a와 b는 상수이다. 선형생산함수의 경우, 생산요소간에 완전대체가 가능하다. 모든 생산요소와 총산출물 간에 완전한 선형관계가 성립한다. 예를 들

어, 기계 한 대가 한 시간에 만들 수 있는 것을 생산하려면, 공장근로자들에게는 네 시간 걸린다고 하자. 이 경우 생산함수는 $a = 4$와 $b = 1$이 되는 선형함수이다.

$$Q = F(K, L) = 4K + L$$

이것은 자본이 항상 노동에 비해 네 배나 생산적이라고 말해주는 수학적 표현 방법이다. 또한, $F(5,\ 2) = 4(5) + 1(2) = 22$이므로 5단위의 자본과 2단위의 노동이 22단위의 산출물을 생산한다는 것이다.

Leontief 생산함수
생산요소가 고정된 비율로 이용된다고 가정하는 생산함수

Leontief 생산함수는 다음과 같이 주어진다:

$$Q = F(K, L) = \min\ \{aK, bL\}$$

여기에서 a와 b는 상수이다. Leontief 생산함수는 또한 고정비율 생산함수라고도 불린다. 왜냐하면, 그것은 생산요소가 고정비율로 사용된다는 것을 의미하기 때문이다. 이를 알아 보기 위해 워드프로세싱(word processing) 기업의 생산함수가 $a = b = 1$인 Leontief 생산함수라고 가정하자; K는 키보드의 수이고 L은 키보드를 치는 사람(keyboarder)의 수라고 생각한다. 그러면 생산함수는 키보드를 치는 한 사람과 한 개의 키보드가 시간당 한 장의 서류를 만들 수 있고, 키보드를 치는 두 사람과 두 개의 키보드는 시간당 두 장의 서류를 만들 수 있다는 것 등등을 의미한다. 그러나 키보드를 치는 한 사람과 다섯 개의 키보드는 몇 장의 서류를 만들 수 있는가? 그 해답은 단지 한 장이 된다. 추가적인 키보드는 그것을 사용할 수 있는 키보드를 치는 사람이 추가적으로 있을 경우에만 유용하게 된다. 다시 말하면, 키보드와 키보드를 치는 사람은 1대 1의 고정비율로 사용되어야만 한다.

예시 문제

5-1

Morris Industries의 엔지니어들은 기업의 생산함수에 대한 추정치를 다음과 같이 얻었다:

$$Q = F\ (K,\ L) = \min\ \{3K,\ 4L\}$$

2단위의 노동과 5단위의 자본이 사용되면 얼마의 산출물이 생산되는가?

정답

$F(5,\ 2)$를 계산하면 된다. 그러나 $F(5,\ 2) = \min\ \{3(5),\ 4(2)\} = \min\ \{15,\ 8\}$.
두 값, 15와 8중에서 최저값이 8이므로, 5단위의 자본과 2단위의 노동은 8단위의 산출물을 생산한다.

Cobb Douglas 생산함수
생산요소간의 대체가능성을 가정하는 생산함수

선형생산함수와 Leontief 생산함수의 양 극단사이에 존재하는 생산함수는 **Cobb-Douglas 생산함수**이다. Cobb-Douglas 생산함수는 다음과 같이 주어진다.

$$Q = F(K, L) = K^a L^b$$

여기에서 a와 b는 상수이다.

선형생산함수의 경우와는 달리 산출물과 생산요소간의 관계는 선형이 아니다. 그리고 Leontief 생산함수의 경우와는 달리 생산요소들이 고정비율로 사용될 필요가 없다. Cobb-Douglas 생산함수는 완전한 대체성은 아닐지라도 어느 정도 생산요소간의 대체성을 가정한다.

5.2.5 생산성의 대수적 측정

생산함수의 대수적 형태가 주어질 경우, 생산성의 여러 가지 측정값을 계산할 수 있다. 예를 들어, 어떤 생산요소의 평균생산물은 생산된 산출물을 사용된 생산요소의 수로 나눈 값이라는 것을 배웠다. 이 개념은 한가지 이상의 생산요소를 사용하는 생산과정으로 쉽게 확대될 수 있다.

구체적으로 보기 위해 어떤 컨설턴트가 여러분 기업의 Cobb-Douglas 생산함수에 대한 다음의 추정치를 여러분에게 제공했다고 하자:

$$Q = F(K, L) = K^{1/2} L^{1/2}$$

4단위의 노동과 9단위의 자본이 사용될 경우 노동의 평균생산물은 얼마인가? $F(9,\ 4) = 9^{1/2}4^{1/2} = (3)(2) = 6$이므로 9단위의 자본과 4단위의 노동은 6단위의 산출물을 생산한다. 따라서 4단위 노동의 평균생산물은 $AP_L = 6/4 = 1.5$단위가 된다.

노동과 자본을 둘 다 사용하여 산출물이 생산될 때 노동의 평균생산물은 노동이 얼마나사용되는가 뿐만 아니라 자본이 얼마나 사용되는가에도 달려 있다. 총산출물(Q)은 두 생산요소의 수준에 의해 영향을 받으므로, 그에 상응하는 평균생산물의 측정값은 자본과 노동 두 가지에 달려 있다. 마찬가지로 자본의 평균생산물은 자본의 양뿐만 아니라 Q를 생산하기 위해 사용된 노동의 양에도 달려 있다.

어떤 생산요소의 한계생산물이 그 생산요소의 변화에 의해 발생되는 산출물의 변화 값이라는 것을 상기하라. 생산함수가 선형일 경우 어떤 생산요소의 한계생산물은 다음의 공식에서와 같이 매우 간단하게 표현된다.

공식: 선형생산함수의 한계생산물

생산함수가 선형이고 다음과 같이 주어지면,

$$Q = F(K, L) = aK + bL$$
$$MP_K = a \text{ 그리고 } MP_L = b$$

미분의 활용

어떤 생산요소의 한계생산물은 그 생산요소에 대한 생산함수의 미분 값이다. 따라서 노동의 한계생산물은

$$MP_L = \frac{\partial Q}{\partial L}$$

그리고 자본의 한계생산물은

$$MP_K = \frac{\partial Q}{\partial K}$$

선형생산함수 $Q = aK + bL$의 경우에

$$MP_K = \frac{\partial Q}{\partial K} = a \qquad \text{그리고} \qquad MP_L = \frac{\partial Q}{\partial L} = b$$

그러므로 선형생산함수의 경우, 생산요소의 한계생산물은 단순히 생산함수에서 생산요소의 계수가 된다. 이것은 생산함수가 선형일 경우에는 언제나 어떤 생산요소의 한계생산물은 사용된 생산요소의 양과 독립적이라는 것을 의미한다; 즉, 선형생산함수들은 한계수확체감의 법칙을 따르지 않는다

선형생산함수의 경우와는 대조적으로 Cobb-Douglas 생산함수에 있어서 생산요소의 한계생산물은 다음의 공식에서와 같이 사용된 생산요소의 양에 달려 있다.

공식 : Cobb–Douglas 생산함수에 있어서 한계생산물

생산함수가 Cobb-Douglas이고 다음과 같이 주어지면,

$$Q = F(K, L) = K^a L^b$$

$$MP_L = bK^a L^{b-1} \qquad \text{그리고} \qquad MP_K = aK^{a-1} L^b$$

어떤 생산요소의 한계생산물은 그 생산요소에 대한 생산함수의 미분값이다. Cobb-Douglas 생산함수에 대해 미분을 취하면 다음과 같이 된다.

$$MP_K = \frac{\partial Q}{\partial K} = aK^{a-1} L^b$$

그리고

$$MP_L = \frac{\partial Q}{\partial L} = bK^a L^{b-1}$$

이것은 위의 공식에 해당된다.

어떤 생산요소를 이윤극대화 수준에서 사용하면 생산요소의 한계생산물 가치가 그 생산요소의 가격과 같아진다는 것을 상기하라. 다음의 문제가 예시하듯이 어떤 생산요소를 이윤극대화 수준에서 사용하려면 이와 똑같은 원리를 생산함수의 대수적 형태에 적용할 수 있다.

예시 문제 5-2

어떤 기업이 $10의 가격으로 판매될 수 있는 상품을 생산한다. 생산함수는

$$Q = F(K, L) = K^{1/2}L^{1/2}$$

로 주어진다.

단기적으로 자본이 1단위로 고정되어 있다면 임금이 $2일 때 이윤을 극대화하기 위해 기업은 얼마 만큼의 노동을 고용해야 하는가?

정답

단순히 노동의 한계생산물 가치와 임금을 같게 놓고 L에 대해서 해를 구한다. 생산함수가 Cobb-Douglas이므로 $MP_L = bK^aL^{b-1}$이다. 여기에서 $a = 1/2$, $b = 1/2$ 그리고 $K = 1$. 따라서 $MP_L = 0.5L^{1/2-1}$. 이제 $P = 10$이므로 $VMP_L = P \times MP_L = 5L^{-1/2}$이다. 이것을 $2의 임금과 같게 놓으면 $5L^{-1/2} = 2$가 된다. 이 방정식의 양변을 제곱하면 $25/L = 4$가 된다. 그러므로 이윤극대화 노동의 양은 $L = 25/4 = 6.25$단위가 된다.

5.2.6 등량곡선

다음에는 두 생산요소가 자유롭게 변할 때 장기적으로 자본과 노동을 최적으로 선택하는 것에 대해 분석한다. 생산에 있어서 여러 가지 생산요소가 존재할 때, 경영자는 똑같은 양의 산출물을 생산하는 데에 여러 가지 조합의 생산요소를 사용할 수 있다. 예를 들어, 자동차 생산라인은 10명의 근로자와 1대의 로봇을 사용하여 시간당 1,000대의 승용차를 생산할 수 있다. 또한, 단지 2명의 근로자와 3대의 로봇을 사용하여 1,000대의 승용차를 생산할 수도 있다. 1,000대의 승용차를 생산하는 비용을 최소화하기 위해서, 경영자는 그것들을 생산하기 위해 사용할 생산요소들을 효율적으로 조합해야 한다. 산출물을 생산하는 데 여러 가지 생산요소들(alternative inputs)이 어떻게 사용될 수 있는가를 이해하기 위한 기본적인 도구가 등량곡선이다. **등량곡선**은 생산자에게 똑같은 양의 산출물을 생산해 주는 생산요소들(K와 L)의 조합으로 정의된다; 즉, 등량곡선상의 자본과 노동의 모든 조합은 똑같은 양의 산출물을 생산한다.

등량곡선
동일한 양의 산출물을 생산하는 생산요소조합의 묶음을 나타낸다.

〈그림 5-3〉은 전형적인 등량곡선의 집합을 나타낸다. 생산요소의 묶음 A와 B 모두 동일한 등량곡선상에 있으며, 각각 동일한 양의 산출물, 즉 Q_0단위를 생산

그림 **5-3**

등량곡선의 집합

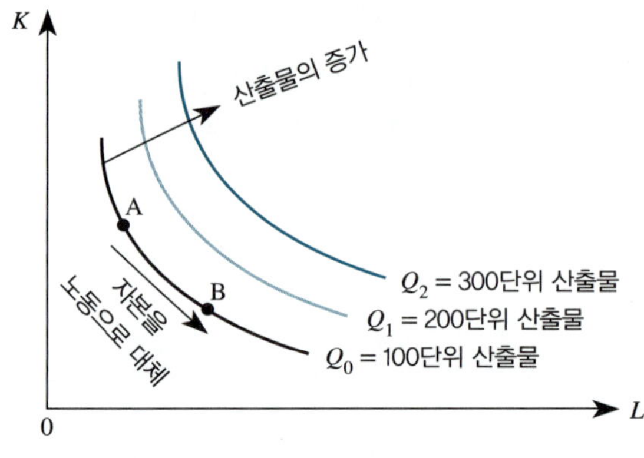

할 것이다. 생산요소 조합 *A*는 *B*보다 더욱 자본집약적인 공장을 의미한다. 두 생산요소를 더 많이 사용할수록 (원점에서 볼 때) 더 높은 등량곡선을 얻게 된다.

〈그림 5–3〉의 등량곡선은 원점에 대해 볼록하다. 등량곡선이 보통 원점에 대해 볼록형태로 그려지는 이유는 자본과 노동 같은 생산요소들이 완전하게는 대체가능하지 않기 때문이다. 예를 들어, 〈그림 5–3〉의 점 A에서 출발하여 자본대신에 노동으로 대체하기 시작하면 제거되는 각 단위의 자본을 대체하기 위한 노동의 양은 증가하게 된다. 노동과 자본이 서로 대체되는 비율은 **한계기술대체율**(*MRTS*)로 불려진다. 자본과 노동의 *MRTS*는 등량곡선 기울기의 절댓값이 되며 단순히 두 한계생산물의 비율이 된다;

한계기술대체율
생산량을 일정하게 유지하면서 생산자가 두 생산요소간에 대체할 수 있는 비율

$$MRTS_{KL} = \frac{MP_L}{MP_K}$$

서로 다른 생산함수는 서로 다른 한계기술대체율을 의미할 것이다. 예를 들어, 선형생산함수는 〈그림 5–4 (a)〉에서와 같이 선형인 등량곡선을 의미한다. 그 이유는 생산요소들이 서로 완전하게 대체가능하며 생산자가 생산요소간에 대체할 수 있는 비율이 생산요소의 사용량과 독립적이기 때문이다. 특히, 선형생산함수 $Q = aK + bL$의 경우 $MP_L = b$ 그리고 $MP_K = a$이므로, 한계기술대체율(MRTS)은 b/a가 된다. 이것은 생산요소의 사용량과 독립적이다.

한편, Leontief 생산함수는 〈그림 5–4 (b)〉에서와 같이 *L*자 형태의 등량곡선을 의미한다. 이 경우 생산요소들은 고정비율로 사용되어야 한다; 경영자는 동일한 수준의 산출량을 유지한 채 자본과 노동간에 전혀 대체할 수 없다. Leontief 생산함수의 경우에는 하나의 등량곡선상에서 생산요소들간에 대체성이 없으므로 MRTS가 없다.

대부분의 생산함수에 대해서는 등량곡선이 완전대체와 고정비율 생산함수사이의 중간에 있다. 이 경우 생산요소간에는 완전하지는 않지만 서로 대체가 가능

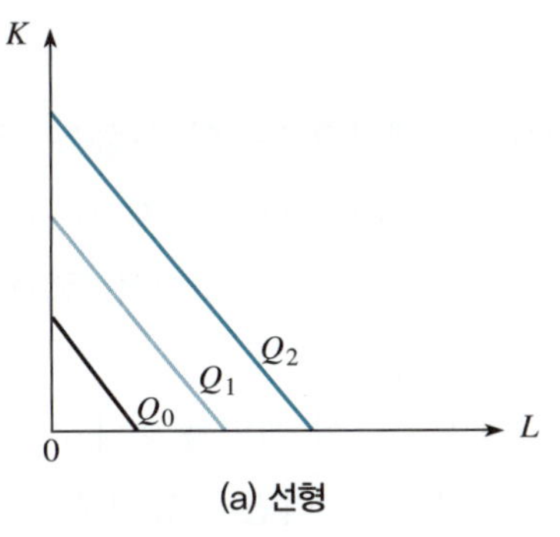

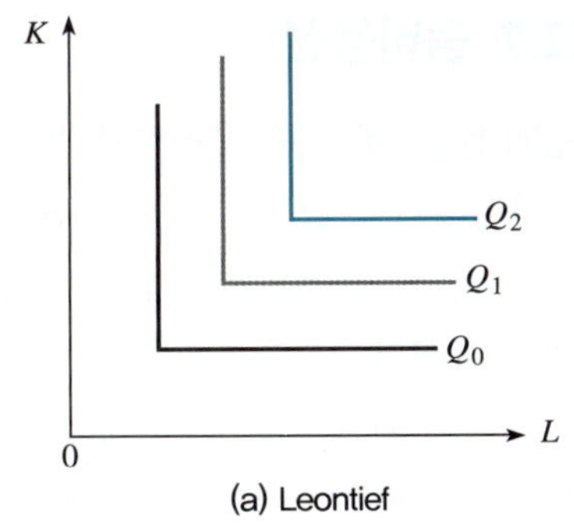

그림 5-4

선형 및 Leontief 등량곡선

하며, 경영자가 생산요소간에 대체할 수 있는 비율이 하나의 등량곡선상에서 변할 것이다. 예를 들어, 〈그림 5-5〉의 점 A에서 B로 이동하면 경영자는 1단위 노동대신에 1단위 자본으로 대체하며 100단위 산출물을 그대로 생산하게 된다. 그러나 점 C에서 D로 이동하면 경영자는 100단위 산출물을 생산하기 위해 1단위 노동대신에 3단위 자본으로 대체해야만 할 것이다. 그러므로 생산함수는 **한계기술대체율체감의 법칙**을 만족시킨다: 즉, 생산자가 어떤 생산요소를 점점 덜 사용할수록, 동일한 양의 산출물을 생산하기 위해서는 다른 생산요소를 점점 더 많이 사용하여야 한다. Cobb-Douglas 생산함수는 한계기술대체율이 체감하는 등량곡선을 의미한다는 것을 보여줄 수 있다. 어떤 등량곡선이 한계기술대체율체감을 나타낼 때마다 그에 해당하는 등량곡선은 원점에 대해 볼록하다; 즉, 그것들은 〈그림 5-5〉의 등량곡선처럼 보인다

한계기술대체율체감의 법칙
어떤 생산요소를 점점 덜 사용할수록, 동일한 양의 산출물을 생산하기 위해서 또 다른 생산요소를 점점 더 많이 사용해야 한다는 생산함수의 속성

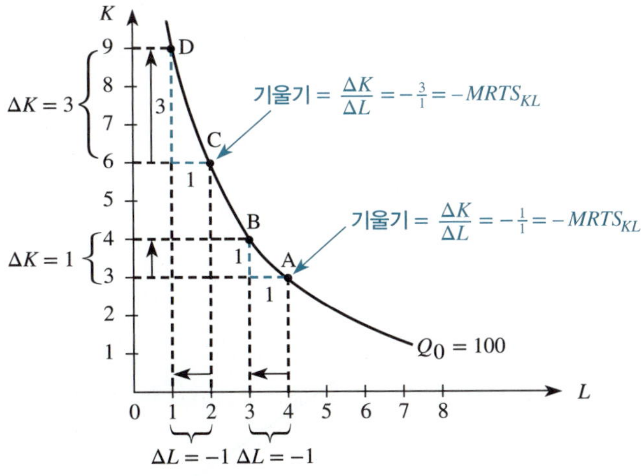

그림 5-5

한계기술대체율

5.2.7 등비용선

등비용선
생산자에게 동일한 비용이 소요되는 생산요소들의 조합을 나타내는 선

등량곡선은 어느 주어진 수준의 산출량을 생산하는 생산요소들의 조합을 말한다. 기업에게 동일한 비용을 초래하는 자본과 노동의 여러 조합이 존재한다는 것을 주목하라. 기업에게 동일한 비용을 발생시키는 생산요소들의 조합은 **등비용선**이라고 불린다.

등비용선 관계는 〈그림 5-6〉에 그래프로 나타나 있다. 이 개념을 이해하기 위해 기업이 생산요소에 정확하게 $C를 지출한다고 하자. 그러면 노동비용 및 자본비용은 정확하게 $C가 된다:

$$wL + rK = C \qquad (5-1)$$

여기에서 w는 임금(노동가격)이며, r은 자본가격(임대가격)이다. 이 식이 등비용선공식을 나타낸다.

등비용선의 기울기와 절편을 보다 간단하게 다음과 같이 표현할 수 있다. 〈식 5-1〉의 양쪽에 $1/r$을 곱해주면 다음과 같다.

$$\frac{w}{r}L + K = \frac{C}{r} \quad \text{또는} \quad K = \frac{C}{r} - \frac{w}{r}L$$

따라서 등비용선을 따라 K는 수직절편이 C/r이고 기울기가 $-w/r$인 L의 선형함수가 된다

생산자가 두 생산요소를 더 많이 사용하기를 원하면 더 많은 돈이 지출되어야 한다는 것을 주목하라. 따라서 비용이 더 높은 등비용선은 비용이 더 낮은 등비용선보다 원점에서 더 멀리 있다. 생산요소가격이 일정할 때 등비용선은 서로 평행하게 될 것이다. 〈그림 5-7 (a)〉는 $C^0 < C^1$일 때 비용수준이 C^0와 C^1인 등비

그림 5-6
등비용선

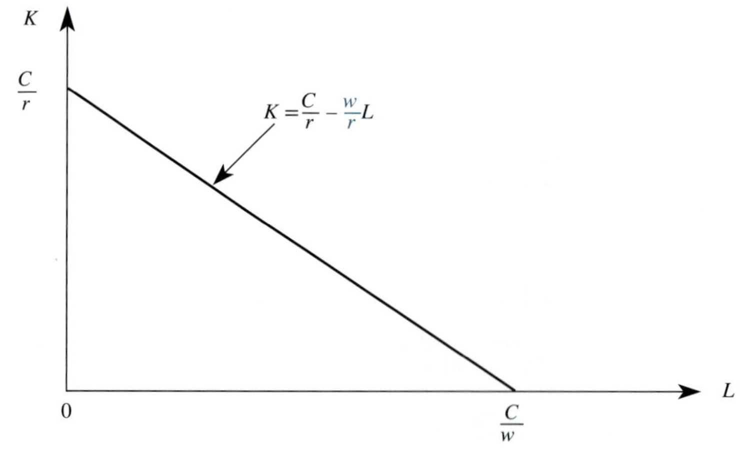

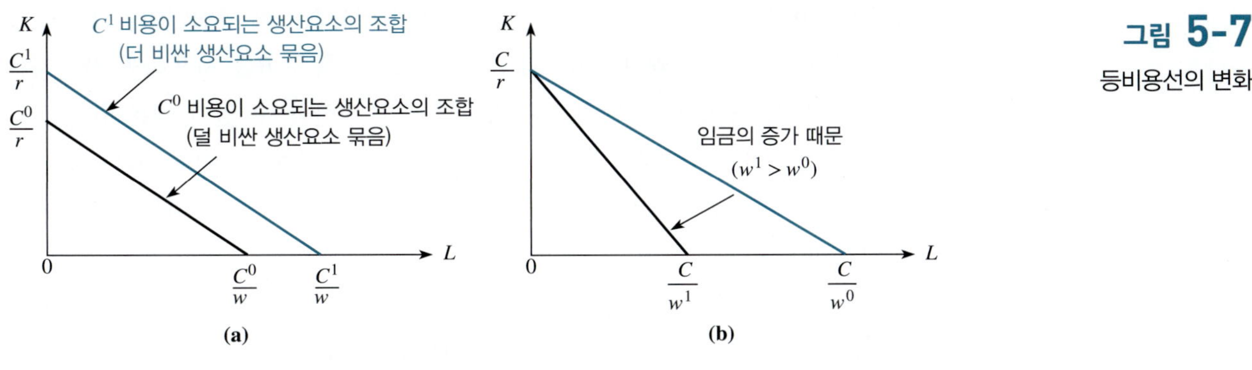

그림 **5-7**

등비용선의 변화

용선을 나타낸다.

마찬가지로 생산요소가격의 변화는 등비용선의 기울기에 영향을 준다. 노동가격의 상승은 등비용선의 기울기를 더 급격하게 하는 반면, 자본가격의 상승은 그 기울기를 더 평평하게 만든다. 예를 들어, 〈그림 5-7 (b)〉는 임금이 w^0에서 w^1으로 상승할 때 등비용선이 시계 방향으로 회전한다는 것을 보여 준다.

원리

등비용선의 변화

생산요소가격이 주어졌을 경우 등비용선이 원점에서 멀리 떨어질수록 비용이 더 높아진다. 생산요소가격의 변화는 등비용선의 기울기를 변화시킨다.

5.2.8 비용최소화

위에서 정의한 등비용선과 등량곡선은 생산비용을 최소화하는 생산요소의 사용량을 결정하는 데에 활용될 수 있다. 희소성이 존재하지 않는다면 생산자는 생산비용을 신경쓰지 않을 것이다. 그러나 희소성은 경제적 현실이므로 생산자는 **비용최소화**에 관심을 둔다. 즉, 가능한 최소의 비용으로 산출물을 생산하고자 한다. 결국, 이윤을 극대화하기 위해서 기업은 먼저 최소의 비용방식으로 산출물을 생산해야 한다. 심지어는 비영리기관조차도 가능한 최소비용으로 주어진 수준의 서비스를 제공함으로써 목적을 달성할 수 있다. 자본과 노동의 최적조합을 선택하는 방법을 알아보기 위해 지금까지 설명한 도구들을 결합하여 보자.

비용최소화
가능한 최소의 비용으로 산출물을 생산하는 것

〈그림 5-8〉의 점 A묶음과 같은 생산요소묶음을 고려하자. 이와 같은 L과 K의 조합은 Q_0라고 하는 등량곡선상에 위치하므로 Q_0단위의 산출물을 생산한다. 그것은 또한 점 A를 통과하는 등비용선에 위치한다. 그러므로 생산자가 생산요소묶음 A를 사용하면 생산자는 총비용 C^1으로 Q_0단위의 산출물을 생산할 것이다.

이것이 주어진 수준의 산출물을 생산하기 위한 비용최소화 방법인가? 그렇지 않다는 것이 분명하다. 왜냐하면 *A*대신에 생산요소 묶음 *B*를 사용하면 생산자는 더 낮은 비용, 즉 C^2로 동일한 수준의 산출물을 생산할 수 있기 때문이다. 간단히 말해, 생산자가 생산요소묶음 *A*를 사용하는 것은 비효율적이다. 왜냐 하면 생산요소묶음 *B*는 동일한 양의 산출물을 생산하면서 보다 낮은 등비용선에 위치하고 있기 때문이다.

비용최소화 생산요소묶음에서 등량곡선의 기울기는 등비용선의 기울기와 같다. 등량곡선기울기의 절댓값이 한계기술대체율을 반영하고, 등비용선의 기울기는 $-w/r$로 주어져 있음을 상기하면 비용최소화 생산요소묶음에서 다음이 성립함을 알 수 있다.:

$$MRTS_{KL} = w/r$$

만약 이 조건이 성립하지 않는다면, 생산자가 *L*과 *K*를 대체할 수 있는 기술적 비율은 그 생산자가 생산요소간에 대체할 수 있는 시장가격 비율과 다르게 될 것이다. 예를 들어, 〈그림 5–8〉의 점 A에서 등량곡선의 기울기는 등비용선의 기울기보다 더 급하다. 결론적으로 자본은 "너무 비싸다"; 생산자는 주어진 수준의 산출물을 생산하기 위해 자본을 덜 사용하고 노동을 더 많이 사용하고자 한다. 최종적으로 생산자는 MRTS가 생산요소의 가격비율고 같아지는 점 B에 도달할 때가지 이러한 대체는 계속 일어난다. 비용을 최소화시키는 생산요소의 사용조건은 또한 한계생산물 관점에서 설명될 수 있다.

그림 5-8

생산요소묶음 *B*는 100단위 산출물의 생산비용을 최소화 한다.

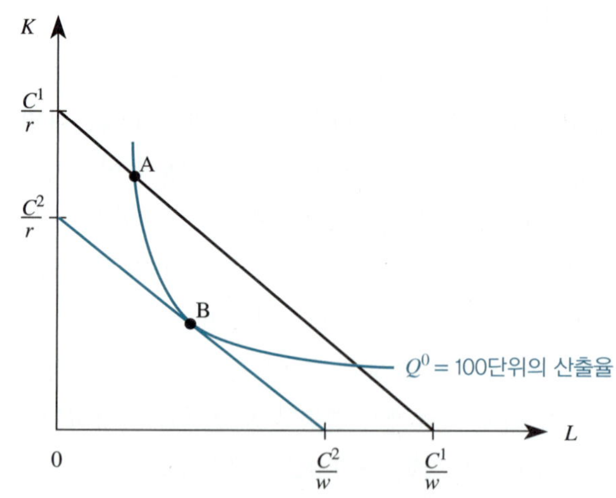

비용최소화 생산요소 결정법칙

주어진 수준의 산출물을 생산하는 비용을 최소화하기 위해서 지출된 달러당 한계생산물은 모든 생산요소에 대해 동일해야 한다:

$$\frac{MP_L}{w} = \frac{MP_K}{r}$$

마찬가지로 생산비용을 최소화하기 위해, 한계기술대체율이 생산요소의 가격비율과 같아지는 수준까지 기업은 생산요소를 고용해야 한다.

$$\frac{MP_L}{MP_K} = \frac{w}{r}$$

주어진 수준의 산출물을 생산하는 비용을 최소화하기 위해서 이 조건이 왜 성립하는가를 알아보려면, $MP_L/w > MP_K/r$이라고 가정하자. 그러면 마지막에 지출된 $1에 대해 노동이 자본보다 더 우수한 거래가 된다. 따라서 기업은 비용을 최소화하기 위해 자본을 덜 사용하고 노동을 더 많이 사용해야 한다. 특히, 기업이 자본에 대한 지출을 $1 축소한다면 그 기업은 노동에 대한 지출을 $1미만 증가시켰을 경우와 같은 수준의 산출물을 생산할 수 있을 것이다. 그러므로 자본을 줄이고 노동으로 점점 더 대체하면 그 기업은 동일한 수준의 산출물을 생산하면서 비용을 줄일 수 있다. 자본에 지출된 $1당 한계생산물이 노동에 지출된 $1당 한계생산물과 정확하게 일치할 때가지 이러한 대체가 지속되는 것은 확실하다.

예시 문제

5-3

Terry's Lawn Service(테리의 잔디서비스)는 이웃 가구들의 잔디를 깍아주기 위해서 5개의 소형 밀대형 잔디깍는 기계(push mower)와 2개의 대형 탑승형 잔디깍는 기계(riding mower)를 임차한다. 소형 밀대형 기계의 한계생산물은 하루에 3잔디밭이고, 대형 탑승형 기계의 한계생산물은 하루당 6잔디밭이다. 소형 밀대형 기계의 임차가격은 하루에 $10인 반면, 대형 탑승형 기계의 임차가격은 하루에 $25이다. Terry's Lawn Service는 비용최소화 방식으로 소형 밀대형 기계와 대형 탑승형 기계를 활용하고 있는가?

정답

MP_S를 소형 밀대형 기계의 한계생산물이라 하고, MP_L을 대형 탑승형 기계의 한계생산물이라고 하자. P_S와 P_L은 각각 소형 밀대형 기계의 임차가격과 대형 탑승형 기계의 임차가격이라고 하면, 비용최소화가 되면 다음의 식이 성립한다:

$$\frac{MP_S}{P_S} = \frac{MP_L}{P_L}$$

위에 주어진 값으로 대체하면, 다음이 성립한다:

$$\frac{3}{10} = \frac{MP_S}{P_S} > \frac{MP_L}{P_L} = \frac{6}{25}$$

그러므로 소형 밀대형 기계에 지출된 달러당 한계생산물은 대형 탑승형 기계에 지출된 달러당 한계생산물을 초과한다. 탑승형 기계는 밀대형 기계보다 2배 더 생산적이지만, 값에서는 2배보다 더 비싸다. 따라서 그 기업이 비용을 최소화하지 않는 것이 분명하므로, 탑승형 기계를 덜 사용하고 밀대형 기계를 더 사용해야 한다.

5.2.9 최적의 생산요소 대체

생산요소가격의 변화는 비용최소화를 가져오는 생산요소묶음의 변화를 초래할 것이다. 이를 알아보기 위해 〈그림 5-9〉에서 처음의 등비용선이 FG이며 생산자는 Q_0단위의 산출물을 생산할 때, 생산요소묶음 *A*에서 비용을 최소화한다고 하자. 이제 임금이 상승하고 기업이 생산요소에 동일한 금액을 지출한다면 등비용선은 〈그림 5-9〉에서 시계방향으로 회전하여 FH로 된다고 하자. 분명한 것은 기업이 임금의 상승 전에 지출한 금액을 쓴다면, 그 기업은 동일한 수준의 산출물을 생산할 수 없다는 것이다.

노동의 가격이 상대적으로 높아진 것을 반영하는 등비용선의 새로운 기울기가 주어질 경우, 처음의 등량곡선이 나타내는 산출물을 유지하기 위한 비용최소화 방법은 등비용선 IJ가 등량곡선에 접하는(tangent) 점 B에 있게 된다. 자본가격에 비해 노동가격의 상승으로 인하여 생산자는 노동을 줄이고 자본으로 더 대체하게 되며, 더 자본집약적인 생산방식을 택하게 된다. 이것은 다음과 같은 중요한 결과를 제시한다

그림 5-9
임금 상승때문에 노동 대신 자본으로 대체함

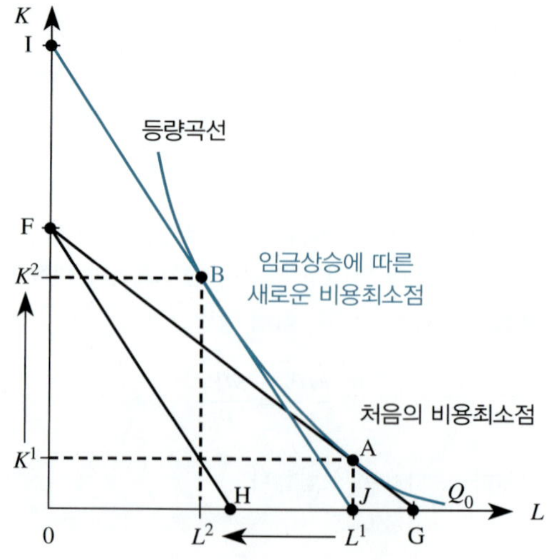

주어진 수준의 산출물을 생산하는 비용을 최소화하기 위해, 기업은 어떤 요소가격이 상승할 경우 그 생산요소를 덜 사용하고 다른 생산요소를 더 많이 사용해야 한다.

최적의 생산요소 대체

〈그림 5-10〉은 컴퓨터와 노동을 사용하여 양탄자를 생산하는 기업의 등비용선(AB)과 등량곡선을 나타낸다. 비용최소화를 가져오는 처음의 상태는 임금이 $w = \$20$이고 컴퓨터(자본)의 임대가격이 $r^0 = \$20$일 때 경영자가 40단위의 자본(컴퓨터)과 80단위의 노동을 선택한 점 M에 있다. 이것은 점 M에서 총비용이 \$2,400 $[C^0 = (\$20 \times 40) + (\$20 \times 80)]$가 됨을 의미한다. 또한 점 M에서 *MRTS*가 자본가격에 대한 임금의 비율과 같음을 주목한다.

이제 실리콘칩의 공급감소로 인하여 자본가격이 $r^1 = \$40$로 상승한다고 하자. 비용을 최소화하려면 경영자는 어떻게 할 것인가? 자본가격이 상승했으므로 등비용선은 *AB*에서 *DB*로 시계반대방향으로 회전할 것이다. 똑같은 양의 산출물을 생산하기 위해 경영자는 $C^0 = \$2,400$ 이상을 지출해야만 할 것이다. 그와 같은 추가적인 지출로 인하여 〈그림 5-1〉에서 등비용선은 원점에서부터 더 멀리

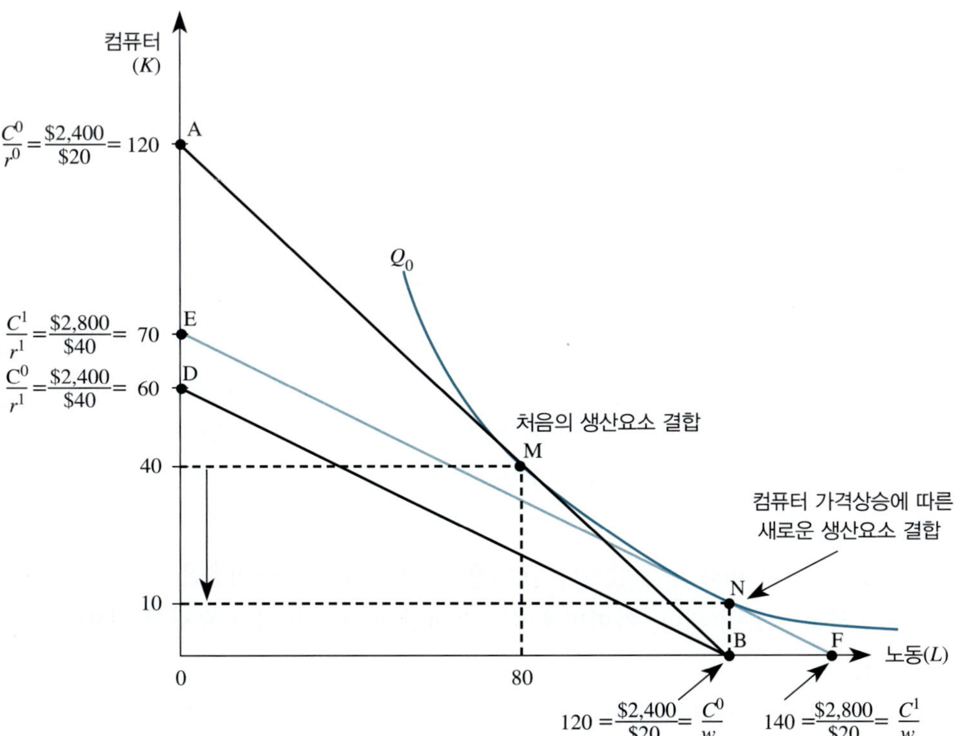

그림 5-10
컴퓨터가격의 상승으로
컴퓨터 대신 노동으로 대체함

이동하여 EF로 될 것이다. 새로운 비용최소화 점은 점 N이며, 거기에서 이제 기업은 양탄자의 생산비용을 최소화하기 위해 노동자를 더 고용(120단위)하고 자본을 덜 고용(10단위)하게 된다. 비용은 이제 $C^1 = (\$40 \times 10) + (\$20 \times 120) = \$2,800$가 되며 이것은 C^0보다 더 높다.

5.3 비용함수

생산요소가격이 주어질 경우, 자본과 노동간의 최적의 대체성을 허용할지라도 등량곡선이 다르면 생산비용도 다르게 될 것이다. 각 등량곡선은 서로 다른 수준의 산출물에 해당하며, 더 높은 등량곡선과 접하는 등비용선은 그 기업이 비용최소화 생산요소묶음을 사용한다고 가정할지라도 보다 더 높은 생산비용을 의미할 것이다. 등량곡선이 더 높아짐에 따라 생산비용이 증가하므로, $C(Q)$는 비용최소화 방법으로 등생산량 Q를 생산하는 기업의 비용을 나타낸다고 가정할 필요가 있다. 함수 C는 비용함수라고 불린다.

나중에 보는 바와 같이 비용함수는 이윤극대화 수준의 생산량을 결정하기 위해 경영자가 필요로 하는 핵심적인 정보를 제공하기 때문에 매우 중요하다. 뿐만 아니라 비용함수는 생산과정에 대한 정보를 요약하여 준다. 따라서 비용함수는 최적의 생산의사결정을 하기 위해 그 경영자가 처리해야만 하는 정보의 양을 줄여준다.

5.3.1 단기비용

단기는 생산요소의 양이 약간이라도 고정되어 있는 기간으로 정의된다는 것을 상기하라. 단기적으로 경영자는 가변생산요소의 사용을 자유롭게 변경할 수 있으나, 현재수준의 고정생산요소는 바꾸지 못한다. 생산요소는 고정요소이든 가변요소이든 관계없이 비용을 수반하므로 단기적으로 산출물을 생산하는 **총비용**은 (1) 고정생산요소비용과 (2) 가변생산요소비용으로 구성된다. 단기총비용의 이들 두 가지 요소는 **고정비용**과 **가변비용**으로 각각 불려진다. FC로 표시되는 고정비용은 생산량에 따라 변하지 않는 비용이다. 고정비용에는 생산에 사용된 고정생산요소의 비용이 포함된다. $VC(Q)$로 표시되는 가변비용은 생산량이 변할 때 변하는 비용이 된다. 가변비용에는 생산량에 따라 변하는 요소의 비용이 포함된다.

총비용
고정비용과 가변비용의 합

고정비용
생산량의 변화에 따라 변하지 않는 비용; 생산에 사용된 고정생산요소의 비용이 포함된다.

가변비용
생산량의 변화에 따라 변하는 비용, 생산량에 따라 변하는 생산요소비용이 포함된다.

모든 비용이 하나 또는 다른 하나의 범주에 속하므로, 고정비용과 가변비용의

인사이드 비즈니스 5-2 건강보험개혁법, 고용주 법안과 생산요소 대체

정부규제는 종종 의도하지 않은 결과를 가져온다. 2010년 오바마 대통령은 미국 의료보험제도를 상당히 정비한 건강보험개혁법안에 서명하여 법으로 만들었다. 그 새로운 법은 새로운 많은 규제를 만들었는데, 그 중 여러 규제는 매우 논란이 되는 것으로 판명되었다. 특히 한 가지 논쟁적인 새로운 규제는 고용주 법안인데, 그것은 50명이상의 정규직 직원을 가진 모든 미국기업이 "정규직 직원들(그리고 그들의 부양자들)에게 최소 수준의 보장을 제공하는 적정한 의료보장을 제공하도록" 요구한다. 기업들이 만약 그 명령에 따르지 않는다면, 그들은 처음 30명 이상의 모든 직원에 대해 직원당 $2,000의 벌금을 지급해야 한다.

그 명령의 반대론자들은 그것이 아마도 그 법이 도와주려고 의도했던 그룹의 하나인 저임금 근로자들에게 해로운 영향을 줄 것이라고 주장한다. 그 이유를 알기 위해, 컴퓨터 프로그래머와 사무직원을 고용하는 회사를 고려해 보자. 컴퓨터 프로그래머의 연봉은 $80,000이고, 사무직원의 연봉은 $40,000라고 하자. 그리고 고용주 법안에 의해 기업들은 직원들에게 $4,000의 추가적인 보장혜택을 주어야 한다. 고용주 법안이 없을 경우, 컴퓨터 프로그래머에 대한 사무직원의 상대가격은 $40,000/$80,000=0.50이다. 그러나 추가적인 보장혜택이 도입될 경우, 컴퓨터 프로그래머에 대한 사무직원의 상대가격은 약 0.52이상으로 증가한다. 등량곡선과 등비용곡선 분석에 의하면, 기업들은 비용을 최소화하기 위해 현재 상대적으로 더 높은 가격의 사무직원을 대체해야 한다.

억지해석처럼 보이는가? 최근, Frank Scott, Mark Berger 그리고 Dan Black 등의 경제학자들은 건강의료비용과 저소득근로자들 고용간의 관계를 조사하였다. 그들의 발견에 의하면, 상대적으로 보다 높은 건강보험을 제공한 산업들(IRS)은 보다 낮은 건강보험을 지급한 산업들에 비해 훨씬 더 적은 수의 장부계원, 키펀치운영자, 접수계원, 비서, 점원, 수위, 그리고 음식서비스근로자를 고용하였다. 정부는 시간제 근로자에 대해 연금, 건강보험 및 기타의 많은 부가급부를 제공하도록 기업들에게 요구하지 않음으로, 보다 높은 수준의 부가급부를 제공하는 산업들은 보다 낮은 수준의 부가급부를 제공하는 산업에 비해 더 많은 시간제 금로자를 고용하였다.

마지막으로 그 법안에 따르지 않고 대신 벌금을 지급하고자 선택한 기업들이 사무직원의 상대가격이 약 0.51이상이므로 아직도 사무직원을 대체하려는 인센티브를 가지고 있다는 것을 주목하라.

출처: Frank Scott, Mark Berger, and Dan Black, "Effects of Fringe Benefits on Labor Market Segmentation," *Industrial and Labor Relations Review* 42(January 1989), pp. 216-29; https://www.irs.gov/Affordable-Care-Act/Employers/Questions-and Answers-on-Employer-Shared-Responsibility-Provisions-Under-the-Affordable-Care-Act, accessed October 2015.

합계는 그 기업의 **단기비용함수**가 된다. 고정생산요소가 존재할 경우, 단기비용함수는 가변요소가 비용최소화 방식으로 사용되고 있을 때 각 산출물의 수준을 생산할 수 있는 최저비용을 요약해 준다.

단기비용함수
가변생산요소가 비용최소화 방식으로 사용될 때 각 산출물의 수준을 생산할 수 있는 최저비용을 나타내는 함수

〈표 5-3〉은 〈표 5-1〉에 사용된 기술로 생산하는 비용을 나타낸다. 처음 셋째까지의 세로열은 단기생산 함수를 의미한다는 것을 주목하라. 왜냐하면 그것들은 2단위의 고정요소(자본)와 여러 가지 단위의 가변요소(노동)로 생산될 수 있는 산출물의 최댓값을 요약하여 주기 때문이다. 자본비용이 단위당 $1,000이고 노동비용이 단위당 $400라고 가정하면 〈표 5-3〉의 네번째 세로열과 다섯번째 세로열에 요약되어 있는 바와 같이 생산의 고정비용과 가변비용을 계산할 수 있다. 생산된 산출물의 양에 관계없이 자본비용은 $\$1,000 \times 2 = \$2,000$가 된다는 것에 주목하라. 그러므로 네번째 세로열에는 모두 동일한 수치($2,000)로 표현되며, 이것은 고정비용이 생산량에 따라 변하지 않는다는 원리를 나타낸다.

산출물을 더 생산하기 위해서는 가변요소를 더 많이 사용해야 한다. 예를 들

표 5-3 비용함수

(1) K 고정생산요소 [주어짐]	(2) L 가변생산요소 [주어짐]	(3) Q 산출물 [주어짐]	(4) FC 고정비용 [$1,000 × (1)]	(5) VC 가변비용 [$400 × (2)]	(6) TC 총비용 [(4) + (5)]
2	0	0	$2,000	$0	$2,000
2	1	76	2,000	400	2,400
2	2	248	2,000	800	2,800
2	3	492	2,000	1,200	3,200
2	4	784	2,000	1,600	3,600
2	5	1,100	2,000	2,000	4,000
2	6	1,416	2,000	2,400	4,400
2	7	1,708	2,000	2,800	4,800
2	8	1,952	2,000	3,200	5,200
2	9	2,142	2,000	3,600	5,600
2	10	2,200	2,000	4,000	6,000

어, 1,100단위의 산출물을 생산하려면 5단위의 노동이 필요로 된다; 1,708단위의 산출물을 생산하려면 7단위의 노동이 요구된다. 노동은 이와 같은 단순한 예에서 유일한 가변요소이므로 1,100단위의 산출물을 생산하는데 소요되는 가변비용은 5단위의 노동비용, 또는 $400 × 5 = $2,000가 된다. 마찬가지로 1,708단위의 산출물을 생산하는데 소요는 가변비용은 $400 × 7 = $2,800가 된다. 〈표 5-3〉의 마지막 세로열에 요약된 총비용은 산출물의 각 수준에서 단순히 고정비용(네번째 세로열)과 가변비용(다섯번째 세로열)의 합계가 된다.

〈그림 5-11〉은 총비용(*TC*), 가변비용(*VC*), 고정비용(*FC*)간의 관계를 그림으로 나타낸 것이다. 고정비용은 산출물에 따라 변하지 않으므로 모든 산출물수준에 대해 일정하며 산출물이 전혀 생산되지 않아도 지불되어야 한다. 반면, 가변비용은 산출물이 전혀 생산되지 않으면 0이 되나 산출물이 0이상이 되면 증가하게 된다. 총비용은 고정비용과 가변비용의 합계이다. 따라서 〈그림 5-11〉에서 *TC*와 *VC*곡선간의 거리는 단순히 고정비용이 된다. 곡선들이 더 경사질수록 그 곡선들은 함께 더 가까워지는 것처럼 보인다는 것을 주목하라; 그러나 이것은 다음의 사실 때문이다: 곡선의 수직적 차이가 고정되어 있고, 곡선이 경사질수록 수평적 차이는 더 작아지므로 그것들은 더 가까워지는 것처럼 보인다.

5.3.2 평균 및 한계비용

한가지 공통적으로 잘못된 비용개념은 대기업이 상대적으로 더 많은 산출물을 생산하기 때문에 대기업의 비용이 소기업의 비용보다 더 낮다는 것이다. 희소성

그림 5-11
비용간의 관계

에 대한 한 가지 기본적인 의미는 더 많은 산출물을 생산하려면 더 많은 비용이 지출되어야 한다는 것이다. 많은 양의 산출물을 생산하는 장점을 고려하여 개인들이 대부분 생각하는 것은, 간접비가 더 많은 양의 산출물수준에 배분된다는 것이다. 이러한 생각은 평균고정비용의 경제적 개념과 복잡하게 연관되어 있다. **평균고정비용**(*AFC*)은 고정비용(*FC*)을 산출물단위로 나눈 값으로 정의된다.

평균고정비용(AFC)
고정비용을 산출물 단위수로 나눈 값

$$AFC = \frac{FC}{Q}$$

고정비용은 산출물에 따라 변하지 않으므로 산출물이 더 많이 생산될수록 고정비용은 더 많은 양의 산출물에 대해 배분된다. 결과적으로 평균고정비용은 산출물이 증가함에 따라 지속적으로 감소한다. 이 원리는 〈표 5-4〉의 다섯번째 세로열에 나타나는데, 거기에서 총산출물이 증가함에 따라 평균고정비용은 감소한다는 것을 알 수 있다.

평균가변비용은 각 단위를 기준으로 가변비용을 측정하는 것이다. **평균가변비용**(*AVC*)은 가변비용(*VC*)을 산출물단위수로 나눈 값이다:

평균가변비용(AVC)
가변비용을 산출물 단위수로 나눈 값

$$AVC = \frac{VC(Q)}{Q}$$

〈표 5-4〉의 여섯번째 세로열은 생산함수에 대한 평균가변비용을 나타낸다. 산출물이 증가함에 따라 평균가변비용은 처음에는 증가하고 1,708단위와 1,952단위 사이의 산출물에서 최저수준에 이르다가 다시 증가하기 시작한다는 것을

표 5-4 평균비용의 도출

(1) Q 산출물 [주어짐]	(2) FC 고정비용 [주어짐]	(3) VC 가변비용 [주어짐]	(4) TC 총비용 [(2) + (3)]	(5) AFC 평균고정비용 [(2)/(1)]	(6) AVC 평균가변비용 [(3)/(1)]	(7) ATC 평균총비용 [(4)/(1)]
0	$2,000	$0	$2,000	–	–	–
76	2,000	400	2,400	$26.32	$5.26	$31.58
248	2,000	800	2,800	8.06	3.23	11.29
492	2,000	1,200	3,200	4.07	2.44	6.50
784	2,000	1,600	3,600	2.55	2.04	4.59
1,100	2,000	2,000	4,000	1.82	1.82	3.64
1,416	2,000	2,400	4,400	1.41	1.69	3.11
1,708	2,000	2,800	4,800	1.17	1.64	2.81
1,952	2,000	3,200	5,200	1.02	1.64	2.66
2,124	2,000	3,600	5,600	0.94	1.69	2.64
2,200	2,000	4,000	6,000	0.91	1.82	2.73

주목하라.

평균총비용(ATC)
총비용을 산출물 단위수로 나눈 값

평균총비용은 각 단위를 기준으로 총비용을 측정하는 것을 제외하고는 평균가변비용과 유사하다. **평균총비용**(ATC)은 총비용을 산출물 단위수로 나눈 값이다:

$$ATC = \frac{C(Q)}{Q}$$

〈표 5-4〉의 일곱번째 세로열은 여러 가지 산출물에 대한 평균총비용을 나타낸다. 산출물이 2,124단위까지 증가함에 따라 평균총비용은 감소하다가 증가하기 시작한다는 것을 주목하라. 더욱이 평균총비용은 〈표 5-4〉에서 평균고정비용과 평균가변비용의 합계(다섯번째 세로열과 여섯번째 세로열의 합계)라는 것을 주목하라.

한계비용(MC)
경영통제변수인 산출물의 변화에 대한 총비용의 변화

가장 중요한 비용개념은 한계(또는 증분)비용이다. 개념적으로 **한계비용**(MC)은 추가적으로 한 단위의 산출물을 생산하는데 소요되는 비용, 즉 마지막 단위의 산출물에 의해 발생되는 비용의 변화이다:

$$MC = \frac{\Delta C}{\Delta Q}$$

이와 같은 중요한 개념을 이해하기 위해, 앞에서 설명하였던 단기비용함수를 나타내는 〈표 5-5〉를 고려하자. 일곱번째 세로열에 있는 한계비용은 산출물의 변화로 인하여 발생되는 비용의 변화로 계산된다. 예를 들어 산출물이 248단위에서 492단위로 증가($\Delta Q = 244$)하면 비용은 2,800에서 3,200으로 증가(ΔC

표 5-5 한계비용의 도출

(1) *Q* [주어짐]	(2) Δ*Q* [Δ(1)]	(3) *VC* [주어짐]	(4) Δ*VC* [Δ(3)]	(5) *TC* [주어짐]	(6) Δ*TC* [Δ(5)]	(7) *MC* [(6)/(2) 또는 (4)/(2)]
0	–	0	–	2,000	–	–
76	76	400	400	2,400	400	400/76 = 5.26
248	172	800	400	2,800	400	400/172 = 2.33
492	244	1,200	400	3,200	400	400/244 = 1.64
784	292	1,600	400	3,600	400	400/292 = 1.37
1,100	316	2,000	400	4,000	400	400/316 = 1.27
1,416	316	2,400	400	4,400	400	400/316 = 1.27
1,708	292	2,800	400	4,800	400	400/292 = 1.37
1,952	244	3,200	400	5,200	400	400/244 = 1.64
2,124	172	3,600	400	5,600	400	400/172 = 2.33
2,200	76	4,000	400	6,000	400	400/76 = 5.26

= \$400)한다. 따라서 492단위의 산출물에 대한 한계비용은 $\Delta C/\Delta Q = 400/244 = \$1.64$이다.

단지 하나의 생산요소가 가변적일 때, 한계비용은 그 생산요소가격을 한계생산물로 나눈 값이 된다. 한계생산물은 처음에 증가하다가 최댓값에 도달한 후 감소한다는 것을 기억하라. 한계비용은 한계생산물에다가 그 생산요소가격을 곱한 값의 역수가 되므로, 한계비용은 한계생산물이 증가할 때 감소하며 한계생산물이 감소할 때 증가한다.

5.3.3 비용간의 관계

〈그림 5-12〉는 산출물이 무한적으로 나누어 질 수 있다는 가정하에서(기업은 〈표 5-4〉와 〈표 5-5〉에 열거된 산출물만을 생산하는 것에 제한되어 있지 않고, 모든 단위의 산출물을 생산할 수 있다), 평균총비용(*ATC*), 평균가변비용(*AVC*), 평균고정비용(*AFC*)과 한계비용(*MC*)을 그림으로 나타낸 것이다. 곡선의 형태는 이들 표에 제시된 한계비용과 평균비용간의 관계를 나타낸다. 또한 〈그림 5-12〉에 제시된 비용곡선간의 관계는 매우 중요하다. 첫 번째로 주목해야 할 것은 한계비용곡선이 *ATC*와 *AVC*곡선의 최저점을 통과한다는 것이다. 이것은 한계비용이 평균비용곡선의 아래에 있을 때에는 평균비용은 감소하고, 한계비용이 평균비용곡선의 위에 있을 때에는 평균비용이 증가한다는 것을 의미한다.

여러 비용곡선간의 이러한 관계를 간단하게 설명할 수 있다. 다시 경영경제학 과정에서 여러분의 점수를 고려하자. 만약 여러분의 시험점수가 여러분의 평균

그림 5-12

평균비용과 한계비용간의 관계

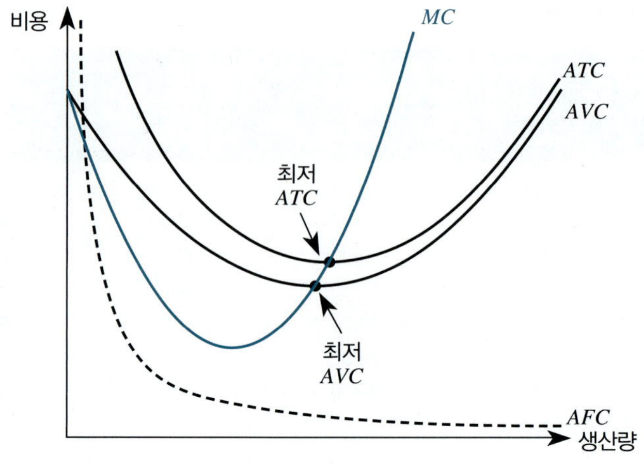

점수보다 낮으면 새로운 점수는 평균점수를 낮추게 된다. 만약 여러분의 시험점수가 평균점수보다 더 높으면 새로운 점수는 여러분의 평균점수를 높여준다. 중요한 것은 새로운 점수는 여러분의 총점수에 한계적으로 기여한 값이 된다. 한계가 평균보다 높을 때에는 평균이 증가한다; 반면 한계가 평균보다 낮을 때에는 평균이 감소한다. 동일한 원리가 한계비용과 평균비용에도 적용되며, 이것이 〈그림 5-12〉의 곡선들이 왜 그러한 모양을 취하는가를 나타내 준다.

〈그림 5-12〉에서 두 번째로 주목해야 할 것은, 산출물이 증가함에 따라 *ATC*와 *AVC*곡선이 서로 근접한다는 것이다. 이 이유는 *ATC*와 *AVC*간의 유일한 차이가 *AFC*가 되기 때문이다. 총비용(C)이 가변비용(VC)과 고정비용(FC)으로 구성되어 있다는 것을 주목하라:

$$C(Q) = VC(Q) + FC$$

위의 방정식의 양변을 총생산량(Q)로 나누면 다음이 된다:

$$\frac{C(Q)}{Q} = \frac{VC(Q)}{Q} + \frac{FC}{Q}$$

그러나 $C(Q)/Q = ATC$, $VC(Q)/Q = AVC$ 그리고 $FC/Q = AFC$. 따라서

$$ATC = AVC + AFC$$

평균총비용과 평균가변비용의 차이는 $ATC - AVC = AFC$이다. 〈그림 5-12〉에서와 같이 평균고정비용은 생산량이 증가함에 따라 감소하므로, 평균총비용과 평균가변비용의 이러한 차이는 고정비용이 증가된 산출물에 배분되기 때문에 감소한다.

5.3.4 고정비용과 매몰비용

이제 고정비용과 매몰비용간의 중요한 차이를 설명하고자 한다. 고정비용은 산출물의 양이 변할 때 변하지 않는 비용이라는 것을 기억하라. 고정비용과 관련된 개념인 **매몰비용**은 일단 지불된 후에는 영원히 잃어버린 비용이 된다. 구체적으로 보기 위해 여러분이 석탄회사의 경영자이며 1개월 동안 수송차를 임차하기 위해 방금 $10,000를 지불했다고 가정하자. 이 비용은 여러분 회사의 고정비용을 반영한다—그 비용은 여러분이 10톤 또는 10,000톤의 석탄을 수송하는데 수송차를 사용하든 하지 않든 관계없이 $10,000가 된다. 이 $10,000 중에서 얼마가 매몰비용인가는 여러분의 임차조건에 달려 있다. 그 임차조건에 의해 이미 지불된 $10,000 중에서 여러분이 아무것도 보상받지를 못하면 $10,000 전체가 매몰비용이 된다—여러분은 이미 그 비용을 부담했으며 그것을 변화시키기 위해 여러분이 할 수 있는 일은 전혀 없다. 임차조건에 의해 여러분이 수송차를 필요로 하지 않을 경우 $6,000를 환불받게 된다면, $10,000의 고정비용 중 단지 $4,000가 매몰비용이 된다. 따라서 매몰비용은 이들 고정비용 중에서 보상받을 수 없는 비용이 된다.

매몰비용
일단 지불된 후에는 영원히 잃어버리게 되는 비용

매몰비용은 일단 지불된 이후에는 영원히 잃어버린 것이 되므로, 매몰비용은 의사결정과 관계가 없다. 예시를 위해 여러분이 1개월 동안 수송차를 임차하기 위해 환불이 불가능한 $10,000를 지불했으나, 임차계약에 서명한 직후 여러분이 수송차를 필요하지 않게 되었다는 것—석탄수요가 예상보다 훨씬 작아졌기 때문—을 깨달았다고 가정하자. 농부가 여러분에게 접근하여 $2,000에 수송차를 여러분으로부터 재임차할 것을 제안하였다고 하자. 임차조건에 의해 여러분이 수송차를 재임대할 수 있다고 가정하면 여러분은 농부의 제안을 받을 것인가?

여러분은 대답이 '아니오' 일 것으로 추론할 수도 있다; 결국 여러분의 기업은 $10,000짜리 수송차를 단지 $2,000에 재임대함으로써 $8,000의 손실을 보게 될 것 같다. 이러한 추론은 잘못되었다. 여러분의 임차료지급은 환불이 불가능한데, 그것은 $10,000가 이미 잃어버린 피할 수 없는 비용이라는 것을 의미한다. 이 $10,000의 비용을 제거하기 위해 여러분이 할 수 있는 일은 아무 것도 없기 때문에, 그와 관련된 유일한 문제는 여러분의 현금흐름을 향상시키기 위해 여러분이 무엇인가를 할 수 있는가이다. 이 경우 여러분의 최적 의사결정은 수송차를 재임대하는 것이다. 왜냐하면 재임대하게 되면 그렇게 하지 않을 경우 얻지 못하게 될 $2,000의 수입을 얻게 되기 때문이다. 매몰비용이 여러분의 의사결정과는 관계가 없는 반면, 총이윤을 계산할 때에는 영향을 준다는 것을 주목하라. 수송차를 재임대하지 않으면 여러분은 $10,000를 잃는다; 반면 그것을 재임대하면 여러분은 단지 $8,000를 잃게 된다.

매몰비용의 무관련성

의사결정자는 이윤을 최대화하거나 손실을 최소화할 때 매몰비용을 무시해야 한다.

예시 문제 5-4

ACME 석탄회사는 Reading Railroad로부터 수송차를 임대하기 위해 $5,000를 지불하였다. 임차조건에 따라 임차계약후 2일 내에 수송차가 반품될 경우 이 금액 중 $1,000가 환불이 가능하다.

1. 임차계약을 하고 $5,000를 지불했을 때, ACME의 고정비용과 매몰비용은 얼마가 되는가?
2. 임차계약 1일 후 ACME는 수송차를 더 이상 필요로 하지 않다는 것을 알게 되었다. 그런데 어떤 농부가 옥수수 풍작을 하여 ACME로부터 $4,500에 수송차를 재임차할 것을 제안하였다고 하자. ACME는 농부의 제안을 받을 것인가?

정답

1. ACME의 고정비용은 $5,000이다. 처음 2일 동안 매몰비용은 $4,000이다(이것은 다시 보상받을 수 없는 금액이다). 2일 후 $5,000 전체가 매몰비용이 된다.
2. 그렇다. ACME는 수송차를 재임대해야 한다. 농부의 제안을 받아들이면 ACME의 총손실은 $500라는 것을 주목하라. 농부의 제안을 받아들이지 않으면 ACME의 손실은 매몰비용 $4,000가 될 것이다(다음날 수송차를 반환한다는 가정하에서).

5.3.5 비용함수의 대수적 형태

실제로 비용함수는 많은 형태를 취하고 있으나 3차함수는 보통 모든 비용함수에 거의 근접하게 된다. 3차 비용함수는 다음과 같이 주어진다:

3차 비용함수
비용이 산출물의 3차함수가 된다; 실제로 모든 생산함수에 근접하는 함수이다.

$$C(Q) = f + aQ + bQ^2 + cQ^3$$

여기에서 a, b, c, f는 상수이다. f는 고정비용을 나타냄을 주목하라.

3차 비용함수의 대수적 형태가 주어지면 직접 한계비용함수를 구할 수가 있다.

공식: 3차 비용함수의 한계비용

다음과 같은 3차 비용함수의 경우,

$$C(Q) = f + aQ + bQ^2 + cQ^3$$

한계비용함수는

$$MC(Q) = a + 2bQ + 3cQ^2$$

미분의 활용

한계비용은 단순히 비용함수를 산출물의 양에 대해서 미분한 값이다.

$$MC(Q) = \frac{dC}{dQ}$$

예를 들어, Q에 대해 3차 비용함수를 미분하면:

$$\frac{dC}{dQ} = a + 2bQ + 3cQ^2$$

이것은 위에 주어진 한계비용의 식이다.

예시 문제 **5-5**

Managerial Enterprises의 비용함수가 $C(Q) = 20 + 3Q^2$으로 주어져 있다. 10단위의 산출물을 생산할 때 한계비용, 평균고정비용, 평균가변비용 그리고 평균총비용은 얼마인가?

정답

한계비용공식을 이용하면(여기에서는 $a = c = 0$), $MC = 6Q$. 따라서 10단위의 산출물을 생산할 때의 한계비용은 $60이다.

여러가지 평균비용을 구하기 위해 먼저 총비용을 계산해야 한다. 10단위를 생산할 때의 총비용은

$$C(10) = 20 + 3(10)^2 = \$320$$

고정비용은 산출물의 양에 따라 변하지 않는 비용이다; 따라서 고정비용은 $20이다. 가변비용은 산출물의 양에 따라 변하는 비용, 즉 $VC(Q) = 3Q^2$이다. 따라서 $VC(10) = 3(10)^2 =$ $300. 그러므로 10단위를 생산할 때 평균고정비용은 $2, 평균가변비용은 $30, 그리고 평균총비용은 $32이다.

5.3.6 장기비용

장기적으로 모든 비용은 가변적이다. 왜냐하면 경영자는 모든 생산요소의 수준을 자유롭게 조정할 수 있기 때문이다. 〈그림 5-13〉에서 단기평균비용곡선 ATC_0는 몇 개의 고정생산요소가 존재한다는 가정하에 그려진 것이다. 고정생산요소가 주어졌을 경우 산출물수준 Q_0를 생산할 때의 평균총비용은 $ATC_0(Q_0)$. 단기적으로 기업이 산출물을 Q_1으로 증가시킨다면 기업은 고정생산요소를 조정할 수가 없으므로 평균비용은 $ATC_0(Q_1)$으로 상승한다. 그러나 장기적으로 기업은 고정생산요소를 조정할 수 있다.

기업이 최적의 방법으로 고정생산요소를 조정한 후의 평균비용곡선을 ATC_1이

그림 5-13

최적 공장규모와 장기평균비용

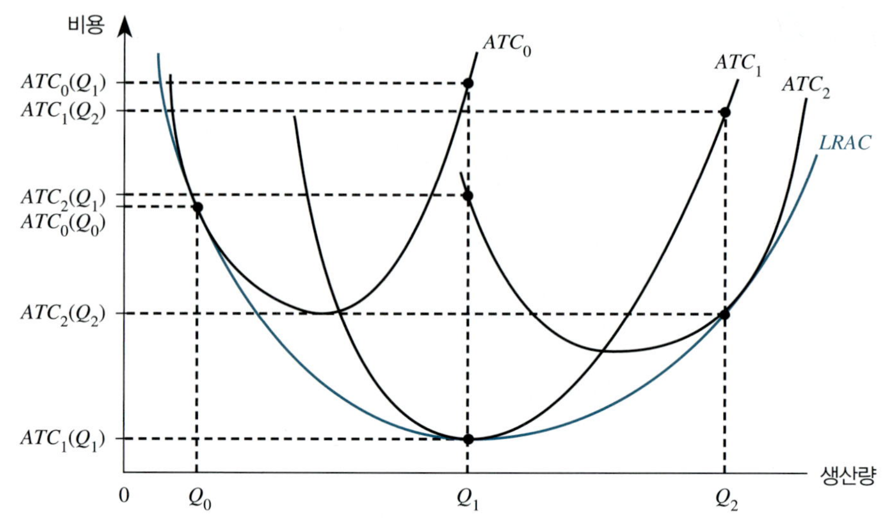

라고 하자. 이제 기업은 평균비용곡선 ATC_1으로 Q_1을 생산할 수 있다. 만약 기업이 평균비용곡선 ATC_0으로 Q_1을 생산한다면, 평균비용은 $ATC_0(Q_1)$이 될 것이다. 운영규모를 최적화하는 방식으로 고정생산요소를 조정하면 기업은 생산에 있어서 경제적(최적화)이 되고 보다 더 낮은 평균비용인 $ATC_1(Q_1)$로 Q_1단위의 산출물을 생산할 수 있다. ATC_1으로 표시된 곡선은 그 자체가 Q_1을 생산할 때의 비용을 최소화하기 위해 사용된 새로운 수준의 고정생산요소를 토대로 한 단기 평균비용곡선이라는 것을 주목하라. 예를 들어 기업이 Q_2수준까지 산출물을 더 확대하기를 원하면, Q_2를 생산하는 비용을 보다 더 낮은 수준, 즉 $ATC_2(Q_2)$로 하기 위해 기업이 고정생산요소를 조정할 수 있을 때까지는 단기적으로 ATC_1을 따르므로 평균비용은 $ATC_1(Q_2)$로 될 것이다.

장기평균비용곡선
고정 및 가변생산요소 모두를 최적으로 선택했을 경우, 각 산출물 수준을 생산 할 때의 최저평균비용을 나타내는 곡선

〈그림 5-13〉에서 *LRAC*로 표시되는 **장기평균비용곡선**은 모든 생산요소(고정 및 가변생산요소)를 최적으로 선택했을 경우 각 산출물 수준을 생산할 때의 최저 평균비용으로 정의된다. 장기평균비용곡선은 모든 단기평균비용곡선을 가장 낮은 수준에서 포갠(enveloped) 값이다. 이것은 단기곡선이 최적으로 고정생산요소를 사용하는 점에서 장기평균비용곡선이 단기평균비용곡선과 같아지는 것을 제외하면, 장기평균비용곡선이 단기평균비용곡선상의 모든 점(point) 아래에 있다는 것을 의미한다. 본질적으로 〈그림 5-13〉의 단기평균비용곡선은 고정된 크기의 공장에서 생산할 때의 평균비용으로 생각할 수 있다. 단기평균비용곡선이 다른 것은 공장규모가 다른 것과 연관된다. 장기적으로 기업경영자는 산출물의 목표치를 생산하기 위해 최적의 공장규모를 자유롭게 선택할 수 있으며, 이것이 그 산출물 수준을 생산할 때의 장기평균비용을 결정해 준다.

인사이드 비즈니스 5-3 생산함수, 비용함수의 추정과 규모에 대한 수확(returns to scale)

미 육군에서 근무하는 동안 Marc Nerlove는 전기생산에 영향을 미치는 경제적 요인들을 모형화하는(model) 연구프로젝트를 생각했다. Nerlove의 전기공급모형에서 중요한 혁신점은 그 모형의 근원이 생산과 비용이론에 있었다는 점이다. 그의 접근방법은 처음으로 생산과 비용에 대한 "쌍대적(dual)" 접근방법을 실증적으로 이용하였다—즉, 비용함수에는 생산함수에 포함된 모든 정보가 요약되어 있다(그리고 그 반대도 성립함)는 사실을 이용한 것이다.

Nerlove의 실증분석을 통해 발견된 두 가지 중요한 사실은 다음과 같다. 첫째, 1950년대 전기시장의 경우 상당한 규모의 경제가 기업수준에서 존재하였다. 그러나 규모의 경제 크기(degree)는 생산량과 반대로 변하며, 개별공장시설에 대해 과거에 추정된 것보다 훨씬 더 낮은 수준이다. 이것은 특히 대기업의 경우에도 해당되었다. 둘째, 전기회사의 영업규모가 규모의 경제에 영향을 주었을지라도 생산요소간의 대체성에는 영향을 미치지 않았다.

생산과 비용간의 쌍대적 이론(duality theory)이 발전하게 되면서 Christensen과 Greene는 규모의 경제와 기술적 변화에 의한 비용축소를 구별하게 되었다. 그들의 분석에 의하면, 1955년과 1970년 사이에 발생했던 전기비용의 축소 중 상당한 부분이 기술적 변화요인에 의한 것이다.

오늘날에도 (보다 더 발전된 계량경제학적 접근방법뿐만 아니라) 이러한 선구적인 기법들은 Maloney와 Thornton이 보여주듯이 전기에서부터 건강의료에 이르는 산업에서 경영의사결정을 하기 위해 필요한 생산함수와 비용함수를 추정하는데 사용된다. 이 책의 웹사이트(www.mhhe.com/baye9e)에는 몇 가지 스프레드시트 파일과 자료rk 제공되어 여러분이 생산함수와 비용함수를 추정하기 위해 3장에서 도입된 계량경제학적 기법들을 사용할 수 있다.

출처: M. Nerlove, "Returns to Scale in Electricity Supply," *Measurement in Economics*, ed. C. Christ et al.(Palo Alto, CA: Stanford University Press, 1963), pp. 167–98; L.R. Christensen and W.H. Greene, "Economies of Scale in U.S. Electric Power Generation," *Journal of Political Economy*, Vol. 84(1976), pp. 655–76; M. Maloney, "Economies and Diseconomies: Estimating Electricity Cost Functions," *Review of Industrial Organization*, Vol. 19(2001), pp. 165–80.; J. Thornton, "Estimating a Health Production Function for the US: Some new Evidence," *Applied Economics*, Vol. 34(2002), pp. 59–62.

5.3.7 규모의 경제

〈그림 5-14(a)〉의 장기평균비용곡선은 U자모양을 취하고 있다는 것을 주목하라. 0과 Q^*사이의 생산량에 대해서 보여지는 바와 같이, 이것은 처음에 생산량을 확대하면 기업이 더 낮은 장기평균비용으로 생산할 수 있다는 것을 의미한다.

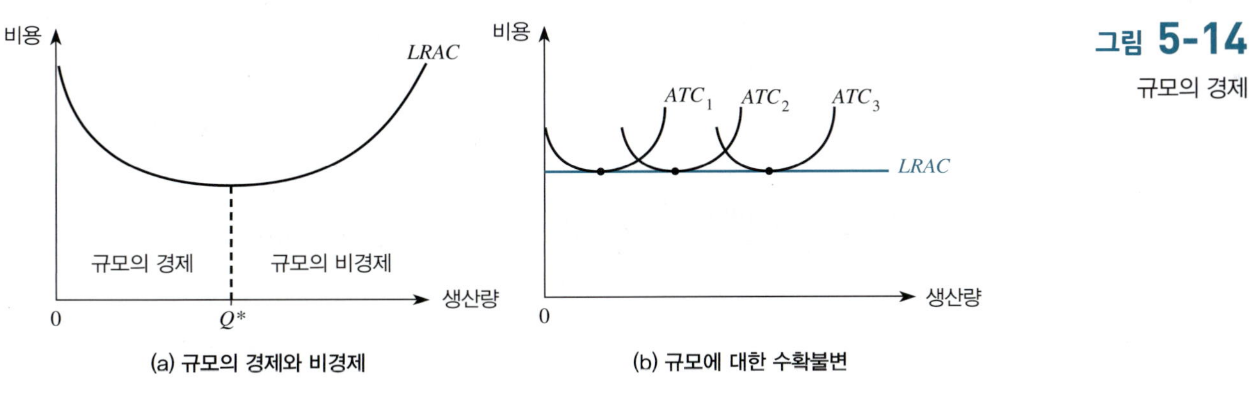

그림 5-14 규모의 경제

인사이드 비즈니스 5-4 해외기업들도 규모의 경제(효과)를 이용하다

규모의 경제가 존재하는 산업에서는 상대적으로 더 많은 수준의 제품을 생산하는 기업들이 상대적으로 더 낮은 수준의 평균비용에서 생산하며, 그에 따라 경쟁기업들보다 잠재적인 비교우위를 얻게 된다. 최근 두 개의 해외기업들도 그러한 전략을 추구하여 그들의 순이익을 증가시켰다.

일본의 Matsushita PDP(Plasma Display Panel) 회사는 8억 3천1백만달러를 투자하여 세계에서 가장 큰 PDP 생산공장을 건설하였다. (Panasonic과 Toray산업간의 합작투자인) 그 공장은 2000년대 말까지 매달 250,000개의 PDP를 생산할 것으로 예상된다. 이러한 전략은 PDP에 대한 세계적인 수요증가에 대비하고, 경쟁이 증가하는 산업에서 경쟁기업들에 비해 비교우위를 가지려는 기업자체의 희망 때문에 실현되었다.

인도의 자동차 회사인 Maruti Udyog는 규모의 경제가 경영의사결정에서 중요하다는 실질적(tangible) 증거를 제시하였다. 그 회사는 규모의 경제를 이용할 수 있는 능력 때문에 2000년대 중반 271%의 순이익 증가율을 만끽하였다. 그와 같이 순이익이 크게 증가한 이유는 매출수량의 증가가 30%나 되어, 그 기업이 상당한 고정비용을 매우 높은 수준의 생산량에 분산을 시킬 수 있었기 때문이다. 규모의 경제효과로 인한 그 회사의 평균비용 감소는 철강가격의 상승으로 인한 비용상승을 상쇄하고도 남을 만큼 컸다는 것이 중요한 점이다.

출처: "Matsushita Plans Big Expansion of PDP Manufacturing," *IDG News Service*, May 19, 2004; "MUL Gains from Cost–Saving Measures," Sify India, May 18, 2004.

규모의 경제
생산량이 증가함에 따라 장기평균비용이 감소할 때 존재한다.

규모의 비경제
생산량이 증가함에 따라 장기평균비용이 상승할 때 존재한다.

규모에 대한 수확불변
생산량이 증가하더라도 장기평균비용이 일정한 상태로 유지될 때 존재한다.

이 조건은 **규모의 경제**로 알려져 있다. 규모의 경제가 있을 때, 영업규모를 증가시키면 최저평균비용이 감소한다. 〈그림 5–14 (a)〉의 Q^*와 같은 점을 지난 후에는 생산량이 더 증가할 경우 평균비용은 증가하게 된다. 이 조건은 **규모의 비경제**로 불려진다. 가끔 산업내의 기술발전으로 인하여 기업은 〈그림 5–14 (b)〉에서와 같이 동일한 최저평균비용으로 서로 다른 여러 수준의 산출물을 생산할 수 있게 된다. 이 조건은 **규모에 대한 수확불변**(constant returns to scale)으로 불려진다.

5.3.8 참고 : 경제적 비용 대 회계적 비용

이 절을 마감하면서 경제적 비용과 회계적 비용간의 차이를 상기하도록 하자. 회계적 비용은 종종 생산비용과 연관된 비용이다. 예를 들어, 회계적 비용에는 산출물을 생산하기 위해 소요된 노동과 자본에 대한 직접적인 지출이 포함된다. 회계적 비용은 기업의 손익계산서상에 나타나는 비용이다.

그러나, 이러한 비용은 재화를 생산할 때의 유일한 비용은 아니다. 기업은 어떤 다른 재화를 생산하기 위해 동일한 자원을 사용할 수 있다. 한 재화를 생산할 것을 선택하면, 생산자들은 어떤 다른 재화를 생산할 기회를 포기하게 된다. 따라서 생산비용에는 회계적 비용뿐만 아니라 어떤 주어진 재화를 생산함으로써 잃게 되는 기회비용이 포함된다.

5.4 다품목 비용함수

지금까지의 생산과정에 대한 분석은 기업이 하나의 상품을 생산하는 상황에 초점을 두었다. 그런데 여러 가지 상품을 생산하는 기업들의 예가 수없이 많다. 토요타는 승용차, 트럭, 그리고 SUVs(그리고 각각에 대해서 여러 가지 종류)를 모두 생산한다; Dell은 많은 서로 다른 종류의 컴퓨터와 프린터를 생산한다. 하나의 상품을 생산하는 기업에 대한 분석기법을 다품목 산출물기업에 적용할 때 몇 가지 추가적인 문제가 야기된다. 이 절에서는 이러한 개념을 중점적으로 다루고자 한다.

이 절에서는 다품목 생산기업의 비용함수가 $C(Q_1, Q_2)$로 주어지며, Q_1은 생산된 상품 1의 단위수이며 Q_2는 생산된 상품 2의 단위수가 된다. 따라서 다품목 비용함수는 모든 생산요소가 효율적으로 사용된다는 가정하에 Q_1단위의 상품 1과 Q_2단위의 상품 2를 생산하는 비용으로 정의된다.

다품목 비용함수
모든 생산요소가 효율적으로 사용된다는 가정하에 두 종류이상의 주어진 산출물을 생산하는 비용을 나타내는 함수

다품목산출물 기업의 비용함수는 기본적으로 단일산출물 기업의 비용함수와 동일하게 해석할 수 있다. 그러나 단일품목 비용함수의 경우와는 달리, 다품목 생산비용은 각 종류의 산출물을 얼마나 생산하느냐에 달려 있다. 이것은 다음에 설명되는 바와 같이 소위 경제학자들이 말하는 범위의 경제와 비용보완성을 초래한다.

5.4.1 범위의 경제

범위의 경제는 Q_1과 Q_2를 함께 생산할 때의 총비용이 Q_1과 Q_2를 각각 생산할 때의 총비용보다 작을 때, 즉

$$C(Q_1, 0) + C(0, Q_2) > C(Q_1, Q_2)$$

범위의 경제
한 회사가 두 가지 제품을 생산하는 총비용이 두 회사가 그 제품을 각각 생산할 때보다 더 작을 때 일어난다.

일 때 존재한다. 예를 들어, 식당에서 주어진 양의 스테이크와 닭고기를 생산할 때, 닭고기만을 파는 식당과 스테이크만을 파는 식당 등 두 식당을 가지고 있는 경우보다 같은 식당에서 두 상품을 함께 생산하는 것이 보통 더 싸다. 그 이유는 물론 스테이크와 닭고기를 각각 생산하게 되면 오븐, 냉장고, 식탁, 건물 등과 같은 공통의 생산요소를 중복해서 사용해야 하기 때문이다.

5.4.2 비용보완성

비용보완성
어떤 하나의 산출물을 증가시키면 또 다른 하나의 산출물을 생산하는 한계비용이 감소할 때

비용보완성은 어떤 하나의 산출물을 증가시키면 또 다른 하나의 산출물을 생산하는 한계비용이 감소하는 다품목 비용함수에서 존재한다. $C(Q_1, Q_2)$은 다품목 산

출기업의 비용함수, $MC_1(Q_1, Q_2)$은 처음의 산출물(상품 1)을 생산할 때의 한계비용이라 하자. 비용함수는 다음의 경우에 비용보완성을 나타낸다:

$$\frac{\Delta MC_1(Q_1, Q_2)}{\Delta Q_2} < 0$$

즉, 상품 2의 산출물을 증가시키면 상품 1을 생산하는 한계비용은 감소한다.

비용보완성의 한 가지 예는 도넛과 동그랑땡을 생산하는 경우이다. 기업은 이들 상품을 각각 또는 함께 만들 수 있다. 그러나 추가적으로 동그랑땡을 만드는 비용은 동그랑땡들을 따로따로 만들 경우보다 근로자가 도넛을 말아, 구멍을 뚫고 도넛과 동그랑땡을 동시에 튀기는 경우에 더 작다.

범위의 경제와 비용보완성에 대한 개념은 다품목 비용함수에 대한 대수적 함수형태의 범주 내에서도 분석될 수 있다. 예를 들어, 다품목 비용함수가 다음과 같이 2차함수라고 가정하자:

$$C(Q_1, Q_2) = f + aQ_1Q_2 + (Q_1)^2 + (Q_2)^2$$

이러한 비용함수의 경우,

$$MC_1 = aQ_2 + 2Q_1$$

a가 0보다 작을 때 Q_2를 증가시키면 상품 1을 생산하는 한계비용은 감소한다는 것을 주목하라. 따라서 a가 0보다 작으면 비용함수는 비용보완성을 나타낸다. 반면, a가 0보다 크다면 비용보완성은 나타나지 않는다.

공식: 2차 다품목 비용함수

$$C(Q_1, Q_2) = f + aQ_1Q_2 + (Q_1)^2 + (Q_2)^2$$

는 다음과 같은 한계비용함수를 갖게 된다:

$$MC_1(Q_1, Q_2) = aQ_2 + 2Q_1$$

그리고

$$MC_2(Q_1, Q_2) = aQ_1 + 2Q_2$$

2차 다품목 비용함수의 경우 범위의 경제가 존재하는가를 분석하기 위해, 다음의 식이 성립할 경우 범위의 경제가 존재한다는 것을 상기하라:

$$C(Q_1, 0) + C(0, Q_2) > C(Q_1, Q_2)$$

이를 다시 정리하면

$$C(Q_1, 0) + C(0, Q_2) - C(Q_1, Q_2) > 0$$

이 조건은 다음과 같이 쓰여질 수 있다:

$$f+(Q_1)^2+f+(Q_2)^2-[f+aQ_1Q_2+(Q_1)^2+(Q_2)^2]>0$$

이를 간단히 정리하면 다음과 같다:

$$f-aQ_1Q_2>0$$

따라서 범위의 경제는 $f > aQ_1Q_2$일 경우 Q_1과 Q_2수준의 산출물을 생산할 때 실현된다.

다품목 2차 비용함수의 속성 요약

다품목 비용함수 $C(Q_1, Q_2) = f + aQ_1Q_2 + (Q_1)^2 + (Q_2)^2$

1. a가 0보다 작을 때는 언제나 비용보완성을 나타낸다.
2. $f - aQ_1Q_2 > 0$인 경우는 언제나 범위의 경제를 나타낸다.

예시 문제 5-6

두 가지 상품을 생산하는 기업 A의 비용함수가 다음과 같이 주어져 있다고 가정하자:

$$C=100-.5Q_1Q_2+(Q_1)^2+(Q_2)^2$$

기업이 재화 1은 5단위, 재화 2는 4단위를 생산하고자 한다.

1. 비용보완성이 존재하는가? 범위의 경제가 존재하는가?
2. 기업 A는 기업 B에게 재화 2를 생산하는 자회사를 매각할 것을 고려하고 있다. 이 경우 기업 A는 재화 1만을 생산하게 될 것이다. 기업 A가 5단위의 재화 1을 계속 생산한다면 기업 A의 비용은 어떻게 되겠는가?

정답

1. 이 비용함수의 경우 $a = -1/2 < 0$, 따라서 실제로 비용보완성이 존재한다. 범위의 경제에 대한 존재여부를 검토하기 위해 $f - aQ_1Q_2 > 0$의 여부를 결정해야 한다. 이 문제에서 a가 0보다 작기 때문에 이 조건은 분명히 맞는다. 그러므로 재화 1을 5단위, 재화 2를 4단위 생산할 때 범위의 경제가 존재한다.
2. 기업 A가 기업 B에게 재화 2를 생산하는 자회사를 매각할 경우 기업 A의 비용이 어떻게 될 것인가를 결정하기 위해, 여러 가지 시나리오에 따라 비용을 계산해야 한다. 기업 A는 자회사를 매각함으로써 재화 2의 생산량을 4단위에서 0단위로 축소시킬 것이다; 비용보완성이 존재하기 때문에 이것은 재화 1을 생산하는 한계비용을 증가시키게 될 것이다. 재화 1을 5단위 생산하는 기업 A의 총비용이 다음과 같이 131단위에서 125단위로 감소하는 것을 주목하라:

$$C(5,4)=100-10+25+16=131$$

$$C(5,0)=100+25=125$$

그러나 재화 2를 4단위 생산하는 기업 B의 비용은 다음과 같이 116이 될 것이다:

$$C(0,4) = 100 + 16 = 116$$

기업 A의 비용은 재화 2의 생산을 중단할 경우 단지 $6만큼 하락할 것이며, 재화 2를 4단위 생산하는 기업 B의 비용은 $116가 될 것이다. 처음 단일기업이 생산하던 산출물을 두개의 기업이 생산할 경우의 총비용은 단일기업이 각각 생산할 경우의 비용보다 $110 더 많을 것이다.

앞의 예시문제는 합병과 자회사의 매각에 대한 중요한 시사점을 보여준다. 첫째, 범위의 경제가 존재할 때 서로 다른 상품을 생산하는 두 기업은 단일기업으로 합병될 수 있으며, 그에 따라 비용의 감소를 달성할 수 있을 것이다. 둘째, 이윤이 나지 않는 자회사를 매각하면 비용은 단지 조금 감소할 것이다. 실제로 범위의 경제가 존재할 때 여러 생산라인에 걸쳐서 "비용을 분배"하는 것은 어렵다.

"전투에서 승리한다"는 구절은 보잉사와 IAM간의 협상에 대한 단기적 의미를 언급한 것이며, 반면 전쟁에서 승리한다"는 구절은 그 협상에 대한 장기적 의미를 언급한 것이다. 분석가의 인식에 의하면, 그 협상은 단기적으로 노조 노동자에게 유리하였으나, 그 협상은 또한 보다 더 값비싼 노조화된 노동자를 대체할 수 있는 융통성을 보잉사가 가지게 되어 보잉사의 장기적 가치도 증대시켰다.

좀 더 구체적으로 보면, 보잉사의 새로운 노조계약에는 보잉사에게는 비용이 되지만 노조에게는 혜택이 되는 수많은 단기적 조항들(건강 및 연금 혜택, 임금인상, 그리고 노조노동자 중 상대적으로 더 오래 근무한 일부 노동자에 대한 일자리 안정)이 포함되었다. 그러나, 장기적으로는 그 협상에 따른 노동비용의 증가로 인하여 보잉사는 상대적으로 비싼 노조 노동자들을 대체할 인센티브를 갖게 되고, 그 협상덕분에 보잉사는 그렇게 할 수 있는 융통성도 가지게 되었다. 예를 들어, 보잉사가 그 협상에서 얻은 하도급규정 때문에 장기적으로 그 회사는 비용이 높고 노조화가 강한(heavily unionized) 태평양 북서부지역 노동자들을 비교적 비용이 저렴한 지역의 집단시설 노동자(assembly facilities)로 대체할 수 있게 되었다. 분석가의 결론을 간단히 말하면, 그 협상에 포함된 장기적 융통성은 보잉사에게 비용을 축소시키는 대체가능성을 제공하여 보잉사는 단기적 비용을 커버하는 이상의 장기적 이득을 아마도 얻게 될 것이다.

요약

이 장에서는 생산함수와 비용함수에 대해 설명하였다. 이들 함수는 생산요소를 기업이 판매하는 산출물로 전환시키는 것에 대한 중요한 정보를 요약하여 나타내 준다. 산출물을 생산하기 위해 여러 가지 생산요소를 사용하는 기업의 경우, 등비용선과 등량곡선은 최적의 생산요소조합을 결정하기 위한 편리한 방법을 제공한다.

비용함수는 평균총비용, 평균고정비용, 평균가변비용, 그리고 한계비용으로 구분된다. 이들 개념은 다음 장에서 더욱 자세히 설명될 이윤극대화를 위한 생산요소와 산출물 의사결정에 대한 이해를 위한 토대를 만드는 데에 도움이 된다.

산출물의 목표치가 주어지면, 등량곡선과 등비용선은 비용최소화를 가져오는 생산요소의 양을 결정할 때 필요한 정보를 제공한다. 비용최소화를 가져오는 생산요소의 양은 여러 가지 생산요소에 대해 요소가격비율이 한계생산물비율과 동일한 점에서 결정된다.

마지막으로 규모의 경제, 범위의 경제 그리고 비용보완성이 어떻게 단일상품 그리고 여러 상품을 생산하는 기업에 의해 생산된 산출물의 양과 조합에 영향을 주는가에 대해 설명하였다. 다음 장에서는 생산요소의 조달과정에 대해 알아보고자 한다. 산출물의 목표치를 생산하는 데 필요한 생산요소를 경영자가 효율적으로 조달하기 위해 어떻게 현물시장, 계약 또는 수직적 결합(자체생산)을 사용할 수 있는가를 살펴볼 것이다.

주요 용어 및 개념

가변비용(variable costs)
가변생산요소
고정비용(fixed costs)
고정생산요소(fixed factors of production)
규모에 대한 수확불변(constant returns to scale)
규모의 경제(economies of scale)
규모의 비경제(diseconomies of scale)
노동(labor)
다품목 비용함수(multiproduct cost function)
단기(short run)
단기비용함수(short-run cost function)
등량곡선(isoquant)
등비용선(isocost line)
레온티에프(또는 고정생산요소) 생산함수
매몰비용(sunk costs)
범위의 경제(economies of scope)
비용보완성(cost complementarity)
비용최소화(cost minimization)
비용함수(cost function)
생산함수(production function)
선형생산함수(linear production function)
음의 한계수확(negative marginal returns)
이윤극대화 생산요소의 사용(profit-maximizing input usage)
장기(long run)
장기평균비용곡선(long run average cost curve)
총비용(total cost)
총생산물(TP; total product)
최적의 생산요소대체(optimal input substitution)
평균가변비용(AVC; average variable cost)
평균고정비용(AFC; average fixed cost)
평균생산물(AP; average product)
평균총비용(ATC; average total cost)
한계기술대체율(MRTS; marginal rate of technical substitution)
한계기술대체율체감의 법칙(law of diminishing

marginal rate of technical substitution)
한계생산물(MP; marginal product)
한계생산물 가치(value marginal product)
한계수확의 감소(또는 체감)(decreasing or diminishing marginal returns)
한계수확의 증가(increasing marginal returns)
한계수확체감의 법칙(law of diminishing marginal returns)
한계(증분)비용(marginal(incremental) cost
3차 비용함수(cubic cost function)
Cobb-Douglas 생산함수(Cobb-Douglas production function)

개념 및 계산 문제

1. 어떤 기업은 아래의 생산함수에 의하여 생산을 한다.(LO1, LO2, LO5, LO6)

$$Q = F(K, L) = K^{3/4}L^{1/4}$$

a. 노동의 평균생산물(AP_L)을 구하시오. 단, 자본의 양은 81단위로 고정되어 있고, 이 기업은 16단위의 노동을 사용하고 있다. 만일 이 기업이 256단위의 노동을 사용한다면 노동의 평균생산물은 어떻게 변하는가?

b. 노동의 한계생산물(MP_L)에 대한 수식을 구하시오. 단, 자본의 양은 81단위로 고정되어 있다. 그리고 16단위와 81단위의 노동이 고용되었을 때의 노동의 한계생산물을 계산함으로써 노동의 한계생산물이 고용된 노동의 양에 달려 있다는 것을 보이시오.

c. 자본은 81단위로 고정되어 있다고 하자. 만일 기업이 생산물을 단위당 $200의 가격에 팔 수 있고 노동을 단위당 $50에 고용할 수 있다면, 기업은 이윤극대화를 위해 몇 단위의 노동을 고용해야만 하는가?

2. 어떤 기업의 제품이 매우 경쟁적인 시장에서 단위당 $4에 팔리고 있다. 기업은 자본(시간당 $25로 이것을 빌린다)과 노동(20시간의 노동의 서비스에 대하여 시간당 $30의 임금으로 계약함)을 이용하여 생산물을 만든다. 아래의 표를 완성하고, 그 정보를 이용하여 다음의 질문에 대답하시오.(LO1, LO2, LO5, LO6)

K	L	Q	MP_K	AP_K	AP_L	VMP_K
0	20	0				
1	20	50				
2	20	150				
3	20	300				
4	20	400				
5	20	450				
6	20	475				
7	20	475				
8	20	450				
9	20	400				
10	20	300				
11	20	150				

a. 고정생산요소와 가변생산요소를 구별해 내시오.

b. 이 기업의 고정비용은 얼마인가?

c. 475단위의 생산을 할 때 가변비용은 얼마인가?

d. 이윤극대화를 위하여 몇 단위의 가변생산요소가 사용되어야 하는가?

e. 이 기업이 얻을 수 있는 최대 이윤은 얼마인가?

f. 어느 범위의 가변생산요소를 사용할 때 한계수확 증가가 발생하는가?

g. 어느 범위의 가변생산요소를 사용할 때 한계수확 감소가 발생하는가?

h. 어느 범위의 가변생산요소를 사용할 때 음의 한계수확이 발생하는가?

3. 한계수확체감의 법칙과 한계기술대체율체감의 법칙 간의 차이점에 대하여 설명하시오. (LO2, LO5)

4. 한 품목을 생산하는 기업의 비용함수를 어느 경제학자가 아래와 같이 추정하였다.

$$C(Q) = 100 + 20Q + 15Q^2 + 10Q^3$$

이 정보에 의거하여 다음을 결정하시오.(LO4, LO5)

a. 10단위의 생산을 할 때 고정비용

b. 10단위의 생산을 할 때 가변비용

c. 10단위의 생산을 할 때 총비용

d. 10단위의 생산을 할 때 평균고정비용

e. 10단위의 생산을 할 때 평균가변비용

f. 10단위의 생산을 할 때 평균총비용

g. 10단위의 생산을 할 때 한계비용

5. 경영자는 매우 경쟁적인 시장에서 노동을 고용하고 자본설비를 빌려온다. 현재 임금율은 시간당 $12이며 자본은 시간당 $8에 빌려온다. 만일 노동의 한계생산물이 시간당 60단위의 생산물이며 자본의 한계생산물은 시간당 75단위의 생산물이라면, 이 기업이 비용최소화를 위해서 몇 단위의 노동과 자본을 조합해야 하는가? 만약 생산요소의 고용이 위와 같이 되어있지 않다면, 이 기업은 생산과정에서 자본의 사용량을 늘여야 하는가 또는 줄여야 하는가?(LO2)

6. 다음의 표에 어떤 기업의 0단위 생산량에서의 고정비용과 여러 수준의 생산량에 대한 평균총비용(*ATC*)이 요약되어 있다. 아래의 표를 완성시시키시오. 그리고 고정비용(*FC*), 가변비용(*VC*), 총비용(*TC*), 평균고정비용(*AFC*), 평균가변비용(*AVC*), 한계비용(*MC*)을 관련된 모든 생산량 수준에서 구하시오.(LO5, LO6)

Q	FC	VC	TC	AFC	AVC	ATC	MC
0	$15,000					–	
100						300	
200						200	
300						175	
400						225	
500						325	
600						400	

7. 다품목을 생산하는 기업의 비용함수가 아래와 같이 최근에 추정되었다.(LO7)

$$C(Q_1, Q_2) = 90 - 0.5\, Q_1 Q_2 + 0.4\, Q_1^2 + 0.3\, Q_2^2$$

a. 제품 1을 10단위 생산하고 제품 2를 10단위 생산할 때 범위의 경제가 존재하는가?

b. 제품 1과 제품 2를 생산할 때 비용보완성이 존재하는가?

c. 제품 2를 판매하는 부서가 고전을 면치 못할 때 다른 기업이 제품 2를 생산하는 독점권을 인수하겠다는 제의를 하였다. 제품 2를 생산하는 권리의 판매가 제품 1을 생산하는 이 기업의 한계비용에 어떠한 영향을 미칠 것인가?

8. 고정비용, 매몰비용, 그리고 가변비용 간의 차이점에 대하여 설명하시오. 이러한 비용들이 일반적으로 서로 다르다는 것을 보여주는 사례를 제시하시오.(LO4)

9. 어떤 기업이 $Q = F(K, L) = \min\{4K, 8L\}$의 생산함수를 토대로 생산 활동을 한다.(LO1, LO2)

a. $K = 2$, $L = 3$일 때 생산량은 얼마인가?

b. 시간당 임금율이 $60이고 시간당 자본의 임대료가 $20일 때, 8단위의 생산을 하기 위하여 비용최소화를 위한 생산요소의 조합은 얼마인가?

c. 임금율이 시간당 $20로 하락하고 시간당 자본비용이 그대로 $20를 유지한다면, 위의 b번에 대한 당신의 답에 변화가 있을까?

10. 어떤 기업이 $Q = F(K, L) = 4K + 8L$의 생산함수를 통하여 생산활동을 한다.(LO1, LO2)

a. $K = 2$, $L = 3$일 때 생산량은 얼마인가?

b. 시간당 임금율이 $60이고 시간당 자본의 임대료가 $20일 때, 32단위의 생산을 하기 위하여 비용최소화 생산요소의 조합은 어떻게 될까?

c. 만약 시간당 임금율이 $20로 감소하고 시간당 자본의 임대료가 $20를 유지할 때 위의 b번에 대한 당신의 답에 변화가 있을까?

응용 문제

11. 많은 자동차공장의 생산시설이 디트로이트 지역에서 이주해 가는 것을 막기 위한 조처로, 디트로이트 시의회에서는 자동차 제조업체에게 투자세액공제(investment tax credits)를 부여하는 법안을 통과시키려 하고 있다. 이것은 효과적으로 자본과 생산공정에서 첨단(high-tech)시설을 사용하는 자동차 제조업체의 비용을 줄여줄 것이다. 표결하려는 날 저녁, 지역노동조합 지도자들은 이 법안에 대하여 강력한 반대의 목소리를 내었다. 어떤 근거로 노조지도자들이 사용한 가장 가능성이 높은 근거를 요약해 보시오(힌트: 이 법안이 자동차제조업체의 노동 대비 자본의 비율에 미치는 영향을 고려하시오). 한 자동차제조업체의 대표자로서 당신은 노조지도자들의 주장에 어떻게 반론을 제시할 것인가?

12. 현 관리자의 외형상 높은 판매실적에도 불구하고, 당신은 최근 대형 컨베이어 제조기업의 굴림대 생산부문(Roller Division) 관리자를 교체하기 위해 고용되었다. 굴림대를 만드는 것은 상대적으로 간단하여, 굴림대를 자르고 다듬는 노동과 기계만이 필요할 따름이다. 당신이 회사의 생산정보를 검토하여 보니, 노동은 시간당 $12를 받았으며 마지막에 고용된 노동자는 시간당 80개의 굴림대를 생산했다. 이 회사는 굴림대를 자르고 다듬는 기계를 시간당 $15에 임차하여 쓰고 있으며, 자본의 한계생산물은 시간당 굴림대 100개이다. 이전의 관리자가 그 일을 지키기 위해 어떤 일을 했었어야만 했다고 당신은 생각하는가?(LO1, LO2)

13. 당신은 HM(Herman Miller)사(사무용가구의 주요 생산자)의 경영자이다. 당신은 최근 경제학자를 고용하여 공학기술 및 운영분야 전문가와 함께 특정 사무용의자에 대한 생산함수를 추정하도록 하였다. 이 전문가들의 보고서에 의하면, 관련된 생산함수가 $Q = 2(K)^{1/2}(L)^{1/2}$이며, K는 자본설비를 나타내고 L은 노동을 나타낸다. 당신 회사는 이미 기존의 9단위의 자본설비에 총 $8,000를 지출하였다. 현재의 경제적 상황때문에 이 회사는 추가 설비를 갖추는데 필요한 여력이 없다. 이 기업의 근로자들은 하루 $120의 경쟁적 임금을 받고, 의자는 개당 $400에 팔릴 수 있다면, 이윤극대화 생산량과 노동 사용량은 얼마인가? 당신의 최대 이윤은 얼마인가?(LO1, LO2)

14. 최근 보잉 상업용 항공사 그룹(BCAG; Boeing Commercial Airline Group)은 15,000개 이상의 항공사로부터 기록적인 주문을 받았고 13,000대 이상의 비행기를 인도하였다. 생산량을 유지하기 위하여, 보잉사의 이 부서(division)는 자본과 9만 명 이상의 근로자를 결합시키는 노력을 해왔다. 유럽의 에어버스사는 비슷한 생산기술을 가지고 있으며 비슷한 수의 비행기를 생산하나, (후생복지비를 포함한) 노동비용이 미국에서보다는 유럽에서 더 비싸다. 에어버스사 근로자들이 보잉사의 근로자와 같은 한계생산물을 가지고 있다고 당신은 기대하는가? 자세히 설명하시오.(LO1, LO2)

15. 당신이 G사(Glass Inc.)—거울과 유리창 공급업체—의 경영자이다. 최근 밀폐형(encapsulated) 단면 유리창의 생산공정에 대한 조사했다. 그 조사결과가 아래의 표에 요약되어 있으며, 당신의 공장에서 현재 사용가능한 8단위의 자본에 기초한 것이다. 각 단위의 노동비용은 $60이며, 단위당 자본비용은 $20, 그리고 밀폐형 유리창은 각 $12에 판매되고 있다. 이 정보를 근거로 인적자원과 생산에 대한 최적

결정을 내리시오. 당신은 이윤을 얻을 수 있을까 아니면 손실을 볼 것인가? 자세히 설명하시오.(LO1, LO2, LO3)

노동	생산량
0	0
1	10
2	30
3	60
4	80
5	90
6	95
7	95
8	90
9	80
10	60
11	30

16. 캘리포니아의 나이키 여성전용 가게는 여성의 런닝, 트레이닝, 그리고 스포츠의류 제품을 판매하며, 또한 그룹 및 개인의 운동(fitness) 훈련기간을 위해 가게내에 운동실(fitness studio)이 포함되어 있다. 그 가게는 지속적으로 매년 50만 달러 이상의 이윤을 벌며, 그 도시 중앙의 최고의 부동산지역에 위치해 있다. 그 가게주인은 건물임차료로 매달 $15,000를 지급한다. 부동산 매매중개인이 그 주인에게 접근하여 그녀가 운동실로 사용하는 부분을 임대해주면 매달 그녀는 추가로 $8,000의 이윤을 벌 수 있다고 알려 주었다. 이러한 임대소득을 얻을 전망은 유혹적이지만, 그 주인은 그 공간을 운동실로 사용하는 것이 그 가게의 이윤에 대한 중요한 공헌자라고 믿었다. 가게 내에 운동실로 계속 사용하는 기회비용은 얼마인가? (LO3)

17. 다년간 수익성있는 사업을 해왔던 어느 지역 식당업자가 최근 세 종류의 주류 판매면허를 구입하였다. 이 면허는 소유주에게 맥주, 와인, 양주를 식당에서 팔 수 있는 법적 권한을 부여한다. 단지 300개의 그러한 면허가 주에 의해 발행되므로, 세 종류의 주류면허의 취득비용은 약 $90,000이다. 이 면허는 다른 사람에게 양도할 수 있는데, 만약 소유주가 이 면허를 이용하는 것을 포기하면 단지 $75,000가 환불된다. 약 1년간 알콜음료를 판매한 후, 그 식당업자는 저녁고객을 잃게 되고, 수익성있던 식당은 시끄럽고 수익성없는 선술집으로 전락했다는 것을 알게 되었다. 결과적으로 그 식당주인은 여러 신문과 식당잡지에 그 면허를 $80,000에 판다는 광고를 하는데 약 $8,000 지출했다. 오랜 기다림 끝에, 식당주인은 최종적으로 $77,000에 그 면허를 사겠다는 제의를 하나 받았다. 식당주인의 결정에 대한 당신의 견해는? 식당주인이 $77,000 제안을 수락하도록 당신은 추천하겠는가?(LO4)

18. 2000년과 2001년 캘리포니아 에너지위기 이후, 전국의 많은 전기생산업체들은 그들 각자의 시장에서 미래 수요예측과 전력공급능력에 대하여 재평가하게 되었다. 플로리다 PL(Power & Light)사의 경영자로서 당신은 두 개의 발전설비에 대한 최적규모를 결정할 책임을 지고있다. 아래 그림은 다양한 설비규모에 따른 단기 평균총비용곡선을 나타내고 있다. 수요예측에 의하면, 당신의 남쪽 플로리다 시설

에서는 600만Kw가 생산되어야 하며 Panhandle에 있는 당신의 시설에서는 200만Kw가 생산되어야만 한다. 두 지역에서 (단기, 중기, 장기) 최적설비규모를 결정하고, 만일 시설이 최적으로 지어졌더라면 규모의 경제, 규모의 비경제 또는 규모에 대한 수확불변 중 어떤 것이 존재하는지를 밝히시오.(LO6)

그림 여러 가지 공장규모에 대한 평균총비용

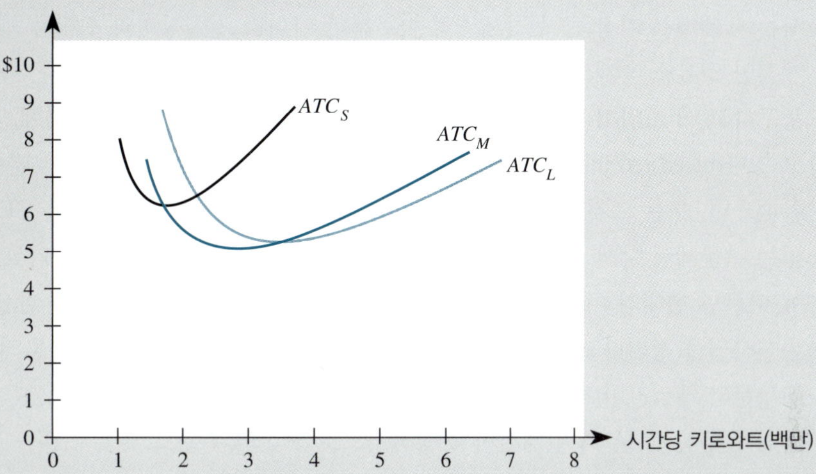

19. A−1사는 비행기의 외장에 쓰이는 정형판금판넬(preformed sheet metal panels)을 항공기 제작사에게 납품한다. 이 판넬을 만드는 데는 각 $500의 비용이 소요되는 단지 5대의 판금성형기계와 근로자들을 필요로 한다. 이 근로자들은 노동시장에서 임의로 각 $9,000에 고용될 수 있다. 제조과정이 단순하므로, 정형판금판넬 시장은 매우 경쟁적이다. 따라서 A−1사에서 만드는 판넬의 시장가격은 $80이다. 아래의 표에 나타난 생산데이터에 의거하여 A−1사는 이윤을 극대화하기 위해 몇 사람의 근로자를 고용해야만 하는가?(LO1, LO2)

판금성형기계	근로자	판넬 생산량
5	0	0
5	1	600
5	2	1,000
5	3	1,290
5	4	1,480
5	5	1,600
5	6	1,680

20. 「월스트리트 저널」에 의하면, 미쯔비시 자동차는 글로벌판매의 감소를 역전시키기 위하여 대규모 구조조정계획을 최근 발표하였다. 구조조정계획의 일환으로 미쯔비시는 생산공정에 노동과 자본이 어떻게 사용되는지 분석하였다. 구조조정 이전에 회사의 한계기술대체율은 0.12(절댓값 기준)이었다. 근로자를 고용하는 데 회사는 경쟁적인 시간당 임금 1,800엔을 지불하여야 한다. 생산과정과 자본이 획득되는 시장에 대한 조사결과, 자본의 한계생산성은 새로 설정된 목표생산량에서 시간당 0.8대의 소형차이며, 자본은 매우 경쟁적인 시장에서 얻어지는 것으로 미쓰비시가 결정한다고 하자. 동일한 연

구에 의하면, 미쯔비시의 제일 작은 차들은 평균 120만 엔에 팔린다. 미쯔비시가 새로이 설정된 목표 생산량에서 자본의 가격과 노동의 한계생산성을 구하시오. 비용을 최소화하기 위해서, 미쯔비시는 한계기술대체율이 얼마가 될 때까지 자본과 노동을 고용해야만 하는가?(LO1, LO2)

21. 현대중공업은 한국의 최대 산업생산자 중의 하나이다. 비즈니스위크 온라인의 기사에 의하면, 이 회사는 세계에서 가장 큰 선박제조업체일 뿐만 아니라 건설장비와 선박용 엔진에서부터 발전설비와 세계적인 정유소를 제조하는데 까지 산업재(industrial goods)를 생산한다. 대표적인 한국의 기업임에도 불구하고 이 기업의 몇몇 부문에서는 적자를 보고 있거나, 기사의 표현에 의하면 "심각한 순손실을 보고 있다(bleed red ink)". 사실 작년에 발전설비 그리고 정유시설 건설 부문에서 $105백만의 손해를 기록했으며, 또는 그것은 매출의 19%나 된다. 현대중공업은 최근 새로운 CEO를 고용하였는데, 수익성 없는 부문에서 다시 수익성을 갖는 부문으로 되돌리도록 하는 그에게 임무가 주어졌다. 비즈니스위크에 따르면 현대의 이윤추구형 CEO는 각 부문의 책임자들에게 다음과 같은 최후통첩을 내렸다 ; "… 손실사업을 정리하고 1년 내에 이윤을 만들어 내시오-그렇지 않으면 물러나시오." 당신이 선박용 엔진부문의 책임자이며, 이 부문은 지난 10년 중 7년동안 이윤을 내지 못했다고 가정하자. 선박용 엔진산업이 생산에서부터 판매까지 경쟁적이므로 당신의 주된 고객은 이윤을 낼 수 있는 현대조선부문이었다. 이러한 밀착된 관계는 대체로 배를 건조하는데 있어서 엔진에 대한 기술적인 요구사항 때문이었다. 비용을 10% 줄일 수 있지만 그래도 이윤을 낼 수 없다는 것을 당신은 연말보고서에서 CEO에게 밝혀야 한다고 가정하자. CEO에게 설명해서 왜 당신의 부문(division)이 폐쇄되면 안 된다는 것을 설득시켜야 한다. CEO에게 질책을 받지 않기 위해서는 당신의 주장에 어떤 조건이 따라야만 하는가를 설명하시오.(LO7)

22. 허리케인의 여파로, 어떤 사업가는 신선한 식수를 판매했던 매점을 운영하기 위해 월급 $5,000의 직장에서 한 달 동안 휴가(무급)를 냈다. 그녀가 매점을 운영한 한달 동안, 그 사업가는 정부에 $2,500의 매점임대비용을 지불하고, 지역의 도매업체로부터 갤런당 $1.34의 가격으로 물을 구입했다. 그녀의 매점운영에 대한 비용함수를 요약하는 식을 쓰시오. 또한 매점에서 신선한 식수를 판매하는 한계비용, 평균가변비용, 평균고정비용, 평균총비용을 나타내는 식을 구하시오. 만약 소비자들이 신선한 식수를 구입하는데 갤런당 $2.25를 지불할 용의가 있다면, 이윤을 창출하기 위해서 그녀는 몇 단위의 물을 팔아야만 하는가? 자세히 설명하시오.(LO1, LO3)

23. 당신은 크지만 개인소유의 온라인 소매업체의 경영자이다. 당신은 현재 창고에서 일하는 17명의 비숙련근로자와 6명의 중간숙련근로자를 고용하고 있는데, 그들은 온라인상에서 판매되는 제품을 포장하고 배송한다. 당신의 회사는 비숙련근로자에게 최저임금을 지불하지만, 중간숙련근로자에게는 시간당 $12.75를 지불한다. 정부의 법제정으로 인해, 당신이 속한 주의 최저임금은 시간당 $10.25에서 $10.75로 2017년 7월 24일부터 인상되었다. 회사의 운영에 이 법안이 어떤 영향을 미치는지 토론하고, 특히 생산요소의 최적조합과 장기 투자결정에 대하여 미치는 영향을 토론하시오.(LO1, LO2, LO6)

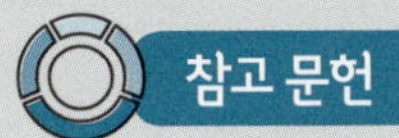

참고 문헌

Anderson, Evan E., and Chen, Yu min, "Implicit Prices and Economies of Secondary Memory: The Case of Disk Drives." *Managerial and Decision Economics* 12(3), June 1991, pp. 241-48

Carlsson, Bo; Audretsch, David B.; and Acs, Zoltan J., "Flexible Technology and Plant Size: U.S. Manufacturing and Metalworking Indurstries." *International Journal of Industrial Organization* 12(3), 1994, pp.359-72.

Eaton, C., "The Geometry of Supply, Demand, and Competitive Market Structure with Economies of Scope." *American Economic Review* 81, September 1991, 99. 901-11

Ferrier, Gary D., and Lovell, C. A. Knox, "Measuring Cost Efficiency in Banking: Econometric and Linear Programming Evidence." *Journal of Econometrics* 46(12), October-November 1990, pp. 229-45.

Gold, B., "Changing Perspectives on Size, Scale, and Returns: An Interpretive Survey." *Journal of Economic Literature* 19(1), March 1981, pp. 5-33

Gropper, Daniel M., "An Empirical Investigation of Changes in Scale Economies for the Commercial Banking Firm, 1979-1986." *Journal of Money, Credit, and Banking* 23(4), November 1991, pp. 718-27

Kohn, Robert ., and Levin, Stanford L., "Complementarity and Anticomplementarity with the Same Pair of Inputs." *Journal of Economic Education* 25(1), Winter 1994, pp. 67-73

Mills, D., "Capacity Expansion and the Size of Plants." *RAND Journal of Economics* 21, Winter 1990, pp. 555-66.

부록 미분을 활용한 생산과 비용의 분석

이윤극대화를 위한 생산요소의 사용

이 절에서는 미분을 사용하여 이윤극대화를 가져오는 생산요소의 양은 생산요소의 한계생산물 가치가 생산요소의 가격과 같아지는 수준이라는 것을 보여준다. P는 생산함수 $F(K, L)$에 의해 생산되는 산출물 Q의 가격을 나타낸다. 기업의 이윤은

$$\pi = PQ - wL - rK$$

PQ는 기업의 수입(매출액)이 되며 wL과 rK는 각각 노동비용과 자본비용이다. $Q = F(K, L)$이므로 경영자의 목표는 다음과 같이 이윤을 극대화하기 위해 K와 L을 선택한다:

$$\pi = PF(K, L) - wL - rK$$

이 함수를 극대화하기 위한 1차조건은 다음과 같이 첫 번째 미분결과를 0으로 놓는다:

$$\frac{\partial \pi}{\partial K} = P\frac{\partial F(K, L)}{\partial K} - r = 0$$

그리고

$$\frac{\partial \pi}{\partial L} = P\frac{\partial F(K, L)}{\partial L} - w = 0$$

그러나 $\partial F(K, L)/\partial L = MP_L$과 $\partial F(K, L)/\partial K = MP_K$이므로, 이것은 이윤을 극대화하기 위해서 $P \times MPL = w$, $P \times MP_K = r$이 됨을 의미한다; 즉, 한계생산물의 가치가 생산요소의 가격과 같아지는 수준까지 각 생산요소는 사용되어야 한다.

등량곡선의 기울기

이 절에서는 미분을 사용하여 등량곡선의 기울기가 두 생산요소의 한계생산물 비율의 음수가 된다는 것을 보여준다.

생산함수가 $Q = F(K, L)$라고 하자. 이 식에 대해 전미분을 하면, 다음과 같다;

$$dQ = \frac{\partial F(K, L)}{\partial K} dK + \frac{\partial F(K, L)}{\partial L} dL$$

등량곡선상의 이동시에는 생산량이 변하지 않으므로 $dQ = 0$이 된다. 따라서

$$0 = \frac{\partial F(K, L)}{\partial K} dK + \frac{\partial F(K, L)}{\partial L} dL$$

이 식을 dK/dL에 대해서 풀면,

$$\frac{dK}{dL} = -\frac{\partial F(K, L)/\partial L}{\partial F(K, L)/\partial K}$$

$\partial F(K, L)/\partial L = MP_L$ 그리고 $\partial F(K, L)/\partial K = MP_K$이므로, 등량곡선의 기울기($dK/dL$)은 다음과 같이 된다는 것을 보여 주었다:

$$\frac{dK}{dL} = -\frac{MP_L}{MP_K}$$

생산요소의 최적 조합

이 절에서는 미분을 사용하여 생산비용을 최소화하기 위해 경영자가 등비용선의 기울기와 $MRTS$가 같아지는 점에서 생산요소를 선택해야 한다는 것을 보여준다.

K와 L을 선택하여 $wL + rK$을 최소화 한다. 단 $F(K, L) = Q$.

이를 위해 우선 다음과 같이 Lagrangian 함수형태로 변형시킨다:

$$H = wL + rK + \mu[Q - F(K, L)]$$

여기에서 μ는 Lagrangian 승수이다. 극소값을 구하기 위한 1차조건은 다음과 같다:

$$\frac{\partial H}{\partial L} = w - \mu \frac{\partial F(K, L)}{\partial L} = 0 \qquad \text{(A–1)}$$

$$\frac{\partial H}{\partial K} = r - \mu \frac{\partial F(K, L)}{\partial K} = 0 \qquad \text{(A–2)}$$

그리고

$$\frac{\partial H}{\partial \mu} = Q - F(K, L) = 0$$

위의 식 (A−1)과 (A−2)의 비율을 구하면,

$$\frac{w}{r} = \frac{\partial F(K, L)/\partial L}{\partial F(K, L)/\partial K}$$

이 되고, 이것은 다시

$$\frac{w}{r} = \frac{MP_L}{MP_K} = MRTS$$

평균비용과 한계비용간의 관계

마지막으로 미분을 사용하여 이 장의 그래프로 표시된 평균비용과 한계비용간의 관계가 실제로 맞다는 것을 보여준다. 만약 $C(Q)$가 비용함수(다음의 분석은 가변비용과 총비용 모두에 대해 성립하므로 여기에서는 그들 사이를 구별하지 않는다)라면, 평균비용은 $AC(Q) = C(Q)/Q$. 생산량의 변화에 따른 평균비용의 변화는 단순히 생산량에 대해 평균비용을 미분한 값이 된다.

Q에 대해 AC(Q)를 미분하면,

$$\frac{dAC(Q)}{dQ} = \frac{Q(dC/dQ) - C(Q)}{Q^2} = \frac{1}{Q}[MC(Q) - AC(Q)]$$

왜냐하면 $dC(Q)/dQ = MC(Q)$이기 때문이다. 따라서 $MC(Q) < AC(Q)$일 경우 평균비용은 생산량이 증가함에 따라 하락한다. $MC(Q) > AC(Q)$일 경우에는 생산량이 증가하면 평균비용은 상승한다. 마지막으로 $MC(Q) = AC(Q)$일 경우 평균비용은 최저수준이다.

CHAPTER 06

기업의 조직

학습목표

LO1 직접구매, 계약 또는 수직적 통합을 통한 생산요소의 조달과 연관된 경제적 상충관계(tradeoff)에 대해 설명하시오.

LO2 4가지 형태의 특수투자를 확인하고 이들이 각각 어떻게 비싼 교섭비용, 저투자, 그리고 (또는) 붙잡아두기 문제(hold-up problem)를 초래하는가를 설명하시오.

LO3 서로 다른 유형의 생산요소를 조달하는 최적의 방법에 대해 설명하시오.

LO4 소유주와 경영자의 관점에서 주인-대리인 문제를 서술하시오.

LO5 경영자를 규율하기 위해서 소유주가 사용할 수 있는 세 가지 수단에 대해 토론하시오.

LO6 경영자와 근로자의 관점에서 주인-대리인 문제를 서술하시오.

LO7 회사에서 인센티브 문제를 완화하기 위해 경영자가 사용할 수 있는 4가지 수단에 대해 토론하시오.

출처: 주인-대리인 문제, 인센티브 문제, 이해상충(conflicts of interest)문제는 동일한 문제이다.

구글이 Motorola Mobility를 구매하여 수직적으로 통합하다.

대담한 조치로서 구글이 Motorola Mobility—최근 분사된 모토롤라의 휴대전화 부문—를 125억 달러에 구매했다. 이러한 조치는 스마트폰 하드웨어 시장에서 수직적으로 통합하기 위한 구글의 의도를 나타낸다. 산업전문가들은 그 인수를 통해 구글이 가고자 하는 방향으로 소프트웨어 사업파트너들이 향하도록 하는데 도움이 될 원형(prototypes)과 하드웨어 최첨단장치를 만들 것이다. 구글은 그의 소프트웨어와 모토롤라의 하드웨어간의 협력증대와 비용을 초과하는 수직적 통합과 연관된 위험의 축소를 기대하고 있다.

당신이 구글의 의사결정자라면, 당신은 수직적 통합을 추천하였겠는가?

출처: "Google Looks for Vertical Integration," *New York Times Online*, August 15, 2011; "Google Buys Motorola Mobility... And So Begins the Dark Ages," *Forbes Online*, August 22, 2011.

6.1 서론

5장에서 우리는 경영자가 생산비용을 극소화하기 위해 생산요소의 조합을 어떻게 선택할 것인가를 보았다. 그러나 이전 분석에서 2가지 중요한 문제가 해결되지 않았었다. 첫째는 생산요소의 효율적인 조합을 얻기 위한 최적의 방법은 무엇인가? 둘째는 기업의 소유주는 어떻게 근로자가 그들이 갖고 있는 능력을 최대한 확실하게 발휘하도록 할 것인가? 이 장에서 우리는 이 두 문제를 설명할 것이다.[1]

〈그림 6-1〉은 이 두 문제를 해결하는 것이 왜 중요한지를 보여준다. 비용함수는 각 수준의 산출량을 생산하는데 드는 최저가능비용으로 정의된다. 점A는 어떤 기업이 주어진 산출량 수준을 생산하는데 필요한 최저비용을 초과하는 비용을 갖는 상황이다. 점A에서 산출량 10단위가 총비용 $100로 생산되고 있다. 이 비용은 산출량 10단위를 생산하는데 필요한 최저비용 $80보다 더 크다는데 주의하여야 한다. 이 기업이 생산요소의 조합을 정확하게 선택한다 하더라도 기업이 효율적으로 생산요소를 이용하지 못하거나 또는 근로자가 그들이 갖고있는 능력을 최대한 발휘하지 못한다면 이 기업의 비용은 최저가능비용보다 클 것이다.

이 장에서 우리는 어떤 기업이 비용함수상에서 운용되고 있다는 것을 확실히 하기 위해 그것이 이용할 수 있는 기술을 고려한다(〈그림 6-1〉에서 점B), 그리고 그 위의 점A는 고려대상이 아니다. 우리는 경영자가 생산에서 필요한 생산요

1 또 다른 문제들로는 제품을 얼마나 생산하고 가격을 어떻게 책정할 것인가를 포함한다. 이런 중요 문제들이 이 책의 나머지 장들에서 대답될 것이다.

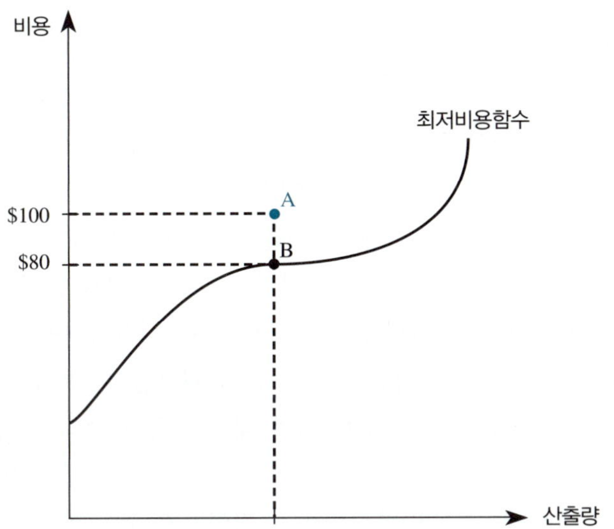

그림 6-1
최저비용에서 생산

소를 얻기 위해 사용할 수 있는 3가지 방법을 토론함으로써 시작한다: 직접구매, 계약, 그리고 수직적 통합. 비용을 극소화하기 위해 기업은 모든 생산요소를 효율적으로 이용해야 할 뿐만 아니라(이전 장에서 설명된 $MRTS_{KL} = w/r$ 법칙), 생산요소를 구매하는데 최소비용방법을 이용해야만 한다. 우리는 (1)직접구매를 통해, (2)생산요소 공급자와 계약을 맺음으로써, 또는 (3)기업(수직적 통합기업) 내에서 생산요소를 생산함으로써, 이 중에서 어떻게 생산요소를 조달하는 것이 최적인가를 설명할 것이다. 따라서 이장의 전반부는 최적의 방법으로 주어진 생산요소를 조달하기 위해 필요한 정보를 경영자에게 제공한다.

이 장의 후반부는 기업이 경영자와 근로자를 포함한 노동생산요소가 어떻게 그들의 능력을 최대한 발휘하도록 할 수 있는지를 살펴 볼 것이다. 이것은 중요한 고려의 대상인데, 그 이유는 종종 근로자, 경영자, 기업 소유자간에 이해의 상충이 일어나기 때문이다. 예를 들어, 경영자는 사치스러운 사무실 카펫에 회사의 자금을 사용하려 할지 모르고, 반면에 소유주는 소유주라는 지위의 힘으로 그들에게 더 높은 이윤을 가져다 주는 방향으로 자금이 투자되기를 원한다. 또는 근로자는 일하는 대신 구내식당에서 하루의 대부분을 잡담을 하면서 보내고 싶어한다. 근로자와 경영자의 이해가 서로 상충할 때 주인-대리인 문제가 존재한다고 말한다. 우리는 어떻게 경영자와 근로자 인센티브제도가 모든 피고용자들로 하여금 그들이 최상의 수준의 노력을 확실하게 발휘하도록 할 수 있는지를 볼 것이다.

6.2 생산요소의 조달방법

경영자는 최종제품을 생산하는데 필요한 생산요소를 조달하기 위하여 여러 가지 방법을 이용할 수 있다. 렌트카 회사의 경영자를 생각해 보자. 산출물을 생산(자동차 렌트)하는데 필요한 한가지 생산요소는 자동차 수리(튠업, 오일교환, 윤활유작업과 같은 것)이다. 경영자는 3가지 선택을 갖는다: (1)단순히 자동차를 수리해 주는 기업에 차를 가지고 가서 그 서비스에 대해 시장가격을 지불한다; (2)자동차를 수리해 주는 기업과 계약을 맺고 수리가 필요할 때 특정 수리에 대해 계약에서 협의됐던 가격을 지불한다; (3)기업 내에 자동차 수리부서를 만든다. 자동차를 수리하는 각각의 이러한 방법은 일반적으로 자동차 렌트서비스를 생산하는데 서로 다른 비용함수를 의미할 것이다. 경영자가 해야 할 일은 비용을 극소화하는 방법을 선택하는 것이다. 우리는 주어진 유형의 생산요소를 조달하는 최상의 방법을 어떻게 결정할 것인가를 조사하기 앞서, 생산요소를 조달하는 3가지 방법에 대해 개략적으로 살펴보는 것이 유용하다.

6.2.1 생산요소의 직접구매

직접구매
구매자와 판매자 어느 당사자도 직접매매를 위한 특정 조건을 준수해야 할 의무를 지지않는 비공식적 관계

생산요소를 조달하는 한 가지 방법은 직접구매하는 것이다. **직접구매**는 생산요소의 구매자와 판매자가 만나서 교환할 때 일어난다. 렌터카 회사의 경영자가 자동차 수리를 해주는 수많은 기업 중 어느 한 기업에 수리가 필요한 자동차를 가지고 가서 받은 서비스에 대해 지불한다면 그 경영자는 자동차 수리를 받는데 직접구매를 이용하는 것이다. 직접구매에서 구매자와 판매자는 본질적으로 익명으로 한다. 당사자들은 서로의 이름을 알려고조차 하지 않은 상태로 직접매매할 수 있으며, 구매자와 판매자간에 공식적(법적)인 관계가 없다.

직접구매를 이용해서 생산요소를 조달하는 장점은 그 기업이 생산요소를 산출물로 바꾸는 것에 전문화하게 된다는 것이다. 생산요소 제조업자는 생산요소를 생산하는데 전문화 한다. 직접구매는 종종 생산요소가 표준화되어 있을때 이용된다. 그런 경우, 그 생산요소를 판매하는 많은 공급자중의 하나로부터 원하는 생산요소를 우리는 단지 구입한다.

6.2.2 계약을 통한 생산요소의 구매

계약
법률적 서류에 명시된 조건으로 구매자와 판매자가 거래의 의무를 갖게하는 구매자와 판매자의 공식적 관계

계약은 생산요소의 특정 구입자와 판매자간의 확장된 관계를 만드는 법률적 서류다. 그것은 주어진 기간, 이를테면 3년에 걸쳐 그들이 서로 합의한 조건을 구체화한다. 예를 들어, 렌터카기업의 경영자는 계약을 통해 자동차 수리를 하는 특

정 기업과 관계를 공식화하는 것을 선택할 수 있다. 그러한 계약은 자동차가 수리를 받게 되는 동안 여러 수리영역, 각 수리의 가격, 그리고 자동차수리 시간이 포함되는 것을 구체화한다. 자동차의 수리서비스 요구조건이 미리 확인가능할 경우 당사자들은 모든 중요한 문제를 계약서에 명시할 수 있다. 그러나 만약 계약기간 동안 필요한 수리서비스의 수가 매우 많다면, 또는 어떤 예기치 못한 형태의 고장이 발생한다면, 그 계약은 완전치 못할 수 있다. 예를 들어, 어떤 자동차가 새로운 트랜스미션을 필요로 하고 있고 정비서비스를 해주는 회사가 이러한 서비스를 제공하는 가격을 상세하게 구체화하지 못한다면 이 계약은 완전하지 못하다. 물론 필요하지만 계약서에 구체적으로 명시되지 않은 서비스의 가격에 관해서는 두 당사자간에 논쟁의 여지가 있다.

계약을 통해서 생산요소를 조달함으로써 생산요소를 구매하는 기업은 그가 가장 잘 하는 일에 전문화할 수 있는 이점을 누린다. 왜냐하면 공급업자가 실제로 구매기업이 필요한 생산요소를 생산하기 때문이다. 생산요소를 조달하는 이러한 방법은 필요한 생산요소의 특성을 설명하는 계약서를 비교적 손쉽게 작성할 때 잘 작동한다. 계약의 한가지 중요한 단점은 당사자가 계약서를 작성하는데 비용이 든다는 점이다; 양 당사자의 의무를 정확히 상세하게 구체화하는 계약서를 작성하는데 시간과 때때로 법률비용이 든다. 또한 미래에 일어날 수 있는 모든 가능성을 다룬다는 것은 대단히 어려울 수 있다. 따라서 복잡한 계약환경에서 계약은 반드시 완전하지 않을 것이다.

6.2.3 생산요소를 내부에서 생산(수직적 통합)

마지막으로 경영자는 그 기업 내에서 생산에 필요한 생산요소를 생산하는 것을 선택할 수 있다. 이런 경우, 렌트카회사의 경영자는 완전히 외부의 수리서비스회사 없이 관리한다. 경영자는 자사의 종업원이 자동차수리를 하는 시설을 만든다. 따라서 기업은 자동차수리 서비스시장을 완전히 우회하여 자체적으로 수리서비스를 한다. 기업이 다른 공급업자를 피하고 생산요소를 내부적으로 생산하는 것을 선택했을 때, 그것은 수직적 통합을 실행하는 것이다.

그러나 **수직적 통합**에서, 독립적인 공급업자로부터 그 생산요소가 구매될 경우 실현될 수 있는 전문화의 이득을 기업은 잃는다. 게다가 기업은 생산요소와 함께 생산되는 최종제품 뿐만 아니라 생산요소의 생산을 관리해야만 한다. 이것은 큰 조직과 관련되는 관료비용을 초래한다. 한편, 필요한 생산요소를 내부적으로 생산함으로써, 그 기업은 원하는 생산요소를 공급해주는 다른 기업에 더 이상 의존할 필요가 없다. 이것은 상당히 "비표준화된(non-standard)" 생산요소—외부 공급업자와 계약을 하는 것이 어렵게 될 생산요소들 조차도—를 기업이 이용할 수 있도록 해준다.

수직적 통합
기업이 최종 제품을 만드는데 필요한 생산요소를 자체적으로 생산하는 상황

예시 문제

6-1

다음 거래가 직접구매, 계약, 또는 수직적 통합인지 결정하시오.

1. 조립 1 PC기업은 앞으로 3년 동안 AMI기업으로부터 매년 300개의 컴퓨터 칩을 법적으로 구매해야 할 의무가 있다. 첫해에 지불해야 할 가격은 칩 한 개당 $200이며 두 번째 해와 세 번째 해에는 그 해 동안에 도매물가지수가 오른 만큼 같은 비율로 가격이 오른다.
2. 조립 2 PC기업은 한 컴퓨터 잡지 뒷면에 광고를 낸 기업으로부터 300개의 컴퓨터 칩을 구매했다.
3. 조립 3 PC기업은 개인 컴퓨터의 기판(mother boards)과 컴퓨터 칩을 자체 제조한다.

정답

1. 조립 1 PC기업은 컴퓨터 칩을 구매하는데 계약을 이용하고 있다.
2. 조립 2 PC기업은 컴퓨터 칩을 조달하는데 직접구매를 이용했다.
3. 조립 3 PC기업은 컴퓨터의 기판과 컴퓨터 칩을 조달하는데 수직적 통합을 이용한다.

6.3 거래비용

거래비용
생산요소 공급자에게 지불된 부분을 초과하는 생산요소 구입비용

기업이 생산요소를 구매할 때 생산요소 공급자에게 실제 지불한 액수를 초과하는 비용이 발생한다. 이러한 비용이 **거래비용**이라고 알려져 있고 생산요소조달의 최적결정에 중요한 역할을 한다.

생산요소 구매시 거래비용은 생산요소의 공급자를 찾고 그 생산요소가 구매될 가격을 협상하고 생산요소를 사용하도록 하는데 드는 비용이다. 거래비용은 다음을 포함한다:

1. 주어진 생산요소를 팔 의사가 있는 공급자를 찾는 비용
2. 생산요소의 구매가격에 대해 협상하는 비용. 이러한 비용은 시간, 법률비용 등의 기회비용 측면이다.
3. 거래를 원활히 하는데 필요한 기타의 투자 및 지출

많은 거래비용이 발생하는 것은 명백하다. 예를 들어, 생산요소 공급자가 단위당 $10의 가격을 부과하지만 당신에게 당신의 트럭과 운전자로 하여금 그 생산요소를 가져가라고 요구하면 당신 기업의 거래비용은 트럭과 당신 기업에 그 생산요소를 "배달" 할 사람의 비용을 포함한다. 당신 기업의 생산요소와 관련된 비용은 단위당 $10 뿐만 아니라, 당신 기업에서 그 생산요소를 조달하는데 드는 거래비용을 당연히 포함한다.

그러나 몇몇의 거래비용은 덜 명백하다. 이러한 "숨겨진" 거래비용을 이해하기 위해서 특정 거래관계에 있는 특수한 거래비용과 실제적으로 일반적인 거래비용을 구별해야만 한다. 이러한 차이의 핵심은 **전문화된 투자**의 개념이다. "전문화된 투자"는 다른 거래관계에서는 회수될 수 없는 특정거래에 대한 투자이다. 예를 들어 볼트의 질을 확실히 하기 위해서 볼트의 강도를 테스트할 기계에 $100를 지출할 필요가 있다고 가정하자. 기계가 특정 제조업자의 볼트를 테스트하는 데에만 유용하고 기계에 대한 투자가 매몰비용(그러므로 회수될 수 없는 비용)이라면 그것은 전문화된 투자이다. 이와 대조적으로 기계가 구매된 가격으로 되팔릴 수 있거나 또는 다른 기업이 생산한 볼트의 질을 테스트하는데 사용될 수 있다면 그것은 전문화된 투자가 아니다.

전문화된 투자
두 당사자간에 거래가 이루어지도록 하는데 필요하나 어떤 다른 가치를 갖지 못하는 지출

전문화된 투자가 거래를 용이하게 하는데 필요하다면 당사자간의 관계는 **관계특수적 거래**라고 알려져 있다. 관계특수적 거래의 기본적 특징은 두 당사자가 그들 간의 거래를 용이하게 하도록 이루어진 특정한 투자때문에 "함께 묶여" 있는 것이다. 이러한 특징이 종종 특정 투자의 매몰비용에 기인한 거래비용을 일으킨다.

관계특수적 거래
거래의 당사자가 전문화된 투자를 했을 때 일어나는 거래의 형태

6.3.1 전문화된 투자의 형태

전문화된 투자가 어떻게 거래비용과 생산요소의 최적 조달방법에 영향을 미치는지 알아보기 전에, 전문화된 투자가 여러 형태로 일어나고 있다는 것을 아는 것이 중요하다. 여러 다른 형태의 전문화된 투자의 공통사례는 다음과 같다.

장소 특수성

장소 특수성(site ppecificity)은 생산요소의 구매자와 판매자가 거래할 수 있도록 하기 위해 서로 가까운 곳에 그들의 공장을 설립해야 할 때 발생한다. 예를 들어, 발전소는 종종 석탄을 얻는데 드는 수송비를 극소화하기 위해 특정의 석탄광산에 가까운 장소에 건설된다; 산출물(전력)은 생산요소(석탄)보다 수송하는데 덜 비싸다. 당사자들이 거래에서 서로 관련되지 않는다면, 서로에게 가까운 두 공장을 건설하는 비용은 가치가 없는 전문화된 투자를 의미한다.

물적자산 특수성

물적자산 특수성(physical-asset specificity)은 생산요소를 생산하는데 필요한 자본시설이 특정 구매자의 필요성에 부응하도록 계획되고 다른 구매자가 필요로 하는 생산요소를 생산하는데 쉽게 적응될 수 없는 상황을 말한다. 예를 들어, 잔

디깎는 기계의 엔진이 이 엔진 제작에만 유용한 특별한 기계를 필요로 한다면 그 기계는 그 엔진을 생산하는 특정의 물적자산이다.

전용자산

전용자산(dedicated assets)은 특정 구매자와 거래하도록 하는 기업에 의해 이루어진 일반적 투자이다. 예를 들어, 컴퓨터 제조업자가 정부의 대량구매를 위해 충분한 컴퓨터를 생산할 수 있도록 새로운 조립라인을 개설한다고 가정하자. 정부가 실제로 그 기업의 컴퓨터를 구입할 때에만 새로운 조립라인을 개설하는 것이 수익성이 있다면 그 투자는 전용자산을 말한다.

인적자본

네 번째 형태의 전문화된 투자는 인적자본(humal capital)이다. 많은 고용관계에서 근로자는 특정한 기업에서 일할 수 있는 특별한 기술을 배워야 한다. 만약 이러한 기술이 다른 고용자에게 유용하지 않거나 양도될 수 없다면 그것은 전문화된 투자이다.

6.3.2 전문화된 투자의 문제점

여러분은 이제 전문화된 투자와 관계특수적 거래에 대해 폭 넓게 이해를 했으므로 우리는 어떻게 전문화된 투자의 존재가 생산요소조달의 거래비용에 영향을 줄 수 있는가를 생각해 볼 것이다. 전문화된 투자는 (1) 비싼 교섭비용 (2) 저투자 (3) 기회주의를 초래하기 때문에, 거래비용이 증가한다.

비싼 교섭비용

거래비용이 작고 원하는 생산요소의 질이 동일하며 여러 기업에 의해 그 생산요소들이 판매되는 상황에서, 생산요소의 가격이 수요와 공급의 힘에 의해 결정된다. 거래를 용이하게 하는데 전문화된 투자를 필요로 하지 않으면 가격을 협상하는데 거의 시간이 들지 않는다. 그러나 생산요소를 얻는데 전문화된 투자를 필요로 한다면 시나리오는 달라진다.

전문화된 투자는 몇몇 당사자만이 거래할 준비가 되어 있다는 것을 의미한다. 즉석에서 원하는 생산요소를 제공할 수 있는 다른 공급업자는 없다; 구매자가 필요로 하는 생산요소를 얻는 것은 그 생산요소가 이용가능하게 되기 전에 전문화된 투자를 필요로 한다. 따라서 일반적으로 생산요소의 시장가격은 없다; 관계특수적 거래에서 두 당사자는 생산요소의 매매가격에 대해 서로 교섭한다. 각각의 당사자가 보다 유리한 가격을 위해서 협상자를 고용함으로써 교섭과정에는 일반적으로 비용이 많이 든다. 당사자들은 협상력을 높이기 위해 전략적으로 행동할 수 있다. 예를 들어, 구매자는 판매자가 낮은 가격을 수용하도록 하기 위해 배달받는 것을 거절할 수 있다. 최후통첩이 주어질 수 있다. 공급업자는 생산요소의 질을 축소할 수 있고 구매자는 회사의 변호사를 통해 그 생산요소의 질에 대해 불평할 수 있다. 두 기업이 생산요소의 가격을 협상할 때 모든 이러한 요인들이 거래비용을 발생시킨다.

저투자(under-investment)로 인한 생산요소 질의 하락

거래를 용이하게 하는데 전문화된 투자가 필요할 때, 전문화된 투자수준은 종종 최적수준보다 낮다. 이것을 알아보기 위해 전문화된 투자가 인적자본이라고 가정하자. 특정기업에서 일하기 위해서 근로자는 어떤 일을 어떻게 수행할 것인가를 배우는데 먼저 자신의 시간을 투자해야 한다. 만약 근로자가 오랜 기간동안 그 기업에서 일할 수 없을 것이라고 생각하면(해고에 기인하거나 또는 다른 일자리를 찾았으므로), 그렇지 않을 경우와는 달리 그는 일을 배우는데 아주 많이 투자하지는 않을 것이다. 예를 들어, 당신이 학기말에 다른 대학으로 옮길 계획을 갖고 있다면 당신은 현재 있는 대학에서 어떻게 도서관 시설을 이용할지를 배우는데 많이 투자하지는 않을 것이다. 도서관 시설에 대해 배우는 투자는 현재 있는 대학에 특수한 인적자본투자이다.

비슷한 문제가 다른 형태의 전문화된 투자에도 존재한다. 예를 들어, 생산요소 공급업자가 특정 구매자에 의해 사용되는 생산요소를 생산하기 위해 특정 기계에 투자해야 한다면(물적자산 특수성), 공급업자는 열등한 질의 생산요소를 생산하는 보다 싼 기계에 투자할 것이다. 그 이유는 만약 구매자가 다른 기업으로부터 구매하게 되면 기계는 유용하지 않을 것이고 그럴 경우 공급업자는 사용할 수 없는 비싼 기계에 묶여있게 될 것을 공급업자가 우려하고 있기 때문이다. 그래서 전문화된 투자는 최적보다 낮을 수 있고 생산된 생산요소가 열등한 질이기 때문에 보다 높은 거래비용을 초래할 수 있다.

기회주의와 "붙잡아두기 문제(hold-up problrm)"

생산요소를 조달하기 위해서 전문화된 투자가 이루어져야 할 때 구매자 또는 판매자는 기회주의적으로 행동함으로써 투자의 "매몰비용" 특성을 이용하려고 시도할 수 있다. 구체적으로 생산요소의 구매자가 $10의 특정한 투자를 해야 한다고 가정하자—이를테면 특정 공급업자의 생산요소의 질을 입증하는 비용. 경영자는 $100의 가격에 생산요소를 판매할 용의가 있는 많은 기업이 있다는 것을 알고 있고, 따라서 경영자는 무작위로 그들 중 한 기업에 가서 생산요소를 검사하는데 $10를 지출한다. 일단 구매자가 $10를 지불했으면 생산요소 공급업자는 전문화된 투자를 이용하려고 시도하여 기회주의적으로 행동한다: 다른 모든 구매기업 경영자들이 부과하는 가격보다 $9 더 높은 $109의 가격을 제시함으로써 그 경영자를 "붙잡아 두려는 것"을 시도한다. 경영자는 이미 이 기업의 생산요소를 검사하는데 $10를 지불했기 때문에 다른 공급업자의 생산요소를 검사하는데 또 다른 $10를 지출하는 것보다 $109를 지불하는 것이 낫다. 결국 다른 공급업자는 기회주의적 행동에 연관되어 있지 않았었지만 기업에게 다른 공급자의 생산요소를 검사하고 구매하는데 $10 + $100 = $110의 비용이 들게 한다. 이것이 붙잡아두기 문제이다: 일단 어떤 기업이 전문화된 투자를 하면 다른 당사자는 투자의 매몰비용 특성을 이용함으로써 기업에게서 투자를 "빼앗으려는 것"을 시도할 수 있다. 물론 이러한 행위는 기업들이 붙잡아두기 문제를 완화시키기 위해 계약을 하지 않는 한 처음부터 관계특수적 투자에 기업들이 관련되는 것을 꺼려하게 할 것이다.

많은 경우, 거래관계에 있는 양측은 전문화된 투자를 하도록 요구되고, 그럴 경우에 양 당사자는 기회주의적으로 행동할 수 있다. 예를 들어, 자동차제조회사가 엔진을 만드는데 생산요소로서 크랭크축을 필요로 한다고 가정하자. 크랭크축은 특정의 자동차제조회사에 의해서만 사용되도록 고안된 전문화된 생산요소이고, 크랭크축을 생산하기 위해서 (크랭크축) 생산자는 높은 전문화된 자본시설에 투자를 해야 한다. 만약 크랭크축제조업자가 크랭크축을 자동차제조회사에게 팔지 않는다면, 자동차제조회사의 지속적인 엔진생산투자는 실제적으로 가치없게 될 것이다. 마찬가지로 만약 자동차제조회사가 크랭크축을 구매하지 않는다

인사이드 비즈니스 6-1 비효율적 생산요소조달의 비용

스콧 매스텐, 제임스 미한, 에드워드 스나이더의 최근 연구는 생산요소 조달시 거래비용을 수량화했을 뿐 아니라 생산요소를 조달하기 위한 부적절한 방법을 이용하는 데 따른 높은 비용을 지적하고 있다.

한 해군조선기업의 생산요소조달결정에 대한 이 연구는 거래비용이 총 배 건조비용의 약 14% 정도 차지하고 있다는 것을 보여준다. 그래서 거래비용은 비용의 중요 구성요소이다; 경영자는 의사결정을 할 때 거래비용을 고려해야 한다. 생산요소를 조달하기 위해 어느 방법을 이용할 것인가를 결정할 때 거래비용을 주의 깊게 고려하지 않음으로써 치르게 될 비용은 무엇인가? 연구자들은 잘못된 결합—즉 다른 기업으로부터 구매했어야 했을 것을 내부에서 자체생산하는 것—이 평균 70% 정도 거래비용을 증가 시켰다는 것을 보고하고 있다. 한편, 기업 내에서 더욱 더 효율적으로 수행되었어야 할 일을 계약을 통해서 조달하여 거래비용을 거의 300% 증가시켰다. 생산요소를 조달하는 최상의 방법을 선택하는 기업의 잠재적 비용절약은 상당하다.

출처: Scott Masten, James Meehan, and Edward Snyder, "The costs of Organization" *Journal of Law, Economics and Organization* (Spring 1991), pp. 1–25.

면 크랭크축 공급업자의 자본시설에 대한 투자 역시 쓸모없게 될 수도 있다. 왜냐하면 생산시설이 다른 자동차제조회사의 필요에 부응하도록 고안되지 않았기 때문이다. 두 당사자가 했던 투자가 관계특수적 거래에서 그들을 함께 묶고 각 회사에게 기회주의적 행동을 하도록 하는 잠재적 인센티브를 준다. 일단 크랭크축 공급업자가 크랭크축을 만드는 시설에 투자한 경우, 자동차제조회사는 보다 낮은 가격을 요구함으로써 투자의 매몰비용 특성을 이용하려할 수 있다. 반면, 자동차제조회사가 자동차를 완성하기 위해서 크랭크축을 필요로 하는 생산단계에 이르면, 크랭크축 공급자는 자동차제조회사에 의해 이루어졌던 매몰비용 투자를 이용하여 보다 높은 가격을 요구할 수 있다. 그 결과, 두 당사자는 정확히 크랭크축의 값을 얼마로 결정할 지에 대해 협상하는데 상당한 시간을 써야하므로 생산요소 구매시에 거래비용이 증가한다.

6.4 최적 생산요소의 조달

이제는 우리는 어떻게 경영자가 비용을 최소화하는 방법으로 생산요소를 조달해야 하는지 살펴볼 것이다. 비용을 최소화하는 방법은 관계특수적 거래 크기에 달려있을 것이다.

6.4.1 직접구매

기업이 생산요소를 조달하는 가장 손쉬운 방법은 직접구매(spot exchange)를 이용하는 것이다. 만약 거래비용이 없고 생산요소시장에서 많은 구매자와 판매자가 있다면 시장가격(이를테면 p^*)은 은 생산요소의 공급과 수요곡선의 교차점에서 결정된다. 경영자는 생산요소의 단위당 가격 p^*를 지불함으로써 임의로 선택된 공급업자로부터 생산요소를 쉽게 조달할 수 있다. 만약 어느 공급업자가 p^*보다 높은 가격을 받으려 한다면 경영자는 이를 거절하고 p^* 가격으로 다른 공급업자로부터 생산요소를 구입할 수 있다.

그러면 왜 경영자는 계약작성비용을 부담하려 하거나 또는 수직적으로 결합하여 자체적으로 생산요소를 생산하는데 기업이 자원을 쓰게 하는가? 그 이유는 특화된 투자가 존재할 경우 직접구매는 기회주의로부터 구매자를 격리시키지 못하고 당사자들은 가격에 대해 협상하는데 결국에는 상당한 시간을 허비할 수 있고, 협상이 실패하면 상당한 비용이 초래될 수 있기 때문이다. 구매자들이 생산요소의 추가 단위들을 매번 구입할 때마다 이러한 문제들이 발생할 것이다. 또한 앞에서 지적했듯이 거래를 용이하게 하는데 필요한 특화된 투자에 저투자함으로써 구매한 생산요소가 열등한 질을 가질 수 있다.

생산요소의 구매시 상당히 전문화된 투자를 필요로 한다면, 직접구매는 기회주의, 교섭비용, 그리고 저 투자에 기인한 높은 거래 비용을 초래하기 쉽다. 경영자는 생산요소가 상당히 특정화된 투자를 필요로 할 때 직접구매에 대한 대안을 당연히 고려해야 한다.

예시 문제

6-2

패스트푸드 전문점 지피버거는 한 주일에 대략 8000개의 쿼터-파운드(1/4 파운드) 햄버거를 판매한다. 그러한 수요를 충족시키기 위해서 지피버거는 매주 월요일 아침 정확히 8시까지 2000 파운드의 갈아진 쇠고기(ground beef)가 배달되는 것이 필요하다.

1. 지피버거 프렌차이즈의 경영자로서 만약 당신이 직접구매를 이용하여 갈아진 쇠고기를 조달한다면 어떤 문제가 예상되는가?
2. 갈아진 쇠고기를 판매하는 기업의 경영자로서 만약 당신이 직접구매를 통해서 지피버거에 고기를 공급한다면 어떤 문제가 예상되는가?

정답

1. 햄버거용 갈아진 쇠고기는 비교적 표준화된 제품이지만 특정가게에 1톤의 고기의 배달은 지피버거와 공급업자 입장에서 전문화된 투자(전용자산의 형태로)와 관련이 있다. 특히 만약 공급업자가 아침 8시에 나타나서 지피버거가 공급자에게 배상금을 지불하지 않는 한 고기를 내려놓지 않을 것이라고 위협했다면 지피버거는 붙잡아두기 문제에 직면할 것이다; 원하는 고기량을 긴급하게 공급해줄 수 있는 다른 공급업자를 찾는 것이 어려울 것이다. 공급업자는 열등한 질의 고기를 내려놓도록 시도할 수도 있다. 그래서 지피버거가 그렇게 많은 양의 갈아진 고기를 구매하기 위해 직접구매를 이용했을 때 지피버거는 기회주의, 교섭비용, 질에 대한 저투자로부터 보호받지 못한다.
2. 1톤의 고기를 갖고 아침 8시에 지피버거에 나타남으로써 공급업자는 지피버거에 판매하는데 특수한 투자를 하는 것이다. 결과적으로 공급업자는 잠재적 붙잡아두기 문제에 영향을 받는다. 지피버거가 10명의 다른 공급업자에게도 역시 1톤의 고기를 갖고 나타나라고 요구함으로써 기회주의적으로 행동한다고 가정하자. 각 공급업자는 고기가 손상되도록 내버려두기 보다는 고기를 낮은 가격에 팔 수 있기 때문에 지피버거는 거래조건을 유리하게 하기 위해 공급업자들과 교섭할 수 있다. 이런 경우 각 공급업자는 낮은 가격으로 고기를 팔거나 혹은 전혀 팔지 못할 위험에 직면해 있다.

6.4.2 계약

매번 생산요소가 구매될 때마다 붙잡아두기 문제가 예상되고 가격에 대한 교섭 필요성이 생긴다면, 대안전략(alternative strategy)은 계약을 통해 특정 공급업자로부터 생산요소를 구매하는 것이다. 계약은 종종 교섭, 변호사비용 등과 같이 상당한 선불 지출을 필요로 하지만, 그것은 여러 가지 이점도 제공한다. 첫째, 당사자들이 전문화된 투자를 하기 전에, 계약은 생산요소의 가격을 명시할 수 있다. 이런 특성은 장래 비싼 기회주의의 비용을 줄여 준다. 예를 들어, 〈예시 문제 6-2〉에서 경영자가 전문화된 투자가 이루어지기 전에 갈아진 고기의 가격과 수량을 명시하는 계약을 작성했다면, 그들은 붙잡아두기 문제에 영향을 받지 않았을 것이다. 두 당사자는 법률적으로 계약한 가격과 수량을 지키도록 되어있을 것이다.

둘째, 두 당사자가 수용할 수 있는 가격을 오랜 기간동안 보장함으로써, 계약은 구매자나 판매자가 거래에 필요한 전문화된 투자를 축소시키려는 인센티브를 줄여 준다. 예를 들면, 3년 동안 특정 기업과 고용을 보장해주는 계약을 맺은 근로자는 그 기업에 특수한 인적자본에 투자할 큰 인센티브를 가질 것이다. 마찬가지로 근로자가 대략 3년 동안 근무할 것을 기업이 알면 기업은 근로자를 위한 훈련에 기꺼이 투자할 것이다.

생산요소를 구매하기 위해 계약을 이용하는 것으로 의사결정이 이루어지면, 계약은 얼마 동안 지속되어야 하는가? 최적계약기간은 계약기간을 연장하는 한계비용과 한계이익 사이의 기본적인 교환관계(tradeoff)를 반영한다. 계약기간을 연장하는 한계비용(MC)은 〈그림 6-2〉에서 보여 주고 있듯이 계약이 길어짐에 따라 증가한다. 이것은 계약이 길어짐에 따라 더 많은 시간과 비용이 증가하며, 있을지도 모를 가상적인 우발사건을 계약서 내에 명시하는데 쓰여져야 한다(예를 들어, 빙하시대가 시작하면 가격은…). 내일 시행될 계약에서 서로 수용가능한 가격을 명시하는 것은 쉬울 수 있으나, 10년간 계약의 경우 해마다 발생할지도 모를 우발사건과 가격을 포함하는 조항을 계약에 명시하는 것은 어렵고 또한 비용이 많이 든다. 더욱이 계약이 길면 길수록 구매자는 특정 판매자에게 더욱 더 구속되게 되며, 그리고 어떤 다른 공급업자가 미래에 더 낮은 가격으로 생산요소를 공급할 수 있는 가능성은 더욱 더 커진다. 다시 말하면, 계약이 길면 길수록 기업이 생산요소 공급업자를 선택할 때 갖게 되는 유연성은 떨어진다. 이런 이유로 〈그림 6-2〉에서 계약기간의 한계비용은 우상향이다

한 해 더 계약을 연장하는 것에 대한 한계이익(MB)은 기회주의와 교섭이 회피된 거래비용이다. 이러한 혜택은 계약기간에 따라 달라질 수 있으나 단순화시켜서 우리는 〈그림 6-2〉에 수평한 MB 곡선을 그렸다. 최적 계약기간 L^*은 보다 장기계약의 한계비용과 한계이익이 동일한 점이다.

그림 6-2
최적 계약기간

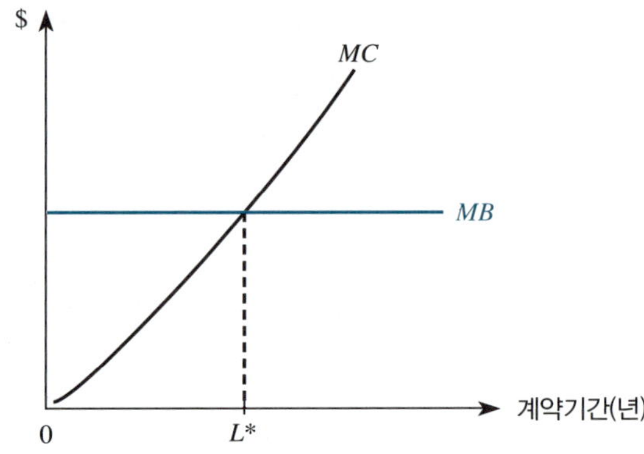

예시 문제 6-3

실제 세계에서 사실상 모든 구매는 어떤 형태의 전문화된 투자와 관련된다. 예로서 특정 슈퍼마켓에 자동차를 운전하고 감으로써 당신은 시간(그리고 가솔린)을 투자하는데, 이것은 당신이 그 슈퍼마켓에서 식료품을 구매하는 경우에만 가치있게 투자된 것이다. 일단 소비자가 슈퍼마켓에 들어서면, 소비자가 기회주의적으로 행동하지 못하도록 슈퍼마켓은 계약을 왜 체결하지 않는가?

정답

당신이 "붙잡아두기"에 잡혀 있을 경우 또 다른 슈퍼마켓으로 운전하고 가는 비용은 비교적 낮다: 출납원은 콩 한 통으로 몇 푼을 더 받아낼 수 있지만, 훨씬 더 많이는 끌어 낼 수가 없다. 그래서 전문화된 투자가 단지 작은 액수의 금액일 때에는 붙잡아 두기에 잡혀있게 되는 잠재적 비용은 그러한 기회주의로부터 보호해주는 계약서를 작성하는 비용과 비교해서 매우 낮다. 잠재적으로 당신에게 몇 푼을 절약해주는 계약서를 작성하기 위해 변호사에게 $200를 지불하는 것은 이치에 맞지 않는다. 게다가 기회주의적 행동을 이용함으로써 실현될 이익이 아주 작다면 슈퍼마켓은 고객을 붙잡아 두는 것에 관심을 갖지 않을 것이다. 만약 슈퍼마켓이 고객의 보잘 것 없는 전문화된 투자를 이용하려고 시도하면, 그 고객은 다른 사람에게 그 가게에서 결코 쇼핑하지 말도록 이야기하고 다닐 수 있다. 이 예에서, 고객으로부터 끌어낼 수 있는 추가의 몇 푼이 미래 기업손실만큼 가치가 있지 않다. 본질적으로 두 당사자간에 묵시적 동의가 있다: 법정에서 행사될 수 있는 동의는 아니지만 소비자의 미래 행동에 의해 행사될 수 있는 동의, 따라서 기회주의적 행동으로부터 얻게 되는 이득이 계약서를 작성하는 비용과 비교해서 작을 때, 공식적 계약은 나타나지 않는다. 그러나 기회주의로부터의 이득이 충분히 크면, 공식적 계약이 기회주의를 방지하기 위해 필요하다.

최적 계약기간은 거래를 용이하게 하는데 필요한 전문화된 투자의 수준이 증가할 때 증가할 것이다. 이것을 보기 위해, 전문화된 투자가 더욱 더 중요해질수록 일단 계약이 끝나면 당사자들은 보다 더 높은 거래비용에 직면한다는 것을 주목하자. 이러한 비용은 보다 더 장기의 계약을 체결함으로써 피할 수 있기 때문

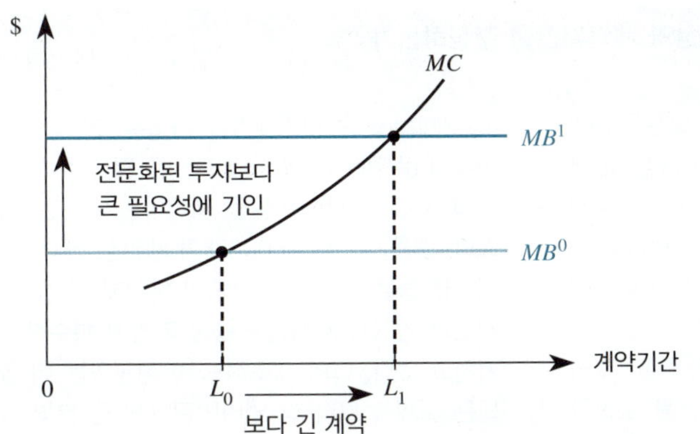

그림 6-3
전문화된 투자와 계약기간

에, 보다 더 높은 수준의 전문화된 투자는 더 장기의 계약을 하는 한계이익을 증가시킨다. 〈그림 6-3〉에서 MB^0에서 MB^1로 이동한다 그 결과는 L_0에서 L_1로 최적 계약기간의 증가한다.

또한 최적 계약기간은 보다 더 장기의 계약체결의 한계비용에 어떻게 영향을 주는가에 달려 있다. 생산요소가 더욱 더 표준화되고 미래 경제환경이 더욱더 확실해질수록 〈그림 6-4〉에서 보다 더 장기의 계약체결 한계비용은 MC^0에서 MC^1로 감소한다. 계약환경의 복잡성으로 인하여 보다 더 긴 최적 계약(L_0에서 L_1로)이 이루어진다. 이와는 대조적으로, 생산요소가 더욱 복잡하고 미래 경제환경이 더욱 더 불확실해질수록 계약은 더 상세히 만들어져야 한다. 이와 같은 계약환경의 복잡성 증가는 〈그림 6-4〉에서 보다 더 장기의 계약체결의 한계비용을 MC^0에서 MC^2로 증가시킨다. 이러한 경우 최적 계약기간은 짧아질 것이다.

계약환경의 복잡성으로 인하여 계약기간이 짧아짐에 따라, 기업은 기존의 계약이 만료됨에 따라 계속해서 새로운 계약을 체결해야 한다. 복잡한 계약환경 때

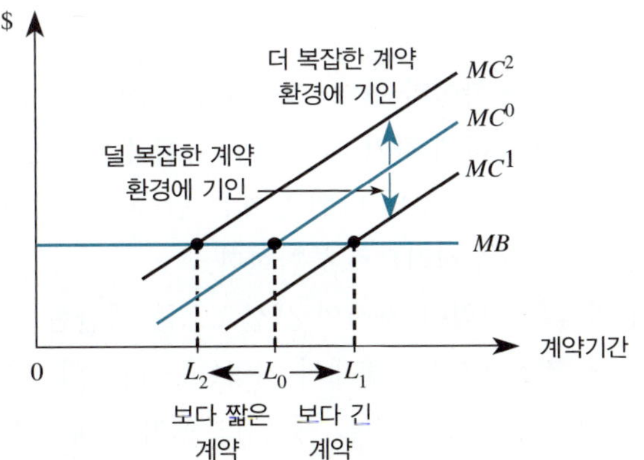

그림 6-4
계약환경과 계약기간

인사이드 비즈니스 6-2 무엇이 체인점의 계약기간을 결정하는가?

맥도날드나 스타벅스를 체인점(franchisee)으로 오픈(open)하고 싶은가? 그렇게 하기 위해 여러분은 체인점 본부(franchisor)와의 계약에 서명할(sign) 필요가 있을 것이다. 여러분이 서명한 계약서에는 사용료(royalty), 광고, 판매한도(sales quotas) 등과 같은 세부적인 계약내용들이 설명되어 있을 것이다. 또한 여러분은 계약기간에도 동의해야 할 것이다.

실제로 어떠한 체인점도 시설장비, 마케팅, 직원훈련, 그리고 종종 가맹점본부가 제공하는 외부(offsite)훈련 등을 포함하여 약간의 특수한 투자를 해야 한다. 교재에서 우리는 다른 조건이 일정할 경우 비교적 더 많은 전문화된 투자를 요구하는 체인점(franchises)이 어떻게 더 긴 계약을 가지게 될 것인가를 설명한다. 대체이론—가끔 순진한 체인점 견해라 불리는—은 비교적 강력한 체인점 본부(franchises)는 순진한 체인점(franchisees)을 단기계약을 하도록 협박하여 체인점들이 붙잡아두기 문제(hold-up problem)를 당할 수밖에 없도록 만든다.

그 자료는 어느 이론을 지지하는가? 연구자들(브리클리, 미스라, 밴혼)이 거의 2,000개의 체인점 본부 계약자료를 사용하여 이론들을 검증했다. 그들의 분석에 의하면, 계약기간이 물적자본과 인적자본 측면—종종 기업에 특수한—에서 확실히 증가하고 있다. 이와 대조적으로, 경험있는 더 많은 체인점 본부들은 실제로 보다 더 얼마안된 체인점 본부들에 비해 더 장기의 계약을 제안하는 경향이 있는 바와 같이, 그들은 순진한 체인점 견해를 지지하는 증거를 발견하지 못했다.

출처: James A. Brickley, Sanjog Misra, and R. Lawrence Van Horn, "Contract Duration: Evidence from Franchsing," *Journal of Law and Economics* 49(April 2006), pp. 173–96.

문에 상당한 자원이 변호사비용과 계약조건에 대한 교섭에 지출되는 경우, 이러한 비용을 줄이기 위해 보다 더 긴 계약을 체결하는 것은 효율적이지 않다. 그러한 예상에 직면하여 있는 경영자는 필요한 생산요소를 조달하기 위해 또 다른 방법을 사용하기를 원할 수 있다: 기업을 수직적으로 결합시켜 자체적으로 생산요소를 생산하는 것이다.

6.4.3 자체생산(수직적 통합)

전문화된 투자가 거래비용(기회주의, 교섭비용, 또는 저투자에 기인한 비용)을 발생시키며, 그리고 구매제품이 매우 복잡하거나 또는 경제환경의 불확실성을 가질 때, 완전한 계약은 매우 비싸거나 또는 계약작성이 불가능하기조차 하다. 남아있는 유일한 선택은 기업이 생산요소를 내부적으로 생산하는 시설을 구축하는 것이다.

이러한 과정을 수직적 통합이라 한다. 그 이유는 기업이 생산흐름에 따라 점점 더 기본적 생산요소로 이동하게 하기 때문이다. 예를 들어, 대부분의 자동차제조업자들은 철판과 플라스틱으로부터 바퀴 덮개를 만들고 자동차조립부터 차체부품의 제작까지 생산흐름을 수직적으로 통합한다.

수직적 통합의 이점은 기업이 자신의 생산요소를 생산함으로써 "중간상인을 생략하는 것"이다. 이것은 이전의 별개의 기업들을 하나의 결합된 기업으로 통합함으로써 기회주의를 줄인다. 시장을 제거함으로써 거래비용을 줄이기 때문에

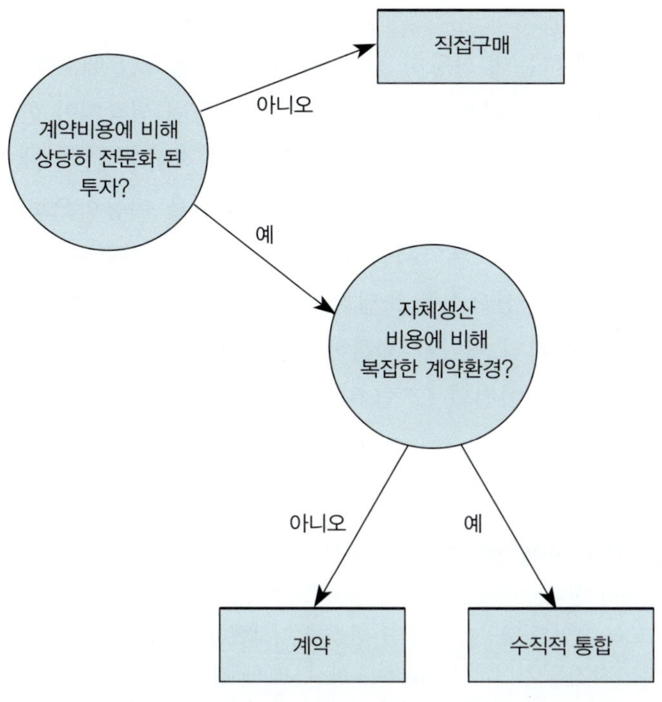

그림 6-5
최적의 생산요소 조달

이러한 전략이 바람직한 것 같지만, 이러한 접근방법은 몇 가지 단점도 갖는다. 경영자는 시장의 규율을 내부의 규제메커니즘으로 대체해야 하는데, 그것은 비시장경제에서 종종 존재하는 중앙계획의 실패에 익숙한 어느 누구에게나 커다란 부담이 된다. 뿐만 아니라, 기업은 그렇게 중요하지도 않은 생산요소의 생산설비를 설치하는 비용을 부담해야 한다; 기업은 더 이상 최상의 것을 위해 전문화하지 않는다. 이러한 어려움 때문에 수직적 통합은 마지막 수단으로 생각되어야 하며 직접구매나 계약이 실패했을 때에만 선택되어야 한다.

6.4.4 경제적 교환

생산요소를 조달하는 최소비용 방법은 생산요소의 특성에 달려 있다. 경영자가 직접구매를 선택할 것인가 아니면 계약이나 수직적 통합과 같은 다른 방법을 선택해야 할지는 관계특수적 거래를 초래하는 전문화된 투자의 중요성에 달려 있다. 관련된 기본질문이 〈그림 6-5〉에서 보여주고 있다.

원하는 생산요소가 전문화된 투자와 관련없을 때 기업은 기회주의와 교섭비용에 대한 염려없이 생산요소를 조달하기 위해 직접구매를 이용할 수 있다. 공급업자로부터 생산요소를 구매함으로써 기업은 최상의 것을 위해 전문화할 수 있으므로, 계약을 체결하거나 수직적 통합을 하는데 관련된 비용을 지불할 필요가 없다.

거래를 용이하게 하는데 상당히 전문화된 투자가 필요할 때, 경영자는 생산요소의 구매시 직접구매를 이용하는 것에 대해 다시 한번 생각해야 한다. 전문화된 투자는 기회주의, 교섭비용과 저투자를 초래하므로 직접구매를 이용하는데 따른 이러한 거래비용은 생산요소를 조달하는 다른 방법을 이용함으로써 축소될 수 있다. 계약환경이 단순하고 계약체결비용이 직접구매와 관련된 거래비용보다 작다면, 계약을 통해서 생산요소를 조달하는 것이 최적이다. 이런 경우에 최적 계약기간은 보다 더 장기의 계약을 체결하는 한계비용과 한계이익이 교차하는 곳에서 결정되며, 이것은 이전의 〈그림 6-2〉에서 예시되었다.

예시 문제

6-4

Big Bird Air는 계약에 의해 엔진당 $200,000의 가격으로 2년 후에 ERUS로부터 50개의 제트 엔진을 구매해야 한다. 이 계약으로 기회주의로부터 보호받은 후 Big Bird Air는 ERUS 엔진에 적합하도록 고안된 항공기 몸체를 만들기 시작했다. 계약의 2년째에 항공우주산업에서 뜻하지 않는 사건들로 인하여 ERUS는 파산상태에 직면하고 있다. ERUS는 $300,000로 엔진가격을 인상하지 않는 한 파산할 것이라고 Big Bird Air에게 말한다.

1. Big Bird Air의 경영자는 어떻게 해야 합니까?
2. 이 문제를 어떻게 피할 수 있습니까?
3. Big Bird Air의 경영자는 생산요소를 조달하는데 잘못된 방법을 이용했습니까?

정답

1. Big Bird Air는 불완전한 계약 때문에 붙잡아두기 문제를 겪고 있다; 계약은 ERUS가 공교롭게도 도산한다면 어떻게 할지를 명시하지 않았다. ERUS는 Big Bird Air가 엔진 가격으로 $300,000를 지불하지 않으면 파산할 것이라고 주장할 것이며, 그럴 경우 Big Bird Air는 항공기 몸체에 적합하도록 한 전문화된 투자를 잃게 될 것이다. 경영자는 ERUS가 과연 파산상태에 직면하고 있는지를 체크해야 한다. 그렇지 못할 경우 만약 ERUS가 계약가격을 지키지 못하면 Big Bird Air는 ERUS를 법정에 끌고 갈 수 있다. 만약 ERUS가 파산상태에 직면하고 있다면 경영자는 자기 회사 안에서 엔진을 만드는 것과 다른 공급업자로부터 엔진을 구매하는 데 얼마나 비용이 소요되는지를 판단해야 한다. 일단 경영자가 각 선택안의 비용을 안다면 Big Bird Air는 엔진의 가격을 얼마나 더 지불할 것인가에 대해 ERUS와 교섭을 원할 수 있다. 그러나 이것은 위험할 수 있다; 가격협상이 낮게 되면 될수록 ERUS는 파산할 확률이 그만큼 크다. ERUS의 파산으로부터 Big Bird Air를 보호하기 위해 새로운 조항이 계약에 들어가야 한다. 금액을 절약하기 위한 시도로 엔진의 질을 떨어뜨리려는 ERUS의 시도에 대해 경영자는 특히 경계해야 한다. 여하튼 Big Bird Air는 새로운 계약을 작성하는데 그리고 최상의 다른 선택 방법으로부터 엔진을 구매하는데 드는 비용보다 ERUS 엔진에 지불하는데 더 많은 돈을 허비하지 않아야 한다.

2. 이 문제는 계약이 불완전할 때 예측하지 못한 사건들이 일어날 수 있어 비싼 교섭비용과 기회주의를 초래한다는 것을 보여준다. ERUS가 파산할 경우에 Big Bird Air를 보호해 주는 조항을 Big Bird Air가 계약서에 썼더라면 그 문제는 피할 수 있었을 것이다. 만약 이것이 가능하지 않다면 Big Bird Air는 수직적으로 통합하여 자체적으로 엔진을 생산할 수 있었을 것이다.
3. Big Bird Air 경영자는 엔진을 조달하는데 잘못된 방법을 선택했다고 단정적으로 말할 수 없다. ERUS가 파산할 경우에 대해 초기 계약보호조항에 명시하는 것이 불가능했다면(대단히 비쌌었다면) 그리고 만약 수직적 통합비용이 불완전한 계약에 기인한 기회주의 비용을 초과한다면, 경영자는 그 상황에서는 정확한 결정을 한 것이나 다름없다. 때때로 경영자가 좋은 결정을 할 때에도 나쁜 사건들이 발생한다. 이런 경우가 아니라면 더 완전한 계약이 작성됐어야 했거나 또는 Big Bird Air가 엔진을 자체적으로 생산하는 결정을 했어야 했다.

마지막으로, 상당히 전문화된 투자가 필요하며 원하는 생산요소가 계약에 명시하기가 어려운 복잡한 특성을 가질 때 또는 미래 조건의 변화로부터 당사자들을 보호하기 위하여 필요한 모든 조항을 계약서에 명시하는 것이 매우 비쌀 때 경영자는 생산에 필요한 생산요소를 구매하는 비용을 최소화하기 위해 수직적으로 결합해야 한다—결합비용이 너무 높지 않는 조건으로. 이러한 경우 기업은 생산요소를 내부적으로 생산한다. 기업은 더 이상 최상의 것을 하는데 전문화하지 않지만 전문화의 부족을 보장해주는 것 이상으로 기회주의, 교섭과 저 투자를 제거한다.

6.5 경영자의 보상과 주인-대리인 문제

이제 여러분은 생산요소를 조달하는 최상의 방법을 선택하는데 필요한 주요 요소들을 알고 있다. 이 장의 후반부는 근로자로 하여금 최상의 노력을 하도록 하기 위해서 노동 생산요소에 어떻게 보상할 것인가를 설명하고자 한다.

이 절을 끝낸 후, 왜 식당이 종업원에게 보상을 주는 팁에 의존하는지, 왜 비서는 보통 시간당 임금을 지불받는지, 그리고 심지어는 왜 교과서 저자들이 인세를 지불받는지를 여러분은 더 잘 이해할 수 있을 것이다. 그러나 우리는 경영자의 보상에 대해 먼저 살펴볼 것이다.

많은 대기업의 특징은 소유권과 경영의 분리다: 기업의 소유주는 종종 멀리 떨어져 있는 주주이고 기업은 매일 경영자에 의해 운영된다. 기업의 소유주가 경영

인사이드 비즈니스 6-3 자동차 산업에서 생산요소 구매결정의 발전단계

직접구매에서 장기 계약관계로 그리고 최종적으로 수직적 통합으로 옮겨가는 기업에 관한 흥미 있는 설명이 GM-피셔 바디 회사 관계에 의해 제공된다. 이것은 벤자민 클라인에 의해 광범위하게 상세히 기록되었다. 20세기 초에 자동차 차체는 상당한 일반적 기술을 가진 직공에 의해 만들어졌으며 처음에는 지붕이 없는 나무로 된 구조물이었다. 그래서 전문화된 투자가 비교적 덜 중요했고 GM은 직접구매를 이용해서 자동차의 차체를 구매했다. 자동차 산업이 발달함에 따라 지붕을 씌운 금속 차체가 등장하였다. 그러나 이러한 발견은 높은 물적자산 특수성을 가져왔는데 이는 차체부문을 압형하는데 매우 전문화된 기계에 대한 투자가 필요하기 때문이다. 기회주의가 없도록 하기위해 GM과 피셔 바디회사는 자동차 차체의 가격을 정하고 GM은 피셔 바디로부터 지붕을 씌운 금속 자체를 구입해야 하는 10년 계약을 체결했다. 처음에 이 계약은 잘 운용되어서 당사자들이 필요한 전문화된 투자를 허용하도록 했다. 그러나 시간이 지남에 따라 원래의 계약은 완전하지 않아서 당사자들이 기회주의로 빠질 기회가 너무 많은 것이 명백해졌다. 예를 들어 계약에 포함되었던 가격설정방식은 피셔 바디에게 노동과 수송비용의 17.6%를 이윤으로 받도록 허용했다. 이 결과 피셔 바디는 원거리에 위치한 공장에서 비효율적인 노동집약적 기술을 갖고 생산하고 비효율적인 비용을 GM에게 전가하게 되었다. 사후적으로 평가하자면, 두 당사자인 GM과 피셔 바디가 그들의 관계를 통제하는 계약 작성의 어려움을 과소평가 했다. 그 문제는 상세한 계약을 작성하는데 소용되는 시간과 비용을 들이는 대신에 1926년 GM이 피셔 바디를 구매함으로써 수직적으로 결합했을 때 해결되었다.

출처: Benjamin Klein, "Vertical Integration as Organizational Ownership: The Fisher Body–General Motors Relationship Revisited". *Journal of Law, Economics and Organization* (Spring 1988), pp. 199–213. For an Alternative view suggesting that the merger wasmotivated out pf a desire to improve coordination ofproduction and inventories, to assure GM of adequatesupplies of auto bodies, and to provide GM with accessto the executive talents of the Fisher brothers, see RamonCasadesus–Masanell and Daniel F. Spulber, "The Fableof Fisher Body," *Journal of Law and Economics* 43 (April 2000), pp. 67–104.

자를 감독하기 위해 실제 현장에 있지 않는 사실이 근본적인 인센티브 문제를 일으킨다. 소유주가 경영자에게 기업을 경영하는데 년 $50,000의 임금을 지불한다고 가정하자. 소유주가 경영자의 노력을 감시할 수 없기 때문에 기업이 연말에 백만 달러를 손해 본다면 소유주들은 그 과실이 경영자에게 있는지 또는 운이 나빠서 그런지 알 수 없다. 낮은 이윤이 낮은 수요에 기인한 것인지 또는 경영자의 노력부진에 기인한 것인지에 대한 불확실성 때문에 소유주들은 정확히 왜 이윤이 낮은지를 판단하기 어렵다. 그 잘못이 경영자에게 있다 할지라도—아마 경영자는 공장에 나타나지 않고 대신 장기의 낚시여행을 했다—그 경영자는 "올해 운이 나빴다"고 주장할 것이다. 그 경영자는 "당신은 나와 같은 경영자를 고용한 것을 기뻐해야 한다. 만약 내가 자주 하루에 18시간 일을 하지 않았다면 당신의 회사는 올해 손실액의 2배를 잃었을 것이다. 나는 운좋게도 우리의 손실을 현 수준으로 지켰다. 그러나 새로운 생산라인이 시장에 나오는 내년에는 모든 것이 나아질 것이라고 확신한다"라고 말할 것이다.

기업을 만들면, 소유주는 거래비용감소의 혜택을 누린다. 그러나 소유권과 경영이 분리됐을 때 주인-대리인 문제가 나타난다: 소유주가 경영자를 감독하기 위해 실제 현장에 있지 못하면, 소유주는 어떻게 경영자로 하여금 소유주의 이익을 위해 최상으로 열심히 하도록 할 수 있는가?

표 6-1 고정임금하에서 경영자의 소득과 기업이윤

경영자 소득	경영자가 일한 시간	경영자가 게으름 핀 시간	기업이윤
$50,000	8	0	$3,000,000
50,000	7	1	2,950,000
50,000	6	2	2,800,000
50,000	5	3	2,500,000
50,000	4	4	2,000,000
50,000	3	5	1,800,000
50,000	2	6	1,300,000
50,000	1	7	700,000
50,000	0	8	0

문제의 핵심은 경영자가 돈을 버는 것을 좋아하기도 하지만, 여가를 보내는 것도 좋아한다. 경영자가 깨어 있는 모든 시간을 열심히 일하는데 쓰면 그는 어떤 여가도 보내지 못할 것은 명백하다. 그러나 그가 일(work)에 시간을 덜 쓰면 쓸수록, 볼링게임, 낚시여행, 기타 그가 가치를 두는 다른 활동을 하는데 그는 더 많은 시간을 쓴다. 직무설명서에 의하면, 경영자는 직무에 하루 8시간을 쓰게 되어있다. 소유주의 입장에서 보면, 중요한 문제는 경영자가 일을 하면서 얼마만큼을 여가(게으름)로 쓰게 되는가이다. 게으름은 지나치게 커피를 자주하는 휴식시간, 긴 점심시간, 이른 퇴근, 극단의 경우에는, 직장에 나타나지 조차 않는 형태를 띤다. 경영자는 게으름을 피우는 것을 즐기지만 소유주는 경영자가 이윤을 증대시키기 위해 열심히 일하기를 원한다는 것을 주목하자.

경영자가 $50,000의 고정임금을 제공받고 소유주는 실제 작업현장에 있지 않았을 때 그 경영자는 8시간을 완벽하게 일하거나(그런 까닭에 게으름을 피우지 않는), 또는 하루내내 집에서 보내는 것(8시간 게으름을 피우는)에 상관없이 똑같은 $50,000를 받을 것이다. 〈표 6-1〉은 이런 상황을 보여주고 있다. 소유주의 입장에서 보면 고정임금은 종업원들을 감독하려는 강한 인센티브를 경영자에게 주지 못하며, 그리고 이것은 기업의 이윤에 역효과를 준다. 예를 들어, 〈표 6-1〉에서 보여 주듯이, 만약 경영자가 종업원들을 감독하는 일(work)에 하루를 보내면(즉, 종업원들이 최대의 노력을 하도록 하는 것) 게으름 피우는 것은 0이고 이윤은 300만 달러이다. 만약 경영자가 게으름 피우는 것으로 하루를 다 보내면 이윤은 0이다. 만약 경영자가 2시간 게으름 피우고 6시간 일하면 기업의 이윤은 280만 달러이다. $50,000의 고정임금은 경영자에게 그의 노력과 관계없이 똑같은 소득을 제공하기 때문에 그로 하여금 8시간 게으름을 피우게 하는 강한 인센티브를 갖는다. 이러한 경우 기업의 이윤은 0이나 경영자는 여전히 $50,000를 받는다.

표 6-2 이윤배당 제도하에서 경영자 소득과 기업이윤

경영자가 일한 시간	경영자가 게으름 피운 시간	기업의 총이윤	경영자의 이윤배당
8	0	$3,000,000	$300,000
7	1	2,950,000	295,000
6	2	2,800,000	280,000
5	3	2,500,000	250,000
4	4	2,000,000	200,000
3	5	1,800,000	180,000
2	6	1,300,000	130,000
1	7	700,000	70,000
0	8	0	0

어떻게 기업의 소유주는 경영자로 하여금 생산과정을 감독하는데 시간을 보내도록 하게 할까? 소유주가 경영자에게 보다 더 높은 임금을 주면 경영자는 더 열심히 일할 것이라고 당신은 생각할 수 있다. 그러나 소유주가 경영자의 노력을 관측할 수 없을 때에는 이것이 잘 작동하지 않을 것이다; (고정임금과 같은) 고용계약은 게으름 피우는 경영자에게 절대적으로 어떤 비용도 발생하지 않는다. 많은 경영자는 기업을 위해 일할 필요도 없이 돈을 버는 것을 좋아하며, 그리고 이러한 고용계약은 이런 경영자에게 그렇게 하도록 한다.

기업의 소유주가 경영자에게 다음의 인센티브를 제공한다고 가정하자: 경영자는 기업이윤의 10%(경영자 보상의 총액)를 받는다. 〈표 6-2〉는 그러한 계약의 의미를 요약하여 주고 있다. 만약 경영자가 8시간을 게으름 피우는데 보내면 이윤은 0이고 경영자는 아무것도 벌지 못한다는 것을 알 것이다. 그러나 만약 경영자가 조금도 게으름을 피우지 않으면 기업은 총이윤으로 300만 달러를 벌게 되고 경영자는 총이윤의 10%인 30만 달러의 보상을 갖는다.

이윤배당제도에 기초한 보상계획하에서 경영자가 정확히 어떻게 할 것인가는 여가와 소득에 대한 경영자의 선호에 달려있다. 그러나 한가지는 분명하다: 만약 경영자가 소득을 원하면 그는 하루 내내 게으름을 피울 수 없다. 경영자는 선택(trade-off)에 직면한다: 그는 일하는 동안 여가에 더 치중할 수 있다. 그러나 낮은 보상의 대가를 갖는다. 예를 들어, 경영자가 〈표 6-2〉에서 일하는 동안 여가와 소득간의 선택에 대해 주의깊게 평가했고 25만 달러를 벌기를 원한다고 가정하자. 그는 하루 내내 게으름 피우는 대신에 5시간 일하여 이것을 성취할 수 있다. 기업의 소유주에게 이윤배당에 기초한 보상계획은 어떤 영향을 주는가? 경영자는 보상으로 25만 달러를 벌기 위해 5시간 일할 것을 결정했다. 경영자의 5시간 노력은 기업의 총이윤 $2,500,000를 창출한다. 따라서 성과에 따라 경영자에게 보상하게 되면 소유주의 총이윤은 0(고정임금계획 시)에서 250만 달러로 증가한다. 경영자의 보상을 뺀 후에도 소유주에게는 225만 달러(= $2,500,000−$250,000)의 이윤이 생기게 된다. 성과상여금이 경영자의 소득을 증가시킬 뿐만 아니라 소유주의 순이윤도 증가시킨다.

6.6 경영자를 규율하는 요인

6.6.1 인센티브 계약

보통 회사의 CEO는 스톡옵션 그리고 이윤과 직접적으로 연관된 기타 상여금을 받는다. 1년에 100만 달러 이상 받는 CEO는 지나치게 많은 보상을 받고 있다고 주장할 수 있다. 그러나 중요한 것은 CEO가 어떻게 100만 달러를 받느냐이다. 만약 회사수익이 주로 성과상여금에 기인한다면 CEO의 보상을 줄이는 것은 큰 실수일 수 있다. 이 점이 중요한데, 그 이유는 주요 회사들의 CEO들에게 너무 높은 보수를 주는 것은 부당하다고 언론이 종종 주장하기 때문이다. 그러나 성과에 근거한 보수는 CEO뿐만 아니라 주주에게 혜택을 주고 그러한 보수를 줄이면 기업이윤의 감소를 초래할 수 있다.

예시 문제 6-5

당신은 PIC Company의 연례 주주회의에 참석하고 있다. 한 동료 주주가 경쟁관계에 있는 기업인 CUP Enterprises의 경영자는 단지 $50,000를 받고 있는데 PIC Company의 경영자는 작년에 $100,000를 받았다고 지적한다. PIC Company의 경영자의 보수를 낮추자는 제안이 발의된다. 당신은 어떻게 할 것인가?

정답

올바른 투표를 하는데 필요한 충분한 정보가 없다; 당신은 추가 정보를 요청해야 한다. 어떤 정보도 얻지 못하면, 두 기업의 이윤과 판매, 이윤공유제와 성과상여금 등과 같은 것에 기인하여 각각의 경영자의 소득과 같은 것들에 대한 추가 정보를 주주들이 얻을 수 있을 때까지, 당신은 그 제안에 대해 무기 연기하는 조치를 취해야 한다. 최적 계약은 높은 이윤에 대해 경영자에게 보상을 해주어야 한다는 것을 다른 주주들에게 설명하라; 만약 PIC Company 경영자의 높은 소득이 높은 이윤때문에 지불된 아주 큰 성과상여금에 기인한다면, 상여금을 삭제하는 것은 사려깊지 못한 것이다. 한편, CUP Enterprises 경영자가 당신 회사의 경영자보다 더 많은 이윤을 창출했다면, 당신은 경쟁기업의 경영자와 유사한 인센티브를 반영하여 당신의 경영자 계약을 조정하려고 할 수 있으며 심지어는 당신 회사를 위해 일하도록 CUP Enterprises의 경영자를 고용하려 할 수 있다.

6.6.2 외부 인센티브

앞의 분석은 경영자에게 이윤을 극대화하도록 인센티브를 제공하는 기업 내에서의 요인에 초점을 두었다. 뿐만 아니라, 기업외부의 요인들도 종종 경영자에게 이윤을 극대화하는 인센티브를 제공한다.

평판

경영자들이 이윤을 극대화하는데 필요한 경영기술을 가졌다는 것을 다른 기업들에게 보여줄 수 있을 때, 경영자들의 직장 이동가능성이 증가한다. 유능한 경영자가 되기 위해서는 희생이 크다; 많은 시간이 근로자를 감독하고 생산비 지출을 계획하는데 쓰여진다. 이러한 비용은 경영자가 탁월한 경영자라는 평판에 투자하는 것을 의미한다. 장기적으로 이러한 평판은 다른 기업들이 최고의 경영자를 고용하려고 경쟁하는 경영자시장에서 프리미엄이 붙여진다. 따라서 고용계약이 명백하게 성과상여금을 포함하지 않을 때조차도, 경영자는 미래에 다른 기업에서 일하기를 원한다면 현재의 기업을 잘 운영하려 할 것이다.

기업인수

경영자에게 이윤을 극대화하는 인센티브를 제공하는 또 하나의 요인은 기업인수

인사이드 비즈니스 6-4 성과급 지급

Safelite Glass Corporation의 고용관행에 대한 Edward Lazear의 최근 연구는 인센티브를 적절히 제공하는 것이 얼마나 중요한지 잘 보여준다. 회사가 시간당 임금에서 성과단위당 보수로 보상체계를 바꾼후에 근로자의 평균산출물이 거의 50% 증가하였다. 게다가 근로자의 평균보수는 성과단위당보수 체계하에 약 10% 증가하였다. 근로자와 기업의 인센티브를 적절히 조정함으로써 기업과 근로자가 모두 이득을 보았다.

성과급 계약은 근로자의 책임이 명확하게 설정될 수 있고 각 근로자의 산출물을 객관적으로 측정할 수 있을 때 가장 효과적이다. 각 개인의 노력을 측정하기 어렵거나 근로자 행동의 중요한 측면을 통제하는 계약을 맺기 어려울 때에는 성과급체계가 가장 비효율적이다. 예로서 생산과정이 팀에 의해 이루어질 때에는 성과급체계의 장점은 줄어든다. 이 경우 근로자들은 다른 사람의 노력에 무임승차하려는 기대로 게을러진다 (이것을 경제학 문헌에서는 “free riding”이라고 한다). 마찬가지로 계약이 불완전할 때, 정교한 계약은 오히려 기능이상을 가져올 수 있다. 예로서 근로자들은 그들이 해야 할 일중에서 보상이 이루어지는 측면에만 집중할 것이다.

이러한 이유들로 인해 성과단위당 보수체계와 같은 정교한 계약의 적절성 및 적용범위는 직업별로 다르다. 아래의 표에 나와 있듯이 성과단위당보수 체계는 산출물을 측정하기 쉽고 질이 상대적으로 덜 중요한 (예로서 농업노동) 직업에서 흔히 볼 수 있으며, 질이 중요하거나 성과를 객관적으로 측정하기 어려운 경우에는 찾아보기 어렵다.

직업별 청년근로자에 대한 성과단위당보수 체계 비율

직업	성과단위당 보수 비율
농업노동	16.7
수공업자	3.6
서기	1.3
경영자	0.9

출처: Edward P. Lazear, “Performance Pay and Productivity,” *American Economic Review* (December 2000), pp. 1346–61; Canice Prendergast, “The Provision of Incentives in Firms,” *Journal of Economic Literature* (March 1999), pp. 7–63.

의 위협이다. 만약 경영자가 이윤극대화 방식으로 기업을 경영하지 않는다면 투자자는 기업을 사서 새로운 경영자로 바꾸려 할 것이다. 보다 나은 경영자를 임명함으로써 그 기업의 이윤은 증가할 것이고 회사주식의 가치도 오를 것이다. 그래서 회사를 경영하는데 형편없이 일을 하는 경영자에 대한 대가는 기업인수의 가능성을 증가시킬 것이다. 이러한 상황을 피하기 위해서 경영자는 그들이 고정임금을 받는다 해도 더욱 더 열심히 일할 것이다.

6.7 경영자-근로자간 주인-대리인 문제

주인-대리인 문제를 소개했을 때 기업의 소유주는 경영자와는 다른 목적을 갖는 것으로 간주되었다. 주인-대리인 문제를 일으키는 소유주-경영자 관계에 어떤 특별한 점은 없다. 사실 경영자와 그가 관리하는 근로자 사이에도 비슷한 문제가 있다.

이것을 알아보기 위해 경영자는 이윤에 비례하여 대가를 받고 기업의 이윤을 증가시키는 인센티브를 갖는다고 가정하자. 동시에 경영자는 여러 장소에 있을 수 없고 그가 원한다고 해서 모든 근로자를 감독할 수 없다. 한편, 근로자는 일을 하는 것보다는 잡담을 하거나 커피를 마시는 것으로 시간을 보내고 싶을 것이다. 어떻게 경영자(주인)는 근로자(대리인)가 게으름을 피우지 않도록 할 수 있는가?

6.7.1 경영자-근로자간 주인-대리인 문제의 해법

이윤공유제

경영자가 근로자의 노력을 높이기 위해 사용할 수 있는 한가지 방법은, 근로자의 보상을 기업의 이윤과 연계하는 **이윤공유제**(profit sharing)이다. 이윤에 비례하여 보상하는 인센티브는 근로자를 더욱 더 노력하도록 한다.

이윤공유제
기업의 이윤에 연계하여 근로자에게 보상을 제공하여 근로자가 더욱 더 노력하도록 하는 방법

수입공유제

근로자가 더욱 노력하도록 만드는 또 다른 방법은 근로자의 보상을 기업의 수입과 결부시키는 것이다. 이러한 형태의 인센티브는 팁과 판매수수료를 포함한다. 음식점 종업원은 보통 낮은 임금과 팁을 받는다. 팁은 단지 봉사받은 사람에 의해 지불되는 수수료이다.

만약 종업원이 좋지 않은 봉사를 했다면 팁은 낮다; 만약 종업원이 훌륭한 봉사를 했다면 팁은 보통 높다. 자동차판매원과 보험대리인도 보통 그들이 창출한

판매에 대해 일정한 비율의 보상을 받는다. 이와 같은 모든 보상인센티브에 대한 근거는 경영자가 종업원의 노력을 감독하는 것이 불가능하지는 않지만 매우 어렵고 결과가 불확실하다는 데에 있다. 종업원들의 소득을 그들의 성과에 따라 연결시킴으로써 경영자는 그렇지 않을 때보다 종업원들에게 더 열심히 일할 인센티브를 준다. 더 열심히 일하여 종업원들은 기업과 그들 자신에게 혜택을 준다.

수입공유제
기업의 수입과 근로자의 보상을 연계하여 근로자가 더욱 더 노력하도록 하는 방법

수입공유제(revenue sharing)는 근로자 생산성이 비용보다는 수입에 관련될 때 특히 효과적이다. 예를 들어, 음식점 경영자는 종업원이 일정한 비율의 팁을 받는 것으로 계약을 만들 수 있다; 팁이 종업원의 질(생산성)의 증가함수라고 가정한다. 기업의 경영자는 근로자에게 그들이 창출한 매출실적에 대한 일정 비율을 지불함으로써 인센티브를 제공할 수 있다. 이와 대조적으로, 절도를 방지하기 위해 경비원을 고용하는 소매점은 그 경비원의 수입공유제가 비효율적이라는 것을 알게 될 것 같다; 경비원의 생산성은 소매점의 수입에 비해서 소매점의 비용과 훨씬 더 강력하게 연결되어 있다.

수입에 기초한 인센티브 계획이 갖는 한 가지 문제는, 경영자들은 근로자들이 비용을 최소화하도록 하는 인센티브를 제공하지 못한다는 점이다. 예를 들어, 음식점 종업원은 고객에게 많은 양의 음식, 무료 음료수 등을 제공함으로써 많은 팁을 받을 수 있는데, 그것은 음식점의 비용손실의 대가로 팁을 증가시킬 것이다.

성과단위당 보수체계

또 다른 보상 방법은 고정된 시간당 임금에 근거하기 보다 성과단위를 토대로 한 임금을 종업원에게 지불하는 성과단위당 보수체계(piece rates)이다. 예를 들어, 타자수에게 타자를 친 페이지당 고정금액을 지불하면 타자수에게 지불한 금액은 생산된 산출량에 달려있다. 더 많은 돈을 벌기 위해 타자수는 주어진 시간당 더 많은 페이지의 타자를 쳐야 한다.

성과단위에 근거해서 종업원에게 보수를 지불하는 것이 갖는 잠재적인 문제는 업무의 질에 대한 관리가 필요하다는 점이다. 그렇지 않으면 종업원은 질을 희생하는 대가로 생산량을 증대시키려 할 수 있다. 수입공유제 또는 이윤공유제의 한가지 장점은 질이 낮은 제품을 생산하려는 인센티브를 줄인다. 질이 낮으면 매출이 감소하므로, 수입공유제 또는 이윤공유제의 인센티브를 받는 근로자들에 대한 보상이 감소한다.

시간기록계와 무작위 조사

많은 기업은 경영자가 근로자를 감독하는데 시간기록계를 이용한다. 시간기록계는 일반적으로 주인-대리인 문제를 해결하는데 유용하지 않다. 시간기록계는 특히 근로자가 언제 직장에 도착했고 언제 떠났는지를 확인하기 위해 고안되었다.

이것은 노력을 감독하지 못한다; 오히려 이것은 단순히 근무일의 시작과 끝에 작업장에 있었다는 것을 측정한다.

근로자를 감독하는 보다 더 좋은 방법은 무작위로 경영자가 작업장을 점검하는 것이다. 이 경우 경영자는 근로자를 감독하기 위해 때때로 작업장에 들어간다. 무작위 조사는 경영자에게 근로자가 실제로 현장에 있는지 확인하게 해줄 뿐만 아니라 근로자의 노력과 일의 질이 만족할 만한지를 확인 해준다.

무작위 조사의 장점은 경영자가 근로자를 감독하는 비용을 줄여준다. 무작위 조사에서 경영자는 동시에 여러 장소에 있을 필요가 없다. 근로자는 경영자가 언제 나타날지 모르기 때문에 무작위 조사를 실시하지 않을 때보다 더 노력을 할 것이다. 그 이유는 게으름 피운 것이 걸리면 해고되거나 감봉되기 때문이다. 따라서 그 조사가 효과적이기 위해서 무작위일(random) 필요가 있다; 즉 근로자는 언제 경영자가 작업장을 감독할 것인지 예측할 수 없어야 한다.

예시 문제 6-6

MBA학위를 막 취득한 당신의 보스가 유명한 경제학 교과서의 6장을 읽었다. 그는 당신에게 왜 기업은 비서에게 성과단위당보수체계 또는 기업이윤의 일정 비율대신에 시간당 임금을 지불하는가를 물었다. 당신은 그에게 어떻게 답하겠습니까?

정답

종업원들의 노력이 관찰될 수 없을 때의 주인-대리인 문제를 해결하기 위해 성과단위보수체계와 이윤공유제와 같은 인센티브 계약이 고안되었다. 작업장에서 사장과 함께 일하는 비서에게는 인센티브 계약을 제공할 필요가 없다. 특히 비서의 노력을 감독하기는 매우 쉽다; 그들은 보통 사장의 시야안에 있고 그들의 하는 일의 질을 관측할 수 있는 많은 기회가 있다(예로서 사장의 서명이 필요한 편지). 따라서 주인(사장)과 대리인(비서)이 실질적으로 떨어져 있지 않다; 비서가 일을 엉망으로 할 때 비서의 사장은 알고 성과가 계속해서 낮으면 그를 해고할 수 있다. 대부분의 경우, 모든 종업원의 노력에 의해 창출된 이윤의 일정 비율을 종업원에게 지불하기보다 시간당 임금을 지불하는 것이 비서에게 열심히 일하도록 하는 더 강한 인센티브를 제공한다.

성과단위당보수를 비서에게 지불하는 것이 행정적으로 악몽이 될 것이다; 한 주 동안 타자를 친 모든 페이지와 한 일을 추적하는 데에는 상당한 비용이 소요될 것이다. 성과단위당보수는 또한 비서로 하여금 일의 질보다는 양에 대해 신경쓰도록 한다. 여러 가지 요인을 고려할 때, 시간당 임금은 대부분의 비서들에게 보상하는 적당한 방법이다—사장에게 그들을 감독할 인센티브가 주어져 있다는 조건하에서

무작위 조사의 단점은 경영자가 눈에 띄게 종종 나타나서 근로자들이 게으름 피우는 것을 붙잡힐 위험을 무릅쓰지 않도록 해야 하며, 그리고 게으름 피워 붙잡힌 종업원에게 어떤 벌칙이 부과되어야 한다는 점이다. 실제로 무작위 조사는

위협을 통해서 작용한다. 한편, 성과상여금은 보상약속을 통해 작용한다. 이러한 특징들이 근로자들에게 서로 다른 심리적 효과를 미칠 수 있다.

스마트폰 소프트웨어와 하드웨어는 서로 함께 잘 작동하기 위해서는 상당한 정도의 정보처리 상호운용가능성을 요구한다. 이것은 소프트웨어 생산자들과 하드웨어 제조업체들 모두 종종 상당한 전문화된 투자(specialized investments)를 해야 한다는 것을 의미한다. 구글이 Motorola Mobility를 인수함으로써, 구글은 Motorola Mobility이 행한 전문화된 하드웨어 투자를 직접적으로 조정할 수 있다. 그러한 투자는 구글의 소프트웨어 제품에 맞추어질 것이며, 어떠한 붙잡아두기 위험(risk of hold-up)도 피할 수 있게 될 것이라는 것이 보장된다. 첨단기술성격의 스마트폰은 미래 제품과 시장조건 측면에서 상당한 불확실성을 가지므로 복잡한 계약환경이 초래된다. 그러므로 수직적 통합에 대한 상당한 근거가 있으나, 그러한 추천을 하기 전에 여러분은 붙잡아두기 문제의 회피(avoided hold-up problems)와 질적 개선의 예상편익이 수직적 통합의 비용을 정당화하는지를 증명해야만 한다.

이 장에서 우리는 생산요소조달의 최적의 제도적 선택과 경영자보상과 근로자인센티브와 관련된 주인-대리인 문제를 알아보았다. 경영자는 생산요소를 다른 회사로부터 구입해야 하는지, 그리고 생산요소를 회사가 자체적으로 생산해야 하는지를 결정해야 한다. 직접구매는 일반적으로 많은 구매자와 판매자가 있고 거래비용이 낮을 때 가장 바람직한 선택안이다. 상당히 전문화된 투자가 기회주의를 만들어 시장을 이용하는 것과 관련된 거래비용을 초래했을 때 직접구매는 덜 매력적인 것이 된다.

시장거래비용이 높을 때 경영자는 계약을 이용하여 특정 공급업자로부터 구매를 하거나 또는 시장을 완전히 포기하고 기업이 필요한 생산요소를 자체적으로 생산하기 위해서 자회사를 설립할 수 있다. 매우 단순한 계약환경하에서는 계약이 가장 효과적인 해결 방법일 수 있다. 그러나 계약 환경이 보다 복잡하고 불확실하게 될 때 수직적 통합을 통한 내부생산은 매력적인 경영전략이다.

또한, 이 장은 주인-대리인 문제에 대한 해결방안을 보여준다; 보수가 근로자의 활동을 바람직한 방향으로 유도해야 한다. 예를 들어, 경영자가 근로자에 대해 원하는 것이 근로자가 작업장에 나오도록 하는 것이 전부일 때에는 시간당 임금과 시간기록계는 탁월한 인센티브 계획이 될 것이다. 만약 생산물의 질에 약간의 중요성을 두고 높은 수준의 산출량을 생산하는 것이 목표라면, 단위당 성과보수계획이 효과적이다. 그러나 산출물의 양과 질 모두가 관심사항이라면, 이윤공유제가 탁월한 인센티브가 된다.

주요 용어 및 개념

계약(contracts)
전용자산(dedicated assets)
인적자본(human capital)
인센티브 계약(incentive contracts)
기회주의(opportunism)
물적자산특수성(physical-asset specificity)
성과단위당 보수체계(piece-rate system)
주인-대리인 문제(principal-agent problem)
이윤공유제(profit sharing)
관계특수적거래(relationship-specific exchange)
수입공유제(revenue sharing)
장소특수성(site specificity)
전문화된 투자(specialized investments)
직접구매(spot exchange)
거래비용(transaction costs)
수직적 통합(vertical integration)

개념 및 계산 문제

1. 잘 정의되고 측정가능한 품질설명서를 보유하고 고도로 전문화된 투자를 필요로 하는 생산요소의 최적 조달방법에 대하여 설명하시오. 이러한 방법을 통하여 생산요소를 조달하는 것에 대한 주요 장점과 단점에 대하여 설명하시오. 이러한 조달방법을 사용하는 한 예를 들어보시오(이 책에 나와 있지 않은 예를 드시오).(LO1, LO3)

2. 시장에서 많은 기업들에 의해 판매되는 표준화된 생산요소의 보통수준의 수량을 조달하는 최적의 방법에 대하여 설명하시오. 이러한 방법으로 생산요소를 조달할 때의 주요 장점과 단점은 무엇인가? 이러한 조달방법을 사용하는 한 예를 들어보시오(이 책에 나와 있지 않은 예를 드시오).(LO1, LO3)

3. 다음의 거래가 각각 직접구매, 계약거래, 또는 수직적 통합 중 어느 것에 해당하는가를 설명하시오.(LO1)
   a. Barnacle 주식회사는 컨베이어프레임을 만들기 위하여 매주 2톤의 구조강철(structural steel)을 구매할 법적 의무를 가지고 있다.
   b. 엑손-모빌(Exxon-Mobil)사는 플라스틱 종류인 원(raw) 폴리프로필렌을 생산하기 위하여 자사의 유정에서 추출된 원유(oil)를 사용한다.
   c. BLRU(Boat Lifts R Us)사는 지역의 판매업체로부터 일반적인 AC모터를 구매한다.
   d. Kaspar 건설사—주택건축 도급업자—는 지역에 있는 홈디포(Home Depot)에서 50파운드의 못을 구매한다.

4. 자동차제조업체들이 그들의 엔진을 자체제작하는 반면, 독립적인 공급업체들로부터 거울(mirrors)을 구매하는 이유에 대해 설명하시오.(LO1, LO2)

5. 다음의 상황들 각각이 요구하는 전문화된 투자의 유형을 밝히시오.

a. 당신의 회사만 사용하는 기계를 작동시키기 위하여 당신은 어떤 사람을 고용한다.

b. 어느 분무기통 제조회사가 특정한 회사 제품에만 사용될 수 있는 담기생산라인(filling line)을 고안했다.

c. 어떤 기업이 그 회사의 주요 구매업자로부터 길 건너쪽에 생산설비를 만들고 있다.

6. 소득과 여가(게으름 피우는 것)로부터 만족을 얻고 있는 어느 경영자가 연 $100,000의 고정급여를 받을 때 하루 10시간을 이러한 행위들(즉, 소득과 여가 행위)간에 어떻게 배분시키는가를 설명하시오. 동일한 경영자가 연 $100,000의 고정급여와 기업이윤의 4%—매년 $130,000에 달함—를 받는다면, 이 경영자는 하루에 8시간 일하고 2시간은 게으름을 피운다(여가를 갖는다). 이 경영자는 어떠한 보상체계를 더 선호하는지를 설명하시오.(LO4, LO5)

7. 직장 내에서 불시점검(spot checks)/몰래(hidden)비디오카메라설치를 사용하는 것에 대한 장점과 단점을 비교하고, 근로자의 성과에 영향을 주기 위한 수단으로서 성과급 급여체계의 장점과 단점에 대해 비교하시오.(LO6, LO7)

8. 다음의 요인들이 생산요소의 최적 조달방법에 대해 어떻게 영향을 주는가를 설명하시오.(LO1, LO3)

a. 특화(specialization)로부터의 이점

b. 관료주의 비용

c. 거래당사자 각각에 존재하는 기회주의

d. 전문화된 투자

e. 복잡한(unspecifiable) 계약환경

f. 교섭비용

9. 계약을 하는데 따른 한계이득이 기간에 관계없이 $100라고 하자. 이것은 계약기간의 크기와는 독립적으로 나타난다. L기간의 계약을 작성하는 데에 드는 한계비용은 다음과 같을 때, 최적 계약기간을 계산하시오.(LO3)

a. $MC(L) = 30 + 4L$

b. $MC(L) = 40 + 5L$

c. 계약을 작성하는데 드는 한계비용이 감소할 때 최적 계약기간은 어떻게 되는가?

10. L기간의 계약을 작성하는데 드는 한계비용이 $MC(L) = 20 + 5L$이라고 하자. 계약을 작성하는데 따른 한계이득이 다음과 같을 때 최적 계약기간을 구하시오.(LO3)

a. $MB(L) = 120$

b. $MB(L) = 180$

c. 계약을 하는데 따른 한계이득이 증가할 경우 최적 계약기간은 어떻게 되는가?

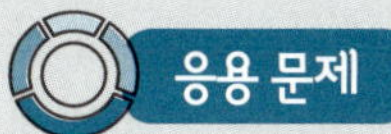

응용 문제

11. 21세기 초 동안 컴퓨터 판매의 증가가 지난 20년 만에 처음으로 줄어들었다. 그 결과로 PC생산자들은 인텔과 다른 공급업체들(vendors)로부터 컴퓨터칩 주문을 상당히 줄였다. 델과 같은 컴퓨터 생산기업들이 왜 컴퓨터칩에 대해 비교적 단기 계약을 맺는지에 대하여 설명하시오.(LO2, LO3)

12. DV(DonutVille)사는 매주 만개 이상의 도넛을 판매하여 은퇴주민의 구미에 맞춘다. 그렇게 많은 도넛을 매주 생산하기 위해서, 이 회사는 1,000파운드의 밀가루를 매주 금요일 아침 다섯 시까지 배달받아야한다. 이 회사의 경영자는 밀가루를 어떻게 조달해야만 하는가? 설명하시오.(LO1, LO3)

13. 당신회사의 연금기금 관리자가 전적으로 펀드성과에 기초해서만 보상을 받는다; 그는 작년에 $1.2백만 이상을 벌었다. 그 결과, 그 회사는 기금관리자의 보상을 최대 $100,000로 상한선을 정하는 제안을 고려하고 있다. 이 제안에 반대하는 논거를 제공하시오.(LO4, LO5)

14. 고성능 복사기를 제조하는 사무실 서비스(office services)공급 대기업의 한 부서는 최근 CGI그룹(캐나다의 정보통신기업)과 IT서비스에 대해 5년간 $25백만의 계약을 맺었다. 당신이 이 부서의 책임자라면 CGI그룹과의 장기적 성격의 계약체결에 대하여 어떻게 정당화되어야 할 수 있는가?(LO2, LO3)

15. 「월스트리트 저널」의 보도에 의하면, 주니퍼네트워크(Juniper Networks)사—기업네트워크장비의 제조회사—가 1,000명이상의 직원들에게 그들의 스톡옵션가격을 새로 결정할 기회를 제공하려 한다. 이 회사의 발표는 회사의 주가가 90% 하락하여 많은 직원들의 스톡옵션가치가 거의 없어졌을 때 나온 것이다. 이 회사 CEO는 주주들에게 직원들 스톡옵션에 대한 새로운 가격결정을 정당화시킬 수 있다고 당신은 보는가?(LO4, LO5)

16. 혼다는 에어백을 공급받기 위해 TRW사와 15년간의 계약을 맺으려 한다고 하자. 이 계약의 내용에는 새 자동차에 사용될 85%의 에어백을 혼다에 공급하기로 되어있다. 계약을 하기 바로 직전, 혼다사의 경영자는 TRW사의 경쟁자들이 30%나 비용을 줄일 수 있는 신기술을 이용하여 유사한 에어백을 출시했다는 것을 알았다. 이 정보는 TRW사와 맺은 혼다사의 최적 계약기간에 어떻게 영향을 주는가?(LO3)

17. EFI사—자료처리회사—는 판매원 각자에게 기본급여와 그들 판매액수의 일정비율을 추가해서 지급한다. 고정비용(overhead)을 줄이기 위해서 EFI사는 각 판매원에게 회사차를 제공하는 대신에 영업관련 자동차운행 1마일당 $0.35를 보상해주기로 하였다. 회계기록에 의하면, 평균적으로 각 판매원은 연간 240일 동안 매일 100마일 영업관련 운전을 한다. 이 회사의 판매원에 대한 보상체계를 바꾸어 잠재적으로 이윤을 높일 수 있는 방법이 있다고 당신은 생각하는가? 설명하시오.(LO6, LO7)

18. 텔리트로닉(Teletronics)사는 작년에 $10만의 이윤을 기록했고, 올해에는 확실히 그 이상이 될 것이라고 발표하였다. 많은 회사들이 경쟁력(competitive advantages)을 갖기 위해 합병을 시도하고 있는 매우 경쟁적인 시장에서 이 회사는 경쟁한다. 현재 이 회사의 최고경영자는 성과급이 포함되어 있지 않은 고정급여를 받고 있다. 그럼에도 불구하고 이 경영자는 기업의 이윤을 극대화시킬 강력한 동기를 왜 갖게되는가를 설명하시오.(LO4, LO5)

19. 최근 Air Liquide는 Yanchang Petroleum 그룹—정유뿐만 아니라 석유 및 천연가스 탐사와 생산에 참여한 중국 최대회사의 하나—의 자회사인 얀안(Yan,an)의 Energy and Chemical 주식회사와의 장기계약에 서명했다. 새 계약서에는 Air Liquide가 두 개의 대기분리단위(air separation units; ASUs)에 약 8천만 유로를 투자하는 것으로 명시되어 있는데, 그것은 얀안의 플라스틱 생산을 위해 대기가스를 공급할 것이다. Air Liquide는 화학 제조업체를 포함한 광범위한 산업에 산업용 가스를 공급하는 프랑스의 다국적 기업이다. 장기계약이 직접구매(spot exchange) 또는 얀안과 Air Liquide간의 수직적 통합보다 왜 더 선호될 수 있는가?(LO1, LO2, LO3)

20. 몇 년 전, 보스톤 글로브(Boston Glove)지의 보도에 의하면, 보스톤시가 FC(FleetCenter)스포츠 경기장 및 오락(entertainment)센터를 민주당 전당대회(DNC; Democratic National Convention)를 위한 적합한 공간으로 전환하기 위해 $14백만을 지출하기로 계획했다. 시는 이 일을 완성시키기 위해 S(Shawmut Design and Construction)사와 계약을 맺었다. 그 일은 7월 26일 DNC 시작 48일 전에 시작하는 것으로 되었다. 그러나 보스톤시장과 경찰노조간의 협상이 결렬되자, 보스톤경찰 순찰협회는 피켓을 들고 FC를 둘러싸며 건설요원들이 그 일을 시작하는 것을 막았다. 글로브지의 보도에 의하면, 경기장앞 철사로 만든 울타리 문(chain-link gate)에서 수많은 노조원들이 서서 '돌아가라', 그리고 '선을 존중하라'고 외치자 철근을 싣고 오는 트럭이 돌아섰다. 게다가 글로브지 보도에 의하면, "피켓을 든 사람들이 접근(access)을 제한하는 것을 못하게 지시받은 근무중 경찰장교들도 개입하지 않았다. 보도에 의하면, 공사기간이 제한돼 있으므로, 공사 지연은 하루에 약 $10만 정도의 비용을 발생시킨다. 이 상황에서 주인-대리인 문제를 설명하시오. 시장과 보스톤시는 전통적인 "붙잡아두기 문제(hold-up problem)" 또는 다른 문제에 봉착해 있는가? 설명하시오.(LO2, LO6)

21. 경영과정외주*(Business-process outsourcing; BPO)는 외주(outsourcing)의 일종으로서 특정의 영업(예를 들어, 인적자원관리)에 대한 운용과 책임을 제3자인 서비스 제공자와 계약하는 것이다. 그러한 외주는 연쇄적인 생산 및 공급체인(supply chain)에 대해 외주를 주는 제조기업으로 시작을 했지만, 마케팅, 재무, 판매 및 회계 등을 포함한 훨씬 더 광범위한 관리(process)로 성장을 했다. 최근 「Forbes」 기사에 의하면, 세계 외주서비스 산업의 매출액은 2000년 450억 달러에서 2012년 1,000억 달러로 증가했다. BPO시장에서의 경쟁은 치열하다. 미국내에 기반을 둔 기업들로는 HP 기업서비스, 연계된 컴퓨터 서비스(ACS; Affiliated Computer Services), 그리고 자동데이터처리(Automated Data Processing; ADP)를 들 수 있다.그러나 Infosys, Wipro, Satyam Computer Services와 같이 많은 인도 기업들도 세계적인 BPO서비스를 제공한다. 비즈니스위크 기사에 의하면, BPO가 최종소비자에게 어느 곳에서나 15~85%의 비용을 줄여준다. 국제적 BPO서비스가 특히 매력적인 것은 역외의 노동력을 제공함으로써 25~30%의 추가비용절감을 가져온다는 것이다. 게다가 약 25%정도의 비용절감이 BPO기업들의 고유 제품을 통하여 이루어진다. 나머지 10~30%의 비용절감은 통합적 운영으로부터 일어난다. 당신이 미국에 기반을 둔 회사의 경영자라고 하고, 인적자원부서에 대해 외주할 것인가를 결정해야만 한다. 당신기업의 그 부서에 대한 외주결정에 대하여 옹호하거나 반대해야 하는 논점을 열거하시오. 순

* 역자주: 핵심역량외 회사업무처리의 전 과정을 외부전문업체에 맡기는 것.

전히 사업관점에서 국제적 기반의 BPO서비스기업 대비 미국에 기반을 둔 BPO서비스 기업과의 계약에서 일어날 수 있는 문제를 설명하시오.(LO1, LO3)

22. 당신은 대형 로펌의 30세 파트너에 대한 경영컨설턴트이다. 미팅에서, 당신의 고객이 말하기를: 「뉴욕타임즈」 기사에 의하면, 57%의 대형 로펌들이 기업의 파트너에 대해 강제적인 퇴직나이를 명시하고 있다. 파트너들이 은퇴하기 전에, 그들은 그들이 행한 일에 비례해서 수임료를 받고, 소유주로서 그들은 회사이윤 중 일정 지분을 받을 자격이 있다. 파트너들이 일단 은퇴하면, 그들은 어떤 형태의 보상도 받지 못한다. 이것을 비추어볼 때, 나는 우리 회사에 유능한 변호사를 유치할 때 '경쟁력(competitive advantage)'을 얻기 위해 강제퇴직조항을 없애야 한다고 생각한다. 당신은 어떤 것을 추천하겠는가? 설명하시오.(LO4, LO5)

23. 자동데이터처리(Automated Data Processing; ADP)는 자동차 대리점을 포함한 많은 회사에 컴퓨터 소프트웨어와 서비스를 공급한다. ADP는 하드웨어, 소프트웨어 그리고 지원서비스에 대해 대리점에게 월단위로 리스료를 부과하나, 대리점의 직원들을 교육시키는 것에 대해서는 비용을 받지 않는다. 대리점들은 그들 직원들의 시간, 그리고 ADP본부를 방문하는 경비에 대한 비용만을 지불하면 된다. 거기에서 직원들은 "소프트웨어 U" 무료교육을 받는다. 자동차 대리점, 그 직원들, 그리고 ADP가 행한 전문화된 투자에 대하여 논하시오. 그리고 이러한 계약조건하에서 대리점이 직면하는 두 가지 잠재적 취약점을 밝히시오.

24. 앤드루는 가정용, 정원용 제품을 판매하는 온라인 가게를 오픈(open)하기로 결정했다. 탐색을 마친 후 그는 웹사이트 소프트웨어를 제공하는 회사인 Initech을 선택한다. 왜냐하면 그가 웹사이트를 활용하기 위해서는 그 소프트웨어 제품이 최소한도의 특수한 투자를 필요로 했기 때문이었다. 그들은 $3,000의 가격에 동의했다. Initech의 소프트웨어를 사용하기 위해, 앤드루는 매몰자본으로 $1,000를 투자하고 다른 소프트웨어와는 매우 다른 Initech의 소프트웨어를 사용하는 방법을 배우는데 40시간을 소비한다. 앤드루와 Initech는 앤드루의 시간당 가치를 $25로 보며, Initech은 앤드루가 그 소프트웨어를 사용하기 위해 해야하는 투자를 완전하게 알고 있다. 앤드루의 투자가 이루어진 이후, Initech은 엔드루에게 다가와 더 많은 돈을 요구했다. 여러분은 요구된 금액이 얼마라고 생각하는가? (LO2)

25. HomeGrown은 지역의 과일, 채소, 고기를 전문적으로 서비스하는 작은 식당이다. 그 회사는 지역영농기업인 Family Farms와 장기 관계를 맺기로 선택했다. 두 당사자들은 장기계약을 맺기로 결정했으며, Family Farms는 매년 특정의 가격으로 특정 수량의 생산물을 HomeGrown에 공급할 것이다. 계약에 서명하기 전, HomeGrown은 계약기간이 얼마나 될 것인가를 결정하려고 시도하고 있다. 그 계약이 보장되는 매년 협상과 기회비용으로 식당에는 $1,000 절약이 되는 것으로 추정된다. 그러나 그 계약이 보장되는 매년 더 많은 법률적 수수료도 요구된다. HomeGrown의 추정에 의하면, 변호사로부터 요구된 시간 수, L은 계약기간수와 2차함수관계를 가지므로, $L = Y^2$, 여기에서 Y는 계약기간수이다. HomeGrown 변호사들이 시간 당 $100를 요구하면, 계약기간은 얼마가 될 것인가? (LO3)

26. 짐의 식당은 테네시주 멤피스에서 막 오픈(open)하려고 한다. 그러나 짐은 음료수로서 콜라와 펩시 제품 중 어느 것을 제공할지를 결정하고자 한다. 그의 결정에 의하면, 어느 제품이든지 하나를 공급하기

위해서, 그는 적절한 용품-예를 들어, 입구쪽에 콜라 또는 펩시 간판-을 구입하여 설치하려면 1,800 달러의 매몰비용을 지출해야 할 것이다. 최종적으로 그는 콜라 제품을 제공하기로 선택하여 그 제품을 사용하는 권리대가로 판매된 온스당 콜라에 대해 5센트를 콜라회사에 지급하기로 동의하였다. 짐이 콜라제품 선택에 대해 특수한 투자를 한 후, 콜라회사는 다시 온스당 5센트 이외에 고정(일회성) 수수료를 요구한다. 짐이 지급하고자 하는 최대 금액은 얼마인가? (LO2)

27. 최근 Trader Joe 체인점의 주인(여성)은 최고관리자(남성)에 대한 보상정책을 바꾸기로 결정했다. 지난 해, 그녀는 $65,000의 고정급여를 그에게 지급했고, 그녀의 가게는 $120,000의 이윤(최고관리자에 대한 지급전)을 벌었다. 그녀는 가게가 훨씬 더 잘 될 것인가에 대해 의구심이 있었으며, 고정급여 때문에 최고관리자가 일을 태만하게 할 것이라고 걱정했다. 그러므로 올해에 그녀는 $30,000의 고정급여와 가게이윤의 15%를 그에게 지급하기로 결정했다. 그 변화이후, 가게는 훨씬 더 잘되어 그녀는 올해에 이윤(최고관리자에 대한 지급전)이 $280,000가 될 것으로 예측한다. 보상정책의 변화 때문에 이윤이 증가했고, 그녀의 예측이 정확하다고 가정하면, 그녀는 이러한 정책변화로 얼마만큼(최고관리자에게 지급후 순금액) 더 벌 것인가? 그 관리자는 새로운 지급계획하에서 더 많은 돈을 벌 것인가? (LO4, LO5)

참고 문헌

Alchian, Armen A., and Demsetz, Harold, "Producation, Information Costs, and Economic Organization." *American Economic Review* 62. December 1972, pp. 777-95.

Antle, rick, and Smith, Abbie, "An Empirical Investigation of the Relative Performance Evaluation of Corporate Executives." *Journal of Accounting Research* 24(1), Spring 1986, pp. 1-39.

Coase, R. H., "The Nature of the Firm." *Economica*, NOVEMBER 1937, PP. 366-405.

Gibbons, Robert, and Murphy, Kevin J., "Relative Performance Evaluation for Chief Executive Officers." *Industrial and Labor Relations Review* 43, February 1990, pp. 30-51

Jensen, Michael C., "Takeovers: Their Causes and Consequences." *Journal of Economic Perspectives* 1, Winter 1988, pp. 21-48

Jensen, Michael C., and Murphy, Kevin J., "Performance Pay and TOP Management Incentives." *Journal of Political Economy* 98(2), April 1990, pp. 225-64.

Klein, Benjamin; Crawford, Robert G.; and Alchian, Armen A., "Vertical Integration, Appropriable Rents, and the Competitive Contracting Process." *Journal of Law and Economics* 21(2), October 1978, pp. 297-326.

Lewis, Tracy R., and Sappingaton, David E. M., "Incentives for Monitoring Quality." *RAND Journal of Economics* 22(3), Autumn 1991, pp. 370-84

Williamson, Oliver E., "Markets and Hierarchies: Some Elementary Considerations." *American Economic Review* 63, May 1973, pp. 316-25

Winn, Daryl N., and Shoenhair. John D., "Compensation Based (Dis)incentives for Revenue Maximizing Behavior: A Test of the 'Revised' Baumol Hypothesis." *Review of Economics and Statistics* 70(1), February 1988, pp. 154-58.

부록 경영 인센티브의 무차별곡선 접근방법

성과와 관련되지 않은 보상지급이 갖게 되는 문제의 핵심이 〈그림 6-6〉에 그래프로 설명되어 있다. 경영자는 여가와 소득을 재화로 본다. 게다가 경영자는 직무 중에 여가(게으름 피우는 것)와 소득간에 대체를 기꺼이 할 수 있다. 이것이 왜 그의 무차별 곡선이 〈그림 6-6〉에서 보통의 모양을 갖는 이유이다. 〈그림 6-6〉에서 작업장에서 소비된 여가의 양은 횡축에 나타나 있고 소득은 종축에 있다. 경영자는 게으름 피우는 것을 좋아하지만 소유주는 경영자가 게으름 피우는 것을 좋아하지 않는다.

경영자가 50,000달러의 고정급여를 제공받았을 때 그의 기회집합은 〈그림 6-6〉에서 음영으로 표시된 부문이다. 이유는 간단하다: 소유주는 작업장에 실제로 있지 않기 때문에 경영자는 그가 완전하게 8시간을 일하든(그런 까닭에 게으름을 피우지 않는다) 또는 하루를 전부 집에서 보내든(8시간 게으름을 피운다) 관계없이 똑같이 50,000달러를 받을 것이다. 만약 이윤이 낮으면 소유주는 이것이 형편없는 경영노력에 기인한 것인지 또는 단지 불운에 기인한 것인지 알지 못할 것이다. 경영자는 그가 점 A에서 균형을 이룰 때까지 가능한 한 무차별 곡선을 북동쪽 방향으로 멀리 밀어 올림으로써 경영으로부터 소유권 분리의 이점을 이용할 수 있다. A에서 그는 1년 동안 매일 하루 전체를 게으름 피우지만 여전히 50,000달러를 받는다.

기업의 소유주 입장에서 고정급여는 이윤에 역효과를 끼치는데, 그 이유는 이것이 경영자에게 종업원을 감독할 인센티브를 제공하지 않기 때문이다. 이것을 보기 위해서 기업의 이윤이 매 8시간의 기간동안 경영자가 게으름 피우는 양의 단순한 선형함수라고 가정한다. 그러한 관계가 〈그림 6-7〉에 그려져 있다.

점 C를 지나는 선분은 경영자의 게으름 피우는 정도에 달려있는 기업이윤을 정의한다. 예를 들어, 만약 경영자가 종업원들을 감독하는 일에 하루의 전체를 보낸다면 게으름 피우는 것은 0이며 기업이윤은 300만 달러이다. 만약 경영자가 하루의 전체를 게으름 피우는데 보내면 기업의 이윤은 0이다. 만약 경영자가 2시간 게으름 피우고 6시간 일하면 기업의 이윤은 225만 달러이다. 50,000달러의 고정급여는 경영자에게 8시간 게으름 피우는 인센티브를 제공하기 때문에 기업이 그러한 보상

그림 6-6
고정급여가 경영행위에 주는 영향

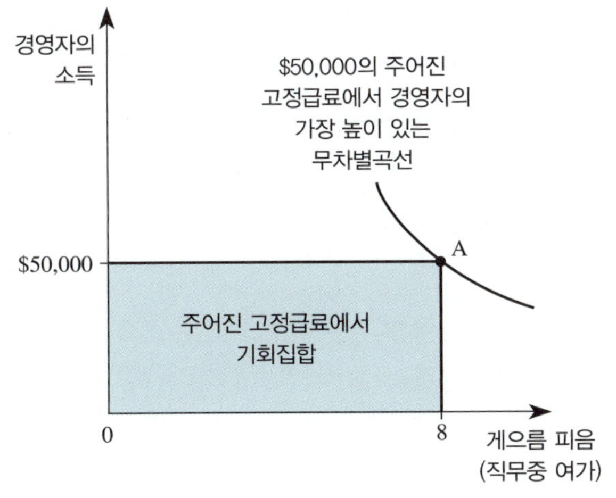

그림 6-7
이윤공유인센티브 상여금

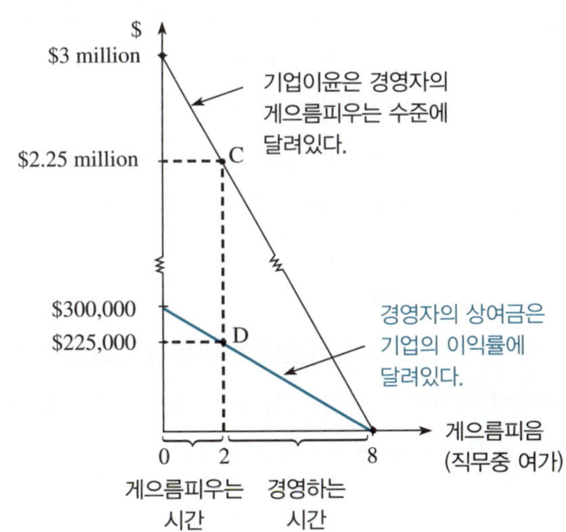

계획을 사용하면 기업의 이윤은 0이다.

어떻게 소유주는 경영자가 생산과정을 감독하도록 할 수 있을까? 소유주가 경영자에게 보다 많은 급여를 주면 경영자는 더 열심히 일할 거라고 생각할 수 있다. 그러나 이것은 옳지 않다; 보다 많은 급여는 〈그림 6-6〉에서 기회집합의 수직 절편을 50,000달러 위로 이동시킬 것이나 그러나 균형은 여전히 8시간의 게으름 피우는 것이다. 본질적으로 그러한 고용계약은 게으름을 피우는 경영자에게 절대적으로 어떤 희생의 대가도 지불하게 하지 못한다.

소유주가 경영자에게 다음 형태의 고용계약을 제의한다고 가정하자: 50,000달러의 고정급여와 더불어 이윤의 10%에 해당하는 상여금. 이 예에서 만약 경영자가 8시간을 게으름 피우는데 보내면 이윤은 0이고 경영자는 단지 50,000달러를 받는다. 만약 경영자가 전혀 게으름을 피우지 않는다면 기업은 300만 달러의 이윤을 얻고 경영자는 그 이윤의 10%를 상여금으로 받는다. 이 예에서 상여금은 300,000달러이다. 게으름 피우는 수준의 함수로서 경영자에게 상여금은 〈그림 6-7〉에서 점 D를 지나는 선분으로 그려져 있다. 경영자가 매일 2시간 동안 8시간 게으름 피웠을 때 기업은 총이윤은 225만 달러이고 경영자의 상여금은 225,000달러이다.

고정급여에 더하여 보상계획이 경영행위에 미치는 효과는 〈그림 6-8〉에 그려져 있다. 경영자의 기회집합은 점 A와 B를 지나는 선분에 의해 주어져 있다. 예를 들어, 경영자가 8시간 게으름을 피우면 이윤은 0이고 그는 상여금을 받지 못한다; 그러므로 그의 소득은 50,000달러이다. 만약 경영자가 전혀 게으름을 피우지 않으면 300,000달러의 상여금이 그의 고정급여에 더해질 것이다; 그래서 경영자는 게으름을 피우지 않으면 350,000달러를 벌 수 있다.

경영자가 급여-플러스-상여금 계획에서 정확히 무엇을 할 것인가는 그의 기호에 달려있다. 그러나 〈그림 6-8〉에서 보았듯이 이 경영자는 덜 게으름을 피우고 점 A에서 점 B로 이동함으로써 보다 더 높이 있는 무차별곡선을 얻을 수 있다. 점 B에서 경영자는 275,000달러의 소득을 번다-상여금으로 225,000달러와 고정급여로 50,000달러. 경영자는 명백히 이 보상계획을 선호한다. 경영자는 여전히 매일 2시간을 게으름 피우지만 그러나 이것은 고정급여와 상여금이 없는 계획에서보다 훨씬 덜 게으름을 피운다.

기업의 소유주에게 상여금이 미치는 영향은 무엇입니까? 〈그림 6-7〉에서 경영자가 매일 2시간 게으름을 피울 때 기업은 225만 달러의 총이윤을 얻는다는 것을 우리는 알고 있다. 그래서 고정급여 이외의 상여금은 소유주의 총이윤을 0(고정급여하에서)에서 225만 달러로 증가시킨다. 상여금은 경영자의 후생을 증가시켰을 뿐만 아니라 소유주의 후생도 증가시켰다; 경영보상의 순이윤은 다음과 같다

$$\$2,250,000 - \$275,000 = \$1,975,000$$

그림 6-8

이윤공유인센티브 제도는 경영노력을 증가시킨다.

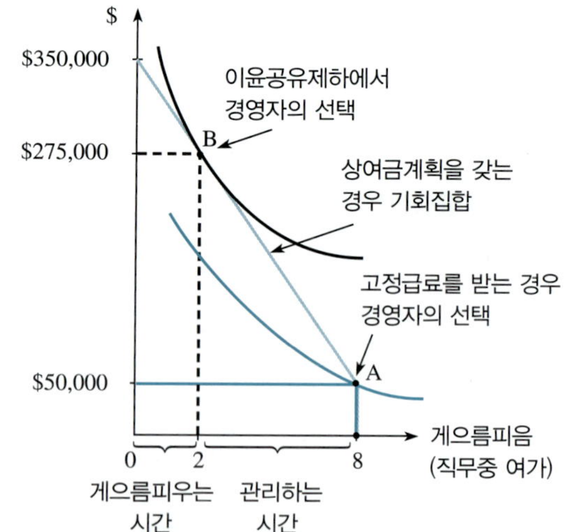

CHAPTER 07

산업의 구조

학습목표

LO1 산업의 시장구조, 기업의 의사결정행위, 그리고 기업의 성과에 대한 여러 가지 측정수단을 서술하고, 그들의 한계점에 대해서 토론하시오.

LO2 수직적, 수평적, 그리고 복합적 합병(merger)의 예를 들고, 각 유형의 합병에 대한 경제적 근거에 대해 설명하시오.

LO3 허핀달-허쉬만지수와 현재의 수평적 합병제도하에서 반독점 정책과의 연관성에 대해 설명하시오.

LO4 산업의 시장구조, 기업의 의사결정행위, 그리고 기업의 성과 패러다임에 대해 설명하고, 그 반대의 피드백효과(Feedback Effect)에 대해서도 설명하시오. 또한 그 패러다임과 5요인 모형과의 연관성에 대해서도 설명하시오.

LO5 어떤 산업의 시장구조가 완전경쟁, 독점, 독점적경쟁, 그리고 과점의 형태인가를 확인하시오.

헤드라인

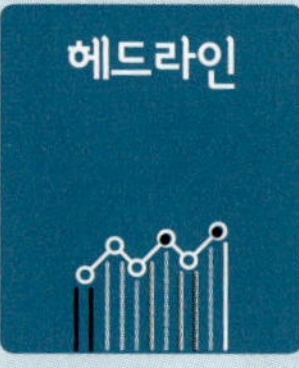

AT&T는 T-Mobile과 합병을 중단하다.

수년 전, 미국 법무부는 AT&T와 T-Mobile 간의 합병을 차단하기 위해 소송을 제기했다. 추정 보고서에 의하면, 무선 가입시장의 AT&T의 점유율이 32%인 반면, T-Mobile의 점유율은 10%이었다. 이 시장의 두 주요 경쟁기업들의 점유율을 보면, Verizon이 34%를 차지하고, Sprint가 17%의 점유율을 차지하고 있다. 합병계획에 수백만 달러를 지출한 후, AT&T는 합병거래를 취소하기로 결정했다. AT&T의 순이익에 대한 영향은 매우 커서 결과적으로 CEO의 급여가 2백만 달러나 삭감되었다.

여러분은 AT&T가 합병계획에 우선적으로 수백만 달러를 지출했어만 했다고 생각하는가? 설명하시오.

7.1 서론

기업의 경영자들은 백지상태에서 의사결정을 하는 것이 아니다. 수많은 요소들이 생산량, 가격, R&D지출규모, 광고 등에 대한 경영자의 결정에 영향을 미친다. 불행하게도 이들 문제에 해답을 일목요연하게 제시할 수 있는 통일된 이론이나 방법론은 없다. 자동차제조업체의 최적 가격전략은 일반적으로 컴퓨터업체의 전략과 다를 것이며, R&D의 경우는 식품업계와 방위산업이 같지 않을 것이다. 이 장에서 우리는 산업간에 존재하는 중요한 차이점을 강조한다. 다음 절에서는 이러한 차이가 왜 생기며 이들이 경영자의 의사결정에 어떻게 영향을 미치는가에 대해 살펴본다.

이 장의 내용의 상당부분은 산업별 현황에 대한 것이며 독자들이 경영자들에게 필요한 "현실"적 측면에 대해 이해하도록 하는데 있다. 따라서 다양한 산업의 통계가 제시된다. 예로서 몇몇 통계는 다양한 산업에 몇 개의 기업이 존재하는가, 어떤 기업과 산업이 가장 큰가, 어느 기업이 높은 초과이윤을 부과하는가 등의 통계이다.

이 장에 제시된 통계는 시간이 지남에 따라 변화할 것이다. 예로서, 현재 가장 큰 기업이 40년 뒤에도 가장 큰 기업으로 남아 있을 가능성은 적다. 따라서 여러분이 이 장에서 파악해야 하는 것은 각 산업들이 동일하지 않으며 각각 고유한 특성을 지니고 있다는 사실이다. 이 책의 다음 절에서는 가격-비용, 마진, 광고비, 그리고 기타의 경영의사결정변수들의 기업별, 산업별 체계적인 차이를 발생시키는 요인에 대한 분석이 이루어진다. 이러한 내용은 경영자로서 독자여러분에게 가치있는 지식이 될 것인데, 이는 특히 독자 여러분이 각각 앞으로 40년간 어느 산업에 종사할 지 모르기 때문이다. 유능한 경영자는 그가 종사하고 있는 산업의 특성의 변화에 잘 적응한다. 산업의 특성이 변함에 따라 경영자의 최적 의사결정도 변하는 것이다.

7.2 시장구조

시장구조란 시장에서 경쟁하는 기업의 숫자, 기업의 상대적 크기(집중도), 기술 및 비용조건, 수요조건, 진입과 퇴출의 용이성 등의 요소를 의미한다. 산업들은 각각 다른 구조를 가지고 있으며 이러한 구조는 경영자의 의사결정에 영향을 미친다. 이하의 본문에서는 경영의사결정에 영향을 미치는 주요변수에 대하여 전체적으로 살펴본다.

시장구조
경영의사결정에 영향을 미치는 요소로서 경쟁하는 기업의 숫자, 기업의 상대적 크기, 기술 및 비용조건, 수요조건, 진입과 퇴출의 용이성 등의 요소를 의미한다.

7.2.1 기업크기

기업들의 크기가 다르다는 사실은 조금도 놀라운 사실이 아닐 것이다. 〈표 7-1〉은 미국의 다양한 산업별로 각각 가장 큰 기업의 매출액을 보여준다. 산업별로 매출의 크기에 큰 차이가 있음에 주목하자. 예로서 2015년에는 Wal-Mart가 4,856억 달러로 가장 큰 매출을 기록하였다. 이와는 대조적으로 International Paper가 포장재와 컨테이너의 가장 큰 기업인데, 그의 매출액은 단지 262억 달러에 불과했다.

산업들은 또한 다이내믹(dynamic)하다. 시간이 지나면서 경쟁기업의 전략 및 시장조건의 변화가 산업내 기업의 상대적 위치를 바꿀 수 있다—또는 잠재적으로 산업자체의 생산능력을 변화시킬 수 있다. 예로서 Verizon Communications는 2006년에 통신분야에서 가장 큰 매출을 기록하였으나 2012년경에는 AT&T가 산업의 선두주자(리더)였으며, 2015년에는 1,324억 달러 매출로서 업계에서 계속 선두를 달렸다. 또한, 2008년에는 구글이 인터넷 서비스와 소매업에서 선두주자이었으나, 2012년에는 아마존에 의해 추월을 당했다.

무엇이 산업별 매출의 차이를 가져오며 또한 기업의 상대적 위치는 왜 변화하는가? 시장구조의 변화와 차이 때문인가? 기업들은 합병을 통해 커졌는가? 연구개발 및 광고는 어느정도 영향을 미쳤는가? 이 장의 후반부 및 이 책의 후반부는 이러한 질문을 좀 더 숙고할 것이다.

표 7-1 주요 산업별 최대기업

산업	최대기업	매출액(백만 달러)
광고/마케팅	Omnicon Group	15,318
항공우주 및 국방	Boeing	90,762
항공사	American Airlines Group	42,650
의류	Nike	27,799
음료	Coca-Cola	45,998
화학	Dow Chemical	58,167
컴퓨터소프트웨어	Microsoft	86,833
컴퓨터 및 사무용 장비	Apple	182,795
전자, 전기기기	Honeywell International	40,306
엔터테인먼트	Disney	48,813
일반 소매업	Walmart	485,651
가정용 및 개인용품	Proctor & Gamble	84,537
산업 기계류	Illinois Tool Works	15,282
정보 기술 서비스	IBM	94,128
인터넷서비스 및 소매	Amazon.com	88,988
자동차 및 부품	General Motors	155,929
포장 및 콘테이너	Interantional Paper	26,221
부동산	CBRE Group	9,050
통신	AT&T	132,447
담배	Phillip Morris International	29,767
운송 및 물류	C.H. Robinson Worldwide	13,470

출처: *Fortune* 500 List, Nov. 19, 2015; 저자 계산

7.2.2 산업 집중

〈표 7-1〉의 수치는 최대기업의 크기가 산업별로 상당한 차이가 존재한다는 사실을 보여준다. 경영의사결정에 영향을 주는 또 다른 요소는 산업내에서 기업들의 규모의 분포이다. 즉 산업이 다수의 작은 기업들로 이루어졌는지 혹은 소수의 큰 기업들로 이루어졌는지 이다. 소수의 큰 기업들로 이루어진 산업내에서의 의사결정은 다수의 소규모기업이 존재하는 산업에서의 의사결정과 다를 것이다.

몇몇 산업은 소수의 큰 기업이 절대적으로 큰 비중을 차지하고 있으며 어떤 산업들은 다수의 소규모기업들로 이루어져있다. 경제학자들이 산업의 집중도를 측정하는데 사용하는 두가지 방법에 대해 알아보자.

산업집중도의 측정방법

4대기업집중도
가장 큰 4개 기업의 매출이 산업의 전체매출에서 차지하는 비중

집중도(Concentration ratio)는 산업의 산출물 중에서 대기업들의 비중이 어느 정도인가를 측정한다. 가장 흔히 쓰이는 집중도는 **4대기업집중도**(C_4)이다. 4대기업집중도는 가장 큰 4개 기업의 매출이 산업의 전체매출에서 차지하는 비중을 나타

낸다.

이제 S_1, S_2, S_3, S_4를 가장 큰 4개 기업의 매출이라고 하고 S_T를 산업전체의 매출이라고 하자. 4대기업집중도는 다음의 식과 같다.

$$C_4 = \frac{S_1 + S_2 + S_3 + S_4}{S_T}$$

마찬가지로 4대기업집중도는 가장 큰 4대기업의 시장점유율의 합계로도 정의할 수 있다. 즉,

$$C_4 = w_1 + w_2 + w_3 + w_4$$

(단, $w_1 = S_1/S_T$, $w_2 = S_2/S_T$, $w_3 = S_3/S_T$, $w_4 = S_4/S_T$)

산업이 상당히 많은 수의 기업으로 이루어져 각 기업은 아주 작을 때, 4대기업집중도는 0에 가깝다. 산업이 4개 이하의 기업으로 이루어져 있으면 4대기업집중도는 1이다. 4대기업집중도가 0에 가까울수록 산업은 덜 집중된 것이며 1에 가까울수록 산업은 더 집중된 것이다.

예시 문제 7-1

6개 기업으로 구성된 산업을 상정하자. 4개 기업은 각각 \$10의 매출, 그리고 나머지 2개 기업은 각각 \$5의 매출을 기록하였다. 이 산업의 4대기업집중도는 얼마인가?

정답

산업전체의 매출은 $S_T = \$50$. 4대기업의 매출의 합계는

$$S_1 + S_2 + S_3 + S_4 = \$40$$

따라서 4대기업집중도는

$$C_4 = \frac{40}{50} = .80$$

이 수치가 의미하는 것은 이 산업의 4대기업이 산업전체생산의 80%를 차지한다는 것이다.

집중도는 산업을 구성하고 있는 기업들의 상대적 규모의 구조에 대한 아주 대략적인 척도이다. 0에 가까운 4대기업집중도는 산업내에 많은 기업이 있고 따라서 소비자에게 판매하기 위한 경쟁이 치열하다는 것을 시사한다. 4대기업집중도가 1에 가까운 산업에서는 소비자에게 판매하기 위한 기업들간의 경쟁이 별로 없다.

산업의 집중도를 측정하는 다른 척도는 **허핀달-허쉬만**(Herfindahl-Hirshman) **지수**이다. 어느 산업의 허핀달-허쉬만지수는 각 기업의 시장점유율을 제곱한 숫

허핀달-허쉬만지수(HHI) 각 기업의 시장점유율을 제곱하여 더한 수치에 10,000을 곱한 수치

자를 모두 더하고 여기에 다시 10,000을 곱한 수치이다. 시장점유율을 더하기 전에 제곱을 함으로써 시장점유율이 큰 기업의 비중은 지수에 더 크게 반영된다.

기업 i의 생산이 산업 전체 생산에서 차지하는 비중을 $w_i(= S_i/S_T)$라고 하자. 허핀달-허쉬만지수는

$$HHI = 10{,}000\ \Sigma w_i^2$$

허핀달-허쉬만지수의 값은 0과 10,000 구간에 속한 값을 갖는다. 독점의 경우에는 $w_i = 1$이므로 동 지수는 10,000이다. 아주 작은 수많은 기업들로 이루어진 산업의 동 지수는 0이다.

예시 문제
7-2

어느 산업이 3개의 기업으로 구성되어 있다고 가정하자. 그중 2개 기업은 각각 \$10의 매출, 그리고 나머지 한 개 기업은 \$30의 매출을 가지고 있다. 허핀달-허쉬만지수는 얼마인가? 4대기업집중도는 얼마인가?

정답

산업전체 매출이 $S_T = \$50$이므로 가장 큰 기업의 시장점유율은 $w_i = 30/50$이며 나머지 2개 기업은 각각 10/50의 점유율을 가지고 있다. 따라서 이 산업의 허핀달-허쉬만지수는

$$HHI = 10{,}000\left[\left(\frac{30}{50}\right)^2 + \left(\frac{10}{50}\right)^2 + \left(\frac{10}{50}\right)^2\right] = 4{,}400$$

또한 3개 기업이 산업전체의 매출을 모두 차지하므로 4대기업집중도는 1이다.

미국산업의 집중도

4대기업집중도 및 허핀달-허쉬만지수 계산법을 잘 이해하고 있으리라고 보고 이들 지수들을 이용하여 미국내 주요산업의 집중도를 살펴보자. 〈표 7-2〉는 미국산업들의 4대기업집중도(%)와 허핀달-허쉬만지수를 보여주는 표이다. 산업별로 집중 정도의 크기에 큰 격차가 존재하고 있음을 알 수 있을 것이다.

전자컴퓨터산업의 4대기업은 산업전체 생산량의 87%를 차지하여 이 산업이 상당히 집중되었다는 것을 알 수 있다. 자동차와 증류주제조업도 상당히 높은 4대기업집중도를 보이고 있다. 반면에 보석, 레미콘, 여성의류산업의 4대기업집중도는 낮아서, 이들 산업에서 판매자간의 경쟁이 치열함을 시사한다. 예로서 레미콘산업의 4대기업은 전체의 23%밖에 차지하지 못한다.

〈표 7-2〉의 허핀달-허쉬만지수도 대체적으로 4대기업집중도와 유사한 패턴을 보이고 있다. 4대기업집중도가 높은 산업들은 대체적으로 허핀달-허쉬만지수가 높다. 물론 예외도 있다. 4대기업집중도로는 자동차산업이 스낵식품산업보

표 7-2 주요 미국제조업의 4대기업집중도 및 허핀달-허쉬만지수

산업	C_4(%)	HHI
양조업	90	NA
증류주제조업	70	1,519
전자컴퓨터	87	NA
우유	46	1,075
가구 및 관련제품	11	62
보석	29	347
남성의류	27	324
자동차	68	1,744
레미콘	23	313
반도체 및 전자부품	34	476
스낵식품	53	1,984
비누 및 세제	47	848
소프트드링크	52	891
여성의류	20	174

출처: *Concentration Ratios*: *2007*, U.S. Bureau of the Census, 2012.
각주: U.S. Bureau of the Census는 상위 50개 기업의 데이터만으로 HHI의 근사값을 계산한다.

다 더 집중되어있다. 그렇지만 스낵식품산업의 허핀달-허쉬만지수가 자동차산업의 지수보다 높게 나타난다.

두 지수가 각각 다른 결과를 보이는 이유는 다음과 같다. 첫째, 4대기업집중도는 산업내 4대기업의 시장점유율만으로 계산되지만 허핀달-허쉬만지수(HHI)계산에는 산업내 모든 기업의 시장점유율이 사용된다. 다섯 번째 기업의 통계는 C_4에는 사용되지 않지만 허핀달-허쉬만지수계산에는 사용된다. 둘째, HHI는 시장점유율의 제곱으로 계산된다는 점이다. 따라서 HHI는 시장점유율이 큰 기업에 더 비중을 두는 것과 같다. 이러한 두가지 요인에 의해 C_4에 따른 시장집중도 순위와 HHI에 따른 시장집중도 순위사이에 차이가 발생할 수 있는 것이다.

집중도 지수의 한계점

앞에서 설명한 집중도지수도 다른 통계수치 및 데이터와 마찬가지로 항상 주의깊게 해석되어야 한다. 예로서 〈표 7-2〉의 HHI지수는 50개 기업만의 수치에 의한 근사치이다. 〈표 7-2〉에 제시된 수치들에 대한 세 가지 추가적인 한계점은 다음과 같다.

세계시장 4대기업집중도 및 HHI는 외국수입품을 제외한 시장에서 정의된다. 즉 외국기업의 시장점유율은 제외되는 것이다. 이에 따라 외국업체가 많은 시장에서 동 지수들은 집중도를 실제보다 더 높게 나타낸다. 예로서 양조업의 집중도를 들어보자. 〈표 7-2〉에 나타난 것처럼 4대기업은 시장의 약 91%를 차지하

는 것으로 나타났다. 그렇지만 이 수치는 멕시코, 캐나다, 유럽, 오스트레일리아 및 아시아의 유명 양조업자가 생산한 맥주를 감안하지 않은 수치이다. 외국업체의 매출을 포함할 경우 4대기업집중도는 상당히 낮아질 것이다.

국가적, 지역적, 국지적 시장 〈표 7-2〉에 나타난 수치들의 또 다른 단점은 수치들이 미국전역을 상대로 해서 계산되었다는 것이다. 다수의 산업에서 실제 적절한 시장의 범위는 아마도 몇 개의 기업으로 구성된 국지적 시장일 것이다. 적절한 시장의 범위가 국지적 시장일 때, 미국 전체를 대상으로 한 데이터는 국지적 시장에서의 실제적인 시장집중을 과소평가하게 된다. 예로서 미국 50개주에 각각 1개의 주유소만 있다고 하자. 모든 주유소가 같은 크기이고 매출도 같다고 하자. 그러면 미국 전체를 대상으로 한 4대기업집중도는 8%이다. 이 수치는 주유소산업의 집중도가 높지 않은 것 같은 인상을 줄 것이다. 그렇지만 예를 들어 텍사스 가운데 사는 주민의 입장에서는 다른 49개주에 있는 주유소는 아무 소용이 없으며 단지 텍사스에 있는 주유소만 의미가 있을 것이다. 즉 시장별 지리적 차이가 집중도의 편의(bias)를 가져올 수 있다.

요약하자면 국가전체 데이터를 기준으로 한 집중도는 적절한 시장의 범위가 국지적 시장일 때 집중도를 과소평가하는 경향이 있다.

산업의 정의와 제품분류 우리는 이미 앞에서 적절한 시장의 범위(국지적, 혹은 국가적)가 집중도의 편의를 가져올 수 있음을 강조하였다. 마찬가지로 제품의 정의도 지수의 크기에 영향을 미친다.

구체적으로, 시장구조지수를 계산할 때 상당한 정도로 유사제품의 통계가 합해지게 된다. 〈표 7-2〉에서 52%로 나타난 소프트드링크시장을 예로 들어보자. 코카콜라나 펩시가 콜라시장에서 압도적인 지위를 차지하고 있다는 점을 상기하면 이 수치는 놀랄 정도로 낮은 수치이다. 그렇지만 52%라는 수치는 아주 넓게 정의된 소프트드링크시장에서 계산된 것이다. 미국 통계청이 소프트드링크시장에 포함시키는 제품의 종류에는 루트비어, 과일음료, 진저에일, 아이스티, 레모네이드, 탄산광천수 및 저온살균생수 등이 포함된다.

어느 특정제품이 어떤 산업에 포함되어야 할 것인가를 어떻게 결정하는가? 일반적으로 서로 대체관계에 있는 즉 교차탄력성이 큰 제품은 동일 산업에 속한다고 본다. 실제로 위에 예로 든 소프트드링크제품들은 콜라의 가까운 대체품이다.

7.2.3 기술 및 비용조건

산업들은 제품과 서비스생산에 사용하는 기술면에서도 서로 다르다. 어떤 산업은 아주 노동집약적이어서 많은 노동을 필요로 하며 또 어떤 산업은 아주 자본집

인사이드 비즈니스 7-1 2007년도 북미 산업 분류체계

산업분류체계는 미국내의 여러 산업에 대한 정보를 제공한다. 예로서 여러분이 송수신기를 파는 사업을 시작하려면 그 산업 내에 몇 개의 회사가 영업을 하고 있는가를 알아야 할 것이다. 혹은 그 산업에 종사하는 종업원의 수나 매출액 등에 대해 알고 싶을 것이다. 이러한 문제와 다른 관련 문제에 대한 답은 분류체계를 활용하여 얻을 수 있다.

북미산업분류체계는 NAFTA 회원국인 미국, 캐나다, 멕시코의 표준화된 산업분류체계이다. 동 체계는 6단위 코드를 이용하여 산업을 20개의 부문별로 분류한다. 앞의 5개 단위는 3개국에 공통이므로 이를 이용하여 3개국의 산업추세를 비교할 수 있다. 6번째 단위는 국가별로 고유한 특성을 나타낸다.

6단위 북미산업분류체계는 다양한 분류의 특정성을 포함한다. 앞의 두 단위는 경제 부문을 나타낸다. 3번째 단위는 하위부문을 나타낸다. 4번째 단위는 산업그룹, 5번째 단위는 북미산업분류산업, 6번째 단위는 국가별 산업을 나타낸다. 가장 광범위한 분류는 2단위 분류로서 산업들을 20개의 부문별로 분류한다. 6단위 코드는 가장 자세한 정보를 제공한다.

예로서 어느 미국기업이 NAICS 코드 512131을 부여받았다고 하자. 표에서 나타난 것처럼 처음 2자리 (51)는 기업이 정보 부문에 속함을 나타낸다(아주 넓은 분류로서 정보부문에서는 TV, 라디오, 신문 및 통신이 포함된다). 처음 3자리 (512)는 좀 더 구체적으로 동 기업이 영화 및 음향녹음 부문에 속하는 것을 나타낸다. 처음 4자리 (5121)는 보다 더 구체적으로 동 기업이 영화 및 비디오산업에 속함을 나타낸다. 5자리수 (51213)로부터 우리는 동 기업이 영화 및 비디오상영산업에 속한다는 사실을 알게 된다. 6자리수 (512131)로부터 우리는 기업이 미국에서 영화관(드라이브인 영화관 제외)라고 부르는 산업에 속함을 알 수 있다.

NAICS 코드의해석

NAICS 수준	NAICS 코드	산업
부문	51	정보
하부부문	512	영화 및 음향녹음
산업그룹	5121	영화 및 비디오
산업	51213	영화 및 비디오상영
미국 산업	512131	영화관(드라이브인 제외)

약적이어서 공장, 장비, 기계류 등이 많이 필요하다. 이러한 기술적인 차이는 산업별로 제품생산기술의 차이를 가져온다. 예로서 석유정제업에서는 매출 $100만 당 종업원 1명을 고용하는데 반해 음료산업은 매출 $100만 당 약 17명의 종업원을 고용한다.

어떤 특정산업내부에서도 기술은 중요하다. 어떤 산업에서는 기업들이 동일한 기술을 공유하며 따라서 비용구조가 유사하다. 어떤 산업에서는 한두개의 기업만이 다른 기업은 가지지 못한 기술을 소유하고 있다. 이 경우 기술적 우위에 있는 기업은 다른 기업보다 당연히 유리하다. 이러한 기술적 우위가 상당한 정도에 이를 경우에는 기술적 우위의 기업(들)이 산업을 완전히 압도할 것이다. 앞으로의 절에서는 기술의 차이가 경영의사결정에 어떻게 영향을 미치는지 볼 것이다.

7.2.4 수요 및 시장 조건

수요 및 시장조건도 산업별로 다르다. 상대적으로 수요가 적은 산업에서는 소수의 기업이 시장수요를 담당할 수 있으며 수요가 큰 산업은 다수의 기업이 생산한다. 이 책에서는 앞으로 시장수요의 징도가 경영의사결정에 미치는 영향에 대해 설명하게 될 것이다.

소비자들이 취득가능한 정보도 시장별로 다르다. 워싱톤에서 로스앤젤레스까지 가장 싼 항공요금을 찾는 일은 아주 쉽다. 예를 들어 여행사에 전화를 걸거나 인터넷에서 찾으면 금방 알 수 있다. 이와 대조적으로 중고차 매매시 정보를 얻기는 매우 어렵다. 소비자는 판매자와 가격에 대해 흥정해야 할 뿐만 아니라 중고차의 품질에 대해서도 확인해봐야 한다. 경영자의 의사결정은 시장에서 얻을 수 있는 정보의 양에 따라 달라질 것이다.

끝으로, 제품의 수요탄력성은 산업별로 다르다. 게다가 개별기업의 제품에 대한 수요탄력성은 제품의 시장수요탄력성과 다르다. 어떤 산업에서는 개별기업 제품에 대한 수요탄력성이 시장수요탄력성과 현격하게 다르다. 이러한 차이가 발생하는 원인은 쉽게 설명될 수 있다.

3장에서 어떤 제품에 대한 수요는 제품에 대한 대체품이 얼마나 존재하는가에 의존한다고 배웠다. 그 결과, 어떤 특정 브랜드제품(예: 세븐업)에 대한 수요는 제품그룹(청량음료)에 대한 수요보다 탄력적이다. 근접한 대체품이 없는 시장에서는 어떤 기업의 제품에 대한 수요탄력성은 제품 그룹에 대한 시장수요탄력성과 일치한다(왜냐하면 시장에 한 개의 제품만 존재하므로). 산업내 다수의 기업이 어떤 기업의 제품에 대한 대체품을 생산할 때에는 그 기업의 제품에 대한 수요탄력성은 산업전체의 수요탄력성보다 클 것이다.

로스차일드지수
개별기업 제품의 수요탄력성에 대비한 시장수요탄력성의 상대적 크기

산업전체의 수요탄력성과 개별기업의 제품에 대한 수요탄력성의 비율을 측정하는 한가지 지표는 **로스차일드지수**(Rothchild index)이다. 로스차일드지수는 제품그룹전체의 가격민감성을 개별기업제품의 가격민감성에 대한 비율로 표시한다:

로스차일드지수는 다음과 같다:

$$R = \frac{E_T}{E_F}$$

이며, E_T는 시장전체의 수요탄력성이고, E_F는 개별기업제품의 수요탄력성이다.

로스차일드지수는 0과 1사이의 값을 갖는다.지수가 1일 때, 개별기업의 제품에 대한 수요곡선은 시장수요곡선과 같은 가격민감성을 갖는다. 이와는 대조적으로 개별기업의 제품에 대한 수요탄력성이 시장수요탄력성보다 훨씬 클 경우에 로스차일드지수는 0에 가까운 값을 갖는다. 이 경우에 개별기업제품에 대한 수요는 산업전반의 수요보다 가격변화에 훨씬 더 민감하다. 다시 말하면, 로스차일드지수가 1보다 작을 때, 그 기업이 가격을 10% 인상하면 감소하는 수요량은 산업내 모든 기업이 제품가격을 10% 인상할 때 산업전체적으로 줄어드는 수요량보다 더 크다. 로스차일드지수는 개별기업제품에 대한 수요가 시장전체수요와 비교하

표 7–3 미국 산업의 시장수요탄력성, 대표기업의 개별수요탄력성 및 로스차일드지수

산업	시장수요탄력성	대표기업의 개별수요탄력성	로스차일드지수
식품	−1.0	−3.8	0.26
담배	−1.3	−1.3	1.00
직물	−1.5	−4.7	0.32
의류	−1.1	−4.1	0.27
종이	−1.5	−1.7	0.88
인쇄출판	−1.8	−3.2	0.56
화학	−1.5	−1.5	1.00
석유류	−1.5	−1.7	0.88
고무	−1.8	−2.3	0.78
가죽	−1.2	−2.3	0.52

출처: Mathew D. Shapiro. "Measuring Market Power in U.S. Industry," National Bureau of Economic Research, Working Paper No. 2212, 1987.

여 얼마나 상대적으로 가격변화에 민감한가를 나타낸다. 다수의 기업들로 이루어져 있고 각각의 기업이 비슷한 제품을 생산하는 산업에서는 로스차일드지수가 0에 가깝다.

예시 문제 7-3

항공여행수요의 가격탄력성은 산업전체적으로는 −3이고 개별항공사의 항공여행서비스에 대한 수요탄력성은 −4이다. 로스차일드지수는 얼마인가?

정답

로스차일드지수는

$$R = \frac{-3}{-4} = 0.75$$

〈표 7–3〉은 미국의 10개산업에 대해 기업별, 산업별 수요탄력성 및 로스차일드지수를 보여준다. 〈표 7–3〉은 기업별로 탄력성에 차이가 존재하는 것을 보여준다. 담배산업 및 화학산업의 로스차일드지수는 1이다. 이것이 의미하는 바는 이들 산업의 대표적 기업은 산업전체수요곡선과 같은 특성을 지닌 개별기업수요곡선을 갖는다는 것이다. 이와 대조적으로 식품산업의 로스차일드지수는 0.26으로서, 개별기업제품에 대한 수요탄력성은 시장수요탄력성의 약 4배임을 나타낸다. 즉, 식품산업에서 개별기업들의 수요곡선은 산업전체의 수요곡선보다 훨씬 더 탄력적인 것이다.

인사이드 비즈니스 **7-2** **기업수준에서의 수요탄력성과 시장수요탄력성**

일반적으로 개별기업의 제품에 대한 수요는 산업전체의 수요보다 탄력적이다. 산업내에 한 기업만 존재하는 독점의 경우는 예외인데 이 경우에는 기업에 대한 수요는 바로 산업전체수요이다. 개별기업제품에 대한 수요는 산업전체수요보다 얼마나 더 탄력적인가?

〈표 7-4〉는 이 질문에 대한 답을 제공한다. 표의 두 번째 행은 시장수요의 가격탄력성인데, 이 탄력성은 산업전반의 가격변화에 대한 산업수요의 변화정도를 나타낸다. 3번째 행은 개별기업의 수요의 가격탄력성이므로 개별기업제품에 대한 수요가 그 제품의 가격변화에 얼마나 민감한가를 나타낸다. 〈표 7-4〉로부터 농산품의 시장수요탄력성이 −1.8임을 알 수 있다. 이것이 의미하는 것은 가격이 산업전반적으로 1%상승할 때 농산품의 총수요는 1.8%감소한다는 것이다. 이와 대조적으로 농업에서 대표기업의 제품에 대한 수요탄력성은 −96.2이다. 따라서 기업이 가격을 1%인상하면 수요량은 96.2%나 대폭 감소한다. 농업에서 개별기업제품에 대한 수요는 매우 탄력적인데 이것은 유사한 대체품을 판매하는 수많은 기업이 있기 때문이다. 산업내 제조업체간 경쟁이 심할수록 개별기업제품에 대한 수요는 탄력적인 것이다.

표 7-4 미국 산업의 시장수요탄력성 및 대표기업의 수요탄력성

산업	시장수요탄력성	대표기업의 개별수요탄력성
농업	−1.8	−96.2
건설업	−1.0	−5.2
내구재 제조업	−1.4	−3.5
비내구재 제조업	−1.3	−3.4
운송	−1.0	−1.9
통신 및 유틸리티	−1.2	−1.8
도매업	−1.5	−1.6
소매업	−1.2	−1.8
금융	−0.1	−5.5
서비스업	−1.2	−26.4

출처: Mathew D. Shapiro. "Measuring Market Power in U.S. Industry," National Bureau of Economic Research, Working Paper No. 2212, 1987.

7.2.5 진입가능성

이 장에서 우리가 분석하는 마지막 시장구조변수는 시장으로의 진입가능성이다. 어떤 산업에서는 신규기업이 시장에 진입하기가 쉬우며 어떤 산업에서는 진입이 어렵다. 기업들의 최적 의사결정은 산업내로의 진입의 용이도에 영향받을 것이다.

수많은 요소들이 진입장벽으로 작용할 수 있다. 한가지 잠재적 진입장벽은 자본충족요건 등과 같이 신규기업이 진입시 지불해야 하는 비용이다. 또 다른 것은 특정제품을 일정기간동안 독점적으로 판매할 수 있는 권리를 주는 특허이다. 이 경우에 특허는 진입장벽으로서 작용한다. 다른 기업은 특허보유기업의 제품을 생산할 수 없는 것이다.

규모의 경제도 진입장벽으로 작용할수 있다. 어떤 시장에서는 규모의 경제 때문에 한두개의 기업만 존재한다. 다른 기업이 진입하더라도 규모의 경제에 의해 평균생산비가 충분히 낮아질 수 있는 물량을 확보할 수 없다. 이러한 진입장벽은 기업이 시장에서 얻게 되는 장기이윤에 대해 중요한 시사점을 가지고 있으며 이에 대해서는 앞으로 계속 논의될 것이다.

7.3 기업의 행위

산업별로 구조가 다른데다가 기업들의 행위도 산업별로 다른 경향이 있다. 어떤 산업은 높은 초과이윤을 얻는가 하면 어떤 산업은 인수합병이 보다 더 빈번히 일어난다. 게다가 광고나 연구개발에 지출하는 비용도 산업별로 다르다. 이제 산업별로 커다란 차이를 보이는 기업의 행위상의 차이점에 대하여 설명한다.

7.3.1 가격설정행위

어떤 산업의 기업들은 다른 산업의 기업들보다 초과이윤을 높게 책정한다. 이러한 사실을 예시하기 위해 우선 **러너지수**(Lerner index)를 도입한다. 러너지수는 다음과 같다.

러너지수
가격과 한계비용의 차이를 가격에 대한 비율로 표시한 지수

$$L = \frac{P - MC}{P}$$

여기에서 P는 가격이고 MC는 한계비용이다. 따라서 러너지수는 가격과 한계비용의 차이를 가격에 대비시킨 비율이다.

가격이 한계비용과 일치하면 러너지수는 0이며 소비자는 제품의 마지막 단위의 생산비용과 같은 가격을 지불한다. 기업이 한계비용보다 높은 가격을 책정하면 러너지수는 0보다 큰 값을 가지며 가장 큰 값은 1이다. 러너지수는 기업들이 한계비용보다 얼마나 상대적으로 높은 가격을 책정하는가를 나타낸다. 러너지수가 클수록 기업의 초과이윤은 높은 것이다. 기업들간의 판매경쟁이 치열하여 기업들이 서로 낮은 가격을 책정하려는 산업에서는 러너지수는 0에 가깝다. 기업간의 가격경쟁이 치열하지 않은 경우에는 러너지수는 1에 가까워질 것이다.

러너지수는 기업의 초과이윤에 연관되어 있다. 구체적으로 러너지수의 공식을 다음과 같이 변형할 수 있다.

$$P = \left(\frac{1}{1 - L}\right) MC$$

이 식에서 $1/(1-L)$은 초과이윤 배율이다. 한계비용에 이 비율을 곱하면 가격이 된다. 러너지수가 0일때에는 초과이윤 배율은 1이며 따라서 가격은 한계비용과 일치한다. 러너지수가 1/2일 때 초과이윤 배율은 2이다. 이 경우 기업이 책정한 가격은 한계비용의 2배이다.

〈표 7-5〉는 10개 미국산업의 러너지수와 초과이윤 배율을 나타낸 표이다. 러너지수 및 초과이윤 배율이 산업별로 큰 격차가 있음을 알 수 있다. 러너지수와

표 7-5 미국산업의 러너지수 및 초과이윤 배율

산업	러너지수	초과이윤 배율
식품	0.28	1.35
담배	0.76	4.17
직물	0.21	1.27
의류	0.24	1.32
종이	0.58	2.38
인쇄출판	0.31	1.45
화학	0.67	3.03
석유	0.59	2.44
고무	0.43	1.75
가죽	0.43	1.75

출처: Michael R. Baye and Jae-Woo Lee, "Ranking Industries by Performance: A Synthesis," Texas A&M University, Working Paper No. 90-20, March 1990; Mathew D. Shapiro," Measuring Market Power in U.S. Industry," National Bureau of Economic Research, Working Paper No. 2212, 1987.

초과이윤 배율이 가장 높은 산업은 담배산업인데, 러너지수는 76%이다. 이것이 의미하는 바는 소비자가 지불하는 $1당 76센트는 초과이윤이다. 이를 다르게 표현하자면 담배가격은 실제 한계비용의 4.17배라는 것이다.

의류산업의 러너지수와 초과이윤 배율은 훨씬 낮게 나타난다. 소비자가 지불하는 $1당 24센트만이 초과이윤이다. 즉 가격은 실제 한계비용의 단지 1.32배라는 것이다. 경영자에게 주는 메시지는 제품이 판매되는 시장의 특성에 따라 제품의 초과이윤 배율이 달라진다는 것이다. 앞으로 공부할 장들의 중요한 목적은 경영자들이 최적의 초과이윤을 결정하는데 도움을 주는 것이다.

예시 문제

7-4

항공운수산업의 어느 기업의 한계비용은 $200인데 가격은 $300이다. 러너지수와 초과이윤 배율은 각각 얼마인가?

정답

러너지수는

$$L = \frac{P - MC}{P} = \frac{300 - 200}{300} = \frac{1}{3}$$

초과이윤 배율은

$$\frac{1}{1 - L} = \frac{1}{1 - 1/3} = 1.5$$

7.3.2 통합 또는 합병

통합 및 합병행위도 산업별로 다르다. 통합은 생산자원을 결합하는 것을 가리킨다. 통합은 두개이상의 기업이 하나로 합쳐지는 합병을 통해 이루어질 수 있다. 6장에서 논의된 것처럼 기업을 형성하는 과정에서 일어날 수도 있다. 통합은 그 본질적 성격에 따라 더 큰 기업을 탄생시킨다.

합병은 기업들이 거래비용을 줄이거나, 규모의 경제 및 범위의 경제를 누리고자 할 때, 시장지배력을 증가시키고자, 혹은 자본조달비용을 줄이고자 일어날 수 있다. 어떤 합병은 서로 합병을 원한다는 점에서 우호적(friendly)이며 어떤 합병은 적어도 한 기업은 그것을 원하지 않는다는 점에서 적대적(hostile) 합병이다.

어떤 경우에는 합병이나 인수는 대상기업의 경영이 적절치 않다고 여겨질 때 일어난다. 이 경우 인수합병의 이익은 비효율적인 경영진의 제거(cleaning house)에 의한 이익의 증가이다. 많은 경영자들은 인수합병이 그들의 자리에 미칠 영향이 불확실하기 때문에 이를 두려워한다.

경제학자들은 통합 혹은 합병을 수직적 통합, 수평적 통합, 복합적 합병의 3가지 형태로 구분한다.

수직적 통합

수직적 통합은 제품생산의 여러 단계가 한 기업에 의해 수행되는 것을 가리킨다. 예로서, 강철을 생산하고, 이를 이용하여 차체 및 엔진을 만들고, 다시 자동차를 만들어서 판매하는 자동차기업은 수직으로 통합된 기업이다. 이러한 기업은 차체, 엔진 및 기타 부품들을 여러 기업에서 구매한 후 이를 조립하여 자동차를 생산하는 기업과 대조를 이룬다. 수직적 통합은 단일제품의 부품을 생산하는 2개 이상의 기업의 결합을 의미한다. 제6장에서 우리는 부품조달과 관련된 거래비용을 줄이기 위하여 수직으로 통합한다는 것을 배웠다.

수평적 통합

수평적 통합은 유사한 제품을 생산하는 기업들의 합병이다. 예로서 2개의 컴퓨터기업이 하나로 결합하면 수평적 통합이 이루어진 것이다. 수직적 통합에서는 생산의 여러 단계가 하나의 기업으로 통합되는데 비해 수평적 통합에서는 2개 이상의 제품이 하나의 기업으로 통합된다.

거래비용을 줄이고자 하는 수직적 통합과 대조적으로 수평적 통합의 목적은 (1) 규모의 경제 및 범위의 경제를 이용하여 비용을 절약하고, (2) 시장지배력을 강화시키기 위한 목적으로 이루어진다. 몇몇 예에서는 수평적 통합은 기업들이 규모의 경제와 범위의 경제를 누리게 하여 제품생산비용을 줄이게 된다. 일반적으로 이러한 형태의 수평적 통합은 사회적으로 이롭다. 그 반면에 수평적 통합은 기업의 수를 줄이게 되며 이는 4대기업집중도 및 허핀달-허쉬만지수를 증가시키는데, 이는 기업들의 시장지배력이 증가한 것을 반영하는 것이다. 수평적 통합의 결과로 이루어진 비용절감혜택은 시장이 좀 더 집중됨으로써 증가하는 사회적 비용과 어느 쪽이 더 큰가 비교해 보아야 한다.

비용절감의 편익이 수평적 통합으로 인한 기업의 시장지배력 증가의 폐해보다 작다면 정부는 기업결합에 제동을 걸 수 있다. 구체적으로 미국의 연방위원회(FTC; Federal Trade Commission)[1] 혹은 미법무성(DOJ; Department of Justice) 반독점국은 합병을 제한하도록하는 소송을 제기할 수 있다. 일반적으로 미 법무성은 허핀달-허쉬만지수가 1800을 넘는 산업을 '고도로 집중된' 산업으로 간주하고 동지수를 100이상 증가시키는 기업결합을 금지시키려 한다. 그렇지만 이러한 기준은 단지 가이드라인일 뿐이다. FTC나 DOJ는 합병이 소비자에게 해롭다는 증거가 없다면 합병에 관여하지 않을 수도 있다. 또한 외국기업과의 치열한 경쟁, 신규기술, 효율성 증가, 혹은 결합기업의 금융상의 문제점 등의 명백한 증거가 있을 때는 경우에 따라 결합을 허용한다.

결합이후에 허핀달-허쉬만지수가 1,500보다 작은 산업에 대해 미국의 FTC와 DOJ는 비집중산업으로 간주하고 수평적 통합은 대개의 경우 허용된다. 또한, 합병으로 인해 허핀달-허쉬만지수가 100이하로 변하면, 그것은 보통 이의제기가 되지 않는다. 허핀달-허쉬만지수가 1,500과 2,500 사이에 있고, 합병에 의해 허핀달-허쉬만지수가 100보다 더 크게 증가하면, FTC와 DOJ가 잠재적으로 그 합병에 이의를 제기할 가능성이 있다. 또한, 만약 허핀달-허쉬만지수가 2,500을 초과하고 합병후 허핀달-허쉬만지수가 100에서 200 정도 증가하면, 이의제기가 가능하다. 그러나 이와 같은 두 가지의 경우에, 수평적 합병을 차단할지의 여부를 결정할 때, 감독당국들은 보통 규모의 경제와 산업에의 진입용이성과 같은 기타의 요인들에 중점을 둔다. 14장에서 우리는 기업의 시장지배력을 감소시키려는 목적으로 한 다른 정부정책 등에 대해 논의한다.

복합적 합병

끝으로 복합적 합병은 서로 다른 제품을 생산하는 기업들이 하나의 기업으로 통합되는 것이다. 예로서 담배제조업자와 과자제조업자가 하나의 기업으로 통합되는 것은 복합적 합병이다. 복합적 합병은 제품을 생산하는 기업들이 하나의 기업으로 통합된다는 점에서 수평적 통합과 유사하지만 서로 다른 제품을 생산하는

1 한국의 공정거래위원회와 유사한 역할을 수행하는 미국의 정부기관이다(역자 주).

기업들이 통합된다는 점에서 수평적 합병과 다르다.

복합적 합병의 경제적 근거는 분명하지 않다. 완전히 다른 기업들을 합병하면 경우에 따라서는 전문화의 장점이 사라져서 비효율적인 결과가 나온다. 서로 다른 현금흐름주기를 갖는 기업들의 복합적 합병은 현금흐름을 개선해서 이익이 될 수 있다는 주장도 있다. 많은 제품들의 수요는 순환적인 특성을 지니고 있어서 어떤 때에는 수요가 많다가 어떤 때에는 수요가 적다. 복합적 합병은 기업들의 현금흐름을 개선시킬 수 있다. 어떤 제품의 수요가 적을 때 수요가 큰 다른 제품의 판매에서 얻는 수입은 기업운영자금으로 쓰일 수 있으며 이에 따라 기업 수입의 변동성을 줄이며 더 나아가 자본시장에서의 자금조달능력을 높일 수 있다. 자본시장이 불완전할 때 복합적 합병에 이러한 이득이 존재하는 것은 분명하지만 이러한 목적을 위한 복합적 합병은 마지막 수단으로 봐야 한다는 주장이 있다. 또한 우수한 경영자가 적을 경우, 복합적 합병을 통해 탄생한 기업을 우수한 경영자가 경영하는 것이 각각 별도의 기업을 보통의 경영자들이 경영하는 경우보다 성과가 더 우수할 수 있을 것이다.

7.3.3 연구개발

앞에서 우리는 산업 및 기업별로 제품이나 서비스생산에 들어가는 기술이 다르다는 것을 보았다. 기업이 기술적 우위를 점하는 한 방법은 연구개발을 하고 이를 통해 특허를 획득하는 것이다. 〈표 7-6〉은 몇몇 기업들의 매출액대비 연구개발비의 비중을 나타낸다. 산업별로 연구개발비의 비중에 차이가 있다. 예로서 제약산업의 Brystol-Myers Squibb는 매출의 17%를 연구개발에 투자하였으며 식품산업의 Kellogg는 매출의 약 1.5%만을 연구개발에 투자하였다.

경영자에게 주는 메시지는 명확하다: 연구개발의 최적규모는 산업의 특성에 따라 결정된다. 앞으로 배우게 될 장들의 목표 중 하나는 연구개발규모를 결정하는 주요 결정요인을 분석하는 것이다.

표 7-6 연구개발, 광고 및 이윤의 매출액 대비 비중(%)

회사	산업	연구개발비	광고비	이윤
Bristol-Myers Squibb	제약	17.0	7.6	10.2
Ford	자동차	4.3	3.1	적자
Goodyear Tire and Rubber	고무 플라스틱	1.9	2.0	0.7
Kellogg	식품	1.5	9.0	9.4
Proctor and Gamble	비누 화장품	2.8	10.4	13.5

출처: 1997년 각 회사의 연간 리포트 및 저자 계산

7.3.4 광고

〈표 7-6〉에서 알 수 있는 것처럼 기업별로 광고비의 비중에도 상당한 차이가 있다. 식품산업의 기업들은(예: Kellogg) 매출의 약 9%를 광고비로 지출하였다. 이와 대조적으로 고무 플라스틱산업의 Goodyear는 매출의 약 2%를 광고에 사용하였다. 앞으로 배우게 될 장들의 또 다른 목표는 산업별로 광고의 강도가 왜 다른가 하는 것을 알아보는 것이다. 기업들이 어떻게 최적 광고액과 광고방법을 결정하는지도 보게 될 것이다.

7.4 기업의 성과

성과란 기업의 이윤과 사회후생을 가리킨다. 미래의 경영자가 될 독자 여러분들이 산업별로 이윤과 사회후생이 다르다는 것을 인식하는 것이 중요하다.

7.4.1 이윤

〈표 7-6〉은 기업들의 이윤의 산업별 차이를 잘 보여준다. 포드사는 그 그룹에서 어떤 기업보다도 가장 많은 매출을 올렸지만, 매출액대비 이윤은 그 그룹에서 두 번째로 가장 낮다. 앞으로 몇 개 장에서 왜 대기업들이 항상 "큰" 이윤을 얻지는 못하는지 보게 될 것이다. 기업의 규모가 크기 때문에 큰 이윤을 낼 수 있다고 믿는 것은 경영자의 잘못이다.

7.4.2 사회후생

산업의 성과를 측정하는 또 다른 척도는 시장에서 생성된 소비자잉여와 생산자잉여이다. 이러한 척도는 측정하기 어렵지만 R.E.Dansby와 R.D.Willig는 유용한 지수를 제시하였다. Dansby-Willig 성과지수는 기업들이 사회적으로 효율적인 방법으로 생산을 증가시킬 때 생산자잉여와 소비자잉여의 합계인 사회후생이 얼마나 증가하는지 측정한다. 만일 동지수가 0이면 기업들이 생산량을 변화시켜도 사회후생은 증가하지 않는다. 즉 생산자잉여와 소비자잉여의 합이 이미 극대화된 것이다. 동지수가 0보다 클 때에는 산업의 산출물이 증가하면 사회후생이 증가한다.

Dansby-Willig 성과지수
산업의 산출물이 소량 증가할 때 사회후생이 증가하는 정도에 따라 산업의 순위를 부여한다.

Dansby-Willig 성과지수는 산업이 산출량을 변화시킬 때 사회후생이 증가하는 정도에 따라 산업의 순위를 부여할 수 있게 한다. 동지수가 큰 산업은 일정한 산

표 7-7 미국 주요산업의 Dansby-Willig 성과지수

산업	Dansby-Willig 성과지수
식품	0.51
섬유	0.38
의류	0.47
종이	0.63
인쇄출판	0.56
화학	0.67
석유	0.63
고무	0.49
가죽	0.60

자료: Michal R. Baye and Jae-Woo Lee,"Ranking Industries by Performance: A Synthesis," Texas A&M Working Paper No. 90-20, 1990.3

출량을 증가시킬 때 지수가 낮은 산업보다 성과를 더 크게 증가시킬 수 있다. 예로서 〈표 7-7〉에서 화학산업은 동지수가 가장 높다. 이는 화학산업에서의 산출량의 조그만 증가는 다른 어떤 산업에서의 변화보다 사회후생을 많이 증가시킨다는 것이다. 섬유산업은 가장 낮은 지수를 보이는데 이는 동 산업의 성과를 증가시키기가 힘들다는 것을 나타낸다.

예시 문제 7-5

당신이 섬유산업내의 한 기업의 경영자라고 가정하자. 당신은 산출량을 늘리고 가격을 낮춰야 하는 산업의 1순위로 정부가 섬유산업을 생각하고 있다는 사실을 알게 되었다. 여러분은 어떻게 대응할 것인가?

정답

당신은 정부위원회에 대하여 〈표 7-5〉처럼 10개 주요산업중 섬유산업의 러너지수가 가장 낮아서 초과이윤이 단지 $1당 21센트에 불과하다는 사실을 지적해야 한다. 여기에 더하여 섬유산업의 Dansby-Willig지수도 〈표 7-7〉에 있는 9개 산업중 가장 낮다. 따라서 정부가 사회후생을 증가시키려면 섬유산업보다는 다른 산업의 산출량을 변화시켜야 하는 것이다.

7.5 구조-행위-성과 패러다임

여러분은 미국 산업의 구조, 행위, 그리고 성과에 대해 개관하였다. 어떤 산업의 구조는 기술, 집중도, 그리고 시장조건과 같은 요인을 말한다. 행위는 개별기업

들이 어떻게 시장에서 행동하는가를 말한다. 행위는 다른 요소들 중 가격설정결정, 광고결정, 그리고 연구개발에 대한 투자결정을 포함한다. 성과는 시장에서 결과로서 일어나는 이윤과 사회적 후생을 말한다. 구조-행위-성과 패러다임은 산업의 이러한 세 가지 면이 전체적으로 관련된 것으로 본다.

7.5.1 인과론적 시각

구조-행위-성과 패러다임은 인과론적으로 시장구조는 기업들로 하여금 어떤 방식으로 행동하게 한다고 주장한다. 다음에 이러한 행동 또는 행위는 자원을 어떤 식으로 분배되게 하여 좋거나 또는 나쁜 시장성과를 가져온다. 인과론적 시각을 더 잘 이해하기 위해, 단지 몇 개의 기업들이 소비자에게 제품을 판매할 권리에 대해 경쟁하는 대단히 집중도가 높은 산업을 생각하자. 인과론적 시각에 따르면 이러한 구조는 기업들에게 시장지배력을 주어 그들의 제품에 높은 가격을 부과할 수 있다. 행위(높은 가격을 부과하는 것)는 시장구조(몇 경쟁자들의 존재)가 원인이 된다. 다음에, 높은 가격은 높은 이윤과 보잘것없는 성과(낮은 사회적 후생)를 일으킨다. 그러므로 인과론적 시각에서 볼 때, 집중도가 높은 시장은 높은 가격과 낮은 성과(낮은 사회적 후생)를 가져온다.

7.5.2 환류효과 비판

오늘날 대부분의 경제학자들은 인과론적 시각에서 볼 때 구조, 행위, 그리고 성과간에 기껏해야 단순히 불완전한 관계를 보여준다고 보고 있다. 환류효과 비판에 따르면, 구조, 행위, 그리고 성과간에 일방적인 인과관계는 없다. 기업들의 행위는 시장구조에 영향을 줄 수 있다. 시장성과는 시장구조 뿐만 아니라 행위에도 영향을 줄 수 있다. 환류효과를 설명하기 위해, 높은 집중도는 높은 가격과 낮은 성과를 초래한다는 이전 분석에 환류효과를 적용해 보자.

환류효과 비판에 따르면, 어떤 산업에서 기업들의 행위는 그 자체가 집중도가 높은 시장을 가져올 수 있다. 만약 (몇 개의) 현존하는 기업들이 낮은 가격을 부과하여 낮은 초과이윤을 얻는다면, 기업들이 추가로 시장에 진입할 유인은 없을 것이다. 이 경우에는 산업에서 소수의 기업만이 존재하는 이유는 실제로 낮은 가격때문일 수 있다. 요약하면, 집중도가 높은 시장이 높은 가격의 원인이 된다고 주장하는 것은 현실의 단순화이다. 사실, 기업들의 가격설정 행동은 기업의 수에 영향을 줄 수 있다. 다음 장들에서 보겠지만, 하나 또는 두 개의 기업이 산업에서 활동을 하고 있다 하더라도 낮은 가격과 좋은 성과가 있을 수 있다. 이러한 가능성에 대한 상세한 설명은 우리가 여러 시장구조에 대한 모형을 배울 때까지 잠시

그림 7-1
피드백효과를 갖는 5요인 모형

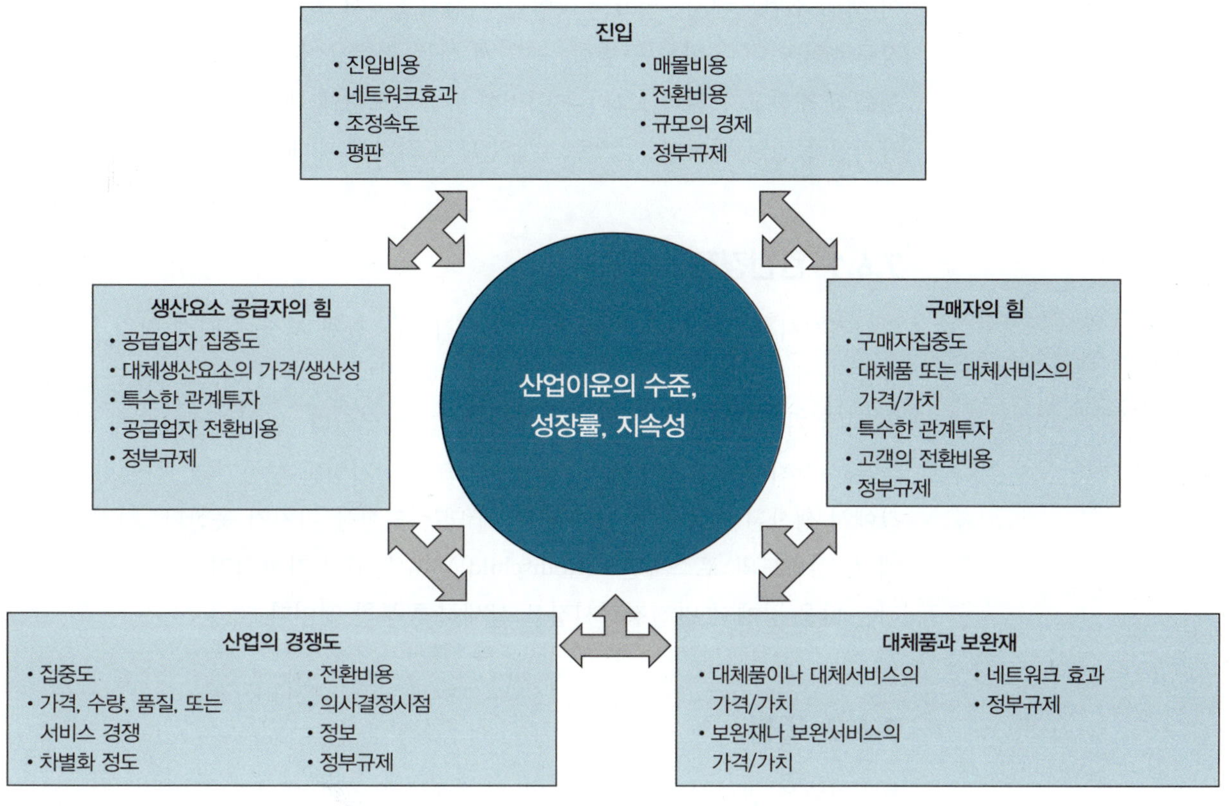

접어두기로 하자.

7.5.3 5요인 모형과의 관계

구조-행위-성과 패러다임과 환류효과 비판은 1장에서 배운 5요인 모형에 밀접하게 연결되어 있다. 5요인 모형에서 서로 밀접하게 연결된 5개 요인이 산업의 이윤의 크기, 성장성과 지속가능성에 영향을 미친다는 것을 기억하자: (1) 진입, (2) 생산요소공급자의 힘 (3) 구매자의 힘 (4) 산업의 경쟁관계 (5) 대체재 및 보완재. 산업의 이윤의 크기, 성장성 및 지속가능성은 성과요소로 볼 수 있는 반면, 이들 5요인은 산업내 기업의 구조 및 행위 측면을 반영한다. 〈그림 7-1〉에 제시된 5요인 모형은 환류효과 비판을 수용하여 5요인의 상호작용이 가능한 형태이다.

7.6 이 책의 후반부에 대한 개관

이 책의 후반부에서, 우리는 다양한 시장구조에서 최적 경영행동을 살펴본다. 시장구조의 여러 유형을 구별할 수 있게 하는 전문용어와 관련하여 4가지 기본 모형을 소개하고자 한다. 그러나 이러한 4가지 모형에 대한 우리의 논의는 단지 대략적인 설명일 뿐이다. 앞으로 4개의 모형 각각에 대해 한 장씩 설명할 것이다.

7.6.1 완전경쟁

완전경쟁시장에는 많은 기업들이 있고 각각은 전체 시장에 비해 작다. 기업들은 동일한 기술을 보유하고 비슷한 제품을 생산한다. 그래서 어느 기업도 산업에 있는 다른 기업들에 대해 실질적인 이점을 갖지 못한다. 완전경쟁시장에 있는 기업들은 시장지배력을 갖지 못한다. 즉, 어느 개별기업도 시장가격, 산출량, 또는 시장에서 생산된 제품의 질에 대해 눈에 띄는 영향을 미치지 못한다. 완전경쟁시장에서, 집중도와 로스차일드(Rothschild) 지수는 0에 가까워지는 경향이 있다. 우리는 다음 장에서 완전경쟁시장을 상세히 공부할 것이다.

7.6.2 독점

독점기업은 관련시장에서 재화와 서비스의 유일한 생산자인 기업이다. 예로서 대부분의 지역 유틸리티 회사는 주어진 지역에서 전기, 천연가스의 유일한 제공자이다. 어떤 도시에는 지역 시장을 공급하는 주유소 또는 극장이 하나밖에 없다. 이러한 모든 것이 지역 독점을 구성한다.

시장에서 재화 또는 서비스의 유일한 공급자가 있을 때, 판매자는 산출량을 제한하여 한계비용 보다 높은 가격을 부과함으로써 독점지위를 이용하려는 경향이 있다. 시장에는 다른 기업이 없기 때문에, 소비자는 가격이 높더라도 다른 생산자를 찾을 수 없다. 따라서, 소비자는 높은 가격에서 제품을 사거나 그렇지 않으면 제품을 구입하지 않고 지내는 것이다. 독점 시장에서는 집중도가 가장 높고 로스차일드지수는 1이다.

7.6.3 독점적경쟁

독점적 경쟁시장에는, 완전경쟁에서처럼 많은 기업들과 소비자들이 있다. 그래서 집중도 측정치는 0에 가깝다. 그러나 완전경쟁에서와 달리 각 기업은 다른 기업들에 의해 생산되는 제품들과는 약간 다른 제품을 생산한다. 로스차일드지수

인사이드 비즈니스 7-3 컴퓨터 산업에서 시장구조의 변화

산업은 시간에 걸쳐 극적으로 변화할 수 있다. 변화의 과정 동안, 주어진 산업은 독점, 과점, 독점적경쟁, 그리고 완전경쟁 등의 단계를 겪을 수 있다. 이러한 이유로, 당신이 졸업후에 독점기업에서 일할 것이라는 것을 알고 있다 하더라도, 4가지 시장환경에 대해 이해하는 것은 중요하다. 컴퓨터 산업의 변화에 대한 다음의 설명은 당신에게 이러한 필요성을 확신시킬 것이다.

1960년대에, 몇 개의 큰 기업들이 대학, 과학 싱크탱크, 그리고 대규모 업무 응용을 위해 메인프레임 컴퓨터를 생산했다. 각 컴퓨터는 전적으로 특정 목적을 위해 고안되었고 그것의 비용은 종종 10만 달러 이상이었다. 각 컴퓨터는 자신의 표준을 유지하고 있었기 때문에, 수리가 필요한 고객의 컴퓨터는 최초의 제조업자에게 가게 되거나 그렇지 않으면 버릴 수밖에 없었다. 이것이 컴퓨터를 생산하는 몇 개의 회사들이 고객 기반을 가지면 사실상 독점자로서 행동하도록 하게 했다. 초기의 컴퓨터 기업들은 50% 내지 60%의 높은 이윤 수익을 누렸다. 이러한 많은 이윤이 여러 새로운 기업들로 하여금 컴퓨터 시장에 진입하도록 했다.

진입과 함께 증가된 경쟁 때문에 메인프레임의 크기를 줄이고, 생산비용을 낮추며 그리고 고객들에게 가격을 낮추는 방향으로 기술혁신이 이루어졌다. 새로운 경쟁자들과 제품들의 유입이 컴퓨터 시장을 과점 유형의 구조로 만들었다. 그 결과, 각 기업은 경쟁자들과 그들의 행동에 대해 정확히 알게 되었다. 그러나, 각 기업은 각 사용자를 위한 전문화된 하드웨어와 소프트웨어에 매달리고 있었다. 컴퓨터의 전문화된 특성 때문에, 소비자들은 컴퓨터를 업그레이드할 때 여전히 최초 구매의 영향하에 있게 되었다. 그러나, 최초의 기계가격이 새로운 환경에서 더 낮기 때문에, 최초의 구매계약을 취소하고 다른 회사제품으로 변경하는 비용이 줄어들었다. 물론, 컴퓨터생산기업들은 이러한 사실을 인식하고 더욱 치열하게 경쟁하였다. 1970년대에, 더 낮은 가격과 더 치열한 경쟁의 결합이 20% 내지 40% 수준으로 수익률을 감소시켰다.

1980년대는 이전에 컴퓨터를 살 여유가 없었던 많은 중간 규모의 기업들이 개인용 컴퓨터(PC)를 구매할 수 있게 되었다. PC와 함께 워크스테이션과 미니컴퓨터가 도래했다. 수익률은 1970년대에 수익률이 떨어졌지만, 1980년대에도 새로운 진입을 불러올만큼 아직도 충분히 높았다. 1980년대의 컴퓨터 시장은 각각 약간씩 다른 유형의 컴퓨터를 생산하는 몇 개의 큰 기업들과 많은 작은 기업들로 이루어진 독점적 경쟁시장을 닮았다. 많은 가계와 더 작은 기업이 컴퓨터를 살 여유가 생겼다. 더 많은 기업들이 시장에 진입함에 따라, 이윤은 매우 많이 떨어지고 그리고 모방하는 기업들이 시스템을 열기 시작했다; 그래서, 많은 부품들이 기계들 간에 호환될 수 있었다. 경제적 이윤을 여전히 얻고 있었다. 그러나 이윤은 약 10% 내지 20%로 떨어졌다.

1990년대에 컴퓨터업체들은 이윤율을 유지하기 위해 제품차별화를 시도하였다. 이러한 전략은 제한된 성공을 거두었는데, 1990년대의 오픈 시스템은 컴퓨터산업의 각 수준에서 기술을 표준화시켰다. 2000년대 초반이 되면 컴퓨터는 완전경쟁시장처럼 시장에서 사고파는 상품이 되었다. 그결과 PC제조업체들에게 거의 유일한 차별화전략은 가격뿐이었다. 가격경쟁의 결과 Dell이나 Gateway같은 핵심 업체들을 포함한 업체들의 이윤이 줄어들었다. 21세기의 초반 10년에 이르러서는 몇몇 기업들이 컴퓨터를 직접 파는 것을 포기하고 소매업자에게 컴퓨터를 공급하는 방식으로 전환하게 되었다. 이윤이 크게 줄어서 퇴출과 합병이 이어지고 있다. 앞으로 10년간도 산업구조가 변할 것은 확실하다. 컴퓨터산업은 동태적인 산업구조변화의 좋은 예이다.

출처: Simon Forge, "Why the Computer Industry Is Restructuring Now", *Futures* 23(November 1991), pp. 960–77; "Gateway CEO Out after Profit Miss," *Ecommerce Times*, November 26,2006; Roger Kay, "The PC Industry Is Digging Its Own Grave," Forbes(April 2013); 각회사의 연보

는 0 보다 크다. 수많은 식당이 있는 도시에서 음식점을 경영하는 사람들은 독점적 경쟁산업에서 운영한다.

독점적 경쟁시장에 있는 기업은 제품에 부과된 가격에 대해 어느 정도 지배력을 갖는다. 가격 인상시에도 어떤 소비자들은 그 제품의 특별한 특성을 좋아하여 그 기업제품을 여전히 구매할 것이다. 그러나 어떤 소비자들은 다른 브랜드로 바꿀 것이다. 이러한 이유로 독점적 경쟁산업에 있는 기업들은 소비자들을 설득시

키기 위한 시도로서 그들의 브랜드가 다른 브랜드 보다 "더 낫다"는 광고에 종종 상당한 금액을 지출한다. 이것은 어떤 기업이 자신의 제품 가격을 인상할 때 다른 브랜드로 바꾸는 소비자의 수를 줄여 준다.

7.6.4 과점

과점 시장에서는 몇 개의 큰 기업들이 시장을 지배하는 경향이 있다. 항공사, 자동차, 그리고 항공우주 산업과 같이 집중도가 높은 산업은 과점이다.

과점 시장에 있는 한 기업이 자신의 가격 또는 마케팅전략을 바꿀 때 자신의 이윤뿐만 아니라 산업에 있는 다른 기업들의 이윤도 영향을 받는다. 따라서 과점에 있는 한 기업이 자신의 행동을 바꿀 때 산업에 있는 다른 기업들은 그들의 행동을 바꿈으로써 변화에 대응하는 유인을 갖게 된다. 그래서 과점 시장의 뚜렷한 특징은 산업에 있는 기업들 간의 상호의존성이다. 예를 들어, 과점의 경영자가 기업의 제품에 부과된 가격을 인상하는 것을 고려하고 있다고 가정하자. 가격인상이 이윤에 미치는 영향을 결정하기 위해 경영자는 산업에 있는 경쟁기업들이 어떻게 가격인상에 반응할 것인가를 고려해야 한다.

그래서 과점에 있는 한 기업의 전략적 계획은 그 기업이 산업에 있는 다른 기업들이 그 계획에 어떻게 반응할 것인가를 예측하느냐에 달려 있다. 이러한 이유로 과점하에서 기업을 경영하는 것은 매우 어렵다. 과점 시장에서 어떻게 경영할 것인가를 알고 있는 경영자에게 상당히 많은 보수가 지불되기 때문에 우리는 그러한 시장에서 경영의사결정의 분석에 2장을 배정할 것이다.

AT&T가 법정에서 그 싸움을 하고 싶어 하지 않았다면, 안전한 전략은 그 합병계획에 우선적으로 수백만 달러를 지출하지 말았어야 할 것이다. 시장의 집중도가 높았었다면, AT&T는 그 합병은 반독점 당국에 의해 상당히 조사받을 수 있을 것이며, 그 합병이 소비자들에게 해가 될 수도 있다는 가능성을 없애도록 강력한 근거가 요구될 것이라는 것을 인식했어야만 했다. 이 장에서 우리가 배웠듯이, FTC와 DOJ 수평적 합병 가이드라인에 의하면, 미국의 반독점 당국은 관련된 허핀달-허쉬만지수가 2,500보다 더 클 경우, 그리고 합병의 결과 그 지수가 200 이상 증가할 경우, 합병에 이의를 제기할 가능성이 더 높다. 이 산업에 속한 가장 큰 4개의 보고된 시장점유율을 바탕으로, 무선 가입시장의 허핀달-허쉬만지수가 제기된 합병 이전에는 최소한 2,569이었는데, 합병이후에는 최소한 3,209로 증가했을 것이다. 따라서 AT&T는 법무부가 그 합병을 차단하기로 시도할 것이라는 것을 인식했어야만 할 것이다. 기술적인 또는 효율성 근거로 그 합병을 정당화하기 위해 수백만 달러를 지출하는 것은 AT&T에게는 성공하지 못한 도박이었다.

요약

이 장은 상이한 산업들이 상이한 시장구조를 갖고 상이한 유형의 경영의사결정을 필요로 한다는 것을 보여주었다. 어떤 산업의 구조, 그리고 경영자의 직무는 산업에 있는 기업의 수, 수요와 비용의 구조, 정보의 활용가용성, 그리고 산업에 있는 다른 기업들의 행동에 의존한다.

4대기업집중도는 시장구조의 하나의 측정치이다. 만약 집중도가 1이면 산업은 독점 또는 과점이다. 만약 0이면 산업은 경쟁적이다. 시장구조의 또 하나의 측정치는 허핀달–허쉬만(HHI)지수이다. 이것은 독점의 10,000으로부터 완전경쟁산업의 0에 이를 수 있다. 물론 이러한 지수들은 시장이 좁은 지역에 한정된 것인지 그리고 기업이 외국 기업들과 경쟁할 것인지를 포함한 다른 정보와 함께 이용되어야 한다.

다른 통계들에는 러너지수, 로스차일드지수, 그리고 댄스비–윌릭지수가 있다. 이러한 지수들은 산업의 비용과 수요 조건에 대하여 경영자에게 정보를 제공한다. 예를 들어, 어떤 산업에서 러너지수가 크면 클수록, 기업은 제품에 높은 초과이윤을 부과할 수 있는 능력이 있다.

이장에서 제시된 데이터는 광고 그리고 연구 및 개발과 같은 활동에서 산업별 차이를 밝혀준다. 이 책의 후반부는 이러한 차이가 존재하는 이유와 시장구조별로 최적 경영의사결정을 살펴볼 것이다. 다음 장은 완전경쟁, 독점, 그리고 독점적경쟁에서 경영의사결정을 살펴본다.

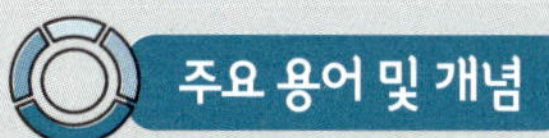

주요 용어 및 개념

과점(oligopoly)
구조(structure)
구조–행위–성과 패러다임(structure-conduct-performance paradigm)
댄스비–윌릭 성과지수(Dansby-Willig Performance Index)
독점(monopoly)
독점적경쟁(monopolistic competition)
러너지수(Lerner Index)
로스차일드지수(Rothschild index)
복합적 합병(conglomerate merger)
성과(performance)
수직적 합병(vertical merger)
수평적 통합(horizontal integration)
수평적 합병(horizontal merger)
시장구조(market structure)
완전경쟁(perfect competition)
진입장벽(barrier to entry)
통합(integration)
행위(conduct)
허핀달–허쉬만지수(Herfindal-Hirschman Index)
환류효과 비판(feedback critique)
4대기업집중도(four-firm concentration ratio)
5요인 모형(five forces framework)

개념 및 계산 문제

1. X라는 제품을 팔기위해 10개의 기업이 시장에서 경쟁한다. 모든 기업의 총매출액은 $2백만 이다. 기업의 매출이 제일 큰 것부터 가장 작은 것까지 나열해 보면, 가장 상위 4개 기업의 매출액은 각각 $260,000, $220,000, $150,000, $130,000으로 각각 나타난다. X라는 제품 시장에서 4개 기업의 집중도 지수를 계산하시오.(LO1)

2. 3개의 기업으로 구성된 산업이 있는데 각 기업의 매출액은 각각 $300,000, $700,00, $250,000이다.(LO3)
   a. 허핀달–허쉬만지수(HHI)를 계산하시오.
   b. C_4(4대기업집중도)를 계산하시오.
   c. 교재 본문에 설명된 FTC와 DOJ의 수평합병 가이드라인에 의하면, 법무부가 매출액이 $300,000와 $250,000인 두 기업의 합병을 반대할 것이라고 당신은 생각하는가? 설명하시오.

3. 소매 휘발유에 대한 시장수요의 자체가격탄력도는 –0.8이며 로스차일드지수는 0.5, 전형적인 휘발유 소매상은 연간 $1.5백만의 매출액을 가지고 있다. 대표적인 휘발유 소매상 제품에 대한 수요의 가격 탄력도는 얼마인가?(LO1)

4. 어떤 기업의 매출액은 $1.5백만이며 러너지수는 0.57, 한계비용은 $50이다. 그리고 이 기업은 관련된 시장에서 800개의 다른 기업과 경쟁하고 있다.(LO1)
   a. 이 기업은 소비자들에게 어떤 가격을 부과하고 있는가?
   b. 이 기업은 가격에 한계비용의 몇 배가 되는 초과이윤이 발생하는가?
   c. 이 기업은 시장지배력을 가지고 있다고 당신은 생각는가? 설명하시오.

5. 다음의 언급에 대하여 평가하시오; “경영자는 특정 시장구조에서 운영하기 위해 필요한 도구들만을 조달함으로써 특화해야 한다. 즉, 경영자들은 완전경쟁, 독점, 독점적경쟁, 과점 기업 중 한 시장에서의 기업경영에 특화해야 된다는 것을 의미한다.”(LO1)

6. 합병 후 허핀달–허쉬만지수가 225만큼 증가될 것으로 예상된다면, 합병 전 그 지수가 2,900인 산업에서 영업을 하는 두 기업간의 합병을 법무부가 어떠한 조건에서 승인할 것인가?(LO5)

7. 합병하고자 하는 두 기업의 합병 전 시장점유율이 각각 30%라는 정보만을 기초로 하여, 법무부를 위해 일하는 한 경제학자는 만약 합병이 승인될 경우 합병 후 HHI가 1,800만큼 증가할 수 있을 것이라고 판단한다. 이 경제학자는 다른 기업의 시장점유율에 대해 알지 못하고 있는 상황에서 어떻게 이러한 결론을 이끌어낼 수 있는가? 이러한 정보로부터, 시장점유율이 똑같은 두 기업이 합병할 경우 HHI가 어떻게 영향을 받는가에 대하여 설명할 수 있는 일반적인 법칙을 도출해낼 수 있겠는가(힌트: $a^2 + b^2$를 $[a + b]^2$와 비교하라)?(LO3, LO4)

8. 가격에 대해서 공격적으로 경쟁을 하는 시장에서 사업을 하는 한 기업을 생각해 보자. 시장진입과 연관된 기술을 얻기 위한 높은 고정비용 때문에, 단지 몇몇 소수의 다른 기업이 존재하고 있다. 게다가 이 시장에서 판매되는 제품 70% 이상이 향후 8년 동안 특허에 의해 보호를 받고 있다. 이 산업은 완전경쟁시장이라는 경제학자의 정의에 부합하는가?(LO3)

9. 아래에 주어진 정보를 토대로 하여, 다음의 산업은 완전경쟁, 독점, 독점적경쟁, 과점의 구조 중 어떤 형태의 시장구조로 가장 잘 설명될 수 있는가?(LO5)

a. A산업은 $C_4 = 0.005\%$이며 HHI는 75이다. 대표적인 기업의 러너지수는 0.45이며 로스차일드지수는 0.34이다.

b. B산업은 $C_4 = 0.0001\%$이며 HHI는 55이다. 대표적인 기업의 러너지수는 0.0034이며 로스차일드지수는 0.00023이다.

c. C산업은 $C_4 = 100\%$이며 HHI는 10,000이다. 대표적인 기업의 러너지수는 0.4이며 로스차일드지수는 1.0이다.

d. D산업은 $C_4 = 100\%$이며 HHI는 5,573이다. 대표적인 기업의 러너지수는 0.43이며 로스차일드지수는 0.76이다.

10. X와 Y산업의 C_4는 각각 81%와 74%이고, 반면 각각의 HHI는 3,100과 1,600이다. 댄스비-윌릭 성과지수는 X산업의 경우 0.7, Y산업의 경우 0.55이다. 이러한 정보에 의거하여, 어느 경우가 사회적 후생을 더 많이 증가시키겠는가? X산업의 생산량을 약간 늘릴 때인가 혹은 Y산업의 생산량을 약간 늘릴 때인가 설명하시오.(LO5)

응용 문제

11. 당신은 월가(Wall Street)의 합병전문 회사에서 일하고 있으며, 팀 리더로서 미국내 주요 두 맥주회사 간의 합병승인을 책임지고 있다. 교재 본문의 〈표 7-2〉가 가리키는 것처럼, 미국에서 영업중인 모든 맥주회사의 C_4는 90%인데, 당신의 팀은 그 두 회사가 미국시장에서 각각 15%씩을 점유하고 있을지라도 두 회사의 합병이 반독점법의 문제를 야기시키지 않는다는 보고서를 작성해야 한다. 당신의 보고서에 대해 대략적으로 설명하시오.(LO1)

12. 포레이(Forey)사는 매우 경쟁적인 산업에서 많은 다른 기업들과 경쟁하고 있다. 지난 10년간 여러 기업들이 이 산업에 진입하였고, 그 결과 포레이사의 투자수익률이 이자율과 비슷한 수준을 유지하고 있다. 게다가 C_4와 HHI는 둘 다 굉장히 작으나, 로스차일드지수는 0보다 상당히 크다. 이 정보에 근거하여, 어느 시장구조가 포레이사가 경쟁하고 있는 이 산업의 특징을 잘 묘사하는가를 설명하시오.(LO3, LO4)

13. 파파존스, 도미노, 피자헛 같은 기업들은 사실상 차별화된 피자와 제품들을 판매하고 있다. 수많은 피자체인점이 대부분의 지역에서 존재하지만, 이러한 기업제품들의 차별화된 성격은 그들로 하여금 한계비용이상의 가격을 책정하게 한다. 이것을 토대로 피자산업은 어느 시장구조에 가장 가까운가; 독점, 완전경쟁, 독점적경쟁, 또는 과점 산업? 구조, 행위, 성과에 대한 일반적인 견해를 사용하여 피자시장에서 차별화의 역할을 설명하시오. 다음으로 그 산업에서 차별화의 역할에 대한 환류효과비판(feedback critique)을 적용해 보시오.(LO1, LO5)

14. 다음 중 어떤 경우가 FTC(연방통신위원회)와 DOJ(법무부) 수평적 합병 가이드라인에 의하여 조사대상이 될 가능성이 가장 많은가?

a. 인터넷 서비스와 소매업의 주요 두 경쟁자들—아마존과 이베이—합병하다

b. 담배제조사인 필립모리스와 밀러 양조회사의 합병

c. 항공기를 제조하는 대기업인 Lockheed Martin이 미국철강회사(U. S. Steel)와 합병하다.

15. Nationwide Bank가 Hometown Bank에게 합병을 제안하였다. 다음의 표는 그 지역 은행들의 매출액을 나타낸다. 이 정보를 이용하여 C_4와 HHI를 구하시오. FTC와 DOJ(법무부) 수평적 합병 가이드라인에 의하여, 법무부가 그 합병제안에 대하여 반대의사를 갖게 될 것이라고 당신은 생각하는가?(LO2)

은행명	매출액(단위: 백만 달러)
Megabank	1,100
City Bank	950
Nationwide Bank	845
Atlantic Savings	785
Bulk Bank	665
Metropolitan Bank	480
American Bank	310
Hometown Bank	260
Urban Bank	140

16. 피아트(Fiat)는 최근 $43억에 달하는 케이스(Case)사와의 합병을 시도하려 한다. 합병 이전에는, 4륜구동 트랙터 시장이 다섯 개의 기업으로 구성되어 있었다. 시장집중도는 매우 높아 HHI는 2,765에 달한다. 케이스사의 시장점유율은 22%인 반면, 피아트는 단지 13%의 시장점유율을 가지고 있다. 합병이 승인된다면, 합병 후의 HHI는 얼마나 증가할까? 이 정보에만 의존한다면, 법무부는 이 합병에 대하여 이의를 제기할 것이라고 당신은 생각하는가? 설명하시오.(LO3)

17. 본문의 〈표 7-4〉의 탄력도 추정치를 사용하여 각 산업의 로스차일드지수를 계산하시오. 이 계산에 의거하여, 어떤 산업이 완전경쟁에 가장 가까울까? 어떤 산업이 가장 독점기업에 가까울까? 설명하시오.(LO3)

18. 최근에 파이저(Pfizer)사와 앨러갠(Allergan)사—각각 비아그라와 보톡스의 제조회사—는 $1,600억의 합병에 동의하였다. 제약회사들은 다른 산업에 비하여 매출의 상당한 부분을 R&D에 더 투자하려는 경

향이 있다. 정부는 FDA(미국식약청)에 의하여 승인받은 신약에 대하여 특허를 줌으로써 이러한 R&D 활동을 장려하고 있다. 예를 들어, 앨러갠은 현재 특허로 보호받고 있는 인기가 많은 주름제거 신경독소제(neurotoxin)인 보톡스를 개발하는데 많은 자금을 사용했다. 보톡스는 한 병당 약 $15에 판매된다. 만일 버턱스 생산의 한계비용이 병당 $1.50일 경우 러너지수를 구하시오. 이 경우 러너지수의 값은 의미가 있는가? 설명하시오.(LO1, LO5)

19. 1990년대 말 위험을 무릅쓰고 "닷컴(dot.com)"세계에 뛰어든 많은 MBA졸업자들은 2001년도에 그 산업의 많은 기업들이 도산함으로 인하여 실업자가 되었다. 그러나 이러한 회사들에서의 재임기간 동안에, 이들 경영자들은 매우 경쟁적인 환경에서 어떻게 기업을 운영하는가에 대한 귀중한 경험을 얻게 되었다. 이 장에 나와 있는 〈표 7-3〉의 수치에 의거하여, 어떤 산업들이 이런 경영자들의 전문성에 가장 잘 부합되는가? 〈표 7-3〉에 열거된 산업들을 보면, 어떤 요인들이 다양한 수준의 시장지배력을 초래하는가?(LO1, LO5)

20. 2006년 미국에 있는 디지털 카메라의 주요 5개 공급업체들은 캐논, 소니, 코닥, 올림푸스와 삼성이었다. 이들 5개 기업들의 시장점유율 합계는 60.9%이었다. 선두 기업은 캐논으로서, 시장점유율이 18.7%이었다. 캐논 카메라의 자체 가격탄력도는 –4.0이었고, 수요의 시장탄력도는 –1.6이었다. 2006년 캐논 디지털 카메라의 평균소매가격은 $240이었으며, 캐논의 한계비용은 카메라 한대 당 $180이었다. 이 정보에 기초하여, 산업집중도, 수요, 시장조건 그리고 2006년 캐논의 가격결정행위에 대하여 설명하시오. 산업환경이 현재와 매우 다르다고 당신은 생각하는가? 설명하시오.(LO1, LO5)

21. 델몬트(Del Monte)사는 미국의 식품처리산업에서 아주 오랜 전통이 있는 회사이다. 아마도 이 회사는 통조림 과일과 야채의 포장으로 잘 알려졌을 것이다. 이 회사 성공은 부분적으로 다른 브랜드의 통조림 과일과 야채를 인수한 것에 기인한다. 델몬트사가 다른 기업을 인수함으로써 계속 사업을 확장하려 한다고 가정하고, 아래의 표는 잠재적인 인수대상이 되는 기업들을 요약해 놓고 있다. CEO의 수평적 합병과 인수에 대한 조언자로서, 당신의 임무는 의사결정과정에 대한 설명을 하는 것이다. 표에 나와 있는 정보를 근거로, 다음의 기업들 중 한 기업과의 수평적 합병이 미국정부의 감시를 통과해서 델몬트사의 사업성과를 높일 수 있겠는가? 당신의 결론에 대해 설명하시오.(LO2, LO3)

회사명	제품라인	이윤/매출액(%)	C_4(%)	HHI	로스차일드지수	러너지수	DW지수*
Unilever	Dove-personal care	5.2	24.1	874	0.11	0.94	0.01
Tricor	Braun Food-grade cans	6.8	32.7	1,065	0.64	0.67	0.40
Goya	Canned tomatoes	7.1	86.3	3,297	0.74	0.32	0.66
Dole	Canned pineapple	8.7	94.2	5,457	0.76	0.14	0.72

* DW지수 = Dansby-Willig 지수

22. 2007년 1월 XM사는 위성라디오 수신자 시장에서 약 58%의 점유율을 가지고 있었고, 시리우스(Sirius)사가 나머지 42%의 시장점유율을 가지고 있었다. 두 기업은 위성 라디오 시장에서 압도적인 시장점유

율에도 불구하고 모두 손실을 보고 있었다. 2008년 미국 법무부(DOJ)는 두 기업의 합병에 대하여 묵인하는 것을 결정하였고, 이들 두 기업은 합병이 되어 시리우스 XM사가 되었다. 만약 당신이 시리우스사의 경제컨설턴트였다면, 어떤 경제적 근거를 가지고 법무부를 설득하여서 이 합병이 성사되도록 했는지 설명하시오.(LO3, LO4)

23. 최근 연방통신위원회(FCC; Federal Communications Commission)는 휴대폰 소비자들이 동일지역내에서는 이동통신사업자들(cellular providers)을 바꾸어 동일한 전화번호를 유지할 수 있도록 허용하는 "지역번호이전가능" 제도를 시행하였다 이러한 변화가 이동통신서비스 산업에서 로스차일드지수에 어떻게 영향을 줄 것이라고 당신은 예측하는가?(LO1, LO4)

참고 문헌

Conant, John L., "The Role of Managerial Discretion in Union Mergers." *Journal of Economic Behavior and Organization* 20(1), January 1993, pp. 49-62.

Dansby, R. E., and Willig, R. D., "Industry Performance Gradient Indexes." *American Economic Review* 69, 1979, pp. 249-60.

Davis, Douglas D., and Holt, Charles A., "Market Power and Mergers in Laboratory Markets with Posted Prices." *RAND Journal of Economics* 25(3), Autumn 1994, pp. 467-87.

Golbe, Devra L., and White, Lawrence J., "Catch a Wave: The Time Series Behavior of Mergers." *Review of Economics and statistics* 75(3), August 1993, pp. 493-99.

Hirschman, Albert O., "The Paternity of an Index." *American Economic Review* 54(5), September 1964, p. 761.

Johnson, Ronald N., and Parkman, Allen M., "Premerger Notification and the Incentive to Merge and Litigate." *Journal of Law, Economics and Organization* 7(1), Spring 1991, pp. 145-62.

Kim, E. Han, and Singal, Vijay, "Mergers and Market power: Evidence from the Airline Industry." *American Economic Review* 83(3), June 1993, pp. 549-69.

Lerner, A. P., "The Concept of Monopoly Power." *Review of Economic Studies*, October 1933, pp. 157-75.

O'Neill, Patrick B., "Concentration Trends and Profitability in U.S. Manufacturing: A Further Comment and Some New (and Improved) Evidence." *Applied Economics* 25(10), October 1993, pp. 1285-86.

Rothschild, K. W., "The Degree of Monopoly." *Economica* 9, 1942, pp. 24-39

"Symposia: Horizontal Mergers and Antitrust." *Journal of Economic Perspectives* 1(2), Fall 1987.

CHAPTER 08

완전경쟁, 독점, 독점적 경쟁시장에서의 경영

학습목표

LO1 한 기업이 완전경쟁시장, 독점적 경쟁시장, 또는 독점시장 중 어느 시장조건에서 영업을 하는가를 확인하시오.

LO2 독점력의 원천(그리고 독점력을 획득하기 위한 전략)을 확인하시오.

LO3 한계원칙을 적용하여 이윤극대화를 위한 가격과 생산량을 결정하시오.

LO4 한 기업의 제품에 대한 수요탄력성과 그 기업의 한계수입간의 관계를 나타내시오.

LO5 장기적인 조정과정이 완전경쟁, 독점적경쟁, 독점시장 조건하에 있는 기업들에게 어떻게 영향을 미치는가를 설명하시오. 또한 이러한 시장구조 각각이 사회적 후생(social welfare)에 미치는 영향에 대해 토론하시오.

LO6 단기적으로 손실을 보고 있는 기업이 계속 영업활동(또는 생산활동)을 해야 하는지 또는 영업활동을 중지해야 하는가를 결정하시오.

LO7 한계비용, 완전경쟁기업의 단기공급곡선, 그리고 완전경쟁산업의 공급곡선간의 관계를 나타내시오. 그리고 시장지배력(market power)을 가지고 있는 기업들의 경우 공급곡선이 왜 존재하지 않는가에 대해 설명하시오.

LO8 두 개의 공장을 운영하는 한 기업의 최적 생산량을 결정하시오. 그리고 시장지배력을 가지고 있는 한 기업의 최적 광고 수준을 결정하시오.

맥도날드의 신제품: 스페셜티 커피

최근 맥도날드는 카푸치노, 라떼, 아이스모카 등을 포함하는 고급의 커피 제품인 맥카페를 미국에서 출시하는 계획을 공개하였다. 미국에서 2000년 말 경기침체로 인하여 일부의 분석가들은 맥도날드가 새로운 특별 음료수(specialty drinks) 제품라인을 출시할 때가 되었는지의 여부에 대해 의심을 했다. 그러나 맥도날드는 빠른 시간에 미국 커피매출의 점유율이 3배가 되는 것을 보게 되었다.

맥도날드가 이 프로그램을 왜 시작했다고 당신은 생각하며, 그와 관련하여, 여러분은 그 프로그램의 성공원천은 무엇이라고 생각하는가? 이러한 신제품 라인이 그 회사의 순이익에 대한 영향을 유지시킬 것이라고 생각하는가?

출처: J. Adamy, "McDonald's Coffee Strategy Is a Tough Sell," *The Wall Street Journal*, October 27, 2008; M. Brandau, "McDonald's McCafe: An Evolution," *Nation's Restaurant News*, August 16, 2011; www.mcdonalds.com/mccafe

8.1 서론

이전 장에서 우리는 산업의 특성을 조사해본 결과, 산업의 구조, 행위, 성과가 각 산업마다 다르다는 것을 보았다. 이 장에서 (1) 완전경쟁, (2) 독점, 그리고 (3) 독점적경쟁의 환경에서 운영되는 최적 가격, 산출량, 그리고 경영자의 광고 결정을 알아본다. 우리는 9장과 10장에서 과점 결정을 분석할 것이고 그리고 11장에서 더 정교한 가격설정전략을 조사할 것이다. 이 장에서 제시된 개념을 이해한다면 여러분은 사실상 어떤 환경에서도 기업을 경영할 수 있도록 준비될 것이다.

경영자의 산출량 결정에 대한 분석의 시작이기 때문에, 가장 단순한 경우부터 시작하는 것이 논리적이다: 경영자의 결정이 시장가격에 어떤 영향도 미치지 않는 상황. 그래서, 이 장의 첫 부문에서 우리는 완전경쟁시장에서 경영자의 산출량 결정을 조사할 것이다. 다음 절에서 시장지배력을 가진 기업에 의한 산출량 결정을 조사할 것이다: 독점과 독점적경쟁. 이 장에서의 분석은 이 책의 나머지 장에서 유용한 분석의 토대를 제공한다.

8.2 완전경쟁

우리는 **완전경쟁시장**에서 경영자의 산출량 결정을 분석함으로써 우리의 분석을 시작할 것이다. 완전경쟁의 주요 조건은 다음과 같다:

1. 시장에 수많은 구매자와 수많은 판매자가 있고 각각은 시장에서 비교적 "비중이 매우 작다."
2. 시장에 있는 각 기업은 동질의(동일한) 제품을 생산한다.
3. 구매자와 판매자는 완전한 정보를 가지고 있다.
4. 어떤 거래비용도 없다.
5. 시장으로부터 진입과 퇴출이 자유롭다.

완전경쟁시장
(1) 수 많은 구매자와 수많은 판매자가 있고 (2) 각 기업은 동질의 제품을 생산하고 (3) 구매자와 판매자는 완전한 정보를 가지고 있고 그리고 (4) 진입과 퇴출이 자유로운 시장

일괄해서 생각하면 처음 네 가정은 어떤 하나의 기업도 제품의 가격에 영향을 줄 수 없다는 것을 의미한다. 각자가 동일한 제품을 판매하는 많은 작은 기업들이 있다는 사실은 소비자가 시장에 있는 모든 기업의 제품을 완전 대체재로 간주한다는 것을 의미한다. 완전한 정보가 있기 때문에, 소비자는 각 기업 제품의 질과 가격을 안다. 거래비용이 없다(가게에 가는 비용과 같은); 만약 한 기업이 다른 기업들 보다 약간 높은 가격을 부과하면, 소비자는 그 기업으로부터 구매하지 않을 것이고 대신에 낮은 가격을 부과하는 기업으로부터 구매할 것이다. 그래서 완전경쟁시장에서 모든 기업은 재화에 똑같은 가격을 부과한다. 그리고 이러한 가격은 시장에서 구매자와 판매자의 상호작용에 의해 결정된다.

자유로운 진입과 퇴출에 대한 가정은 경제적 이윤이 얻어지고 있다면 추가적인 기업들이 이 시장에 진입할 수 있고, 반면 손실이 지속되면 기업들이 시장을 떠나는 것이 자유롭다는 것을 의미한다. 이 장에서 나중에 보겠지만 이 가정은 장기적으로 완전경쟁에서 운영하는 기업은 0의 경제적 이윤을 얻는다는 것을 의미한다.

완전경쟁시장의 한 전형적인 예는 농업이다. 많은 농부와 목장주가 있고 각각은 시장에서 비교적 작아서 옥수수, 밀, 돼지고기, 또는 쇠고기의 가격에 영향을 미치지 못한다. 농산품은 동질적인 경향이 있다. 농부 존(John)에 의해 생산되는 옥수수와 농부 스미스(Smith)에 의해 생산되는 옥수수 간에 차이는 거의 없다. 컴퓨터 소프트웨어와 컴퓨터 메모리 칩의 소매 통신판매 시장은 완전경쟁에 가깝다. 어떤 컴퓨터 잡지의 뒷장을 살펴보면 거기에는 수많은 통신판매 컴퓨터 제품의 소매상들이 있다는 것을 알 수 있고 각각은 동일한 브랜드의 소프트웨어 패키지와 메모리 칩을 판매하고 있고 주어진 제품에 대해 같은 가격을 부과하고 있다. 그렇게 가격차이가 거의 없는 이유는 만약 한 통신판매 기업이 경쟁자보다 더 높은 가격을 부과하면 소비자는 다른 기업으로부터 구매할 것이기 때문이다.

8.2.1 시장수요와 개별기업수요

완전경쟁시장에서 운영하는 어떤 기업도 가격에 영향을 미치지 못한다. 가격은 시장에서 모든 구매자와 판매자의 상호작용에 의해 결정된다. 기업의 경영자는

그림 8-1

완전경쟁하에서 시장과 기업 수요

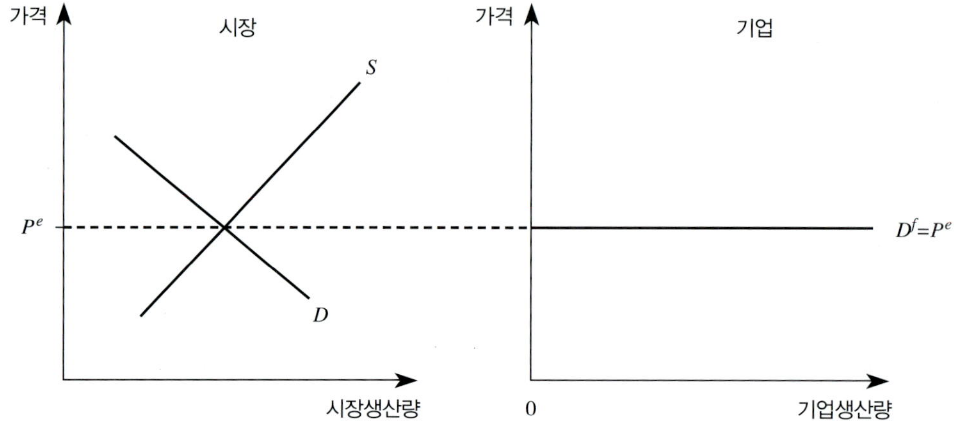

이러한 "시장가격"을 부과해야 한다. 그렇지 않으면 소비자는 더 낮은 가격을 부과하는 기업으로부터 구매할 것이다. 우리는 완전경쟁시장에서 이윤을 극대화하는 산출량 결정에 대한 내용을 분석하기 전에 제품에 대한 시장수요와 개별기업에 의해 생산되는 제품에 대한 수요 간의 관계를 더 정확히 설명하는 것이 중요하다.

경쟁시장에서 가격은 시장공급곡선과 시장수요곡선의 상호작용에 의해 결정된다. 시장공급과 수요곡선은 모든 구매자와 판매자에 달려있기 때문에 시장가격은 한 완전경쟁기업의 통제의 범위를 넘는다. 다시 말하면, 개별기업은 시장에서 비교적 작기 때문에 시장가격에 영향을 미치지 못한다.

기업수요곡선
개별기업의 제품에 대한 수요곡선; 완전경쟁시장에서, 그것은 시장가격으로 주어진다.

〈그림 8-1〉은 시장수요곡선(D)과 하나의 완전경쟁기업이 직면하는 **기업수요곡선**(D^f) 간의 차이를 설명해준다. 왼쪽의 그림은 시장을 설명하고 균형가격 P^e는 시장공급과 수요곡선의 상호작용에 의해 결정된다. 기업의 입장에서 기업은 P^e의 가격으로 그것이 원하는 만큼을 판매할 수 있다. 그래서 완전경쟁기업이 직면하는 기업수요곡선은 오른쪽에 있는 그림에서 수평선 D^f로 주어진다. 개별기업의 수요곡선이 완전탄력적이라는 사실은 만약 기업이 시장가격보다 약간 높은 가격을 부과하면 기업은 하나도 팔 수 없을 것이라는 사실을 반영한다. 그래서 완전경쟁시장에서 개별기업의 제품에 대한 수요곡선은 시장가격과 같다.

완전경쟁기업의 제품에 대한 수요곡선은 완전탄력적이기 때문에 개별기업의 가격설정은 어렵지 않다; 산업에서 모든 다른 기업들이 부과하는 가격을 부과하라. 남은 것은 이윤을 극대화하기 위하여 얼마 만큼의 산출량이 생산되어야 하는가를 결정하는 것이다.

8.2.2 단기산출량 결정

단기는 고정생산요소가 있는 기간임을 명심하자. 예를 들어 어떤 빌딩이 일년동안 $10,000의 비용으로 임대차 된다고 가정하자. 단기(1년)에서 이러한 비용은 고정되어 있고 기업이 0단위의 산출량을 생산하거나 또는 100만 단위의 산출량을 생산하는 것과는 관계없이 지불된다. 장기에서(임대차 계약이 만료된 후) 이 비용은 가변적이다. 기업은 임대차를 갱신할 것인지 또는 안 할 것인지 결정할 수 있다. 단기에서 이윤을 극대화하기 위해서 경영자는 고정생산요소를 주어진 것으로 받아들여야 하고(그래서 고정비용) 경영자의 통제가 가능한 가변생산요소로 얼마만큼을 생산할 것인가를 결정해야 한다. 이제 완전경쟁기업의 경영자의 이윤극대화 결정에 대해 알아보자.

이윤극대화

완전경쟁하에서 개별기업의 제품에 대한 수요는 산출량의 시장가격이고 우리는 그것을 P로 표시한다. 만약 우리가 Q를 기업의 산출량이라고 표시하면 Q단위를 생산하는 기업의 총수입은 $R = PQ$이다. 산출량의 각 단위는 시장가격 P로 팔릴 수 있으므로 각 단위는 정확히 P달러를 수입에 추가한다. 〈그림 8-2〉가 보여주듯이 완전경쟁기업의 수입과 산출량간에는 선형 관계가 있다. **한계수입**은 마지막 한 단위의 산출량이 가져올 수 있는 수입의 변화이다. 기하학적으로 그것은 수입곡선의 기울기이다. 경제용어로 표시하면 완전경쟁기업의 한계수입(MR)은 시장가격이다.

한계수입
마지막 한 단위의 산출량이 가져올 수 있는 수입의 변화. 완전경쟁기업에게 MR은 시장가격이다.

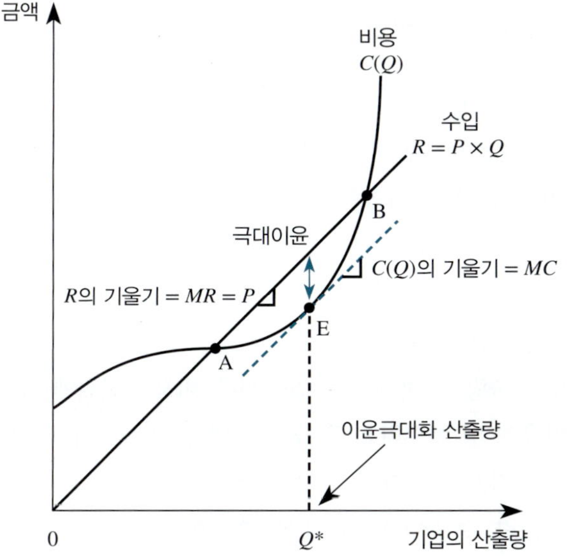

그림 8-2
완전경쟁기업의 수입, 비용 그리고 이윤

미분의 활용

한계수입은 수입함수의 도함수이다. 만약 수입이 산출량의 함수이면

$$R = R(Q)$$

그때

$$MR = \frac{dR}{dQ}$$

완전경쟁기업의 수요

완전경쟁기업의 제품에 대한 수요곡선은 시장가격에서 수평이다. 이 가격은 완전경쟁기업의 한계수입이다.

$$D^f = P = MR$$

미분의 활용

한계수입은 수입함수의 도함수이다. 완전경쟁기업의 수입은

$$R = PQ$$

여기에서 P는 시장균형가격이다. 그래서

$$MR = \frac{dR}{dQ} = P$$

완전경쟁기업의 이윤은 단순히 수입과 비용간의 차이이다.

$$\pi = PQ - C(Q)$$

기하학적으로 이윤은 〈그림 8–2〉에서 비용함수 $C(Q)$와 수입곡선 간의 수직 차이에 의해 주어진다. A의 왼쪽에 있는 산출량 수준에서 비용함수는 수입곡선 위에 있고 그것은 만약 기업이 A의 왼쪽에서 어떤 산출량을 생산한다면 기업이 손실을 입는다는 것을 의미한다는데 주목하자. 마찬가지로 B의 오른쪽에 있는 산출량 수준에서도 손실이 일어난다.

A와 B 사이의 산출량 수준에서 수입곡선은 비용곡선위에 있다. 이는 이들 산출량 수준에서 이윤이 양(+)이라는 것을 나타낸다. 이윤극대화 산출량에서 수입곡선과 비용곡선의 수직거리가 가장 크다. 이것은 〈그림 8–2〉에서 Q^*로 주어진다.

이윤극대화 산출량 수준에 대한 매우 중요한 기하학적 속성이 있다. 〈그림

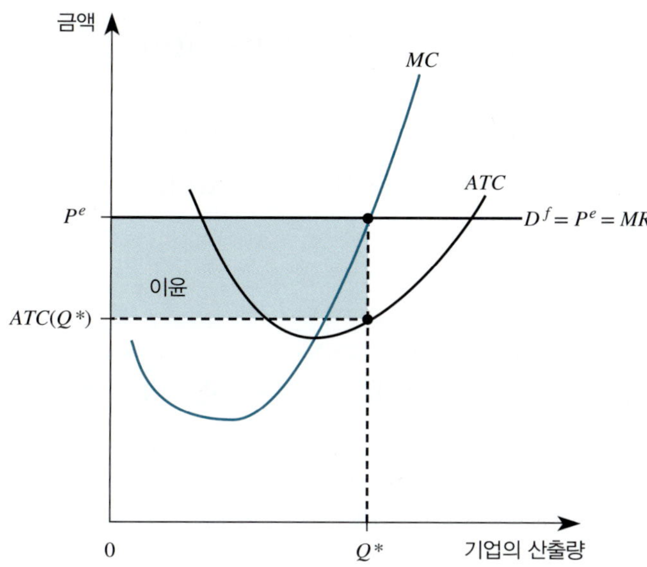

그림 8-3
완전경쟁하에서 이윤극대화

8-2〉에서 보듯이 이윤극대화 산출량 수준에서 비용곡선의 기울기(점 E)는 수입곡선의 기울기이다. 비용곡선의 기울기는 한계비용(MC)이고 수입곡선의 기울기는 한계수입이다. 그러므로 이윤극대화 산출량은 한계수입과 한계비용을 같게 하는 산출량이다. 한계수입은 완전경쟁기업의 시장가격과 같기 때문에 경영자는 이윤을 극대화하기 위하여 가격을 한계비용과 같게 하여야 한다.

완전경쟁기업의 산출량 법칙을 나타내는 또 하나의 법칙은 〈그림 8-3〉에 그려져 있고 여기에 평균비용과 한계비용 곡선이 그려져 있다. 만약 시장가격이 P^e로 주어져 있으면 이 가격은 산출량 Q^*에서 한계비용 곡선과 교차한다. 그래서 Q^*는 이윤극대화 산출량 수준을 나타낸다. Q^* 이하의 산출량에서 가격은 한계비용을 초과한다. 즉 Q^* 이하에서는 생산량을 증가시킬 경우 기업은 추가 단위를 생산하는 비용을 초과하는 가격으로 추가 단위를 판매할 수 있다. 그래서 이윤극대화 기업은 Q^* 이하의 산출량 수준을 생산하는 것을 선택하지 않을 것이다. 마찬가지로 Q^* 이상의 산출량 수준은 한계비용이 가격을 초과하는 상황에 해당한다. 이러한 경우 생산량의 감소는 수입을 감소시키는 이상으로 비용을 감소시킬 것이다. 그래서 Q^*는 이윤극대화 산출량 수준이다.

〈그림 8-3〉의 음영으로 되어있는 직사각형은 기업의 극대이윤을 나타낸다. 이것을 보기위해 음영으로 되어있는 직사각형의 면적은 그것의 밑변(Q^*) 곱하기 높이 $[P^e - ATC(Q^*)]$라는 것을 알자. $ATC(Q^*) = C(Q^*)/Q^*$라는 것을 생각해내자. 즉, 평균총비용은 총비용 나누기 산출량이다. 음영으로 되어있는 직사각형의 면적은

$$Q^*\left[P^e - \frac{C(Q^*)}{Q^*}\right] = P^eQ^* - C(Q^*)$$

이고 이것이 이윤의 정의이다. 직관적으로 $[P^e - ATC(Q^*)]$는 생산 단위당 이윤을 나타낸다. 이것이 이윤극대화 수준의 산출량으로 곱해졌을 때 그 결과는 기업에 의해 얻어진 총 이윤의 금액이다.

완전경쟁기업의 산출량 법칙

이윤을 극대화하기 위하여 완전경쟁기업은 한계비용이 증가하는 영역에서 가격이 한계비용과 같게 되는 산출량을 생산한다:

$$P = MC(Q)$$

완전경쟁기업의 이윤은

$$\pi = PQ - C(Q)$$

이윤극대화의 1차 조건은 한계이윤이 0이 되는 것이다.

$$\frac{d\pi}{dQ} = P - \frac{dC(Q)}{dQ} = 0$$

그래서 우리는 완전경쟁에서 기업의 이윤극대화 법칙을 얻는다:

$$P = \frac{dC}{dQ}$$

또는

$$P = MC$$

예시 문제 8-1

어떤 기업의 함수는

$$C(Q) = 5 + Q^2$$

이다. 만약 이 기업이 완전경쟁시장에서 제품을 판매하고 산업에 있는 다른 기업은 \$20의 가격으로 제품을 판매한다면, 이 기업의 경영자는 제품에 어떤 가격을 설정해야 하는가? 이윤을 극대화하기 위하여 얼마의 산출량 수준이 생산되어야 하는가? 얼마의 이윤이 얻어질 것인가?

인사이드 비즈니스 8-1 프랑스 자동차업체 Peugeot–Citroën 중국 자동차 시장에서 가격수용자

국제시장에서의 경쟁은 종종 국내시장에서의 경쟁보다 치열하다. 특히 제품차별화보다는 가격이 소비자들의 구매의사결정에 영향을 미치는 개발도상국 시장에서 이러한 경향이 있다.

예로서 프랑스 자동차업체인 PSA Peugeot–Citroën 경우를 보자. 2000년 중반 동사의 Citroën 부문은 중국자동차시장의 아주 작은 부분을 차지하고 있었다—특히 동사가 프랑스 및 유럽에서 차지하는 시장점유율을 비교할 때. 중국시장에 대한 인터뷰에서 어느 경영자는 다음과 같이 말했다, "가격이 떨어지면 우리도 내릴 것이지만 시장에서의 가격하락분을 넘지는 않을 것이다." 또 다른 경영자는 다음과 같이 말했다, "이 시장은 아주 경쟁적이고, 우리는 공장의 조업능력을 고려해야 한다."

이들 경영자들이 언급한 의미를 보면, Citroën은 중국에서 가격에 영향력이 거의 없다: 기본적으로 중국의 자동차시장에서 그 회사는 가격수용자로 행동했다. 가격수용자로서 시장가격보다 낮은 가격을 받을 이유가 없다. 더욱이 개발도상국인 중국시장에서 가격을 인상하면 다른 자동차업체들에게 고객을 잃을 것이다.

가격수용자로서 Citroën의 주요 결정은 시장가격으로 얼마나 차를 생산할 것인가이다. 중국시장의 경영자들은 공장에서의 조업능력이 최적생산량을 생산하기에 충분한지를 확인해야만 한다. 보다 더 최근에는, Citroen의 중국 시장점유율이 증가하였으나, 그 회사는 국내 중국기업들뿐만 아니라 다른 해외 기업들로부터 공격적인 경쟁에 계속 직면하고 있다.

중국시장에서 운영중인 GM과 다른 자동차업체들이 거대생산설비를 보유하고 있으므로, Peugeot–Citroën사는 앞으로도 상당기간 가격에 대한 아주 제한적인 지배력만을 가지게 될 것이다.

출처: "Citroën Forecasts Slowdown in Sales Growth in China this Year," *Channel News Asia*, June 9, 2004:"General Motors' China Success," *BusinessWeek*, January 8, 2006. "China: One of the Group's Regions of Development Priority," PSA Peugeot–Citroen website, December 2015; "China Auto Brands Vulnerable to Price Cuts, Group Says," *Bloomberg Business*, June 2015.

(힌트: 비용함수가

$$C(Q) = f + aQ + bQ^2 + cQ^3$$

이면, 한계비용 함수는

$$MC(Q) = a + 2bQ + 3cQ^2$$

인 것을 상기해 보자. 이 문제의 비용함수에서 $a = 0$, $b = 1$, 그리고 $c = 0$이기 때문에, 기업의 한계비용 함수는 $MC(Q) = 2Q$이다.)

정답

이 기업은 완전경쟁시장에서 경쟁하기 때문에 다른 기업들이 부과하는 것과 동일한 가격을 부과하여야 한다. 그래서 경영자는 제품의 가격을 $20로 설정해야 한다. 이윤극대화 산출량을 구하기 위해, 우리는 가격을 한계비용과 같게 놓아야 한다. 이 기업의 한계비용은 $MC = 2Q$이다. 이것을 가격과 같게 놓으면

$$20 = 2Q$$

를 갖고, 이윤극대화 산출량 수준은 10 단위이다. 그래서 극대이윤은

$$\pi = (20)(10) - \left(5 + 10^2\right) = 200 - 5 - 100 = \$95$$

손실극소화

앞에서 우리는 이윤을 극대화하는 최적 산출량 수준을 보여주었다. 어떤 경우에는 단기손실은 피할 수 없다. 여기에서 우리는 단기에서 손실을 극소화하는 과정을 분석한다. 만약 손실이 장기에서 지속된다면 기업의 최선의 선택은 산업에서 퇴출하는 것이다.

단기손실, 조업지속 먼저 고정생산비용이 있는 상황을 생각하자. 〈그림 8-4〉에서 시장가격 P^e가 평균비용(ATC) 아래에 있다. 그러나 그것은 평균가변비용(AVC)곡선 위에 있다고 가정하자. 이 예에서 만약 기업이 $P^e = MC$인 곳에서 산출량 Q^*를 생산한다면 음영으로 되어있는 면적의 손실이 초래될 것이다. 그러나 가격은 평균가변비용을 초과하기 때문에 판매된 각 단위는 가변생산요소의 단위당 비용 보다 더 많은 수입을 창출할 것이다. 그래서 손실이 일어난다 하더라도 기업은 단기에서 계속해서 생산해야 한다.

다시 말하면, 〈그림 8-4〉에 있는 기업은 조업을 중단할 것을 결정한다 하더라도 지불되어야 할 고정비용을 갖고 있다. 그러므로 기업은 조업을 중단하면 고정비용만큼 손실을 입는다. 〈그림 8-4〉에서 가격은 Q^* 단위의 산출량을 생산할 때 평균가변비용을 초과하기 때문에 기업은 각 단위를 생산하는 비용을 초과하는 판매 단위당 수입을 얻는다. Q^* 단위의 산출량을 생산함으로써 기업은 이러한 단위를 생산하는 가변비용을 초과하는 금액을 얻게 되어 기업의 고정비용지불에 기여한다. 간단히 말하면 〈그림 8-4〉에서 기업이 조업함으로써 단기손실을 입

그림 8-4

손실극소화

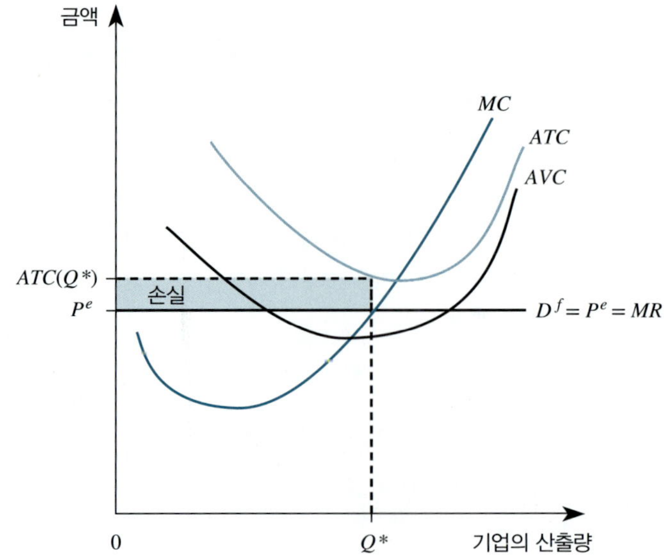

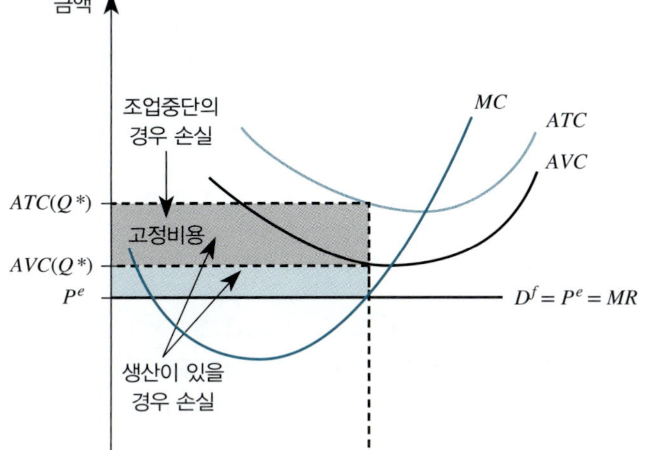

그림 8-5
조업중단 사례

지만 이러한 손실은 만약 기업이 완전히 조업을 중단한다면 초래될 손실보다 적을 것이다.

단기 조업중단결정 〈그림 8–5〉에서 시장가격이 너무 낮아 평균가변비용 아래에 있다고 가정하자. 만약 기업이 증가하는 한계비용의 영역의 $P^e = MC$인 곳에서 Q^* 생산했다면, 〈그림 8–5〉에서 두 음영으로 된 직사각형의 합과 같은 손실을 입을 것이다. 다시 말하면, 판매된 각 단위에 대해 기업은

$$ATC(Q^*) - P^e$$

의 손실을 입을 것이다. 이러한 단위당 손실이 Q^*로 곱해졌을 때, 〈그림 8–5〉에서 두 음영으로 된 직사각형의 합에 해당하는 부분이 음(–)의 이윤을 나타낸다.

Q^* 단위의 산출량을 생산하는 대신에 이 기업이 조업중단을 결정했다고 가정하자. 이 예에서 손실은 고정비용과 같다. 즉 산출량이 없더라도 지불되어야만 하는 비용. 기하학적으로 고정비용은 〈그림 8–5〉에서 위의 직사각형으로 나타나 있다. 이 직사각형의 면적은

$$[ATC(Q^*) - AVC(Q^*)]Q^*$$

이므로 이것은 고정비용과 같다. 그래서 가격이 평균가변비용보다 낮으면 기업은 Q^* 단위를 생산하는 것보다 조업을 중단하여 0을 생산함으로써 손실을 덜 보게 된다. 요약하면 우리는 다음의 원리를 찾아낼 수 있다.

완전경쟁하에서 단기산출량 결정

단기이윤을 극대화하기 위해, $P \geq AVC$이면, 완전경쟁기업은 증가하는 한계비용 영역의 $P = MC$인 곳에서 생산해야 한다. 만약 $P < AVC$이면, 기업은 손실을 최소화하기 위해 공장을 닫아야 한다.

예시 문제

8-2

어떤 기업의 비용함수가 $C(Q) = 100 + Q^2$로 주어져 있다고 가정하자. 만약 이 기업이 완전경쟁시장에서 제품을 판매하고 산업에 있는 다른 기업들은 $10의 가격으로 제품을 판매한다면, 기업은 이윤을 극대화하기 위해 또는 손실을 극소화하기 위해 얼마의 산출량 수준을 생산해야 할까? 만약 기업이 최적 결정을 했다면 얼마의 이윤 또는 손실이 있을까?

정답

먼저 $100의 고정비용과 $\$Q^2$의 가변비용이 있고 문제가 단기 시나리오를 다루고 있다는 것에 주의하자. 만약 기업이 양의 산출량 수준을 생산한다면, 기업은 가격과 한계비용이 같은 곳에서 생산할 것이다. 기업의 한계비용은 $MC = 2Q$이다. 이것을 가격과 같게 놓으면 $10 = 2Q$ 또는 $Q = 5$단위이다. 5단위의 산출량을 생산하는 평균가변비용은 $AVC = 5^2/5 = 25/5 = \$5$이다. $P \geq AVC$이기 때문에 기업은 단기에서 5단위를 생산해야 한다. 5단위의 산출량을 생산함으로써 기업은

$$\pi = (10)(5) - (100 + 5^2) = 50 - 100 - 25 = -\$75$$

의 손실을 입을 것이고 이러한 손실은 기업이 단기에서 공장을 닫는 경우의 $100의 손실(고정비용)보다 적다.

기업과 산업의 단기공급곡선

여러분들이 완전경쟁기업이 어떻게 산출량을 결정하는지를 이해했으므로 우리는 어떻게 기업과 산업의 단기공급곡선을 도출하는지를 살펴볼 것이다.

이윤을 극대화하는 완전경쟁기업은 가격과 한계비용이 같은 곳에서 산출량을 생산한다는 것을 상기하자. 예를 들어 〈그림 8-6〉에서 가격이 P_0로 주어졌을 때 기업은 산출량 Q_0 단위를 생산한다(증가하는 한계비용 영역에서 $P = MC$인 점). 가격이 P_1일 때, 기업은 산출량 Q_1 단위를 생산한다. P_0와 P_1 사이에 있는 가격에서 산출량은 가격과 한계비용이 교차하는 점에서 결정된다.

그러나 가격이 AVC 곡선 아래에 있을 때 기업은 0을 생산한다. 이것은 가변생산비용을 메우지 못하기 때문이다. 그래서 완전경쟁기업이 각 가격에서 얼마를 생산할 지를 결정하기 위해 우리는 단순히 한계비용과 가격이 같은 곳에서 산출량을 결정할 것이다. 기업이 양의 산출량을 생산하도록 하기 위해 가격은 평균가변비용 곡선 위에 있어야 한다.

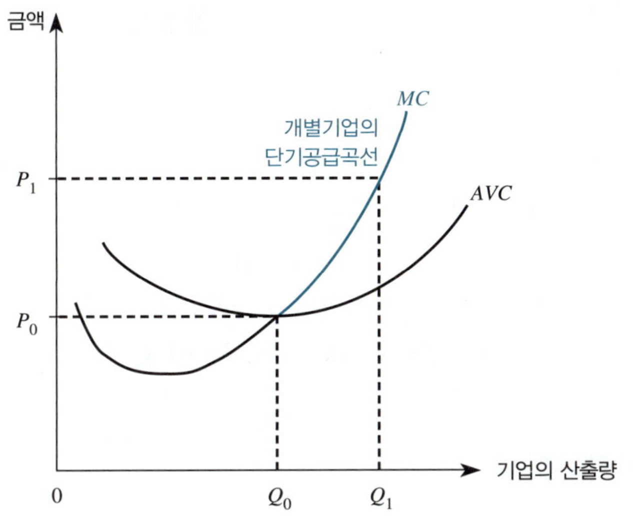

그림 8-6
완전경쟁기업의 단기공급곡선

기업의 단기공급곡선

완전경쟁기업의 단기공급곡선은 〈그림 8-6〉에서 보여 주듯이 *AVC* 곡선의 최저점 위의 한계비용곡선이다.

시장(또는 산업) 공급곡선은 완전경쟁산업에서 개별기업의 공급곡선과 밀접하게 관련되어 있다. 시장공급곡선은 시장에서 각각의 가능한 가격으로 생산될 수 있는 총수량을 나타낸다는 것을 상기하자. 개별기업이 주어진 가격에서 생산하게 되는 양은 개별기업의 한계비용에 의해 결정되기 때문에 모든 기업의 한계비용의 수평적 합은 각 가격에서 얼마의 총 산출량이 생산될지를 결정한다. 더 구체적으로 각 기업의 공급곡선은 최저 *AVC* 위의 기업의 한계비용곡선이기 때문

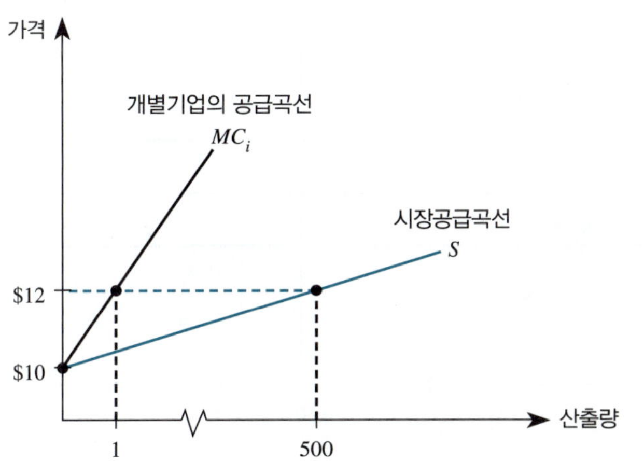

그림 8-7
시장공급곡선

에 완전경쟁산업의 시장공급곡선은 각 AVC 곡선 위에 있는 개별기업 한계비용의 수평적 합이다.

〈그림 8-7〉은 500개의 기업으로 구성되어 있는 완전경쟁산업에서 개별기업의 공급함수(MC_i)와 시장공급함수(S) 간의 관계를 나타낸다. 가격이 $10일 때, 각 기업은 0단위를 생산한다. 그래서 총 산업산출량은 0이다. 가격이 $12일 때, 각 기업은 1단위를 생산하고 그래서 500개 기업 모두에 의해 생산된 총 산출량은 500단위이다. 산업공급곡선은 개별기업의 공급곡선 보다 더 평평하고 산업에서 기업이 많으면 많을수록 시장공급곡선은 더 오른쪽에 있다.

8.2.3 장기의사결정

완전경쟁이론을 뒷받침하는 하나의 중요한 가정은 자유로운 진입과 퇴출이다. 만약 기업이 단기 경제적 이윤을 얻으면, 장기에서 추가적인 기업이 그러한 이윤을 얻으려고 산업에 진입한다. 더 많은 기업이 산업에 진입함에 따라 산업공급곡선은 오른쪽으로 평행 이동한다. 이것은 〈그림 8-8〉에서 S^0로부터 S^1로의 이동으로 나타나 있다. 이러한 이동은 개별기업의 제품에 대한 수요곡선을 아래로 평행 이동시키고 이것은 P^0에서 P^1로 균형시장가격을 낮춘다. 이것은 개별기업의 제품에 대한 수요곡선을 아래로 평행 이동시키고 개별기업의 이윤을 낮춘다.

완전경쟁산업에 있는 기업들이 계속해서 단기손실을 입으면 장기에서 그들은 기회비용을 메우지 못하기 때문에 산업에서 퇴출할 것이다. 기업들이 산업에서 퇴출함에 따라 시장공급곡선은 〈그림 8-8〉에서 S^0에서 S^2로 감소할 것이고 시장가격을 P^0에서 P^2로 증가시킨다. 그리고 시장공급곡선은 개별기업의 제품에 대한 수요곡선을 위로 평행 이동시키고 이것은 산업에 남아있는 기업들의 이윤

그림 8-8
진입과 퇴출: 시장과 기업의 수요

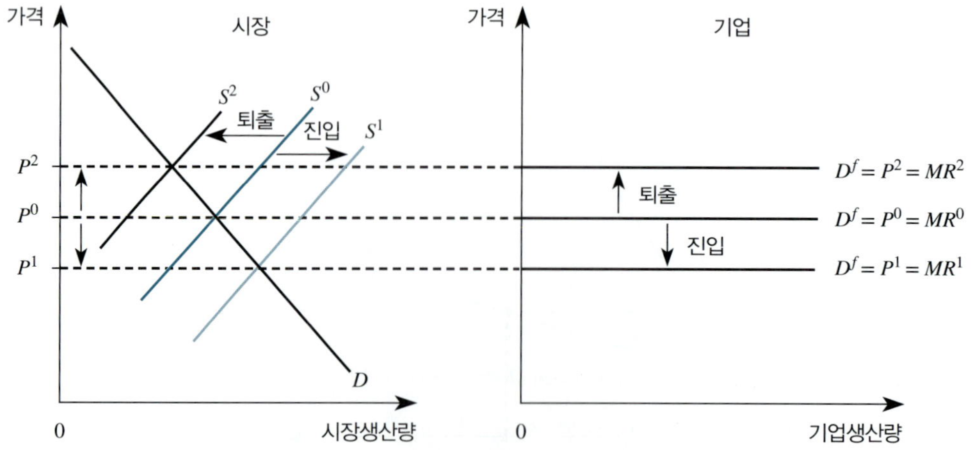

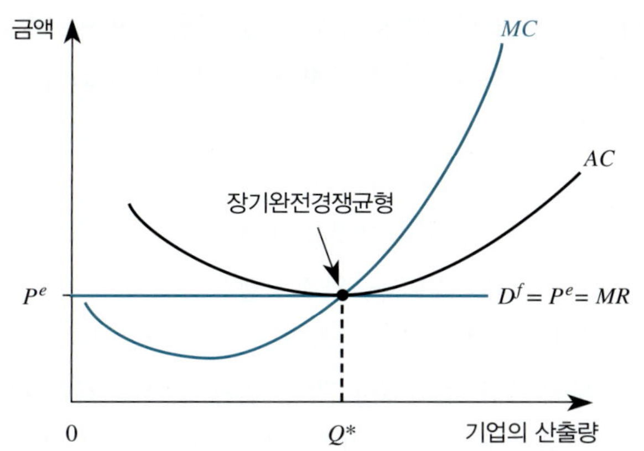

그림 8-9
장기완전경쟁균형

을 증가시킨다.

지금까지 설명된 과정은 궁극적으로 시장가격이 시장에 있는 모든 기업들이 0의 경제적 이윤을 얻을 때까지 계속된다. 〈그림 8-9〉에 있는 경우가 이것이다. 가격 P^e에서 각 기업은 평균생산비용을 메우기에 충분할 정도로 받고(AC는 장기에서 고정비용과 가변비용간의 차이가 없기 때문에 이용된다), 그리고 경제적 이윤은 0이다. 만약 이윤이 양이면 진입이 일어나고 시장가격은 개별기업의 제품에 대한 수요곡선이 AC곡선에 접할 때까지 떨어질 것이다. 만약 이윤이 음이면 퇴출이 일어날 것이고 기업수요곡선이 AC곡선에 접할 때까지 시장가격을 증가시킬 것이다.

장기완전경쟁 균형

장기에서 완전경쟁기업은

1. $P = MC$
2. $P = AC$의 극소점

인 산출량을 생산한다.

완전경쟁시장의 이러한 장기 속성은 두 가지 중요한 사회적 후생의미를 갖고 있다. 첫째, 시장가격은 한계비용과 같다는 것을 명심하자. 시장가격은 추가단위의 산출량에 대한 사회적 가치를 반영한다. 이러한 가치는 시장에서 모든 소비자의 선호에 달려 있다. 한계비용은 추가 한 단위의 산출량을 생산하는 사회적 비용을 나타낸다. 이러한 비용은 산업에서 더 많은 산출량을 생산하기 위해 어떤 다른 경제의 분야로부터 가져와야 할 자원을 나타낸다.

사회적 관점에서 가격과 한계비용이 같은 것이 중요한 이유를 보기 위해 가격이 균형에서 한계비용을 초과했다고 가정하자. 이것은 사회가 추가적으로 한 단위의 산출량을 생산하기 위해 드는 비용 이상으로 추가적인 한 단위의 산출량에 가치를 두는 것을 의미한다. 만약 어느 산업에서 가격이 한계비용을 초과하는 상태에서 산출량을 생산하고 있다면 그것은 비효율적일 것이다. 사회적 후생은 산출량을 확대함으로써 개선될 것이다. 완전경쟁산업에서 가격은 한계비용과 같기 때문에 산업은 사회적으로 효율적인 산출량 수준을 생산한다.

장기완전경쟁균형에 대해 주의해야 할 두 번째 것은 가격이 평균가변비용곡선의 극소점과 같다는 것이다. 이것은 기업이 0의 경제적 이윤을 얻을 뿐만 아니라 또한 모든 규모의 경제가 다 소진되는 것을 의미한다. 더 낮은 평균생산비용으로 산출량을 생산하는 방법은 없다.

우리가 1장과 5장에서 경제적 이윤과 회계적 이윤 간의 차이를 구분했던 것을 기억해보자. 완전경쟁산업에서 기업이 장기에서 0의 경제적 이윤을 얻는다는 사실은 회계적 이윤이 0이라는 것을 의미하지는 않는다. 오히려 0의 경제적 이윤은 회계적 이윤이 기회비용을 포함한 묵시적 비용을 상쇄하기에 충분하다는 것을 의미한다. 기업은 어떤 다른 용량에서 자원을 이용하여 얻을 수 있는 것보다 더 많게도 더 적게도 얻을 수 없다. 이것이 바로 경제적 이윤이 0이라 하더라도 기업이 장기적으로 계속해서 생산하는 이유이다.

8.3 독점

독점
단 하나의 기업이 대체재가 없는 재화를 시장 전체에 공급하는 시장 구조

이전 절에서 우리는 시장에 비해 작은 기업의 최적 산출량 결정의 특징을 설명했다. 작다는 것은 기업이 제품에 부과하는 가격에 대해 어떤 통제력도 갖지 못한다는 것을 의미한다. 이 절에서 우리는 정반대의 경우를 생각해 볼 것이다. **독점**은 단 하나의 기업이 전 시장에 유사한 대체재가 없는 재화를 공급하는 상황을 말한다.

8.3.1 독점력

시장이 독점적인지 아닌지를 결정하는데 제품에 대한 관련된 시장을 명시하는 것이 중요하다. 예를 들어 공공기업은 단 하나의 공공기업이 주어진 지역에 서비스를 제공하는 지역독점이다. 확실히 세상에는 많은 도시가 있는 것처럼 많은 공공기업이 있다. 그러나 공공기업은 고객에 대해 서로 직접적으로 경쟁하지 않는

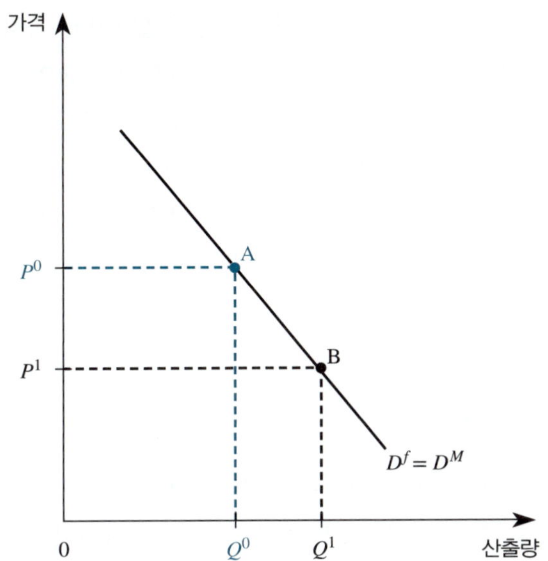

그림 8-10
독점기업의 수요

다. 어떤 도시에서 전기 서비스에 대한 대체재는 불충분하고 다른 도시로 이사하지 못한 고객들은 지역전기 서비스에 대해 가격을 지불해야 하거나 그렇지 않으면 전기 없이 지내야 한다. 이런 의미에서 공공기업은 공익 서비스에 대한 지역시장에서 독점이다.

사람들이 독점에 대해 생각할 때 보통은 매우 큰 회사를 상상한다. 그러나 꼭 그렇지만은 않다. 중요한 것은 어떤 주어진 시장에서 재화에 대해 유사 대체재를 판매하는 다른 기업들이 있느냐 하는 것이다. 예를 들어 다른 주유소로부터 수백마일 떨어져 있는 작은 도시에 위치한 주유소는 그 도시에서 독점이다. 큰 도시에는 보통 많은 주유소가 있으므로 휘발유 시장은 독점적이지 않다.

어떤 기업이 시장에서 유일한 판매자라는 사실은 다른 기업과 고객 경쟁을 펼치는 것보다 분명히 더 큰 시장지배력을 갖게 해 준다. 시장에는 단 하나의 생산자만 있기 때문에 시장수요곡선은 독점자의 제품에 대한 수요곡선이 된다. 이것은 개별기업의 수요곡선이 완전탄력적인 완전경쟁의 경우와 대비된다. 그러나 독점기업은 무한한 시장지배력을 갖지 않는다.

〈그림 8-10〉은 독점기업의 수요곡선을 나타내고 있다. 시장에 있는 모든 소비자는 독점기업으로부터 재화를 수요하기 때문에 시장수요곡선 D^M은 기업의 수요곡선 D^f와 같다. 법적제한이 없을 경우에 독점자는 제품에 대해 어떤 가격도 부과할 수가 있다. 그러나 이것은 기업이 어떤 가격에서나 원하는 만큼의 양을 판매할 수 있다는 것을 의미하지 않는다. 독점자에 의해 설정된 가격이 주어지면 소비자는 얼마 만큼의 양을 구매할 지를 결정한다. 예를 들어 만약 독점자가 비

교적 낮은 가격 P^1을 부과하면 소비자의 수요량은 Q^1이다. 독점자가 더 높은 가격 P^0를 설정할 수 있다. 그러나 그 가격에서는 수요량이 줄어들 것이다.

다시 말하면, 독점자는 시장수요곡선을 따라 가격-수량 조합만을 선택하는 소비자들에 의해 제한 받는다. 독점자는 가격 또는 수량을 선택할 수 있다. 그러나 둘 모두를 선택할 수는 없다. 독점자는 가격을 낮춤으로써만 더 높은 수량을 판매할 수 있다. 만약 가격이 너무 높으면 소비자는 전혀 구매하지 않는 것을 선택할 수 있다.

8.3.2 독점력의 원천

어떻게 기업이 독점력을 얻는가? 즉, 왜 독점기업은 어떤 경쟁자도 갖지 않는가? 독점력의 4가지 중요 원인이 있다. 하나 이상의 원인이 다른 기업들이 독점기업에 대해 경쟁하기 위해 시장에 진입하지 못하도록 진입장벽을 일으킨다.

규모의 경제

규모의 경제
산출량이 증가함에 따라 평균 총비용이 감소할 때 존재한다.

규모의 비경제
산출량이 증가함에 따라 평균 총비용이 증가할 때 존재한다.

우리가 논의할 독점력의 첫 번째 원인은 사실상 기술적 진보에 의한 것이다. **규모의 경제**는 산출량이 증가함에 따라 평균총비용(ATC)이 감소할 때 존재한다. **규모의 비경제**는 산출량이 증가함에 따라 평균총비용이 증가할 때 존재한다. 여러 기술에서 규모의 경제가 존재하는 영역이 있고 규모의 비경제가 존재하는 영역이 있다. 〈그림 8-11〉의 예에서 Q^* 미만의 산출량 수준에서 규모의 경제가 있고

그림 8-11
규모의 경제와 최저가격

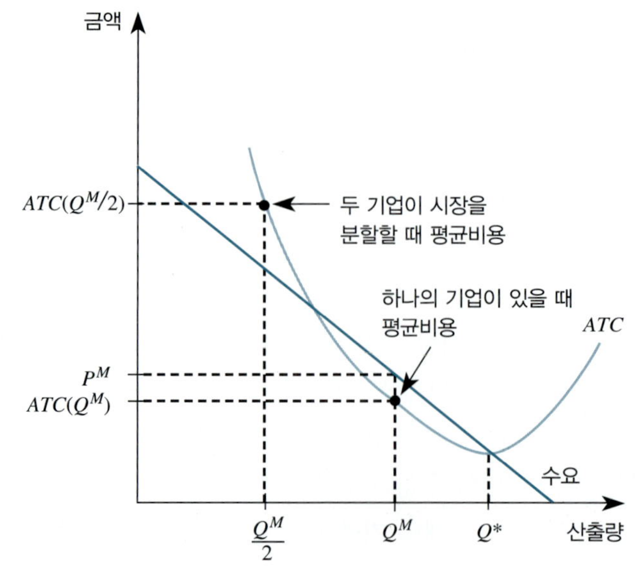

(왜냐하면 ATC는 이 영역에서 감소하기 때문이다) Q^* 이상의 산출량 수준에서 규모의 비경제가 있다(왜냐하면 ATC는 이 영역에서 증가하기 때문이다)

〈그림 8-11〉에서 만약 시장이 Q^M 단위를 생산하는 단 하나의 기업으로 구성되어 있으면 소비자들은 Q^M 단위에 대해 단위당 P^M의 가격을 지불할 용의가 있을 것이라는 것을 주목하자. $P^M > ATC(Q^M)$이기 때문에 기업은 평균생산비 보다 더 높은 가격으로 재화를 판매하여 양의 이윤을 얻는다. 이제 또 하나의 기업이 시장에 진입하여 두 기업이 시장을 분할했다고(각 기업은 $Q^M/2$를 생산한다) 가정하자. 생산된 총량은 동일할 것이므로 가격은 여전히 P^M이다. 그러나 각각 $Q^M/2$ 단위만을 생산하는 두 기업의 경우 각 기업은 $ATC(Q^M/2)$의 평균총비용을 지불하게 된다—단일 기업이 산출량 전체를 생산했을 때 보다 더 높은 평균총비용. 예를 들어, 고정간접비가 존재하고 두 회사가 존재하는 시장에서 각 회사는 이러한 생산비용을 부담해야만 하고, 각 회사는 그 비용을 독점기업 전체 생산량의 1/2만큼 분산시킬 수 있을 뿐이다. 또한 〈그림 8-11〉에서 각 기업의 평균비용은 소비자들이 시장에서 생산된 총 Q^M 단위에 대해 지불할 용의가 있는 가격 P^M보다 더 크다는 것을 주목하자. 이 산업에 두 개의 기업이 있게 되면 손실이 초래되는 반면 하나의 기업만이 존재하면 양의 이윤을 얻을 수 있다; 그 이유는 규모의 경제에 의해 더 많은 산출량과 평균비용의 감소를 누리기 때문이다. 따라서 우리는 규모의 경제에 의해서 하나의 기업이 어떤 재화에 대해 전체 시장에 공급하는 상황을 초래할 수 있다는 것을 알게 된다.

규모의 경제에 대한 분석은 어떤 기업이 독점자인지 아닌지를 결정할 때 관련된 시장을 정의하는 것이 왜 그렇게 중요한지를 알 수 있게 해준다. 앞서 언급했듯이 어떤 한 주유소는 또 하나의 주유소로부터 수 백 마일 떨어져 위치한 한 작은 마을에서는 독점자일 것이고, 반면에 큰 도시에 위치한 한 주유소는 독점자일 것 같지 않다. 〈그림 8-11〉의 관점에서 한 작은 마을에 있는 휘발유의 수요는 관련된 영역에서 규모의 경제를 일으키는(Q^* 아래의 산출량) Q^*에 비해 보통 낮다. 큰 도시에서 휘발유의 수요는 Q^*에 비해 크므로 시장에서 여러 주유소가 공존하는 것을 가능하게 한다.

범위의 경제

범위의 경제는 같은 기업 안에서 두 제품을 함께 생산하는 총비용이 서로 다른 기업들에 의해 각각 생산될 때 보다 더 낮을 경우, 즉 Q_1과 Q_2를 함께 생산하는 것이 더 쌀 때 존재한다는 것을 상기하자. 제약회사들은 종종 신약개발과정에서 범위의 경제를 향유한다; 하나의 질병을 치료하는 약을 개발할 때의 중요한 발견이 다른 질병들을 치료하는 추가 제품들을 개발하는 비용을 감소시킬 수도 있다.

범위의 경제
두 개의 제품을 한 기업이 생산할 때의 총비용이 두 개의 제품을 각각 다른 기업들이 생산할 때의 총비용의 합계보다 작을 때 범위의 경제가 존재한다.

범위의 경제에 직면하여 효율적인 생산을 위해서는 기업이 여러 제품을 함께 생산하는 것을 필요로 한다. 여러 제품을 함께 생산하는 기업이 하나의 제품을 생산하는 기업 보다 더 큰 시장지배력을 반드시 가지지는 않지만 범위의 경제는 "더 큰" 기업을 촉진하는 경향이 있다. 다음에 이것은 투자를 위한 운전자본과 시설자금이 얻어지는 자본시장에 더 쉽게 접근할 수 있다. 보통 작은 기업이 큰 기업 보다 자금을 조달하는데 어려움을 갖는 만큼 자본에 대한 더 높은 비용 때문에 진입장벽이 존재한다. 극단적인 경우 범위의 경제는 독점력을 초래할 수 있다.

비용보완성

비용보완성
어떤 제품의 한계비용이 다른 제품의 산출량 증가로 인해 감소하는 현상

비용보완성은 어느 제품의 산출량이 증가할 경우 다른 제품을 생산하는 한계비용이 감소할 때 다제품(multiproduct) 비용함수에서 존재한다; 즉, 제품 2의 산출량 증가가 제품 1을 생산하는 한계비용을 감소시킬 때.

비용보완성을 누리는 다제품 생산기업은 하나의 제품만을 생산하는 기업보다 더 낮은 한계비용을 갖는 경향이 있다. 비용보완성은 하나의 제품을 생산하는 기업에 비해 여러 제품을 생산하는 기업에게 비용 이점(cost advantage)을 준다. 그래서 비용보완성이 존재할 경우, 기업들은 더 낮은 한계비용을 가진 기업에 대해 경쟁할 수 있기 위해서 여러 제품을 함께 생산해야 한다. 하나의 제품을 생산하는 기업보다 여러 제품을 생산하는 기업에게 더 큰 자본이 요구되는 만큼, 이러한 다제품 생산에 대한 필요성은 시장에 진입하려는 소규모 기업의 능력을 제한할 수 있다. 극단적인 경우 독점력이 발생할 수도 있다.

특허와 다른 법적장벽

지금까지 설명한 독점력의 원인은 사실상 기술이다. 정부는 개인이나 기업에게 독점권을 허용할 수 있다. 예를 들어 어떤 시는 또 하나의 공익사업 회사가 그 지역의 공익사업 회사에 대해 경쟁하지 못하도록 할 수 있다. 가장 흔한 예는 특허시스템에 의해 만들어진 독점력이다.

특허는 새로운 제품의 발명자에게 주어진 기간 동안 제품을 판매하는 배타적인 권리를 준다 (〈인사이드 비즈니스 8-2〉 참조). 새로운 발명자에게 독점력을 허용하는 근본적인 이유는 다음의 논거를 토대로 한다. 발명은 여러 해가 걸리고 개발하는데 상당한 금액이 든다. 발명이 공공정보가 되면 특허시스템이 없을 경우 다른 기업들이 제품을 생산할 수 있어 그것을 개발한 개인이나 기업에 대해 경쟁할 수 있다. 이러한 기업들은 제품을 개발하는데 자원을 쓸 필요가 없기 때문에 그들은 원래의 개발자 보다 더 높은 이윤을 얻게 될 것이다. 특허시스템이

인사이드 비즈니스 8-2 특허, 상표권, 저작권

미국정부는 세가지 형태의 특허권을 부여한다: 실용, 디자인, 플랜트. "실용특허"는 발명이 사용되고 작동되는 방법에 대한 특허이며 "디자인특허"는 발명이 표현되는 방식에 대한 특허이다. "플랜트 특허"는 새로운 종류의 식물을 발견하고 이를 무성생식으로 재생산한 경우에 부여된다. 실용 및 플랜트 특허는 20년간 특허를 부여하며 디자인특허는 14년간 지속된다. 상표권은 상품이나 서비스와 관련된 단어, 이름, 상징, 이미지 등을 보호한다. 저작권은 창조자의 표현형태(문헌, 드라마, 음악, 미술적 표현 등)를 보호한다. 특허와 상표권은 US Patent and Trademark Office에서 관리하며, US Copyright Office는 저작권을 관리한다.

출처: United States Patent and Trademark Office; United States Copyright Office.

없을 경우 기업의 입장에서 새로운 기술과 제품을 개발하려는 인센티브가 감소하게 되는 것이다.

특허가 절대적인 독점을 초래하는 경우는 거의 없다는 것을 강조하는 것이 중요하다, 왜냐하면 경쟁자들이 종종 곧바로 비슷한 제품이나 기술을 개발하기 때문이다. 또한 서로 다른 R&D 계획을 가진 여러 기업들은 다른 특허제품에 대해 유사한 대체재 제품에 대한 특허를 각각 얻게 될 수도 있다. 예를 들면, 가장 잘 판매되는 발기부전 치료약−파이저의 비아그라와 엘리 릴리(Eli Lilly's)의 시알리스−둘 다 특허가 있지만 경쟁자들이다. 이런 이유로 인해 특허가 있다고 해서 반드시 경쟁이 없다고는 할 수 없다.

8.3.3 이윤극대화

여러분은 독점력이 무엇이고 독점력의 발생원인에 대해 알았으므로 우리는 독점의 경영자가 이윤을 극대화하기 위하여 이러한 독점력을 어떻게 이용할 수 있는지 살펴 볼 것이다. 특히 이 절에서 우리는 경영자가 독점기업의 책임을 맡고 있다고 가정한다. 우리의 목표는 독점기업의 이윤을 극대화하는 가격과 산출량 결정의 특징을 설명할 것이다.

한계수입

독점기업이 〈그림 8−12 (a)〉에 있는 수요곡선과 같이 제품에 대한 수요곡선에 직면한다고 가정하자. 3장에서 선형 수요곡선은 높은 가격에서 탄력적이고 낮은 가격에서 비탄력적이라는 것을 우리는 배웠다. 만약 독점자가 0단위의 산출량을 생산한다면 수입은 0이다. 산출량이 0 이상으로 증가함에 따라 수요는 탄력적이고 〈그림 8−12 (b)〉가 보여 주듯이 (더 낮은 가격을 의미하는) 산출량의 증

그림 8-12

수요탄력성과 총수입

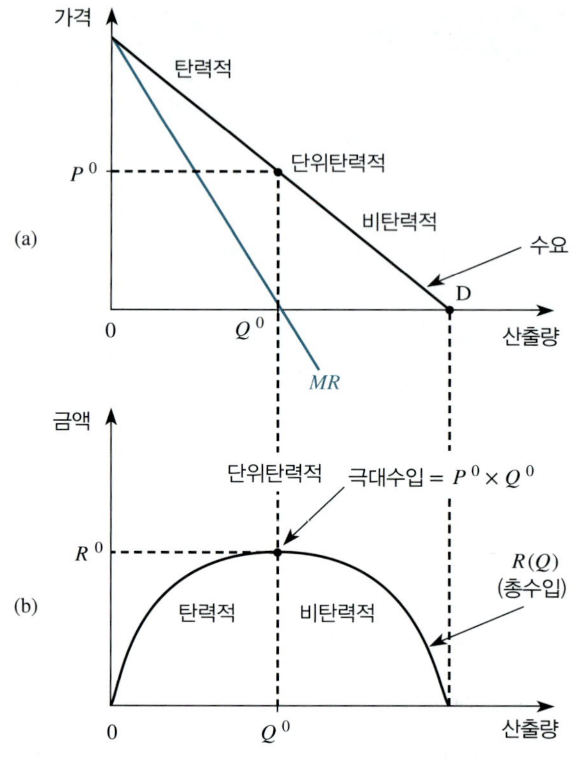

가는 총수입의 증가를 가져온다. 이것은 총수입 검정에 의한 결과이다. 산출량이 수요의 비탄력적 영역인 Q^0 이상으로 증가할 때, 산출량의 더 많은 증가는 점 D에서 가격이 0이고 수입이 다시 0일 때까지 실제로 총수입을 감소시킨다. 이것이 〈그림 8-12 (b)〉에 나타나 있다. 그래서 총수입은 〈그림 8-12 (b)〉에서 산출량이 Q^0일 때 극대화된다. 이것은 〈그림 8-12 (a)〉에서 가격 P^0에 해당하고 여기에서 수요는 단위탄력적이다.

〈그림 8-12 (a)〉에서 선분 *MR*은 독점자의 한계수입곡선이다. 한계수입은 산출량의 마지막 한 단위에서 기인하는 총수입의 변화라는 것을 상기하자. 기하학적으로 총수입곡선의 기울기이다. 〈그림 8-12 (a)〉가 보여 주듯이 독점자의 한계수입곡선은 수요곡선 아래에 있다. 사실상 선형수요곡선에서 한계수입곡선은 수요곡선과 종축 사이의 정확히 중간에 위치한다. 이것은 독점자에게 한계수입은 재화에 부과되었던 가격보다 너 낮다는 것을 의미힌디.

왜 한계수입곡선이 독점자의 수요곡선 아래에 있는지 그 이유를 이해하기 위한 두가지 방법이 있다. 첫째 기하학적 설명을 생각하자. 한계수입은 〈그림 8-12 (b)〉에서 총수입곡선 $R(Q)$의 기울기이다. 산출량이 0에서 Q^0로 증가함에 따라 총수입곡선의 기울기는 Q^0에서 0이 될 때까지 감소한다. 이 영역에서 산출량이 Q^0일 때 0이 될 때까지 한계수입은 감소한다. 산출량이 Q^0 이상으로 증가함에 따라 총수입곡선의 기울기는 음이 되고 산출량이 계속해서 증가함에 따라 점점 더 큰 음이 된다. 이것은 한계수입이 Q^0를 초과하는 산출량에 대해서는 음이라는 것을 의미한다.

공식: 독점기업의 한계수입

독점기업의 한계수입 공식은

$$MR = P\left[\frac{1+E}{E}\right]$$

이다. 여기에서 E는 독점자의 제품에 대한 수요탄력성이고 P는 제품에 대해 부과된 가격이다.

독점기업의 수입은

$$R(Q) = P(Q)Q$$

Q에 관해 도함수를 취하면

$$\begin{aligned}\frac{dR}{dQ} &= \frac{dP}{dQ}Q + P \\ &= P\left[\left(\frac{dP}{dQ}\right)\left(\frac{Q}{P}\right) + 1\right] \\ &= P\left[\frac{1}{E} + 1\right] \\ &= P\left[\frac{1+E}{E}\right]\end{aligned}$$

을 얻는다. 여기에서 E는 수요탄력성이다. $dR/dQ = MR$이기 때문에 이것은

$$MR = P\left[\frac{1+E}{E}\right]$$

을 의미한다.

예시 문제

8-3

수요가 탄력적이면(이를테면, $E = -2$) 한계수입은 양이지만 가격보다 작다는 것을 보여라. 수요가 단위 탄력적이면($E = -1$) 한계수입은 0이라는 것을 보여라. 마지막으로 수요가 비탄력적이면(이를테면, $E = -0.5$) 한계수입은 음이다.

정답

한계수입 공식에 $E = -2$를 놓으면

$$MR = P\left[\frac{1-2}{-2}\right] = \frac{-1}{-2}P$$

를 얻는다.

그러므로 $MC = 0.5P$. 수요가 탄력적일 때 한계수입은 양이다. 그러나 가격보다 적다(이 예에서, 한계수입은 가격의 절반이다).

한계수입 공식에 $E = -1$를 놓으면

$$MR = P\left[\frac{1-1}{-1}\right] = 0$$

을 얻는다. $MR = 0$. 그러므로 수요가 단위 탄력적일 때, 한계수입은 0이다.

마지막으로, 한계수입 공식에 $E = -0.5$를 놓으면

$$MR = P\left[\frac{1-.5}{-.5}\right] = P\left[\frac{.5}{-.5}\right] = -P$$

를 얻는다. $MR = -P$. 그러므로 수요가 비탄력적일 때 한계수입은 음이다. 그리고 가격보다 적다(이 예에서, 한계수입은 음의 가격이다).

둘째, 한계수입이 독점자의 가격보다 낮은 이유에 대한 다른 설명은 다음과 같다. 독점자가 단위당 \$4의 가격으로 산출량 한 단위를 판매한다고 가정하자. 만약 독점자가 산출량 한 단위 더 생산한다면 수입은 어떻겠는가? 수입은 \$4 보다 덜 증가한다. 그 이유를 보기위해 독점자는 이를테면 단위당 \$4에서 \$3로 가격을 낮춤으로써만 한 단위 이상의 산출량을 판매할 수 있다는 것에 주목하자. 그러나 한 단위 이상을 판매하기 위해 필요한 가격 감소는 \$4에서 \$3로 첫 단위에 받았던 가격을 낮춘다. 그래서 2단위의 산출량과 관련된 총수입은 \$6이다. 그래서 한 단위 더 생산에 기인한 총수입의 변화는 \$2이고, 이것은 제품에 부과되었던 가격(\$3)보다 낮다.

독점자가 제품에 부과할 수 있는 가격은 얼마 만큼이 생산되느냐에 달려있기 때문에 $P(Q)$는 Q단위의 산출량에 대해 소비자에 의해 지불된 단위당 가격을 나타낸다. 이러한 관계는 수요곡선과 같은 정보를 요약하여 말한다. 그러나 가격이 거꾸로 수량의 함수로 표시되었기 때문에 역수요함수라 불린다. $P(Q)$로 표시되

는 역수요함수는 기업의 산출량의 함수로서 단위당 가격을 나타낸다. 가장 일반적인 역수요함수는 선형 역수요함수다.

선형 역수요함수는

$$P(Q) = a + bQ$$

이다. 여기에서 a는 0보다 큰 수이고 b는 0보다 작은 수이다.

모든 수요함수에 적합한 한계수입에 대한 일반 공식과 더불어 특수한 경우의 선형 역수요함수의 경우 한계수입에 대한 다음의 공식도 유용하다.

공식: 선형 역수요함수의 *MR*

선형 역수요함수 $P(Q) = a + bQ$에 대해 한계수입은 $MR = a + 2bQ$이다.

선형 역수요함수의 경우 수입함수는

$$R(Q) = (a + bQ)Q$$

이다. 한계수입은

$$MR = \frac{dR}{dQ} = a + 2bQ$$

이다.

예시 문제 8-4

독점자의 제품에 대한 역수요함수가

$$P = 10 - 2Q$$

이라 가정하자. 독점자가 3단위를 판매할 수 있기 위해서 부과할 수 있는 단위당 최고가격은 얼마인가? 산출량 3단위와 관련된 한계수입은 얼마인가?

정답

먼저, 우리는 역수요함수(여기서 $a = 10$, 그리고 $b = -2$)에서 $Q = 3$을 놓아

$$P = 10 - 2(3) = \$4$$

를 얻는다. 그러므로 독점자가 3단위를 판매할 수 있기 위해서 부과할 수 있는 단위당 최고가격은 $4이다. 3단위가 생산될 때 한계수입을 구하기 위해, 우리는 선형 역수요함수에 대한 한계수입 공식에 $Q = 3$을 놓아

$$MR = 10 - [(2)(2)(3)] = -\$2$$

를 얻는다. 그래서 판매된 3번째 단위는 수입을 $2 감소시킨다.

산출량 결정

수입은 이윤의 결정요소 중의 하나다. 다른 하나는 비용이다. 독점자가 Q 단위의 판매로부터 받는 수입은 $R(Q) = Q[P(Q)]$이기 때문에 비용함수 $C(Q)$를 갖는 독점자의 이윤은

$$\pi = R(Q) - C(Q)$$

이다. 전형적인 수입과 비용함수는 〈그림 8-13 (a)〉에 그려져 있다. 위에 있는 그림 (a)에서 수입과 비용함수 간의 수직 거리는 여러 산출량 수준에서 독점자의 이윤을 반영한다. 점 A 이하와 점 B 이상의 산출량 수준은 손실을 의미하는데 이는 비용곡선이 수입곡선 위에 있기 때문이다. 점 A와 점 B 사이의 산출량 수준에서 수입함수는 비용함수 위에 있고 이윤은 각 산출량 수준에서 양이다.

〈그림 8-13 (b)〉는 이윤함수를 나타내고 있는데 이것은 위에 있는 그림 (a)에서

그림 8-13

독점에서 비용, 수입, 그리고 이윤

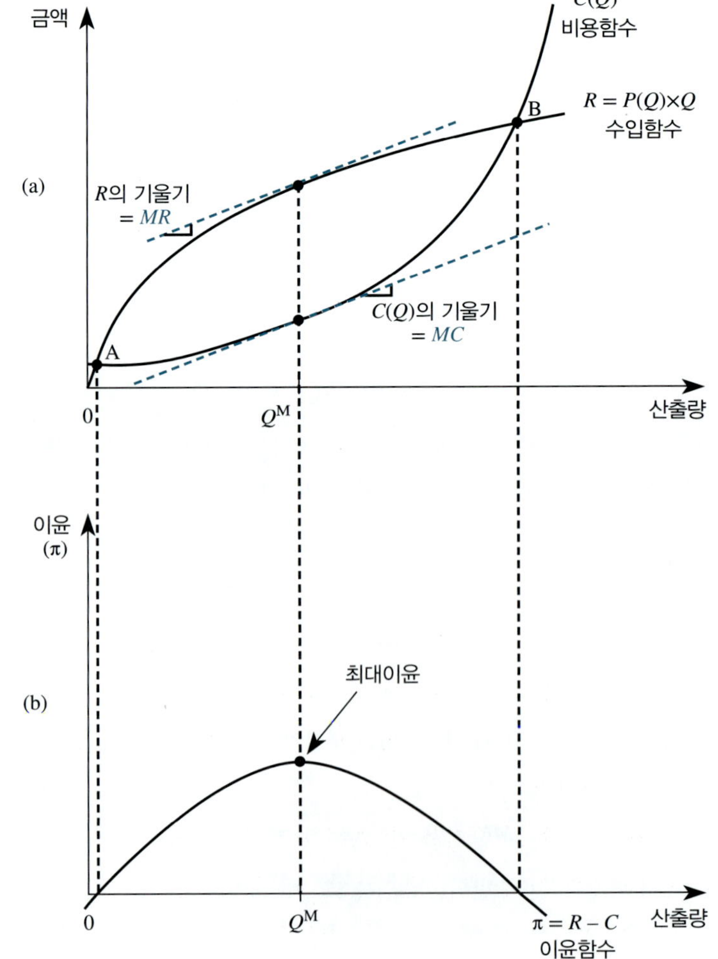

수입 R과 비용 C간의 차이다. 〈그림 8-13 (a)〉가 보여 주듯이 이윤은 산출량 Q^M에서 가장 크고 여기에서 수입과 비용함수 간의 수직 거리가 가장 크다. 이것은 아래에 있는 그림 (b)에서 최대 이윤 점에 해당한다. 이윤극대화 산출량 수준(Q^M)의 매우 중요한 속성은 위에 있는 그림 (a)에서 수입함수의 기울기는 비용함수 기울기와 같다는 것이다. 경제용어로 한계수입은 산출량 Q^M에서 한계비용과 같다.

원리

독점산출량 법칙

이윤극대화 독점자는 산출량 Q^M을 생산해야 한다. 산출량 Q^M에서 한계수입과 한계비용은 같다:

$$MR(Q^M) = MC(Q^M)$$

독점자의 이윤은

$$\pi = R(Q) - C(Q)$$

이고 여기에서 $R(Q)$는 총수입이다. 이윤을 극대화하기 위해서 한계이윤은 0이어야 한다:

$$\frac{d\pi}{dQ} = \frac{dR(Q)}{dQ} - \frac{dC(Q)}{dQ} = 0$$

또는

$$MR = MC$$

이다.

이 중요 법칙이 의미하는 것은 다음과 같다. 만약 한계수입이 한계비용보다 더 크면 산출량의 증가는 비용을 증가시키는 것 이상으로 수입을 증가시킬 것이다. 독점의 이윤극대화 경영자는 $MR > MC$때 산출량을 계속해서 증대해야 한다. 반면, 만약 한계비용이 한계수입을 초과하면 산출량의 감소는 수입을 감소시키는 것 이상으로 비용을 감소시킨다. 그래서 이윤극대화 경영자는 한계수입이 한계비용과 같은 곳에서 생산하게 된다.

독점의 이윤극대화 산출량 결정의 또 다른 특징이 〈그림 8-14〉에 나타나 있다. 한계수입곡선은 Q^M 단위가 생산될 때 한계비용곡선과 교차한다. 그래서 이윤극대화 산출량 수준은 Q^M, 소비자가 Q^M 단위에 대해 지불할 용의가 있는 단

그림 8-14

독점에서 이윤극대화

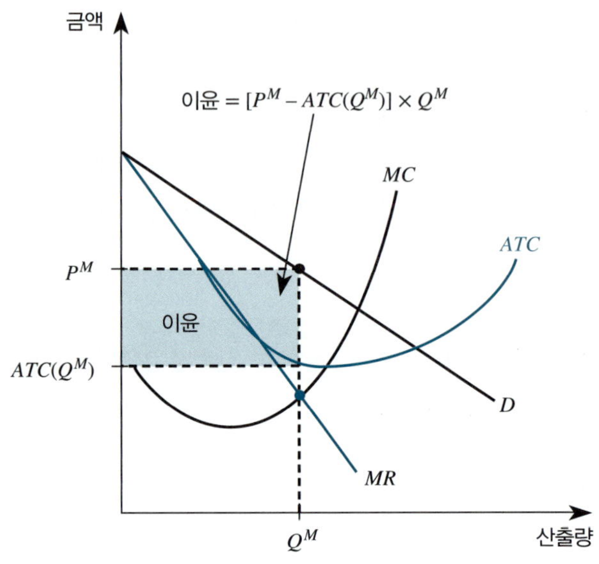

위당 최대가격은 P^M이다. 그러므로 이윤극대화 가격은 P^M이다. 독점이윤은 그림에서 음영으로 되어있는 직사각형이고 이것은 Q^M 곱하기 $[P^M - ATC(Q^M)]$이다.

독점가격설정 법칙

이윤을 극대화하는 산출량 수준 Q^M이 주어져 있으면 독점가격은 생산되는 Q^M 단위에 해당하는 수요곡선상의 가격이다:

$$P^M = P(Q^M)$$

예시 문제

8-5

독점기업의 제품에 대한 역수요함수는

$$P = 100 - 2Q$$

이고, 비용함수는

$$C(Q) = 10 + 2Q$$

라고 가정하자. 이윤극대화 가격과 수량, 그리고 극대이윤을 구하십시오.

정답

선형 역수요함수에 대한 한계수입 공식과 한계비용에 대한 공식을 이용하여, 우리는

$$MR = 100 - (2)(2)(Q) = 100 - 4Q$$
$$MC = 2$$

를 구한다.

이윤극대화 산출량 수준을 구하기 위해 $MR = MC$로 놓는다:

$$100 - 4Q = 2$$

또는

$$4Q = 98$$

Q에 대해 풀면 이윤극대화 산출량 $Q^M = 24.5$단위를 얻는다. 우리는 역수요함수에서 $Q = Q^M$로 놓음으로써 이윤극대화 가격을 구한다:

$$P = 100 - 2(24.5) = \$51$$

이윤극대화 가격은 단위당 \$51이다. 마지막으로 이윤은 수입과 비용의 차이에 의해 구해진다:

$$\begin{aligned}\pi &= P^M Q^M - C(Q^M) \\ &= (51)(24.5) - [10 + 2(24.5)] \\ &= \$1{,}190.50\end{aligned}$$

공급곡선의 부재

공급곡선은 주어진 가격에서 얼마 만큼이 생산될 것인가를 결정한다는 것을 상기하자. 완전경쟁기업은 가격($P = MC$)을 토대로 얼마 만큼의 산출량을 생산할 것인가를 결정하기 때문에 공급곡선은 완전경쟁시장에서 존재한다. 이와는 대조적으로 독점자는 가격보다 낮은 ($P > MR = MC$) 한계수입을 토대로 얼마 만큼을 생산할 것인가를 결정한다. 이 이유는 독점기업의 생산량 변화는 실제로 시장가격을 변화시킨다. 결과적으로 독점기업의 생산량 선택이 주어진 서로 다른 가격들에 대해 어떻게 변하는가를 표현할 방법이 없으므로 독점기업의 경우에는 공급곡선이 없다. 실제로 우리가 다음 절에서 설명할 독점적 경쟁기업과 같이 시장지배력을 가진 기업들이 존재하는 시장에는 공급곡선이 없다.

여러 공장(multiplant)이 존재할 때의 독점의사결정

지금까지 우리는 독점자는 어떤 한 장소에서 산출량을 생산한다고 가정했다. 그러나 많은 경우에 독점자는 서로 다른 장소에 서로 다른 공장을 가지고 있다. 그러한 독점의 경영자에게 중요한 문제는 각 공장에서 얼마 만큼의 산출량을 생산할 것인가에 대한 결정이다.

독점자가 두 공장에서 산출량을 생신힌다고 가정하자. 공장 1에서 Q_1 단위를 생산하는 비용은 $C_1(Q_1)$이고 공장 2에서 Q_2 단위를 생산하는 비용은 $C_2(Q_2)$이다. 더욱이 두 공장에서 생산되는 세품은 동일하고 소비자가 두 공장에서 생산되는 총산출량에 대해 지불할 용의가 있는 단위당 가격은 $P(Q)$라고 가정하자. 여기에서

$$Q = Q_1 + Q_2$$

이윤극대화를 위해 두 공장을 소유하고 있는 독점자는 각 공장의 한계비용이 총 산출량의 한계수입과 같도록 각 공장에서 생산해야 한다.

공장이 다수인 경우의 산출량 법칙

$MR(Q)$는 총 산출량 $Q = Q_1 + Q_2$ 단위를 생산하는 한계수입이라 하자. 공장 1에서 Q_1 단위를 생산하는 한계비용은 $MC_1(Q_1)$이고 공장 2에서 Q_2 단위를 생산하는 한계비용은 $MC_2(Q_2)$이다. 두 공장이 있는 독점자에게 이윤극대화 법칙은 두 공장 간에 산출량을

$$MR(Q) = MC_1(Q_1)$$
$$MR(Q) = MC_2(Q_2)$$

로 할당한다.

만약 이윤이

$$\pi = R(Q_1 + Q_2) - C_1(Q_1) - C_2(Q_2)$$

이면, 이윤극대화의 제1차 조건은

$$\frac{d\pi}{dQ_1} = \frac{dR(Q_1 + Q_2)}{dQ_1} - \frac{dC_1(Q_1)}{dQ_1} = 0$$

$$\frac{d\pi}{dQ_2} = \frac{dR(Q_1 + Q_2)}{dQ_2} - \frac{dC_2(Q_2)}{dQ_2} = 0$$

여러 공장의 산출량 법칙을 설명하는 실질적 논리는 모든 이윤극대화 원리와 정확히 같다. 만약 어떤 공장에서 산출량을 생산하는 한계수입이 한계비용을 초과한다면 기업은 그 공장에서 산출량을 증대함으로써 비용 보다 더 많은 수입을 추가할 것이다. 산출량이 증대함에 따라 한계수입은 궁극적으로 그 공장에서 한계비용과 같게 될 때까지 하락한다.

여러 공장이 있는 경우의 이윤극대화 조건은

$$MC_1(Q_1) = MC_2(Q_2)$$

을 의미한다.

이것은 또한 단순한 경제적 의미를 갖는다. 만약 공장 1에서 한계비용이 공장 2에서 한계비용 보다 낮으면 독점자는 공장 1에서 더 많은 산출량을 생산하고 공장 2에서 덜 생산함으로써 비용을 줄일 수 있다. 더 많은 산출량이 공장 1에서 생산됨에 따라 공장 1에서 한계비용은 궁극적으로 공장 2에서 한계비용과 같은 때까지 증가할 것이다.

예시 문제 8-6

독점자의 제품에 대한 역수요함수는

$$P(Q) = 70 - .5Q$$

이다. 독점자는 두 공장에서 제품을 생산할 수 있다. 공장 1에서 한계비용은 $MC_1 = 3Q_1$이고 공장 2에서 한계비용은 $MC_2 = Q_2$이다. 이윤을 극대화하기 위해 각 공장에서 얼마의 산출량이 생산되어야 하고 제품에 대해 얼마의 가격이 부과되어야 하는가?

정답

이윤을 극대화하기 위해, 기업은 두 공장에서

$$MR(Q) = MC_1(Q_1)$$
$$MR(Q) = MC_2(Q_2)$$

이 되도록 산출량을 생산해야 한다.

이 예에서 한계수입은

$$MR(Q) = 70 - Q$$

이고, 여기에서

$$Q = Q_1 + Q_2$$

이다. 이 값을 여러 공장의 산출량 법칙의 공식에 대입하면, 우리는

$$70 - (Q_1 + Q_2) = 3Q_1$$
$$70 - (Q_1 + Q_2) = Q_2$$

를 얻는 두 개의 방정식과 두 개의 미지수를 갖는다. 두 개의 미지수에 대해 푸는 첫 번째 방정식은

$$Q_2 = 70 - 4Q_1$$

을 의미한다. 이것을 두 번째 방정식에 대입하여

$$70 - (Q_1 + 70 - 4Q_1) = 70 - 4Q_1$$

을 얻는다. 이 방정식을 풀어 $Q_1 = 10$을 구하고 Q_1값을 첫 번째 방정식에 대입한다:

$$70 - (10 + Q_2) = 3(10)$$

이 방정식을 풀어 우리는 $Q_2 = 30$을 구한다. 그래서 기업은 공장 1에서 10단위를, 공장 2에서 30단위를 합하여 총 40단위를 생산해야 한다.

이윤극대화 가격을 구하기 위해 우리는 소비자가 40단위의 산출량에 대해 지불해야 하는 단위당 최고가격을 구해야 한다. 이것을 하기 위해 우리는 역수요함수에 $Q = 40$을 넣는다:

$$P = 70 - .5(40) = \$50$$

이윤극대화 가격은 $50이다.

그림 8-15
0의 경제적 이윤을 얻는 독점자

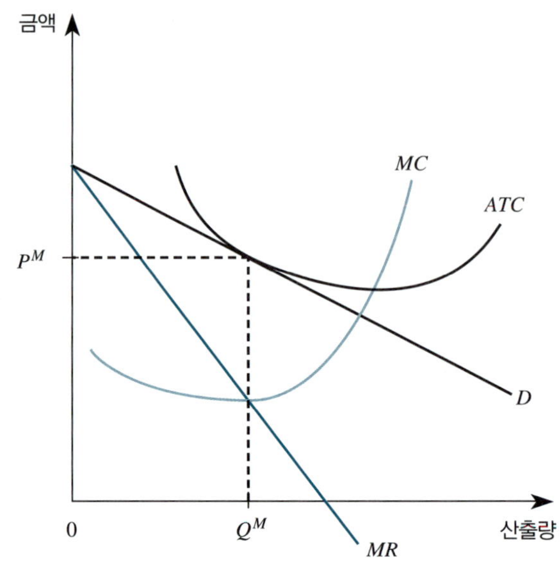

8.3.4 진입장벽의 의미

우리는 독점기업이 양의 경제적 이윤을 얻을 수 있다는 것을 밝혔다. 독점기업이 양의 경제적 이윤을 얻고 있을 때 진입장벽의 존재는 다른 기업이 그러한 이윤의 일부를 얻기 위해 시장에 진입하지 못하게 한다. 따라서 진입장벽이 존재하면 독점이윤은 기업이 독점력을 유지하는 한 계속될 것이다. 그러나 독점력의 존재가 양의 이윤을 의미하지 않는다는 것을 명심하는 것이 중요하다. 양의 이윤은 수요곡선이 평균 총비용곡선과 관련해서 어디에 있느냐에 달려 있다. 예를 들어 〈그림 8-15〉에 표현되어 있는 독점기업은 0의 경제적 이윤을 얻는데, 이것은 최적 가격이 정확히 평균 총비용과 같기 때문이다. 더욱이 단기에서 독점기업은 손실을 겪을 수도 있다.

독점기업이 누리는 독점력은 종종 사회적 비용을 의미한다. 예로서 〈그림 8-16〉에 그래프로 나타나 있는 독점자의 수요곡선, 한계수입곡선 그리고 한계비용곡선을 생각하자. 단순화를 위해, 이러한 곡선들은 산출량의 선형함수로 그려져 있고 평균비용곡선의 위치가 당분간 생략되어 있다. 이윤극대화 독점자는 산출량 Q^M를 생산하고 가격 P^M를 부과한다.

독점에 대해 주목할 첫 번째 것은 가격이 한계비용을 초과한다는 것이다: $P^M > MC$. 시장에서 가격은 또 한 단위의 산출량에 대한 사회적 가치를 반영한다. 가격이 한계비용을 초과하기 때문에 독점자는 사회적으로 바람직한 산출량 보다 적은 산출량을 생산한다. 실제로 사회는 추가 한 단위를 생산하는 비용보다 산출량의 추가 한 단위에 더 지불할 용의가 있을 것이다. 그러나 독점자는 추가 한 단

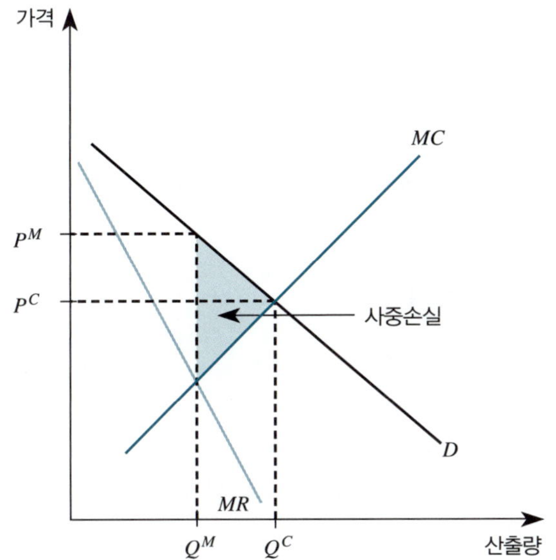

그림 8-16
독점의 사중손실

위를 생산하는 것을 거절한다. 이것은 추가 한 단위를 생산하는 것이 기업의 이윤을 감소시키기 때문이다. 왜냐하면 한계수입곡선은 수요곡선 아래에 있으므로 이 수준의 산출량에서 $MR < MC$이기 때문이다.

이와는 대조적으로, 똑같은 수요와 비용 조건이 주어져 있으면 완전경쟁산업에 있는 기업은 가격이 한계비용과 같은 점에 이를 때까지 산출량을 계속해서 생산할 것이다. 이것은 완전경쟁에서 산업산출량 Q^C와 가격 P^C에 해당한다. 그래서 독점자는 완전경쟁산업에서 보다 산출량을 덜 생산하고 더 높은 가격을 부과한다. 〈그림 8-16〉에 있는 음영으로 되어있는 영역은 독점에서 발생한 소비자잉여 손실과 생산자잉여 손실에 해당한다. 이러한 **독점의 사중손실**은 완전경쟁산출량 수준 아래에서 산출량을 생산하는 독점에 기인한 사회적 후생손실을 반영한다. 2장에서 우리는 수요곡선과 한계비용곡선 (완전경쟁시장의 공급곡선) 사이의 수직거리는 한 단위 더 생산할 경우 사회적 후생의 변화를 나타낸다는 사실을 배웠다. 완전경쟁시장에서의 공급 Q^C과 독점공급 Q^M 사이에서 이들 수직거리를 합한 부분은 〈그림 8-16〉에 음영의 삼각형으로 나타나 있으며 독점에 따른 사회적 후생손실을 나타낸다.

독점의 사중손실
한계비용을 초과하는 가격을 부과한 독점에 기인하여 잃어버린 소비자의 생산자잉여

8.4 독점적경쟁

독점적경쟁
(1) 많은 판매자와 수요자가 있고 (2) 산업에 있는 각 기업이 차별화된 제품을 판매하고 (3) 산업으로의 진입과 퇴출이 자유로운 시장

독점과 완전경쟁의 극단 사이에 있는 시장구조는 **독점적경쟁**이다. 이러한 시장구조는 완전경쟁과 독점에 존재하는 특징을 보여준다.

8.4.1 독점적경쟁의 조건

산업은

1. 많은 기업과 수요자가 있으며,
2. 산업에 있는 각 기업이 차별화된 제품을 판매하며,
3. 산업으로의 진입과 산업으로부터 퇴출이 자유로우면

독점적경쟁이다.

기업이 유사 대체재인 제품을 생산하는 수많은 산업이 있다. 햄버거 시장이 주요한 한 예이다. 많은 패스트푸드 식당은 햄버거를 만든다. 그러나 한 기업에 의해 생산된 햄버거는 다른 기업에 의해 생산된 햄버거와 다르다. 더욱이 새로운 기업이 햄버거 시장에 진입하는 것은 비교적 쉽다.

독점적경쟁과 완전경쟁의 주요한 차이는 독점적 경쟁시장에서 각 기업은 다른 기업의 제품과 약간 다른 제품을 생산한다는 점이다. 제품은 유사하나 완전 대체재는 아니다. 예를 들어 어떤 소비자는 맥도날드 햄버거를 좋아하지만 반면, 다른 소비자는 웬디스, 버거킹 또는 햄버거를 만드는 많은 다른 식당 중의 하나에서 먹는 것을 선호한다. 맥도날드의 햄버거 가격이 상승함에 따라 어떤 소비자는

인사이드 비즈니스 8-3 제품차별화, 제살깎아먹기와 Colgate의 미소

1896년에 오늘날 우리가 쓰는 것과 비슷하게 튜브에 든 치과용 크림(치약)을 Colgate사가 출시하였다. 현재 Colgate-Palmolive사의 치약브랜드는 세계에서 가장 잘 팔리는 치약브랜드이며 1955년 출시된 Proctor-Gamble사의 Crest 브랜드를 앞서고있다.

Colgate와 Crest사의 제품이 시장에서 큰 비중을 차지하고 있긴 하지만 여러분이 슈퍼에 가보면 수많은 치약브랜드가 있다는 것을 알게 될 것이다. Colgate사는 40종이 넘는 제품을 Shrek Bubble Fruit나 Colgate Total Advanced Whitening 등의 이름으로 판매하고 있다.

Colgate사처럼 시장에서 지배적인 기업이 서로 경쟁하는 수많은 제품종류를 생산하는 이유는 무엇일까?

치약시장의 고도의 제품차별화는 기업들이 이윤을 증가시키기 위하여 새로운 제품을 출시하는데에 기인한다. 다른 브랜드 (예, Crest)가 이윤이 나는 부문에 쉽게 진입 할 수 있는 환경에서 적절한 전략은 바로 그 부문에 새로운 제품 (예: Shrek Bubble Fruit)을 빨리 출시해서 단기의 이윤을 누리는 것이다. 적어도 다른 기업이 진입할 때까지. 신제품의 출시가 자사의 기존제품의 매출을 잠식하겠지만, 이와 같은 제살깎아먹기가 다른 배고픈 기업이 시장을 잠식하는 것보다는 낫다.

출처: Corporate Web sites of the Colgate-Palmolive Company and Proctor & Gamble and Hoover's *Online*.

다른 기업에 의해 생산되는 햄버거로 대체할 것이다. 그러나 어떤 소비자는 가격이 다른 식당에서 보다 더 높다 하더라도 맥도날드에서 계속해서 먹을 것이다. 독점적 경쟁산업에서 제품이 완전대체재가 아니라는 사실은 각 기업은 제품에 대해 우하향하는 수요곡선에 직면한다는 것을 의미한다. 제품을 더 많이 판매하기 위해 기업은 가격을 낮추어야 한다. 이러한 의미에서 독점적 경쟁기업이 직면하는 수요곡선은 경쟁기업의 제품에 대한 수요곡선보다는 독점의 수요곡선과 더 닮아 있다.

독점적 경쟁시장과 독점자에 의해 공급되는 독점시장 사이에 두 가지 중요한 차이가 있다. 첫째, 독점적 경쟁기업은 제품에 대해 우하향하는 수요에 직면하지만 산업내에 비슷한 제품을 파는 다른 기업들이 있다. 둘째로, 독점적 경쟁산업에 진입장벽이 없다. 나중에 살펴보겠지만 이것은 현존하는 기업이 양의 경제적 이윤을 얻으면 다른 기업이 진입할 것이라는 것을 의미한다.

8.4.2 이윤극대화

독점적경쟁에서 이윤극대화 가격과 산출량의 결정은 독점에서 운영하고 있는 기업과 정확히 같다. 이것을 살펴보기 위해서 〈그림 8-17〉에서 나타난 독점적 경쟁기업에 대한 수요곡선을 생각하자. 수요곡선은 우하향하기 때문에 독점에서처럼 한계수입곡선은 수요곡선 아래에 있다. 이윤을 극대화하기 위해 독점적 경쟁기업은 한계수입이 한계비용과 같은 곳에서 생산한다. 이러한 산출량이 〈그림 8-17〉에서 Q^*이다. 이윤극대화 가격은 소비자가 기업의 산출량 Q^* 단위

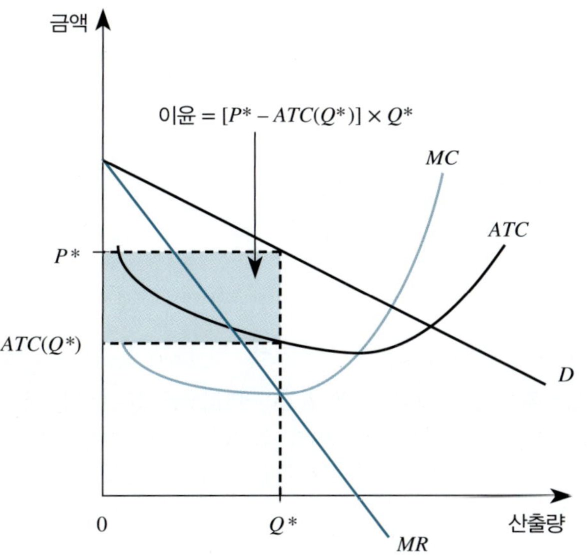

그림 8-17
독점적경쟁에서 이윤극대화

에 대해 지불할 용의가 있는 최고가격, 즉 P^*이다. 기업의 이윤은 음영으로 되어 있는 영역이다.

이윤극대화의 기본원리는 독점적경쟁과 독점에서 같다는 것을 여러분이 이해했으므로 분석내용의 해석에서 하나의 중요한 차이를 강조하는 것이 중요하다. 독점적 경쟁기업의 이윤극대화 산출량과 가격을 결정하기 위해 이용되는 수요와 한계수입곡선은 제품에 대한 시장수요곡선을 토대로 하지 않고 개별기업의 제품에 대한 수요곡선에 토대를 둔다. 반면, 독점자가 직면하는 수요곡선은 시장수요곡선이다.

사실상 독점적 경쟁산업에 있는 기업은 차별화된 제품을 생산하기 때문에 산업 또는 시장수요의 개념이 잘 정의되지 않는다. 시장수요곡선을 구하기 위해 우리는 각 가격에서 시장에 있는 모든 기업으로부터 구매된 총 수량을 더해야 한다. 그러나 독점적 경쟁시장에서 각 기업은 다른 기업의 제품과 다른 제품을 생산한다. 이러한 다른 제품을 더하는 것은 사과와 오렌지를 더하는 것과 같은 것이 될 것이다.

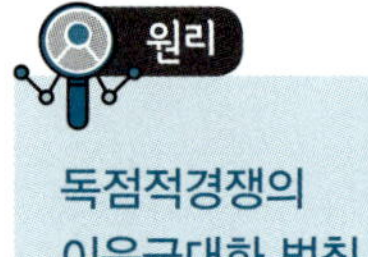

독점적경쟁의 이윤극대화 법칙

이윤을 극대화하기 위해서 독점적 경쟁기업은 한계수입과 한계비용이 같은 곳에서 생산한다. 이윤극대화 가격은 소비자가 이윤극대화 산출량 수준에 대해 지불용의가 있는 단위당 최고가격이다. 다른 말로 이윤극대화 산출량 Q^*은

$$MR(Q^*) = MC(Q^*)$$

이고 이윤극대화 가격은

$$P^* = P(Q^*)$$

이다.

예시 문제 8-7

독점적 경쟁기업 제품에 대한 역수요함수가

$$P = 100 - 2Q$$

이고 비용함수는

$$C(Q) = 5 + 2Q$$

이다. 이윤극대화 가격과 수량 그리고 극대이윤을 구하시오.

정답

선형 역수요함수의 한계수입과 한계비용의 공식을 이용하여, 우리는

$$MR = 100 - (2)(2)(Q) = 100 - 4Q$$
$$MC = 2$$

를 알 수 있다. 다음에, 우리는 이윤극대화 산출량 수준을 구하기 위해 $MR = MC$로 놓는다:

$$100 - 4Q = 2 \text{ 또는 } 4Q = 98$$

Q에 대해 풀면 이윤극대화 산출량 $Q^* = 24.5$단위를 얻는다. 이윤극대화 가격은 역수요함수에 $Q = Q^*$로 놓음으로써 구해진다:

$$P^* = 100 - 2 \times 24.5 = \$51$$

그래서, 이윤극대화 가격은 단위당 \$51이다. 마지막으로, 이윤은 수입과 비용간의 차이다:

$$\begin{aligned}\pi &= P^*Q^* - C(Q^*)\\ &= (51)(24.5) - [5 + 2(24.5)]\\ &= \$1{,}195.50\end{aligned}$$

8.4.3 장기균형

독점적 경쟁시장에서는 자유로운 진입이 가능하기 때문에, 만약 기업이 독점적 경쟁산업에서 단기이윤을 얻으면, 추가로 기업들이 그러한 이윤의 일부를 가지려 산업에 진입할 것이다. 만약 현존하는 기업들이 손실을 일으키면 장기에서 어떤 기업들은 산업에서 퇴출할 것이다.

독점적 경쟁시장에서 진입과 퇴출의 영향을 설명하기 위해서 독점적 경쟁기업이 양의 경제적 이윤을 얻고 있다고 가정하자. 이윤은 다른 기업들이 시장에 진입하도록 하여 현존하는 기업의 제품과 약간 차이가 있는 제품을 생산한다. 추가적인 기업들이 시장에 진입함에 따라 기업의 제품을 구매하는 소비자들은 새로운 기업들의 제품 중의 하나를 소비하기 시작할 것이다. 그래서 우리는 현존하는 기업이 새로운 기업이 진입할 때 시장점유율을 잃게 될 것을 예측할 수 있다.

이러한 개념을 좀 더 정확히 하기 위해서 브랜드 X를 판매하는 독점적 경쟁기업이 〈그림 8-18〉에서 초기 수요곡선 D^0에 직면한다고 가정하자. 이러한 수요곡선에서 가격(P^0)은 ATC 곡선 위에 있기 때문에, 기업은 양의 경제적 이윤을 얻고 있다. 물론 이것이 더 많은 기업들이 산업에 들어오도록 한다. 추가 기업들이 진입함에 따라 이 기업의 제품에 대한 수요는 감소할 것인데 이것은 어떤 소비자는 진입하는 기업들에 의해 제공된 새로운 제품으로 대체할 것이기 때문이다. 진입은 수요곡선이 기업의 평균비용곡선에 접하는 D^1으로 감소할 때까지 계속 있을 것이다. 이 점에서 산업에 있는 기업들은 0의 경제적 이윤을 얻고 있고 추가로 기업들이 산업에 진입할 인센티브는 없다.

그림 8-18

진입이 독점적 경쟁기업의 수요에 미치는 효과

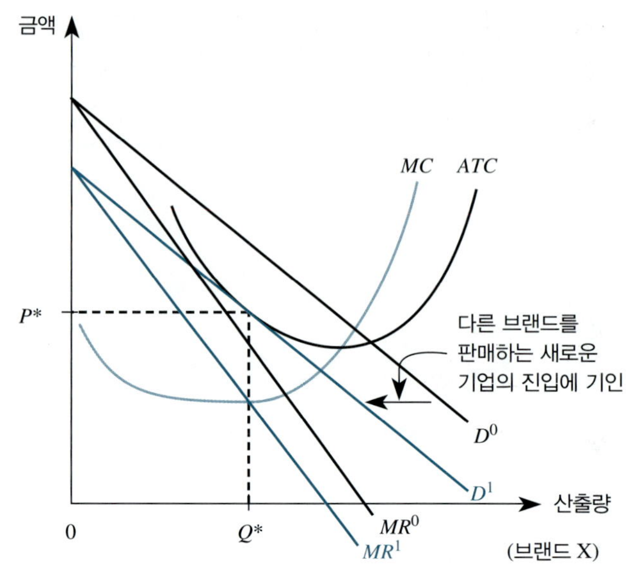

산업의 기업들이 처음에 손실을 보고 있다면 이야기는 비슷하다. 그러나 이 예에서 기업들은 산업에서 퇴출할 것이고 남아있는 기업들에 의해 제공된 제품에 대한 수요는 증가할 것이다. 이러한 과정은 남아있는 기업들에게 증가된 이윤(또는 좀 더 구체적으로 감소된 손실)을 갖게 한다. 궁극적으로 기업들은 남아있는 기업들이 0의 경제적 이윤을 얻을 때 산업을 떠나는 것을 멈춘다.

장기와 독점적경쟁

장기에서 독점적 경쟁기업들은

1. $P \geq MC$
2. $P = ATC >$ 평균비용의 최저점

인 산출량 수준을 생산한다.

독점적 경쟁산업에서 장기균형은 〈그림 8-19〉에서의 상황으로 특징지워진다. 각 기업은 0의 경제적 이윤을 얻는다 그러나 재화의 한계비용을 초과하는 가격을 부과한다.

독점의 경우에서처럼 가격이 한계비용을 초과하는 사실은 독점적 경쟁기업이 사회적으로 바람직한 산출량보다 적은 산출량을 생산한다는 것을 의미한다. 본질적으로 소비자는 기업이 추가로 한 단위를 생산하는데 들게 되는 비용보다 더 지불할 용의가 있다. 그러나 기업은 이윤과 관련되어 있기 때문에 더 많은 산출

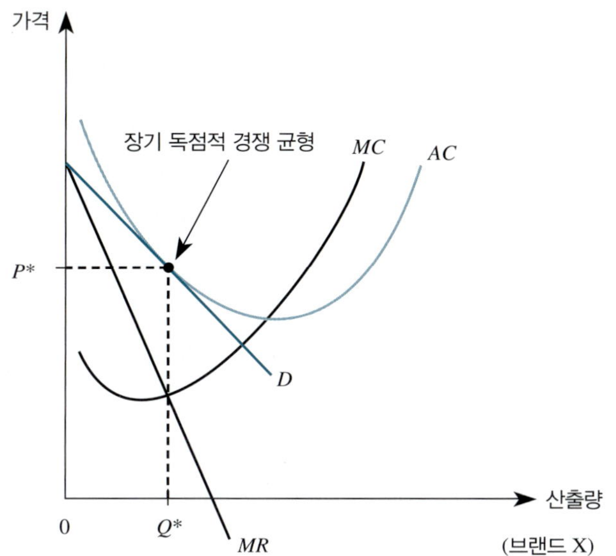

그림 8-19
독점적경쟁에서 장기균형

량을 생산하지 않을 것이다.

가격은 평균비용과 같기 때문에 완전경쟁시장에 있는 기업들이 0의 경제적 이윤을 얻는 것처럼 기업들은 0의 경제적 이윤을 얻는다. 기업들이 가격에 대해 어떤 지배력을 갖는다 하더라도 그들간의 경쟁은 어떤 기업도 생산의 기회비용보다 더 얻지 못하는 상황을 초래한다.

마지막으로 산출량의 가격은 평균비용곡선의 최저점보다 높다는 것에 주목하자. 이것은 기업들이 생산에서 규모의 경제의 완전한 이점을 이용하지 못한다는 것을 의미한다. 어떤 의미에서 개별기업이 생산에서 규모의 경제의 완전한 이점을 이용할 수 있기에는 산업에 너무나 많은 기업들이 있다. 그러나 어떤 사람들은 이것이 제품의 다양성을 갖는 것에 대한 사회적 비용이라고 주장한다. 만약 보다 더 적은 수의 기업들로 이 산업이 구성되어 있다면 규모의 경제는 완전히 이용될 수 있으나 시장에서 제품의 다양성이 줄어들 것이다.

8.4.4 제품차별화의 의미

완전경쟁과 독점적경쟁 간의 주요 차이는 독점적 경쟁시장의 기업들이 차별화된 제품들을 생산한다는 가정이다. 독점적 경쟁산업에는 많은 제품들이 있기 때문에 기업들이 가격에 대해 지배력을 갖는 유일한 이유는 소비자들이 제품을 차별화된 것으로 보기 때문이다. 어떤 기업의 제품에 대한 수요는 소비자들이 다른 기업들의 제품을 보잘것없는 대체재로 간주했을 때 덜 탄력적으로 된다. 어떤 기업의 제품에 대한 수요가 덜 탄력적일수록 이윤을 얻을 잠재력은 더 커진다.

이러한 이유로 독점적 경쟁산업에 있는 기업들은 그들의 제품들이 다른 기업들에 의해 제공된 제품들 보다 더 낫다고 계속해서 소비자들을 납득시키려 한다. 그러한 산업들에는 많은 예가 있다: 패스트푸드 식당, 치약, 양치용액(가그린), 휘발유, 아스피린, 자동차 왁스 등 그 외에도 수많은 산업들이 여기에 포함된다. 이러한 산업들의 각각은 많은 기업들로 구성되어 있고 각 산업에서 경쟁기업들에 의해 제공된 다른 브랜드들은 매우 가까운 대체재이다. 경우에 따라 기업들은 여러 다양한 제품들을 소개한다. 예를 들어, 각각의 청량음료 생산자들은 다양한 콜라와 비콜라 음료를 생산한다.

독점적 경쟁산업에 있는 기업들은 그들의 제품이 다른 경쟁자들에 의해 제공된 제품보다 더 우수하다는 것을 소비자에게 설득하기 위해 두 가지 전략을 이용한다. 첫째, 독점적 경쟁기업들은 상당한 금액을 광고 캠페인에 지출한다. 보통 이러한 캠페인은 주어진 기업의 브랜드를 경쟁기업들에 의해 판매된 브랜드로부터 차별화하기 위해 고안된 **비교광고**와 관련된다. 비교광고는 경쟁 브랜드로부터 그들을 차별화시킴으로써 햄버거에 대한 수요를 진작시키기 위한 맥도날드와 같은 기업들처럼 패스트푸드 산업에서 흔하다. 비교광고가 효과적인 만큼 그것은 소비자들에게 특정 브랜드에 대해 프리미엄을 지불하게 할 수 있다. 어떤 브랜드가 제품값 이상으로 추가된 가치는 **브랜드 가치**로 알려져 있다.

비교광고
어느 기업이 경쟁브랜드로부터 제품을 차별화함으로써 그 기업의 브랜드에 대한 수요를 증가시키려는 광고의 형태

브랜드 가치
브랜드 때문에 제품에 추가로 부여되는 가치

둘째로, 독점적 경쟁산업에 있는 기업들은 다른 기업들로부터 그들의 제품을 더 차별화시키기 위해 종종 새로운 제품들을 시장에 소개한다. 이러한 것은 새로이 "개선된" 세탁세제와 같은 "새로이 개선된" 제품뿐만 아니라 완전히 다른 제품라인을 포함한다. 독점적 경쟁기업들은 또한 시장에서 특별한 필요성을 채워주는 새로운 제품들을 만드는 것을 시도하고 광고할 수 있다. 이러한 전략은—**틈새시장 마케팅**이라 불리우는—특정의 소비자 그룹을 목표로 하는 제품 또는 서비스와 관련된다. 예를 들어 **그린마케팅**을 통해서 기업은 환경문제와 관련된 시장의 일부를 갖기 위한 시도로 "환경친화적인" 제품을 만들어 광고한다. 그린마케팅의 예는 어떤 장난감이 리사이클(재사용) 되는 플라스틱으로 만들어졌거나 또는 특정 브랜드의 세탁세제는 생물로 분해될 수 있다는 것을 눈에 띄게 시사하는 패키지 라벨을 포함한다.

틈새시장 마케팅(니치마케팅)
재화와 서비스가 시장의 특정한 일부의 필요에 부응하기 위해 맞춤으로 만들어지는 마케팅 전략

그린마케팅
기업이 환경문제에 관심 있는 소비자를 대상으로 하는 제품을 목표로 하는 특정 시장분야 마케팅의 유형

불행하게도 성공적인 차별화 및 브랜드화 전략은 종종 경영자를 근시안적으로 만든다. **브랜드 근시안**적인 경영자는 기존 브랜드에 만족해서 새로운 제품의 출시에 느리며 산업의 최근 경향이나 소비자기호의 변화에 둔감하다. 기본적으로 브랜드 근시안적인 기업은 과거의 성공에 안주해서 브랜드 가치를 높이거나(보호할 수 있는) 기회를 놓치게 된다. 예로서 수십년전에 Crest는 충치예방에 효과

브랜드 근시안
산업의 성장추세나 소비자 기회의 변화추세보다는 기존 브랜드의 성공에 안주하는 기업이나 경영자

적이라는 Crest 광고를 통해 가장 잘 팔리는 치약이 되었다. 하지만 최근에는 입냄새, 치아미백, 잇몸건강 등이 소비자가 관심을 갖는 이슈가 되었다. Colgate는 Crest의 근시안적 브랜드 전략을 역 이용해 소비자의 기호변화에 적절히 대응하여 Crest를 제치고 치약의 선두기업이 되었다.

독점적 경쟁산업에 있는 기업의 경영자로서, 만약 당신 기업이 단기이윤을 얻으면 장기에서 기업들이 시장에 추가로 진입할 것이라는 것을 기억하는 것이 중요하다. 당신이 새로운 제품라인을 소개함으로써 단기이윤을 만들 수 있지만, 장기에서 다른 기업들이 당신의 제품을 흉내내고 그리고/또는 새로운 제품라인을 소개한다. 그래서 당신의 경제적 이윤은 0으로 감소될 것이다.

8.5 최적 광고 결정

기업은 이윤을 극대화하기 위해 광고에 얼마를 지출해야 할까? 대답은 부분적으로 기업이 운영되고 있는 산업의 특성에 달려 있다. 완전경쟁시장에서 운영되는 기업은 일반적으로 광고의 수익성이 없다. 이것은 소비자가 이미 어떤 주어진 기업의 제품에 대해 존재하는 많은 대체재에 대해 완전한 정보를 가지고 있기 때문이다. 예를 들어, 작은 가족농장을 운영하는 밀 경작 농부는 그 가족의 밀에 대한 수요를 증가시키기 위한 목적으로 광고 캠페인에 지출함으로써 이윤을 증가시킬 것 같지 않다. 반면, 시장지배력을 가진 기업은—독점자와 독점적 경쟁기업들과 같은—일반적으로 광고에 수입 일부를 지출하는 것이 수익성이 있을 것이다.

광고의 최적 양은 한계수입과 한계비용을 같게 한다: 이러한 이윤을 극대화하기 위해서 경영자는 광고로부터 증가한 수입이 증가비용과 같은 점까지 광고해야 한다. 광고의 증가비용은 광고 수준을 증가시키기 위해 필요한 자원에 대한 금전적 비용이다. 이러한 비용은 추가 광고에 지불된 금액과 광고캠페인을 구성하기 위해 필요한 인적자원의 기회비용을 포함한다. 증가수입은 광고캠페인의 결과로 기업이 얻게 되는 추가수입이다. 이러한 추가수입은 광고캠페인의 결과로 팔리게 될 추가 단위의 수량에 달려 있다. 다행히 간단한 공식은 경영자가 광고의 최적수준을 쉽게 결정하도록 하는 것을 가능하게 한다.

공식: 이윤극대화 광고 대 판매비율(A/R)

이윤극대화 광고 대 판매비율은

$$\frac{A}{R} = \frac{E_{Q,A}}{-E_{Q,P}}$$

이다. 여기에서 $E_{Q,P}$는 기업의 제품에 대한 수요의 가격탄력성을 나타내고, $E_{Q,A}$는 기업의 제품에 대한 수요의 광고탄력성이다. A는 광고에 대한 기업의 지출을 나타내며 $R = PQ$는 기업의 판매수입을 나타낸다(즉, 기업의 매출액).

미분의 활용

기업의 이윤은 수입빼기 생산비와 광고지출 이다. 만약 A를 광고지출로 표시하면, $Q = Q(P, A)$는 기업의 제품에 대한 수요를 표시하고 $C(Q)$는 생산비용을 나타내며, 기업이윤은 P와 A의 함수이다:

$$\pi(P, A) = Q(P, A)P - C[Q(P, A)] - A$$

이윤극대화를 위한 제1차 조건은

$$\frac{\partial \pi}{\partial P} = \frac{\partial Q}{\partial P}P + Q - \frac{\partial C}{\partial Q}\frac{\partial Q}{\partial P} = 0 \qquad (8\text{–}1)$$

$$\frac{\partial \pi}{\partial A} = \frac{\partial Q}{\partial A}P - \frac{\partial C}{\partial Q}\frac{\partial Q}{\partial A} - 1 = 0 \qquad (8\text{–}2)$$

$\partial C/\partial Q = MC$와 $E_{Q,P} = (\partial Q/\partial P)(P/Q)$에 주목하여 우리는 방정식 (8–1)을

$$\frac{P - MC}{P} = \frac{-1}{E_{Q,P}} \qquad (8\text{–}3)$$

로 다시 쓸 수 있다. 마찬가지로 $E_{Q,A} = (\partial Q/\partial A)(A/Q)$인 사실을 이용하여 방정식 (8–2)는

$$\frac{A}{R} = \left(\frac{P - MC}{P}\right)E_{Q,A} \qquad (8\text{–}4)$$

를 의미한다. 방정식 (8–3)을 방정식 (8–4)에 대입하면 위의 공식이 도출된다.

이 공식의 두 가지 면이 주목할 가치가 있다. 첫째, 어떤 기업의 제품에 대한 수요가 가격탄력적일수록 최적 광고 대 판매비율은 더 낮다. $E_{Q,P} = -\infty$인 극단적인 경우(완전경쟁), 공식은 최적 광고 대 판매비율은 0이라는 것을 나타낸다. 둘째로, 광고탄력성이 클수록 최적 광고 대 판매비율은 더 크다. 시장지배력(독점과 독점적 경쟁기업들과 같은)을 갖는 기업들은 완전탄력적이 아닌 수요곡선에 직면하고 결과는 어느 정도 광고를 하는 것이 일반적으로 최적이다. 그러나 기업이 광고에 정확히 얼마를 지출해야 하는지는 수요에 미치는 광고의 수량적 영향에 달려 있다. 수요가 광고에 민감할수록(즉, 광고탄력성이 클수록), 일정한 광고지출의 증가 때문에 판매된 추가 단위의 수량은 더 커지고 따라서 최적 광고

대 판매비율은 더 커진다.

예시 문제

8-8

코르퍼스 인더스트리(Corpus Industries)는 독점적 경쟁시장에서 판매하는 제품을 일정한 한계비용으로 생산한다. 이윤을 증가시키기 위한 시도로, 경영자는 제품에 대한 수요를 추정하기 위해 경제학자를 고용했다. 이 기업은 제품에 대한 수요가 수요의 가격탄력성 10과 수요의 광고탄력성 0.2를 가지는 로그-선형이라는 것을 알았다. 이윤을 극대화하기 위해 기업은 광고에 수입의 얼마를 지출해야 할까?

정답

이윤극대화 광고 대 판매비율을 구하기 위해, $E_{Q,P} = -10$과 $E_{Q,A} = 0.2$를 최적 광고 대 판매비율 공식에 단순히 대입한다:

$$\frac{A}{R} = \frac{E_{Q,A}}{-E_{Q,P}} = \frac{0.2}{10} = 0.02$$

코르퍼스 인더스트리의 최적 광고 대 판매비율은 2 %이다—이윤을 극대화하기 위해, 기업은 광고에 수입의 2%를 지출해야 한다.

헤드라인의 해답

이 장의 앞에서 언급한 바와 같이 패스트푸드산업은 독점적경쟁의 많은 측면을 지니고 있다. 맥도날드 프랜차이즈 지점의 소유주는 Burger King이나 Wendy's 뿐만 아니라 다른 수많은 레스토랑들과 경쟁하는 것이다. 이들 각각의 식당은 비교적 저렴한 가격에 빠른 식사를 제공하지만 식사의 질은 차별화되어 있다. 차별화는 어느 정도 이들 식당들에게 시장지배력을 제공한다.

헤드라인에서 제시한 맥카페 프로그램은 맥도날드를 다른 경쟁자들과 좀 더 차별화하려는 시도였다. 그렇게 함으로써 맥도날드는 커피숍이나 다른 패스트푸드 프랜차이즈로부터 손님들을 끌어오려 했던 것 이다. 사실, 짧은 기간 동안 맥도날드의 커피 매출이 크게 증가한 바와 같이, 이것은 실제로 일어났던 일과 정확하게 같다. 맥도날드와 같은 독점적 경쟁산업내의 기업은 단기에는 신제품을 출시하여 이익을 볼 수 있지만 장기에는 경쟁자들이 이를 따라할 것이다. 예를 들어, 스타벅스는 최근 La Boulange 제과브랜드를 인수하여, 커피와 더불어 더 많은 식품 선택권을 제공—스타벅스의 영역을 침해하는 맥도날드에 대한 분명한 대응조치—할 수 있게 되었다. 경쟁기업들의 진입은 장기 경제적 이윤(초과이윤)을 결국 0으로 만들 것이다. 이와 비슷한 사례들이 맥도날드가 Egg McMuffin을 성공적으로 출시하였을 때 1978년에도 일어났다. 다른 패스트푸드 식당들도 결국 자신들의 아침식사메뉴를 제공하기 시작하였으며 이는 맥도날드의 아침식사 시장점유율과 이윤을 잠식시켰다. 이러한 이유로 인해 맥도날드의 맥카페 프로그램이 맥도날드의 이윤에 지속적인 영향을 미칠 것이라고 보기는 어렵다—설사 경제가 나아지고 맥도날드의 모든 지점들에 맥카페 프로그램을 도입하더라도.

요약

이 장에서 우리는 3가지 시장환경에서 경영자의 의사결정을 조사했다: 완전경쟁, 독점, 독점적경쟁. 이러한 시장구조의 각각은 경영자에게 기업의 이윤에 영향을 줄 수 있는 상이한 조합의 변수를 제공한다. 경영자는 상이한 의사결정 매개변수에 특별히 면밀한 주의를 기울일 필요가 있을 것이다. 이것은 상이한 시장구조가 어떤 변수만의 통제를 허용할 수 있기 때문이다. 변수가 특정산업에 관련이 있다는 것을 인식하고 있는 경영자는 기업을 위해 더 많은 이윤을 낼 것이다.

완전경쟁시장에 있는 경영자는 적절한 수량을 생산하고 비용을 낮게 유지하는데 집중해야 한다. 완전경쟁시장은 완전대체재를 생산하는 매우 많은 기업을 가지고 있기 때문에 이 시장에서 경영자는 가격에 대한 지배력이 없다. 반면, 독점에서 경영자는 가격과 수량 간의 관계를 인식할 필요가 있다. 한계비용이 한계수입과 같은 곳에서 생산량을 결정함으로써 독점의 경영자는 이윤을 극대화 할 것이다. 이것은 독점적 경쟁시장에 있는 기업의 경영자에게도 마찬가지이다. 기업의 경영자는 시장에서 다른 제품과 차별화 된다는 것을 확실히 하기 위해 정기적으로 기업의 제품을 평가해야 한다. 많은 경우에 독점적 경쟁기업의 경영자는 제품차별화를 향상시키기 위해 종종 제품을 약간 변화시키는 것이 이점이 된다는 것을 알아야 할 것이다.

주요 용어 및 개념

규모의 경제(economies of scale)
규모의 비경제(diseconomies of scale)
그린마케팅(green marketing)
독점(monopoly)
독점의 사중손실(dead weight loss of monopoly)
독점적경쟁(monopolistic competition)
범위의 경제(economies of scope)
브랜드 가치(brand equity)
비교광고(comparative advertising)
비용보완성(cost complementarities)
여러 공장이 있는 독점(multiplant monopoly)
완전경쟁시장(perfectly competitive market)
완전한 정보(perfection information)
자유로운 진입(free entry)
자유로운 퇴출(free exit)
제품차별화(product differentiation)
특허(patent)
틈새시장 마케팅(niche marketing)
한계수입(marginal revenue)

개념 및 계산 문제

1. 다음 그림은 완전경쟁시장에서 운영하는 기업의 수요와 비용에 관한 내용을 담고 있다.(LO1, LO6)

a. 이 기업은 단기에 생산량을 얼마로 결정해야하는가?
b. 이 기업은 단기에 가격을 얼마로 책정해야하는가?
c. 위의 생산량 수준에서 이 기업의 총비용은 얼마인가?

d. 위의 생산량 수준에서 이 기업의 총가변비용은 얼마인가?

e. 위의 생산량 수준에서 이 기업의 고정비용은 얼마인가?

f. 위의 생산량 수준에서 이 기업의 이윤은 얼마인가?

g. 생산을 중단할 때 이 기업의 이윤의 크기는 얼마인가?

h. 장기적인 관점에서 이 기업은 생산을 계속해야하는가, 아니면 중단해야하는가?

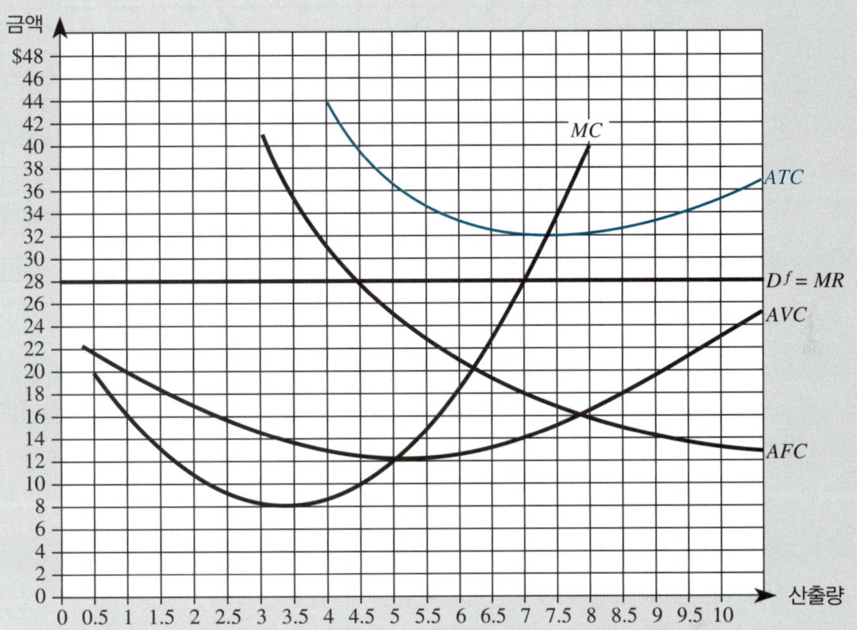

2. 다른 기업들이 단위당 $90의 가격을 부과하고 있는 완전경쟁시장에서 어떤 기업이 제품을 판매한다. 이 기업의 총비용함수는 $C(Q) = 50 + 10Q + 2Q^2$이다.(LO3)

a. 이 기업은 단기에 생산량을 얼마로 결정해야하는가?

b. 이 기업은 단기에 가격을 얼마로 책정해야하는가?

c. 이 기업의 단기이윤은 얼마인가?

d. 장기에는 어떤 조정이 예상되는가?

3. 다음 그림은 독점적 경쟁시장에서 운영하고 있는 어떤 기업의 수요와 비용에 관한 내용을 보여주고 있다.(LO1, LO3, LO5)

a. 이 기업의 최적 생산량은 얼마인가?

b. 이 기업의 최적 가격은 얼마인가?

c. 이 기업의 최대 이윤은 얼마인가?

d. 이 기업의 경영자는 어떠한 조정을 예상해야만 하는가?

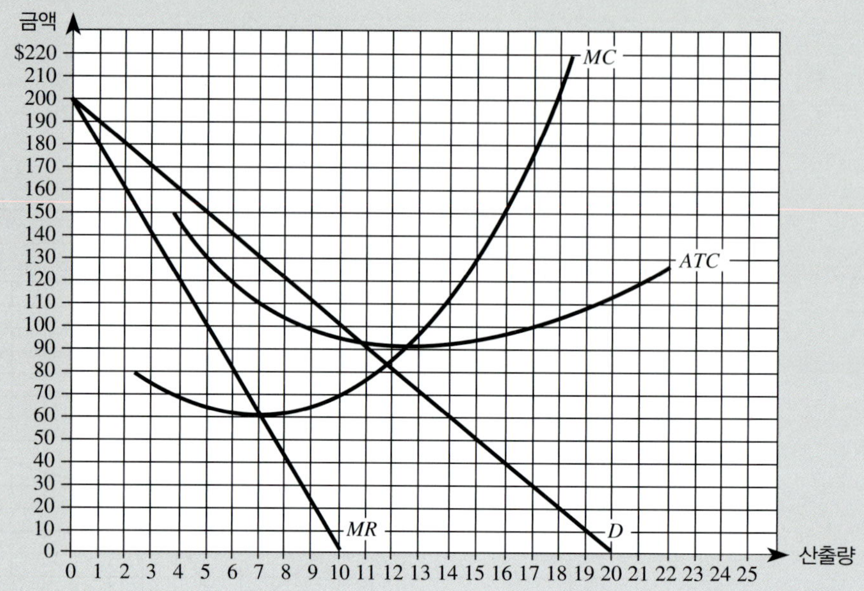

4. 당신은 독점기업의 경영자이며, 당신의 수요와 비용함수는 각각 다음과 같다: $P = 300 - 3Q$, $C(Q) = 1.500 + 2Q^2$ (LO3, LO4)

a. 당신 기업의 이윤을 극대화시키는 가격과 수량의 조합은?

b. 최대 이윤을 계산하시오.

c. 이윤극대화를 가져오는 가격과 수량의 조합에서 수요가 탄력적, 비탄력적, 혹은 단위탄력적인가?

d. 어떤 가격-수량의 조합에서 매출액이 최대가 되는가?

e. 최대 매출액을 계산하시오.

f. 매출액이 최대가 되는 가격-수량 조합에서 수요는 탄력적인가, 비탄력적인가 혹은 단위탄력적인가?

5. 당신은 다음의 비용함수에 따라서 제품을 생산하는 어떤 기업의 경영자이다: $C(q_i) = 160 + 58q_i - 6q_i^2 + q_i^3$. 다음과 같은 조건에서 단기공급곡선을 결정하시오.(LO1, LO7)

a. 당신은 완전경쟁시장에서 운영하고 있다.

b. 당신은 독점기업을 운영한다.

c. 당신은 독점적 경쟁시장에서 운영하고 있다.

6. 다음 그림은 독점자의 수요, 한계수입 그리고 한계비용을 보여주고 있다.(LO1, LO3, LO5)

a. 이윤극대화 수량과 가격을 결정하시오.

b. 만일 이 기업의 제품이 완전경쟁시장의 가격수용기업들에 의해 판매된다면 가격과 생산량은 어떻게 되는가?

c. 이 독점에서의 사중손실(deadweight loss)의 크기를 계산하시오.

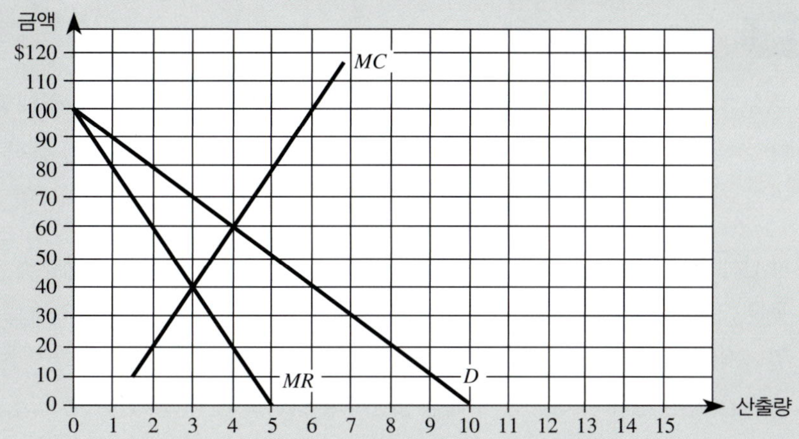

7. 당신은 독점적 경쟁시장에 있는 기업의 경영자이며, 당신의 수요와 비용함수는 각각 다음과 같다: $Q = 36 - 4P$, $C(Q) = 4 + 4Q + Q^2$. (LO1, LO3, LO5)

a. 제품의 역수요함수를 찾으시오.

b. 이윤극대화 가격과 생산량을 결정하시오.

c. 당신 기업의 최대 이윤을 계산하시오.

d. 당신은 장기적으로 어떤 조정이 있을 것이라고 생각하는가? 설명하시오.

8. 어떤 기업 제품의 수요의 가격탄력도는 −2.5이고, 수요의 광고탄력도는 0.2이다.(LO8)

a. 이 기업의 최적 매출액 대비 광고의 비율을 결정하시오.

b. 이 기업의 매출액이 $40,000라면 이윤극대화에서의 광고량은 얼마인가?

9. 독점기업의 역수요함수는 $P = 150 - 3Q$이다. 이 기업은 두 개의 공장에서 생산한다; 공장 1에서의 한계비용은 $MC_1(Q_1) = 6Q_1$이며, 공장 2에서의 한계비용은 $MC_2(Q_2) = 2Q_2$이다.(LO1, LO8)

a. 이 독점기업의 한계수입 함수를 도출하시오.(힌트: $Q_1 + Q_2 = Q$)

b. 각 공장에서의 이윤극대화 생산량을 결정하시오.

c. 이윤극대화 가격은 얼마인가?

10. 어떤 지역에서 독점기업의 경영자가 다음과 같이 추정을 하였다: 제품의 수요탄력도는 일정하며 −3. 이 기업의 한계비용은 일정하며 단위당 $20이다.(LO1, LO3, LO4)

a. 이 기업의 한계수입을 가격의 함수로 표시하시오.

b. 이윤극대화 가격을 결정하시오.

응용 문제

11. 주요 자동차회사의 CEO는 그 회사의 부서책임자로부터 생산계획에 대한 다음의 이야기를 전해들었다: "이윤극대화를 위해, 평균총비용곡선의 최저점에서 우리는 운영을 하는 것이 필수적이다". 당신이 만약 자동차회사의 CEO라면, 그 책임자를 포상하겠는가 아니면 해고하겠는가? 설명하시오.(LO3)

12. 당신은 경쟁적인 미국시장에서 못을 판매하고 있는 소규모 미국기업의 경영자이다(당신이 판매하는 못은 표준화된 상품이다; 상점들은 당신의 못을 수백 개의 다른 기업들로부터 조달할 수 있는 것과 동일하게 취급한다). 당신은 최근 관련업계 잡지로부터 알게 된 두 가지 사건에 대하여 우려를 표명한다: (1) 못의 전체 시장공급이 해외경쟁자의 이탈로 인해 2%만큼 감소할 것이다. (2) 미국경제의 성장 덕분에, 못에 대한 전체 시장수요는 2%만큼 증가할 것이다. 이 정보에 의거하여, 당신은 못 생산을 증가시켜야 하는가 혹은 감소시켜야 하는가? 설명하시오.(LO1, LO7)

13. 1958년 최초의 피자헛이 개점됐을 때, 피자헛은 '오리지널 씬(thin) 크러스트 피자' 라는 한 가지 스타일의 피자를 소비자들에게 팔았다. 이처럼 평범한 출발이후, 피자헛은 $250억에 달하는 피자업계의 리더로서 자리잡았다. 피자헛은 현재 (Pan 피자, Stuffed Crust 피자, 그리고 Hand-Tossed Style 피자를 포함하여) 여섯 가지 스타일의 피자를 제공한다. 왜 피자헛이 지난 60년간 피자의 종류를 늘려왔는지에 대하여 설명하고, 이러한 전략의 장기적인 수익성에 대하여 토론하시오.(LO1, LO2, LO5)

14. 당신은 한 작은 제약회사의 경영자이다. 이 회사는 3년 전, 어떤 신약에 대한 특허를 획득했다. (작년 $150백만의) 괄목할만한 매출액과 (한 알당 $0.50의) 낮은 한계생산비용에도 불구하고, 당신의 회사는 이 약을 판매하여 아직도 이윤을 얻지 못하고 있다. 이것은 부분적으로 이 회사가 약을 개발하고 FDA 승인을 받는데 $17억를 지출하였기 때문이다. 한 경제학자의 추정에 의하면, 현재 한 알당 $1.50의 가격에서 이 약에 대한 수요의 자체가격탄력도는 −2.0이다. 이 정보에 의거하여, 이윤을 높이기 위해서 당신은 무엇을 할 수 있는가? 설명하시오.(LO1, LO3, LO4)

15. 미국내 2위의 에너지공급회사는 남부 플로리다의 32개 카운티에 전력을 단독으로 공급하고 있다. 이들 지역에서 월간 전력수요를 충족시키기 위해서, 다음과 같은 역수요함수가 주어져 있다: $P = 1{,}200 - 4Q$. 이 회사는 두 개의 발전설비를 갖추었다: Q_1kw는 시설 1에서 생산되며, Q_2kw는 생산시설 2에서 생산된다(따라서 $Q = Q_1 + Q_2$). 각 생산시설에서의 전기생산비용은 각각 $C_1(Q_1) = 8{,}000 + 6Q_1^2$, $C_2(Q_2) = 6{,}000 + 3Q_2^2$로 나타난다. 두 시설에서 생산되는 이윤극대화 전기량을 구하시오. 그리고 이때의 가격과 이 회사의 이윤을 구하시오.(LO1, LO8)

16. 당신은 지역의 대학에서 요구하는 사양을 충족시키는 고객맞춤형 컴퓨터의 제조업체인 College Computers 회사의 경영자이다. 90% 이상의 고객이 대학교 학생이다. 이 회사는 대학의 사양에 맞는 컴퓨터를 생산할 수 있는 유일한 회사는 아니다; 실제로 이 회사는 온라인상의 많은 기업들과 전통적인 소매점포와 경쟁을 하고 있다. 주요한 학생고객들을 유치하기 위해서, 이 회사는 학생신문에 매주 광고를 싣는다: 광고 문구는 "판매 후 무상서비스"이다. 이것은 다른 경쟁자들과 차별화하기 위한

정책이다. 이 회사가 생산한 컴퓨터의 주당 수요함수는 $Q = 800 - 2P$이고, 주당 컴퓨터 생산비용은 $C(Q) = 1{,}200 + 2Q^2$이다. 만일 이 산업내의 다른 기업들이 $300에 PC를 판매한다면, 당신회사의 이윤극대화를 위해 컴퓨터 생산량과 가격은 얼마인가? 당신은 어떠한 장기 조정을 예상하는가? 설명하시오.(LO1, LO2, LO3, LO5)

17. 당신은 PC를 만드는 기업의 총괄경영자이다. 경제가 좋지 않아서 PC의 수요는 전년에 비해 50% 감소하였다. 당신회사의 세일즈부문 책임자는 오직 한명의 잠재적 고객만을 확보하였는데, 그는 10,000대의 새로운 PC에 대하여 견적을 받았다. 세일즈책임자에 의하면, 그 고객은 10,000대의 새로운 PC에 대하여 각각 $800를 지불할 의사가 있다는 것이다. 당신의 생산라인은 현재 쉬고 있어서 당신은 쉽게 1만대를 생산해 낼 수 있다. 회계부서에서는 세 가지 잠재적인 수량의 PC를 생산할 때 단위(또는 평균) 비용에 대해 아래와 같은 정보를 당신에게 제공하였다.

	10,000대	15,000대	20000대
재료비(PC 부품)	$600	$600	$600
감가상각비	300	225	150
인건비	150	150	150
총 단위비용	**$1,050**	**$975**	**$900**

이 정보에 의거하여 1만대의 PC를 대당 $800의 가격으로 생산하는 제안을 당신은 받아야 하는가? 설명하시오.(LO6)

18. 당신은 SS(Spacely Sprockets)사의 경영자이다. 이 회사는 A타입과 B타입의 볼트를 생산하는 작은 회사이다. 회계 및 마케팅부서는 당신에게 다음과 같은 정보를 제공하였는데, A타입 볼트에 대한 평균비용과 수요에 관한 것이다.

A타입 볼트의 회계자료		A타입 볼트의 마케팅 자료	
종류	평균비용	생산량	가격
재료비와 인건비	$2.75	0	$10
간접비	**5.00**	1	9
		2	8
평균총비용	**$7.75**	3	7
		4	6
		5	5

재료와 노동력은 필요시 경쟁적 시장에서 조달될 수 있으며, 재료와 노동력의 단위당 비용은 생산기간 동안에는 변하지 않는 것으로 알려져 있다. 단위당 간접비용은 기계에 대해 지난달 지출된 $10—기계가 구입되었을 때 계획된 2단위의 예측 생산량으로 나누어진—를 반영한 것으로 알려져 있다. 위의 정보뿐만 아니라, 당신은 이 기업의 조립라인이 다섯 개 이상의 볼트를 생산할 수 없다는 것을 알고 있다. 이 기업은 B타입의 볼트를 역시 생산하므로, 이것은 A타입 볼트 하나를 더 생산하는 것은 B타입 볼트 하나의 생산을 감소시키는 것을 의미한다; A타입과 B타입 볼트의 총 생산량은 다섯 단위

를 넘지 못한다. 믿을만한 소식통에 의하면, B타입 볼트의 평균생산비용은 A타입 볼트의 평균생산비용과 같으며, B타입 볼트는 단위당 $4.75의 고정된 가격으로 팔릴 수 있다. 당신의 A타입 볼트 생산시 한계비용을 결정하고 이윤극대화 A타입 볼트의 생산량을 결정하시오.(LO3)

19. 질레트(Gillette)사의 최고경영자는 주주들에게 다음과 같이 이야기 하였다: "여러 가지 신제품들의 출시에도 불구하고, 회사의 매출액 대비 광고는 상당히 감소하여... 작년에는 7.5%에 다다랐다. 이 회사의 광고비 지출은 사실 소비자 제품기업의 동종그룹에서 최저 수준이다." 만일 질레트사의 소비자 제품에 대한 수요탄력성이 동종그룹의 다른 기업들과 비슷하다면(평균 −4.0), 질레트사의 광고탄력성은 얼마인가? 질레트사의 수요는 동종그룹의 다른 기업들에 비해 더 민감한가 또는 덜 민감한가? 설명하시오.(LO8)

20. 최근 미국 열간 압연강(hot rolled steel) 현물시장가격이 톤당 $400로 급락했다. 불과 1년 전만 하더라도 그 가격은 $700이었다. Metals Monitor에 의하면, 가격하락은 저렴한 수입의 증가와 과잉 생산능력과 더불어 석유가격의 하락 때문이었다. 이와 같은 극적인 시장변화는 원재료 철강(raw steel)의 공급에 상당히 영향을 주었다. 지난해 그 철강의 공급이 $Q^S_{\text{raw}} = 600 + 4P$이었으나, 올해에는 $Q^S_{\text{raw}} = 4,200 + 4P$로 이동했다. 그 철강시장이 경쟁적이고 현재 철강의 전 세계 수요가 $Q^d_{\text{raw}} = 9,000 - 8P$라고 가정하여, 1년 전 철강시장의 균형가격과 수량, 그리고 현재 철강시장의 균형가격과 수량을 계산하시오. 대표적인 철강 생산업체의 비용함수가 $C(Q) = 1,200 + 15Q^2$이라고 가정하자. 시장 수준에서 거래된 원재료 철강의 수량변화와 대표적인 기업이 생산한 원재료 철강의 변화량을 비교하시오. 여러분은 이러한 차이를 어떻게 설명하는가? (LO1, LO3, LO7)

21. 프랑스정부는 국가소유의 전력회사인 EDF와 GDF를 지역적으로 구별되는 시장에서 운영되도록 분리된 주식회사로 전환하는 계획을 발표했다. BBC뉴스의 보도에 의하면, 프랑스 CFT노조는 대규모파업을 준비하는 것으로 대응했으며, 그것은 파리교외의 정전사태에 의해서 촉발되었다. 노조노동자들은 전력생산시설의 민영화가 대량해고와 2003년 이태리의 일부지방과 미국 동북연안 지역의 경우와 비슷한 정전사태를 유발할 것이라는 우려를 하고 있다. 민영화이전에 kw/시간당 전기가격이 0.13파운드이었으며 이들 두 프랑스 각 지역에서의 전기에 대한 역수요함수는 $P = 1.35 - 0.002Q$(유로)이다. 게다가 이 특정의 프랑스 지역에 전기를 공급하는데 소요되는 각 기업의 비용은 $C(Q) = 120 + 0.13Q$(유로)이다. 일단 민영화되면 각 기업은 이윤을 극대화하려는 동기를 갖는다. 각 기업이 생산하여 시장에 공급할 전기의 kw/시간당 생산량과 kw/시간당 가격을 구하시오. 이윤극대화 가격과 생산량의 조합에서 수요의 가격탄력도를 구하시오. 이 이윤극대화 조합에서 왜 이러한 가격탄력성이 타당한가를 설명하시오. 민영화 이전과 이후의 가격−생산량 조합을 비교하시오. 민영화의 결과 각 기업은 얼마만큼의 이윤을 더 얻게 되었는가?(LO2, LO3)

22. 이탈리아 레스토랑의 주인은 건물주로부터 내년부터 월세를 20% 인상한다는 통보를 받았다. 그 식당의 현재 음식가격들은 비슷한 음식을 판매하는 근처의 식당들과 경쟁적이다. 그러나 이 식당주인은 월세 증가를 상쇄하기 위해서 20% 가격인상을 고려하고 있다. 당신은 그녀(식당주인)가 가격을 올리는 것에 대하여 추천할 수 있는가? 설명하시오.(LO3)

23. 지난달 당신은 대형 자동차 대리점의 경영자직을 맡게 되었다. 이 대리점의 특색있는 특징은 "흥정을 하지 않는" 가격결정전략이다; (보통 표시가격보다 훨씬 더 낮은) 가격들이 창문에 표시되어있고, 판매직원들은 고객들과 가격흥정을 하지 않는다는 평판이 있다. 작년도에 당신 기업은 이러한(흥정하지 않는) 가격정책에 대해 고객들에게 알리기 위하여 $2백만을 들여서 광고를 하였으며, 그 결과로 $40백만의 매출액을 기록하였다. Madison Avenue에 있는 한 조사기관의 최근 연구에 의하면, TV 광고지출이 3%씩 증가할 때마다, 자동차 딜러는 12% 더 팔 수 있을 것으로 기대된다—그러나 똑같은 12%의 자동차 판매량 증가를 가져오기 위해서는 4%의 가격하락이 요구되고 있다. 이 조사기관의 정보가 정확하다면, 당신은 광고의 양을 늘려야 될까 혹은 줄여야 될까? 설명하시오. (LO1, LO2, LO8)

참고 문헌

Gal-Or, Esther, and Spiro, Michael H., "Regulatory Regimes in the Electric Power Industry: Implications for Capacity." Journal of Regulatory Economics 4(3), September 1992, pp. 263-78.

Gius, Mark Paul, "The Extent of the Market in the Liquor Industry: An Empirical Test of Localized Brand Rivalry, 1970-1988." Review of Industrial Organization 8(5), October 1993, pp. 599-608.

Lamdin, Douglas J., "the Welfare Effects of Monopoly versus Competition: A Clarification of Textbook Presentations." Journal of Economic 23(3), Summer 1992, pp. 247-53.

Malueg, David A., "Monopoly Output and Welfare: The Role of Curvature of the Demand Function." Journal of Economic Education 25(3), Summer 1994, pp. 235-50.

Nguyen, Dung, "Advertising, Random Sales Response, and Brand Competition: Some Theoretical and Econometric Implications." Journal of Business 60(2), April 1987, pp. 259-79.

Simon, Herbert A., "Organizations and Markets." Journal of Economic Perspectives 5(2), Spring 1991, pp. 25-44.

Stegeman, Mark, "Advertising in Competitive Markets." American Economic Review 81(1), March 1991, pp. 210-23.

Zupan, Mark A., "On Cream skimming, Coase, and the Sustainability of Natural Monopolies." Applied Economics 22(4), April 1990, pp. 487-92.

부록 1 이윤극대화 미적분

완전경쟁

완전경쟁기업의 이윤은

$$\pi = PQ - C(Q)$$

이다. 이윤극대화의 제1차 조건은 한계이윤이 0이 되는 것을 필요로 한다:

$$\frac{d\pi}{dQ} = P - \frac{dC(Q)}{dQ} = 0$$

그래서, 우리는 완전경쟁기업의 이윤극대화 법칙을 얻는다:

$$P = \frac{dC}{dQ}$$

또는

$$P = MC$$

이윤극대화를 위한 제2차 조건은

$$\frac{d^2\pi}{dQ^2} = -\frac{d^2C}{dQ^2} = -\frac{dMC}{dQ} < 0$$

을 필요로 한다. 이것은 $d(MC)/dQ > 0$을 의미하는데, 즉 한계비용은 산출량증가에 따라 증가한다.

독점과 독점적경쟁 *MR* = *MC* 법칙

시장지배력을 가진 기업의 이윤은

$$\pi = R(Q) - C(Q)$$

이다. 여기서 $R(Q) = P(Q)Q$는 총수입이다. 이윤을 극대화하기 위하여 한계이윤은 0이어야 한다:

$$\frac{d\pi}{dQ} = \frac{dR(Q)}{dQ} - \frac{dC(Q)}{dQ} = 0$$

또

$$MR = MC$$

제2차 조건은

$$\frac{d^2\pi}{dQ^2} = \frac{d^2R(Q)}{dQ^2} - \frac{d^2C(Q)}{dQ^2} < 0$$

을 필요로 한다. 이것은

$$\frac{dMR}{dQ} < \frac{dMC}{dQ}$$

를 의미한다. 이것은 한계수입곡선의 기울기가 한계비용곡선의 기울기 보다 작아야 한다는 것을 의미한다.

부록 2 완전경쟁 공급함수의 대수학

이 부록은 비용 데이터로부터 단기의 기업과 산업 공급함수를 어떻게 얻는지를 보여준다. 완전경쟁산업에 500개의 기업이 있고, 각 기업은 다음의 비용함수

$$C(q_i) = 50 + 2q_i + 4q_i^2$$

를 갖는다. 상응하는 평균 총비용(*ATC*), 평균가변비용(*AVC*), 한계비용(*MC*)함수는

$$ATC_i = \frac{50}{q_i} + 2 + 4q_i$$

$$AVC_i = 2 + 4q_i$$

그리고

$$MC_i = 2 + 8q_i$$

이다. 어떤 한 기업의 공급곡선은 평균가변비용의 최저점 위에 있는 한계비용곡선 이라는 것을 상기하자. *AVC*는 최저점에서 한계비용과 같으므로, 평균가변비용과 한계비용이 같은 수량을 구하기 위해서 우리는 두 함수를 서로 같게 놓아 q_i에 대해 풀어야 한다. 위의 방정식에 대해 이렇게 했을 때, 우리는 한계비용이 평균가변비용과 같게 되는 수량 $q_i = 0$을 구한다.

다음 우리는 개별기업이 $P = MC_i$로 같게 놓음으로써 이윤을 극대화한다는 것을 알 수 있다.

그래서

$$P = 2 + 8q_i$$

이다. q_i에 대해 풀면 우리는 개별기업의 공급함수를 얻는다:

$$q_i = -\frac{2}{8} + \frac{1}{8}P$$

산업의 공급곡선을 구하기 위해서 우리는 시장에 있는 500개의 모든 기업들에 대해 위의 방정식을 합한다:

$$Q = \sum_{i=1}^{500} q_i = 500\left(-\frac{2}{8} + \frac{1}{8}P\right) = -\frac{1{,}000}{8} + \frac{500}{8}P$$

또는

$$Q = -125 + 62.5P$$

이다.

CHAPTER 09

과점의 기본 모형

학습목표

LO1 신뢰와 전략적 상호작용이 과점구조에서 어떻게 최적 의사결정을 형성하는가를 설명하시오.

LO2 한 기업이 스위지, 쿠르노, 스타겔버그, 또는 버트란드 과점에서 영업하는 조건을 확인하고, 각각의 과점형태가 최적의 가격결정, 생산량결정, 그리고 기업이윤에 미치는 영향을 설명하시오.

LO3 반응(또는 최적 반응)함수를 적용하여 과점구조하에서 최적 의사결정과 가능성 있는(likely) 경쟁자의 반응을 확인하시오.

LO4 경합시장의 조건을 확인하고, 이것의 시장지배력(amrket power)과 장기이윤의 지속가능성에 대한 영향에 대해 설명하시오.

헤드라인

원유 가격은 떨어졌으나 어떤 지역의 소비자들은 가격하락의 혜택을 받지 못한다.

최근 원유가격이 떨어지면서 대부분 지역에서 휘발유가격이 떨어졌다. 그러나, 모든 소비자들이 휘발유가격 하락의 혜택을 받은 건 아니다. 몇 몇 고립된 지역의 소비자들은 휘발유 소매업자들이 가격을 인하하지 않았다고 비난했다. 소비자 그룹들은 이것이 이 지역에 있는 휘발유 소매업자들이 독점이윤을 얻기 위해 담합하고 있다는 것을 확증하는 것이라고 주장했다. 물론 관련된 휘발유 소매업자들은 그러한 주장을 부인했다.

이러한 지역들에서 주유소는 독점 이윤을 얻기 위해서 담합하고 있다고 당신은 생각하는가? 설명하라.

9.1 서론

지금까지 시장에 대한 우리의 분석은 전략적 행위가 경영의사결정에 영향을 주지 못하며 서로 경쟁하는 매우 많은 기업들이 있다. 우리는 또한 독점시장에서의 이윤극대화를 조사했다. 독점시장에는 단 하나의 기업이 있다. 그래서 기업들간의 상호작용은 없다.

이 장은 과점시장에서 경영의사결정을 다루는 두 장 중의 첫 번째이다. 여기서 우리는 과점의 4가지 특정 유형에서의 산출량과 가격설정에 초점을 둔다: 스위지(Sweezy), 쿠르노(Cournot), 스타켈버그(Stackelberg), 그리고 버트란드(Bertrand). 다음 장에서 우리는 광고, 연구와 개발, 진입 등과 같은 의사결정을 분석하기 위해 더 일반적인 구조로 발전시킬 것이다. 첫째, 과점이란 용어의 의미를 간단히 살펴보도록 하자.

9.2 과점의 조건

과점
몇 개의 기업으로 시장이 구성되어 있고 각각의 기업은 산업 전체의 관점에서 상당히 크다.

과점은 어떤 한 산업에 비교적 적은 수의 대기업이 있는 상황을 말한다. 기업수의 어떤 명시적 기준은 없으나 보통은 두 개와 열 개 사이의 어떤 수이다. 기업들이 제공하는 제품들은 동일하거나 또는 차별화 될 수 있다. 두 기업만으로 구성되어 있는 과점은 복점이라 부른다.

아마도 과점은 모든 시장구조 중에서 가장 흥미있는 시장일 것이다. 사실상 다음 장은 과점에서 일어나는 상황분석이다. 그러나 경영자의 입장에서 과점환경에서 운영하는 기업이 경영하기가 가장 어렵다. 주요 이유는 과점시장에는 소수의 기업만이 있으므로 경영자는 산업 내 다른 기업들의 의사결정에 미치는 영향을 고려해야 한다. 더욱이 다른 기업의 행동은 경영자의 최적 의사결정에 커다란 영향을 미친다. 과점의 복잡성 때문에 모든 과점에 적용될 수 있는 하나의 모형은 없다는 것에 주목하여야 한다.

9.3 믿음의 역할과 전략적 상호작용

과점의 상호의존성을 이해하기 위해 차별화 된 제품들을 판매하는 여러 기업들이 과점에서 경쟁하는 상황을 생각하자. 어떤 가격을 부과할지를 결정할 때, 경영자는 산업 내 다른 기업들의 의사결정에 미치는 영향을 고려해야 한다. 예를 들어, 만약 제품의 가격을 낮추면 다른 기업들은 그들의 가격을 낮출 것인가 또는 그들의 현재가격을 유지할 것인가? 가격이 오르면 다른 기업들도 마찬가지로 올리는가 또는 그들의 현재가격을 유지할 것인가? 가격을 올릴 것인가 또는 낮출 것인가에 대한 최적 결정은 경영자가 '다른 경영자들이 어떻게 반응할 것'이라는 것을 생각하는가에 달려 있다. 기업이 가격을 내렸을 때 다른 기업들도 그들의 가격을 내리면, 다른 기업들이 그들의 현재가격을 유지하는 경우의 판매수량만큼을 그 기업이 판매하지는 못할 것이다.

참고로 〈그림 9-1〉에서 기업이 처음에 가격 P_0를 부과하는 점 B에 있다고 가정하자. 수요곡선 D_1은 경쟁자가 가격변화에 대응할 것이라는 가정에 토대를 두고 있고, 반면 D_2는 경쟁자가 가격변화에 대응하지 않을 것이라는 가정에 토대를 두고 있다.

경쟁자가 가격변화에 대응하지 않을 때 보다 가격변화에 대응할 때 수요는 더 비탄력적이라는 것에 주목하자. 이유는 간단하다. 가격하락의 경우, 경쟁자가 그

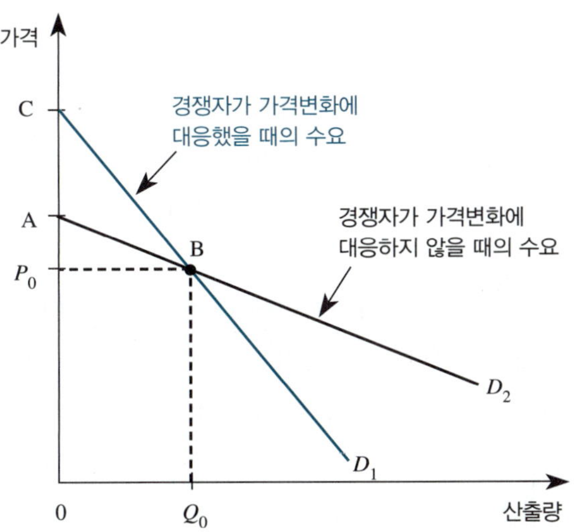

그림 9-1
기업의 수요는 경쟁자의 행동에 달려 있다.

들의 가격(D_2)을 낮추지 않으면 그들의 가격(D_1)을 낮출 때 보다 기업은 더 많이 판매할 것이다. 실제로 가격하락은 경쟁자가 그들의 가격을 낮추는 것으로 반응할 때 수요량을 약간만 증가시킬 뿐이다. 이와 마찬가지로 가격상승의 경우, 경쟁자가 그들의 현재가격(D_2)을 유지할 때 보다 그들의 가격(D_1)을 상승시켰을 때 기업은 더 많이 판매할 것이다.

예시 문제
9-1

경영자가 〈그림 9-1〉에서 가격 P_0를 부과하는 점 B에 있다고 가정하자. 경쟁자가 가격하락에는 대응하지 않으나 가격상승에는 대응할 것이라고 경영자가 믿는다면 기업의 제품에 대한 수요는 어떻게 되겠는가?

정답

만약 경쟁자가 가격하락에 대응하지 않으면, P_0 아래의 가격은 수요량이 D_2곡선을 따르게 한다. 만약 경쟁자가 가격상승에 대응한다면, P_0 위의 가격은 수요량이 D_1곡선을 따르게 만들 것이다. 따라서 경쟁자가 가격하락에는 대응하지 않고 가격상승에는 대응한다고 경영자가 믿으면, 기업의 제품에 대한 수요곡선은 CBD_2로 주어진다.

예시 문제
9-2

경영자가 〈그림 9-1〉에서 가격 P_0를 부과하는 점 B에 있다고 가정하자. 만약 가격하락에는 대응할 것이나 가격상승에는 대응하지 않을 것이라고 경영자가 믿는다면, 기업의 제품에 대한 수요는 어떻게 되겠는가?

정답

만약 경쟁자가 가격하락에 대응하지 않으면, P_0 아래의 가격은 수요량이 D_1곡선을 따르게 한다. 만약 경쟁자가 가격상승에 대응한다면, P_0 위의 가격은 수요량이 D_2곡선을 따르게 만들 것이다. 따라서 경쟁자가 가격하락에 대응하나 가격상승에 대응하지 않는다고 경영자가 믿는다면, 기업의 제품에 대한 수요곡선은 ABD_1로 주어진다.

앞의 분석은 과점에서 기업의 제품에 대한 수요는 어떻게 경쟁자가 기업의 가격설정결정에 반응하는지에 상당히 달려 있다는 것을 보여준다. 만약 경쟁자가 가격변화에 대응하면, 기업의 제품에 대한 수요곡선은 D_1으로 주어진다. 이 예에서, 경영자는 수요곡선 D_1과 연관된 한계수입이 한계비용과 같은 곳에서 이윤을 극대화할 것이다. 만약 경쟁자가 가격변화에 대응하지 않으면, 기업제품의 수요곡선은 D_2로 주어진다. 이 예에서, 경영자는 D_2와 연관된 한계수입이 한계비용과 같은 곳에서 이윤을 극대화할 것이다. 각각의 경우에, 이윤극대화 역할은 독점에서의 역할과 같다; 기업의 경영자에게 유일한 어려움은 경쟁자가 가격변화에 대응하느냐 또는 대응하지 않느냐를 결정하는 것이다.

9.4 네 가지 과점환경에서의 이윤극대화

다음으로 우리는 경쟁자가 가격 또는 산출량 변화에 어떻게 반응할 것인가에 관해 각각 다른 가정을 토대로 이윤극대화를 살펴볼 것이다. 각각의 네가지 모형은 경영자의 최적결정에 서로 다른 의미를 제시한다. 그리고 이러한 차이들은 경쟁자가 기업의 행동에 반응하는 방식의 차이 때문에 일어난다.

9.4.1 스위지 과점

스위지 모형은 어떻게 다른 기업들이 가격상승과 가격하락에 반응하는지에 관하여 매우 특별한 가정에 토대를 두고 있다. 어떤 산업이 다음의 조건이면 **스위지 과점**이다.

1. 시장에는 많은 소비자에게 공급해주는 몇 개의 기업이 있다.
2. 기업은 차별화된 제품을 생산한다.
3. 각 기업은 경쟁자들이 가격하락에 대해서는 그들의 가격을 낮출 것이지만 가격상승에 대해서는 그들의 가격을 올리지는 않을 것이라고 믿는다.
4. 진입장벽이 존재한다.

스위지 과점
(1) 시장에는 많은 소비자에게 상품과 서비스를 공급해주는 몇 개의 기업이 있고, (2) 기업은 차별화된 제품을 생산하며, (3) 각 기업은 경쟁자들이 가격하락에 대해서는 그들의 가격을 낮출 것이지만 가격상승에 대해서는 그들의 가격을 올리지는 않을 것이라고 믿고, (4) 진입장벽이 존재한다.

스위지 과점에서 경쟁하는 기업의 경영자는 다른 기업들이 가격하락에는 대응할 것이나 가격상승에서는 대응하지 않을 것이라고 믿기 때문에 기업의 제품에 대한 수요곡선은 〈그림 9–2〉에서 ABD_1으로 주어진다. P_0 위의 가격에서 관련된 수요곡선은 D_2이다. 그래서 한계수입은 이 수요곡선에 해당한다. P_0 아래 가격의 경우, 관련된 수요곡선은 D_1이다. 그리고 한계수입은 D_1에 해당한다. 그래서 기업이 직면하는 한계수입곡선(MR)은 처음에는 D_2와 관련이 있는 한계수입곡선이다. Q_0에서 한계수입곡선은 D_1에 해당하는 한계수입곡선으로 변한다. 즉 스위지 과점의 한계수입곡선 MR은 〈그림 9–2〉에서 ACEF이다.

이윤극대화 산출량 수준은 한계수입이 한계비용과 같은 곳에서 결정되고 이윤극대화 가격은 소비자가 그러한 산출량 수준에 대해 지불할 최대가격이다. 예를 들어, 한계비용이 〈그림 9–2〉에서 MC_0으로 주어지면, 한계수입은 점 C에서 한계비용과 같다. 이 경우에 이윤극대화 산출량은 Q_0이고 최적 가격은 P_0이다. 가격이 한계비용을 초과하므로 ($P_0 > MC_0$), 산출물은 사회적으로 효율적인 수준아래에 있다. 이러한 상황는 사중손실(소비자와 생산자잉여의 손실)로 해석되며, 완전경쟁시장에서는 발생하지 않는다.

스위지 과점모형의 중요한 의미는 한계비용의 변화가 이윤극대화 산출량 수준에 영향을 주지 않는 영역(CE)이 있다는 점이다. 이것은 한계비용이 감소할 때

그림 9-2
스위지 과점

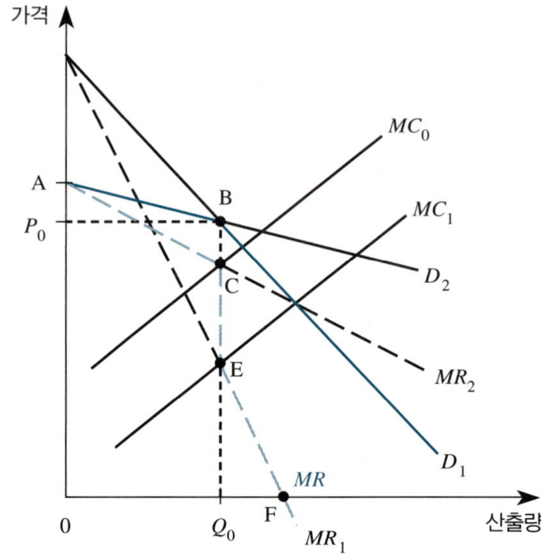

산출량을 증가시키는 완전경쟁, 독점적경쟁 그리고 독점기업과 대조된다.

왜 스위지 과점에서 경쟁하는 기업은 한계비용이 감소할 때 산출량을 증가시키지 않을 수 있는지 알아보기 위해, 〈그림 9-2〉에서 한계비용이 MC_0에서 MC_1로 감소한다고 가정하자. 한계수입은 점 E에서도 한계비용과 같다. 그러나 이점에 해당하는 산출량은 여전히 Q_0이다. 따라서 기업은 P_0의 가격에서 Q_0 단위를 생산하여 계속 이윤을 극대화한다.

스위지 과점에서, 한계비용이 일정한 영역에서 변하지 않으면 기업들은 가격결정행위를 바꿀 인센티브를 갖지 않는다. 그 이유는 단순히 경쟁자들이 가격하락에는 대응하나 가격상승에는 대응하지 않는다는 가정에서 기인한다. 스위지 과점의 기업들은 가격변화가 시장의 다른 기업들의 행동에 미치는 영향 때문에 그들의 가격을 바꾸기를 원하지 않는다.

스위지 모형은 어떻게 각 기업이 수요곡선의 굴절을 일으키는 초기가격 P_0에 자리 잡게 되었는지에 대한 설명을 제공하지 않기 때문에 비난받아 왔다. 그럼에도 불구하고 스위지 모형은 기업간의 전략적 상호작용과 경쟁자의 반응에 대한 경영자의 믿음은 가격결정에 커다란 영향을 미칠 수 있다는 것을 우리에게 보여준다. 실제로 초기가격과 경영자의 믿음은 경쟁자의 가격설정 유형에 대한 경영자의 경험에 토대를 둘 수 있다. 만약 당신의 경험상 경쟁자가 가격하락에 대응할 것이지만 가격상승에 대응하지 않을 것이라고 한다면, 스위지 모형은 아마도 당신의 가격을 결정하는데 이용할 수 있는 가장 좋은 도구이다.

9.4.2 쿠르노 과점

몇 개의 큰 석유 생산자들이 얼마의 석유를 채굴해야 할지를 결정해야 한다고 가정하자. 생산된 석유의 총량은 확실히 석유의 시장가격에 영향을 미칠 것이다. 그러나 각 기업의 기본적인 의사결정은 가격결정이 아니고 오히려 생산해낼 석유량이다. 만약 모든 기업들이 동시에 산출량 수준을 결정해야 한다면, 또는 좀 더 일반적으로 만약 각 기업이 자신의 산출량 결정이 경쟁자의 산출량 결정에 아무런 영향을 미치지 않는다고 본다면, 이러한 시나리오는 **쿠르노 과점**을 설명한다.

좀 더 공식적으로, 산업이 다음의 조건이면 쿠르노 과점이다.

1. 많은 소비자에게 공급해주는 몇 개의 기업이 있다.
2. 기업은 차별화 된 또는 동질의 제품을 생산한다.
3. 각 기업이 산출량을 바꾸더라도 경쟁자는 그들의 산출량을 일정하게 유지시킬 것이라고 각 기업은 믿는다.
4. 진입장벽이 존재한다.

쿠르노 과점
(1) 산업내에 많은 소비자와 몇 개의 기업으로 구성돼 있고 (2) 기업은 차별화된 또는 동질의 제품을 생산하고 (3) 각 기업이 산출량을 바꾸더라도 경쟁자는 그들의 산출량을 일정하게 유지시킬 것이라고 각 기업은 믿고 그리고 (4) 진입장벽이 존재하는 산업

스위지 과점모형과 대조적으로, 쿠르노 과점모형은 경영자들이 산출량을 결정하고 그들의 의사결정은 경쟁기업들의 산출량 결정에 영향을 미치지 않는다고 믿을 때의 의사결정과 관련되어 있다. 더욱이, 쿠르노 모형은 제품이 동일하거나 또는 차별화 된 상황에 적용된다.

반응함수와 균형

쿠르노 과점의 의미를 강조하기 위해서 쿠르노 복점으로서 경쟁하는 단 두 기업이 있다고 가정하자: 각 기업은 산출량 결정을 하고 자신의 산출량을 변화시키더라도 경쟁자가 산출량을 일정하게 유지시킬 것이라고 믿는다. 최적 산출량 수준을 결정하기 위해서 기업 1은 한계수입을 한계비용과 일치시킬 것이다. 복점이므로 기업 1의 한계수입은 기업 2의 산출량에 영향을 받는다. 특히 기업 2의 산출량이 증가할수록 시장가격은 낮아지고 따라서 기업 1의 한계수입도 낮아진다. 이것은 기업 1의 이윤극대화 산출량이 기업 2의 산출량에 의존한다는 것을 의미한다: 기업 2의 산출량이 증가하면 기업 1의 이윤극대화 산출량은 감소한다. 이와 같이 기업 2의 산출량과 기업 1의 이윤극대화 산출량의 관계를 **최적반응함수**라 부른다.

최적반응함수
다른 기업의 주어진 산출량에 대해, 한 기업의 이윤극대화 산출량을 정의하는 함수

최적반응함수는 다른 기업의 주어진 산출량 수준에 대해 한 기업의 이윤극대화 산출량 수준이라고 정의한다. 더 공식적으로, 기업 2가 산출량 Q_2 단위를 생산하는 것으로 주어지면 기업 1의 이윤극대화 산출량 수준은

$$Q_1 = r_1(Q_2)$$

그림 9-3
쿠르노 반응함수

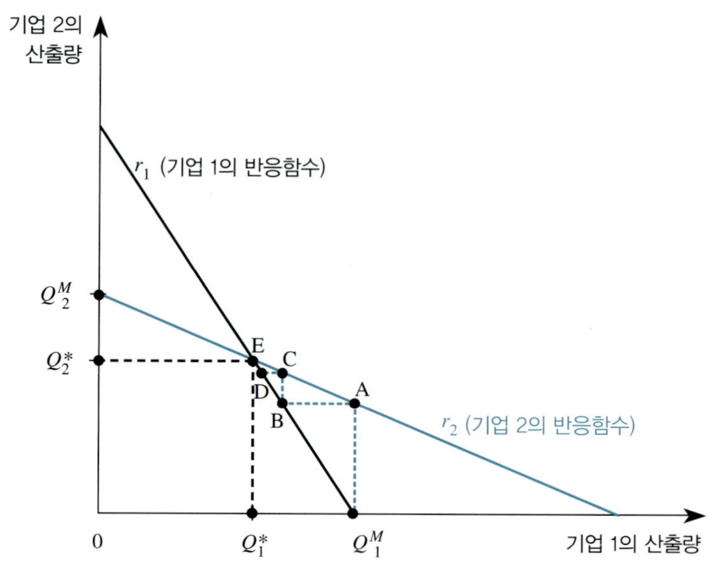

이다.

마찬가지로 기업 1이 산출량 Q_1 단위를 생산하는 것으로 주어지면 기업 2의 이윤극대화 산출량 수준은

$$Q_2 = r_2(Q_1)$$

이다.

복점의 쿠르노 반응함수는 〈그림 9-3〉에 나타나있다. 여기에서 기업 1의 산출량은 가로축에, 기업 2의 산출량은 세로축에 나타나 있다.

왜 반응함수가 이러한 모양을 갖는지 이해하기 위해, 그림에서 몇 가지 중요한 점을 강조하자. 첫째, 기업 2가 0 단위의 산출량을 생산하면, 기업 1의 이윤극대화 산출량 수준은 Q_1^M이다. 그 이유는 이것이 0 단위의 Q_2에 해당하는 기업 1의 반응함수(r_1)에 있는 점이기 때문이다. 산출량의 이러한 조합은 오직 기업 1이 양의 산출량 수준을 생산하는 상황에 해당한다; 그래서, Q_1^M은 기업 1이 독점자인 상황에 해당한다. 만약 0단위의 산출량을 생산하는 대신에 기업 2가 Q_2^* 단위를 생산한다면, 기업 1의 이윤극대화 산출량 수준은 Q_1^*이다. 그 이유는 이것이 기업 2의 산출량 Q_2^*에 해당하는 r_1에 있는 점이기 때문이다.

기업 2의 산출량이 증가함에 따라 기업 1의 이윤극대화 산출량 수준이 감소하는 이유는 다음과 같다: 기업 1의 제품에 대한 수요는 시장에서 다른 기업들에 의해 생산된 산출량에 달려 있다. 기업 2가 산출량 수준을 증가시킬 때, 기업 1의 수요와 한계수입은 감소한다. 기업 1의 이윤극대화를 위한 반응은 산출량 수준을 줄이는 것이다.

예시 문제 9-3

〈그림 9-3〉에서 기업 1이 0 단위의 산출량을 생산할 때 기업 2의 이윤극대화 산출량은 무엇인가? 기업 1이 Q_1^* 단위를 생산할 때 기업 2의 이윤극대화 산출량은 무엇인가?

정답

만약 기업 1이 0 단위의 산출량을 생산한다면 기업 2의 이윤극대화 산출량 수준은 Q_2^M이다. 그 이유는 이것이 0 단위의 Q_1에 해당하는 기업 2의 반응함수에 있는 점이기 때문이다. Q_2^M의 산출량은 기업 2가 독점자인 상황에 해당한다. 만약 기업 1이 Q_1^* 단위를 생산하면 기업 2의 이윤극대화 산출량 수준은 Q_2^*이다. 그 이유는 이것이 기업 1의 Q_1^* 산출량에 해당하는 r_2에 있는 점이기 때문이다.

쿠르노 복점에서 균형값을 찾기 위해 기업 1이 산출량 Q_1^M을 생산한다고 가정하자. 이러한 산출량이 주어져 있으면 기업 2의 이윤극대화 산출량 수준은 〈그림 9-3〉의 r_2에서 점 A에 해당한다. 점 A와 같이 기업 2의 양(+)의 산출량 수준이 주어져 있으면, 기업 1의 이윤극대화 산출량 수준은 더 이상 Q_1^M가 아니고 r_1 상에서 점 B에 해당한다. 기업 1의 산출량이 이렇게 감소하면 기업 2의 이윤극대화 산출량은 기업 2의 반응함수 r_2 상의 점 C가 된다. 이때 기업 1은 다시 자신의 반응함수 r_1 상의 점 D로 산출량을 줄이게 될 것이다.

산출량의 이러한 변화는 얼마나 오랫동안 지속될 것인가? 〈그림 9-3〉의 점 E에 도달할 때까지이다. 점 E에서, 기업 1은 Q_1^*를 생산하고 기업 2는 Q_2^* 단위를 생산한다. 다른 기업이 그 수준에서 산출량을 일정하게 유지할 것이라고 기업이 믿으면 어느 기업도 산출량을 변화시킬 인센티브를 갖지 못한다. 그래서 점 E는 쿠르노 균형에 해당한다. **쿠르노 균형**은 다른 기업의 산출량이 주어져 있으면 어느 기업도 자신의 산출량을 변화시킬 인센티브를 갖지 못하는 상황이다. 그래프 상으로 이러한 조건은 반응곡선의 교차점에 해당한다.

쿠르노 균형
다른 기업의 산출량이 주어진 상태에서 기업이 산출량을 변화시킬 인센티브가 없는 상태

지금까지 쿠르노 과점에 대한 우리의 분석은 기하학적이다. 그러나 쿠르노 과점 안에서 수요와 비용의 추정치가 주어져 있으면 우리는 쿠르노 균형을 명시적으로 풀 수 있다. 우리는 이것을 어떻게 해야 하는가? 이윤을 극대화하기 위해 쿠르노 과점에 있는 경영자는 한계수입이 한계비용과 같은 곳에서 생산한다. 한계비용의 계산은 간단하다; 다른 시장구조에서 우리가 분석했던 것과 같다. 한계수입의 계산은 약간 더 복잡하다. 다음의 공식을 생각하자:

공식: 쿠르노 복점의 한계수입

동일 제품의 쿠르노 복점에서 (역)시장수요가

$$P = a - b(Q_1 + Q_2)$$

라고 하자.

여기에서 a와 b는 양의 상수다. 그때 기업 1과 기업 2의 한계수입은

$$MR_1(Q_1, Q_2) = a - bQ_2 - 2bQ_1$$
$$MR_2(Q_1, Q_2) = a - bQ_1 - 2bQ_2$$

이다.

기업 1의 수입은

$$R_1 = PQ_1 = [a - b(Q_1 + Q_2)]Q_1$$

이다. 따라서

$$MR_1(Q_1, Q_2) = \frac{\partial R_1}{\partial Q_1} = a - bQ_2 - 2bQ_1$$

이다. 동일한 분석을 통해, 기업 2의 한계수입을 얻을 수 있다.

각 쿠르노 과점자의 한계수입은 자신의 산출량 뿐만 아니라 다른 기업의 산출량에도 의존한다는 것에 유의하자. 특히 기업 2가 산출량을 증가시킬 때, 기업 1의 한계수입은 하락한다. 그 이유는 기업 2에 의한 산출량의 증가는 시장가격을 낮추고 또한 기업 1의 한계수입을 낮추게 되기 때문이다.

각 기업의 한계수입은 자신의 산출량과 경쟁자의 산출량에 의존하기 때문에 한 기업의 한계수입이 한계비용과 같게 되는 산출량은 나머지 다른 한 기업의 산출량 수준에 의존한다. 만약 우리가 기업 1의 한계수입을 한계비용과 같게 하고 기업 2의 산출량의 함수로서 기업 1의 산출량을 풀면, 우리는 기업 1의 반응함수의 대수적 식을 얻는다. 마찬가지로 기업 2의 한계수입을 한계비용과 같게 하고 이를 풀면 우리는 기업 2의 반응함수를 얻는다. 이러한 계산의 결과는 아래에 요약되어있다.

공식: 쿠르노 복점의 반응함수

선형 역수요함수

$$P = a - b(Q_1 + Q_2)$$

와 비용함수

$$C_1(Q_1) = c_1Q_1$$
$$C_2(Q_2) = c_2Q_2$$

에 대한 반응함수는

$$Q_1 = r_1(Q_2) = \frac{a - c_1}{2b} - \frac{1}{2}Q_2$$

$$Q_2 = r_2(Q_1) = \frac{a - c_2}{2b} - \frac{1}{2}Q_1$$

이다. 이 반응함수는 아래의 과정을 통해 도출된다.

이윤극대화를 위해 기업 1은 다음의 조건이 성립하는:

$$MR_1(Q_1, Q_2) = MC_1$$

인 산출량을 정한다.

선형 (역)수요와 비용함수에 대해, 이것은

$$a - bQ_2 - 2bQ_1 = c_1$$

을 의미한다.

이 방정식을 풀면

$$Q_1 = r_1(Q_2) = \frac{a - c_1}{2b} - \frac{1}{2}Q_2$$

를 얻는다.

기업 2의 반응함수는 마찬가지 방법으로 계산된다.

예시 문제 9-4

두 쿠르노 복점자의 역수요함수가 $P = 10 - (Q_1 + Q_2)$로 주어져 있고 그들의 비용함수는 0라고 가정하자.

1. 각 기업의 한계수입은?
2. 두 기업의 반응함수는?
3. 쿠르노 균형산출량은?
4. 균형가격은?

정답

1. 쿠르노 복점에서 한계수입 공식을 이용하여 우리는

$$MR_1(Q_1, Q_2) = 10 - Q_2 - 2Q_1$$

$$MR_2(Q_1, Q_2) = 10 - Q_1 - 2Q_2$$

를 구한다.

2. 반응함수는

$$
\begin{aligned}
Q_1 = r_1(Q_2) &= \frac{10}{2} - \frac{1}{2}Q_2 \\
&= 5 - \frac{1}{2}Q_2 \\
Q_2 = r_2(Q_1) &= \frac{10}{2} - \frac{1}{2}Q_1 \\
&= 5 - \frac{1}{2}Q_1
\end{aligned}
$$

이다.

3. 쿠르노 균형을 구하기 위해, 우리는 2개의 미지수에 대해 두 반응함수를 풀어야 한다.

$$Q_1 = 5 - \frac{1}{2}Q_2$$

$$Q_2 = 5 - \frac{1}{2}Q_1$$

Q_2를 첫 번째 반응함수에 대입하면

$$Q_1 = 5 - \frac{1}{2}\left[5 - \frac{1}{2}Q_1\right]$$

를 얻는다. Q_1에 대해 풀면

$$Q_1 = \frac{10}{3}$$

Q_2를 구하기 위해, 우리는 $Q_1 = 10/3$을 기업 2의 반응함수에 대입하여

$$
\begin{aligned}
Q_2 &= 5 - \frac{1}{2}\left(\frac{10}{3}\right) \\
&= \frac{10}{3}
\end{aligned}
$$

을 얻는다.

4. 산업의 총 산출량은

$$Q = Q_1 + Q_2 = \frac{10}{3} + \frac{10}{3} = \frac{20}{3}$$

이다. 시장가격은 이러한 수량에 대한 (역) 수요에 의해 결정된다.

$$
\begin{aligned}
P &= 10 - (Q_1 + Q_2) \\
&= 10 - \frac{20}{3} \\
&= \frac{10}{3}
\end{aligned}
$$

쿠르노 과점기업들이 동일의 또는 차별적인 제품을 생산하는가에 관계없이, 산업의 생산량은 사회적으로 효율적인 수준보다 더 작다. 이러한 비효율성은 균형가격이 한계비용을 초과하기 때문에 발생한다. 가격이 한계비용을 초과하는 크기는 제품의 차별성 뿐만 아니라 산업의 기업 수에 달려 있다. 기업의 수가 증가하면, 균형가격은 한계비용 수준으로 하락하여 접근한다. 기업의 수가 상당히 많을 경우, 동일제품 쿠르노 시장에서의 균형가격이 거의 한계비용과 같아지면, 산업의 생산량은 완전경쟁(사중손실이 없음)하의 생산량에 근접한다.

등이윤곡선

쿠르노 과점을 기본적으로 이해했으므로 이제 우리는 그래프를 이용하여 이떻게 기업의 이윤이 결정되는가를 볼 것이다. 과점에서 기업의 이윤은 자신이 선택하는 산출량 뿐만 아니라 다른 기업들에 의해 생산되는 산출량에도 의존한다. 예를 들어 복점에서, 기업 2의 산출량의 증가는 그 산출물의 가격을 하락시킬 것이다. 이것은 수요의 법칙에 기인한다: 더 많은 산출량이 시장에서 팔림에 따라, 소비자가 재화에 대해 지불할 용의와 지불할 수 있는 가격은 하락할 것이다. 물론 이것도 기업 1의 이윤을 변화시킬 것이다.

쿠르노 과점에서 기업의 이윤과 관련된 정보를 요약하는데 이용되는 기본 도구는 **등이윤곡선**이다. 이것은 어떤 주어진 기업에게 동일한 수준의 이윤을 가져오는 모든 기업의 산출량의 조합을 정의한다.

등이윤곡선
어떤 기업에게 동일한 수준의 이윤을 가져오는, 모든 기업들에 의해 생산된 산출량의 조합을 정의하는 함수

〈그림 9–4〉는 3개의 등이윤곡선 (π_0, π_1, 그리고 π_2)과 함께 기업 1의 반응함수 (r_1)를 나타낸다. 〈그림 9–4〉의 4가지 특성이 중요하다.;

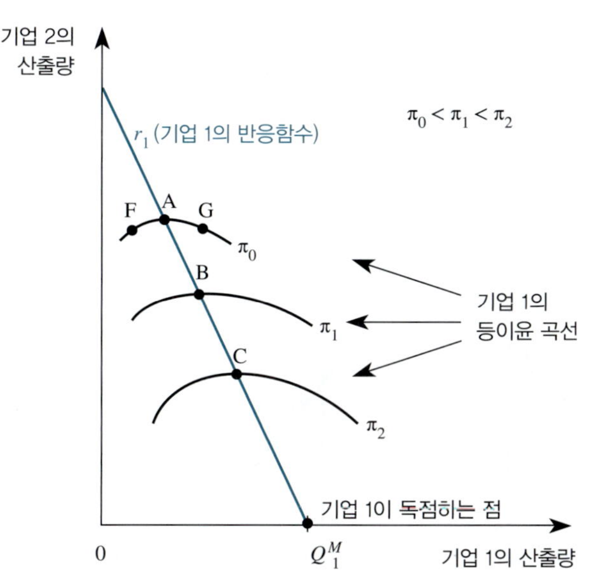

그림 9-4
기업 1의 등이윤곡선

1. 주어진 등이윤곡선상에 있는 모든 점은 기업 1에게 동일한 수준의 이윤을 가져온다. 예를 들어, 점 F, A 그리고 G는 모두 등이윤곡선 π_0에 있다. 그래서 이러한 점들의 각각은 정확히 기업 1의 이윤 π_0을 가져온다.
2. 기업 1의 독점산출량(Q_1^M)에 가까이 있는 등이윤곡선은 기업 1에게 더 높은 이윤을 준다. 예를 들어, 등이윤곡선 π_2는 π_1보다 더 높은 이윤을 의미하고 π_1은 π_0보다 더 높은 이윤을 나타낸다. 다시 말하면, 우리가 점 A로부터 점 C로 기업 1의 반응함수를 따라 내려가면 기업 1의 이윤은 증가한다.
3. 기업 1의 등이윤곡선은 기업 1의 반응함수와 교차하는 곳에서 최고점에 도달한다. 예를 들어, 등이윤곡선 π_0은 점 A에서 최고점에 도달한다. 여기에서 등이윤곡선은 r_1과 교차한다; π_1은 점 B에서 최고점에 도달한다. 여기에서 등이윤곡선(π_1)은 r_1과 교차한다; 등등
4. 등이윤곡선은 서로 교차하지 않는다.

등이윤곡선에 대한 4가지 특성을 이해했으므로 이제 쿠르노 과점에서 경영의 사결정에 대해 살펴보자. 쿠르노 과점의 한 가지 가정은 각 기업은 경쟁기업들의 산출량 결정을 주어진 것으로 보고 이윤을 극대화하기 위해 단순히 자신의 산출량을 선택한다는 것을 기억하자. 이것이 〈그림 9-5〉에 나타나 있다. 여기서 우리는 기업 2의 산출량은 Q_2^*로 주어져 있다고 가정한다. 기업 1의 산출량과 관계없이 기업 2가 이러한 산출량을 생산할 것이라고 기업 1이 믿기 때문에, 기업 2가 Q_2^*를 생산할 때 기업 1은 이윤극대화 산출량 수준을 선택한다. 한 가지 가능

그림 9-5
기업 2의 산출량에 대한 기업 1의 최선의 반응

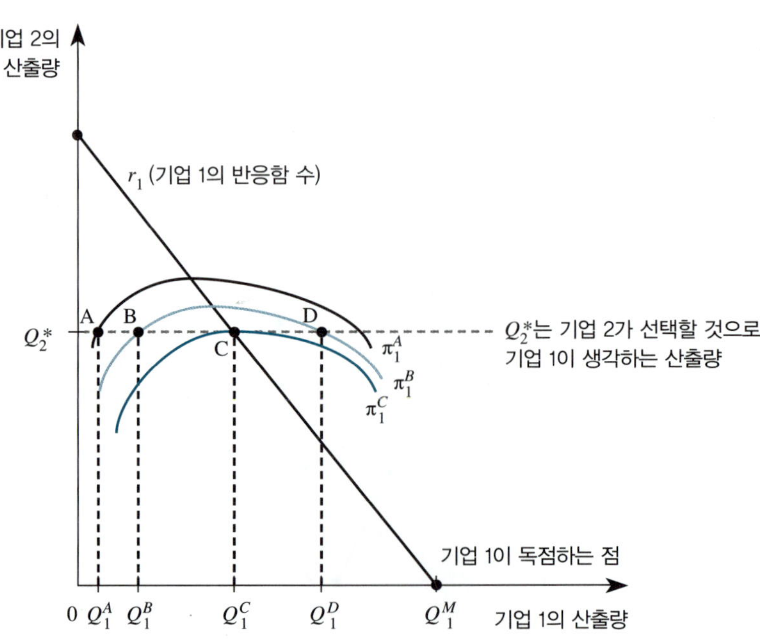

성은 기업 1은 산출량 Q_1^A 단위를 생산하는 것이고 그것은 등이윤곡선 π_1^A에 있는 점 A에 해당할 것이다. 그러나, 이러한 결정은 이윤을 극대화하지 못하는데, 그 이유는 산출량을 Q_1^B로 확대함으로써 기업 1은 더 높은 등이윤곡선으로 이동(π_1^B에 있는 점 B에 해당)하기 때문이다. 만약 기업 1이 산출량을 등이윤곡선 π_1^C와 관련이 있는 Q_1^C로 확대한다면 이윤은 더욱 증가할 것이라는 것을 주목하자.

기업 2의 Q_2^* 산출량 수준이 주어져 있으면, 기업 1이 Q_1^C보다 더 큰 산출량을 생산하는 것은 이득이 되지 않는다. 이것을 보기 위해 기업 1이 Q_1^D로 산출량을 확대한다고 가정하자. 이것은 더 낮은 이윤을 가져오는 등이윤곡선에 있는 점 D에 해당하는 산출량의 조합을 초래할 것이다. 우리는 기업 2가 Q_2^* 단위를 생산할 때 언제든지 기업 1의 이윤극대화 산출량은 Q_1^C라 결론에 도달한다. 이것은 정확히 기업 1의 반응함수에 해당하는 산출량이다.

이윤을 극대화하기 위해, 기업 1은 기업 2의 주어진 산출량에 접할 때까지 가능한 멀리 아래로 등이윤곡선을 밀어낸다(가능한한 기업 1의 독점에 가까이). 이러한 접점은 〈그림 9-5〉의 점 C에서 일어난다.

예시 문제 9-5

기업 2의 등이윤곡선을 그래프로 나타내고, 등이윤곡선에 있는 점과 기업 2의 반응함수 사이의 관계를 설명하시오.

정답

기업 2의 등이윤곡선은 기업 1의 등이윤곡선과 성격상 똑같다. 다만 좌표상에서의 대칭의 모양을 띠고 있다. 대표적인 등이윤곡선이 〈그림 9-6〉에 그려져 있다. 점 G, A, 그리고 F는 동일한 등이윤곡선상에 있고 그래서 기업 2에게 동일한 수준의 이윤 π_1을 가져온다. 그리고 π_1은 π_2와 π_3보다 적다. 등이윤곡선이 독점의 점에 가까이 갈수록, 기업 2의 이윤 수준은 증가한다. 등이윤곡선은 반응함수와 만나는 점에서 아래로 휘기 시작한다.

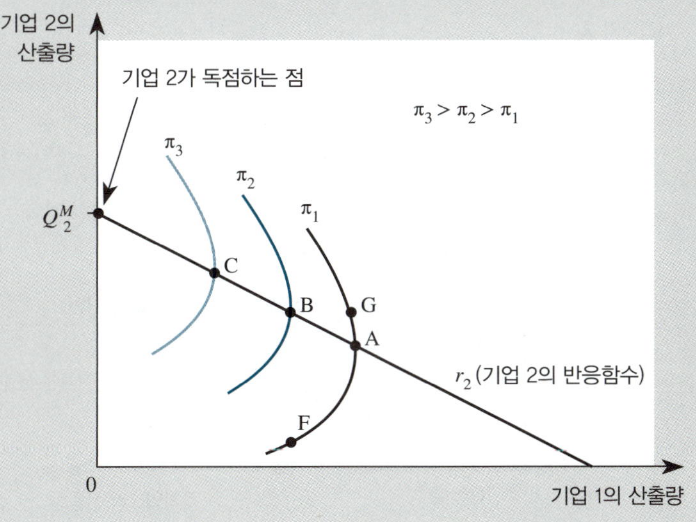

그림 9-6 기업 2의 반응함수와 등이윤곡선

그림 9-7
쿠르노 균형

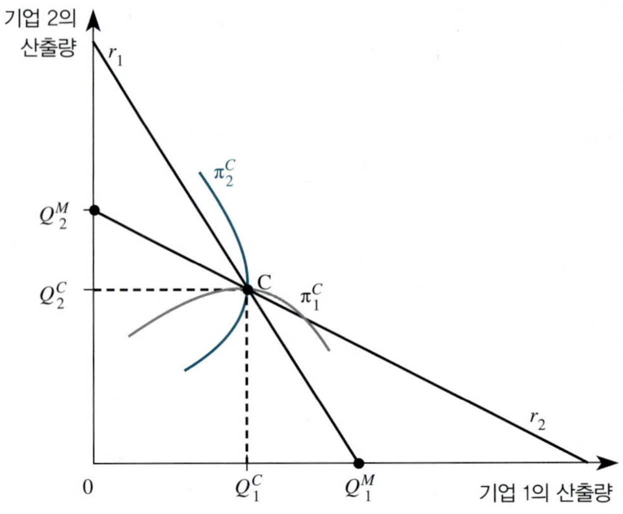

우리는 쿠르노 균형에서 각 기업의 이윤을 설명하는데 등이윤곡선을 이용할 수 있다. 쿠르노 균형은 〈그림 9–7〉에 있는 점 C와 같이 두 기업의 반응함수의 교차에 의해 결정된다는 것을 상기하자. 점 C를 지나는 기업 1의 등이윤곡선은 π_1^C로 주어지고 기업 2의 등이윤곡선은 π_2^C로 주어진다.

한계비용의 변화

쿠르노 과점에서 한계비용 변화의 효과는 스위지 과점의 경우와 매우 다르다. 이를 보기 위해, 기업들이 처음 〈그림 9–8〉에 있는 점 E에서 균형에 있다고 가정

그림 9-8
기업 2의 한계비용하락이 쿠르노 균형에 미치는 효과

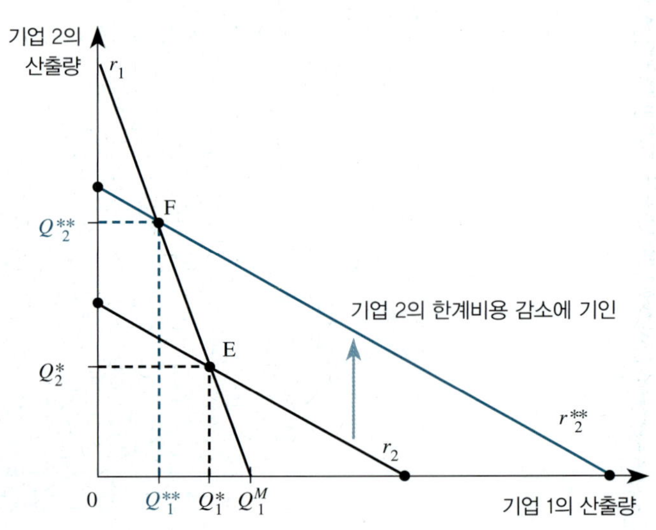

하자. 점 E에서 기업 1은 Q_1^* 단위를 생산하고 기업 2는 Q_2^* 단위를 생산한다. 이제 기업 2의 한계비용이 감소한다고 가정하자. 주어진 산출량 수준에서, 한계수입은 여전히 변하지 않지만 한계비용은 감소된다. 이것은 기업 2에게 한계수입이 한계비용을 초과하므로 주어진 산출량 Q_1보다 더 많은 산출량을 생산하는 것이 최적이라는 것을 의미한다. 그래프에서, 이것은 기업 2의 반응함수를 r_2로부터 r_2^{**}로 위로 평행이동 시켜 점 F에서 새로운 쿠르노 균형을 달성한다. 따라서, 기업 2의 한계비용의 감소는 Q_2^*로부터 Q_2^{**}로 기업 2의 산출량의 증가를 가져오고 Q_1^*로부터 Q_1^{**}로 기업 1의 산출량의 감소를 가져온다. 기업 2는 비용감소에 기인하여 더 큰 시장점유율을 누린다.

쿠르노 과점과 스위지 과점 분석 간에 차이가 나는 이유는 기업이 어떻게 다른 기업들의 의사결정변화에 반응할지를 인식하는 방식의 차이이다. 이러한 차이들이 기업의 한계비용감소에 경영자가 최적으로 반응해야 하는 방식의 차이를 가져온다. 만약 다른 기업들이 가격하락을 따르나 가격상승은 따르지 않는다고 경영자가 믿는다면, 스위지 모형이 적용된다. 이 경우에는 한계비용이 감소한다 하더라도 계속해서 동일한 수준의 생산량을 생산하는 것이 최적일 것이라고 우리는 학습했다. 기업이 산출량을 확대할 때 다른 기업들은 그들의 산출량 수준을 유지할 것이라고 경영자가 믿는다면, 쿠르노 모형이 적용된다. 이 경우에는 한계비용이 감소하면 산출량을 확대하는 것이 최적이다. 상호의존적인 시장에서 경영의사결정을 하는데 가장 중요한 요소는 시장에 있는 다른 기업들이 경영자의 의사결정에 어떻게 반응할 지에 대한 정확한 파악을 하는 것이다.

담합

어떤 시장이 단지 몇 개의 기업들에 의해 지배될 때에는, 기업들은 산출량을 억제하는데 동의하거나 또는 더 높은 가격을 부과함으로써 소비자 손실의 대가로 혜택을 볼 수 있다. 기업들의 그러한 행동을 담합이라고 한다. 다음 장에서, 우리는 담합을 자세하게 분석할 것이다. 지금은, 그러한 인센티브가 존재하는 이유를 보여주기 위해 쿠르노 과점 모형을 이용한다.

〈그림 9−9〉에서 점 C는 쿠르노 균형에 해당한다; 그것은 시장에서 두 기업의 반응함수의 교차점이다. 기업 1의 균형 이윤은 등이윤곡선 π_1^C에 의해 주어지고 기업 2의 균형 이윤은 등이윤곡선 π_2^C에 의해 주어진다. 〈그림 9−9〉에서 음영으로 된 렌즈모양의 면적은 두 기업이 쿠르노 균형에서 얻는 것 보다 두 기업에게 모두 더 높은 이윤을 가져오는 두 기업의 산출량의 집합이다. 예를 들어, 점 D에서 각 기업은 산출량을 덜 생산하고 더 큰 이윤을 누리는데, 그 이유는 점 D에서 각 기업의 등이윤곡선이 독점의 경우에 더 가깝기 때문이다. 사실상 각 기업이

그림 9-9

쿠르노 과점에서 담합 인센티브

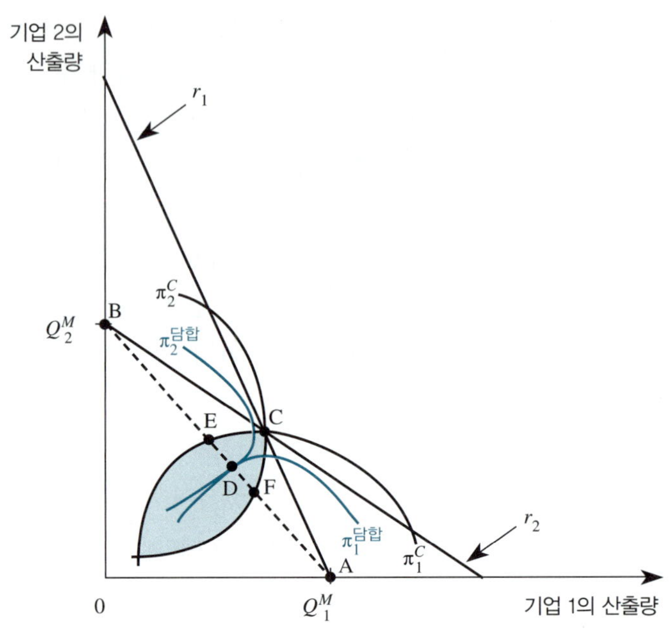

산출량을 제한하는데 동의하면, 기업은 더 높은 가격으로 더 높은 이윤을 얻을 수 있다. 그 이유는 간단하다. 기업 1의 이윤은 점 A에서 제일 높을 것이고 여기서 기업 1은 독점자이다. 기업 2의 이윤은 점 B에서 가장 높을 것이고 여기서 기업 2는 독점자이다. 만약 각 기업이 담합하여 독점산출량과 같은 산출량을 생산할 것을 "동의하면" 기업들은 점 A와 점 B를 연결하는 선 어딘가에 있게 될 것이다. 다시 말하면, 선분 AB상의 산출량의 어느 조합도 독점산출량과 같다.

〈그림 9-9〉에서 점 E와 점 F를 잇는 선분에 있는 산출량은 총 산업이윤을 극대화한다. 그리고 그 선분상의 점은 렌즈모양 안에 있기 때문에 기업들이 점 C에서 생산할 때(쿠르노 균형) 보다 두 기업에게 더 많은 이윤을 가져온다. 만약 기업들이 산출량을 제한하고 독점이윤을 나눈다면, 두 기업은 D와 같은 점에 있게 될 것이고 더 높은 이윤 $\pi_1^{담합}$과 $\pi_2^{담합}$을 얻는다. 이 점에서 시장가격과 산출량은 독점의 경우와 같다: 담합은 한계비용을 초과하는 가격을 초래하고 산출량은 사회적 최적수준보다 적으며 사중손실이 발생한다. 그러나 담합에 참여하는 기업은 쿠르노 과점에서보다 더 높은 이윤을 얻는다.

그러나 기업이 그러한 담합에 도달하는 것은 쉽지 않다. 우리는 이러한 점을 아주 상세히 다음 장에서 분석할 것이다. 그러나, 우리는 지금까지 배운 내용을 이용해서 담합이 종종 어려운 이유를 보일 수 있다. 기업들이 담합 이윤을 얻기 위해 〈그림 9-10〉에서 점 D와 관련한 담합 산출량을 생산할 것을 동의했다고 가정하자. 기업 2가 $Q_2^{담합}$를 생산하는 것이 주어져 있으면, 기업 1은 산출량을 점

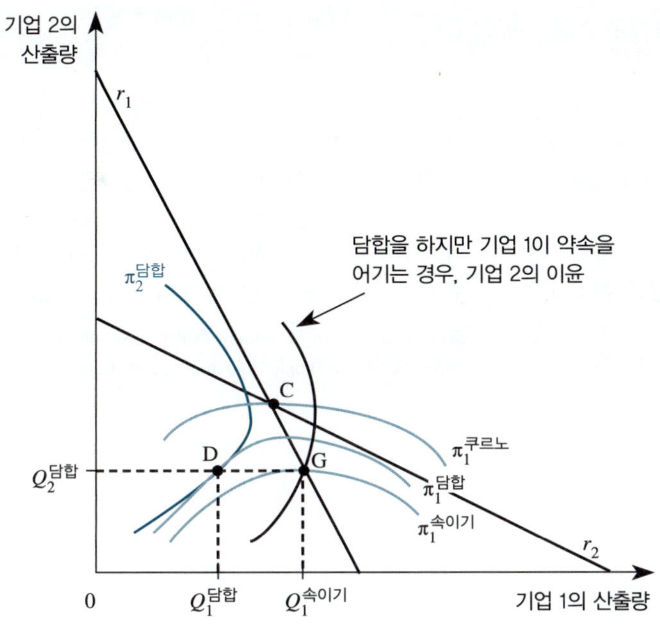

그림 9-10

쿠르노 과점에서 담합합의에 대해 약속을 어기려는 인센티브

G로 확대함으로써 담합합의를 "속일" 인센티브를 갖는다. 이 점에서, 기업 1은 담합하여 얻을 수 있는 것보다 더욱 더 높은 이윤을 얻는다. 이것은 $\pi_1^{속임수} > \pi_2^{담합}$이기 때문이다. 이것은 한 기업이 다른 기업에게 산출량을 제한하도록 하고 담합 파트너의 손실의 댓가로 더 높은 이윤을 얻기 위해 자신의 산출량을 확대함으로써 이윤을 얻을 수 있다는 것을 제시한다. 기업들은 이러한 인센티브가 존재한다는 것을 알기 때문에, 기업들이 애초에 담합합의에 도달하기 어렵다. 이러한 문제는 〈그림 9-10〉에서 기업 2는 점 C(쿠르노 균형)에서 얻을 수 있는 것보다 점 G(기업 1이 속이는 경우)에서 더 적은 이윤을 얻는다는 사실로 상세히 설명된다.

9.4.3 스타켈버그 과점

지금까지 우리는 기업 2는 기업 1의 "거울의 모습"처럼 대칭적인 과점 상황을 분석했다. 그러나 많은 과점시장에서 기업은 서로 다르다. **스타켈버그 과점**에서, 기업들은 의사결정의 시기가 다르다. 특히 한 기업(선도자)이 다른 기업들(추종자)보다 먼저 생산량을 결정한다. 선도기업의 생산량을 주어진 것으로 보고 다른 기업들(추종자들)은 이윤을 극대화하는 산출량을 선택한다. 따라서, 스타켈버그 과점에서 각 추종자는 쿠르노 과점과 같이 행동한다. 선도자는 추종자들의 산출량을 주어진 것으로 간주하지 않지만 대신에 각 추종자가 쿠르노 반응함수에 따라 선도자의 산출량 결정에 반응하는 것을 감안하여 이윤을 극대화하는 산출량을

스타켈버그 과점
(1) 많은 소비자의 필요에 공급해주는 적은 수의 기업이 있고, (2) 기업은 차별화된 또는 동질의 제품을 생산하고, (3) 한 기업(선도자)이 모든 다른 기업들보다 먼저 산출량을 선택하고, (4) 모든 다른 기업들(추종자들)은 선도자의 산출량을 주어진 것으로 보고 이윤을 극대화 하는 산출량을 선택하고, (5) 진입장벽이 존재하는 산업

인사이드 비즈니스 9-1 OPEC 회원들은 속일 수밖에 없다.

석유수출국기구(Organization of Petroleum Exporting Countries; OPEC)는 회원국들의 석유생산량 할당량을 결정하기 위해 일상적으로 만난다. 세계의 주요 석유생산국가들은 매일 시장에 공급하는 석유생산량을 결정하는 쿠르노 과점기업들처럼 경쟁한다. OPEC 회원국들이 결정한 할당량은 세계의 석유생산량을 줄여 완전경쟁균형보다 더 높은 이윤을 획득하기 위해 고안된 담합을 나타낸다. 그러나 〈그림 9-10〉에서 보여진 바와 같이, 각 회원국은 다른 회원국들이 합의된 낮은 수준의 생산량을 유지한다면, 생산량을 증가시켜 "속이고자 하는" 강한 인센티브를 가지고 있다. 따라서 OPEC 회원국들이 오랫동안 그들의 할당량을 초과하여 약속을 위반했다는 것은 놀랄 일이 아니다. 2010년 석유에 대한 세계 수요의 급격한 증가는 속이고자 하는(cheat) 훨씬 더 큰 인센티브를 제공하여, 합의된 수준에 비하여 6년간 회원국들의 "과잉생산"을 초래했다.

출처: G. Smith and M. Habiby, "OPEC Cheating Most Since 2004 as $100 Oil Heralds More Supply," Bloomberg.com, December 13, 2010.

선택한다.

산업이 다음의 조건을 만족시키면 스타켈버그 과점이다.

1. 많은 소비자에게 공급해주는 몇 개의 기업이 있다.
2. 기업은 차별화된 또는 동일의 제품을 생산한다.
3. 한 기업(선도자)이 모든 다른 기업들이 산출량을 선택하기 전에 산출량을 선택한다.
4. 모든 다른 기업들(추종자들)은 선도자의 산출량을 주어진 것으로 보고 이윤을 극대화하는 산출량을 선택한다.
5. 진입장벽이 존재한다.

스타켈버그 과점을 설명하기 위해, 단 두 기업이 있는 상황을 생각하자. 기업 1은 선도자이고 그래서 "선두주자"의 이점을 갖는다; 즉, 기업 1은 기업 2에 앞서 생산한다. 기업 2는 추종자이고 선도자에 의해 생산된 산출량이 주어져 있는 상태에서 이윤을 극대화한다.

추종자는 선도자 다음에 생산하기 때문에, 추종자의 이윤극대화 산출량 수준은 추종자의 반응함수에 의해 결정된다. 이것은 〈그림 9-11〉에서 r_2로 표시되어 있다. 그러나, 선도자는 추종자가 r_2에 따라 반응한다는 것을 안다. 따라서 선도자가 무엇을 하든 간에 추종자의 반응이 주어져 있는 상태에서 선도자는 자신의 이윤을 극대화하는 산출량 수준을 선택해야 한다.

선도자는 생산해야 할 산출량 수준을 어떻게 선택하는가? 선도자는 추종자가 r_2를 따라 생산할 것이라는 것을 알기 때문에, 선도자는 추종자의 반응곡선에 있는 점 중에서 가장 높은 이윤 수준에 해당하는 점을 선택한다. 선도자의 이윤은 등이윤곡선이 독점산출량에 더 가까이 갈수록 증가하기 때문에, 선도자의 선택은 〈그림 9-11〉에서 점 S가 될 것이다. π_1^S로 표시되는 이러한 등이윤곡선은 추

그림 9-11
스타켈버그 균형

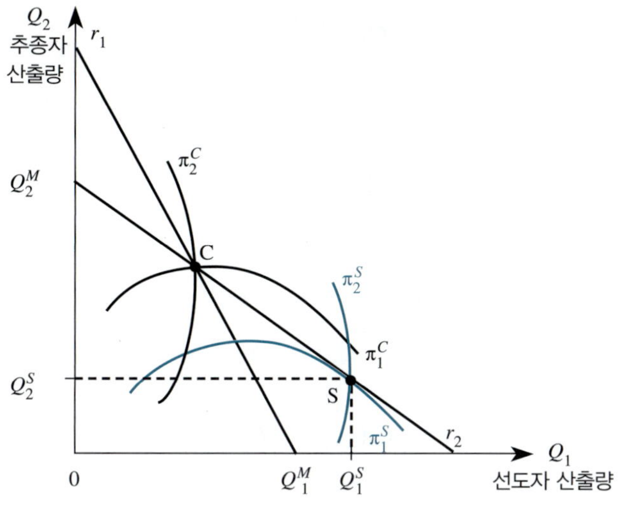

종자의 반응함수상의 점 중에서 가장 높은 이윤을 가져온다. 그것은 기업 2의 반응함수에 접한다. 선도자는 Q_1^S를 생산한다. 추종자는 이러한 산출량을 지켜보고 Q_1^S에 대한 이윤극대화 반응인 Q_2^S를 생산한다. 선도자의 이윤은 π_1^S로 주어지고 추종자의 이윤은 π_2^S로 주어진다. 선도자의 이윤은 쿠르노 균형(점 C)에서 보다 더 높고 추종자의 이윤은 쿠르노 균형에서 보다 더 낮다는 것을 인식하자. 먼저 움직이게 됨으로써, 선도자는 그렇지 않은 경우 보다 더 높은 이윤을 얻는다.

기업들이 시장수요와 비용에 관한 정보를 가지고 있으면, 스타켈버그 과점의 대수적 해법이 또한 얻어질 수 있다. 특히, 추종자의 의사결정은 쿠르노 모형의 의사결정과 동일하다. 예를 들어, 동일 제품, 선형 수요와 일정한 한계비용을 가진 추종자의 산출량은 반응함수에 의해 주어진다.

$$Q_2 = r_2(Q_1) = \frac{a - c_2}{2b} - \frac{1}{2}Q_1$$

이것은 단순히 추종자의 쿠르노 반응함수이다. 그러나, 스타켈버그 과점의 선도자는 Q_1을 선택할 때 이러한 반응함수를 고려한다. 선형 역수요함수와 일정한 한계비용을 가진 선도자의 이윤은

$$\pi_1 = \left\{a - b\left[Q_1 + \left(\frac{a - c_2}{2b} - \frac{1}{2}Q_1\right)\right]\right\}Q_1 - c_1Q_1$$

이다.

선도자는 이윤을 극대화하기 위해 Q_1을 선택한다. 선도자의 이윤을 극대화하는 Q_1의 값은

$$Q_1 = \frac{a + c_2 - 2c_1}{2b}$$

를 만들어 낸다.

공식: 스타켈버그 과점에서 균형산출량

선형 역수요함수

$$P = a - b(Q_1 + Q_2)$$

그리고 비용함수

$$C_1(Q_1) = c_1 Q_1$$
$$C_2(Q_2) = c_2 Q_2$$

에 대해 추종자는 쿠르노 반응함수에 따라 산출량을 정한다.

$$Q_2 = r_2(Q_1) = \frac{a - c_2}{2b} - \frac{1}{2}Q_1$$

선도자의 산출량은

$$Q_1 = \frac{a + c_2 - 2c_1}{2b}$$

이다.

미분의 활용

이윤극대화를 위해, 기업 1은 이윤을 극대화하는 산출량을 정한다

$$\pi_1 = \left\{a - b\left[Q_1 + \left(\frac{a - c_2}{2b} - \frac{1}{2}Q_1\right)\right]\right\} Q_1 - c_1 Q_1$$

이윤극대화의 제1차 조건은

$$\frac{d\pi_1}{dQ_1} = a - 2bQ_1 - \left(\frac{a - c_2}{2}\right) + bQ_1 - c_1 = 0$$

Q_1에 대해 풀면 선도자의 이윤극대화 산출량 수준은 다음과 같다.

$$Q_1 = \frac{a + c_2 - 2c_1}{2b}$$

추종자의 반응함수 공식은 쿠르노 과점의 공식과 똑같은 방식으로 유도된다.

인사이드 비즈니스 9-2 스타켈버그 과점에서 공약(commitment)

스타켈버그 과점에서 선도기업은 많은 양을 생산함으로써 선발주자(firtst-mover)의 이득을 누린다. 선도기업의 선택을 관찰한 이후에 추종기업의 최적 선택은 적게 생산하는 것이다. 따라서 선도기업은 추종기업의 희생하에 자신의 시장지분과 이윤을 얻는 것이다. 실험실에서의 실험이나 실생활의 증거는 스타켈버그 과점에서 먼저 움직이는데 다른 이익이 상당하다는 것을 보여준다—추종자가 선도자의 생산량을 관찰하는데 비용이 크게 들지 않는다는 전제하에.

예로서 남아프리카공화국의 통신회사인 Telkom은 경쟁자보다 먼저 움직인 선발주자로서의 이득 때문에 순이윤이 177% 증가하였다. Telkom은 남아프리카 기업의 90%와 장기계약을 체결하여 스타켈버그 리더로서의 산출량을 공약하였다. 즉, 자신의 생산량을 증가시킴으로써 경쟁자들이 생산량을 줄이도록 한 것이다.

전통적인 스타켈버그 모형은 추종기업이 선도기업의 산출량을 비용없이 관측할 수 있다고 가정한다. 그러나 실제로는 추종자가 선도자의 산출량에 대한 정보를 얻는 데에는 비용이 들어간다. 최근 Morgan교수와 Vardy교수는 관측비용이 소요될 경우에 선도기업의 선발주자이익이 줄어드는지 다양한 실험을 시행하였다. 그들의 실험에 의하면 관측비용이 적을 경우에는 선도기업이 선발주자의 이익을 누리며 상당한 이윤을 얻는다. 그러나 추종기업이 선도기업의 산출량을 관찰하는 비용이 증가하면서 선도기업과 추종기업의 이윤은 비슷해진다.

출처: Neels Blom, "Telkom Make Life Difficult for Any Potential Rival," *Business Day*(Johannesburg), June 9, 2004; J. Morgan and F. Vardy, "An Experimental Study of Commitment in Stackelberg Game with Observation Costs," *Games and Economic Behavior* 20(2), November 2004,pp.401–23.

예시 문제 9-6

동일제품의 스타켈버그 과점에서 두 기업의 역수요함수가

$$P = 50 - (Q_1 + Q_2)$$

이고 두 기업의 비용함수는

$$C_1(Q_1) = 2Q_1$$
$$C_2(Q_2) = 2Q_2$$

로 주어져 있다고 가정하자. 기업 1은 선도자이고 기업 2는 추종자이다.

1. 기업 2의 반응함수는 무엇인가?
2. 기업 1의 산출량은 무엇인가?
3. 기업 2의 산출량은 무엇인가?
4. 시장가격은 무엇인가?

정답

1. 추종자의 반응함수 공식을 이용하여

$$Q_2 = r_2(Q_1) = 24 - \frac{1}{2}Q_1$$

2. 스타켈버그 선도자의 공식을 이용하여,

$$Q_1 = \frac{50 + 2 - 4}{2} = 24$$

3. 문제 2의 답을 문제 1의 반응함수에 대입하여, 추종자의 산출량을 구한다.

$$Q_2 = 24 - \frac{1}{2}(24) = 12$$

4. 시장가격은 두 기업의 산출량을 함께 더한 값을 역수요함수에 대입하여 구해질 수 있다.

$$P = 50 - (12 + 24) = 14$$

일반적으로 스타겔버그 과점에서는 가격이 한계비용을 초과한다; 이것은 산업 생산량이 사회적으로 효율적인 수준보다 아래에 있다는 것을 의미한다. 이것이 사중손실(deadweight loss)로 설명되지만, 사중손실이 순수한 독점하에서 발생되는 것보다는 더 작다.

9.4.4 버트란드 과점

경영자가 어느 경우에나 이용할 수 있는 통일된 과점 모형이 없다는 사실을 더욱 강조하고, 과점지배력을 가진 기업들이 항상 양의 이윤을 얻을 수 있다는 것을 의미하지 않는다는 것을 설명하기 위해, 우리는 다음으로 버트란드 과점에 대하여 알아본다. 여기에서 다루는 버트란드 과점에서 기업은 동일한 제품을 판매하고 소비자는 재화에 대해 독점가격을 지불할 용의가 있다고 가정한다. 기업들이 차별화된 제품을 판매하는 경우는 부록에 제시되어 있다. 다음 장은 또한 버트란드 과점에 대해 더 상세한 분석을 포함하고 있다.

버트란드 과점
(1) 시장에는 많은 소비자를 충족시켜주는 몇 안되는 기업이 있고, (2) 기업은 일정한 한계비용으로 동일한 제품을 생산하고, (3) 기업은 가격경쟁을 하고, 경쟁자에 의해 부과된 가격에 최적으로 반응한다. (4) 소비자는 완전한 정보를 가지고 있고 거래비용은 없다. (5) 진입장벽이 존재한다

산업은 다음의 조건이 만족되면 **버트란드 과점**이다.

1. 시장에는 많은 소비자에게 공급해주는 몇 개의 기업이 있다.
2. 기업은 일정한 한계비용으로 동일한 제품을 생산한다.
3. 기업은 가격경쟁을 하고 경쟁자에 의해 부과된 가격에 최적으로 반응한다.
4. 소비자는 완전한 정보를 가지고 있으며 거래비용은 없다.
5. 진입장벽이 존재한다.

경영자의 관점에서 버트란드 과점은 바람직하지 않다; 시장에 단 두기업이 있다 하더라도 0의 이윤에 이르게 된다. 소비자 관점에서는, 버트란드 과점은 바람직하다; 이것은 정확히 완전경쟁시장과 동일한 결과에 이르게 한다.

더 정확히 앞의 주장을 설명하기 위해, 버트란드 복점을 생각하자. 소비자는 완전한 정보를 가지고 있고, 0의 거래비용을 가지고 있으며 제품은 동일하기 때문에, 모든 소비자는 가장 낮은 가격을 부과하는 기업으로부터 생산물을 구입한

인사이드 비즈니스 9-3 가격경쟁과 판매자의 수: 온라인과 실험시장에서의 증거

경쟁이 정말 동질적인 제품을 판매하는 버트란드 과점에서 가격이 한계비용과 일치하도록 할 것인가? 최근의 두 가지 연구에 의하면 이에 대한 답은 시장에 있는 판매자의 수에 달려 있다.

Baye, Morgan, Scholten 등 3명의 교수는 주요 가격비교 사이트에서 수천개 제품의 4백 만 개에 달하는 일별가격을 조사하였다. Shopper.com, Nextag.com, Kelkoo.com 등과 같은 가격비교사이트는 온라인구매자들이 동질적인 제품에 대해 각 기업이 부과하는 가격리스트를 받을 수 있게 해주고 있다. 이론상으로는 기업들이 동질적인 제품을 팔고 소비자들이 기업의 가격에 대해 좋은 정보를 가지고 있는 온라인 시장에서는 기업들은 이른바 "버트란드 덫"에 걸릴 것으로 예상된다. 3명의 교수는 동질적인 제품들에 대한 가장 낮은 두 개의 가격을 비교하였는데 이러한 예상과는 반대로 가격차는 기업이 두 개뿐인 경우에는 평균 22%에 달하였고, 20개 이상의 기업이 있는 경우에는 가격차가 3%미만으로 줄어들었다. 다시 말하면, 실제 기업들은 기업수가 작을 때에는 버트란드 덫을 피할 수 있었으나 기업수가 많아지면서 그 덫에 걸리는 것으로 나타났다.

Dufwenberg, Gneezy 교수는 이러한 사실과 부합하는 실험결과를 보여준다. 두 교수는 한계비용이 $20이고 독점(담합)가격이 $100인 시장에서 동질적 제품에 가격을 부과하는 실험을 한 그룹의 대상자들에 대해 실행하였다. 실험에서 가장 낮은 가격을 제시하는 판매자들은 게임에서 이기며 현금을 받는다. 주어진 여건에서 이론에 의하면 독점가격은 $100이며 둘, 셋, 넷의 판매자가 있는 시장에서는 가격이 $2일 것으로 예측된다. 실제로 평균시장가격은 두 명의 판매자가 있을 경우에는 $27였으며 셋 혹은 넷이 있을 경우에는 $9로 떨러졌다. 판매자의 숫자가 늘어나면서 가격과 이윤은 급격히 떨어졌지만 이론이 예측한 만큼 빠르게는 아니었다.

출저: Martin Dufwenberg and Uri Gneezy, "Price Competition and Market Concentration: An Experimental Study," *International Journal of Industrial Organization* 18 (2000), pp.7–22; Michael R. Baye, John Morgan, and Patrick Scholten,"Price Dispersion in the Small and in the Large:Evidence from an Internet Price Comparison Site," *Journal of Industrial Economics* 52 (2004), pp.463–96.

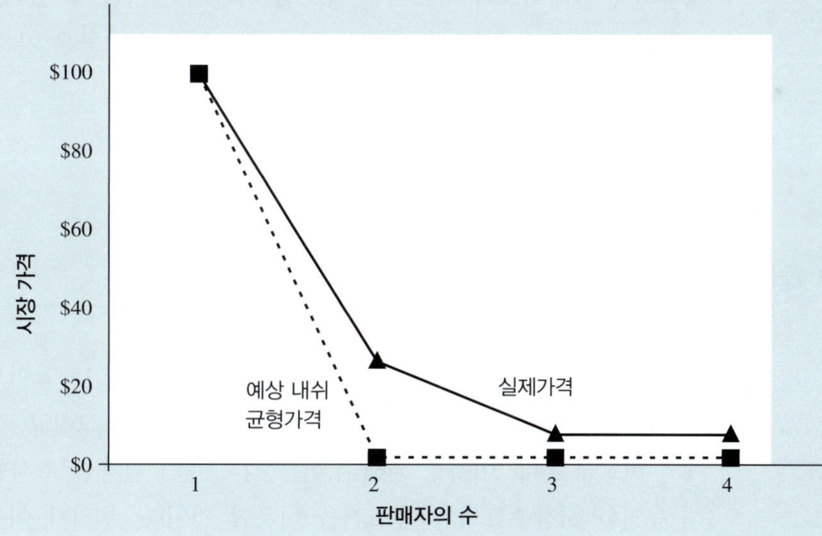

다. 기업 1이 독점가격을 부과한다고 가정하자. 기업 2는 이 가격보다 약간 싸게 팔아 기업 2는 전체 시장을 갖게 되고 양의 이윤을 얻는다. 한편, 기업 1은 하나도 팔 수 없다. 그러므로, 기업 1은 기업 2보다 약간 더 싼 가격으로 보복할 것이고 그래서 전체 시장을 다시 갖게 될 것이다.

언제 이러한 "가격전쟁"이 끝나는가? 각 기업이 한계비용과 같은 가격을 부과할 때이다; $P_1 = P_2 = MC$. 다른 기업의 가격이 주어져 있는 상태에서 어느 기업도 자신의 가격을 낮추려 하지 않을 것이다. 왜냐하면 그때 자신의 가격은 한계비용 아래에 있게 되고 손실을 보기 때문이다. 또한 어느 기업도 자신의 가격을 올리는 것을 원하지 않는다. 왜냐하면 가격을 올리면 아무것도 팔 수 없기 때문이다. 요약하면, 버트란드 과점과 동일한 제품은 각 기업이 한계비용을 가격으로 부과하는 상황에 이르게 하고 경제적 이윤은 0이 된다. 가격은 한계비용과 같으므로 동일제품 버트란드 과점은 사회적으로 최적의 생산량을 생산한다. 생산량은 완전경쟁의 생산량과 같으며 사중손실도 없다.

10장과 11장은 경영자들이 "버트란드 덫(주: 동일의 제품을 생산하는 버트란드 과점에서 발생하는 치열한 경쟁)"에서빠져 나올 수 있는 전략을 소개한다. 핵심은 다른 제품으로 전환하는 데 드는 전환비용(switching cost)을 높이거나 혹은 제품이 동일하다는 인식을 불식시키는 것이다. 제품을 차별화하면 한계비용보다 높은 가격을 부과할 수 있다. 이 장의 부록에서는 차별화된 제품의 버트란드 과점에서 반응함수는 우상향이며 균형에서 가격이 한계비용을 초과한다는 것을 보여 준다. 이것은 Kellogg's나 General Mills 같은 기업들이 왜 많은 돈을 들여서 그들의 콘플레이크가 다르다는 광고를 하는지 설명할 수 있다. 만약 소비자들이 그들의 콘플레이크가 차별화되었다고 보지 않으면 그들은 가격을 한계비용 수준으로 책정해야 할 것이다.

9.5 과점모형의 비교

과점의 각 유형이 기업들에게 어떤 영향을 미치는가를 더 알아보기 위해, 이 장에서 다루었던 모형들을 개별기업의 산출량, 시장가격, 그리고 기업별 이윤의 측면에서 비교해 본다. 이것을 위해 우리는 각 모형의 결과를 조사할 때 각 기업에 대해 동일한 시장수요와 비용조건을 이용할 것이다. 우리가 이용할 역수요함수는

$$P = 1{,}000 - (Q_1 + Q_2)$$

이다.

각 기업의 비용함수는 동일하게

$$C_i(Q_i) = 4Q_i$$

로 주어진다. 그래서 각 기업의 한계비용은 4이다. 우리는 과점의 상호의존성의

유형에 따라 산출량, 가격, 그리고 이윤이 어떻게 변하는가를 살펴 볼 것이다.

9.5.1 쿠르노

우리는 먼저 쿠르노 균형을 살펴본다. 앞의 역수요함수와 비용함수가 주어져 있으면 개별 쿠르노 기업의 이윤함수는

$$\pi_i = [1{,}000 - (Q_1 + Q_2)]Q_i - 4Q_i$$

이다.

쿠로노 과점자의 반응함수는

$$Q_1 = r_1(Q_2) = 498 - \frac{1}{2}Q_2$$
$$Q_2 = r_2(Q_1) = 498 - \frac{1}{2}Q_1$$

이다.

Q_1과 Q_2에 대해 이 두 반응함수를 풀면 쿠르노 균형산출량 $Q_1 = Q_2 = 332$를 얻는다. 그래서 시장에서 총 산출량은 664이고, 가격 \$336를 갖게 한다. 이 값들을 이윤함수에 대입하면 각 기업은 이윤 \$110,224를 얻는다는 것을 보여준다.

9.5.2 스타켈버그

이러한 수요와 비용함수를 가진 스타켈버그 선도자의 산출량은

$$Q_1 = \frac{a + c_2 - 2c_1}{2b} = \frac{1{,}000 + 4 - 2(4)}{2} = 498$$

이다.

추종자는 이러한 산출량 수준을 주어진 것으로 보고 자신의 반응함수에 따라 생산한다:

$$Q_2 = r_2(Q_1) = \frac{a - c_2}{2b} - \frac{1}{2}Q_1 = \frac{1{,}000 - 4}{2} - \frac{1}{2}(498) = 249$$

그래서 시장에서 총 산출량은 747단위이다. 역수요함수로부터 이러한 산출량에 대해 \$253의 가격이 계산된다. 총 시장산출량은 쿠르노 과점에서보다 스타켈버그 과점에서 더 많다. 이것은 쿠르노 과점에서보다 스타켈버그 과점에서 더 낮은 가격을 초래하게 한다. 선도자의 이윤은 \$124,002이지만 추종자는 단지 \$62,001의 이윤을 얻는다. 선도자는 먼저 움직이는 이점에 기인하여 쿠르노 과

인사이드 비즈니스 9-4 스프레드 시트를 이용한 쿠르노, 스타켈버그, 담합 결과의 생산량

이 책 9판의 웹사이트(www.mhhe.com/baye9)에는 CournotSolver.xls, StackelbergSolver.xls 및 Collusion-Solver.xls의 3개의 파일이 있다. 이들 파일을 이용해서 마우스를 몇 번 클릭함으로써 쉽게 다음 각각의 경우에 이윤극대화 가격, 산출량 및 이윤을 계산할 수 있다.

쿠르노 복점

쿠르노 복점에서 각각의 기업은 자신이 산출량을 변화시키더라도 상대방기업의 산출량은 일정할 것이라 믿는다. 기업 1의 이윤극대화산출량은 기업 2의 산출량에 의해 결정된다. 두 기업은 두 기업의 반응함수가 교차하는 점에 도달할 때까지 산출량을 조정할 것이다. 이 교차점이 쿠르노 균형이다. 쿠르노 균형에서 기업들은 산출량을 조정할 인센티브가 없다. CournotSolver.xls 파일에는 쿠르노 균형에서의 산출량, 가격, 이윤을 계산하는 방식에 대한 단계별 설명이 포함되어 있다.

스타켈버그 복점

스타켈버그 복점에서 한 기업은 선도기업이고 다른 기업은 추종기업이다. 선도기업은 선발주자의 장점이 있으며 추종기업이 쿠르노 반응함수에 따라 움직인다는 점을 알고 이윤극대화 산출량을 결정한다. 선도기업의 산출량이 주어지면 추종기업은 이를 주어진 것으로 간주하고 이윤극대화를 위한 산출량을 결정한다. 스타켈버그 균형에서의 산출량, 가격, 이윤을 계산하는 방식에 대한 단계별 설명은 StackelbergSolver.xls에 있다.

담합 복점(독점)

담합의 경우 복점기업들은 독점기업의 산출량을 생산한다. 대칭적 상황의 경우 두 기업은 똑같이 시장을 나누어가지며 각각 독점생산량의 절반을 생산한다. 담합의 산출량, 가격, 이윤의 계산에 대한 단계별 설명은 CollusionSolver.xls에 포함되어 있다.

점에서보다 스타켈버그 과점에서 더 좋은 결과를 얻는다. 그러나, 추종자는 쿠르노 과점에서보다 스타켈버그 과점에서 더 낮은 이윤을 얻는다.

9.5.3 버트란드

버트란드 균형은 계산하기가 쉽다. 버트란드 경쟁에 참여한 기업들은 결국에 가격을 한계비용과 같게 설정하게 된다는 것을 기억하자. 그러므로 주어진 역 수요와 비용함수에서, 가격은 한계비용($4)과 같고 각 기업의 경제적 이윤은 0이다. 총시장산출량은 996단위이다. 대칭적인 기업들이 주어져 있으면, 각 기업은 시장의 절반을 차지한다.

9.5.4 담합

마지막으로 우리는 기업들이 산업의 총 이윤을 극대화하기 위한 산출량을 선택했을 때 초래되는 담합의 결과를 구할 것이다. 기업들이 담합했을 때, 산업의 총 산출량은 시장 역수요함수를 토대로 하는 독점 수준이다. 시장 역 수요곡선은

$$P = 1{,}000 - Q$$

이고, 관련된 한계수입은

$$MR = 1{,}000 - 2Q$$

이다.

이 한계수입 함수는 기업들이 하나의 이윤극대화 기업으로 행동한다고 가정한다. 한계수입을 한계비용($4)과 같게 놓으면

$$1{,}000 - 2Q = 4$$

또는 $Q = 498$를 얻는다. 따라서 담합에서 산업의 총 산출량은 498단위이고 각 기업은 절반을 생산한다. 담합에서 가격은

$$P = 1{,}000 - 498 = \$502$$

이다. 각 기업은 $124,002의 이윤을 얻는다.

각각 과점 결과의 비교는 다음과 같다. 가장 큰 시장산출량이 버트란드 과점에서 생산되고, 그 다음이 스타켈버그, 그 다음은 쿠르노 그리고 마지막은 담합이다. 이윤은 스타켈버그 선도자와 담합 기업이 가장 높고, 그 다음이 쿠르노, 그리고 다음은 스타켈버그 추종자이다. 버트란드 과점자는 가장 낮은 수준의 이윤을 얻는다. 당신이 과점 시장에서 경영자가 된다면 당신의 최적 의사결정과 이윤은 과점의 유형에 따라 변할 것이라는 것을 인식하는 것이 중요하다.

9.6 경합시장

지금까지 우리는 과점에서 현존하는 기업들 간의 전략적 상호작용을 강조했다. 전략적 상호작용은 어떤 한 시장에서 현존하는 기업들과 잠재적인 진입자들 사이에도 존재할 수 있다. 이러한 상호작용의 중요성과 버트란드 과점과의 유사성을 설명하기 위해, 어떤 시장이 단 하나의 기업에 의해 공급된다고 가정하자. 그러나 언제든지 시장에 자유롭게 진입할 수 있는 또 하나의 기업(잠재적인 진입자)이 있다.

우리는 분석을 계속하기 전에, 자유로운 진입이 의미하는 바를 더 정확히 하자. 여기서 우리가 의미하는 것은 경제학자들이 말하는 **경합시장**이라는 것이다. 다음과 같은 조건이 만족되면 시장은 경합시장이다.

경합시장
(1) 모든 생산자는 동일한 기술에 접근해 있고, (2) 소비자는 가격변화에 빨리 반응하고, (3) 기존 기업들은 가격을 낮춤으로써 진입에 신속히 반응할 수 없고, (4) 매몰비용은 없는 시장

1. 모든 생산자는 동일한 기술수준에 접근해 있다.
2. 소비자는 가격변화에 재빨리 반응한다.
3. 현존하는 기업들은 가격을 낮춤으로써 타 기업의 진입에 신속히 반응할 수 없다.
4. 매몰비용은 없다.

이러한 4가지 조건이 성립하면, 시장의 기업들은 소비자에 대해 시장지배력을 갖지 않는다. 이것은 시장에 단 하나의 기업이 있다 하더라도 사실이다.

이러한 결과에 대한 이유는 다음과 같다. 기업들이 비용보다 높은 가격을 부과하면, 새로운 기업은 동일한 기술을 가지고 즉시 시장에 진입할 수 있고 현존하는 기업들의 가격보다 약간 낮은 가격을 부과한다. 현재의 기업들은 그들의 가격을 낮추는 것으로 재빨리 반응할 수 없기 때문에, 진입자는 더 낮은 가격을 부과함으로써 모든 고객들을 얻을 것이다. 현재의 기업들은 이것을 알기 때문에 진입자를 진입하지 못하도록 생산비용과 동일한 낮은 가격을 부과하는 외는 다른 선택이 없다. 그래서 시장이 완전경합이면 현재의 기업들은 새로운 기업들의 진입 위협에 의해 통제된다.

매몰비용
일단 지불된 이후 영원히 잃어버린 비용

경합시장의 중요한 조건은 매몰비용이 없는 것이다. 이와 관련해서, **매몰비용**은 새로운 진입자가 시장을 퇴출할 때 보상될 수 없이 부담하게 되는 비용으로 정의된다. 예를 들어, 진입자가 이삿짐 서비스 시장에 진입하기 위해 트럭 한 대에 $100,000를 지불한다. 그러나 시장을 퇴출할 때 그 트럭에 대해 $80,000를 받는다면 $20,000는 시장 진입의 매몰비용을 나타낸다. 마찬가지로, 어떤 기업이 시장에 진입하기 위해 1년 동안 양도할 수 없는 트럭의 임차권에 대해 $20,000의 상환불가 수수료를 지불하면, 이것은 진입과 관련한 매몰비용이다. 또는 어떤 작은 기업이 자기회사로 "전환하는" 고객들을 기다리면서 6개월 동안 매달 $2,000의 손실을 입어야 한다면, 이 기업은 $12,000의 매몰비용을 지불한다.

매몰비용은 다음의 이유로 중요하다. 현재의 기업들이 높은 가격을 부과하고 있고 새로운 진입자는 시장에 진입하여 현재의 기업들보다 더 낮은 가격을 부과함으로써 $70,000를 벌 수 있을 것으로 추정했다고 가정하자. 물론, 이러한 추정은 현재의 기업들이 계속해서 현재의 가격을 부과하는 것을 조건으로 한 것이다. 진입하기 위해, 기업이 $20,000의 매몰비용을 지불해야 한다고 가정하자. 기업은 진입하고 현재 기업들은 높은 가격의 부과를 유지하면, 진입에 의해 이윤을 얻을 수 있다; 실제로 기업은 $70,000를 벌 것이다. 그러나, 현재의 기업들이 높은 가격을 계속 부과하지 않고 가격을 낮추면 진입자는 고객이 없는 채로 있게 될 수 있다. 현재의 기업들이 재빠르게 가격을 낮출 수 없으므로 진입자는 초기에 약간의 이윤을 벌 수 있다; 그러나 현재의 기업들이 가격을 낮추기 전에 매몰비용을 상쇄시킬 만큼 충분한 이윤을 벌 수는 없을 것 같다. 이 예에서, 진입자는 $20,000의 매몰비용을 잃는다. 요컨대, 잠재적인 진입자가 시장에 진입하기 위해 매몰비용을 지불해야 하고 현재의 기업들이 그들의 가격을 낮춤으로써 진입에 반응할 것이라고 믿을만한 이유를 가지고 있으면, 진입자는 가격이 높다 하더라도 진입하는 것이 유익하지 않다는 것을 알 수 있을 것이다.

원유가격은 1990년대에 떨어졌지만 몇 지역에서는 휘발유가격이 하락하지 않았다. 헤드라인은 이것이 그러한 지역에서 주유소에 의한 담합의 증거인가를 묻고 있다. 이 문제에 대답을 하기 위해, 우선 원유는 휘발유 생산의 생산요소라는 것을 인식하자. 원유가격의 하락은 휘발유의 한계비용의 감소를 가져온다—이를테면, MC_0로부터 MC_1로. 주유소가 담합하고 있다면, 한계비용의 감소는 주유소들이 휘발유가격을 낮추게 한다. 이것을 보기 위해, 담합에서 산업산출량과 가격은 독점 수준에서 정해진다는 것을 상기하자. 그래서, 기업이 한계비용이 MC_0일 때 담합한다면, 담합이윤을 극대화하는 산출량은 〈그림 9-12〉에서 $MR = MC_0$에서 일어날 것이고, 〈그림 9-12〉에서 Q^*와 P^*는 한계비용이 MC_0일 때 담합 산출량과 가격을 나타낸다. 휘발유 생산의 한계비용의 감소는 한계비용 곡선을 아래로 이동시켜 MC_1가 되고 더 큰 담합 산출량 (Q^{**})과 더 낮은 가격 (P^{**})을 가져온다. 따라서, 어떤 휘발유 기업들이 그들의 가격을 낮추는데 실패한 이유를 담합이라 설명할 수 없다. 이러한 기업들이 담합한다면, 그들은 원유가격이 떨어질 때 휘발유가격을 낮추는 것이 유익하다는 것을 알 수 있었을 것이다.

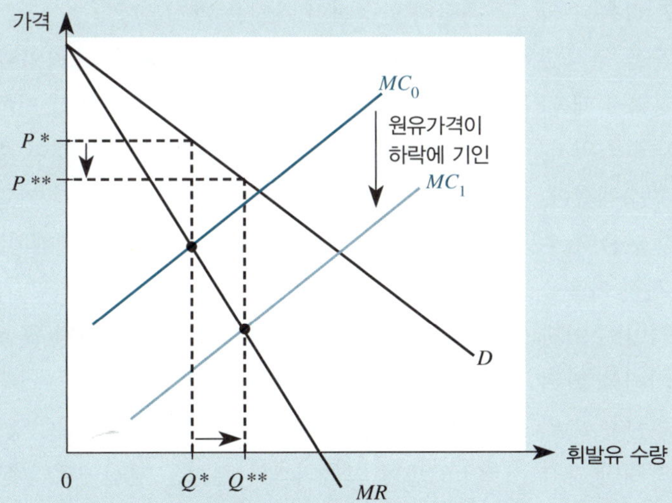

그림 9-12
한계비용의 감소는 담합가격을 낮춘다.

담합이 휘발유의 한계비용이 감소했을 때 몇 지역에서 휘발유가격이 떨어지지 않았던 이유가 아니라면, 사람들은 무엇이 이러한 시장에서 가격설정 행위를 설명할 수 있을까 의아하게 생각할 것이다. 하나의 설명은 이러한 휘발유 생산자들이 스위지 과점자들이라는 것이다. 스위지 과점자가 가격을 인상하면, 경쟁자들은 변화를 무시할 것이라는 가정에서 스위지 과점자는 운영한다. 그러나, 스위지 과점자가 가격을 내리면 모든 경쟁자들이 뒤를 따라 가격을 낮출 것이다. 〈그림 9-13〉은 한계비용이 MC_0로부터 MC_1로 떨어질 때 스위지 과점자들은 휘발유가격은 낮추지 않을 것이라는 것을 보여준다. 스위지 과점자들은 가격을 낮춤으로써 이윤이나 또는 시장점유율을 증가시킬 수 없다는 것을 알고 있다. 왜냐하면 스위지 과점자들이 가격을 낮추면 경쟁자들도 가격을 낮출 것이기 때문이다.

그림 9-13

스위지 과점의 가격경직성

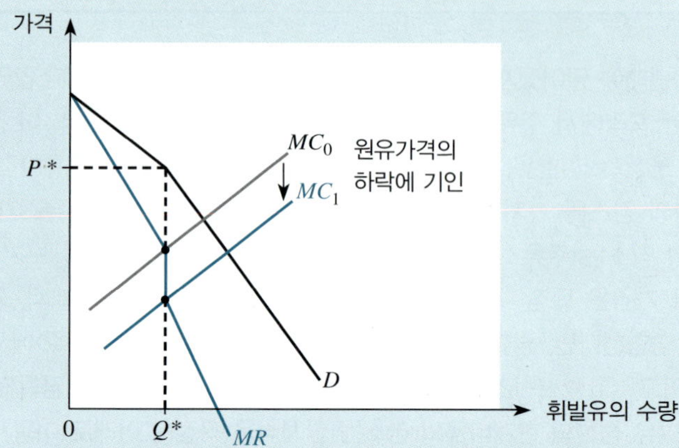

요약

이 장에서, 우리는 전략적으로 상호의존적인 작은 수의 기업들로 구성되어 있는 시장의 여러 모형들을 조사했다. 이러한 모형들은 시장이 과점으로 특정지워질 때 여러 가능한 행동 유형을 설명한다. 우리는 이제 스위지, 쿠르노, 스타켈버그 그리고 버트란드 모형과 친숙해졌다.

쿠르노 모형에서, 기업은 경쟁자의 주어진 산출량 수준을 토대로 수량을 선택한다. 각 기업은 경제적 이윤을 얻는다. 버트란드 경쟁자들은 경쟁자의 가격이 주어져 있으면 가격을 설정한다. 그들은 결국에는 가격을 한계비용과 같게 부과하여 0의 경제적 이윤을 얻는다. 스위지 과점자들은 경쟁자들이 가격하락을 따르겠지만 가격상승을 무시할 것이라고 믿으며 비용이 변할 때 조차도 대단히 안정적인 가격을 가져온다.

마지막으로, 스타켈버그 과점은 선도자와 추종자를 갖는다. 선도자는 추종자가 어떻게 행동할 것이라는 것을 알고 있고 추종자는 선도자가 선택한 것이 주어져 있는 상태에서 이윤을 극대화한다. 이것이 각 기업에 이윤을 갖게 한다. 그러나 추종자보다 선도자에게 더욱 더 많은 이윤을 갖게 한다.

다음 장은 경영자가 과점에서 어떻게 균형에 도달하는지에 대해 더 상세히 설명할 것 이다. 이제는 당신의 의사결정이 시장에서 다른 참가자들에게 영향을 줄 것이고 또한 그들의 의사결정은 당신에게 영향을 준다는 사실이 분명해졌을 것이다.

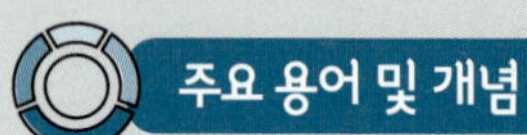

주요 용어 및 개념

경합시장(contestable markets)
과점(oligopoly)
담합(collusion)
등이윤곡선(isoprofit curve)
매몰비용(sunk costs)
반응함수(reaction function)
버트란드 과점(bertrand oligopoly)
선도자(leader)
스위지 과점(sweezy oligopoly)
스타켈버그 과점(stackelberg oligopoly)
스타켈버그 균형(stackelberg equilibrium)
추종자(follower)
쿠르노 과점(cournot oligopoly)
쿠르노 균형(cournot equilibrium)

개념 및 계산 문제

1. 다음 그림은 어떤 기업의 두 가지 수요곡선을 나타내고 있는데, 이 기업은 제품이 차별화된 과점시장에서 운영되고 있다. 처음에 이 기업은 $60의 가격을 책정하였고 10단위의 생산을 하였다. 경쟁기업이 이 기업의 가격변화에 대응하였을 때 두 가지 수요곡선 중 하나가 관련돼 있으며; 다른 하나의 수요곡선은 경쟁기업들이 가격변화에 대응하지 않을 때 관련된다.(LO1, LO2)

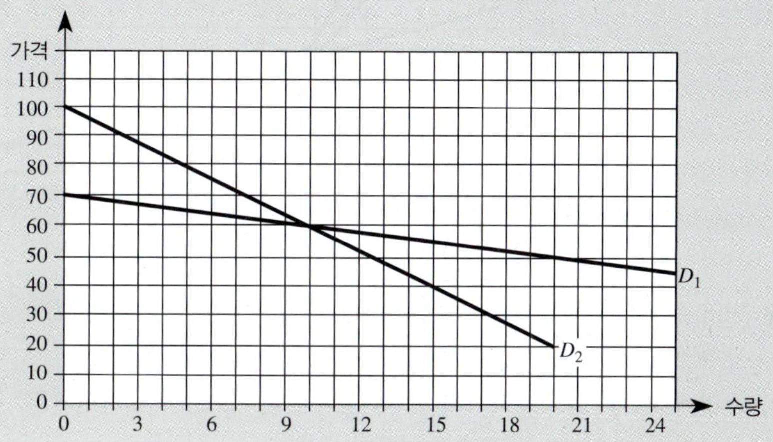

a. 경쟁자들이 가격변화에 반응할 때와 관련돼 있는 수요곡선은 어떤 것인가?

b. 경쟁자들이 가격변화에 반응하지 않을 때 관련된 수요곡선은 어떤 것인가?

c. 만일 경쟁자들이 가격을 인하할 때는 대응하지만, 가격을 올릴 경우에는 대응하지 않는다고 경영자들이 믿는다고 가정하자.

(1) 20단위를 생산한다면 이 기업은 가격을 얼마로 책정할 것인가?

(2) 이 기업이 $70의 가격을 책정한다면 몇 단위를 팔 수 있을까?

(3) 어느 범위의 한계비용수준에서 이 기업은 $60의 가격을 계속 책정하는가?

2. 동일 상품의 쿠르노복점 하에서 시장의 역수요함수는 $P = 200 - 3(Q_1 + Q_2)$이며 비용함수는 각각 $C_1(Q_1) = 26Q_1$, $C_2(Q_2) = 32Q_2$이다.(LO1, LO3)

a. 각 기업의 반응함수를 구하시오.

b. 각 기업의 균형생산량을 구하시오.

c. 균형시장 가격을 구하시오.

d. 균형에서 각 기업의 이윤을 계산하시오.

3. 다음 그림은 동일 상품의 복점에서 반응곡선과 등이윤곡선을 나타내고 있으며 각 기업의 한계비용은 고정되어 있다.(LO1, LO2, LO3)

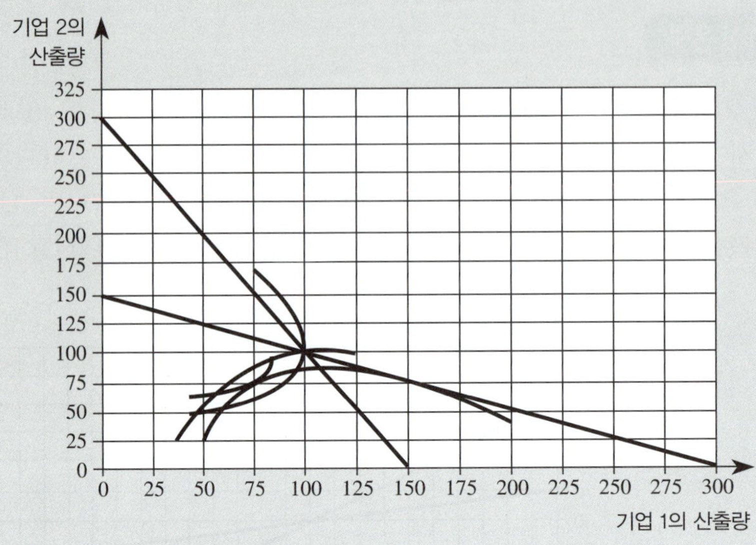

a. 만약 경쟁자가 50단위를 생산하면 당신의 최적 생산량은 얼마인가?

b. 균형에서 각 기업은 쿠르노 복점일 경우 얼마를 생산하는가?

c. 균형에서 스타켈버그 복점의 선도기업과 추종기업의 생산량은 각각 얼마인가?

d. 시장이 독점화 되면 생산량은 얼마가 될까?

e. 당신과 경쟁자가 독점생산량의 반을 각각 생산하기로 담합을 맺었다고 하자.

(1) 이 담합하에서 당신의 생산량은 얼마인가?

(2) 만약 경쟁자가 약속을 지킬 것이라고 당신이 믿는다면, 당신의 최적생산량은 얼마인가?

4. 동일 제품 스타켈버그 복점에서 역수요함수는 $P = 16{,}000 - 4Q$이다. 선도자와 추종자의 비용함수는 각각 $C_L(Q_L) = 4{,}000Q_L$, $C_F(Q_F) = 6{,}000Q_F$이다.(LO2, LO3)

a. 추종자의 반응곡선을 나타내시오.

b. 선도자와 추종자의 균형생산량을 각각 구하시오.

c. 균형시장가격을 결정하시오.

d. 선도기업과 추종기업의 이윤을 각각 구하시오.

5. $260의 한계비용으로 동일한 제품을 생산하는 4개의 기업으로 구성된 버트란드 복점을 생각해보자. 이 제품에 대한 역수요함수는 $P = 800 - 4Q$이다.(LO2)

a. 시장에서의 균형생산량은 얼마인가?

b. 균형시장가격을 결정하시오.

c. 각 기업의 이윤을 결정하시오.

6. 다음의 각 과점에 가장 근접하는 시장의 현실 사례를 들고, 당신의 논리적 근거를 설명하시오.(LO2)

a. 쿠르노 과점

b. 스타켈버그 과점

c. 버트란드 과점

7. 두 기업이 동일한 제품을 판매하는 시장에서 경쟁을 하며, 역수요함수는 $P = 600 - 3Q$이다. 각 기업은 \$300의 일정한 한계비용으로 생산을 하며 고정비용은 없다. 이 정보를 이용하여 쿠르노, 스타켈버그, 버트란드 그리고 담합의 경우 생산량과 이윤의 크기를 비교하시오.(LO1, LO2, LO3)

8. 동일제품 복점 기업을 고려하자. 각 기업은 한계비용이 각각 \$200로 고정되어 있고 고정비용은 없다. 만일 기업 2의 한계비용이 \$210로 증가하나 기업 1의 한계비용은 변함없이 \$200로 남아있다면, 아래의 경우 각 기업의 균형생산량과 이윤을 결정하시오.(LO1, LO2, LO3)

a. 쿠르노 복점

b. 스위지 과점

9. 아래의 시나리오는 각각 어느 모형을 잘 설명하는가를 결정하시오: 스위지, 쿠르노, 스타켈버그 또는 버트란드 복점.(LO2)

a. 어떤 경영자도 그의 생산량의 결정이 다른 기업 경영자의 생산량 결정에 아무런 영향도 주지 않는다고 생각한다.

b. 각 경영자는 경쟁자의 가격에 가장 잘 대응하여 가격결정을 한다.

c. 한 기업의 경영자는 자신의 생산량을 결정하기 전에 경쟁자의 생산량을 관찰한다.

d. 경쟁자들이 가격인하에는 반응하지만 가격인상에는 반응하지 않는다고 경영자가 믿는다.

10. 경합시장에서 단일 기업이 모든 생산을 하고 있다. 시장 역수요함수는 $P = 150 - 2Q$이며 기업의 비용함수는 $C(Q) = 4Q$이다. 이 기업의 균형가격과 이에 상응하는 이윤을 구하시오.(LO4)

응용 문제

11. 포드사 경영진은 회사가 회사의 오랜 역사상 가장 과감한 소비자 우대프로그램—포드드라이브 아메리칸 프로그램—을 확대할 것이라고 발표하였다. 이 프로그램은 포드의 새 차를 살 때 현금을 돌려주거나 금리 0%의 할부판매를 소비자들에게 제공하는 것이다. 포드 체인점의 매니저로서, 이 프로그램이 당신 기업의 순이익에 어떻게 영향을 줄 것인가를 당신은 기대하는가? 설명하시오.(LO1, LO2)

12. 당신은 블랙스팟 컴퓨터(BlackSpot Computers)사의 경영자이다. 이 회사는 기업들에게 고성능 컴퓨터를 팔기 위하여 Condensed Computers사와 직접적으로 경쟁하고 있다. 두 회사의 관점에서 보면, 두 회사의 제품을 구별하는 것은 불가능하다. 생산시설을 구축하는데 많은 투자가 요구되므로, 다른 기업들이 이 시장에 진입하지 못하며, 기존의 기업들도 경쟁자가 생산량을 변경하지 않을 것이라는 가정하에 운영하고 있다. 컴퓨터의 역수요함수는 $P = 5{,}900 - Q$이고, 두 기업은 컴퓨터 한 대당 \$800의 한계비용으로 생산을 한다. 현재 블랙스팟사의 매출액은 \$4.25백만이고, 이윤(투자, R&D비용 그리고 다른 고정비용을 차감한)은 \$89만이다. 블랙스팟사의 엔지니어링 부서는 이러한 고성능 컴퓨터의 한계생산비용을 대폭 감소시킬 수 있는 조립기법을 꾸준히 개발해 왔으며, 그 결과 \$500의 한계비용으로 각 컴퓨터를 만들어내는 공정을 개발하였다. 이러한 기술적 진보가 당신의 생산량과 가격결

정 계획에 어떤 영향을 미칠 것인가? 그것은 블랙스팟사의 순이익에 어떻게 영향을 줄 것인가?(LO1, LO2, LO3)

13. H오일사(Hull Petroleum Company)와 V오일(Inverted V)사는 소비자들에게 휘발유를 판매하기 위해 지역시장에서 경쟁하고 있는 주유소들이다. H오일사와 V오일사는 서로 길 건너 맞은편에 위치해 있고, 가격표지판을 서로 바라볼 수 있다. 이 시장에서 휘발유의 수요는 $Q = 80 - 6P$이며 두 주유소는 갤런당 $2.20로 공급업자로부터 휘발유를 제공받는다. 두 주유소가 영업을 시작한 날부터, 각 주유소의 주인이 가격표지판에 광고된 휘발유가격을 열 번 이상 변경하는 것이 관찰되었다: H오일사의 소유주는 V오일사의 가격보다 조금 낮게 가격을 내리면 V오일사의 소유주는 H오일사의 가격보다 조금 더 낮게 광고가격을 내렸다. 그 이후 가격은 안정된 것처럼 보였다. 현재의 조건하에서, 시장에서 몇 갤런의 휘발유가 판매되며, 가격은 얼마인가? 만약 H오일사가 주유종업원을 고용했으나 V오일사는 단지 셀프서비스 주유소였다면, 당신의 대답은 달라질 수 있는가? 설명하시오.(LO1, LO2)

14. 당신은 일본으로 수산물을 전문적으로 수출하는 세계적으로 하나밖에 없는 기업의 경영자이다. 이 기업은 선발주자 이득을 가지고 있는 몇몇 일본기업들과 경쟁한다. 최근 당신회사 일본고객들 중 한 사람이 일본의회가 당신이 매년 일본에 수출할 수 있도록 허가받은 수산물의 양을 줄이는 할당량(quota) 배정을 고려하고 있다고 전화로 알려왔다. 당신은 우선 본능적으로 당신나라의 무역대표부에 전화를 하여 수입할당량을 배정하지 못하도록 로비를 하는 것이다. 당신이 직관적으로 생각한 것을 완수하는 것이 최선의 선택이었을까? 설명하시오.(LO2)

15. 석유수출국기구(OPEC)의 웹사이트상 서문(opening statement)에 의하면, OPEC 회원국들은 다음을 추구한다: "소비자들에게는 효율적, 경제적 그리고 정기적 원유공급을 확보해주고, 생산자들에게는 안정된 소득과 원유산업에 투자한 생산자들에게 합리적인 자본수익률을 확보하도록 하기 위해서..." 라고 쓰여 있다. 이 목표를 달성하기 위하여, OPEC는 회원국들이 집단적으로 원유생산을 늘리거나 줄임으로써 협력하고 통일된 행동을 하려한다. 그러나 미국, 러시아, 오만, 멕시코, 노르웨이, 그리고 기타 비OPEC국가들이 생산을 증가시킴으로써 원유가격 하락에 압력을 주었다. 안정적이며 공정한 원유가격 목적을 달성하기 위해서, (원유가격을 바람직한 수준으로 유지시키기 위해) OPEC는 어떤 일을 해야만 하는가? OPEC이 이것을 실행하는데 별 어려움이 없다고 당신은 생각하는가? 설명하시오.(LO1, LO2)

16. SS사(Semi-Salt Industries)는 1975년 영업을 시작했으며, 일반규격의(commercial-grade) 폴리글루타메이트(polyglutamate)를 생산, 판매하는 세계 유일의 기업이다. 대학에서 화학을 전공한 자라면 누구나 이 기업의 제조법(formula)을 복제할 수 있으나, 상대적으로 비싼비용 때문에 SS사는 특허를 내지 않기로 결정했다. 특허보호가 없음에도 불구하고, 회사가 이것을 생산한 이후 SS사의 투자대비 평균 회계이윤은 5.5%이었다—이 기간 동안 대형은행들의 평균 예금이자율과 비슷한 수익률. 이것은 이 기간 동안에 대형은행에서 예금자에게 주는 평균이자율과 거의 비슷하다. SS사가 독점이윤을 얻는다고 당신은 생각하는가? 그 이유는?(LO4)

17. 당신은 정부에 입찰을 하는 5개의 경쟁업체 중 한 회사의 경영자이다. 당신회사의 제품이 경쟁자의 제품보다 우월하다고 당신은 생각하나, 정부의 구매대행업체는 모든 기업의 품질이 동일하다고 생각하여 가장 낮은 가격을 제시하는 쪽에서 구매하려고 한다. 정부의 총수요는 $Q = 1{,}000 - 5P$이며, 모든 5개 기업들은 $60의 일정한 한계비용으로 생산한다. 안전상의 이유로, 정부는 이 시장에서 최대 다섯 기업까지 경쟁하도록 허용하고 있다; 따라서 새로운 기업의 진입은 금지돼 있다. 정부가 이 제품에 대하여 지불하는 가격에 아무런 제한이 없는 것에 대하여 한 국회의원이 우려를 표명하였다. 그 결과 그녀(국회의원)는 다음과 같은 법안을 상정하였다: 기존의 각 기업에게 단위당 $75의 계약가격으로 625단위에 대해 한 계약의 20%를 주기로 한 것이다. 당신은 이 법안을 지지하는가 혹은 반대하는가? 설명하시오.(LO2)

18. 표준규격의 판지(cardboard) 컨테이너어의 제조업체는 두 기업으로 구성되어 있다: CB(Composite Box)사와 F(Fiberboard)사이다. CB사의 경영자로서 당신은 특허기술을 가지고 있어 당신회사는 F사에 비해서 더 빨리 그리고 더 낮은 가격으로 박스(boxes)를 만들어 낸다. 당신은 이러한 장점을 활용하여 시장에서 이윤극대화 생산량을 먼저 결정할 수 있다. 이 박스의 역수요함수는 $P = 1{,}200 - 6Q$이다. CB사의 비용함수는 $C_{CB}(Q_{CB}) = 60Q_{CB}$이며, F사의 비용함수는 $C_F(Q_F) = 120Q_F$이다. 독점금지법을 무시한다면, 당신 기업이 F사와 합병하는 것이 수익성이 있는가? 그렇지 않다면, 그 이유에 대해 설명을 하시오; 만일 그렇다면, 합병을 통해 수익을 창출할 수 있는 제안을 만들어보시오.(LO1, LO2, LO3)

19. 당신은 타우러스 테크놀로지(Taurus Technologies)의 경영자이며, 유일한 경쟁자는 스파이더 테크놀로지(Spyder Technologies)이다. 두 기업 제품은 대부분의 소비자들에 의해 동일한 것으로 간주되고 있다. 관련된 비용함수는 $C(Q_i) = 4Q_i$이고, 이 유일한 제품의 역수요함수는 $P = 160 - 2Q$이다. 현재 당신과 당신의 경쟁업체는 동시에(그러나 독립적으로) 생산량 의사결정을 하며, 당신이 판매하는 제품의 가격은 각 기업이 생산한 총생산량에 달려 있다. 그러나 $200의 매몰비용(회수불가능한 투자지출)을 투자하여, 타우러스사는 스파이더사가 생산계획을 확정하기 전에 자신의 제품을 시장에 내놓을 수 있다. 당신은 $200를 투자해야 하는가? 설명하시오.(LO1, LO2, LO3)

20. 1980년대 라이신(lysine)의 전세계 공급은 대부분 아지노모토(Ajinimoto)라는 일본기업에 의하여 생산되었다. 라이신은 중요한 가축사료인 필수적인 아미노산이다. 그 당시 미국은 라인신 세계 생산량의 대부분을 수입하였다—3만 톤 이상, 파운드당 $1.65 가격으로 가축사료로 사용하기 위해서. 그러나 라이신의 세계 시장은 1991년 근본적으로 변화하였다. 그 때 미국에 기반을 둔 Archer Daniels Midland(ADM)사가 라이신을 생산하기 시작했다—전세계 생산용량을 두 배로 늘린 변화. 전문가들의 추정에 의하면, 아지나모토사와 ADM사는 비슷한 비용구조를 갖고 있으며, 라이신의 생산, 유통에 소요되는 한계비용이 파운드당 약 $0.7이었다. ADM사가 라이신 시장에 진입함에도 불구하고, 수요는 $Q = 208 - 80P$(단위: 100만 파운드)로 변하지 않는다. ADM사가 라이신을 생산한 직후, 세계시장에서의 가격은 $0.7로 떨어졌다. 그러나 1993년경 라이신의 가격은 $1.65로 반등했다. 이번 장에서 배운 이론을 이용하여 라이신 시장에서 어떤 일이 일어났는가를 설명하시오. 적절한 계산을 통하여 당신의 대답에 대해 옹호하시오.(LO1, LO2)

21. PC사(PC Connection)와 CDW사는 디지털카메라를 파는 인터넷시장에서 경쟁하는 두 온라인 소매업체들이다. 그들이 파는 제품들은 비슷하지만, 기업들은 그들의 서비스 정책을 통하여 차별화를 시도한다. 지난 두 달 동안에 PC사는 CDW사의 가격인하에는 대응하였으나, CDW사의 가격인상에는 대응하지 않았다. PC사가 CDW사의 가격변화에 따라준다면 CD사의 카메라에 대한 역수요함수는 $P = 1{,}500 - 3Q$이다. PC사가 CDW사의 가격변화에 대해서 따라주지 않는다면, CDW사 카메라의 역수요함수는 $P = 900 - 0.50Q$이다. 이 정보에 의거하여 지난 두 달간의 CDW사 역수요함수와 한계수입함수를 구하시오. 어떤 구간에서 한계비용의 변화가 CDW사의 이윤극대화 생산량에 영향을 주지 않을 것인가?(LO1, LO2)

22. 존스(Jones)는 어떤 쇼핑몰에 있는 고급옷가게의 경영자인데 이 쇼핑몰에는 경쟁자가 하나 더 있다. 이 두 경쟁자가 같은 브랜드의 옷을 취급하지 않지만, 그들은 비슷한 고객 그룹을 가지고 있다. 존스는 그 쇼핑몰의 모든 상점이 다음 달부터 유효한 전체적으로 10% 인상된 월세를 요구받을 것이라고 통보받았다. 이것은 다음 달부터 시행될 것이다. 존스는 월세 10% 증가를 상쇄시키기 위하여 가격을 10% 인상해야 할까? 자세히 설명하시오.(LO2)

23. 세수를 증가시키기 위하여, 여러 주의 의원들은 특별소비세(excise tax)를 인상하는 법안을 도입했다. 이러한 세금의 인상이 다음과 같이 정의되는 시장에서 지불된 균형가격과 균형수량에 대한 영향을 분석하시오. 그리고 아래의 시장형태 중 어느 시장이 세수를 가장 많이 증대시키는가를 설명하시오.(LO1, LO2)

(1) 스위지 과점

(2) 쿠르노 과점

(3) 버트란드 과점

24. 1990년대 말 뱅가드(Vanguard) 항공사는 저비용 항공사로 영업을 하여, 캔사스 시티에서 미주리까지 낮은 가격과 제한된 서비스를 제공하였다. 영업시작 후 얼마되지 않아, 이 항공사는 또한 일리노이즈 시카고에 있는 미드웨이 국제공항(Midway International Airport)을 출발하는 상당한 수의 항공편을 제공하기 시작했다. 이 항공사가 미드웨이로 확장했을 때, 델타와 같은 기존의 항공사들은 상당히 낮은 가격으로 많은 항공편을 제공함으로써 낮은 요금에 재빠르게 대응을 했다. 치열한 가격경쟁으로 인해 결국 이 항공사는 2000년 미드웨이에서 퇴출되었으며, 2002년에는 파산신청을 했다. 여러 시점에 항공산업은 경합시장으로 설명되어 왔다; 이 항공사의 사례는 이러한 항공산업의 특성을 지지하는가 또는 반박하는가? 설명하시오.(LO4)

참고 문헌

Alberts, William W., "Do Oligopolists Earn 'Noncompetitive' Rates of Return?" *American Economic Review* 74(4), September 1984, pp. 624–32.

Becker, Klaus G., "Natural Monopoly Equilibria: Nash and von Stackelberg Solutions." *Journal of Economics and Business* 46(2), May 1994, pp. 135–39.

Brander, James A., and Lewis, Tracy R., "Oligopoly and Financial Structure: The Limited Liability Effect." *American Economic Review* 76(5), December 1986, pp. 956–70.

Caudill, Steven B., and Mixon, Franklin G., Jr., "Cartels and the Incentive to Cheat: Evidence from the Classroom." *Journal of Economic Education* 25(3), Summer 1994, pp. 267–69.

Friedman, J. W., *Oligopoly Theory.* Amsterdam: North Holland, 1983.

Gal-Or, E., "Excessive Retailing at the Bertrand Equilibria." *Canadian Journal of Economics* 23(2), May 1990, pp. 294–304.

Levy, David T., and Reitzes, James D., "Product Differentiation and the Ability to Collude: Where Being Different Can Be an Advantage." *Antitrust Bulletin* 38(2), Summer 1993, pp. 349–68.

Plott, C. R., "Industrial Organization Theory and Experimental Economics." *Journal of Economic Literature* 20, 1982, pp. 1485–1527.

Ross, Howard N., "Oligopoly Theory and Price Rigidity." *Antitrust Bulletin* 32(2), Summer 1987, pp. 451–69.

Showalter, Dean M., "Oligopoly and Financial Structure: Comment." *American Economic Review* 85(3), June 1995, pp. 647–53.

부록 / 차별화된 제품의 버트란드 과점

9장의 본문에 제시된 버트란드 과점의 모형은 과점자들이 동일한 제품을 생산한다고 가정하는 과점에 대한 버트란드의 고전적 모형에 기반을 두고 있다. 차별화된 제품을 생산하는 과점자들은 가격경쟁에 참여할 수 있기 때문에 이 부록은 차별화된 제품의 버트란드 과점의 모형을 제시한다.

두 과점자가 약간 차별화된 제품을 생산하고 가격을 설정함으로써 경쟁을 한다고 가정하자. 이 경우에, 한 기업이 경쟁자의 가격보다 싸게 설정해도 경쟁자의 고객 모두를 얻을 수 없다; 어떤 고객은 경쟁자가 더 낮은 가격을 부과한다 하더라도 그 기업의 제품을 선호할 것이다. 기업 2가 "무료로 사신의 제품을 준다 하더라도"(0의 가격을 부과), 기업 1은 일반적으로 양의 가격을 부과하는 것이 유익하다는 것을 알 것이다. 더욱이, 기업 2가 자신의 가격을 올림에 따라, 어떤 고객은 기업 1로 이탈할 것이고 그래서 기업 1의 제품에 대한 수요는 증가할 것이다. 이것은 기업 1의 한계수입을 올릴 것이고 그래서 가격을 인상시키는 것이 기업 1을 유익하게 한다.

차별화된 제품의 가격설정 과점에서, 기업 1의 반응함수는 기업 1에 의해 부과된 가격이 주어져 있으면 기업 1의 이윤극대화 가격을 정의한다. 위의 추론에 기초하여, 기업 1의 반응함수는 〈그림 9–14〉에서 보듯이 우상향한다. 기업 2가 가격을 0로 설정하면, 기업 1은 $P_1^{\min} > 0$로 가격을 설정하는 것이 유익하다는 것을 알 것이다. 그 이유는 어떤 소비자는 경쟁자의 제품보다 자신의 제품을 좋아하기 때문이다. 실제적으로 $P_1^{\min}$은 자신의 브랜드를 선호하는 고객에게만(무료라 하더라도 다른 제품을 원하지 않는 고객) 판매했을 때 기업 1의 이윤을 극대화 하는 가격이다. 경쟁자가 가격을 이를테면 P_2^*로 올리면, 기업 2의 고객의 일부는 기업 1의 제품으로 바꿀 것을 결정할 것이다. 따라서, 기업 2가 가격을 P_2^*로 올리면, 기업 1은 더 높은 수요가 주어져 있으므로 이윤을 극대화하기 위하여 가격을 P_1^*로 올릴 것이다. 사실상, 기업 1의 반응함수를 따라있는 각 점은 기업 2에 의해 부과된 각 가격에 대해 기업 1이 부과하는 이윤극대화 가격을 정의한다. 기업 1의 반응함수는 쿠르노 과점의 경우에서와 달리 우상향이라는 것을 인식하자.

기업 1에 의해 부과된 가격이 주어져 있을 때 기업 2의 이윤극대화 가격을 정의하는 기업 2의 반응함수도 〈그림 9-14〉에 나타나 있다. 기업 1의 반응함수가 우상향하는 것과 같은 이유로 기업 2의 반응함수는 우상향한다. 사실상, 기업 2의 반응함수는 기업 1의 반응함수에 대해 대칭적이다.

차별화된 제품의 버트란드 과점에서, 균형은 두 기업의 반응함수의 교차에 의해 결정된다. 이점은 〈그림 9-14〉에서 점 A에 해당한다. 점 A가 정말로 균형인 것을 보기 위해, 기업 2가 P_2^*로 가격을 설정했을 때 기업 1의 이윤극대화 가격은 P_1^*로 가격을 설정했을 때 기업 2의 이윤극대화 가격은 P_2^*이다.

차별화된 제품의 버트란드 과점에서, 기업들은 한계비용을 초과하는 가격을 부과한다. 그들이 그렇게 할 수 있는 이유는 제품은 완전대체재가 아니기 때문이다. 한 기업이 가격을 올림에 따라, 경쟁기업에 고객 일부를 잃게 된다. 그러나 고객 모두를 잃는 것은 아니다. 그래서, 개별기업의 제품에 대한 수요함수는 독점적경쟁의 경우와 비슷하게 우하향한다. 그러나 독점적경쟁과는 달리, 진입장벽의 존재는 다른 기업들이 시장에 진입하지 못하게 한다. 이것은 차별화된 제품의 버트란드 과점에 있는 기업들이 장기에서 잠재적으로 양의 경제적 이윤을 얻을 수 있게 한다.

그림 9-14

차별화된 제품의 버트란드 과점에서 반응함수

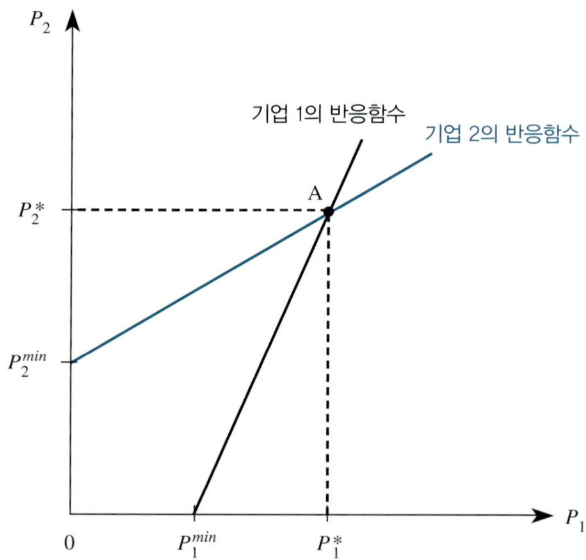

CHAPTER 10

게임 이론: 과점안에서

학습목표

LO1 동시적 게임(정규형 게임)과 순차적 게임(전개형 게임)형태를 적용하여 전략적 환경하에서 가격설정, 광고, 조정(cordination), 협상(bargaining), 혁신, 제품의 질, 직원의 모니터링, 그리고 진입과 같은 의사결정을 나타내시오.

LO2 우월적 전략, 안전전략, 내쉬전략, 혼합전략, 그리고 하위게임(subgame) 완전경쟁전략들간의 차이를 설명하고, 여러 게임에서 그러한 전략들을 확인하시오.

LO3 협동적(담합) 결과가 반복게임에서 내쉬균형으로 지지될수 있는가를 확인하고, 그러한 결과를 달성하는데 있어서 무자비(trigger) 전략, 이자율, 그리고 불확정적 또는 불확실한 최종기간의 존재 등의 역할에 대해 각각 설명하시오.

US Airways는 무료음료서비스를 재개하다.

아메리칸 항공사(American Airlines)와의 합병 직전, US Airways는 국내선 일반석(coach class) 승객에게 음료수 제공시 $2를 부과하기 시작했다. 1년이 지나서 이 항공사는 그 전략을 포기했다. 업계소식통은 "산업표준의 무료음료서비스"로 돌아간 데에는 경기불황에다 US Airways만 음료수 요금을 받는 대형항공사라는 점 등 다양한 요인이 작용한 것으로 보고 있다.

US Airways가 음료수 $2 유료화전략을 포기한 이유는 무엇이라고 당신은 생각하는지?

출처: Harry R. Weber, "US Airways Won't Charge for Sodas After All." *AP Newswire*, February 25, 2009; Michael R. Baye from US Airways, personal communication, February 23, 2009.

10.1 서론

이 장에서 우리는 전략적 상호작용의 분석을 계속한다. 9장에서 보았듯이 몇 개의 기업들이 어느 한 시장에서 경쟁한다면 한 기업의 행동은 경쟁자들에게 상당한 영향을 미친다. 예를 들어 과점에서 한 기업의 가격설정과 산출량 결정은 일반적으로 그 산업에 있는 다른 기업의 이윤에 영향을 미친다. 결과적으로 이윤을 극대화하기 위해서 경영자는 그의 결정이 산업에 있는 다른 경영자들의 행동에 미칠 수 있는 영향을 고려해야 한다.

이 장에서 기업간 상호의존성에 직면하여 일어날 수 있는 경영의사결정을 깊이 조사할 것이다. 우리는 어떤 가격을 책정할 것인가, 얼마 만큼의 광고를 할 것인가, 새로운 제품을 출시할 것인지, 새로운 시장에 진입할지를 포함한 많은 의사결정을 과점시장에서 하는데 여러분에게 도움을 주게 되는 일반적인 도구를 개발할 것이다. 우리가 이러한 문제들을 조사하는데 이용할 기본적인 도구는 게임 이론이다. 게임 이론은 경영자들에게 매우 유용한 도구이다. 사실상 게임 이론이 종업원들을 감독하고 교섭하는데 관련되는 것과 같은 기업의 의사결정을 분석하는데 이용될 수 있다는 것을 우리는 살펴 볼 것이다.

10.2 게임과 전략적 사고의 개관

아마도 우리는 게임을 생각할 때 윷놀이, 바둑, 장기와 같은 일상의 게임을 떠올릴 것이다. 다른 경기자가 취한 행동에 보상이 달려 있을 때 의사결정의 일반적인 틀을 게임이론은 제공한다.

게임에서 경기자라 함은 의사결정을 하는 개인들이다. 예를 들어 각 기업이 가격책정을 해야 하는 두 기업으로 구성되어 있는 과점시장에서 기업(또는 좀 더 정확히 기업의 경영자들)은 경기자들이다. 경기자들의 계획된 의사결정을 전략이라 한다. 경기자들의 보상은 전략에 기인한 이윤 또는 손실이다. 경기자의 보상은 그 경기자의 전략뿐만 아니라 다른 경기자의 전략에도 의존한다.

게임 분석에서 경기자들의 의사결정을 하는 순서가 중요하다. **동시적 게임**에서 각 경기자는 다른 경기자들의 의사결정에 대한 지식 없이 의사결정을 해야 한다. **순차적 게임**에서 한 경기자는 다른 경기자의 움직임을 관찰한 후 움직인다. 장기, 바둑은 순차적 게임의 예이고(경기자가 차례로 움직이기 때문이다), 반면에 동전 맞추기(matching pennies), 결투경기(dueling), 가위-바위-보는 동시적 게임의 예이다. 과점 게임의 상황에서 두 기업이 서로의 의사결정에 대한 지식 없이 가격을 정해야만 한다면 그것은 동시적 게임이고, 만약 한 기업이 경쟁기업의 가격을 관찰한 후 가격을 정하면 그것은 순차적 게임이다.

동시적 게임
다른 경기자들의 의사결정에 대한 지식 없이 각 경기자가 의사결정을 하는 게임

순차적 게임
다른 경기자의 움직임을 관찰한 후 경기자가 움직이는 게임

1회 게임과 반복 게임간의 차이를 구별하는 것도 중요하다. **1회 게임**에서 게임의 시행은 오직 한번만 할 수 있다. **반복 게임**에서 게임의 시행은 한번 이상 할 수 있다. 예를 들어 만약 당신이 단 한번만 경쟁자와 장기게임을 한다고 동의하면 당신은 1회 게임을 하고 있다. 만약 당신이 경쟁자와 두 번 장기게임을 하면 당신은 반복 게임을 하고 있다.

1회 게임
게임이 단지 한 번 시행되는 게임

반복 게임
게임이 한 번 이상 시행되는 게임

어떻게 게임 이론이 경영자가 경영의사결정을 해결하는데 도움을 주는가를 본격적으로 보여주기에 앞서 하나의 예를 제공하는 것이 좋을 듯 싶다. 두 주유소가 나란히 한 구역에 위치하고 있어서 어느 한 주유소도 나머지 다른 한 주유소에 대해 위치상 이점을 갖지 못한다고 가정하자. 소비자는 각 주유소의 휘발유를 완전 대체재로 간주해서 낮은 가격을 제공하는 주유소로부터 구매할 것이다. 아침에 맨 먼저 주유소의 경영자는 점원에게 전화해서 가격을 얼마로 써 붙여 놓을지 그에게 말할 것이다. 경영자는 경쟁자의 가격에 대한 지식 없이 그렇게 해야 하기 때문에 이와 같은 가격설정 게임은 동시적 게임이다. 이와 같은 형태의 게임을 종종 '버트란드 복점 게임' 이라 한다.

게임의 구조가 주어져 있으며, 만약 주유소 A의 경영자가 주유소 B의 경영자보다 높게 휘발유가격을 정한다면 소비자들은 주유소 A로부터 휘발유를 구매하지 않을 것이다. 예를 들면, 주유소 A의 경영자인 내가 갤런 당 $1.50가 적정선이라 생각할 수 있다. 그러나 주유소 B의 경영자가 내가 $1.50로 가격을 정할 것이라고 생각한다면 주유소 B는 $1.49로 할 것이고, 그래서 나는 $1.48로 하는 것이 나을 것이다. 그러나 내가 주유소 B가 $1.49로 할 것이라고 생각하고 있는 것을 주유소 B의 경영자가 생각하고 있다면 $1.47로 부과하여 나를 속이려 할 것

이다. 그래서 나는 $1.46를 부과하는 것이 더 나을 것이다. 그러나 만약 주유소 B의 경영자가 생각하고 있을 것을 내가 생각하고 있다는 것을 주유소 B의 경영자가 생각하고 있으면…. 이 경우에서와 같이, 아마도 당신은 시험에 대비하여 무엇을 공부할 것인가를 결정하려는 데도 비슷한 사고 과정을 겪는다(교수가 이 부분에 대해 우리에게 시험에서 물어보지 않을 것이다. 그러나 만약 우리는 그가 물어 보지 않을 것이라고 생각하고 있는 것을 그가 생각하고 있다면 그는 그것을 우리에게 물어 볼 것이다…).

게임 이론은 이와 같은 상황을 분석하는데 강력한 도구이다. 우선 우리는 게임 이론의 토대를 조사해야 한다. 우리는 동시적, 1회 게임의 연구를 먼저 시작할 것이다.

10.3 동시적, 1회 게임

이 절은 동시적, 1회 게임을 분석하는데 사용하는 기본 도구를 제시한다. 동시적 게임에서 경기자들은 다른 경기자들에 의해 이루어진 의사결정에 대한 지식 없이 의사결정을 해야 한다는 것을 명심해야 한다. 게임이 1회라는 사실은 경기자들이 게임을 단지 한번 한다는 것을 의미한다.

동시적, 1회 게임에 대한 지식은 상호의존적 환경에서 의사결정을 하는 경영자에게 중요하다. 예를 들어 기업의 이윤이 그 기업의 행동에 의해서 뿐만 아니라 또한 경쟁기업의 행동에 의해서도 영향을 받는 상황을 분석하는데 이용될 수 있다. 우리가 동시적, 1회 게임의 구체적 응용사례를 살펴보기 전에 그러한 결정을 분석하는데 이용할 일반이론을 조사해보자.

10.3.1 이론

전략
게임 이론에서 경기자가 각각의 의사결정 시점에서 취할 행동을 설명하는 의사결정 규칙

정규형 게임
경기자, 그들의 가능한 전략, 그리고 각각의 전략으로부터 초래되는 보상을 나타내는 게임의 표시

우리는 두 가지의 정의로 시작한다. 첫째, **전략**은 경기자가 각각의 의사결정 시점에서 취할행동을 설명하는 의사결정 규칙이다. 둘째로, **정규형 게임** 표시는 게임의 경기자, 경기자의 가능한 전략들, 다른 전략으로부터 초래될 경기자들의 보상을 의미한다.

아마도 전략과 정규형 게임이 정확히 무엇을 의미하는가를 이해하기 위한 최상의 방법은 간단한 예를 조사해보는 것이다. 동시적 정규형 게임이 〈표 10-1〉에 나타나 있다. 두 경기자가 있으며, 우리는 이론이 완전히 일반적이라는 것을 강조하기 위해서 이들을 각각 A, B라고 부를 것이다. 즉 경기자는 전략적 상호

표 10-1 정규형 게임

	경기자 B		
경기자 A	전략	좌(left)	우(right)
	위(up)	10, 20	15, 8
	아래(down)	−10, 7	10, 10

활동과 관련된 어떤 두 실체일 수 있다. 당신이 원한다면 당신은 경기자를 복점에서 경쟁하는 두 기업의 경영자로서 생각 할 수 있다.

경기자 A는 두가지 가능한 전략을 갖는다: 위(up) 또는 아래(down)를 선택할 수 있다. 마찬가지로 경기자 B의 가능한 두 전략은 좌(left) 또는 우(right)이다. 다시 전략을 위(up), 아래(down) 등으로 부름으로써 우리는 이러한 행동들이 사실상 어떤 의사결정을 나타낼 수 있다는 것을 강조할 수 있다. 예를 들어 위(up)는 가격을 올리는 것을 그리고 아래(down)는 가격을 내리는 것으로 또는 위(up)는 많은 광고를, 아래(down)는 적은 광고를 나타낼 수 있다.

마지막으로 두 경기자의 보상은 행렬의 각 칸 안에 주어진다. 첫 번째 수치는 경기자 A의 보상을 나타내고 두 번째 수치는 경기자 B의 보상을 나타낸다. 게임의 설명에 관하여 주의해야 할 사항은 경기자 A의 보상은 경기자 B가 선택한 전략에 상당히 의존하고 있다는 것이다. 예를 들어 경기자 A가 위(up)를, 경기자 B가 좌(left)를 선택한다면 결과로서 얻게 되는 보상은 A는 10이고 B는 20이다. 경기자 A의 전략이 위(up)이고 경기자 B의 전략이 우(right)이면, A의 보상은 15이고 B의 보상은 8이다.

〈표 10-1〉에 있는 게임은 동시적, 1회 게임이기 때문에 경기자들은 한 번만 의사결정을 하게 되어있고 의사결정을 동시에 해야 한다. 경기자 A의 의사결정은 단지 위(up)와 아래(down)이다. 게다가 경기자들은 조건적 의사결정을 할 수 없다. 예를 들어 B가 우(right)를 선택한다는 조건으로 A는 위(up)를 선택하거나, 또는 B가 좌(left)를 선택한다는 조건으로 A는 아래(down)를 선택하는 것은 불가능하다. 경기자들이 동시에 의사결정을 한다는 사실은 각각의 경기자들이 다른 경기자가 선택한 것을 토대로 의사결정을 하는 것을 배제한다.

동시적, 1회 게임에서 경기자의 최적 전략은 무엇인가? 밝혀지겠지만 이것은 매우 복잡한 문제이고 행해지는 게임의 특성에 달려 있다. 그러나 최적 의사결정을 특징지우는 쉬운 하나의 예가 있다—우월적 전략과 관련된 상황. 만약 어떤 전략이 상대방의 행동과 관계없이 가장 높은 보상을 초래한다면 이 전략은 **우월적 전략**이다.

우월적 전략
상대방의 행동과 관계없이 어떤 경기자에게 가장 높은 보상을 가져다 주는 전략

〈표 10−1〉에서 경기자 A의 우월적 전략은 위(up)이다. 이것을 보자면, 만약 경기자 B가 좌(left)를 선택한다면 경기자 A의 최상의 전략은 위(up) 인데 이것은 이윤 10 단위가 아래(down)를 선택함으로써 얻을 수 있는 −10 단위 보다 더 크기 때문이다. 만약 경기자 B가 우(right)를 선택한다면 경기자 A의 최상의 전략은 위(up) 인데 이것은 이윤 15 단위가 아래(down)를 선택함으로써 얻을 수 있는 10 단위 보다 더 크기 때문이다. 요약하면 경기자 B의 전략이 좌(left) 또는 우(right)에 관계없이 경기자 A의 최상의 전략은 위(up) 이다. 위(up)는 경기자 A의 우월적 전략이다.

당신의 우월적 전략을 채택하시오.

당신은 우월적 전략을 가지고 있는지를 조사해 보십시오. 가지고 있다면 우월적 전략을 채택하시오.

경기자가 우월적 전략을 갖는 동시적, 1회 게임에서 최적 의사결정은 우월적 전략을 선택하는 것이다. 그렇게 함으로써 당신은 당신의 상대자가 무엇을 하든지 관계없이 당신의 보상을 극대화할 것이다. 어떤 게임에서는 경기자가 〈예시 문제 10−1〉에서 같이 우월적 전략을 갖지 못할 수 있다.

예시 문제 10-1

〈표 10−1〉에 있는 게임에서 경기자 B는 우월적 전략을 갖는가?

정답

경기자 B는 우월적 전략을 갖지 못한다. 이것을 보자면, 경기자 A가 위(up)를 선택한다면 경기자 B의 최상의 선택은 좌(left)인데 이는 보상 20이 우(right)를 선택함으로써 경기자 B가 얻을 수 있는 8의 보상 보다 더 크기 때문이다. 그러나 경기자 A가 아래(down)를 선택한다면 경기자 B의 최상의 선택은 우(right)인데 이는 보상 10이 좌(left)를 선택함으로써 경기자 B가 얻을 수 있는 7의 보상 보다 더 크기 때문이다. 그래서 경기자 B에게 우월적 전략은 없다. 경기자 B의 최상의 전략은 경기자 A가 무엇을 하는지에 달려 있다.

안전한 전략
가능한 최악의 시나리오 하에서 가장 높은 보상을 보장하는 전략

우월적 전략이 없는 경우 경기자는 어떻게 해야 하는가? 한 가지 가능성은 **안전한 전략**을 선택해야 할 것이다—가능한 최악의 시나리오하에서 가장 높은 보상을 보장하는 전략이다. 바로 다음에 보겠지만 이러한 접근 방법은 게임을 하는데 일반적으로 최적의 방법이 아니나 이러한 전략을 뒷받침하는 논거를 설명하는 것이 유용하다. 안전한 전략을 이용함으로써 경기자는 “최악의 경우의 시나리

오"에서의 보상을 극대화한다. 다시 말하면, 안전한 전략을 찾기 위해 경기자는 그의 행동에 일어날 수 있는 최악의 보상을 조사하고 이러한 최악의 보상 중에서 가장 높은 보상을 선택한다.

예시 문제 10-2

〈표 10-1〉에 있는 게임에서 경기자 B의 안전한 전략은 무엇입니까?

정답

경기자 B의 안전한 전략은 우(right)이다. 좌(left)를 선택하면 경기자 B는 단지 7의 보상을 보장할 수 있으나 우(right)를 선택하면 8의 보상을 보장할 수 있다. 그래서 경기자 B의 안전한 전략은 우(right)이다.

안전한 전략의 개념은 유용하지만 두 가지 단점이 있다. 첫째로, 그것은 매우 보수적인 전략이며 당신이 매우 위험회피적일 때 고려되어야 한다. 둘째로, 경쟁자의 최적 의사결정을 고려하지 않으며 따라서 당신을 상당히 더 높은 보상을 얻도록 하지 못하게 할 수 있다. 특히 〈표 10-1〉에서 경기자 B는 경기자 A의 우월적 전략이 위(up)라는 것을 알아야 한다. 그러므로 경기자 B는 다음과 같이 판단을 내릴 것이다: 경기자 A는 확실히 위(up)가 우월적 전략이기 때문이다. 그러므로 나는 안전한 전략(우)을 선택하지 않아야 하며 대신에 좌를 선택한다. 경기자 A가 사실상 우월적 전략(위)을 선택할 것을 가정하여 경기자 B가 좌를 선택하면 20을 얻을 것이지만 안전한 전략(우)을 선택하면 단지 8을 얻는다.

원리

당신이 우월적 전략을 갖지 못하면 경쟁자의 입장에서 게임을 보십시오. 경쟁자가 우월적 전략을 갖고 있다면 그는 그것을 행할 것이라고 예측 하십시오.

경쟁자의 입장이 되어 생각하십시오.

그러한 사고 과정의 최종 결과를 정형화하는 자연적 방법이 **내쉬균형**의 정의로 얻어진다. 만약 다른 경기자들의 전략이 주어져 있고 어느 경기자도 자신의 전략을 일방적으로 바꿈으로써 보상을 개선할 수 없다면, 전략의 집합은 내쉬균형을 만들어 낸다. 내쉬균형의 개념은 매우 중요한데 이것은 다른 경기자들의 전략이 주어져 있다면 각 경기자는 그가 할 수 있는 최상의 전략을 선택한다.

내쉬균형
다른 경기자들의 전략이 주어져 있을 때, 어느 경기자도 자신의 전략을 일방적으로 바꿈으로써 보상을 개선할 수 없는 전략들의 집합을 내쉬균형이라 한다.

예시 문제
10-3

〈표 10-1〉에 있는 게임에서 경기자 A와 B의 내쉬균형 전략은 무엇인가?

정답

경기자 A의 내쉬균형 전략은 위이고 경기자 B의 내쉬균형 전략은 좌이다. 이것을 보기 위해서, A가 위를 선택하고, B는 좌를 선택한다고 가정하자. 둘 중의 어느 경기자도 전략을 변화시킬 인센티브가 있을까? 없다. 경기자 A의 전략이 위로 주어져 있다면, 경기자 B가 할 수 있는 최상의 전략은 좌를 선택하는 것이다. B의 전략이 좌라고 주어져 있다면 A가 할 수 있는 최상의 전략은 위를 선택하는 것이다. 그러므로 전략이(위, 좌)로 주어져 있을 때, 다른 경기자의 의사결정이 주어진 상태에서 각 경기자는 그가 할 수 있는 최상의 선택을 하는 것이다. 다른 어떠한 혼합전략—(위, 오른쪽), (아래, 오른쪽), 그리고 (아래, 왼쪽)—도 왜 내쉬균형이 아닌가? 이 이유는 각 혼합전략에 대해 다른 경기자의 전략이 주어졌을 경우 최소한 한 경기자가 그의 또는 그녀의 전략을 바꾸고 싶어 할 것이다. 차례로 각 경우를 고려하자. 전략 (위, 오른쪽)은 내쉬균형이 아니다. 그 이유는 경기자 A가 위를 선택할 경우 경기자 B는 오른쪽 대신에 왼쪽을 선택하면 더 좋을(better) 것이기 때문이다. 전략 (아래, 오른쪽)은 내쉬균형이 아니다. 그 이유는 경기자 B가 오른쪽을 선택할 경우 경기자 A는 아래 대신에 위를 선택하면 더 좋아질 (better) 것이기 때문이다. 전략 (아래, 왼쪽)은 내쉬균형이 아니다. 그 이유는 두 경기자가 더 좋아질 것이기 때문이다: 경기자 A가 아래를 선택할 경우, 경기자 B는 왼쪽대신에 오른쪽을 선택하면 더 좋아질 것이다; 경기자 B가 왼쪽을 선택할 경우 경기자 A는 아래 대신에 위를 선택하면 더 좋아질 것이다.

10.3.2 1회 게임의 응용

가격의 결정

어떻게 게임 이론이 버트란드 복점에서 최적 경영의사결정을 공식화하는 것을 도울수 있는지를 알아보도록 하자. 〈표 10-2〉에서 두 기업이 낮은 가격을 부과해야 할지 또는 높은 가격을 부과해야 할지를 결정해야 하는 상황에 직면하고 있는 게임을 생각해보자. 각 칸의 첫 번째 수는 기업 A의 이윤을 나타내고 두 번째 수는 기업 B의 이윤을 나타낸다. 예를 들어 만약 기업 A는 높은 가격을 부과하고 반면에 기업 B는 낮은 가격을 부과 한다면, 기업 A는 10단위의 이윤을 잃고

표 10-2 가격설정 게임

	기업 B		
기업 A	전략	낮은 가격	높은 가격
	낮은 가격	0, 0	50, −10
	높은 가격	−10, 50	10, 10

인사이드 비즈니스 10-1 할리우드(그다지 아름답지 않은 이유)의 뷰티풀 마인드: 내쉬 또는 "Opice" 균형

론 하워드 감독은 전략적 시점에 아름다운 영혼이란 영화를 개봉하여 2022년도에 4개의 골든글러브상을 탄다. 이 영화는 노벨수상자인 John Forbes Nash. Jr(그는 내쉬균형의 개념으로 경제학, 특히 게임이론에 혁명을 가져왔다)의 생애에 대략적인 기반을 두었지만 작품상과 영화대본상을 거머쥐었다. 배우인 러셀 크로우도 망상과 정신병 그리고 편집증적 정신분열(이것은 1994년 그의 노벨경제학상 수상을 거의 막을뻔 하였다)과 싸우는 한 총명한 인간을 연기해서 남우주연상을 받았다. 어떤 사람들은 론 하워드를 감독으로 알지만, 사실 그는 유명한 Andy Graffith와 Happy Days T.V쇼에서 Opie Taylor와 Richie Cunningham이라는 역을 연기한 어린이로 더 잘 알려져 있다. 이런 이유로 애디머피는 Saturday Night Live 의 풍자에서 그에게 Little Opie Cunningham이란 별명을 붙여주었다.

아름다운 영혼은 좋은 영화지만, 내쉬의 생애에 대해 섬세하게 기록한 그리고 베스트셀러가 된 Sylvia Nasar의 동명의 소설과는 거리가 있다, 게임이론을 공부하는 학생에게 더 관심이 있는 이 영화는 사실 내쉬가 유명하게 된 그 개념을 정확히 표현하지 못했다. Translation: 이 영화를 내쉬의 균형개념을 이용해 어떻게 경영의사결정을 내리는가에 대해 배우려는 대체재로 빌리지는 마세요.

할리우드는 내쉬의 게임이론에 대한 통찰을 바(bar) 장면(scene)을 통해 표현하려 했다. 그 장면에서 내쉬와 그의 동료들은 완전히 눈부신 한 금발 여성과 나머지 몇 명의 그녀의 갈색머리 친구를 바라본다. 모든 남자는 금발을 선호한다. 내쉬는 이 상황을 분석하고 말한다. 우리가 모두 금발에게 몰리면, 서로 부딪히게 되어 우리들 중 누구도 그녀를 차지할 수 없다. 그렇다면 그녀의 친구들에 접근하자. 그녀들은 노골적인 자세들을 보일 것이다. 아무도 두 번째로 선택받기를 싫어하기 때문이다. 그러나 아무도 금발에게 접근하지 않으면 어떻게 되나? 그러나 우리 서로 남에게 방해가 되지 않고 다른 여성들을 모욕하지 않게 된다, 이것이 우리가 목적을 달성할 수 있는 유일한 길이다, 카메라는 바에서 내내 혼자 앉아있는 금발을 화면에 잡는다. 반면에 남자들은 갈색머리 여성들과 신나게 춤추고 있다. 이어서 영화장면은 내쉬가 그의 새로운 균형과 개념에 대해 논문을 쓰려고 달려가는 것으로 마감된다.

무엇이 이 장면에서 잘못됐는가? 내쉬균형의 상황을 상기해보라. 여기엔 어떤 경기자도 그의 결정을 바꾸어 이득을 볼 수 없는 그런 상황이다. 할리우드의 게임에선 남자들이 경기자이고 그들의 결정은 어떤 여자를 추구하는가이다. 만약 다른 남자들이 갈색머리 여성들을 선택하면, 금발은 춤추기를 기다리면서 홀로 있게 된다. 이것은 다른 사람들의 결정이 주어진 후 남아있는 한 남자의 최선책이다: 어떤 남자라도 금발로 바꿈으로써 일반적으로 이득을 볼 수 있는 상황이다. 다른 남자들은 지금 갈색머리 여성들과 춤추고 있다.

이 할리우드의 춤추는 장면에서 금발이 홀로 남겨진 것에 대한 정확한 표현은 무엇일까? 개인적으로 나는 Opie균형이라 부르고 싶다, 왜냐하면 이것이 영화감독을 기리는 것이며 또한 "불균형" 이라 부르는 것보다 더 즐겁기 때문이다.

할리우드는 또한 춤추는 장면을 이용해 아담스미스가 틀렸다는 견해를 피력하려 했다. 특히 모든 남자가 금발대신 갈색머리 여성과 춤추는 것이 더 좋으므로, 관객들은 개인들이 그들 고유의 이기적인 욕망을 추구하는 것이 결코 사회적으로 효율적이지 않다고 결론짓게 한다. 이 책의 1장은 시장실패의 많은 경우를 보여줄 것이지만, 할리우드가 표현한 것은 이러한 경우에 속하지 않는다. 그것이 표현한 "Opie" 균형의 결과는 실제로 사회적 비효율성인데 이것은 남자들 어느 누구도 눈에 확 띠는 금발미녀와 어울리며 즐거운 시간을 갖지 못했기 때문이다. 이와는 대조적으로 이 게임에 대한 진짜 내쉬균형은 한 명의 남자가 금발과 춤추며 나머지 남자들이 나머지 여성들과 춤추는 것을 필요로 한다. 할리우드 게임, 어떤 내쉬균형이라도 적용하려면 각 남자는 그 자신의 만족을 다른 사람들의 주어진 전략에 대해 이기적으로 최대화하는 것과 결과가 사회적으로 효율적이 되어야 한다. 왜냐하면 여기서 사회적 효율성은 금발과 춤추는 기회를 낭비하지 않는다.

반면에 기업 B는 50단위의 이윤을 얻는다.

〈표 10-2〉에 있는 수는 임의의 수이지만 그것들의 상대적 크기는 버트란드 경쟁의 속성과 일치한다. 특히 낮은 가격을 부과했을 때 보다 높은 가격을 부과했을 때 두 기업의 이윤이 높은데 이는 이러한 경우에 소비자는 다른 기업으로 갈 인센티브를 가지고 있지 않기 때문이다. 한편, 한 기업이 높은 가격을 부괴하고 다른 기업은 그 가격보다 싼 가격으로 판다면 낮은 가격을 책정한 기업은 다른

기업의 소비자 모두를 얻을 것이고 따라서 경쟁자의 희생으로 높은 이윤을 얻을 것이다.

우리는 〈표 10-2〉에서 1회 게임을 생각하고 있다. 즉 기업이 시장에서 단지 한번 만나는 상황이다. 게다가 게임은 다른 기업에 의해 이루어진 의사결정에 대한 지식없이 각 기업이 가격설정결정을 하는 동시적 게임이다. 1회 게임에서 내쉬균형 전략은 각 기업이 낮은 가격을 부과하는 것이다. 그 이유는 간단하다. 만약 기업 B가 높은 가격을 부과하면 기업 A의 최상의 선택은 낮은 가격을 부과하는데 이는 기업 A가 높은 가격을 부과하면 얻게 될 10단위 보다 50단위의 이윤이 더 크기 때문이다. 마찬가지로 만약 기업 B가 낮은 가격을 부과하면 손실 될 10단위 보다 0단위의 이윤이 더 선호되기 때문이다. 마찬가지로 기업 B의 입장에서도 유효하다. 기업 A는 기업 B가 무엇을 하든지 상관없이 낮은 가격을 부과하는 것이 항상 더 낫고, 기업 B는 기업 A가 무엇을 하든지 상관없이 낮은 가격을 부과하는 것이 항상 더 낫다. 요약하면 위의 1회 게임에서 각 기업의 최상의 전략은 두 기업이 낮은 가격을 책정하고 0이윤을 얻는다.

두 기업이 담합을 통해 높은 가격을 책정하여 얻을 수 있는 것 보다 이윤은 확실히 적다. 예를 들어 〈표 10-2〉에서 두 기업이 높은 가격을 부과했다면 각 기업은 10단위의 이윤을 얻는 것을 알 수 있다. 이것이 경제학에서 전형적인 결과이고 딜레마라고 불리는데, 이는 내쉬균형 결과가 그들이 모두 동의하여 높은 가격을 부과한 상황보다 열등하기(기업의 입장에서) 때문이다.

왜 기업은 담합하여 높은 가격을 부과하는데 동의하지 않는가? 한 가지 대답은 담합이 미국에서 불법이다. 기업이 만나서 높은 가격을 결정하기 위해 공모하는 것을 허용하지 않고 있다. 그러나 다른 이유도 있다. 경영자가 은밀히 만나서 높은 가격을 부과하는데 동의하였다고 가정하자. 그들은 약속을 지킬 인센티브를 갖고 있는가? 기업 A의 입장을 생각해보자. 만약 기업 A가 가격을 낮춤으로써 담합합의를 속였다면 이윤을 10에서 50으로 증가시킬 것이다. 그래서 기업 A는 높은 이윤을 얻기 위해 "속임수"를 쓸 수 있도록 기업 B가 높은 가격을 책정하도록 하는 인센티브를 가지고 있다. 물론 기업 B는 이러한 인센티브를 알고 있어서 우선 그 협정이 이루어지지 못하도록 한다.

그러나 기업 A의 경영자가 "정직"하여 높은 가격을 부과하는 약속을 결코 어기지 않는다고 가정하자(그는 정직해서 다른 기업의 경영자에게 약속을 충실히 지키지만, 담합에 대해서 법률을 준수할 만큼 정직하지는 않다). 만약 기업 B의 경영자가 담합합의를 속인다면 기업 A에 무슨일이 있을까? 만약 기업 B가 속인다면 기업 A는 $10의 손실을 입는다. 경쟁기업이 $50의 이윤을 얻었을 때 왜 $10의 손실을 입었는지 기업 A의 주주들이 경영자에게 물었을 때, 경영자는 어떻게 대답할 수 있는가? 그는 경영자 B가 담합합의를 속였다고 자백할 수 없는

인사이드 비즈니스 10-2 인도에서의 콜라 전쟁

복점 가격경쟁의 가장 잘 알려진 사례 중의 하나는 코카콜라(코크)와 펩시콜라(펩시)이다. 콜라산업에서 경쟁하는 하는 기업들이 많다고 할지라도, 코카콜라와 펩시콜라의 시장점유율이 지배적이므로, 각 기업의 이윤은 다른 기업의 가격결정에 상당히 영향을 받는다. 코크와 펩시의 가격결정 "게임"은 〈표 10-2〉에서 예시된 것과 다르지 않다. 각 기업은 상대방의 가격결정과 관계없이 낮은 가격을 부과할 강력한 인센티브를 가지고 있어, 두 기업이 높은 가격을 부과할 때의 결과와 비교할 때 종종 낮은 가격과 낮은 이윤을 초래한다.

최근 코크는 인도에서 200밀리병 콜라가격을 전국에 걸쳐 일률적으로 8루페(rupee)로 내릴 것이라고 발표했다. 이러한 가격인하는 콜라의 여름 수요급증을 예상하여 이루어졌다. 코크가 여름시장을 펩시와의 일회성 게임으로 간주한다면, 이와 같이 낮은 가격을 부과하는 것이 지배적인(우월적인) 전략이 될 것이다. 실제로 펩시는 가격을 내려 재빨리 코크를 따라할 것으로 예상되었다—이것은 다시 일회성 게임의 예측과 일치한다.

〈표 10-2〉의 일회성 게임이 인도에서 코크와 펩시간의 최근 가격 전쟁을 설명하는데 매우 효과적인 반면, 이들 두 기업들이 실제로 많은 시장에서 많은 다른 기간에 경쟁한다는 것을 우리는 안다. 2003년 두 기업은 인도에서 유사한 가격전쟁에 참여했으나, 상당한 피해를 입은 후 함께 가격을 올렸다.

이 장의 후반에 여러분은 코크와 펩시간의 반복적 성격의 가격전쟁 때문에 특정 기간에는 가격을 인하시키고 싶은 유혹에도 불구하고, 그들은 그 이후기간에 대해서는 가격을 높게 유지했다.

출처: S. Sharma, "Coca-Cola Cuts Prices, Pepsi May Follow Suit," *The Economic Times*, February 15, 2012; S. Srivastava, "Why Coke May Have Triggered a New Price War This Season," *Forbes India*, June 30, 2012.

데, 그 이유는 담합이 그를 법률 위반으로 감옥에 보낼 것이기 때문이다. 그의 대답이 무엇이든 그는 해고될 위험에 있거나 감옥에 보내질 것이다.

광고와 품질의 결정

동시적, 1회 게임을 분석하기 위한 구조가 광고와 품질의 결정을 분석하는데 또한 이용 될 수 있다. 과점 시장에서 기업은 제품의 수요를 증가시키려고 광고를 하거나 그들 제품의 질을 향상시킨다. 품질과 광고가 제품의 수요를 증가시키는데 이용될 수 있지만 우리의 논의는 광고를 이용할 것이다.

광고의 결과를 평가하는데 중요한 문제는 수요의 증가가 어디로부터 왔는지를 아는 것이다. 대부분의 과점 시장에서 광고는 산업에 있는 다른 기업들로부터 고객을 빼어 옴으로써 기업의 수요를 증가시킨다. 한 기업의 광고의 증가는 시장에서 다른 기업의 희생으로 기업의 이윤을 증가시킨다: 한 기업의 광고 결정은 기업간에 상호의존적이다.

그러한 상황의 전형적인 예가 아침식사 시리얼 산업인데 그 산업은 집중도가 높다. 시리얼 브랜드를 광고한다고 해서 특정 기업이 많은 소비자들을 점심과 저녁에도 시리얼을 먹도록 하지는 못한다: 대신에 소비자들이 다른 브랜드로부터 자기 브랜드로 바꾸도록 한다. 이것은 각 기업이 다른 기업의 광고효과를 상쇄시키기 위해 광고하는 상황을 초래하여 광고비가 과다지출되고, 산업전체와 개별 기업의 수요에는 변화가 없게 되고 이윤만 낮아지게 된다.

예시 문제 10-4

당신의 기업이 다른 기업과 고객경쟁을 한다고 가정하자. 당신과 당신의 경쟁자는 당신의 제품이 연말에는 쓸모없이 되는 것을 알고 있으며 광고를 할 것인지 또는 안 할 것인지를 동시에 결정해야 한다. 당신의 산업에서 광고는 총 산업수요를 증가시키지 않으나 대신에 소비자들에게 다른 기업들의 제품들 중의 하나로 바꾸도록 한다. 그러므로 당신과 당신의 경쟁자가 광고를 한다면 두 광고캠페인은 단순히 서로를 상쇄시킬 것이고 각각은 $400만의 이윤을 얻을 것이다. 그러나 어느 누구도 광고하지 않으면 각각은 $1000만의 이윤을 얻을 것이다. 만약 한 기업이 광고를 하고 다른 기업이 광고를 하지 않는다면 광고하는 기업은 $2000만의 이윤을 얻을 것이고 광고를 하지 않는 기업은 $100만의 이윤을 얻는다. 이윤극대화를 위해 당신은 광고를 할 것인가 아니면 광고를 안 할 것인가? 당신은 얼마나 벌 것으로 예측합니까?

정답

게임의 설명이 〈표 10-3〉에 있는 행렬에 해당한다. 게임은 1회 게임이다. 각 기업의 우월적 전략은 광고하는 것이며 게임의 유일한 내쉬균형은 각 기업이 광고하는 것이다. 그러므로 당신 기업의 이윤극대화 선택은 광고하는 것이다. 당신은 $400만를 기대할 수 있다. 이것은 1회 게임이기 때문에 담합은 일어나지 않을 것이다. 만약 당신과 당신의 경쟁자가 광고하지 않기로 "동의했다"면(각각 $1000만의 이윤을 더 얻을 희망으로) 각각은 협의를 속이는 인센티브를 가질 것이다.

표 10-3 광고게임

(단위: $100만)

	기업 B		
기업 A	전략	광고	광고 안함
	광고	4, 4	20, 1
	광고 안함	1, 20	10, 10

조정 결정

지금까지 우리의 과점 분석은 기업이 경쟁상대를 가지고 있는 상황에 초점을 맞추었다: 한 기업은 다른 기업의 희생하에서만 이득을 얻을 수 있다. 그러나 모든 기업이 이러한 구조를 갖지는 않는다.

가전제품의 생산업자가 가전제품에 어떤 형태의 전기콘센트의 선택을 갖는 세계를 생각하자: 90볼트용 네 갈래의 콘센트 또는 120볼트용 두 갈래의 콘센트. 서로 다른 가전제품이 서로 다른 콘센트를 필요로 하는 환경에서 여러 가전제품을 갖고자 하는 소비자는 모든 가전제품을 사용하기 위해 집안에 이에 맞는 콘센트를 설치하는데 많은 금액을 지출해야 할 것이다. 이것은 소비자가 가전제품의 구입에 가용할 수 있는 금액을 줄이게 하고 가전제품 제조업자의 이윤에 역효

표 10-4 조정게임

기업 A	기업 B		
	전략	120볼트 콘센트	90볼트 콘센트
	120볼트 콘센트	$100, $100	$0, $0
	90볼트 콘센트	$0, $0	$100, $100

과를 낼 것이다. 반면, 만약 가전제품 제조업자들이 그들의 의사결정을 "조정"할 수 있으면(즉, 똑같은 형태의 콘센트를 필요로 하는 가전제품을 생산한다) 그들은 더 높은 이윤을 얻을 것이다.

〈표 10-4〉는 소위 조정게임(coordination decisions)의 가상적 예를 보여주고 있다. 두 기업은 120볼트 콘센트를 필요로 하는 가전제품을 생산할 것인가 아니면 90볼트 콘센트를 필요로 하는 가전제품을 생산할 것인가를 결정해야 한다. 만약 각 기업이 120볼트 콘센트를 필요로 하는 가전제품을 생산한다면 각 기업은 $100의 이윤을 얻을 것이다. 마찬가지로 만약 각 기업이 90볼트 콘센트를 필요로 하는 가전제품을 생산한다면 각 기업은 $100의 이윤을 얻을 것이다. 그러나 만약 두 기업이 서로 다른 형태의 콘센트를 필요로 하는 가전제품을 생산한다면 소비자들은 그들의 집에 이에 맞는 콘센트를 설치하는데 드는 많은 금액의 지출로부터 초래되는 더 낮은 수요에 기인하여 각 기업은 0이윤을 얻을 것이다.

만약 당신이 이 예에서 기업 A의 경영자라면 당신은 무엇을 할 것인가? 만약 당신은 기업 B가 무엇을 할지 모른다면 당신은 매우 어려운 의사결정을 갖는다. 당신이 할 수 있는 전부는 기업 B가 무엇을 하려는지를 추측하는 것이다. 만약 기업 B가 120볼트 가전제품을 생산할 것이라고 당신이 생각한다면 당신도 마찬가지로 120볼트 가전제품을 생산해야 한다. 만약 기업 B가 90볼트 가전제품을 생산할 것이라고 당신이 생각한다면 당신은 마찬가지로 90볼트 가전제품을 생산해야 한다. 그러므로 당신은 기업 B가 하는 것을 따라하여 이윤을 극대화할 것이다. 실제로 당신과 기업 B는 당신의 의사결정을 조정함으로써 더 나아질 것이다.

〈표 10-4〉의 게임은 두 개의 내쉬균형을 갖고 있다. 하나는 각 기업이 120볼트 가전제품을 생산하는 경우의 내쉬균형이다. 다른 하나는 각 기업이 90볼트 가전제품을 생산하는 경우의 내쉬균형이다. 문제는 어떻게 기업이 이러한 균형점의 하나를 얻을 수 있느냐이다. 만약 기업이 서로에게 이야기할 수 있다면 그들은 120볼트 가전제품을 생산하는데 동의할 수 있다. 다른 방법으로 전기콘센트가 120볼트용 두 갈래의 콘센트에서 작동되도록 정부가 표준화를 제정할 수 있다. 실제로 표준화를 통해 기업이 그들의 의사결정을 조정하도록 하고 있다. 일

단 그들이 120볼트 가전제품을 생산하는데 동의하면 이러한 협정을 속일 인센티브는 없다. 〈표 10–4〉의 게임은 처음에 분석된 가격설정 또는 광고 게임과 유사하지 않다. 이것은 상충하는 이해관계의 게임이라기보다는 조정의 게임이다.

종업원에 대한 감독

게임 이론은 종업원과 경영자간의 상호작용을 분석하는데 이용될 수 있다. 6장에서 우리는 주인–대리인 문제를 논의했고 종업원과 경영자간에 상충하는 목표가 있을 수 있다고 주장했다. 경영자는 종업원이 열심히 일하기를 원하는 반면, 종업원은 게으름 피우기를 원한다.

6장에서 경영자–종업원 간의 주인–대리인 문제의 논의에서 우리는 경영자가 종업원의 게으름을 피우는 인센티브를 줄이는 한 가지 방법은 작업장에 대한 무작위 현장 조사를 하는 것이라고 하였다. 게임 이론은 왜 이것이 효과적인지 답해준다. 종업원과 경영자간의 게임을 생각해보자. 경영자는 2가지 행동이 가능하다; (1) 종업원을 감독하거나 또는 (2) 종업원을 감독하지 않는다. 종업원은 2가지 선택이 가능하다; (1) 일을 하거나 또는 (2) 게으름을 피운다. 이러한 가능한 행동과 이에 따른 보상은 〈표 10–5〉에 나타나 있다.

이러한 정규형 게임의 해석은 다음과 같다. 만약 경영자는 감독하고 종업원은 일을 한다면 종업원은 "이기고" 경영자는 "진다." 경영자는 이미 일을 하고 있는 종업원을 감독하는데 시간을 허비한 것이다. 이 경우에 경영자의 보상은 −1이고, 종업원의 보상은 1이다. 만일 경영자가 감독을 하지 않고 종업원이 게으름을 피운다면 그때의 보상도 똑같다. 종업원은 게으름을 피운다고 걸리지 않았으므로 종업원이 이기는 것이다.

반면, 만약 경영자는 감독하고 종업원이 게으름을 피우면 경영자는 1을 얻고 게으름을 피우다 붙잡힌 종업원은 1을 잃는다. 마찬가지로 만약 종업원은 일하고 경영자는 감독하지 않으면 경영자는 1을 얻고 종업원은 1을 잃는다. 물론 〈표 10–5〉에 있는 숫자는 완전히 가상적인 수치이지만, 그것들은 그러한 상황에서 일어나는 상대적 보상과 일치한다.

표 10–5 내쉬균형이 없는 게임

	종업원		
경영자	전략	일을 함	게으름 피움
	감독 함	−1, 1	1, −1
	감독 하지 않음	1, −1	−1, 1

〈표 10-5〉에 있는 게임은 적어도 통상적인 조건에서 내쉬균형을 갖지 않는다. 이것을 보기위해 경영자의 전략이 종업원을 감독하는 것이라 가정하자. 그때 종업원의 최상의 전략은 일을 하는 것이다. 그러나 만약 종업원이 일을 하면 경영자는 그의 전략을 바꾸는 것이 나을 것이다: 감독하지 않음. 따라서 "감독함"은 내쉬균형 전략이 아니다. 역설적인 것은 "감독하지 않음" 또한 내쉬균형 전략이 아니다. 그 이유를 살펴보기 위해 경영자의 전략은 "감독하지 않음"이라고 가정하자. 그때 종업원은 게으름을 피워 그의 보상을 극대화 할 것이다. 종업원의 게으름 피우는 것이 주어져 있다면 경영자는 "감독 함"으로 전략을 바꿔 그의 보상을 −1에서 1로 증가시키는 것이 낫다. 그래서 "감독하지 않음" 또한 내쉬균형 전략이 아니라는 것을 우리는 안다.

이 예에서 주목해야 할 것은 종업원과 경영자가 모두 그들의 행동을 "비밀"에 부치기를 원한다. 만약 경영자가 종업원이 무엇을 할 것인가를 알면 종업원은 게으름을 피울 수 없을 것이고 그 역도 또한 같다. 그러한 상황에서 경기자는 **혼합(무작위) 전략**에 관심이 있다. 이것이 의미하는 것은 경기자가 그들의 가능한 모든 전략중에서 무작위로 선택한다는 것이다. 예를 들어 경영자는 감독할 것인지 또는 안할 것인지를 결정하는데 동전을 던진다. 그렇게 해서 종업원은 경영자가 그들을 감독하기 위해 현장에 있을 것인지 예측할 수 없고 결과적으로 그들은 경영자의 행동을 예상하여 이길 수 없다.

혼합(무작위) 전략
경쟁자가 그의 행동을 예측할 수 없도록, 경기자가 두 개 이상의 가능한 행동에 대해 무작위로 선택하는 전략

사지선다를 해본 여러분들은 무작위로 고르는 전략과 관련된 직접적인 경험을 갖고 있다. 만약 당신의 교수가 *b*, *c*, *d* 보다 더 종종 *a*를 정답으로 했다면 당신이 정답을 알지 못할 때의 경우 *a*로 답하여 이득을 볼 수 있을 것이다. 이것이 주관식 문제에서 당신의 실력으로 받는 것 보다 당신에게 더 높은 점수를 얻게 해 줄 수 있다. 이 전략이 작동하지 않게 하기 위해 교수는 시험에서 정답을 무작위로 설정하여 당신이 체계적으로 정답을 예측할 수 없도록 한다.

내쉬 교섭

우리가 고려할 동시적, 1회 게임의 마지막 응용사례는 단순한 교섭게임이다. 내쉬 교섭게임에서 두 경기자는 가치의 어떤 대상에 대해 "교섭한다." 동시적, 1회 게임에서 경기자는 협정에 도달하는 단 한번만의 기회를 갖고 교섭에서 이루어진 제의는 동시에 이루어진다.

구체적으로 경영진과 노동조합은 $100의 잉여금 중에 얼마 만큼을 노동조합에게 줄 것인가를 교섭하고 있다고 가정하자. 단순화를 위해 $100는 $50의 금액으로 나누어질 수 있다고 가정하자. 경기자는 협정에 도달하는 1회게임을 갖는다. 당사자는 종이 쪽지에 그들이 원하는 금액을 동시에 쓴다(0, 50, 또는 100). 만약

표 10-6 교섭게임

	노동조합			
	전략	0	50	100
경기자	0	0, 0	0, 50	0, 100
	50	50, 0	50, 50	0, 0
	100	100, 0	0, 0	0, 0

각 당사자가 요구하는 금액의 합이 $100를 초과하지 않으면 경기자는 명시된 금액을 받는다. 그러나 만약 요청한 금액의 합이 $100를 초과하면 어느 당사자도 돈을 받지 못한다. 교섭이 교착상태로 끝난다. 교착상태가 되면 경영진과 노동조합은 각각 $1씩 손해를 본다고 하자.

〈표 10-6〉은 이러한 가상적인 정규형 교섭게임을 보여준다. 당신이 경영자라면 당신은 얼마 만큼을 요구할 것인가? 당신이 $100를 썼다고 가정하자. 그때 당신이 그 금액을 얻을 수 있는 유일한 방법은 노동조합이 0을 요구했다면 가능하다. 만약 경영자가 $100를 요구하고 노동조합이 $0를 요구하면 어느 당사자도 액수를 바꿀 인센티브가 없다: 우리는 내쉬균형에 있는 것이다.

당신이 $100를 요구하는 것을 결정하기 전에 다시 한번 생각해라. 노동조합은 $50를 썼다고 가정하자. 이러한 움직임에 경영자의 최상의 반응은 $50를 요구하는 것이다. 그리고 경영자가 $50를 요구한 것이 주어져 있다면 노동조합은 그 액수를 바꿀 인센티브를 갖지 않을 것이다. 그래서 $100을 50대 50으로 나누는 것 또한 내쉬균형이 될 것이다.

마지막으로 경영자가 $0를 요구하고 노동조합은 $100 전체를 요구했다고 가정 하자. 이것 또한 내쉬균형을 이룬다. 상대방의 전략이 주어져 있으면 어느 당사자도 자신의 전략을 바꿈으로써 보상을 개선할 수 없을 것이다.

따라서 이 교섭게임에는 3개의 내쉬균형이 존재한다. 내쉬균형 중의 하나는 금액을 당사자들간에 공평하게 나눈다. 반면, 다른 두 내쉬균형은 모든 금액을 노동조합이나 경영자 중 한 쪽으로 몰아준다.

위의 예에서 동시적 교섭게임에서는 보통 다수의 내쉬균형이 존재하여 결과를 예측하기 어렵다는 것을 보여 준다. 다수의 균형이 존재할 때 당사자들이 조정하는데 실패하면 비효율적인 균형에 이른다. 예로서 〈표 10-6〉의 9개 중 6개의 결과는 총보수의 합계가 $100보다 작다는 의미에서 비효율적이다. 이들 6개 중 3개는 교착상태로 인하여 보수의 합계가 음수(−)로 나온다. 불행하게도 노사분규에서는 교착상태가 흔하다: 협상은 가끔 결렬되며 양쪽 요구의 합이 표에 있는 것보다 더 많아서 합의가 지연되기도 한다.

실험증거에 의하면, 교섭당사자들이 보통 50대 50의 분배를 공평하다고 보는 것으로 나타난다. 결과적으로 현실에서는 많은 경기자들이 다른 많은 내쉬균형이 존재하는 경우에도 50대 50의 균형을 선택하는 경향이 있다. 〈표 10-6〉의 게임에서 노조가 $50를 요구한다면 경영자는 물론 $50를 요구해야 한다.

예시 문제 10-5

$1 짜리 지폐가 동시적. 1회 교섭게임에 따라 두 경기자에게 나누어 진다고 가정하자. 만약 금액이 나눠질 수 있는 가장 작은 단위가 $0.01 교섭게임에서 내쉬균형이 존재하는가? 만약 경기자들이 나눌 수 있는 총액보다 더 많은 금액을 요구하면 그들은 빈손으로 집에 간다고 가정하자.

정답

그렇다. 실제로 많은 내쉬균형이 존재한다. 두 경기자가 정확히 100센트가 되는 금액의 합을 요구하는 어떤 금액도 모두 내쉬균형이다. 예로서 한 경기자가 $0.01를 요구하고 다른 경기자는 $0.99를 요구한다. 한 경기자가 $0.02를 요구하고 다른 경기자는 $0.98를 요구한다 등등. 다른 당사자가 요구하는 것이 주어져 있다면 각 경우에 어느 당사자도 더 많은 것을 요구하면 이득을 얻을 수 없다.

10.4 무한반복 게임

가격설정과 광고에 대한 1회 게임에 근거하여 우리는 산업에서 담합이 불가능하다는 것을 믿게 된다. 그러나 이러한 결론이 일반적이라고 생각하는 것은 잘못된 것이고 이것은 어떤 산업에 있는 기업이 1회 게임을 하지 않는다는 사실로부터 발생한다. 기업은 매주, 매년 경쟁한다. 이러한 예 중에서 적절한 분석방법은 게임이 시간에 따라 반복되는 상황을 고려하는 것이다. 이 절에서 우리는 경기자가 영속적으로 상호작용하는 상황을 분석한다.

무한반복 게임은 영원히 되풀이되는 게임이다. 경기자는 매 게임별로 반복동안 보상을 받는다.

무한반복 게임
영원히 되풀이 되는 게임이며 경기자는 매 게임별로 보상을 받는다.

10.4.1 이론

게임을 다시 되풀이 할 때 경기자는 반복 동안에 매 게임마다 보상을 받는다. 금액의 시간적 가치에 기인하여 첫 게임에서 얻은 $1는 나중의 반복게임에서 얻은 $1 보다 더 가치 있다. 경기자는 그들이 현재 의사결정을 할 때 미래의 보상을 적절히 할인해야 한다. 이런 이유로 우리는 반복게임을 조사해보기 전에 현재가치의 주요개념을 살펴 볼 것이다.

현재가치의 개관

기업의 가치는 기업이 얻은 모든 미래 이윤의 현재가치이다. 만약 이자율이 i이고, π_0는 오늘의 이윤, π_1은 1년 후의 이윤, π_2는 2년 후의 이윤 등을 나타낸다면 T년 동안 영업활동을 하고 있는 기업의 가치는

$$PV_{\text{기업}} = \pi_0 + \frac{\pi_1}{1+i} + \frac{\pi_2}{(1+i)^2} + \ldots + \frac{\pi_T}{(1+i)^T} = \sum_{t=0}^{T} \frac{\pi_t}{(1+i)^t}$$

이다. 만약 기업이 얻은 이윤이 매 기간 동일하고(매 기간, T 동안 $\pi_t = \pi$) 시간의 길이가 무한하다면 ($T = \infty$), 이 공식은 다음과 같이 단순화 된다.

$$PV_{\text{기업}} = \left(\frac{1+i}{i}\right)\pi$$

앞으로 보겠지만 이 공식은 무한반복 게임에서 의사결정을 하는데 매우 유용하다.

트리거 전략의 담합 지탱

이제 〈표 10-7〉에 있는 버트란드 가격설정에 대한 동시적 게임을 생각해보자. 1회 게임에서 내쉬균형은 각 기업이 낮은(low) 가격을 책정하고 0이윤을 얻는다. 기업이 〈표 10-7〉에 있는 게임을 매일, 매주 한다고 가정하자. 그래서 우리는 1회 게임이 아닌 버트란드 가격설정 무한반복 게임을 생각하고 있다. 이 절에서 우리는 게임의 균형 결과에 미치는 반복시행의 효과를 조사할 것이다.

기업이 반복적으로 〈표 10-7〉에 있는 것과 같은 보상행렬에 직면할 때 기업들은 속임을 당할 염려없이 "담합"하는 것이 가능하다. 그들은 트리거 전략을 이용

표 10-7 무한반복 가격설정 게임

	기업 B		
기업 A	가격	낮음(low)	높음(high)
	낮음(low)	0, 0	50, -40
	높음(high)	-40, 50	10, 10

트리거 전략
어떤 게임의 과거행위에 의존한 전략이며, 여기서는 어떤 특별한 과거 행위가 경기자로 하여금 다시 행동을 "촉발시키는" 전략

하여 담합을 한다. **트리거 전략**(trigger strategy)은 게임에서 경기자의 과거 행위에 달려있는 전략이다. 트리거 전략을 택한 경기자는 어떤 다른 경기자가 첫 경기자의 다른 행동을 "유발하는" 행동을 취할 때까지 같은 행동을 계속 선택한다.

트리거 전략이 담합 결과를 지탱하는데 어떻게 이용될 수 있는가를 보기 위해서, 기업 A와 기업 B는 은밀히 만나서 다음의 약속에 동의한다고 가정하자: "우리 중의 어느 누구도 과거에 속인 적이 없다면(즉 이전 기간에 낮은 가격을 부과했다) 우리는 높은 가격을 부과할 것이다. 만약 우리 중의 하나가 속여서 낮은 가격을 부과한다면, 다른 경기자는 그 후의 모든 기간에 낮은 가격을 부과함으로써 그 속인자를 처벌할 것이다." 그래서 만약 기업 A가 속이면 그것은 기업 B가 그 후로 영원히 낮은 가격을 부과하도록 촉발시키게 되고(trigger), 그 역도 같다. 만약 두 기업이 그러한 트리거 전략을 택하면 어느 기업도 담합합의를 속이는 인센티브를 갖지 않는 조건이 있는 것으로 나타난다. 우리는 이것을 공식적으로 보여주기 전에 직관적으로 조사해보자.

만약 〈표 10-7〉의 어느 기업도 담합합의를 속이지 않는다면, 각 기업은 영원히 매 기간 $10를 얻을 것이다. 그러나 만약 한 기업이 합의에 따라 행동한다면, 다른 기업들은 합의를 속일 수 있어 $10 대신에 바로 $50의 이윤을 얻을 수 있다. 그러나 기업은 반복하여 경쟁하기 때문에 속인 것에 대한 미래의 비용이 있다. 만약 어떤 기업이 속이면 다른 기업은 미래의 모든 기간에 낮은 가격을 부과할 것이다. 그래서 속였던 기업이 할 수 있는 최상의 것은 합의를 깨지 않았으면 벌었을 $10 대신에 속인 이후의 기간에 $0를 얻는 것이다.

요약하면, 담합합의를 오늘 속이는 혜택은 $10 대신에 오늘 $50를 얻는 것이다. 오늘 속이는 비용은 미래 각 기간에 $10 대신 $0를 얻는 것이다. 만약 속이는 비용의 현재가치가 속여서 얻는 1회성 혜택을 초과한다면, 기업은 속이는 것이 손해를 보게 되어 높은 가격이 유지될 수 있다.

이러한 생각을 공식화 해보자. 기업들이 지금까지 설명했던 담합계획에 동의하고 기업 A는 기업 B가 합의를 준수할 것이라고 믿는다고 가정하자. 기업 A는 속여서 낮은 가격을 부과할 인센티브를 갖겠는가? 만약 기업 A가 합의를 속여 낮은 가격을 부과하면 이윤은 오늘 $50가 될 것이나 그 다음의 모든 기간에는 이윤이 $0가 될 것이다. 그 이유는 오늘 기업 A가 속이면 기업 B가 미래 모든 기간에 낮은 가격을 부과하기 때문이다. 기업 B가 미래 모든 기간에 낮은 가격을 부과했을 때 기업 A의 최상의 선택은 낮은 가격을 부과하여 $0를 얻는다. 그래서 만약 기업 A가 오늘 속이면 이윤의 현재가치는

$$PV_{\text{속인기업 } A} = \$50 + 0 + 0 + 0 + 0 + \cdots$$

이다. 만약 기업 A가 속이지 않으면 영원히 매 기간 $10를 얻을 것이다. 그래서 만약 기업 A가 "협조"하면 (속이지 않으면), 기업 A의 이윤의 현재가치는

$$PV_{\text{협조기업 } A} = 10 + \frac{10}{1+i} + \frac{10}{(1+i)^2} + \frac{10}{(1+i)^3} + \cdots = \frac{10(1+i)}{i}$$

이다. 여기에서 i는 이자율이다. 속임으로 얻는 이득의 현재가치가 속이지 않을 때 얻는 이득의 현재가치 보다 적다면, 기업 A는 협정을 속이려는 인센티브를 갖지 않는다. 이 예의 수치를 이용하여 만약 다음의 조건이 성립하면 속이려는 인센티브는 없다.

$$PV_{\text{속인기업 } A} = 50 \leq \frac{10(1+i)}{i} = PV_{\text{협조기업 } A}$$

이것은 $i \leq 1/4$이 된다. 다시 말하면, 만약 이자율이 25% 보다 작다면 기업 A는 이득보다는 속임으로써(현재가치기준) 더 많이 잃을 것이다. 기업 B의 인센티브는 대칭적이기 때문에 기업 B에도 똑같다. 따라서 과점 기업들이 반복적으로 경쟁할 때, 담합을 통해 높은 가격을 책정하여 매 기간 $10를 얻을 수 있다. 이것은 소비자의 희생의 대가로 기업들이 혜택을 받는 것이며, 또한 사중손실(deadweight loss)을 일으킨다. 이것은 담합이 왜 법적으로 금지되어 있는가를 설명해준다.

좀 더 일반적으로 우리는 다음의 원리를 설명할 수 있다.

트리거 전략의 협조적 결과 유지

1회 게임이 무한반복되고 이자율은 i라고 가정하자. 더욱이 협조적 1회 게임의 경기자의 보상은 $\pi^{\text{협조}}$, 만약 경기자가 협조를 속이는 경우 최대 1회 게임의 보상은 $\pi^{\text{속임}}$, 1회 게임의 내쉬균형 보상은 π^N, 그리고

$$\frac{\pi^{\text{속임}} - \pi^{\text{협조}}}{\pi^{\text{협조}} - \pi^N} \leq \frac{1}{i}$$

라고 가정하자. 그때 협조(담합) 결과는 다음의 트리거 전략을 갖는 무한반복 게임에서 유지될 수 있다: 어느 경기자도 과거에 속인적이 없다면 협조하라. 만약 어떤 경기자가 속인다면 이후에는 1회 게임의 내쉬균형 전략을 영원히 선택함으로써 그 경기자를 처벌한다.

앞의 원리에서 쓰여진 조건은 매우 직관적인 해석이 가능하다. 그것은 다음과 같이 다시 쓸 수 있다.

$$\pi^{속임} - \pi^{협조} \leq \frac{1}{i}(\pi^{협조} - \pi^{N})$$

이 방정식의 왼쪽은 오늘 협조합의를 어겨서 얻은 한번의 이득을 나타낸다. 오른쪽은 오늘 속임으로써 미래에 포기된 것의 현재가치를 나타낸다. 한번의 이득이 속임으로써 잃게되는 현재가치보다 작다면, 경기자들은 합의를 지키는 것이 이득이된다는 것을 안다.

예시 문제 **10-6**

기업 A와 기업 B가 〈표 10-7〉에 나타난 상황에 반복적으로 직면하고 있고 이자율은 40%라고 가정하자. 어느 기업도 과거에 이 합의를 속인적이 없다면 기업들은 매 기간 높은 가격을 부과하는데 동의한다.

1. 기업 A가 협조합의를 속이면 기업 A의 이윤은?
2. 기업 A가 협조합의를 속이지 않으면 기업 A의 이윤은?
3. 기업들이 매 기간 높은 가격을 부과할 경우 균형이 나타나는가?

정답

1. 만약 기업 B가 협조합의를 지키나 기업 A가 속인다면, 기업 A는 오늘 $50를 얻을 것이고 그 후로는 영원히 $0를 얻을 것이다.
2. 만약 기업 B가 협조합의를 준수하고 기업 A도 속이지 않는다면, 기업 A의 이윤의 현재가치는

$$10 + \frac{10}{1+.4} + \frac{10}{(1+.4)^2} + \frac{10}{(1+.4)^3} + \cdots = \frac{10(1+.4)}{.4} = 35$$

3. 50 > 35 때문에, 기업 A가 속이지 않을 경우보다 속일 경우 기업 A의 이윤의 현재가치는 더 높다. 보상행렬은 대칭적이기 때문에 각 기업은 다른 기업이 속이지 않을 것이라고 믿는다 할지라도 각 기업은 협조합의를 속일 인센티브를 갖는다. 균형에서, 각 기업은 매 기간 낮은 가격을 부과하여 매 기간 $0의 이윤을 얻을 것이다.

요약하면, 1회 게임에서 내일은 없다; 오늘 어떤 이득을 보거나 또는 전혀 이득이 없다. 무한반복 게임에서는 항상 내일이 있고 기업들은 현재 행동의 이득과 그러한 행동의 미래 비용을 항상 비교해야 한다. 무한반복 게임의 주요 결과는 1회 게임과는 달리 이자율이 낮을 때 기업들은 담합하여 높은 가격을 부과하는 것이 이익이 될 수 있다. 이러한 결과에 대한 기본적인 이유는 다음과 같다: 만약 경기자가 "협조 전략"으로부터 이탈하면 그는 협조이탈에서 얻게 되는 이득을 상쇄시키고도 남을 만큼 미래 오랜 기간에 걸쳐 처벌을 받는다. 따라서 처벌위협은 반복게임에서 협조를 하도록 작동한다. 1회 게임에서 내일은 없고 위협은 작동하지 않는다.

10.4.2 가격설정 게임에서 담합에 영향을 주는 요인

기업들이 (1) 경쟁자가 누구이고 따라서 필요하다면 누구를 처벌해야 할지를 알 때; (2) 경쟁자의 고객이 누구인지를 알고 따라서 처벌이 필요할 때 낮은 가격을 부과하여 그러한 고객을 빼앗아 올 수 있을 때; (3) 경쟁자가 담합합의로부터 언제 이탈할 것을 알고, 따라서 언제 처벌해야 하는지를 알 때, 앞에서 설명했듯이 처벌전략을 통해 담합합의를 유지시키는 것이 더 쉽다. 더욱이 (4) 기업들은 담합합의를 어기는 경쟁자를 성공적으로 처벌할 수 있어야 한다—그렇지 않으면 처벌위협이 작동하지 않을 것이다. 이러한 요인들이 산업의 구조와 행위에 반영된 여러 변수와 관련되어 있다.

기업의 수

담합은 기업이 많이 있을 때보다 적게 있을 때 더 쉽다. 만약 산업에 n개의 기업이 있을 때 담합약속을 계속 유지시키기 위한 총 감독수는 $n \times (n - 1)$이다. 예를 들어 A, B, C기업이 있다고 하자. 만약 산업에 단 두 개의 기업이 있다면, 그때 합의를 어기는 기업을 처벌하기 위해 각 기업은 경쟁자가 어겼는지를 알아야 하고, 만약 어겼다면 그 고객들이 어디에 있는지를 알므로 일부의 고객을 빼앗아 그 기업을 처벌할 수 있다. 이를 위해, 각 기업은 경쟁자를 계속해서 주시해야 한다. 두 개의 기업이 존재하는 경우, A가 B를 감독하고 B는 A를 감독하면 이러한 정보는 얻어질 수 있다.

시장에서 필요한 감독의 총 수는 기업의 수가 증가함에 따라 매우 급속히 증가한다. 예를 들어 만약 5개의 기업이 있다면 각 기업은 다른 4개의 기업을 감독해야 한다. 그래서 시장에서 필요한 감독의 총 수는 $5 \times 4 = 20$이다. 경쟁자를 감독하는 비용이 담합의 이득을 감소시킨다. 만약 기업의 수가 매우 많다면 감독비용이 담합이윤에 비해 너무 커서 다른 기업들을 감독하는 것이 이득이 안된다. 이러한 환경에서 담합결과를 유지시키기 위해 사용하는 “위협”은 신뢰될 수 없고 담합은 실패한다. 이것이 왜 4개의 기업이 담합하는 것보다 2개의 기업이 담합하는 것이 더 쉬운 이유이다.

기업의 크기

감독하는데 규모의 경제가 존재한다. 감독과 처벌 비용은 큰 기업보다 작은 기업의 경우 총 비용 중에서 차지하는 비중이 훨씬 크다. 따라서 작은 기업이 큰 기업을 감독하는 것보다 큰 기업이 작은 기업을 감독하는 것이 더 쉬울 수 있다. 예를 들어 큰 기업(이를테면 20개의 대리점을 갖고 있는)은 작은 기업 경쟁자(한 개의 대리점을 갖고 있는)가 부과한 가격을 단지 한 대리점의 가격을 조사하여 감독할

인사이드 비즈니스 10-3 쓰레기 산업에서 트리거 전략

트리거 전략(무자비 전략)이 작동하기 위해서 경기자는 그들의 경쟁자를 감독할 수 있어야 하고 따라서 그들은 징벌 행동을 취해야 할지 그렇지 않아야 할지를 알아야 한다. 처벌이 속임을 억제하기 위해서 경기자가 실제로 속인 자를 영원히 처벌할 필요는 없다. 경기자가 속인자로부터 속여서 얻은 이윤을 다시 가져가기에 충분히 오랜 동안 속인 자를 처벌할 수 있는 한, 어느 경기자도 속이는 것이 이득이 되지 못한다는 것을 안다. 이럴 경우 경기자는 담합 결과를 얻을 수 있다. 실제 세계에서 기업은 이러한 이점을 인식하고 있다.

플로리다 데이드 카운티에서 쓰레기를 수거해가는 기업들이 버트란드 시장에서 높은 가격을 행사하기 위해 트리거 전략을 이용하는 메커니즘을 고안했다. 경쟁자들이 그들의 높은 가격보다 싼 가격을 부과하지 못하도록 하기 위해 기업들은 서로 아주 면밀히 감독했다.

한 회사가 여러 사람을 고용해서 경쟁회사가 싼 가격으로 자기 회사의 고객을 뺏어가지 않는다는 것을 확실히 하기 위해 경쟁기업의 트럭을 뒤따라 다닌다. 만약 이 회사가 자기 고객 중의 하나에 서비스를 제공하는 경쟁자를 발견했다면 그 회사는 어떻게 했는가? 이 회사는 뺏어간 고객에 대해 경쟁자를 처벌하기 위해 잃었던 각각의 고객에 대해 5명 내지 10명의 고객을 뺏어갔다. 이 회사는 경쟁자가 제공했던 가격보다 더 낮은 가격을 빼앗은 고객들에게 제공하여 이것을 달성했다. 잠시 후에 경쟁자는 이 회사의 고객을 뺏어간 것이 무의미한 것을 알았다. 결국에 속임이 없게 되었고 시장에 있던 기업은 담합가격을 부과했다.

당신이 비슷한 방법을 채택하기 전에, 저자가 이와 같은 사실에 대해 미국 남부 플로리다의 지방법원의 법정기록 사본을 통해서 알게 되었다는 것을 지적하고자 한다. 반복되는 상호작용 상황에서 트리거 전략은 이윤을 증가시키는데 활용될 수 있다—그러나 그러한 실제의 영업 활동은 불법이다.

출처: Docket No. 84-6107-Cr-KING(MISHLER), March 17, 1986, U.S. District Court of Southern Florida, Miami Division, https://www.coursehero.com/file/11172451/MGT-203Trigger-Strategies-in-the-Waste-Industry

수 있다. 그러나 작은 기업은 경쟁자의 가격을 조사하는데 20개의 대리점을 감독할 사람을 고용해야 한다.

시장의 발전과정

지금까지 설명하지 않았던 하나의 주요 이슈는 어떻게 기업이 담합에 도달하느냐는 것이다. 한 가지 방법은 기업이 명시적으로 만나 경쟁자에게 말로써 그들의 고객을 빼앗아 가지말라고 하는 것이다. 그렇지 않으면 처벌받을 것이라고 경고한다. 다른 방법으로서, 기업들은 만나는 대신에 게임이 행해지는 방식에 대해 점차 이해하게 되고 "묵시적 담합"을 하게 된다. 묵시적 담합은 기업들이 노골적으로 담합을 공모하지 않고 간접적으로 담합을 달성했을 때 일어난다. 예를 들어 많은 경우에 기업들은 다른 기업들이 시장에서 어떻게 행동할 것인가를 경험으로부터 배운다. 만약 기업이 낮은 가격을 부과하거나 또는 경쟁자로부터 고객을 빼앗으려 했을 때마다 처벌당하는 것을 관찰했으면, 이 기업은 궁극적으로 낮은 가격을 부과하는 것이 이득이 되지 않는다는 것을 배울 것이다. 이런 경우에 묵시적 담합은 자연스럽게 나타날 수 있다.

이와 대조적으로, 만약 경쟁 기업이 낮은 가격을 받는 어떤 기업을 성공적으로 처벌할 수 없다는 것을 시간에 걸쳐 그 기업이 배운다면 묵시적 담합은 나타날 것 같지 않다. 만약 기업들이 위협을 결코 실행할 수 없다면 보복위협에 의한 담합은 균형이 아니다. 그러나 만약 기업이 경쟁자가 사실상 위협을 실행한다는 것을 기업들이 관찰할 수 있으면, 이러한 경험은 궁극적으로 담합을 초래할 것이다.

처벌 메커니즘

기업이 이용하는 가격설정 메커니즘은 또한 협조하지 않는 경쟁자를 처벌하는 능력에 영향을 미친다. 예를 들면, 하나의 가격이 기업의 모든 고객에게 일괄적으로 부과되는 고시가격시장에서의, 경쟁자에 대한 처벌비용은 서로 다른 고객에게 서로 다른 가격이 고시되는 시장에서보다 더 높다. 그 이유는 다음과 같다: 하나의 가격이 모든 고객에게 부과된다면, 고객을 빼앗아 처벌하기 원하는 기업은 경쟁자의 고객에게 낮은 가격을 부과해야 할 뿐만 아니라 또한 자신의 고객에게도 가격을 낮추어야 한다. 이것은 기본적으로 소매상이 다른 소매상으로부터 고객을 빼앗기 위해 행하는 방법이다. 이와 대조적으로 서로 다른 가격이 서로 다른 고객에게 고시되는 산업에서는, 기업이 경쟁자의 고객에게 낮은 가격을 부과하여 경쟁자를 처벌하는 한편, 자신의 고객에게는 높은 가격을 계속해서 부과한다. 따라서 이러한 가격책정 구조는 처벌을 실행하는 비용을 상당히 줄여 준다.

10.4.3 제품의 질에 무한반복 게임의 적용

무한반복 게임의 이론은 보증과 환불보장 같은 바람직한 기업정책을 분석하는데 이용될 수 있다. 실제로 기업과 고객간에 게임이 일어난다: 고객은 낮은 가격에 오래가고 질이 높은 제품을 원하고 반면에 기업은 이윤극대화를 원한다. 1회 게임에서 기업의 이윤은 오늘 이루어져야 한다; 반복 영업에 대한 기대가 없다. 그래서 1회 게임에서는 기업이 불량품을 팔 인센티브를 가질 수 있다. 이것은 고객이 구매에 앞서 제품의 질을 판단할 수 없을 경우 분명한 현실로 나타난다.

이것을 보기 위해 〈표 10-8〉에 있는 정규형 게임을 생각해보자. 여기에서 게임은 고객과 기업간에 일어난다. 고객은 두 가지 전략을 갖는다: 제품을 구매하거나 또는 구매하지 않는다. 기업은 낮은 질의 제품을 생산하거나 또는 높은 질의 제품을 생산한다. 1회 게임에서 내쉬균형 전략은 기업이 낮은 질의 제품을 생산하고 고객은 제품을 구매하지 않는 것이다. 이것을 보기 위해 만약 고객이 제품의 구매를 결정했다면 기업은 낮은 질의 제품을 팔아 혜택을 얻는다. 그 이유는 10의 이윤이 높은 질의 제품을 생산하여 얻는 1의 이윤보다 더 크기 때문이다. 낮은 질의 제품이 생산된다면, 소비자는 구매하지 않는 것을 선택한다. 그 이

표 10-8 제품의 질 게임

	기업		
소비자	전략	낮은 질의 제품	높은 질의 제품
	구매하지 않음	0, 0	0, −10
	구매	−10, 10	1, 1

유는 0의 이윤이 불량품(조잡한 제품)을 구매해서 10을 잃는 것보다 더 낫기 때문이다. 그러나 고객이 구매하지 않는 것을 선택하기 때문에 그 기업이 높은 질의 제품을 생산하는 경우 수지가 맞지 않는다. 1회 게임에서 고객은 기업이 돈만 챙겨 달아날 것을 알기 때문에 고객은 제품의 구매를 선택하지 않는다.

만약 게임이 무한반복되면 이야기는 달라진다. 고객이 기업에게 "제품의 질이 좋으면 나는 당신 제품을 구매하고 계속해서 구매할 것이나, 만약 그것이 불량품으로 밝혀지면 나는 친구들에게 당신의 제품을 구매하지 말라고 이야기할 것이다"라고 말한다고 가정하자. 고객의 이러한 전략이 주어져 있다면 기업이 해야 할 최상의 것은 무엇인가? 만약 이자율이 매우 높지 않다면 최상의 선택은 높은 질의 제품을 판매하는 것이다. 이유는 간단한다. 불량품을 판매함으로써 기업은 그 기간에 1 대신 10을 얻는다. 사실상 이것은 "속여서 얻은 이득"(보잘 것 없는 제품을 팔아)이다. 그러나 불량품을 판매하여 지불하는 비용은 그러한 제품을 판매한 이후 기업의 이미지가 망쳐져서 영원히 0을 얻는 것이다. 이자율이 낮을 때, 한 번의 이득보다 미래 판매의 손실이 더 크므로 손해를 볼 것이다. 따라서 질 낮은 제품을 판매하는 것은 이득이 되지 않는다.

이 예에서 얻을 수 있는 교훈은 두 가지이다. 첫째, 만약 당신의 기업이 사업을 지속하는 것을 원하면 즉, 무한히 오래 생존하려면, 미래 판매의 손실이 한 번의 이득보다 더 클 때 고객을 속이는 것은 수지가 맞지 않는다. 당신의 기업이 불량품을 파는 것에 대해 소송을 당하지 않거나 또는 정부 규제가 없다 할지라도 이것은 사실이라는 것을 주목하자.

둘째, 당신은 어떤 생산과정이든지 의도와는 다르게 일부 불량품이 생산될 수 있다는 것을 알아야 한다. 이 예에서 기업이 높은 질의 제품을 생산하려 한다 할지라도 뜻밖의 실수로 한 단위제품에서 결함이 있다면 그 실수는 기업에 치명적인 상처를 줄 수 있다는 것을 주목하자. 이러한 가능성으로부터 보호를 위해, 많은 기업은 품질 보증을 제공한다. 생산과정에서 실수가 일어나면 소비자는 품질 보증으로 새 제품을 얻을 수 있어 만족할 수 있고, 따라서 불량품을 판매한다는 소문을 퍼뜨려서 그 기업에 피해를 끼치지는 않을 것이다.

인사이드 비즈니스 10-4 다시장(multimarket) 접촉(contact)과 가격경쟁

미국에서는 많은 기업들이 전국을 대상으로 하여 전국의 수백 개 시장에서 고객 경쟁을 한다. 동일한 기업들이 다시장에서 경쟁을 할 때, 그들은 다시장 계약을 가지고 있다고 한다. 많은 시장에서 그러한 상호작용은 가격경쟁을 누그러뜨릴 수도 있다. Corwin Edwards 경제학자는 상원 청문회에서 다음과 같이 직관적으로 피력했다:

> 하나의 거대한 복합대기업(conglomerate enterprise)이 또 다른 대기업과 경쟁할 때, 그 두 기업은 상당수의 시장에서 서로 만나게 될 것이다. 그들의 계약 다양성이 경쟁의 날카로움을 둔화시킬 수도 있다. 한 시장에서의 격렬한 경쟁에서 이득 가능성은 다른 시장들에서의 경쟁에 의한 보복적인 공격위협과 대비될 수도 있다. 각 대기업 경쟁자는 경쟁관계의 전체구조를 안정화시키기 위해 공존공영(live-and-let-live)정책을 채택할 수도 있다.

간단히 말해서, 두 개의 분리된 시장(A와 B)에서 경쟁하고 있는 두 기업을 고려하자. 한 기업이 시장 A에서 가격을 내리면, 그 기업은 시장 A에서 뿐만 아니라 시장 B에서도 가격을 내려서 경쟁자의 보복가능성 위험에 직면한다. 다시장 계약이 언제나 가격경쟁을 완화시키는 것은 아니지만, 여러 연구자들은 항공사들, 휴대폰회사들, 그리고 호텔과 같은 산업들에 대해서 그러한 관계를 발견했다.

출처: W. Evans and I. Kessides, "Living by the 'Golden Rule': Multimarket Contract in the U. S. Airline Industry," *Quarterly Journal of Economics* 109, no. 2(1994); M. Busse, "Multimarket Contract and Price Coordination in the Cellular Telephone Industry," *Journal of Economics and Management Strategy* 9, no. 3(2000), pp. 287-320; N. Fernandez and P. L. Marin, " Market Power and Multimarket Contract: Some Evidence from the Spanish Hotel Industry," *Journal of Industrial Economics* 46, no. 3(1998), pp. 301-15.

10.5 동시적 게임: 유한반복 게임

유한반복 게임
경기자들이 게임이 언제 끝날지를 모르는 게임; 그리고 경기자들이 게임이 언제 끝날지를 알고 있는 게임

지금까지 우리는 두 가지 극단적인 경우를 생각했다: 단 한번만 하는 게임과 무한히 여러 번 하는 게임. 이 절에서는 유한한 수 동안 반복되는 게임, 즉 언젠가 끝나는 게임의 중요 의미를 요약한다. 우리는 두 종류의 **유한반복 게임**을 생각할 것이다: (1) 게임이 언제 끝나는 지를 경기자가 알지 못하는 게임과 (2) 게임이 언제 끝나는 지를 경기자가 아는 게임이다.

10.5.1 불확실한 최종 기간을 갖는 게임

두 복점 기업이 〈표 10-9〉에서 그들의 제품이 쓸모 없게 될 때(게임이 종료되는 시점)까지 가격설정 게임을 반복한다고 가정하자. 즉, 우리는 유한반복 게임을 생각한다. 기업이 그들의 제품이 쓸모없게 되는 정확한 날짜를 알지 못한다고 가정하자. 그래서 게임이 행해지는 최종 기간에 대해 불확실성이 있다.

일정한 경기 후 게임이 끝날 확률은 θ라고 하자. 여기에서 $0 < \theta < 1$이다. 그래서 기업이 오늘의 가격설정을 결정할 때 게임이 내일 다시 열릴 기회는 있다; 만약 내일 다시 게임을 하면 또 그 다음 날 다시 게임을 할 기회가 있다 등등. 예를 들어 만약 $\theta = 1/2$이면 한 경기 후 게임이 끝날 확률은 1/2이고, 두 경기 후 게임

표 10-9 유한반복 가격설정 게임

기업 A	기업 B		
	가격	낮음(low)	높음(high)
	낮음(low)	0, 0	50, –40
	높음(high)	–40, 50	10, 10

이 끝날 확률은 1/4이며, 세 경기 후 게임일 끝날 확률은 1/8이다. 더 일반적으로, t경기 후 게임이 끝날 확률은 $(1/2)^t$이다. 그것은 마치 동전이 매 경기 말에 던져져서 앞면이 나타나면 게임이 끝나는 것과 같다. 만여 t번 연속적으로 동전이 던져진 후 앞면이 처음 나타났다면 t경기 후 게임이 끝난다.

게임이 정확히 언제 끝날 것인지에 관해 불확실성이 있을 때, 〈표 10–9〉에 있는 유한반복 게임은 무한반복 게임에서의 분석을 정확히 반영한다. 그 이유를 보기 위해, 기업이 트리거 전략을 채택한다고 가정하자. 그리고 다른 기업이 이전의 어떤 기간에도 낮은 가격을 부과하지 않았다면 각 기업은 높은 가격을 부과하는데 동의한다고 가정한다. 만약 한 기업이 약속을 어겨 낮은 가격을 부과하면 다른 기업은 게임이 끝날 때까지 낮은 가격을 부과하여 그 기업을 "처벌할 것이다." 단순화를 위해 이자율은 0이라고 가정하여 미래 이윤을 할인하지 않아도 된다.

그러한 트리거 전략이 주어져 있으면, 기업 A는 약속을 어겨 낮은 가격을 부과할 인센티브가 있는가? 기업 B가 높은 가격을 부과할 때 기업 A는 약속을 어겨 낮은 가격을 부과한다면 기업 A의 이윤은 오늘 \$50이나 게임의 나머지 모든 기간에는 0이다. 그 이유는 오늘 약속을 어기는 것이 기업 B로 하여금 미래의 모든 기간에 낮은 가격을 부과하도록 "유발하기(trigger)" 때문이다. 이 기간 동안에 기업 A가 할 수 있는 최상의 것은 \$0를 얻는 것이다. 따라서 만약 기업 A가 오늘 약속을 어긴다면 기업 A는 한 경기 후이든, 두 경기 후이든, 또는 언제 게임이 끝나든 관계없이

$$\Pi_{\text{속인 기업 }A} = \$50$$

를 얻는다.

기업 A가 속이지 않는다면 기업 A는 오늘 \$10를 얻는다. 그리고 게임이 다시 행해질 확률은 $1 - \theta$이다. 이 경우 기업은 추가로 \$10를 얻는다. 두 경기 후 게임이 끝나지 않을 확률은 $(1 - \theta)^2$이다. 그럴 경우 기업 A는 또 다시 \$10를 얻는다. 게임이 끝날 때까지 모든 가능한 날 동안 이런 추론을 해보면, 우리는 기업 A가 속이지 않으면 기업 A는 다음의 이윤을 얻을 수 있다는 것을 안다:

$$\Pi_{\text{협조 기업 } A} = 10 + (1-\theta)10 + (1-\theta)^2 10 + (1-\theta)^3 10 + \cdots = \frac{10}{\theta}$$

이 방정식에서 θ는 한경기 후 게임이 끝날 확률이다. $\theta = 1$일 때 기업 A는 게임이 한 경기 후 끝날 것이라고 확신한다는 것을 주목하자; 이런 경우에 기업 A가 협조한다면 기업 A의 이윤은 \$10이다. 그러나 만약 $\theta < 1$이면 한 경기 후 게임이 끝날 확률은 1보다 작고(그들은 다시 경기할 기회가 있다) 협조의 이윤은 \$10 보다 크다.

주목해야 할 중요한 것은 게임이 유한하지만 불확실한 횟수 동안 반복될 때, 협조의 혜택은 무한반복 게임에서의 협조혜택과 정확히 동일하다. 그것은 다음의 식과 같고 거기에서 i는 이자율이다.

$$\Pi_{\text{협조 기업 } A} = 10 + \frac{10}{1+i} + \frac{10}{(1+i)^2} + \frac{10}{(1+i)^3} + \cdots = \frac{10(1+i)}{i}$$

불확실한 종점(end point)을 갖는 유한반복 게임에서 $1 - \theta$는 $1/(1+i)$의 역할을 한다. 경기자는 이자율 때문이 아니라 미래의 경기가 일어나는 것을 확신하지 못하기 때문에 미래에 생길 이윤을 할인한다.

알려지지 않는 종점을 갖는 유한반복 게임에서, 기업 A는 속이지 않는 것보다 속일 때 이윤을 덜 얻게 될 것으로 기대하면 속일 인센티브를 갖지 않는다. 우리의 예의 수치를 이용하여 만약 다음이 성립하면 기업 A는 속이려는 인센티브를 갖지 않는다:

$$\Pi_{\text{속인 기업 } A} = 50 \leq \frac{10}{\theta} = \Pi_{\text{협조 기업 } A}$$

여기서 $\theta \leq 1/5$일 경우 성립한다. 다시 말하면, 만약 매 게임 후 게임이 끝날 확률이 20% 보다 적다면, 기업 A는 속여서 얻는 것 보다 더 많은 것을 잃을 것이다. 기업 B의 인센티브는 대칭적이기 때문에 이러한 사실은 기업 B에게도 똑같이 적용된다. 그래서 과점기업들이 유한하지만 불확실한 횟수(기간)동안 경쟁할 때, 마치 게임이 영원히 행해질 것이라고 생각하는 경우처럼 그들은 담합하여 높은 가격을 부과하는 것이 가능하다—매 기간 \$10를 얻는다. 중요한 것은 계속되는 다음 기간에 게임이 행해질 확률이 충분히 높아야 한다. $\theta = 1$인 극단적인 경우에 경기자는 그들이 단 한 번 게임을 한다는 것을 확신한다. 이 경우에 속여서 얻는 이윤(\$50)은 협조해서 얻는 이윤(\$10)보다 훨씬 더 크고 담합은 작동할 수 없다. 이것은 당신에게 조금도 놀라운 일이 아니다; $\theta = 1$일 때 게임은 실제로 1회 게임이고 각 기업의 우월적 전략은 낮은 가격을 부과하는 것이다.

예시 문제
10-7

두 담배 제조업자가 동시적 광고판 광고 경기를 계속 반복해서 한다. 만약 두 제조업자가 광고하면 각각 $0의 이윤을 얻는다. 만약 어느 누구도 광고하지 않으면 각각 1000만 달러의 이윤을 얻는다. 만약 하나는 광고를 하고 나머지 하나가 광고하지 않으면 광고한 기업은 2000만 달러의 이윤을 얻고 광고하지 않은 나머지 하나의 기업은 100만 달러의 손실을 본다. 만약 어떤 해에 정부가 담배 판매를 금지할 확률이 10%라면 기업은 광고하지 않기로 합의하여 담합할 수 있는가?

정답

불확실한 횟수만큼 반복되는 1회 정규형 게임이 〈표 10-10〉에 나타나 있다. 경기자는 트리거 전략을 채택한다고 가정하자. 거기에서 상대 기업이 이전 어떤 기간에도 광고하지 않았다면 각각은 광고하지 않기로 동의한다. 만약 한 기업이 약속을 어겨 광고한다면 상대 기업은 게임이 끝날 때까지 광고하여 위반자를 "처벌"할 것이다. 만약 기업 A가 합의를 어긴다면 이윤은 오늘 $20가 되나 게임이 끝날 때까지 모든 다음 기간에 $0이다. 만약 기업 A가 속이지 않는다면 기업 A는 다음을 얻을 것이다.

$$\Pi_{\text{협조 기업 } A} = 10 + (.90)10 + (.90)^2 10 + (.90)^3 10 + \cdots = \frac{10}{.10} = 100$$

(이것은 이자율이 0이라고 가정한다). $20 < $100이기 때문에 기업 A는 속이려는 인센티브를 갖고 있지 않다. 그래서 기업은 이러한 형태의 트리거 전략을 이용해 담합을 할 수 있다.

표 10-10 광고판 광고 게임

	기업 B		
기업 A	전략	광고	광고 안함
	광고	0, 0	20, −1
	광고 안함	−1, 20	10, 10

10.5.2 알려진 최종기간을 갖는 반복게임: 기간종료문제

게임이 어떤 알려진 유한한 횟수만큼 반복된다고 가정하자. 단순화를 위해 우리는 〈표 10-11〉에 있는 게임이 두 번 반복된다고 가정할 것이다. 그러나 경기자가 게임이 정확히 언제 끝나는지를 알고 게임은 하나의 내쉬균형을 갖는다면, 게임이 많은 횟수(예로서 1,000번)만큼 반복될 때조차도 아래의 논리가 적용된다.

〈표 10-11〉의 게임을 두 번 반복하는 것에 관한 중요한 점은 게임의 두 번째 경기에서 내일이 없다는 것이고 따라서 각 기업은 1회 게임에서 이용하는 것과 동일한 전략을 그 기간동안 사용할 인센티브를 갖는다. 세 번째 기간에 게임을 할 가능성이 없기 때문에 경기자들은 두 번째 기간에 취한 행동에 대해 경쟁자를

표 10-11 가격설정 게임

	기업 B		
기업 A	가격	낮음	높음
	낮음	0, 0	50, -40
	높음	-40, 50	10, 10

처벌할 수 없다. 이 게임에서 이것은 각 경기자가 두 번째 기간에 낮은 가격을 부과한다는 것을 의미한다; 만일 기업 A가 두 번째 기간에 높은 가격을 부과하여 협조할 것이라고 기업 B가 확신한다 할지라도, 기업 A는 기업 B를 속여 마지막 기간에 낮은 가격을 부과하여 이윤을 극대화하려 할 것이다. 기업 B는 기업 A가 속인데 대해 미래에 기업 A를 처벌하기 위해 할 수 있는 어떤 것도 없다. 사실상 만약 기업 B가 두 번째 기간에 높은 가격을 부과한다면 기업 A는 행복해 할 것이다; 만약 그렇게 한다면 기업 A는 낮은 가격을 부과할 수 있어 $50의 이윤을 얻는다.

물론 기업 B는 기업 A가 두 번째 기간(마지막 기간)에 낮은 가격을 부과하려는 인센티브를 갖고 있다는 것을 알고 있고 기업 B도 마찬가지로 두 번째 기간에 낮은 가격을 부과하기를 원할 것이다. 두 경기자는 그들의 상대방이 두 번째 기간에 낮은 가격을 부과할 것이라는 것을 알기 때문에, 첫 번째 기간이 실제로는 마지막 기간이다. 내일이 있지만 그것은 마지막 기간이고, 각 경기자는 상대방은 마지막 기간에 무엇을 할지를 안다. 그래서 첫 번째 기간에, 각 경기자는 1회 게임과 동일한 전략을 선택하는 인센티브를 갖는다. 즉 낮은 가격을 부과한다. 그 이유는 경기자들이 첫번째 기간의 행동에 대해 두번째 기간에 처벌받지 않기 때문이다. 요약하면 〈표 10-11〉에서 2회 게임의 내쉬균형은 매 기간 낮은 가격을 부과하는 것이다. 각 경기자는 두 기간 동안 매 기간 0의 이윤을 얻는다.

게임이 정확히 언제 끝나는지를 기업이 알고 있다면, 사실상 담합은 게임이 3기간, 4기간, 또는 실제로 1,000기간 동안 행해진다 할지라도 작동할 수 없다. 〈표 10-11〉에서 알려진 최종기간을 갖는 반복 게임에서 기업들이 담합할 수 없는 주요 이유는 궁극적으로 두 경기자가 내일이 없다는 것을 확신하는 시점이 온다는 것이다. 그 때 이전 기간에 "협조"하겠다고 한 약속은 깨어지는데, 이는 경기자가 약속을 어긴 것에 대해 내일 처벌할 수 있는 어떤 방법도 없기 때문이다. 실제로 경기자는 마지막 두 번째 기간에 약속을 깨는 인센티브를 갖는다. 그 이유는 마지막 기간에 효과적인 처벌수단이 없기 때문이다. 모든 경기자는 이것을 알기 때문에 마지막 기간으로부터 세 번째 기간에도 실제적으로 내일은 없다. 이런 형태의 "역진적 해결 방법(backward unraveling)"은 남은 기간 동안에 어떤 효과적인 처벌방법도 이용될 수 없다는 것을 경기자가 인식하는 한 계속된다. 경기자는 알려진 마지막 기간까지 모든 기간에 낮은 가격을 부과한다.

예시 문제 10-8

당신과 경쟁자는 〈표 10-11〉에서 두 번의 경기를 한다. 당신의 상대방이 이전 어느 기간에도 낮은 가격을 결코 부과하지 않았다면 당신의 전략은 매 기간 높은 가격을 부과하는 것이라고 가정하자. 당신은 얼마나 얻겠는가? 이자율은 0이라고 가정한다.

정답

당신의 전략이 주어져 있으면 당신 상대방의 최상의 전략은 첫 번째 기간에 높은 가격을 그리고 두 번째 기간에 낮은 가격을 부과하는 것이다. 그 이유를 알아보자. 만약 경쟁자가 매 기간 높은 가격을 부과하면 그는 첫 기간에 10을 그리고 두 번째 기간에 10을 얻어 총 20단위의 이윤을 얻을 것이다. 그러나 상대방에게는 첫 기간에 높은 가격을 부과하고(10단위 획득) 두 번째 기간에 낮은 가격을 부과하여(50단위 획득) 총 60단위의 이윤을 얻는 것이 더 이득이 된다. 따라서 당신은 첫 기간에 10단위를 얻을 것이나 두 번째 기간에 40단위를 잃어 총 30단위의 손실이 있을 것이다. 여러분 각각은 정확히 언제 게임이 끝날지를 알 때에는 트리거 전략이 당신의 이윤을 높이지 못한다.

10.5.3 기간종료문제의 적용

경기자가 반복 게임이 정확히 언제 끝날지를 알 때, 기간종료문제라는 것이 일어난다. 최종 기간에는 내일은 없고, 마지막 기간에 잘못을 저지를 경기자를 처벌할 어떤 방법도 없다. 결과적으로 마지막 기간에는 경기자들이 1회 게임에 있는 것처럼 행동할 것이다. 이 절에서 우리는 경영의사결정에서 기간종료문제의 몇 가지 의미를 조사할 것이다.

사직과 그만둠

6장에서 논의했듯이, 종업원이 열심히 일하는 것이 이득이 된다는 것을 아는 이유는 만약 그들이 일하지 않고 있는 것이 발각되면 묵시적으로 해고될 위협을 받는다. 게으름 피우는 이득이 해고되는 위험비용보다 작을 때, 종업원은 열심히 일하는 것이 이득이 된다는 것을 알게 된다.

어떤 종업원이 이를테면 내일 그만둘 계획이라고 발표했을 때, 그 종업원의 게으름 피우는 비용은 상당히 감소된다. 구체적으로 말하면, 그 종업원은 내일 어쨌든 일하지 않을 계획이기 때문에, 마지막 날에 게으름 피우는 이득은 기대비용을 초과할 것이다. 다시 말하면, 종업원은 내일 나오지 않기 때문에 해고위협은 효과가 없다.

경영자는 이 문제를 극복하기 위해 무엇을 할 수 있는가? 한 가지 가능성은 그 종업원이 그만 두겠다고 발표하자마자 곧바로 그를 해고하는 것이다. 일부의 경우 이러한 관례에 대해 법적 제한이 있지만, 기업이 그러한 정책을 채택하지 않는 보다 더 근본적 이유가 있다. 만약 종업원들이 그만 둘 계획이라고 경영자인 당신에게 알리자 마자 종업원들을 해고하는 전략을 당신이 채택하면, 종업원들은 어떻게 반응할 것인가? 종업원의 최상의 전략은 기다렸다가 그가 그만 둘 마지막 날에 당신에게 말하는 것이다. 그만 둘 것을 비밀로 하면 종업원은 그렇지 않은 경우보다 더 오래 일할 수 있게 된다. 종업원의 게으름 피우는 인센티브는 당신이 이 정책을 채택하지 않았던 경우와 똑같이 강력하다는 것을 주목하자. 결과적으로 당신은 기간종료문제를 해결하지 못 할 것이다. 그러나 그만 둘 종업원을 대체할 새로운 종업원을 찾을 시간도 없이 종업원 사직으로 계속해서 놀라게 될 것이다.

더 나은 경영 전략은 당신회사와 맺은 고용기간이 종료된 후에도 좋은 성과에 대해 유효한 보상을 하는 것이다. 예로서 당신은 많은 회사와 연결되어 있으며, 미래에 종업원이 필요하다면 기꺼이 추천서를 써 줄 수 있다고 당신은 종업원에게 강조할 수 있다. 이렇게 해서 그만 두는 것이 실제로 게임의 끝이 아니라는 신호를 당신은 종업원에게 보낸다. 만약 종업원이 기간종료문제를 이용한다면, 사회적 영향력이 있는 당신은 이런 사실을 다른 잠재적인 고용주에게 알려 그 종업원을 처벌할 수 있다.

가짜 만능약 판매원

오래된 TV 서부극에서 "가짜 만능약" 판매원은 인간에게 알려진 모든 질병을 치료해주는 만병통치약을 도시마다 돌아다니면서 판매한다. 불행하게도 그 약의 구매자들은 곧 그 약이 가치없으며 속았다는 것을 알게 된다. 그럼에도 불구하고 그 약의 판매자들은 도시마다 계속 돌아다니기 때문에 가치없는 물건을 팔아 생계를 한다. 이곳 저곳으로 옮겨 다니므로, 구매자가 가치없는 약을 파는 그들을 "처벌"할 수 없다는 것을 그들은 확신한다. 이와 대조적으로, 만약 어떤 지역의 상인이 가치없는 약을 팔면 고객들은 미래에 그 상인으로부터 구매를 하지 않음으로써 그를 처벌할 수 있다. 앞에서 보았듯이 이러한 위협은 기업이 좋은 질의 제품을 팔도록 하는데 이용될 수 있다. 그러나 가짜 만능약 판매원이 활개치던 시대에는 그러한 위협이 가능하지 않다.

처벌이 작동하기 위해서는 과거, 현재, 미래를 어떤 식으로든 판매자와 연관시키도록 해야 한다. 옛 서부 시대의 불충분한 의사소통 네트워크는 미래의 고객에게 가짜 만능약 판매원에 대한 소문을 퍼뜨리지 못하게 했다; 그래서 그의 "평판"에 대한 손실은 그에게 위협이 아니니다. 그러나 시간이 지나면서 소비자는 과거의 경험으로부터 그러한 판매원을 신뢰하지 않아야 한다는 것을 배웠고, 새로운 판매원이 그 도시에 왔을 때 소비자는 그를 "무일푼이 되도록 할 것이다."

길가의 행상은 질이 떨어지는 상품을 판매한다는 것을 아마도 당신은 경험으로부터 배웠다. 그 이유는 상품이 질이 나쁠 경우에 소비자들은 그 행상을 찾을 방법이 없기 때문이다. 이런 행상들은 사실 기간종료문제를 이용하고 있다.

10.6 순차적 게임(다단계 게임)

다른 종류의 게임으로 순차적 게임이라 불리는 것이 있다. 다단계 게임은 타이밍이 매우 중요하다는 점에서 앞서 조사한 게임의 종류와는 다르다.

10.6.1 이론

다단계 게임이 1회 게임과 무한반복 게임과 어떻게 다른가를 이해하기 위해, **다단계 게임**을 소개하는 것이 유용하다. 다단계 게임은 경기자는 누구이고, 게임의 각 단계에서 경기자가 이용할 수 있는 정보, 경기자가 이용할 수 있는 전략, 게임의 움직임의 순서, 다른 전략으로 초래되는 보상을 요약하고 있다.

다단계 게임
경기자는 누구이고, 게임의 각 단계에서 경기자가 이용할 수 있는 정보, 경기자가 이용할 수 있는 전략, 게임의 움직임의 순서, 다른 전략으로 초래되는 보상을 보여주는 게임의 표시 방법

다단계 게임을 이해하는 최상의 방법은 예를 통해서이다. 〈그림 10-1〉은 다단계 게임을 나타낸다. 원은 의사결정마디(decision nodes)라고 불리우고 각 원은 게임단계에서 특정 경기자가 움직임의 순서를 선택해야 한다는 것을 의미한다. 모든 선이 처음 시작하는 한 개의 점(A로 표시된)은 게임의 시작이고 선의 끝에 있는 수는 게임의 끝에 있는 보상을 나타낸다. 예를 들어 이 게임에서 경기자 A는 먼저 움직인다. 경기자 A의 가능한 전략은 위(up) 또는 아래(down)이다. 일단

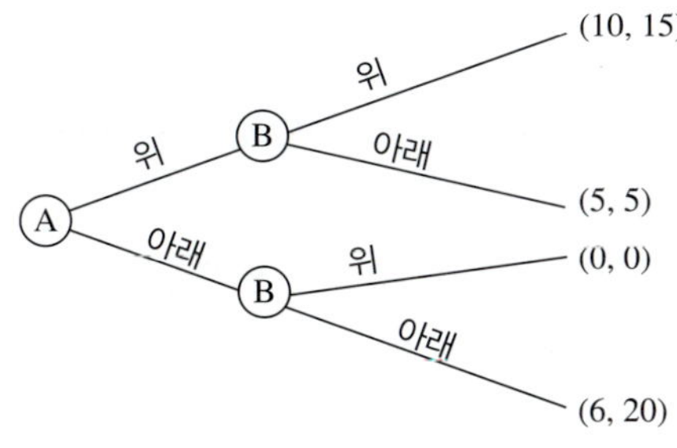

그림 10-1
다단계에서 순차적 게임

경기자 A가 움직이면 다음은 경기자 B의 차례이다. 그 때 경기자 B는 위로 또는 아래로 움직일 것인지 결정해야 한다. 만약 두 경기자가 위로 움직이면 경기자 A는 10의 보상을 받고 경기자 B는 15의 보상을 받는다. 만약 경기자 A는 위로 움직이고 경기자 B는 아래로 움직이면 두 경기자는 각각 5의 보상을 받는다. 그래서 괄호 안에 있는 첫 번째 수는 경기자 A(게임에서 첫 번째로 움직인 사람)의 보상을 반영하고 한편으로 두 번째 수는 경기자 B(두 번째로 움직인 사람)의 보상을 말한다.

동시적 게임에서처럼 각 경기자의 보상은 그의 행동뿐만 아니라 다른 경기자의 행동에도 영향을 받는다. 예를 들어 만약 경기자 A가 아래로 움직이고 경기자 B는 위로 움직이면, 경기자 A의 보상은 0이다. 그러나 경기자 A가 아래로 움직일 때 경기자 B가 아래로 움직이면 경기자 A는 6의 보상을 받는다.

그러나 〈그림 10-1〉에 나타나 있는 순차적 게임과 이전 절에서 조사했던 동시적 게임 간에 중요한 차이가 이다. 경기자 A는 경기자 B보다 먼저 앞서 의사결정을 해야 하기 때문에, 경기자 A는 경기자 B가 하는 의사결정을 조건으로 행동을 취할 수 없다. 그래서 경기자 A는 단지 위 또는 아래만을 선택할 수 있다. 이와 대조적으로 경기자 B는 경기자 A 다음에 의사결정을 할 수 있게 된다. 결과적으로 경기자 B의 전략은 두 개의 의사결정 마디에서 행동을 결정할 것이다. 만약 경기자 A가 위를 선택하면 경기자 B는 위 또는 아래를 선택할 수 있다. 만약 경기자 A가 아래를 선택하면 경기자 B는 위 또는 아래를 선택할 수 있다. 그래서 경기자 B의 전략의 한 예로서 만약 경기자 A가 위를 선택하면 위를 선택하고 만약 경기자 A가 아래를 선택하면 아래를 선택한다. 경기자 B의 전략은 경기자 A가 했던 것에 영향을 받는데 그 이유는 이것이 순차적 게임이고 경기자 B가 두 번째로 움직이기 때문이라는 것을 주목하자. 이와 대조적으로 경기자 A의 전략에는 만약(if)이라는 조건이 없다.

전략이 순차적 게임에서 어떻게 작동하는지를 설명하기 위해, 경기자 B의 전략은 "경기자 A가 위를 선택하면 아래를 선택하고 경기자 A가 아래를 선택하면 아래를 선택한다"라고 가정하자. 이런 전략이 주어져 있으면 경기자 A의 최상의 선택은 무엇인가? 만약 경기자 A가 위를 선택하면 A는 5를 얻을 것인데, 그 이유는 B가 아래를 선택할 것이기 때문이다. 만약 경기자 A가 아래를 선택하면 A는 6을 얻을 것인데, 그 이유는 B가 아래를 선택할 것이기 때문이다. 5를 얻는 것과 6을 얻는 것간의 선택이 주어져 있으면 경기자 A는 6을 선호하므로 아래를 선택할 것이다.

경기자 A가 아래를 선택하는 것이 주어져 있으면, 경기자 B는 그의 전략을 바꿀 인센티브를 갖는가? 경기자 B의 전략은 경기자 A가 아래를 선택하면 그는 아래를 선택하는 것이다. 아래를 선택하면 경기자 B는 20을 얻고 반면에 위를 선택하면 경기자 B는 0을 얻는다. 그래서 우리는 경기자 A가 아래를 선택하는 것이 주어져 있으면 경기자 B는 그의 전략을 바꾸려는 인센티브를 갖지 않는다는 것을 안다.

어느 경기자도 전략을 바꾸려는 인센티브를 갖지 않기 때문에, 우리는 〈그림 10-1〉 게임에서 내쉬균형을 갖는다. 이 전략은:

경기자 A: 아래
경기자 B: 경기자 A가 위를 선택하면 아래, 그리고 경기자 A가 아래를 선택하면 아래

이 균형을 가져오는 보상은 경기자 A에게 6 그리고 경기자 B에게 20이다.

당신은 당신 자신에게 이것이 게임의 합당한 결과인지 물어 보아야 한다. 특히 경기자 A가 위를 선택하고 경기자 B 또한 위를 선택할 때 경기자 A는 가장 높은 보상을 갖게 된다는 것을 주목하자. 왜 경기자 A는 위를 선택하지 않는가? 만약 경기자 A가 위를 선택하면 경기자 B는 아래를 선택한다고 위협하기 때문이다. 경기자 A는 이러한 위협을 믿어야 하는가? 만약 경기자 A가 위를 선택하면 경기자 B의 최상의 선택은 위인데, 그 이유는 15의 보상이 아래를 선택하여 초래하는 5의 보상보다 경기자 B에게는 더 크기 때문이다. 그러나 경기자 B가 위를 선택하면 경기자 A는 10을 얻는다. 이것은 우리가 앞에서 조사했던 내쉬균형을 초래했던 보상보다 더 높다.

우리는 이런 모든 것을 어떻게 생각하는가? 사실상 이 게임에는 또 하나의 내쉬균형이 있다. 특히 경기자 B의 전략은 "만약 경기자 A가 위를 선택하면 위를 선택하고 경기자 A가 아래를 선택하면 아래를 선택한다"고 가정하자. 경기자 B의 이러한 전략이 주어져 있으면, 경기자 A는 위를 선택하여 10을 얻고 아래를 선택하면 6을 얻는다. 경기자 B의 이러한 전략에 경기자 A의 최상의 전략은 명백하게 위이다. 경기자 A가 위를 선택하는 것이 주어져 있으면, 경기자 B는 그의 전략을 바꾸려는 인센티브를 갖고 있지 않으므로 우리는 또 하나의 내쉬균형을 갖는다. 이 내쉬균형에서 경기자 A는 10을 얻고 경기자 B는 15를 얻는다.

이 두 개의 내쉬균형 결과중에서 어느 것이 더 합당한가? 답은 두 번째 것이다. 그 이유는 다음과 같다: 첫 번째 내쉬균형에서, 만약 경기자 A가 위를 선택하면 경기자 B는 아래를 선택할 것이라고 위협했기 때문에 경기자 A는 아래를 선택한다. 그러나 경기자 A는 이러한 위협이 실제로 신빙성이 없다는 것을 알아야 한다. 만약 이 단계의 게임(의사결정 마디)에서 경기자 B가 아래를 선택하겠다는 그의 위협약속을 어기려는 인센티브를 가질 것이다. 이 단계의 게임에서 아래의 선택은 위를 선택하여 얻을 수 있는 것보다 경기자 B에게 낮은 이윤을 초래할 것이기 때문이다. 그러므로 경기자 B는 그가 아래를 선택할 것이라고 말했던

인사이드 비즈니스 10-5 국제시장에서의 진입전략: Sprinkler 전략 또는 Waterfall 전략?

국제마케팅 전략가들은 새로운 시장에 진입할 때 종종 딜레마에 직면한다: 여러 나라에 순차적으로 진입하는 "폭포수(Waterfall)" 전략을 쓸 것인가, 아니면 여러 나라에 동시에 진입하는 "스프링클러(Sprinkler)" 전략을 쓸 것인가?

"스프링클러" 전략의 주요 장점은 여러 나라에 빨리 진출하여 경쟁자보다 빨리 교두보를 확보할 수 있는 점이다. 불리한 점은 학습효과를 누리지 못하게 하며 자원이 분산되는 것이다. 이와 대조적으로 "폭포수" 전략은 국제시장 진입속도가 느리지만 시장별로 특성화된 접근이 가능하며 학습효과를 누릴 수 있다.

최적침투전략은 물론 이들 전략의 비용과 편익에 달려 있다. "스프링클러" 전략은 시장들이 동질적이고 학습효과가 작으며 국가특수성을 지닌 투자가 적게 필요할 경우 최적이다. "폭포수" 전략은 상당한 정도의 국가특수성을 지닌 투자가 이루어져야 하는 경우 유용하다.

최근 Fischer, Clement, Shanker 교수는 국제시장 진입의 최적전략을 결정하는데 있어서 진입의 순서가 중요한 결정요소라는 증거를 제시하였다. 유럽 제약시장의 데이터에 기반하여 시장에 3개 이상의 기업이 있을 때에는 순차적 진입이 최적이라는 것을 발견하였다.

출처: Marc Fischer, Michael Clement, and Venkatesh Shanker, "International Market Entry Strategy: A Source of Late Mover Advantage," University of Maryland March 2004.

부분게임 완전균형
어떤 전략의 보상집합이 (1) 내쉬균형의 조건과 (2) 게임의 각 단계(의사결정 마디)에서 어느 경기자도 자신의 전략을 바꿔 보상을 개선할 수 없을 때 부분게임 완전균형을 구성한다.

것을 이행할 인센티브를 갖고 있지 않다. 게임이론에서 경기자 A가 6을 얻고 경기자 B가 20을 얻는 내쉬균형은 **부분게임 완전균형**(subgame perfect equilibrium)이 아니다. 만약 (1) 내쉬균형이고 (2) 게임의 각 단계(의사결정 마디)에서 어느 경기자도 자신의 전략을 바꿔 보상을 개선할 수 없으면, 전략의 집합은 부분게임 완전균형을 구성한다. 그래서 부분게임 완전균형은 오직 신빙성있는 위협만을 포함한 내쉬균형이다. 〈그림 10-1〉의 게임에서 유일한 부분게임 완전균형으로는 경기자 A가 위를 선택하며, 경기자 A가 위를 선택할 때 경기자 B는 위를 선택하는 것이다.

이 절에서의 분석은 학생들이 한 두 번 읽어도 보통 이해하기가 어렵다. 그래서 여러분들이 제시된 개념에 대해 명확하지 않으면 이 절을 다시 복습하도록 나는 권하고 싶다. 여러분들이 그렇게 하기 전에 또는 다음 절로 가기 전에, 부분게임 완전균형의 개념을 이해하도록 도울 수 있는 우화를 들려주고 싶다.

한 10대 소녀가 그녀의 아버지로부터 다음의 지시를 받았다: "네가 자정까지 집에 오지 않으면 나는 집을 불태울 것이고 너는 네가 가지고 있는 모든 것을 잃을 것이다." 만약 그녀가 아버지를 믿는다면 자정 전에 집에 오는 것이 확실히 그녀에게 최상의 이득이 된다. 그 이유는 그녀는 그녀가 가지고 있는 모든 것을 잃고 싶지 않기 때문이다. 만약 그녀가 자정 전에 돌아온다면 아버지는 결코 집을 불태울 필요가 없다; 그렇게 할 것이라고 위협한 아버지에게 어떤 비용도 없다. 아버지의 위협과 자정 전 딸의 귀가는 내쉬균형 전략들이다. 그러나 그것들은 부분게임 완전균형은 아니다. 그녀로 하여금 자정 전에 귀가하는 것을 선택하도록 했던 집을 불태울 것이라는 아버지의 위협은 신빙성이 없다. 아버지는 만약 딸이

늦게 귀가해도 집을 불태우는 것이 이득이 되지않는다는 것을 안다. 만약 딸이 이런 것을 안다면, 위협은 신빙성이 없고 자정 전에 그녀가 귀가할지 또는 귀가하지 않을지에 영향을 주지 않을 것을 그녀는 안다. 그래서 내쉬균형은 신빙성이 없는 위협에 의해 얻어진 것이기 때문에 그것은 부분게임 완전균형이 아니다.

10.6.2 다단계 게임의 응용

진입게임

시장 진입에 대해 다단계 게임이론으로 설명하기 위해 〈그림 10-2〉에 있는 다단계 게임을 생각하자. 여기에서 기업 B는 시장에 현존하는 기업이고 기업 A는 잠재적인 진입자이다. 기업 A는 시장에 진입 할 것인지 아니면 진입하지 않을 것인지 결정해야 한다. 만약 기업 A가 시장에 진입하지 않기로 결정하면, 기업 B는 기존의 행동을 계속하여 1,000만 달러의 이윤을 얻고, 반면에 기업 A는 $0를 얻는다. 그러나 기업 A가 시장 진입을 결정하면 기업 B는 가격경쟁을 시작할지 아니면 단순히 시장을 나눌지를 결정해야 한다. 가격경쟁을 선택하면 기업 A가 100만 달러의 손실을 입는 반면, 기업 B는 단지 100만 달러의 이윤을 얻는다는 것을 기업 B는 확신한다. 한편, 만약 기업 A의 시장 진입 후 기업 B가 시장을 나누면 기업 A는 시장의 절반을 갖고 각 기업은 500만 달러의 이윤을 얻는다.

이 게임에서 두 개의 내쉬균형이 존재한다. 첫 번째 것은 만약 기업 A가 시장에 진입한다면 기업 B는 가격경쟁을 선택할 것이라고 위협하여 기업 A가 시장에 진입하지 않는 경우 일어난다. 이러한 전략이 사실상 내쉬균형을 이루는 것을 보기 위해, 다음을 알아야 한다: 만약 기업 A가 진입한다면 기업 B의 전략이 가격경쟁을 선택하는 것으로 주어져 있다면, 기업 A의 최상의 전략은 진입하지 않는 것이다. 기업 A가 진입하지 않을지라도, 만약 기업 A가 진입한다면 기업 B는 또한 가격경쟁을 선택할 것이라고 위협할 수 있다. 그래서 어느 기업도 전략을 바꾸려는 인센티브를 갖지 않는다; 기업 A는 $0를 얻고 기업 B는 1,000만 달러의

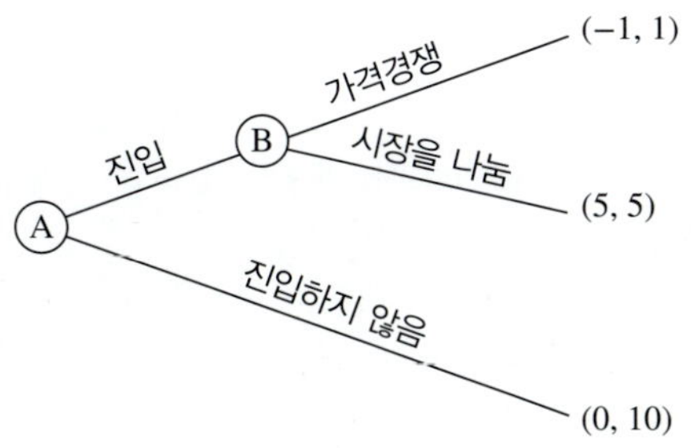

그림 10-2
진입게임
(단위: 100만 달러)

이윤을 얻는다.

그러나 이 내쉬균형은 신빙성이 없는 위협과 관련되어 있다. 기업 A가 진입하지 않는 이유는 만약 기업 A가 진입하면 기업 B가 가격경쟁을 선택할 것이라고 위협하는것이다. 만약 기업 A가 진입하면 기업 B는 가격경쟁을 선택할 것이라는 위협을 성취하려는 인센티브를 갖는가? 대답은 '아니다'이다. 기업 A가 시장에 진입한다면 기업 B는 시장을 나눌 경우 500만 달러를 벌 것이고 가격경쟁을 선택할 경우 단지 100만 달러를 벌 것이다. 만약 기업 A가 진입하면 가격경쟁을 하는 것은 기업 B에게 이득이 되지 않는다. 그래서 만약 기업 A가 진입하면 기업 B는 가격경쟁을 선택할 것이라고 위협하기 때문에 기업 A가 시장에 진입하지 않는 결과는 내쉬균형은 되나 부분게임 완전균형은 아니다. 그것은 신빙성 없는 위협, 즉 기업 A가 시장에 진입하면 가격전쟁을 할 것이라는 기업 B의 위협과 관련되어 있다.

이 게임의 다른 내쉬균형은 기업 A가 진입을 선택하고 기업 B는 이러한 움직임에 따라 시장을 나누는 것이다. 특히 기업 A가 진입하면 기업 B의 최상의 전략은 시장을 나누는 것이다(시장을 나눔으로써 가격경쟁을 할 때 얻게 되는 100만 달러 대신에 500만 달러를 얻는다). 기업 A가 진입을 선택할 때 기업 B는 시장을 나눈다면, A의 최상의 전략은 진입하는 것이다(진입하여 기업 A는 진입하지 않을 때의 $0의 이윤 대신 500만 달러를 얻는다). 이것은 부분게임 완전균형이다. 그 이유는 기업 A가 진입을 선택할 때마다 기업 B의 최상의 전략은 시장을 나누는 것이 분명하기 때문이다. 그래서 진입게임의 경우 두 개의 내쉬균형이 있지만, 기업 A는 진입을 선택하고 기업 B는 시장을 나누는 것이 유일한 부분게임 완전균형이다.

혁신게임

진입게임의 분석은 미래의 경영자에게 중요한 교훈을 보여준다: 위협이 신빙성이 없을 때 경쟁자가 하는 위협에 주의를 기울이지 않는다는 것이다. 다음 문제가 설명하듯이, 우리는 혁신 의사결정을 분석하기 위해 순차적 또는 다단계 게임이론을 또한 이용할 수 있다.

예시 문제

10-9

당신의 기업이 새로운 제품을 생산할 것인지, 생산하지 않을 것인지 결정해야 한다. 만약 당신이 새로운 제품을 생산한다면 당신의 경쟁자는 새로운 제품의 복제품을 만들 것인지, 아닌지를 결정해야 할 것이다. 만약 당신이 새로운 제품을 생산하지 않으면 당신과 당신의 경쟁자는 각각 100만 달러를 벌 것이다. 만약 당신이 새로운 제품을 생산하고 당신의 경쟁자는 복제품을 만들면 당신은 500만 달러의 손실을 볼 것이고 당신의 경쟁자는 2,000만 달러를 벌 것이다(당신은 연구개발에 많은 돈을 써왔고 당신의 경쟁자는 복제품으로 경쟁하는데 이러한 투자를 할 필요가 없다). 만약 당신이 새로운 제품을 생산하고 당신의 경쟁자가 복제품을 만들지 않으면 당신은 1억 달러를 벌 것이고 당신의 경쟁자는 $0를 벌 것이다.

1. 이 게임을 다단계 게임 형태로 만들어라.
2. 당신은 새로운 제품을 생산해야 하는가?
3. 만약 당신의 경쟁자가 복제품을 만들지 않는다고 약속한다면 당신의 대답은 어떻게 바뀌지겠는가?
4. 만약 특허법이 당신의 경쟁자가 복제품을 만들지 못하도록 한다면 당신은 어떻게 하겠는가?

정답

1. 신제품 게임은 〈그림 10-3〉에 나타나 있다. 이것은 당신의 기업(A)이 먼저 움직이고 다음에 당신의 경쟁자(B)가 움직이는 다단계 게임이다.
2. 만약 당신이 제품을 생산하면 기업 B의 최상의 선택은 복제품을 만드는 것이다. 그럴 경우에 당신의 기업은 500만 달러의 손실을 입는다. 만약 당신이 제품을 생산하지 않는다면 당신은 100만 달러를 벌 것이다. 그래서 당신의 이윤극대화 결정은 새로운 제품을 생산하지 않는 것이다.
3. 만약 복제품을 만들지 않겠다는 경쟁자의 약속을 당신이 믿는다면, 당신은 새로운 제품을 생산하여 당신은 1억 달러를 벌 것이고 새로운 제품을 생산하지 않는다면 단지 100만 달러를 벌 것이다. 그러나 기업 B의 약속은 신빙성이 없다; 기업 B는 복제품을 만들어 2,000만 달러의 이윤을 얻을 수 있도록 당신 기업이 새로운 제품을 개발하는데 돈을 쓰는 것을 좋아한다. 이런 경우에 당신은 500만 달러를 잃을 것이다. 약속은 신빙성이 없기 때문에 당신은 그것이 당신의 행동에 영향을 주는 것에 대해 재고하는 것이 낫다.
4. 만약 당신의 새로운 제품에 대해 특허를 얻을 수 있다면 기업 B는 법에 의해 복제품을 만들지 않을 것이다. 이런 경우에 1억 달러를 벌기 위해 당신은 그 제품을 생산해야 한다. 이것은 특허제도가 없는 경우에 도입될 수 없는 제품이 특허제도를 통하여 생산될 수 있도록 하는 것을 설명해준다.

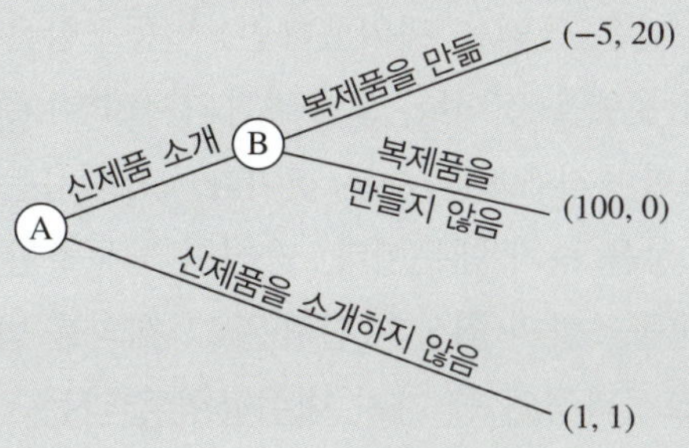

그림 10-3
혁신게임
(단위: 100만 달러)

그림 10-4
순차적 교섭게임

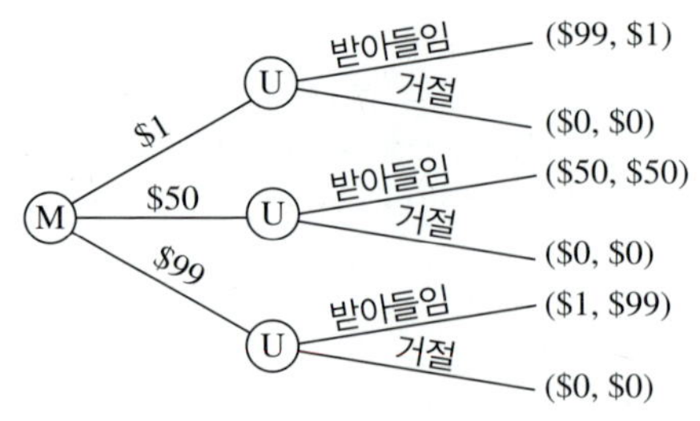

순차적 교섭(협상)게임

우리가 고찰할 다단계 게임의 마지막 응용은 순차적 교섭게임이다. 구체적으로 기업과 노동조합이 $100의 잉여금 중에 얼마만큼이 노동조합에 가고 얼마만큼이 경영진에게 돌아가야 하는지에 대해 협상을 시작한다고 가정하자. 경영진(M)이 노동조합(U)에게 어떤 금액을 제의하여 먼저 움직인다고 가정하자. 만약 그 제의가 주어져 있으면, 노동조합은 그 제의를 받아들일 것인가 아니면 거절할 것인가를 결정하게 된다. 만약 그 제의가 거절되면 어느 당사자도 아무것도 받지 못한다. 만약 그 제의가 받아들여지면 노동조합은 일정 금액을 받고 경영진은 나머지를 받는다. 문제를 단순화하기 위해, 경영진은 노동조합에게 세 가지 금액 중 하나를 제공할 수 있다고 가정하자: $1, $50, 또는 $99.

이 순차적 교섭게임의 형태가 〈그림 10-4〉에 나타나 있다. 노동조합은 경영진의 제의를 알고 난 후 의사결정을 해야 한다는 것을 주목하자. 예를 들어 만약 경영진이 노동조합에게 $1를 제의해서 노동조합이 그 제의를 받아들이면, 경영진은 $99를 얻고 노동조합은 $1를 얻는다. 만약 노동조합이 그 제의를 거절하면 두 당사자는 $0를 얻는다.

당신은 경영진이고 당신의 제의가 있기 전에 노동조합은 당신에게 다음과 같이 설명한다: "우리에게 $99를 주십시오. 그렇지 않으면 우리는 당신의 제의를 거절할 것이다." 당신은 어떻게 할 것인가? 당신이 노동조합을 믿을 경우, 만일 당신이 노동조합에게 낮은 금액을 제의했다면, 노동조합은 그 제의를 거절하고 당신은 아무것도 얻지 못했을 것이다. 노동조합의 전략이 주어져 있으면, 당신의 최상의 전략은 노동조합에게 $99를 주는 것이다. 그 이유는 그런 전략이 당신에게 $0 대신에 $1의 보상을 주기 때문이다. 당신이 노동조합에게 $99를 제의하는 것이 주어져 있다면 노동조합의 최상의 전략은 그 제의를 받아들이는 것이다. 따라서 이러한 순차적 교섭과정의 한 가지 내쉬균형 결과는 경영진에게 $1를 그리고 노동조합에게 $99를 얻게 한다.

이것은 경영진의 최적 전략이 노동조합에게 $99를 주는 것을 의미하는가? 대답은 '아니다'이다. 이 균형은 신빙성 없는 노동조합의 위협에 의해 뒷받침되고 있다는 것을 주목하자. 노동조합에 의하면, 만약 경영진이 노동조합에게 $1를 제의한다면 노동조합은 그 제의를 거절할 것이다. 그러나 그러한 제의를 거절함으로써, 그 제의를 받아들여 벌 수 있는 $1 대신에 노동조합은 $0를 벌 것이다. 따라서 그 제의를 거절하는 것이 노동조합에게 최상의 이득이 되는 것은 아니다.

사실상 이 순차적 교섭게임의 경우 유일한 부분게임 완전균형은 경영진이 노동조합에게 $1를 제의하고 노동조합은 그 제의를 받아들이는 것이다. 이것을 보기 위해 만약 경영진이 노동조합에게 $1를 제의한다면 노동조합의 최상의 선택은 받아들이는 것이다. 그 이유는 $1는 제의를 거절해서 얻을 수 있는 $0보다 더 선호되기 때문이다. 이 순차적 교섭게임에서 유일한 부분게임 완전균형은 경영진이 $99를 얻고 노동조합이 $1를 얻는 것을 가져다 준다.

예시 문제
10-10

방금 설명한 교섭게임을 생각하자. 그러나 경기의 순서가 바꾸어졌다고 생각하자: 노동조합이 먼저 제의를 하게 되고 경영진이 그 제의를 받아들일 것인가 아니면 거절할 것인가를 결정한다. 이 교섭과정의 부분게임 완전균형 결과는 무엇인가?

정답

어떤 제의에 대한 경영진의 이윤극대화 선택은 만약 그 제의를 거절함으로써 얻을 수 있는 $0보다 그 제의가 경영진에게 더 많은 것을 가져다주면 그 제의를 받아들이는 것이다. 그러므로 부분게임 완전균형은 노동조합이 경영진에게 $1를 제의하고 $99를 그들이 차지하는 것이다. 이런 제의가 주어져 있으면 경영진의 최상의 선택은 그것을 받아들이는 것이다. $1 또는 $50의 제의를 거절하겠다는 경영진의 어떤 위협도 신빙성이 없을 것이다.

이 절은 2단계 순차적 교섭게임의 주목할만한 특징을 설명했다. 효과적으로, 교섭게임에서 첫 번째 행동을 취하는 사람은 승낙하든 안 하든 마음대로 하는 제의(a take-it-or-leave-it offer)를 한다. 두 번째 행동을 취하는 사람은 그 제의를 받아들이거나 또는 그것을 거절하여 아무것도 받지 않는다. 승낙하든 안 하든 마음대로 하는 제의를 하는 경기자는 사실상 교섭되는 금액 모두를 얻는다. 다음의 예는 이러한 원리를 설명한다.

어느 소비자가 자동차딜러가 $10,000로 값을 매긴 자동차를 구매하기를 원한다고 가정하자. 그 소비자는 그 자동차를 $12,000로 평가한다. 교섭게임은 실제로 소비자의 평가금액과 딜러의 가격간의 $2,000 차이에 대한 것이다. 소비자가 딜러에게 승낙하든 안 하든 마음대로 하는 제의를 한다고 다음과 같이 가정하자: "나는 당신에게 그 자동차에 대해 $10,001를 지불할 것이다. 당신이 그 제의를 받아들이지 않으면 나는 길 건너편에 있는 다른 딜러로부터 자동차를 구매할 것이다." 만약 그 제의가 거절되면 교섭과정을 끝내겠다는 소비자의 위협을 딜러가 믿는다면, 딜러는 그 제의를 받아들일 것이다; 딜러는 자동차를 팔지 않을 경우 $0를 버는 것보다 $1를 버는 것을 더 좋아한다. 그 소비자는 딜러의 가격에 $1를 더하여 자동차를 구매한다.

이와 대조적으로, 교섭과정의 순서가 역으로 바뀌져서 딜러가 소비자에게 다음과 같이 말한다고 가정하자: "다른 구매자가 그 자동차를 원한다. 나에게 $11,999를 지불하십시오, 그렇지 않으면 나는 그 자동차를 다른 고객에게 팔 것입니다." 이 경우에 다른 구매자에게 팔겠다는 딜러의 위협이 신빙성이 있고 다른 어떤 대안이 없다고 구매자가 믿는다면, 그의 최상의 선택은 자동차를 구매하는 것이다. 그 이유는 자동차의 값이 소비자가 평가한 것보다 $1 싸기 때문이다. 이 경우, 딜러는 상당한 이윤을 벌게 된다.

이 절의 결론으로, 우리는 여러 현실적인 요인들이 종종 순차적 교섭과정을 복잡하게 한다는 것을 알고 있다. 첫째, 경기자는 다른 경기자의 진정한 보상을 항상 알지는 못한다. 예를 들어 만약 자동차 구매자가 자동차의 딜러가격을 알지 못하면, 그는 승낙하든 안 하든 마음대로 하는 제의를 할 수 없어 자동차의 구매를 확신할 수 없다. 마찬가지로 만약 딜러가 소비자가 자동차에 지불하고자 하는 최대가격을 알지 못하면, 딜러는 승낙하든 안하든 마음대로 하는 제의를 할 때 자동차의 판매를 확신할 수 없다. 교섭과정에서 당신의 상대방에 대하여 배우는데 시간을 투자할 가치가 있다. 이것이 왜 자동차딜러 가격에 관해 소비자에게 정보를 전문적으로 제공하는 출판물 시장이 존재하는 이유를 설명한다.

둘째, 이 절에서 분석된 교섭과정에서 중요한 가정은 두 번째 경기자가 제의를 거절하자마자 또는 받아들이자마자 교섭이 끝난다는 것이다. 이러한 경우가 아니면, 제의를 받아들이는 또는 거절하는 의사결정을 하는 사람은 다음과 같이 추론한다: "만약 내가 제의를 거절하면 아마 상대방은 새로운, 더 매력적인 제의를 할 것이다." 효과적으로 이것은 게임을 바꾸고 또한 경기자의 기본적인 의사결정을 바꿀 수 있다. 다른 한편, 승낙하든 안 하든 마음대로 하는 제의를 신빙성 있게 공약하는 경기자는 교섭게임을 매우 잘 할 것이다. 그러나 그 공약(commitment)이 신빙성이 없으면, 상대방이 첫 경기자가 협상테이블로부터 떠나는 것보다는 더 선호되는 역제의(counteroffer)를 했을 때 첫 경기자는 마지못해 그 제의를 받아들여야 할 것이다.

수많은 요인들이 음료수에 $2 부과를 중단하는 US Airways의 의사결정에 기여했을 수도 있지만, 이 항공사가 승객들에게 음료수 가격을 부과한 유일한 대형 항공사이었기 때문에 기본적으로 이 전략은 실패했다. 이것은 US Airways의 이미지를 훼손했으며, 그로 인해 고객중 일부가 보다 더 친절한 항공사로 옮기게 되었다. 승객들에게 음료수에 $2를 부과하는 회사의 일방적인 전략의 위와 같은 부정적 효과는 승객들로부터 받은 현금 수입(또는 비용 절감)을 집어삼켰다. US Airways는 무료음료수를 제공하는 것이 다른 항공사들과의 잔인한 경기에서 우월전 전략이라는 것을 실패를 통해서 알게 되었다.

〈표 10-12〉의 보상행렬(payoff matrix)은 위의 설명들을 나타내는 가상적인 숫자들을 보여준다. US Airways와 경쟁항공사들이 함께 무료음료수를 제공하면, 각 항공사들은 0(zero)의 보상을 받는다.

US Airways와 경쟁항공사들이 모두 음료수에 $2를 부과하면, US Airways와 경쟁항공사들은 추가로 4백만 달러를 벌게 된다. 그러나 US Airways가 음료수에 $2를 부과하고, 다른 항공사들이 무료음료수를 제공하면, US Airways는 5백만 달러의 손실을 보게 되고, 경쟁항공사들은 $5백만를 벌게 된다. 〈표 10-12〉의 보상행렬을 보면, US Airways의 우월적 전략은 무료음료수를 제공하는 것이다. US Airways가 음료수에 $2를 부과하면, 다른 항공사들도 따라 올 것이라고 US Airways가 아마도 희망했었는데, 그렇게 하는 것이 경쟁항공사들에게는 이익이 되지 못했다. US Airways의 가격결정 경영자들이 경쟁항공사들의 입장에서 생각했더라면, 이 게임에서 다른 항공사들의 우월적 전략이 무료음료수를 제공하는 것이라는 것을 그 경영자들은 아마도 깨닫게 되었을 것이며, 우선적으로 이와 같은 수익성없는 선택을 하지 않았을 것이다.

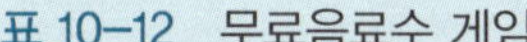
표 10-12 무료음료수 게임

(단위: $백만)

US Airways	경쟁 항공사		
	전략	무료음료수	$2 부과
	무료음료수	0, 0	5, −5
	$2 부과	−5, 5	4, 4

요약

이 장은 1회, 동시적 게임에서 내쉬균형의 연구를 시작했다. 우리는 게임 결과의 보수가 경기자가 담합하면 일어날 수 있는 보수보다 때때로 낮다는 것을 안다. 더 높은 보수가 1회 게임에서 성취될 수 없는 이유는 각 참가자가 담합합의를 속이는 인센티브를 갖기 때문이다. 많은 게임에서 기업으로 하여금 근본적으로 속이는 것을 하도록 유발하는 것은 속이는 것이 우월적 전략이라는 사실이다. 우월적 전략이 존재할 때 우월적 전략은 1회 게임에서 최적 의사결정을 결정짓는다.

우리는 또한 무한반복 게임의 해법을 조사했다. 이러한 게임에서 트리거 전략의 이용은 이자율이 낮을 때 경기자는 담합합의를 통해 그것을 시행할 수 있게 한다. 오랜 시간에 걸쳐 속이는 자를 처벌하는 전략을 택함으로써 담합합의는 게임이 무한반복될 때 자동적으로 시행될 수 있다. 담합에 영향을 주는 다른 요인들은 기업의 수, 시장의 역사, 서로의 행동을 감시할 수 있는 기업의 능력, 속이는 자를 처벌할 능력이다. 반복 상호작용의 비슷한 특징은 또한 소비자와 기업의 영업활동을 서로 함께 계속 거래하도록 돕고 높은 질의 제품을 유지시킨다.

마지막으로 우리는 순차적 시장진입과 교섭게임 뿐만 아니라 또한 불확실한 최종기간을 갖는 그리고 알려진 최종기간을 갖은 유한반복 게임을 다루었다. 당사자간의 상호작용이 알려진 기간일 때 최종 기간에 속이는 문제는 무한반복 게임에서 또는 불확실한 종료가 있는 게임에서 트리거 전략에 의해 뒷받침되었던 협조 합의를 붕괴시킬 수 있다. 순차적 게임에서 우리는 게임에서 특정 결과를 초래하는 위협이 신빙성이 있는 지를 결정해야 한다.

주요 용어 및 개념

게임이론(game theory)
기간종료문제(end-of-period problem)
내쉬게임(Nash game)
내쉬교섭(Nash bargainingp)
다단계 게임(multistage game)
동시적 게임(simultaneous-move game)
트리거 전략(trigger strategy)
무한반복 게임(infinitely repeateded game)
반복게임(repeated game)
부분게임 완전균형(subgame perfect equilibrium)
순차적 게임(sequential-move game)
순차적 교섭(sequential bargaining)
안전한 전략(secure strategy)
우월적 전략(dominant strategy)
유한반복 게임(finitely repeated game)
다단계 게임(extensive-form game)
전략(strategy)
정규형 게임(normal-form game)
조정 게임(coordination game)
혼합(무작위)전략(mixed(randomized) strategy)
1회 게임(one-shot game)

개념 및 계산 문제

1. 다음의 1회, 정규형 게임을 이용하여 질문에 답하시오.(LO2)

	경기자 2			
	전략	D	E	F
경기자 1	A	−200, 150	350, 100	−50, 600
	B	200, −300	400, 400	300, 100
	C	−150, 200	−250, 550	750, −350

a. 만약 존재하다면, 각 경기자의 우월적 전략을 구하시오.
b. 각 경기자의 안전한 전략을 구하시오.
c. 내쉬균형을 구하시오.

2. 두 경기자, 1회 동시게임에서 각 경기자는 전략 A 혹은 전략 B를 선택할 수 있다. 만일 두 경기자가 전략 A를 선택하면, 각각은 $400의 보수를 얻는다. 만약 두 경기자가 전략 B를 선택하면, 각각은 $200의 보수를 얻는다. 만일 경기자 1이 전략 A를 선택하고 경기자 2가 전략 B를 선택하면, 경기자 1은 $100를 얻으며 경기자 2는 $600를 얻는다. 만일 경기자 1이 전략 B를 선택하고 경기자 2가 전략A를 선택하면, 경기자 1은 $600를 얻고, 경기자 2는 $100를 얻는다.(LO2)

a. 위의 게임을 정규형으로 표시하시오.
b. 만약 존재한다면, 각 경기자의 우월적 전략을 찾으시오.
c. 이 게임의 내쉬균형(또는 균형들)을 찾으시오.
d. (가장 높은 것부터 낮은 것까지) 총보수 크기별로 전략조합을 나타내시오.
e. 가장 높은 보수를 가진 결과가 균형에서 유지될 수 있는가? 그 이유 혹은 되지 않는 이유는?

3. 다음의 1회, 동시적 게임의 보수행렬을 이용하여 질문에 답하시오.(LO2, LO3)

	경기자 2				
경기자 1	전략	C	D	E	F
	A	6, 14	7, 11	18, 20	10, 19
	B	12, 5	15, 1	7, 25	16, 17

a. 경기자 1의 최적전략은 무엇인가? 그 이유는?
b. 경기자 1의 균형에서의 보수를 결정하시오.

4. 아래의 정규형 게임을 이용하여 질문에 답하시오.(LO2)

	경기자 2		
경기자 1	전략	C	D
	A	30, 30	70, 0
	B	0, 70	60, 60

a. 1회 게임 내쉬균형을 확인하시오.
b. 경기자들은 이 게임이 정확히 3번 반복될 것이라는 것을 알고 있다고 가정하자. 그들은 1회 게임 내쉬균형보다 더 좋은 보수를 얻어낼 수 있을까? 설명하시오.
c. 이 게임이 무한반복되며 이자율은 6%라고 하자. 경기자들은 1회 게임 내쉬균형보다 더 좋은 보수를 얻어낼 수 있는가? 설명하시오.
d. 이 게임이 정확히 몇 회 반복되는지를 경기자들이 알 수 없으나, 그들은 주어진 경기 후 그 게임이

끝날 확률이 θ라는 것을 알고 있다고 하자. 만일 θ가 매우 작을 경우, 경기자들은 1회 게임 내쉬균형에서보다 더 많은 보수를 얻을 수 있을까?

5. 아래의 정규형 게임을 이용하여 질문에 답하시오.(LO2)

	경기자 2		
경기자 1	전략	C	D
	A	3, 7–X	2, 3
	B	4, 4	7–X, 5

a. X의 어떤 값에서 전략 D가 경기자 2에 대하여 (엄격하게)우월적인가?

b. X의 어떤 값에서 전략 B가 경기자 1에 대하여 (엄격하게)우월적인가?

c. X의 어떤 값에서(B, D)가 그 게임에서 유일한 내쉬균형인가?

6. 두 경기자, 순차적 게임을 생각해보자. 각 경기자는 각각 오른편과 왼편을 선택할 수 있다. 경기자 1이 먼저 결정을 하고, 경기자 2는 경기자 1의 결정을 실제로 지켜본 후 오른편이나 왼편을 결정한다. 만일 경기자 1이 오른편을 선택하면 경기자 1은 $0를 받고 경기자 2는 $25를 받는다. 만일 두 경기자가 모두 왼쪽을 결정하면, 경기자 1은 −$5를 받고 경기자 2는 $10를 받는다. 만일 경기자 1이 왼쪽을 선택하고 경기자 2가 오른쪽을 선택하면, 경기자 1은 $20를 받고 경기자 2도 $20를 받는다.(LO2)

a. 위의 게임을 순차형 게임형태로 나타내시오.

b. 이 경기의 내쉬균형 결과를 구하시오.

c. 균형 결과 중 어떤 것이 가장 합리적인가? 설명하시오.

7. 아래의 순차적 게임을 이용하여 다음의 질문에 답하시오.(LO2)

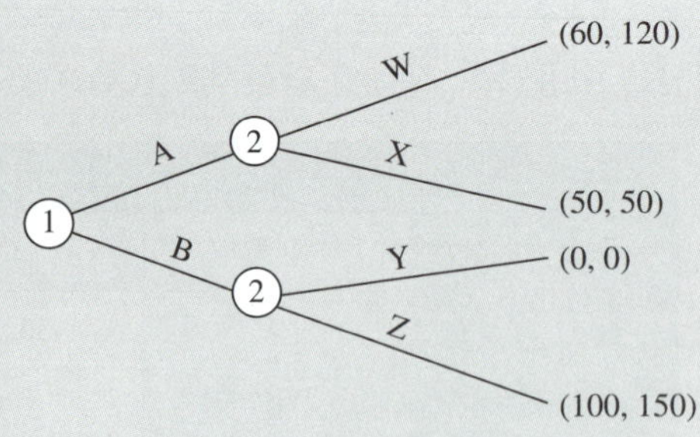

a. 경기자 1과 경기자 2의 실현가능한 전략을 열거하시오.

b. 이 경기의 내쉬균형들을 밝히시오.

c. 부분게임 완전균형을 찾으시오.

8. 아래의 1회 게임 보수행렬을 이용하여 다음의 질문에 답하시오.(LO2)

	경기자 2		
경기자 1	전략	X	Y
	A	25, 25	−100, 5
	B	5, −100	15, 15

a. 경기자들이 독립적이고 동시적으로 그리고 서로 상의하지 않고 의사결정을 할 때 일어나는 내쉬균형 결과를 결정하시오. 이들 결과들 중 어느 것이 가장 가능성이 높다고 당신은 생각하는가? 설명하시오.

b. 경기자들이 동시적이고 독립적으로 그들의 의사결정을 하기 전에 경기자 1이 한 음절을 이야기함으로써 "소통하도록" 허용된다고 하자. 경기자 1은 어떤 음절을 얘기해야 하는가? 그것으로 인하여 어떤 결과가 일어날 것이라고 당신은 생각하는가?

c. 경기자 2가 경기자 1보다 먼저 전략을 선택할 수 있으며, 경기자 1이 의사결정을 하기 전에 경기자 2의 선택을 관찰할 수 있고, 이러한 순차적 게임구조가 각 경기자에게 알려져 있다고 가정하자. 어떤 결과를 당신은 예상할 수 있는가? 설명하시오.

9. 아래의 보수행렬을 이용하여 다음의 질문에 답하시오.(LO2)

	경기자 2		
경기자 1	전략들	C	D
	A	−10, −10	200, −100
	B	−100, 220	140, 180

1회 게임이라 가정하자:

a. 각 경기자의 우월적 전략을 결정하시오. 만일 그러한 전략들이 존재하지 않는다면, 그 이유를 설명하시오.

b. 각 경기자의 안전한 전략을 결정하시오. 만일 그러한 전략들이 존재하지 않는다면, 그 이유를 설명하시오.

c. 이 게임의 내쉬균형을 결정하시오. 만일 그러한 균형이 존재하지 않는다면, 그 이유를 설명하시오.

10. 위의 질문 9번과 같은 보수행렬을 이용하고, 이 게임이 무한반복되고 이자율이 매우 "낮다고" 가정하자. 경기자 1과 경기자 2가 각각 균형보수 140과 180을 매기마다 얻도록 허용하는 트리거 전략(trigger strategy)을 구하시오.(LO3)

응용 문제

11. Albertsons와 Kroger 같은 거대한 식품체인점 사이에 약간의 차이점이 존재하지만, 두 기업이 그들의 많은 제품에 대해 판매가격을 정기적으로 제공하는 것은 이들 기업들이 가격경쟁을 하고 있다는 증거를 제공한다. Albertsons와 Kroger가 지배적인 식품점(dominant grocers) 인 시장의 경우, 이것은 이들 두 가게들이 주어진 제품에 대해 두 가격 중 하나를 동시에 발표한다는 것을 제시한다: 정규 가격 혹은 세일가격(sale price). 특정의 제품에 대해 한 기업이 세일가격을 선언하고, 다른 기업은 정규가격을 선언한다고 가정해 보자. 이 때, 세일가격을 실시한 기업은 1,000명의 추가 고객을 끌어들여 $5,000 이윤을 얻는데 반하여 정규가격을 선언한 기업은 $3,000의 이윤을 얻는다. 두 기업이 세일을 할 경우 이 두 기업은 시장을 똑같이 분할하여(각자는 추가로 500명의 고객을 더 끌어 모은다) 각각 $2,000의 이윤을 얻는다. 두 기업이 정규가격으로 판매할 때, 각 기업은 단지 1,500명의 충성고객을 유치하여 각각 $4,500의 이윤을 얻는다. 만약 당신이 이러한 기업들 중 한 곳에서 가격책정을 책임지고 있다면, 당신은 가격할인 전략을 사용할 것인가? 만일 그렇다면, 그 이유를 설명하시오. 만약 그렇지 않다면, 그 이유를 설명하고 당신의 딜레마를 해결할 수 있는 방법을 제시하시오(힌트: 월마트와 달리, 이들 기업들 중 어떤 기업도 "항상 낮은 가격"을 보장하지 않는다).(LO1, LO2)

12. 도요타와 혼다는 모든 차종에 새로운 종류의 측면충격(side impact) 에어백 표준 장치를 설치할 것인가에 대한 결정을 해야 한다. 측면충격 에어백은 각 자동차 가격을 $1,000 인상시킨다. 만일 두 기업 모두 측면충격 에어백 표준 장치를 장착한다면, 각 기업은 각각 $25억의 이윤을 얻을 것이다. 만약 두 기업 모두 측면충격 에어백 기술을 채택하지 않으면, 각 기업은 $10억의 이윤을 얻을 것이다(다른 자동차업체들에게 빼앗긴 고객으로 인하여). 만약 한 기업이 그 기술을 표준 장치로 채택하고 다른 기업이 그렇지 않다면, 이 기술을 채택한 기업은 $30억의 이윤을 얻을 것이며 다른 기업은 $15억의 손실을 보게 될 것이다. 만약 당신이 혼다의 의사결정권자라면, 측면충격 에어백 표준 장치를 만들 것인가? 설명하시오.(LO1, LO2)

13. 코카콜라와 펩시는 콜라시장에서 선두를 차지하는 경쟁자들이다. 1960년도에 코카콜라는 스프라이트를 출시하였는데, 그것은 현재 레몬-라임 소프트드링크 시장에서 세계적으로 선두주자이고, 세계의 모든 소프트드링크 중에서 상위 10위를 차지한다. 1999년 이전에는, 펩시가 스프라이트와 직접적으로 경쟁했던 제품을 갖고 있지 않았으며, 이러한 소프트드링크를 출시해야만 하는가에 대한 결정을 내려야만 했다. 레몬-라임 소프트드링크를 출시하지 않음으로 인하여, 펩시는 $2억의 이윤을 지속적으로 벌었으며, 코카콜라는 $3억의 이윤을 계속 벌 수 있었다. 새로운 레몬-라임 소프트드링크를 출시함으로써 다음 둘 중 하나의 전략이 추구될 것이다: (1) 펩시는 레몬라임과 콜라의 두 시장에서 코카콜라와 가격전쟁을 일으키거나 혹은 (2)코카콜라가 그것을 받아들여 각 기업은 콜라시장에서 기존의 50:50으로 유지하고 레몬-라임시장에서 30/70(펩시/코카콜라)으로 시장을 나누는 것이다. 만약 펩시가 레몬-라임 소프트드링크를 출시하여, 가격전쟁이 야기된다면, 두 기업은 $1억의 이윤을 얻었을 것이다. 반면, 펩시가 레몬-라임 소프트드링크를 출시하고 코카콜라가 그것을 받아들여 위에 제시된 바와 같이 각 시장을 분할하다면, 코카콜라와 펩시는 각각 $2.75억와 $2.27억의 이윤을 얻을 것

이다. 만약 당신이 펩시의 경영자라면, 새로운 소프트드링크를 출시하는 것이 수익성이 가장 높은 전략이라고 당신의 동료들에게 설득할 수 있겠는가? 그렇다면 또는 그렇지 않다면, 각 이유를 설명하시오.(LO1, LO2)

14. 제네럴 다이나믹(General Dynamics)사와 UAW노조의 계약이 재협상중이라고 하자. 논의가 될 많은 의제(issues) 중 몇 개는 일자리 안정성, 건강관련 혜택, 그리고 임금 등이다. 만일 당신이 인적자원 문제를 책임지고 있는 제네럴 다이나믹사의 경영자라면, 다음 중 당신은 어느 경우에 더 나아질 것인가? (a) 노조가 그들이 원하는 보상에 대한 요약문서를 작성하는 비용을 부담한다 혹은 (b) 노조가 받을지 말지의 양자택일 안건을 만든다. 설명하시오.(LO1, LO2)

15. ("shopbots"—인터넷 상에서 가격비교를 제시하는 웹사이트—뿐만 아니라) 인터넷상에서의 가격비교 서비스는 소매상들이 그들의 제품을 광고하기에 인기있는 방법이며, 소비자들은 똑같은 제품을 파는 여러 기업들로부터 동시에 가격정보를 얻을 수는 편리한 방법이다. 만약 당신이 디지털카메라(Digital Camera)사의 경영자라고 하자. 이 회사는 인터넷가격비교 서비스를 통한 광고를 하여 디지털카메라 판매를 전문으로 하는 기업이다. 어떤 고급카메라 시장에서, 당신의 경쟁기업—카메라샵(Camera Shop)사—이 하나밖에 없다. 지난 4년간 당신은 그 기업과 매일매일의 가격결정을 통해 경쟁을 해왔다. 지식이 많은 기업가들이기 때문에 인터넷을 활용하여 경쟁기업들의 가격을 쉽게 알아낼 수 있으므로, 당신과 경쟁자는 특정 카메라에 대하여 매우 높은 가격을 책정할 수 있게 되었다. 최근 신문기사를 통해, 카메라샵사가 벤처자금을 모두 소진하여 새로운 투자자들이 더 이상 그 회사에 투자하지 않으려 한다는 것을 당신은 알게 되었다. 그 결과, 카메라샵사는 다음 달 폐업할 것이다. 이 정보는 현재 당신의 가격결정에 영향을 줄 것인가? 설명하시오.(LO1, LO2, LO3)

16. 당신은 자동차 산업에서 (자동차) 앞과 뒷 유리를 만드는 기업의 경영자이다. 그 산업의 규모경제 때문에, 새로운 기업들의 진입은 수익성이 없다. 당신회사와 당신의 유일한 경쟁자에게 최신 모델인 하이랜더의 앞과 뒷 유리 각 10만장을 공급하는 가격을 동시에 제시하라고 도요타회사가 요청했다. 당신과 당신경쟁자가 낮은 가격을 제시하면, 각각은 5만장의 앞과 뒷 유리를 공급하지만 이윤은 0이다. 만일 한 기업이 낮은 가격을 제시하고 다른 기업이 높은 가격을 제시하면, 낮은 가격을 제시한 기업은 10만장의 앞과 뒷 유리를 공급하여 $11백만의 이윤을 얻고, 높은 가격을 제시한 기업은 공급을 하지 못하므로 $2백만의 손실을 보게 된다. 만일 두 기업이 높은 가격을 제시하면, 각각은 5만장의 앞과 뒷 유리를 공급하여 $6백만의 이윤을 얻는다. 만일 새로운 하이랜더가 단지 1년 동안만 판매될 "특별한정 모델"이라고 당신과 당신의 경쟁기업이 믿는다면, 당신 기업의 최적 가격전략을 결정하시오. 만약 당신과 당신의 경쟁기업이 매년마다 가격을 제시하도록 요구받고, 어느 주어진 특정년도에 도요타가 하이랜더생산을 중단할 확률이 60%가 된다면, 위에서의 당신의 최적 가격결정에는 변동이 있겠는가? 설명하시오.(LO1, LO2, LO3)

17. 인스턴트용(ready-to-eat) 시리얼의 수요가 침체되었을 때, 시리얼 제조사인 켈로그(Kellogg)의 대변인 말이 다음과 같이 인용되었다, "… 지난 여러 해동안 우리 회사의 성장은 다른 동료의 은신처에서 나왔다." 켈로그는 1906년 이후 시리얼을 생산해 왔으며 계속시리얼 산업에서 선도적인 위치를 유지하

는 전략을 실행하고 있다. 켈로그와 최대 경쟁자가 광고를 할 때, 각 기업은 0의 이윤을 얻는다고 하자. 어떤 기업도 광고를 하지 않을 때는 각 기업이 $120억의 이윤을 얻는다. 만일 한 기업이 광고를 하고 다른 기업이 하지 않는다면, 광고를 한 기업은 $520억의 이윤을 얻고 광고를 하지 않은 기업은 $40억의 손실을 본다. 어떤 조건하에서 이들 기업들이 트리거 전략을 이용하여 담합수준의 광고를 유지할 수 있는가?(LO1, LO2, LO3)

18. 당신은 A(Argyle)사—최근 신제품을 시장에 출시한바 있는 중규모 기업—의 가격결정 경영자이다. 이 회사의 유일한 경쟁자는 A사보다 상당히 규모가 작은 베이커(Baker)사이다. A사의 경영진은 이번 분기의 매출액을 극대화하는 단기전략을 추구하기로 결정했으며, 당신은 그렇게 할 수 있도록 전략을 수립할 책임이 있다. 최근 베이커사로부터 고용된 직원과 이야기를 나눈 후, 당신은 다음과 같은 확신을 갖게 되었다: (a) 베이커사는 그들의 제품에 대하여 $10 혹은 $20 둘 중 하나의 가격을 책정할 수밖에 없다, (b) 베이커사의 목표는 이번 분기의 이윤을 극대화하는 것이다, 그리고 (c) 베이커사의 관련된 단위당 비용은 당신의 회사와 똑같다. 당신은 다음 두 가지 수준($5 또는 $10)에서 그 제품의 가격을 책정하도록 위임받았으며, 관련 비용은 단위당 $2라는 것을 알고 있다. 마케팅부서에서는 당신의 결정에 도움이 되도록 다음과 같은 정보를 제공했다: 여러 가격에서의 이번 분기 예상 판매단위 수 단위(100만 기준). 다음을 이용하여 당신의 전략을 구성하시오.

A사의 가격	베이커사 가격	A사의 생산량(백만 단위)	베이커사 생산량(백만 단위)
$ 5	$10	3	2
5	20	3	1
10	10	1	2
10	20	1	1

A사와 베이커사는 현재 동시에 가격을 결정한다. 그러나 A사는 새로운 컴퓨터 장비에 $2백만를 투자함으로써 베이커사보다 먼저 가격을 결정할 수 있는 선발주자가 될 수 있다. A사의 최적 가격을 결정하고 $2백만를 투자할 가치가 있는지에 대하여 알아보시오.(LO1, LO2)

19. 당신은 G(GearNet)사의 관리자이며, 기업의 이윤극대화를 위해 몇 개의 인터넷허브를 만들어야 하는지 결정해야 한다. G사와 유일한 경쟁기업인 N(NetWorks)사는 소비자의 입장에서는 동일한 이중속도(dual speed) 인터넷허브를 판매한다. 허브의 시장가격은 두 기업의 총 생산량에 의해서 결정된다. 서베이(survey)에 의하면, 허브의 시장가격은 다음과 같이 총 시장수량에 의해 결정된다.

두 회사의 총 허브생산량	허브의 시장가격(단위당)
500단위	$140
750단위	110
1,000단위	95

두 회사는 각각 노동, 재료, 기계를 사용하여 생산한다. G사는 필요할 때마다 노동과 재료를 구입한다; 이 기업의 기계는 3년 전 구입됐고 정액법에 따라 감가상각되고 있다. G사의 회계부서는 단위당 생산비에 대하여 다음과 같은 데이터를 제공하였다:

	생산량에 따른 G사의 단위당 비용	
항목	250단위	500단위
직접노무비	$35	$35
직접재료비	25	25
감가상각비	120	60

산업전문가의 보고서에 의하면, N사의 비용구조는 G사의 비용구조와 비슷하고 기술적인 제약으로 인해 각 기업은 250허브나 혹은 500허브 둘 중 하나를 생산해야 한다. 당신의 의사결정과 연관된 비용을 밝히고, G사가 250허브 또는 500허브 중 어느 만큼을 생산해야 하는지 결정하시오.(LO1, LO2)

20. 미국에 기반을 둔 퀄컴(Qualcomm)사와 유럽에 기반을 둔 T-모바일(T-Mobile)사는 성장하는 이동(mobile)전화시장에 시설기반투자를 하려한다. 퀄컴은 현재 CDMA(code-division multiple access)기술을 사용하는데, 미국에서 거의 67백만명의 사용자가 이용하고 있다. 반면에 T-모바일사는 유럽과 아시아에서 표준이 된 GSM(global systems for mobile communication)기술을 사용하고 있다. 각 기업은(동시에 그리고 독립적으로) 새로운 시장에 두 기술 중 어떤 것을 도입할지 결정하여야 한다. 퀄컴사의 추정에 의하면, CDMA기술을 장착하는데 $12억의 비용이 소요되고, GSM기술을 장착하는 데는 $20억가 소요된다. T-모바일사의 추정에 의하면, GSM기술을 장착하는데 $11억가 소요되는 반면, CDMA기술을 장착 하는 데는 $27억가 소요된다. 아래의 표에 제시된 바와 같이, 각 기업의 추정 매출액은 그들이 채택한 기술뿐만 아니라 그들의 경쟁자가 채택한 기술에 의해서 결정된다.

서로 다른 조합의 이동기술표준에 대한 추정매출액(단위: 10억)

표준(퀄컴사-T-모바일사)	퀄컴사의 매출액	T-모바일사의 매출액
CDMA-GSM	$13.5	$9.7
CDMA-CDMA	$17.2	$15.6
GSM-CDMA	$16.7	$10.1
GSM-GSM	$15.5	$19.8

이 게임을 정규형으로 만드시오. 그리고 보수구조에 영향을 주는 경제적인 요인과 새로운 시장에서 기업들이 내쉬균형에 도달하는 데의 어려움을 설명하시오.(LO1, LO2)

21. 일본의 관료들은 미국산 돼지에 대한 일본의 의존도를 줄이기 위하여 미국산 돼지고기 수입에 새로운 관세를 부과하는 것을 고려하고 있다. 정치적인 압력으로 말미암아, 미국의 국제무역대표부(U.S. International Trade Representative)의 관료도 또한 일본으로부터의 수입철강에 새로운 관세를 부과하는 것을 고려하고 있다. 일본과 미국의 관료들은 관세부과결정이 사회적 후생에 미치는 영향을 평가해야만 한다. 믿을만한 연구소(think tank)의 보고서에 의하면: 어떤 나라도 새로운 관세를 부과하지 않으면, 일본경제의 사회적 후생은 $100억로 변함이 없고, 미국의 사회적 후생도 $500억로 변함이 없다. 만일 두 국가 모두 새로운 관세를 부과하면, 미국의 사회적 후생은 $491억으로 떨어지며 일본의 후생은 $95억으로 하락한다. 만일 일본이 관세를 부과하지 않고 미국만 부과한다면, 일본의 후생은 $89억이 되는 반면, 미국의 후생은 $525억이 될 것으로 추정된다. 마지막으로 미국이 관세를 부과하지 않

고 일본만 관세를 부과한다면, 미국의 후생은 $482억, 일본의 후생은 $114억이 될 것으로 추정된다. 두 나라의 정책담당자가 근시안적(1회성) 의사결정구조에서 관세부과결정을 동시적이고 독립적으로 행할 때 내쉬균형 결과를 결정하시오. 서로 다른 전략에 "동의함으로써" 양국이 사회적 후생을 증진시키는 것이 가능한가? 설명하시오.(LO1, LO2, LO3)

22. 한 사무실 관리자가 생산성 하락에 대한 걱정을 하고 있다. 그 관리자는 매일 4회에 걸쳐 정기적으로(오전 9시, 11시, 오후 1시, 3시) 지원부서 직원들을 모니터함에도 불구하고, 1년 전 그 관리자가 취임한 이후 사무실의 생산성은 30% 감소하였다. 사무실 관리자가 지원부서 직원의 생산성을 모니터링 하는데 더 많은 시간을 투자해야 한다고 당신은 추천하겠는가? 설명하시오.(LO1, LO2)

23. 당신은 동일한 규모의 5개 기업으로 구성된 산업에서 경쟁하는 한 기업의 경영자이다. 최근의 산업 보고서에 의하면, 외국 제품에 대한 관세부과가 산업 이윤을 $30백만 증가시킬 것이며, 게다가 의회로 하여금 그러한 관세부과를 실행하도록 하기 위한 (법적인) 로비활동비용은 $5백만밖에 들지 않는다는 것이다. 당신 회사의 이윤을 증가시키기 위한 이러한 전략에 대하여 논의해 보시오.(LO1, LO2)

참고 문헌

Bolton, Gary E., "A Comparative Model of Bargaining: Theory and Evidence." *American Economic Review* 81(5), December 1991, pp. 1096–136.

Friedman, James W., ed., *Problems of Coordination in Economic Activity.* Boston: Kluwer Academic, 1994.

Gardner, Roy, and Ostrom, Elinor, "Rules and Games." *Public Choice* 70(2), May 1991, pp. 121–49.

Gilbert, Richard J., "The Role of Potential Competition in Industrial Organization." *Journal of Economic Perspectives* 3(3), Summer 1989, pp. 107–28.

Hansen, Robert G., and Samuelson, William F., "Evolution in Economic Games." *Journal of Economic Behavior and Organization* 10(3), October 1988, pp. 315–38.

Morrison, C. C., and Kamarei, H., "Some Experimental Testing of the Cournot-Nash Hypothesis in Small Group Rivalry Situations." *Journal of Economic Behavior and Organization* 13(2), March 1990, pp. 213–31.

Rasmusen, Eric, *Games and Information: An Introduction to Game Theory.* New York: Basil Blackwell, 1989.

Rosenthal, Robert W., "Rules of Thumb in Games." *Journal of Economic Behavior and Organization* 22(1), September 1993, pp. 1–13.

CHAPTER 11

시장지배력을 가진 기업의 가격설정전략

학습목표

LO1 탄력성에 기초한 단순한 초과이윤 공식을 적용하여 독점, 독점적경쟁, 그리고 쿠르노 과점에서와 같이 기업이 시장지배력(market power)을 가지고 있는 상황하에서 이윤극대화 가격을 결정하시오.

LO2 가격차별, 이부 가격설정(two-part pricing), 블록 가격설정(block pricing), 그리고 상품 일괄판매(commidity bundling) 등과 같이 소비자들로부터 추가적으로 잉여를 뺏기 위해 기업들이 활용할 수 있는 가격설정전략을 보여주고, 이들 각각의 전략이 표준가격설정전략보다 더 높은 이윤을 가져올 수 있는 조건들에 대해 설명하시오.

LO3 최대부하(peak-load) 가격설정, 교차보조(cross-subsidies) 가격설정, 그리고 이전(transfer) 가격설정과 같이 특수한 비용구조와 수요구조하에서 이윤을 제고시키는 가격설정전략을 나타내고, 각 전략이 작동하기 위한 조건에 대해 설명하시오.

LO4 가격경쟁이 매우 치열한 시장에서 가격 매칭보장, 브랜드 충성도 프로그램, 그리고 무작위 가격설정전략들이 어떻게 이윤을 제고시키는데에 사용될 수 있는가를 설명하시오.

헤드라인

미키 마우스는 당신을 디즈니 월드에서 무료로 타게 한다.

월트 디즈니월드 놀이공원(Walt Disney World Theme Parks)은 매우 다양한 입장권을 고객들이 선택할 수 있게 한다. 이러한 입장권 선택사항들(options)의 공통적인 것은 고정금액의 입장료를 부과하고 고객들은 추가적인 요금없이 그들이 원하는 만큼 많은 탈 것을 타도록 허용한다. 예를 들어 약 $105에 하루 입장권을 구매함으로써, 고객은 하루 동안 공원에서 그의 선택에 따라 무제한으로 즐길 수 있다.

만약 디즈니월드가 방문객들에게 매번 놀이기구를 탈 때 마다 예를 들어, 요금 $10.50를 부과하면 디즈니는 더 높은 이윤을 얻지 않을까?

11.1 서론

이 장에서 우리는 어느 정도 시장지배력을 가진 기업의 가격설정결정을 다룰 것이다: 독점, 독점적경쟁 그리고 과점에서의 기업. 우리가 8장에서 배웠듯이 완전경쟁에서 기업은 제품의 가격에 대해 어떠한 조정도 하지 못한다; 가격은 시장의 힘에 의해 결정된다. 그러므로 완전경쟁에서 가격설정은 간단하다: 시장에서 다른 기업들도 동일한 가격으로 그들의 제품에 가격을 부과한다.

이와는 대조적으로 시장지배력을 갖고 있는 기업들은 그들이 부과하는 가격에 어느 정도 영향력을 갖고 있다. 그러므로 경영자인 당신은 기업의 이윤극대화를 위한 몇가지 기본적인 가격설정전략을 배우는 것이 중요한다. 이 장은 전형적으로 경영자가 쉽게 접할 수 있는 정보를 이용하여 가격설정전략을 시행하는데 유용한 실절적인 조언을 해준다. 예를 들어 제품 가격을 설정하는데 이용되는 이윤극대화 초과이윤(markup)을 결정하기 위해 어떻게 경영자는 수요탄력성에 대한 공개된 정보를 이용할 수 있는지를 우리는 살펴볼 것이다.

최적 가격설정결정은 산업의 시장구조와 이용할 수 있는 (광고와 같은)도구에 따라 회사마다 다를 것이다. 그래서 우리는 이윤을 극대화하는 가격을 정하기 우해 독점, 독점적경쟁, 그리고 과점에서 기업에 의해 이용되는 기본적인 가격설정전략부터 시작할 것이다. 그리고 우리는 기업이 훨씬 더 큰 이윤을 갖도록 해주는 더욱 정교한 가격설정전략을 개발할 것이다. 당신은 이 장에서 특별한 가격설정결정은 어떠한 상황에서는 적용되는데 반해 다른 상황에서는 적용되지 않을 것이라는 것을 기억하라. 당신은 어떻게 전략을 시행할 것인가 뿐만 아니라 또한 각 전략 형태가 가능한 조건에 익숙해야 한다.

11.2 기본적인 가격결정전략

이 절에서 시장지배력을 가진 기업의 가장 기본적인 가격결정전략을 고찰할 것이다: 한계수입과 한계비용이 같게 되는 단 하나의 가격을 고객에게 부과한다. 우리는 그러한 가격결정에 관한 경제원리에 대해 복습을 시작할 것이고 가격결정이 어떻게 독점, 독점적경쟁, 그리고 쿠르노 과점에서 쉽게 시행될 수 있는지 논의할 것이다.

11.2.1 이윤극대화의 기본법칙의 검토

시장지배력을 갖고 있는 기업들은 그들의 제품에 대해 우하향 수요곡선에 직면한다. 이것은 더 높은 가격을 부과하면 기업은 제품을 팔 수 있는 양이 감소하는 것을 의미한다. 그래서 낮은 가격에 많은 단위를 판매하는 것과 높은 가격에 적은 단위를 파는 것 간에 상충관계(trade-off)가 있다.

8장에서 우리는 어떻게 시장지배력을 갖고 있는 경영자가 이러한 두 힘을 조화시키는지 배웠다: 산출량은 한계수입(MR)과 한계비용(MC)이 만나는 점에서 결정된다. 이윤극대화 가격은 소비자가 이러한 산출량 수준에서 지불할 단위당 최대가격이다. 다음의 문제는 시장지배력을 갖고 있는 기업의 이윤극대화 가격설정결정에 대해 8장에서 배웠던 것을 요약했다.

예시 문제 11-1

기업의 제품에 대한 역수요함수는 다음과 같이 주어져있고

$$P = 10 - 2Q$$

그리고 비용함수는

$$C(Q) = 2Q$$

이다. 이 기업의 이윤을 극대화하는 산출량의 수준과 가격은 무엇인가?

정답

이 역수요함수에서 한계수입은

$$MR = 10 - 4Q$$

이고 한계비용은

$$MC = 2$$

이다.

$MR = MC$로 놓으면

$$10 - 4Q = 2$$

이다. 그래서 이윤을 극대화하는 산출량의 수준은 $Q = 2$이다. 이것을 역수요함수에 대입하여 이윤을 극대화하는 가격을 구하면

$$P = 10 - 2(2) = \$6$$

이다.

11.2.2 독점과 독점적경쟁의 단순한 가격설정 규칙

이전 절에서 보았듯이 경영자가 기업의 제품에 대한 수요와 비용함수의 추정치를 가지고 있는 경우 이윤을 극대화하는 가격은 간단하다. 어떤 경우에는 경영자는 수요 또는 비용함수의 추정치를 갖지 못한다. 이것은 수용와 비용함수를 추정하기 위해 경제학자를 고용하는 연구 부서나 또는 수요와 비용함수를 추정하기 위한 용역자금을 가지고 있지 않는 중소기업의 경영자에게 있는 경우이다.

기업의 제품에 대한 수요와 비용함수의 추정치를 모르는 경우에도, 경영자는 이윤극대화를 위하여 할 수 있는 일이 있다. 수요와 비용함수에 대한 최저의 정보가 주어져 있으면 경영자는 제품에 어떤 가격을 부과할 것인가를 결정하는데 합리적으로 직무를 수행할 수 있다는 것이 밝혀졌다. 구체적으로 대부분의 소매상들은 팔고 있는 각 품목의 한계비용에 대해 대략의 추정치를 갖고 있다. 예를 들어 옷가게의 경영자는 가게가 한 벌의 청바지에 대해 공급자에게 얼마를 지불하는지를 알고 있고 그래서 판매되는 청바지의 한계비용에 대해 "원래의 가공하지 않은(crude)" 정보(information)를 갖고 있다(이 정보는 가게의 청바지 구입비용은 판매되는 청바지의 실제 한계비용을 약간 저평가하므로 "원래의 가공하지 않은(crude)"정보다. 그 이유는 구입비용에 판매사원의 비용 등이 포함되지 않기 때문이다.

옷가게 경영자는 또한 청바지에 대한 수요탄력성에 관한 어느 정도의 정보를 갖고 있다. 7장은 넓게 정의된 산업에서 대표 기업에 대한 수요탄력성의 추정치 표를 제공하고 있다. 예를 들어 7-3은 대표적인 의류 기업의 제품에 대한 수요의 가격탄력성을 4.1로 추정한 연구를 보여준다. 더 나은 정보 없이도 옷가게의 경영자는 그의 가게에서 팔리는 청바지에 대한 수요탄력성의 근사값을 얻는데 이 추정치를 이용할 수 있다.

그래서 중소기업도 공개적으로 이용할 수 있는 정보로부터 수요와 비용함수에 관한 정보를 얻을 수 있다. 따라서 여기서는 어떻게 이러한 정보가 가격설정결정

인사이드 비즈니스 11-1 경험에 의한 방법: 초과이윤 가격설정

많은 쇼핑센터와 벼룩시장이 가내 생산자들과 자기 스스로 조립하는 제품을 만드는 사람들이 그들의 제품을 홍보하고 판매하는 행사를 후원하고 있다. 대부분의 이러한 소규모 사업은 경제학에 대한 지식이 거의 없는 동업조합에 의해 운영되지만 그들은 종종 많은 이윤을 얻는다. 우리는 어떻게 이 기술자들이 이윤을 극대화하는 가격을 찾았는지 물을 수 있다—혹은 그들이 이윤을 극대화하는 가격을 찾았는가?

만일 당신이 그들에게 묻는다면, 이러한 행사에 빈번히 출연하는 대부분의 기술자들은 실용적인 방법의 초과이윤 전략을 사용한다는 것을 찾아낼 것이다. 그들은 원료가격을 기준으로 그들의 시간당 임금을 덧붙여서 계산된 한계비용의 1.5배에서 5배 사이의 가격을 부과한다. 어떻게 그들은 부과할 가격을 결정하는가? 시행착오와 기술자들로부터 입을 통해서 한다.

누가 높은 초과이윤을 갖는가? 누가 낮은 초과이윤을 갖는가? 매우 독특하고 높은 수준의 공예기술을 보여주는 제품들은 높은 초과이윤을 갖는 반면에, 시간이 있을 때 거의 누구나 만들 수 있는 제품들은 낮은 초과이윤을 갖는다. 이것은 정확히 경제이론이 예상하는 결과이다. 제품이 독특하면 할수록 대체재는 더 적고 그러므로 쉽게 복사할 수 있는 것 보다 더 비탄력적인 수요를 갖는다. 이러한 사실은 더 높은 이윤을 극대화하는 초과이윤을 의미한다.

을 하는데 이용될 수 있는지 보여주는 것이다. 핵심은 기업의 제품에 대한 수요탄력성과 8장에서 도출한 한계수입간의 관계를 생각해내는 것이다.

공식: 시장지배력을 가진 기업의 한계수입

시장지배력을 가진 기업의 한계수입은 다음과 같이 주어진다.

$$MR = P\left[\frac{1 + E_F}{E_F}\right]$$

여기에서 E_F는 기업의 제품에 대한 수요의 가격탄력성이고 P는 가격이다.

이윤을 극대화하는 산출량 수준은 한계수입과 한계비용이 같을 때 이루어지기 때문에, 이 공식은 이윤을 극대화하는 산출량 수준에서 다음을 의미한다.

$$P\left[\frac{1 + E_F}{E_F}\right] = MC$$

우리가 P에 대해서 이 방정식을 풀면 우리는 시장지배력을 가진 기업의 이윤을 극대화하는 가격을 얻는다:

$$P = \left[\frac{E_F}{1 + E_F}\right]MC$$

다시 말하면, 이윤을 극대화하는 가격은 숫자 K 곱하기 한계비용이다.

$$P = K \times MC$$

여기에서 $K = E_F/(1 + E_F)$. 숫자 K는 이윤을 극대화하는 초과이윤 변수로 볼 수 있다. 옷가게의 경우에 수요의 가격탄력성의 경영자의 추정치는 4.1이고, 따라서

$K = -4.1/(1-4.1) = 1.32$. 이 경우 이윤을 극대화하는 가격은 1.32 곱하기 한계비용이다:

$$P = 1.32MC$$

독점과 독점적경쟁의 이윤극대화 초과이윤

이윤을 극대화하는 가격은 다음과 같이 주어진다.

$$P = \left[\frac{E_F}{1+E_F}\right]MC$$

여기에서 E_F는 기업의 제품에 대한 수요의 가격탄력성이고 MC는 기업의 한계비용이다. 괄호 안의 항은 최적 초과이윤 변수이다.

경영자는 이와 같은 가격설정법칙에 대해 2가지 중요한 것을 알아야 한다. 첫째, 기업의 제품에 대한 수요가 탄력적일수록 이윤을 극대화하는 초과이윤은 낮다. 어떤 제품에 대해 다른 대체재들이 있을 때 수요는 더욱 탄력적이기 때문에 그러한 제품을 파는 경영자는 비교적 낮은 초과이윤을 가져야 한다. 수요의 탄력성이 완전탄력적($E_F = -\infty$)일 때와 같이 극단적인 경우 이 초과이윤 법칙은 가격이 한계비용과 같게 정해져야 한다는 것을 보여준다. 이것은 놀라운 것이 아닌데 이는 우리가 8장에서 완전탄력적 수요곡선에 직면하는 완전경쟁기업은 가격을 한계비용과 같게 부과한다.

둘째로 주목할 것은 한계비용이 높으면 높을수록 이윤을 극대화하는 가격은 더욱 높을 것이다. 다른 모든 조건이 일정할 때 더 높은 한계비용을 가진 기업은 더 낮은 한계비용을 가진 기업보다 더 높은 가격을 부과할 것이다.

초과이윤 공식을 적용할 때 당신이 주의해야 할 점은 당신이 재화나 서비스의 가격을 변경할 경우 수요탄력성이 변할 수 있다는 것이다. 예를 들어, 3장에서 수요함수가 선형일 경우 수요는 낮은 가격에서 보다 높은 가격에서 더 탄력적이라고 우리는 배웠다. 이 경우, 가격을 약간 증가시키면 수요탄력성도 약간 증가하므로, 처음의 수요탄력성 추정치를 기준으로 계산된 것보다 최적 초과이윤이 약간 낮은 값을 갖게 된다. 이러한 이유로, 당신이 수요함수에 대한 추정치를 갖고 있다면, 그 수요함수로부터 직접 한계수입을 계산한 후, 그것을 한계비용과 같게 만드는 이윤극대화 가격을 결정함으로써 당신은 더 정확하게 이윤극대화 가격을 결정할 수도 있다.

그러나 실제의 경영세계에서는 많은 가격설정 의사결정이 수요함수에 대한 추정치없이 이루어진다. 유일하게 사용가능한 정보가 수요탄력성 추정값이라면,

이윤극대화 초과이윤 공식을 이용하여 최적의 초과이윤과 가격을 대략적으로 구할 수 있다. 일정한 조건하에서 이러한 접근방법은 정확하게 최적의 초과이윤을 제공한다. 더욱 구체적으로는, 3장에서 수요탄력성이 로그선형 수요함수의 경우 일정하다고 우리는 배웠다. 그러므로 수요가 로그선형일 경우, 당신은 이러한 점에 주의를 할 필요가 없다. 그 이유는 가격이 변할 때 탄력성은 변하지 않기 때문이다. 이 경우 당신이 이윤극대화 초과이윤을 결정하기 위해 필요한 모든 것은 수요탄력성이 추정값이다.

예시 문제 11-2

편의점의 경영자는 독점적 경쟁시장에서 경쟁하고 콜라를 $1.25의 가격으로 공급자로부터 구매한다. 경영자는 근처에 여러 슈퍼마켓이 있기 때문에 그의 가게에서 팔리는 콜라의 수요탄력성은 7장의 〈표 7-3〉에 있는 대표적인 식품점의 탄력성보다 약간 더 높다(−3.8)고 생각한다. 이러한 정보를 토대로 그의 가게에서 팔리는 콜라에 대한 수요의 탄력성은 −4라고 생각한다. 경영자는 이윤을 극대화하기 위해서 콜라 1리터에 얼마나 받아야 하는가?

정답

기업의 콜라의 한계비용은 $1.25, 즉 리터당 5/4이고 $K = 4/3$이다. 독점적 경쟁기업의 가격설정법칙을 이용하여 이윤을 극대화하는 가격은

$$P = \left[\frac{4}{3}\right]\left[\frac{5}{4}\right] = \frac{5}{3}$$

이고 즉 리터당 약 $1.67이다.

11.2.3 쿠르노 과점의 단순한 가격설정법칙

쿠르노 과점에서 시장에는 많은 소비자에게 공급하는 몇개의 기업이 있다는 것을 전제하자. 기업은 차별화한 또는 동질의 제품을 생산하고, 각 기업은 기업이 자신의 산출량을 변화시킨다면 경쟁자들은 그들의 산출량을 일정하게 유지할 것이라고 믿는다.

9장에서 우리는 이윤을 극대화하기 위해 쿠르노 과점에 있는 기업의 경영자는 한계수입과 한계비용이 같은 곳에서 생산하는 것을 보았다. 우리는 수요와 비용곡선에 대한 주어진 정보하에서 이윤을 극대화하는 가격과 산출량을 어떻게 구하는지를 또한 보았다. 이러한 과정은 산업에서 수요와 비용에 관한 완전한 정보를 필요로 하고, 쿠르노 과점의 한계수입은 시장에 있는 모든 기업에 의해 생산되는 산출량에 의존한다는 사실에 의해 복잡하게 된다는 것을 상기하자. 궁극적인 해결방안은 반응함수의 교차점에 있다.

다행히 우리는 쿠르노 과점에서 경영자에 의해 이용될 수 있는 단순한 가격책정 법칙을 또한 제공할 수 있다. 산업이 N 쿠르노 과점자들로 구성되어 있고 각각은 똑같은 비용구조를 갖고 비슷한 제품을 생산한다고 가정하자. 이 예에서 쿠르노 균형에서 이윤을 극대화하는 가격은 간단한 공식에 의해 주어진다.

쿠르노 과점의 이윤극대화 초과이윤

만약 쿠르노 과점에 N개의 똑같은 기업들이 있다면 이 시장에서 어떤 기업의 이윤을 극대화하는 가격은

$$P = \left[\frac{NE_M}{1 + NE_M}\right]MC$$

이다. 여기에서 N은 산업에 있는 기업의 수, E_M은 수요의 시장탄력성, 그리고 MC는 한계비용이다.

미분의 활용

이 공식을 기억해야 하는 대신에 우리는 쿠르노 과점에서 수요의 가격탄력성과 시장탄력성 간의 관계를 독점과 독점적 경쟁의 초과이윤 법칙의 공식에 간단히 대입할 수 있다. 특히 N개의 기업이 있는 동질적 제품의 쿠르노 과점에서 우리는 개별기업의 제품에 대한 수요의 탄력성은 N곱하기 수요의 시장탄력성이라는 것을 알 수 있다.

$$E_F = NE_M$$

우리는 이것을 독점과 독점적경쟁의 가격설정공식에 E_F를 대입할 때 그 결과는 쿠르노 과점의 가격설정공식이다.

$E_F = NE_M$를 보기 위해 우리는 약간의 미적분을 필요로 한다. 구체적으로 만약

$$Q = \sum_{i=1}^{N} Q_i$$

은 총 산업산출량이고 산업수요는 $Q = f(P)$이면, 시장수요의 가격탄력성은

$$E_M = \frac{dQ}{dP}\frac{P}{Q} = \frac{df(P)}{dP}\frac{P}{Q}$$

개별기업(이를테면 기업 1)이 직면하는 수요는

$$Q_1 = f(P)P - Q_2 - Q_3 - \cdots - Q_N$$

이다. 따라서 각 기업은 다른 기업의 산출량을 고정되어 있다고 보기 때문에 개별기업의 수요탄력성은

$$E_F = \frac{\partial Q_1}{\partial P}\frac{P}{Q_1} = \frac{df(P)}{dP}\frac{P}{Q_1}$$

그러나 똑같은 기업이므로 $Q_1 = Q/N$, 그래서

$$E_F = \frac{df(P)}{dP}\frac{PN}{Q} = NE_M$$

이것이 우리가 입증할 필요가 있었던 것이다.

쿠르노 과점에서 기업에 주어진 가격설정법칙은 매우 단순한 근거를 갖고 있다. 쿠르노 과점에서 기업이 똑같은 제품을 판매할 때 개별기업의 제품에 대한 수요탄력성은 N곱하기 수요의 시장탄력성이다:

$$E_F = NE_M$$

만약 $N = 1$(독점)이면, 산업에서 1개의 기업이 있고, 기업의 제품에 대한 수요탄력성은 수요의 시장탄력성과 같다($E_F = E_M$). $N = 2$(쿠르노 복점)일 때 시장에서 2개의 기업이 있고 각 기업의 수요탄력성은 시장탄력성의 2배이다($E_F = 2E_M$). 따라서 쿠르노 과점의 초과이윤 공식은 우리가 개별기업의 제품에 대한 수요탄력성과 시장탄력성간의 관계를 이용하는 것을 제외하고는 이전 절(2. 2)에서 제시된 것과 실제로 똑같다.

쿠르노 과점에서 이러한 가격설정법칙의 3가지 측면에 대해 주목할 가치가 있다. 첫째, 시장수요가 더욱 탄력적이면 이윤을 극대화하는 가격은 더욱 더 한계비용에 가까워진다. 수요의 시장탄력성의 절댓값이 무한대인 극단적인 경우, 이윤을 극대화하는 가격은 기업이 산업에 얼마나 많이 존재하는 것과는 관계없이 한계비용이다. 둘째, 기업의 수가 증가함에 따라 이윤을 극대화하는 가격은 한계비용에 더 가까워진다. 무한히 많은 기업이 존재하는 극단적인 경우($N = \infty$) 이윤을 극대화하는 가격은 정확히 한계비용과 같다. 이것은 완전경쟁에서 우리의 분석과 일치한다: 많은 기업이 동질의 제품을 생산할 때 가격은 한계비용과 같다. 따라서 완전경쟁은 기업의 수가 무한대로 접근함에 따라 쿠르노 과점의 극단적인 경우로 생각될 수 있다. 마지막으로 한계비용이 높을수록 쿠르노 과점에서 이윤을 극대화하는 가격은 높을 것이다.

예시 문제

11-3

3기업이 동질의 제품으로 경쟁하는 쿠르노 산업을 가정하자. 제품에 대한 수요의 시장탄력성은 2이고 각 기업의 한계생산비용은 $50이다. 이윤을 극대화하는 균형가격은 얼마인가?

정답

답을 얻기 위해 쿠르노 과점의 초과이윤 공식에 $N = 3$, $E_M = -2$, 그리고 $MC = \$50$를 대입하면

$$P = \left[\frac{(3)(-2)}{1 + (3)(-2)}\right]\$50 = \$60$$

이다.

11.3 훨씬 더 큰 이윤을 가져오는 전략

이전 절에서 경영자가 이윤을 극대화하는 가격을 결정하는데 잘 알려진 $MR = MC$ 법칙을 어떻게 시행할 수 있는지를 보여주었다. 수요와 비용함수의 추정치가 주어져 있다면 이윤극대화 가격은 직접적으로 계산될 수 있다. 공개적으로 이용할 수 있는 수요탄력성의 추정치가 주어져 있다면 경영자는 적절한 초과이윤 공식을 이용하여 그 법칙을 시행할 수 있다.

어떤 시장에서 경영자는 모든 소비자에게 단순히 하나의 단위당 가격을 부과하여 얻을 수 있는 것보다 더 높은 이윤을 얻을 수 있다. 우리는 이 절에서 보겠지만, 여러 가지 가격설정전략이 한계수입과 한계비용이 같은 곳에서 단지 단일 가격을 부과하여 얻는 이윤보다 더 높은 이윤을 가져오는데 이용될 수 있다.

11.3.1 소비자로부터 잉여를 얻어냄

우리가 논의할 처음 네 가지 전략—가격차별, 이부 가격설정, 블록 가격설정, 상품 일괄판매—은 여러 비용구조와 시장 상호의존도를 가진 기업에 적합한 전략들이다. 따라서 이러한 전략들은 독점, 독점적경쟁, 또는 과점 구조를 가진 산업에서 기업의 이윤을 증대시킬 수 있다. 이 절에서 논의된 가격설정전략은 기업에게 소비자로부터 추가적 잉여를 얻게 함으로써 이윤을 증대한다.

가격차별

지금까지 가격결정에 대한 분석방법은 소비자가 시장에서 구매하는 각 단위당

기업이 동일한 가격을 부과해야 한다고 가정한다. 그러나 때로는 기업이 **가격차별** 전략으로 같은 제품 또는 서비스에 상이한 가격을 부과하여 더 높은 이윤을 얻을 수 있다. 세 가지 기본 형태의 가격차별—제 1차, 제 2차, 제 3차 가격차별—이 다음에 설명한다. 우리가 앞으로 살펴보겠지만 각 형태의 가격차별은 경영자가 소비자에 대해 상이한 형태의 정보를 가지고 있는 것을 필수조건으로 하고 있다.

가격차별
같은 재화나 서비스에 대해, 소비자에 따라 상이한 가격을 부과하는 행위

이상적으로 기업은 제1차 가격차별을 하고 싶어 한다—즉 각 소비자에게 구매재화 가 단위당 소비자가 지불하고자 하는 최대가격을 부과한다. 이러한 전략을 택하여 기업은 소비자로부터 모든 잉여를 얻게 되고 따라서 가능한 가장 높은 이윤을 얻어낸다. 불행히도 경영자에게 제1차 가격차별(또는 완전가격차별)은 시행하기가 매우 어려운데 이는 각 소비자가 기업제품의 여러 선택가능한 수량에 대해 지불 용의가 있고 지불할 수 있는 최대가격을 기업이 정확히 알아야 하기 때문이다.

그럼에도 불구하고 자동차딜러, 자동차 정비기술자, 의사, 변호사를 포함한 서비스관련 업종은 제1차 가격차별의 형태를 성공적으로 실행하고 있다. 예를 들어, 대부분의 자동차딜러는 딜러의 실제 한계비용보다 높은 희망 소비자가격(sticker price)을 자동차에 고시한다. 그러나 경우에 따라서 소비자에게 할인을 제공한다. 최고의 판매원은 고객을 한눈에 평가하여 고객이 자동차를 가지고 나가게 하는데 필요한 최저 할인을 결정한다. 이런 식으로 판매원은 상이한 고객에게 각 소비자의 지불용의와 지불능력에 따라 상이한 가격을 부과할 수 있다. 이러한 거래가 판매원에게 더 많은 자동차를 팔게 하고 그들이 모든 소비자에게 같은 가격을 부과했다면 얻게 될 이득보다 더 높은 이득을 얻게 한다. 마찬가지로 대부분의 전문직 종사자들은 소비자의 지불용의와 지불능력에 따라 다른 서비스 요금을 부과한다.

〈그림 11−1 (a)〉는 제1차 가격차별이 어떻게 작용하는지를 보여준다. 수요곡선상의 각 점은 소비자가 산출량의 각 단위에 지불할 용의가 있는 최대가격을 반영한다. 소비자는 0단위의 재화를 가지고 시작하고 기업은 첫 단위에서 $10로 판매할 수 있다. 수요곡선은 우하향하기 때문에 기업이 각 단위에서 지불할 수 있는 최대가격은 하락하고, 궁극적으로 산출량 5단위에서 $4가 된다. 수요곡선 상의 각 점과 기업의 한계비용 간의 차이는 추가적으로 판매된 각 단위에서 얻은 이윤을 나타낸다. 따라서 수요곡선과 기업의 한계비용 곡선 사이의 음영 부분은 기업이 각 소비자에게 소비자가 0과 5단위 사이의 산출량에 대해 지불용의가 있는 최대가격을 부과했을 때의 기업의 총 이윤을 반영한다. 이러한 전략은 기업에게 가능한 최대 이윤을 얻도록 한다. 5단위의 구매에서 소비자는 소비자잉여를 받지 못한다: 기업은 제1차 가격차별에서 모든 소비자잉여를 얻어낸다. 그러나

그림 **11-1**
제1차, 제2차 가격차별

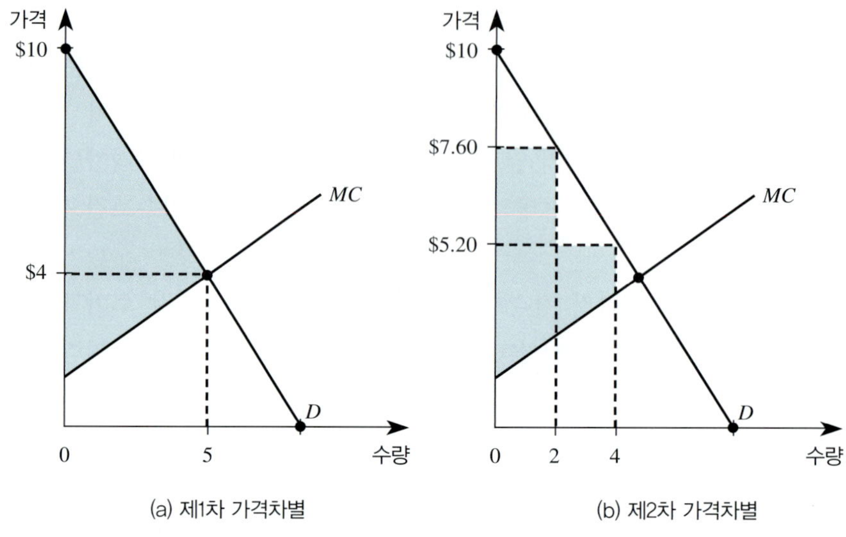

(a) 제1차 가격차별 (b) 제2차 가격차별

앞에서 말했듯이 이러한 좋은 결과(기업의 입장에서)는 각 소비자가 산출량의 각 단위에 대해 지불용의가 있고 지불할 수 있는 가격에 관한 완전한 정보를 갖는다면 가능하다.

기업이 각 소비자가 어떤 재화에 지불하고자 하는 최대가격을 알지 못하는 상황에서, 또는 추가적으로 구매단위마다 연속적인 가격표를 공시하는 것이 비현실적일 때, 기업은 소비자로부터 잉여의 일부를 얻어내는 제2차 가격차별을 이용할 수 있다. 제2차 가격차별은 여러 범위의 수량에 대해 감소하는 불연속적 가격표를 보통 게시한다.

이러한 관행은 전기산업에서 흔한데, 이 산업에서 기업은 처음 사용한 시간당 100kw 전기에 대해 그 이상 사용한 것보다 보통 더 높은 요금을 부과한다. 이 전략의 주요 장점은 적은 양의 구매를 선택하는 소비자의 신원을 미리 알 필요 없이 소비자로부터 어느 정도 소비자잉여를 끌어낼 수 있다는 것이다(그래서 단위당 높은 가격을 지불할 용의가 있고 지불할 수 있다). 공시된 가격표가 주어져 있으면 소비자는 재화의 선택 수량에 대해 지불용의에 따라 분류한다. 따라서 기업은 상이한 소비자에게 상이한 가격을 부과하지만 개별소비자에 관한 구체적 특징은 알 필요가 없다. 어떻게 제2차 가격차별이 작동하는지 설명하기 위해서, 애크미(Acme) 음료회사가 처음 2박스의 구매에 단위당 $7.60를 소비자에게 부과하고 2박스를 초과하는 구매에 단위당 $5.20를 부과한다고 가정하자. 〈그림 11-1 (b)〉에 있는 음영부분은 에크미가 이러한 전략을 가지고 얻는 이윤을 보여준다. 처음 2박스는 단위당 $7.60의 가격에 팔리고, 이 가격과 한계비용 사이의 음영지역은 처음 2단위 판매에서 기업의 이윤을 반영한다. 두 번째 2박스는 단위당 $5.20의 가격이고, 그래서 2박스와 4박스 사이의 가격과 한계비용 곡선 간의 음영지역은 두 번째 2박스 판매로부터 기업의 이윤을 반영한다. 소비자는 결국에는 어느 정도의 소비자잉여를 갖는 것을 주목하라. 그것은 제2차 가격차별은 완전가격차별을 통해 벌 수 있었던 것보다 기업에게 낮은 이윤을 가져다준다는 것을 의미한다. 그럼에도 불구하고 이윤은 만약 기업이 모든 단위의 판매에 대해 같은 가격을 부과하는 단순한 전략을 사용했을 경우보다 더욱 더 높다. 사실상 적은 양을 구매하는 소비자(또는 대신에, 더 높은 한계 가치를 갖는 소비자)는 많은 양을 구매하는 소비자보다 더 높은 가격을 지불한다.

가격차별의 마지막 형태는 제품에 대한 수요가 상이한 그룹에 있는 소비자에 대해 체계적으로 상이하다는 것을 인식하고 있는 기업에 의해 보통 이용된다. 이러한 예에서, 기업은 상이한 소비자 그룹에게 똑같은 제품에 대해 상이한 가격을 부과하여 이윤을 얻을 수 있다. 이러한 전략을 제3차 가격차별이라 한다. 예를 들어, 가게가 "학생 할인"을 제공하고 호텔이나 식당이 "고령자 할인"을 제공하는 것은 흔한 일이다. 이러한 관행은 실제로 학생이나 고령자가 어떤 재화에 대해 다른 소비자들보다 덜 지불한다는 것을 의미한다. 마찬가지로 전화회사는 주중보다 주말에 더 낮은 요금을 부과하는데, 이것은 기업이 가계보다 전화 서비스에 대해 더 높은 가격을 지불할 수 있다는 것을 의미한다. 우리는 이러한 가격설정전략이 학생, 고령자에게 혜택을 주기 위해 실시된다고 생각할 수 있으나 더 강력한 근거가 있다: 기업의 이윤을 증대시키기 위해.

이윤을 극대화하기 위해, 기업은 각 그룹에 제품판매로부터 얻는 한계수입을 한계비용과 같게 해야 한다고 알려져 있다: $MR_1 = MC$와 $MR_2 = MC$. 그 이유를 알아보기 위해 $MR_1 > MC$라고 가정하자. 만약 기업이 1단위 더 생산하고 그것을 그룹 1에게 판매한다면 기업은 증가하는 비용보다 더 크게 이윤을 증가시킬 것이다. 추가 산출량이 그룹 1에게 판매됨에 따라 한계수입은 궁극적으로 한계비용과 같게 될 때까지 감소할 것이다.

$MR_1 = MC$와 $MR_2 = MC$이기 때문에 기업은 두 그룹 간에 산출량을 할당하여 $MR_1 = MR_2$이 이루어진다. 그 이유를 보기 위해, 그룹 1의 한계수입이 10이고 그룹 2의 한계수입이 5라고 가정하자. 만약 그룹 2에게 1단위가 덜 팔리면, 그 그룹으로부터 수입은 5만큼 감소할 것이다. 만약 산출량의 추가 단위가 그룹 1에게 팔리면 수입은 10만큼 증가할 것이다. 그래서 기업은 더 큰 한계수입을 가진 그룹에게 할당하는 것이 이익이 된다. 추가 산출량이 그 그룹에 할당됨에 따라 그것의 한계수입은 균형에서 두 그룹의 한계수입이 정확히 똑같이 될 때까지 감소한다.

제3차 가격차별의 기본 원리를 이해하기 위해 소비자 두 그룹은 수요탄력성 E_1, E_2를 갖고 기업은 그룹 1에게 가격 P_1, 그룹 2에게 가격 P_2를 부과할 수 있다고 가정하자. 시장지배력을 가진 기업의 한계수입 공식을 이용하여 가격 P_1로 그룹 1에게 제품을 판매할 때의 한계수입은

$$MR_1 = P_1\left[\frac{1+E_1}{E_1}\right]$$

이다.

반면, 가격 P_2로 그룹 2에게 제품을 판매할 때의 한계수입은

$$MR_2 = P_2\left[\frac{1+E_2}{E_2}\right]$$

이다.

앞에서 언급했듯이 이윤을 극대화하는 기업은 각 그룹의 한계수입을 한계비용과 같게 해야 한다. 그것은 $MR_1 = MR_2$를 의미한다. 한계수입 공식을 이용하여 이러한 조건은 다음과 같이 다시 쓸 수 있다.

$$P_1\left[\frac{1+E_1}{E_1}\right] = P_2\left[\frac{1+E_2}{E_2}\right]$$

만약 $E_1 = E_2$이면, 괄호 안에 있는 항이 같으므로 기업은 각 그룹에 똑같은 가격을 부과하여 이윤을 극대화할 것이다. 만약 그룹 1의 수요가 그룹 2의 수요보다 더 탄력적이라면, $E_1 < E_2 < 0$. 이 예에서 기업은 그룹 1에게 더 낮은 가격을 부과하여야 하는데 이는 그룹 1이 그룹 2보다 더 탄력적이기 때문이다.

따라서 이윤을 증대시키기 위한 제3차 가격차별의 필요조건은 여러 소비자의 수요탄력성의 차이다. 앞에서 인용했던 예에서 고령자가 호텔방 또는 식당의 음식에 대해 다른 소비자보다 더 탄력적 수요를 가지고 있다고 믿는 이유가 있다. 대부분의 은퇴자들은 고정소득으로 살면서 직장에서 일하는 사람보다 가격에 더욱 더 민감하다. 그들이 호텔방에 대해 더 낮은 가격을 부과받은 사실은 제3차 가격차별의 단순한 의미이다. 즉 더 탄력적인 수요를 가진 사람에게 낮은 가격을 부과한다.

제3차 가격차별이 효과적이기 위해서, 또 다른 조건으로서, 상이하게 다른 소비자 그룹의 수요탄력성을 알아내야 하는 몇 가지 방법을 기업이 가지고 있어야 한다. 그렇지 않으면, 기업은 소비자의 어떤 그룹에게 더 높은 가격을 부과할 방법을 갖지 못한다. 실제로 이것은 어렵지 않다. 호텔은 고령자 할인을 원하는 개인에게 운전면허증과 같이 나이를 입증할 수 있는 것을 제시하도록 하는 것이다. 이것은 호텔 방에 대해 더 탄력적 수요를 갖는 경향이 있는 개인을 효과적으로 확인하도록 해준다.

마지막으로 만약 낮은 가격에 구매한 소비자가 그들의 구입품을 더 높은 가격으로 개인에게 되팔 수 있다면 어떤 형태의 가격차별도 작동되지 않을 것이다.

이 예에서 낮은 가격에 재화를 구매한 소비자가 추가로 구매할 수 있어 그것을 더 높은 가격으로 다른 사람에게 되판다. 기업은 높은 가격이 부과되고 있는 그룹에게 아무 것도 팔지 못하는데, 그 이유는 그 소비자들이 낮은 가격으로 구매한 소비자들로부터 구매함으로써 돈을 절약하기 때문이다. 본질적으로, 재판매의 가능성은 낮은 가격이 부과된 소비자에 의해 구매된 재화가 기업의 제품에 대해 완전 대체재로 만든다. 그러한 소비자들은 기업이 다른 그룹에 부과한 가격보다 싸게 팔 수 있으므로 기업의 이윤을 줄어들게 한다.

공식: 제3차 가격차별 법칙

이윤을 극대화하기 위해 시장지배력을 가진 기업은 각 그룹의 한계수입이 한계비용과 같게 되는 산출량을 생산한다.

$$\underbrace{P_1\left[\frac{1+E_1}{E_1}\right]}_{MR_1} = MC$$

$$\underbrace{P_2\left[\frac{1+E_2}{E_2}\right]}_{MR_2} = MC$$

예시 문제
11-4

당신은 피자 한판당 \$6의 한계비용으로 생산하는 피자 가게의 경영자이다. 피자 가게는 캠퍼스 근처에 있는데 독점이다(500마일안에 다른 식당이나 식품 가게가 없다). 주간에는 학생들만이 당신의 가게에서 먹는다. 야간에는 학생들이 공부하는 동안 교수들이 거기서 먹는다. 만약 학생들의 피자의 수요탄력성은 −4이고 교수의 피자의 수요탄력성은 −2라면 이윤을 극대화하기 위해 당신의 가격설정전략은 어떠해야 하는가?

정답

교수는 학생들이 낮에 구입한 식은 피자를 구매할 의사가 없다고 가정하면 가격차별이 효과적이기 위한 조건이 유효하다. "점심 메뉴"에 한 가지 가격(효과적으로 학생가격)—이를테면 P_L—을 부과하고 "저녁 메뉴"에 다른 가격(효과적으로 교수가격) P_D를 부과하는 것이 이익이 될 것이다.

정확히 어떤 가격을 각 메뉴에 적용해야 할지 결정하기 위해, 점심 메뉴로 피자를 구매하는 사람의 수요탄력성은 −4이고 반면, 저녁 메뉴로 피자를 구매하는 사람의 수요탄력성은 −2이다. 이윤극대화 조건은 각 그룹에 피자를 판매하는 것의 한계수입이 한계비용과 같아야 하는 것이다. 제3차 가격차별법칙을 이용하면 이것의 의미는

$$P_L\left[\frac{1+E_L}{E_L}\right] = MC$$

와

$$P_D\left[\frac{1+E_D}{E_D}\right]=MC$$

이다.

$E_D = -2$, $E_L = -4$, 그리고 $MC = 6$이므로 다음이

$$P_L\left[\frac{1-4}{-4}\right]=6$$

$$P_D\left[\frac{1-2}{-2}\right]=6$$

성립한다.

이것을 간단히 하면

$$P_L\left[\frac{3}{4}\right]=6$$

$$P_D\left[\frac{1}{2}\right]=6$$

이 된다.

이 두 방정식을 풀면 $P_L = \$8$과 $P_D = \$12$를 갖는다. 따라서 이윤을 극대화하기 위해 당신은 점심 메뉴의 피자에 \$8의 가격을 설정하고 저녁 메뉴의 피자에 \$12의 가격을 설정한다. 학생들은 교수들보다 피자에 대해 더 탄력적인 수요를 갖기 때문에 이윤을 극대화하기 위해 학생들에게 더 낮은 가격이 부과되어야 한다.

이부 가격설정

이부 가격설정
소비자에게 제품을 구매할 수 있는 권리에 대한 고정요금과 매 구매 단위에 대한 단위당 요금이 추가로 부과되는 가격설정전략

시장지배력을 가진 기업이 이윤을 증대시키기 위해 사용할 수 있는 또 다른 전략은 **이부 가격설정**(two-part pricing)이다. 이부 가격설정에서 기업은 재화를 구매할 수 있는 권리에 대한 고정요금(fixed fee)과 매 구매 단위에 대한 단위당 요금을 부과한다. 이 가격설정전략은 이윤을 증대시키기 위해 운동클럽에 의해 흔히 사용된다. 예를 들어, 골프장과 헬스클럽은 전형적으로 고정 입회비와 그 시설을 이용할 때마다 요금(매 달 또는 매 번의 방문)을 부과한다. 이 절에서 우리는 어떻게 그러한 가격설정전략이 기업의 이윤을 증대시킬 수 있는지 볼 것이다.

〈그림 11-2 (a)〉는 시장지배력을 가진 기업의 수요곡선, 한계수입 그리고 한계비용 곡선의 그림을 제공한다. 여기에서 수요함수는 $Q = 10 - P$이고 생산함수는 $C(Q) = 2Q$이다. 만약 기업이 모든 소비자에게 하나의 가격을 단순히 부과하는 가격설정전략을 채택한다면 이윤을 극대화하는 산출량 수준은 $Q = 4$이고 이윤을 극대화하는 가격은 $P = 6$이다. 이러한 가격-수량 조합은 한계수입이 한계비용과 일치하는 점과 상응한다. 기업의 이윤은 음영 부분인데 그것은

인사이드 비즈니스 11-2 가격차별이 소비자들에게는 나쁜가?

가격차별 관행은 소비자의 관점에서 보면 불공정한 것처럼 보인다. 한 소비자는 동일한 제품에 대해 다른 소비자와 다른 가격을 왜 지불해야 하는가? 더욱이 "가격차별" 개념은 인종 간 또는 성적차별과 같은 다른 맥락으로부터 배제(exclusion) 개념을 끌어낼 수 있다. 그러나 많은 환경에서 가격차별은 실제로 포함(inclusion)의 수단으로 이바지할 수 있으므로, 만약 생산자들이 모든 사람에게 단지 한 가지 가격을 부과한다면 소비자들 그룹들이 접근 가능하지 못한 제품을 즐길 수 있게 된다.

예를 들어, 킹스 아일랜드와 미국 오하이오주의 시더 포인트와 같은 많은 놀이공원이 정규적 입장권에 대해서는 한 가지 가격을 부과하고, 어른들에게는 서로 다른 비교적 낮은 가격을 부과한다. 이러한 가격결정계획은 3차 가격차별—이 경우 지리적으로 다른 그룹들이 동일한 제품에 대해 서로 다른 가격에 직면한다—의 간단한 사례이다. 가격을 차별할 능력이 없으면, 어른들은 놀이공원 소비자 기반 중 단지 작은 비중을 차지하기 때문에 놀이공원들은 모든 사람에게 (더 높은) 정규 입장요금을 부과할 것이다. 이와 같이 가격이 더 높으면 많은 어른들은 종종 보다 더 가격에 민감한 그룹이기 때문에 그들은 시장에서 쫓겨 나가게 될 것이다. 그러나 어른들에게 비교적 낮은 가격을 부과하면, 놀이공원들은 더 많은 어른들을 이 시장으로 유치할 수 있게 되어 더 큰 이윤을 얻게 될 것이다.

$$(\$6-\$2)4 = \$16$$

시장의 모든 소비자가 받은 소비자잉여—받았지만 지불되지 않는 가치—는 〈그림 11-2 (a)〉의 위쪽의 삼각형에 해당한다.

$$\frac{1}{2}[(\$10 - \$6)4] = \$8$$

이다.

그림 11-2

표준적인 독점 가격설정과 이부 가격설정의 비교

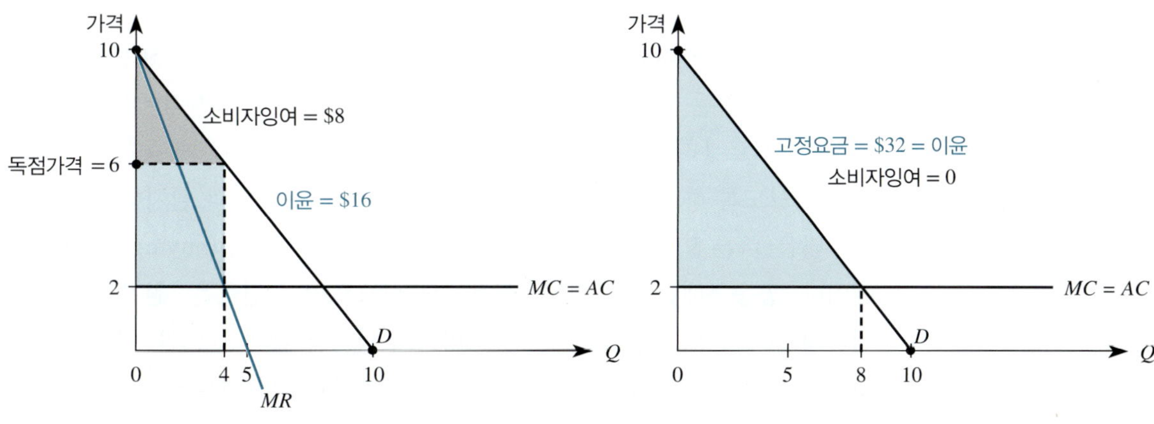

(a) 표준적인 독점 가격설정과 이부 가격설정의 비교

(b) 이부 가격설정

다시 말하면, 소비자들은 그들이 지불한 가격을 통해서는 얻지 못한 4단위의 구매로부터 총 $8의 가치를 받는다.

제1차 가격차별처럼 이부 가격설정은 기업이 소비자들로부터 모든 소비자잉여를 얻어내도록 한다. 특히, 〈그림 11–2 (a)〉의 수요함수는 한 사람의 개별 수요곡선이고 기업은 다음의 가격설정계획을 이용한다고 가정하자: 소비자에게 제품을 구매할 수 있는 권리를 주는 고정요금 $32와 단위당 요금 $2이다. 이러한 상황이 〈그림 11–2 (a)〉에 있는 것과 같은 수요곡선과 비용함수가 〈그림 11–2(b)〉에 나타나 있다. 단위당 요금 $2로 소비자는 8단위를 구매하여 소비자잉여로

$$\frac{1}{2}[(\$10 - \$2)8] = \$32$$

를 받는다.

고정요금 $32의 부과로 기업은 이 소비자잉여의 모두를 얻어낼 수 있다. 기업은 매 단위를 $2의 한계비용으로 판매하므로 이 가격으로 판매된 매 단위에 대해서는 이윤이 없다. 그러나 기업은 또한 $32의 고정요금을 받는다. $32는 순수한 이윤이다. 이부 가격설정계획을 이용하여 얻어진 $32의 이윤은 기업이 단순한 가격설정계획을 이용하여 얻게 되는 $16보다 크다.

이부 가격설정

기업은 이부 가격설정을 실행하여 이윤을 증대시킬 수 있다: 한계비용과 동일한 단위당 가격과 이 단위당 가격에서 각 소비자가 받는 소비자잉여와 동일한 고정요금을 부과하라.

우리는 운동클럽이 종종 이부 가격설정과 관련되어 있다고 언급했다. 그들은 입회비와 매 번 시설을 방문할 때 단위당 요금을 부과한다. 만약 한계비용이 낮으면 최적 단위당 요금 또한 낮을 것이다. 한계비용이 0인 극단적인 경우, 운동클럽의 이윤을 극대화하는 가격설정전략은 매 번 방문 시마다 $0를 부과하고 소비자잉여와 같은 고정입회비를 부과하게 될 것이다. 이부가격에서 모든 이윤은 고정요금으로부터 획득된다. 단위당 요금을 한계비용과 같게 놓는 것은 잉여가 가능한 크도록 하고 따라서 가장 큰 고정요금이 이윤극대와 일치하도록 한다.

수많은 다른 이부 가격설정전략이 있다. 공동구매클럽(buying clubs)이 좋은 예이다. 공동구매클럽에 회원요금을 지불함으로써 회원들은 "원가"로 제품을 구매하게 된다. 만약 회원요금을 각 소비자의 잉여와 같게 놓으면, 공동구매클럽의 소유자는 단순히 독점가격으로 설정해서 얻게 되는 이윤보다 실제로 더 높은 이윤을 얻는다.

예시 문제 11-5

골프 서비스의 월 총수요가 $Q = 20 - P$라고 가정하자. 라운드 당 기업의 한계비용은 $1이다. 만약 이 수요함수가 10명 골퍼의 개별 수요곡선을 토대로 하면 이 골프 서비스 기업의 최적 이부 가격설정전략은 무엇인가?

정답

최적 단위당 요금은 한계비용이다. 이 가격에서 19(=20−1)라운드의 골프가 매달 행해지게 될 것이다. 이 가격에서 모두 10명의 골퍼가 받게 되는 총 소비자잉여는

$$\frac{1}{2}[(20 - 1)19] = \$180.50$$

이다.

이것이 모두 10명의 소비자가 누리게 되는 총 소비자잉여이기 때문에 최적 고정요금은 각 골퍼가 누리는 소비자잉여($180.50/10 = $18.05/매월)다. 따라서 최적 이부 가격설정전략은 기업이 각 골퍼에게 매월 $18.05의 요금과 라운드 당 $1의 그린피(green fees)를 부과한다. 그러므로 기업의 총 이윤은 매월 $180.5에서 기업의 고정비용을 뺀 것이다.

이부 가격설정은 기업이 판매 단위당 단순히 가격을 부과하여 얻게 되는 이윤보다 더 높은 이윤을 얻도록 한다. 고정요금을 부과하여 기업은 소비자 잉여를 얻어낼 수 있으므로 이윤을 증대시킨다. 가격차별과는 달리, 이부 가격설정은 소비자가 기업의 제품에 대해 상이한 수요탄력성을 갖는 것을 필요로 하지 않는다. 매 단위 구매에 대해 단위당 요금을 부과함으로써, 소비자들은 개별 수요곡선에 따라 그들이 구매하는 양을 변경할 수 있다.

블록 가격설정

시장지배력을 가진 기업이 이윤을 증대시킬 수 있는 또 다른 방법은 **블록 가격설정**(Block Pricing)을 실행하는 것이다. 만약 당신이 4개의 화장지가 들어있는 묶음 또는 6팩으로 된 소다수 캔을 구매한다면 당신은 블록 가격설정을 직접적으로 경험한 것이다.

블록 가격설정
이윤을 증대시키기 위해 동일한 제품 몇 개가 함께 포장되어 소비자가 전부 아니면 전무의 구매의사결정을 하도록 하는 가격설정전략

어떻게 블록 가격설정이 기업의 이윤을 증대시킬 수 있는가를 보자. 개별 소비자의 수요함수는 $Q = 10 - P$이고 기업의 비용은 $C(Q) = 2Q$이다. 〈그림 11−3〉은 관련된 곡선을 나타낸다. 만약 기업이 단위당 $2의 가격을 부과하면 기업은 소비자에게 8단위를 판매할 것이라는 것을 우리는 본다. 그러나 소비자는 위에 있는 삼각형의 잉여를 받는데 그것은

$$\frac{1}{2}[(\$10 - \$2)8] = \$32$$

그림 11-3

블록 가격설정

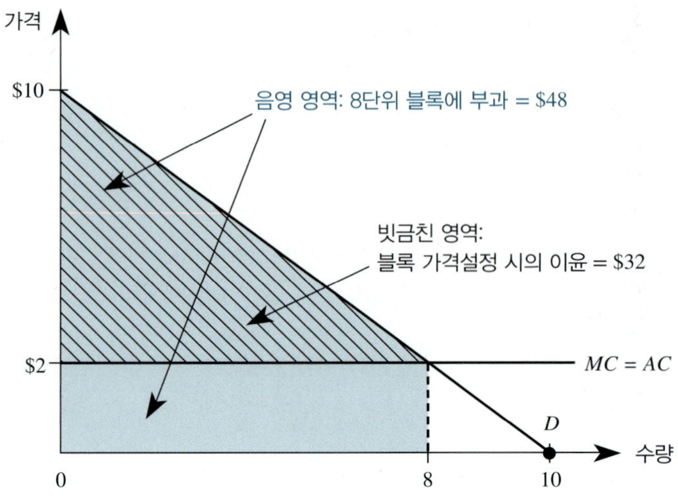

이다.

이 소비자잉여는 8단위의 구매비용 이상으로 소비자가 받는 가치를 반영한다. 사실상 이러한 경우 소비자는 8단위 구매에 대해 $16(= $2 × 8)를 기업에 지불하나 $32의 추가 잉여를 받는다. 8단위에 대한 소비자의 총가치는 $16 + $32 = $48이다.

블록 가격설정은 기업이 소비자로 하여금 8단위의 총가치를 지불하게 할 수 있는 수단을 제공한다. 그것은 매우 단순히 작동한다. 기업이 제품을 8단위로 포장하여 그 묶음에 가격을 부과한다고 가정하자. 이러할 경우에 소비자는 8단위를 구매하는 것과 8단위를 구매하지 않는 것 사이에 전부가 아니며 전무의 결정을 해야 한다. 우리는 8단위의 소비자의 총가치가 $48인 것을 알았다. 따라서 8단위의 묶음 가격이 $48보다 높지 않는 한, 이 소비자는 묶음을 구매하는 것이 이득이 된다는 것을 안다.

그러므로 기업이 8단위의 묶음에 대해 부과할 이윤극대화 가격은 $48이다. 별개로 각 단위마다 가격을 설정하는 대신, 8단위의 묶음에 이러한 가격을 부과하고 소비자들이 몇 단위를 구매할 것인가를 선택하도록 하여, 기업은 $32의 이윤을 얻는다—가격이 $2일 때 소비자잉여의 가치.

블록 가격설정

어떤 제품의 여러 단위들을 포장하여 하나의 묶음으로 판매함으로써, 기업은 단순히 단위당 가격을 부과하는 것보다 더 많은 이윤을 얻는다. 묶음의 이윤극대화 가격은 소비자가 그 묶음에 대해 받는 총가치이다.

블록 가격설정은 강제적으로 소비자들이 여러 단위의 재화를 구매하고자 할 때 전체 아니면 제로(0) 구매를 결정하도록 함으로써 이윤을 증대시킨다. 블록 가격설정은 소비자들이 한 제품에 대해 똑같은 수요를 가지고 있는 상황에서 조차도 이윤을 증대시킬 수 있다는 것을 주목하라.

예시 문제 11-6

시장지배력을 가진 어떤 기업에 의해 생산되는 껌 소비자의 역수요함수가 $P = 0.2 - 0.04Q$이고 한계비용은 0이다. 기업은 5개의 껌이 들어있는 한 통에 얼마를 부과해야 하는가?

정답

$Q = 5$일 때, $P = 0$; $Q = 0$일 때 $P = 0.2$. 이 선형수요곡선이 〈그림 11-4〉에 나타나 있다. 그래서 5개의 껌에 대한 소비자의 총가치는

$$\frac{1}{2}[(\$0.2 - \$0)5] = \$0.50$$

이다.

이것은 〈그림 11-4〉에 있는 음영부분에 해당한다. 기업은 5개의 껌이 들어있는 한 통에 $0.50의 가격을 부과하여 이 잉여 모두를 얻어낸다.

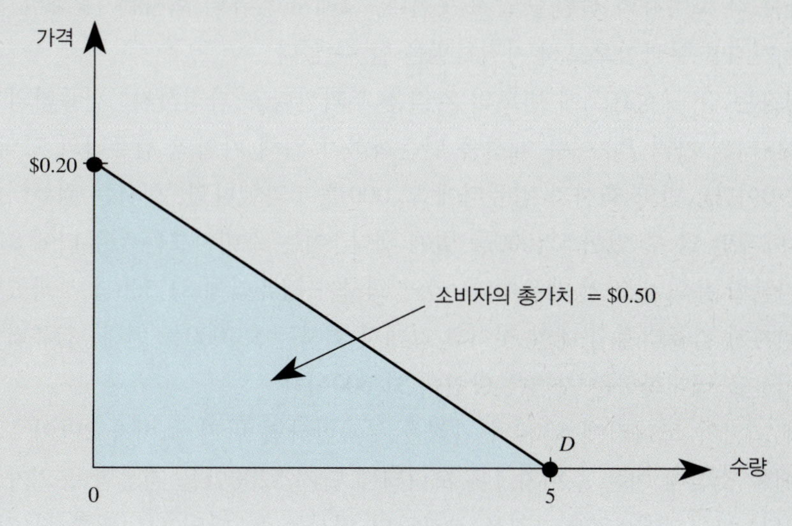

그림 11-4
0의 한계비용을 갖는 경우 최적 블록 가격설정

상품 일괄판매

경영자가 이윤을 증대시키기 위해 사용할 수 있는 또 다른 전략은 **상품 일괄판매**(commidity bundling)이다. 상품 일괄판매는 2개 이상의 상이한 제품을 함께 묶어 그것들을 하나의 "일괄판매가격"으로 파는 방법을 말한다. 예를 들어, 여행사

상품 일괄판매
여러 상이한 제품을 함께 묶어 그것들을 하나의 "일괄판매가격"으로 파는 방법을 말한다.

표 11-1 상품 일괄판매

소비자	컴퓨터의 평가액	모니터의 평가액
1	$2,000	$200
2	$1,500	$300

는 휴가라는 상품의 각 구성요소의 가격을 따로 설정하는 대신, 종종 항공료, 호텔, 식사를 포함한 "일괄거래상품"을 판매한다. 컴퓨터 회사는 컴퓨터, 모니터, 그리고 소프트웨어를 함께 묶어 그것들을 일괄판매가격으로 판매한다. 많은 자동차딜러는 에어 컨디션, 파워 스티어링, 자동 트랜스미션과 같은 선택 사항들을 함께 묶어 그것들을 "특별 묶음가격"으로 판매한다. 어떻게 이러한 관행이 이윤을 증대시키는지 보자.

컴퓨터 회사의 경영자는 컴퓨터와 모니터를 다르게 평가하는 두 소비자가 있다는 것을 알고 있다고 가정하자. 〈표 11-1〉은 두 소비자가 컴퓨터와 모니터에 지불하고자 하는 최대 금액을 나타낸다.

첫 번째 소비자는 컴퓨터에 $2,000, 모니터에 $200를 지불할 용의가 있다. 두 번째 소비자는 컴퓨터에 $1,500, 모니터에 $300를 지불할 용의가 있다. 그러나 경영자는 각 소비자의 신원을 알지 못한다. 그래서 컴퓨터 회사는 각 소비자에게 상이한 가격을 부과함으로써 가격차별을 할 수 없다.

경영자는 각 구성요소에 별도의 가격을 부과한다고 가정하자: 컴퓨터의 가격 P_C, 모니터의 가격 P_M(이윤 계산을 단순화하기 위해 기업의 컴퓨터와 모니터의 비용은 0이다). 만약 회사가 컴퓨터에 $2,000를 부과했다면, 회사는 컴퓨터를 소비자 1에게만 팔 수 있어 $2,000를 벌게 된다. 이는 소비자 2는 컴퓨터에 $1,500만을 지불할 용의가 있기 때문이다. 만약 회사가 컴퓨터에 $1,500를 부과했다면, 두 소비자가 컴퓨터를 구매할 것이고 그래서 회사는 $3,000를 번다. 컴퓨터에 부과할 이윤을 극대화하는 가격은 당연히 $1,500이다.

만약 회사가 모니터에 $300의 가격을 부과한다면 단지 소비자 2만이 모니터를 구매할 것인데 이는 소비자 1은 모니터에 단지 $200만을 지불할 용의가 있기 때문이다. 모니터에 $200 가격을 부과하면 회사는 두 대의 모니터를 팔 것이고 $400를 벌 것이다. 따라서 모니터에 부과할 이윤극대화 가격은 $200이다.

겉보기에는 컴퓨터에 $1,500, 모니터에 $200의 가격을 설정함으로써 회사가 벌 수 있는 최대 금액은 $3,400인 것 같다. 이 경우, 기업은 두 대의 컴퓨터와 두 대의 모니터를 판매한다. 그러나 회사는 컴퓨터와 모니터를 묶어 $1,800의 가격으로 일괄판매하여 더 높은 이윤을 얻을 수 있다. 그 이유를 보기 위해, 소비자 1의 컴퓨터와 모니터에 대한 총가치는 $2,000 + $200 = $2,200이고 소비자 2

인사이드 비즈니스 11-3 온라인 시장에서 일괄판매와 '가격구성'

온라인과 우편을 통한 주문을 통해 구매하는 소비자는 실제적으로는 제품과 배송을 일괄구매 하는 것이다. 판매자가 이러한 묶음에 대해 가격을 어떻게 표시하는가에 대한 방법이 판매에 영향을 미칠 수 있을까?

상점에서는 판매되지 않는 제품이라고 TV에 광고하는 기업은 아마도 다음과 같이 생각하는 것 같다. 예를 들어 보자. 10개 세트의 Ginsu칼의 가격이 $39.95, 그리고 운송료 $9.95으로 구성되어 있다고 하자. 만일 소비자가 완전히 합리적이라면 이 칼의 판매는 실제적으로 일괄판매(묶음)가격에 의해 결정될 것이다. 여기서 가격이란 상품가격에 운송료를 포함한 $49.90의 일괄판매(묶음)가격이 되는 것이고 각각의 가격구성이 어떻게 되어 있는가는 상관이 없다.

또 다른 가격구성의 효과를 테스트하기 위해 Hossain과 Morgan은 e-Bay에서 음악 CD와 X-box 비디오게임 묶음에 대해 경매를 실시했다.

각 제품에 대해 하나는 운송료포함 $4부터 경매를 시작하고, 다른 하나는 경매 시작가격 1센트와 운송료 $3.99의 경매였다. 이렇게 두 가지 경매에서 실제적인 경매 시작가격은 $4이다. 또한 두 경매에서 모두 특급우편을 이용한다고 표시했었다.

Hossain과 Morgan은 두 가지 경매 중 시작가격이 1센트인 경매가 $4 시작가격 경매에 비해 항상 더 많은 입찰자를 끌어들였으며 그 결과 상당히 더 높은 수입을 올렸다는 것을 발견했다-운송료를 고려한 실제의 가격들이 이러한 모든 경매에서 동일함에도 불구하고. 시작가격 경매(opening bid)와 운송료에 $2가 추가되었을 때, 비슷한 결과가 X-box게임 묶음경매에서 나타났다. 따라서 현실세계에서의 소비자들은 제품의 가격이 낮게 책정된 일괄판매가격을 선호하는 일종의 심리적인 계산방법을 사용하는 것처럼 보인다—비록 이와 같이 상대적으로 낮은 가격이 상대적으로 높은 운송료와 연관되어 있다 하더라도.

출처: Tanjim Hossain and Jonn Morgan, "..... Plus Shipping and Handling: Revenue(Non)Equivalence in Field Experiments on eBay," *Advances in Economic Analysis & Policy* 6, no. 2 (2006)

의 컴퓨터와 모니터의 총가치는 $1,500 + $300 = $1,800이다. 컴퓨터와 모니터를 묶어 $1,800의 가격으로 일괄판매함으로써 회사는 두 소비자에게 일괄판매로 $3,600를 번다—만약 회사가 상품 일괄판매를 실행하지 않았을 경우 회사가 얻을 수 있는 것 보다 $200가 더 많다.

어떤 기업이 판매하는 여러 제품에 대해 소비자가 지불용의가 있는 금액이 서로 상이할 때 상품 일괄판매가 이윤을 증대시킬 수 있다는 것을 이 예는 설명해준다. 서로 다른 소비자들이 기업의 제품에 대한 지불용의 금액을 경영자가 구별할 수 없을 때조차도 상품 일괄판매는 이윤을 증대시킬 수 있다는 것을 강조하는 것이 중요하다. 만약 경영자가 각 소비자가 각 제품에 대해 정확히 얼마를 지불할 용의가 있는지 안다면, 기업은 가격차별을 실행하여 더욱 더 높은 이윤을 얻을 수 있다: 기업의 제품에 더 많은 지불용의가 있는 소비자에게 더 높은 가격을 부과한다.

예시 문제

11-7

세 명의 새 자동차 구매자가 선택사양에 대한 평가액이 다음과 같다고 가정하자:

소비자	에어컨	파워브레이크
1	$1,000	$500
2	$800	$300
3	$100	$800

기업의 비용은 0이다.

1. 경영자가 각 소비자의 평가액과 신원을 알고 있다면, 최적 가격설정전략은?
2. 경영자가 구매자의 신원을 알지 못한다고 가정하자. 만약 경영자가 파워브레이크와 에어컨을 각각 $800에 판매하나 특별 선택 묶음(파워브레이크와 에어컨)을 $1,100에 제공한다면 기업은 얼마를 벌겠는가?

정답

1. 만약 경영자가 구매자의 신원을 안다면 그는 가격차별을 통해서 이윤을 극대화할 것이다. 이는 이 제품의 재판매가 있을 것 같지 않기 때문이다. 소비자 1에게 에어컨과 파워브레이크에 $1,500를 부과한다. 소비자 2에게 에어컨과 파워브레이크에 $1,100를 부과한다. 소비자 3이게 에어컨과 파워브레이크에 $900를 부과한다. 기업의 이윤은 $3,500이다. 경영자는 소비자에게 에어컨과 파워브레이크의 총 평가액과 같은 일괄판매가격을 부과하든 소비자의 평가액과 같은 각 구성요소의 별도의 가격을 부과하든지 아무런 차이점도 없다.
2. 에어컨과 파워브레이크를 포함한 일괄판매의 총가치는 소비자 1은 $1,500, 소비자 2는 $1,100, 소비자 3은 $900이다. 따라서 소비자 1과 소비자 2는 선택 묶음을 구매할 것이다. 이는 에어컨과 파워브레이크를 묶는 일괄판매가 그들에게 적어도 $1,100의 가치가 있기 때문이다. 기업은 이 소비자들로부터 $2,200를 번다. 소비자 3은 일괄판매를 구매하지 않을 것이다. 이는 일괄판매의 총비용이 소비자의 평가액($900)보다 더 크기 때문이다. 그러나 소비자 3은 $800의 가격으로 파워브레이크를 구매할 것이다. 따라서 기업은 이 가격설정전략으로 $3,000를 번다—$2,200는 각각 $1,100의 특별 선택패키지를 구매하는 소비자 1과 소비자 2로부터 오고, $800는 단지 파워브레이크를 구매하는 소비자 3으로부터 온다.

11.3.2 특별한 비용과 수요구조하의 가격설정전략

우리가 이 절에서 논의하게 될 가격설정전략은—최대부하 가격설정과 교차보조 등—특별한 비용과 수요구조를 갖는 기업의 이윤을 증대시킨다.

최대부하 가격설정

여러 시장에서 수요가 높은 시간대와 수요가 낮은 시간대를 교대로 가지고 있다.

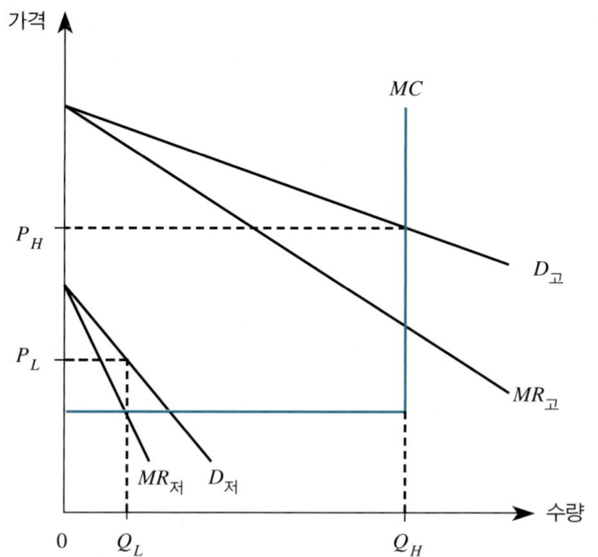

그림 11-5
최대부하 가격설정

예를 들면, 통행료징수 도로는 하루에 다른 시간보다 출퇴근시간 동안에 더 많은 교통량을 갖는다. 전기 · 가스 공급업체는 늦은 밤 시간 동안보다 낮 동안에 더 높은 수요를 갖는 경향이 있다. 그리고 항공사는 일반적으로 주말 동안보다 주중에 더 많은 교통량을 갖고 있다. 이렇게 수요가 몰리는 시간 동안 수요가 너무 높아 기업의 시설이 같은 가격으로 모든 소비자에게 요구를 충족시키지 못 할 때 기업의 입장에서는 **최대부하 가격설정**(peak-load pricing)을 통해 이윤을 증가시킬 수 있다.

최대부하 가격설정
더 높은 가격을 높은 수요 시간대에 부과하는 가격설정전략

〈그림 11–5〉가 그러한 상황에 대한 전형적인 사례를 보여준다. 한계비용은 Q_H까지는 일정하고 여기에서 수직이 된다. 이 점에서 기업은 시설을 완전하게 모두 사용하므로 어떤 가격에서도 추가 단위를 공급할 수 없다.

〈그림 11–5〉에 있는 두 수요곡선은 제품에 대한 피크 시간대의 수요와 피크 시간대가 아닌(off-peak) 수요로 나타낸다: $D_저$는 피크 시간대가 아닌 때의 수요이며 그것은 피크 시간대의 수요 $D_고$보다 낮다. 일반적으로 두 형태의 수요곡선이 존재하는 경우 기업은 상이한 그룹의 수요자에게 상이한 가격을 부과하여 이윤을 극대화 할 것이다. 최대부하 가격설정에서, "그룹"이란 하루 동안 상이한 시간대에 구매하는 사람들을 말한다.

예로 〈그림 11–5〉에서 낮은 피크 시간 동안 수요는 Q_L에서 한계수입과 한계비용이 같을 때이다. 그래서 낮은 피크 시간 동안의 이윤극대화 가격은 P_L이다. 이와 대조적으로, 높은 피크 시간 동안 점 Q_H에서 한계수입은 한계비용과 같고 거기에서 기업은 완전하게 시설을 사용한다. 높은 피크 시간 동안 이윤극대화 가

격은 P_H이다. 따라서 가격차별의 경우에서 같이 기업은 상이한 두 가격을 부과한다: 낮은 수요 시간대에는 낮은 가격을, 그리고 높은 수요 시간대에는 높은 가격을 부과한다.

〈그림 11-5〉에서 만약 하루의 모든 시간에 P_H의 높은 가격을 부과한다면 어느 누구도 낮은 피크 시간 동안에는 구매하지 않을 것이다. 높은 피크 시간 동안에 높은 가격을 부과하지만 낮은 피크 시간 동안에는 가격을 낮춤으로, 기업은 낮은 피크시간대에 일부의 소비자에게도 판매함으로써 이윤을 증가시킨다. 만약, 기업이 하루의 모든 시간 동안 낮은 가격을 부과하면, 소비자가 서비스에 대해 더 높은 가격을 지불할 의사가 있는 높은 피크 시간대에도 결과적으로 금전적 손해를 볼 것이다.

원리

최대부하 가격설정

수요가 하루의 특정시간에 다른 시간대보다 더 높으면, 기업은 최대부하 가격설정을 함으로써 이윤을 증대시킬 수 있다: 피크 시간이 아닌 경우보다 피크 시간 동안 더 높은 가격을 부과한다.

예시 문제 11-8

공항은 보통 1년 중의 다른 기간 보다 휴일 기간 동안 주차에 더 높은 가격을 부과한다. 그 이유는?

정답

공항은 최대부하 가격설정을 하는 것이 이익이 된다. 주차의 수요는 휴일 동안 더욱 더 높다. 이것은 여행자들이 가족들과 비행기로 주말여행을 갔을 때 주차장은 그 기간 동안 비행 승객들의 자동차로 가득 채워지는 경향이 있다. 만약 공항이 1년 내내 높은 가격을 부과하면 공항은 대부분의 기간 동안 텅 빈 공간을 갖게 될 것이다. 만약 공항이 1년 내내 낮은 가격을 부과하면 공항은 휴일 기간동안 소비자가 지불용의가 있는 추가 금액을 잃게 될 것이다. 따라서 최대부하 가격설정으로 공항은 더 높은 이윤을 얻는다.

교차보조

우리가 논의 할 다음의 가격설정전략은—교차보조—기업이 비용보완성(cost complementarities)을 가지고 있고 한 그룹의 제품에 대한 소비자의 수요가 상호 의존적인 경우와 관련이 있다. **교차보조**(cross-subsidies) 전략을 시행하려는 기업은 다른 한 재화의 판매를 보조하기 위해서 한 재화에서 얻어진 이윤을 이용한다.

교차보조
한 제품의 판매에서 얻은 이윤을 관련된 제품의 판매에 보조하도록 하는 가격설정전략

예를 들어, Adobe는 그 기업의 두 제품에 대해 극단적으로 서로 다른 가격을 부과한다. 한 제품−Adobe Reader−의 경우, Adobe의 인터넷사이트에서 그 소프트웨어를 누구든지 무료로 내려받기를 통해 얻을 수 있다. 이 소프트웨어를 통해 사용자들은 pdf 형태로 문서를 볼 수 있다. 이와 대조적으로, pdf 문서를 만들고자 하는 개인들은 Adobe Acobat이라는 소프트웨어 제품을 구입해야 한다.

Adobe는 이러한 교차보조 전략을 실행하는데, 그 이유는 수요와 비용의 보완성으로 인해 그러한 전략이 이윤을 창출해주기 때문이다. 더 구체적으로 보면, Adobe는 이러한 두 제품을 함께 만들 때 범위의 경제와 비용보완성을 누리게 된다(한 기업내에 두 형태의 소프트웨어를 디자인하고 배송하는 것이 더 저렴하다). 더욱이, 이들 두 제품은 보완적이다: 문서를 보기위해 Adobe Reader를 사용하는 사람들의 수가 많을수록, 문서만들기를 위해 Adobe Acobat을 사용하기 위해 그들이 지불하고자 하는 금액은 더 커진다. 간단히 말하면, Adobe는 Adobe Reader에 대해 원가나 그 이하로 가격을 부과하는 것이 수익성있게 해 준다. 그 이유는 그렇게 하면 보완적인 소프트웨어 제품의 수요를 자극시켜 Adobe가 그렇지 않은 경우보다 Adobe Acrobat에 대해 훨씬 더 높은 가격을 부과할 수 있게 되기 때문이다. 13장에서 보는 바와 같이, (침투가격설정과 같이) 수 많은 유사한 가격설정전략들은 (온라인경매를 포함하여) 네트워크 효과가 존재하는 전략적 상황에서 이윤을 증대시키기 위해 사용될 수 있다.

교차보조

기업이 생산하는 두 제품에 대한 수요가 비용 또는 수요를 통해서 상호 관련되었을 때 기업은 교차보조를 이용하여 이윤을 증대시킬 수 있다: 비용과 동일하게 또는 비용이하로 한 제품을 판매하고 다른 제품은 비용이상으로 판매한다.

이전 가격설정

지금까지 가격결정에서 우리의 분석은 한 명의 경영자가 가격설정과 산출량 결정의 책임을 맡고 있다고 가정하고 있다. 그러나 대부분의 큰 기업들은 상위부서와 하위부서의 경영자가 있으며 이들은 부서간의 가격과 산출량 결정을 해야 한다. 예를 들어 도요타와 같은 자동차 제조업자에는 상위부서에서 생산되는 (자동차 엔진과 같은) 생산요소의 생산을 통제하는 상위의 경영자가 있다. 이러한 생산요소는 하위부서에 "이전되는데" 하위부서의 경영자는 최종 산출물(자동차)을 생산하기 위해 생산요소들을 사용하는 공장을 운영한다. 이러한 환경에서 중요한 문제는 최적 **이전 가격설정**(Transfer Pricing)이다—상위부서가 기업 전체의 이윤을 극대화하기 기업의 하위부서에 생산요소를 판매해야 하는 경우의 내부가격

이전 가격설정
상위부서가 하위부서에 생산요소를 판매하는 내부가격을 기업에 최적이 되는 가격으로 설정하는 전략

이다.

이전 가격설정은 중요한데 이는 대부분의 부서경영자가 그들 부서의 이윤을 극대화하기 위한 인센티브를 제공받기 때문이다. 우리는 앞으로 보겠지만, 만약 기업의 소유주가 최적 이전가격을 결정하지 않고 대신에 부서경영자가 그들 부서의 이윤을 극대화하기 위해 내부적으로 생산된 생산요소의 가격을 결정하도록 하면, 기업 전체의 이윤이 더 낮아지는 결과를 초래할 수 있다.

설명을 위해, 상위부서에 의해 생산되는 생산요소의 외부 시장이 없고 부서경영자들은 그들 부서의 이윤을 극대화하도록 지시받는다고 가정하자. 이 경우에, 상위부서 경영자는 시장지배력을 가지고 있으므로 하위부서에 판매함으로써 발생하는 한계수입이 그 생산요소를 생산하는 상위부서의 한계비용과 같을 때 생산함으로써 상위부서의 이윤을 극대화한다. 상위부서가 누리는 독점력 때문에, 그 생산요소는 기업의 실제 한계비용을 초과하는 가격으로 하위부서에 판매된다. 이러한 생산요소의 가격이 주어져 있으면, 하위부서의 경영자는 최종 제품 시장에서 얻는 한계수입(MR_d)이 한계비용과 같을 때 생산함으로써 부서의 이윤을 극대화 할 것이다. 또한 이것은 한계비용 이상에서 가격을 결정한다는 것을 의미한다. 게다가 하위부서가 상위부서에게 그 생산요소에 대해 지불하는 가격은 생산요소의 실제 한계비용보다 더 높기 때문에, 하위부서는 기업 전체의 이윤을 극대화하는 가격보다 최종 제품에 실제로 더 높은 가격을 부과하게 된다. 요약하면, 두 부서가 한계비용을 초과한 가격을 설정할 때, 이중의 한계화가 일어나고 그 결과는 기업전체의 최적 이윤보다 적게 된다.

이중의 한계화 문제를 피하기 위해, 이전가격이 상위부서의 이윤보다는 오히려 기업 전체의 이윤을 극대화하도록 결정되어야 한다. 이것이 어떻게 이루어질 수 있는가를 보기 위해, 하위부서는 최종 제품 한 단위(자동차 한 대)를 생산하기 위해 한 단위의 생산요소(예를 들면, 엔진 한 개)를 필요로 한다고 가정하자. 하위부서는 상위부서로부터 생산요소를 조달하는 비용에 덧붙혀 최종 제품을 조립하는 한계비용 MC_d를 갖는다고 가정하자. 이 경우에 상위부서의 한계비용 MC_u이 하위부서의 순 한계수입(NMR_d)과 같을 경우 엔진을 상위부서가 생산했을 때 기업 전체의 이윤이 극대화된다:

$$NMR_d = MR_d - MC_d = MC_u$$

그 이유를 보기 위해, 또 한 단위의 생산요소를 생산하는데 기업 전체의 입장에서 MC_u의 비용이 소요된다는 것에 주목하자. 이 생산요소는 또 한단위의 최종 산출물로 전환될 수 있으며, 하위부서가 생산요소를 최종 제품으로 전환하기 위해 추가로 MC_d를 지출한 이후에만, 최종 제품 시장에서 이 생산요소는 판매되어 MR_d의 한계수입을 가져 온다. 그러므로 또 다른 한단위의 생산요소를 생산하는 기업의 실제 한계수입은 NMR_d이다. 이것을 그 생산요소를 생산하는 한계비용과 같게 놓으면 기업 전체 이윤을 극대화한다.

우리는 기업 전체 이윤을 극대화하는 필요조건을 알고 있으므로, 부서경영자들이 기업 전체의 이윤을 극대화하도록 유도하는 인센티브 시스템을 기업이 어떻게 제도화 할 수 있는지를 보여준다. 기업내의 더 높은 경영자들이 기업 전체의 이윤을 극대화하는 최종 산출량 수준을 Q^*로 결정한다고 가정하자. 그들은 이전가격 P_T를 최종 산출물 Q^*단위를 생산하는데 하위부서가 필요한 생산요소의 양을 생산하는 상위부서의 한계비용과 같도록 설정한다. 이러한 내부가격 설정계획에 따르면, 하위부서 경영자는 단위당 P_T의 고정가격으로 상위부서로부터 원하는 만큼의 많은 단위의 생산요소를 구매할 수 있다. 상위부서와 하위부서의 경영자는 기업내에서 더 높은 경영자에 의해 정해진 이전가격을 주어진 것으로 받아들여 부서의 이윤을 극대화하도록 지시받는다.

상위부서는 내부적으로 단위당 P_T의 고정자격으로 생산요소를 판매해야 하기 때문에, 상위부서는 완전경쟁기업처럼 행동하고 가격이 한계비용과 같은 곳에서 생산함으로써 이윤을 극대화 한다: $P_T = MC_u$. 생산요소 한 단위가 산출물의 매 단위마다 필요하기 때문에, 최종 산출물을 생산하는 하위부서의 한계비용은 $MC = MC_d + P_T$이다. 하위부서의 경영자는 한계수입과 한계비용이 같은 곳에서 생산함으로써 부서의 이윤을 극대화 한다: $MR_d = MC_d + P_T$. $P_T = MC_u$이기 때문에, 우리는 이것을 $MR_d - MC_d = MC_u$로 다시 쓸 수 있다. 이것은 정확히 기업 전체의 이윤을 극대화하는 조건이다. 따라서 우리는 이전가격을 기업의 이윤극대화 생산요소의 수량을 생산하는 상위부서의 한계비용과 같게 한다. 이렇게 한다면, 부서경영자들이 부서 이윤을 극대화하기 위해 독립적으로 운영한다 하더라도 이중한계화의 문제를 피할 수 있게 된다.

하나의 구체적인 예가 어떻게 기업이 최적 이전 가격설정을 실행할 수 있는지를 설명하는데 도움을 준다. Aviation General의 단발(single) 엔진 비행기의 역수요함수는 $P = 15{,}000 - Q$로 주어져 있다. 상위부서는 $C_u(Q_e) = 2.5Q_e^2$의 비용으로 엔진을 생산하고 비행기를 조립하는 하위부서의 비용은 $C_d\ (Q) = 1{,}000Q$이다. 엔진의 외부 시장이 없을 때 최적 이전가격을 도출해 보자.

최적 이전가격은 엔진 생산으로부터의 기업의 순 한계수입이 상위부서의 엔진의 한계생산비용과 같은 곳에서 정해진다. 하위부서의 한계수입과 한계비용은 각각 $MR_d = 15{,}000 - 2Q$과 $MC_d = 1{,}000$이고, 한편 상위부서의 엔진의 한계생산비용은 $MC_u = 5Q_e$이다. 한 대의 비행기를 생산하는데 한 개의 엔진이 소요되기 때문에 $(Q = Q_e)$, NMR_d와 MC_u를 같게 놓으면

$$NMR_d = 15{,}000 - 2Q_e - 1{,}000 = 5Q_e$$

이다.

Q_e에 대해 풀면, 기업 전체의 이윤을 극대화하기 위해 상위부서는 2,000개의 엔진을 생산해야 한다는 것을 우리는 안다. $Q_e = Q$이기 때문에, 하위부서는 기업 전체의 이윤을 극대화하기 위해 2,000대의 비행기를 생산해야 한다. 최적 이전가격은 2,000개의 엔진 생산에서 평가되는 상위부서의 한계비용, 또는 $P_T =$ \$10,000이다. 따라서 회계사가 엔진의 (내부) 이전가격을 단위당 \$10,000로 설정할 때 기업은 기업 전체의 이윤을 극대화하고 부서경영자들은 주어진 이 가격에서 부서의 이윤을 극대화할 인센티브를 제공 받는다.

11.3.3 치열한 가격경쟁이 있는 시장에서 가격설정전략

우리가 조사할 마지막 가격설정전략은—이것은 같은 브랜드를 계속 구매하는 소비자의 취향과 무작위 가격설정 그리고 가격매칭보장이다—버트란드 과점에서 경쟁하는 기업에 유용하다. 버트란드 과점의 기업들은 가격으로 경쟁하고 비슷한 제품을 판매한다는 것을 상기해 보자. 9장과 10장에서 배웠듯이 이러한 예들에서 가격전쟁이 일어날 것이고 따라서 한계비용과 거의 같은 가격과 거의 0인 이윤을 초래할 것이다. 이 절에서 논의한 가격설정전략들은 버트란드 과점 이외의 상황에서도 이용될 수 있지만, 그 전략들은 그러한 시장에서 종종 일어나는 가격전쟁을 완화시키는데 특별히 유용하다.

가격매칭보장

9장과 10장에서 우리는 둘 이상의 기업이 동질제품의 버트란드 과점에서 경쟁할 때 내쉬균형은 각 기업이 한계비용을 부과하여 0의 이윤을 얻는다는 것을 보여 주었다. 그러나 10장에서 만약 게임이 무한반복되면 기업은 높은 가격을 어기는 경쟁자를 처벌하는 트리거 전략을 채택하여 담합결과를 유지할 수 있다는 것을 우리는 보여 주었다. 무한반복 게임에서, 만약 어떤 기업이 담합합의를 속이면 미래에 처벌 위협을 받고 이것은 결국 기업들이 높은 가격을 부과하는 상황을 초래할 수 있다. 그러나 이자율이 낮고 기업이 효과적으로 시장에서 다른 기업들의 행동을 감독할 수 있을 경우 이 전략은 작동할 것이다.

트리거 전략이 작동하지 않는 경우(게임이 무한반복되지 않거나 또는 기업이 다른 기업들의 행동을 감독할 수 없기 때문에), 기업이 더 높은 이윤을 얻을 수 있는 또 다른 방법이 있다: 가격매칭보장 전략을 광고함으로써, **가격매칭보장** (price matching)을 이용하는 기업은 경쟁자에 의해 제공된 어떤 낮은 가격에 대해서도 “대등한” 가격을 보장하는 약속을 광고한다.

가격매칭보장
기업이 경쟁자에 의해 제공된 낮은 가격에 대해 동등한 가격을 약속하는 광고를 하는 전략

인사이드 비즈니스 11-4 가격매칭보장과 최저가보장(LPG)의 일반적 보급

온라인 여행서비스 시장에서 경쟁은 Orbitz사에 의해 광고된 것처럼 강화되었다. 그 내용은 아래와 같다:

> 당신이 동일한 호텔, 객실유형, 그리고 숙박날짜에 대해 Orbitz보다 더 저렴한 가격을 발견하거나, 또는 Orbitz.com에서 확인예약 후 24시간 내에 다른 웹사이트에서 더 저렴한 가격을 발견한다면, 당신이 환불대상의 자격이 있는 것을 증명하면 Orbitz는 그 차액만큼을 되돌려 줄 것이다.[1]

이러한 광고는 경제학자들이 말하는 최저가격보장(low-price guarantee, LPG)의 예이다.

LPG는 기업이 더 높은 가격을 부과하도록 하는데, 그 이유는 최저가격보장이 경쟁자들이 어떤 상점의 가격보다 더 싸게 팔도록 하는 인센티브를 약화시키기 때문이다. 여러분이 일요신문을 대략 살펴보면, LPG가 점점 더 자동차딜러, 사무용품가게, 전자상점, 슈퍼마켓과 여러 종류의 소매상점들 사이에서 유행하고 있다. 예를 들어, Arbatskaya, Hviid, and Shaffer는 타이어 소매상점들이 신문광고에서 LPG를 사용하는 빈도수를 조사했다. 미국전역의 500개 이상의 타이어 광고표본 중에서, 절반 이상이 LPG를 포함하고 있었다.

1. A exerpt from Orbitz.com at www.orbitz.com/pagedef/content/legal/bestPriceGuarantee.jsp(viewed on February 28, 2009).

출처: Maria Arbatskaya, Morten Hviid, and Greg Shaffer, "The Effects of Low-Price Guarantee on Tire Prices," *Advances in Applied Microeconomics* 8(1999), pp. 123–38.

그러한 전략이 어떻게 이윤을 증대시킬 수 있는지 설명하기 위해, 시장에 있는 기업이 1회 버트란드 가격설정 게임을 한다고 가정하자. 그러나 가격을 광고하는 것 뿐만 아니라, 기업은 시장에서 발견되는 어떤 낮은 가격에 대해서는 보장하는 가격 약속을 광고한다. 그러한 광고는 다음과 같다:

> 우리의 가격은 P이다. 만약 당신이 시장에서 더 나은 가격을 발견하면 우리는 그 차액을 지불할 것이다. 더 이상 싸게 살 수는 없다!

이것은 소비지에게 좋은 거래인 것처럼 들린다. 사실 단순히 이러한 전략의 공표는 그 회사로부터 구매하는 소비자에게 매우 좋은 거래라고 "확신"하도록 한다.

그러나 시장에 있는 모든 기업들이 그러한 정책을 공표하면, 그들은 가격(P)을 높은 독점가격으로 설정할 수 있고 보통의 1회 버트란드 과점에서 얻을 수 있는 0의 이윤 대신에 큰 이윤을 얻을 수 있는 것으로 알려져 있다. 어떻게 이것이 작동하는가?

모든 기업들이 높은 독점가격을 광고하지만 소비자에 의해 발견되는 어떤 낮은 가격에 대해 보장할 것을 약속한다고 가정하자. 모든 기업들이 똑같은 높은 가격을 부과하기 때문에 소비자는 시장에서 더 좋은 가격을 찾을 수가 없다. 그 결과, 기업들은 시장을 공유하고, 독점가격을 부과하여, 높은 이윤을 얻는다. 더욱이 어떤 기업도 경쟁자로부터 고객을 빼앗기 위한 시도로써 낮은 가격을 부과할 인센티브를 갖지 못한다는 것을 주목하자. 만약 어떤 기업이 가격을 낮춘다

인사이드 비즈니스 11-5 Kroger는 가격결정전략들을 혼합하다

몇 몇 기업들은 이윤을 극대화하기 위해 가격결정전략들의 혼합을 사용한다. Kroger는 매출이 1,000억 달러 이상이며 2,000개 이상의 슈퍼마켓을 가진 미국에서 가장 큰 식품점 체인이다. 반 이상의 슈퍼마켓은 연료중심 슈퍼마켓으로서, 슈퍼마켓과 함께 위치하고 있는 Kroger운영 주유소이다. 이러한 연료중심 슈퍼마켓에서, Kroger는 보통 브랜드 충성도와 동시에 그 회사의 제품들에 대해 교차보조(cross-subsidize)하는 가격결정을 한다. 구체적으로 말하면, Kroger는 연료포인트 프로그램을 제공하는데, 거기에서 고객들은 그들이 슈퍼마켓에서 지출하는 매 $1당 연료할인을 받는다. 이러한 프로그램을 통해 고객들은 종종 독립적인 주유소들에서 부과된 것보다 현저하게 더 낮은 휘발유가격을 지불하나, 이러한 손실들은 식품점 매출에 의해 교차보조 된다. 더욱이, 연료포인트의 축적은 단골고객프로그램(frequent-flyer program 또는 "frequent-filler" program)과 매우 유사하게 작동하여, 충성고객을 유치한다. Kroger의 연료 프로그램이 보여주듯이, 기업은 단지 한 가지의 전략에만 제한을 둘 필요가 없다; 몇 가지의 가격결정전략들—충성고객을 유치하기 위한 교차보조와 가격결정처럼—은 이윤을 극대화하기 위해 혼합하여 작동할 수 있다.

면, 경쟁자들은 그 가격을 보장하여 시장점유율을 다시 되찾을 것이다. 가격을 낮춤으로써 기업은 실질적으로 가격전쟁을 야기하고, 그것은 이전의 시장점유율의 변동을 초래하지 않고 이윤만 낮춘다. 따라서 만약 모든 기업들이 가격매칭보장 전략을 채택하면, 그 결과 각 기업은 독점가격을 부과하고 시장을 공유해서 높은 이윤을 얻게 된다.

가격매칭보장 정책의 주요한 점은 기업이 경쟁자가 부과하는 가격을 감독할 필요가 없다는 것이다. 이것은 낮은 가격을 부과한 경쟁자를 처벌할 것인가를 알기 위해 기업이 경쟁자의 가격을 감독해야 하는 트리거 전략과 대비된다. 가격매칭보장 전략의 경우, 경쟁자가 더 좋은 거래를 제공하고 있다는 것을 기업에게 보여주는 것은 소비자에게 달려 있다. 그 시점에 기업은 그 소비자에 대해 가격매칭보장을 해 줄 수 있다. 더 좋은 거래를 찾지 못한 소비자는 계속해서 더 높은 가격을 지불한다. 따라서 일부 다른 기업이 낮은 가격을 부과했다 할지라도, 가격매칭보장 전략을 이용하는 기업은 그러한 가격을 발견한 소비자와 그렇지 못한 소비자간에 가격을 차별할 것이다.

당신이 가격매칭보장 전략을 채택하기 전에 고려해야 할 두 가지가 있다. 첫째, 실제로 소비자가 더 낮은 가격을 찾지 못했을 때 더 낮은 가격을 찾았다고 주장하지 못하게 하는 메커니즘을 고안해야 한다. 그렇지 않으면, 소비자는 당신에게 다른 기업이 재화를 싸게 팔고 있으니 당신에게 더 낮은 가격으로 보장하게 할 것을 요구하는 인센티브를 가질 것이다. 기업이 그러한 속임수를 피하는 한 가지 방법은 널리 판매되는 신문에 광고되는 가격으로 보장할 것을 약속하는 것이다. 이 경우 가격매칭보장을 받으려면 소비자는 광고를 가져와야 한다.

둘째, 만약 경쟁자가 당신의 기업보다 더 낮은 비용을 갖는다면 당신은 가격매칭보장 전략을 실행하는데 어려울 수 있다. 예를 들어, 만약 경쟁자의 한계비용이 텔레비전 한 세트에 $300이고 당신의 한계비용은 $400이라면, 당신 기업의 이윤극대화 (독점)가격은 경쟁자의 가격보다 더 높을 것이다. 그럴 경우에, 경쟁자의 독점가격은 당신의 비용보다 더 낮을 것이다. 이러한 경우, 만약 당신이 경쟁자의 가격에 대해 보장을 해 준다면 당신은 매 단위 판매마다 손실을 입을 것이다.

브랜드 충성도 유발

기업이 버트란드 경쟁의 치열함을 누그러뜨리기 위해 사용할 수 있는 또 다른 전략은 브랜드 충성도(brand loyalty)를 유발하는 전략을 채택하는 것이다. 브랜드 충성도를 가진 소비자는 만약 다른 기업이(약간) 더 나은 가격을 제공한다 하더라도 한 기업의 제품을 계속해서 구매할 것이다. 브랜드 충성도를 유발하여, 기업은 가격이 낮은 다른 기업의 제품으로 옮겨 갈 소비자의 수를 줄인다.

기업은 브랜드 충성도를 유발할 여러 방법을 사용할 수 있다. 보다 더 흔한 방법 중의 하나는 경쟁자의 제품보다 기업의 제품이 더 우수하다고 홍보하는 광고캠페인을 실행하는 것이다. 만약 광고가 시장의 다른 제품들은 완전대체재가 아니라는 것을 소비자들이 믿게 하면, 가격경쟁을 실행하는 기업은 더 높은 이윤을 얻을 수 있다. 경쟁자가 어느 기업의 가격보다 싸게 팔 때, 일부 소비자는 그 기업에 여전히 충성고객으로 남아 있을 것이고 그래서 그 기업은 더 높은 가격을 부과하여 양의 이윤을 갖는다.

그러나 그러한 광고전략은 만약 소비자가 동일한 제품이라고 믿으면 작동하지 않을 것이라는 것을 주목하자. 셀프서비스 주유소는 제품이 길 건너편 주유소에서 판매하는 동일한 브랜드와 실제로 "다르다"는 것을 소비자에게 설득하는데 어려움을 갖게 될 것이다. 이 사례에서 기업은 브랜드 충성도를 촉진하기 위해 다른 전략에 의지할 수 있다.

일부 주유소는 우수고객보상프로그램(frequent-filler programs)을 갖고 있는데, 이것은 항공사에 의해 도입된 우수고객보상프로그램 모델을 따라 만든 것이다. 우수고객보상프로그램은 일정량의 휘발유를 구매하면 소비자에게 현금 리베이트를 제공한다. 이 전략으로, 제품이 동일하다 하더라도 소비자는 리베이트를 얻을 횟수를 극대화하기 위해 동일한 주유소에 충성고객으로 남을 인센티브를 갖는다. 예를 들어, 주유소가 휘발유를 10회 가득 채우면 $5의 리베이트를 제공한다고 가정하자. 만약 소비자가 10개의 다른 주유소에서 휘발유를 가득 채웠다면 그는 리베이트를 얻지 못하지만. 같은 주유소에서 10회 휘발유를 가득 채웠다면 그 소비자는 $5의 리베이트를 얻는다. 따라서 우수고객보상프로그램은 경쟁자와 동일한 제품을 제공한다 하더라도 특정 주유소에 충성고객으로 남을 인센티브를 소비자에게 제공한다.

인사이드 비즈니스 11-6 항공산업에서 무작위 가격설정

항공사들은 경쟁사들이 계속적으로 경쟁사들의 가격을 알아내려고 하므로 항공사들은 경쟁사들의 가격보다 더 저렴하게 팔 수 있는 버트란드 시장에서 경쟁한다. 마일리지 보상계획(frequent-flyer programs)으로 형성된 브랜드 충성도에도 불구하고, 상당수의 항공사 고객들은 주어진 노선에서 최저가격을 부과하는 항공사를 찾기 위해 온라인으로 검색을 한다. 이와 같이 가격에 민감한 고객들을 유치하기 위해, 항공사는 시장에서 최저가격을 부과하는 데에 성공해야 한다.

항공사의 시장구조가 주어졌을 때, 항공사들은 경쟁자와 소비자가 어떤 특정 노선의 가격이 정확히 얼마인지 경험으로부터 알 수 없도록 하기 위해서 가격을 무작위로 설정하는 것이 수익성이 있다는 것을 안다. 가격을 자주 바꿈으로써, 항공사는 경쟁사들이 고객을 빼앗아 가기 위해서 더 싸게 팔아야 하는 가격을 알지 못하게 한다. 시간에 걸쳐 무작위로 변하는 가격을 가지고, 항공사는 주어진 시점에 시장에서 최고가격 또는 최저가격을 부과할 수 있을 것이다. 최저 가격을 부과했을 때, 항공사는 가격에 민감하고 충성도가 높은 고객들에게 항공권을 판매한다. 항공사가 높은 가격을 부과할 때, 가격에 민감한 고객은 다른 항공사로부터 항공권을 구매하므로 항공사는 충성도가 높은 고객들에게만 판매한다.

출처: Michael R. Baye and Casper G. de Vries, "Mixed Strategy Trade Equilibrium," *Canadian Journal of Economics* 25 (May 1992), pp. 281–93; Jihui Chen, "Differences in Average Prices on the Internet: Evidence from the Online Market for Air Travel," *Economic Inquiry* 44, no. 4(2007), pp. 656–70.

무작위 가격설정

무작위 가격설정
기업이 의도적으로 소비자와 경쟁자로부터 가격을 "숨기기" 위한 시도로 자신의 가격을 변화시키는 가격설정전략

치열한 가격경쟁을 가진 시장에서 기업이 이윤을 증대시키기 위해 사용할 수 있는 마지막 전략은 무작위 가격설정전략을 실행하는 것이다. **무작위 가격설정**(randomized pricing)전략을 가지고 기업은 매 시간마다 또는 매일 가격을 바꾼다. 그러한 전략은 두 가지 이유로 기업에 혜택을 준다.

첫째, 기업이 무작위 가격설정전략을 채택하면 소비자는 경험으로부터 어느 기업이 시장에서 최저가격을 부과하는 가를 배울 수 없다. 어느 날 한 기업이 최저가격을 부과한다; 다른 날에는 다른 기업이 최상의 가격을 제공한다. 어디에서 최상의 거래가 존재할 것인가에 대한 불확실성을 증대시켜, 기업은 가격정보를 찾아 다닐 소비자의 인센티브를 줄인다. 그 이유는 한 기업이 오늘 최상의 거래를 제공한다고 해서 그 기업이 내일도 최상의 거래를 제공한다는 것을 의미하는 것이 아니기 때문이다. 계속해서 시장에서 최상의 가격을 찾기 위해서, 소비자는 끊임없이 새로운 거래를 찾아 다닌다. 사실상 정보를 얻게 되는 소비자에게 1회성 이득이 있을 뿐이다; 그 정보는 새로운 가격이 정해질 때 가치가 없다. 이것이 가격에 대한 정보에 투자하려는 소비자의 인센티브를 줄인다. 소비자가 경쟁자에 의해 제공되는 가격에 대한 정보를 덜 가지고 있을수록, 기업은 낮은 가격을 설정하여 고객을 빼앗으려는 경쟁자에게 덜 취약하다.

무작위 가격의 두 번째 장점은 어느 기업의 가격보다 싸게 팔려는 경쟁기업의 능력을 줄여 준다. 버트란드 과점에서 기업은 경쟁자의 가격보다 약간 더 싸게 판매하기를 원한다는 것을 상기하자. 만약 또 다른 기업이 약간 더 우수한 거래를 제공하면, 정보를 가진 소비자는 그 기업으로 바꿀 것이다. 무작위 가격설

정은 소비자가 얻을 수 있는 정보를 줄여 줄 뿐만 아니라, 경쟁자가 어떤 주어진 기업의 가격보다 더 싸게 팔기 위해 어떤 가격을 부과할지를 정확히 알지 못하게 한다. 무작위 가격설정전략은 가격전쟁을 실행하려는 경쟁자의 인센티브를 줄이는 경향이 있으므로 이윤을 증대시킬 수 있다.

우리는 무작위 가격설정전략을 실행하는 것이 항상 이득이 되는 것은 아니라는 것을 주의해야 한다. 많은 예에서, 가격매칭보장전략과 같은 다른 전략들이 이윤을 증대시키는 더 효과적인 방법일 수 있다. 더욱이 어떤 경우에는 무작위 가격설정전략이 필요로 하는 만큼 자주 가격을 변경할 수가 없다. 사람을 고용하여 계속해서 가격표시를 바꾸는 비용은 매우 비쌀 수 있다. 그러나 무작위 가격설정은 가격이 컴퓨터 안에 입력되어 있고 제품에 직접적으로 표시되어 있지 않을 때 작동할 수 있다. 또한 무작위 가격설정은 기업들이 주간 신문에 '세일(sales)' 광고를 할 때 작동할 수 있다. 이 예에서 세일 광고전단에 광고한 가격은 매주마다 다를 수 있으므로 경쟁자는 그 기업의 가격보다 싸게 팔기 위해 어떤 가격을 광고해야 할지 알지 못할 것이다.

왜 디즈니 월드는 공원에 들어가는 입장료(cover fee)를 부과하고 입장한 모든 사람에게 무료로 타게 하는가? 대답은 이부 가격설정을 하여 소비자잉여를 얻어내는 능력에 있다. 특히 놀이공원에서 개별적인 탈것(ride)의 한계비용은 〈그림 11-6〉에서처럼 거의 0이다. 만약 평균 소비자가 〈그림 11-6〉에서와 같은 수요곡선을 가지고 있다면, 독점가격설정에서는 탈 것마다(per ride) $10.50의 가격이 될 것이다. 각 고객은 5번 타기 때문에, 놀이공원은 고객 당 $52.50를 벌게 된다(이것은 가격설정전략과 관계없이 지불되어야 하는 고정비용을 무시한다). 그러나 이것은 소비자에게 평균 $26.25의 소비자잉여를 남겨 놓게 될 것이다. $105의 입장료를 부과하나 매번 탈 때마다 $0의 가격을 설정함으로써, 각 소비자는 평균 10번의 탈것을 타게 되고 놀이공원은 모든 소비자잉여를 얻어내어 더 높은 이윤을 얻는다.

출처: Walter Oi, "A Disneyland Dilemma: Two- Part Tariffs for a Mickey Mouse Monopoly," *Quarterly Journal of Economics* 85(Feb.1971), pp. 77–96.

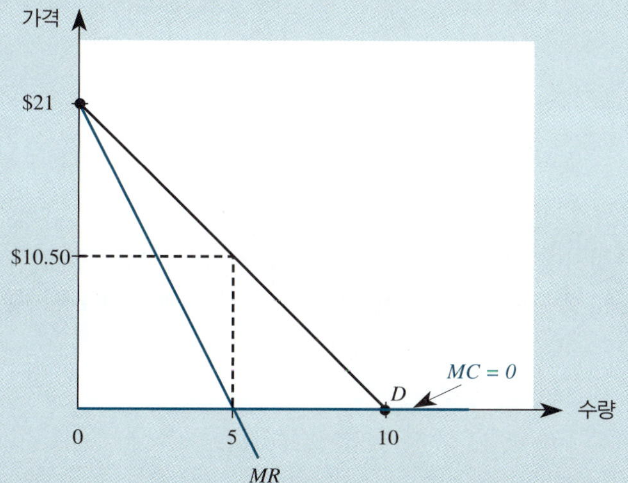

그림 11-6
디즈니랜드 딜레마

요약

이 장은 어느 정도 시장지배력을 가진 기업에 의해 사용되는 가격설정전략을 제시했다. 완전경쟁시장에 있는 기업과는 달리, 적은 수의 기업이 있고 제품이 약간 차이가 있을 때 경영자는 양의 경제이윤을 가져오는 가격설정 전력을 이용할 수 있다. 이러한 전략은 단순한 초과이윤 법칙으로부터 기업이 모든 소비자잉여를 얻어내는 더 복잡한 이부 가격설정전략에까지 이른다.

이 장은 어떻게 초과이윤 법칙이 존재하는지를 보여주었다. 만약 기업이 독점 또는 독점적경쟁이면, 기업 수요함수의 탄력성이 기업의 이윤을 극대화하는 초과이윤을 구하는데 이용될 수 있다. 만약 경영자가 쿠르노 과점에서 영업을 하면, 기업의 가격탄력성은 단순히 시장에 있는 기업의 수 곱하기 시장탄력성이다. 이것을 알면 이러한 종류의 시장에서 경영자는 가격설정전략에 적절한 초과이윤 법칙을 쉽게 계산할 수 있다.

몇몇 시장에서 경영자는 실제로 한 개의 독점가격보다 더 나은 것을 할 수 있다.

이것은 가격차별 또는 이부 가격설정을 통해서 달성할 수 있다. 이윤을 증대시키는 다른 가격설정전략은 최대부하 가격설정, 블록 가격설정, 상품 일괄판매, 교차보조, 최적 이전 가격설정을 포함한다. 이 장은 버트란드 과점에 있는 경영자가 0의 경제이윤이 되는 경향을 피하도록 도움을 주는 전략의 설명으로 결론을 맺는다.

주요 용어 및 개념

가격매칭보장(price matching)
교차보조(cross-subsides)
쿠르노 과점의 단순 가격설정법칙(simple pricing rule for Cournot oligopoly)
독점과 독점적경쟁의 단순 가격설정법칙(simple pricing rule for monopoly and monopolistic competition)
무작위 가격설정(randomized pricing)
블록 가격설정(bock pricing)
상위부서(upstream division)
상품 일괄판매(commodity bundling)
브랜드 충성도(brand loyalty)
이부 가격설정(two-part pricing)
이중한계화(double marginalization)
제1차 가격차별(first-degree price discrimination)
제2차 가격차별(second-degree price discrimination)
제3차 가격차별(third-degree price discrimination)
최대 부하 가격설정(peak-load pricing)
최적 이전가격(optimal transfer price)
하위부서(downstream division)

개념 및 계산 문제

1. 이용가능한 최상의 계량경제 추정치에 의거하여, 당신기업 제품에 대한 시장 수요탄력도는 −2이다. 제품의 한계생산비용은 $150로 고정되어 있는 반면에, 현재의 생산수준에서 평균총비용은 $225이다. 다음의 경우 당신의 단위당 최적 가격을 결정하시오:(LO1)

a. 당신이 독점자이다.

b. 쿠르노 과점하에서 다른 한 기업과 경쟁한다.

c. 쿠르노 과점하에서 19개의 다른 기업과 경쟁한다.

2. 다음 그림(이 그림은 당신 제품에 대한 수요, 한계수입 그리고 관련 비용들을 나타낸다)에 의거하여, 당신 기업의 최적 가격, 생산량, 그리고 다음의 시나리오 중 하나의 경우 이윤을 구하시오.(LO2)

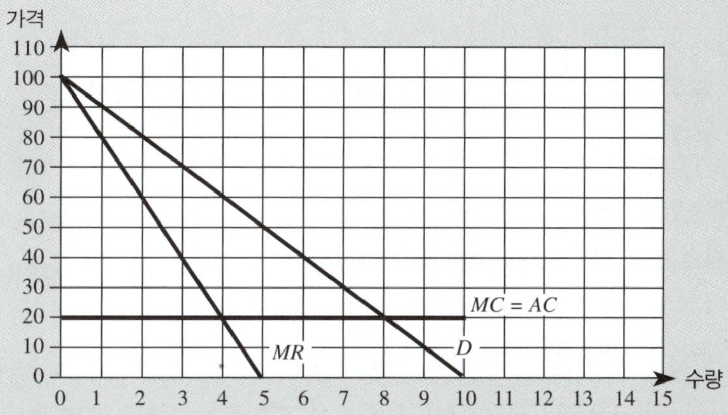

a. 당신은 모든 소비자에게 똑같은 가격을 부과한다.

b. 당신은 1차 가격차별을 실시한다.

c. 당신은 이부 가격설정을 실시한다.

d. 당신은 블록 가격설정을 실시한다.

3. 당신은 어떤 기업의 경영자인데, 소비자들에게 구입된 첫 번째 단위는 $16를 부과하고 한 단위를 초과하는 구입된 매 단위에 대하여는 $12를 부과한다. 다음의 그림은 관련된 수요와 비용을 나타낸다.(LO2)

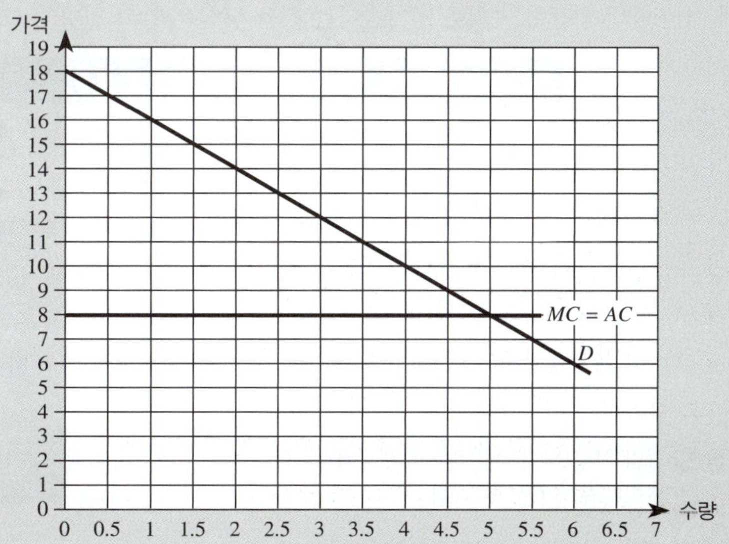

a. 당신 기업의 가격설정전략에 대한 경제학적인 용어는?

b. 이 전략을 통하여 당신이 얻는 이윤을 나타내시오.

c. 만일 당신이 완전가격차별을 할 수 있다면 당신은 얼마의 이윤을 더 얻을 수 있을까?

4. 당신은 서로 다른 지역의 두 그룹의 소비자들에게 물건을 판매하는 독점기업의 경영자이다. 그룹 1의 수요탄력도는 −3인 반면, 그룹 2의 수요탄력도는 −5이다. 그 제품의 한계생산비용은 $40이다.(LO1, LO2)

a. 3차 가격차별하에서 당신의 최적 초과이윤과 가격을 결정하시오.

b. 3차 가격차별이 이윤을 증대시킬 수 있는 조건을 설명하시오.

5. 당신은 독점기업의 경영자이다. 당신 기업제품에 대한 보통 소비자의 역수요함수는 $P = 250 - 40Q$이며 비용함수는 $C(Q) = 10Q$이다.(LO2)

a. 최적 이부 가격설정전략을 결정하시오.

b. 이 소비자에게 단위당 가격을 부과할 때와 비교하여, 이부 가격설정전략을 사용함으로써 당신은 얼마의 이윤을 더 벌수 있는가?

6. 독점기업이 여러 단위의 동일한 제품을 한 묶음으로 팔려고 한다. 이 제품에 대한 보통 소비자의 수요는 $Q^d = 80 - 0.5P$이며 한계생산비용은 $100이다.(LO2)

a. 한 묶음에 넣을 최적의 단위 수를 결정하시오.

b. 기업은 이 묶음에 얼마를 부과하여야 하는가?

7. 당신은 X와 Y 제품들을 비용없이 생산하는 기업의 경영자이다. 서로 다른 유형의 소비자들이 당신의 두 제품에 대하여 각각 다르게 가치를 부여한다는 것을 당신은 알고 있지만, 당신은 이러한 소비자들을 판매시점마다 개별적으로 구별할 수는 없다. 특히, 세 유형의 소비자들(각 유형당 1000명)이 두 제품에 대해 아래와 같이 가치를 평가한다는 것을 당신은 알고 있다.(LO2)

소비자 유형	X 제품	Y 제품
1	$90	$60
2	70	140
3	40	160

a. 당신이 X 제품에 대하여 $40, Y 제품에 대하여 $60를 부과할 때, 당신 기업의 총이윤은 얼마인가?

b. 당신이 X 재화에 $90, Y 재화에 $160를 부과할 때, 당신의 이윤은 얼마인가?

c. 한 단위의 제품 X와 한 단위의 제품 Y를 포함한 하나의 묶음에 대하여 $150를 부과할 때 당신의 이윤은 얼마인가?

d. 한 단위의 제품 X와 한단위의 제품 Y를 포함한 하나의 묶음에 대하여 당신이 $210를 부과하지만, 또한 제품 X에 대해서는 $90, 제품 Y에 대해서는 $160의 가격으로 각각의 제품을 개별적으로 판다면, 당신 기업의 이윤은 얼마인가?

8. 어느 대기업이 두 개의 부서로 나뉘어져 있다: 상위부서(upstream division)는 생산요소의 독점 공급업자이고, 생산요소의 유일한 시장은 최종 제품을 생산하는 하위부서(downstream division)이다. 한 단위의 최종 제품을 생산하기 위하여, 하위부서는 한 단위의 생산요소를 필요로 한다. 만일 최종 제품의 역수요함수가 $P = 1{,}000 - 80Q$일 때, 기업의 가치는, 상위부서와 하위부서 경영자들에게 일정비율의 부서 이윤을 지급함으로써 극대화 될 수 있는가?(LO3)

9. 어느 번역문에 의하면, 노벨수상자인 알버트 아인슈타인은 이렇게 말했다. "신은 주사위를 던져서 우주를 창조하지 않았다." 이것은 이윤극대화 기업이 가격결정에 대한 도움을 받기 위해서 주사위나 룰렛바퀴(roulette wheel) 같은 것을 사용해서는 안 된다는 것인가? 설명하시오.(LO4)

10. 이베이 같은 온라인 경매사이트가 전통적인 소매상이나 도매상들이 수익성이 있는 가격차별을 실행하기가 어렵게 만드는지 혹은 쉽게 만드는가? 설명하시오.(LO2)

응용 문제

11. 당신은 지방의 혼다대리점의 주인이다. 그 지역의 다른 대리점과는 달리, 당신은 "흥정 없이(no-haggle)" 자동차 판매전략에 대해 자부심을 갖고 있다. 지난해 당신 대리점은 $1.5백만의 기록적인 이윤을 얻었다. 당신의 시장에서, 당신은 두 명의 다른 딜러와 경쟁하면, 중규모 혼다자동차 수요의 시장수준에서 가격탄력성은 −1.3이다. 지난 5년간 매년, 당신의 대리점은 미국내 다른 어떤 혼다대리점보다도 중형자동차를 더 많이 판매하여왔다. 이것때문에 당신의 대리점은 제조업체 제시가격(MSRP; manufacturer's suggested retail price)에서 30% 가격할인을 할 수 있었다. 이것을 고려하여, 당신 중형차의 한계비용이 $12,000이다. 만약 당신이 기록적인 이윤을 유지할 것으로 예상한다면, 당신은 이 중형차의 가격을 얼마로 책정해야 하는가?(LO1)

12. 당신은 QC(QuantCrunch)사의 가격분석 전문가인데, 이 회사는 최근 통계소프트웨어 패키지를 개발하기 위하여 $15,000을 사용하였다. 현재까지, 당신은 하나의 고객만을 가지고 있다. 최근 내부조사에 의하면, 당신의 소프트웨어에 대한 이 고객의 수요는 $Q^d = 300 - 0.2P$이며, 이 고객의 사이트에 소프트웨어를 장착하고 유지하는데 단위당 $1,000의 비용이 소요된다. 당신회사의 CEO가 최근 당신에게 다음에 대해 비교분석보고서를 작성하도록 요구하였다: (1) 이 고객에게 단위당 단일가격(single price)을 부과할 때 이윤의 크기, (2) 처음 열 단위까지는 $1,450, 구매된 소프트웨어의 추가적인 각 단위당 $1,225를 부과할 때의 이윤의 크기. 보고서를 작성하고, 훨씬 더 높은 이윤을 가져올 수 있는 방법이 있는지를 알아보시오.(LO2)

13. 당신은 지방의 스포츠용품 가게 경영자이며, 최근 60세트의 스키와 스키바인딩(ski bindings)을 총비용 $25,000에 구입하였다(당신의 공급업자는 당신이 스키와 바인딩을 따로 구입할 수 없게 하며, 60세트보다 더 작게 구입할 수도 없게 한다). 당신 가게가 위치해 있는 지역은 전문가수준부터 초보수준에 이르기까지 다양한 층의 많은 스키애호가들이 있다. 스키애호가들이 스키와 바인딩에 대하여 다르

게 가치를 부여하는 것을 경험을 통해 당신은 알고 있다. 그러나 당신은 되파는 것을 방지할 수 없으므로 당신은 수익성이 있도록 가격차별을 실행할 수 없다. 스키에 $400, 스키바인딩에는 $275의 가치를 부여하는 약 20명의 전문가 수준 고객이 있다; 스키에 $300, 스키바인딩에는 $400의 가치를 부여하는 20명의 중급수준 고객; 그리고 스키에 $200, 스키바인딩에 $350의 가치를 부여하는 초보수준의 고객 20명이 있다. 당신의 최적 가격전략을 설명하시오.(LO2)

14. International Data Corporation(IDC)에 의하면, 전 세계 스마트폰 소유자의 수가 곧 15억명을 초과할 것이다. 그 숫자는 다음 5년 동안 매년 거의 10%로 증가할 것으로 예상된다. 스마트폰의 실제 비용은 약 $300인 반면, 일부 나라들에서는 무선통신회사들이 고객들에게 2년간 무선통신서비스 계약조건으로 "무료(free)" 스마트폰을 제공한다. 이러한 가격결정전략이 합리적인가? 설명하시오. (LO3)

15. 미국제빵협회(American Baker's Association)의 보고서에 의하면, 지난해 연간 빵매출액이 15%증가하였다. 이것은 브랜머핀(bran muffins) 수요가 50%나 증가한 것에 기인한 것이다. 그 증가의 대부분 이유는 브랜의 많은 요소가 특정 종류의 암을 방지하는데 효과가 있다는 보도때문이다. 당신은 어떤 빵가게의 주인으로서, 고급 브랜머핀을 생산, 포장하며, 현재 세 개씩 담아서 브랜머핀을 판매하고 있다. 그러나 이러한 새로운 보도결과로, 당신의 브랜머핀에 대한 보통 소비자의 역수요함수는 현재 $P = 8 - 1.5Q$이다. 브랜머핀의 생산비용함수가 $C(Q) = 0.5Q$일 경우, 단일 패키지(package)로 팔 때 최적의 브랜머핀 판매수량과 패키지당 최적 가격을 결정하시오.(LO2)

16. 당신은 플로리다의 렌트카(rent car) 대리점의 체인점 주인이다. 당신이 최근 읽은 보고서에 의하면, 어떤 년도의 겨울동안 모든 관광객 중 약 80%가 플로리다를 방문하며, 비행기를 타고 여행오는 모든 관광객의 60%정도는 자동차를 렌트한다고 한다. 미리 예약을 하지 않은 여행객들은 높은 수요 때문에 종종 차를 렌트하기 매우 힘들다. 그러나 겨울철이 아닌 기간 동안에는 관광객의 수가 급격히 줄고 여행객들은 렌트카를 예약하는데 어려움이 없다. 최적 가격설정전략을 설명하고, 왜 이것이 최상의 가격설정전략인지를 설명하시오.(LO3)

17. BS(Blue Skies)항공사는 소형단발엔진 비행기의 제조업체이다. 이 회사는 비교적 작지만 고객맞춤형(customized) 비행기의 유일한 제조업체라는 자부심을 갖고 있다. 이 기업의 고급수준 품질은 외부 벤더(outsied vendors)로부터 엔진을 구입하지 않기 때문이며, 경쟁자들에게 엔진을 팔지 않음으로써 경쟁우위를 가질 수 있다. 최대의 효율성을 달성하기 위해, 이 회사는 두 개의 부서로 조직화했다: 한 부서는 엔진을 생산하고, 다른 부서는 항공기 몸체를 제작하고 비행기를 조립한다. BS항공사의 고객맞춤형 비행기의 수요는 $P = 812{,}000 - 3{,}000Q$이다. 엔진의 생산비용함수는 $C_e(Q_e) = 5{,}000Q_e^2$이고, 비행기 조립비용함수는 $Ca(Q) = 12{,}000Q$이다. 각 부서의 책임자가 각 부서 이윤을 극대화하도록 인센티브가 주어진다면, 어떤 문제가 발생하는가? 이러한 문제를 피하고 기업전체 이윤을 극대화하기 위해, BS사의 주인들은 엔진가격을 얼마로 책정해야 하는가?(LO3)

18. 각 시장에서 독점자인 여러 영화관들의 경영자로서, 당신은 주중보다는 주말에 훨씬 더 많은 수요가 있다는 것을 알게 되었다. 그러므로 당신은 연구를 수행한 결과, 영화관들에서 두 개의 서로 다른 수

요곡선이 존재하였다. 주말에는 역수요함수가 $P = 20 - 0.001Q$, 주중에는 $P = 15 - 0.002Q$이다. 당신은 영화한편을 상영하는데 $25,000의 비용+입장객의 숫자에 $2.50를 "로열티"를 지급하여 영화제작자로부터 법적 권한을 얻는다(영화시장에서 평균적인 관객은 영화를 단 한번만 관람한다). 당신 영화상영관의 이윤을 극대화하기 위한 가격설정전략을 보이시오.(LO3)

19. 홈디포(Home Depot)와 로웨(Lowe's)와 같이 많은 주택개선용품 소매상들은 저가보장정책을 실시한다. 최소한, 이런 보장들은 경쟁자의 가격과 같아지게 하며, 일부의 경우는 최저광고가격보다 일정비율만큼 더 낮은 가격을 약속한다. 이러한 유형의 가격설정전략은 경쟁이 치열한 버트란드 경쟁과 0의 경제적 이윤을 가져오는가? 만일 그렇지 않다면, 그 이유는?. 만일 그렇다면, 이러한 기업들이 양(+)의 경제적 이윤을 얻을 수 있도록 하는 대안(alternative) 가격설정전략을 제시하시오.(LO4)

20. Heathrow Airport Holdings(히드로 공항 지주회사)은 런던의 히드로 공항을 운영하는 개인회사이다. 그 회사가 최근 Heathrow의 교통혼잡에 대한 보고서를 준비하도록 여러분의 컨설팅 팀에게 주문했다. 당신회사의 보고서에 의하면, 1년 중 히드로 공항이 7월부터 9월사이에 다른 기간들보다 더 극심한 체증현상이 발생할 것이다. 당신의 추정을 토대로, 수요는 $Q_1^d = 600 - 0.25P$이며 Q_1^d는 7월부터 9월사이에 이착륙장(runaway slots)에 대한 수요량이다. 나머지 9개월간의 수요는 $Q_2^d = 200 - 0.1P$이며 Q_2^d는 이착륙장에 대한 수요량이다. 만약 하루에 이착륙장을 이용하는 비행기의 대수가 80대 이하일 때 경우, 80개의 다른 항공사들 중 하나가 활주로를 이용할 때마다 이 지주회사가 부담하는 추가비용은 1,100파운드이다. 80대 이상의 비행기가 히드로 공항의 활주로를 이용할 경우에는, 이 지주회사가 부담하는 추가비용이 60조 파운드(새로운 활주로와 터미널을 건설하는 비용)이다. 이 지주회사는 이착륙장이 한번 이용될 때마다 현재 1,712.50파운드의 고정비용을 항공사들에게 부과한다. 이 지주회사의 컨설턴트로서, 회사의 수익성을 증대시킬 수 있는 가격설정정책을 제시하시오.(LO3)

21. EU(European Union)는 최대의 두 고급스카치 양주회사간의 합병안을 검토하고 있다. 관련된 시장에 대한 일부 경제학자들의 정의에 의하면, 합병하려고 제안한 두 기업은 함께 약 2/3의 시장점유율을 갖게 되는 반면, 또 다른 기업이 나머지 시장을 점유하게 된다는 것이다. 게다가 스카치 양주에 대한 수요의 (도매)시장탄력도는 −1.3이며, 1리터당 이 술을 생산, 유통하는데 소요되는 비용은 $16.20이다. 이들 데이터만을 토대로 하여, 고급 스카치양주 도매시장에서의 가능한 합병 전후 가격에 대한 계량적 예측을 해보시오. 당신의 추정치를 토대로 하여 제안된 합병의 잠재적인 반경쟁효과에 대해 EU가 우려할 수도 있다고 당신은 놀라는가? 주의깊게 설명하시오.(LO1)

22. 푸드맥스(FoodMax)사 분석가의 추정에 의하면, 브랜드 X 포테이토 칩의 수요는 $Q_X^d = 12.14 - 2.8\ln P_X + 3.4P_Y + 0.7\ln A_X$이며, 여기서 Q_X와 P_X는 각각 브랜드 X 포테이토 칩 4온스 봉지(bag)에 대한 수량과 가격, P_Y는 유일한 경쟁자에 의해 판매되는 6온스 봉지 가격, 그리고 A_X는 브랜드 X 포테이토 칩에 대한 푸드맥스사의 광고량이다. 지난해 푸드맥스사는 700만 봉지의 브랜드 X 포테이토 칩을 팔았으며, $0.42백만을 광고에 투자하였다. 이 회사공장의 임대료는 $2.1백만(여기에는 전기료가 포함)이며, 자본시설에 대한 감가삼각비는 $2.8백만이었다; 직원들(그들 모두는 연 급여를 받는다)에 대한 지불액은 $0.8백만이었다. 브랜드 X 포테이토 칩을 생산, 유통하는 것과 연관된 유일한 기타비용은 감

자(원재료)와 땅콩기름, 봉지에 대한 비용이다; 지난해 푸드맥스사는 이들 재료에 $2.8백만을 지출하였는데, 그것들은 경쟁적인 생산요소시장에서 구입되었다. 이러한 정보를 토대로, 브랜드 X 포테이토칩 한 봉지당 이윤극대화 가격은 얼마인가?(LO1)

23. 당신은 유사한 제품들을 생산하는 동일한 규모의 4개 기업으로 구성된 산업에서 경쟁하는 한 기업의 경영자이다. 최근 산업보고서에 의하면, 산업전체 10% 가격인상은 이 산업의 모든 기업들의 총판매량의 18%의 감소를 가져온다는 점에서, 시장은 매우 포화상태이다. 현재 의회는 그 산업에서 사용된 핵심 생산요소에 대해 관세를 부과시키는 법안을 고려하고 있다. 당신의 추정에 의하면, 만약 법안이 통과될 경우 당신의 한계비용은 $2 증가할 것이다. 이 정보에 의거하여, 만약 관세부과 법안이 의회에서 통과된다면 당신은 가격을 얼마만큼 인상해야 한다고 생각하는가? 설명하시오.(LO1)

참고 문헌

Adams, William J., and Yellen, Janet I., "Commodity Bundling and the Burden of Monopoly." *Quarterly Journal of Economics* 90, August 1976, pp. 475–98.

Baum, T., and Mudambi, R., "An Empirical-Analysis of Oligopolistic Hotel Pricing." *Annals of Tourism Research* 22, 1995, pp. 501–16.

Cain, Paul, and MacDonald, James M., "Telephone Pricing Structures: The Effects on Universal Service." *Journal of Regulatory Economics* 3(4), December 1991, pp. 293–308.

Carroll, K., and Coates, D., "Teaching Price Discrimination: Some Clarification." *Southern Economic Journal* 66, October 1999, pp. 466–80.

Jeitschko, T. D., "Issues in Price Discrimination: A Comment on and Addendum to 'Teaching Price Discrimination' by Carroll and Coates." *Southern Economic Journal* 68, July 2001, pp. 178–86.

Karni, Edi, and Levin, Dan, "Social Attributes and Strategic Equilibrium: A Restaurant Pricing Game." *Journal of Political Economy* 102(4), August 1994, pp. 822–40.

Masson, Robert, and Shaanan, Joseph, "Optimal Oligopoly Pricing and the Threat of Entry: Canadian Evidence." *International Journal of Industrial Organization* 5(3), September 1987, pp. 323–39.

McAfee, R. Preston; McMillan, John; and Whinston, Michael D., "Multiproduct Monopoly, Commodity Bundling, and Correlation of Values." *Quarterly Journal of Economics* 104(2), May 1989, pp. 371–83.

Oi, Walter Y., "A Disneyland Dilemma: Two-Part Tariffs for a Mickey Mouse Monopoly." *Quarterly Journal of Economics* 85, February 1971, pp. 77–96.

Romano, Richard E., "Double Moral Hazard and Resale Price Maintenance." *RAND Journal of Economics* 25(3), Autumn 1994, pp. 455–66.

Scitovsky, T., "The Benefits of Asymmetric Markets." *Journal of Economics Perspectives* 4(1), Winter 1990, pp. 135–48.

CHAPTER 12

정보경제학

학습목표

LO1 분산투자(diversification)와 최적의 탐색전략(optimal search strategies) 등과 같이 위험(risk)과 불확실성(uncertainty)을 관리할 전략들을 확인하시오.

LO2 불확실성하에서 이윤극대화를 가져오는 생산량과 가격을 계산하시오.

LO3 "숨겨진 행동(hidden actions)" 또는 "숨겨진 속성(hidden characteristics)"에 의한 정보 비대칭성 때문에 도덕적 해이(moral hazard)와 역선택(adverse selection)이 왜 발생하는가를 설명하고, 이러한 잠재적인 문제들을 완화시킬 수 있는 전략들을 확인하시오.

LO4 여러 가지 경매규칙과 정보구조가 경매에서의 인센티브에 어떻게 영향을 주는가를 설명하고, 독립적인 또는 연관된(correlated) 가치를 갖는 매우 다양한 경매에서 최적의 호가전략(optimal bidding strategies)을 결정하시오.

헤드라인

겁먹은 기업이 FCC 주파수 경매에서 물러서다.

1993년에 미국 의회는 연방통신위원회(FCC)가 주파수 면허를 줄 때, "공청회"를 개최하는 것을 포기하도록 하는 법안을 통과시켰다. 법 제정의 결과 현재 FCC는 주파수 면허를 경매한다. 경매에서 10개의 면허를 경매하였고, 미 재무성은 낙찰자로부터 6억 달러의 수입을 거둬들였다.

벨 사우스(Bell South), 멕코(McCaw)와 같은 개별입찰자들에게는 경매방법 때문에 그 결과가 상당히 불확실하다. 주어진 면허의 가치는 모든 입찰자에게 사실상 똑같았지만, 어떤 회사라도 경매에서 낙찰 받을 경우 그들의 이윤이 얼마나 될지 확실히 알지 못했다. 각 기업은 면허 가치의 사적인 추정치를 가지고 있었지만, 이러한 추정치는 입찰자별로 모두 다르다.

어떤 기업의 면허 가치의 사적인 추정치는 8500만 달러다. 이것은 만약 면허를 획득하면, (현재가치로) 그 가치가 비용을 제외하고 8500만 달러가 될 것이라고 기업이 추정하고 있다는 것을 의미한다. 그러나 경매 가격이 8000만 달러에 달했을 때, 이 기업은 경매 낙찰을 포기했다.

여러분은 그 기업이 경매가격이 면허 가치의 사적인 추정치 이하인데도 왜 경매를 포기했다고 생각하는가?

12.1 서론

지금까지 우리는 시장참여자인 소비자와 기업은 완전한 정보의 혜택을 누린다고 가정했다. 이 가정이 사실이라기보다는 허구라는 것을 쉽게 알 수 있다. 그럼에도 불구하고 앞 장에서의 분석은 우리에게 시장을 이해하는데 도움을 줄 수 있다. 사실 그것은 불확실성과 불완전정보의 효과를 통합한 더 복잡한 분석의 토대이다.

이 책의 앞 장에서 시작한 토대위에서 고급경제학에서는 사람들이 완전한 정보를 누린다는 가정을 완화해 간다. 불완전 정보에 직면한 의사결정의 이론적 모형은 이 책의 범위와 목적 밖의 일이지만, 불확실성 하에서의 의사결정에는 몇 가지 중요하게 살펴볼 부분들이 있다. 우선, 우리는 더 체계적으로 불확실성이 의미하는 바를 설명할 것이고, 소비자 행위에 미치는 불확실성의 영향을 조사할 것이다. 그런 다음에 우리는 경영자가 위험에 대응할 수 있는 수단을 간략히 설명할 것이다. 마지막으로, 우리는 경매시장을 포함한 시장에서 불확실성의 여러 중요한 의미를 살펴 볼 것이다.

12.2 평균과 분산

불확실한 결과에 관한 정보를 요약하기에 가장 손쉬운 방법은 어떤 변수의 평균과 분산의 통계적 개념을 이용하는 것이다. 더 구체적으로 어떤 변수의 가치에 관하여 어떤 불확실성이 있다고 가정하자. 확률변수 x는 이윤, 산출물의 가격, 또는 소비자 소득을 나타낼 수 있다. x는 변수이기 때문에 우리는 그것의 실제 가치가 무엇인지 확신할 수 없다. 우리가 알고 있는 것은 변수의 각각의 가치가 주어진 확률로서 나타날 것이라는 것이다. 예를 들어, 공정한 주사위를 던져서 어떤 숫자가 나오든지 당신에게 (달러로) 그 숫자만큼 지불하기로 누군가가 약속했다고 가정하자. x가 당신에게 지불되는 돈을 나타낼 때 당신이 얼마를 지불 받을지 명백히 확신할 수 없다. 만약 당신이 운이 좋다면 당신은 6을 굴려 \$6를 지불 받을 것이다. 만약 당신이 불운하다면 당신은 1을 굴려 \$1를 받을 것이다. 1과 6 사이의 수 중에서 어떤 수가 나올 수 있는 확률은 1/6 인데, 이는 주사위에 6면이 있기 때문이다. x의 기대치(또는 평균)는

$$E[x] = \frac{1}{6}(\$1) + \frac{1}{6}(\$2) + \frac{1}{6}(\$3) + \frac{1}{6}(\$4) + \frac{1}{6}(\$5) + \frac{1}{6}(\$6) = \$3.50$$

이다.

다시 말하면, 당신이 주사위를 굴렸을 때 얼마를 당신이 지불 받을지 확실히 알지 못한다 하더라도, 평균적으로 당신은 \$3.50를 얻는다.

확률변수 x의 **평균(또는 기대치)**은 상이한 결과가 일어나는 확률에다 그에 따른 보수를 각각 곱한 합으로 정의된다. 공식으로 표현하자면, 만약 변수의 가능한 결과가 x_1, x_2 ⋯ , x_n이고 그에 상응하는 결과의 확률은 q_1, q_2 ⋯ , q_n라면 x의 기대치는

평균(또는 기대치) 상이한 결과가 일어나는 확률에다 그에 따른 보수를 각각 곱한 합

$$E[x] = q_1x_1 + q_2x_2 + \cdots + q_nx_n$$

이다. 여기에서 $q_1 + q_2 + \cdots + q_n = 1$이다.

그러므로 확률변수의 평균은 상이한 결과의 가능성에 관한 정보를 하나의 통계치로 압축한다. 이것은 의사결정을 하는데 필요한 정보의 양을 효율적으로 축소시키는 편리한 방법이다.

평균은 확률변수의 평균값에 관한 정보를 제공하나, 확률변수와 관련된 위험의 정도에 관한 어떤 정보도 제공하지 않는다. 의사결정을 하는데 고려해야 할 위험의 중요성을 설명하기 위해 다음의 두 선택에 관해 살펴보자:

선택 1: 동전을 던진다. 만약 앞이 나오면 당신은 \$1를 받는다. 만약 뒤가

나오면 \$1를 지불한다.

선택 2: 동전을 던진다. 만약 앞이 나오면 당신은 \$10를 받는다. 만약 뒤가 나오면 \$10를 지불한다.

내기에 건 돈이 선택 1보다 선택 2에서 더 높지만, 각 선택은 0의 기대치를 갖는다. 평균적으로, 당신은 어느 선택에서도 돈을 벌지도 또는 잃지도 않을 것이다. 이것을 보기 위해서, 동전이 앞이 나올 확률이 50:50이라는 것에 주목하자.

따라서 선택 1의 기대치는

$$E_{\text{선택 }1}[x]=\frac{1}{2}(\$1)+\frac{1}{2}(-\$1)=0$$

이고, 선택 2의 기대치는

$$E_{\text{선택 }2}[x]=\frac{1}{2}(\$10)+\frac{1}{2}(-\$10)=0$$

이다.

두 가지 선택은 동일한 기대치를 갖지만 본질적으로 속성이 다르다. 평균을 이용하여 선택에 관한 정보를 요약함으로써, 우리는 두 선택과 관련된 위험에 관한 정보를 잃었다. 당신이 어떤 선택을 하든 관계없이 동전을 던져서 돈을 받거나 혹은 잃게 된다. 선택 1에서 1/2확률로 평균보다 \$1를 더 벌고, 1/2확률로 평균보다 \$1를 적게 번다. 선택 2에서 실제로 이득 또는 손실과 평균의 차이는 더 크다: 1/2확률로 평균보다 \$10를 더 벌고 1/2확률로 평균보다 \$10를 적게 번다. 평균과의 차이가 선택 1보다 선택 2에서 더욱 더 크기 때문에 선택 1보다 선택 2가 더 위험하다고 생각하는 것은 당연하다.

앞의 논의는 선택 1보다 선택 2가 더 위험하다고 생각하는 이론적 근거를 제공하지만, 경영자는 불확실한 결과와 관련된 위험을 요약하는 숫자를 갖는 것이 종종 편리하다. 위험의 가장 일반적인 측정치는 분산인데 이것은 평균으로부터 가능한 결과의 편차를 특정한 방식으로 요약한다. 확률변수의 **분산**은 상이한 결과가 일어나는 확률에다 확률변수의 평균으로부터 편차의 제곱을 각각 곱한 것의 합이다. 공식으로 표현하자면, 만약 확률변수의 가능한 결과가 x_1, x_2 ⋯ , x_n 이고, 그들에 상응하는 확률은 q_1, q_2 ⋯ , q_n이며 x의 기대치는 $E[x]$이면, x의 분산은

분산
서로 다른 결과가 일어날 확률에다 그 결과에 따른 보수가 평균에서 벗어난 편차의 제곱을 각각 곱한 값의 합계

$$\sigma^2=q_1(x_1-E[x])^2+q_2(x_2-E[x])^2+\cdots+q_n(x_n-E[x])^2$$

표준편차는 분산의 제곱근이다:

표준편차
분산의 제곱근

$$\sigma=\sqrt{\sigma^2}=\sqrt{q_1\big(x_1-E[x]\big)^2+q_2\big(x_2-E[x]\big)^2+\cdots+q_n\big(x_n-E[x]\big)^2}$$

분산이 클수록 표준편차도 커지므로(그리고 그 반대도 성립), 표준편차는 분산에 포함된 것 이상의 유용한 정보를 제공하지 못한다. 그러나 표준편차는 매우 실용적인 응용력을 가지고 있다. 특히, 어느 확률변수의 결과는 최소한 75%의 확률로 평균에서 2표준편차 이내에 속할 것이다. 예를 들어, 확률변수 x의 평균이 5이고 표준편차가 1이라면, x값은 최소한 75%의 확률로 3[= 5 − 2(1)]과 7[= 5 + 2(1)] 사이의 값을 가질 것이다.

선택(options)과 관련된 위험을 요약한 숫자를 얻는데 어떻게 분산이 이용될 수 있는지를 알아보기 위해 이 공식을 우리의 동전 던지기 예에 적용해보자. 각각의 경우에 단지 두 개의 가능한 결과가 똑같은 확률을 갖고 나타난다. 따라서 $q_1 = q_2 = 1/2$이다. 각 선택의 평균은 0이다. 따라서 선택 1의 분산은

$$\sigma^2_{\text{선택1}} = \frac{1}{2}(1-0)^2 + \frac{1}{2}(-1-0)^2 = \frac{1}{2}(1) + \frac{1}{2}(1) = 1$$

선택 2의 분산은

$$\sigma^2_{\text{선택2}} = \frac{1}{2}(10-0)^2 + \frac{1}{2}(-10-0)^2 = \frac{1}{2}(100) + \frac{1}{2}(100) = 100$$

이다.

$$\sigma^2_{\text{선택1}} = 1 < \sigma^2_{\text{선택2}} = 100$$

이기 때문에 선택 2는 선택 1보다 더 위험하다. 표준편차는 분산의 제곱근이기 때문에, 선택 1의 표준 편차는 1이고 선택 2의 표준편차는 10이다.

예시 문제 12-1

회사 XYZ의 경영자는 만약 경기가 침체하지 않을 경우 $1,000의 이윤을 가져다 주는 새로운 제품을 출시하려 한다. 그러나, 만약 경기침체가 일어나면 정상재의 수요는 급격히 떨어져 회사는 $4,000의 손실을 입을 것이다. 만약 경기가 침체될 확률이 10%라고 경제학자가 추정하면, 새로운 제품을 출시하는 회사 XYZ의 기대이윤은 얼마인가? 또한 새로운 제품의 출시는 얼마나 위험한가?

정답

만약 경기가 침체될 가능성이 10%라면, 침체되지 않을 가능성은 90%이다. 확률변수의 기대치 공식을 이용하면, 새로운 제품 출시의 기대이윤은

$$E[x] = q_1x_1 + q_2x_2 = .1(-\$4,000) + .9(\$1,000) = \$500$$

이다. 따라서 새로운 제품 출시의 기대이윤은 $500이다. 분산을 위험의 척도로 사용하며

$$\sigma^2 = .1(-4,000 - 500)^2 + .9(1,000 - 500)^2 = 2,250,000$$

이다.

12.3 불확실성과 소비자 행위

여러분이 불확실한 결과의 평균과 분산을 어떻게 계산하는지 이해했으므로, 이제 우리는 어떻게 불확실성의 존재가 소비자와 경영자의 의사결정에 영향을 주는지 살펴볼 것이다.

12.3.1 위험회피

4장에서 우리는 소비자가 재화의 묶음에 대한 선호를 갖는다고 가정했고 재화의 묶음은 확실히 알려져 있다고 가정하였다. 여기서는 불확실한 결과에 대한 선호에 까지 분석을 넓힐 것이다.

*F*와 *G*는 두 불확실한 예상을 나타낸다. *F*는 회사 F의 주식을 100주 구매하는 것과 관련된 예상을 나타내고, *G*는 회사 *G*의 주식을 100주 구매하는 것과 관련된 예상을 나타낸다. 여러분이 주식을 구매할 때, 여러분의 실제 이윤 또는 손실이 얼마가 될지 불확실하다. 여러분이 알고 있는 것은 각 주식과 관련된 수익에 평균과 분산이 있다는 것이다. 서로 다른 사람들이 똑같은 조합의 기대에 대해 서로 다른 기호를 나타낸다. 여러분은 *G*보다 *F*를 더 좋아할 수 있고, 반면에 어떤 사람들은 *F*보다 *G*를 더 좋아할 수 있다. 그것은 단지 위험한 기대에 대한 기호의 문제이다.

위험회피
$*M*의 기대치보다 확실한 $*M*을 더 선호함

위험선호
확실한 양의 $*M*보다 $*M*의 기대치를 갖는 위험한 것을 더 선호하는 것

위험중립
확실한 $*M*과 기대치 $*M*을 갖는 것에 대해 무차별함

위험에 대한 태도가 소비자간에 서로 다를 수 있기 때문에, 이러한 태도간의 차이를 구별하기 위해 추가적인 용어를 소개한다. 첫째, **위험회피**적인 사람은 $*M*의 기대치를 갖는 위험한 기대보다 확실한 양의 $*M*를 더 선호한다. **위험선호**적인 사람은 확실한 양의 $*M*보다 $*M*의 기대치를 더 선호한다. 그리고 **위험중립**은 기대치 $*M*를 갖는 위험한 기대와 확실한 양의 $*M*간에 무차별하다.

어떤 기대에는 사람들이 위험선호적이고, 반면에 다른 기대에는 사람들이 위험회피적인 것이 가능하다. 예를 들어 사람들이 작은 도박에는 보통 위험선호적이고, 반면에 큰 도박에는 위험회피적이다. 여러분은 던져진 동전이 앞면이 나오거나 또는 뒷면이 나오든 간에 여러분이 예측할 수 있는 것에 25센트를 걸 용의가 있다. 이 도박의 기대치는 0이다. 이 예에서 여러분은 위험선호적인 사람으로 행동한다: 경기를 하지 않는 것(확실히 0을 받는 것)보다 기대보수 0을 갖는 도박을 더 좋아한다. 만약 내기에 거는 돈이 오르면, 이를테면 $25,000까지 오르면, 여러분은 돈을 걸지 않는 것을 선택할 것 같다. 이 예에서 여러분은 기대치 0을 갖는 도박보다 돈을 걸지 않는 것(확실히 0)을 더 좋아한다.

인사이드 비즈니스 12-1 위험회피와 기업을 파는 가격: 세인트 피터스버그의 역설

기업은 종종 미래 이윤의 기대치보다 더욱 더 낮은 것으로 보이는 가격에 팔린다. 당신은 시장이 합리적이지 않다고 결론을 내리기 전에, 다음과 같이 동전을 던지는 권리에 당신은 얼마를 지불할 용의가 있는지를 당신 자신에게 물어 보아라.

- 첫 번째 앞면이 첫 번의 동전을 던져서 나왔다면 당신은 2센트를 받는다.
- 첫 번째 앞면이 두 번의 동전을 던져서 나왔다면 당신은 4센트를 받는다.
- 첫 번째 앞면이 세 번의 동전을 던져서 나왔다면 당신은 8센트를 받는다.
- 더 일반적으로, 첫 번째 앞면이 n번의 동전을 던져서 나왔다면 당신은 2^n센트를 받는다.

동전을 던지는 것은 독립적인 사건이기 때문에, 이러한 동전 던지기 게임에 참여하는 기대치는

$$E[x] = \left(\frac{1}{2}\right)2 + \left(\frac{1}{2}\right)^2 2^2 + \left(\frac{1}{2}\right)^3 2^3 + \left(\frac{1}{2}\right)^4 2^4 + \cdots$$
$$= 1 + 1 + 1 + \cdots$$
$$= \infty \text{ 센트}$$

따라서 이 게임의 기대치는 무한대이다; 만약 당신이 이 게임을 한다면 평균적으로 무한한 금액을 벌 것이다. 물론, 이 특별한 게임을 하기 위해 세상을 포기하고자 하는 사람은 아무도 없다는 것을 나는 알고 있다. 나는 한 학급 200명의 학생 중에서 이 게임에 지불하고자 하는 최대 금액은 약 $20이고 이것은 이 게임의 무한 기대치보다 훨씬 낮다는 것을 발견했다. 이 결과는 세인트 피터스버그의 역설이라고 알려져 있다.

이 역설에 대한 대답에서 개인은 게임에서 승리하여 받는 효용이 중요한 것이지 금액 그 자체가 아니다. 당신이 첫 번째 100만 달러를 받는 것으로부터 오는 만족은 당신이 두 번째 100만 달러를 받는 것으로부터 오는 만족보다 더욱 더 크다 등등. 소득에 대한 이러한 한계효용체감은 위험회피를 일으키는데, 이것은 개인이 기대치보다 덜 지불하려 한다는 것을 의미한다. 위의 동전 던지기의 경우에 기대치와 개인이 지불할 용의가 있는 금액과의 차이는 상당하다. 그와 같은 것은 기업이 판매될 때도 사실일 수 있다.

위험회피적인 소비자를 가진 경영자의 의사결정

대부분의 개인들은 상당한 결과를 갖는 게임에서는 위험회피적이다. 여기서 우리는 경영자가 최적의 의사결정을 하는데 위험회피적인 소비자가 의미하는 바를 살펴보고자 한다.

제품의 질 위험의 분석은 소비자가 제품의 질에 관하여 불확실한 상황을 분석하는데 이용될 수 있다. 예를 들어, 소비자가 특정 브랜드 자동차 왁스를 정기적으로 구매하고, 그 제품의 질과 특성에 관해 비교적 확신하고 있다고 가정하자. 만약 소비자가 위험회피적이면, 그 소비자는 시장에 새로 소개된 자동차 왁스를 언제 구매할 용의가 있을까?

위험회피적인 소비자는 동일한 기대치의 경우 불확실한 것보다 확실한 것을 더 선호한다. 따라서 만약 소비자가 정기적으로 구매했던 왁스와 똑같이 새로운 왁스의 효과를 기대한다면, 다른 모든 것이 일정할 경우 소비자는 새로운 제품을 구매하지 않을 것이다. 그 이유는 새로운 제품의 이용과 관련된 위험때문이다. 새로운 왁스는 이전의 왁스보다 자동차를 더 좋게 보이도록 할 수 있거나 또

는 자동차의 페인트에 손상을 입힐 수도 있다. 소비자가 이러한 가능성을 고려하여 새로운 왁스가 현재 이용하고 있는 왁스와 같다고 믿을 때, 소비자는 새로운 제품을 구매하지 않기로 결정한다. 소비자는 위험한 기대(새로운 제품)보다 확실한 것(현재의 브랜드)을 더 선호한다.

기업은 위험회피적인 소비자가 새로운 제품을 시도하도록 하기 위해 두 가지 전술을 이용한다. 첫째, 기업의 경영자는 새로운 제품의 시도와 관련된 위험에 대해 소비자에게 보상하기 위해 새로운 제품의 가격을 기존 제품의 가격 아래로 낮출 수 있다. 기업이 무료 샘플을 보내주는 경우가 이러한 기법을 사용하는 것에 해당된다. 이 경우 소비자에게 부과되는 새로운 제품의 가격이 0이기 때문이다.

둘째, 경영자는 새로운 제품의 기대되는 질이 이전 제품의 확실한 질 보다 더 높다고 소비자가 생각하도록 할 수 있다. 기업은 보통 비교광고를 이용하여 이런 것을 가능하게 한다. 예를 들어, 광고는 새로운 왁스를 바른 50대의 자동차와 경쟁제품을 바른 50대의 자동차를 보여줄 수 있다; 그리고 나서 100대의 자동차를 반복해서 세차하면, 새로운 제품(왁스)을 바른 50대의 자동차만이 여전히 광택이 난다. 만약 소비자가 그러한 광고에 의해 설득되면, 소비자는 새로운 제품을 구매할 수 있다. 이는 더 우수한 제품의 질이 새로운 제품의 시도와 관련된 위험을 상쇄시키기 때문이다.

체인점 위험회피는 상점들이 독립적으로 남아 있지를 않고 왜 체인점의 일부가 되려하는지 와도 관련이 있다. 예를 들어, 어떤 소비자가 미국의 어느 작은 도시들을 운전하고 돌아다니다가 점심 먹을 곳을 결정한다고 가정하자. 도시에는 두 개의 식당이 있다: 그 지역의 특정 식당과 전국적인 햄버거 체인점. 이 소비자는 이 특정 식당에 대해 아무것도 알지 못하지만 지역 식당은 보통 매우 좋거나 매우 나쁘다는 것을 상기한다. 한편, 전국적인 햄버거 체인점은 표준화된 매뉴와 재료를 갖고 있다. 제공된 제품의 질은 비록 평균적이지만 그 질이 비교적 확실하다. 소비자는 위험회피적이기 때문에, 소비자가 지역 식당의 제품이 체인점보다 충분히 나을 거라고 기대하지 않는 한 체인점에서 점심 식사를 할 것이다.

식당 예는 많은 다른 예에도 적용된다. 비슷한 예가 소매 대리점, 트랜스미션 전문점, 그리고 다른 형태의 가게에 적용된다. 예외가 있지만, 외지에서 온 방문객은 보통 체인점에서 구매하는 것을 선호한다. 주목해야 할 것은 지역 가게가 전국적인 가게 보다 더 나은 제품을 제공한다 하더라도, 외지 방문객이 아주 많다면 전국적인 체인점은 영업활동을 계속 할 수 있다.

온라인 검색 인터넷에서 정보의 용이한 공급은 온라인 고객논평이 공개적으로 이용가능하도록 만드는 과정을 단순화시켰다. Yelp와 같은 웹사이트에는 미국 전역에 걸쳐 식당과 많은 기관들에 대해 고객들이 제기한 수백만가지의 온라인 논평이 포함되어 있다. 무엇보다도 온라인 논평은 체인점과 독립적 가계간의 경기장까지도 도움을 줄 수 있다. 우리의 점심사례를 논의해 보자. 만약 지역식당이 많은 온라인 논평을 가지고 있다면, 이 정보는 만약 소비자가 지역식당에서 식사를 할 경우 그 소비자가 인식하는 위험을 완화시키는데 도움을 줄 수 있다; 현재 그 지역식당의 음식 질(food quality)에 대해 더 많은 정보가 있으므로, 잘 알려진 체인점과 비교하여 덜 불확실하게 만들고 잠재적으로 더 많은 위험회피적인 소비자들을 끌어들일수 있다. 이러한 메커니즘을 통해, 지역기업들의 경영자들은—특히 상당히 많은 수의 타지의(out-of-town) 잠재적인 고객들을 가진 기업들—이전의(previous) 고객들이 제출한 온라인 논평을 활용하도록 함으로써 수요를 증대시킬 수 있다.

보험 소비자가 위험회피적이라는 사실은 그들이 위험을 회피하는데 비용을 지불할 용의가 있다는 것을 의미한다. 이것은 왜 개인이 집과 자동차를 위한 보험을 사는가에 대한 정확한 이유이다. 보험을 구매함으로써 개인은 큰 재해의 손실과 관련된 위험을 줄이는데(잠재적인 손실에 비해) 작은 금액을 포기한다. 예를 들어, 만약 $100,000의 집이 다 타버리면, 보험이 없는 집의 주인은 $100,000를 잃을 것이다. 만약 화재가 없다면 집 주인이 잃는 것은 아무것도 없다. 대부분의 집 주인은 이러한 위험을 회피하기 위해 몇 백달러를 지불할 용의가 있다. 만약 집이 다 타버리면, 보험회사는 집주인에게 손실을 배상해준다. 따라서, 보험은 소비자에게 "확실한 것"의 구매를 나타낸다—집이 다 타버리던가 아니면 화재가 없던 가에 상관없이 $100,000의 가치가 있는 집.

어떤 기업은 환불 보장을 통해 소비자에게 보험을 제공한다. 또 어떤 기업은 보험 형태를 소비자에게 판매한다. 예를 들어, 많은 자동차 제조업자는 회사가 수리비용을 지불할 것을 보장하는 보증 계획을 소비자에게 판매한다. 이것은 자동차 소유와 관련된 위험을 제거하고 위험회피적인 소비자로 하여금 자동차 소유에 더 관심을 갖게 한다.

12.3.2 소비자 탐색

지금까지 우리는 확실성 하에서 소비자가 재화의 가격을 알고 있다고 가정했다. 소비자가 같은 재화에 대해 다른 기업이 부과하는 가격을 알지 못하는 상황에서는 분석이 더 복잡하다.

소비자가 어떤 동질의 상품에 대해 다른 가게가 부과하는 가격을 알지 못한다고 가정하자. 같은 상표의 시계에 다른 가격을 부과하는 수많은 가게가 있다고 가정하자. 소비자는 가장 낮은 가격을 부과하는 가게로부터 제품을 구매하고 싶으나, 소비자는 개별 가게가 부과하는 가격을 알지 못한다. 개별 가게가 부과하는 가격에 관한 정보를 얻는 비용을 C라고 표시하자. 예를 들어, C는 전화 거는 비용, 혹은 시계에 얼마의 가격을 부과하고 있는지 알아 보기 위해 어떤 가게에 가는 비용, 또는 카탈로그에서 가격을 찾아보는 비용을 나타낼 수 있다.

시장에 있는 가게 중 3/4이 어떤 특정 상표의 시계에 $100를 부과하고 1/4은 $40를 부과하고 있다고 가정하자. 만약 소비자가 $40에 시계를 파는 가게를 찾는다면 소비자는 명백히 탐색을 멈춰야 한다. 어느 가게도 $40 아래의 가격을 부과하지 않는다.

만약 소비자가 $100를 부과하는 가게를 방문한다면 위험중립적인 소비자는 무엇을 해야 하는가? 단순화를 위해 소비자는 무료 리콜(free recall)과 반환(replacement)을 가정하고 탐색한다고 하자. 무료 리콜로 소비자는 $100에 시계를 구매하면서 시계 때문에 그 가게로 다시 돌아가게 되는 비용을 생각하지 않게 된다. 소비자가 반환을 가정하고 탐색을 한다는 사실은 다른 가게가 부과하는 가격의 분포가 바뀌지지 않는다는 것을 의미하는데, 이는 소비자가 어느 가게가 시계에 $100를 부과한다는 것을 알았다 하더라도 성립한다. 이러한 가정하에서 만약 소비자가 다시 탐색하면, 1/4 확률로 소비자는 $40의 가격을 찾을 것이고 $100 – $40 = $60를 절약할 것이다. 그러나 3/4 확률로 소비자는 $100의 가격을 찾을 것이고 탐색으로부터 이득은 0이 될 것이다. 따라서 추가 탐색의 기대 혜택(EB)은

$$EB = \frac{1}{4}(\$100 - \$40) + \frac{3}{4}(0) = \$15$$

이다.

다시 말하면, 만약 소비자가 $100보다 낮은 가격을 찾는다면 1/4 확률로 소비자는 $60를 절약할 것이고 3/4 확률로 소비자는 아무 절약도 못할 것이다. 따라서 더 낮은 가격을 찾는 기대 혜택은 $15이다.

소비자는 기대 혜택이 추가 탐색비용보다 더 크면 낮은 가격을 찾아야 한다. 예를 들면, 만약 각 탐색비용이 $5이면, 소비자는 계속해서 더 낮은 가격을 찾는데 관심이 있을 것이다. 그러나 만약 더 낮은 가격을 한 번 더 찾는 비용이 $20이면, 더 나은 가격을 계속해서 찾는 것은 수지가 맞지 않는다.

이 예는 탐색의 기대 혜택은 이전의 탐색 동안 찾아낸 가장 낮은 가격에 달려 있다는 것을 밝혀준다. 만약 가장 낮은 것으로 알려진 가격이 P이면, 〈그림 12–1〉에서와 같이 P보다 더 낮은 가격이 발견됨에 따라 그보다 더 낮은 가격을 찾음으로써 생기는 이득은 감소한다.

인사이드 비즈니스 12-2 저렴한 인터넷 탐색비용에 대응하기 위한 속임수(obfuscation)

가격비교 웹사이트를 통해 쇼핑객들은 주어진 제품에 대해 서로 다른 많은 온라인 소매업자들이 부과한 가격에 대해 알 수 있다. 이러한 웹사이트들은 소비자 탐색비용을 거의 0으로 낮추는데 기여하여, 소매업자들이 가격을 낮추도록 상당한 압력을 준다. 한 가지 그러한 사이트가 Pricewatch.com으로서 컴퓨터 부품들에 대한 가격을 비교한다.

이러한 시장에서 경쟁하고 있는 기업들의 경우 모든 이윤이 없어지는가? 경쟁기업들은 가격에 대한 인하압력을 완화시키기 위한 시도로 속임수를 쓸 수도 있다. 최근 글렌 엘리슨과 사라 엘리슨 같은 경제학자들이 Pricewatch.com의 기업들을 조사한 결과, 이러한 유형들의 관행에 대한 여러 가지의 징후를 발견했다. 특히, 기업들이 그들의 제품에 대해 복잡하게 설명을 하고 다양한 버전(versions)의 제품을 생산하는 증거를 그들은 입증했다. 뿐만 아니라, 그들은 속임수의 유형이라고 판단하는 또 다른 관행—(1) 기업들은 비교사이트에서 소비자들을 유치하기 위해 낮은 가격으로 저품질 제품을 제공한 다음, (2) 소비자가 일단 클릭하면(선택하면) 그 기업은 그 소비자에게 (보자더) 우수한 제품에 대해서 더 많이 지불하도록 설득시키려고 한다—을 입증했다. 이러한 모든 관행들은 탐색과정을 복잡하게 하는데 기여하며, 잠재적으로 이윤을 증가시킨다.

출처: Glenn Ellison and Sara Fisher Ellison, "Search, Obfuscation, and Price Elasticities on the Internet," *Econometrica* (2009), pp. 427–452.

또한 〈그림 12-1〉은 소비자의 최적 탐색 전략을 보여준다. 각 탐색의 비용은 수평선인 C이다. 만약 소비자가 R보다 더 높은 가격을 찾는다면 탐색의 기대 혜택은 비용보다 크고 소비자는 이 가격을 거절해야 한다(계속해서 더 낮은 가격을 찾는다). 다른 한편, 만약 소비자가 R 아래의 가격을 찾으면 이 가격을 수락하는 것이 가장 좋다(탐색을 멈추고 제품을 구매한다). 이것은 더욱 더 낮은 가격을 탐색하는 기대 혜택이 탐색하는 비용 보다 낮기 때문이다. 만약 소비자가 R의 가격을 찾으면 소비자는 그 가격에서 구매하는 것과 계속해서 더 낮은 가격을 찾는 것 간에 무차별할 것이다.

유보가격 R은 소비자가 그 가격에서 구매하는 것과 더 낮은 가격을 찾는 것간에 무차별한 가격이다. 만약 $EB(p)$가 p보다 낮은 가격을 찾는 기대 혜택이고 c가 탐색 당 비용을 나타내면, 유보가격은 조건

유보가격
소비자가 그 가격에서 구매하는 것과 더 낮은 가격을 찾을 것인가 간에 무차별한 가격

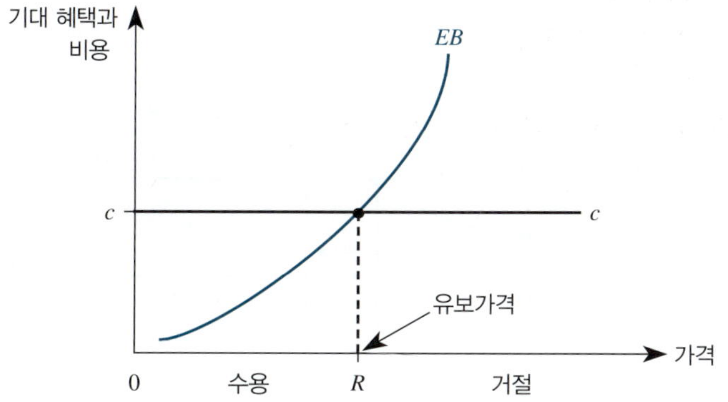

그림 12-1
최적 탐색 전략

$$EB(R) = C$$

을 만족한다.

소비자의 탐색 법칙

최적 탐색 법칙은 소비자가 유보가격(R) 위의 가격을 거절하고 유보가격 아래의 가격을 수용한다. 다시 말하면, 최적 탐색 전략은 기업이 부과한 가격이 유보가격 위에 있을 때 더 우수한 가격을 찾고, 유보가격 아래에서 가격이 발견될 때 탐색을 멈춘다.

탐색비용이 증가하면 무슨 일이 일어나는가? 〈그림 12–2〉에서 보듯이 탐색비용의 증가는 C^*로 수평선을 위로 평행이동시켜 더 높은 유보가격 R^*을 초래한다. 이것은 소비자가 더 높은 가격을 받아들일 수 있다는 것이고 덜 집중적으로 탐색할 것이란 것을 의미한다. 마찬가지로 만약 탐색비용이 감소한다면 소비자는 더 낮은 가격을 더 집중적으로 탐색할 것이다.

더 낮은 가격을 찾는 소비자의 의사결정에 대한 우리의 분석은 가격을 설정하는 경영자를 돕는데 이용될 수 있다. 특히, 소비자가 가격에 대해 불완전한 정보를 가지고 있고 탐색비용이 낮을 때, 경영자가 설정하는 최적 가격은 탐색비용이 높을 때의 최적 가격 보다 낮을 것이다. 더욱이 경영자는 그들의 제품가격을 소비자의 유보가격 이상에서 책정하지 않도록 주의해야 한다. 그렇지 않으면 소비자는 다른 가게의 더 낮은 가격을 찾게 될 것이다. 만약 당신 가게에서 많은 소비자들이 “둘러만 보고” 구매를 하지 않는 것을 당신이 관찰했으면, 당신의 가격이 그들의 유보가격 위에서 설정되었고, 그들은 계속해서 더 낮은 가격을 탐색할 것을 결정했다는 신호일 수 있다.

그림 12-2

탐색비용의 증가는 유보가격을 인상시킨다.

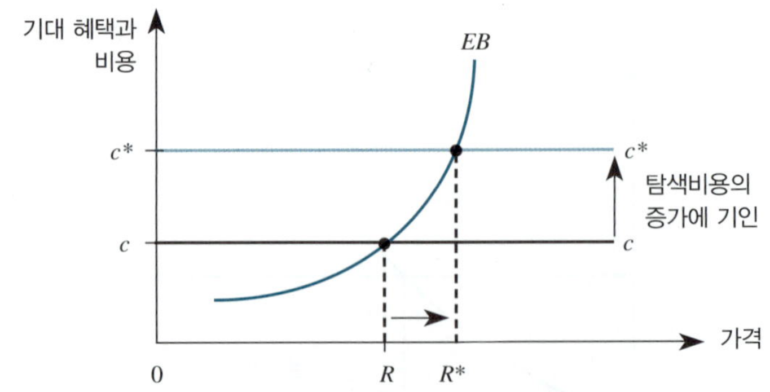

12.4 불확실성과 기업

우리는 불확실성의 존재가 소비자 행위에 직접적인 영향을 미치고, 기업의 경영자는 소비자 수요의 속성을 완전히 이해하기 위해 이러한 효과를 고려해야 한다는 것을 보았다. 불확실성은 또한 경영자의 생산요소와 산출량 의사결정에 영향을 미친다. 이 절에서 우리는 생산과 산출량 의사결정에서 불확실성의 의미를 조사할 것이다. 불확실성이 소비자 행위에 미치는 영향에 대한 우리의 분석이 기업의 경영자에게도 직접적으로 적용될 수 있다. 우리는 경영자의 의사결정에 직접적으로 미치는 영향을 강조하기 위하여 불확실성 분석의 확장에 대해 간략히 논의할 것이다.

12.4.1 위험회피

소비자가 위험한 기대에 관한 선호를 갖는 것처럼, 기업의 경영자도 마찬가지이다. 위험중립적인 경영자는 기대이윤을 극대화하는데 관심이 있다; 이윤의 분산은 위험중립적인 경영자의 의사결정에 영향을 미치지 않는다. 만약 경영자가 위험회피적이라면, 더 높은 기대치를 갖는 프로젝트보다 더 낮은 기대치를 갖는 프로젝트의 위험이 더 적다면, 그 경영자는 더 낮은 기대치를 갖는 위험 프로젝트를 선호할 수도 있다. 예를 들어, 100만 달러의 기대보수를 갖는 위험한 프로젝트와 100만 달러의 확실한 보수를 갖는 프로젝트 간에 선택을 해야 한다면, 위험회피적인 경영자는 확실한 것을 더 선호할 것이다. 경영자가 기꺼이 위험한 프로젝트를 선택하도록 하기 위해서, 프로젝트는 "안전한" 프로젝트보다 더 높은 기대보수를 제공해야 한다. 얼마 만큼 더 높은 기대보수가 요구되느냐는 경영자의 위험선호의 정도에 달려 있다.

경영자가 각각의 위험한 프로젝트 중에서 선택해야 하는 의사결정에 직면했을 때마다, 프로젝트의 위험과 기대보수를 주의 깊게 평가하고 이러한 평가를 기록하는 것이 중요하다. 그 이유는 단순하다. 위험한 기대는 나쁜 결과를 초래할 수 있다. 만약 경영자가 의사결정 시점에 이용가능한 모든 정보에 기초하여 의사결정이 합리적이었다는 증거를 제공하면, 경영자는 나쁜 결과 때문에 해고되지 않을 가능성이 있다. 이러한 분석을 위해 편리한 방법은 다음의 예시 문제가 설명하듯이 평균-분산 분석을 이용하는 것이다.

예시 문제

12-2

위험회피적인 경영자가 두 프로젝트를 고려하고 있다. 첫 번째 프로젝트는 볼로냐 소시지 시장을 확장하는 것이다. 두 번째는 캐비아(철갑상어의 알젓) 시장을 확장하는 것이다. 10%의 경기침체 가능성이 있고 90%의 경기호황 가능성이 있다. 호황 동안 볼로냐 프로젝트는 $10,000의 손실을 볼 것이고, 반면에 캐비아 프로젝트는 $20,000를 벌 것이다. 침체기간 동안 볼로냐 프로젝트는 $12,000를 벌 것이고 캐비아 프로젝트는 $8,000의 손실을 입을 것이다. 만약 다른 선택이 안전한 자산(예를 들어, 정부 단기채권)에서 $3,000를 번다면, 경영자는 어떻게 해야하는가?

정답

경영자가 가장 먼저 해야 할 것은 관련된 선택대안들을 작성하기 위해 이용가능한 정보를 요약하는 것이다:

프로젝트	호황(90%)	침체(10%)	평균	표준편차
볼로냐	–$10,000	$12,000	–$7,800	6,600
캐비아	20,000	–8,000	17,200	8,400
결합	10,000	4,000	9,400	1,800
정부단기채권	3,000	3,000	3,000	0

"결합" 선택은 만약 경영자가 볼로냐와 캐비아 프로젝트를 모두 채택한다면 일어날 수 있는 것을 반영한다. 예를 들어, 만약 경영자가 볼로냐와 캐비아 프로젝트를 함께 채택한다면, 호황동안 기업은 볼로냐 프로젝트에서 $10,000의 손실을 입을 것이나 캐비아 프로젝트에서 $20,000를 벌 것이다. 따라서 호황동안 결합 프로젝트는 $10,000의 수익을 초래할 것이다. 마찬가지로 결합 프로젝트는 침체동안 $4,000의 수익을 가져올 것을 보여준다.

앞의 도표에 근거해서 신중한 경영자는 무엇을 해야 하는가? 주목해야 할 첫 번째 것은 경영자는 정부 단기채권에 투자하지 않아야 한다는 것이다. 결합 프로젝트는 침체동안 $4,000의 이윤을 그리고 호황동안 $10,000의 이윤을 창출할 것이다. 따라서 경제가 어떻든 관계없이 경영자는 결합 프로젝트에서 적어도 $4,000를 버는 것이 확실한데 이것은 정부 단기채권으로부터 $3,000의 수익보다 더 크다.

주목해야 할 두 번째 것은 볼로냐 프로젝트의 기대(평균)이윤은 음(−)이다. 위험회피적인 경영자는 결코 이 프로젝트를 선택하지 않을 것이다(위험중립적인 경영자도 역시 선택하지 않을 것이다). 따라서 경영자는 캐비아 프로젝트나 또는 결합 프로젝트를 채택해야 한다. 경영자가 정확히 어떤 선택을 할 것인가는 위험에 대한 그의 선호도에 달려 있다.

앞의 문제에서 결합 프로젝트와 관련된 수익은 다각화의 중요 개념을 나타내는데 이것은 기초 기업재무과정에서 배운다. 여러 프로젝트에 투자함으로써 경영자는 위험을 줄일 수 있다. 이것은 "한 바구니에 당신의 모든 계란을 담지 마라"는 오랜 격언의 기술적 해석이다. 예에서 나타났듯이 다각화에는 혜택이 있으나 다각화하는 것이 최적인가는 경영자의 위험선호 정도와 경영자에게 제공된 인센티브에 달려 있다.

많은 경영자가 위험회피적인 반면에 기업의 소유주(주주)는 일반적으로 경영자가 위험중립적인 태도로 행동하기를 원한다. 위험중립적인 경영자는 프로젝트의 위험이 아니라 위험한 프로젝트의 기대치에 대해서만 관심을 갖는다. 더 구체적으로, 위험중립적인 경영자의 목적은 기업의 기대 현재가치를 극대화하는 조치, 즉 기대이윤을 극대화하는 조치를 행하는 것이다. 위험중립적인 경영자는 위험한 투자의 기대이윤이 확실한 이윤을 초과한다면 안전한 것보다 위험한 투자를 선택할 것이다.

투자가 상당한 위험을 가지고 있을 때 조차도 주주는 왜 경영자가 기대이윤을 극대화하는 조치를 취하는 것을 원하는가? 주주는 기업경영과 관련된 체계적인 위험을 제거하기 위해 서로 다른 많은 기업의 주식을 구매함으로써 위험을 모아서(pool) 다각화 할 수 있다. 그러므로 경영자가 위험에 대하여 다각화할 목적으로 시간과 돈을 쓰는 것은 비효율적이며, 그렇게 하는 것은 기업의 이윤을 감소시킨다. 따라서 기업의 소유주는 위험회피적일 수 있지만 그들은 위험중립적인 결정을 하는 경영자를 선호한다.

하나의 단순한 예가 주주는 왜 경영자가 위험중립적인 태도로 행동하기를 원하는지를 설명해 줄 것이다. 경영자가 두 프로젝트 중에서 하나의 선택을 결정해야 한다고 가정하자. 첫 번째 프로젝트는 각각 1/2 확률로 200만 달러의 이윤 또는 0의 이윤을 가져오는 위험한 프로젝트이다. 두 번째 프로젝트는 $900,000의 확실한 수익을 갖는다. 위험한 프로젝트에 의해 얻게 되는 기대이윤은 100만 달러이고 이것은 확실한 수익을 가져오는 프로젝트의 기대이윤 보다 더 크다. 그러나 위험한 프로젝트의 분산은 확실한 것의 분산보다 더 크다; 절반은 이윤이 0이 되고, 나머지 절반은 이윤이 200만 달러가 될 것이다. 왜 주주는 프로젝트가 더 큰 위험을 가졌을 때 조차도 경영자가 위험한 프로젝트를 선택하기를 원할까? 그 대답은 주주는 경제에 있는 많은 기업의 주식을 구매할 수 있다는 점이다. 만약 이러한 기업 각각의 경영자가 위험한 프로젝트를 선택하면, 그 프로젝트는 어떤 기업에게는 성과가 있을 것이나 다른 기업에게는 성과가 없을 것이다. 만약 한 기업에 의해 얻어진 이윤이 다른 기업에 의해 얻어진 이윤과 독립적이라면 그때 주주는 평균적으로 어떤 기업의 나쁜 성과를 다른 기업의 우수한 성과로 상쇄하고도 남게 될 수도 있을 것이다. 이러한 상황이 동전을 던지는 경우와 비슷하다: 동전을 한 번 던지면 당신은 그것이 앞면이 나올지 확신할 수 없다: 동전을 많이 던지면 절반이 앞면이 나올 것이라는 것에 안심할 수 있다. 마찬가지로 주주가 서로 다른 많은 기업의 주식을 소유했을 때, 각 기업이 위험한 프로젝트를 선택하더라도 주주는 기업의 절반은 200만 달러를 벌 것이라는 것에 안심할 수 있다.

이러한 이유로 경영자로서 당신은 기업의 기대이윤을 극대화하는 것에 인센티브를 갖게 될 것이다. 만약 당신이 그러한 인센티브를 제공받는다면, 당신과 기업의 소유주가 위험회피적일지라도 당신은 위험중립적인 태도로 행동할 것이다.

12.4.2 생산자 탐색

소비자가 낮은 가격을 부과하는 가게를 탐색하는 것처럼, 생산자는 낮은 가격의 생산요소를 탐색한다. 생산요소의 가격에 대한 불확실성이 있을 때, 최적화 기업은 최적 탐색 전략을 이용한다. 위험중립적인 경영자의 탐색 전략은 위험중립적인 소비자의 전략과 정확히 같다. 기본 이론을 되풀이하기 보다는, 예를 가지고 이러한 개념을 설명하는 것이 더 유용하다.

예시 문제
12-3

위험중립적인 경영자가 한 근로자를 고용하려 한다. 시장에 있는 모든 근로자의 질은 동일하지만 그들이 일할 용의가 있는 임금 수준은 다르다. 노동시장에 있는 노동자의 절반은 \$40,000의 급여로 일할 용의가 있고, 나머지 절반은 \$38,000의 급여로 일할 용의가 있다고 가정하자. 경영자는 주어진 근로자를 인터뷰하는데 3시간을 쓰고 이 시간을 \$300로 평가한다. 경영자가 인터뷰한 첫 번째 근로자에게 \$40,000가 지불된다면 그는 일할 것이라고 말하였다. 기업의 경영자는 그에게 일할 것을 제의하겠는가? 또는 다른 근로자를 인터뷰하겠는가?

정답

이것은 \$300의 탐색비용을 가진 최적 탐색문제이다. 만약 경영자가 다른 근로자를 탐색한다면, 절반의 확률로 경영자는 \$38,000로 일할 용의가 있는 사람을 찾을 것이고 따라서 \$2,000를 절약 할 것이다. 그러나 절반의 확률로 경영자는 고용하지 않기로 선택한 근로자를 만나고, 그 노력은 헛되이 되고 만다. 따라서 다른 근로자를 인터뷰하는 기대혜택은

$$EB = \frac{1}{2}(\$2{,}000) + \frac{1}{2}(0) = \$1{,}000$$

이다. 이것은 \$300의 비용보다 더 크기 때문에 경영자는 근로자를 고용하지 않아야 하고, 대신에 \$38,000로 일할 용의가 있는 근로자를 탐색한다.

14.4.3 이윤극대화

이윤극대화의 기본 원리가 불확실성을 다루기 위해서 또한 수정될 수 있다. 어떻게 이윤극대화의 기본 원리가 불확실성의 존재에 의해 영향을 받는지를 설명하

기 위해, 경영자는 위험중립적이고 수요는 불확실하다고 가정하자. 위험중립적인 경영자의 목표는 기대이윤을 극대화하는 것이라는 것을 상기하자.

위험중립적인 경영자는 제품의 수요에 대해 확신하기 전에 얼마 만큼을 생산할지를 결정해야 한다. 수요는 불확실하기 때문에 수입은 불확실하다. 이것은 기대이윤을 극대화하기 위해서 경영자는 산출량을 결정할 때 기대 한계수입(EMR)을 한계비용(MC)과 같게 놓아야 한다:

$$E[MR] = MC$$

그 이유는 간단하다. 만약 기대 한계수입이 한계비용을 초과한다면, 경영자는 산출량을 증대시켜 기대이윤을 증가시킬 수 있다. 또 한 단위의 산출량 생산은 평균적으로 비용의 증가 이상으로 수입을 더 증가시킬 것이다. 마찬가지로 만약 기대 한계수입이 한계비용 보다 적으면 경영자는 산출량을 줄여야 한다. 이것은 산출량을 줄임으로써 기업은 기대수입을 줄이는 것 이상으로 비용을 더 줄일 것이다.

따라서 경영자가 위험중립적일 때 불확실한 수요하에서의 이윤극대화 문제는 확실성하에서의 이윤극대화 문제와 매우 비슷하다는 것을 우리는 안다. 그 경영자가 해야 될 일은 상응하는 공식을 조정하여 기대 한계수입을 나타내는 것이다.

불확실성하에서의 이윤극대화에 대한 우리의 분석이 결코 철저하지는 않았지만, 이전의 많은 분석이 불확실성을 다루는데 쉽게 확장될 수 있다. 사실, 이러한 확장은 경제학의 고급과정에서 중요한 주제이다.

예시 문제 12-4

애플웨이 회사는 사과쥬스를 생산하고 그것을 완전경쟁시장에서 판매한다. 기업의 경영자는 시장(경쟁)가격이 얼마가 될지를 알기 전에 얼마 만큼의 쥬스를 생산할 것인가를 결정해야 한다. 경제학자는 쥬스가 시장에서 인기있을 때 시장가격이 갤런당 $2가 될 확률이 30%이고 $1가 될 확률이 70%가 될 것이라고 추정했다. 만약 기업의 비용함수가 $C = 200 + 0.0005Q^2$이면, 기대이윤을 극대화하기 위해 얼마 만큼의 쥬스가 생산되어야 하는가? 애플웨이 기업의 기대이윤은 얼마나 되는가?

정답

애플웨이 회사의 이윤은

$$\pi = pQ - 200 - 0.0005Q^2$$

이다.

가격이 불확실하기 때문에 기업의 수입과 이윤도 불확실하다. 완전경쟁기업의 경우, $MR = p$ 따라서 한계수입도 또한 불확실하다. 한계비용은 $MC = 0.001Q$이다. 기대이윤을 극대화하기 위해서 경영자는 기대가격을 한계비용과 같게 한다.

$$E[p] = 0.001Q$$

기대가격은 다음과 같이 주어진다:

$$E[p] = .3(2) + .7(1) = 0.60 + 0.70 = \$1.30$$

이것을 한계비용과 같게 놓으면, 우리는

$$1.30 = 0.001Q$$

를 얻는다. Q에 대해 풀면, 우리는 기대이윤을 극대화하는 산출량은 $Q = 1{,}300$갤런이다. 애플웨이 회사의 기대이윤은

$$\begin{aligned} E[\pi] &= E[p]Q - 200 - 0.0005Q^2 \\ &= 1.30(1{,}300) - 200 - 0.0005(1{,}300)^2 \\ &= 1{,}690 - 200 - 845 = \$645 \end{aligned}$$

이다. 그래서 애플웨이 회사는 $645의 이윤을 기대할 수 있다.

12.5 불확실성과 시장

불확실성의 존재는 자원을 효율적으로 배분하는 시장의 능력에 상당한 영향을 미칠 수 있다. 이 절에서 우리는 불확실성이 있을 때 시장에서 생기는 문제를 조사한다. 우리는 또한 어떻게 경영자와 다른 시장 참여자가 이러한 문제를 극복할 수 있는지를 보여준다.

12.5.1 비대칭정보

시장에 있는 어떤 사람들이 다른 사람들보다 더 우수한 정보를 가지고 있을 때, 최소의 정보를 가지고 있는 사람은 시장에 참여하지 않는 것을 선택할 수 있다. 왜 그러한지 그 이유를 알아보기 위해서, 누군가 당신에게 돈이 가득 들어 있는 한 상자를 판매할 것을 제의한다고 가정하자. 당신은 상자 안에 얼마의 돈이 있는지를 알지 못하지만, 상대방은 그 반대로 알고 있다. 당신은 그 상자의 구매를 선택해야 하는가?

대답은 "아니오"이다. 상대방은 상자 안에 얼마의 돈이 있는지 알기 때문에, 당신이 그에게 상자 안에 있는 것 이상으로 값을 부르지 않는 한 상대방은 당신에게 그 상자를 결코 판매하지 않을 것이다. 상대방이 상자에 $10가 있다는 것

을 안다고 가정하자. 만약 당신이 상대방에게 그 상자에 $6를 부른다면 상대방은 거래를 할 인센티브를 갖지 않는다. 만약 당신이 상대방에게 $12를 부른다면, 상대방은 기꺼이 당신에게 그 상자를 판매할 것이고 당신은 $2의 손실을 입을 것이다.

앞의 예가 보여주듯이 **비대칭정보**는 최소의 정보를 갖고 있는 사람들이 합리적으로 시장에 참여하지 않는 상황을 초래할 수 있다. 만약 당신이 이 예에서 상자에 들어있는 물건이 뉴욕증권거래소에서 거래되는 어느 회사의 주식이라고 생각할 수 있다면, 왜 내부거래—회사에 대해 특별한 정보를 갖고 있는 사람에 의한 주식의 매매—에 대해 감독기관이 그렇게 많은 관심을 갖고 있는지 쉽게 이해할 수 있을 것이다. 만약 어떤 사람이 내일 어떤 주식이 팔린다는 것을 확실히 알고 (이를 테면, 합병 때문에) 다른 사람은 알지 못하면 비대칭정보가 존재한다. 내부거래자가 주식을 사는 유일한 경우는 적정가 아래의 가격으로 주식이 팔리고 있다는 것을 내부거래자가 알 때이다. 내부거래자가 주식을 파는 유일한 경우는 적정가 이상의 높은 가격으로 주식이 팔리고 있다는 것을 내부거래자가 알 때이다. 만약 사람들이 내부거래자가 주식시장에서 정기적으로 거래한다는 것을 알면, 내부거래자가 아닌 사람들은 어떤 주식을 너무 비싸게 사든지 또는 너무 싼 가격에 파는 것을 피하기 위해 주식시장에 참여하지 않는 것을 합리적으로 선택할 수 있다. 극단적인 경우 이러한 상황은 어느 누구도 기업의 주식을 매매할 용의가 없게 되므로 주식시장을 완전히 파괴할 수 있다.이러한 이유로 14장에서 설명하는 바와 같이, 기업에 대한 특별한 정보를 가진 사람은 그 기업의 주식을 사는 것을 제한하는 법이 존재한다.

비대칭정보
어떤 사람이 거래당사자보다 더 우수한 정보를 가질 때 존재하는 상황

소비자와 기업 간의 비대칭정보는 기업의 이윤에 영향을 미칠 수 있다. 예를 들어, 시장에서 기존 제품보다 더 우월하다고 알고 있는 새로운 제품의 개발에 기업이 투자한다고 가정하자. 한편, 소비자는 새로운 제품이 정말로 기존 제품 보다 더 우월할지 또는 우월할 것이라고 기업이 거짓으로 주장하는지를 분간할 수 없다. 만약 비대칭정보의 정도가 아주 크다면, 새로운 제품이 기존 제품보다 실제로 더 우수하다 하더라도 소비자는 새로운 제품을 구매하지 않을 것이다. 그 이유는 새로운 제품이 실제로 더 우월하다는 것을 소비자가 알지 못하기 때문이다.

비대칭정보는 고용과 고객에게 신용판매를 포함한 많은 다른 경영의사결정에 영향을 준다. 특히 일자리 지원자는 새로운 종업원의 채용을 관리하는 사람보다 그들의 능력에 더욱 더 우수한 정보를 갖고 있다. 탁월한 기술을 갖고 있다고 주장하는 일자리 지원자는 거짓말을 할 수도 있고 또는 진실을 말할 수도 있다. 인사 관리자는 지원자보다 정보를 덜 갖고 있다. 이것은 왜 기업이 일자리 지원자를 평가하기 위한 시험을 고안하고, 배경조사를 하는 것 등에 상당한 돈을 쓰는 이유이다. 이러한 형태의 지출을 하는 근본적 이유는 일자리 지원자의 능력과 성

인사이드 비즈니스 12-3 그루초 막스(Groucho Marx)는 경제학자인가?

우리 시대의 가장 유명한 미국 코미디언 중의 한 사람인 그루초는 재미있고 짤막한 농담가(one-liners)로 유명했다. 가장 잘 알려진 농담 중의 하나는 다음과 같다: "나의 사직을 받아주세요. 회원으로 나를 가입시키려는 어떠한 클럽에도 나는 소속되기를 원하지 않는다." 표면적으로는 그 주장이 터무니없는 것처럼 들린다. 그러나, 그것은 또한 일터에서 매우 애매모호하고 영리한 역선택의 사례이기도 하다.

예를 들면, 우선 이 사례에서 클럽의 질(quality)이 정보비대칭과 관련되어 있다. 그루초는 각 클럽의 질적 수준을 모르지만, 각 클럽은 자신의 질적 수준을 알고 있다. 더욱이, 각 클럽은 그루초가 어떤 사람인지를 관찰할 수 있으며, 그를 클럽에 회원으로 가입시킬지의 여부를 결정할 수 있다. 그루초가 그에게 회원가입을 제안하는 모든 클럽을 왜 거절하는가를 알아보기 위해, 다음과 같은 간단한 시나리오를 고려하자. 두 개의 클럽–질이 높은 수준인 클럽과 질이 낮은 수준인 클럽–이 있다고 가정하자. 그루초는 어느 것이 높은 수준인지 낮은 수준인지 판별할 수 없으나, 질이 높은 클럽에 가입하고자 할 뿐이다. 그러나 클럽들은 그루초가 어떤 유형의 사람인지를 알고 있으므로, 질이 낮은 클럽만이 그의 회원가입을 제안할 것이다. 그루초를 가입시킬지의 여부를 결정하는 과정에서 역선택이 초래되었다–그의 회원가입을 희망하는 클럽에만 그루초를 제한시킴으로써, 그는 저수준의 클럽에만 남겨지게 된다. 따라서 그루초가 대충 겉만 살펴보고 클럽의 질을 판별할 수 없을지라도, 단지 저수준의 클럽만이 그의 회원가입을 희망할 것이라는 것을 그가 알기 때문에, 그는 클럽의 회원가입 제안을 거절한다.

향에 대한 더 우수한 정보를 기업에게 제공하기 때문이다. 마찬가지로 신용으로 구매하기를 원하는 소비자는 채권자보다 부채를 갚을 그의 능력에 대하여 더욱 더 우수한 정보를 갖는다. 물론 신용으로 구매를 하려는 모든 고객은 부채를 갚을 것이라고 주장할 것이다. 비대칭정보는 개인이 실제로 부채를 갚을지를 기업이 알도록 하는 것을 어렵게 한다. 기업은 사실상 그들의 외상구입 고객들에 대해 더 우수한 정보를 얻기 위해 신용정보회사에 상당한 금액을 지불한다. 이러한 지출은 비대칭정보를 줄이고 고객이 비대칭정보를 이용하는 것을 더 어렵게 한다.

비대칭정보의 존재로 일어날 수 있는 몇 가지 사례를 보았으므로 비대칭정보의 두 가지 구체적인 개념을 설명할 차례다: 역선택과 도덕적 해이를 초래하는 비대칭정보의 유형을 먼저 구별하는 것이 유용하다.

감추어진 특성
거래의 한 당사자는 알고 있으나 다른 당사자는 알지 못하는 정보

역선택은 개인이 **감추어진 특성**—실제의 거래에서 한 당사자는 알고 있는 특성이나 다른 당사자는 알지 못하는 특성—을 가질 때 일반적으로 일어난다. 예를 들면 일자리 지원자의 예에서 지원자는 그 자신의 능력을 알고 있으나 고용자는 그렇지 못하다. 따라서 지원자의 능력은 감추어진 특성을 반영한다. 이와 대조적으로, 도덕적 해이는 한 당사자가 **숨겨진 행동**—다른 당사자는 관찰할 수 없다는 것을 한 당사자가 알고 있는 행동—을 취할 때 일반적으로 일어난다. 예를 들어, 만약 기업의 경영자가 종업원의 노력을 감독할 수 없다면 그때 종업원의 노력은 숨겨진 행동을 나타낸다. 능력(특성)과 노력(행동)을 구분하는 것이 종종 어렵듯이, 역선택과 도덕적 해이를 구분하는 것은 때때로 어렵다.

숨겨진 행동
다른 당사자에 의해 관찰될 수 없는 경우에 한 당사자가 취할 수 있는 행동

역선택

역선택(adverse selection)은 선택과정에서 경제적으로 바람직하지 않은 특성을 가진 일단의 개인이 선택되는 상황과 관련된다. 하나의 단순한 예가 역선택과 관련된 기본적인 문제를 강조한다.

역선택
개인이 감추어진 특성을 가지고 있을 때, 선택과정에서 바람직하지 않는 특성을 갖는 한 그룹의 개인들이 선택되는 상황

모든 기업이 그들의 종업원들에게 5일간의 유급병가를 허용하고 있는 산업을 생각하자. 한 기업이 더 많은 종업원을 끌어들이기 위해 유급병가를 5일에서 10일로 늘리는 것을 결정했다고 가정하자. 만약 종업원이 감추어진 특성을 가지고 있다면—즉, 만약 기업이 건강한 근로자와 건강하지 못한 근로자를 구분할 수 없으면—그 계획은 다른 기업으로부터 아마도 많은 종업원을 유인해 낼 것이다. 그러나 기업은 어떤 유형의 종업원을 끌어들이게 될 것인가? 자주 아프다는 것을 알고 있고, 따라서 유급병가에 가장 큰 가치를 두는 종업원을 끌어들이게 될 것이다. 결코 아픈 적이 없다는 것을 알고 있는 종업원은 현재 고용자를 떠날 인센티브를 갖지 않을 것이다. 그러나 자주 아픈 사람은 현재의 고용자를 떠날 인센티브를 가질 것이다. 기업의 입장에서 이 정책은 바람직하지 않은 종업원을 끌어들인다. 경제용어로 말하면, 이 정책은 역선택을 초래한다.

역선택은 왜 불량한 운전기록을 가지고 있는 사람들이 자동차 보험에 가입하는 것이 어려운가를 설명해준다. 불량한 운전기록을 가진 두 가지 유형의 사람이 있다고 가정하자: (1) 불량한 운전자이고 종종 사고를 내는 사람과 (2) 좋은 운전자이나 순전히 불운때문에 과거에 많은 사고와 관련되어 있는 사람. 불량한 운전자의 과거 사고는 운전습관의 결과이고 예측되는 미래사고의 수에 대한 좋은 지표이다. 한편, 좋은 운전자의 과거사고는 예측되는 미래사고 수에 대한 좋은 지표가 아니다. 과거의 사고는 단지 이상한 일련의 불운을 반영한다.

보험회사는 비대칭정보를 갖는다. 불량한 운전기록을 갖고 있는 사람이 정말로 불량한 운전자인지 또는 과거 사고가 불운에 기인한 이상한 사건인지를 보험회사는 알지 못한다. 불량한 운전기록을 가지고 있는 사람이 그들의 유형을 알고 있다고 가정하여, 우리는 보험시장의 한 쪽은 감추어진 특성을 갖는 상황을 갖는다. 보험회사는 불량한 운전기록을 갖고 있는 운전자에게 보험을 팔 것을 결정하나 불량한 운전에 기인한 미래의 예상청구액을 준비하기 위해 매우 높은 보험료를 책정한다. 보험회사는 불량한 기록을 가지고 있는 모든 운전자에게 동일한 보험료를 부과해야 하는데 이는 좋은 운전자와 불량한 운전자를 보험회사가 구분할 수 없기 때문이다. 두 가지 유형의 운전자에게 동일한 가격을 부과한 결과 역선택이 일어난다. 보험회사가 불량한 운전자에 대한 손실을 준비하기 위해 보험료를 올렸을 때, 더 높은 가격을 지불할 용의가 있는 유일한 사람은 가장 사고를 많이 낼 것 같다는 것을 알고 있는 운전자들이다. 과거사고가 우연한 사건들이라는 것

을 알고 있는 좋은 운전자는 높은 보험료를 지불할 용의가 없다. 따라서 보험회사는 자동차 사고를 가장 많이 낼 가능성이 있는 운전자에게만 보험을 팔게 될 것이다. 보험료를 지불하고 사고를 내지 않는 운전자가 있어야만 보험은 작동하므로 보험회사는 보통 보험가격을 낮추고, 불량한 기록을 가지고 있는 운전자에게는 보험을 판매하지 않는 것이 이득이 된다는 것을 안다. 그렇게 하지 않으면 불량한 기록을 가지고 있는 한 그룹의 운전자 안에서 역선택을 초래할 것이다.

도덕적 해이

도덕적 해이
계약의 한 당사자가 감추어진 행동을 통해 이득을 얻는데, 이 이득은 계약의 다른 당사자가 비용을 지불한 것으로 인해 얻어진 것

두 당사자가 계약을 할 때, 때때로 한 당사자는 다른 당사자를 경제적 손실로부터 보호하는데 동의한다. 만약 계약이 손실로부터 보호받은 당사자가 다른 당사자에게 손해를 끼치는 감추어진 행동을 하도록 할 때, 우리는 **도덕적 해이**(moral hazard)가 존재한다고 말한다.

예로서 우리가 처음 6장에서 조사했던 주인–대리인 문제를 생각하자. 이 설정에서 소유주는 경제 환경에 의해 불규칙한 이윤을 얻는 기업의 경영자를 고용한다. 불행하게도 이윤은 또한 소유주가 관찰할 수 없는 경영자의 노력에도 달려 있다. 따라서 경영자의 노력은 감추어진 행동을 나타낸다. 만약 소유주가 경영자에게 $50,000의 고정급여를 지불할 것을 동의하면(계약), 그때 경영자는 기업이윤의 불규칙한 변동에 기인하여 일어날 수 있는 모든 경제적 손실로부터 완전히 보호된다. 경영자는 직무를 게을리 할 인센티브를 갖고(감추어진 행동) 경영자의 노력감소는 더 낮은 기업 이윤을 초래한다(그러므로 소유주에게 손해를 끼친다). 다시 말하면, 경영자의 감추어진 행동과 연결된 고정급여 계약은 도덕적 해이를 초래한다. 우리가 6장에서 배웠듯이, 소유주는 경영자를 감독하거나(감추어진 행동을 제거하여) 또는 기업의 이윤에 따른 경영자의 급여를 지불함으로써(경제적 손실에 대한 경영자의 보험을 제거하여) 이러한 문제를 극복할 수 있다.

당신도 어렴풋이 느낄 수 있듯이, 보험시장의 특징은 보험회사를 도덕적 해이 문제에 특히 취약하게 만든다. 이 장의 앞에서 논의했듯이, 개인들이 위험회피적이라는 사실은 그들이 큰 손실에 대비하여 보험을 사도록 하는 인센티브를 제공한다. 대부분의 사람들은 집과 자동차, 건강 등에 대해 보험을 들고 있다. 손실의 확률은 보통 손실을 피하기 위해 보험계약자가 하는 노력에 달려 있다. 그러므로 도덕적 해이가 존재한다: 개인들이 완전한 보험에 들어 있으면, 그들은 손실을 피하기 위해 노력을 할 감소된 인센티브를 갖는다.

예를 들어, 어떤 회사가 차를 렌트해 주고 차를 렌트한 사람을 위해 자동차의 손상에 대해 완전한 보험을 든다고 가정하자. 렌트한 자동차의 손상을 피하기 위해 차를 렌트한 사람이 들이는 노력을 회사가 관찰할 수 없다는 것은 명백하다.

렌트한 사람들은 완전한 보험에 들어 있고 자동차 손상에 영향을 주는 감추어진 행동을 취할 수 있기 때문에, 그들은 라디오를 도둑맞은 채로 자동차를 돌려주는 것과 완전하게 자동차를 돌려주는 것 간에 무차별하다. 만약 라디오를 도둑 맞으면, 다시 설치하는 비용은 보험회사로부터 지불된다. 따라서 자동차가 완전한 보험에 가입되었을 때 운전자는 자동차에 열쇠를 잠글 인센티브 또는 도난위험지역에 자동차를 주차하는 것을 피하려는 인센티브를 갖지 않는다. 만약 자동차가 보험에 가입되어 있지 않으면 운전자는 자신의 돈으로 도난당한 품목을 설치해야 하므로 자동차에 훨씬 더 주의를 기울릴 것이다. 따라서 만약 손상에 대해 회사가 보험가입을 해주면, 운전자는 손상에 대해 보험을 들지 않을 경우보다 자동차에 덜 신경을 쓸 것이다.

자동차 보험회사가 도덕적 해이를 줄이기 위해 시도하는 한 가지 방법은 모든 보험 청구에 대해 본인부담금(deductible)을 요구하는 것이다. 만약 본인부담금이 $200이면 손실 중 처음 $200는 보험가입자에 의해 지불된다. 이것은 보험을 사는 사람이 손실이 발생할 경우 일부를 지불해야 하므로 보험을 사는 사람은 손실가능성을 줄이기 위한 조치를 취하는 인센티브를 갖는다는 것을 사실상 의미한다.

도덕적 해이는 지난 10년 동안 의료비용의 증가에 기여해온 한 요인이다. 개인들이 건강보험에 가입하거나 또는 보건기관(HMO)에 속해 있을 때, 그들은 의료서비스의 한계비용을 모두 완전하게 지불하지는 않는다. 결과적으로, 개인들은 사소한 병(예: 감기)에 걸렸을 때 의사에게 가는 한계비용을 완전히 지불해야 하는 경우보다 의사를 더 자주 찾게 된다.

이것의 효과는 두 가지다. 첫째, 도덕적 해이는 의료서비스 수요의 증가를 초래하여 의료서비스에 대한 더 높은 균형가격을 가져온다. 그 이유는 개인들이 진찰에 대해 전체비용을 지불하지 않으므로 매 진찰 시마다 전체비용을 지불해야 하는 경우보다 더 자주 의사의 서비스를 이용하기 때문이다. 둘째, 보험회사는 더 자주 받는 진찰로 인해 더 높은 보험청구비용을 준비하기 위해 의료보험에 부과하는 보험료를 인상해야 한다. 이것은 건강상태가 좋다는 것을 알고 있는 사람들이 보험을 기피하도록 하는데, 그것은 높아진 의료보험금이 또한 역선택을 초래한다는 것을 의미한다. 이 경우, 덜 건강한 개인들만 보험을 들게 되어 문제가 더 악화된다. 따라서 도덕적 해이와 역선택은 최근의 의료비용 증가와 본인부담금이 높은(high-deductible) 보험정책에 대한 최근 미국의 추세에 대해 부분적으로 책임이 있을 수 있다.

12.5.2 신호보내기와 선별

우리는 인센티브 계약이 감추어진 행동으로부터 생기는 도덕적 해이 문제를 완화하는데 이용될 수 있다는 것을 배웠다. 경영자와 다른 시장참여자가 한 거래당사자가 감추어진 특성을 가질 때 일어나는 몇 가지 문제를 완화하기 위해 어떻게 **신호보내기**와 선별을 이용할 수 있는가를 우리는 보여 준다.

신호보내기
정보를 가진 당사자가 자신의 감추어진 특성의 관찰가능 한 지표를 정보가 없는 당사자에게 보내는 시도

신호보내기는 정보를 가진 당사자가 그의 감추어진 특성의 신호(또는 지표)를 정보를 가지고 있지 않은 당사자에게 보낼 때 일어난다. 생산물 시장에서 기업은 소비자에게 제품의 질을 신호로 보내기 위한 다수의 장치를 이용한다: 환불보장, 무료시행기간 그리고 제품이 "특별 수상"을 획득했다는 것이나 또는 제조업자가 1933년 이래 계속 사업을 해왔다는 것을 시사하는 인증표의 부착. 노동시장에서는 일자리 지원자들이 그들의 "학력"(그들이 학부 학위를 획득했던 학교)을 제공하는 이력서를 통해 또는 그들이 MBA 또는 박사학위와 같은 상급의 학위를 받았다는 사실을 통해 그들의 능력을 신호보내기로 알리려 한다.

정보를 가지고 있지 않는 당사자에게 유용한 정보를 제공하기 위해서 신호는 정보를 가지고 있지 않는 당사자에 의해 관찰될 수 있어야 한다. 더욱이 신호는 근본적으로 관찰 될 수 없는 특성의 믿을만한 지표이어야 하고 다른 특성을 가지고 있는 당사자가 쉽게 흉내내는 것이 어려워야 한다. 구체적으로 두 가지 유형의 개인으로 구성되어 있는 집단에서 종업원을 고용하기를 원하는 경영자를 생각하자: (1) 아무것도 생산하지 않는 비생산적인 종업원, 그리고 (2) 매년 각각 $80,000의 한계생산물 가치를 갖는 생산적인 종업원. 만약 노동시장이 완전경쟁이고 경영자는 종업원을 고용하기 전에 그들의 생산성을 관찰할 수 있다면 비생산적인 종업원은 0의 급여를 받고 생산적인 종업원은 그들의 한계생산물 가치와 같은 급여−매년 $80,000를 받는다는 것은 자명하다.

그러나 경영자가 단지 종업원을 관찰함으로써 종업원의 생산성을 관찰할 수 없을 때 상황은 전혀 다르게 나타난다. 고용결정을 할 때에 종업원은 그들이 생산적인지 그렇지 않은지 알지만, 경영자는 그렇지 못하다. 경영자의 입장에서 종업원이 생산적인지 또는 비생산적인지 50−50의 가능성이 있다. 종업원의 한계생산물 기대치는 0.5(0) + 0.5($80,000) = $40,000이기 때문에, 위험중립적인 경영자는 관찰할 수 없는 특징을 가지고 있는 종업원을 고용하는데 $40,000의 급여를 지불할 용의만을 가질 것이다. 비생산적인 종업원은 그의 특성이 경영자에게 관찰 될 수 있는 경우 받을 수 있는 것보다 더 많이 받게 되고, 생산적인 종업원은 경영자가 그가 생산적이라는 것을 알고 있을 경우 받을 수 있는 것보다 더 적게 받을 것이다. 이 경우에 경영자의 정보 부족 때문에 생산적인 종업원의 희생의 대가로 비생산적인 종업원에게 혜택이 가게 된다.

생산적인 종업원은 경영자의 정보 부족으로 손해를 입기때문에 그들이 실제 생산적이라는 정보를 경영자에게 제공하려 하는 것이 그들의 최대 관심사항이다. 그렇게 하는 것이 그들의 급여를 $40,000에서 $80,000로 인상시킬 것이다.

그들은 경영자에게 어떻게 그들의 생산성을 신호로 보낼 수 있을까? 생산적인 종업원은 단순히 경영자에게 자신이 생산적이라고 말하는 것으로 충분할 것이라고 당신은 생각할 수 있다. 이러한 접근방법이 갖게 되는 문제는 신빙성이 없다는 것이다. 만약 생산적인 종업원이 단순히 "나는 생산적이다"라고 선언함으로써 그들의 보수를 $40,000 더 올릴 수 있으면, 비생산적인 종업원도 추가로 $40,000를 얻기 위해 이러한 전략을 쉽게 모방할 것이다. 이러한 이유로, 합리적인 경영자는 이와 같은 종업원의 말을 하나의 허튼 소리로 무시할 것이다—누구나 생산적이라고 주장할 인센티브가 있으므로 이러한 메시지는 종업원의 진정한 특성에 관한 어떤 것도 나타내지 못한다.

신호표시가 생산적인 종업원의 보수를 인상시키기 위해서는, 생산적인 종업원은 비생산적인 종업원에 의해 쉽게 모방 될 수 없는 신호를 보내야 한다. 예를 들어, 생산적인 종업원은 대학 학위를 쉽게 받을 수 있을 만큼 타고난 능력을 가졌고, 비생산적인 종업원은 대학 학위취득을 어렵게 하는(또는 더 일반적으로 그들에게 매우 비싼 비용이 소요되는) 보통 이하의 능력을 가지고 있다고 가정하자. 이 경우 그들이 생산적인 것을 알고 있는 사람들은 그들이 실제로 생산적이라는 것을 경영자에게 "신호로 보내기" 위해 대학 학위를 취득할 수 있다. 비생산적인 유형은 이러한 신호를 모방할 수 없기 때문에 대학 학위를 가지고 있는 종업원이 생산적인 유형이라고 경영자는 유추할 수 있다. 결론적으로 경쟁압력이 $80,000의 보수를 받는 대학 학위를 갖도록 할 것이다. 비생산적인 종업원은 이러한 신호를 모방할 수 없기(또는 더 일반적으로, 필요한 비용을 감당할 용의가 없기) 때문에 신호표시가 작동한다; 대학 학위를 가지고 있는 어느 누구도 실제로 생산적인 종업원이라는 것을 경영자는 안다.

선별은 정보를 가지고 있지 않는 당사자가 특성에 따라 개인을 구분하려 했을 때 일어난다. 이러한 분류는 **자기선택장치**를 통해서 얻어질 수 있다. 자신의 특성에 관한 정보를 알고 있는 개인들에게 몇 개의 선택기회가 제시되고 그들이 고른 선택을 통해 정보를 가지지 않은 당사자가 그들의 특성을 파악한다.

선별
정보를 가지고 있지 않는 당사자가 특성에 따라 개인을 구분하려 하는 시도

자기선택장치
정보를 가지고 있는 당사자들에게 선택 조합이 제시되고, 그들이 고른 선택이 정보를 가지지 않는 당사자에게 그들의 숨겨진 특성을 드러나게 하는 매커니즘

정보를 가지지 않은 경영자가 종업원의 감추어진 특성에 관한 정보를 얻기 위하여 어떻게 자기선택 장치를 이용할 수 있는지를 하나의 단순한 예가 설명할 것이다. 두 종업원—프레드와 미첼—이 서로 다른 특성을 가지고 있다고 가정하자: 프레드는 최고의 관리능력이 있는 사람이고 미첼은 최고의 세일즈맨이다. 프레드와 미첼은 그들이 무엇을 잘하는가를 안다. 그러나 그들의 인사책임자는 그것을 알지 못한다. 구체적으로 프레드는 만약 그가 관리자로 고용되면 기업의 이윤이 $20,000 증가할 것이지만, 만약 그가 세일즈맨으로 고용되면 어떤 판매도 창출할 수 없을 것이라는 것을 안다. 미첼은 만약 그가 관리자로 고용되면 기업의 이윤이 $15,000 증가할 것이지만, 만약 그가 세일즈맨으로 고용되면 100만

달러의 판매를 창출할 수 있을 것이라는 것을 안다. 인사담당이사인 나탈리는 회사에 가장 큰 가치를 가져다주는 업무에 각 종업원을 배치하기를 원한다. 그러나 그녀는 이 임무에 필요한 정보가 부족하다.

나탈리는 프레드와 미첼에게 서로 다른 직무선택기회를 제공하여 기업뿐만 아니라 그들에게도 가장 적합한 직무를 자기선택하게 함으로써 정보부족을 극복할 수 있다. 특히 나탈리는 관리자와 세일즈맨에 대한 다음의 보수를 발표함으로써 자기선택장치를 이용한다고 가정하자: 관리자는 고정급여 $20,000를 받는다; 세일즈맨은 10%의 매출수수료를 받는다. 이러한 선택기회에 직면할 때, 프레드는 세일즈맨으로서는 $0를 벌게 될 것이므로 최상의 보수를 주는 선택으로서 관리자 직책을 자기선택할 것이다: 미첼은 세일즈 직책을 선택할 것이며 그 이유는 그가 세일즈맨으로 벌게 되는 $100,000(그가 창출한 100만 달러의 매출에 대한 10%)는 그가 관리자로 벌게 되는 $20,000를 초과하기 때문이다. 따라서 나탈리는 두 사람 중 누가 최고의 관리자와 세일즈맨이 될지 모르지만, 자기선택장치는 나탈리가 프레드와 미첼의 특성을 알았었다면 부여했을 직무에 종업원을 배치한다.

예시 문제

12-5

원제트 항공사(One-Jet Airlines)는 100명의 고객이 있고 중서부에 있는 작은 두 도시를 왕복하는 유일한 항공사다. 이 항공사 고객의 절반은 휴가 여행자이고 절반은 업무여행자이다. 업무 여행자는 토요일에 단기 체류를 요구하지 않는 티켓이 $600를 지불할 용의가 있고 토요일에 단기 체류를 요구하는 티켓에 $100를 지불할 용의가 있다. 휴가 여행자는 신축적이므로 토요일에 단기 체류를 요구하는 것에 상관없이 티켓에 $300를 지불할 용의가 있다. 결론적으로, 항공사의 현재가격설정 정책은 모든 티켓에 $300를 부과하는 것이다. 이 항공사의 가격설정 컨설턴트로서 당신은 이 항공사가 수입을 증가시키고 계속해서 모든 고객에게 서비스를 제공하는 자기선택 메커니즘을 고안할 수 있을까? 설명하라.

정답

예. 원제트 항공사는 두 유형의 티켓을 제공할 수 있다: 토요일 단기 체류를 요구하는 $300 “초 절약” 티켓과 토요일 단기 체류를 요구하지 않는 $600 “정상 요금” 티켓. 선택이 주어져 있으면, 휴가 여행자는 초 절약 티켓을 선택할 것이고 업무 여행자는 정상 요금 티켓을 선택할 것이다. 이러한 선별 장치는 그들의 특징에 의해 여행자를 분류할 뿐만 아니라 이 항공사의 수입을 $30,000(100 × 300로 계산되는)에서 $45,000(50 × $300 + 50 × $600로 계산되는)로 증가시킨다.

12.6 경매

경매에서 잠재적 구매자는 재화, 서비스 또는 더 일반적으로 가치가 있는 것에 대한 소유권을 위해 경쟁한다. 예술품, 정부 단기채권, 가구, 부동산, 석유리스, 기업, 그리고 수많은 소비재를 포함한 다양한 것들을 판매하기 위해 경매는 이용된다. 예술품 경매에서처럼 경매인이 판매자일 때 그는 그 품목에 대해서 가능한 최고 높은 가격을 얻기를 원한다. 그 반대로 구매자는 가장 낮은 가격을 지불하고자 한다. 일부의 사례에서 잠재적인 공급자로부터 입찰을 구하는 사람이다. 예로서, 새로운 자본설비를 필요로 하는 기업은 잠재적인 공급자가 설비에 부과하는 가격을 입찰하는 경매를 열 수 있다. 다수의 입찰자가 있는 경매에서 입찰자 간의 경쟁은 경매인에게 더 좋은 조건에 이르게 한다.

경영자가 경매를 이해하는 것이 중요한데, 그 이유는 많은 예에서 기업은 경매 과정에서 경매인 또는 입찰자로서 참여하기 때문이다. 다시 말하면, 기업은 경매에서 어떤 제품을 판매하거나 또는 어떤 제품(또는 생산요소)을 구매하기를 원할 수 있다. 이러한 이유로, 경영자가 경영의사결정을 위해 경매의 의미를 이해하는 것은 중요하다.

입찰자의 위험선호가 입찰전략과 경매인이 받는 기대수입에 영향을 미칠 수 있지만, 이 입찰자가 위험중립적이라고 우리는 가정할 것이다. 입찰자가 많은 경매에 참여함으로써 전체적인 위험을 줄일 수 있기 때문에 이 가정은 성립한다. 위험중립적인 입찰자가 경매에서 얼마 만큼을 입찰해야 하는지를 설명하기 전에, 우리는 먼저 서로 다른 유형의 경매에 대한 법칙과 입찰자가 경쟁하는 품목에 대해 가질 수 있는 정보의 특성을 설명한다.

12.6.1 경매의 유형

네 가지 기본적인 경매유형이 있다: 영국식(올림차식 입찰), 1위값 밀봉입찰, 2위값 밀봉입찰, 그리고 네덜란드식(내림차식 입찰) 경매. 이러한 경매는 (1) 입찰결정의 시점(입찰이 동시적인지 또는 순차적인지) 그리고 (2) 낙찰자가 지불해야 하는 금액에 따라 다르다. 각 경매유형을 논의할 때, 이와 같은 두 가지 경매 차이의 원천을 명심하자.

영국식 경매

가장 잘 알려져 있는 경매는 **영국식 경매**이다. 영국식 경매에서 한 개의 품목이 가장 높은 가격의 입찰자에게 판매된다. 경매는 개시입찰(opening bid)가격으로

영국식 경매
입찰자가 다른 사람의 입찰을 관찰하고 입찰가격을 올릴지 또는 올리지 않을지를 결정하는 올림차식 순차적 입찰. 이 경매는 한 사람의 입찰자가 남아 있을 때 끝난다; 이 입찰자는 경매품목을 갖게 되고 경매인에게 입찰금액을 지불한다.

시작한다. 개시입찰가격이 주어져 있으면 경매인은 누군가 더 높은 가격을 지불할 용의가 있는지 물어 본다. 입찰은 어떤 다른 참여자도 입찰가격을 올리는 것을 원하지 않을 때까지 계속해서 순차적으로 오른다. 가장 높은 입찰자—남아 있는 유일한 입찰자—가 경매인에게 입찰가격을 지불하고 그 품목을 소유한다.

영국식 경매에서 입찰자는 계속해서 서로 서로의 입찰가격에 대한 정보를 얻는다는 것을 주목하자. 이러한 정보가 주어져 있으면, 그 품목이 현재의 높은 입찰가격보다 더 가치가 있다고 입찰자가 생각하면 그들은 입찰가격을 올린다. 어떤 다른 참여자도 가장 높은 입찰가격보다 그 품목에 더 많이 지불할 용의가 없을 때 그 경매는 끝난다. 이러한 이유로, 영국식 경매에서는 품목을 소유하게 되는 사람은 그 품목에 가장 높은 가치를 두는 사람이다.

예를 들어, 파산 판매(bankruptcy sale)에 있는 어떤 기계의 구매를 위해 영국식 경매에서 세 기업이 경쟁한다고 가정하자. 기업 A는 기계에 100만 달러의 가치를, 기업 B는 200만 달러의 가치를, 그리고 기업 C는 150만 달러의 가치를 두고 있다. 어느 기업이 그 기계를 어떤 가격으로 사게 되는가?

세 기업 모두 100만 달러까지 입찰할 것이다. 일단 입찰가격이 이 금액 이상이면 기업 A는 탈락할 것인데 이는 기업 A가 기계에 100만 달러 가치를 두었기 때문이다. 입찰가격이 150만 달러에 이르렀을 때 기업 C는 탈락할 것이며, 이것은 기업 B가 150만 달러(또는 아마 150만 달러에 $0.01를 추가한 가격으로)로 기계를 갖고자 한다는 것을 의미한다. 경매의 낙찰자는 단순히 기계의 두 번째 높은 가격을 초과하는 것이 효과적이다.

1위값 밀봉입찰경매

1위값 밀봉입찰경매
입찰자가 종이에 동시적으로 입찰가격을 제출하는 동시적 경매. 경매인은 가장 높은 가격을 제시한 입찰자에게 경매품목을 주고 그는 자신의 입찰금액을 지불한다.

1위값 밀봉입찰경매의 경우 입찰자는 다른 사람이 한 입찰가격에 대한 정보 없이 종이에 입찰가격을 쓴다. 경매인은 입찰가격을 수집하고 높은 입찰자에게 경매품목을 준다. 높은 입찰자는 경매인에게 종이에 썼던 금액을 지불한다.

따라서, 1위값 밀봉입찰경매의 경우 가장 높은 입찰자는 영국식 경매에서처럼 그 품목을 갖게 된다. 그러나, 영국식 경매와는 달리 입찰자는 다른 사람의 입찰가격을 알지 못한다. 이러한 특징은 입찰 행동과 궁극적으로는 경매인이 수집한 가격에 영향을 줄 수 있다.

2위값 밀봉입찰경매

2위값 밀봉입찰경매
입찰자가 동시적으로 입찰가를 제출하는 동시적 경매. 경매인은 가장 높은 가격을 제시한 입찰자에게 품목을 주고 낙찰자는 두 번째로 높은 가격을 제시한 입찰자의 입찰 금액만을 지불한다.

2위값 밀봉입찰경매는 입찰자가 다른 사람이 제시한 입찰가격에 대한 정보없이 입찰을 제출하는 1위값 밀봉입찰경매와 비슷하다. 가장 높은 입찰가격을 제출한 사람이 낙찰된다. 그러나 두 번째로 높은 입찰자가 입찰한 금액만을 지불해야 한

인사이드 비즈니스 **12-4** 이베이(eBay) 상에서의 2위값(second-price) 경매

2위값 경매에서, 우월적인 전략은 물건에 대한 진정한 가치를 입찰하는 것이다. 당신이 이베이상의 경매에 참여한 적인 있었다면, 당신은 2위값 경매에 참여했을 가능성이 있다.

이베이의 증분 입찰메카니즘(incremental bidding mechanism)은 입찰자가 유보가격 또는 "최대입찰"을 제시하도록 허용한다. 이 금액은 이베이 시스템에 의해 비밀로 유지된다. 이전의 고가입찰이상으로 요구된 가장 작은 증분금액을 사용하여, 그 시스템은 자동적으로 입찰을 갱신한다. 요구된 입찰이 유보가격을 초과할 때까지 이 과정은 지속된다.

이러한 환경이 본질적으로 2위값 경매이고, 경매 초에 제출될 최적의 유보가격은 그 물건에 대한 당신의 진정한 가치이다. 이베이가 웹사이트에서 다음과 같이 설명한다:

당신이 어떤 물건에 대해 지불하고자 하는 최대의 금액으로 입찰하고, 우리의 시스템이 필요하다면 당신의 입찰금액을 점점 증가시키도록 하는 것을 우리는 제시한다. 목록(listing)이 진행되면서, 우리는 당신의 입찰금액을 다른 응찰자들의 금액과 비교한다. 당신이 뒤졌을 때, 우리는 자동적으로 당신의 최대금액입찰까지 당신을 대리하여 응찰한다. 우리는 당신의 포지션을 최고 높은 응찰자로 유지시키기 위해 필요한 만큼만 당신의 입찰금액을 단계적으로 증가시킨다. 당신의 최대 입찰금액은 당신이 어떤 물건에 대해 지급하고자 하는 금액을 반영하지만, 당신은 좀 더 작게 지급하는 것으로 끝낼 수 있을 것이다.

출처: http://pages.ebay.com/help/buy/bidding-overview.html, March 26, 2016; Albin E. Roth and Axel Ockenfels, "Last-Minute Bidding and the Rules for Ending Second-Price Auctions: Evidence from eBay and Amazon Auctions on the Internet," *American Economic Review* 92, no. 4(September 2002), pp. 1093–103

다. 예를 들어, 어떤 기계가 1위값 밀봉입찰경매로 세 기업중의 한 기업에게 경매되는 상황을 생각하자. 만약 기업 A가 100만 달러에, 기업 B는 200만 달러에, 그리고 기업 C는 150만 달러에 입찰한다면, 그때 가장 높은 입찰자—기업 B—는 경매품목을 소유하게 되나 기업 B는 두 번째로 높은 입찰금액 150만 달러만을 지불한다.

네덜란드식 경매

네덜란드식 경매에서 판매자는 품목에 대해 매우 높은 가격을 제시하여 시작한다(어느 누구도 구매할 용의가 없다고 판매자가 확신하는 아주 높은 가격). 경매인은 어떤 구매자가 품목을 구입할 용의를 시사하는 가격까지 점진적으로 가격을 낮춘다. 이 시점에서 경매는 끝난다: 입찰자는 마지막 발표된 가격으로 품목을 구입한다. 네덜란드식 경매는 네덜란드에서 튤립과 같은 꽃을 경매하는데 널리 이용된다. 자동차 중개인은 종종 자동차를 판매하는데 네덜란드식 경매를 이용한다. 특정 자동차의 가격이 매일 입구에 붙여지고, 누군가 그 차를 살 때까지 가격은 매일 내려간다.

네덜란드식 경매
경매인은 높은 제시가격으로 시작하고 어떤 입찰자가 품목을 구입할 용의를 시사하는 가격까지 점진적으로 가격을 낮추는 내림차식 순차적 경매

네덜란드식 경매에서 입찰자가 가질 수 있는 정보는 밀봉입찰경매에서와 비슷하다. 특히, 경매가 끝날 때까지, 즉 첫 번째 입찰자가 큰 소리로 말할 때까지 다른 사람의 입찰에 대한 어떤 정보도 가질 수 없다. 결과적으로 네덜란드식 경매는 1위값 밀봉입찰경매와 전략적으로 똑같다. 그 이유는 두 유형의 경매에서 입

찰자는 다른 사람의 입찰가격을 알지 못한다. 더욱이, 각각의 경우 입찰자는 품목에 대해 입찰한 금액을 지불한다. 최적 입찰행위와 경매인이 얻는 이윤 측면에서 네덜란드식 경매와 1위값 밀봉입찰경매는 똑같다.

네덜란드식 경매와 1위값 밀봉입찰경매의 전략적 동일성

네덜란드식 경매와 1위값 밀봉입찰경매는 전략적으로 똑같다. 즉, 참여자의 최적 입찰은 두 유형의 경매자에게 똑같다.

12.6.2 정보 구조

입찰자가 다른 사람의 입찰에 대해 갖는 정보에 관하여 네 가지의 경매유형이 다르다. 영국식 경매의 경우, 경기자는 현재의 입찰가격을 알고 있고 만약 경기자가 원하면 입찰가격을 올리는 것을 선택할 수 있다. 다른 세 가지 유형의 경매의 경우, 경기자는 다른 사람의 입찰가격에 대한 지식없이 입찰을 한다. 경기자는 다른 사람이 한 입찰을 근거로 해서 그들의 입찰가격을 올리는 것을 결정할 수 없다.

경매를 분석할 때, 경기자는 경매품목의 가치에 대해 가지고 있는 정보를 고려하는 것이 또한 중요하다. 한 가지 가능성은 한 경매에서 각 입찰자는 품목이 얼마의 가치가 있는지 확실히 알고, 더욱이 모든 경기자는 경매에서 다른 경기자의 가치를 안다. 예를 들어, 만약 $5의 지폐가 경매된다면, 모든 입찰자는 그 품목이 각각의 입찰자에게 $5의 가치가 있다는 것을 알 것이다. 이것은 완전정보의 경우이다.

경매에서 입찰자는 완전한 정보를 거의 누리지 못한다. 각 입찰자가 품목에 얼마의 가치를 두고 있는지 알고 있는 상황이더라도, 다른 입찰자는 이러한 정보를 알아내려고 하는 것 같지는 않다. 더욱이, 개인들은 품목의 진정한 가치에 대해 확신할 수 없고, 품목가치의 추정치를 구하기위해 그들은 그들이 가지고 있는 모든 정보에 의존해야 한다. 이러한 환경은 비대칭정보 상황을 반영한다. 각 입찰자는 다른 입찰자가 알지 못하는 가치 또는 추정치에 대한 정보를 갖는다. 이러한 정보구조가 다음에 논의된다.

독립적인 사적가치

입찰자가 개인 용도의 고미술품을 얻고자 하는 소비자인 경우의 고미술품 경매를 생각하자. 따라서, 품목에 대한 입찰자의 가치는 개인의 기호에 의해 결정된다. 입찰자는 그 자신의 기호를 알지만, 다른 입찰자의 기호는 알지 못한다. 즉, 비대칭정보가 존재한다.

방금 설명된 경매는 입찰자가 **독립적인 사적가치**를 갖는 경매이다. 사적 가치라는 용어는 개인 입찰자의 그 품목에 대한 가치가 그 입찰자에게만 알려진 개인 기호에 의해 결정된다는 사실을 말한다. 이러한 사적가치가 독립적이라는 사실은 사적가치가 다른 사람의 가치에 의존하지 않는다는 것을 의미한다: 경기자가 다른 입찰자의 가치에 대한 정보를 얻을 수 있다 하더라도, 품목에 대한 그의 가치는 변하지 않는다. 그러나 이러한 정보는 그로 하여금 경매에서 다르게 입찰하도록 할 수 있다.

독립적인 사적가치
각 입찰자는 품목에 대한 그 자신의 가치를 안다. 그러나 다른 입찰자의 가치를 알지 못하고, 각 입찰자의 가치는 품목에 대한 다른 입찰자의 가치에 의존하지 않는 경매 환경

구체적으로, 품목이 당신이 $200로 가치를 평가하는 골동품 책상이라고 생각하자. 그 이유는 그 책상이 경영경제학을 더 즐겁게 공부하도록 해주기 때문이다. 당신에게 알려져 있지 않으나 그 책상에 $50의 가치를 두는 또 다른 입찰자에 당신은 직면한다(그는 단지 작은 조각의 목재책상을 원한다). 이러한 사적 가치에 대해 존재하는 비대칭정보를 주목하자—당신이 책상에 얼마의 가치를 두는지를 당신은 알고 있으나 다른 사람이 그 책상에 얼마의 가치를 두는지는 당신은 알지 못한다. 이러한 가치는 또한 독립적이다: 다른 입찰자가 $50의 가치를 둔다는 것을 당신이 알더라도, 그 책상에 대한 당신 자신의 가치에 영향을 주지 않는다. 물론, 다른 입찰자의 가치(valuation)에 관한 정보는 당신으로 하여금 골동품 책상에 대해 덜 공격적으로 입찰하도록 할 수 있다.

상호연관된 가치의 추정치

많은 경매 환경에서 입찰자는 품목의 진정한 가치를 확실히 알지 못한다. 입찰자는 품목의 실제 가치에 대한 서로 다른 정보에 접근할 수 있고, 따라서 품목가치의 서로 다른 추정치를 구할 수 있다. 작가의 진짜 작품인지가 불확실한 예술품 경매를 생각하자. 이 경우에 입찰자는 두 가지 이유로 그림가치에 대한 서로 다른 추정치를 가질 수 있다. 첫째, 개인적 기호 때문에 어떤 사람은 다른 사람들보다 그림에 더 많은 가치를 둘 것이다. 둘째, 입찰자는 그림의 진품에 대한 다른 추정치를 가질 것이다. 더욱이, 그림의 가치에 대한 입찰자의 추정치는 상호 의존적일 것 같다. 이러한 경우 다른 사람들의 그림에 대한 가치를 당신이 알면 그림의 가치에 대한 당신의 추정치는 더 높아질 것이다; 그 이유는 당신이 다른 사람이 찬탄하고 있는 그림을 소유하는 것에 가치를 두기 때문이다. 마찬가지로, 다른 사람들이 그림의 진품성에 대해 갖고 있는 정보 때문에 다른 사람들이 그림에 가치를 두고 있다는 것을 당신이 알면 그림에 대한 당신의 가치는 더 높아 질 것이다.

이 예는 입찰자가 **감응(또는 연관된)가치 추정치**를 갖는 환경을 설명한다. 각 입찰자는 의사결정을 품목에 대한 가치의 추정치(또는 추측)에 근거해야 한다. 더욱이 입찰자의 가치추정치는 연관되어 있거나 또는 더 정확히 말하면 감응되어

감응(또는 연관된)가치 추정치
입찰자가 품목의 가치 또는 다른 사람의 가치를 알지 못하는 경매 환경. 각 입찰자는 가치를 추정하기 위하여 자신들 각자의 정보를 이용하고 이러한 가치추정치들은 서로에게 영향을 준다: 한 입찰자의 가치추정치가 높으면 높을수록 더욱 더 다른 입찰자도 또한 높은 가치추정치를 갖는 것 같다.

있다(affiliated): 한 입찰자의 가치추정치가 높으면 높을수록, 더욱 더 다른 입찰자도 또한 높은 가치추정치를 가질 것 같다.

이러한 사례의 특별한 경우로서 공통가치 경매는 품목의 진정한 근원적 가치가 모든 입찰자에게 똑같을 때 일어난다. 이 경우에 개인의 기호는 입찰자의 가치추정치에 아무런 역할을 하지 못한다. 불확실성은 서로 다른 입찰자가 품목의 **공통가치**에 대한 그들의 추정치를 구하기 위해 서로 다른 정보를 이용한다는 사실로부터 순전히 유래된다.

공통가치
품목의 진정한 가치는 모든 입찰자들에게 같으나 이러한 공통가치는 알려져 있지 않은 경매 환경. 입찰자 각자는 품목의 진정한 공통가치의 추정치를 구하기 위해 자신의 (사적인) 정보를 이용한다.

공통가치 경매의 한 좋은 예는 석유, 가스, 또는 광산 권리를 기업에 판매하기 위해 정부가 경매를 이용할 경우이다. 이러한 권리의 진정한 가치(석유, 가스, 또는 지하에 있는 광석의 양)는 입찰자에게 알려져 있지 않으나, 그 양이 얼마든지간에 그 가치는 모든 입찰자에게 같다. 지진해석을 하고 다른 테스트를 실행함으로써 각 입찰자는 진정한 공통가치의 추정치를 구한다. 진정한 가치가 모든 입찰자에게 같다 하더라도 각 입찰자는 테스트를 통해서 서로 다른 추정치를 얻을 것이다.

12.6.3 위험중립적인 입찰자의 최적 입찰전략

여기에서 우리는 위험중립적인 입찰자의 최적 입찰전략, 즉 입찰자의 기대이윤을 극대화하는 전략을 배울 것이다. 앞으로 보겠지만, 경기자의 최적 입찰전략은 경매유형뿐만 아니라 입찰을 했을 때 입찰자가 이용할 수 있는 정보에 달려 있다.

독립적인 사적가치 경매의 전략

입찰자가 독립적인 사적가치를 갖는 경우 최적 입찰전략을 특징지우는 것은 아주 쉽다. 이 경우에 각 입찰자는 이미 경매가 시작하기 전에 자신의 품목에 얼마의 가치를 두고 있는지를 이미 알고 있다. 그러므로 입찰자는 경매과정동안 자신의 가치에 대한 유용한 어떤 것도 배우지 못한다.

먼저 경매인이 낮은 가격부터 시작하여 단지 한 입찰자만이 남을 때까지 점차 입찰가격을 올리는 영국식 경매를 생각하자. 가격이 그의 가치(valuation)를 초과한 후 경매에 남아 있는 입찰자는 그에게 가치있는 이상으로 경매품목에 더 많이 지불해야 하는 위험이 있다. 가격이 그의 가치에 도달하기 전에 경매에서 빠져나간 입찰자는 그의 가치 이하의 가격으로 경매품목을 얻을 기회를 놓친다. 그러므로 영국식 경매에서 최적 입찰전략은 가격이 그 품목에 대한 입찰자의 가치를 초과할 때까지 각 입찰자가 활동하여 계속 남아있는 것이다. 따라서 가장 높은 가치를 가지고 있는 입찰자가 경매품목을 얻고, 경매인에게 두 번째로 높은 가치와 같은 금액(마지막 경쟁자가 떨어져 나가는 가격)을 지불한다.

영국식 경매에서 독립적인 사적가치를 가진 경기자의 최적 입찰전략은 가격이 경매품목에 대한 자신의 가치를 초과할 때까지 활동하여 남는 것이다.

영국식 경매의 최적 입찰전략

다음으로, 2위값 밀봉입찰경매를 생각하자: 가장 높은 입찰자에게 낙찰되고 낙찰자는 두 번째로 높은 입찰자가 입찰한 금액을 지불한다. 이 경우에 괄목할만한 무엇인가가 일어난다: 각 경기자는 품목에 대한 자신의 가치(valuation)를 정확히 입찰하려는 인센티브를 갖는다. 각 경기자는 자신의 가치를 입찰하기 때문에, 가장 높은 입찰자가 실제로 지불하는 금액은 영국식 경매에서처럼 두 번째로 높은 입찰자의 가치이다.

왜 경기자들은 2위값 경매에서 그들의 진정한 가치로 입찰할까? 그 이유는 아주 단순하다. 낙찰자는 자신의 입찰금액이 아닌 두 번째로 높은 입찰자의 입찰금액을 지불하기 때문에, 경기자들은 그들 자신의 가치(valuation)보다 크거나 작은 입찰금액을 지불하지 않는다. 이것을 보기 위해서, 한 경기자가 높은 입찰자가 될 가능성을 높이기 위해 품목에 대해 그가 가치를 부여하고 있는 이상으로 입찰한다고 가정하자. 만약 두 번째로 높은 입찰금액이 그의 가치보다 작으면, 이 전략은 어떤 추가적 수익도 가져오지 않는다; 만약 그가 그의 진정한 가치로 입찰했다면, 그는 또한 낙찰받았을 것이다. 만약 두 번째로 높은 입찰금액이 그의 가치보다 높을 때, 그의 가치이상으로 입찰함으로써 그가 낙찰될 수 있다. 그러나 그가 낙찰된다면, 우리가 가정했던 바와 같이 그의 가치보다 더 높고, 두 번째로 가장 높은 입찰가격을 그는 지불한다. 이 경우, 그 품목에 대해 그가 부여하고 있는 가치이상으로 경매품목에 더 많이 지불하게 된다. 따라서 2위값 경매에서 경기자는 그의 가치이상으로 입찰하지는 않는다. 경기자는 그의 가치보다 항상 낮은 입찰을 할까? 아니다. 낮게 입찰하는 경기자는 단지 낙찰가능성을 줄이는데, 그 이유는 경기자가 결코 그의 입찰금액을 지불하지 않기 때문이다. 이러한 이유로 2위값 밀봉입찰경매에서 입찰자의 우월적 전략은 자신의 가치로 입찰하는 것이다.

독립적 사적가치를 갖는 2위값 밀봉입찰경매의 경우 경기자의 최적 전략은 품목에 대해 자신의 가치로 입찰하는 것이다. 사실상, 이것은 우월적 전략이다.

2위값 밀봉입찰경매의 최적 입찰전략

마지막으로, 우리가 보았듯이 전략적으로 네덜란드식 경매와 동일한 1위값 밀봉입찰경매를 생각하자. 이 경우에 높은 입찰자가 낙찰되고 그의 입찰가격을 지불한다. 경기자들은 다른 경기자들의 가치(valuation) 또는 입찰금액을 알지 못하고 그들이 낙찰된다면 그들의 입찰가격을 지불해야 하기 때문에, 경기자들은 경매품목에 대해 그들의 가치보다 작은 입찰가격으로 입찰할 인센티브가 있다. 경매품목에 대해 그의 가치보다 작은 값으로 입찰을 함으로써, 경기자는 가장 높은 입찰금액을 낼 확률을 줄인다. 그러나 만약 입찰자가 낙찰될 경우 받게될 이윤은 축소된 낙찰확률을 상쇄시키고도 남는다. 입찰자가 입찰에서 승리하는 금액은 얼마나 많은 다른 입찰자가 그 경매품목에 대해 경쟁하느냐에 달려 있다. 경매가 더 경쟁적일수록(즉, 다른 입찰자의 수가 많을수록), 경기자는 더욱 그의 진정한 가치에 가까운 입찰을 해야 한다. 다음의 원리는 다른 입찰자들의 가장 낮은 가치는 L이고 가장 높은 가치가 H라고 당신과 다른 입찰자들이 생각하는 상황에서, 당신이 최적 입찰금액을 명시적으로 계산하는데 이용할 수 있는 공식을 포함하고 있다.

원리

1위값 밀봉입찰경매의 최적 입찰전략

독립적 사적가치를 갖는 1위값 밀봉입찰경매의 경우, 입찰자의 최적 전략은 경매품목에 대해 그의 가치보다 적은 입찰을 하는 것이다. 만약 가장 낮은 가능한 가치 L과 가장 높은 가능한 가치 H 사이에 가치가 고르게(또는 균등하게) 분포되어 있다고 모두가 생각하는 n명의 입찰자가 있다면, 그때 자신의 가치가 v가 되는 경기자의 최적 입찰가격은

$$b = v - \frac{v - L}{n}$$

이다. 여기에서 b는 경기자의 최적 입찰가격을 나타낸다.

이 공식에서, 입찰자의 수(n)가 클수록 또는 입찰자의 가치가 다른 입찰자들의 가장 낮은 가능한 가치에 가까울수록(즉, $v - L$이 0에 가까울수록), 최적 입찰금액(b)은 경매품목에 대한 경기자의 실제 가치(v)에 더 가까워진다. 다음의 예시 문제는 1위값 밀봉입찰경매와 네덜란드식 경매에서 당신의 최적 입찰을 결정하는데 어떻게 이 공식을 이용할 수 있는지를 보여준다.

예시 문제
12-6

입찰자가 독립적인 사적가치를 갖는 경매를 생각하자. 각 입찰자는 가치가 $1와 $10 사이에 고르게 분포되어 있다고 생각한다. 샘은 그의 가치가 $2라는 것을 알고 있다. (1) 두 입찰자가 있는 1위값 밀봉입찰경매에서, (2) 3명의 입찰자가 있는 네덜란드식 경매에서, 그리고 (3) 20명의 입찰자가 있는 2위값 밀봉입찰경매에서 샘의 최적 입찰전략을 결정하시오.

정답

1. 두 입찰자가 있기 때문에, $n = 2$. 가장 낮은 가능한 가치는 $L = \$1$이고 샘의 가치는 $v = \$2$이다. 따라서 샘의 최적 밀봉입찰가격은

$$b = v - \frac{v - L}{n} = 2 - \frac{2 - 1}{2} = \$1.50$$

2. 네덜란드식 경매는 전략적으로 1위값 밀봉입찰경매와 같기 때문에, 우리는 샘이 품목을 구매하겠다는 의사를 선언해야 하는 가격을 결정하기 위해 그 공식을 이용할 수 있다. 여기서, $n = 3$. 가장 낮은 가능한 가치는 $L = \$1$이고 샘의 가치는 $v = \$2$이다. 따라서,

$$b = v - \frac{v - L}{n} = 2 - \frac{2 - 1}{3} = \$1.67$$

   샘의 최적 전략은 가격이 $1.67에 이를 때까지 경매인이 계속해서 가격을 내리고 그때 "내 것!" 이라고 소리치는 것이다.
3. 샘은 그의 진정한 가치인 $2로 입찰해야 한다.

연관된 가치에서의 경매전략

감응(또는 연관된) 가치를 갖는 최적 입찰전략은 두 가지로 설명할 수 있다. 첫째, 입찰자는 품목에 대해 다른 사람의 가치뿐만 아니라 자신의 가치를 알지 못한다. 이것은 경기자가 얼마로 입찰해야 할지를 결정하는 것을 어렵게 할 뿐만 아니라, 앞으로 보겠지만 경기자를 이른바 낙찰자의 저주에 또한 취약하게 한다. 둘째, 경매과정 그 자체가 다른 입찰자가 그 품목에 얼마의 가치를 두는지에 대한 정보를 드러낼 수도 있다. 경기자의 가치추정치가 연관되어 있을 때, 최적 입찰은 경기자가 경매과정 동안 자신의 가치추정치를 갱신하기 위하여 이러한 정보를 이용하는 것을 필요로 한다.

예를 들어, 1위값 밀봉입찰 공통가치 경매에서 100개의 기업이 석유리스계약 권리를 입찰한다고 가정하자. 따라서 각 입찰자는 지하의 실제 석유량에 대해 불확실하나, 그럼에도 불구하고 각 입찰자에게 똑같은 가치가 있다. 입찰과정에 참여하기 전에, 각 기업은 지하의 석유량 추정치를 얻기 위해 독자적인 테스트를 한다. 자연적으로 이러한 추정치는 기업마다 무작위하게 서로 다르다.

지하석유량의 추정치의 차이는 테스트 절차에서 순전히 무작위 변동에 기인한다. 어떤 기업들은 다른 기업들보다 지하의 석유가 더 있다고 생각하는데, 이는 그들이 더 나은 정보를 가지고 있기 때문이 아니라 순전히 무작위적인 가능성에 기인한다. 이 경우에, 낙찰경매(winning bid)를 제출하는 기업은 지하석유량에 대해 가장 낙관적인 추정치를 가진 기업이다. 다시 말하면, 공통가치 경매에서 승리의 전리품의 하나는 **낙찰자의 저주**다: 낙찰은 모든 다른 기업들이 생각하기에 석유리스계약이 낙찰자가 지불한 것보다 덜(less) 가치 있다는 뉴스를 낙찰자에게 전달한다. 다른 99개의 기업이 틀리고 낙찰자가 옳다고 할 가능성은 사실상 희박하다. 만약 입찰자들이 그들의 정보를 "모아" 그것을 평균할 수 있다면, 그들은 지하석유의 진정한 양에 대한 더 정확한 추정치를 가질 수 있다는 것을 주목하자.

낙찰자의 저주
품목의 가치에 대한 낙찰자의 추정치가 모든 다른 입찰자의 추정치를 초과했다고 낙찰자에게 전달된 "나쁜 뉴스"

낙찰자의 저주는 신중한 경영자가 피해야 하는 위험을 나타낸다. 예를 들어, 위의 기업들 중 한 기업의 지질학자는 석유리스계약이 5,000만 달러의 가치가 있다고 추정했다. 순진한 이 기업의 경영자는 5,000만 달러가 단지 공통가치의 추정치에 불과하다는 사실을 무시했다. 실제로 앞에서 설명한 독립적 사적가치를 갖는 1위값 밀봉입찰경매의 공식을 이용함으로써 그는 기업의 입찰금액을 계산한다. 입찰자의 수($n = 100$)는 일부 기업들이 지하석유가 없다고($L = 0$) 생각할 수도 있다는 것을 인정하며, 그 공식에서 $v = \$50,000,000$로 놓아 4,950만 달러의 입찰에 도달한다는 것을 그는 안다. 그는 이 입찰을 제출하여 낙찰되지만, 그때 두 번째로 높은 입찰금액은 단지 4000만 달러라는 것을 배운다. 경매 규칙에 의해, 그의 기업은 지질학자가 생각하는 5,000만 달러의 가치가 있는 석유리스계약에 대해 4,950만 달러를 지불해야 한다. 다른 99개의 기업이 그 리스계약에 대해 4,000만 달러 이상을 지불할 용의가 없기 때문에, 사실 그 리스계약의 가치는 5,000만 달러의 추정치보다 수백만 달러 작을 가능성이 있다. 4,950만 달러의 입찰금액으로 그가 낙찰될 수 있는 유일한 방법은 다른 99개의 기업이 더 비관적인 가치추정치를 얻었을 경우라는 것을 그는 알았어야 했다. 이러한 이유로, 순전히 그의 초기 가치추정치를 토대로한 입찰금액을 제출하는 경기자는 평균적으로 그것의 가치 이상으로 그 품목에 대해 더 지불한다. 낙찰자의 저주를 피하기 위해, 입찰자는 이러한 사실을 설명하는 그의 가치추정치를 하향으로 수정해야 한다.

낙찰자의 저주 회피

공통가치 경매에서 낙찰자는 품목의 진정한 가치에 대하여 가장 낙관적인 입찰자이다. 낙찰자의 저주를 피하기 위해서, 입찰자는 이러한 사실을 설명하는 가치에 대한 그의 사적 추정치를 하향으로 수정해야 한다.

낙찰자의 저주는 밀봉입찰경매에서 가장 눈에 띄는데, 그 이유는 다른 경기자들의 가치추정치가 자신의 추정치에 영향을 미치지 못하기 때문이다. 이와 대조적으로, 영국식 경매에서는 경매과정이 입찰자에게 정보를 제공한다. 각 입찰자는 경매품목의 가치에 대한 초기 추정치를 가지고 경매에 나온다. 경매과정 동안, 각 입찰자는 경매품목의 가치에 대한 정보를 얻고, 따라서 그의 가치추정치를 수정할 수 있다. 구체적으로, 가격이 점점 더 높아지고 다른 입찰자들은 계속해서 활동하므로, 다른 입찰자들 또한 경매품목의 가치가 높다고 추정하는 것을 당신은 알아야 한다—만약 다른 입찰자들의 사적 정보가 경매품목의 가치가 낮다고 제시했다면, 그들은 이미 경매에서 나왔을 것이다. 감응에 의해, 당신은 경매품목의 가치에 대한 당신의 추정치를 높게 수정해야 하는데, 그 이유는 다른 입찰자들의 더 높은 가치추정치가 당신의 가치추정치 또한 높게 만들 것 같기 때문이다. 역으로, 만약 많은 입찰자들이 낮은 가격에서 떨어져 나간 것을 당신이 관찰한다면, 당신은 당신의 사적 추정치를 낮게 수정해야 한다. 감응가치추정치를 가진 영국식 경매에서 최적 전략은 가격이 당신의 사적 정보뿐만 아니라 또한 경매과정을 통해서 조금씩 수집된 정보를 토대로 하여 당신이 얻은 가치추정치를 초과하지 않는 한 계속해서 입찰하는 것이다.

12.6.4 다른 유형의 경매로부터의 기대수입

당신은 경매에서 입찰전략에 대해 기본적으로 이해를 했으므로, 대체로 경매의 각 유형에서 결과로서 나타나는 가격을 비교할 수 있다. 특히 경매인은 그의 기대이윤을 극대화하는데에 있다고 가정하자. 어떤 유형의 경매가 가장 높은 이윤을 창출할까: 영국식 경매, 1위값 밀봉입찰경매, 2위값 밀봉입찰경매 또는 네덜란드식 경매? 〈표 12-1〉가 보여주듯이 경매인의 입장에서 최상의 경매는 입찰자가 가지고 있는 정보의 특성에 달려 있다.

〈표 12-1〉의 첫 번째 열은 독립적인 사적가치를 가지는 경우, 경매인의 기대수입은 네 가지 모든 경매 유형에서 똑같다는 것을 나타낸다. 수입의 동일성으로 알려진 이 결과의 이유는 다음과 같다.

독립적인 사적가치를 가지는 경우, 경기자들은 이미 그들의 가치를 알고 있으

표 12-1 위험중립적인 입찰자의 경우, 경매에서 기대수입의 비교

정보구조	기대수입
독점적인 사적 가치	영국식 = 2위값 경매 = 1위값 경매 = 네덜란드식
감응가치추정치	영국식 > 2위값 경매 > 1위값 경매 = 네덜란드식

인사이드 비즈니스 12-5 위험회피적인 입찰자의 경매

위험회피는 경매의 어떤 유형에서는 입찰자 행위에 영향을 미치지만 다른 유형에서는 그렇지 않다. 독립적인 사적가치의 경우를 생각하자. 영국식 경매에서, 경기자들은 그들의 가치를 알고 다른 경기자들의 입찰을 관찰하게 된다. 그러므로, 위험회피는 입찰 전략의 분석에서 어떤 실질적인 역할도 하지 않는다. 위험회피적인 입찰자는 가격이 그들의 가치를 초과하고 그래서 떨어져 나갈 때까지 여전히 활동중일 것이다. 낙찰자는 두 번째로 높은 가치와 같은 금액을 지불할 것이다. 마찬가지로, 2위값 경매에서, 위험회피적인 입찰자는 그의 진정한 가치를 입찰하는 것이 우월적인 전략이다. 그래서 이러한 유형의 경매는 또한 두 번째로 높은 가치와 같은 가격을 초래한다.

대조적으로, 위험회피는 독립적인 사적가치를 가지는 1위값 경매에서 경기자가 더 공격적으로 입찰하게 한다. 이유를 보기 위해, 위험중립적인 입찰자들은 1위값 경매에서 그들의 입찰을 아래로 내린다는 것을 상기하자. 이것은 어떤 다른 입찰자들이 그들을 초과하는 입찰을 하는 기회를 증가시킨다. 그러나 위험중립적인 입찰자들은 이런 위험을 받아들일 용의가 있는데 이는 그들이 낙찰 받는다면 그들이 얻게 되는 더 큰 이윤 때문이다. 위험회피적인 입찰자들은 이런 위험을 덜 받아들일 용의가 있으므로 그러므로 더 낮은 금액으로 그들의 입찰을 줄인다. 따라서, 위험회피적인 입찰자들과 독립적인 사적가치의 경우, 경매인의 기대수입은 1위값 경매와 네덜란드식 경매에서 가장 크고 영국식과 2위값 경매에서 가장 낮다.

1위값 경매 = 네덜란드식 > 2위값 경매 = 영국식

위험회피적인 입찰자들이 감응가치 추정치를 가질 때 어떤 일이 일어나는가? 영국식 경매에서 드러난 정보는 낙찰자의 저주를 줄인다는 것을 상기하자. 위험에서 이러한 감소는 위험회피적인 입찰자가 평균적으로 2위값 경매에서 보다 영국식에서 더 공격적으로 입찰하게 한다. 따라서, 영국식 경매는 2위값 경매에서 보다 항상 더 큰 기대수입을 창출한다. 사실상, 1위값 경매 또는 네덜란드식 보다 더욱 높은 수입을 창출할 수 있다:

영국식 > 2위값 경매 ≥ 1위값 경매 = 네덜란드식

므로 경매과정 동안 경매품목의 가치에 대한 유용한 어떤 것도 알지 못한다. 앞에서 보았듯이, 영국식 경매에서 궁극적으로 낙찰자에 의해 지불되는 가격은 두 번째로 높은 가치—마지막 경쟁자가 떨어져 나간 가격—이다. 이것은 또한 2위값 경매의 경우와 같다. 특히, 각 경기자는 자신의 가치로 입찰하므로 낙찰자에 의해 지불된 가격(두 번째로 높은 가격)은 두 번째로 높은 가치이다. 독립적인 사적가치를 가지는 경우 경매인에 의해 얻어진 기대수입은 2위값 경매처럼 영국식 경매에서와 동일하다.

1위값 경매에서 각 입찰자는 입찰가격을 내릴 인센티브를 갖는다. 사실상 각 입찰자는 다음으로 가장 높은 가치가 그의 가치보다 얼마나 아래에 있는지를 추정한 후 그 양만큼 그의 입찰가격을 줄인다. 경매에서 승리한 경기자는 가장 높은 가치를 가진 경기자이므로, 그는 경매인에게 평균적으로 두 번째로 높은 가치와 같은 금액을 지불한다. 따라서 독립적 사적 가치를 가지는 경우, 1위값 경매에서 경매인이 받은 기대수입은 영국식과 2위값 경매에서의 기대수입과 동일하다. 네덜란드식 경매는 전략적으로 1위값 경매와 동일하기 때문에, 두 경매에서 기대수입은 같다. 이러한 이유로 네 가지 경매 모두가 입찰자가 독립적인 사적가치를 가질 때 경매인에게 똑같은 기대수입을 창출한다.

〈표 12−1〉은 수입의 동일함이 감응가치에 대해서는 성립하지 않다는 것을 보

여준다. 경기자들은 낙찰자의 저주를 피하기 위해 순전히 그들의 사적 가치추정치를 토대로 한 가격아래로 그들의 입찰가를 낮춘다. 영국식 경매에서, 경기자는 다른 경기자의 가치추정치에 대한 대부분의 정보를 얻는다, 따라서 이러한 추가적인 정보는 어느 정도 낙찰자의 저주를 줄인다. 그러므로 입찰자는 밀봉입찰 또는 네덜란드식 경매에서 보다 영국식 경매에서 그들의 입찰가격을 더 줄인다. 이와 대조적으로, 1위값 경매와 네덜란드식 경매에서 경기자는 경매과정 동안 다른 경기자의 가치추정치에 대하여 아무것도 알지 못한다. 따라서 입찰자는 1위값 경매와 네덜란드식 경매에서 대부분 그들의 입찰가격을 낮춘다. 2위값 경매에서 입찰자는 또한 다른 입찰자들의 가치추정치에 대하여 아무 것도 알지 못한다. 그러나 낙찰자는 그의 입찰금액을 다 지불할 필요가 없으나, 오히려 두 번째로 높은 입찰자가 입찰한 금액을 지불한다. 두 번째로 높은 입찰가격은 다른 입찰자가 경매품목의 가치에 대하여 가지고 있는 정보와 연관되어 있다는 사실은 어느 정도 낙찰자의 저주를 줄이므로 경기자들이 1위값 경매에서보다 입찰가격을 덜 줄이도록 유도한다. 결과적으로, 감응가치추정치의 경우 경매인은 2위값 경매에서 보다 영국식 경매에서 더 큰 기대수입을 얻으며 1위 값 경매 또는 네덜란드식 경매에서는 가장 낮은 기대수입을 얻는다.

예시 문제 12-8

당신의 기업이 현금이 필요해서 가장 높은 입찰자에게 자회사를 경매할 것을 계획한다고 가정하자. (1) 만약 입찰자가 위험중립적이고 독립적인 사적가치를 갖는다면, (2) 만약 입찰자가 위험중립적이고 감응가치 추정치를 갖는다면, 어떤 유형의 경매가 판매로부터 당신의 기업의 수입을 극대화하는가?

정답

1. 독립적인 사적가치의 경우, 네 가지 모든 경매유형이 이러한 조건에서 동일한 기대수입을 초래할 것이다.
2. 감응가치 추정치의 경우, 영국식 경매에서 가장 높은 기대수입이 얻어질 것이다.

헤드라인의 해답

앞의 헤드라인은 왜 FCC 경매에 있는 기업들 중의 하나가 가격이 8,500만 달러의 면허가치추정치에 도달하기 전에 입찰로부터 떨어져 나간 이유를 묻고 있다. 주파수 경매는 공통가치 경매, 또는 더 일반적으로, 감응가치추정치를 갖는 경우의 경매이기 때문에, 가장 높은 사적 추정치를 가진 기업은 면허의 진정한 가치에 대해 가장 낙관적인 추정치를 가진 기업이다. 만약 기업들 전체가 가치의 정확한 기대값을 얻는다면, 이것은 낙찰자의 추정가치가 면허의 진정한 가치를 과대평가하기 쉽다는 것을 의미한다. 이 경우에 사적추정치로 입찰하는 기업은 10년의 면허기간에 걸쳐 금전적인 손실을 볼 것으로 예측된다. 이러한 낙찰자의 저주를 피하기 위해, 기업은 가격이 8,500만 달러의 사적추정치에 도달하기 전에 입찰에서 떨어져 나간다.

요약

이 장에서 우리는 불확실성과 비대칭정보 때문에 발생하는 추가적인 경영자의 의사결정 문제를 조사했다. 많은 예에서 소비자와 기업의 경영자는 수요함수, 비용, 생산물의 공급원, 제품의 질에 대하여 불완전한 정보를 갖는다. 결과가 불확실하기 때문에 의사결정을 하기가 더 어렵다. 만약 당신의 정보가 사실상 확률적이면, 당신은 다른 행동으로부터 초래되는 평균, 분산, 표준편차를 구하는 시간을 가져야 한다. 이것을 구함으로써, 당신은 최적 의사결정을 하는데 한계분석을 이용할 수 있다.

소비자와 생산자는 서로 다른 위험선호를 갖는다. 어떤 사람들은 위험한 경사면에서 스키를 타기 위해 산에 오르는 것을 좋아하고, 한편 다른 사람들은 숙박시설에 머물러서 밖의 경치를 바라보는 것을 좋아한다. 마찬가지로 어떤 사람들은 위험한 전망에 대한 선호를 갖고 있는 반면 다른 사람들은 위험회피적이다. 만약 당신 또는 당신이 일하고 있는 기업이 위험을 가지지 않으려는(즉, 위험회피적) 선호를 갖는다면, 당신은 위험이 커서 높은 기대수익이 예상되는 프로젝트보다 더 낮은 위험을 조건으로 낮은 기대수익을 갖는 프로젝트를 선택할 것이다. 그러나 만약 위험을 택하는 것이 당신을 고무한다면, 당신은 더 위험한 프로젝트를 선택할 용의가 있을 것이다.

위험구조와 평균, 분산, 표준편차의 이용은 또한 소비자가 불확실한 전망에 대해 어떻게 반응하는지를 인지하도록 돕는다. 예를 들어, 가장 활동적으로 보험을 찾고 보험에 가장 많이 지불할 용의가 있는 사람들은 종종 사고뭉치들이다. 이것은 역선택을 초래한다. 더욱이 개인들이 보험에 가입하면 그들은 그렇지 않을 때 보다 손실을 피하기 위해 주의를 덜하는 경향이 있다. 이것이 도덕적 해이를 일으킨다. 인센티브 계약, 신호보내기, 그리고 선별은 비대칭정보와 관련된 문제를 줄이는데 이용될 수 있다.

탐색행위를 통해 가격이나 상품의 질에 대한 불확실성에 소비자가 어떻게 대응하는지를 우리는 또한 조사했다. 소비자는 보다 더 우수한 거래를 찾을 확률과 시간에 대한 가치를 토대로 질과 "좋은" 가격을 위해 탐색을 바꿀 것이다. 이러한 정보를 잘 활용하면 당신은 당신의 고객들을 더 잘 지킬것이다. 당신의 고객이 낮은 시간가치를 가질 때, 당신은 그들을 지키기 위해 가격을 낮추어야 할 필요가 있다는 것을 안다. 그 이유는 탐색의 기회비용이 낮기 때문이다.

마지막으로 우리는 자본주의 경제에서 중요한 역할을 하는 경매를 조사했다. 우리는 네 가지 유형의 경매를 다루었다: 영국식 경매, 네덜란드식 경매, 1위값 밀봉입찰경매, 그리고 2위값 밀봉입찰경매. 입찰전략과 기대수입은 경매유형과 입찰자가 독립적인 사적가치를 갖는지 또는 감응가치추정치를 갖는가에 따라 변한다.

주요 용어 및 개념

감추어진 특징(hidden characteristics)
감추어진 행동(hidden action)
공통가치(common values)
감응가치 추정치(affiliated or correlated value estimates)
낙찰자의 저주(winner's curse)
네덜란드식 경매(Dutch auction)
도덕적 해이(moral hazard)
독립적인 사적가치(independent private values)
무료 리콜(free recall)
분산(variance)
불확실성(uncertainty)
비대칭정보(asymmetric information)
선별(screening)
신호보내기(signaling)

역선택(adverse selection)
영국식 경매(English auction)
위험(risk)
유보가격(reservation price)
자기선택장치(self selection device)
평균(기대)값(mean (expected) value)
표준편차(standard deviation)
1위값 밀봉입찰경매(first-price, sealed-bid auction)
2위값 밀봉입찰경매(second-price, sealed-bid auction)

개념 및 계산 문제

1. 아래 표의 두 가지 옵션에 대하여 생각해보자. 양쪽 모두 무작위적인 결과를 가져온다.(LO1)

옵션 1		옵션 2	
확률	예상값	확률	예상값
1/16	150	1/5	120
4/16	300	1/5	255
6/16	750	1/5	1,500
4/16	300	1/5	255
1/16	150	1/5	120

a. 각 옵션의 기댓값을 구하시오.
b. 각 옵션의 분산과 표준편차를 구하시오.
c. 어떤 옵션이 가장 위험한가?

2. 다음의 각 시나리오에 대하여, 의사결정자가 위험중립적인지, 위험회피적인지 혹은 위험선호적인지를 밝히시오.(LO1)

a. 어떤 경영자는 $680를 확실하게 받을 수 있는 것보다 $1,400를 받을 가능성이 20%, 그리고 $500를 받을 가능성이 80%인 것을 더 선호한다.
b. 어떤 주주는 80%의 가능성으로 $1,100를 받는 것과 20%의 가능성으로 $200를 받는 것보다 $920를 확실하게 받는 것을 더 선호한다.
c. 어떤 소비자는 $1,360를 확실히 받는 것과, 60%의 확률로 $2,000를 지급하고 40%의 확률로 $400를 지급하는 복권 간에 무차별하다.

3. 소비자들이 바라는 품목들을 상점에서 판매한다. 소비자는 최적의 탐색전략을 사용한다; 다음 그림은 보다 더 낮은 가격을 탐색하는 소비자의 기대이익과 비용을 나타낸다.(LO1)

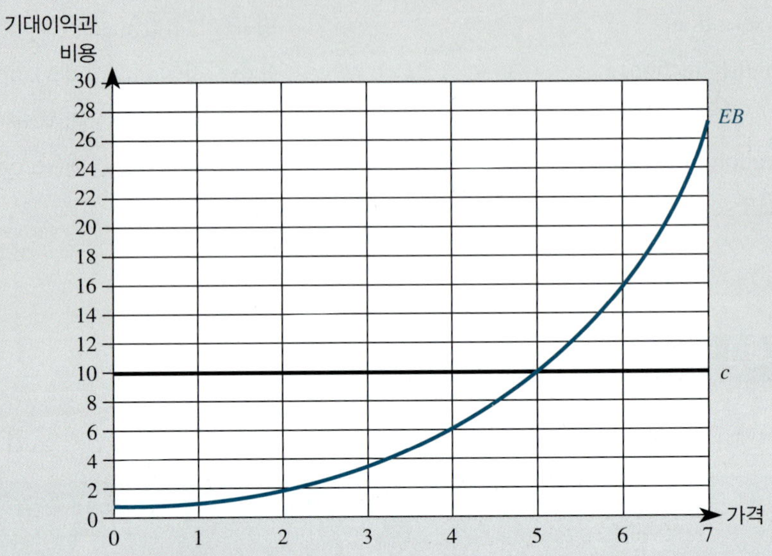

a. 소비자의 유보가격은 얼마인가?

b. 당신의 가격은 $3이고 소비자가 당신 가게에 왔을 때, 그 소비자는 이 품목을 구입할 것인가 혹은 계속해서 탐색을 할 것인가? 설명하시오.

c. 소비자의 각 탐색에 따른 비용이 $16로 상승한다고 하자. 당신이 부과할 수 있는 최고가격은 얼마인가? 단, 소비자가 당신의 가게에 와서 그 물건을 살 수 있어야만 한다.

d. 소비자의 각 탐색에 따른 비용이 $2로 하락한다고 하자. 그 소비자가 $3를 부과하는 가게를 찾는다면, 그 소비자는 그 가격으로 구입할 것인가 또는 계속 탐색할 것인가?

4. 당신은 거의 완전경쟁에 가까운 시장에서 제품을 판매하는 기업의 경영자이며, 당신의 비용함수는 $C(Q) = 2Q + 3Q^2$이다. 불행히도 생산 시차(lags) 때문에 시장에서 가격이 얼마가 될지 확실히 알기 전에 당신은 생산에 대한 결정을 해야만 한다. 당신이 생각하기에, 시장가격이 $200가 될 확률은 70%이며 $600가 될 확률은 30%이다. (LO2)

a. 기대시장가격을 계산하시오.

b. 기대이윤극대화를 위하여 당신은 얼마만큼 생산해야 하는가?

c. 기대이윤은 얼마인가?

5. 위험중립적인 소비자가 동일한 제품을 생산하는 두 기업 중 하나에서 구입하려한다. 한 기업은 신뢰할 수 없는 제품을 생산하며 다른 기업은 믿을만한 제품을 생산한다. 물건을 살 때 그 소비자는 두 회사의 제품을 구별할 수 없다. 소비자의 관점에서, 주어진 기업의 제품이 신뢰할 수 있는지 아닌지의 확률은 반반이다. 이 소비자가 품질이 신뢰할 수 없는 제품에 대해 지불하고자 하는 최대금액은 $0인 반면, 믿을만한 제품에 대해서는 $100를 지불하고자 한다. (LO3)

a. 이러한 불확실성하에서, 이 소비자가 한 단위의 제품을 구매하기 위해 지불하고자 하는 최대금액은 얼마인가?

b. 만약 믿을만한 제품을 생산하는 기업이 소비자를 보호하기 위하여 품질보증제도를 실시한다면 이 소비자는 그 제품에 대해 얼마만큼 지불하고자 하는가?

6. 당신은 독립적 사적가치 경매에서의 입찰자이며, 그 물건을 $4,000로 평가한다. 각 입찰자는 $1,500부터 $9,000사이에 가치평가가 고르게(uniformly) 분포돼 있는 것으로 생각하고 있다. (당신을 포함한) 입찰자의 총수가 다음과 같을 때, 1위값 밀봉입찰경매일 경우 당신의 최적 입찰전략을 결정하시오:(LO4)

a. 2.

b. 10.

c. 100.

7. 당신은 독립적인 사적가치 경매에 참여하고 있는 다섯 명의 위험중립적 입찰자 중 하나이다. 각 입찰자는 모든 다른 입찰자들이 이 물건에 대한 가치를 $10,000~$30,000 사이에 균등하게 두고 있는 것으로 생각하고 있다. 당신이 이 물건을 $22,000로 평가할 경우, 다음의 각 경매유형에 대하여 당신의 최적 입찰전략을 결정하시오.(LO4)

a. 1위값 밀봉입찰경매

b. 네덜란드식 경매

c. 2위값 밀봉입찰경매

d. 영국식 경매

8. 우리 교재에서는 정보의 비대칭성이 시장의 결과에 대하여 나쁜 영향을 미칠 수 있다고 지적한다.(LO3)

a. 숨겨진 행동 혹은 숨겨진 특성에 대한 정보의 비대칭성이 어떻게 도덕적 해이나 역선택을 일으킬 수 있는 가에 대하여 설명하시오.

b. 이러한 문제를 해결하기 위해 경영자들이 사용할 수 있는 몇 가지 전략에 대하여 설명하시오.

9. 한 지역신문의 광고에 의하면, 5,000마일만 운행되었으며 6개월밖에 안된 "모든 옵션을 갖춘" 차로서 동일한 옵션을 가진 아주 새차의 20%할인된 가격으로 판매. 이러한 할인이 "정말 좋은 거래"인지 아니면 다른 어떤 것을 가장 잘 반영하는지에 대하여 알맞은 경제학용어를 이용하여 설명하시오.(LO3)

10. 생명보험정책은 특정 기간—보통 보험가입 후 2년 이내—동안 자살 때문에 발생되는 보험료 청구에 대하여 보험회사가 지급을 유보하는 조항을 일반적으로 가지고 있다. 만일 어떤 보험회사가 이러한 조항을 삭제하려 한다면 보험회사의 순이익에 미칠 가능한 영향에 대하여 정확한 경제학용어를 사용하여 설명하시오.(LO3)

응용 문제

11. FCC는 무선 주파수대역권리(spectrum rights)를 판매하는 경매를 디자인하기 위해 당신을 컨설턴트로 고용을 했다. 경매를 이용하여 이러한 무선 주파수대역권리를 판매하는 목적은 수입을 창출하는 것이라고 FCC는 선언하였다. 대부분의 입찰자들은 대형통신사들이므로, 당신은 모든 경매참가자들이 위험중립적이라고 가정하는 것이 타당하다. 모든 입찰자가 주파수대역권리에 동일하게 가치를 부여하

지만 주파수대역의 진정한 내재가치에 대하여는 다른 추정치를 갖는 경우, 어느 경매유형—1위값, 2위값, 영국식, 또는 네덜란드식—을 당신은 추천할 것인가?(LO4)

12. 스미스(Smith) 건설사의 경영자인 당신이 유일한 건설업자인 신 주택지역에서 얼마만큼의 집을 건축해야할지를 결정해야 한다. 불행히도 이와 같이 거대한 근처지역에서 집에 대한 수요가 얼마나 높은지를 모르는 상태에서 당신은 집을 지어야만 한다. 낮은 수요가 될 확률은 60%이고 높은 수요가 될 확률은 40%이다. 이 두 가지 시나리오에 해당하는 역수요함수는 각각 $P = 300{,}000 - 400Q$와 $P = 500{,}000 - 275Q$이다. 당신의 비용함수는 $C(Q) = 140{,}000 + 240{,}000Q$이다. 당신은 몇 채의 새로운 집을 지어야 하며, 기대되는 이윤은 얼마인가?(LO2)

13. 생명보험회사들은 표준생명(standard life)보험정책을 발행하기 전 보험가입증거로서 건강검진을 받을 것을 가입희망자에게 요구한다. 이와 반대로, 신용카드회사들은 카드소유자가 사망할 경우 신용카드 잔액(credit card balance)을 갚게 하는 "신용생명(credit life)보험"이라 불리는 일종의 보험을 고객들에게 제공한다. 당신은 표준생명보험 또는 신용생명보험정책 상에서 (죽음으로 인한 혜택 달러 당) 보험료가 더 높을 것이라고 당신은 생각하는가? 설명하시오.(LO3)

14. BK(BK Books)사는 온라인상의 책판매 소매업자로서 또한 전 세계적으로 만개의 매장을 가지고 있다. 당신은 기업금융부서에 있는 위험중립적인 경영자이고 새로운 금융분석가를 급히 필요로 하고 있다. 당신은 당신이 사는 지역의 최고(top) MBA학교의 학생들을 인터뷰만하고 있다. 당신의 선별기법(screening mechanisms and contacts)덕분에, 당신이 인터뷰한 학생들은 그들이 받고자 하는 임금에 대해서만 마지막으로 다른 견해를 갖는다. 약 10%의 수용가능(acceptable)지원자가 $140,000의 급여를 받아들이려 하는 반면, 90%는 $190,000의 급여를 요구한다. 모든 인터뷰대상자가 거쳐야만 하는 인터뷰과정상의 두 단계가 있다. 첫 단계는 처음 한시간동안 학교내 인터뷰이다. 1단계에서 인터뷰를 한 모든 지원자들은 또한 2단계의 인터뷰에 초대되는데, 그것은 5시간동안의 사무실 방문이다. 모두 합해서 당신은 각 지원자와 인터뷰하는데 여섯 시간을 사용해야 하며, 그 시간을 $2,500로 가치평가한다. 뿐만 아니라, 각 지원자와 인터뷰하는데 총 $8,000의 여행경비가 소요된다. 당신은 두단계의 BK사 인터뷰과정을 통과한 첫 번째 인터뷰한 사람에게 상당히 호감을 갖고 있고, 그 지원자의 유보(reservation)급여는 $190,000라고 그 지원자가 이야기하였다. 당신은 그 급여로 그 지원자를 고용해야 할까, 아니면 계속해서 인터뷰과정을 진행해야 할까? 설명하시오.(LO1)

15. 의회는 HIPAA(Health Insurance Portability and Accountability Act; 미국 의료정보보호법)을 제정하여, 수백만의 근로자들이 잠재적으로 그룹건강보험에 가입하는 것을 가능케 하였다. 그 법안의 핵심조항은 보험회사들과 자가보험을 드는 고용주들에 의해 관리되는 건강보험계획으로 하여금 이전의 의료상황에 관계없이 모든 근로자들에게 건강보험을 제공하도록 요구한다. 이 조항은 "건강상태에 관계없이 누구나 가입할 수 있는 보험(guaranteed issue)"이라는 것인데, 보험업계에서 논란거리가 되고 있다. 왜 이것이 논란이 될 수 있는 법안인가를 설명하시오.(LO3)

16. 1990년대 말부터 2000년대 초까지, 25개 이상의 미국내 철강회사들이 파산을 신청하였다. 외국경쟁

자들과의 경쟁심화로 인한 낮은 가격과 노조의 이른바 유산비용(legacy cost; 퇴직자들에 대한 연금, 의료 비용 등)의 복합요인이 왜 많은 철강회사들이 파산을 신청했는가에 대한 근본적인 이유로 인용된다. 2002년에 브라운스타운(Brownstown) 철강회사가 파산을 피하기 위해 대출구조조정을 하려했을 때, 기업이 모든 수입과 지출에 대한 정보를 밝힐 것을 채권자들은 요구하였다. 브라운스타운의 경영진은 채권자들에게 이 정보를 공개하는 것을 왜 꺼려했는가? 설명하시오.(LO3)

17. 지난해, 중고 수입차 판매상(Used Imported Autos)은 거의 차를 팔지 못하여 $50만이상의 손실을 입었다. 그 결과로, 그 회사의 경영자는 매출액을 증가시키기 위해 두 가지 전략을 실행하려 한다. 저비용전략으로서, 회사이름을 우수(Quality)중고수입차회사라 바꾸어 고객들에게 높은 품질의 중고차를 판매한다는 이미지를 주려하는 것이다. 고비용전략으로서, 모든 중고차에 대한 열 가지 자동차조사표(auto inspection)를 발급하고 판매된 모든 중고차에 대해 30일 품질보증을 소비자들에게 해주는 것이다. 이들 두 가지 전략 중에서, 어느 것이 매출액에 가장 큰 영향을 준다고 당신은 생각하는가? 설명하시오.(LO3)

18. PPFG(Pelican Point Financial Group)사의 고객들은 두 가지 유형의 투자자로 구성이 되어있다. 첫 유형의 투자자는 매년 많은 거래를 하며 $1.5백만 이상의 순자산을 가지고 있다. 이 투자자들은 투자 상담자들에게 무한정으로 접촉하기를 원하며 수수료없이 모든 거래에 대해 매년 최대 $2만까지, 또는 대안으로서 거래당 $40를 지불할 의사가 있다. 또한 다른 유형의 투자자들도 $1.5백만 이상의 순자산을 가지고 있으나 매년 거래를 거의 하지 않으므로 거래당 $120를 지불 할 의사가 있다. 이 회사의 경영자로서 당신은 어느 개인이 거래를 많이 하는 투자자인지 또는 적게 하는 투자자인지를 구별해낼 수 없다. 자기선택장치(self-selection mechanism)를 만들어 각 유형의 투자자를 구별해 보시오.(LO3)

19. CPT사는 컨베이어시스템을 만드는 지역제조업체이다. 작년에 이 회사는 $200만 이상의 컨베이어시스템을 판매해서 $10만의 순이익을 올렸다. 원자재와 노동이 이 회사의 가장 큰 비용이다. 구조강철(structural steel)에만 $50만, 또는 매출액의 25%를 지출하였다. 비용을 줄이기 위해, 이 회사는 현재 1위값 밀봉입찰경매로 가장 잘 설명되는 온라인 조달방법을 사용한다. 이 경매의 입찰자들은 미술품부터 초고층빌딩에 이르기까지 매우 다양한 용도로 이 강철을 이용한다. 비록 입찰자 가치평가는 $8,000~25,000사이에 균등하게 분포돼 있다고 생각될 지라도, 이것은 입찰자들이 강철에 대해서 독립적으로 가치평가한다는 것을 의미한다. 당신은 이 회사의 구매책임자이며, 4명의 다른 입찰자들에 대항하여 3톤의 홈형강(six–inch hot-rolled channel steel)에 대하여 입찰하고 있다. 당신회사는 3톤의 홈형강에 대하여 $16,000로 가치평가하고 있다. 당신의 최적 입찰금액은 얼마인가?(LO4)

20. 최근 제약회사인 Mylan은 일반(브랜드 없는; generic) 제약회사인 Perrigo를 적대적 인수했다. Perrigo는 적대적 인수합병 전 해에 순손실을 기록했는데, 그 이유는 부분적으로 행정비용의 급증 때문이었다. 70%의 확률로 Perrigo의 손실이 단지 인수합병에 대항하기 위해 필요한 행정비용의 잠정적인 결과라고 Mylan은 간주한다고 하자. 이 경우, Perrigo 이윤흐름의 현재가치가 300억 달러이다. 그러나 30%의 확률로 Perrigo의 순손실이 그 회사의 서비스 수요의 장기 구조적 변화로부터 발생되며, 그 회사의 이윤흐름의 현재가치는 단지 60억 달러에 불과하다고 Mylan은 간주한다. 여러분이 Mylan의 의사결

정자이고 여러분의 현재 인수합병 입찰금액이 210억 달러라는 것을 알고 있다. 경쟁 응찰자—Abbot Laboratories—가 80%의 확률로 Perrigo의 이윤흐름의 현재가치가 300억 달러이며, 20%의 확률로 그 현재가치가 60억 달러라고 간주한다는 것을 여러분이 방금 알게 되었다. 이러한 정보를 바탕으로 여러분은 여러분은 입찰금액을 증가시킬 것인가 아니면 210억 달러의 제안을 고수할 것인가? 주의 깊게 설명하시오. (LO4)

21. 당신은 패스트푸드 산업에 $500,000 투자를 고려하고 있으며, 당신의 선택은 맥도날드 체인점이거나 펜스테이션(Penn Station East Coast Subs) 체인점 둘 중의 하나이다. 맥도날드사의 조사에 의하면, 당신이 새 식당을 개점하려고 하는 장소를 토대로, 10년간 총이윤(최초 투자금액을 뺀)이 16백만 달러가 될 확률이 25%, 8백만 달러가 될 확률은 50%, −1.6백만 달러가 될 확률은 25%라고 한다. 반면에 펜스테이션사에 투자하였을 경우, 10년간의 총예상 이윤(최초의 투자금액을 뺀)은 2.5%의 확률로 48백만 달러, 95%의 확률로 8백만 달러, 2.5%의 확률로 −48백만 달러이다. 이들 두 투자기회의 위험과 기대수익을 고려할 때, 어떤 것이 더 좋은 투자안인가? 상세하게 설명하시오.(LO1)

22. 온라인 프로그램은 현재의 주거지역과 직장을 유지하면서 MBA학위공부를 하는 것을 가능케 하여, 온라인 MBA프로그램으로 인해 기존의 경영자들이 MBA학위를 얻는 비용이 상당히 낮아졌다. 정보경제학과 학생 특성에 대한 당신의 지식을 바탕으로, 온라인상에서의 MBA 학생과 전통적인 MBA 학생들의 가능한 특성을 비교분석하고, 잠재적인 MBA학위소지 취업지원자들을 선별하기 위해 지원자가 어디에서 MBA학위를 얻었는가에 대한 정보를 잠재적 고용주들이 어떻게 이용할 것인가에 대해 설명하시오.(LO3)

23. SEC(증권거래위원회)의 검사들은 내부자거래에 관련된 13명의 개인들에 대하여 최근 형사기소 하였다. SEC의 집행책임자에 따르면, 내부정보를 외부에 알리는 거래는 "시장의 진실성과 투자자의 신뢰성을 위태롭게 한다." 왜 그런지 설명하시오.(LO3)

참고 문헌

Bikhchandani, Sushil, Hirshleifer, David, and Welch, Ivo, "A Theory of Fads, Fashion, Custom, and Cultural Change in Informational Cascades." *Journal of Political Economy* 100(5), October 1992, pp. 992–1026.

Cummins, J. David, and Tennyson, Sharon, "Controlling Automobile Insurance Costs." *Journal of Economic Perspectives* 6(2), Spring 1992, pp. 95–115.

Hamilton, Jonathan H., "Resale Price Maintenance in a Model of Consumer Search." *Managerial and Decision Economics* 11(2), May 1990, pp. 87–98.

Kagel, John, Levine, Dan, and Battalio, Raymond, "First Price Common Value Auctions: Bidder Behavior and the 'Winner's Curse.'" *Economic Inquiry* 27, April 1989, pp. 241–58.

Lind, Barry, and Plott, Charles, "The Winner's Curse: Experiments with Buyers and with Sellers." *American Economic Review* 81, March 1991, pp. 335–46.

Lucking-Reiley, David, "Auctions on the Internet: What's

Being Auctioned, and How?" *Journal of Industrial Economics* 48(3), September 2000, pp. 227–52.

Machina, Mark J., "Choice under Uncertainty: Problems Solved and Unsolved." *Journal of Economic Perspectives* 1, Summer 1987, pp. 121–54.

McAfee, R. Preston, and McMillan, John, "Auctions and Bidding." *Journal of Economic Literature* 25(2), June 1987, pp. 699–738.

McMillan, John, "Selling Spectrum Rights." *Journal of Economic Perspectives* 8(3), Summer 1994, pp. 145–62.

Milgrom, Paul, "Auctions and Bidding: A Primer." *Journal of Economic Perspectives* 3(3), Summer 1989, pp. 3–22.

Riley, John G., "Expected Revenues from Open and Sealed-Bid Auctions." *Journal of Economic Perspectives* 3(3), Summer 1989, pp. 41–50.

Salop, Steven, "Evaluating Uncertain Evidence with Sir Thomas Bayes: A Note for Teachers." *Journal of Economic Perspectives* 1, Summer 1987, pp. 155–59.

CHAPTER 13

경영전략의 새로운 영역

학습목표

LO1 진입제한가격설정(limit pricing: 경쟁자의 진입을 저지하기 위해 기존기업이 평균생산비 이하로 가격을 책정함)에 대한 경제학적 근거(basis)를 설명하고, 한 기업이 그러한 전략으로부터 이득을 볼 수 있는 조건을 밝히시오.

LO2 위협가격설정(predatory pricing: 가격을 잠정적으로 매우 낮게 설정하여 경쟁기업들을 시장에서 퇴출시키는 전략)에 대한 경제학적 근거를 설명하시오.

LO3 경영자가 경쟁기업의 비용을 증가시켜서 경쟁을 완화시킴으로써 어떻게 이득을 볼 수 있는가를 보여 주시오.

LO4 경쟁을 완화시키기 위해 고안된 경영전략들의 법적인 역효과 중 몇 가지를 밝히시오.

LO5 의사결정의 시점이나 또는 전략적 조치(strategic moves)의 순서를 변화시켜서 한 기업의 이윤이 제고될 수 있는가를 평가하고, 그러한 전략의 변화가 선발주자(first-mover) 또는 후발주자(second-mover) 이득을 초래하는가를 평가하시오.

LO6 네트워크(network)와 네트워크 외부효과에 대한 사례를 들고, n명의 사용자가 있는 스타네트워크(star network)에서 가능한 접속(connections)수를 결정하시오.

LO7 네트워크가 종종 선발주자 이득을 낳는 이유를 설명하고, 전략적 환경을 유리하게 변화시키기 위해 침투가격설정(penetration pricing: 신제품의 출시 초기에 판매량을 증가시키기 위해 상대적으로 제품가격을 낮게 설정하는 전략)과 같은 전략들을 활용할 방법에 대해 설명하시오.

지역의 식당경영자가 전국 식당체인점인 모턴(morton)의 도전에 직면하고 있다.

탐 잭슨(Tom Jackson)은 고급 스테이크 저녁을 전문적으로 제공하는 스테이크 전문식당을 성공적으로 운영해 왔다. 현재 그의 마케팅 캠페인은 주거지역 가족을 목표대상으로 한다. 최근 많은 잠재적 고객들이 모여들 것으로 예상되는 새로운 회의용 호텔(conference hotel)이 그의 스테이크 전문점 근처에 개점될(open) 것이라고 발표되었다. 모턴의 스테이크 전문점—현재 전국적으로 기업고객들에게 마케팅을 하는 고급 스테이크 전문점—은 새 호텔 근처에 체인점 식당 하나를 개점할 것으로 고려하고 있으므로 탐(Tom) 식당과 경쟁할 것이다.

모턴 식당의 잠재적 위협을 고려할 때, 탐은 그의 마케팅 캠페인을 바꾸어 가족보다는 오히려 기업을 목표대상으로 하기 위해 상당한 투자를 할 가능성을 고려하기 시작했다. 그렇게 할 때, 그와 모턴 식당이 실행하게 될 전략으로부터, 다음과 같은 이익 결과 값(단위: 천 달러)을 추정했다.

탐(Tom)	모턴		
	마케팅 목표대상	진입	진입하지 않음
	기업	$-200, $-50	$90, $0
	가정	$50, $100	$105, $0

이러한 상황을 분석할 때, 탐은 그의 지배적(우월적) 전략이 가족을 대상으로 계속 마케팅하는 것이라는 것을 재빠르게 인식했고, 그 결과로 발생되는 이익에 실망했다. 그런 다음 아이디어가 그에게 떠올라, 훨씬 더많은 이익이 가능하다는 것을 인식하였다. 탐은 무엇을 하기로 결정했는가?

13.1 서론

지금까지 경영전략을 수립하는데 있어서 경쟁기업의 수, 의사결정의 시점, 그리고 상대방들의 의사결정이 주어져 있다고 가정했으나, 이제부터는 경영자가 이러한 전반적인 경쟁의 양상에 대해서 영향을 미칠 수 있다고 가정한다. 간단히 말하면, 이번 장에서부터 경영자가 자신이 지금 하고 있는 게임의 내용에 만족하지 못할 때는 이 게임의 틀을 바꿀 수 있는 전략적 행동을 할 수 있다고 가정하는 것이다.

이번 장의 첫 부분은 이러한 경영환경을 변화시킬 수 있는 세 가지 전략에 대해서 설명하고 있다. 두 개의 가격전략들—진입제한가격설정, 위협가격설정(약탈가격설정)—이 경쟁기업의 수를 줄일 수 있는 잠재적인 도구로서 설명된다. 세 번째 전략은 경쟁자의 고정비용 혹은 가변비용을 올림으로써 경쟁을 제한하는 것이다. 불행히도 이 모든 전략들은 경제적으로 장 · 단점을 수반한다. 경영자는 어떤 전략을 실행할 때, 그로부터 얻어지는 잠재적 이득이 그로부터 일어나는 비용을 상쇄할 것인가를 확신해야 한다.

비용과 관련된 사항 중 중요한 관심사는 그것이 합법적인가 하는 것이다: 경쟁기업을 제거하여 기업의 이윤을 올리려는 전략은 독점금지기관으로부터 소송을 당할 위험에 놓이게 된다. 독점금지법은 국가마다 다르고 또한 한 국가에서는 지역별로도 매우 다르게 적용될 수 있기 때문이다. 국가별로 볼 때 어떤 경영전략은 합법적일 수 있으나, 특정 지역이나 다른 나라의 독점금지법에 위배될 수 있다. 때로는 담당판사에 따라서 독점금지법은 다르게 해석될 수도 있다. 기업이 운영되고 있거나 경쟁하고 있는 법적 관할구역 중 한 지역에서라도 불법인 경영전략을 추구하는데 따른 비용을 과소평가해서는 안 된다. 연방과 지방정부에 독점금지법의 도덕적 기준뿐만 아니라 이러한 독점금지법을 위반한데 따르는 잠재적 비용은 기업의 경영전략에 의해 획득된 모든 이윤을 삼켜버릴 수도 있다. 이러한 비용에는 소송비용, 벌금, 기업 이미지에 대한 악영향, 그리고 심지어는 큰 기업을 강제적으로 작고 독립된 기업으로 쪼개는 것 등이 포함된다.

이번 장의 두 번째 내용은 선발주자 이득과 후발주자 이득에 대해서 설명하고, 의사결정의 시점과 순서를 바꿈으로써 경영환경을 언제 변화시키는 것이 이득이 되는가에 대해서 설명할 것이다. 우리는 왜 선발주자 이득이 보통 네트워크 산업(통신, 항공사, 인터넷 등)에서 강력한지를 보여줄 것이다. 침투가격설정은 이러한 잠재적인 장애물들을 극복하기 위해 진입자들이 "게임을 바꾸기 위해" 사용할 수 있는 전략이다.

13.2 진입을 방지하기 위한 진입제한가격설정

성공적인 경영의 불행한 결과 중의 하나는 그 성공이 다른 기업들의 모방이나 시장진입을 초래하게 된다는 점이다. 물론 이러한 경쟁자들의 진입은 기존 기업들의 이윤을 감소시킨다. 진입위협에 노출되면, 경영자는 진입제한가격설정 같은 전략을 고려하게 된다. **진입제한가격설정**(limit pricing)은 경쟁기업의 수를 줄임으로써 경영환경을 변화시키는 것이다.

진입제한가격설정
기존의 기업이 진입을 방지하기 위해 독점가격보다 낮은 가격을 유지하는 전략

진입제한가격설정은 독점자(또는 시장지배력을 가지고 있는 다른 기업)가 다른 기업들이 시장에 진입하지 못하도록 독점가격 이하로 가격을 설정할 때 일어난다. 진입제한가격설정은 항상 이득이 되는 경영전략은 아니다. 따라서 이러한 전략을 사용할 때는 각별한 주의가 요망된다.

그림 13-1

독점 가격결정

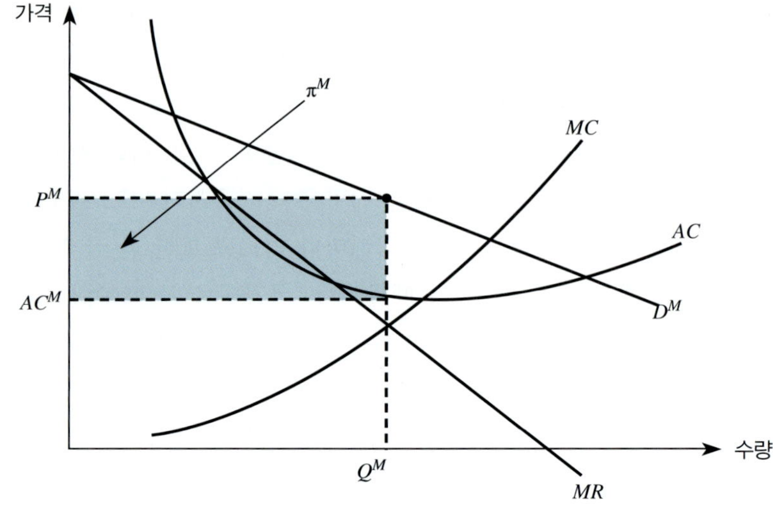

13.2.1 진입제한가격설정의 이론적 근거

한 독점기업이 전체 시장을 지배하는 경우를 생각해 보자. 그 독점자의 제품에 대한 수요곡선은 〈그림 13-1〉에 D^M으로 나타나 있다. 독점 이윤은 가격 P^M에서 최대가 되며, 독점 이윤은 π^M으로 주어진다. 이러한 기존기업에게는 불행하게도, 만약 잠재적 기업이 이러한 이윤기회에 대하여 알게 되고, 기술적 노하우(know-how)를 소유하여 기존의 기업과 똑같은 비용으로 생산할 수 있게 된다면, 기존 독점기업이 누린 이윤은 잠재적 진입기업이 시장에 진입하여 이득을 보게 되면 잠식될 것이다. 진입이 일어나면 산업은 독점에서 복점으로 되며 기존 기업(독점기업)의 이윤은 줄어들게 된다. 시간이 지남에 따라 추가적으로 다른 기업이 시장에 진입하면, 이윤은 더욱 더 잠식될 것이다.

기존 기업의 한 가지 전략은 독점가격보다 낮은 가격을 책정하여 다른 기업의 진입을 방지하는 것이다. 이러한 전략의 잠재적 효과를 살펴보기 위해, 진입자의 비용이 기존 기업의 비용과 똑같고, 진입자가 제품의 수요와 기존 기업의 비용에 대해서 완전한 정보를 가지고 있다고 잠재적으로 가정하자. 다시 말하면, 잠재적인 진입자가 기존기업이 누리는 모든 정보를 알고 있다고 가정하는 것이다.

진입제한가격설정을 위해 기존 기업은 Q^L(이것은 독점생산량 Q^M을 상회한다) 만큼 생산하며 가격은 P^L(이것은 독점가격보다 낮다)로 부과된다. 이것은 〈그림 13-2〉에 나타나 있다. 만일 잠재적 진입자가 실제로 시장에 진입한 후에도 기존기업이 Q^L 만큼의 생산을 계속한다고 그 진입자가 믿으면, 진입자 제품에 대한 잔여수요는 단지 시장수요 D^M − 기존기업의 생산량 Q^L이 된다. 이 차이($D^M - Q^L$)는 진입자의 잔여수요곡선이 되며, 〈그림 13-2〉에 나타난다. 진입기업의 잔

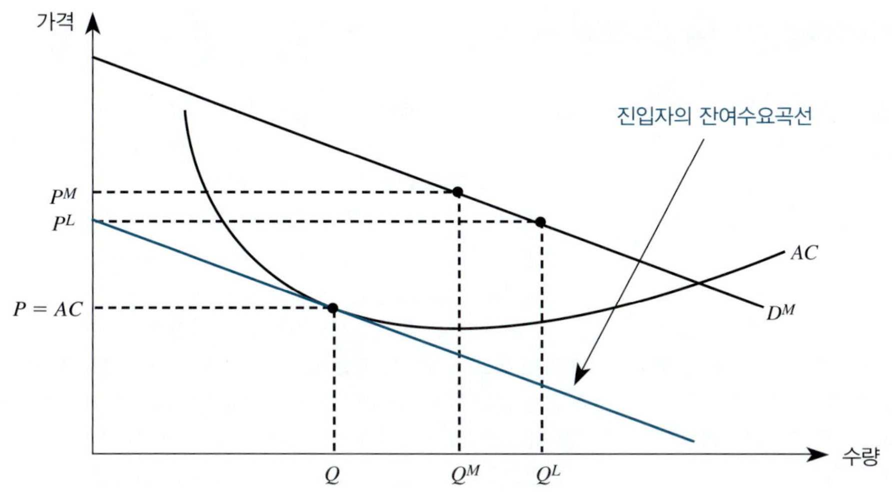

그림 13-2
진입제한가격설정과 잔여수요

여수요곡선은 P^L의 가격에서부터 시작 된다($D^M - Q^L$은 이 가격 P^L에서 제로이기 때문에). P^L 이하의 각 가격에 대해, 진입자의 잔여수요곡선과 독점자의 수요곡선간의 수평거리는 각 가격에서 Q^L로 나타난다.

〈그림 13–2〉에서 진입자의 잔여수요곡선은 평균비용곡선의 아래에 위치하므로, 진입은 이윤을 창출하지 못한다. 이를 보기위해, 진입자가 진입하여 Q보다 더 작거나 더 많은 생산량을 생산할 경우, 손해를 본다는 것을 주목하자. 진입하여 정확히 Q만큼 생산한다면, 총 시장공급은 $Q + Q^L$로 증가한다. 이것은 진입자에게 가격이 평균비용이 되는 점까지 가격을 낮출 것이며, 따라서 경제적 이윤은 제로가 될 것이다. 그러므로 진입자가 시장진입을 해도 양의 이윤을 얻을 수 없게 된다. 더욱이 진입이 추가의 비용(아주 작은 비용이라 할지라도)을 불러오게 된다면, 잠재적 진입기업은 이 시장에 진입을 포기할 강한 인센티브를 갖게 된다. 따라서 진입제한가격설정을 통해 진입이 방지되고 기존의 기업은 잠재적 진입기업이 시장에 진입한 경우보다 더 많은 이윤을 얻게 된다(그러나 이 이윤의 크기는 기존기업이 독점적 지위를 가질 때 얻는 이윤보다는 작을 것이다).

13.2.2 진입제한가격설정은 진입방지에 실패할 수도 있다

이제 여러분은 진입제한가격설정의 기본적인 내용에 대하여 이해했으므로, 이 전략에 대해서 좀 더 비판적인 시각을 가져봅시다. 앞의 예에서는 잠재적인 진입자가 수요와 비용에 대하여 완전한 정보를 가지고 있다고 가정하였으므로, 이 진입제한가격설정 전략은 기존기업의 사업수익성에 대하여 아무것도 숨긴 것이 없었다. 실제로 기존 기업에 의하여 책정된 낮은 가격은 진입을 방지하는데 어떤

인사이드 비즈니스 13-1 마이크로소프트사의 경영전략

1998년 5월 18일 미국 법무부는 마이크로소프트사를 제소했다. 이 회사는 PC의 컴퓨터 소프트웨어를 공급하는 세계 최대의 회사이다. 제소의 내용은 셔먼독점금지법 섹션1과 섹션2에 의거한 것이다. 정부는 마이크로소프트사가 경쟁을 방해하는 경영전략을 시행했다고 주장했다. 내용으로는 마이크로소프트사의 윈도우 운영체제에 다른 소프트웨어를 끼워 팔았다는 것이다 ; 마이크로소프트사의 경쟁자나 또는 잠정적 경쟁자의 제품을 사용, 구입, 판촉활동, 또는 판매하는 기업을 배제하도록 다른 기업과 협정을 맺었다는 것이다; 그리고 마이크로소프트사의 경쟁자나 잠재적 경쟁자에게 인터넷서비스나 정보를 제공하는 기업들의 권리에 대하여 제한을 가했다는 것이다.

미국 정부에 의하면 네스케이프는 1990년대 초반 인터넷브라우저 시장에서 70%내지 80%의 시장점유율을 가지고 있었다고 한다. 마이크로소프트사는 수억 달러의 자본을 인터넷 익스플로러를 개발, 시험하고 판촉을 하는데 사용해왔다. 그러나 마이크로소프트사는 소비자들로 하여금 네스케이프 내비게이터에서 인터넷 익스플로러로 전환, 사용하는데 많은 어려움에 봉착하도록 하였다. 미국 정부에 의하면 마이크로소프트사의 최고 경영진—플래트 폼 그룹의 부사장—은 이 기업의 전략을 다음과 같이 간단하게 요약하였다고 한다: “우리는 그들에게 공기의 공급을 차단해야 한다. 그들이 파는 모든 것에 대하여 우리는 무료로 공급할 것이다.” 정부의 주장에 의하면, 빌게이츠가 네스케이프를 협박했으며 그 내용은 다음과 같다. “우리의 사업 모델은 모든 인터넷 소프트웨어가 무료라 할지라도 아무런 문제가 없으며… 우리는 여전히 운영체제를 판매하고 있다. 네스케이프의 사업모델은 어떻게 될까? 좋을 것 같진 않다.”

1998년 이후로 많은 일이 일어났다. 마이크로소프트사는 소송에서 졌고; 네스케이프는 아메리카 온라인과 합병했으며; 아메리카 온라인은 나중에 타임워너와 합병했다. 그리고 2009년 1월 마이크로소프트사가 브라우저를 운영체제에 끼워 판 것은 유럽연합의 반독점법에 위배된다고 EC는 선언하였다. 궁극적으로 이러한 마이크로소프트사의 경영전략이 성공적이었는가에 대하여 시간만이 답해줄 수 있을 것이다.

출처: Antitrust Complaint: *United States of America v. Microsoft Corporation*, May 18, 1998; *The Wall Street Journal Online Edition*, Front Page, October 9, 2001; “AOL Time Warner to Drop ‘AOL’ from Corporate Name,” *The Wall Street Journal*, September 11, 2003; Robert Wielaard, ”EU: Microsoft Must Unbundle Browser,“ Associated Press, January 17, 2009.

실질적인 역할을 하지 않았다: 진입기업은 자신이 진입하더라도 기존기업이 적어도 Q^L양 만큼 생산할 것이라고 믿었기에 진입을 포기하는 것이다.

이 점에 비추어 볼 때, 기존의 기업에 더 유리한 전략은 독점가격 P^M을 부과하며 독점생산량 Q^M을 생산하면서 만일 다른 기업이 진입한다면 생산량을 Q^L로 확대하겠다고 위협하는 것이다. 만일 잠재적 진입자가 이러한 위협을 믿게 되어 시장에 진입하지 않는다면, 기존기업은 이 전략을 사용하여 진입제한가격설정보다 더 높은 이윤을 얻을 수 있다. 불행히도 기존기업은 진입이 일어나면 Q^L 만큼을 생산하는 것을 포기할 수도 있다. 특히 진입은 기존 기업의 한계수입을 축소시켜 Q^L보다 작게 생산하는 것이 기존기업의 입장에서는 최적이 된다. 따라서 기존기업은 진입이 일어날 경우 Q^L 만큼의 생산을 하겠다는 위협을 취소할 것이다. 합리적인 진입기업이 이것을 알아차릴 경우 만약 기존기업이 P^L로 가격설정을 하더라도 시장에 진입하여 이득을 볼 수 있다고 판단할 수 있다. 실제적으로 진입을 방지하기 위해서, 기존기업은 진입기업의 진입후 이윤을 낮출 수 있는 조치를 실행해야 한다. 위에서 살펴본 간단한 예에서, 기존기업에 의하여 책정된 진입전 가격과 진입후 이윤과는 아무런 관계가 없다.

이 사실은 진입 후에도 Q^L 만큼의 생산을 유지하겠다는 믿을 수 없는 위협과 함께, 진입제한가격설정은, 진입전 가격과 진입후 이윤을 서로 연결시킬 수 있는 다른 요인이 존재하지 않는 한, 기존기업의 이윤을 지켜낼 수 없다는 것을 의미한다.

원리

진입제한가격설정을 합리적인 경쟁자들의 진입을 효과적으로 막아내기 위해서는, 진입전 가격은 반드시 잠재적 진입자의 진입후 이윤과 서로 연결되어야만 한다.

효과적인 진입제한가격설정

13.2.3 진입전 가격과 진입후 이윤간의 연결

많은 현실에서, 진입전 가격은 기존기업의 행태(기존기업이 만든 약정, 학습커브 효과, 불완전한 정보, 평판 등)를 통해 진입자의 진입후 이윤과 연결될 수 있다. 아래에 논의된 바와 같이, 진입제한가격설정은 이들 조건 중 한 개내지는 몇 개가 만족될 때 이득을 가져올 수 있으나, 진입을 방지하는 것이 실제로 최선의 전략이라고 확신하기 위해서는 진입제한가격설정의 동태적 효과에 대한 분석에 주의를 해야 한다.

약정 메카니즘

〈그림 13–2〉에 예로 돌아가 보자. 진입전 가격은 진입후 이윤과 연관되어지지 않는데, 그 이유는 합리적인 진입자는 기존기업이 진입후 생산량 Q^L를 유지할 인센티브가 없다는 것을 알기 때문이다. 기존기업은 적어도 Q^L 만큼의 생산량을 생산할 것이라고 입장을 분명히 취해야만 이러한 문제를 극복할 수 있다. 좀 더 구체적으로 말하면, 진입이 일어나더라도 기존기업이 어떻게든 지배력을 가질 수 있으며, 생산량을 줄이지 않을 것을 확실하게 약속한다면—그리고 이러한 조치가 잠재적인 진입자에게 알려질 수 있다면—이 전략은 진입을 방지할 수 있을 것이다.

기존기업은 Q^L 이하의 산출물을 생산할 수 없는 시설을 구축함으로써 그 약속을 실행할 수 있다. 이러한 경우, 기존기업은 Q^L 단위 이상의 산출물을 생산할 수밖에 없다; 모든 잠재적 진입자들이 기존기업이 생산량 이하로는 생산할 수 없다는 것을 아는 것이 핵심적인 사안이다. 그렇게 되면 기존기업은 가격을 P^L(이것은 생산량 Q^L에 상응하는 가격)로 설정할 수 있다. 따라서 진입전 가격이 (Q^L의 생산량을 통하여) 진입자의 진입후 이윤과 연결되게 되는 것이다. 진입자는 기존기업이 자신의 진입 후에도 적어도 Q^L 단위 만큼의 생산을 계속되는 것을 알

그림 13-3
약정가치

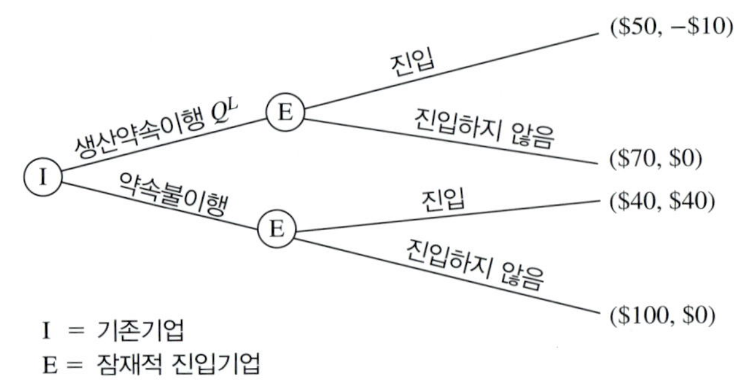

기 때문에, 진입자의 잔여 수요곡선은 평균비용 아래에 있다. 그러므로 잠재적인 진입기업들은 이 시장에 진입하는 것이 이득이 될 수 없다.

진입이 일어나면 거기에 따라 생산량을 자유롭게 조정하는 것보다 적어도 미리 약정된 생산량(Q^L)을 고수하는 것이 이윤을 더 얻게 된다는 것은 이상해 보일지도 모른다. 약정을 미리 한 것이 왜 더 나은 전략이 되는가를 더 잘 이해하기 위해서, 〈그림 13-3〉에 제시된 순차적(또는 다단계) 진입게임을 고려하자. 여기서 기존기업은 선발주자의 이득을 갖고 있는데, 그것은 (1) 생산량을 Q^L 이하로 하는 것이 불가능한 생산시설을 구축한다고 약정할지, 또는 (2) 모든 범위의 산출량을 생산할 수 있는 생산시설을 구축하여 약정을 하지 않는 경우로 생각해볼 수 있다. 일단 이 결정이 내려진 후, 기존기업의 의사결정이 진입자는 진입할지 안할지를 결정한다. 괄호 안에 있는 보상의 크기는 각각 기존기업과 진입기업의 두 가지 시나리오에 따른 이윤을 나타낸다. 예를 들면, 기존기업이 Q^L 만큼을 약정하지 않는다면, 잠재적 진입자가 진입하지 않으며 따라서 기존기업은 $100의 이윤(독점이윤), 그리고 잠재적 진입기업은 제로의 이윤을 얻게 된다.

〈그림 13-3〉에서 보는바와 같이, $100의 독점자 보상은 기존기업이 얻을 수 있는 최대의 보상이 된다는 것을 주목하자. 그러나 기존기업이 (Q^L 만큼을 약정하지 않음으로써) 이 보상을 실현시키려고 하면, 잠재적 진입자는 진입을 결정한다. 그 이유는 진입을 함으로써 $40의 순이익을 누릴 수 있기 때문이다(진입을 하지 않을 경우에는 제로의 이윤을 얻을 수 있는 것과 비교해볼 때 진입이 유리하다). 따라서 기존기업이 약정을 하지 않음으로써 진입을 허용하면 시장을 분점하게 되므로 기존기업은 독점이윤 $100대신 $40를 얻게 된다.

반면, 기존기업이 Q^L 만큼을 생산하겠다고 약정하면, 잠재진입자에게 사업여건을 더 이상 유리하게 바꿀 수 없다는 생각을 불어넣을 수 있다. 구체적으로 살펴보면, 약정은 진입기업의 진입후 이윤을 변화시켜 진입을 수익성없는 전략으로 만든다. 이것을 보기위하여 기존기업이 Q^L 만큼을 생산하겠다는 되돌릴 수 없는 약정을 한다고 가정하자. 잠재적인 진입자는 진입할 경우 −$10의 보수를 얻게 되고, 진입하지 않았을 때에는 제로의 보수를 얻는다. 이 경우 진입기업의 합리적인 전략은 진입하지 않는 것이다. 그 이유는 진입할 경우 발생하는 $10의 손실보다는 진입하지 않을 경우가 더 낫기(better) 때문이다. 게임이론의 용어로 표현하면, 〈그림 13−3〉 게임의 유일한 하부게임 완전한 내쉬균형은 진입하지 않는 것이다; 기존기업은 Q^L 만큼을 생산한다고 약정함으로써 $70의 균형보수를 얻게 된다. 기존기업의 보상은 독점자의 보상 $100보다 작으나(이것은 균형에서 얻어질 수 없다), 그 보상은 기존기업의 약정이 없었을 경우 기존기업이 얻을 수 있었던 $40의 보상보다는 더 크다.

하나의 기업이 어떻게 그러한 전략을 공약할 것인가? 애플비(Applebee)가 조그마한 도시에서 개점할 최초의 중저가 식당이고, 경쟁자의 진입을 방지하기를 희망한다고 가정하자. 이를 위한 한 가지 방법은 비교적 큰 식당을 건축하는 것이다. 일단 식당이 건축되고 식탁(tables) 수가 확정되면, 애플비는 모든 식탁을 고객들로 채우는 방식으로 가격을 결정할 강력한 인센티브를 가지고 있다. 이러한 것을 관찰한 잠재적 진입자들(예를 들면, 칠리; Chili)은 애플비가 이와 같은 특정의 소도시에서는 저가, 고매출 전략을 공약할 것이라는 것을 알게 될 것이다. 이것이 칠리의 잔여 수요곡선을 충분하게 축소시킨다면, 칠리는 이 시장에 진입을 하지 못할 것이다.

학습커브효과

어떤 생산과정에서는 상품이나 서비스의 생산비용이 그 기업의 경험수준에 의해서 결정될 수도 있다. 과거 많은 양의 생산을 했던 기업들은 그렇지 않은 기업들에 비하여 더 많은 경험을 얻을 수 있으며 또한 더 효율적으로 생산을 할 수 있다. 이러한 효과를 **학습커브효과**라고 한다.

학습커브효과
어떤 기업이 이전의 생산활동에서 얻은 지식으로 인해 낮은 비용으로 생산하게 되는 것을 의미한다.

학습커브효과는 진입전 가격과 진입후 이윤간의 연결고리를 제공하므로 기존기업이 진입을 방지하기 위하여 진입제한가격설정을 행사할 수 있도록 한다. 구체적으로 보기 위해, 기존기업이 잠재적 기업보다 한 발 앞서서 의사결정을 한다고 생각해 보자. 이러한 선발주자 이득은 진입기업이 시장에 들어오기 한 발 앞서 기존기업이 산출물을 생산하여 판매를 할 수 있게 한다. 이 경우 기존기업은 첫 시기에 독점생산량보다 더 많이 생산하는 것이 이득이라는 것을 발견할 것이다. 그렇게 하면, 첫 시기의 이윤이 낮아질지 모르나, 이러한 추가 생산량은 그 기업으로 하여금 경험을 더 쌓게하므로 두 번째 기간에는 더 낮은 비용으로 생산하는 것을 가능하게 한다. 이러한 학습커브효과가 충분히 강력하다면, 이러한 비용상의 이점은 잠재적 진입자가 진입하지 못하도록 할 수 있다. 첫 번째 기간에 더 많은 양을 생산함으로써 기존기업은 첫 번째 기간의 가격을 낮게 한다는 것을 주목하자. 이러한 낮은 가격은 진입후 이윤과 연결되어 있으며(생산량과 학습커브효과를 통해서), 이러한 형태의 진입제한가격설정은 진입을 좌절시키는데 효과적이다.

불완전한 정보

진입기업과 기존기업이 완전한 정보를 누린다는 가정은 모든 경우 다 적용할 수 없는 것이 확실하다. 사업가들이나 다른 잠재적 기업들에게 수익성있는 사업기회를 발견하는 것은 보통 상당한 비용을 수반한다. 진입전 가격이나 이윤이 수익성있는(profitable) 기회를 포착하는데 소요되는 잠재적 진입자의 비용을 낮추어 주는 신호가 될 수 있다면, 가격과 진입후 이윤의 관계가 잘 드러나지 않을 수 있다(위장). 진입제한가격설정은 잠재적 진입자들에게 이윤에 대한 정보를 감추는데 도움을 줄 수 있으며, 이것은 진입을 지연시키거나 (드문 경우지만) 완전히 진입을 차단시킬 수 있다. 이것의 효과는 잠재적인 진입자가 다른 경로를 통해 정보를 얻는 데에 얼마의 비용이 소요되는가에 달려 있다.

예를 들어보자. 어떤 마을에서 지역적으로 법률서비스를 제공하는 변호사가 한 명 밖에 없다(독점). 진입이 없을 경우, 이 변호사는 연간 $50만이라는 상당한 소득을 올릴 수 있다. 만약 이 변호사가 환상적인 스포츠카를 소유하고 있고, 정기적으로 유명한 해외관광지로 여행을 한다면(이것은 그 변호사가 독점가격을 부과하기 때문에 가능한 행동들이다), 그 지역에서 자라난 어린이들이 법대를 졸업하고 다시 이 마을로 돌아와 변호사 개업을 하여 이러한 부유한 변호사생활을 하는 꿈을 꿀 수 있다. 반면, 기존의 변호사가 좀 더 평범한 생활(그 이유는 독점가격보다 낮은 가격을 부과하고 있기 때문)을 하는 경우, 이 변호사는 이러한 관심(변호사가 되어 풍요한 삶을 사는)을 덜 받을 수 있다. 후자의 경우, 이 변호사는 잠재적 진입자에게 정보를 감추기 위하여 진입제한가격설정을 실행하는 것이다. 이러한 전술을 통해 법대를 새로 졸업한 그 지역출신자들에게 그 작은 마을에서 개업하는 것이 상당한 돈을 벌 수 있다는 것을 인식하는데 많은 비용이 소요된다면, 그 전략은 새로운 변호사개업을 지연시키거나 혹은 개업하는 것을 차단할 수 있다.

다른 예를 들어보자. 잠재적인 진입자가 기존기업의 비용을 확실해게 알 수 없는 경우를 상정해보자. 만일 잠재적 진입자가 기존기업이 높은 비용을 가지고 있다고 알게 되면, 시장에 진입하는 것이 이득이 된다고 생각할 것이다. 반면, 만약 잠재적 진입자가 기존기업의 비용이 낮다는 것을 알면, 잠재적 진입자는 시장에 진입하는 것이 수익성이 없다고 생각할 것이다. 만일 진입자가 기존기업의 비용에 대해서 모른다면, 진입자는 기존기업의 비용에 대해 알 수 있는 가능한 한 모든 정보를 사용할 인센티브를 갖게 된다. 예를 들면, 기존기업이 낮은 가격을 부과하면 진입기업은 비용이 낮다고 생각할 것이며, 따라서 이 시장에 진입하는 것이 이득이 되지 않는다고 결론지을 것이다. 이것이 사실이라면, 기존기업은 독점가격보다 낮은 가격을 부과함으로써 잠재적인 경쟁자를 시장에 진입하지 못하도록 유도할 수 있다. 이 경우 진입전 가격과 진입후 이윤간의 관계가 성립하게 되고, 진입제한가격설정은 진입을 방지해 수익성을 지키는 데에 이용될 수가 있다.

평판효과

10장에서 1회 게임의 인센티브는 반복 게임에서의 것들과는 다르다는 것을 배웠다. 무한반복 게임에서, 트리거 전략은 경기자들의 과거의 행동이 미래의 보상과 연관성을 갖는다. 진입과 관련된 이러한 평판효과는 시장에서 부과된 진입전 가격과 진입후 이윤간의 연관성을 제공해준다. 현재의 진입허용은 미래의 다른 잠재적 진입자들의 진입을 용이하게 할 수 있다. 미래 진입의 상대적 비용과 이득에 달려 있지만, 다른 기업들의 미래 진입을 방지하기 위해 기존기업이 만만치 않다는 평판에 투자할 만하다. (진입자를 처벌하기 위해서) 현재 낮은 가격을 부과한다면, 다른 기업들은 진입을 하지 못할 것이며, 이러한 전략은 기존기업의 장기적인 이윤을 높여줄 것이다.

13.2.4 동태적 고려사항들

진입을 방지하기 위하여 기존기업이 진입전 가격과 진입후 이윤간의 관계를 숨길 수 있더라도, 오히려 진입을 허용하는 것이 더 높은 이윤을 가져올 수 있다. 이러한 경우를 살펴보자. i는 이자율을 표시하고, π^M은 독점가격 P^M을 부과하여 얻게 되는 현재 이윤을 나타낸다. 만일 기업이 독점적 지위를 계속 유지한다면, 현재와 미래 이윤의 현재가치가 다음과 같다.

$$\Pi^M = \pi^M + \left(\frac{1}{1+i}\right)\pi^M + \left(\frac{1}{1+i}\right)^2\pi^M + \left(\frac{1}{1+i}\right)^3\pi^M + \cdots$$
$$= \left(\frac{1+i}{i}\right)\pi^M$$

만일 현재의 가격 P^M이 관찰되면, 새로운 진입자는 (기존의) 독점자와 싸우기 위해 시장에 진입할 것이다. 진입은 두 번째 기와 나머지 기간 동안에 시장에서 경쟁을 촉진시킬 것이다. 그리고 이것은 기존기업의 이윤을 독점자의 π^M으로부터 복점자의 π^D로 축소시킬 것이다. 복점의 형태에 따라 그에 해당하는 복점이윤들이 달라지지만, 모든 경우에 복점이윤은 독점적 지위에서 향유되던 이윤보다 더 작다: $\pi^D < \pi^M$. 만일 진입이 일어나면, 기존기업의 현재 및 미래 이윤의 현재가치는 다음의 값으로 하락할 것이다:

$$\Pi^{MD} = \pi^M + \left(\frac{1}{1+i}\right)\pi^D + \left(\frac{1}{1+i}\right)^2\pi^D + \left(\frac{1}{1+i}\right)^3\pi^D + \cdots$$
$$= \pi^M + \frac{\pi^D}{i}$$

특히, 기존기업이 첫 번째 기간에 독점이윤을 얻으나, 이것으로 인해 진입이 유도된다면 기존기업의 이윤은 모든 남은 기간 동안에 π^D로 하락한다. 항목 π^D/i는 복점이윤의 현재가치를 나타낸다. 이것은 자연히 $\Pi^{MD} < \Pi^M$가 되어 진입은 기존기업에 손해를 끼치게 된다.

기존기업이 진입제한가격설정을 부과하여 진입을 성공적으로 방해할 수 있다고 가정해 보자. (약정, 학습커브효과, 불완전한 정보, 혹은 평판효과를 통하여) 그러한 전략은 이득이 될까? 진입제한가격설정 전략에서는 기존기업이 매 기마다 π^L의 이윤을 얻을 수 있다. 여기서 $\pi^L < \pi^M$이다. 따라서 진입제한가격설정 하에서는 기업의 이윤흐름의 현재가치는 아래와 같다:

$$\Pi^L = \pi^L + \left(\frac{1}{1+i}\right)\pi^L + \left(\frac{1}{1+i}\right)^2\pi^L + \left(\frac{1}{1+i}\right)^3\pi^L + \cdots$$
$$= \left(\frac{1+i}{i}\right)\pi^L$$

진입제한가격설정이 최적 전략이 되기 위한 필요조건은 진입제한가격설정을 통한 이윤의 현재가치가 진입이 일어날 경우의 값보다 더 커야한다: $\Pi^L > \Pi^{MD}$. 위의 식을 정리하여 Π^L와 Π^{MD}의 관계를 살펴보자. 진입제한가격설정은 항상 아래의 조건을 만족시켜야만 이득($\Pi^L > \Pi^{MD}$)이 될 수 있다.

$$\frac{(\pi^L - \pi^D)}{i} > \pi^M - \pi^L$$

위의 식 부등호의 왼편은 진입제한가격설정의 이득에 대한 현재가치를 나타내며, 오른편은 진입제한가격설정을 실시하는데 소요된 실제의 비용을 표시하고 있다. 수익성있는 진입제한가격설정 전략의 필요조건은 진입제한가격설정하의 매기의 이윤(π^L)이 매기의 복점이윤(π^D)보다 더 커야한다. 그러나 이것만으로 진입제한가격설정 전략을 보장할 수 없다. 뿐만 아니라, 이러한 이득의 현재가치가

인사이드 비즈니스 13-2 진입제한가격설정(Limit Pricing)과 "사우스웨스트(Southwest) 효과"

1993년 미국 운수부(Dept. of Transportation) 연구는 잘 알려진 "사우스웨스트 효과"를 주목했다. 많은 단거리 노선에서 가격 결정 패턴이 그 노선의 사우스웨스트 항공사의 존재, 또는 단지 그 노선의 각 끝에 있는 공항의 사우스웨스트 항공사의 존재때문일 수 있다는 것을 주목했다. 사우스웨스트 효과의 둘째 구성요인—양쪽 끝 공항에 존재—은 그 노선에 위협이 되는 사우스웨스트로부터 나온다. 예를 들어, 만약 사우스웨스트가 이미 시카고와 아틀란타를 떠나는 노선—그러나 아직 시카고–아틀란타 노선은 아님—을 비행한다면, 시카고–아틀란타 노선을 비행하는 것이 신공항에 진입할 필요없이 그렇게 할 수 있으므로 절박한 위협이 된다.

또한 사우스웨스트가 위협하는 이러한 종류의 노선에서 가격이 왜 저렴한가? Andrew Sweeting, James Roberts, 그리고 Chris Gedge등의 연구자들 주장에 의하면, 위협받는 노선의 보다 저렴한 가격은 불완전 정보를 가진 시장에서 경쟁자들의 진입제한가격설정 때문이라는 것이다. 구체적으로 말하면, 잠재적 진입자(사우스웨스트)는 기존 항공사들의 비용(원가)을 모른다. 따라서 기존 항공사들이 낮은 가격을 책정하면, 그들의 비용이 낮고 진입은 수익성이 없을 것이라는 신호를 사우스웨스트에 효과적으로 보낼 수 있다. 그러므로 사우스웨스트의 존재는 그 노선의 가격을 내려줄 뿐만 아니라, 그 회사가 현재 비행하지 않는 노선의 가격도 내려줄 수 있다.

출처: R. D. Bennett and J. M. Craun, *The Airline Deregulation Evolution Continues: The Southwest Effect*(Office of Aviation Analysis, U. S. Department of Transportation, Washington, D. C., 1993); A. Sweeting, J. Roberts, and C. Gedge, "A Model of Dynamic Limit Pricing with an Application to the Airline Industry," NBER working paper(2016).

이윤흐름을 발생시키기 위한 실제의 비용을 초과해야 한다. 이 경우 소요된 실제의 비용이란 독점가격을 부과하지 않고 진입제한가격설정을 함으로써 없어진 이윤을 의미한다.

이 분석에 의하면, 진입제한가격설정은 다음의 상황에서 확실하게 더 매력적인 전략이 된다: (a) 이자율이 낮을수록, (b) 진입제한가격설정 하에서의 이윤이 독점가격하에서의 그것과 비슷해질수록, (c) 복점의 이윤이 진입제한가격설정 하에서의 이윤보다 상당히 낮을수록, 그렇게 된다. 이러한 조건이 만족되지 않을 때는, 진입제한가격설정을 통해 진입을 방지하려는 것은 이득이 되지 않는다. 어떤 기업이 잠재적 진입자를 맞이하였을 때 진입제한가격설정을 선택하지 않는다면, 시간의 흐름에 따라 점점 더 많은 기업들이 시장에 진입하게 되어 가격은 점차 하락할 것이다.

예시 문제 13-1

베이커라는 중간 크기의 기업이 특별한 유형의 메모리칩을 생산하고 있다. 현재 이 기업은 이러한 칩을 생산하는 유일한 기업이며, 개당 $115의 독점가격을 부과하여 매년 10백만 달러를 벌고 있다. 베이커사는 새로운 기업이 곧 자신의 제품을 복제할까봐 걱정하고 있다. 만약 새로운 기업이 성공한다면, 베이커사의 이윤은 매년 4백만 달러로 하락한다. 만일 베이커사가 28,000단위로 생산량을 증대시킨다면(이것은 개당 $100로 칩의 가격을 낮춘다) 이것은 새로운 경쟁자가 시장에 진입하는 것을 막을 수 있으며, 미래의 무한기간 동안 매년 8백만 달러의 이윤을 베이커사가 얻을 수 있을 것으로 추정된다.

정답

1. 베이커사는 진입이 일어나도 28,000단위 이하로는 생산량을 줄이지 않도록 지배력을 유지해야 하며, 또한 이러한 공약은 잠재적인 진입자들이 진입여부를 결정하기 전에 확실하게 알 수 있도록 해야만 한다.
2. 진입제한가격설정은 다음과 같을 때 이득이 된다.

$$\frac{(\pi^L - \pi^D)}{i} > \pi^M - \pi^L$$

또는 이 경우에

$$(\$8 - \$4)/0.1 > \$10 - \$8$$

이 부등호가 성립하므로 진입제한가격설정은 이득이 된다: 진입제한가격설정에 의한 이득의 현재가치는(부등호 왼편) 40백만 달러가 되는 반면에, 실제의 비용은(부등호 오른편) 2백만 달러에 불과하다.

13.3 경쟁을 줄이기 위한 위협가격설정

위협가격설정(약탈가격설정) 어떤 기업이 경쟁자를 시장에서 몰아내기 위해 당분간 한계비용이하로 가격을 책정하는 전략

진입제한가격설정은 잠재적인 경쟁자가 시장에 진입하지 못하게 함으로써 사업환경을 바꾸지만, **위협가격설정**(predatory pricing)은 기존의 경쟁자들을 제거함으로써 경쟁을 줄인다. 더 공식적으로 말하면, 위협가격설정은 기업이 경쟁자를 몰아내기 위하여 한계비용이하로 가격을 책정하는 것을 의미한다. 일단, 경쟁기업이 시장을 떠나면, 위협가격설정을 실행한 기업은 경쟁의 약화 때문에 가격을 더 높은 수준으로 올린다. 따라서 위협가격설정은 현재와 미래 이윤간의 교환(tradeoff)을 가져온다: 더 높아진 미래 이윤의 현재가치가 경쟁자를 시장에서 몰아내는데 소요된 비용을 상쇄할 때에만 이득이 되는 전략이 된다.

위협가격설정은 경쟁기업뿐만 아니라 실행기업에게도 손해를 끼치기 때문에, 이 전략의 성공은 경쟁기업보다 실행기업이 더 건전한 재정상태를 유지하고 있는가에 달려 있다. 위협가격설정을 실행하는 기업은 더 오래가기 위해 경쟁자보다 더 많은 재정적 자원을 가져야만 한다. 평판효과는 위협가격설정의 이득을 증대시킨다. 현재 경쟁자를 시장에서 몰아내기 위하여 냉혹한 조치들을 취하면, 반복되는 상황에서 미래의 경쟁자를 시장에서 수월하게 몰아낼 수 있다. 기존기업들에게 냉혹한 조치를 취한다는 평판을 만들어 놓으면 다른 기업들이 이 시장에 진입하지 못하도록 한다. 이런 평판효과로 인해 작은 경쟁기업들이 위협가격설정을 통해 시장에서 퇴출되는 위험에 처하기 보다는 오히려 큰 기업에게 싼 값으로 팔아 치우는 것이 낫다고 생각할 수 있다.

만일 경쟁기업의 입장에서 가능한 대응전략들이 많다면, 위협가격설정의 수익성은 상당히 축소될 수 있다. 이 전략을 실행하는 기업이 비용이하의 가격으로 물건을 판매다면, 경쟁기업은 생산을 전적으로 중지하거나(이 경우, 전략의 실행기업은 경쟁자들에 비해서 매 기간 더 많은 손실을 입는다), 또는 실행기업으로부터 생산물을 구입하여 재고로 쌓아 놓다가 위협가격설정이 끝난 이후에 시장에 팔수도 있다. 핵심은 위협가격설정 전략이 보통 경쟁기업보다 이것을 사용하는 실행기업에게 더 많은 비용을 지불하게 한다는 것이다(기업의 크기, 비용, 재정상태, 그리고 제품의 선호도 등이) 비슷한 경쟁기업을 시장에서 몰아내려고 하는 것은 수익성이 없을 것 같다. 그러나 작은 경쟁자(재정상태가 그리 좋지 않은)를 시장에서 몰아내는 것은 성공적일 것 같다.

위협가격설정을 실행하는 기업들은 셔먼 반독점법에 의하여 제재를 받기 쉬우나, 위협가격설정은 법원에서 판결하기 어려울 때가 종종 있다. 예를 들어, 2000년대 초반 미 법무부의 반독점 부서는 아메리칸 항공사에 이러한 소송을 제기했는데, 그 이유는 아메리칸 항공사가 비행편수를 늘려 노선을 꽉채우고 요금을 인하함으로써 달라스/포트. 워스 국제공항으로부터 작은 규모의 신생항공사들을 몰아내려고 했다는 것이다. 아메리칸 항공사는 이것을 성공적으로 방어해 냈다. 아메리칸 항공사가 성공적으로 이 새로운 진입자를 못들어 오게 한 이후에 요금을 올렸다고 정부가 주장했지만, 아메리칸 항공사는 소송에서 승리하였다.

많은 경제학자(그리고 판사들)가 생각하기에는, 법적인 정의에 의하여 위협가격설정이라고 생각되는 많은 사례들이 실제로는 합법적인 기업사례로 인정되고 있다. 진입은 보통 경쟁을 부추기고 더욱더 경쟁적인 가격설정을 가져온다. 상당한 고정비용을 가지고 있는 경우, 격렬한 가격경쟁의 최종결과는 가장 약한 기업들이 시장을 탈퇴하는 것이고, 생존기업이 다시 가격을 올리게 된다. 그러한 경쟁을 막으려는 시도는 오히려 비효율적인 기업들의 진입을 부추긴다. 게다가 엄격하게 위협가격설정을 금지하는 법의 집행은 기업들이 경쟁을 기피하여(왜냐하면 이러한 조치들은 위협가격설정으로 간주되어 법의 제재를 받을 수 있으므로) 담합적인 행위를 하도록 유도할 수 있다.

뿐만 아니라, 새로운 제품을 가지고 시장에 침투하려는 기업들은 제품을 낮은 가격으로 판매하거나, 또는 처음에 공짜로 주다가 일단 고객들이 그 제품의 가치를 알게 되면 가격을 올리는 것이 이득이 된다는 것을 알게 된다. 이 장의 말미에서 보는 것처럼, 제품을 원가이하로 판매하는 전략은 경쟁자를 시장에서 몰아내려는 의도에서 생기지만은 않는다. 반대로 이러한 전략들은 가끔 기존기업들과 성공적으로 경쟁하기위해서 새로운 진입자들에게 꼭 필요하다.

우리는 기술적(법적인) 위협가격설정의 정의는 실행기업으로 하여금 한계비용이하로 가격을 책정하게 한다(그러므로 경쟁기업에게 손해를 입히기 위해 이 기업은 손해를 본다). 그러나 실행기업이 경쟁기업보다 비용우위를 가질 수 있다면 유사한 다른 전략들이 사용될 수 있다. 이 경우에 덜 효율적인 경쟁자를 시장에서 몰아내기 위해서 실행기업은 자신의 한계비용이하로 가격을 책정할 필요가 없다; 이 기업은 단지 경쟁기업의 비용이하로 가격을 책정하면 된다. 위협가격설정과 마찬가지로, 보다 더 효율적인 기업은 덜 효율적인 기업이 시장에서 퇴출된 후에 가격을 올리면 되는 것이다.

예시 문제

13-2

베이커사는 매우 특별한 유형의 메모리칩을 생산하는 중견 기업이다. 베이커사가 독점일 경우 이 기업은 $115의 독점가격을 부과하여 무한기간동안 매년 10백만 달러를 벌 수 있다. 베이커사는 진입제한가격설정으로 잠재적 경쟁자의 진입을 위협할 수 있었지만, 그렇게 하지 않았다(예시 문제 13–1 참조). 현재 베이커사는 복점상황에 있으며 남은 미래기간 동안에 매년 4백만 달러의 이윤을 벌 수 있다. 만일 베이커사가 가격을 칩당 $68로 내려서 1년간 유지하면, 다른 기업을 시장으로부터 몰아내어 독점적인 지위를 영구히 누릴 수 있다. 그러나 위협가격설정을 실행하는 한 해 동안에는 베이커사가 60백만 달러를 손해 본다. 법적인 문제를 고려하지 않는다면, 이 위협가격설정은 수익성있는 전략이 될까? 이자율은 10%, 그리고 편의상 현재 기간의 이윤이나 손해는 (매년 초에) 즉시 일어난다고 가정한다.

정답

만약 베이커사가 위협가격설정을 실행하지 않는다면 (현재 기간의 4백만 달러 수입을 포함하여) 수입의 현재가치는 Π^D가 될 것이며, 이것은 아래와 같다.

$$\begin{aligned}\Pi^D &= \$4 + \left(\frac{1}{1+0.1}\right)(\$4) + \left(\frac{1}{1+0.1}\right)^2(\$4) + \left(\frac{1}{1+0.1}\right)^3(\$4) + \cdots \\ &= \left(\frac{1+0.1}{0.1}\right)(\$4) \\ &= (11)(\$4) \\ &= \$44 \text{ 백만}\end{aligned}$$

만일 베이커사가 위협가격설정을 실행하면 현재와 미래 이윤의 현재가치는 아래와 같이 될 것이다.

$$\begin{aligned}\Pi^P &= -\$60 + \left(\frac{1}{1+0.1}\right)(\$10) + \left(\frac{1}{1+0.1}\right)^2(\$10) + \left(\frac{1}{1+0.1}\right)^3(\$10) + \cdots \\ &= -\$60 + \frac{\$10}{0.1} \\ &= -\$60 + \$100 \\ &= \$40 \text{ 백만}\end{aligned}$$

왜냐하면 $\Pi^P < \Pi^D$이므로, 베이커사는 위협가격설정을 사용하지 않을 경우, 즉, 복점상황을 유지 경우보다 위협가격설정을 실행함으로써 더 적은 소득을 얻는다. 베이커사는 다른 기업을 시장에서 몰아내기 위해 비용이 너무 많이 소요되므로 위협가격설정을 사용하는 것이 이득이 되지 않는다.

13.4 경쟁을 줄이기 위하여 상대방의 비용을 올리기

경쟁자의 비용을 증가
어떤 기업이 경쟁기업의 비용을 증가시킴으로써 이득을 얻게 되는 전략

경영자가 사업환경을 수익성이 있도록 바꿀 수 있는 또 다른 방법은 경쟁자의 비용을 증가시키는 것이다. 경쟁기업의 비용을 증가시킴으로써, 이 기업은 경쟁자의 의사결정 인센티브를 왜곡시켜 놓을 수 있으며, 이것은 궁극적으로 경쟁자의 가격과 생산량, 그리고 진입결정에 영향을 준다. 이러한 전략을 실행하는 비용이 매우 낮다면, 경쟁기업의 비용을 올릴 수 있는 기업은 다른 기업들의 희생으로 이득을 얻을 수 있다.

예를 들면, 가장 인기 있는 운영체계의 유일한 생산자인 거대한 소프트웨어 생산자를 생각해 보자. 또한, 이 기업은 다른 소프트웨어시장에도 진출해 있다; 이 기업은 여러 종류의 워드프로세싱 소프트웨어를 판매하는 조그만 기업들과 경쟁하고 있다. 이 큰 소프트웨어 생산자는 운영체계코드에 접근하기 어렵게 만듦으로써, 경쟁적인 워드프로세싱 소프트웨어를 만드는 기업들의 비용을 증가시키려고 한다. 극단적인 경우에, 이 큰 기업은 다른 소프트웨어 시장에서 경쟁하는 기업들에게 운영체계코드를 알지 못하게 할 수 있다. 양자의 경우, 큰 기업의 비용에는 거의 영향을 미치지 않지만, 이것은 경쟁기업들이 워드프로세싱 소프트웨어를 새로 만들거나 개선하는데 소요되는 비용을 증가시킨다. 소프트웨어를 만드는 경쟁자들의 고정비용을 증가시킬 뿐만 아니라, 이러한 전략은 고객들이 그들의 기술적인 지원(충돌을 해소하고 다른 문제를 해결하는)을 더 많이 요구함에 따라 소프트웨어를 마케팅하는데 소요되는 경쟁자의 한계비용을 증가시킬 수도 있다.

어떤 기업은 경쟁기업으로 하여금 소매체인점을 통해 그들의 제품을 유통시키는데 소요되는 비용을 증가시킴으로써 경쟁기업의 비용을 증가시키기도 한다. 유명한 마이크로소프트사의 경우를 예로 들어보자. 마이크로소프트사가 PC공급자들과 독단적으로 계약을 하여 네스케이프 인터넷 브라우저를 윈도우 운영체제를 가진 PC에서 배제하였다고 정부는 주장하였다. 이 전략은 네스케이프의 브라우저 소프트웨어 판매비용을 마이크로소프트사가 그들의 브라우저를 판매하는데 소요되는 비용보다 더 높게 만들었다.

13.4.1 한계비용에 관련된 전략들

경쟁자의 한계비용을 높임으로써 기업이 어떻게 이득을 볼 수 있는가를 보기 위해, 쿠르노 복점을 보여주는 〈그림 13-4〉를 고려하자(9장 참조). r_1과 r_2는 두 경쟁기업의 반응함수라는 것을 기억하자. 기업은 각각 Q_1, Q_2를 생산하며, 이 반응

그림 13-4

경쟁자의 한계비용을 올리기

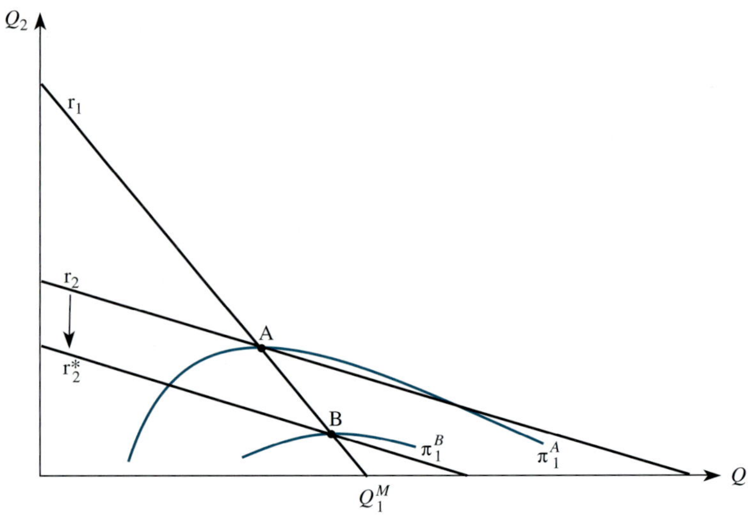

함수는 경쟁자의 생산량이 주어질 경우 각 기업의 이윤극대화 생산량을 나타낸다. 예를 들면, r_1은 기업 2의 잠재적 생산량에 대응하는 기업1의 이윤최대화 생산량을 나타낸다. 이러한 반응함수들은 우하향 하는데, 그 이유는 각 기업이 동시에 생산을 하고 모든 생산량이 시장에서 판매되도록 시장가격이 조정되기 때문이다. 기업 2의 생산량이 시장에서 커지게 되면 시장가격은 더 낮아지므로 기업 1의 최적생산량도 더 낮아진다.

〈그림 13-4〉의 A점은 초기의 쿠르노 균형을 나타낸다. 기업 1의 이윤은 π_1^A이며, A점을 지나는 등이윤곡선과 연관되어 있다. 이러한 이윤은 기업 1이 독점자인 경우 얻을 수 있는 이윤(기업1이 Q_1^M 단위를 생산하고 기업 2가 아무것도 생산하지 않는 점에서의 이윤)보다 확실히 더 작다.

이제 기업 1이 경쟁기업의 한계비용을 올리려는 전술을 구사한다고 생각해보자. 더 높아진 비용때문에 기업 2는 이전보다 더 적게 생산하려 할 것이다. 그림으로 보면, 경쟁자의 한계비용을 올림으로써 기업 1은 경쟁자의 반응함수를 〈그림 13-4〉의 r_2^*로 내려가게 만든다. 새로운 균형점은 B점으로 옮겨가게 된다. 높아진 한계비용때문에 기업 2는 생산량을 줄인다. 이것은 시장가격을 올리는 역할을 하며 기업 1은 자신의 생산량을 늘림으로써 더 높아진 가격에 대한 이득을 취한다. 궁극적으로 기업 1의 시장점유율은 더 높아지며 이윤도 더 크게 된다. 특히, 기업 1의 B점에서의 이윤은 π_1^B라는 것을 주목하자. 이 수준의 이윤은 독점에 더 가까이 있는 등이윤곡선과 연관되므로, 기업 1은 경쟁자의 한계비용을 높임으로써 이득을 보게 된다.

13.4.2 고정비용과 관련된 전략들

기업은 경쟁기업의 고정비용을 올림으로써 이득을 취할 수도 있다. 아마 놀랍게도, 그 전략이 자신의 비용을 올릴 때조차도 그 기업에게 이득을 가져올 수 있다. 이것을 보기 위하여, 기존기업이 다른 기업들이 시장에 진입하지 않으면 $200의 독점이윤을 얻을 수 있다고 하자. 그러나 경쟁자가 시장에 진입하면 경쟁때문에 기존기업의 이윤이 $70로 하락하며, 진입기업 역시 $70의 이윤을 얻게 된다고 하자. 진입기업은 진입하지 않을 때 제로의 이윤을 얻으나, 진입하면 $70의 이윤을 얻으므로, 독점기업은 사업환경을 성공적으로 바꾸지 못하면 독점이윤을 계속해서 얻을 수 없다.

기존기업이 (자신을 포함한) 시장의 모든 기업이 정부로부터 $90의 비용이 소요되는 면허를 따야만 하는 규제법안을 로비를 통하여 성공적으로 만든다고 하자. 기존기업은 자신의 고정비용을 $90만큼 올린 것이지만, 이것은 경쟁자의 비용을 $90만큼 역시 올렸다는 것을 주목하자. 이렇게 될 경우, 경쟁기업이 시장에 진입하면 $20의 손해를 보게 된다(규제가 없을 때의 $70에서 $90의 면허비용을 빼면 이 값이 나온다). 경쟁기업은 진입하지 않을 경우, 제로의 이윤을 얻기 때문에 모든 기업의 비용을 $90만큼 올리는 이러한 전략은 경쟁기업의 진입의사결정을 바꾸어 놓으며, 기존기업은 독점의 지위를 계속 누릴 수 있게 된다. 그 결과, 기존기업의 이윤은 $110로 된다(이것은 최초의 $200의 독점이윤에서 $90의 면허비용을 뺀 값이다). 면허가 요구되고 그 기업이 독점을 누릴 때($200)보다 이윤($110)은 줄어들었지만, 이 기업은 면허가 요구되지 않고 경쟁기업이 진입했을 경우 얻게 되는 이윤 $70보다는 더 많은 이윤을 얻을 수 있다.

이러한 시나리오는 〈그림 13-5〉의 순차적 게임형태로 나타난다. 여기서 기존기업은 두 개의 전략을 갖는다: $90의 면허비용을 지지하는 것, 또는 그것을 지지하지 않는 것. 잠재적인 진입자는 진입결정을 내리기 전에 면허비용이 있는지에 대한 관찰을 할 수 있다. 면허비용이 없을 때에는, 진입자는 진입유인을 갖게

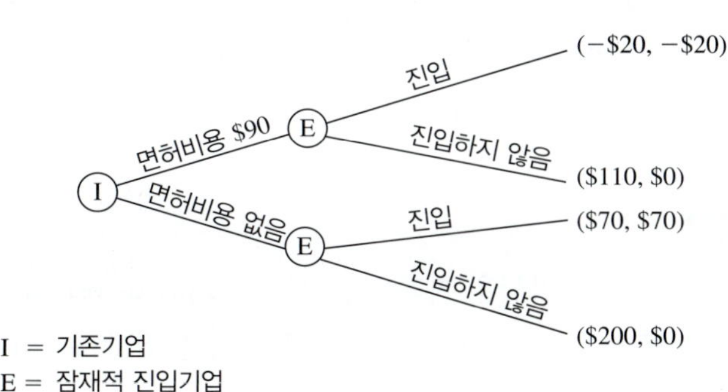

그림 13-5
경쟁자의 고정비용을 올리기

되므로 기존기업은 \$70의 이윤을 얻게 된다. 만일 기존기업이 \$90의 면허비용을 지지하면, 진입기업의 최상의 전략은 (\$0 > \$−20이므로) 시장에 진입하지 않는 것이다. 이 경우 기존기업은 \$110를 벌게 된다. 이것은 기존기업에게는 최상의 전략임에 틀림이 없다. 보는 바와 같이, 기존기업은 이 게임에서 유일한 하부게임 완전균형인 \$110를 얻게 되는 것이다.

13.4.3 수직적 통합기업들의 전략들

6장에서는 수직적으로 통합된 기업들이 생산요소시장(상위시장)과 완제품시장(하위시장)간에 서로 연결되어 생산활동을 하는 것에 대하여 배웠다. 상위시장에서 시장지배력을 가진 수직적으로 통합된 (하위)기업은 하위시장에서 경쟁기업의 비용을 높이기 위해 이러한 시장지배력을 이용할 수 있다. 특히, 상위시장에서 생산요소가격을 올리려는 수직적 통합기업의 조치는 하위시장에서 경쟁하는 경쟁기업들의 비용을 증가시킨다. 따라서 우리는 이런 종류의 두 가지 전략에 대해서 생각해볼 수 있다: 시장차단과 가격–비용 협착 전략.

시장차단

시장차단
수직적으로 통합된 기업이 하위시장 경쟁기업에게 필수적인 생산요소의 가격을 매우 높게 책정하여 경쟁기업들이 비싼 다른 대체생산요소를 사용하게 하거나, 사업을 포기하게 만드는 전략

경쟁자의 비용을 증대시키는 극단적인 형태는 **시장차단**(vertical foreclosure)으로 불려지며, 필수적인 생산요소(상위시장)를 생산하는 기업이 완제품시장(하위시장)에서 다른 기업들과 경쟁할 때 일어난다. 다른 하위시장 기업들에게 필요한 생산요소를 판매하는 것을 거절함으로써, 이 기업은 그 경쟁기업들에게 덜 효율적인 대체생산요소를 찾도록 강요한다. 이것은 하위시장 경쟁기업들의 생산비용을 증가시킨다. 대체생산요소를 찾을 수 없는 경우에는 경쟁기업들은 하위시장에서 완전히 제거될 수 있다. 그 이유는 그 경쟁기업들이 필수적인 생산요소를 조달할 수 없기 때문이다. 일부의 경우, 시장차단은 이득이 되지만 항상 최상의(가장 수익성이 높은) 전략은 아니다. 특히, 생산요소가격을 너무 높게 책정하여 수직통합되지 않은 기업들을 시장에서 몰아내면, 수직통합기업은 생산요소의 판매로부터 얻을 수 있는 상위시장 이윤을 포기해야만 한다. 시장차단은 하위시장에서 (증가된 시장지배력 때문에) 얻은 높은 이윤이 하위시장(생산요소시장)에서 잃게 되는 이윤보다 더 클 경우에만 이득이 되는 것이다.

가격–비용 협착

가격–비용 협착
수직통합기업이 경쟁자들의 이윤폭(마진)을 줄이기 위해 쓰는 전술

특별한 경우에, 수직통합기업은 **가격–비용 협착**(the price-cost squeeze)을 이용하여 경쟁기업의 비용을 올림으로써 잠재적으로 이득을 취할 수 있다. 여기서 수직통합기업은 최종재화(완제품)의 가격을 고정시키면서(또는 떨어뜨릴 경우도 있

다) 경쟁자의 생산요소 비용을 높일 수 있다. 이것은 하위시장 경쟁자들의 이윤을 축소시킨다. 상당한 가격-비용 협착의 궁극적인 효과는 위협가격설정의 효과와 비슷하게 나타난다: 이것은 경쟁자들을 시장에서 몰아낸다. 이러한 전술은 수직통합기업에게 상위시장과 하위시장에서 현재 이윤을 최대로 만들지 않는 가격을 부과하도록 한다. 그러므로 일단 경쟁자들이 하위시장에서 축출됐을 때 얻게 되는 미래의 높은 이윤과 낮은 단기이윤간에 그 기업은 선택을 해야 한다. 이렇게 상충되는 이윤의 양과 이자율의 크기에 따라 가격-비용 협착 전략은 이득을 가져올 수 있다.

가격-비용 협착은 또한 큰 수직통합기업이 시장분할에 협조하지 않고 하위시장에서 담합적인 사항들을 이행하지 않으려는 경쟁자들을 처벌하는 데에 사용될 수 있다. 수직통합기업은 경쟁자를 길들이는데 가격-비용 협착전략을 사용함으로써 단기이윤을 잃어버릴 수 있지만, 이렇게 응징한다는 평판을 갖기 위한 투자는 지속적으로 상호작용이 있는 시장에서 더 높은 미래이윤을 만들어 낼 수 있을 것이다.

13.5 전략적 도구로써의 가격차별

위협가격설정, 진입제한가격설정, 그리고 경쟁자의 비용을 올리는 전략의 수익성은 이러한 전략들의 상대적인 이익과 비용에 달려있다. 이러한 전술들의 상대적인 매력은 전략사용자가 다양한 고객들 사이에서 얼마나 효과적으로 가격차별을 할 수 있는가에 달려 있다. (11장에서 상세하게 다루어진 바와 같이) 가격차별은 동일한 제품에 대해서 상이한 소비자들에게 다른 가격을 부과하는 것이었다.

가격차별을 못할 경우, 기업은 진입제한가격설정이나 위협가격설정을 실행하는데 더 많은 비용이 들 수 있다. 진입을 방지하기 위해서 또는 시장에서 경쟁자를 몰아내기 위하여, 가격을 내리면 가격차별을 할 수 없는 기업은 모든 고객들에 대해서 가격을 낮추어야만 한다. 이와 대조적으로, 만약 그 기업이 가격차별을 할 수 있으면, 경쟁자에게 가장 많은 피해를 줄 수 있는 고객이나 시장에 대해 (위협가격설정의 경우) 또는 잠재적 진입자에게(진입제한가격설정의 경우) 가격할인을 해줄 수 있다. 반면, 그 기업은 다른 고객들에게는 독점가격을 계속 부과할 수 있다.

마찬가지로, 가격차별을 할 수 있는 기업은 시장차단이나 가격-비용 협착 전략을 활용하여 하위시장에서 가장 심각한 위협을 줄 수 있는 기업들에 대해서 생산요소가격을 올릴 수 있다. 동시에, 그 기업은 하위시장에서 아무런 위협이 되지 않는 생산요소 구매자에 대해서는 낮은 생산요소가격을 계속 부과할 수 있다. 이것은 그 기업으로 하여금 위협요소가 없는 고객들에게 생산요소를 판매하여 최대이윤을 갖게 하며, 하위시장에서의 경쟁자들에게는 비용을 증가시키게 한다.

이러한 이유로 가격차별은 진입제한가격설정, 위협가격설정 또는 경쟁자의 비용을 올리는 전략을 효과적으로 사용할 수 있게 해준다.

13.6 의사결정시점이나 게임시행순서를 바꾸는 전략

경영자가 사업환경을 유리하게 바꿀 수 있는 또 다른 방법은 의사결정시점이나 혹은 게임시행순서를 바꾸는 것이다. 우리는 공식적으로 다음과 같이 이것을 설명한다.

13.6.1 선발주자 이득

선발주자 이득은 기업으로 하여금 경쟁자가 의사결정을 실행하기 전에 자신의 의사결정을 실행하여 더 높은 이득을 얻게 한다. 우리가 9장에서 배웠던 스타켈버그 과점모형은 전략적인 환경의 대표적인 사례로서, 거기에서는 선발주자가 이득을 누린다. 이러한 구조에서는 (스타켈버그 선도자라 불리는) 기업은 경쟁자(추종자)가 그들의 생산량 결정을 하기 전 더 높은 수준의 생산량을 실행한다는 것을 상기하자. 스타켈버그 선도기업은 먼저 움직일 수 있는 기회를 갖지 못할 때보다 더 많은 이윤을 얻는다.

선발주자 이득을 달성하기 위해 의사결정시점을 바꾸는 이유에 대해서는 다음과 같이 쉽게 설명할 수 있다. 두 기업을 생각해 보자(기업 A와 기업 B). 그들은 생산량 결정을 높게 또는 낮게 둘 중의 하나를 선택해야만 한다. 두 가지 시나리오를 생각해 보자. 첫 번째 경우는, 두 기업이 그들의 결정을 동시에 하는 것이다(그러므로 선발주자 이득의 여지는 없어진다). 두 번째 경우에서는, 게임의 결과가 바뀔 수 있는데 기업 A가 기업 B에 앞서서 의사결정을 하는 경우이다.

〈표 13-1〉에 나타나 있는 동시적 게임모형을 보자. 기업 A와 기업 B의 각각의 전략에 따라, 첫번째 수치는 기업 A의 보상을 나타내는 반면, 둘째 수치는 기업 B의 보상을 나타낸다. 예를 들어 보자. 기업 A가 낮은 수준의 생산량, 기업 B가 낮은 수준의 생산량을 결정하면 기업 A는 $30를 벌고 기업 B는 $10를 번다.

이러한 동시적 게임에서는, 기업 A는 우월적 전략을 갖는다: 기업 B가 높은

표 13-1 동시결정 생산게임

기업 A	기업 B		
	전략	낮은 생산(low)	높은 생산(high)
	낮은 생산(low)	$30, $10	$10, $15
	높은 생산(high)	$20, $5	$1, $2

또는 낮은 수준의 생산량을 갖는 것에 상관없이, 기업 A는 낮은 수준의 생산량을 갖는 것이 항상 제일 큰 이윤을 갖는다. 기업 B는 합리적이므로 이러한 사실들을 인지하여 높은 생산량을 갖는 인센티브를 갖는다(낮은 생산수준을 통해 얻을 수 있는 $10보다는 높은 생산수준을 통해 얻을 수 있는 $15가 더 크기 때문이다). 이러한 동시적 생산게임에서는 기업A가 낮은 생산량 그리고 기업B가 높은 생산량을 갖는 것이 유일한 내쉬균형이라고 결론지을 수 있다.

이제 기업 A가 의사결정시점을 바꿀 수 있다고 생각해 보자. 그러면 이 기업은 기업 B보다 먼저 의사결정을 할 수 있다는 것을 의미한다. 똑같이 기업 B는 실제적으로 기업 A의 결정을 보고 의사결정을 하게 되며 기업 A는 이것을 알고 있다. 순차적 생산게임은 〈그림 13-6〉에 나타나 있다. 게임트리(game tree)의 끝에 나타나 있는 보상은 〈표 13-1〉의 그것과 동일하다는 것을 주목하자. 이 두 게임간의 유일한 차이는 〈그림 13-6〉에서는 기업 A가 먼저 움직이고 기업 B는 자신의 의사결정을 내리기 전에 기업 A의 의사결정을 관찰한다.

기업 A가 먼저 움직일 수 있을 때 어떻게 결정해야만 하는가? 이 기업이 낮은 수준의 생산량을 선택하면, 기업 B의 최상의 대응은 높은 수준의 생산량을 선택하는 것이다. 이렇게 하면 기업A는 $10의 보상을 얻는다. 그러나 만약 기업 A가 높은 수준의 생산량을 선택한다면 기업 B의 최상의 대응은 낮은 수준의 생산을 선택하는 것이 된다. 이 경우 기업A는 $20의 보상을 얻게 된다. 그러므로 〈그림 13-6〉의 유일한 하부게임 완전균형은 기업 A가 높은 수준의 생산량을 갖는

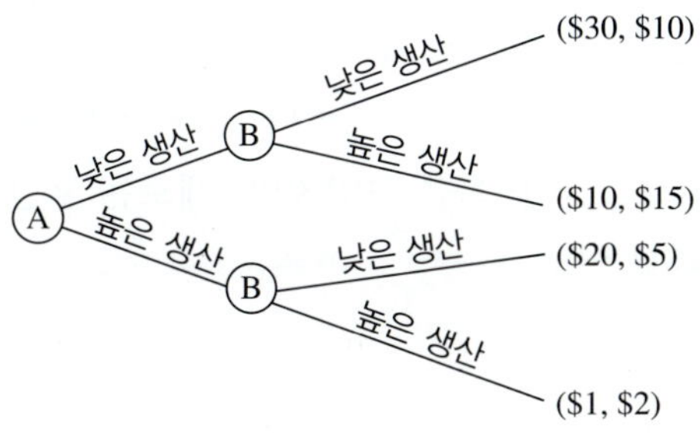

그림 13-6
순차적 생산게임

것이다. 기업 B는 이것을 관찰하여 낮은 수준의 생산으로 대응하는 것이다. 기업 A의 균형 보상은 $20이며, 기업 B의 균형 보상은 $5이다.

기업 A의 균형 보상이 먼저 의사결정을 할 때 $20라는 사실은 동시적 게임에서의 균형 보상 $10와 비교할 때, 선발주자 이득을 나타낸다. 실제로 먼저 의사결정을 할 수 있는 능력은 기업 A에게 경쟁자에 비해 선발주자 이득을 준다. 반대로, 기업 B가 후발주자의 불리함을 감수한다는 것을 주목하자: 이 기업은 후발주자로 움직일 때 $5를 번다. 이것은 두 기업이 동시적으로 결정을 할 때 얻는 $15보다 더 낮은 보상이다.

이번 예에서 기업 A의 선발주자 이득은 세 가지 점에 달려있다는 것을 주목하자: (1) 기업 A의 높은 생산량 결정은 되돌릴 수 없다, (2) 기업 B는 자신의 생산량을 결정하기 전에 기업 A의 의사결정을 관찰한다, (3) 이러한 사실들은 공통적인 정보이다(기업 B는 기업 A의 의사결정이 되돌릴 수 없다는 것을 알고, 기업 A는 기업 B가 이것을 알고 있다는 것을 알고 있다 등등).

선발주자 이득은 많은 사업환경에서 공통된 현상이다. 새로운 제품을 처음으로 출시한 혁신기업을 생각해 보자. 첫 번째라는 것은 특허기간동안에 독점이윤을 누릴 수 있게 해준다. 학습커브효과에 의해서 추가적인 선발주자 이득은 낮은 비용의 형태로 나타난다. 선발주자 이득은 특허기간이 끝난 후에도 학습커브효과 때문에 오래 지속될 수 있다. 그리고 설사 처음에 특허가 없었다 하더라도 이러한 선발주자 이득은 존재할 수 있다. 이번 장의 마지막 부분에서는, 선발주자 이득이 상당한 네트워크효과를 갖는 산업에서는 특히 강하게 나타남을 볼 것이다.

13.6.2 후발주자의 이득

첫 번째라는 것이 항상 이득을 가져오는 것은 아니다; 가끔 후발주자의 이득이 훨씬 더 클 때가 있다. 예를 들면, 새로운 제품을 두 번째로 출시하는 것이 선발주자가 되는 것보다 더 많은 이윤을 얻을 수 있는데, 이것은 선발주자가 투자한 것에 대하여 두 번째 주자가 무임승차를 할 경우에 나타난다. 이것은 두 번째 주자가 선발주자에 비하여 더 싼 비용으로 생산하는 것을 가능하게 한다. 게다가 두 번째 주자는 선발주자의 실패로부터 배울 수 있으므로 이득을 얻을 수 있다. 이러한 경우 두 번째 주자는 선발주자보다 낮은 가격으로 더 좋은 제품을 생산 할 수 있게 되는 것이다. 〈인사이드 비즈니스 13-3〉에서 보여주는 바와 같이, 많은 기업들이 선발주자일 때 이득을 보았지만, 때로는 후발주자가 이득을 볼 수도 있다는 것을 보여주고 있다.

인사이드 비즈니스 13-3 시장에 먼저 참여하는 것이 성공의 첫걸음인가? 혹은 실패의 첫걸음인가?

초기 PC시장에서는 생산자들이 PC의 미래수요에 대하여 부정확한 예측을 하였다. 결과로 많은 기업들이 경쟁자들에게 판매를 잠식당했고 혹은 재고가 많이 쌓이게 되었다. 이러한 모든 것이 1984년 마이클 델이 델 컴퓨터사를 설립하면서 바뀌게 되었다. 델사의 영업전략은 12MHz 컴퓨터를 $1,995에 파는 것인데 이것은 IBM이 6MHz 컴퓨터를 $3,995에 파는 것과 좋은 대비가 되었다. 궁극적으로 델사는 생산자, 수요자간에 직접판매의 모델을 선도한 것이었다. 그리고 나중에 이러한 직접판매 모델을 인터넷분야에 확장하였다. 많은 다른 기업들이 이러한 전략을 흉내 내기 시작했는데(컴팩은 1998년에 직접판매를 시작하였다), 델사의 선발자 이득은 이 기업을 2000년도에 판매량과 이윤의 증가에 있어서 업계최고의 위치를 갖게 하였다. 델사는 이러한 선발자 이득의 이윤을 계속해서 챙겨나간 대표적인 예가 된다(기업들이 많이 진입함으로 인해 이 산업은 나날이 경쟁적이 되어갔다. 이것은 델사에게 컴퓨터를 통하여 가장 선호되는 판매망을 갖게 하였다).

불행히도 시장에 새로운 아이디어를 내놓는 것 혹은 생산을 한다는 것이 성공을 보장하는 것은 아니다. 잘 알려진 많은 기업들이 새로운 제품을 시장에 처음으로 내놓았지만 첫 번째라는 이유만으로 이러한 이점의 토대를 구성하지는 못했다. 척스라고 불리는 최초의 1회용 다이퍼는 프록터&갬블사에 의하여 잊혀지게 됐는데, 프록터&갬블사는 나중에 팸퍼라는 제품을 출시하였다. 암팩스라 불리는 회사는 비디오 레코드의 선구자였지만 소니사가 베타방식의 VCR(지금은 잊혀 졌지만)을 출시함으로써 대부분의 사람들이 소니사를 선발자로 기억하게 되었다. 궁극적으로 JVC사가 VHS방식으로 이 시장을 평정하게 되었다.

이제 그림이 그려지는가? 첫 번째라는 것이 항상 이득이 되는 것은 아니다; 때로는 참고 기다리는 것이 이득이 될 때가 있다. 선발자 혹은 두 번째 주자가 이득을 취할 수 있어도 시장이 역동적으로 움직이는 것을 고려해야 한다. 델사와 그리고 다른 기업들의 장기적인 경험에서 본바와 같이 이러한 이득은 장기적으로 살아남지 않을 수 있다.

출처: "Being There First Isn't Good Enough," *The Wall Street Journal*, June 8, 1996; Michael Dell, *Direct from Dell*(New York: Harper Collins, 1999); various company Internet sites.

예시 문제 13-3

서로 다른 두 게임에서 선발주자의 특권에 대하여 당신은 얼마를 지불할 의사가 있는지를 결정하라.[1]

1. 두 명의 경기자가 있다, 당신과 경쟁자. 더 큰 양의 정수를 말하는 쪽이 $10를 갖고 그렇지 않은 쪽이 $0를 갖게 된다.
2. 두 명의 경기자가 있다, 당신과 경쟁자. 더 작은 양의 정수를 말하는 쪽이 $20를 갖고 그렇지 않은 쪽이 $2를 갖게 된다.

정답

1. 이 게임은 후발주자가 이득을 갖는다; 후발주자는 선발주자가 말한 것보다 조금이라도 더 큰 양의 정수를 말함으로써 $10의 보상을 얻는다. 선발주자의 이득이 없으므로, 당신은 먼저 게임을 시작하는 것에 대해 아무것도 지불할 의사가 없다(그러나 후발주자로 게임을 할 수 있는 권리에 대하여 당신은 $10를 지불할 의사를 갖게 된다).
2. 이 게임은 선발주자 이득을 갖고 있다; 선발주자는 1이라는 숫자를 말함으로써 $20의 소득을 보장받는다. 선발주자 이득이 존재하므로 당신은 후발주자보다 선발주자로 행동하여 $18를 더 얻을 수 있다. 그러므로 이 게임에서 선발주자의 권리를 갖는데 대해 당신은 최대 $18를 지불 할 의사가 있게 된다.

---

1 이 문제를 풀때, 양의 정수는 {1, 2, 3, 4, …}로 구성되며 무한대로는 정수가 아님을 유의하시오.

13.7 네트워크 효과를 극복하기 위한 침투가격설정

많은 산업(항공사, 전기회사, 그리고 인터넷 경매시장)에서, 네트워크 효과라고 하는 현상이 일어나는데, 이것은 잠재적인 진입자가 극복하기 힘든 상황이므로 기존기업에 선발주자 이득을 가져다 준다. 글로벌 경제환경에서 네트워크가 점점 더 중요해진다는 점에 비추어 볼 때, 왜 네트워크 외부효과가 상당한 선발주자 이득을 가져오는가에 대해서 설명하려고 한다. 또한 사업환경을 바꾸기 위하여, 그리고 궁극적으로는 네트워크 외부효과에 의해서 생겨난 장애물을 제거하기 위해서, 진입자가 어떻게 침투가격설정(penetration pricing) 전략을 쓸 수 있는가를 설명할 것이다.

13.7.1 네트워크란 무엇인가?

네트워크란 지리적 혹은 경제적 공간에서 서로 다른 점(노드라고 불리는)을 연결하는 연결점(link)으로 구성되어 있다. 많은 산업(철도, 항공, 운송, 통신, 인터넷 같은 "신" 경제의 수많은 다른 부문들을 포함하여)에서 네트워크는 상당히 중요한 역할을 한다.

간단한 유형의 네트워크는 한 방향 네트워크인데, 거기에서는 서비스가 한 방향으로만 흘러갈 수 있다. 상수도 서비스는 한 방향 네트워크의 대표적인 사례이다: 수돗물은 보통 공급자로부터 각 가정으로 한 방향으로 흘러 들어간다. 당연히 한 방향 네트워크는 규모의 경제나 범위의 경제를 통하여 선발주자 이득을 가져온다. 네트워크 제공자(지역의 상수도 공급회사)는 수요자에게 서비스를 전달하기 위해 네트워크를 만드는데 있어서 규모의 경제를 갖게 되므로, 새로운 진입자는 보통 기존기업의 네트워크 서비스를 대체하는 서비스를 만들어내는데 어려움을 겪는다. 한 방향 네트워크의 현저한 특징은 각 사용자에게 주어지는 가치는 새로운 네트워크를 얼마나 많은 다른 사람들이 사용하는가에 직접적으로 달려있지 않다.

앞으로 보는바와 같이, 이것은 양방향 네트워크의 경우는 아니다(전화시스템, 이메일, 그리고 인스턴트 메시지를 포함한 많은 유형의 인터넷처럼). 양방향 네트워크에서는, 각 사용자에게 주어지는 가치는 얼마나 많은 사람들이 그 네트워크를 이용하는가에 달려있다. 이것은 상당한 규모의 경제가 존재하지 않는 경우라도 기존의 양방향 네트워크 제공자에게 상당한 선발주자 이득을 가져다 준다.

양방향 네트워크의 한 예는 〈그림 13-7〉의 스타네트워크이다. C_1점에서 C_7점까지 각 점은 노드를 표시하는데—예를 들면, 전화기를 소유하는 사용자로 생각

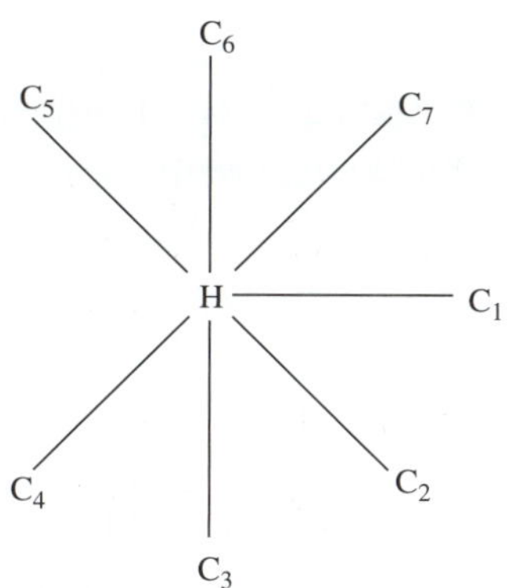

그림 13-7
스타 네트워크

해 볼 수 있다. 중앙에 있는 (H로 표시된) 점은 중심지(hub)를 표시하는데—예를 들면, 전화회사가 소유하고 있는 스위치로 생각할 수 있다. 소비자 C_1는 C_1HC_2 연결망을 통하여 소비자 C_2와 연결될 수 있다. 스타네트워크는 통신뿐만 아니라 항공산업을 포함한 경제의 다른 분야에서도 흔히 사용된다. 예를 들면, 델타항공사를 이용하여 인디애나폴리스에서 필라델피아로 가려는 승객은 보통 처음에는 인디애나폴리스에서 아틀란타(델타허브공항의 하나)로, 그런 다음 아틀란타에서 필라델피아로 비행할 것이다.

13.7.2 네트워크 외부효과

사용자를 연결하는 양 방향 네트워크는 **직접적 네트워크 외부효과**라고 불리는 긍정적 외부효과를 보여 준다: 네트워크가 제공한 서비스의 단위당 가치는 네트워크의 크기가 증가함에 따라 같이 증가한다. 전화 네트워크는 사용자가 한 사람일 때는 가치가 없다. 두 명의 사용자를 연결시키는 전화 네트워크의 가치는 생겨나지만 3명의 사용자를 연결시키는 네트워크 가치보다는 각 소비자에게 더 작은 가치가 존재한다. 사용자가 두 명일 경우, 두 개의 잠재적인 연결망이 네트워크에 의해 형성되는데: 사용자 1이 사용자 2에게 전화를 할 수 있고 사용자 2가 사용자 1에게 전화를 할 수 있다. 사용자를 하나 더 추가시키면, 잠재적인 연결 가능한 서비스는 두 가지에서 여섯 가지로 늘어난다: 사용자 1은 사용자 2와 3에게 전화를 걸 수 있고, 사용자 2는 사용자 1과 3에게 전화를 걸 수 있으며, 사용자 3은 사용자 1과 2에게 전화를 걸 수 있다. 더 일반적으로 n명의 사용자가 있다면 $n(n-1)$개의 잠재적인 연결서비스가 생겨난다. 한 사람의 사용자를 네트워크에 가입시키면 $2n$의 잠재적인 연결망을 추가시키게 되어 모든 사용자에게 직접적으로 이득이 된다.

직접적 네트워크 외부효과
한 네트워크의 사용자가 다른 사람들이 그 네트워크를 사용함으로 인해 누리게 되는 직접적인 가치

직접적 네트워크 외부효과

n명의 사용자를 연결하는 양방향 네트워크는 $n(n-1)$ 만큼의 잠재적 연결서비스를 제공한다. 만일 하나의 새로운 사용자가 네트워크에 가입하면, 기존의 모든 사용자들은 새로운 가입자가 $2n$ 만큼의 잠재적인 연결서비스를 네트워크에 더 추가하므로 직접적으로 이득을 본다.

간접적 네트워크 외부효과(네트워크 상호보완성)
한 네트워크 사용자가 누리는 간접적인 가치. 이것은 네트워크의 크기와 보완적 제품이나 서비스의 이용가능성 사이에서 일어나는 상호보완성에 기인한다.

양방향 네트워크에 존재하는 직접적 외부효과 외에도, **간접적 네트워크 외부효과**가 존재할 수 있다. 특정한 네트워크를 점점 더 많이 사용함으로 나타나는 간접적 외부효과는 네트워크 상호보완성이라고 한다. 그리고 이것은 한 방향이나 양방향 네트워크에서 동시에 일어날 수 있다. 예를 들면, 인터넷을 점점 더 많이 사용하게 되어 화상회의 소프트웨어처럼 보완 제품이나 서비스를 창출했다. 이러한 소프트웨어를 개발하는데 소요된 상당한 고정비용때문에 소프트웨어 개발비용을 충족시키기 위해서는 많은 수의 인터넷 사용자가 필요하다. 점점 더 많은 소프트웨어가 개발되어 인터넷에 쓰이게 된다면, 그에 따른 네트워크 보완성은 각 인터넷사용자에게 훨씬 더 많은 가치를 부여하게 된다.

마찬가지로 20C초반에 전기를 점점 더 많이 쓰게 됨으로써, 수백만 가지의 전기기구들이 개발되었다. 이러한 기구를 사용함과 거기에 연관된 네트워크 보완성은 전기네트워크의 가치를 증가시켜 주었다. 유사한 간접적 외부효과가 네트워크가 존재하지 않는 산업에서도 일어난다. 예를 들어, 85% 에탄올 연료를 사용하는 자동차의 수가 증가하여 미국에서 E85 주유소들의 수가 증가하였다.

부정적인 외부효과 예를 들면, 병목현상은 네트워크에서 일어날 수 있다. 네트워크의 크기가 커짐으로 인해 현재 시설기반이 더 이상 추가 사용자를 수용할 수 없는 점에 궁극적으로 다다르게 될 수 있다. 이 크기 이상으로 사용자가 늘어나면, 체증현상이 초래된다. 이것은 사용자들로 하여금 네트워크 연결을 어렵게 만들며, 네트워크에 의해서 제공되는 각 서비스사용자의 가치가 줄어들게 된다. 병목현상의 예로는 도로네트워크에서의 교통체증, 공항에서의 연착 및 연발, 통신네트워크에서의 보류현상, 인터넷에서 반응속도가 느린 것, 그리고 지역전기네트워크상에서의 정전현상 등이다.

13.7.3 소비자 속박현상(lock-in)에 의한 선발주자 이득

네트워크 외부효과에 의해서, 새로운 네트워크가 기존의 네트워크를 대체하거나 경쟁하는 것이 어렵게 된다—새로운 네트워크가 기술적으로 기존의 것보다 우월하더라 하더라도. 특히 기존의 네트워크가 많은 사용자와 보완서비스를 갖는

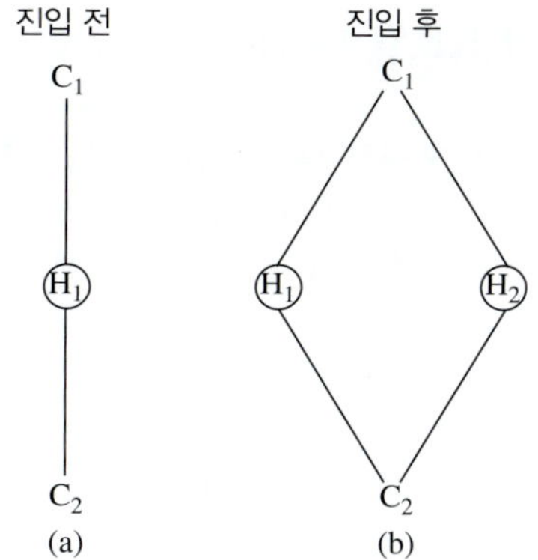

그림 13-8
진입은 경쟁적인(그러나 배타적인) 네트워크를 초래한다.

경우에는 기존 네트워크의 총 가치는 (직접적 그리고/또는 간접적 네트워크의 효과에 의해서) 각 사용자에게 있어서 새로운 네트워크에 딸린 몇 안되는 사용자나 보완서비스에 비하여 더 크게 된다.

이 문제의 본질을 보기위하여, 〈그림 13−8(a)〉에 나타나 있는 간단한 양방향 네트워크를 생각해 보자. 여기에는 사용자 C_1, C_2 사이에 연결서비스를 제공한다. 이 네트워크는 허브 H_1로 표시된 독점자에 의하여 소유되어 있고, 이 네트워크 서비스를 이용하는 각 사용자는 한 달에 $10의 가치를 부여한다고 가정하자.

이제 다른 기업이 이 시장에 진입하기로 결정하여 기존의 독점네트워크와 경쟁하려 한다고 가정해 보자. 이러한 네트워크를 구축하는데 상당한 고정비용이 수반되므로 새로운 기업은 기술적인 우위 예를 들면, 각 사용자는 새로운 네트워크에 대하여 충분히 이용하면 한 달에 $20의 가치를 부여한다고 가정해 보자. 일단 새로운 네트워크가 구축되면, 상황은 〈그림 13−8(b)〉와 같이 될 것이다. 여기에서 H_1, H_2는 복점자의 허브를 나타낸다. 이 그림에서 두 개의 네트워크는 서로 배타적이다. 이것은 두 사용자가 그 네트워크 서비스가 유용하게 되려면 동일한 네트워크에 가입하여야 함을 의미한다(〈인사이드 비즈니스 13−4〉를 참조).

새로운 진입자는 우월한 기술력을 갖고 시장에 진입하는 것이 가능할까? 〈표 13−2〉는 이러한 문제들에 대하여 설명하고 있다. 이 게임의 경기자들은 네트워크 공급자를 선택해야만 하는 사용자들로 구성되어 있다. 두 사용자는 선발주자 이득에 의하여 최초에 H_1이라는 네트워크 공급자를 선택했다. 처음에는 각 사용자가 그 네트워크를 통하여 매달 $10의 가치를 받는다. 새로운 네트워크를 사용하는 것이 가능해졌을 때 두 사용자중 아무도 일방적으로 네트워크 공급자를 바꿀 인센티브를 갖지 않는다. 다른 사용자의 선택이 결정되면, 어느 누구도 H_2로 바꾸려는 인센티브를 갖지 않는다. 그럼에도 불구하고 두 사용자가 동시에 공급자를 바꾼다면, 각자는 예전보다 더 많은 이득을 볼 것이다. 이것이 전형적인 조

인사이드 비즈니스 **13-4** **네트워크 외부효과와 침투가격설정(야후! 경매의 사례)**

온라인 옥션은 전형적인 배타적 네트워크의 예에 속한다. 특히 이-베이와 같은 기업들이 구매자와 판매자의 연결을 제공하는 허브로 생각 될 수 있다. 더 많은 구매자가 이 사이트를 방문할수록 판매자에게 이 사이트는 더 많은 가치를 갖게 한다. 마찬가지로 이 사이트에 판매자가 더 많은 목록을 제공함으로써 구매자에게 이 사이트는 가치가 더 있게 되는 것이다. 선발자인 이-베이가 인터넷상에 판매와 구매 아이템을 올려놓는 사이트를 개설하면 새로운 진입자는 여기에 설 발판을 얻기가 힘들어진다. 결국 새로운 사이트에 그들의 상품을 팔려는 판매자들이 게시를 하지 않으려 할 것이며 따라서 구매자들도 그 사이트를 방문할 인센티브가 없어진다. 그리고 구매자가 그 사이트를 방문하지 않는다면 판매자도 그들의 아이템을 게시하려는 권리에 대하여 비용을 지불할 의사가 없게 되는 것이다. 이렇게 온라인 경매에서 이-베이처럼 시장지배력을 유지할 수 있게 되는데 이것은 네트워크효과와 선발자 이득에 기인한 것이다. 이 명백한 시나리오에 1990년대 말 야후가 도전하게 된다. 야후는 이-베이와 경쟁하기 위하여 온라인 경매시장에 진입을 원했다. 네트워크효과의 문제를 인식하면서 그리고 이-베이의 선발자 이득을 인식하면서 야후는 침투가격 전략을 채택하였다. 그것은 구매자와 판매자 모두에게 경매사이트를 무료로 이용하게 하는 것이었다. 이-베이가 판매자에게 비용을 요구하였으므로 이 전략이 야후로 하여금 경매사이트가 운영될만한 최소의 인원을 끌어 모으는 전략으로 채택하게 한 것이다. 충분히 많은 수의 판매자와 구매자가 이 사이트를 이용하게 되면서 네트워크 효과가 생겨났고 그리고 야후는 그들의 경매서비스에 요금을 받기 시작하였다.

불행히도 야후의 이런 전략은 이-베이의 네트워크 효과와 선발자 이득을 뛰어넘지 못하게 하였다. 결국 야후는 미국시장 내에 온라인 경매사이트를 2007년 6월에 폐쇄하였다.

출처: Michael R. Bay and John Morgan, "Information Gatekeepers on the Internet and the Competitiveness of Homogeneous Product Markets." *American Economic Review* 91, no. 3(June 2001), pp. 454–74; Yahoo! Auction site at http://help.yahoo.com/help/auctions/asell/, accessed on October 6, 2001; "Yahoo! US Auction Sites Are Retired!" at http://auctions.shopping.yahoo.com/, accessed on March 7, 2009.

표 13-2 네트워크 게임

	사용자2		
사용자1	네트워크 공급자	H_1	H_2
	H_1	\$10, \$10	\$0, \$0
	H_2	\$0, \$0	\$20, \$20

정의 문제이다(10장을 참조할 것). 네트워크 외부효과는 소비자의 속박(lock-in) 현상을 초래한다: 소비자는 어떠한 상황에 속박되는데(균형), 거기에서는 열등한 네트워크를 사용하게 된다.

13.7.4 게임의 형태를 바꾸기 위해서 침투가격설정을 사용함

단지 두 사용자만이 있을 경우의 문제는 그 두 사용자(각 사용자는 다른 네트워크로 전환할 것을 동의함)간의 소통에 의해 쉽게 해결될 수 있지만, 그러한 전략의 거래비용은 서로 모르는 수백, 또는 잠재적으로 수백만의 사람들이 있을 때에는 그것을 불가능하게 한다. 좀 더 현실적인 이러한 환경에서, 기업 2와 같은 사업가가 네트워크를 설치하기 위해서 무엇을 할 수 있을까?

침투가격설정
시장에 진입하여 일정한 수의 고객들을 확보하기 위해 초기에 낮은 가격을 부과하는 것: 이것은 네트워크 효과가 강하게 존재할 때 효과적이다.

침투가격설정이라고 하는 전략은 초기에 매우 낮은 가격을 부과하는 것으로 시작된다—그 새로운 제품을 시도하도록 하기 위해 고객들에게 무료로 또는 돈을 주면서 그 제품을 주기까지도 한다—일정한(critical) 수의 고객들을 확보하기 위해서 이것은 사용자들로 하여금 다른 사용자들이 새로운 기술에 동참하지 않을 수 있는 리스크를 제거해줄 수 있다: 사용자들은 새로운 네트워크를 시험적으로 사용하는 동안에 기존의 네트워크를 그대로 유지할 수 있다.

침투가격설정 전략이 기업 2가 어떻게 그 기업의 네트워크로 상당수의 사용자들을 모을 수 있는가를 알아보기 위해, 양 네트워크에 접근할 수 있는 사용자의 가치가 각 네트워크를 개별적으로 사용하는 가치만큼 크다는 것을 주목하자. 결과적으로 새로운 네트워크 공급자가 실제적으로 그들의 서비스를 사용해보는데 작은 금액(가령 $1)을 사용자에게 지급할 수도 있다. 시험(trial)기간 동안에 소비자들이 직면한 게임은 〈표 13-2〉에서 〈표 13-3〉으로 변경된다. 이 경우에 각 소비자는 새로운 네트워크를 사용할 인센티브를 갖게 된다. 그 이유는 H_1와 H_2의 선택이 각 사용자에게 우월적 전략이 되기 때문이다.

소비자들이 두 개의 네트워크를 일단 사용하게 되면, 그들은 H_2가 더 좋다는 것을 곧 깨닫고 H_1을 사용하는 것을 궁극적으로 중지할 것이다. 일정한 수의 사용자들이(이 경우에는 두 사용자를 의미한다) H_2를 사용하기 시작하면, H_2 네트워크의 소유자는 $1지급을 중지한다(그리고 궁극적으로 그의 네트워크를 사용하는데 대한 가격을 올릴 것이다). 그 이유는 각 소비자가 현재 H_2로부터 $20의 이득을 얻기 때문이며 이 금액은 두 소비자가 H_1를 사용했을 때 얻는 $10의 이득에 비하여 더 크다. 이렇게 새로운 진입자는 기존기업의 선발주자 이득(이러한 네트워크 외부효과에 수반되어 있는)을 무력화시키기 위해 침투가격설정 전략을 사용할 수 있다. 〈표 13-2〉를 다시 보면, 침투가격설정은 위의 왼쪽칸에 있는 균형으로부터 아래 오른쪽칸에 있는 균형으로 소비자들을 이동시키기에 유용한 수단이 된다.

표 13-3 네트워크 게임과 침투가격설정

	사용자2		
사용자1	네트워크 공급자	H_1	H_1 & H_2
	H_1	$10, $10	$0, $0
	H_1 & H_2	$0, $0	$20, $20

예시 문제

13-4

어떤 기업이 100명의 사용자를 연결하여 양방향 네트워크를 구축하는 것을 생각하고 있다. 사업을 검토한 결과, 각 사용자는 그 네트워크가 제공하는 각각의 잠재적 연결서비스에 대하여 평균적으로 $1를 지불할 의사가 있다. 만일 이 네트워크를 설치하는 총비용이 50만 달러이라면 이 기업은 네트워크 사업을 시작해야 할 것인가 설명하라.

정답

100명의 사용자를 연결하는 네트워크는 100(100−1)=9,900의 잠재적 연결서비스를 만들어낸다. 각각의 연결에 평균 $1의 가치가 부여되면, 그 기업은 이 네트워크를 사용하는 각 사용자로부터 $9,900의 수입을 만들어 낼 수 있다. 그 기업이 100명의 사용자를 네트워크에 가입시킨다면, 그 기업의 총수입은 99만 달러에 이를 것이다. 이것은 네트워크를 구축하는데 필요한 비용 50만 달러를 확실하게 넘는다. 그러나 그 기업은 모든 100명의 사용자가 등록을 했을 때에만 49만 달러의 이윤을 창출한다. 네트워크효과와 소비자 속박현상으로 인하여, 이러한 이윤이 실현된다는 보장은 없다. 침투가격설정 또는 다른 방법을 통하여 그 네트워크를 가동시킬 필요가 있다. 이것은 분명히 단기적으로 그 기업의 수입과 이윤에 영향을 미칠 것이다.

탐의 계획은 동시적 게임(탐과 모턴식당이 동시에 그들의 계획을 발표하는 게임)에서 탐이 먼저 시행하는 순차적 게임으로 바꾸려고 시도하고 있다. 〈그림 13-9〉에서 보는 바와 같이, 이것은 탐에게 선발주자 이득을 제공할 것이다. 기업고객들을 목표대상으로 하는(그리고 이 전략을 확실하게 공약할) 그의 계획을 가능한 한 빨리 발표함으로써, 탐은 모턴보다 우세할 것이다. 모턴이 이러한 공약(commitment)을 일단 관찰하게 되면, 너무 늦을 것이다: 동일한 고객들을 대상으로 또 다른 고급 스테이크 전문점으로 경쟁하는 것은 수익성이 없기 때문에, 최상의 대응책은 시장에서 빠져 나오는 것이 될 것이다. 누구나 알다시피, 이 계획은 그러한 전략을 확실하게 공약하고 신호를 보낼 그의 능력뿐만 아니라, 매우 재빠르게 행동할(그가 모턴의 진입공약을 먼저 차지할 수 있다는 것을 확실하게 하기 위해) 수 있는 탐의 능력에 상당히 달려 있다. 탐이 이것을 할 수 있다면, 그는 만약 그가 이러한 행동을 하지 않을 경우 그가 획득할 것으로 예상되는 50,000달러보다 월등하게 더 많은 90,000달러의 이익을 획득할 것이다.

그림 13-9
마케팅에서의 선두주자 이득

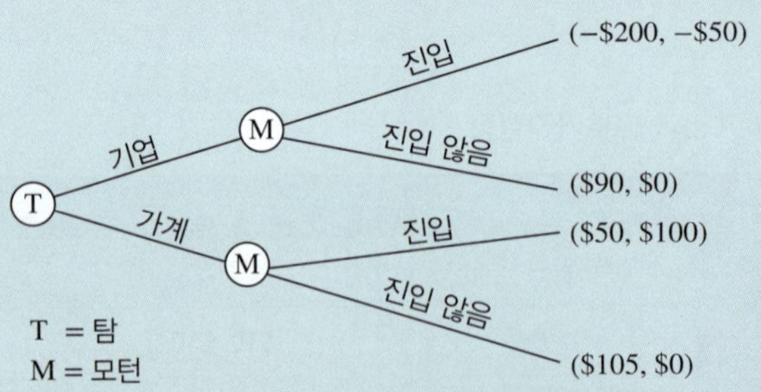

요약

이 장에서 우리는 기업이 사업환경을 바꾸기 위하여 사용할 수 있는 몇 가지 전략에 대하여 공부하였다. 다음과 같은 전략들 예를 들면, 진입제한가격설정과 위협가격설정(약탈가격설정)은 경쟁자를 시장에서 몰아내기 위하여 시행된다. 진입제한가격설정이 효과적이 되기 위해서는 이것을 사용하는 기업이 진입전 가격과 잠재적인 진입자의 이윤을 서로 연결시킬 수 있어야만 한다. 마찬가지로, 위협가격설정은 경쟁자의 수를 줄이는 데 사용될 수 있다. 진입제한가격설정이나 위협가격설정을 실시할 경우, 기업은 현재와 미래의 이윤에 대해 선택을 해야 하므로 그러한 전략들의 수익성은 이자율과 다른 변수들에 의하여 영향을 받는다. 더욱이 그러한 전략을 실행하는 것은 경쟁자들을 제거함으로써 이윤을 높이기 때문에, 이러한 방법을 사용하는 기업들은 독점금지법을 위반했다는 것에 대하여 독점금지기관으로부터 소송을 당하는 위험을 감수해야만 한다.

우리는 또한 경쟁자를 제거할 수 없는 경우에 이윤을 증대시키기 위하여 사업환경을 바꿀 수 있는 방법에 대해서도 공부한 바 있다. 그러한 전략의 사례로서, 경쟁자의 비용을 올림으로써 경쟁을 줄이는 것, 선발주자 또는 후발주자의 이득을 만들어내기 위하여 의사결정시점을 바꾸는 것, 그리고 침투가격설정 등이 있다. 침투가격설정은 특히 네트워크산업에서 유용한데, 그 산업의 소비자들은 직 · 간접적인 네트워크 외부효과에 의하여 속박현상을 갖게 되어 기존기업이 새로운 진입자들에 비해 상당한 경쟁우위를 갖게 된다.

주요 용어 및 개념

병목현상(bottleneck)
노드(node)
공약(commitment)
한방향 네트워크(one-way network)
직접적 네트워크 외부효과(direct network externality)
침투가격설정(penetration pricing)
배타적 네트워크(exclusive network)
위협가격설정(predatory pricing)
선발주자 이득(first-mover advantage)
가격-비용 협착(price-cost squeeze)
허브(hub)
경쟁자 비용 올리기(raising rivals costs)
간접적 네트워크 외부효과(indirect network externality)
평판효과(reputation effects)
학습커브효과(learning curve effects)
잔여수요(residual demand)
진입제한가격설정(limit pricing)
후발주자 이득(second-mover advantage)
속박(lock-in)
스타 네트워크(star network)
네트워크(network)
양방향 네트워크(two-way network)
네트워크 보완성(network complementarity)
시장차단(vertical foreclosure)

개념 및 계산 문제

1. 잠재적 진입자가 다음 그림에서처럼 독점자와 동일한 비용으로 생산할 수 있다. 독점자의 수요곡선은 D^M으로 주어지며 평균비용곡선은 AC로 나타나 있다.(LO1)

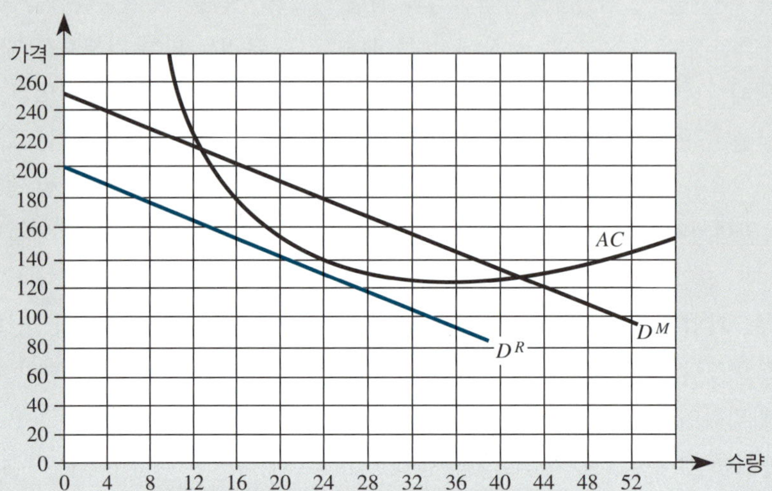

a. 진입자가 잔여수요곡선 D^R을 갖도록 하기 위해서 독점자는 얼마의 생산을 하여야만 하는가?

b. 독점자가 D^R의 잔여수요곡선을 만들어내는 생산량을 공언할 경우 독점자의 이윤은 얼마나 될까?

c. 서로 다른 산출량을 공언함으로써 독점자는 진입을 성공적으로(profitably) 막아낼 수 있을까? 설명하시오.

2. 다른 기업이 시장에 진입하지 않는다면, 독점자는 매년 3,000만 달러를 벌고 있으며, 그 정도의 이윤을 영원히 유지할 것이다. 그러나 다른 기업이 시장에 진입하면, 독점자는 진입이 일어난 현재 기간에는 3,000만 달러를 벌 수 있으나 그 이후로는 매년 1,500만 달러를 벌 수 있다. 자금의 기회비용은 10%이며 각 기간의 이윤은 각 기간 초에 실현된다.(LO1)

a. 만일 진입이 일어나면 독점자의 현재와 미래 수입에 대한 현재가치는 얼마인가?

b. 진입제한가격설정에 의하여 독점자가 영원히 16백만 달러를 얻을 수 있다면, 이 기업은 그렇게 해야만 할까? 설명하시오.

3. 다음의 동시적 게임을 생각해 보자.(LO5)

	경기자 2		
	전략	Yes	No
경기자 1	Yes	400, 400	200, 375
	No	600, 500	300, 525

a. 경기자 1이 경기자 2와 동시에 의사결정하는 대신 먼저 의사결정할 수 있는 기회에 대해, 경기자 1이 지불할 의사가 있는 최대금액은 얼마인가?

b. 경기자 1이 먼저 의사결정하는 것을 방지할 수 있다면, 경기자 2가 지불할 의사가 있는 최대금액은 얼마인가?

4. 어떤 기업이 12명의 사용자를 연결시키는 양방향 네트워크 구축을 고려하고 있다. 이 네트워크의 구축비용은 $10,000이다.(LO6)

a. 이 네트워크는 잠재적인 연결(connection)서비스를 몇 개나 제공할 수 있는가?

b. 각 사용자가 이 네트워크와 연결하는데 $150를 지불할 의사가 있다면, 이 기업은 이 네트워크를 구축하여 이윤을 얻을 수 있는가?

c. 각 사용자가 네트워크에 의하여 제공되는 잠재적인 연결서비스에 대하여 평균 $12를 지불할 의사가 있다면, 이 기업은 네트워크 구축으로 이윤을 창출할 수 있을까?

d. 한 명의 추가 사용자가 네트워크에 가입하면, 잠재적 연결서비스의 숫자는 어떻게 될 것인가?

5. 두 기업이 쿠르노 경쟁을 하고 있다. 기업 1이 경쟁자의 한계생산비용을 증대시키는 방법에 성공하였다.(LO3)

a. 경쟁자의 한계비용을 증대시킬 수 있는 두 가지 방법사례를 들어보시오.

b. 이러한 전략이 이득을 가져오기 위해서, 기업 1의 경영자가 경쟁자에게 비용상 고통을 주는 것이 필요한가?

6. 미드웨스턴(Midwestern) 마을의 택시서비스가 기업 1에 의하여 독점되고 있다. 현재 모든 택시서비스 회사는 서비스를 제공하기 위해서 시당국으로부터 대당 4만 달러의 면허세를 납부해야만 한다. 잠재적인 진입자(기업 2)가 이 시장에 진입할 것을 고려하고 있다. 진입은 기업 1의 이윤에 나쁘게 영향을 미치므로, 기업 1의 소유주는 그의 친구(이 도시의 시장)에게 전화를 걸어 시가 택시면허세를 $F천달러를 더 부과할 것을 요구하려 한다. 관련된 내용을 순차적 게임형태로 표현한 것이 다음의 그림에 요약되어 있다(모든 보상은 $1,000단위로 나타나며 현재의 택시면허세는 4만 달러이다). $F > 0$이면, 택시면허세는 증가되고 이윤은 감소한다; $F < 0$이면, 면허세는 감소되며 이윤은 증가한다는 것을 주목하시오.(LO3)

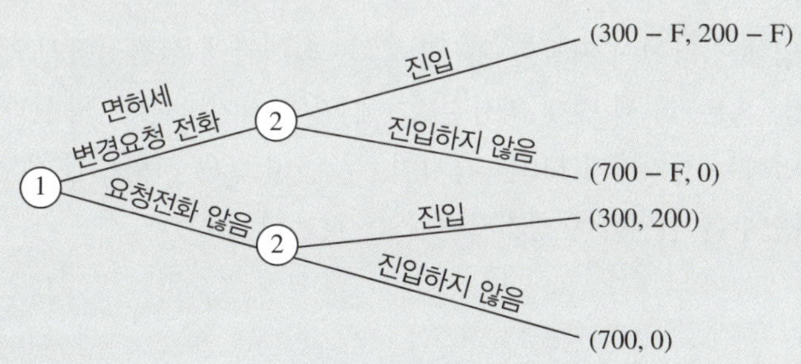

a. 만약 기업 1이 면허세를 변경해달라고 요청하지 않을 경우(즉, 이 기업이 현재의 상태를 유지하는 전략을 선택한다면) 기업 1의 이윤은 얼마가 되는가?

b. 만약 기업 1이 면허세를 4만 달러($F = -\$40$)만큼 낮춰달라고 시장을 설득하여 면허세가 모두 없어진다면, 기업 1은 얼마를 벌까?

c. 기업 1이 시장을 설득해 면허세를 30만 달러($F = \$300$)만큼 더 올리도록 한다면, 기업 1은 얼마를 벌까?

d. 기업 1의 이윤을 극대화시키는 면허세의 변화금액 얼마인가?

e. 기업 1의 경영자가 문제 d에서처럼 변화를 실행하는 것이 정치적으로 가능하다고 당신은 생각하는가? 설명하시오.

7. 두 기업이 동일 제품시장에서 경쟁을 하며, 역수요함수는 $P = 20 - 5Q$(수량은 100만 단위). 기업 1은 1년 동안 영업을 해온 반면에 기업 2는 최근 시장에 진입했다. 각 기업은 생산의사결정과 관계없이 $200만의 1년 임차료를 지불할 법적 의무를 가지고 있다. 기업 1의 한계비용은 $2이며 기업 2의 한계비용은 $10이다. 현재 시장가격은 $15이며 기업 1이 작년 시장의 독점자였을 때 설정된 최적 가격이다. 현재, 각 기업의 시장점유율은 50%이다.(LO2)

a. 기업 1의 한계비용이 기업 2의 한계비용보다 왜 낮다고 당신은 생각하는가?

b. 두 기업의 현재 이윤을 계산하시오.

c. 기업 1이 가격을 $10로 내리고 기업 2는 계속해서 $15를 유지하면, 각 기업의 현재 이윤은 어떻게 되는가?

d. 기업 1이 가격을 $10로 내림으로써 기업 2를 시장에서 완전히 몰아낼 수 있다고 가정하자. 기업 2가 시장에서 퇴출된 후, 기업 1은 가격을 올릴 유인이 있을까? 설명하시오.

e. 기업 1이 가격을 $15에서 $10로 인하할 때 이것이 위협가격설정에 해당하는가? 설명하시오.

8. 이 장의 헤드라인에서, 탐 잭슨이 기업을 목표대상으로 하는 그의 새로운 마케팅 계획을 상당히 미리 발표하여 이득을 본다고 우리는 배웠다. 여러분이 모턴 식당의 경영자이고 우연히 운좋게도 여러분이 실행 전에 탐의 계획에 대해 알게 되었다고 가정하자. 여러분은 어떤 행동계획을 취할 것인가? (LO5)

9. 당신은 Antarctica에 본부를 둔 다국적기업의 경영자이다. 경쟁자중 하나를 제거하여 당신 기업이 제품가격을 올려 장기적으로 이윤을 증대시키는 기업전략을 고려하고 있다. 당신의 전략을 시행하기에 앞서 법적 자문을 구하는데 비용을 지불하는 것이 경제적으로 타당하다고 당신은 생각하는가?(LO4)

10. 다음 게임에서 당신이 지불할 의사가 있는 최대금액을 결정하시오; (a) 첫 번째 의사결정, (b) 두 번째 의사결정, 혹은 (c) 세 번째 의사결정: 세 명의 경기자들인, 당신과 두 경쟁자들이 있다. 가장 큰 자연수를 선언하는 경기자가 $10를 가지며, 두 번째로 큰 자연수를 선언하는 경기자는 $0를 갖고, 세 번째로 큰 자연수를 선언하는 경기자는 $5를 갖는다.(LO5)

응용 문제

11. 2012년 11월 18일, 닌텐도는 8세대 비디오 게임기인 위유(Wii U)를 공개했다. 2013년 11월, 마이크로소프트와 소니도 그 뒤를 이어 각각 Xbox One과 PlayStation 4를 공개했다. 이들 3개의 비디오 게임기들이 비디오 게임기 시장을 지배했지만, 구글 플레이(Google Play) 같은 앱 스토어(application stores)

로부터 게임을 내려받는 새로운 마이크로기기(microconsoles)가 시장에 진입하기 시작했다. 그러한 마이크로기기의 하나가 2013년 시장에 진입한 쿠야(Quya)다. 쿠야가 시장에 진입했을 때 여러분이 그 가격결정의 책임자라면, 여러분은 어떠한 전략을 추구하겠는가? 설명하시오. (LO6, LO7)

12. 1995년에서 1997년 사이 아메리칸 항공사는 달라스/포트워스 공항에서 여러 저가항공사들과 경쟁을 하였다. 이들 저가항공사들에 대응하여, 아메리칸 항공사는 가격을 인하하고 특정 노선들에서는 서비스를 확대시켰다. 그 결과, 저가항공사들 중 하나가 운영을 포기하였고 이것은 아메리칸 에어라인으로 하여금 가격을 올릴 수 있게 하였다. 아메리칸 항공사에게 소송이 왜 제기되었다고 당신은 생각하는가? 왜 아메리칸 항공사가 이 소송에서 승리했다고 당신은 생각하는가?(LO2, LO4)

13. 다른 기업이 시장에 진입하기 전에 새 스마트폰 제조업체(Way Cool 사)는 매년 $80백만을 벌고 있다고 가정하자. 가격을 60%만큼 내림으로써, 이 회사는 시장에 경쟁자 진입을 방지하지만, 그렇게 하면 이윤은 −$200만으로 떨어진다. 다른 기업들이 시장에 진입할 수 있도록 가격을 책정하면, 이 회사의 이윤은 영원히 $30백만으로 하락한다. 이러한 예측에 비추어, 이 회사가 진입제한가격설정을 시행하는 것이 수익성있다고 당신은 생각하는가? 이 질문에 대한 답을 얻기 위해 필요한 추가 정보가 있는가? 설명하시오.(LO1)

14. 인터넷 초기시절에 대부분의 닷컴(dot.coms; 인터넷으로 영업하는 회사들)은 이윤보다는 매출액에 우선권을 두었다. 수많은 닷컴회사들은 매출액보다는 그들 사이트가 “유명해지는 것(hits)”에 최우선이었다. 그러나 이 모든 것이 수익성없는 닷컴 주가가 월스트리트에서 곤두박질 쳤을 때인 2000년대 초반 변했다. 대부분의 분석가들은 이것을 합리성의 회귀(return)라고 했으며, 투자자들이 수익증가와 같은 기본요소(fundamentals)에 다시 한번 중점을 두게 되었다. 1990년대 매출액이나 이윤보다도 “유명세(hits)”가 우선이었던 닷컴들이 나쁜 사업계획을 했다고 이것이 의미하는가? 설명하시오.(LO6, LO7)

15. 미국의사협회, 미국변호사협회 등과 같은 많은 수의 전문가 협회는 그들의 회원들(예를 들면, 의사나 변호사들)이 그들의 업무를 실행하는데 더 많은 비용이 소요되게 만드는 규제를 지지하고 있다. 이들 규제 중 일부는 보다 더 높은 품질의 의료 및 법률 서비스에 대한 진정한 욕구에 근거하지만, 자신들의 이득을 위한 목적 또한 중요하게 작용한 것이다. 설명하시오.(LO3)

16. 바나클사(Barnacle Industries)는 15년 전에 배의 선체로부터 따개비와 다른 입자들을 제거하는데 쓰이는 유일한 산업용 강력세정제에 대한 특허를 받았다. 이러한 독점적 지위로 인하여, 지난 10년간 이 회사는 $1억 6천만 이상을 벌었다. 주요 고객들—유람선에서부터 화물선까지 포함되었음—은 이것을 사용함으로써 연료비용을 줄일수 있었다. 바나클사 제품에 대한 연간 역수요함수는 $P = 400 - 0.0005Q$, 비용함수는 $C(Q) = 250Q$이다. 약 20년 전에 의회에 의해 통과된 에너지 법안의 보조금 덕분에,이 회사는 어떤 고정비용도 갖지 않는다: 연방정부는 이러한 에너지절약 제품을 생산하는데 필요한 공장과 자본장비에 대한 비용을 보조해주고 있다. 이러한 보조금이 없었다면, 바나클사의 고정비용은 매년 약 $400만에 이를 것이다. 이 기업의 특허기간이 곧 끝날 것을 알고 있다면, 바나클사의 경영자인 마지(Marge)는 진입자들이 그 보조금 혜택을 받을 자격이 되어 시장에 진입하고 똑같은 비용 조건으

로 완벽한 대체재를 생산할 것을 우려한다. 이자율이 7%일 때, 마지는 진입제한가격설정전략을 고려하고 있다. 만일 당신이 마지라면, 당신은 어떤 전략을 추구할 것인가? 설명하시오.(LO1, LO3)

17. 닷컴 시절에는 몇 몇 중개업자간의 합병으로 인해 합병기업이 피합병기업의 고객들 각자에 대해 약 $100의 프리미엄을 지불하였다. 그러한 전략에 대한 사업상의 근거가 있는가? 이러한 환경들이 중개업에서 타당하다고 당신은 생각하는가? 설명하시오.(LO6)

18. 아가일(Argyle)사는 수직적으로 결합된 대기업으로서, 양농장에서 생산된 희귀 종류의 양모를 사용하여 스웨터를 만든다. 아가일사는 스웨터시장에서 경쟁하는 기업들에게 양모를 판매하는는 전략을 채택했다. 이러한 전략이 실제로 왜 합리적인가를 설명하시오. 또한 아가일사가 더 높은 이윤을 얻기 위하여 취할 수 있는 다른 두 가지이상 전략에 대하여 설명하시오.(LO3)

19. 당신은 3D 디자인(3D Designs)사—회사들을 위해 그래픽과 웹디자인 일을 하는 이미징(imaging) 대기업—의 경영자이다. 당신과 당신의 유일한 경쟁자는 새로운 3D 이미징 장치의 구입을 검토하고 있다. 만약 한쪽에서 이 장치를 구입한다면, 그 기업은 $20백만의 이윤을 벌 것이며 다른 기업은 $9백만의 손실을 입을 것이다. 불행히도 이 장치는 세상에서 하나밖에 없으며, 가까운 장래에 추가로 그 장치를 누구도 구입할 수 없을 것이다. 이 사실을 알고, 이 장치를 만드는 회사의 기회주의적 판매책임자가 당신에게 전화를 걸었다. 그 책임자는 $23백만(이전의 숫자에는 포함돼 있지 않은) 선지급을 하면, 다음날 그 장치를 당신회사로 배달해 주겠다는 것이다. 그렇게 하지 않으면, 그 책임자는 경쟁자에게 전화를 하여 동일한 거래를 제시할 것이라고 하였다. 당신은 그 책임자의 제안을 받아들여야 하는가 또는 거절해야 하는가? 설명하시오.(LO5)

20. 은행 1과 은행 2는 각 은행의 ATM(automated teller machines)기 사용고객들이 상대방 은행의 ATM기를 사용할 수 있도록 하는 협정을 맺으려 하고 있다. 은행 1은 코네티컷에서 플로리다까지 지점망과 ATM기를 가지고 있다. 1,200만 명의 은행 1 고객들은 현재 동부해안지대에 있는 만 대의 이 은행소유 ATM기만 이용할 수 있다. 은행 2의 핵심 계좌소지 고객들은 서부해안과 남서부지역에 위치해 있는 반면, 이 은행은 동부해안지역으로 확장하려 하고 있다. 은행 2는 1500만 명의 고객을 가지고 있는데 이들은 이 은행의 만 4천대의 ATM기를 이용할 수 있다. 네트워크 외부효과의 아이디어를 이용하여, 은행 1과 은행 2간의 협정이 어떻게 고객들에게 이득이 될 수 있는지를 설명하시오.(LO6)

21. 2015년 미국의 다국적 반도체 회사인 퀄컴(Qualcomm)은 그의 기업행위 때문에 미국과 유럽연합(EU)에 의해 감시를 받게 되었다. 퀄컴이 그의 칩을 독점적으로 사용하도록 하기 위해 주요 고객에게 대가를 지불한 것으로 주장되었다. 뿐만 아니라, 퀄컴은 경쟁기업의 하나인 이세라(Icera) 회사를 시장에서 내몰기 위해 원가이하로 칩을 판 것에 대해 고발되었다. 이 장에서 여러분이 배운 것을 토대로, 이러한 행위들이 실제 취해졌다고 가정할 경우 미국 반독점법에 위반되는가를 간단히 토론하시오. (LO4)

22. 지역항공사의 최고경영자는 유일한 경쟁사가 심각한 현금흐름 제약으로 인해 고통을 받고 있는 것을 최근 알게 되었다. 그 최고경영자는 경쟁사의 파산이 시간문제라는 것을 알게 되었으나, “이 경쟁사를

시장에서 더 빨리 퇴출되도록" 지역항공사가 항공요금을 상당히 더 낮추자는 건의를 당신이 할 것인가에 대해 물었다. 당신의 건의서를 작성해보시오.(LO2, LO4)

23. 다음을 평가하시오: "경쟁자의 이윤극대화 가격과 산출량이 그의 고정비용이 아니라 한계비용에 달려 있으므로, 기업은 경쟁자의 고정가격을 올리는 전략을 사용함으로써 수익성있도록(profutably) 경쟁을 줄일 수 없다.(LO3)

참고 문헌

Bental, Benjamin, and Spiegel, Menahem, "Network Competition, Product Quality, and Market Coverage in the Presence of Network Externalities." *Journal of Industrial Economics* 43(2), June 1995, pp. 197–208.

Bolton, Patrick, and Dewatripont, Mathias, "The Firm as a Communication Network." *Quarterly Journal of Economics* 109(4), November 1994, pp. 809–39.

Brueckner, Jan K., Dyer, Nichola J., and Spiller, Pablo T., "Fare Determination in Airline Hub-and-Spoke Networks." *RAND Journal of Economics* 23(3), Autumn 1992, pp. 309–33.

Economides, N., "The Economics of Networks." *International Journal of Industrial Organization* 14, October 1996, pp. 673–99.

Gabel, David, "Competition in a Network Industry: The Telephone Industry, 1894–1910." *Journal of Economic History* 54(3), September 1994, pp. 543–72.

Gilbert, Richard J., "The Role of Potential Competition in Industrial Organization." *Journal of Economic Perspectives* 3(3), Summer 1989, pp. 107–27.

LeBlanc, Greg, "Signaling Strength: Limit Pricing and Predatory Pricing." *RAND Journal of Economics* 23(4), Winter 1992, pp. 493–506.

Liebowitz, S. J., and Margolis, Stephen E., "Network Externality: An Uncommon Tragedy." *Journal of Economic Perspectives* 8(2), Spring 1994, pp. 133–50.

MacKie-Mason, Jeffrey K., and Varian, Hal, "Economic FAQs about the Internet." *Journal of Economic Perspectives* 8(3), Summer 1994, pp. 75–96.

Milgrom, Paul, and Roberts, John, "Limit Pricing and Entry under Incomplete Information: An Equilibrium Analysis." *Econometrica* 50(2), March 1982, pp. 443–60.

Salop, Steven C., "Exclusionary Vertical Restraints Law: Has Economics Mattered?" *American Economic Review* 83(2), May 1993, pp. 168–72.

Strassmann, Diana L., "Potential Competition in the Deregulated Airlines." *Review of Economics and Statistics* 72(4), November 1990, pp. 696–702.

Vickers, John, "Competition and Regulation in Vertically Related Markets." *Review of Economic Studies* 62(1), January 1995, pp. 1–17.

Weinberg, John A., "Exclusionary Practices and Technological Competition." *Journal of Industrial Economics* 40(2), June 1992, pp. 135–46.

CHAPTER 14

시장에서 정부규제에 대한 경영자의 가이드

학습목표

LO1 시장실패(market failure)의 네 가지 원천을 확인하시오.

LO2 시장지배력(market power)이 사회적 부를 감소시키는 이유를 설명하고, 사중손실(deadweight loss)을 축소시키기 위한 두 종류의 정부정책을 밝히시오.

LO3 외부효과 때문에 경쟁시장에서는 사회전체적으로 비효율적인 수준에서 제품과 서비스가 생산되는 이유를 밝히시오. 공기청정법(Clean Air Act)과 같은 정부정책들이 자원배분을 어떻게 개선시킬 수 있는가에 대해 설명하시오.

LO4 경쟁시장에서는 사회전체적으로 효율적인 수준의 공공재가 생산될 수 없는 이유를 밝히시오; 정부가 어떻게 그러한 비효율성을 완화시킬 수 있는가를 설명하시오.

LO5 불완전한 정보가 시장을 저해하는 이유를 설명하고, 이러한 문제들을 완화시키기 위한 다섯 가지의 정부정책을 밝히시오.

LO6 시장실패를 해결하려는 정부의 시도가 "지대추구(rent seeking)"행위 때문에 또 다른 비효율성을 왜 초래하는가에 대해 설명하시오.

LO7 국제시장에서 할당제도(quotas), 관세와 같은 정부정책들이 국내제품과 서비스의 가격 및 생산량에 어떻게 영향을 주는가를 보여 주시오.

헤드라인

FTC는 $103억의 합병을 조건부로 승인하다.

연방거래위원회(FTC; Federal Trade Commission)는 두 회사간의 합병제안이 무엇보다도 특히 클레이튼법(Clayton Act) 7항을 위반한 것으로 혐의가 있어 네슬레와 랄스톤(Ralston Purina)에 대해 고소를 하였다. 이들 두 회사들은 독점의 우려가 없는 많은 제품들을 판매하지만, 고양이 건식품(dry food)시장에서 이들 두 회사는 각각 34%와 11%를 점유하여, 두 회사간의 합병은 실질적으로 이 시장에서 집중도를 증가시킬 것이라고 FTC는 주장했다. 그 합병은 HHI 지수를 750 이상 증가시켜 2,400 이상에 다다르고 합병된 회사는 일방적으로 시장지배력을 행사하여 고양이 건식품 시장에서 가격을 인상할 가능성을 증대시킬 것이라는 혐의를 FTC는 제기했다. 그러나 여러 달이 지난 후, FTC는 두 회사간 $103억의 합병을 조건부로 승인했다. FTC의 우려를 비추어 볼 때, 두 당사자들이 최종적으로 그 승인을 어떻게 받았다고 당신은 생각하는가?

14.1 서론

이 책의 대부분에서 시장을 기업과 소비자가 정부의 간섭 없이 재화와 서비스를 거래하는 장소로서 취급했다. 그러나 여러분도 알다시피, 정부에 의해 통과되고 시행되는 규칙과 규제는 기업과 소비자가 하는 거의 모든 의사결정에 영향을 미친다. 경영자로서, 정부에 의해 제정된 규제를 이해하고, 왜 그러한 규제들이 제정되었고, 어떻게 그것들이 최적 경영의사결정에 영향을 미치는지를 이해하는 것은 중요하다.

우리는 자유시장이 왜 사회적으로 효율적인 재화의 양을 제공할 수 없는가에 대한 네 가지 이유를 조사할 것이다: (1) 시장지배력, (2) 외부성, (3) 공공재, (4) 불완전 정보. 우리의 분석에는 이러한 “시장의 실패”를 줄이기 위해 고안된 정부정책을 대략 설명하고 어떻게 그 정책이 경영의사결정에 영향을 미치는가에 대한 설명이 포함된다. 시장에서 자원의 할당에 영향을 주는 정책을 만드는 정치인의 힘은 불리하게 영향을 받는 사람들에게 로비활동을 하게 하는 인센티브를 제공한다. 우리는 이러한 유형들의 지대추구행위에 대한 근본적인 이유를 설명할 것이다. 마지막으로 우리는 어떻게 이러한 활동이 정치인으로 하여금 국제무역에 의해 영향을 받는 시장에서 할당과 관세같은 제한을 두도록 하는지 조사할 것이다.

14.2 시장의 실패

시장에 대한 정부개입의 주요 이유 중의 하나는 자유시장이 사회적으로 효율적인 가격에서 사회적으로 효율적인 재화의 양을 항상 보장하는 것이 아니기 때문이다. 이 절에서, 우리는 왜 시장이 사회적으로 효율적인 결과를 항상 가져오지 않는지를 생각할 것이고, "시장의 실패"를 수정하기 위해 고안된 정부정책은 어떻게 경영의사결정에 영향을 주는지를 조사할 것이다. 우리는 시장지배력에 기인한 시장 실패를 먼저 조사할 것이다.

14.2.1 시장지배력

사회적 후생—소비자와 생산자의 잉여의 합계로 정의됨—이 가격과 한계비용이 같을 때의 생산량에서 극대화된다는 것을 여러분은 2장과 8장에서 배웠다. 산업이 완전경쟁일 경우 사회적으로 효율적인 가격과 생산량은 자연적으로 발생한다. 이와 대조적으로, **시장지배력**(market power)을 가진 기업은 사회적으로 효율적인 수준보다 더 작은 양을 생산한다. 그 이유는 그 기업이 한계비용을 초과하는 가격을 부과하기 때문이다. 그러한 경우, 재화 한 단위의 사회의 가치는 그 단위를 생산하는데 필요한 자원의 비용보다 더 크다; 만약 추가 산출량이 생산되면 사회에 순이득이 있을 것이다. 이 예에서 정부는 시장에 개입해서 사회적 후생을 증대시키기 위한 시도로 기업의 행동을 규제할 수 있다.

시장지배력
한계비용 이상으로 가격을 정하는 기업의 능력

시장에 대한 정부개입의 잠재적 혜택을 보기 위해서, 독점자에 의해 공급받는 하나의 시장을 생각하자. 〈그림 14-1〉은 독점자의 수요, 한계비용 그리고 한계수입 곡선을 보여준다. 독점자는 시장의 모든 소비자에게 같은 가격을 부과해야 한다는 가정에서, 이윤극대화 산출량은 Q^M 단위이고 이 수량은 독점가격 P^M으로 팔린다. 이 가격에서 생산자가 제조하여 판매하는 비용보다 소비자가 최종 단위의 산출량에 대해 더 많이 지불한다. 독점하에서 총 사회적 후생은 〈그림 14-1〉에서 W라고 표시된 영역이다.

〈그림 14-1〉에서 삼각형 ABC의 면적은 **독점의 사중손실**이라는 것에 주목하자–산업이 완전경쟁이면 실현되었어야 하지만 독점자가 누리는 시장지배력 때문에 실현되지 않은 사회적 후생. 시장이 사회적 후생을 완전하게 극대화할 수 없는 것은 시장지배력에 기인한다; 사중손실 삼각형은 사회적 후생 손실의 측정치를 제공한다.

독점의 사중손실
계비용보다 높은 가격을 부과하는 독점기업 때문에 손실된 소비자와 생산자 잉여

정부는 독점의 형성을 제한하는 법을 제정하고 실행하여 독점금지 정책을 사용한다. 이 정책의 근거는 독점력이 나타나지 않게 함으로써 독점의 사중손실을

그림 14-1

독점하에서의 후생과 사중손실

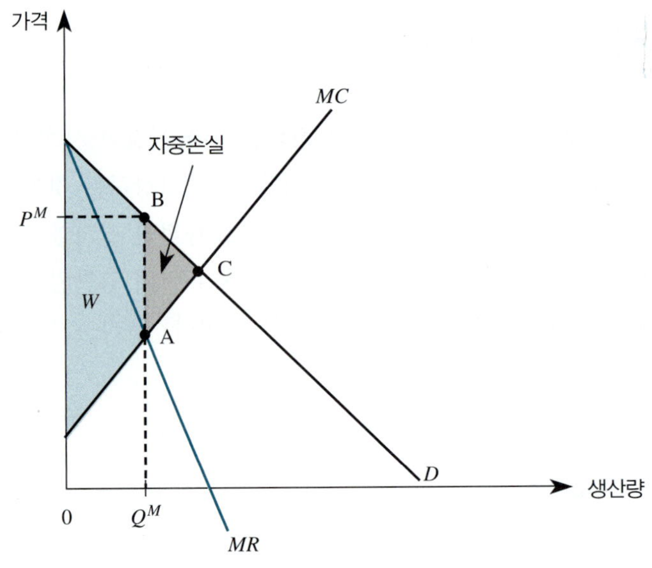

피할 수 있다는 것이다. 그러나 일부의 예에서는 규모의 경제 때문에 독점의 형성을 허락하는 것이 바람직하게 된다. 이 경우에 정부는 독점자가 부과한 가격을 규제함으로써 사중손실을 줄이려 한다.

독점금지정책

독점금지정책
기업들이 시장을 독점화하지 못하도록 하기 위해 고안된 정부정책

독점금지정책은 경영자가 가격-고정(price-fixing) 협정과 기타의 담합관행과 같이 독점력을 조장하는 활동을 실행하는 것을 불법화하여 독점의 사중손실을 제거하려 한다. 미국의 독점금지정책의 초석은 1890년 셔만 독점금지법의 1절과 2절에 포함되어 있다:

> 1절(Sec. 1)
> 기업합동(trust)이나 그렇지 않은 유형의 연합인 모든 계약이나 또는, 여러 주들간에 또는 외국과의 나라와 무역 또는 통상을 억제하기 위한 공모는 이 문서에 의하여 불법으로 선언된다. 그러한 계약을 하거나 또는 그러한 연합이나 공모를 실행하는 모든 사람은 중죄로 간주될 것이고, 그것에 관하여 유죄판결로 5천 달러 이하의 벌금형태로 처벌받거나(만약 기업이면, 100만 달러 또는 어떤 다른 사람이면, 10만 달러), 또는 1년(또는 3년)을 초과하지 않는 감옥형에 처해지거나, 또는 법정판결로 두 가지 언급된 처벌에 의해 처해진다.
>
> 2절(Sec. 2)
> 독점하거나, 독점을 시도하거나, 또는 여러 주들간에 또는 외국과의 무역 또

> 는 통상을 독점하기 위한 사람, 또는 사람들과 합동하거나 공모하는 모든 사람은 중죄로 간주될 것이고, 그것에 관하여 유죄판결로 5천달러 이하의 벌금형태로 처벌받거나(만약 기업이면, 100만 달러 또는 어떤 다른 사람이면, 10만 달러), 또는 1년(또는 3년)을 초과하지 않는 감옥형에 처해지거나, 법정판결로 두 가지 언급된 처벌에 의해 처해진다.[1]

그 중에서도 특히 셔만법은 미국 기업의 경영자가 국내 또는 외국의 기업과 담합하는 것을 불법화했다. 따라서 OPEC가 미국법에 구속을 받지 않더라도(OPEC는 외국 국가들로 구성되어 있다), 미국 석유회사의 경영자는 OPEC 석유 카르텔에 합법적으로 참여할 수 없다.

독점금지정책의 해석은 주로 법정에 의해 구체화되었다. 법정은 법과 이전 소송건의 애매모호함을 해결해 준다. 예를 들어, 셔만 독점금지법의 첫 번째 성공적인 이용은 미 정부 대 미주리전역 화물협회(United States v. Trans-Missouri Freight Association) 사건에서 요금협정이 불법이라고 대법원이 판결했을 때인 1897년이다. 이 판결은 미 정부 대 합동교통협회(United States v. Joint Traffic Association, 1898) 사건에서 다시 확인되었다. 법정은 그 해석을 확대하여 애디스톤 파이프 철강회사 대 미 정부(Addyston Pipe & Steel v. United States) 사건에서 담합입찰을 포함시켰다. 셔만 독점금지법의 완전한 영향력(power)이 1911년 미정부 대 뉴저지 스탠다드 석유(United States v. Standard Oil of New Jersey) 사건의 결론으로 실현되었다. 마지막 소송은 흥미있고 미래의 경영자에게 유용한 정보를 제공해준다.

뉴저지 스탠다드 석유회사는 오하이오 스탠다드 석유회사와 함께 석유제품 가격과 그 제품의 수송가격을 고정시키려고 시도한데 대해 고소되었다. 특히 스탠다드 석유회사는 독점력을 확대시키기 위한 여러 활동으로 고소되었다: 화주와 다른 생산자에 대한 물리적인 위협 사용, 유령회사 설립, 다른 회사의 종업원을 뇌물로 매수하여 스파이행위의 이용, 무역억제의 실행, 그리고 석유산업을 독점화하려는 여러 시도. 물론 경영자는 이러한 업무행위를 피해야 한다; 이러한 조치의 결과로, 법정은 스탠다드 석유회사를 33개의 자회사로 해체했고, 그들 중 여러 개가 오늘날 엑손(Exxon), 모빌(Mobil), 셰브론(Chevron), 그리고 비피 아메리카(BP America)의 이름으로 생존하여 있다. 그러나 스탠다드 석유회사를 해체한 것 이상으로 중요한 것은 대법관 화이트의 다수 의견으로 밝혀진 바와 같이 대법원의 새로운 논거의 법률원칙이다:

1 형벌은 1955년과 1970년에 개정되었다. 괄호안의 형벌은 1970년도에 변화된 부분이다.

> 표준을 명시하지 않으나, 틀림없이 심사, 숙고한다. 관습법에서 그리고 성문법에 의해 포용되었던 주제를 다루는 이 나라에서 적용되었던 논거기준이 주어진 사건에서 특정 행동이 성문법에서 금지한 잘못된 것을 초래했는지의 여부를 판단할 목적으로 의도한 것이다.

그 후 그 논거기준은 독점금지 사건을 결정하기 위해 법정에 의해 이용되는 의사결정의 법전이 되었다. 실제적으로 그 논거기준은 모든 거래제한이 불법적인 것은 아니라고 규정했다; 오히려 이치에 맞지 않는 것만이 금지되었다. 예를 들어, 이러한 논거기준을 적용할 때 법정은 기업규모만이 셔만법의 2절에서 기업에 유죄를 입증하는데 충분한 증거가 아니다라고 결정했다:

> 그렇지 않다는 것이 유효하기 위해서는 기업이 거래를 억제하여 운영했는지의 여부, 모든 계약, 행동 또는 어떤 종류나 특정의 연합이 성문법안에 있었다는 결론을 필요로 할 것이다.

실제적으로 이것은 기업이 셔만법의 2절을 위반했다는 죄로 판결이 내려지기 전까지 그 기업은 경쟁을 줄이기 위해 계획된 명백한 조치를 취해야 한다는 것을 의미한다. 예를 들어, 논거기준은 아메리칸 담배회사(American Tobacco)에 대한 결정에서 이용되었다. 그 담배회사는 위협가격설정을 실행하여 미국의 담배시장을 독점화한 죄로 판결이 내려졌다—원가이하의 가격설정은 경쟁기업들을 몰아내게 되므로 자신의 독점력을 증대시킨다.

그 논거기준의 문제는 이윤을 증대시키기 위해 사용된 특정의 가격설정 전략이 실제로 법의 위반인지를 경영자가 미리 아는 것을 어렵게 한다. 의회는 클레이톤 법(Clayton Act, 1914)과 그것의 수정안인 로빈슨 패트만 법(Robinson Patman Act, 1936)에서 불법적 행동을 더 자세히 규정함으로써 입법의도를 명백히 하려했다. 예를 들어, 로빈슨 패트만 법의 2절 (a)는 클레이튼 법의 2절을 수정했고, 만약 경쟁을 줄이거나 독점을 구축하기 위한 것이 계획되면 가격차별을 불법화 했다:

> 2절 (a)
> 상거래를 하는 어떤 사람이 직접 또는 간접적으로 상거래 과정에서, 등급과 질이 같은 상품의 서로 다른 구매자 간에 가격을 차별하는 것은 불법이 아니다... 그러한 가격차별은 실질적으로 경쟁을 줄이기 위해서, 상거래에서 독점을 일으키기 위해서 또는 경쟁을 손상, 파괴, 또는 방지하기 위해서.

비용이나 질적인 차이 때문에 일어나는 가격차별은 시장에서 경쟁자의 가격에 대응하는 것이 필요할 때에는 법으로 허용된다. 아직도, 특정 유형의 가격차별

인사이드 비즈니스 14-1 유럽위원회가 소기업들을 보호하기 위해 움직이다

2008년 유럽위원회가 유럽의 소기업 법령(Small Business Act)을 통과시켰다. 이 법령은 특별히 직원의 수가 250명보다 작은 중소규모의 기업들(SMEs; small and medium-sized enterprises)을 도와주기 위해 고안된 원칙과 법률안으로 구성되어 있다. 기타의 명령(directives) 중에서도 그 법령은 "작은 것을 먼저 생각하는 원칙"("Think Small First Principle")에 따라 규정이 만들어질 것을 요구한다. 그 원칙에서는, 모든 새로운 법률안과 행정적 제안이 중소기업에에 대한 영향을 결정하기 위해 "중소기업 검증"("SME test")을 받아야 한다.

유럽의 소기업 법령에 해당하는 법령이 미국에는 없다. 이러한 비대칭성이 바로 미국과 유럽간의 경쟁정책에서 핵심적 차이가 된다: 유럽의 경쟁정책은 명료하게 소기업들을 보호하는 것을 목적으로 하는 반면, 미국의 경쟁정책은 보통 특정 규모의 기업들을 상대로 하지는 않는다.

출처: Eleanor M. Fox, "US and EU Competition Law: A Comparison, "Global Competition Policy, Peterson Institute for International Economics(1997), pp. 339–54; European Commission, *Putting Small Business First*, 2008.

이 법적으로 그리고 법이 나라마다 다른 상황에서 불법인지의 여부에 대해 상당한 모호성이 있다. 예를 들어, 미국에서는 가격차별에 대한 법적 조치가 보통 개별 고소인에 의해 제기되며, 도매가격과 관련되어 있다(그러나 유럽의 독점금지 환경을 대략 보기 위해서는 〈인사이드비지니스 14–1〉 참조).

그 중에서도 클레이튼 법은 특히 기업이 (1) 수수료 또는 중개료 같은 뇌물을 숨기는 것, (2) 모든 고객에게 이용될 수 있지 않는 한 리베이트를 이용하는 것, (3) 공급업자가 모든 다른 잠재적인 공급업자에게 동일한 약정을 하기 위해 구매자에 대한 공급 그리고/또는 제의를 추가하지 않는 한, 공급업자와 배타적인 거래를 하는 것, (4) 가격을 고정시키거나 배타적인 계약을 실행하여 경쟁을 축소시키거나 독점을 초래하는 것, (5) 인수로 인해 경쟁을 감소시킬 경우 한 개 이상의 기업을 인수하는 것을 불법화했다.

셀라–키포우버 법(Cellar-Kefauver Act, 1950)은 기업이 법을 위반하지 않고 인수와 합병을 실행하는 것을 어렵게 함으로써 클레이튼 법의 7절을 강화했다:

> 7절(Sec. 7)
> 어떤 기업도 상거래와 관련되는 주식의 전부 또는 일부를 직접적으로 또는 간접적으로 취득하지 못한다. 연방거래위원회의 지배를 받는 어떤 기업도 또한 상거래에 관련하여 다른 기업의 자산의 전부 또는 일부를 취득하지 못한다. 그 나라의 어느 지역에서 상거래와 관련한 인수의 효과는 실질적으로 경쟁을 감소시킬 수 있거나 독점을 발생시키는 경향이 있을 수 있다.

그러나, 합병정책은 새로운 수평적 합병가이드라인이 1982년에 쓰여지고, 1984년에 수정되고, 1992년, 1997년, 그리고 2002년에 개정되었을 때 바뀌졌다. 이러한 가이드라인은 **허핀달–허쉬만지수**(HHI)에 토대를 두고 있다(7장 참조):

허핀달–허쉬만지수(HHI)
주어진 산업에서 기업의 시장점유율 제곱의 합에다 10,000을 곱한 값

$$HHI = 10{,}000\sum_{i=1}^{N} w_i^2$$

여기에서 w_i는 기업 i의 시장점유율이다. 더 정확히 말하면, w_i는 관련시장에서 (기업 i의 매출액/모든 기업의 총매출액)을 나타낸다. 수평적 합병가이드라인에 의하면, HHI를 100이하로 증가시키거나 또는 집중되지 않는 시장을 초래하는(합병 후 HHI가 1,500보다 작을 경우) 합병은 보통 허용된다. 합병후 HHI가 1,500과 2,500사이에 있는 시장은 적정하게 집중된 것으로 본다. 적정하게 집중된 시장에서는, HHI를 100이상 증가시키는 합병은 잠재적으로 반독점 우려를 초래한다. 합병후 HHI가 2,500을 초과하는 시장은 매우 집중된 시장으로 본다. 매우 집중된 시장에서는, 100과 200사이의 HHI 증가도 잠재적으로 반독점 우려를 초래한다. 합병이 HHI를 200보다 더 크게 증가시키거나 또는 매우 집중된 시장을 초래한다면, 그 합병은 시장지배력을 증가시킬 것으로 추정된다.

이러한 것들이 유일한 가이드라인이라는 것을 강조하는 것은 중요하다; 국내 및 외국기업의 잠재적 시장진입, 신기술의 출현이나 효율성 증대, 또는 기업들중 하나가 재정상의 문제를 가질 가능성이 상당하다면, HHI 지수가 크다 하더라도 합병은 종종 허용된다.

실제적인 문제로서, 경쟁의 역(adverse)효과가 그렇게 크지 않을 때에만 효율성이 반독점 집행에서 중요하다. 수평적 합병 가이드라인 2010년 개정판에서는 다음과 같이 서술하고 있다: "… 효율성은 독점 또는 독점에 근접한 합병을 거의 결코 정당화시키지 않는다."[2] 또한 그 가이드라인에 의하면, 효율성은 증명하고 계량화하기가 어렵다. 합병기업들은 효율성 주장(claims)을 입증해야만 한다; "모호하거나 추정적인" 주장은 해당되지 않는다.

법무부(DOJ; Department of Justice)의 독점금지국과 연방거래위원회(FTC; Federal Trade Commission)는 독점금지 규제를 집행하는 업무를 맡고 있다. 1976년의 하트−스코트−로디노 독점금지 개선법(Hart-Rodino Antitrust Improvement Act)의 요구사항에 의하면, 거래금액이 어떤 한계(현재는 약 80백만 달러)를 초과할 경우 인수당사자들이 합병의향에 대해 법무부와 연방거래위원회에 통지해야 한다. 이러한 합병 전의 통지에 이어, 당사자들은 합병이 끝나기 전 30일 동안 기다려야 한다. 만약 법무부나 연방거래위원회가 합병에 대한 추가조사가 정당화되는 것으로 결정하면, 소위 두 번째 요청서가 발급된다: 당사자들은 정부에 추가적인 정보를 제공해야 한다. 두 번째 요청서는 자동적으로 대기기간을 연장시킨다. 당사자들이 두 번째 요청서에 응하면, 정부는 30일동안 정보를 검토하여 합병을 막을 항의를 제기하거나 또는 합병발생을 허용한다.

2 Department of Justice and the Federal Trade Commission, Horizontal Merger Guidelines, 2010.)

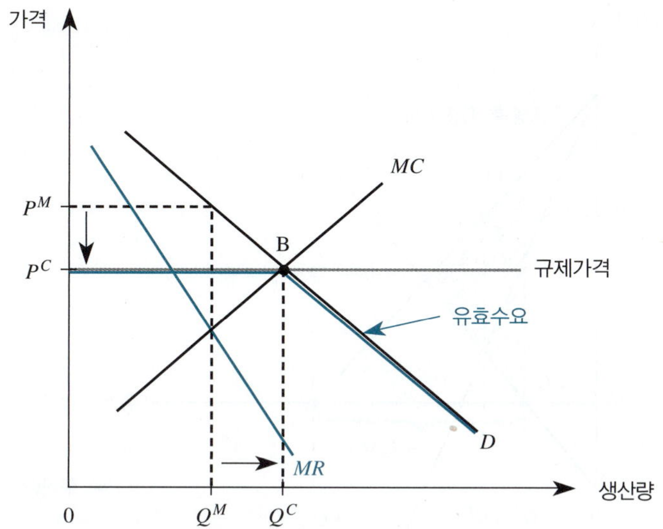

그림 14-2
사회적으로 효율적인
수준에서 독점자의 가격규제

실제로 모든 합병 전 통지의 3% 미만이 두 번째 요청서를 초래한다. 두 번째 요청서가 발급되는 경우에, 정부와 당사자들은 보통 법정으로 가기 전에 합의에 이른다. 보통, 기업들은 상당한 정도로 사업중복이 있는 제품이나 지리적인 시장에서 자산을 제 3자에게 매각한다. 이것은 정부의 독점금지우려를 줄이고 당사자에게 합병을 성취하게 한다. 정부와 당사자들이 자산이 처분되는 것에 대한 협정에 이를 수 없다면, 정부는 합병을 막기 위해 소송을 할 수 있다.

가격 규제

상당한 규모의 경제에 직면하면(종종 공익기업의 경우에서처럼), 단 하나의 회사가 시장에 존재하는 것이 바람직할 수 있다. 이 경우 정부는 기업이 독점자로 존재하는 것을 허용할 수 있지만 사중손실을 줄이기 위해 가격을 규제하는 것을 선택할 수 있다. 이 절에서 우리는 어떻게 그러한 규제가 경영의사결정과 사회후생에 영향을 미치는가를 볼 것이다.

〈그림 14-2〉에서 규제를 받지 않는 독점자가 P^M의 가격으로 Q^M 단위를 생산하는 것을 나타내는 상황을 생각하자. 완전경쟁산업은 한계비용과 수요곡선이 만나는 곳에서 Q^C 단위를 생산할 것이다. 동일한 주어진 수요와 비용조건에서, 완전경쟁산업이 부과하는 가격과 일치하는 규제가격 P^C를 정부가 부과하여 실행한다고 가정하자. 경영자는 기업의 이윤을 극대화하기 위하여 어떻게 반응해야 하는가?

독점자는 법적으로 P^C이상의 가격을 부과할 수 없으므로 Q^C보다 적은 단위에서 독점자가 부과할 수 있는 최대 가격은 P^C다. Q^C 이상의 단위에 대해서, 독점

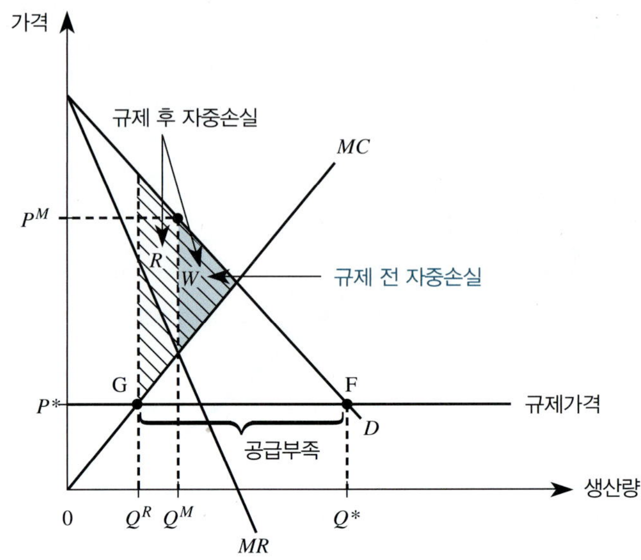

그림 14-3
사회적으로 효율적인 수준 이하에서 독점자의 가격규제

자가 부과할 수 있는 최대 가격은 역 수요함수상에 있는 가격이다. 그 이유는 소비자가 지불 용의가 있는 금액이 최고가격보다 낮기때문이다. 따라서, 독점자의 유효 역수요함수는 P^CBD이다. B의 왼쪽에 있는 점들에 대해, 수요곡선은 완전경쟁 기업에서처럼 수평이라는 것을 주목하자. 그러나, 그 독점자가 산출량 Q^C 단위 이상을 판매하기를 원하면, P^C이하로 가격을 낮춤으로써만 그렇게 할 수 있다.

독점자는 P^C의 가격으로 Q^C에 이르기까지 매 단위를 판매할 수 있기 때문에 이러한 단위에 대한 한계 수입은 단순히 P^C다: Q^C에 이르기까지 산출량의 매 추가 단위는 기업의 수입에 정확히 P^C를 추가한다. 사실상 독점자가 직면하는 수요곡선이 이러한 산출량 수준에 대해 완전경쟁기업의 수요곡선과 동일한 상황을 가격 상한제가 만든다. 이윤을 극대화하기 위해, 규제를 받는 독점자는 유효수요곡선의 한계수입 (P^C)이 한계비용과 만나는 점 B에서 생산을 한다. 이것은 산출량 Q^C에 해당한다. 그러므로 독점자의 가격이 〈그림 14-2〉의 P^C에서 규제될 때, 기업은 Q^C 단위를 생산하고 P^C의 가격으로 판매하여 이윤을 극대화한다.

가격규제의 영향은 이윤극대화 독점자를 완전경쟁가격에서 완전경쟁산출량을 생산하도록 유도하는 것임을 주목하자. 가격규제의 결과는 독점자의 사중손실을 완전히 제거하는 것이다. 그러므로 정부정책은 독점이윤을 줄이고 사회후생을 증가시킨다.

〈그림 14-2〉를 토대로 우리는 독점자가 부과하는 가격을 규제하는 것이 항상 이익이 된다고 생각할 수 있다. 그러나 실제는 그렇지 않다. 그 이유를 보기 위

인사이드 비즈니스 14-2 전력시장에서의 규제 철폐

과거 자본집약적인 전력산업에서 규모의 경제로 인해 전기가격은 수익률 규제를 통해 규제되어 왔다. 이러한 가격규제를 통해 전기회사들이 자본의 가치나 또는 수익률에 근거한(그러나 회사들의 이윤이 보장된 것은 아님) 이윤을 얻도록 허락받았다. 1978과 1992년 에너지 정책 법–Public Utility Regulatory Policies Acts(PURPA)–을 통해 규제받지 않는 독립적 전력생산자에게 전력 도매시장이 개방되었다.

1996년이 되어서야, 연방 에너지규제위원회(FERC)는 고압 전기를 각 지역으로 보내던 대량운송라인(bulk transmission lines)은 최종소비자에게 전력을 공급하고자 하는 누구에게나 개방되도록 하였다.

규제철폐 계획은 각 주마다 달랐다. 그러나 많은 주에서 경쟁을 유도하려는 노력의 일환으로 한 때 수직적으로 결합되었던 발전시설이 몇몇 개로 혹은 완전히 분리되도록 요구하였다.

오늘날 약 15개의 주에서 전기소비자에게 선택권을 부여한다. 그러나 선택은 전력생산에만 한정되어 있다. 전력을 최종소비자에게 배달하는 것은 자연독점으로 남아있다. 그 이유는 전기를 보내는데 사용되는 전신주와 전선에 들어가는 엄청난 비용이 고정비용이기 때문이다. 결과적으로 전력산업의 규제철폐가 실질적으로 가져온 것은 이 산업을 구조조정한 것으로 요약된다. 규제를 철폐한 주에서 전력산업은 수직결합의 정도가 약화되었다. 전기를 생산하는 것은 이론적으로 경쟁적이다. 그러나 고객의 전기를 누가 생산하든 관계없이, 지역에 있는 전기회사는 아직도 전기를 공급하고, 기본적인 수익률 규제하에서 이러한 서비스 요금이 결정된다.

전력의 선택권을 완전하게 이용하는 고객들은 대부분 산업체들이다. 소규모 상업용과 주거용 고객들은 전환비용이 너무 크고 대부분의 경우 (저가의 전기가격) 선택에 의해 받는 이득이 매우 작다는 것을 알게 된다. 또한, 전기회사들은 소규모 고객들을 확보하기 위한 인수비용이 처음에 기대했던 것보다 더 크다는 것을 발견했다. 따라서 새로운 시장의 소규모 고객들에게 전기를 판매하는 인센티브가 약화되었다. 따라서 전력규제 철폐를 실험했던 주에서는, 대부분의 소규모 고객들이 실제로 전력공급자들을 선택할 여지가 거의 없다.

출처: Interviews with Vincent Marra, former rate analyst, Delmarva Power, February 28, 2007.

해 〈그림 14–3〉에 있는 독점상황을 생각하여 보자. 정부가 가격을 P^*로 규제한다고 가정하자. 주어진 규제가격에서 독점자의 유효수요곡선은 아래에서 생산된 단위에 해당하는 한계수입곡선은 선분 P^*F다. 이윤을 극대화하기 위해, 규제를 받는 독점자는 유효수요곡선의 한계수입(P^*)이 한계비용과 만나는 점 G에서 생산할 것이다. 이것은 규제가 없을 때 독점자가 생산했어야 하는 산출량 보다 적은 산출량 Q^R에 해당한다. 더욱이 P^C의 가격에서 수요량은 Q^*이므로 규제 가격에서 $Q^* - Q^R$ 만큼 부족하게 된다. 게다가 이 규제가격에서 사중손실(영역 $R + W$)은 규제가 없을 때의 사중손실(영역 W)보다 실제로 더 크다. 만약 정부가 수요와 비용에 관한 정확한 정보가 부족하거나 또는 다른 이유로 가격을 너무 낮은 수준으로 규제하면, 그것은 실제로 사회후생을 줄이고 재화의 부족을 일으킬 수 있다.

〈그림 14–2〉와 〈그림 14–3〉에서 분석은 평균 총 비용곡선을 나타내지 않은 것을 주목하는 것이 중요하다. 독점에 의한 사회후생손실에 대한 결론에 도달하기 전에 평균 총비용곡선의 위치를 고려하는 것이 왜 중요한지를 알아보기 위해, 〈그림 14–4〉에서 독점자가 손익분기점 A에 있는 상황을 생각하자. 이 예에서 규제받지 않는 독점자는 Q^M 단위를 생산하고 P^M가격을 부과한다. 가격이 평

그림 14-4

가격규제가 독점자의 폐업을 초래하는 경우

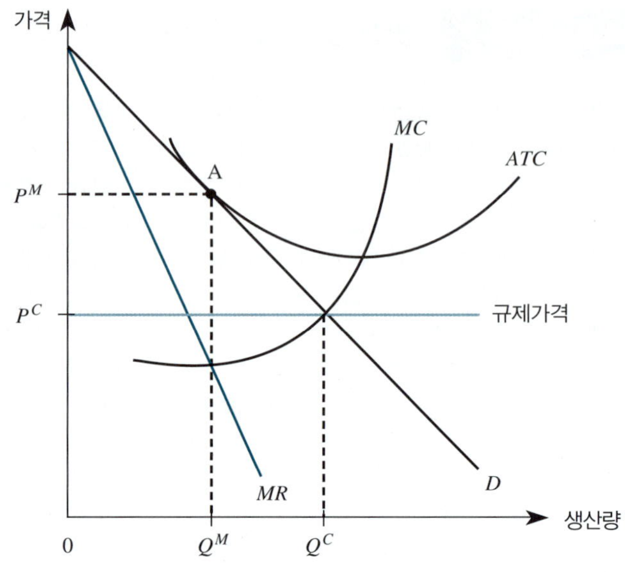

균 총생산비용과 동일하므로, 이 독점자는 규제가 없을 경우 0의 경제이윤을 얻게 된다.

가격이 P^C에서 규제된다고 가정하자. 장기적으로 기업은 얼마의 산출량을 생산할 것인가? 대답은 산출량 0이다. 그 이유를 보기 위해, 규제가격하에서 평균 총 비용은 규제가격 위에 있으므로 그래서 독점자는 생산하면 손실을 입을 것이다. 따라서 장기적으로 〈그림 14-4〉의 독점자는 가격이 P^C에서 규제되면 시장에서 퇴출할 것이고, 시장에 있는 모든 사람은 나빠 질 것이다(소비할 제품이 없을 것이다). 이러한 일이 일어나지 않도록 정부는 발생한 손실을 보상하는데 동의함으로써 독점자에게 보조금을 주어야 할 것이다. 이러한 기금은 세금으로부터 나오고, 소비자는 더 높은 세금을 통해서 간접적으로 더 낮은 가격을 지불할 것이다. 게다가 보조금을 받은 독점경영자는 비용을 낮게 유지하려는 어떤 인센티브도 갖지 않을 것이다; 초래되는 어떤 손실만큼 정부에 의해 보조금을 받을 것이다. 따라서 손실이 정부에 의해 배상되기 때문에 경영자는 호화로운 사무실, 회사 비행기 등과 같은 것에 막대한 금액을 지출하려는 인센티브를 가질 것이다.

〈그림 14-4〉의 분석은 독점과 완전경쟁의 비교에 관한 매우 중요한 사항을 지적한다. 독점력의 한 가지 중요한 원천은 규모의 경제의 존재다. 이러한 규모의 경제는 산출량이 완전경쟁수준에서 생산되는 것을 불가능하게 할 수 있다. 예를 들어, 완전경쟁산업은 〈그림 14-4〉에서 산출량 Q^C를 유지할 수 없다. 그 이유는 한계비용과 수요곡선의 교차점이 평균 총비용곡선 아래에 있기 때문이다.

예시 문제
13-3

작은 시장에서 판매를 하는 많은 기업들은 사실상 독점이다. 그들은 그들 지역에서 어떤 재화의 유일한 공급자이다. 대부분의 이러한 기업들은 양의 경제적 이윤을 얻는다. 그러나 그들은 정부의 규제 없이 독점으로 운영하는 것이 허용된다. 이유는?

정답

규모의 경제가 시장수요에 비해 큰 상황에서, 단 하나의 기업만이 시장에 존재할 수 있을 것이다. 이러한 예에서, 독점금지정책을 이용하여 기업을 더 작은 기업으로 분해하는 것은 바람직하지 않다. 그러나 만약 기업의 가격이 사회적으로 효율적인 수준에서 규제된다면 사회 후생에서 잠재적인 이득이 있을 것이다. 이러한 이득은 규제를 관리하는 규제기관을 설립하는 비용과 대비되어야 한다. 규제기관을 설립하고 운영하는 비용이 독점의 사중손실을 초과한다면—아마 작은 시장에서처럼—규제에 의해 사회후생 순손실이 있을 것이다. 이러한 예에서, 기업이 사중손실을 발생시킨다 하더라도 그 기업을 혼자 있게 함으로써 사회후생은 더 높아질 것이다. 실제로, 사중손실을 제거함으로써 얻을 수 있는 것보다 이 문제를 해결하는 비용이 더 많이 소요될 것이다.

14.2.2 외부성

불행히도 일부 생산과정은 재화의 생산 또는 소비 과정에 관여하지 않은 사람들에게 손실을 일으킨다. 이러한 외부 손실을 **부정적 외부성**(extemalities)이라 한다.

부정적 외부성
어떤 재화의 생산이나 소비에 관여하지 않은 당사자가 갖게 되는 손실

부정적 외부성의 가장 흔한 예는 공해다. 쉽게 생물분해하지 못하거나 또는 다른 자원에 해로운 효과를 미치는 폐기물을 기업이 발생시킬 때, 기업은 생산비용을 완전하게 지불하지 않는다. 예를 들어, 직물을 생산하는 기업은 보통 발암-화학물질인 다아옥신을 포함하는 폐기물을 발생시킨다. 직물 제조업자가 근처의 강에 버림으로써 "무료로" 이런 폐기물을 처분했을 때, 사회적으로 최적인 것보다 더 많은 폐기물을 강에 버리는 인센티브를 갖는다. 기업이 폐기물을 강에 버림으로써 이득을 얻지만, 폐기물은 물의 산소함유량을 줄이고, 정규 수로를 막히게 하고 조류, 어류, 파충류 그리고 수생 동물의 번식문제를 야기시킨다. 이러한 결과는 생산이나 소비과정에 관여하지 않은 사람들에게 부정적으로 영향을 준다.

생산의 외부성이 존재할 때 시장이 산출량의 효율적인 수준을 제공할 수 없는 이유를 알아보기 위해, 〈그림 14-5〉를 생각하여 보자. 만약 어떤 기업이 철강생산의 부산물로 공해물질을 물속에 방출한다면, 비용 또는 부정적 외부성이 사회 구성원들에게 부담지워진다. 〈그림 14-5〉는 공해의 사회적 한계비용으로서 부정적 외부성을 보여준다. 이 비용은 철강생산의 증가에 기인하여 더 더러워진 물의 사회적 비용을 나타낸다. 철강생산이 적을 경우에만 물에 적은 손실을 초래하

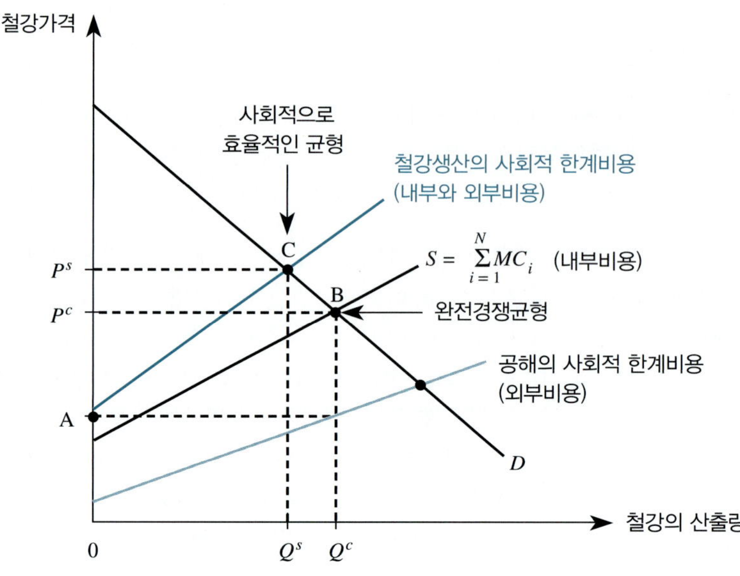

그림 14-5
외부비용이 존재할 때
사회적으로 효율적인 균형

지만 철강생산량이 증가하면 더 많은 공해물질이 물속에 쌓인다. 따라서 공해의 사회적 한계비용은 더 많은 철강이 생산됨에 따라 증가한다.

철강시장이 완전경쟁이라고 가정하면, 〈그림 14-5〉에서 시장공급곡선 S는 산업에서 생산하고 있는 기업들의 한계비용의 합이다. 공급곡선은 철강기업들이 지불하는 비용을 토대로 하고 있다; 따라서 만약 그들이 물속에 공해물질을 무료로 버리는 것이 허용되면 시장균형은 시장수요와 공급곡선이 만나는 점 B이다. 그 결과 Q^C 단위가 생산되어 단위당 P^C의 가격으로 철강이 구매될 것이다.

그러나 이 산출량에서 사회는 철강회사들에 지불된 P^C의 가격이외에 한계가격 A를 지불하게 된다. 이 금액이 공해가 사회에 유발시키는 추가 비용이다. 특히 기업은 공해물질을 무료로 물에 버리기 때문에, 공해의 비용은 철강을 사고 파는 사람들에 의해 내부화되지 않는다; 오히려, 사회는 오염된 물을 견디어야 함으로써 버려진 오염물질에 대해 지불한다. 만약 기업들이 사회적 공해비용을 고려한다면, 그들의 한계비용곡선의 합은 공급곡선과 공해의 사회적 한계비용의 수직적 합이 될 것이다. 이 합은 〈그림 14-5〉에서 철강을 생산하는 사회적 한계비용으로 나타나 있다. 철강생산의 모든 비용과 이득을 고려한 사회적으로 효율적인 산출량 수준은 철강생산의 사회적 한계비용이 수요곡선과 만나는 곳인 점 C이다. 사회적으로 효율적인 철강 산출량 수준은 완전경쟁시장에서 생산되는 산출량보다 적은 Q^C이다. 사회적으로 효율적인 철강가격은 완전경쟁가격 P^C보다 큰 P^S이다. 다시 말하면, 외부비용이 존재할 경우, 시장 균형산출량은 사회적으로 효율적인 수준 보다 더 크고 시장가격은 사회적으로 효율적인 수준 아래에 있다. 사실상, 소비자는 너무 낮은 가격으로 너무 많은 산출량을 구매하게 된다.

"시장실패"의 근본적 이유는 잘 정의된 재산권이 존재하지 않기 때문이다; 철강기업들은 폐기물을 버리기 위해 강을 이용할 권리를 갖고 있다고 믿고, 환경론자들은 깨끗한 강을 가질 권리를 갖고 있다고 믿는다. 시장실패는 정부자체가 환경의 주인이라고 정의할 때 종종 해결될 수 있다. 사회적으로 효율적인 산출량과 공해수준을 유도하기 위해 정부는 그의 권력을 이용할 수 있기 때문이다.

사회적으로 효율적인 산출량을 유도하기 위해, 정부는 내부 생산비용이 생산의 사회적 비용과 같은 곳에 이르기까지 생산의 내부비용을 수평이동시키는 정책을 법령화함으로써, 기업이 공해방출비용을 내부화하도록 할 수 있다. 이러한 정책을 법령화 하기위해 고안된 정부정책의 대표적인 예가 공기청정법(Clean Air Act)이다.

공기청정법

공기오염에 의한 외부성 문제를 해결하기 위해, 의회는 1970년 공기청정법(Clean Air Act), 그리고 1990년 광범위한 수정안을 통과시켰다. 수정된 공기청정법은 189 종류의 유독성 공기오염물질을 다루고 있으며, 1992년 현재 모든 나라에 의해 통과된 법보다 가장 포괄적인 오염방지법이다. 공기청정법은 목록에 있는 오염물질의 어느 것에 일년 간 10톤 이상 또는 그 오염물질의 어떤 조합에 대해 일년 간 25톤 이상을 방출하는 모든 산업을 포함하고 있다. 이전의 법은 훨씬 더 적은 오염물질 목록에 대해 일년 간 100톤을 방출하는 산업만을 포함하고 있었지만, 새 법은 훨씬 더 광범위한 산업을 포함하고 있다. 수정된 공기청정법은 매우 방대해서 이에 따른 지침(guidelines)이 보통 수 백쪽으로 이루어져 있다. 법의 포괄적인 특성에 기인하여, 우리는 실행메커니즘으로서 특별히 시장을 이용하는 새 법의 한 가지 측면만을 조사할 것이다.

공기청정법에 속한 산업에 있는 기업은 오염시킬 수 있는 허가를 받아야 한다. 이러한 허가는 이용도가 한정되어 있고, 기업은 방출된 오염물질의 매 단위에 수수료를 지불해야 한다. 기존 기업의 경우, 이러한 허가는 재화를 생산하는 고정비용과 가변비용을 증가시킨다. 이러한 허가는 산출량이 증가함에 따라 방출된 오염물질의 수준이 증가하기 때문에 가변비용이다. 고정비용 부문은 먼저 허가를 얻는데 필요한 수수료이다. 그 허가와 더불어, 공기청정법은 산업에 진입하는 새로운 기업에게 그 산업에서 사용된 가장 효과적인 오염제거시스템을 설치하거나 또는 개선할 것을 요구하고 있다. 기존 기업은 3년 안에 이것을 따르고 개량해야 한다. 기업은 정부로부터 오염물질배출권 허가를 일단 구매하면, 그 기업은 다른 기업으로부터 구매할 수 있고 다른 기업에게 판매할 수 있다.

공기청정법은 기업으로 하여금 오염물질을 방출하는 비용을 내부화하도록 한

그림 14-6

공기청정법의 영향

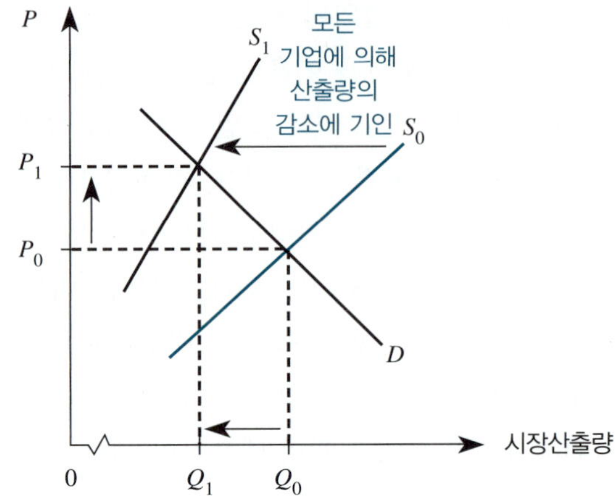

다. 그 이유는 방출된 매 단위에 대해 요금이 지불되어야 하기 때문이다. 이것은 각 기업의 한계비용을 상승시키므로 기업으로 하여금 산출량을 더 작게 생산하도록 한다. 〈그림 14-6〉에서 보듯이, 이것은 궁극적으로 그 재화의 시장공급감소를 초래할 것이다; 모든 가격대에서 그 재화의 양이 시장에서 더 작아진다. 결과적으로, 공기청정법은 〈그림 14-6〉의 Q_0에서 Q_1로 시장 균형량을 감소시키고 P_0에서 P_1로 시장가격을 인상시킨다. 허가로 인해 일어난 변화는 정확히 〈그림 14-5〉에서 공해의 부정적 외부성을 해결했던 것과 같다: 더 높은 가격에서 감소된 산출량.

이 새로운 법의 흥미로운 점은 공해배출권 허가가 산업 내에서 혹은 산업간에 한 기업에 의해 다른 기업으로 팔릴 수 있다는 사실이다. 이것은 시장이 공해를 줄이도록 하는 두 가지 효과가 있다. 첫째, 수요가 증가할 때 새로운 기업이 산업에 진입하게 한다(공해매출권을 타산업에서 사올 수 있음으로). 둘째, 현존하는 기업이 더 깨끗한 생산방법을 창출하는 새로운 기술에 투자하도록 하는 인센티브를 제공한다.

이 새로운 법의 흥미로운 점은 공해배출권 허가가 산업내에서 혹은 산업간에 한 기업에 의해 다른 기업으로 판매될 수 있다는 사실이다. 이로 인하여 시장이 공해를 줄이도록 하는 두 가지 효과가 있다. 첫째, 수요가 증가할 때 새로운 기업이 산업에 진입하게 한다. 둘째, 기존 기업이 더 깨끗한 생산방법을 창출하는 새로운 기술에 투자하도록 하는 인센티브를 제공한다.

이를 보기 위해, 비공해산업에서 수요가 증가한다고 가정하자. 그 결과 가격이 상승하고, 단기적으로 경제적 이윤이 얻어지며, 장기적으로 새로운 기업은 경제적 이윤이 0이 될 때까지 시장에 진입할 것이다. 그러나, 공해배출허가권을 사고파는 것이 허용되지 않는 공해산업에서, 진입은 일어날 수 없다; 고정된 수의 공해배출권허가가 이미 할당되었고 새로운 진입자는 허가를 얻을 수 없기 때문에 진입장벽에 직면한다. 이와 대조적으로, 만약 허가권이 산업간에 거래될 수 있다면, 잠재적인 진입기업은 다른 산업에 있는 기업으로부터 이러한 권리를 구매할 수 있거나 또는 기존 산업에 공해를 더 작게 일으키는 기술을 가져오고, 그리고 기존 기업으로부터 공해방출권리를 구매할 수 있다. 따라서 공해방출권리를 매매할 수 있게 함으로써, 새로운 기업은 소비자의 기호가 더 많은 재화를 요구하는 것으로 감지될 때 시장에 진입할 수 있다. 높은 가치가 있는 제품을 생산하는 산업에 진입하기 원하는 기업은 소비자가 높게 평가하지 않는 제품을 생산하는 기업으로부터 허가권을 구매할 수 있다.

허가권을 판매하는 능력은 또한 공해를 덜 일으키는 새로운 기술을 개발하고 혁신하려는 인센티브를 기업에게 제공한다. 특히 공해를 줄이는 기술을 개발한 기업은 더 이상 필요하지 않은 공해방출권리를 그 기술이 없는 산업의 기업에게 판매할 수 있다. 이로 인하여 혁신 기업이 공해를 줄이는 기술을 개발하는 비용의 일부를 되찾을 수 있게 한다.

예시 문제 14-2

철강생산의 외부 한계비용이

$$MC_{외부} = 3Q$$

이고, 내부 한계비용은

$$MC_{내부} = 6Q$$

라 가정하자. 철강의 역수요함수는

$$P = 100 - Q$$

이다.

1. 사회적으로 효율적인 산출량 수준은?
2. 완전경쟁산업은 얼마의 산출량을 생산하겠는가?
3. 독점자는 얼마의 산출량을 생산하겠는가?

정답

1. 사회적으로 효율적인 산출량 수준은 또 다른 한 단위를 생산하는 사회적 한계비용이 수요와 동일한 곳에서 일어난다. 사회적 한계비용은

$$MC_{사회} = MC_{외부} + MC_{내부} = 3Q + 6Q = 9Q$$

이것을 가격과 같게 놓으면

$$9Q = 100 - Q$$

또는 $Q = 10$단위이다.

2. 완전경쟁산업은 내부 한계비용이 가격과 동일한 곳에서 생산한다.

$$6Q = 100 - Q$$

또는 $Q = 14.3$단위이다. 따라서 완전경쟁산업은 너무 많은 철강을 생산한다. 그 이유는 사회가 공해에 대해 지불하는 비용을 무시하기 때문이다.

3. 독점자는 한계수입과 내부 한계비용이 동일한 곳에서 생산한다. $MR = 100 - 2Q$이기 때문에 우리는

$$100 - 2Q = 6Q$$

또는 $Q = 12.5$ 단위를 갖는다. 그래서 이러한 수요와 비용함수가 주어져 있으면 독점자는 이러한 비용조건에서 사회적으로 효율적인 철강 수준 이상을 생산할 것이다. 그러나 독점자는 산출량을 제한하려는 경향을 갖기 때문에, 주어진 이러한 수요와 비용함수에서 경쟁 산업이 생산하는 것 보다 사회적으로 효율적인 수준에 더 가깝게 생산한다.

14.2.3 공공재

공공재
소비에서 비경합성과 비배제성이 있는 재화

시장실패의 또 다른 원천은 **공공재**(public goods)의 공급이다—공공재는 실제로 비경합성과 비배제성이 있으므로 그 재화를 구매한 사람이외의 사람들에게도 이득을 준다). 공공재는 실제로 경합성이 있는 (여러분이 소비하고 있는) 대부분의 재화와는 다르다. 이것은 당신이 그 재화를 소비할 때 또 다른 사람도 역시 그것을 소비할 수 없다는 것을 단순히 의미한다. 예를 들어, 당신이 다리를 보호하기 위해 한 켤레의 신발을 사서 신는다면, 그 누군가가 그 한 켤레의 신발을 신지 못하게 된다; 신발의 소비는 실제로 경합성이 있다.

비경합성 재화
만약 어떤 재화에 대한 한 사람의 소비가 다른 사람이 그 재화를 소비하는 것을 방해하지 않는다면, 그 재화는 소비에서 비경합성을 갖는다.

비배제성 재화
일단 제공되면 어느 누구도 그것을 소비하는 것으로부터 배제될 수 없는 재화 또는 서비스

비경합성 재화에는 라디오, 신호, 등대, 국방 그리고 환경보호 등이 있다. 당신이 당신의 자동차에서 라디오 소리를 들을 때 당신은 다른 운전자들이 그들의 차에서 동일한 방송국을 수신하는 것을 막을 수 없다. 이것은 한 켤레의 신발의 구매와 뚜렷한 대조가 된다.

공공재의 두 번째 측면은 **비배제성 재화**이다: 일단 공공재가 공급되면, 모든 사람은 함께 그 공공재를 이용할 수 있다; 어느 누구도 그 재화를 향유하는데 배제될 수 없다. 대부분의 재화와 서비스는 본래 배제성이 있다. 예를 들어, 자동차 제조업자가 자동차를 생산할 때, 문(door)에 자물쇠 장치를 하여 자동차를 구입한 사람에게 만 열쇠를 주어 다른 사람들이 그 자동차를 이용하지 못하게 할 수 있다.

깨끗한 공기, 국방, 그리고 라디오 주파수와 같은 재화와 서비스는 비배제성 재화이다. 예를 들어, 공기가 깨끗할 때 모든 사람들은 그 깨끗한 공기를 소비할 수 있다; 공기가 단 한 사람에게만 할당될 수 없다.

시장으로 하여금 비효율적인 양만큼 제공하도록 유인하는 공공재가 있는가? 공공재가 일단 이용될 수 있으면 모든 사람이 그 재화를 소비하게 되기 때문에, 사람들은 그 재화를 구매할 인센티브를 갖지 않는다; 오히려 그들은 다른 사람들이 공공재 생산비용을 지불하는 것을 선호한다. 공공재가 일단 생산되면, 그 재화를 구매하고자 하는 다른 사람들의 노력으로 사람들은 "무임승차"를 할 수 있다. 그러나 만약 모든 사람들이 이런 식으로 생각하면 어느 누구도 그 재화를 구매하지 않을 것이고 그 재화는 제공되지 않을 것이다. 한 사람만이 그 재화를 구입할 능력은 없을 수 있다.

예시 문제 14-3

당신이 한 잔의 커피를 하기 위해 당신 회사의 라운지에 갈 때 마다 커피 주전자는 비어 있다. 그 이유는?

정답

한 잔의 커피를 만들 때 공공재 특성에 의해 일어나는 무임승차문제가 있다. 만약 당신이 커피 주전자가 비어 있을 때 한 주전자의 커피를 만들면, 당신은 한 잔의 커피를 하는 이득이 있지만, 당신 다음에 라운지에 오는 7명의 사람들도 이득을 본다. 따라서 사람들은 보통 누군가 딴 사람이 그 커피를 만들기를 기다리고, 그 결과 빈 커피주전자만이 남게 된다.

간단한 한 예가 왜 공공재는 사회적으로 효율적인 수량만큼 제공되지 못하는가를 당신이 이해하도록 도와줄 것이다. 가로등은 범죄를 예방하도록 돕기 때문에 사람들은 그들의 이웃에 있는 가로등에 가치를 둔다고 가정하자. 3명의 사람들이 이웃에 살고 있다: A, B, 그리고 C. 세 사람 모두 가로등에 대해 동일한 역수요함수를 가지고 있다:

$P_A = 30 - Q$, $P_B = 30 - Q$, 그리고 $P_C = 30 - Q$. 역수요함수는 각 사람이 또 다른 하나의 가로등에 얼마의 가치를 두는가를 보여준다.

가로등은 실제로 비배제성과 비경합성이 있기 때문에, 일단 가로등이 설치되면 모든 사람이 이득을 본다. 이러한 이유로 가로등과 같은 공공재에 대한 총수요는 개별적인 역 수요곡선의 수직적 합이다; 그것은 이웃에 있는 모든 사람에게 각각의 추가 가로등의 가치를 나타낸다. A, B 그리고 C의 개별 수요가 주어져 있으면, 가로등에 대한 총수요는

그림 14-7
공공재 수요

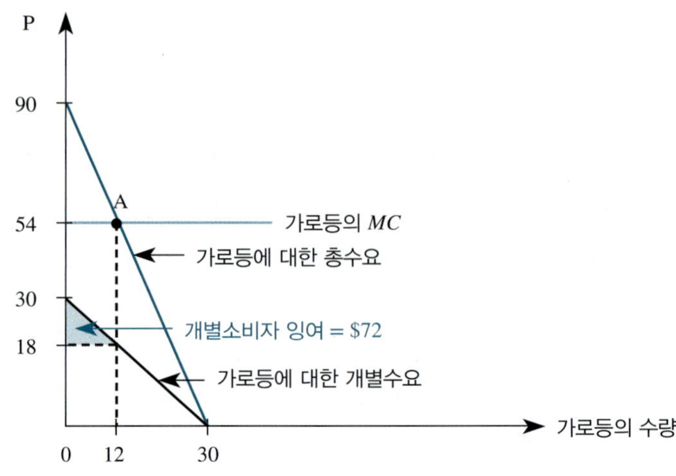

이다.

개별 수요곡선과 총 수요곡선이 〈그림 14-7〉에 그려져 있다. 총 수요곡선은 3개의 개별 수요곡선 모두의 수직적 합이므로, 그 위에 있는 모든 점은 개별 수요곡선 위의 각 점보다 3배 더 높다.

사회적으로 효율적인 가로등의 수준은 〈그림 14-7〉에 있는 점 A이고, 거기에서 가로등을 생산하는 한계비용이 정확히 가로등에 대한 총 수요곡선과 일치한다. 대수학적으로 표현하면, 만약 가로등을 제공하는 한계비용이 가로등 당 $54일 경우 사회적으로 효율적인 가로등의 수량은

$$54 = 90 - 3Q$$

이다. 즉 가로등은 12개이다.

각 가로등의 한계비용은 $54이고 〈그림 14-7〉에서 가로등에 대한 각 개별 수요곡선 위에 있기 때문에, 그들 중 어느 누구도 단 한 개의 가로등에 대해서조차도 지불 용의가 없을 것이다. 그러나 만약 각자가 가로등 당 $18를 지불한다면, 그들은 함께 가로등 당 $54를 지불할 것이고 사회적으로 효율적인 가로등 수량을 구매할 여유가 있을 것이다. 이웃에 있는 사람들이 사회적으로 효율적인 가로등 수량을 얻을 수 있는 유일한 방법은 그들의 자원을 함께 모으는 것이다. 만약 그들이 이것을 달성하고 각자가 가로등 당 $18를 지불한다면, 〈그림 14-7〉의 음영부분으로 되어있는 면적의 소비자잉여 $72를 각각 누릴 것이다.

그러나 문제는 각 개인이 다른 두 사람으로 하여금 가로등을 설치하게 함으로써 더 나아 질 수 있다는 것이다. 특히 각 개인이 그의 진정한 개인 수요함수(공공재의 가치)를 잘못 나타나는 전략적인 이점이 있다. A가 가로등을 원하지 않는다고 주장하며, 그래서 다른 사람들이 가로등에 대해 지불하도록 한다면, A는

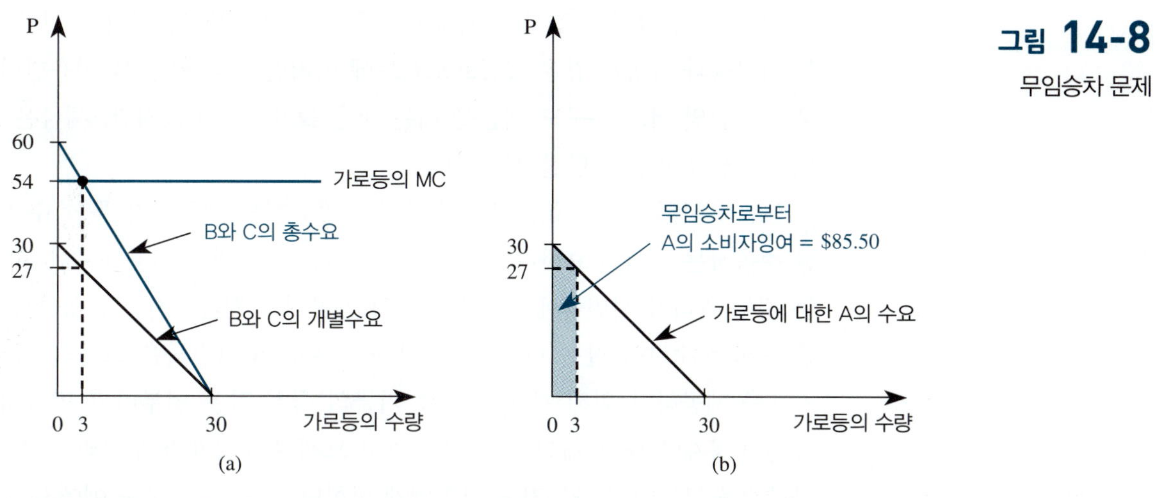

그림 14-8
무임승차 문제

무료로 가로등을 누릴 수 있게 될 것이다(그 재화의 비경합성과 비배제성 특성에 기인하여). 이것은 협조약속을 속이는 것과 비슷하고, 이를 무임승차라 한다.

이것을 설명하기 위해, 가로등에 대한 A의 진정한 수요를 나타내는 대신에, A는 가로등에 전혀 가치를 두지 않는다고 가정하자. 만약 A가 이렇게 한 유일한 사람이라면, 드러난(reveled) 수요함수는 〈그림 14-8(a)〉에 있는 B와 C의 역 수요함수의 수직적 합이 될 것이다. 이 수요곡선은 3개의 가로등에서 $54의 한계비용과 교차하기 때문에, B와 C는 가로등 당 $27를 각각 지불하여 3개의 가로등을 구매할 것이다. 한편, A는 가로등에 대해 진정한 수요를 잘못 나타냈기 때문에 무료로 3개의 가로등을 누리게 될 것이다. 3개의 가로등을 무료로 소비함으로써, A는 〈그림 14-8(b)〉에 있는 음영영역에 해당하는 $85.50의 소비자잉여를 누릴 것이다. 이와 대조적으로, 만약 A가 가로등에 대한 수요를 진실하게 드러냈다면 소비자 잉여는 단지 $72일 것이다—〈그림 14-7〉의 음영영역. 따라서 A는 가로등에 대한 진정한 수요를 나타내지 않고 B와 C가 가로등에 지불하게 함으로써 더 나아진다.

물론 다른 두 개인들에게도 마찬가지이다: 만약 다른 사람들이 가로등의 구매에 기여할 것이라고 그들이 생각하면, 그들은 가로등을 원하지 않는다고 주장하는 것이 더 나을 것이다. 그리고 만약 어느 누구도 가로등에 지불하지 않을 것이라고 그들이 생각하면, 그들은 가로등 한 개에조차도 지불하지 않을 것이다. 그 이유는 비용이 그들 자신의 개별 수요곡선보다 더 크기 때문이다. 결국, 하나의 가로등도 제공되지 못한다; 시장은 공공재를 제공할 수 없다.

정부는 납세자가 정부의 서비스를 원한다고 주장하든 원하지 않는다고 주장하든 간에 관계없이 모든 사람이 세금을 납부하도록 함으로써 그러한 공공재 문제를 해결한다. 그리고 정부는 시장에 대한 정부의 개입이 없이는 제공되지 못하는 가로등과 국방과 같은 공공프로젝트에 이러한 수입(세금)을 이용한다. 따라서 우리들 중의 어느 누구도 세금을 내는 것을 즐거워하지 않지만, 세금은 공공재를 위한 자금을 얻는 수단을 제공한다.

정부가 사회적으로 효율적인 수량만큼 공공재를 제공하지 못할 수 있다는 것을 주목하는 것이 중요하다; 사실상 너무 많은 공공재를 제공할 수 있다. 그 이유는 정부 관리가 시민들에게 얼마만큼의 공공재를 원하는지를 물었을 때, 사람들은 원하는 수량을 잘못 나타낼 수 있다. 대부분의 사람들은 그들의 세금액수 공공재를 제공하기 위해 사용되는 총 기금의 극히 작은 일부라고 믿기때문에, 그들은 공공재에 대한 개인비용은 0이라고 느끼며 공공재가 무료라면 얼마 만큼의 공공재를 그들이 원하는지를 관리에게 말한다. 우리의 가로등 예에서, 이것은 세 사람 모두가 30개의 가로등을 원한다고 관리에게 말하는 것을 의미한다—사회적으로 효율적인 수량의 두 배 이상.

우리는 어떤 기업이 시장에서 공공재에 기여하는 것이 이득이 될 수 있다는 것을 지적함으로써 결론을 내리려 한다. 지역공원을 청소하거나 또는 공영텔레비전에 보조금을 주는 것과 같은 것을 하면, 그 기업에 대해 호감을 갖게 하여 브랜드 충성도를 높이거나 또는 그 기업의 제품에 대한 수요를 증가시킨다. 공공재는 비경합성과 비배제성이 있기 때문에 공원을 청소하거나 또는 공영텔레비전에 보조금으로 지출한 $1는 깨끗한 공원이나 또는 공영 TV가 매력적이라고 생각하는 모든 사람에게 지출한 $1이다. 이것은 어떤 기업이 비싸지 않은 방법으로 공공재를 제공하여 수많은 소비자에게 이득을 보게 하며, 따라서 어떤 상황에서는 매우 유용한 광고전략이 될 수 있다. 그러한 행동의 또 다른 이점은 기업의 운영환경에 상당한 정도의 영향을 미치는 정치인들과 기업을 더 우호적인 관계로 만들어 놓을 수 있다. 불행하게도, 기업이 자발적으로 공공재에 기여해야 하는 최적 금액을 명백하게 계산할 수 있는 손쉬운 방법은 없다. 그러나, 궁극적으로 만약 기업의 목적이 이윤을 극대화하는 것이라면, 공공 프로젝트의 기여에 지출된 마지막 $1는 수입에서 추가 $1를 가져 와야 한다.

예시 문제
14-4

어떤 기업이 20명의 종업원을 고용하고 있는데, 그들은 각각 더 쾌적한 근무 환경을 원한다. 따라서 그들은 회사의 주차장 근처에 관목을 심는 것을 고려하고 있다. 각 종업원의 관목에 대한 역수요함수는 $P = 10 - Q$이다. 여기에서 Q는 관목의 수이다. 관목을 심는 한계비용은 각 $20이다.

1. 심어야 할 관목의 사회적으로 효율적인 수량은?

2. 각자는 효율적인 수량을 얻기 위하여 관목 당 얼마를 지불해야 하는가?
3. 얼마나 많은 관목이 심어지게 될 것 같은가? 그 이유는?

정답

1. 관목(공공재)의 총수요는

$$P = 200 - 20Q \text{이다.}$$

이것을 관목을 심는 한계비용과 같게 놓으면, 사회적으로 효율적인 관목의 수량을 얻는다:

$$200 - 20Q = \$20$$

또는 $Q = 9$ 관목이다.

2. 만약 각자가 또 다른 하나의 관목의 한계비용을 지불하면, 그것은

$$P = 10 - 9 = \$1$$

이고 0명의 종업원은 함께 각 관목에 $20를 지불할 것이다.

3. 무임승차문제가 있기 때문에, 사장이 "권고"하지 않고 9개의 관목을 심기 위하여 종업원 각자로부터 $9를 모금하지 않는 한 어떤 관목도 심어질 것 같지 않다.

14.2.4 불완전 정보

시장이 효율적으로 작동하기 위해서 가격, 질, 이용가능기술 그리고 어떤 직장에서 일하거나 어떤 제품을 소비하는 것과 관련된 위험과 같은 것들에 대해 참여자들은 합리적으로 좋은 정보를 가지고 있어야 한다. 시장의 참여자들이 그러한 것들에 대해 불완전 정보(incomplete information)를 가지고 있을 때, 그 결과는 생산요소의 이용과 기업의 산출량에 비효율성이 존재하게 될 것이다.

담배의 소비를 생각해보자. 만약 사람들이 담배가 해롭다는 것을 알지 못한다면, 알려진 건강위험 때문에 현재 흡연하지 않는 어떤 사람들은 흡연위험을 알지 못하여 흡연할 것이다. 흡연을 하는 결정이 흡연위험에 대한 불완전한 정보에 토대를 둘 것이다. 이와 같은 이유로 정부는 여러 시장에서 정보의 제공자역할을 하며, 어떤 식품의 성분, 어떤 제품과 의약품의 위협 등과 같은 것에 대해 소비자에게 정보를 준다. 기업들은 정부가 시행한 규제에 의하여 그들 제품이 상표에 대한 이러한 정보를 인쇄한다. 종업원이 석면과 같은 화학제품의 위험과 건설업에서 안전모를 쓰는 것처럼 예방혜택을 알도록 하여, 정부는 일터환경을 규제하기조차 한다. 이 예에서, 규제는 직업안전과 건강관리국(Occupational Safety and Health Administration)에 의해 실행된다.

시장실패에 대한 더 심각한 원인의 하나는 일부의 시장참여자는 다른 시장참

여자보다 더 나은 정보를 가진 상황인 비대칭정보이다. 우리는 12장에서 보았듯이, 비대칭정보의 존재는 구매자가 판매자로부터 구매를 거절하게 한다. 그 이유는 제품의 가치가 구매자들이 지급하고자 하는 가치보다 더 작기 때문에 판매자가 그 제품을 치워버리고 싶을 것이라는 우려 때문이다. 극단적인 경우, 시장은 모두 함께 붕괴할 수 있다. 이러한 이유로 여러 정부정책은 비대칭정보에 의해 일어나는 문제를 완화시키려 하고 있다. 경영자에게 영향을 주는 몇 가지 정부정책이 다음에 논의된다.

내부자거래에 대한 규제

비대칭정보에 기인한 시장실패를 완화시키기 위해 고안된 정부규제의 한 예는 증권시장에서 내부자거래에 대한 법이다. 이 법의 목적은 비대칭정보(내부자가 가진 더 나은 정보)가 외부자를 시장 밖에 머물게 함으로써 시장을 파괴하지 않도록 하는 것이다.

예를 들어, 내부자인 제인(Jane)은 그녀의 연구진이 산업을 혁신화할 수 있는 발견을 했다는 것을 알았다. 만약 제인이 그녀 회사의 주식을 현재가로 구매하는 동시에 매우 짧은 기간 동안 그 발견에 대해 침묵을 지킬 수 있으면, 그녀는 큰돈을 벌 것이다. 그 발견이 공표되어 그 주식의 시장가격이 극적으로 상승했을 때, 그녀는 주식을 되팔아 많은 이익을 남길 수 있다. 불행하게도, 잠재적인 투자자들은 시장이 내부정보에 근거해서 주식을 사고 파는 내부자에 의해 지배되고 있다고 믿으면, 그들은 시장에 더 이상 참가하지 않을 것이다. 내부자들이 자신의 주식을 매도할 수 있는 유일한 경우는 가격이 떨어지는 것을 그들이 알 때이고, 그들은 가격이 상승할 것이라고 알 때에만 구매할 것이다. 내부자에 의해 지배되는 시장에서 외부자가 돈을 버는 방법은 없으므로, 그들은 주식을 사거나 파는 것을 거절할 것이다. 이것은 내부자에 의해 지배되는 시장에서 자산의 시장성을 줄이게 되고 그로 인해 모든 잠재적인 시장참여자의 후생은 감소한다.

내부자거래가 금융시장을 파괴하지 못하도록 하기 위해, 정부는 내부자거래에 대한 규정을 제정했다. 이 규제는 증권거래법(Securities and Exchange Act, 1934)의 16절에 있다. 이 규제는 1990년에 수정되었고 다시 2002년에 수정되었다. 가장 최근에는 16절이 2002년 사벤스–옥슬리법(Sarbanes-Oxley Act)에 의해 수정되었다. 그에 의해, 지배구조와 보고의무에 있어서 상당한 변화를 주었다.

인증

정부가 정보를 전달하고 비대칭정보를 줄이기 위해 이용하는 또 다른 정부정책은 기술과 진품에 대한 인증서이다. 인증의 목적은 정보수집비용을 집중시키는 것이다. 정부에 의한 모든 면허는 인증에 해당한다; 이것은 자선사업과 같은 모든 비영리기관을 포함한다. 인증은 또한 학교와 의사처럼 최저의 표준방식일 수 있다. 그 목적은 제품이나 서비스가 어떤 최저의 표준방식에 부합하는 것으로 인증되었다고 소비자에게 확신시켜 주는 것이다. 이러한 정보수집역할을 수행하는 특정의 기관이 없으면, 각 개인은 제품이나 서비스의 질에 대한 정보를 얻는 비용을 개별적으로 지불해야 할 것이다. 이것은 정보수집노력의 중복에 의해 비효율성을 초래할 것이다.

학교는 잠재적인 비대칭 정보 문제의 한 예이다. 정부가 어떤 최저의 표준을 만족시키는 것으로 학교를 인증하지 않으면, 어느 누구도 학교를 열 수 없을 것이다. 어린이들을 교육시키기 원하는 부모들은 외관, 비용, 집과의 거리, 광고와 평판을 토대로 학교를 선택할 것이다. 학교를 처음 열었을 때, 그것은 매우 잘 될 것으로 보인다. 그러나 돈을 절약하기 위해, 그 학교가 안전하지 못한 시설을 이용하고, 충분히 교육받지 못한 교사들을 고용하며, 적정학습규모를 훨씬 더 초과하는 만원교실을 선택할 것이다. 장기적으로 시장은 이러한 문제를 수정할 것이다; 질에 대한 나쁜 평판은 부실한 학교를 폐교하도록 할 것이다. 그러나, 단기적으로 어린이들을 입학시켰던 학부모들은 교육투자금액을 잃게 될 것이고 학생들은 잠재적으로 가치있는 시간을 허비하게 될 것이다.

의사인증은 정부인증에 대한 단기적 혜택의 또 다른 예 이다. 의사인증제도가 없을 경우에, 일부 평판이 좋지 않은 사람도 "의료진료"를 표시하는 간판을 달 수 있다. 만약 이 사람이 부적절하게 교육받았다면, 환자상태를 더 악화시키거나, 약품남용을 일으키거나 또는 심지어 죽음을 초래할 수 있는 처방을 이 사람이 할 수도 있다. 그러나 정부가 제정한 표준(의사인증제도)이 존재하는 경우, 이러한 단기적 시나리오는 줄어들 것이다.

대출에서의 진실

여러 해에 걸쳐 일련의 법안이 대출목적을 위한 정보를 얻는 것을 덜 어렵게 만들었다. 대출진실법(Truth in Lending Act)에 의해 야기된 혼란으로 인해 의회는 1980년에 대출간소화진실법(Truth in Lending Simplification Act, TLSA)을 통과시켰다. TLSA는 연방준비제도이사회(Federal Reserve Board, FRB)에 실행되며, 여러 번 수정되어 왔다. 1980년에는 FRB가 시행지침을 제공하기 위해 규제 Z(Regulation Z)를 통과시켰다; FRB는 1982년에 규제 Z를 수정했다.

규제 Z와 FRB는 모든 채권자로 하여금 이 법을 따를 것을 요구한다. 채권자는 금융수수료를 조건으로 돈을 대출해주는 사람으로 정의된다. 여기에서 대출금은 4번 이상의 할부금으로 갚아진다. 또한 채권자는 원래의 채무를 지불받는 사람이어야만 한다. TLSA에는 대출유형에 관한 예외가 있는데, 가장 눈에 띄는 것은 사업, 농업 그리고 상업관련 대출이다.

TLSA는 채권자가 대출의 종결전에 서면으로 채무자에게 확실한 정보를 밝힐 것을 요구하고 있다. 이 정보에는 모든 금융수수료, 총 구매가격, 연 이자율, 그리고 12가지 이상의 기타항목에 대해 조목별로 구분한 것이 포함된다. 이 법의 목적은 모든 채무자가 특정 채권자로부터 돈을 빌리는 것에 대한 모든 것을 이해할 수 있는 기회를 가지도록 확실히 하는 것이다. 그러므로 채무자와 채권자 간에 보다 더 대칭적인 정보를 갖도록 만든다.

대출진실법은 신용대출에 대한 수요와 공급 모두에 영향을 준다. 잠재적인 차입자(채무자)는 대출과 관련하여 보다 더 완전한 정보를 갖는다. 이와 같이 정보가 증가되면 채무자는 돈을 갚는 것과 관련된 위험을 줄인다. 대출의 공급자(채권자)는 정부 규제를 준수해야 하는데 따르는 증가된 비용에 의해 주로 영향을 받는다. 이것은 채권자의 공급곡선을 왼쪽으로 평행이동시킨다. 대출에 대한 수요곡선은 오른쪽으로 평행 이동하고 공급곡선은 왼쪽으로 평행이동하기 때문에, 이 법의 효과는 대출가격(이자율)을 증가시킨다.

2009년 금융위기는 신용시장과 금융시장과 관련된 규정에서 추가적인 변화를 초래했다. 특히, 의회는 2010년 도드-프랭크 월가개혁과 소비자보호 법안(Dodd-Frank Wall Street Reform and Consumer Protection Act)을 통과시켰다. 이 법의 한 가지는 대출간소화진실법(Truth in Lending Simplification Act; TLSA)이 차입자들에 대한 보호를 증대시키는 방식과 유사하게 투자자 보호를 증대시키도록 고안되어 있다. 특히, 그 법은 소매투자자가 투자상품이나 서비스를 구입할 때 "판매시점공시(point of sale disclosure)" 규칙을 제정할 권한을 증권거래위원회(SEC)에 제공한다. 그러한 공시에는 비용, 위험, 그리고 이해갈등의 존재여부에 대한 정보 등이 포함되어 있다. SEC에 의해 실행될 특정의 규칙들이 결정되어야 하므로 계속 주목해야 한다.

광고에서의 진실

종종 기업들은 소비자들보다 그들의 제품에 대해 더 나은 정보를 갖는다. 이런 이점은 소비자의 정보결핍을 이용하기 위해 그들 제품의 장점에 대해 거짓 주장을 할 인센티브를 기업에게 줄 수 있다. 몇몇의 예에서, 그러한 행위로 인하여 소비자는 한 기업의 제품으로부터 경쟁자의 제품으로 바꾸게 된다. 극단적인 경우 광고메시지가 거짓이라는 불안감으로 인해, 비대칭정보는 소비자로 하여금 모든 광고메시지를 무시하게 할 수 있다. 정부는 종종 기업의 광고행위를 규제함으로써 이러한 시장실패를 완화시킬 수 있다.

광고에서의 진실을 촉진시키는 광고규제는 보통 민사 소송에 의해 실시된다.

인사이드 비즈니스 14-3 캐나다의 경쟁(촉진)국

경쟁(촉진)국은 캐나다에서 공정한 경쟁을 촉진하거나 유지하는데 책임지는 독립적인 법집행기관이다. 그 권한은 경쟁법에서 기인되는데, 그 법은 시장에서 반경쟁행위들을 방지하는 것을 목표로 하는 형사적 그리고 민사적 규정을 담고있는 연방법이다. 경쟁국의 주요 책임은 다음의 9개 분과로 나누어져 있다.

- **민사문제 분과(The Civil Matters Branch):** 지배력(dominance)남용, 거래거절, 독점적 딜링, 구속적 판매(tied-selling), 그리고 가격유지와 같이 경쟁에 부정적인 영향을 주는 제한적인 무역행위를 탐지하고 저지하는 것에 책임진다.
- **준수 및 운영 분과(The Compliance and Operations Branch):** 분과들이 승인된 정책과 절차 내에서 일을 하며 그들의 작업을 안내할 필요 도구를 가지고 있는가를 확인하는 것에 책임진다.
- **형사문제 분과(The Criminal Matters Branch):** 가격을 고정시키고, 시장을 할당하거나 공급을 제한하기 위해, 그리고 담합입찰을 하기 위해, 모의, 협의, 또는 경쟁자와 잠재적 경쟁자들간의 협의를 포함하여, 핵심적인(hard-core) 카르텔을 탐지하고 조사하며, 그리고 저지하는 것에 책임을 진다.
- **경제정책과 집행 분과(The Economic Policy and Enforcement Branch):** 주요 경제이론에 대한 전문지식을 제공하고, 경쟁국(Competition Bureau)의 집행문제와 정책활동에 대해 자문을 하며, 그리고 경쟁국에 경제적 지식을 개발하고 전파시키는 것에 책임을 진다.
- **공정한 기업행위 분과(The Fair Business Practices Branch):** 기만적인 기업행위—특정의 소비재를 상표부착하며(labeling), 포장하고 그리고 마케팅할 때 호도하는 표현, 기만적인 마케팅 행위, 그리고 소비자들에게 제공된 정보의 적합성과 정확성 등이 포함된다—를 못하도록 함으로써 경쟁적인 시장을 촉진시키는 것에 책임을 진다.
- **법적 지원 분과(The Legal Support Branch):** 경쟁국 위원에게 법률 서비스를 제공하며, 그리고 캐나다의 법무상(법무장관)을 대신하여 형사적으로 기소하는 것에 책임을 진다. 그 분과는 또한 형사조사에 대해 경쟁국에 자문을 해준다.
- **입법적 그리고 국제적 문제 분과(The Legislative and International Affairs Branch):** 경쟁법안과 관련된 법률안과 부서별 그리고 정부차원의 입법 및 규제법안에 대한 경쟁정책조언을 제공하기 위해 경쟁국에 의해 관리되고 집행되는 기타 입법에 대한 조언에 책임을 진다.
- **합병 분과(The Mergers Branch):** 캐나다에서 경쟁적 시장을 보호하고 촉진시키기 위해 합병거래를 검토하고, 그리고 필요할 경우 조치를 취하는 것에 책임을 진다.
- **공공문제 분과(The Public Affairs Branch):** 시장에서 경쟁에 대한 경쟁국의 기여를 대중에게 전달할 때 리더십, 지원, 그리고 자문을 제공하는 것에 책임을 진다.

출처: Competition Bureau website, July 31, 2012

랜햄법(Lanham Act)의 43절에서 거짓과 오도 광고는 금지되고 있다. 비록 대부분의 사건이 연방거래위원회(FTC)에 의해 제소되기보다는 기만적인 광고로 해를 입은 사람들에 의해 민사법원에 제소되지만, 기술적으로 FTC는 랜햄법을 이용하여 거짓 광고에 대해 소송을 할 수 있다.

클레이톤법과 제휴하여 랜햄법은 사기광고 행위를 중단시키고 거짓 또는 오도 광고에 의해 피해를 입은 사람들이 3배의 손해배상을 받도록 한다. 만약 어떤 기업이 경쟁자의 기만적인 광고가 그 기업 제품에 대한 수요를 감소시켰다는 것을 발견하면, 그 기업은 랜햄법을 근거로 소송을 할 수 있다. 원고는 먼저 광고가 거짓이거나 또는 소비자를 오도했다는 것을 입증하고, 오도 또는 거짓 광고가 자신에게 해를 끼쳤다는 것을 또한 입증해야 한다. 만약 원고가 이기면 피고는 광고하는 것을 중단하고, 거짓 또는 잘못된 주장이 상표에 인쇄된 제품의 모든 단위를 회수하고, 광고가 원고에게 일으켰던 손해의 3배를 원고에게 지불해야 한다.

계약의 이행

정부가 비대칭정보 문제를 해결하는 또 다른 방법은 계약의 이행을 통해서이다. 6장과 10장에서 게임의 최종기간에 당사자들이 기회주의적으로 행동하지 못하도록 계약이 사용된다는 것을 우리는 배웠다. 예를 들어, 당신의 사장이 월말에 근로서비스에 대해 당신에게 지불을 "약속했다"고 가정하자. 당신이 한 달동안 일한 후, 당신의 사장이 당신에게 지불하는 것을 거절했다—사실상 당신 노동의 한 달 가치를 무료로 얻는다. 6장과 10장에서 이러한 유형의 문제가 평판이 중요할 때나 당사자 간에 반복되는 상호작용의 가능성이 있을 때에는 일어나지 않는다는 것을 우리는 보았다. 이러한 예에서 기회주의적으로 행동하여 얻은 한 번의 이득은 더 많은 미래 손실로 상쇄될 것이다.

그러나 단기적 관계에서는 하나 이상의 당사자들이 기회주의적으로 행동하여 최종 기간의 이점을 이용할 수 있다. 만약 당신의 사장이 월말에 당신에게 지불하지 않을 것을 당신이 인다면, 당신은 일하는 것을 거절할 것이다. 그러나, 문제는 당신의 사장이 월말에 어떻게 할지를 당신이 알지 못하는 것이다—당신의 사장만이 알고 있다. 사실상, 당신은 당신의 사장이 "정직"한지(약속을 지킬지) 또는 "부정직"한지(약속을 어길지)에 대해 확신하지 못한다. 이러한 비대칭정보는 기회주의 문제를 해결하기 위해 계약을 이용하려는 개인의 능력을 파괴할 수 있다. 계약이 작성됐다 하더라도 사장은 그것을 존중하지 않을 수 있다. 이것 때문에 당신은 사장이 정직하다 하더라도 당신의 사장을 위해 일하는 것을 거절할 수 있다. 그 이유는 사장이 정직한지를 당신이 알지 못하기 때문이다.

이러한 문제의 한 가지 해결책은 정부가 계약을 이행하게 하는 것이다. 계약을 이행하도록 함으로써, 정부는 부정직한 사람으로 하여금 계약조건을 존중하도록 요구함으로써 효과적으로 최종기간문제를 해결한다. 이 경우에 당신의 사장이 정직한지를 당신이 알지 못한다 하더라도 당신은 계약에 의해 일할 용의가 있을 것이다. 만약 사장이 부정직한 것으로 밝혀지면, 정부는 사장으로 하여금 당신에게 지불하도록 할 것이다. 따라서 정부의 계약이행은 최종기간 문제로 야기된 시장실패를 해결할 수 있다.

14.3 지대 추구

앞의 분석은 어떻게 정부정책이 시장지배력, 외부성, 공공재, 불완전정보와 관련된 문제를 완화시킴으로써 경제활동에서 자원배분을 개선시킬 수 있는지를 보

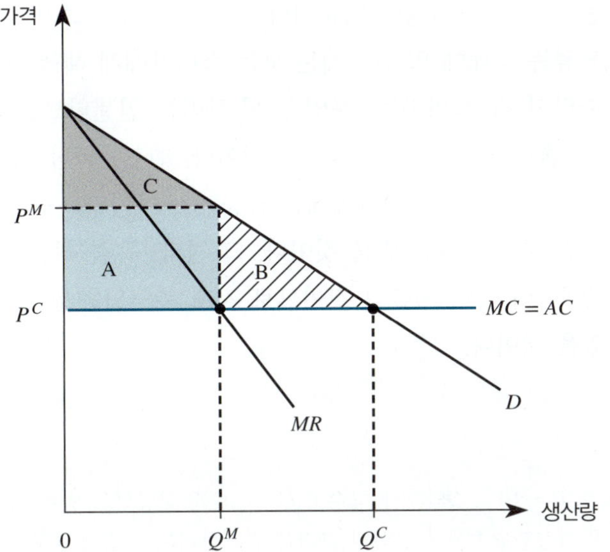

그림 14-9
지대추구활동에 참여하는 인센티브

여준다. 그러나 정부정책이 일반적으로 다른 당사자들의 희생으로 어떤 당사자에게 혜택을 준다는 것을 아는 것이 중요하다. 이러한 이유로 로비스트들은 정부정책에 영향을 미치도록 하기 위해 상당한 금액을 쓴다. 이러한 과정이 **지대 추구** 행위로 알려져 있다.

지대 추구
또 다른 당사자의 결정에 영향을 미치기 위해 이기적으로 유발된 노력

지대 추구와 그 결과를 설명하기 위해 한 정치인이 〈그림 14-9〉의 독점을 규제하는 권한을 갖고 있다고 가정하자. 독점자는 현재 P^M의 가격을 부과하여 Q^M의 단위를 생산하고 음영영역 만큼의 이윤을 얻는다. 독점가격과 산출량에서 소비자잉여는 삼각형 C이다.

만약 소비자가 독점자의 가격을 완전경쟁수준(P^C)으로 규제하도록 그 정치인을 설득할 수 있으면, 결과는 산출량이 Q^C이 될 것이다. 만약 이러한 일이 일어난다면, 독점자는 모든 이윤(직사각형 A)을 잃을 것이다. 한편, 소비자는 영역 A, B, C의 총 소비자 잉여를 갖게 될 것이다.

만약 규제가 시행되면 독점자는 직사각형 A를 잃을 상태에 있기 때문에, 독점자는 규제가 시행되지 않도록 하기 위해 매우 열심히 로비할 인센티브를 갖는다. 사실상, 독점자는 규제를 피하기 위해 최대금액 A만큼 지출할 용의가 있다. 이러한 지출은 선거운동기부 또는 정치인에게 술과 음식으로 잘 대접하기와 같은 합법적 활동유형일 수 있거나 또는 뇌물과 같은 불법적 활동유형일 수 있다.

〈그림 14-9〉에서 소비자도 그 정치인이 독점자를 규제하도록 하기 위해 돈을 쓸 용의가 있음을 주목하자. 사실상, 소비자들이 함께 완전경쟁가격을 부과토록 하기 위해 최대 A+B만큼 지출할 용의가 있을 것이다. 이것은 가격이 P^C일

때 누릴 수 있는 추가 소비자잉여 때문이다. 물론, 각 개별 소비자는 함께하기보다는 덜 이득을 얻는 상태에 있다(규제는 모든 소비자에게 혜택을 준다는 점에서 공공재이다). 따라서 각 소비자는 "무임승차" 하려는 인센티브를 가지므로 결국 소비자가 함께 지출하는 금액은 매우 낮을 것이다. 한편, 독점자는 단 하나의 실체이다. 규제를 피하는 것이 독점자에게는 공공재가 아니다; 독점자는 만약 입법을 피할 수 있으면 사적 이득을 받을 것이다. 그 결과, 독점자는 일반적으로 소비자보다 로비활동에 더 많이 지출할 것이므로 지대 추구활동을 실행하여 종종 입법을 피할 수 있을 것이다.

예시 문제

14-5

당신은 역수요함수 $P = 10 - Q$와 비용함수 $C(Q) = 2Q$에 직면하고 있는 독점기업의 경영자이다. 정부가 완전경쟁수준에서 당신의 가격을 규제하려는 입법을 고려하고 있다. 당신은 그 규제가 통과되지 않도록 하기 위한 목적으로 로비활동에 지불할 용의가 있는 최대 금액이 얼마인가?

정답

만약 규제가 통과된다면, 당신기업의 가격은 한계비용($2)에서 규제될 것이고 기업은 0의 이윤을 얻을 것이다. 만약 통과되지 못하면, 그 기업은 독점산출량을 계속해서 생산할 수 있어 독점가격을 부과할 수 있다. 독점산출량은 $MR = MC$인 점에서 결정된다:

$$10 - 2Q = 2$$

Q에 대해 풀면 독점산출량 $Q^M = 4$단위를 갖는다. 독점가격은 이 수량을 수요함수에 대입하여 얻어진다.

$$P^M = 10 - 4 = 6$$

따라서, 만약 규제가 시행되면 당신의 기업은 독점이윤 $P^M Q^M - C(Q^M) = \$16$를 잃을 상태에 있다. 따라서 당신이 로비활동에 지출할 용의가 있는 최대 금액은 $16이다.

14.4 정부정책과 국제시장

때때로 지대 추구는 무역에서 정부관여 유형으로 나타난다. 그러한 정책은 보통 다른 기업과 노동자의 희생으로 특정 기업과 노동자에 혜택을 주기 위해 고안된 관세 또는 할당의 유형을 갖는다. 이 부문에서 우리는 어떻게 정부의 관세와 할당 정책이 경영의사결정에 영향을 미치는지를 조사할 것이다.

14.4.1 할당

할당(quotas)의 목적은 외국의 경쟁자들이 자국에 들여올 수 있는 제품의 수량을 제한하는 것이다. 예를 들어, 일제 자동차 수입에 대한 할당은 일본의 자동차 제조업자가 미국에서 판매할 수 있는 자동차의 수량을 제한한다. 이것은 미국의 국내 자동차시장의 경쟁을 감소시키고, 그 결과 더 높은 미국내 자동차 가격, 더 높은 미국내 기업의 이윤, 그리고 미국내 소비자의 더 낮은 소비자잉여가 초래될 것이다. 그러므로 미국내 생산자는 미국내 소비자와 외국 생산자의 희생을 통해 이윤을 증가시킨 것이다.

할당
한 나라에 합법적으로 들어올 수 있는 수입재화의 수량을 한정하는 제한

이러한 결과가 일어나는 이유를 보기 위해, 어느 제품의 국내시장을 나타내는 〈그림 14-10〉을 생각해 보자. 할당의 부과 전에, 국내 수요곡선은 D, 외국 생산자의 공급곡선은 $S^{\text{외국}}$, 국내 생산자의 공급곡선은 $S^{\text{국내}}$, 그리고 시장공급곡선-외국과 국내 공급곡선의 수평적 합 S^{F+D}이다. 할당이 없을 때, 균형은 점 K이고, 여기에서 균형가격은 P^{F+D}이고 균형수량은 Q^{F+D}이다.

이제 할당이 외국 생산자들에게 부과되어, 국내시장의 할당량보다 그들이 더 많이 팔지 못하도록 제한한다고 가정하자. 할당하에서 외국의 공급은 $GAS^{F\text{할당}}$이고, 한편으로는 국내기업에 의한 공급이 여전히 $S^{\text{국내}}$이다. 그러므로 할당 후 국내 시장에서 시장공급은 GBC이고 점 M에서 균형을 갖는다. 할당은 국내 생산자가 받는 가격을 $P^{\text{할당}}$로 인상시켜 국내 기업은 더 높은 이윤을 얻는다. 〈그림 14-10〉에 있는 음영부분 삼각형은 할당에 기인한 사중손실을 나타낸다. 국내 생산

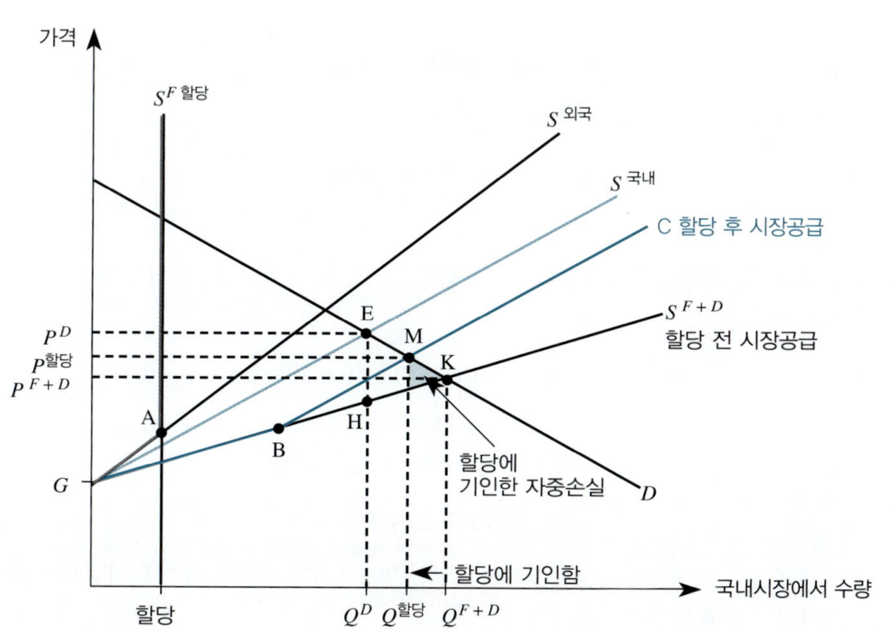

그림 14-10
해외수입할당이 국내시장에 미치는 영향

자가 더 높은 이윤을 얻는다 하더라도 할당의 결과로서 총 후생은 감소한다. 총 후생의 감소 이유는 국내 소비자와 외국 생산자가 할당을 통해 국내 생산자가 얻는 이득보다 더 많이 손실을 입었기 때문이다. 그러므로 국내 생산자는 외국산 수입에 대해 할당하도록 로비하는 강한 인센티브를 갖는다.

예시 문제

14-6

국내기업에 의한 재화의 공급이 $Q^{SD} = 10 + 2P$이고 외국기업에 의한 공급은 $Q^{SF} = 10 + P$라고 가정하자. 그 제품에 대한 국내수요는 $Q^d = 30 - P$이다.

1. 할당이 없는 경우, 재화의 총공급은?
2. 그 재화의 균형가격과 수량은?
3. 10 단위의 할당이 부과되면, 재화의 총공급은?
4. 10 단위 할당하에서 국내시장에서의 균형가격을 결정하시오.

정답

1. 총공급은 외국과 국내 공급의 합이다. 그것은

$$Q^T = Q^{SD} + Q^{SF} = (10 + 2P) + (10 + P) = 20 + 3P$$

이다.

2. 균형은 총수요와 공급을 같게 놓음으로써 결정된다:

$$30 - P = 20 + 3P$$

P에 대해 풀면 균형가격 $P = \$2.50$를 얻는다. 이러한 가격이 주어지면 국내기업은

$$Q^T = 2.75\text{단위}$$

를 생산하며, 외국기업은

$$Q^{SD} = 10 + 2(2.5) = 15\text{단위}$$

를 생산한다. 그리고 총 균형산출량은

$$Q^{SF} = 10 + 2.5 = 12.5\text{단위}$$

이다.

3. 10단위의 할당하에서 외국기업은 국내시장에서 단지 10 단위만 팔 수 있을 것이다. 따라서 총공급은

$$Q^T = Q^{SD} + Q^{SF} = (10 + 2P) + 10 = 20 + 2P$$

이다.

4. 할당하에서 균형은 총 수요와 총 공급을 같게 놓음으로써 결정된다:

$$30 - P = 20 + 2P$$

*P*에 대해 풀면 균형가격 $P = \$3.33$를 얻는다. 할당은 외국경쟁의 감소에 기인하여 국내시장에서 그 재화의 가격을 증가시킨다.

14.4.2 관세

할당과 같이 관세(tariffs)는 국내 생산자에게 혜택을 주기 위해 국내 시장에서 외국 제품과의 경쟁을 제한하는 것을 목적으로 하고 있다. 국내 생산자의 혜택은 국내 소비자와 외국 생산자의 희생으로 생긴다.

우리는 두 가지 유형의 관세를 설명할 것이다: 일괄적인 고정관세와 종량관세. 일괄적인 고정관세는 외국기업이 국내시장에서 판매할 수 있도록 하기 위해 국내정부에 지불해야 하는 고정요금이다. 이와 대조적으로, 종량관세는 수입기업이 국내에 들여오는 매 단위에 대해 요금을 국내 정부에 지불하도록 요구한다.

일괄적인 고정관세

〈그림 14-11〉은 **일괄적인 고정관세**(lump-sum tariffs)의 부과 전과 후의 개별외국기업의 한계비용과 평균비용곡선을 나타낸다. 일괄적인 고정관세에 대해 주목해야 할 첫 번째는 그것이 한계비용곡선에 영향을 미치지 않는다는 것이다. 그 이유는 수입업자가 제품을 얼마만큼 그 나라에 들여오는 것에 관계없이 동일한 관세금액을 수입업자가 지불해야 하기 때문이다. 일괄적인 고정관세는 평균비용을 AC^1에서 AC^2로 인상시키기 때문에, 수입업자는 국내시장의 가격이 적어도 P^2가 아닌 한 국내시장에 진입하기 위해 관세를 지불할 용의가 없다.

일괄적인 고정관세
국내시장에서 제품을 판매하기 위한 합법적인 권리를 갖기 위해 수입하는 기업이 국내정부에 지불해야 하는 고정 요금

〈그림 14-12〉는 일괄적인 고정관세가 시장에 미치는 효과를 보여준다. 관세가 부과되기 전, 외국기업의 공급곡선은 ES^F이고, 국내생산자의 공급곡선은 ES^D이고, 시장공급곡선은—국내와 외국공급의 합—ES^{D+F}이다. 일괄적인 고정관세가 부과된 후, 외국공급곡선은 AS^F가 된다. 그 이유는 수입업자가 가격이 P^2 이상이 아닌 한 국내시장에 진입하기 위해 일괄적인 고정관세를 지불하지 않

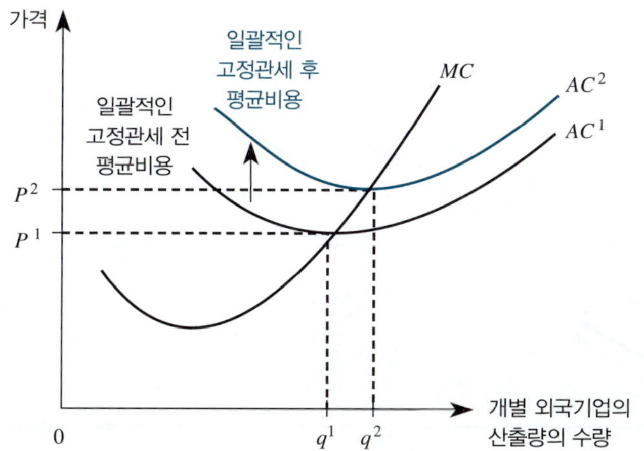

그림 14-11
일괄적인 고정관세가 외국기업에 미치는 영향

그림 14-12

일괄적인 고정관세가 시장공급에 미치는 영향

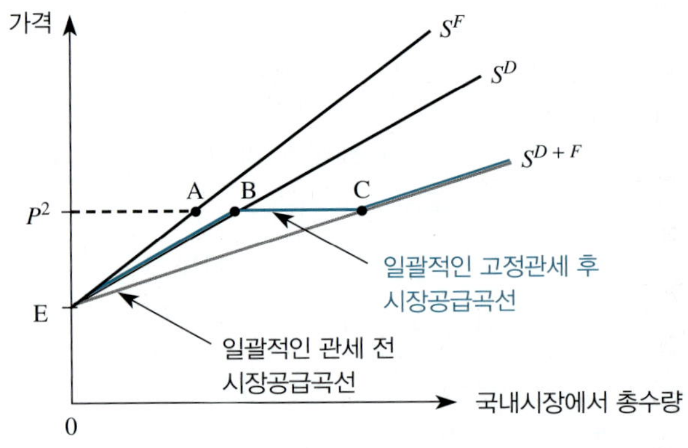

을 것이기 때문이다. 따라서 일괄적인 고정관세가 있을 경우에 시장공급곡선은 $EBCS^{D+F}$이다. 만약 수요곡선이 P^2 이하의 가격에서 국내공급곡선과 교차하면 이 정책의 전체 효과는 국내시장으로부터 외국경쟁자를 제거하는 것이다. 만약 수요가 낮으면 일괄적인 고정관세는 국내생산자의 이윤을 증가시키나, 만약 수요가 높으면 국내생산자의 이윤에 어떤 효과도 미치지 못한다.

종량관세

종량관세
수입하는 기업이 국내에 들여오는 매 단위에 대해 국내 정부에 지불하는 요금

일괄적인 고정관세 대신에 종량관세가 외국 생산자에게 부과되면, 국내 생산자는 모든 수요 수준에서 혜택을 본다. 이를 보기 위해, **종량관세**(excise tariffs or per-unit tariffs)의 효과를 보여주는 〈그림 14-13〉을 생각해보자. S^F는 종량관세 전 외국 생산자에 의한 공급이고, S^D는 국내 생산자에 의한 공급이며, ABS^{D+F}

그림 14-13

종량관세가 시장공급에 미치는 영향

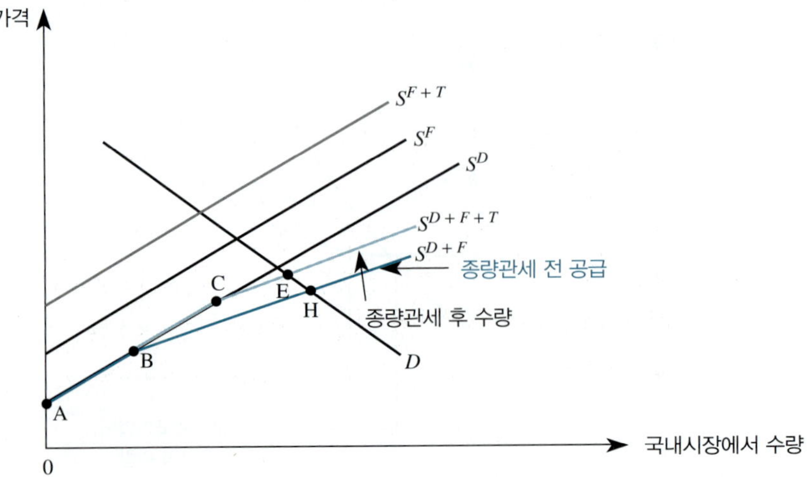

는 종량관세 전 시장공급곡선이다. 관세가 없을 경우 점 H에서 균형이 된다.

관세 T가 제품의 각 단위에 부과되었을 때, 외국기업의 한계비용곡선은 관세 금액만큼 위로 평행 이동하고, 그것은 모든 외국 기업의 공급을 〈그림 14-13〉에 있는 S^{F+T}로 감소시킨다. 종량관세하에서 시장공급은 ACS^{D+F+T}이고 결과적으로 점 E에서 균형이 이루어진다. 그 관세는 국내 소비자가 제품에 대해 지불해야 하는 가격을 인상시키고, 그것은 국내 소비자와 외국 생산자의 희생으로 국내 기업의 이윤을 증가시킨다.

네슬레와 랄스톤은 그들의 조건부 합병승인을 어떻게 받았는가? 우리가 이 장에서 배웠듯이, 합병당사자들이 반독점위반 우려를 완화시키는 가장 공통적인 방법은 사업중복이 시장지배력의 상당한 증가를 가져올 시장에서 자산을 제거하는 것에 합의하는 것이다. 이것은 정확히 이 사례에서 발생한 것이다. 관련된 중복분야는 고양이 건식품 시장이었고, 두 당사자들은 랄스톤의 Melow Mix and Alley Cat 브랜드를 또 다른 회사로 넘기는데 합의하여 최종적으로 조건부 승인을 받은 것이다. 그 당사자들은 그들의 합병이 수평적 합병가이드라인이 허용한 수준 이상으로 집중도를 증가시켰고, 승인을 받기 위해 이러한 자산을 제거하는 것이 비싼 법적 전쟁에서 수백만 달러를 지출하는 것보다 더 타당하다는 것을 인식했다.

요약

이 장에서 우리는 시장지배력, 외부효과, 공공재 그리고 불완전한 정보에 의해 일어나는 시장실패를 바로잡기하기 위해 시장에서의 정부의 활동에 초점을 두었다. 시장을 규제하는 정부의 활동이 시장참여자들로 하여금 공공정책에 영향을 미치는 로비활동과 같은 지대추구 활동에 참여하려는 인센티브를 준다. 이러한 활동은 정부가 특정 이해집단의 이윤을 증가시키기 위해 외국제품의 수입에 관세 또는 할당을 부과할 수 있는 국제시장에까지 확장될 수 있다.

미국에서는 외부효과 또는 공공재 문제에 기인한 시장실패를 완화시키기 위해 고안된 정책뿐만 아니라, 독점금지법, 가격규제, 내부자 거래규제, 그리고 광고와 대출에서 진실 규제와 같은 장치를 통해서 정부가 시장에 영향을 미친다. 미래 경영자의 의사결정에 영향을 주는 규정이 셔만 독점금지법, 클레이튼법, 로빈슨 패트만법, 셀라-키포우버법, 증권거래법, 규제 Z, 공기청정법과 같은 문서에 명확히 설명되어 있다.

미국정부는 외부효과 또는 공공재 문제에 기인한 시장실패를 완화시키기 위해 계획된 정책 뿐만 아니라, 독점금지 법, 가격규제, 내부자거래 규제, 그리고 광고에서 진실, 대출에서 진실 규제와 같은 장치를 통해서 시장에 영향을 미친다. 미래의 경영자의 의사결정에 영향을 주는 규정이 셔만 독점금지 법, 클레이튼 법, 로빈슨 패트만 법, 셀라-키포우버 법, 증권법, 규제 Z, 공기청정법과 같은 문서에 명확히 설명되어 있다.

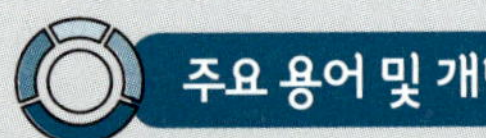

주요 용어 및 개념

법무부의 독점금지국(Antitrust Division of the Department of Justice, DOJ)
독점금지정책(antitrust policy)
셀라-키포우버 법(Cellar-Kefauver Act, 1950)
클레이톤법(Clayton Act, 1914)
공기청정법(Clean Air Act, 1990)
사중손실(deadweight loss)
연방거래위원회(Federal Trade Commission, FTC)
하트-스코트-로디노 독점금지법(Hart-Scott-Rodino Antitrust Act, 1976)
허핀달-허쉬만 지수(Herfindahl-Hirshman index, HHI)
불완전 정보(incomplete information)
내부자 거래(insider trading)
랜햄법(Lanham Act)
일괄적인 고정관세(lump-sum traiffs)
시장지배력(market power)
합병지침(Merger Guidelines)
부정적 외부성(negative externalities)
비경합성 소비(nonrival consumption)
종량세(per-unit(exercise) tariffs)
재산권(property rights)
할당(quotas)
규제 Z(regulation Z)
지대추구(rent seeking)
로빈슨 패트만 법(Robinson Patman Act, 1936)
논거기준(rule of reason)
증권거래법(Securities and Exchange Act, 1934)
셔만 독점금지법(Sherman Antitrust Act, 1890)
사회후생(social welfare)
광고에서 진실법(Truth in Advertising)
대출에서 진실법(Truth in Lending Act, 1969)
대출간소화진실법(Truth in Lending Simplification Act, 1980)

개념 및 계산 문제

1. 여덟 개 기업으로 구성된 시장에서 당신은 한 기업의 경영자이며, 각 기업은 각각 12.5%의 시장점유율을 갖고 있다. 또한, 각 기업의 재정상태가 양호하며 각 기업은 경쟁자들과 반경 100마일 안에 인접해 있다.(LO1, LO2)

a. 이 시장의 합병 전 HHI를 계산하시오.

b. 이들 기업들 중 두 기업이 합병한다고 가정하자. 합병 후 HHI의 값은 얼마인가?

c. 이 질문에 포함된 정보와 이 장에서 설명된 수평적 합병가이드라인만을 바탕으로, 미국 법무성 또는 FTC가 그 기업들 중 어느 두 기업간의 합병을 금지하려 한다고 당신은 생각하는가? 설명하시오.

2. 다음 그림을 이용하여 다음의 문제에 답하시오.(LO1, LO2)

a. 독점자가 규제를 받지 않는다고 가정하자.

(1) 이윤극대화하를 위해 기업은 가격을 얼마로 책정할까?

(2) 이 가격에서 소비자잉여의 크기는 얼마인가?

b. 기업의 가격이 \$80로 규제된다고 생각하자.

(1) 이 기업이 7단위를 생산할 때 한계수입은 얼마인가?

(2) 만일 이 기업이 규제된 가격으로 가변비용을 충당할 수 있다면, 이윤극대화를 위해 기업은 단기적으로 얼마의 생산을 할 것인가?

(3) 가격이 \$80로 계속 규제 받는다면, 장기적으로 이 기업은 얼마의 생산을 할 것인가?

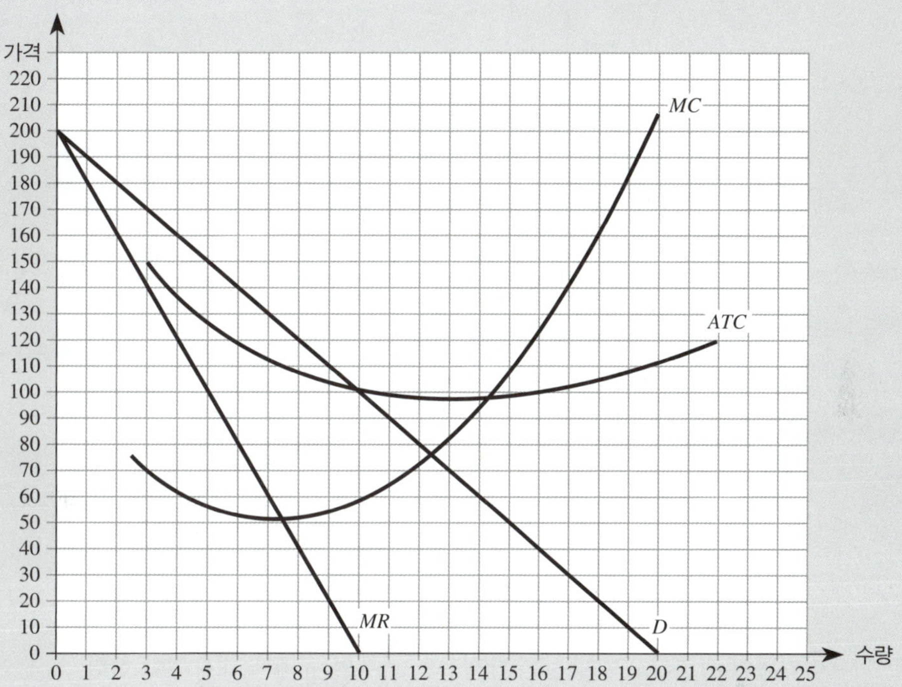

3. 당신은 어떤 산업의 분석전문가이다. 이 시장의 역수요함수는 $P = 200 - 4Q$이고 외부 한계생산비용은 $MC_{외부} = 6Q$, 내부한계생산비용은 $MC_{내부} = 12Q$이다.(LO1, LO3)

a. 사회적으로 효율적인 생산량은 얼마인가?

b. 이들 비용과 시장수요가 주어져 있을 때, 완전경쟁적인 산업은 얼마만큼 생산할 것인가?

c. 이들 비용과 시장수요가 주어져 있을 때, 독점자는 얼마만큼 생산을 할 것인가?

d. 이 산업의 기업들로 하여금 사회적으로 효율적인 생산량을 생산하도록 유도하기 위하여 정부가 취할 수 있는 조치에 대해 논의하시오.

4. 두 명의 노동자가 있다. 공공재에 대한 각 노동자의 수요는 $P = 20 - Q$이다. 공공재를 제공하는데 드는 한계비용은 \$24이다. 아래의 그림은 관련된 정보를 대략적으로 보여주고 있다.(LO1, LO4)

a. 사사회적으로 효율적인 공공재의 양은 얼마인가?

b. 사회적으로 효율적인 양을 공급하기 위해 각 노동자는 각 단위당 얼마를 지불해야 하는가?

c. 당신이 위의 문제 a와 b에서 확인한 공공재의 양을 공급하기 위해 필요한 양을 두 노동자가 기부하였다고 하자. 제 3의 노동자가 두 명의 기부 노동자들과 똑같이 공공재에 대해 가치를 평가하지만, 그녀(제 3의 노동자)는 다른 두 노동자가 지불한 것에 대하여 "무임승차(free ride)"를 원하기 때문

에 그 공공재에 대해 가치평가를 하지 않을 것을 주장한다.

(1) 그 공공재에 대한 세 노동자의 진정한 수요를 기준으로, 두 노동자에 의하여 공급된 공공재의 양은 사회적으로 효율적인가?

(2) 이들 세 노동자가 가질 수 있는 소비자잉여 수준을 비교하시오. 어떤 노동자가 가장 많은 잉여를 갖게 되는가?

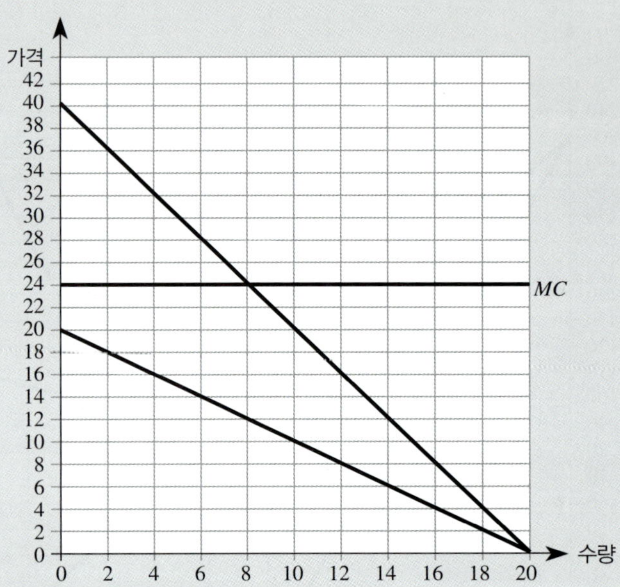

5. 독점기업의 경영자로서 당신은 잠재적인 정부의 규제에 대응해야 한다. 당신의 역수요함수는 $P = 40 - 2Q$이며 비용은 $C(Q) = 8Q$이다.(LO1, LO2, LO6)

a. 독점가격과 생산량을 결정하시오.

b. 사회적으로 효율적인 가격과 생산량을 결정하시오.

c. 당신의 기업이 사회적으로 최적 수준으로 가격규제되는 것을 피하기 위하여 로비활동에 쓰려고 하는 최대액수는 얼마인가?

6. 많은 국내 및 외국기업이 존재하는 완전경쟁시장을 생각해 보자. 이 기업들의 제품에 대한 국내수요는 $Q^d = 600 - 2P$로 나타난다. 국내기업들의 공급함수는 $Q^{SD} = 200 + P$이며 외국기업들의 공급곡선은 $Q^{SF} = 250$이다.(LO7)

a. 자유무역하에서 균형 가격과 수량을 결정하시오.

b. 외국기업이 100단위의 할당(quota)에 묶여있을 때 균형 가격과 수량을 결정하시오.

c. 할당의 결과 국내 소비자들은 더 나아졌는가? 혹은 더 악화되었는가?

d. 할당의 결과 국내의 생산자들은 더 나아졌는가? 혹은 더 악화되었는가?

7. 미 의회는 외국기업이 미국으로 수출하는 제품에 대하여 1회의 고정관세(one-time lump-sum tariff)를 부과하는 법안을 통과시킨다고 하자.(LO7)

a. 고정관세로 인하여 외국기업의 한계비용곡선은 어떤 변화가 일어났는가?

b. 고정관세로 인하여 외국기업이 그 재화를 더 많이 또는 더 적게 수출하게 될 것인가? 상세하게 설명하시오.

8. 아래의 그림은 단위당 $10의 가격으로 규제를 받고 있는 독점자를 표시하고 있다. 이 그림을 이용하여 아래의 물음에 답하시오.(LO1, LO2

a. 규제를 받지 않는 독점자가 부과할 가격은 얼마인가?

b. 규제를 받지 않는 독점자가 생산하는 양은 얼마인가?

c. 규제 가격이 단위당 $10라면 독점자는 얼마를 생산할까?

d. 단위당 $10의 규제가격에서의 수요량과 공급량을 결정하시오. 부족 또는 과잉이 될 것인가?

e. 규제가격이 단위당 $10일 때 (존재한다면) 사회의 사중손실을 결정하시오.

f. 사회적 후생을 극대로 하는 규제가격을 결정하시오. 이 가격에서 부족 혹은 과잉이 일어나는가?

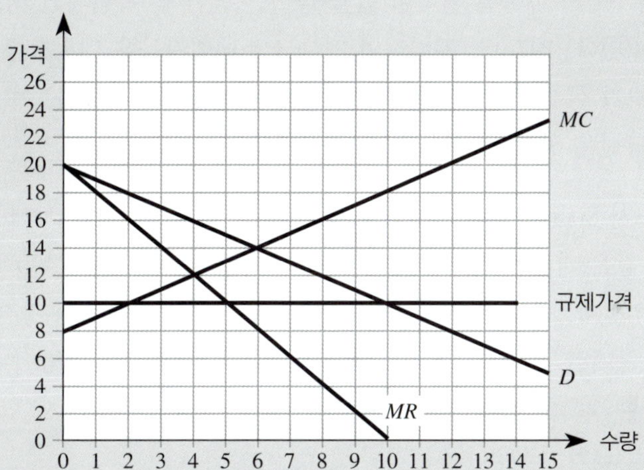

9. 적절한 경제용어를 사용하여, 내부자거래를 방지하기 위한 법의 경제적 타당성에 대하여 설명하시오.(LO5)

10. “공정성(fairness)”이 시장실패를 치유하기 위해 고안된 정부의 법과 규제들에 대한 경제적 근거(basis)가 되는가? 만약 그렇다면 왜 그런지; 만약 그렇지 않다면 거기에 대한 경제적인 근거는 무엇인가?(LO2–LO5)

응용 문제

11. 세계 3대 이종종합격투기 대회(UFC; Ultimate Fighting Championship)의 투사들이 UFC가 불법적으로 종합격투기 생산 및 요소시장을 독점했다는 혐의를 제기하면서, UFC를 상대로 소송을 제기했다. 특히, 그 투사들은 UFC가 투사들을 영원히 UFC에 묶어 놓고, 경쟁자의 종합격투기 홍보를 배제시키기 위해 장기독점계약을 사용했다고 주장했다. 어떠한 법률로 UFC가 고발되었다고 여러분은 생각하는가? (LO1, LO2)

12. 1972년과 1981년 사이에 텍사코(Texaco)사는 독립적인 텍사코 소매업자들에개 "특별한 가격(retail tank wagon prices)"으로 휘발유를 팔아왔지만, Gull과 Dompier라는 유통업자들(distributors)에게 상당히 할인된 가격으로 판매했다. Gull사는 그들 고유의 브랜드로 휘발유를 재판매했다. Dompier는 텍사코 브랜드이름으로 소매주유소들에게 휘발유를 재판매하여 소매시장에 직접적으로 진입하였다. Gull이나 Dompier사는 둘 다 충분한 저장시설이 없었으므로, 두 유통업자는 텍사코 공장에서 직접 휘발유를 구입하여 그들의 직영주유소에 배달을 하였다. 그 결과로, 이들 두 유통업자로부터 휘발유를 구입한 소매주유소들의 매출은 괄목할 만큼 늘어난 반면에, 독립적인 텍사코 소매업자들은 비례적으로 매출감소를 겪었다. 1976년, 독립적인 텍사코 소매업자들은 텍사코를 제소하였다. 1990년, 미연방대법원은 텍사코가 실제로 반독점법을 위반했다는 것을 발견하였다. 어떤 법에 의하여 텍사코가 유죄판결이 났다고 당신은 생각하는가? (LO2)

13. 다이나모사(Social Dynamo Corporation)는 지난해 매출액 500백만 달러, 이윤 49백만 달러의 성과를 올렸다. 같은 기간 동안, 이 회사의 주요 경쟁자인 EIO사는 490백만 달러의 매출액에 52백만 달러의 이윤을 얻었다. 현재 다이나모사는 월스트리트 주식시장에서 가격이 120백만 달러로 평가되는 EIO사의 자산을 매입하려하고 협상 중에 있다. 이 두 기업간에 합병이 성공적으로 이루어지면, 시장가격은 2% 상승할 것으로 기대된다. 다이나모사는 미 법무부와 FTC에 합병계획을 공지할 의무가 있는가? 설명하시오.(LO1, LO2)

14. 다수의 비경쟁 소비자 제품을 생산하는 잘 알려진 복합기업이 각 부문의 많은 경영자들이 인구통계적 소비자 정보를 공유하도록 독려하기 위해서 전사적인 계획안을 마련했다. 그러나 그 계획안이 시행된 이후, 예전에 비해서 더 적은 정보만을 얻게 된 것을 CEO는 알게 되었다. 당신은 CEO의 계획이 왜 역효과를 냈다고 생각하는가?(LO1, LO4)

15. 당신은 종이공장의 경영자이며, 상원 소비자문제와 환경 합동분과위원회의 소환을 요구받았다. 소비자문제 분과위원회는 초과이윤(마크업)이 250%라는 최근의 뉴스잡지보도때문에 당신 회사의 가격설정행위에 대해 당신이 증언할 것을 요구하였다. 환경 분과위원회는 당신의 종이공장과 관련된 오염을 줄이는 방법을 탐색하는데 관심이 있다. 특히, 환경 분과위원회의 한 상원의원이 기업이 주요 강에 버리는 오염에 대한 보상책으로 기업이 생산량에 대한 단위당 세금(오염방지세)을 왜 내지 않는가에 대해서 물을 것이라고 당신은 알고 있다. 이 합동 분과위원회에서 제기될 질문들에 대한 대응책(game plan)에 대하여 말해보시오.(LO1, LO3)

16. 1934년의 증권거래법(Securities and Exchange Act) 16(a) 조항은 1990년도에 수정된 바와 같이 회사의 임원들, 이사들, 그리고 주요 주주들은 그들의 소유 지분크기와 그 변동 크기를 공개해야 한다는 것이다. 16(b) 조항에 의해 회사주식의 단기거래에서 발생된 그러한 사람들이 실현한 거래이윤을 회사에게 귀속되도록 하는 것이 가능하다. 이 법의 결과로, 정부는 감사 및 집행 작업에 더 많은 자금을 쓸 수밖에 없다고 당신은 생각하는가? 설명하시오.(LO1, LO5)

17. EN(Enrodes)사는 미시간 북동지역의 가정용 전기의 독점 공급자이다. 300만 가구의 총수요는 $Q^d = 1{,}500 - 2P$이며, EN사는 메가와트/시간당 $4의 고정한계비용으로 전기를 생산할 수 있다. 미시간 이 지역의 소비자들은 EN사가 회사의 서비스에 대해서 너무 많이 요금을 부과한다고 최근 항의하였다. 사실, 몇몇 소비자들은 너무 화가 난 나머지 EN사가 부과하는 가격을 지역정부가 규제하도록 로비를 하려고 단체를 구성하려 하고 있다. 이 지역의 모든 소비자들이 EN사에 대항하는 단체에 가입한다면, EN사의 가격을 제재하기 위하여 지방정부에 로비를 하는데 각 소비자는 얼마를 지출할 의사가 있는가? 소비자들은 그들의 노력에 성공할 것이라고 당신은 생각하는가? 설명하시오.(LO1, LO4, LO6)

18. 2001년 중국의 WTO(World Trade Organization)가입은 국내와 외국기업간의 더 많은 경쟁을 야기했으며, 또한 중국에게 수출시장에의 더 많은 접근성을 제공하였다. 그 당시 중국이 세계에서 두 번째로 큰 고무(중국은 현재 세계에서 가장 큰 소비자이다)의 소비자이기 때문에, 이것은 고무시장의 경우 특히 사실이었다. WTO 가입 직후, 중국은 고무에 대한 수입할당량을 제거했다. 수입할당량 감소가 중국에서 거래되고 있는 고무 가격과 거래량에 어떤 영향을 미칠 것이라고 당신은 생각하는가? 고무에 대한 할당량의 제거가 중국의 사회후생에 어떤 영향을 미칠 것이라고 당신은 생각하는가?(LO7)

19. 7년간의 협상 후, 12개 국가들—미국, 일본, 베트남, 그리고 9개의 기타 환태평양 지역 국가들을 포함하여—은 환태평양경제동반자협정(TPP; Trans-Pacific Partnership)에 서명했다. TPP의 핵심 특징은 회원국가들간에 거래된 많은 제품—농산품에서 신발류에 이르기까지—에 대한 관세를 제거하는 것이다. 각 회원국이 그 협정에 비준하는 과정을 검토하자, 수많은 국내 기업들과 집단적 이해당사자들이 반대를 표명했다. 미국에서는 뉴밸런스(New Balance)가 특히, 베트남에서 만들어진 신발에 대한 미국관세를 단계적으로 폐지하는 것에 반대를 표시하는, 이러한 반대기업들의 하나였다. 베트남 신발에 대한 미국 관세의 축소가 미국에 있는 베트남산 신발의 공급에 어떠한 영향을 주는가? 미국에서 판매된 신발의 균형수량에는 이것이 어떠한 영향을 주는가? 관세축소로 인해 미국에서 신발의 균형가격은 상승하는가 또는 하락하는가? (LO7)

20. 캐나다의 임업산업(주로 목재산업으로 구성되어 있다)은 직접적으로 37만 명의 노동자들을 고용하고 있으며 간접적으로 지원서비스에서 51만 명의 사람들을 추가로 고용하고 있다. 임업의 생산품은 캐나다 GDP의 약 3%, 그리고 총수출의 14.1%를 차지한다. 미국의 목재와 벌목생산자들의 로비스트들은 최근 미국의 국제무역위원회(ITC)와 미국 상무성(DOC)에 불만을 제기하였다. 그 불만의 주장내용은 캐나다 정부가 그들의 목재생산자들에게 보조금을 지급하여 미국의 목재와 벌목생산자에게 피해를 끼쳤다는 것이다. 이러한 문제의 결과로, 미국의 한 로비스트는 캐나다의 모든 임산제품에 대하여 15%

의 특별 종량관세(excise tariff)를 부과하여야 한다고 주장했다. 제기된 15%의 특별 종량관세가 미국에서 거래되는 목재의 균형 가격과 거래량에 미칠 가능한 영향을 결정하시오. 국내 소비자들과 생산자들은 제기된 관세로부터 혜택을 볼 것인가? 상세하게 설명하시오.(LO7)

21. 대출간소화 진실법(TILSA; Truth in Lending Simplication Act)과 규제 Z가 통과되기 전에, 소비자의 대출수요는 $Q^d_{\text{전-TILSA}} = 12 - 100P$(단위는 10억 달러), 그리고 신용조합과 기타 대출기관들의 소비자 대출 공급곡선은 $Q^S_{\text{전-TILSA}} = 5 + 100P$(단위는 10억 달러) 이다. TILSA는 현재 대출자들이 소비자들에게 기관과의 대출관계를 맺을 때 권리와 의무에 대한 완전한 정보를 제공하도록 요구하며, 이러한 결과 대출 수요는 $Q^d_{\text{후-TILSA}} = 18 - 100P$(단위는 10억 달러)로 증가하였다. 그러나 TILSA법안은 대출기관들에게 "준법비용(compliance costs)"을 부과한 것이 되므로, 소비자 대출의 공급은 $Q^S_{\text{후-TILSA}} = 3 + 100P$(단위는 10억 달러)로 감소하였다. 이러한 정보에 의거하여, TILSA법안 전후의 소비자 대출의 균형 가격과 거래량을 비교하시오.(LO1, LO5)

22. 다음에 대해 평가를 하시오: "만일 미국이 모든 외국 수입제품에 대하여 일괄적인 특별종량관세(uniform excise tariff)를 부과한다면, 모든 미국의 기업들과 노동자들이 혜택을 받을 것이다. 결과적으로, 만약 일괄적인 특별 종량관세를 부과하는 법안이 미국의회에 상정된다면, 아무런 반대 없이 통과될까?(LO7)

23. MO사(Moses Inc.)는 미국 남서부 자그마한 시골지역에서 고객들에게 전력을 공급하는 조그만 전기회사이다. 이 회사는 현재 Kw/시간당 $0.15가격으로 소비자들에게 전기를 판매함으로써 이윤을 극대화하고 있다. 이 기업의 한계비용은 Kw/시간당 $0.05이고 평균비용은 $0.15이다. 규제자인 정부는 Kw/시간당 기업가격을 $0.05로 규제하려 하고 있다. 이러한 정책은 사회적 후생을 증가시킬까? 설명하시오.(LO1, LO2)

참고 문헌

Economides, Nicholas, and White, Lawrence J., "Networks and Compatibility: Implications for Antitrust." *European Economic Review* 38(34), April 1994, pp. 651–62.

Elzinga, Kenneth, and Breit, William, *The Antitrust Penalties: A Study in Law and Economics.* New Haven: Yale University Press, 1976.

Formby, John P.; Keeler, James P.; and Thistle, Paul D., "X-efficiency, Rent Seeking and Social Costs." *Public Choice* 57(2), May 1988, pp. 115–26.

Gradstein, Mark; Nitzan, Shmuel; and Slutsky, Steven, "Private Provision of Public Goods under Price Uncertainty." *Social Choice and Welfare* 10(4), 1993, pp. 371–82.

Inman, Robert P., "New Research in Local Public Finance: Introduction." *Regional Science and Urban Economics* 19(3), August 1989, pp. 347–52.

McCall, Charles W., "Rule of Reason versus Mechanical Tests in the Adjudication of Price Predation." *Review of Industrial Organization* 3(3), Spring 1988, pp. 15–44.

Rivlin, A. M., "Distinguished Lecture on Economics in Government: Strengthening the Economy by Rethinking the Role of Federal and State Governments." *Journal of Economic Perspectives* 5(2), Spring 1991, pp. 3–14.

Steiner, R. L., "Intrabrand Competition—Stepchild of Antitrust." *Antitrust Bulletin* 36(1), Spring 1991, pp. 155–200.

찾아보기

가

나

다

라

마

바

사

아

자

차

카

타

파

하

기타